보리

국어·문법

바로쓰기 사전

엮은이 남영신

평생을 바른 우리 말글 쓰기를 위해 앞장서서 일해 왔다.

토박이말에 어떤 말이 있는지 궁금해서 국어사전을 찾아보았는데 토박이말을 찾기는 마치 쌀에서 뉘를 찾는 것과 같았다. '돌살', '마상이', '추임새'같이 우리 문화와 관련된 말은 없는데, 대부분 한자어인 데다가 일본인 이름과 일본 지명이 길게 풀이되어 있었다. 우리말을 살려야겠다는 생각에 토박이말을 모아 사람들이 찾아 쓰기 쉽도록 분류하여 1987년《우리말 분류 사전》을 펴냈다. 이 사전은 그 뒤에 토박이말이 모든 국어사전에 오르게 된 바탕이 되었다. 그러고 나서 많은 사람들이 막연하게 낱말을 이해하고 씀으로써 말하는 사람이나 듣는 사람이 서로 다르게 받아들이는 점에 눈을 돌렸다. '낱말 뜻을 정확하게 알고, 상황에 가장 알맞은 말을 골라, 낱말 표기를 정확하게 하고 국어 문법에 맞게 쓰자.'는 것을 기본 원칙으로 삼아 공무원과 기자 들을 대상으로 교육을 하고 한 달에 한 번 시민들과 함께 우리말 바로쓰기 공부를 계속해 오고 있다.

《우리말 분류 사전》(1987)《우리말 용례 사전》(1995)《혼+국어 대사전》(2008) 같은 사전들을 엮었고,《안써서 사라져가는 아름다운 우리말》(2001)《나의 한국어 바로쓰기 노트》(2002)《국어 한무릎공부》(2005)《기자를 위한 신문 언어 길잡이》(2014)《글쓰기는 주제다》(2014)《보리 국어 바로쓰기 사전》(2017)〈시로 국어 공부〉(전3권, 2022)같은 책들을 썼다.

보리 **국어·문법** 바로쓰기 사전

1판 1쇄 펴냄 2021년 7월 28일 | 개정판 1쇄 펴냄 2023년 8월 5일 | 개정판 3쇄 펴냄 2024년 5월 1일

엮은이 남영신

편집 김소영, 김수연, 김용란 | **교정 교열** 최은영 | **삽화** 허정숙 | **디자인** 한아람 | **표지 디자인** 박영신 | **조판** 홍영사
제작 심준엽 | **영업마케팅** 김현정, 심규완, 양병희 | **영업관리** 안명선 | **새사업부** 조서연
경영지원실 노명아, 신종호, 차수민 | **인쇄와 제본** (주)상지사

펴낸이 유문숙 | **펴낸 곳** (주)도서출판 보리 | **출판 등록** 1991년 8월 6일 제9-279호
주소 (10881) 경기도 파주시 직지길 492 | **전화** 031-955-3535 | **전송** 031-950-9501
누리집 www.boribook.com | **전자우편** bori@boribook.com

값 60,000원

보리는 나무 한 그루를 베어 낼 가치가 있는지 생각하며 책을 만듭니다.

ISBN 979-11-6314-317-8 61710

초중등 논술 글쓰기 길잡이

보리 국어·문법 바로쓰기 사전

남영신

보리

말과 글은 어릴 때부터 바로 써 버릇해야 합니다

남영신 선생이 《보리 국어 바로쓰기 사전》에 뒤이어 《보리 국어·문법 바로쓰기 사전》을 편찬해 냈습니다. 말이야 조금 잘못하더라도 손짓, 발짓, 눈빛, 얼굴 표정 같은 것이 도와서 무슨 말인지 쉽게 알아들을 수 있지만 글은 한 번 잘못 쓰면 두고두고 눈에 걸리고 엉뚱한 뜻으로 읽힐 수도 있습니다. 그래서 어릴 때부터 바로 써 버릇해야 합니다. 이를테면 요즘 들어 '다르다'는 말을 '틀리다'로 쓰는 말버릇이 입에 배 '나는 네 생각과 달라.'라는 말을 '나는 네 생각과 틀려.'라고 하는 사람을 가끔 보는데, 어쩌면 시험에 나오는 문제에 정답은 하나뿐이라는 생각에 젖어 다른 생각을 틀린 생각으로 여기는 탓일 수도 있겠습니다.

이제는 나이 어린 사람들도 손가락으로 문자판을 눌러 말을 주고받는 일이 잦아졌습니다. 말로 생각과 느낌을 주고받는 영역이 넓어지면서 글의 쓰임새가 날로 커지고 있습니다. 이럴 때일수록 우리 말글 바로쓰기를 어릴 때부터 익혀야 합니다. 우리 말글을 바로 써서 뜻과 느낌을 제대로 주고받기를 바랍니다.

초등 교육에서 문법을 익히는 일은 적어도 국어에서는 뒤로 미루어도 된다는 뜻에 따라 문법 용어는 가르치지 않고 있는데, 이 사전에서는 국어를 체계적으로 이해하는 데 도움이 되도록 문법 용어를 써서 설명하고 있습니다. 또 끝자락에 문법에 쓰이는 말들, 글을 쓸 때 많이 사용하는 문장 부호들도 친절하게 덤으로 달아 놓았습니다. 중·고등학교에 가서 낯선 말들을 따로 배울 때 눈에 설지 않게 징검다리를 놓는 친절을 베푼 것으로 볼 수 있습니다.

이 책은 여느 사전처럼 낯선 낱말이 나올 때마다 그때그때 찾아보는 데 그치지 않고, 읽을거리로도 훌륭한 책으로 엮여 있습니다. 초중등 학생이 있는 집에는 모두 한 권씩 갖추어 두기를 바랍니다.

2021년 7월 윤구병

우리말을 바르고 품위 있게 쓰기를 바라며 엮었습니다

나는 우리의 미래를 이끌어 갈 초중등 학생들이 《보리 국어·문법 바로쓰기 사전》을 활용하여 기성세대의 언어 능력을 뛰어넘게 되기를 바랍니다.

이를 위해서 나는 이 사전 속에 학생들이 학교에서 배우게 될 다양한 어휘와 문법 정보를 폭넓고 다양하게 제공해 놓았습니다.

학생들이 혼자서도 문법 공부를 할 수 있도록 문장을 구성하는 데 중요한 역할을 하는 조사와 어미에 관련한 정보를 충실히 실었고, 낱말을 정확하게 사용할 수 있도록 생활에 밀착된 뜻풀이와 용례도 실었습니다.

그리고 낱말 간의 의미 차이와 용법 차이를 설명해 놓았으며, 복합어 정보와 관용 표현을 가능한 한 많이 수록하였습니다.

모든 동사와 형용사에는 활용 정보를 실어서 실제 문장에서 이들을 사용하는 데 어려움이 없게 하였습니다.

또한, 사람들이 일상생활에서 자주 틀리는 것들, 곧 한글 맞춤법에 어긋난 표기와 표준어 규정에 맞지 않는 낱말을 올림말로 올려 이를 쉽게 바로잡을 수 있게 한 것도 이 사전의 특징입니다.

특히 이 사전에는 정보 상자 안에 사람들이 오해하거나 자주 틀리는 표기와 표현에 대해 잘못 쓰는 까닭과 그 잘못을 바로잡는 방안을 제시하였습니다. 또한 삽화를 곁들여 학생들이 쉽게 이해할 수 있도록 하였습니다.

나는 우리 학생들이 우리말을 바르고 품위 있게 쓰기 위하여 부모와 함께 이 사전을 펼쳐 놓고 공부하는 모습을 상상하면서 이 사전을 엮었습니다. 아이들이 묻고 부모들이 이 사전을 찾아보면서 설명해 주는 모습, 아이들이 스스로 이 사전을 이용하여 자신의 어휘 사용 능력을 길러 가는 모습 들을 눈앞에 그려 보았습니다. 그러면서 하나라도 아이들에게 필요한 정보, 학부모가 아이들에게 설명해 줄 때 필요할 법한 정보 들을 찾아서 이 사전에 싣는 노력을 기울였습니다.

따라서 이 사전은 이제 문법 공부를 시작하는 초등학생들뿐 아니라 중학생들도 매우 유용하게 쓸 수 있을 것입니다. 그리고 한국어를 배우고 있는 외국인들도 이 사전을 통해서 한국어를 좀 더 정확하게 배우는 데 큰 도움을 받으리라 생각합니다.

이 사전의 출판을 처음 제안하고 멋지게 출판해 주신 윤구병 선생님, 제2의 편찬 작업이라고 할 만큼 꼼꼼하게 교정 작업을 해 주신 보리 출판사의 김소영 부장과 교정 작업에 참여하신 모든 분께 깊은 감사의 말씀을 드립니다. 마지막으로 《보리 국어·문법 바로쓰기 사전》이 우리 미래인 학생들에게 가장 소중한 친구가 될 수 있기를 소망합니다.

2021년 7월 엮은이 남영신

한눈에 보는 사전 구성

올림말

어깨번호
뜻이나 품사가 다르지만 올림말 표기가 같은 경우에는 어깨번호를 넣었다.

보다① 동사

품사
9품사 또는 어미, 접사로 표시한다.
하나의 낱말에 품사가 여러 개인 것은 번호를 매겨 표시했다.

활용 형태
'규칙'과 '불규칙'으로 표시했다. 주로 연결형, 관형사형, 종결형 차례로 활용형을 보여 준다.

규칙 보고, 보아/봐, 보는, 본, 보아라/봐라, 봅니다, 보았다/봤다

① 눈으로 무엇을 느끼다.

뜻풀이
쉽게 이해할 수 있도록 풀어 썼다.

¶ 창가에 앉아서 오가는 사람을 보았다.

⋮

⑫ 음식 맛이나 간을 알기 위해 조금 먹어 보다.

¶ 된장국이 너무 싱겁지 않은지 간을 좀 봐 줘.

¶ 예문
쉬운 예문을 들어 뜻풀이를 이해하는 데 도움이 되게 하였다.

복합어
합성어와 파생어를 보여 준다.

복합어

거들떠보다 (흔히 부정어 앞에 쓰여) 알은체를 하거나 관심 있게 보다. ¶ 동생은 새로 산 책을 거들떠보지도 않았다.

관용 표현
낱말의 본디 뜻과 달리 새로운 뜻으로 쓰이는 어구를 보여 준다.

관용 표현

보기 좋게 ① 보기에 그럴듯하고 괜찮게. ② 거절하거나 지거나 하는 것이 마음이 후련할 만큼 철저하고 완전하게. ¶ 나는 그에게 보기 좋게 거절당하였다.

속담
올림말을 포함하고 지금도 많이 쓰는 것을 골라 보여 준다.

속담

보고 못 먹는 것은 그림의 떡 아무 실속이 없음을 빗대어 이르는 말.

보기 싫은 반찬이 끼마다 오른다 싫증 난 것이 계속되어 눈에 띔을 빗대어 이르는 말.

틀린 말, 틀린 표기도 올림말로 올렸다.

✕ 움추리다 '움츠리다'의 틀린 말.

틀린 말(비표준어)이나 틀린 표기를 보여 준다.

움츠리다 동사 ㊜움치다 ✕움추리다

준말
단어의 일부분이 줄어든 말.

규칙 움츠리고, 움츠리어/움츠려, 움츠린, 움츠립니다, 움츠리었다/움츠렸다

① 몸이나 몸의 일부를 몹시 오그리어 작아지게 하다.

¶ 개구리가 움츠리는 뜻은 멀리 뛰자는 뜻이다.

참고
올림말과 관련하여 참고할 낱말 또는 올림말을 보여 준다.

비슷한 말

거리끼다 동사

규칙 거리끼어/거리껴, 거리끼는, 거리낄, 거리낍니다, 거리끼었다/거리꼈다

① 무엇을 하는 데에 걸려서 방해가 되다. ㊥걸리적거리다 참고 거치다[1]

¶ 사람들이 지나다니는 데에 거리낄 것이 있으면 치워라.

생일(生日) 명사 — 한자나 영어는 올림말 옆 괄호 안에 넣어 보여 준다.

태어난 날. 해마다 태어난 날에 해당하는 날. ⊜생일날 [참고] 생신

같은 말

구실[1] 명사

››› '역할(役割)'은 일본에서 들어온 한자말이므로 토박이말 '구실'을 살려 쓰는 것이 좋겠다. '구실[1]'과 '구실[2]'의 차이는 올림말 '구실[2]' 참고. — ››› 뜻풀이에 간단한 설명을 덧붙이거나 참고할 올림말을 표시했다.

–아 어미

① 두 절의 앞뒤 관계 또는 인과 관계를 나타내는 연결 어미. [참고] –어

¶ 아이들은 개를 쫓아 아주 멀리까지 갔다.

용언의 기본형을 나타내는 종결 어미 '–다'를 포함하여 어미는 색을 달리 표시했다.

같다 형용사

[규칙] 같으니, 같아, 같은, 같을, 같습니다, 같았다

● '것 같아요'의 잘못된 사용

'것 같아요'는 추측하는 말이므로 자기 느낌을 확실하게 말할 때에는 사용하기 곤란하다. 자기 감정이나 느낌은 자기가 가장 잘 아는 법이기 때문이다. 따라서 '것 같아요'는 쓰지 않는 게 옳다.

¶ 덥지 않으세요?–좀 더운 것 같아요(×)/좀 더워요(○).

¶ 어디 아프세요?–좀 아픈 것 같아요(×)/좀 아파요(○).

¶ 좋은 영화를 봐서 기분이 좋은 것 같아요(×)/좋아요(○).

정보 상자 — 올림말과 관련된 낱말의 쓰임, 소리내기, 흔히 잘못 쓰는 말, 구별해야 할 말과 같이 다양한 쓰임새를 알려 준다.

주어(主語) 명사 — 문장 성분과 문법 용어에 관한 올림말은 색을 달리 표시했다.

문장에서 술어가 나타내는 동작이나 상태의 주체가 되는 말.

일러두기

① 어떤 낱말을 올림말로 실었나?

언어를 바르게 사용하는 일의 바탕은 낱말을 정확하게 사용하는 것이다. 이 사전은 한국어 교육 어휘(국립국어원 2015)에서 쓰임새가 많은 기초 어휘 가운데 초중등 학생들이 국어 문법을 이해하고 글을 쓰는 데 도움이 될 어휘를 올림말로 실었다. 국어는 조사와 어미로 문장을 구성하기 때문에 여느 국어사전과 달리 조사와 어미를 중요하게 다루었다. 국립국어원이 분기별로 《표준국어대사전》의 정보 수정 내용을 공개하는데 이 사전은 국립국어원이 제공하는 최근 정보와 자료를 최대한 반영하였다.

② 올림말 차례는?

한글 맞춤법에 따라 다음과 같은 차례대로 늘어놓았다. 마찬가지로 복합어, 관용 표현, 속담도 가나다차례로 늘어놓았다.

첫소리(초성): ㄱ ㄲ ㄴ ㄷ ㄸ ㄹ ㅁ ㅂ ㅃ ㅅ ㅆ ㅇ ㅈ ㅉ ㅊ ㅋ ㅌ ㅍ ㅎ

가운뎃소리(중성): ㅏ ㅐ ㅑ ㅒ ㅓ ㅔ ㅕ ㅖ ㅗ ㅘ ㅙ ㅚ ㅛ ㅜ ㅝ ㅞ ㅟ ㅠ ㅡ ㅢ ㅣ

끝소리(종성): ㄱ ㄲ ㄳ ㄴ ㄵ ㄶ ㄷ ㄹ ㄺ ㄻ ㄼ ㄽ ㄾ ㄿ ㅀ ㅁ ㅂ ㅄ ㅅ ㅆ ㅇ ㅈ ㅊ ㅋ ㅌ ㅍ ㅎ

③ 용언(동사와 형용사)의 활용형을 제시하는 데 애썼다.

동사와 형용사, 접미사에는 '규칙'과 '불규칙'으로 활용 형태를 제시하였다. 자주 쓰는 활용형을 보기로 들어 어미의 변화를 쉽게 파악할 수 있도록 하였다.

날아가다 동사 ×날라가다

규칙 날아가고, 날아가니, 날아가, 날아가서, 날아간다, 날아갑니다, 날아갔다

서두르다 동사 ㊟서둘다

불규칙 서두르고, 서두르면, 서둘러, 서두른, 서둘러요, 서두릅니다, 서둘렀다

우리가 문장에서 보는 형태는 대체로 활용형이므로 활용형도 올림말로 쉽게 찾아볼 수 있게 하였다. 주로 낱말의 기본형이 다른데 활용 형태가 같은 것을 우선하여 견주어 볼 수 있게 하였다. 활용형 올림말은 눈에 잘 띄도록 색을 달리 표시하였다.

◎ **가다** 동사 규칙 가면, 갈지, 가니, 가서, 가는, 간, 갈, 간다, 갑니다, 갈까, 갔다	→ ◎ **가는**[1] 동사 '가다'의 관형사형.
◎ **가늘다** 형용사 불규칙 가늘게, 가늘고, 가느니, 가늘어, 가는, 가느네, 가느오, 가늡니다	→ ◎ **가는**[3] ×가늘은 형용사 '가늘다'의 관형사형.

④ 습관적으로 잘못 쓰는 말을 정확한 사용법에 따라 쓸 수 있게 하였다.

소리나 형태가 비슷하여 습관적으로 잘못 쓰는 말을 정확한 사용법에 따라 쓸 수 있게 하였다. '표준어 규정'에 어긋난 말은 '틀린 말'로, 비표준어는 '비표준어'로 표기하고, '한글 맞춤법 규정'에 어긋나는 표기는 '틀린 표기'로 구분하였다.

× **발자욱** '발자국'의 비표준어.

× **테레비 / 테레비전 / 테레비젼** '텔레비전(television)'의 틀린 말.

× **텔레비젼** '텔레비전(television)'의 틀린 표기. '젼'을 홑모음 '전'으로 써야 한다

⑤ 복합어, 관용 표현, 속담을 제시하여 우리 말법을 쉽게 익힐 수 있게 하였다.

올림말로 이루어진 복합어, 관용 표현, 속담을 같이 모아 놓아 한 낱말의 다양한 쓰임새를 두루 살펴볼 수 있도록 하였다. '복합어'는 단어와 단어가 결합된 '합성어'와 피동사나 사동사처럼 단어와 접사가 결합된 '파생어'를 아울러 모아 놓았다.

'관용 표현'은 두 개 이상의 낱말로 이루어져 낱말의 본디 뜻과 달리 새로운 의미를 나타내는 어구이고, '속담'은 오랜 세월 속에서 우리 민중의 삶과 지혜가 함축된 말인데, 이 사전에서는 지금도 많이 쓰이는 것들을 골라 실었다.

⑥ 예문에서 해당 올림말을 한눈에 알아볼 수 있도록 색을 넣어 표시하였다.

예문 속에 있는 해당 올림말은 모두 색을 넣어 표시하였다. 다만, 올림말이 어미일 때 어간이 바뀌지 않는 경우에는 어미에만, 어간이 바뀌는 경우에는 낱말 전체에 색을 넣어 표시하였다. 체언이나 용언의 활용에 붙는 조사에는 색을 넣지 않았다.

¶ 바른 글쓰기는 본 대로, 느낀 대로 쓰는 것이다.(올림말 '대로[1]'에 색 표시)
¶ 널따란 운동장에서 아이들이 마음껏 뛰논다.(올림말 '널따랗다'. 어간이 바뀌는 경우)
¶ 친구들과 여행을 하려고 돈을 모으고 있다.(올림말 '-려고'. 어간이 바뀌지 않는 경우)
¶ 시험 때라 동생이 공부하는 것을 봐주기로 했어.(올림말 '봐주다'. '로'가 조사임)

⑦ 발음은 꼭 필요한 경우에만 표시하였다.

한글은 발음을 표시하는 기능이 뛰어나기 때문에 발음 표기는 꼭 필요한 경우가 아니면 따로 하지 않았다. 다만 발음 표기가 꼭 필요하다고 본 경우에는 '굵다랗다[국:따라타]'처럼 대괄호 안에 발음을 표기하고 긴소리는 ':(쌍점)'으로 표시하였다.

⑧ 다양한 언어 정보를 담았다.

준말(준), 뜻이 같은 말(=)과 비슷한 말(비), 참고할 다른 낱말(참고)과 부연 설명(»»)을 보면서 우리말의 다양한 표현을 익힐 수 있게 하였다. 또 정보 상자에는 잘못 쓰는 말, 구별해서 써야 할 말, 조사와 어미를 붙이는 법, 용언의 형태 바뀜, 다른 낱말과 용법 차이, 소리내기처럼 다양한 쓰임새를 담았다.

⑨ 맞춤법과 띄어쓰기는 한글 맞춤법과 국립국어원의 《표준국어대사전》을 따랐다.

● 우리말 바로쓰기 도우미

할머니 / 아빠 / 엄마 / 송이 (중학생) / 열매 (초등학생) / 반말냥이 (고양이)

차례

ㄱ

가[1] 조사

① (받침이 없는 체언 뒤에 붙어) 문장의 주어임을 나타내는 말. [참고] 이, 께서

¶ 아기가 웃어요.

¶ 누나가 문을 열고 들어온다.

② (받침이 없는 체언 뒤에 붙어) 뒤에 오는 서술어의 주어임을 나타내는 말.

¶ 그는 키가 크다.

¶ 나는 우리 동네가 좋다.

③ (수량과 함께 쓰여) 그 정도에 이름을 나타내는 말.

¶ 밧줄의 길이는 10미터가 넘는다.

¶ 벌써 한 해가 저무는구나.

④ ('되다', '아니다'와 함께 쓰여) 문장의 보어임을 나타내는 말.

¶ 누나는 화가가 되었다.

¶ 우리는 바보가 아니다.

● 조사 '가'와 '이'

받침이 없는 낱말 뒤에는 '가'를 쓰고, 받침이 있는 낱말 뒤에는 '이'를 쓴다.

¶ 새가 날아간다. / 영수는 내 친구가 되었다.

¶ 사람이 걸어간다. / 민호는 우리 편이 아니다.

● 조사 '가'와 '이'의 높임말 '께서'

높임말을 써야 할 경우에는 '가'나 '이' 대신에 '께서'를 쓴다. '께서'는 앞에 오는 낱말에

받침이 있든 없든 상관없이 쓸 수 있다. 아래 예문에서 '할아버지'를 제대로 높이려면 '불렀어요'를 '부르셨어요'로 바꿔야 한다.

¶ 형이 나를 불렀다.

¶ 할아버지가 저를 불렀어요. → 할아버지께서 저를 부르셨어요.

● '나, 너, 저' 뒤에 오는 '가'

'나, 너, 저' 뒤에 '가'가 오면 '나'는 '내'로, '너'는 '네'로, '저'는 '제'로 바뀐다. 따라서 '네가'를 '니가'로, '제가'를 '지가'로 쓰는 것도 잘못이다.

¶ 나가(×) / 내가(○) 가겠다.

¶ 너가(×) / 네가(○) 가라.

¶ 저가(×) / 제가(○) 가겠습니다.

››› '가'와 '는'의 용법은 올림말 '는[1]' 참고.

가[2]

동사 '가다'의 연결형. 또는 종결형.

¶ 빨리 가 도와드려라!

¶ 저리 가.

가까스로 부사

① 애를 써서 겨우. 매우 어렵게.

¶ 가까스로 웃음을 참았다.

¶ 젖을 달라고 울던 아이가 가까스로 잠이 들었다.

② 겨우 빠듯하게.

¶ 수업 종이 울리기 전에 가까스로 교실에 들어갔다.

가까이 ①부사 ②명사

① 가깝게. 친하게.

¶ 내게 더 가까이 다가앉아라.

¶ 나는 사촌과 가까이 지낸다.

② 가까운 곳.

¶ 문 가까이에 물건을 두지 마라.

¶ 텔레비전을 가까이에서 보지 마라.

복합어

가까이하다 ① 누구를 가깝게 대하다. ¶ 욕을 잘하는 친구는 가까이하지 마라. ② 어떤 것을 좋아하거나 즐기다. ¶ 누나는 어려서부터 책을 가까이했다.

가깝다 형용사

불규칙 가깝게, 가깝고, 가까우면, 가까우니, 가까워, 가까운, 가깝습니다, 가까웠다

① 거리가 짧다.

¶ 집이 학교에서 가까워 다니기 편하다.

② 사이나 관계가 좋다.

¶ 이웃끼리 가깝게 지낸다.

③ 시간이 얼마 흐르지 않았거나 남은 시간이 오래지 않다.

¶ 우리는 가까운 날 만나기로 했다.

¶ 여행 날짜가 가까워 오니 시간이 더욱 느리게 가는 것 같다.

④ 모습이나 성질이 비슷하다.

¶ 보름달에 가까운 달이 떴다.

⑤ 어떤 수치나 정도에 거의 이르다.

¶ 점심때가 가까우니 배가 고프다.

복합어

가까워지다 가깝게 되다. 가깝게 변하다. ¶ 추석이 가까워지니 과일 값이 오른다.

가깝디가깝다 매우 가깝다. ¶ 우리 집은 학교랑 가깝디가까운 곳에 있다.

가꾸다 동사

규칙 가꾸어/가꿔, 가꾸어서/가꿔서, 가꾸는, 가꾼다, 가꿉니다, 가꾸었다/가꿨다

① 식물 따위를 보살펴서 기르다.

¶ 곡식을 가꾸려면 정성을 들여야 한다.

¶ 여기 사람들은 꽃을 가꿔서 먹고산다.

② 보기 좋게 만들거나 보살피다.

¶ 사람들은 얼굴을 가꾸는 데에 시간을 많이 들인다.

¶ 관광객들이 즐겨 찾도록 우리 마을을 잘 가꿉시다.

③ (비유적으로) 생각이나 희망 따위를 소중히 키우다.

¶ 어려서부터 작가의 꿈을 가꾸어 왔다.

'가꾸다'와 '꾸미다'

둘 다 지금보다 보기 좋게 만듦을 뜻한다. '꾸미다'에는 없는 것을 거짓으로 만든다는 뜻이 들어 있는 점이 다르다.

¶ 앞마당을 꽃으로 가꾸었다(○)/꾸미었다(○).

¶ 그것은 기자가 꾸며서 쓴 글이다.

가느다랗다 형용사

불규칙 가느다랗게, 가느다랗고, 가느다라면, 가느다라니, 가느다래서, 가느다란, 가느다랬다

꽤 가늘다.

¶ 글씨가 잘 안 보여 눈을 가느다랗게 뜨고 보았다.

¶ 막대기가 가느다래서 금방 부러질 것 같다.

¶ 나는 팔다리가 가느다래서 옷이 늘 헐렁하다.

가는[1]

동사 '가다'의 관형사형.

¶ 나는 집에 가는 길이다.

¶ 저기 앞에 가는 애를 좀 불러 줄래?

¶ 오늘은 미술 학원에 가는 날이다.

가는[2] ×갈으는

동사 '갈다'의 관형사형.

¶ 누나는 어항 물을 가는 중이다.

¶ 자면서 이를 가는 사람이 많다.

¶ 비가 와서 밭을 가는 농부들 손이 바빠졌다.

가는[3] ×가늘은

형용사 '가늘다'의 관형사형.

¶ 작은 구슬을 꿰려면 아주 가는 실이 필요하다.

¶ 그는 가는 눈썹이 인상적이다.

¶ 가는 목소리로 나직하게 노래를 불렀다.

가늘다 형용사

불규칙 가늘게, 가늘고, 가느니, 가늘어, 가는, 가느네, 가느오, 가늡니다

① 물건의 둘레가 짧다. 참고 얇다

¶ 이 실은 머리카락보다 가늘다.

② 소리가 낮고 약하다.

¶ 영희 목소리는 가늘고 고왔다.

¶ 어디서 앓는 소리가 가늘게 들린다.

③ 알갱이가 작다. 잘다.

¶ 모래가 아주 가늘어 감촉이 좋다.

④ 알아챌 수 없을 만큼 움직임이 작다.

¶ 편지를 잡은 손이 가늘게 떨린다.

⑤ 빛이나 연기 따위가 희미하고 약하다.

¶ 문틈으로 가는 햇살이 들어왔다.

⑥ 사이가 촘촘하다.

¶ 그 체는 구멍이 가늘다.

복합어

가느스름하다 조금 가늘다. ¶ 햇빛 때문에 눈을 가느스름하게 떴다.

가는귀 작은 소리를 잘 알아듣는 귀. ¶ 나이가 들면 가는귀가 먹어 잘 못 듣는다.

가는귀먹다 작은 소리를 잘 알아듣지 못하다.

가늘디가늘다 매우 가늘다. ¶ 가늘디가는 손목

가늘어지다 가늘게 되다. ¶ 빗줄기가 가늘어지는 것을 보니 곧 비가 그치겠다.

가늠 명사

① 목표나 기준에 맞고 안 맞음을 헤아림.

¶ 밥을 지을 때에는 물 가늠을 잘해야 한다.

② 어림잡아 헤아림.

¶ 큰 행사를 가늠만으로 추진하다가 크게 어려움을 당했다.

복합어

가늠하다 ① 목표나 기준에 맞고 안 맞음을 헤아리다. ¶ 그는 한눈에 목표물을 가늠하였다. ② 어림잡아 헤아리다. ¶ 주머니에 들어 있는 구슬이 몇 개인지 가늠해 봐라.

눈가늠 눈으로 어림잡아 목표나 기준에 대어 보는 일.

눈가늠하다 눈으로 어림잡아 목표나 기준에 대어 보다.

발가늠 발걸음의 수로 대략 길이를 잼. 또는 그런 일.

발가늠하다 발걸음으로 대략 길이를 재다.

손가늠 손으로 대충 길이를 잼.

손가늠하다 손으로 대충 길이를 재다.

관용 표현

가늠(을) 보다 =가늠(을) 잡다. ① 목표를 겨누어 보다. ¶ 가늠을 보아야 화살을 과녁에 잘 맞힐 수 있다. ② 형편이나 시세 따위를 헤아리다. ¶ 일을 시작하기 좋은 때인지 가늠을 보았다.

가늠이 가다 짐작되거나 헤아려지다. ¶ 그가 왜 그랬는지 가늠이 가지 않는다.

가늡니다

형용사 '가늘다'의 종결형.

¶ 상자를 묶기에는 줄이 너무 가늡니다.

가능(可能) 명사

할 수 있거나 될 수 있음.

¶ 통화 가능 지역

¶ 19살 이상 관람 가능

복합어

가능성 어떤 일이 앞으로 일어나거나 이루어질 수 있는 성질. ¶ 이 일은 성공할 가능성이 크다.

가능하다 할 수 있거나 될 수 있다. ¶ 불가능을 가능하게 만드는 것이 능력이다.

관용 표현

가능한 한 할 수 있는 만큼. ¶ 가능한 한 물자를 많이 확보해야 한다.

● '가능한'과 '가능한 한'

'가능한'은 '가능하다'의 활용꼴이다. 그래서 '가능한 일', '가능한 사람'처럼 곧바로 명사를 꾸민다. 이에 비해서 '가능한 한'은 '가능한 한도나 한계까지'라는 의미로 쓰는 말로서, 이때 '한'이 '한도, 한계'를 뜻하는 명사이다. 따라서 '가능한 한'의 끝에 붙은 '한'을 빼면 안 된다. '가능한 한 많이 먹어라.'를 '가능한 많이 먹어라.'라고 하면 안 된다.

틀린 표현	맞는 표현
가능한 좋은 것으로 골라 주세요.	가능한 한 좋은 것으로 골라 주세요.
가능한 사실대로 말해 주게.	가능한 한 사실대로 말해 주게.

'가능한 한'을 '가능한 범위에서'의 뜻으로 쓸 때에는 '될 수 있으면'이나 '할 수 있으면' 또는 '될 수 있는 한'이나 '할 수 있는 한'으로 바꿔 쓰면 좋겠다.

가니[1]

동사 '가다'의 연결형. 또는 종결형.

¶ 사람들이 다 그쪽으로 가니 나도 덩달아 따라갔다.

¶ 지금 집에 가니?

가니[2]

동사 '갈다'의 연결형. 또는 종결형.

¶ 커튼을 새로 가니 집 안 분위기가 달라졌다.

¶ 네가 자면서 이를 가니 시끄러워서 잠을 못 잤어.

¶ 너 혼자 밭을 가니?

● '가니[1]'과 '가니[2]'의 소리 길이

한글은 같은 글자라도 소리가 긴 것과 짧은 것이 있다. '가니[1]'은 '가다'가 문장 안에서 바뀐 형태로, '가'를 짧게 소리 낸다. '가니[2]'는 '갈다'가 문장 안에서 바뀐 형태로, '갈다'의 '갈'이 길게 소리 나기 때문에 '가니[2]'의 '가'도 길게 소리 내야 한다.

가다 동사

규칙 가면, 갈지, 가니, 가서, 가는, 간, 갈, 간다, 갑니다, 갈까, 갔다

① 어디를 목표로 삼아 그쪽으로 움직이다.

¶ 학교에 가니?

¶ 어디까지 가십니까?

② 사라져서 보이지 않게 되다.

¶ 여기 둔 연필이 어디 갔는지 보이지 않는다.

③ 어느 수준이나 한도에 이르다.

¶ 요즘은 만 원 가는 상품만 팔린다.

¶ 가만히 있으면 중간이나 가지.

④ 시간이 지나다.

¶ 세월이 가면 모든 것이 변한다.

¶ 이 일은 시간이 가야 해결될 것이다.

⑤ 전기 따위가 끊어지거나 꺼지다.

¶ 갑자기 전기가 가서 아무 일도 할 수 없었다.

⑥ 생기다.

¶ 그릇에 금이 갔다.

¶ 거짓말을 하면 결국 자신에게 손해가 간다.

⑦ 마음이나 눈길 따위가 쏠리다.

¶ 맛있는 음식에만 손이 갔다.

¶ 호감이 가는 사람이 있으면 인사라도 해 봐.

⑧ 이해나 짐작, 판단 따위가 이루어지다.

¶ 어디 짐작 가는 데가 없니?

¶ 이 문제는 도무지 이해가 안 가.

⑨ 통하다. 알리다.

¶ 합격자에게는 연락이 갈 것입니다.

¶ 신호는 가는데 전화를 안 받네.

⑩ 맛 따위가 변하다.

¶ 우유를 밖에 오래 두었더니 맛이 갔다.

⑪ 수고가 많이 들다.

¶ 벼농사든 과일 농사든 품이 많이 간다.

⑫ 다른 곳으로 움직여 옮기다.

¶ 영수는 어제 이사를 갔다.

¶ 동이가 나를 때리고 도망을 갔다.

⑬ 결혼하여 나가다.

¶ 누나는 작년에 시집을 갔고, 형은 올해 장가를 간다.

⑭ ('-어 가다' 형태로 쓰여) 점점 그렇게 변하다.

¶ 일이 잘되어 가는 것 같다.

¶ 날이 저물어 간다.

관용 표현

가도 오도 못하다 한곳에서 자리를 옮기거나 움직일 수 없는 상태가 되다.

갈 길이 멀다 앞으로 살아야 할 세월이나 해야 할 일이 많이 남아 있다.

갈 데까지 가다 극단적인 상황이나 상태에 이를 때까지 하다.

속담

가는 날이 장날 공교롭게 뜻하지 않은 일이 생긴 경우에 쓰는 말. =오는 날이 장날.

가는 말이 고와야 오는 말도 곱다 내가 남을 대접하는 만큼 남도 나를 대접한다는 말.

가는 방망이에 오는 홍두깨 남을 먼저 건드리거나 해치면 그보다 몇 배 더 큰 보복이 돌아올 수 있다는 말.

가는 정이 있어야 오는 정이 있다 다른 사람에게 정을 베풀어야 그만한 정이 자기에게 돌아온다는 말.

갈수록 태산이다 일이 점점 더 어려워진다는 말.

가렵다 형용사

[불규칙] 가렵고, 가려우면, 가려우니, 가려워, 가려운, 가렵습니다, 가려웠다

긁고 싶은 느낌이 있다. ㊥ 간지럽다

¶ 발가락이 가려워서 긁었다.

복합어

가려움 가려운 느낌. ¶ 몸에 가벼운 가려움을 느꼈다.

가려움증 몸이 가려운 증세.

가려워하다 가려움을 느끼다. ¶ 동생이 가려워하여 약을 발라 주었다.

관용 표현

가려운 곳을 긁어 주다 남에게 꼭 필요한 것을 시원스럽게 만족시켜 줌을 빗대어 이르는 말. ¶ 누구나 필요할 때에 자기의 가려운 곳을 긁어 주는 사람을 좋아한다.

가르다 동사

[불규칙] 가르게, 가르고, 갈라, 가른, 가를, 가른다, 가릅니다, 갈랐다

① 하나를 몇 부분으로 나누다. [참고] 가리다[2]

¶ 사과를 네 쪽으로 갈랐다.

② 공기나 물을 양쪽으로 나누며 움직이다.

¶ 배가 물살을 가르며 나아간다.

③ 양쪽으로 열어젖히다.

¶ 생선의 배를 가르고 내장을 빼냈다.

④ 겨루어 승패나 등수 따위를 정하다.

¶ 날씨가 경기의 승패를 가르게 되었다.

⑤ 잘잘못을 따져서 구분하다.

¶ 옳은 것과 그른 것을 가려야 한다.

ㄱ

복합어

가르마 머리카락을 이마에서 정수리까지 양쪽으로 갈라 생긴 금.

갈라내다 한 덩어리로 있는 것을 갈라서 따로 떼어 내다. ¶ 창고에 있는 오래된 물건들을 쓸 것과 못 쓸 것을 갈라내어서 버려라.

갈라놓다 ① 관계를 멀어지게 하다. ¶ 그가 친구 사이를 갈라놓았다. ② 떼어 둘 이상으로 나누다. ¶ 조선을 전기와 후기로 갈라놓은 사건은 1592년 임진왜란이다.

갈라서다 ① 갈라서 따로 서다. ¶ 학생들이 두 줄로 갈라섰다. ② 관계를 끊고 남남이 되다. ¶ 부부가 결국 갈라서게 되었다.

갈라지다 ① 쪼개지거나 금이 가다. ¶ 가뭄으로 땅이 쩍쩍 갈라졌다. ② 목소리가 몹시 거칠게 되다. ¶ 감기로 목소리가 갈라졌다. ③ 둘 이상으로 나누어지다. ¶ 나라가 남북으로 갈라져서 서로 총부리를 겨누었다. ④ 긴밀한 관계가 끊어지다. ¶ 그는 아내와 갈라진 뒤로 혼자 살고 있다.

가르치다 동사 ㉾ 갈치다

규칙 가르치어서/가르쳐서, 가르친, 가르칠, 가르칩니다, 가르치었다/가르쳤다

① 지식이나 기능, 이치 따위를 깨닫게 하거나 익히게 하다.

¶ 이모는 학교에서 국어를 가르칩니다.

¶ 가르친 사람보다 배운 사람이 운전을 더 잘하네.

② 그릇된 버릇이나 태도를 바로잡다.

¶ 아이들의 잘못은 가르치는 것보다 스스로 깨닫게 하는 것이 좋다.

③ 학교나 학원에 보내어 배우게 하다.

¶ 그들은 자식 가르치는 일에 전념했다.

④ 아직 모르는 일을 알려 주다.

¶ 그 사람에 대한 비밀을 한 가지 가르쳐 줄게.

복합어

가르친사위 융통성이나 창의성이 없이 남이 가르치는 대로만 하는 사람을 낮잡아 이르는 말.

가르침 지식, 사상, 기술, 예절 따위를 알게 함. 또는 그 내용.

● '가르치다'와 '가리키다'

두 말은 전혀 다른 말이다. '가르치다'는 어떤 것이 무엇인지 머리로 알게 해 주는 말이고, '가리키다'는 어디에 있는지 눈으로 보게 해 주는 말이다.

가리다[1] 동사

규칙 가리어/가려, 가린, 가릴, 가린다, 가립니다, 가리었다/가렸다

① 보이지 않게 막히다.

¶ 구름에 가렸던 달이 모습을 드러냈다.

② 다른 것에 영향을 받아 드러나지 못하다.

¶ 기적 소리에 가려 네 말이 하나도 안 들린다.

¶ 아버지의 그늘에 가려 자식이 빛을 보지 못했다.

③ 보이거나 통하지 않도록 막다.

¶ 커튼을 쳐서 햇빛을 가렸다.

¶ 손으로 입을 가리고 하품을 했다.

가리다[2] 동사

규칙 가리어/가려, 가린, 가릴, 가린다, 가립니다, 가리었다/가렸다

① 여럿 가운데서 하나를 구별하여 고르다.

¶ 이 중에서 가장 무거운 것을 눈가늠으로 가려 보아라.

¶ 틀린 답을 가려서 적으시오.

② 잘잘못이나 좋은 것과 나쁜 것 따위를 따져서 분간하다.

¶ 옳은 일과 그른 일을 가리지 못하면 어른이라고 할 수 없다.

¶ 법에 따라 잘잘못을 가리는 것이 법원이 하는 일이다.

③ 낯선 사람을 구별하여 싫어하다.

¶ 아이가 이제 낯을 가리기 시작했다.

④ 치러야 할 것을 따져서 갚다.

¶ 한 달 뒤에 빚을 가린다고 하고 돈을 빌려 왔다.

⑤ 싫은 음식을 물리치고 좋아하는 음식만 골라서 먹다.

¶ 아이가 지나치게 음식을 가려서 걱정이다.

⑥ 자기 일을 알아서 스스로 처리하다.

¶ 자기 앞도 못 가리는 주제에 남의 일에 '감 놓아라, 배 놓아라.' 한다.

¶ 세 살이면 똥오줌을 가릴 나이인데.

복합어

앞가림 제 앞에 닥친 일을 제힘으로 해냄. ¶ 제 앞가림은 해야지.

앞가림하다 제 앞에 닥친 일을 제힘으로 해내다.

● '가르다'와 '가리다[2]'

'가르다'는 단순히 둘 이상으로 나누는 행위에 중점을 둔다. 이에 비해서 '가리다[2]'는 단순히 나누기에 그치지 않고 가른 것 가운데에서 어느 하나를 선택하는 행위를 포함한다.

¶ 쌀과 콩을 갈라서 그릇에 넣어라.(두 곡식을 각각 다른 그릇에 넣는다.)

¶ 콩을 가려서 그릇에 넣어라.(콩만 선택하여 그릇에 넣는다.)

≫ '가리다[2]', '뽑다', '추리다'의 차이는 올림말 '추리다' 참고.

가리다[3] 동사

규칙 가리어/가려, 가린, 가릴, 가린다, 가립니다, 가리었다/가렸다

곡식이나 장작 따위의 단을 차곡차곡 쌓아 올려 더미를 짓다.

¶ 가을이면 농부들은 벼를 베고 볏단을 가렸다.

복합어

나뭇가리 땔나무를 차곡차곡 쌓아 둔 무더기.

낟가리 낟알이 붙은 상태로 가려 쌓은 무더기.

노적가리 곡식을 한데에 높이 쌓아 둔 무더기.

볏가리 벼를 가려 쌓은 무더기. 벼 낟가리.

가리키다 동사

규칙 가리키어/가리켜, 가리킨, 가리키었다/가리켰다

① 손가락 따위로 어떤 방향이나 대상을 보이거나 알리다. 참고 가르치다

¶ 그는 손가락으로 동쪽을 가리켰다.

¶ 시곗바늘이 오후 두 시를 가리켰다.

② 어떤 대상을 특별히 두드러지게 나타내다.

¶ 그를 가리켜 현대판 홍길동이라고 했다.

가물 명사

=가뭄

속담

가물 끝은 있어도 장마 끝은 없다 가뭄보다 장마로 인한 재난이 더 무섭다는 말.

가물에 단비 애타게 기다리고 바라던 일이 마침내 이루어짐을 이르는 말.

가물에 콩 나듯 가뭄에 심은 콩이 제대로 싹 트지 못하고 드문드문 난다는 뜻으로, 어떤 일이나 물건이 아주 드물게 있는 경우를 빗대어 이르는 말.

가물다 동사

불규칙 가무니, 가물어, 가문, 가물, 가뭅니다, 가물었다

오랫동안 계속하여 비가 오지 않다.

¶ 날이 너무 가물면 오이 꼭지가 쓰다.

¶ 올해는 가문 날이 무척 많았다.

속담

가문 날에 빗방울 안 떨어지는 날이 없다 가뭄이 계속되면서 비는 시원히 오지 않고 몇 방울 떨어지기만 한다는 말.

가문 논에 물 대기 일이 매우 힘들거나 애써 한 일이 보람 없는 경우를 이르는 말.

가뭄 명사

오랫동안 계속하여 비가 내리지 않아 메마른 날씨. =가물

¶ 겨울에 가뭄이 들어 마실 물도 부족하게 되었다.

복합어

가뭄더위 여름철에 가뭄으로 더 덥게 느껴지는 더위.

가뭄못자리 가뭄에 겨우 물을 실어 만든 못자리.

가뭄철 해마다 으레 가뭄이 드는 철. =가물철

왕가뭄 아주 심한 가뭄.

찔레꽃가뭄 찔레꽃이 피는 음력 5월 모내기 철에 드는 가뭄을 이르는 말.

가벼이 부사

가볍게.

¶ 옷차림을 가벼이 하고 외출한다.

¶ 다른 사람의 말을 가벼이 듣지 마라.

가볍다 형용사

불규칙 가볍게, 가볍고, 가벼우니, 가벼워, 가벼운, 가볍네, 가벼웠다

① 다른 물건이나 기준보다 무게가 적다.

¶ 무게는 가볍지만 값은 비싸다.

② 가치, 책임, 비중 따위가 낮거나 적다.

¶ 네 책임이 가볍지 않으니 열심히 해라.

③ 병세, 죄과, 실수 따위가 그다지 심하지 않다.

¶ 이번 실수는 가벼우니 용서해 주자.

④ 침착하지 못하거나 진득하지 못하다.

¶ 말과 행동을 가볍게 하지 마라.

⑤ 몸이나 손발 따위의 움직임이 날쌔고 재다.

¶ 저 선수는 몸놀림이 가벼워 보인다.

⑥ 노력이나 부담 따위가 적다.

¶ 점심을 가볍게 먹고 운동장에서 축구를 했다.

ㄱ

⑦ 격식을 차리지 않고 예사롭다.

¶ 전학 온 아이와 서로 가볍게 인사를 나누었다.

⑧ 힘이 들지 않고 수월하다.

¶ 그는 어려운 수학 문제도 가볍게 풀었다.

⑨ 정도가 약하다.

¶ 문을 가볍게 두드리는 소리가 들렸다.

⑩ 옷차림이나 화장이 요란하지 않고 산뜻하거나 활동하기에 편하다.

¶ 가벼운 옷차림으로 외출하려 한다.

⑪ 마음이 홀가분하고 경쾌하다.

¶ 일을 끝내 놓으니 마음이 한결 가벼웠다.

복합어

가볍디가볍다 매우 가볍다. ¶ 아이의 몸이 가볍디가벼웠다.

가슴 명사

① 배와 목 사이의 앞부분.

¶ 아이가 인형을 가슴에 꼭 안았다.

② 심장, 허파 등이 있는, 목과 가로막 사이의 부분.

¶ 가슴이 아파 숨을 쉴 수 없다.

③ 마음이나 생각. 참고 마음

¶ 새로운 희망에 가슴이 부풀었다.

④ 윗옷의 가슴 부분. =옷가슴

¶ 교복 가슴에 이름표를 달았다.

⑤ 젖과 그 둘레 부분. =젖가슴

¶ 아기가 엄마의 가슴을 만지며 잠들었다.

복합어

가슴골 가슴 한가운데 오목하고 길게 팬 부분.

가슴둘레 가슴의 가장 굵은 부분을 둘러 잰 길이.

가슴속 =마음속

가슴앓이 ① 안타까워 마음이 애달픔. ② 가슴이 이따금 쓰리고 아픈 증세.

가슴앓이하다 안타까워 마음속으로만 애달파하다.

가슴지느러미 물고기의 양쪽 가슴에 붙은 지느러미.

가슴팍 가슴의 판판한 부분을 속되게 이르는 말. =가슴패기

냉가슴 ① 몸을 차게 하여 생기는 가슴앓이. ② 드러내지 않고 속으로만 끙끙대고 걱정하는 것. ¶ 아무에게도 말 못 하고 냉가슴만 앓았다.

맨가슴 아무것도 걸치지 않아 드러난 가슴.

앙가슴 두 젖 사이의 가운데.

앞가슴 ① 가슴을 강조하여 이르는 말. ② 윗옷의 앞자락. ③ 곤충의 가슴 가운데 앞부분.

관용 표현

가슴(을) 앓다 마음의 아픔이나 안타까움을 느끼다. ¶ 그는 짝사랑 때문에 오랫동안 가슴을 앓았다.

가슴(을) 치다 마음에 큰 충격을 주다. ¶ 딸아이의 불평이 문득 내 가슴을 쳤다.

가슴(을) 펴다 굽힐 것 없이 당당하고 의젓하다. ¶ 가슴을 펴고 네 의견을 말해 봐.

가슴에 못을 박다 남의 마음을 몹시 상하게 하다. ¶ 아무리 화가 나도 부모님 가슴에 못을 박는 말은 하지 마라.

가슴에 새기다 잊지 않게 마음속 깊이 기억하다. ¶ 충고를 가슴에 새기겠습니다.

가슴에 손을 얹다 양심에 근거를 두다. ¶ 잘한 일인지 가슴에 손을 얹고 생각해 봐.

가슴이 넓다 이해심이 많다. ¶ 그는 나의 실수도 감싸 줄 만큼 가슴이 넓었다.

가슴이 뜨겁다 고마움으로 감동이 크다. ¶ 어머니 사랑에 가슴이 뜨겁다.

가슴이 뜨끔하다 양심의 가책을 받아 깜짝 놀라다. ¶ 가슴이 뜨끔했지만 그는 아무렇지 않은 척했다.

가슴이 무겁다 마음이 가라앉아 언짢다. ¶ 그를 도울 방법이 없어 가슴이 무겁다.

가슴이 미어지다 슬픔이나 고통으로 견디기 힘들게 되다. ¶ 고생만 하다가 죽은 아내를 생각하면 가슴이 미어진다.

가슴이 아리다 가엾거나 불쌍하여 가슴을 찌르는 것처럼 아프다. ¶ 어린아이들의 헐벗은 모습을 보니 가슴이 아려서 견딜 수 없었다.

가슴이(/가슴에) 찔리다 심한 양심의 가책을 받다. ¶ 네 말을 들으니 가슴이 찔린다.

가슴이 찢어지다 가슴이 째지는 듯하게 아프다. ¶ 가슴이 찢어지는 고통을 견뎠다.

가슴이 콩알만 해지다(/하다) 불안하여 마음을 펴지 못하게 되다. ¶ 귀신 이야기를 듣고 가슴이 콩알만 해졌다.

가슴이 트이다 마음속에 맺힌 것이 풀리다. ¶ 오해가 풀리니 가슴이 트이는 기분이야.

● 담는 곳은 '마음', 새기는 곳은 '가슴'

¶ 사람들의 비난 따위는 마음에 담아 두지 마라.

¶ 선생님의 충고를 가슴에 깊이 새겨 두겠습니다.

잊지 않겠다는 뜻으로 위와 같이 두 표현을 쓸 수 있다. 대체로 담아 둔다는 표현은 마음과 함께 쓰고, 새겨 둔다는 가슴과 함께 쓴다. 따라서 '마음에 담다', '마음에 두다'가 자연스럽고 '가슴에 새기다'가 자연스러운 표현이다.

가엽다 형용사

불규칙 가엽고, 가여우면, 가여우니, 가여우므로, 가여워, 가여운, 가여웠다

=가엾다

¶ 영수는 참 가여운 아이다.

¶ 길을 잃은 새끼 고양이가 가여워서 집으로 데리고 왔다.

가엾다 형용사

규칙 가엾고, 가엾으니, 가엾어, 가엾어서, 가엾은, 가엾었다

불쌍하여 마음이 아플 만큼 슬픈 느낌이다. =가엽다

¶ 그는 세상에 기댈 곳 없는 가엾은 사람이다.

¶ 아이가 너무 가엾어서 눈물이 났다.

가증스럽다(可憎-) 형용사

불규칙 가증스럽게, 가증스러우니, 가증스러워, 가증스러운, 가증스러웠다

하는 짓이 괘씸하고 얄밉다.

¶ 힘 있는 사람을 등에 업고 설치는 꼴이 가증스럽다.

¶ 거짓말을 아무렇지 않게 늘어놓는 네 태도가 가증스러울 뿐이야.

가지다 동사 ㉾ 갖다

규칙 가지어/가져, 가지어서/가져서, 가진, 가집니다, 가지었다/가졌다

① 몸에 지니다.

¶ 내가 지금 가진 돈이 천 원뿐이야.

② 자기 것으로 삼다.

¶ 이 연필을 제가 가져도 되나요?

③ 생각이나 감정 따위를 품다.

¶ 좋은 의견을 가진 사람은 말해 보세요.

④ 누리다.

¶ 여유를 가지고 살아라.

⑤ 자격이나 조건 따위를 지니다.

¶ 그는 한식 조리사 자격증을 가지고 있다.

⑥ 관계를 맺다.

¶ 이번 회담으로 한국과 베트남이 발전적인 관계를 가질 수 있게 되었다.

⑦ 아이를 배다.

¶ 아내가 아이를 가졌다.

⑧ ('무엇을 가지고' 구성으로 쓰여) '이용하여', '수단이나 재료로 삼아'의 뜻을 나타내는 말.

¶ 크레파스를 가지고 그림을 그렸다.

¶ 능력만 가지고 성공하는 경우는 드물다.

⑨ ('-어/-아 가지고' 구성으로 쓰여) '어떤 행위를 한 뒤에' 또는 '어떤 행위를 하여서'의 뜻

을 나타내는 말.

¶ 음식을 만들어 가지고 어려운 사람들에게 나누어 주었다.

복합어

가져가다 ① 다른 데로 옮기다. ¶ 남은 음식은 집에 가져가세요. ② 몰래 훔치다. ¶ 여기 있던 물건은 누가 가져갔습니까?

가져다주다 ① 옮기어 건네주다. ¶ 내일은 꼭 컴퓨터를 가져다줄게. ② 결과를 낳게 하다. ¶ 우리는 그가 행운을 가져다줄 거라고 믿었다.

가져오다 ① 이곳으로 옮기다. ¶ 저 의자를 이리 가져와라. ② 불러일으키거나 생기게 하다. ¶ 그 사건이 우리 사회에 큰 변화를 가져왔다.

● '가지다'를 줄여 쓰는 법

'가지다'는 '가져', '갖다'처럼 줄여서 많이 쓴다. '이걸 제가 가져도 되나요?'에서 '가져도'는 사실 '가지어도'가 줄어든 말이다. '이걸 선생님께 갖다 드려라.'에서 '갖다'는 '가지어다' 또는 '가져다'가 줄어든 말이다. 이처럼 '가지다'는 실제로는 줄어든 형태로 폭넓게 쓰인다.

가지고 → 갖고 / 가지게 → 갖게 / 가지기 → 갖기 / 가지는 → 갖는

가지도록 → 갖도록 / 가지지 → 갖지 / 가진다 → 갖는다 / 가집니다 → 갖습니다

그러나 아래와 같은 경우에는 '갖-'으로 줄어든 형태를 쓰지 않는다.

가질(×갖을) / 가질지(×갖을지) / 가집시다(×갖읍시다) / 가지세요(×갖으세요)

가지어 → 가져(×갖어) / 가지어서 → 가져서(×갖어서) / 가지었다 → 가졌다(×갖었다)

× 가파라지다

'가팔라지다'의 틀린 말.

○ 가파르다 형용사

불규칙 가파르고, 가팔라, 가팔라서, 가파른, 가파릅니다, 가팔랐다

길이 몹시 비탈지다.

¶ 언덕길이 너무 가파르고 험하여 걸어가기 힘들다.

¶ 산길이 너무 좁고 가팔라서 자동차가 갈 수 없을 것 같다.

복합어

가팔라지다 올림말 '가팔라지다' 참고.

가팔라지다 동사 ×가파라지다

규칙 가팔라지어/가팔라져, 가팔라진다, 가팔라지었다/가팔라졌다

가파르게 변하다.

¶ 산길이 점점 가팔라지니 숨이 차기 시작했다.

가하다(加-) 동사

불규칙 가하여/가해, 가한, 가합니다, 가하였다/가했다

① 작용이나 영향을 주다.

¶ 미국은 우리나라에 농산물을 더 많이 수입하라고 압력을 가했다.

② 영향이 미치도록 보태거나 더하다.

¶ 얼음에 열을 가하면 물이 된다.

¶ 빗길에서 자동차에 속력을 가해서는 안 된다.

● '가하다', '더하다[2]', '보태다'

'가하다'는 주로 화학적 변화를 염두에 둔 표현으로, 무엇을 '가한' 결과 어떤 상황이나 상태가 변하는 경우에 쓴다. 이에 비해서 '더하다'는 주로 수량이 늘어나는 경우에 쓰며, '보태다'는 부족한 것을 보완하는 경우에 쓴다.

¶ 물에 열을 가하면 수증기가 된다.

¶ 20에 10을 더하면 30이 된다.

¶ 우리에게 힘을 보태어 주십시오.

간[1]

동사 '가다'의 관형사형.

¶ 학교에 간 아이를 왜 찾니?

간[2] ×갈은

동사 '갈다'의 관형사형.

¶ 새로 간 문짝이 부서졌다.

¶ 밭을 반쯤 간 뒤에 새참을 먹었다.

● '간¹'과 '간²'의 소리 길이

한글에는 형태는 같은데 소리가 다른 것이 있다. '간¹'은 '가다'가 바뀐 형태로 짧게 소리 내고, '간²'는 '갈다'가 바뀐 형태로 길게 소리 내야 한다. 또 하나 조심해야 할 것은 '간²' 대신에 '갈은'을 쓰면 안 된다. '갈다'가 문장 안에서 어떻게 바뀌는지 보면 다음과 같다.

¶ 지금 막 간(○)/갈은(×) 칼이니 조심해라.

¶ 기저귀를 가는(○)/갈으는(×) 엄마

¶ 가족이 모두 나서서 밭을 가네(○)/갈으네(×).

¶ 새로 갈(○)/갈을(×) 부품이 없어요.

간[3] 명사

① 음식에 짠맛을 내는 소금, 간장, 된장 따위를 통틀어 이르는 말.

¶ 아직 간을 치지 않아서 싱거울 거예요.

② 음식물의 짠 정도.

¶ 국물이 간이 맞아서 먹기 좋다.

복합어

간고등어 소금에 절인 고등어.

간하다 ① 음식물에 간을 치다. ¶ 소금으로 간하느냐 간장으로 간하느냐에 따라 국물 맛이 달라진다. ② 음식물을 소금에 절이다. ¶ 고등어를 간해서 구우면 맛있다.

관용 표현

간도 모르다 일의 내막을 짐작도 하지 못하다. ¶ 간도 모르고 아무렇게나 말하지 마.

간다[1]

동사 '가다'의 종결형.

¶ 나는 지금 학교에 간다.

간다[2]

동사 '갈다'의 종결형.

¶ 낡은 전등을 새것으로 간다.

¶ 요리를 하려고 칼을 간다.

¶ 부부가 함께 밭을 간다.

››› '간다[1]'은 '간[1]'처럼 짧게 소리 내고, '간다[2]'는 '간[2]'처럼 길게 소리 낸다. 올림말 '간[2]' 참고.

간수하다 동사

[불규칙] 간수하여/간수해, 간수한다, 간수하였다/간수했다

물건 따위를 잘 보호하거나 보관하다. [참고] 간직하다

¶ 이 편지를 잘 간수해 두어라.

● '간수하다'와 '간직하다'

'간수하다'는 물건을 잃어버리거나 상하지 않도록 보관할 때 쓴다. '간직하다'는 물건을 잘 챙겨 두거나 어떤 일을 마음에 깊이 새겨 둘 때 쓴다.

¶ 그는 제 물건도 간수하지 못해서 만날 잃어버려.

¶ 10년 전에 받은 편지를 상자 속에 간직하고 있다.
¶ 선생님의 충고를 마음속 깊이 간직하겠습니다.

간신히(艱辛-) 부사

겨우 또는 가까스로.

¶ 사고 현장에서 간신히 빠져나왔다.

¶ 시험에 간신히 합격하였다.

간지럽다 형용사

불규칙 간지럽고, 간지러우니, 간지러워, 간지러운, 간지러웠다

① 털 같은 것이 살을 가볍게 스칠 때처럼 자린 느낌이 있다. ㊥ 가렵다

¶ 등이 간지러우니 좀 긁어 다오.

② 무엇을 하고 싶어 참고 견디기 어렵다.

¶ 입이 간지러워 말을 안 할 수 없었다.

③ 어색하거나 거북하거나 치사하여 계면쩍다.

¶ 뜻하지 않게 칭찬을 들으니 낯이 간지러웠다.

복합어

간지럼 간지러운 느낌. ¶ 나는 간지럼을 잘 타니 간지럼 태우지 마라.

간지럽히다 간지럽게 하다. =간질이다

간질거리다 =간질대다 ① 간지러운 느낌이 자꾸 들다. 또는 그런 느낌이 자꾸 들게 하다. ¶ 코가 간질거려 참을 수 없다. ② 참기 어려울 정도로 어떤 일을 자꾸 하고 싶어 하다. ¶ 입이 간질거려서 결국 말을 하고 말았다.

낯간지럽다 너무 보잘것없거나 염치없어서 남 보기에 부끄럽다. ¶ 낯간지럽게 사랑한다는 말을 어떻게 해?

× 간지르다 / 간지리다 '간질이다'의 틀린 말.

○ 간직하다 동사

[불규칙] 간직하여/간직해, 간직한, 간직합니다, 간직하였다/간직했다

① 잘 가지고 있다. [참고] 간수하다

¶ 각자 간직하고 있는 물품을 내놓으세요.

② 마음속에 깊이 새겨 두다.

¶ 해 주신 말씀 가슴 깊이 간직하겠습니다.

○ 간질이다 동사 ×간지르다/간지리다

[규칙] 간질이어/간질여, 간질입니다, 간질이었다/간질였다

살갗을 문지르거나 건드려서 간지럽게 하다. =간지럽히다

¶ 동생이 풀잎으로 내 얼굴을 간질였다.

● '간질이다'와 '간지르다', '간지리다'

간지럽게 하는 행동을 나타내는 낱말은 '간질이다'로 적는다. '간지르다'나 '간지리다', '간질러 주다'나 '간지러 주다'는 틀린 말이다. '간질여 주다'로 써야 한다. 마찬가지로 '지껄이다'도 '지꺼리다'로 적으면 안 된다.

¶ 우리 누나 손등을 간지러(×)/간지려(×)/간질여(○) 주어라.

○ 갈[1]

동사 '가다'의 관형사형.

¶ 저녁에 극장에 갈 예정이었어.

¶ 나와 함께 놀이터에 갈 사람 나와라.

갈[2] ×갈을

동사 '갈다'의 관형사형.

¶ 어항 물을 갈 때가 되었다.

¶ 이제는 밭을 갈 힘이 없다.

››› '갈[1]'과 '갈[2]'의 소리내기는 올림말 '간[2]' 참고.

갈기다 동사

규칙 갈기어/갈겨, 갈긴, 갈길, 갈깁니다, 갈기었다/갈겼다

① 힘차게 때리거나 치다.

¶ 동생이 하도 얄미워서 등을 한 대 갈겼다.

② 총, 대포 따위를 냅다 쏘다.

¶ 누나는 총을 마구잡이로 갈기는 영화를 싫어한다.

③ 글씨를 아무렇게나 마구 쓰다.

¶ 책상 서랍에서 연필로 갈겨 쓴 편지가 나왔다.

④ 똥, 오줌, 침 따위를 함부로 아무 데나 싸거나 뱉다.

¶ 어디다 오줌을 갈기는 거야?

⑤ (속되게) 말 따위를 되는대로 마구 지껄이다.

¶ 그는 아무한테나 반말을 찍찍 갈깁니다.

갈다[1] 동사

불규칙 갈아, 가는, 간, 갈, 간다, 가세요, 가오, 갑니다, 갑시다, 갈았다

바꾸다. 참고 갈음하다

¶ 헌것을 새것으로 갈아 놓아라.

¶ 아기 기저귀를 간 뒤에 새 옷으로 갈아입혔다.

¶ 어항 물은 자주 가는 것이 좋다.

복합어

갈리다 다른 것이나 다른 사람으로 바뀌다. '갈다[1]'의 피동형. ¶ 대표가 갈리자 회사 분위기가 달라졌다.

갈아대다 다른 사람이나 물건으로 바꾸어 대다. ¶ 구두 밑창을 새것으로 갈아대고 나니 발이 한결 편하다.

갈아입다 입던 옷을 벗고 다른 옷을 입다. ¶ 한복으로 갈아입었다. / 잠자기 전에 잠옷으로 갈아입는다.

갈아입히다 입고 있던 옷을 벗기고 다른 옷을 입히다. '갈아입다'의 사동형. ¶ 젖은 옷을 벗기고 새 옷으로 갈아입혔다.

갈아타다 타고 있던 것에서 내려 다른 것으로 바꾸어 타다. ¶ 집에 가려면 지하철에서 내려 버스로 갈아타야 한다.

갈이 ① 오래된 것을 새것으로 바꾸는 일. ② 이미 있던 털이나 이 따위가 빠지고 그 자리에 새것이 나는 일. ¶ 뿔이 있는 짐승은 뿔 갈이를 하고, 털이 있는 짐승은 털 갈이를 한다.

갈다[2] 동사

불규칙 갈면, 갈아, 가는, 간, 갈, 간다, 가세요, 갑니다, 갈았다

① 문질러 반드럽게 만들다.

¶ 울퉁불퉁한 돌도 잘 갈면 겉이 매끄럽게 된다.

¶ 돌을 갈아 만든 돌 화살촉은 대부분 청동기 시대에 제작되고 사용되었다.

② 문질러 날카롭게 만들다. 참고 벼리다

¶ 숫돌에 칼날을 가니 칼이 아주 잘 든다.

③ 단단한 것에 문질러 가루를 만들다.

¶ 벼루에 먹을 갈아서 붓글씨를 쓴다.

¶ 두부를 쑤려고 맷돌에 콩을 갈았다.

④ 윗니와 아랫니를 맞대고 문질러 소리를 내다.

¶ 아이가 피곤했는지 빠각빠각 이를 갈면서 잔다.

갈다[3] 동사

불규칙 갈고, 가는, 간, 갈, 간다, 가오, 가세요, 갑니다, 갑시다, 갈았다

① 쟁기 따위로 흙을 파서 뒤집다.

¶ 쟁기로 밭을 가는 농부

② 씨앗을 뿌려 가꾸다.

¶ 올해는 밭에 상추를 갈려고 한다.

복합어

갈아먹다 논밭을 갈아 농작물을 심어 생활을 이어 나가다. ¶ 그들은 콩, 조, 옥수수 따위를 갈아먹으며 살아간다.

갈아엎다 ① 논밭의 흙을 갈아서 뒤집어 놓다. ¶ 배추 값이 폭락하자 농부들은 배추 밭을 갈아엎었다. ② 좋지 않은 환경 따위를 새롭게 바꾸다. ¶ 학연이나 지연을 따지는 풍토를 갈아엎어야 한다.

> **'갈다'의 형태 바뀜**
>
> '갈다'는 쓰는 자리에 따라서 다음과 같이 여러 형태로 바뀐다.
>
> ① '갈다'가 문장 끝에 오는 경우
>
> ¶ 농부가 밭을 간다/가네/가오/갑니다.
>
> ¶ 어서 밭을 가세요/갑시다.
>
> ② '갈다'가 문장 중간에 오는 경우
>
> ¶ 요즘은 쟁기로 밭을 가는 사람이 거의 없다.
>
> ¶ 밀을 가느라고 쉴 틈이 없다.

갈음하다 동사

불규칙 갈음하여/갈음해, 갈음한다, 갈음합니다, 갈음하였다/갈음했다

다른 것으로 바꾸어 대신하다. 대체하다.

¶ 이 말로 인사말을 갈음하겠습니다.

● '갈음하다'와 '갈다[1]'

두 낱말은 모두 다른 것으로 바꿈을 뜻하지만 실제로 쓰이는 상황은 조금 다르다.

¶ 그는 발을 다쳤으니 다른 선수로 갈아 주세요.(바꿈. 교체함.)

¶ 그 일에는 그를 갈음할 사람이 없어요.(대체함. 대신함.)

¶ 고장 난 컴퓨터를 새것으로 갈았다.(바꿈. 교체함.)

¶ 신석기 시대에는 조개로 화폐를 갈음하였다.(대체함. 대신함.)

감사하다(感謝-) ①동사 ②형용사

불규칙 감사하여/감사해, 감사하는, 감사한다, 감사합니다, 감사하였다/감사했다

① 고마움을 표하다.

¶ 어려울 때에 도와준 너에게 감사하고 싶다.

¶ 나는 네가 우리 아들로 태어난 것에 감사한다.

② (주로 인사말로 쓰여) 고마운 마음이 있다. 참고 고맙다

¶ 우리 아이 돌잔치에 와 주셔서 감사합니다.

¶ 그렇게 해 주신다면 정말로 감사한 일이죠.

● 형용사 '감사하다'와 '고맙다'

'감사하다'와 '고맙다'는 같은 뜻이지만 쓰임새가 조금 다르다. '감사하다'는 주로 아랫사람이 윗사람에게 '감사합니다', '감사해요'처럼 높임말 형태로 쓴다. 반면에 '고맙다'는 '고맙습니다', '고마워요'처럼 높임말로도 쓰고, '고맙다', '고맙네', '고맙구나'처럼 낮춤말로도 쓴다.

감추다 동사

규칙 감추어/감춰, 감춥니다, 감추었다/감췄다

① 남이 보거나 찾지 못하도록 가리거나 숨기다.

¶ 보물을 어디에 감추었을까?

¶ 양말 속에 돈을 감추었다.

② 어떤 사실이나 감정 따위를 남이 모르게 하다.

¶ 아이들이 기쁨을 감추지 못하고 환호성을 올렸다.

③ 없어지거나 사라지다.

¶ 놀이터에 아이들은 모습을 감추고 빈 그네만 걸려 있다.

속담

감출 줄은 모르고 훔칠 줄만 안다 관련된 일 중에서 하나만 알고 다른 것은 모른다는 말. =하나만 알고 둘은 모른다.

● '감추다'와 '숨기다'

'감추다'는 자기가 가지고 있는 물건이나 속마음, 감정 따위를 남이 보거나 알지 못하게 하는 행위이다. '숨기다'는 숨은 것이 드러나지 않게 도와주는 행위이다. 사람이나 동물을 눈에 띄지 않게 하는 경우에는 '숨기다'를 쓴다. 자기 약점이나 법률을 위반한 일 따위를 남모르게 하는 행위는 '감추다'와 '숨기다' 둘 다 쓸 수 있다.

¶ 사람을 이런 곳에 숨기다니(○)/감추다니(×).

¶ 나무꾼이 사슴을 헛간에 숨겨(○)/감추어(×) 주었다.

¶ 네 잘못을 숨기지(○)/감추지(○) 말고 다 털어놓아라.

갑갑하다 형용사

불규칙 갑갑하여/갑갑해, 갑갑한, 갑갑할, 갑갑하였다/갑갑했다

① 옥죄거나 움직이기 어려워 숨이 막힐 듯하다.

¶ 옷이 너무 작아 갑갑하다.

¶ 전철에 사람이 너무 많아 갑갑했다.

② 일이 더디거나 지루하여 참기 어렵다.

¶ 날씨가 좋은데 집에만 있자니 갑갑해서 친구를 만났다.

③ 일을 어떻게 할 줄 몰라서 마음이 무겁다.

¶ 수습할 방안이 없으니 갑갑하기 짝이 없다.

④ 가슴이나 배 속이 꽉 막힌 듯이 불편하다.

¶ 소화가 안돼서 속이 갑갑하다.

⑤ 일이 뜻대로 되지 않아 마음이 답답하다.

¶ 요즘 친구 관계도 공부도 뜻대로 되지 않아 마음이 갑갑해.

● '갑갑하다'와 '답답하다'

두 낱말은 의미나 용법이 매우 비슷하다. 차이가 있다면 '갑갑하다'는 몸이 얽매여서 자유롭게 움직일 수 없을 때에 더 자주 쓰이고, '답답하다'는 심리적으로 억눌린 상태에 더 자주 쓰인다.

¶ 비좁은 방에서 다섯 식구가 살려니 갑갑합니다.

¶ 이 일을 해내야 하는데 방법이 없어서 가슴만 답답합니다.

갑니다[1]

동사 '가다'의 종결형.

¶ 나도 지금 고향으로 갑니다.

¶ 점심을 먹으러 식당에 갑니다.

갑니다[2]

동사 '갈다'의 종결형.

¶ 집 안 분위기를 바꾸려고 커튼을 갑니다.

¶ 숫돌에 낫을 갑니다.

¶ 요새는 기계로 밭을 갑니다.

›››'갑니다[1]'과 '갑니다[2]'의 소리내기는 올림말 '가니[2]'와 '간[2]' 참고.

갑자기 부사

미처 생각할 겨를도 없이 급히. 예상할 수 없거나 예상하지 못한 상태에서.

¶ 날씨가 갑자기 추워졌다.

¶ 갑자기 브레이크를 밟는 바람에 몸이 앞으로 쏠렸다.

복합어

갑작스럽다 미처 생각할 겨를이 없이 급한 상태이다. ⓑ 돌연하다 ¶ 어제 일어난 갑작스러운 사고로 하마터면 우리 모두 큰일을 치를 뻔했다.

갑작스레 미처 생각할 겨를이 없이 급하게. 갑작스럽게. ¶ 갑작스레 비가 내렸다.

갖다 동사

규칙 갖게, 갖고, 갖지, 갖는, 갖는다, 갖습니다

'가지다'의 준말.

¶ 동생이 어린이집에 장난감을 갖고 갔다.

»» '가지다'를 '갖다'로 줄여 쓸 때에 주의해야 할 점은 올림말 '가지다' 참고.

갖은 관형사

골고루 다 갖춘. 또는 여러 가지의.

¶ 어머니는 갖은 고생을 하면서 나를 키우셨다.

¶ 나는 게임에서 이기려고 갖은 수단을 다 동원했다.

같다 형용사

규칙 같으니, 같아, 같은, 같을, 같습니다, 같았다

① 무엇과 무엇이 서로 다르지 않고 하나이다.

¶ 호랑이와 고양이는 조상이 같다.

¶ 나와 그는 같은 마을에서 산다.

② ('무엇 같다/같은' 구성으로 쓰여) 거의 비슷하다. 닮다.

¶ 장대 같은 소낙비가 퍼붓는다.

¶ 목소리가 은쟁반에 옥구슬이 구르는 것 같았다.

③ ('무엇 같은' 구성으로 쓰여) 예를 들어 보일 때 쓰는 말.

¶ 지금은 세종 대왕 같은 훌륭한 지도자가 필요하다.

¶ 나는 조개나 새우 같은 해산물을 좋아한다.

④ ('것 같다' 구성으로 쓰여) 추측, 불확실한 단정을 나타내는 말.

¶ 동생에게 무슨 일이 있는 것 같은데 말을 안 한다.

⑤ ('같으면' 형태로 쓰여) '어떤 상황이나 조건이라면'의 뜻을 나타내는 말.

¶ 여느 때 같으면 북적거릴 시장이 오늘은 한산하다.

⑥ ('같아서는' 형태로 쓰여) '마음이나 형편에 따르자면'의 뜻을 나타내는 말.

¶ 마음 같아서는 네가 원하는 것을 다 들어주고 싶구나.

관용 표현

같은 값이면 값이나 힘이 드는 정도가 같다면. ¶ 같은 값이면 친절한 곳으로 가자.

같은 물에 놀다 같은 환경에서 한데 몰려다니며 생활하다. ¶ 우리가 같은 물에 놀다 보니 생각이 서로 비슷해진 것 같다.

속담

같은 값이면 껌정소 잡아먹는다 ① =같은 값이면 다홍치마. ② 검정소가 누렁소보다 맛이 더 좋다는 말.

같은 값이면 다홍치마 값이 같다면 품질이 더 좋은 쪽을 택한다는 말.

같은 값이면 은가락지 낀 손에 맞으랬다 꾸지람을 듣거나 벌을 받을 경우라도 이왕이면 덕 있고 이름 있는 사람에게 당하는 것이 좋다는 말.

같은 떡도 맏며느리 주는 것이 더 크다 맏며느리가 집안의 중요한 사람임을 빗대어 이르는 말.

같은 손가락에도 길고 짧은 것이 있다 아무리 같은 조건에 있다고 하더라도 조금씩은 서로 차이가 있게 마련이라는 말.

● '것 같아요'의 잘못된 사용

'것 같아요'는 추측하는 말이므로 자기 느낌을 확실하게 말할 때에는 사용하기 곤란하다. 자기 감정이나 느낌은 자기가 가장 잘 아는 법이기 때문이다. 따라서 '것 같아요'는 쓰지 않는 게 옳다.

¶ 덥지 않으세요?－좀 더운 것 같아요(×)/좀 더워요(○).

¶ 어디 아프세요?－좀 아픈 것 같아요(×)/좀 아파요(○).

¶ 좋은 영화를 봐서 기분이 좋은 것 같아요(×)/좋아요(○).

● '나 같은 경우'의 사용

흔히 "저 같은 경우는 고양이를 싫어하거든요."나 "나 같은 경우는 여행하기를 좋아한다."처럼 말하는데, 이는 좋지 않은 표현이다. '누구 같은 경우'란 그 사람이 처한 상황을 가리키는 말이다. 예를 들면 영희가 1분 늦어서 시험을 못 치렀다면, "영희 같은 경우는 진짜 억울하겠어. 지난번엔 늦어도 시험을 치르게 했잖아."라고 말할 수 있다. 그런데 이런 상황을 염두에 두지 않고 다짜고짜 "저 같은 경우는 고양이를 싫어하거든요."라고 하는 것은 옳은 표현이 아니다. '저는 고양이를 싫어하거든요.'처럼 말해야 한다.

× 같애 '같아'의 틀린 말.

¶ 이것이 더 큰 것 같애(×)/같아(○).

같이[1] 부사

① 둘 이상이 함께.

¶ 오늘부터 우리 같이 운동하자.

¶ 나도 너와 같이 여행 가고 싶어.

② 같게. 그대로. 다름이 없이.

¶ 네가 말한 바와 같이 전해 주었다.

¶ 세월이 물과 같이 흐른다.

복합어

같이하다 =함께하다 ① 경험이나 생활 따위를 더불어 하다. ¶ 부부는 일평생을 같이 하였다. ② 어떤 뜻이나 행동, 때 따위를 서로 똑같이 하다. ¶ 뜻을 같이하는 사람끼리 뭉쳐서 작은 모임을 만들었다.

같이[2] 조사

(체언 뒤에 붙어) '앞말이 가진 어떤 특징처럼'의 뜻을 나타내는 말. =처럼

¶ 그림같이 아름다운 풍경

¶ 소같이 일하고 쥐같이 먹어라.

개기다 동사

규칙 개기어/개겨, 개기는, 개길, 개긴다, 개깁니다, 개기었다/개겼다

(속되게) 명령이나 지시를 따르지 않고 버티거나 반항하다.

¶ 요즘은 선생님께 개기는 아이들이 많다.

¶ 은근슬쩍 우리 집에서 개길 생각은 하지 마라.

개나리봇짐 '괴나리봇짐'의 틀린 말.

개다[1] 동사 ×개이다

규칙 개면, 개니, 개어, 개어서/개서, 개어야/개야, 갠, 갤, 갭니다, 개었다/갰다

① 흐리거나 눈 또는 비가 오던 날씨가 맑아지다.

¶ 비가 그치고 날이 개거든 떠나거라.

¶ 날씨가 활짝 개니 기분이 상쾌하다.

¶ 날이 개면 빨래를 말리자.

② (비유적으로) 언짢거나 우울한 마음이 개운하고 홀가분해지다.

¶ 아이들의 웃음소리를 들으니 마음이 조금 갠다.

¶ 네 위로 덕분에 내 기분이 갰어.

¶ 바람을 쐬니 무거운 머리가 한결 갠 것 같다.

● '개이다'는 '개다'의 틀린 말

'개다'는 '개이다'로 쓰면 안 된다. '개이다'는 '개다'를 잘못 쓴 형태이기 때문이다.

¶ 맑게 개인(×)/갠(○) 하늘을 보니 가슴이 탁 트인다.

¶ 오늘은 맑게 개여서(×)/개어서(○) 나들이하기에 좋겠다.

¶ 날씨는 개였지만(×)/개었지만(○) 바람이 몹시 불었다.

위에 쓴 '개인', '개여서', '개였지만'은 모두 '갠', '개어서/개서', '개었지만/갰지만'의 잘못이다. 같은 잘못이 '설레다'나 '패다'를 쓸 때에도 나타난다.

¶ 모처럼 여행을 가게 되어 마음이 몹시 설레인다(×)/설렌다(○).

¶ 비가 오니 길바닥 여기저기가 패이었다(×)/패였다(×)/패었다(○).

개다[2] 동사

규칙 개어, 개어서/개서, 개어야/개야, 갠, 갤, 갭니다, 개었다/갰다

가루나 덩이에 물이나 기름 따위를 쳐서 으깨거나 이기다.

¶ 떡밥은 쌀겨에 콩가루 따위를 개어 만든다.

¶ 큰 환약은 미지근한 물에 개어 먹는다.

개다[3] 동사

[규칙] 개어서/개서, 개어야/개야, 갠, 갤, 갭니다, 개었다/갰다

옷이나 이부자리 따위를 겹치거나 접어서 단정하게 포개다. =개키다

¶ 이불을 개서 장롱에 넣고 청소를 시작하였다.

¶ 방에 널려 있는 옷을 갰다.

개발(開發) 명사

① 땅이나 자원을 사람이 쓸 수 있도록 만듦.

¶ 수자원 개발 목적은 물을 잘 관리하기 위한 것이다.

¶ 부동산 개발로 돈을 벌던 시대는 지났다.

② 지식, 능력 따위를 발달하게 함. [참고] 계발

¶ 책은 아이들 지능 개발에 도움이 된다.

③ 산업이나 경제 따위를 발전하게 함.

¶ 새로운 성장 동력이 될 산업 개발이 시급하다.

④ 새로운 물건을 만들거나 새로운 생각을 내어놓음.

¶ 기업은 신제품 개발에 온 힘을 기울인다.

¶ 우리 회사는 외국어 동시통역 프로그램 개발을 시작했다.

복합어

개발하다 ① 땅이나 자원 따위를 쓸모 있게 만들다. ¶ 우리 마을을 관광지로 개발하였다. ② 지식, 능력 따위를 발달하게 하다. ¶ 교사는 학생의 능력을 개발하는 데에 힘을 기울여야 한다. ③ 산업이나 경제 따위를 발전하게 하다. ¶ 국민을 먹여 살릴 새로운 산업을 개발하고 육성하자. ④ 새로운 물건을 만들어 내어놓다. ¶ 신제품을 개발하지 않으면 도태된다.

미개발 아직 개발되지 못하거나 개발하지 아니함. ¶ 그 땅은 아직도 미개발 지역으로 남아 있다.

재개발 이미 개발되어 있는 곳을 더 낫게 다시 개발함. ¶ 도시 재개발 지구를 정하면서 많은 부정과 비리가 있었다.

● '개발'과 '계발'

사람의 능력을 높이기 위한 활동 가운데에서 '개발'과 '계발'은 미묘한 차이가 있다. '개발'은 이미 발현된 능력을 더욱 키우는 행위이고, '계발'은 잠재된 능력을 끌어내어 발전시키는 행위라고 할 수 있다. 예를 들면 언어 능력은 사람에게 모두 있기 때문에 언어 능력을 키우는 일은 '개발' 행위에 속한다. 만일 어린아이가 일정한 시기가 지나도 말을 하지 못한다면 그 아이에게는 잠재된 언어 능력을 '계발'해 주어야 한다. 그러나 이미 언어를 사용하는 아이라면 언어 능력을 '개발'해 주어야 한다.

개발새발 명사

'개의 발과 새의 발'이라는 뜻으로, 글씨를 되는대로 아무렇게나 써 놓은 모양을 이르는 말.

㉥ 괴발개발

¶ 동생이 글자를 개발새발 쓰고 있다.

관용 표현

개발새발 그리다 글자를 함부로 갈겨쓰다.

››› '개발새발'과 '괴발개발'은 모두 표준어이다.

개수(個數) 명사 ×갯수

한 개씩 낱으로 셀 수 있는 물건의 수효.

¶ 과일의 개수를 세어 보세요.

¶ 오늘 단어 시험은 맞은 개수보다 틀린 개수가 더 많다.

● '개수'의 소리내기

'개수'는 [개쑤]로 소리 낸다. 발음 때문에 '갯수'로 표기하는 사람이 있는데 그렇게 적으면 틀린다. [개쑤]로 소리 내도 '개수'로 적어야 한다. '치과'도 [치꽈]로 소리 내고, '이점'도 [이쩜]으로 소리 내지만 '칫과'나 '잇점'으로 적지 않는 것과 같다.

개의[1](開議) 명사

안건에 대한 토의를 시작함. [참고] 개회

¶ 오늘 회의는 2시에 개의를 합니다.

복합어

개의하다 안건에 대한 토의를 시작하다. ¶ 상임 위원회 회의를 개의하겠습니다.

개의[2](介意) 명사

어떤 일 따위를 마음에 두고 생각하거나 신경을 씀.

복합어

개의하다 어떤 일 따위를 마음에 두고 생각하거나 신경을 쓰다. ¶ 다른 사람 말에 개의하지 말고 소신대로 투표하세요.

> ● '개의하다'의 부정 표기
>
> '개의하다'는 주로 부정문으로 쓰여 '개의하지 말고' 또는 '개의하지 않고'처럼 쓴다. 이 경우에는 흔히 '개의하지'를 '개의치'로 줄여서 '개의치 말고', '개의치 않고'처럼 쓴다.
>
> ¶ 다른 사람의 비난은 개의치 말고 추진하세요.
>
> ¶ 그 친구는 사소한 문제에 별로 개의치 않았다.

개회(開會) 명사

회의나 회합 따위를 시작함. 또는 의회, 전람회 따위를 엶.

¶ 제20차 정기 총회의 개회를 선언합니다.

복합어

개회하다 ① 회의나 회합 따위가 시작되거나 의회, 전람회 따위가 열리다. ¶ 열흘 뒤에 정기 국회가 개회한다. ② 회의 따위를 열다. ¶ 바로 본회의를 개회하겠습니다.

● '개회'와 '개의[1]'

기간을 정해 놓고 여러 날 회의를 하는 경우에 그 기간이 시작하는 날이 '개회'하는 날이다. 개회한 날부터 기간이 끝나는 날까지 회의를 여러 번 하는데, 각 회의를 시작하는 것을 '개의'라고 하고, 각 회의를 마치는 것을 '산회'라고 한다.

× 갯수 '개수(個數)'의 틀린 표기.

¶ 별의 갯수(×)/개수(○)를 어떻게 헤아리겠어?

○ 갱신(更新) 명사

① 이미 있는 것을 새롭게 바꿈. =경신①

¶ 새 환경에 적응하려면 자기 갱신을 해야 한다.

② 법률관계의 존속 기간이 끝났을 때 그 기간을 연장하는 일.

¶ 계약 갱신, 비자 갱신, 어업권의 갱신, 면허 갱신, 여권 갱신

③ 전자 기록 장치에 기존의 내용을 변동된 사실에 따라 바꾸는 일.

¶ 컴퓨터 시스템 갱신

복합어

갱신하다 ① 새롭게 바꾸다. =경신하다① ¶ 부정과 부패가 발붙이지 못하게 법과 제도를 갱신해야 한다. ② 법률관계의 존속 기간이 끝났을 때 그 기간을 연장하다. ③ 전자 기록 장치에 기존의 내용을 변동된 사실에 따라 바꾸다.

● '갱신(更新)'과 '경신(更新)'

이 두 낱말은 한자가 같은데 읽기에 따라서 뜻이 달라진다. '갱신'은 이미 있는 것을 없애거나 부정하지 않고 그 효력을 연장함으로써 새롭게 바꾸는 것을 가리킨다. 대체로 계약서의 기한, 비자나 운전면허 유효 기간처럼 기한이 다 되어 효력을 잃을 즈음에 새롭게 계약을 하고, 비자나 운전면허를 다시 발급하는 경우에 사용한다. 이때 새로운

계약이나 비자나 운전면허는 전의 내용을 그대로 이용하게 된다.

'경신'은 기왕의 것을 모조리 부정하고 새롭게 고치는 것을 의미한다. 따라서 계약을 경신했다고 한다면 그 계약은 전의 계약과 사뭇 다른 계약이 되었다는 뜻이고, 계약을 갱신하였다고 한다면 전의 계약 내용은 크게 바꾸지 않고 계약 기간을 새롭게 설정하여 다시 계약했다는 의미가 된다. 기록경기에서 기록이 경신되면 전의 기록은 무시되는 것도 '경신'의 이런 의미와 관련이 있다.

걔

'그 아이'가 줄어든 말.

¶ 걔를 저 대신 보내 주세요.

¶ 이 일을 걔한테 시킬 수 없다.

● '걔'와 '게[1]'

'걔'는 제삼자인 그 아이를 가리키고, '게[1]'은 '거기'의 준말로서 듣는 이나 그곳을 뜻한다.

¶ 일을 시킬 게 있으니 걔(=그 아이)를 나에게 보내라.

¶ 그동안 너는 게(=거기)서 먹고 자고 했단 말이냐?

거 ①명사 ②대명사

① '것'의 입말.

¶ 큰 건 이쪽에 놓고, 작은 건 저쪽에 놓아라.

¶ 우리 사이에 네 거 내 거 따질 거야?

② '그거'의 준말.

¶ 거 참 좋은 생각입니다.

¶ 거 봐. 내 말이 맞지?

● '거'와 '이다'의 결합

'거' 뒤에 조사 '이다'가 오면 '이다'의 '이'가 떨어져 나가기도 하고 어미와 함께 줄어들기도 한다.

¶ 그 일은 내가 할 거니 너는 저 일을 해라.(←거+이니)

¶ 그렇게 할 거면 왜 했지?(←거+이면)

¶ 곧 비가 갤 거야.(←거+이야)

¶ 내일은 눈이 내릴 겁니다.(←거+입니다)

¶ 우리가 책을 정리할 거예요.(←거+이에요)

● '거'에 조사 붙이기

'거'에 조사 '는', '를'이 붙는 경우에는 아래와 같이 바뀐다.

¶ 좋은 건 취하고 나쁜 건 버려라.(←거+는)

¶ 그렇게 중요한 걸 잃어버리다니.(←거+를)

'거'에 조사 '이'가 붙는 경우에는 아래와 같이 줄어든다.

¶ 빨리 출발하는 게 좋을 거야.(←거+이)

● '거'의 복합어에 조사 '는', '를', '이'가 붙는 경우

'이거', '저거', '그거', '요거', '조거', '고거'는 관형사 '이', '저', '그', '요', '조', '고'에 의존 명사 '거'를 합하여 만들어진 지시 대명사이다. 이 대명사에 조사 '는', '를', '이'가 붙으면 아래와 같이 줄어든다.

거	건(거+는)	걸(거+를)	게(거+이)
이거	이건	이걸	이게
저거	저건	저걸	저게
그거	그건	그걸	그게
요거	요건	요걸	요게
조거	조건	조걸	조게
고거	고건	고걸	고게

거기 대명사 ㊟ 게[1]

① 듣는 사람이 있는 곳. 또는 듣는 사람과 가까운 곳.

¶ 거기 앉아라.

② 앞에서 이야기한 부분. 또는 상대가 알고 있는 부분.

¶ 그래, 거기서부터 다시 써야겠다.

¶ 나도 거기까지는 미처 생각하지 못했어.

③ 상대를 에둘러 가리키는 말. 조금 낮잡는 의미가 있으나 '너'보다는 높이는 의미가 있다.

¶ 난 거기하고 사귈 생각이 없어요.

거는

동사 '걸다[2]'의 관형사형.

¶ 국제 전화 거는 법 알아?

¶ 돈에 목숨을 거는 사람도 있다.

거니

'걸다'의 연결형. 또는 종결형.

¶ 논이 워낙 거니 이런 가뭄에도 수확량이 줄지 않았다.

¶ 내가 집에 전화를 거니 동생이 받았다.

¶ 공부 시간에 왜 자꾸 말을 거니?

거다

'것이다'의 입말 형태.

¶ 이 선물은 내가 외국에서 사 온 거다.

¶ 아마 내일 비가 내릴 거다.

거덜 명사

① 재산이나 살림 같은 것이 여지없이 없어지거나 결딴남.

¶ 좋아하는 가수 공연 티켓을 끊느라 이달 용돈이 거덜 났다.

② 옷이나 신 따위가 다 닳아 떨어짐.

¶ 새 운동화가 한 달 만에 거덜 났다.

거두다 동사

규칙 거두어/거둬, 거두어서/거둬서, 거둔, 거둘, 거둡니다, 거두었다/거뒀다

① 곡식이나 열매 따위를 따서 모으다.

¶ 가을이면 곡식을 거두느라 농부의 손길이 몹시 바빠진다.

② 좋은 결과나 성과 따위를 얻다.

¶ 우리 팀이 승리를 거뒀다.

③ 흩어져 있는 물건 따위를 한데 모으거나 정리하다.

¶ 비가 올지 모르니 빨래를 거둬야겠다.

④ 시체, 유해 따위를 수습하다.

¶ 그의 유품을 잘 거두어 유족에게 전달하시오.

⑤ 보살피거나 기르다.

¶ 어머니는 조카들을 거두느라 고생하셨다.

⑥ 집안일, 밭일 따위를 돌보아 살피다.

¶ 집안일을 거둘 사람이 있어야겠다.

⑦ 차려 놓은 것을 정리하여 모으다.

¶ 물건을 다 거두고 가게를 닫았다.

⑧ 말, 웃음, 하던 일 따위를 그치거나 그만두다.

¶ 그런 말씀은 거두어 주세요.

⑨ 여러 사람에게서 돈이나 물건 따위를 받아들이다.

¶ 정치인이 사사로이 후원금을 거두는 것은 불법이다.

복합어

거두어들이다 '거두다'를 강조하는 말. ㉾ 거둬들이다

● '거두다'의 준말 '걷다[1]'

'거두다'는 문장 안에서 '거두어', '거두었다'가 '거둬', '거뒀다'로 줄어든다. 그런데 특별한 경우에 '거두다'의 어간 '거두'가 '걷'으로 줄어들기도 한다.

¶ 비가 올지 모르니 빨래를 걷어야지(○)/거둬야지(○).

¶ 가능하면 많은 사람에게서 기부금을 걷는(○)/거두는(○) 것이 좋겠다.

¶ 빨리 자리를 걷어야(○)/거둬야(○) 가게를 닫지.

그러나 아래의 경우에는 그렇게 줄여 쓰지 않는다.

¶ 우리 팀이 승리를 걷었다(×)/거뒀다(○).

¶ 어머니는 길고양이를 걷어(×)/거둬(○) 길렀다.

¶ 가신다는 말씀은 제발 걷어(×)/거둬(○) 주세요.

깔린 것, 널린 것, 회비나 세금 같은 돈은 거둘 수도 있고 걷을 수도 있지만, 성과, 말, 도움 같은 것은 거둘 수만 있고 걷을 수는 없다.

거르다[1] 동사

불규칙 걸러, 거른, 거릅니다, 걸렀다

액체를 체나 거름종이 따위에 밭아서 건더기를 빼고 액체만 받아 내다.

¶ 불순물을 걸러 낸 순수한 물질로 약품을 만든다.

거르다[2] 동사

불규칙 걸러, 거른, 거릅니다, 걸렀다

차례대로 나아가다가 중간에 순서나 자리를 빼고 넘기다. =건너다②

¶ 바빠서 끼니를 거르는 일이 흔하다.

¶ 좋지 않은 사건이 최근에는 이틀 걸러 한 건씩 일어나고 있다.

복합어

하루걸러 하루씩 건너서. =하루건너 ¶ 그는 요즘 하루걸러 한 번씩 나를 찾아온다.

ㄱ

거리끼다 동사

규칙 거리끼어/거리껴, 거리끼는, 거리낄, 거리낍니다, 거리끼었다/거리꼈다

① 무엇을 하는 데에 걸려서 방해가 되다. 비 걸리적거리다 참고 거치다[1]

¶ 사람들이 지나다니는 데에 거리낄 것이 있으면 치워라.

② 일이 마음에 걸려서 꺼림칙하게 생각되다.

¶ 나는 결코 내 양심에 거리끼는 일을 하지 않았다.

● '거리끼다'와 '거치다[1]'

'거리끼다'는 방해할 의도가 있든 없든 상관없이 두루 쓸 수 있다. 즉 사물이나 사람에 두루 쓴다. '거치다'는 방해할 의도가 없지만 실제로 방해가 되는 경우에 쓴다. 그래서 대체로 '거치다'는 사물에만 쓴다.

¶ 일을 할 때 거리낄 사람이 없도록 잘 단속하시오.

¶ 우리가 일하는 데에 거리끼는 일이 없도록 하시오.

¶ 물건이 널려 있어서 발에 거치는 것이 많다.

거슴츠레 부사

졸리거나 술에 취해서 눈의 정기가 풀리고 흐리멍덩하며 거의 감길 듯한 모양. =게슴츠레

¶ 그는 아직도 졸린지 눈을 거슴츠레 뜨고 앉아 있었다.

복합어

거슴츠레하다 졸리거나 술에 취해서 눈의 정기가 풀리고 흐리멍덩하며 거의 감길 듯하다. =게슴츠레하다 ¶ 그는 술에 취해서 눈이 거슴츠레했다.

››› '거슴츠레'와 '게슴츠레'는 모두 표준어이고 의미와 용법도 같다.

거치다[1] 동사

규칙 거치어/거쳐, 거친, 거칠, 거칩니다, 거치었다/거쳤다

① 무엇에 걸리거나 막히다. 참고 거리끼다

¶ 방에 아무것도 없어 막대기를 휘둘러도 거칠 것이 없다.

② 마음에 거리끼거나 꺼리다.

¶ 곤란한 문제가 해결되었으니 이제는 거칠 일이 없을 거야.

복합어

가로거치다 앞에서 거치적거려 방해가 되다. ¶ 우거진 풀이 가로거쳐서 걷기가 힘들다.

거치적거리다 =거치적대다 ① 거추장스럽게 자꾸 여기저기 거치거나 닿다. ¶ 앞머리가 자꾸 눈에 거치적거린다. ② 거추장스러워서 자꾸 거슬리거나 방해가 되다. ¶ 일하는 데에 거치적거리지 않도록 아이들을 내보냈다.

거치적거치적 거치적거리는 모양.

거침없다 일이나 행동 따위가 중간에 걸리거나 막힘이 없다. ¶ 그의 일 처리는 거침없었다.

거침없이 일이나 행동 따위가 중간에 걸리거나 막힘이 없이. ¶ 그는 누구 눈치도 보지 않고 거침없이 말한다.

관용 표현

거칠 것이 없다 ① 일이 순조로워서 막힘이 없다. ¶ 모든 일이 거칠 것이 없이 추진되었다. ② 아무런 거리낌이 없다. ¶ 그는 누구를 만나더라도 거칠 것이 없이 행동한다.

거치다[2] 동사

규칙 거치어/거쳐, 거친, 거칠, 거칩니다, 거치었다/거쳤다

① 오가는 도중에 어디를 지나거나 들르다.

¶ 서울에서 광주에 가려면 논산을 거쳐야 한다.

② 과정이나 단계를 밟다.

¶ 초급 과정을 거쳐야 고급 과정을 배울 수 있다.

¶ 종이는 나무를 잘라서 여러 과정을 거쳐 만든다.

③ ('손을'과 함께 쓰여) 조사나 판단 또는 결재 따위를 받다.

¶ 그의 손을 거치지 않는 일이 없다.

× 거치른 '거친[2]'의 틀린 말.

○ 거친[1]

동사 '거치다'의 관형사형.

¶ 예선을 거친 사람만 본선에 오를 수 있다.

○ 거친[2] ×거치른, ×거칠은

형용사 '거칠다'의 관형사형.

¶ 할머니의 거친 손을 꼭 잡았다.

¶ 시래기나 나물 같은 거친 음식이 몸에 좋다.

○ 거친다

동사 '거치다'의 종결형.

¶ 이번에는 모든 팀이 예선을 거친다.

¶ 이번 여수 가는 길에는 순천을 안 거친다.

○ 거칠[1]

동사 '거치다'의 관형사형.

¶ 우리는 거칠 것이 없이 나아갔다.

거칠[2] ×거칠을

형용사 '거칠다'의 관형사형.

¶ 음식이 무척 거칠 텐데 괜찮겠어?

거칠다 형용사

불규칙 거치니, 거칠어, 거친, 거칠, 거치네, 거칩니다, 거칠었다

① 겉이 반드럽지 않다. 결이 곱지 않고 험하다.

¶ 할아버지 손은 나무껍질처럼 거칠다.

¶ 딸의 얼굴이 너무 거칠어 마음이 아프다.

② 발이나 올 따위가 성기고 굵다.

¶ 상중에는 거친 베옷을 입고 시묘를 하였다.

③ 논밭이 잡풀이 우거지거나 돌멩이가 많아 어지럽다.

¶ 밭이 너무 거칠어 무엇도 심을 수 없다.

¶ 거친 땅을 일구어 씨를 뿌렸다.

④ 행동이나 성격 따위가 부드럽거나 순하지 않다. 매우 사납다.

¶ 결승전에서 상대를 거칠게 밀어붙여 승리를 따냈다.

¶ 운전을 너무 거칠게 하는구나.

⑤ 파도나 바람, 숨이나 기침 따위의 기세가 험하고 거세다.

¶ 파도가 거칠게 이는 것을 보니 태풍이 가까이 온 것 같다.

⑥ 음식이 먹기에 부드럽지 않다.

¶ 꽁보리밥은 어린아이가 먹기에 너무 거칩니다.

¶ 건강에는 거친 음식과 기름기를 뺀 반찬이 좋대.

⑦ 일을 하는 태도나 솜씨가 찬찬하거나 야무지지 못하다.

¶ 바느질 솜씨가 거칠어 옷이 예쁘지 않다.

⑧ 말, 글, 그림 따위가 세련되지 못하고 막되다.

¶ 문장이 거칠어 여러 번 고쳤다.

복합어

거친돌 채석장의 아직 다듬지 않은 돌.

> ● ‘거친’과 ‘거치른’ 또는 ‘거칠은’
>
> ‘거칠다’가 명사 앞에 쓰일 때에는 ‘거친’으로 형태가 바뀐다. ‘거칠은’으로 쓰면 안 된다.
>
> ¶ 거치른(×)/거친(○) 땅에 무슨 작물을 심어야 할까?
>
> ¶ 친구들끼리라도 거치른(×)/거칠은(×)/거친(○) 말은 안 쓰는 게 좋다.

× 거칠은

‘거친[2]’의 틀린 말.

× 거칠을

‘거칠[2]’의 틀린 말.

○ 거칩니다[1]

동사 ‘거치다’의 종결형.

¶ 서울에서 기차를 타고 부산에 가려면 대전을 거칩니다.

○ 거칩니다[2]

형용사 ‘거칠다’의 종결형.

¶ 땅이 농사짓기에는 너무 거칩니다.

○ 건[1]

‘거는’이 줄어든 말.

¶ 그런 건 나도 몰라.

¶ 하늘 아래 새로운 건 하나도 없대.

¶ 여기서 싸우는 건 좋지 않아.

건[2]

'걸다'의 관형사형.

¶ 옷을 옷걸이에 건 뒤에 자리에 앉았다.

¶ 그는 매우 건 논밭을 수천 평이나 가지고 있다.

건너[1] 명사

무엇을 사이에 둔 맞은편.

¶ 강 건너에서 바람이 불어온다.

¶ 저 바다 건너에는 무엇이 있을까?

건너[2]

동사 '건너다'의 연결형. 또는 종결형.

¶ 여름이 되면 수많은 동물이 이 강을 건너 이동한다.

¶ 길 건널 때 신호등을 잘 보고 건너.

건너다 동사 ×건느다

규칙 건너므로, 건너, 건넌, 건넙니다, 건넜다

① 무엇을 사이에 두고 한편에서 맞은편으로 가다.

¶ 강이 깊어서 건널 수 없다.

¶ 용산에서 노량진으로 가려면 다리를 건너야 한다.

¶ 사람들은 위험하게 빨간불에도 길을 건넜다.

② =거르다[2]

¶ 회의가 이틀 건너 한 번씩 있다.

복합어

건너가다 무엇을 사이에 두고 이쪽에서 맞은편으로 가다. ¶ 해외로 건너가 독립운동을 한 이들도 있다.

건너오다 무엇을 사이에 두고 맞은편에서 이쪽으로 오다. ¶ 북에서 남으로 건너오는 사람이 점점 늘어나고 있다.

하루건너 하루를 걸러서. =하루걸러 ¶ 하루건너 장사를 하니 돈을 모을 수 없지.

건넌다

동사 '건너다'의 종결형.

¶ 아이들이 위험하게 계곡을 건넌다.

건네다 동사

규칙 건네어/건네, 건넨, 건넵니다, 건네었다/건넸다

① 돈이나 물건 따위를 남에게 옮기다.

¶ 물건 값으로 10만 원을 건넸다.

② 남에게 말을 붙이다.

¶ 그에게 인사말을 건넸지만 그는 아무 대답도 하지 않았다.

③ 건너게 해 주다. '건너다'의 사동형.

¶ 사공은 강가에 있는 사람을 모두 건네고 나서야 밥을 먹었다.

복합어

건네받다 남이 건네는 물건을 받다. ¶ 누나한테 가방을 건네받았다.

건네주다 ① 돈, 물건 따위를 남에게 옮기어 주다. ¶ 나는 그가 건네주는 돈을 받았다. ② 건너게 하여 주다. ¶ 사공이 우리를 강 건너편으로 건네주었다.

✕ 건느다 '건너다'의 틀린 말.

¶ 비 온 뒤라 개울물이 불어 개울을 건늘(×)/건널(○) 수 없다.

○ 건다

동사 '걸다'의 종결형.

¶ 아이가 엄마에게 전화를 건다.

¶ 영호가 수지에게 무어라고 말을 건다.

○ 건사하다 동사

불규칙 건사하여/건사해, 건사한다, 건사하였다/건사했다

① 잘 보살피다. 돌보다.

¶ 그동안 우리 아이들을 잘 건사해 주셔서 고맙습니다.

② 물건을 잘 거두어 보호하다.

¶ 이것은 우리 집안의 보물이니 잘 건사해라.

¶ 여기가 소금밭에서 거둔 소금을 건사하는 창고야.

③ 일거리를 만들어 대어 주다.

¶ 일을 계속 하시도록 제가 잘 건사하겠습니다.

○ 걷다[1] 동사

규칙 걷으니, 걷어, 걷는, 걷은, 걷습니다, 걷었다

'거두다'의 준말.

¶ 비가 올지 모르니 빨래를 걷어 오너라.

¶ 이번 대회에는 참가비를 걷지 않기로 했다.

¶ 돗자리를 걷어서 한쪽으로 치웠다.

복합어

걷어안다 거두어서 품에 안다.

걷어잡다 흥분되거나 어지러운 마음을 가라앉혀 다잡다.

걷어치우다 ① 흩어진 것을 거두어 치우다. ¶ 여기저기 널린 물건을 빨리 걷어치워라. ② 하던 일을 중도에서 그만두다. ¶ 안되는 사업은 걷어치우고 새로 시작하겠다.

걷히다 걷어지다. '걷다[1]'의 피동형. ¶ 요즘은 회비가 잘 안 걷힌다.

››› '걷다[1]'과 '거두다'의 용법은 올림말 '거두다' 참고.

걷다[2] 동사

규칙 걷어, 걷는, 걷은, 걷을, 걷습니다, 걷었다

늘어진 것을 말아 올리거나 가려진 것을 치우다.

¶ 바람이 안개를 걷어 가니 황금빛 들판이 눈앞에 펼쳐졌다.

¶ 소매를 걷고 바짓단을 걷어 올린 뒤에 개울로 들어가서 가재를 잡았다.

복합어

걷어매다 일을 하다가 중간에서 대충 끝맺다.

걷어붙이다 소매나 바짓가랑이 따위를 말아 올리다. ¶ 아버지는 소맷자락을 착착 걷어붙이고 설거지를 하셨다.

걷어잡다 걷어 올려서 잡다.

걷어차다 ① 발을 들어서 세게 차다. ¶ 화가 난 형이 쓰레기통을 걷어찼다. ② 저버리어 내치다. ¶ 굴러온 복을 걷어찬 격이다.

걷다[3] 동사

규칙 걷고, 걷으니, 걷어, 걷는, 걷습니다, 걷었다

① 구름이나 안개 따위가 흩어져 없어지다.

¶ 구름이 걷으니 산이 뚜렷이 보인다.

② 비가 그치고 개다.

¶ 장마가 걷고 햇빛이 비치니 기분이 상쾌하다.

복합어

걷히다 '걷다[3]'의 피동형. ¶ 안개가 걷히니 시야가 확 트인다.

걷다[4] 동사

불규칙 걷고, 걸으니, 걸어, 걷는, 걸을, 걷습니다, 걸었다

① 다리를 움직여 바닥에서 발을 번갈아 떼어 옮기다.

¶ 사무실까지 걸어서 출근한다.

¶ 여기서부터 걸으면 10분쯤 걸릴 것이다.

② 일정한 장소에서 다리를 번갈아 움직여 나아가다.

¶ 눈 내린 산길을 걷는 느낌이 색다르다.

¶ 이 거리를 걷고 있노라면 옛날 생각이 저절로 난다.

③ 어떠한 방향으로 나아가다.

¶ 우리는 지금 민주화의 길을 걷고 있습니다.

④ 전문직에 종사하다.

¶ 저는 생명을 구하는 의사의 길을 걸을 생각입니다.

복합어

걸어가다 걸어서 가다.

걸어오다 걸어서 오다.

걸음 ① 걷는 행위. ¶ 약속 시간에 늦지 않으려고 걸음을 재촉했다. ② 걷는 횟수를 세는 말. ¶ 그는 열 걸음쯤 뒤에서 따라왔다.

걸음걸음 ① 모든 걸음. ② 걸음마다. ¶ 걸음걸음 놓인 꽃을 지르밟고 가시옵소서.

걸음걸이 걷는 모양새. ¶ 걸음걸이를 바로 해라.

걸음나비 걸음의 폭. ¶ 걸음나비를 크게 하여 걸어라.

관용 표현

걸음아 날 살려라 있는 힘을 다하여 매우 다급하게 도망침을 이르는 말. ¶ 도둑은 경찰을 보자 걸음아 날 살려라 하고 도망을 쳤다.

걸음을 떼다 ① 걷기 시작하다. ② 준비한 일을 처음으로 하기 시작하다. ¶ 이제 겨

우 걸음을 뗀 우리 사업이 잘되기를 기원합시다.

걸음을 재촉하다 =길을 재촉하다. ① 빨리 걸으라고 다그치다. ② 서둘러 가다. ¶ 갈 길이 멀어 걸음을 재촉하지 않을 수 없었다.

걸음을 하다 웃어른이나 지위가 높은 사람이 들름을 높여 이르는 말. ¶ 선생님께서 일부러 어려운 걸음을 하셨습니다.

속담

걷기도 전에 뛰려고 한다 쉽고 작은 일도 해낼 수 없으면서 어렵고 큰일을 하려고 나섬을 이르는 말. =기기도 전에 날기부터 하려 한다.

걸[1]

'거를'이 줄어든 말.

¶ 어떻게 그런 걸 몰라?

¶ 누가 내 걸 함부로 만졌니?

걸[2] ×걸을

'걸다'의 관형사형.

¶ 옷을 걸 곳이 없네.

¶ 아무래도 논이 밭보다 더 걸 거야.

'걸'과 '걸을'

'걸다'가 문장 안에서 '걸'로 바뀔 때에 '걸' 대신에 '걸을'을 쓰는 것은 잘못이다.

¶ 이런 일에 목숨을 걸을(×)/걸(○) 사람이 있을까?

¶ 갯가에 있는 땅이라 무척 걸을(×)/걸(○) 것 같다.

¶ 옷을 옷걸이에 걸을려고(×)/걸려고(○) 한다.

이에 비해서 '걷다'가 문장 안에서 쓰일 때에는 '걸'이 아닌 '걸을'로 써야 한다.

¶ 평지에서 걸을 때는 괜찮았는데 산길을 걸을 때는 다리가 아프더라.

걸다[1] 형용사

불규칙 걸고, 거니, 걸므로, 걸어, 걸어서, 건, 거오, 겁니다, 걸었다

① 땅이 기름지고 양분이 많다.

¶ 논이 걸어서 벼가 잘 자란다.

② 액체 따위가 내용물이 많고 진하다.

¶ 국을 좀 걸게 끓였더니 다 좋아한다.

③ 음식의 가짓수가 많다.

¶ 반찬이 거니 보기만 해도 배부르다.

④ 푸짐하고 배부르다.

¶ 잔칫집에 가서 밥을 아주 걸게 먹고 왔다.

⑤ 말이 거리낌이 없고 험하다.

¶ 그 사람은 입이 걸어서 욕을 밥 먹듯이 한다.

복합어

건땅 기름진 땅.

건흙 걸고 기름진 흙.

걸다[2] 동사

불규칙 걸고, 거니, 걸므로, 걸어, 거는, 건, 거오, 겁니다, 걸었다

① 어떤 물건을 벽이나 못 따위에 매달다.

¶ 교복은 옷걸이에 걸어 두어라.

¶ 거실 벽에 내가 그린 그림을 걸었다.

¶ 올림픽에서 우승하여 금메달을 목에 걸겠다.

② 자물쇠나 줄 따위를 벗어지거나 끌러지지 않도록 단단히 매다.

¶ 문에 빗장을 걸어 아무나 열지 못하게 했다.

¶ 배에 밧줄을 걸고 끌어당겼다.

③ 솥이나 냄비 따위를 아궁이에 올려놓다.

¶ 잔치 준비를 하려고 마당에 화덕을 만들어 솥을 걸었다.

④ 다리나 발, 도구 따위로 상대방을 넘어뜨리려고 움직이다.

¶ 그는 지나가는 사람의 발을 걸어 넘어뜨렸다.

⑤ 돈이나 물건을 계약이나 내기의 담보로 내놓다.

¶ 계약을 하려면 계약금을 걸어야 합니다.

¶ 현상금을 거니 제보가 많아졌다.

⑥ 재판이나 소송을 시작하다.

¶ 소송을 걸어서라도 꼭 손해 배상을 받아 내겠다.

¶ 아무래도 법에 호소하여 재판을 거는 수밖에 없겠다.

⑦ 마술이나 최면 같은 상태에 빠지게 하다.

¶ 그는 최면을 걸어서 사람의 과거를 알아내는 능력이 있다.

¶ 왕자에게 마법을 거니 개구리로 변했다.

⑧ 희망이나 기대를 가지다.

¶ 우리는 이 아이에게 큰 기대를 걸고 있다.

⑨ 희생으로 바치거나 들이다.

¶ 독립투사들은 조국의 광복을 위하여 목숨을 걸고 싸웠다.

⑩ 긴급하게 명령하거나 요청하다.

¶ 산불이 나서 관계 공무원들에게 비상을 걸었다.

⑪ 구성원으로 올려놓다.

¶ 그는 모임에 이름을 걸어 놓았을 뿐 직접 참여하지는 않았다.

⑫ 다른 사람을 향해 먼저 어떤 행동을 하다.

¶ 그들이 먼저 우리한테 싸움을 걸었다.

¶ 처음 본 사람에게 말을 거는 건 신중히 해야 한다.

⑬ 전화를 하다.

¶ 친구에게 전화를 걸었는데 통화 중이었다.

⑭ 기계 장치가 작동되도록 하거나 준비하다.

¶ 자동차에 시동을 걸었다.

복합어

걸고넘어지다 아무 상관없는 사람에게 자기의 책임이나 죄를 지게 하다. ¶ 왜 아무 상관도 없는 나를 걸고넘어지니?

걸러

동사 '거르다'의 연결형.

¶ 여과기로 불순물을 완벽하게 걸러 놓았다.

¶ 친구들과 한 달 걸러 한 번씩 만나기로 했다.

걸리다[1] 동사

규칙 걸리어/걸려, 걸린, 걸립니다, 걸리었다/걸렸다

① 걸어지다. '걸다[2]'의 피동형.

¶ 옷걸이에 걸린 옷을 가져오너라.

¶ 떠내려가던 나무가 좁은 수로에 걸리자 물이 흘러넘쳤다.

¶ 공주가 목소리가 안 나오는 마법에 걸렸다.

¶ 해가 중천에 걸려 있다.

¶ 자동차 시동이 잘 안 걸려.

¶ 어디선가 전화가 걸려 왔다.

② 병들다.

¶ 감기에 걸리지 않도록 조심해라.

③ 붙잡히다.

¶ 주차 위반 단속에 걸려 과태료를 물었다.

¶ 그물에 걸린 물고기를 풀어 주었다.

④ 만족스럽지 않고 언짢다.

¶ 그를 박대했던 것이 마음에 걸린다.

⑤ 시간이 들다.

¶ 숙제를 하는 데 두 시간이나 걸렸다.

복합어

걸려들다 ① 무엇에 걸리어 벗어나지 못하게 되다. ¶ 그물에 걸려든 물고기가 너무 많아서 그물이 찢어지고 말았다. / 적이 만들어 놓은 함정에 걸려들고 말았다. ② 피하지 못하고 맞닥뜨리다. ¶ 그는 속임수에 잘 걸려들었다.

걸리다[2] 동사

규칙 걸리어/걸려, 걸립니다, 걸리었다/걸렸다

스스로 걷게 하다. 걸어가게 하다. '걷다[4]'의 사동형.

¶ 어머니는 아이를 걸려서 데리고 갔다.

¶ 아이 다리에 힘이 생기라고 날마다 걸렸다.

걸리적거리다 동사

규칙 걸리적거리고, 걸리적거리니, 걸리적거리어/걸리적거려, 걸리적거리었다/걸리적거렸다

① 거추장스럽게 자꾸 여기저기 걸리거나 닿다. ㊥ 거치적거리다

¶ 발에 걸리적거리지 않게 방에 널려 있는 장난감을 모두 치웠다.

② 거추장스럽거나 성가시어 자꾸 거슬리거나 방해가 되다. ㊥ 거리끼다

¶ 제가 너무 어설퍼서 선생님이 일하시는 데 오히려 걸리적거리지 않을까요?

걸맞는 '걸맞은'의 틀린 말.

● '걸맞은'과 '알맞은'

'걸맞다'를 명사 앞에 쓸 때는 '걸맞은'이라고 쓴다. '알맞다'도 '알맞는'이 아닌 '알맞은'으로 쓴다. '맞다'가 명사 앞에서 '맞는'이 되기 때문에 헷갈릴 수 있으니 조심해야 한다. (올림말 '알맞다' 참고.)

걸맞다 형용사

[규칙] 걸맞게, 걸맞으며, 걸맞아서, 걸맞은, 걸맞았다

서로 어울릴 만큼 맞춤하다.

¶ 재윤이는 커다란 자기 몸집에 걸맞은 체력을 키우려고 운동을 한다.

¶ 모두 제 배역에 걸맞은 옷을 입고 각자 개성에 걸맞게 연기하였다.

¶ 자기 소득에 걸맞은 소비를 해야 한다.

¶ 그는 음악가라는 직업에 걸맞게 다양한 악기를 연주할 줄 안다.

걸어[1] / 걸어서[1]

동사 '걷다[4]'의 연결형.

¶ 머지않아 제 발로 걸어/걸어서 들어올 거다.

¶ 여기서부터는 걸어/걸어서 가야 한다.

걸어[2] / 걸어서[2]

'걸다'의 연결형.

¶ 집에 누가 있는지 전화를 걸어/걸어서 알아봐라.

¶ 아무나 들어오지 못하도록 문에 자물쇠를 걸어/걸어서 놓았다.

¶ 이 밭은 다른 밭보다 걸어/걸어서 채소가 더 잘 자란다.

겁니다[1]

'걸다'의 종결형. 상대를 높이는 표현이다.

¶ 어머니께서 옷을 옷걸이에 겁니다.

¶ 형이 친구에게 전화를 겁니다.

¶ 악당이 주인공에게 최면을 겁니다.

겁니다[2]

'것입니다'의 입말 형태.

¶ 우리는 결코 물러서지 않을 겁니다.

¶ 머지않아 비가 내릴 겁니다.

것 명사

① 어떤 사물이나 일 따위를 가리킬 때 쓰는 말.

¶ 좋은 것은 네가 가져. 나쁜 것은 내가 가질게.

¶ 눈에 보이는 것만 가져와도 된다.

② 어떤 상태나 사실, 때, 현상을 뜻하는 말.

¶ 사람을 만나면 인사하는 것이야 당연한 것 아닌가?

¶ 우리가 만난 것은 우연이었다.

③ 사람을 낮추어 이르거나 귀엽게 이르는 말.

¶ 나이도 어린 것이 함부로 말을 하다니.

¶ 아유, 이 귀여운 것. 눈에 넣어도 안 아프겠다.

④ ('-는/-은 것이다' 구성으로 쓰여) 말하는 이의 확신, 결정, 결심 따위를 나타내는 말.

¶ 담배는 건강에 해로운 것이다.

¶ 춤은 이렇게 추는 것이다.

⑤ ('-ㄹ/-을 것이다' 구성으로 쓰여) 말하는 이의 전망이나 추측, 생각이나 믿음 따위를 나타내는 말.

¶ 내일은 날씨가 갤 것이다.

¶ 그는 지금쯤 학교에 갔을 것이다.

⑥ ('-ㄹ/-을 것' 구성으로 쓰여) 명령이나 시킴의 뜻으로 문장을 끝맺는 말.

¶ 절대 늦지 말 것.

¶ 꼭 숙제하고 놀 것.

⑦ (사람을 가리키는 말 뒤에 쓰여) 그 사람의 물건임을 나타내는 말.

¶ 돋보기안경은 할아버지 것이다.

● '것이다'의 높임 표현

'것이다'는 '것'에 조사 '이다'를 붙인 형태로서, '거'에 '이다'를 붙인 입말 형태로도 많이 쓰인다. 높임이나 낮춤을 나타낼 때에는 아래와 같이 형태가 바뀐다.

① 높임 표현으로 '것입니다/겁니다/것이에요/거예요'가 쓰인다.

¶ 집에는 아무도 없을 것입니다/겁니다.

¶ 저는 학원에 갈 거예요.

② 낮춤 표현으로 '것이다/거다/것이야/거야/거네'가 쓰인다.

¶ 내일은 틀림없이 눈이 내릴 것이다/거다.

¶ 바깥은 꽤 추울 거야.

¶ 거기에는 아무도 안 갈 거네.

게[1] 대명사

'거기'의 준말.

¶ 게 앉아라.

¶ 나도 게까지는 미처 생각하지 못했어.

게[2]

의존 명사 '거'에 조사 '이'가 붙어 줄어든 형태.

¶ 좋은 게 좋은 거지.

¶ 그런 게 어디 있어?

¶ 참는 게 약이다.

게[3]

'나, 너, 저'에 '에게'가 붙을 때에 함께 줄어든 형태.

¶ 누가 내게(=나에게) 그런 비난을 합니까?

¶ 그가 네게(=너에게) 한 말을 잊지 마라.

¶ 이건 선생님께서 제게(=저에게) 말씀하신 건데요.

-게 어미

① 앞말이 뒷말의 방식, 결과, 정도임을 나타내는 연결 어미. [참고] -게끔

¶ 일을 하려면 든든하게 먹어야지.

¶ 집을 참 아기자기하게 지었더라.

¶ 네 덕에 내가 일 등 하게 생겼다.

② 추측하여 묻거나, 반어적으로 묻거나, 상대의 의도를 묻는 종결 어미.

¶ 그 말을 알아들으면 천재게?

¶ 그것을 사서 어디에 쓰게?

③ 아랫사람에게 무엇을 시키는 뜻을 나타내는 종결 어미.

¶ 지금 당장 여기를 떠나게.

-게끔 어미

연결 어미 '-게'를 강조하는 말.

¶ 학교에 늦지 않게끔 서둘러라.

¶ 누구나 분수에 맞게끔 살아야 한다.

게슴츠레 부사

=거슴츠레

¶ 아버지는 눈을 게슴츠레 뜨고 나를 보았다.

복합어

게슴츠레하다 =거슴츠레하다 ¶ 아이는 잠에 취하여 눈이 게슴츠레하였다.

게시(揭示) 명사

내붙이거나 내걸어 여러 사람에게 보임. 또는 그런 물건.

¶ 안내문 게시 방법. 여행 계획 게시

복합어

게시문 여러 사람에게 알리기 위하여 내붙이거나 내걸어 놓은 글.

게시물 여러 사람에게 알리기 위하여 내붙이거나 내걸어 놓은 물건이나 글.

게시판 ① 여러 사람에게 알릴 내용을 내붙이거나 내걸어 두는 판. '알림판'으로 순화. ¶ 게시판에 올해 학교 행사 계획이 게시되었다. ② 인터넷상에서 여러 사람에게 알리는 글을 올리거나 이용자가 자기 글을 올릴 수 있도록 만들어 놓은 공간.

게시하다 게시물을 내붙이거나 내걸어 두루 보게 하다.

››› '게시'와 '계시'의 차이는 올림말 '계시' 참고.

-겠- 어미

(동사나 형용사의 어간과 어미 사이에 붙어)

① 미래의 일이나 추측을 나타내는 어미.

¶ 지금쯤이면 누나가 집에 도착했겠네.

¶ 잠시 뒤 입학식을 시작하겠습니다.

② 말하는 이의 의지나 의도를 나타내는 어미.

¶ 나는 훌륭한 과학자가 되겠다.

③ 어떤 일에 가능성이나 능력을 나타내는 어미.

¶ 그런 건 철모르는 어린아이도 알겠다.

¶ 이 많은 숙제를 하루 만에 마칠 수 있겠어?

④ 완곡하게 말하는 태도를 나타내는 어미.

¶ 앞으로도 저희 일을 많이 도와주시면 좋겠습니다.

¶ 그날 일을 나에게 말해 줄 수 있겠니?

⑤ 말하는 이의 의견이나 상대에게 불만스러운 뜻을 나타내는 어미.

¶ 살다 살다 별사람을 다 보겠네.

ㄱ

겨우 부사

① 힘들여 어렵게. 가까스로. 간신히.

¶ 오늘 겨우 원고를 다 썼다.

¶ 어려운 임용 시험에 겨우 합격했다.

② 기껏해야. 고작.

¶ 실력이 겨우 이 정도밖에 안 돼?

¶ 두 사람이 겨우 쌀 한 되로 일주일을 버텼다.

결국(結局) ①명사 ②부사

① 어떤 일의 마무리 국면. 마지막 상황.

¶ 지금은 모른다고 잡아떼도 결국에 가서는 실토할 거야.

¶ 지금은 집이 어수선하지만 결국은 말끔하게 정리될 거야.

② 일의 마무리에 이르러서. 결과적으로. 참고 끝내, 드디어, 마침내

¶ 나는 결국 그의 간청을 받아들이고 말았다.

¶ 그는 역경을 딛고 결국 성공했다.

결딴나다 동사 ×결단나다, ×절딴나다

규칙 결딴나고, 결딴나, 결딴난, 결딴날, 결딴납니다, 결딴났다, 결딴났습니다

① 아주 망가져서 아예 손을 못 쓰게 되다.

¶ 태풍으로 동네 집들이 모두 결딴나고 말았다.

¶ 친구가 뒷걸음질하다 잘못 밟는 바람에 장난감이 결딴났다.

② 살림이 거덜 나다.

¶ 아버지가 하던 사업이 실패하여 집안이 결딴나고 말았다.

››› 망가져 손을 쓸 수 없는 상태가 되거나 망함을 뜻하는 말은 '결딴나다'뿐이다. '절딴나다', '결단나다'는 모두 틀린 말이다.

결재(決裁) 명사

아랫사람이 올린 안건이나 계획을 결정할 권한이 있는 윗사람이 검토하여 허가하거나 승인함. ㊐ 재가

¶ 부장님이 결재를 하지 않아서 아직 사장님께 결재를 올리지 못했다.

¶ 서류에 결재 서명을 해야 효력이 생긴다.

복합어

결재권 결재할 수 있는 권한. ¶ 이 서류는 국장에게 결재권이 있다.

결재하다 아랫사람이 올린 안건이나 계획을 결정할 권한이 있는 윗사람이 검토하여 허가하거나 승인하다. ¶ 사업 계획을 결재하였다.

결제(決濟) 명사

돈을 치러 거래를 마무리하는 일.

¶ 인터넷으로 거래할 때 대금 결제는 신용 카드나 계좌 이체로 한다.

복합어

결제금 결제하는 데에 쓰는 돈.

결제하다 돈을 치러 거래를 마무리하다. ¶ 물건 값은 현금으로 결제하겠습니다.

● '결재'와 '결제'

이 두 낱말은 쓸 때 혼동하기 쉬우니 잘 분간하여 써야 한다.

¶ 교장 선생님 결제가(×)/결재가(○) 나는 대로 일을 시작하려고 합니다.

¶ 적은 금액도 카드 결재가(×)/결제가(○) 됩니다.

경신(更新) 명사

① 이미 있던 것을 고쳐 새롭게 함. =갱신①

¶ 아인슈타인의 상대성 이론은 물리학에 경신을 일으켰다.

② 종전의 기록을 깨뜨림.

¶ 마라톤 세계 기록 경신을 위해서 혼신의 노력을 기울였다.

ㄱ

복합어

경신하다 ① 이미 있던 것을 고쳐 새롭게 하다. =갱신하다① ¶ 하루빨리 낡은 제도를 경신해야 한다. ② 종전의 기록을 깨뜨리다. ¶ 역대 최고 기온을 경신했다.

경우(境遇) 명사

① 겪거나 만나는 상황, 형편, 사정에 따른 사리나 도리.

¶ 그 친구는 경우가 밝아서 다른 사람들이 좋아한다.

¶ 경우에 어긋나는 행동은 되도록 하지 마라.

② 놓인 조건이나 형편 또는 사정.

¶ 만일의 경우에 대비하여야 한다.

¶ 내일 비가 올 경우에는 운동회를 취소합니다.

● '경우'와 '경위[1]'

'경우'는 상황이나 형편 또는 사정을 고려하는 말이다. 옳고 그름이나, 진실 또는 거짓과 관련이 없는 말이다. 이에 비해서 '경위'는 상황이나 형편을 고려하지 않고 절대적으로 또는 논리적으로 옳고 그름을 판단하는 데에 쓰는 낱말이다. 따라서 '경우에 어긋나다'라고 하면 상황이나 형편에 맞지 않는다는 말이고, '경위에 어긋나다'라고 하면 옳고 그름이라는 절대적인 가치 판단에 따라서 볼 때 옳지 않다는 말이다.

경위[1](涇渭) 명사

사리의 옳고 그름이나, 이러하고 저러함에 대한 분별.

¶ 그분들은 경위가 밝으니 말을 조심하게.

¶ 그이는 경위가 분명한 사람이니 옳지 않은 일을 요구하지 마세요.

››› '경위[1]'과 '경우'의 차이는 올림말 '경우' 참고.

경위[2](經緯) 명사

① 일이 진행되어 온 내력이나 과정.

¶ 검찰은 사건의 경위를 처음부터 다시 조사하였다.

¶ 당신이 여기까지 오게 된 경위를 자세히 말하시오.

¶ 작가는 이 책을 쓰게 된 경위를 머리글에 밝혔다.

② 직물의 날과 씨를 아울러 이르는 말.

③ 지구의 경도와 위도를 아울러 이르는 말.

계발(啓發) 명사

아직 형성되지 않았거나 잠재되어 있던 생각, 슬기, 재능, 사상 따위를 일깨워 줌. [참고] 개발

¶ 학생들의 상상력과 창의성 계발 교육이 무엇보다도 중요하다.

¶ 자기 계발에 힘쓴 사람은 언젠가 그 열매를 거두게 된다.

복합어

계발되다 지식이나 슬기, 재능, 사상 따위가 일깨워지다. ¶ 창의성이 계발되는 책

계발하다 지식이나 슬기, 재능, 사상 따위를 일깨워 주다. ¶ 각자의 소질을 계발할 수 있도록 창의적인 교육을 시행한다.

계시(啓示) 명사

① 깨우쳐 보여 줌.

② 사람의 지혜로는 알 수 없는 진리를 신이 가르쳐 알게 함.

¶ 성경은 하나님의 계시를 적은 글이다.

복합어

계시하다 ① 깨우쳐 보여 주다. ¶ 그는 우리의 어리석음을 가장 설득력 있게 계시하였다. ② 사람의 지혜로는 알 수 없는 진리를 신이 가르쳐 알게 하다.

● ‘게시’와 ‘계시’

두 낱말은 발음이 비슷해서 잘못 표기하기 쉽다. ‘게시(揭示)’와 ‘계시(啓示)’는 한자도 다르고 한글 표기도 다르므로 뜻에 맞추어 낱말 표기를 명확하게 해야 한다. 특히 ‘게시’를 ‘계시’로 잘못 쓰지 않도록 주의해야 한다.

¶ 계시판(×) / 게시판(○)에 글을 올린다.

¶ 사업 설명회 안내문을 곳곳에 계시하였다(×) / 게시하였다(○).

¶ 모세는 시나이산에서 하나님의 계시(○) / 게시(×)를 받았다.

이 밖에, ‘게양, 게재, 휴게실’은 ‘게’를 쓰고, ‘계몽, 계발, 훈계’는 ‘계’를 쓴다.

고[1] 조사

(어미 ‘-다, -냐, -라, -자, -마’ 따위 뒤에 붙어) 앞말이 간접으로 인용됨을 나타내는 말.

¶ 어머니가 전화로 동생이 집에 있냐고 물으셨다.

¶ 우리는 사람들에게 여기를 보라고 소리쳤다.

고[2] 조사

둘 이상의 사물을 같은 자격으로 이어 주는 말. 바로 뒤에 ‘간에’가 오기도 함. [참고] 이고

¶ 의자고 책상이고 하나도 성한 물건이 없다.

¶ 그는 집에서고 밖에서고 간에 성실하기가 한결같다.

››› 조사 '고'는 받침이 없는 체언 또는 조사 '에, 에게, 서, 에서, 께, 께서' 따위 뒤에 붙는다. 받침이 있는 체언 뒤에는 '이고'가 붙는다.

-고 어미

① 둘 이상의 동사나 형용사, 문장을 대등하게 이어 주는 연결 어미.

¶ 물이 맑고 차다.

¶ 아버지는 밖에 나가시고 어머니는 안에 계신다.

¶ 거리에는 빨갛고 파란 등이 죽 걸려 있다.

② 두 사실이 관련되어 잇달아 일어나는 관계임을 나타내는 연결 어미.

¶ 아버지는 그 소식을 듣고 깜짝 놀라셨다.

③ 앞서 한 동작이 지속되면서 뒤의 동작이 일어남을 나타내는 연결 어미.

¶ 선생님은 넥타이를 매고 강의하신다.

¶ 어머니는 내 손을 쥐고 놓지 않으셨다.

¶ 설날에는 설빔을 입고 어른들께 세배를 한다.

④ 서로 뜻이 대립되는 말을 벌여 놓는 연결 어미.

¶ 실성한 사람처럼 울고 웃고 하더라.

¶ 좋고 나쁘고를 가릴 줄 아는 눈이 필요하다.

⑤ 같은 형용사를 반복하여 그 뜻을 강조하는 연결 어미.

¶ 길고 긴 세월 동안 많은 것이 변했다.

¶ 멀고 먼 옛날, 호랑이가 담배 먹을 적 이야기야.

⑥ ('-고 있다', '-고 보니' 등의 구성으로 쓰여) 앞뒤 동사를 이어 주는 연결 어미.

¶ 아이가 거리에서 울고 있다.

¶ 숙제부터 하고 나서 놀아라.

¶ 금강산도 식후경이니 우선 밥이나 먹고 봅시다.

● '-고'와 '-며'의 차이

① '-고'는 앞선 행동이 끝난 뒤에 그 상태에서 다른 동작이 일어나는 경우에 쓴다. 한편 앞선 행동이 아직 끝나지 않은 상태에서 다른 동작이 시작되면 두 동작이 함께 진행되는데 이때는 어미 '-며'를 쓴다.

동생은 모자를 쓰고 이야기하였다.(한 동작이 끝난 뒤에 새로운 동작을 시작)
동생은 모자를 쓰며 이야기하였다.(한 동작을 하는 동안에 새로운 동작을 시작)

② '-고'는 하나의 동작을 마친 뒤에 이어서 다른 동작을 함을 나타낸다. 곧 두 동작이 서로 다른 시간대에 행해짐을 나타낸다. 이에 비해서 '-며'는 두 동작이 다른 시간대에 시작했지만 동시에 진행됨을 나타낸다.

김밥을 먹고 가자.(먹은 뒤에)
김밥을 먹으며 가자.(먹으면서)

✕ 고기집

'고깃집'의 틀린 표기.

○ 고깃집 명사

×고기집

고기를 주로 파는 음식점.

¶ 오늘은 고깃집에서 저녁을 먹기로 했다.

››› '고깃집' 표기는 "모음으로 끝나는 순우리말에 다른 순우리말이 결합하면서 뒷말의 첫소리가 된소리로 나면 사이시옷을 받쳐 적어야 한다."는 한글 맞춤법 규정에 따른 것이다.

○ 고맙다 형용사

[불규칙] 고맙고, 고맙지, 고마우니, 고마워서, 고마운, 고마울, 고맙네, 고마워, 고마웠다

남의 호의나 도움에 마음이 흐뭇하고 기쁘다. [참고] 감사하다②

¶ 도와주겠다는 말만이라도 고마워.

고민(苦悶) 명사

마음속으로 괴로워하고 애를 태움.

¶ 친구가 자기 고민을 나에게 털어놓았다.

¶ 대통령은 남북문제를 풀기 위해서 고민에 고민을 거듭하였다.

복합어

고민하다 마음속으로 괴로워하고 애를 태우다. ¶ 그는 집안 문제로 고민했다.

● '고민'의 용법

고민에는 괴로워하는 마음과 애를 태우는 마음이 섞여 있다. 고민은 논리적으로 무엇이 옳고 그른지 판단하느라고 힘이 드는 것과는 다르다. 따라서 아래와 같은 경우에 '고민'을 쓰는 것은 부적절하다.

¶ 옳은지 그른지는 더 고민해(×)/생각해(○)/검토해(○) 봐야 알 수 있겠습니다.

¶ 누구 말이 맞는지도 고민할(×)/검토할(○)/조사할(○) 여지가 있습니다.

고작 ①부사 ②명사

① 기껏 따져 보거나 헤아려 보아야. =고작해야

¶ 고작 30분 공부하고 놀러 가니?

¶ 줄넘기 잘한다더니 고작 백 개야?

② 예상이나 기대와 달리 별것 아님.

¶ 내가 방학 동안 한 일이라고는 책 한 권 읽은 게 고작이다.

곰삭다 동사

규칙 곰삭으니, 곰삭아서, 곰삭은, 곰삭았다

① 옷 따위가 오래되어서 올이 삭고 질이 약해지다.

¶ 옷을 오래 입었더니 곰삭아 너덜너덜해졌다.

② 젓갈 따위가 오래되어서 푹 삭다.

¶ 젓갈은 곰삭지 않으면 제맛이 안 난다.

③ 풀, 나뭇가지 따위가 썩거나 오래되어 푸슬푸슬해지다.

¶ 고무줄이 곰삭아 쉽게 끊어진다.

④ 두 사람의 사이가 스스럼없이 가까워지다.

¶ 그와 나는 어느새 곰삭은 사이가 되었다.

× 곰삭이다

'곰삭히다'의 틀린 말.

○ 곰삭히다 동사

×곰삭이다

규칙 곰삭히어/곰삭혀, 곰삭힌다, 곰삭힙니다, 곰삭히었다/곰삭혔다

곰삭게 하다. '곰삭다'의 사동형.

¶ 봄에 멸치를 소금에 담가 여섯 달 동안 곰삭혀서 멸치젓을 만든다.

○ 공공연하다(公公然-) 형용사

불규칙 공공연하여/공공연해, 공공연한, 공공연하였다/공공연했다

① 숨김이나 거리낌이 없이 그대로 드러난 상태이다.

¶ 수능 시험 문제가 학원가에서 공공연하게 나돌았다.

¶ 그 일은 공공연한 비밀이다.

② 매우 떳떳하다.

¶ 요즘은 공무원들도 공공연하게 반바지를 입고 출근한다.

복합어

공공연히 ① 숨김이나 거리낌이 없이 그대로 드러나게. ¶ 창수와 미선이가 사귀는 것은 공공연히 알려진 사실이다. ② 매우 떳떳하게. ¶ 그는 자기의 신념을 공공연히 내세운다.

공연스럽다(空然-) 형용사

불규칙 공연스러우니, 공연스러워, 공연스러운, 공연스러웠다

까닭이나 실속이 없다. =괜스럽다

¶ 공연스러운 걱정은 그만해라.

복합어

공연스레 까닭이나 실속이 없게. =괜스레 ¶ 아이가 공연스레 엄마한테 짜증을 냈다.

공연하다(空然-) 형용사

불규칙 공연하게, 공연하니, 공연한, 공연하였다/공연했다

아무 까닭이나 실속이 없다.

¶ 공연한 걱정을 하느라고 잠도 제대로 못 잤다.

¶ 동생이 공연한 시비를 걸어 짜증이 났다.

복합어

공연히 아무 까닭이나 실속이 없게. =괜히 ¶ 공연히 아는 체하다가 망신만 당했네.

과 조사

① 다른 것과 비교하거나 기준으로 삼는 대상임을 나타내는 말. 참고 와[1]

¶ 우리는 그들과 다르다.

¶ 기차가 마치 빛과 같이 빠른 속도로 달렸다.

② 함께함을 나타내는 말.

¶ 나는 오랜만에 동생과 영화를 보았다.

¶ 친구들과 떡볶이를 먹으면서 이야기를 나눴다.

③ 상대하는 대상임을 나타내는 말.

¶ 챔피언과 싸울 사람이 어디 있겠어?

¶ 맨몸으로 적과 맞서 싸웠다.

④ 둘 이상의 사물을 같은 자격으로 이어 주는 말.

¶ 딸과 며느리가 다 착하다.

¶ 요오드는 미역과 다시마에 많이 들어 있다.

¶ 우리 반 선생님과 옆 반 선생님은 동창이다.

> ● '과'의 용법
>
> 받침이 있는 낱말 뒤에 붙어 앞뒤 낱말을 연결하는 구실을 한다. 연속해서 세 낱말 이상을 연결할 때에는 쉼표로 대체할 수 있다.
>
> ¶ 값과 수량과 기간을 적어라.→값, 수량, 기간을 적어라.
>
> ¶ 거기에는 떡과 과일과 생선과 술이 있다.→거기에는 떡, 과일, 생선, 술이 있다.

⋙ 앞의 낱말이 자음으로 끝나면(받침이 있으면) '과'를 쓰고, 앞말이 모음으로 끝나면(받침이 없으면) '와'를 쓴다.

과반수(過半數) 명사

절반이 넘는 수.

¶ 법안이 국회에서 과반수 찬성을 얻어 통과되었다.

¶ 국민의 과반수가 이 정책을 지지한다.

¶ 투표율이 과반수에 못 미쳤다.

> ● '과반수'의 잘못된 사용
>
> 아래 표현은 '과반수'를 잘못 사용한 예이다. '과반'이 '반을 넘음'을 뜻하기 때문에 '과반수'와 '넘다'를 함께 쓰는 것은 불필요한 중복이다.
>
> ¶ 안건은 과반수를 넘는(×)/반수를 넘는(○)/과반수의(○) 찬성으로 통과되었다.
>
> ¶ 이번 안건은 찬성이 과반수를 넘지(×)/반수를 넘지(○)/과반수가 되지(○) 못해서 부결되었다.

관하다(關-) 동사

불규칙 관하여/관해, 관한

무엇을 말하거나 생각하는 대상으로 삼다. 무엇과 관련하다. 참고 대하다

¶ 네 장래에 관하여 이야기해 보자.

¶ 이 책에 우리나라 바닷물고기에 관한 모든 것을 담았습니다.

> **● '관하여'와 '대하여'의 차이**
>
> '관하여'는 '관계하여'나 '관련하여'의 의미로, 대상을 속속들이 파헤치는 경우에 쓴다. '교육 과정에 관하여 물어볼 것이 있다.'라고 하면 교육 과정의 내용을 알고 싶다는 뜻이 된다. '그에 관하여 알려진 것이 거의 없다.'라고 하면 그가 누구인지, 그가 무엇을 하는 사람인지 등 그의 내력이 알려지지 않았다는 뜻이다. '대하여'는 설명, 주장, 의논, 검토, 평가 등의 대상으로 삼는다는 뜻이다. 이렇게 보면 '관하여'와 '대하여'는 뒤에 따르는 말이 다름을 알 수 있다.
>
> ┌ 오늘 방문할 곳에 관하여 설명해 주세요.(그곳이 어떤 곳인지)
> └ 오늘 방문할 곳에 대하여 의논합시다.(어디를 방문할 것인지)
>
> ┌ 노동 정책에 관하여 많은 연구를 한 분이다.(노동 정책의 내용을 연구)
> └ 노동 정책에 대하여 토론합니다.(어떤 노동 정책을 세울 것인지 토론)
>
> ┌ 너에 관한 소문이 너무 안 좋더라.(너의 행실이나 됨됨이가 어떤지)
> └ 너에 대한 평가가 너무 안 좋더라.(네가 어느 정도인지)

관형사(冠形詞) 명사

문장 안에서 체언(명사, 대명사, 수사)의 내용을 자세히 꾸며 주는 말.

관형사형(冠形詞形) 명사

동사나 형용사 또는 조사 '이다'가 문장 안에서 명사, 대명사, 수사를 꾸밀 수 있도록 바뀐 형태.

● '관형사'와 '관형사형'

관형사는 명사, 대명사, 수사를 꾸며 주는 말이다. 관형사에는 조사나 어미가 붙지 않는다. 아래 예문에서 '맨, 순, 한' 같은 것이 관형사이다.

¶ 맨 처음 순 한국식 불고기 한 접시를 먹었을 때 맛이 환상적이었다.

관형사형은 동사나 형용사가 명사, 대명사, 수사 앞에 놓여 관형사처럼 쓰일 수 있도록 형태가 바뀐 것이다. 아래 예문에서 '예쁜, 핀, 본, 멋진' 따위가 관형사형이다. '예쁜, 멋진'은 형용사 '예쁘다, 멋지다'의 관형사형이고, '핀, 본'은 동사 '피다, 보다'의 관형사형이다. 관형사형을 만들려면 동사, 형용사에 관형사형 어미를 붙인다. 관형사형 어미에는 '-ㄴ/-은', '-ㄹ/-을' 들이 있다. 아래 예문의 '시골인, 도시인'처럼 조사 '이다'에 관형사형 어미를 붙여 쓰기도 한다.

¶ 예쁜 꽃이 핀 들판은 내가 본 들판 가운데에서 가장 멋진 곳이었다.

¶ 고향이 시골인 사람과 도시인 사람이 반반이다.

관형어(冠形語) 명사

문장 안에서 명사, 대명사, 수사를 꾸미는 기능을 하는 모든 성분을 통틀어 이르는 말. 대표적으로 관형사와 관형사형이 있다.

● '관형어'의 형태

관형어에는 아래와 같은 종류가 있다.

① 관형사: 원래 명사, 대명사, 수사를 꾸미게 되어 있는 낱말. 아래 예문의 밑줄 친 부분이 관형사이다.

¶ 닭 세 마리가 저 구석에 앉아 있다.

② 관형사형: 동사, 형용사, 조사 '이다'가 관형사처럼 명사, 대명사, 수사를 꾸밀 수 있도록 형태가 바뀐 것. 아래 예문의 밑줄 친 부분이 관형사형이다.

¶ 붉은 넥타이를 맨 사람이 네가 만날 분이다.

¶ 자격이 미달인 사람을 어떻게 뽑겠느냐.

동사나 형용사, '이다'를 관형사처럼 만드는 어미를 관형사형 어미라고 한다. 위 예문에서 '붉은'의 '-은', '맨'의 '-ㄴ', '만날'의 '-ㄹ', '미달인'의 '-ㄴ'이 관형사형 어미이다.

③ 기타: 아래 예문의 밑줄 친 부분이 관형어이다.

¶ 검정 고무신을 댓돌의 위쪽에 올려놓았다.

¶ 그가 선보인 비극은 헤어짐의 미학을 우리에게 보여 준다.

예문에서 '검정'은 '고무신'을 꾸미므로 관형어이고, '댓돌의'는 '댓돌'에 조사 '의'가 붙어 '위쪽'을 꾸미게 되었기 때문에 관형어가 되었다. 대개 명사가 잇달아 있을 때 앞의 명사는 뒤의 명사의 관형어가 된다. '선보인'은 동사 '선보이다'에 관형사형 어미 '-ㄴ'이 붙어 관형어가 된 경우이다. '헤어짐의'는 동사 '헤어지다'의 명사형 '헤어짐'에 조사 '의'가 붙어 관형어가 된 경우이다. 동사와 형용사는 명사형 어미 '-ㅁ', '-기'를 붙여 명사처럼 쓸 수 있는데 이 명사형에 조사 '의'가 붙으면 관형어가 된다. 한국어는 이처럼 문법 기능을 하는 어미나 조사를 붙여서 새로운 문법 기능을 하게 하는 특징이 있다. 한국어가 첨가어라고 불리는 이유가 여기에 있다.

○ 괜스레 부사 ×괜스리/괜시리

까닭이나 실속이 없게. =공연스레

¶ 괜스레 심통이 나서 친구들한테 투덜거렸다.

× 괜스리 / 괜시리 '괜스레'의 틀린 말.

¶ 가을이 되면 괜스리(×)/괜시리(×)/괜스레(○) 쓸쓸해진다.

○ 괜히 부사

아무 까닭이나 실속이 없게. =공연히

¶ 어머니께서는 괜히 나만 나무라신다.

괴나리봇짐(-褓-) 명사 ×개나리봇짐

걸어서 먼 길을 떠날 때에 보자기에 싸서 어깨에 메는 작은 짐. =괴나리

¶ 옛날에는 먼 길을 나설 때에 괴나리봇짐을 쌌다.

¶ 과거를 보러 한양 가는 선비들은 으레 괴나리봇짐을 메고 길을 나섰다.

괴발개발 명사

'고양이의 발과 개의 발'이라는 뜻으로, 글씨를 아무렇게나 써 놓은 모양을 이르는 말.

㉥ 개발새발

관용 표현

괴발개발 그리다 글씨를 함부로 갈겨쓰다.

구별(區別) 명사

성질이나 종류에 따라 갈라놓거나 차이가 남. [참고] 구분

¶ 사람은 흔히 인종별, 성별, 지역별로 구별을 한다.

¶ 요즘은 아이들뿐 아니라 어른들도 밀과 보리를 구별 못 한다.

복합어

구별하다 성질이나 종류에 따라 갈라놓다. ¶ 옳고 그름을 구별할 줄 알아야 한다.

구분(區分) 명사

일정한 기준에 따라 전체를 몇 개로 갈라 나눔. [참고] 구별, 구획

복합어

구분하다 일정한 기준에 따라 전체를 몇 개로 갈라 나누다. ¶ 우리 학교는 제2 외국어 선택에 따라서 반을 구분한다.

> ● '구분'과 '구별'
> 어떤 크기나 특성 등에 따라서 나누는 것을 '구별'이라고 하고 전체를 몇 단위로 나누는 것을 '구분'이라고 한다. 구별되는 것은 서로 다른 특징을 가지지만 구분되는 것은 특성이 같거나 다르거나 상관없다. 남자와 여자는 구별하는 것이지 구분하는 것이 아니다. 사과와 배를 구별하고, 동물과 식물을 구별하고 크고 작음을 구별한다. 사람을 10명씩 구분하고, 곤충의 몸은 머리, 가슴, 배로 구분한다.

× 구스르다 / 구슬르다 '구슬리다'의 틀린 말.

¶ 아이를 구스르는(×)/구슬르는(×)/구슬리는(○) 일에도 솜씨가 필요하다.

○ 구슬리다 동사 ×구스르다/구슬르다

규칙 구슬리어/구슬려, 구슬릴, 구슬립니다, 구슬리었다/구슬렸다

① 그럴듯한 말로 꾀어 마음을 움직이다.

¶ 골치 아프니 네가 적당히 구슬려 보내라.

¶ 아이들을 잘 구슬려서 이만 집에 가자.

② 끝난 일을 이리저리 헤아려 자꾸 생각하다.

¶ 아무리 구슬려 보아도 지난 일은 돌이킬 수 없어.

관용 표현

구슬려 넘기다 이것저것 그럴듯한 말로 달래거나 추어올리다. ¶ 토라진 친구를 이리저리 구슬려 넘겨 마음을 풀어 주었다.

구슬려 삶다 그럴듯한 말로 남을 꾀어 따르게 만들다. ¶ 그는 거래처 사람을 잘 구슬려 삶아서 필요할 때마다 도움을 받았다.

구슬려 세우다 그럴듯한 말로 남을 치켜세우다. ¶ 그렇게 나를 구슬려 세우니 내가 네 말을 들어줘야겠다.

구실[1] 명사

① 자기 위치에 맞게 마땅히 해야 할 바. ⓑ 역할

¶ 사람이 사람 구실을 못 하면 사람대접을 받지 못한다.

¶ 대통령이 구실을 제대로 해야 나라가 바로 설 수 있다.

② 일을 하는 데 주어지거나 짊어진 몫.

¶ 우리 반이 우승하는 데에 반장이 가장 큰 구실을 하였다.

››› '역할(役割)'은 일본에서 들어온 한자말이므로 토박이말 '구실'을 살려 쓰는 것이 좋겠다. '구실[1]'과 '구실[2]'의 차이는 올림말 '구실[2]' 참고.

구실[2](口實) 명사

=핑계①

¶ 공부하기 싫으니 만날 도망갈 구실만 찾고 있다.

¶ 이 학원은 잘 가르친다는 구실로 학원비가 비싸다.

● '구실[2]'와 '구실[1]'

두 낱말은 형태와 소리가 완전히 똑같아서 구별하여 쓰기가 쉽지 않다. 가능하면 이 가운데 하나를 다른 말로 바꿔 쓰는 것이 바람직하다. '구실[1]'은 일본에서 들어온 한자말 '역할(役割)'에 밀려 점점 쓰이지 않는 추세이다. 구실이라고 하면 핑계를 뜻하는 '구실[2](口實)'를 떠올리는 경향이 많다. 따라서 일본식 한자말 '역할'을 '구실[1]'로 대체하고, 한자말 '구실[2]'를 '핑계'로 대체한다면 토박이말을 살려서 쓰는 효과도 있고 형태가 같은 낱말 사용을 피할 수도 있다.

구획(區劃) 명사

토지 따위를 경계를 지어 가름. 또는 그런 구역. 참고 구분

¶ 이 지역은 토지 구획 사업이 추진될 예정이다.

복합어

구획하다 토지 따위를 경계를 지어 가르다. ¶도시를 몇 개의 구역으로 구획하여 개발하기로 했다.

»» '구획'과 '구분'은 의미가 같은데 특히 토지와 관련하여 쓸 때는 '구획'을 쓰는 경향이 있다. 국립국어원에서는 '구획' 대신에 '구분'이나 '분리'를 쓰도록 권장한다.

국어(國語) 명사

① 한 나라의 국민이 쓰는 말. =나라말

¶많은 나라가 그 나라의 언어 곧 국어를 가지고 있다.

② 우리나라의 언어. '한국어'를 우리나라 사람끼리 이르는 말이다. =우리말

¶초등학교 때부터 국어를 배우지만 국어를 바로 쓰는 일은 쉽지 않다.

¶내 사촌은 외국에 오래 살아서 그런지 국어가 서툴다.

● '국어', '우리말', '한국어'

'국어'는 《훈민정음》에 나오는 '나랏말씀'을 한자로 표기한 말이다. 요즘은 나라말 대신에 '우리말'을 국어의 뜻으로 쓴다. 국어는 고유 명사가 아니라 보통 명사이므로 일본인이 국어라고 하면 일본어를 가리키고 영국인이 국어라고 하면 영어를 가리킨다. 한국인이 쓰는 말을 한국어라 하지 않고 국어라고 쓰는 것은 편의적인 태도라고 말할 수 있다.

'우리말'은 한국인 사이에서는 한국인의 말 곧 한국어를 가리키는 말이다. 이때 '우리말'은 한 단어로서 고유 명사이다. '우리 말'이라고 띄어쓰기를 하면 의미가 달라진다.(올림말 '우리[2]' 참고.)

'한국어'는 외국인에게 우리말을 가리키는 말로 분화되는 현상이 나타나고 있다. 외국인에게 국어라는 표현을 쓸 수 없기 때문이다. 예를 들면 대학의 국어 국문학과는 한국인을 대상으로 한국의 말과 문학을 가르치는 학과이고, 한국어과는 외국인을 대상으로 한국의 말을 가르치는 학과이다. 내국인에게 가르치는 국어와 외국인에게 가르치는 한국어가 다른 언어가 아닌데도 배우는 사람에 따라서 언어의 이름을 달리 부르는 것은 바람직하지 않다. '한국어'로 통일하는 것이 바람직하다.

굵다 형용사

규칙 굵고, 굵지, 굵어서, 굵은, 굵네, 굵습니다, 굵었다

① 긴 물건의 너비나 둘레가 크다.

¶ 일꾼은 굵은 통나무를 도끼로 패기 시작했다.

¶ 종아리가 굵어서 바지가 꽉 낀다.

② 소리의 통이 크다.

¶ 할아버지, 아버지, 삼촌은 목소리가 굵다.

③ 곡식이나 열매, 알 따위의 부피가 크다.

¶ 굵은 알갱이가 꼭꼭 박힌 찰옥수수를 쪄 먹었다.

④ 물방울 따위의 부피가 크다.

¶ 이마에서 굵은 땀방울이 흘러내렸다.

⑤ 글씨의 획이 뚜렷하고 크다.

¶ 글씨가 굵어서 힘 있게 보인다.

⑥ 천 같은 것의 결이 거칠고 투박하다.

¶ 굵은 삼베옷

⑦ 구멍 사이가 넓고 성기다.

¶ 체의 구멍이 굵어서 낟알이 다 새어 나간다.

복합어

굵다랗다 올림말 '굵다랗다' 참고.

굵어지다 굵게 되다. ¶ 빗줄기가 점점 굵어지는 것을 보니 큰비가 내릴 것 같다.

굵은체 올이 굵고 구멍이 큰 체.

굵직굵직하다 여럿이 모두 굵다. ¶ 고구마가 다 굵직굵직해서 값을 잘 받았다.

굵직하다 올림말 '굵직하다' 참고.

››› '굵다'는 '굵어', '굵은'처럼 모음으로 시작하는 어미가 붙으면 [굴거], [굴근]처럼 소리 낸다. 그러나 '굵지'처럼 자음으로 시작하는 어미가 붙으면 'ㄹ'이 탈락하고 어미의 첫소리가 된소리로 변하여 [국찌]처럼 소리 낸다. '굵직하다'는 [국찌카다], '굵다랗다'는 [국:따라타]로 소리 낸다.

굵다랗다 형용사

불규칙 굵다랗게, 굵다라면, 굵다라니, 굵다래서, 굵다란, 굵다랗네/굵다라네, 굵다랬다

길이가 있고 꽤 굵다.

¶ 저 소나무는 굵다래서 정자 기둥으로 쓰면 좋겠다.

굵직하다 형용사

불규칙 굵직하여/굵직해, 굵직한, 굵직합니다, 굵직하였다/굵직했다

무게가 있고 꽤 굵다.

¶ 알이 굵직한 사과만 추려서 팔았다.

¶ 고구마가 무척 굵직해서 상품 가치가 높다.

● '굵다랗다'와 '굵직하다'

길이가 있고 굵은 것에는 '굵다랗다', 무게가 있고 굵은 것에는 '굵직하다'를 쓴다. '굵다'는 '굵다랗다'와 '굵직하다'를 다 아우를 수 있다.

¶ 굵다란/굵은 막대기라야 그 물건의 무게를 버틸 수 있을 것이다.

¶ 굵직한/굵은 자갈만 골라서 가져오너라.

굽신거리다 동사

규칙 굽신거리어/굽신거려, 굽신거립니다, 굽신거리었다/굽신거렸다

=굽실거리다, 굽실대다, 굽신대다

굽실거리다 동사

규칙 굽실거리고, 굽실거리어/굽실거려, 굽실거립니다, 굽실거리었다/굽실거렸다

=굽신거리다, 굽신대다, 굽실대다

① 남의 비위를 맞추느라고 자꾸 비굴하게 행동하다.

¶ 사장 눈 밖에 나지 않으려고 티 안 나게 굽실거렸다.

② 허리를 자꾸 가볍게 구푸렸다 펴다.

¶ 하인이 주인 앞에서 연방 허리를 굽실거린다.

››› '굽신거리다', '굽신대다', '굽실거리다', '굽실대다'는 모두 뜻과 용법이 같다.

× 귀뜸

'귀띔'의 틀린 말.

¶ 네가 미리 귀뜸(×) / 귀띔(○)을 해 주어 잘 준비할 수 있었어.

○ 귀띔 명사

×귀뜸

상대편이 눈치로 알아차릴 수 있도록 슬그머니 일깨워 줌.

¶ 그의 귀띔 덕에 오늘 큰 낭패를 면할 수 있었다.

¶ 아버지께 어머니 생신이 내일이라고 귀띔을 해 드렸다.

복합어

귀띔하다 눈치로 알아차릴 수 있도록 미리 슬그머니 일깨워 주다. ¶ 과장은 내가 곧 승진할 것이라고 귀띔해 주었다.

○ 그러다 동사

불규칙 그러고, 그러지, 그러니, 그래, 그래서, 그러는, 그런, 그런다고, 그러네, 그럽니다, 그랬습니다

① 그렇게 하다. 그런 식으로 하다. '그리하다'의 준말.

¶ 화가 난다고 그러면 나는 어떡하니?

¶ 우리는 함께 영화를 보았다. 그러고 나서 바로 헤어졌다.

¶ 그 일은 그만 잊으라고 해도 그러네.

② 그렇게 말하다.

¶ 그가 가지 않겠다고 그러거든 내게 알려라.

¶ 아버지가 선생님께 편지를 전해 달라고 그러셨어요.

¶ 아이가 과자를 사 달라고 그래서 사 주었다.

관용 표현

그래도 그렇지 변명을 일부 수용하면서도 이를 책망하는 뜻을 나타내는 표현. ¶ 친구하고 노느라 늦게 왔다고? 그래도 그렇지, 전화라도 하지 그랬니?

그러거나 말거나 무엇을 하든 관계없이. ¶ 누가 그러거나 말거나 너는 네 일만 해.

그러면 그렇지 자기 생각이나 기대를 저버리지 않았음을 나타내는 표현. ¶ 그러면 그렇지, 걔가 숙제를 안 했을 리가 있나?

››› '그러다', '이러다', '저러다'의 차이는 올림말 '이러다' 참고.

그러면 ①-②부사

① 앞의 말이나 상황을 전제로 새롭게 말할 때에 쓰는 말.

¶ 그러면 제가 사실 여부를 확인해 보겠습니다.

② 앞말이 뒷말의 조건이 될 때 쓰는 말.

¶ 어서 달려가. 그러면 지각하지 않을 거야.

③ '그리하면'이 줄어든 말.

¶ 네가 자꾸 그러면 너랑 안 놀 거야.

④ '그러하면'이 줄어든 말.

¶ 네 형편이 그러면 어쩔 수 없지.

그러하다 형용사 ㉾ 그렇다

불규칙 그러하면, 그러하여/그러해, 그러한, 그러합니다, 그러하였다/그러했다

'그렇다'의 본딧말.

¶ 성격이 그러한 사람은 사귀지 않는 것이 좋겠다.

¶ 형편이 그러하다니 어떻게 도움을 줄지 생각해 보겠네.

그런대로 부사

만족스럽지는 아니하지만 그러한 정도로.

¶ 이 제품은 그런대로 쓸 만합니다.

¶ 여름은 그런대로 지낼 수 있겠는데 겨울에는 어떻게 해야 할지 걱정이다.

그렇다 형용사

불규칙 그렇고, 그러면, 그래, 그래서, 그런, 그렇니/그러니, 그렇습니다, 그랬다, 그랬습니다

① 상태, 모양, 성질 따위가 그와 같다.

¶ 상황이 그래서 다른 말을 할 수 없었다.

¶ 그랬구나, 그런 경우에는 나라도 그렇게 했을 거야.

¶ 네가 그걸 가져갔지, 그렇지?

② 특별한 변화가 없다. 전과 같다.

¶ 난 언제나 그렇지 뭐.

¶ 그저 그렇게 지내고 있다.

③ 만족스럽지 않아 받아들이기 곤란함을 에둘러 표현하는 말.

¶ 아무리 화가 나도 욕을 하는 건 좀 그렇지 않니?

¶ 남들은 다 좋다고 하지만 나는 좀 그런데.

관용 표현

그럼에도 불구하고 비록 사실은 그러하지만 그것과는 상관없이. ¶ 비바람이 몹시 불었다. 그럼에도 불구하고 그는 밭으로 나갔다.

그렇고 그렇다 ① 대수롭거나 특별하지 아니하다. ¶ 그렇고 그런 글을 쓸 바에야 아무것도 쓰지 않겠다. ② 관계가 보통이 아니다. ¶ 내 친구가 그 배우와 그렇고 그렇다는 소문이 쫙 퍼졌지.

속담

그렇게 하면 뒷간에 옻칠을 하나 그렇게 돈을 모으면 뒷간에까지 값비싼 옻칠을 하고 살겠느냐는 뜻으로, 매우 인색하게 굴면서 재물을 모으는 행위를 비꼬는 말.

그리 부사

① 그곳으로. 그쪽으로. 참고 그리로

¶ 어제 갔던 그리 가자.

¶ 너도 그리 와라.

② 그렇게.

¶ 일을 그리 고약하게 해 놓으면 어떻게 수습해?

¶ 이 그림은 그리 잘 그린 건 아니야.

그리고 부사

① 그 밖에 더.

¶ 이것을 호주머니에 넣어라. 그리고 이것은 가방에 넣어라.

② 그다음에.

¶ 모두 학교 앞에서 모였다. 그리고 함께 버스를 탔다.

● '그리고'와 '그러고 나서'

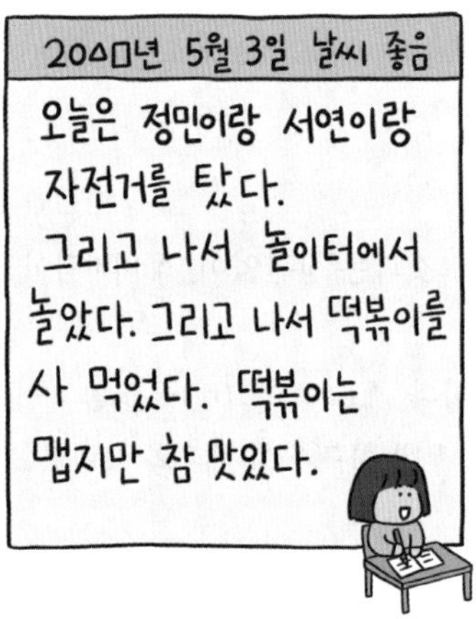

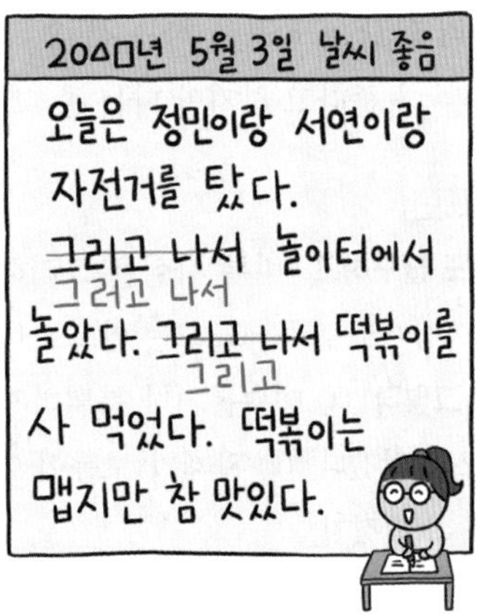

어떤 일을 한 뒤에 다른 일을 함을 나타내는 말은 '그러고 나서'이다. '그리고 나서'를 쓰면 안 된다. '그다음에'를 뜻하는 '그리고'와 '나서'는 함께 쓸 수 없기 때문이다.

¶ 우리는 등산을 하였다. 그리고 나서(×)/그러고 나서(○) 함께 온천욕을 즐겼다.
¶ 먼저 밥을 먹었다. 그리고 나서(×)/그러고 나서(○) 옷을 갈아입고 외출을 하였다.
아래 예문은 '그리고 나서' 대신에 그냥 '그리고'를 쓰면 된다.
¶ 우리는 등산을 하였다. 그리고 나서(×)/그리고(○) 함께 온천욕을 즐겼다.

그리로 부사

'그리①'을 강조하는 말.

¶ 너도 그리로 와라.

¶ 그리로 가면 안 돼!

그리하다 동사 ㊟ 그러다

불규칙 그리하면, 그리하여/그리해, 그리합니다, 그리하였다/그리했다

그렇게 하다.

¶ 지금 공부를 그리하면 시험 볼 때 후회할지 몰라.

¶ 몇 번이나 청한 터라, 또다시 이만 일로 그리할 수 없다.

글씨 명사

① 쓴 글자의 모양. 글자의 맵시.

¶ 글씨가 참 예쁘다.

② =글자

¶ 이 아이는 글씨를 제법 잘 쓴다.

¶ 글씨를 쓸 때에는 바른 자세로 바르게 씁니다.

③ 글자를 쓰는 법.

¶ 글씨 공부를 하는 학원도 있다.

글자 명사

말을 적는 일정한 체계의 부호. =글씨②

¶ 간판의 글자가 너무 작아서 눈에 잘 안 띈다.

¶ 우리말을 적는 글자는 한글이다.

¶ 이 도자기는 밑바닥에 글자가 쓰여 있다.

관용 표현

글자 그대로 과장이나 거짓 없이. ¶ 그는 글자 그대로 남산골샌님이다.

● '글자'와 '글씨'

흔히 글자와 글씨를 같은 뜻으로 여기지만, 경우에 따라서는 꼭 '글자'라고 해야 할 때가 있고, 꼭 '글씨'라고 해야 할 때가 있다.

¶ 벽에는 뜻을 알 수 없는 글자(○)/글씨(×) 몇 개가 적혀 있었다.

¶ 유치원 아이들이 글자(○)/글씨(○)를 배우고 있다.

¶ 수민이 글자(×)/글씨(○)가 가장 멋지다.

¶ 글자(○)/글씨(○)를 너무 크게 쓰지 마라.

금새 '금세'의 틀린 표기.

금세 부사 ×금새

지금 바로. '금시에'가 줄어든 말로, 입말에서 많이 쓴다.

¶ 안 좋은 소문은 금세 퍼진다.

¶ 문화 정책의 효과는 금세 나타나지 않는다.

● '금세'와 '금새'

'금세'를 '금새'로 잘못 표기하는 경우가 많다. '금새'는 물건 값, 또는 값의 높고 낮은 정도를 나타내는 말로서 '금세'와는 뜻과 용법이 다른 말이다.

¶ 가을에는 빨래가 금세 마른다.

¶ 며칠 전까지 한겨울 같더니 금세 봄이 왔구나.

¶ 닭고기 금새가 많이 올랐다.(닭고기 값)

기(氣) 명사

① 사람이나 동식물이 활동하는 힘.

¶ 젊었을 때에는 기가 왕성하여 거칠 것이 없다.

¶ 아이 기를 살리려고 칭찬을 많이 했다.

② 몸속을 운행하는 기운.

¶ 한의학에서 침은 우리 몸의 막힌 기를 뚫어 준다고 한다.

관용 표현

기가 막히다 어처구니없고 황당하여 말이 안 나오다. ¶ 내 잘못이라니 기가 막힌다.

기가 살다 기운이 없어지거나 풀이 죽지 않고 기세가 오르다. ¶ 그는 칭찬을 듣고 기가 살았다.

기가 차다 하도 어처구니가 없어 말이 나오지 않다. ¶ 그의 뻔뻔스러움에 기가 찼다.

기를 꺾다 자유롭게 활동하지 못하게 막거나 억누르다. 기를 펴지 못하게 하다. ¶ 승리하려면 초반에 상대방 기를 꺾어 놓아야 한다.

기를 쓰다 있는 힘을 다하다. ¶ 그는 대학에 들어가기 위해 기를 쓰고 공부했다.

기를 펴다 억눌림이나 어려움에서 벗어나 마음을 자유롭게 가지다. ¶ 동생은 형에게 눌려 기를 펴지 못했다.

속담

기가 하도 막혀서 막힌 둥 만 둥 너무 어처구니없고 황당하면 도리어 아무렇지도 않은 듯하다는 말.

-기 어미

동사나 형용사를 명사처럼 기능하도록 하는 어미. [참고] -음

¶ 누나는 고기를 먹기 싫어한다.

¶ 방학 동안에도 규칙적으로 생활하기 바랍니다.

-기 접사

기운, 느낌, 성분의 뜻을 더하는 말.

¶ 기름기, 소금기, 시장기, 장난기

기껏 부사

① 힘들여서 일부러.

¶ 기껏 세차를 해 놓았더니 비가 내린다.

② 겨우. 고작.

¶ 기껏 위로한다는 소리가 그거니?

기껏해야 부사

① 아무리 노력한다고 해도.

¶ 하루 종일 수학 문제집을 풀었는데도 기껏해야 두 쪽뿐이었어.

② 최대로 잡아도. 아무리 많게 또는 높게 잡아도.
¶ 이 애는 기껏해야 열 살밖에 안 되었을 거야.
¶ 기껏해야 10명을 넘지 않을걸.

기니[1]

동사 '기다'의 연결형. 또는 종결형.
¶ 아기가 바닥을 기니 바지 무릎이 빨리 닳는다.
¶ 너는 왜 그 사람한테 기니?

기니[2]

'길다'의 연결형. 또는 종결형.
¶ 밧줄이 기니 구조하는 데에 어려움이 없을 것이다.
¶ 너는 머리가 빨리 기니?

기다 동사

[규칙] 기고, 기어/겨, 긴다, 깁니다, 기었다/겼다
① 가슴이나 배를 바닥에 대고 움직여 나가다.
¶ 방 안에 개미가 기어 다닌다.
② 몹시 느리게 가거나 움직이다.
¶ 길이 미끄러워서 차들이 기고 있다.
③ (속되게) 남에게 눌리어 비굴할 정도로 꼼짝 못 하다.
¶ 사람들은 돈에 기고, 권력에 긴다.

속담

기기도 전에 날기부터 하려 한다 쉽고 작은 일도 해낼 수 없으면서 어렵고 큰일을 하

려고 나섬을 이르는 말. =걷기도 전에 뛰려고 한다, 기도 못하는 게 날려 한다, 기도(/기지도) 못하면서 뛰려 한다.

기는 놈 위에 나는 놈이 있다 아무리 재주가 뛰어나도 그보다 더 뛰어난 사람이 있다는 말로, 자만하지 말라는 말. =뛰는 놈 위에 나는 놈 있다.

기다랗다 형용사 ×길다랗다

[불규칙] 기다랗게, 기다랗고, 기다라면, 기다라니, 기다래서, 기다란, 기다랬다

매우 길거나 생각보다 길다.

¶ 사람들이 기다랗게 늘어서 있다.

¶ 아버지는 기다란 나무토막을 도끼로 쪼갰다.

¶ 밧줄이 굵고 기다래서 쓸모가 있겠다.

복합어

기다래지다 기다랗게 되다.

기쁘다 형용사

[불규칙] 기쁘게, 기쁘고, 기쁘지, 기쁘니, 기뻐, 기쁜, 기쁩니다, 기뻤다

좋은 일이 생겨 마음이 흐뭇하고 흡족하다. [참고] 즐겁다

¶ 너를 미국에서 만난 것은 정말 기쁜 일이었다.

¶ 시험에 합격했다는 소식을 들으니 무척 기뻤다.

-기에 어미

원인이나 근거를 나타내는 연결 어미. [참고] -길래

¶ 비가 내리기에 논으로 나가서 물꼬를 터 주었다.

¶ 아버지는 어디 가셨기에 안 오시지?

기운[1] 명사

① 생물이 살아 움직이는 힘.

¶ 그렇게 풀 죽은 듯이 있지 말고 기운을 내라.

② 땅 위나 공중에서 움직이는 듯이 느껴지는 힘.

¶ 4월이 되니 봄의 기운이 완연해졌다.

③ 감기나 몸살 따위에 걸린 듯한 초기 증상.

¶ 감기나 몸살 기운이 있는 분은 이 약을 드세요.

④ 약이나 술 따위로 생기는 힘이나 영향력.

¶ 약 기운이 떨어지니 다시 아프다.

기운[2] (氣運) 명사

어떤 일이 벌어지려고 하는 조짐.

¶ 온 나라에 독립운동의 기운이 무르익고 있었다.

기운[3]

동사 '깁다'의 관형사형.

¶ 선생은 검소한 생활이 몸에 배어 기운 양말도 예사로 신고 다녔다.

기울다 동사

불규칙 기울고, 기우니, 기울어, 기우는, 기운, 기웁니다, 기울었다

① 비스듬하게 한쪽이 낮아지거나 비뚤어지다.

¶ 벽걸이 달력이 한쪽으로 기울었다.

② 마음이나 생각 따위가 어느 한쪽으로 쏠리다.

¶ 안건에 찬성하는 쪽으로 내 마음이 기울고 있다.

③ 해나 달 따위가 지다.

¶ 해가 서쪽으로 기울면 뛰어놀던 아이들은 모두 집으로 돌아갑니다.

④ 형세가 이전보다 못하여지다.

¶ 그는 국운이 기우는 것을 차마 볼 수 없었다.

⑤ 다른 것에 견주어 그것보다 못하다.

¶ 신랑 집안이 신부 집안보다 기울더라.

긴[1]

동사 '기다'의 관형사형.

¶ 윗사람에게 긴 사람이 성공했다는 말은 거짓말이야.

긴[2]

'길다'의 관형사형.

¶ 긴 바지를 잘라 반바지로 만들었다.

긷다 동사

불규칙 길으면, 긷고, 길으니, 길어, 긷는, 길었다

두레박이나 바가지 따위로 물을 떠내다.

¶ 옛날에는 우물이나 샘에서 물을 길어다가 먹었다.

길다[1] 형용사

불규칙 길고, 기니, 길어, 긴, 기오, 깁니다, 길었다

① 한 물체의 양 끝이 서로 멀다.

¶ 끈이 길고 짧은 것은 실제로 대어 보아야 알지.

¶ 치맛자락이 너무 길어 길바닥을 쓸겠다.
② 동안이 오래다.
¶ 여름이 되면 해가 길어서 벼가 잘 자란다.
¶ 그렇게 긴 세월을 견디며 살아온 사람들이 있다.
③ 글이나 말의 분량이 많다.
¶ 말씀을 너무 길게 하지 마세요.
¶ 너무 긴 소설은 읽기가 힘들다.
④ 오래 계속되다.
¶ 나는 길게 심호흡을 하고 시험장에 들어갔다.

복합어

길이 ① 한끝에서 다른 한끝까지의 거리. ② 어느 때부터 다른 어느 때까지의 동안. ③ 폭에 상대하여 세로를 이르는 말. ¶ 폭이 석 자, 길이가 열두 자쯤 됩니다. ④ 길게. 오래도록. ¶ 그의 이름은 역사에 길이 남을 것이다.
길이길이 아주 오래도록. ¶ 대한민국을 길이길이 보전하세.
몸길이 동물의 몸의 길이.

길다[2] 동사

불규칙 기니, 길어, 기는, 깁니다, 길었다

머리카락, 수염 따위가 자라다.
¶ 며칠 동안 면도를 하지 않았더니 수염이 무척 길었다.

✕ 길다랗다 '기다랗다'의 틀린 말.

-길래 어미

'-기에'의 입말.

¶ 하도 배가 고프길래 라면을 끓여 먹었다.

¶ 뭘 하길래 이렇게 시끄러워?

¶ 어디를 가길래 그리 서두르니?

길어[1]

'길다'의 연결형. 또는 종결형.

¶ 끈이 너무 길어 필요한 만큼만 잘라 썼다.

¶ 나는 머리카락이 너무 빨리 길어.

길어[2]

동사 '긷다'의 연결형. 또는 종결형.

¶ 옛날에는 먼 데서 물을 길어 머리에 이고 날랐다.

¶ 우물물은 두레박으로 길어.

깁다 동사

불규칙 깁고, 기우니, 기워, 깁는, 기운, 기운다, 깁습니다, 기웠다

① 떨어지거나 해어진 곳을 꿰매다.

¶ 그녀는 해어진 바지를 기워 입었다.

¶ 어렸을 적에는 기운 양말도 잘 신고 다녔다.

② 글이나 책에서 내용의 부족한 점을 보충하다.

¶ 원고를 교열할 때에 부실한 내용을 기워 넣기도 한다.

복합어

덧깁다 이미 기웠던 자리에 덧대고 깁다. ¶ 해진 양말 바닥에 천을 덧기웠다.

짜깁다 천의 찢어진 곳을 같은 실로 짜서 깁다. ¶ 옛날에는 옷이 해어지면 그 부분을 짜기워 입었다.

깃들다 동사

불규칙 깃들어, 깃드는, 깃든, 깃들, 깃드네, 깃듭니다, 깃들었다

① 느낌이나 기운이 담기다. 서려 들다.

¶ 방 안에는 그의 체취가 깃들어 있는 듯했다.

¶ 거리에는 어느새 어둠이 깃들었다.

② 감정이나 생각 따위가 어리거나 스미다.

¶ 나를 보는 어머니의 얼굴에 행복한 미소가 깃드는 것 같았다.

¶ 우리는 어린 시절 추억이 깃든 놀이터에서 우연히 만났다.

깃들이다 동사

규칙 깃들이어/깃들여, 깃들입니다, 깃들이었다/깃들였다

① 보금자리를 만들어 그 속에 들어 살다. 깃을 들이다.

¶ 산불로 새들이 깃들일 나무가 다 타 버렸다.

¶ 뱁새는 흔히 농가의 나무 울타리나 떨기나무 숲에 깃들인다.

② 사람이 어디에 살거나, 건물이 어떤 곳에 자리 잡다.

¶ 이 땅에 여러 가구가 깃들여 삶을 영위하고 있다.

¶ 금강산에는 많은 절이 깃들여 있다.

››› '깃들다'는 자연스럽게 스며들거나 서리는 것들, 곧 감정이나 느낌 또는 자연 현상이 주체가 된다. '깃들이다'는 사람이나 동물 등이 일부러 자리를 잡는 경우에 쓴다.

까맣다 형용사

불규칙 까맣게, 까맣고, 까마니, 까매서, 까만, 까맣습니다, 까맸다

① 불빛이 전혀 없는 밤하늘과 같이 짙게 검다.

¶ 그는 얼굴이 까매서 친구들에게 늘 놀림을 받는다.

¶ 하얀 것은 종이고 까만 것은 글자라는 것만 알겠다.

② 거리나 시간이 아득하게 멀다.

¶ 그건 벌써 까만 옛날 일일 뿐이다.

¶ 아들을 실은 기차가 까맣게 멀어져 간다.

③ 기억이나 아는 바가 전혀 없다.

¶ 남들은 다 아는 일을 나만 까맣게 모르고 있었군.

¶ 오늘 약속을 까맣게 잊고 있었다.

④ 헤아릴 수 없이 많다.

¶ 사람들이 운동장에 까맣게 모여들었다.

× 깍드시

'깍듯이'의 틀린 표기.

○ 깍듯이

부사 ×깍드시, ×깎듯이

분명하게 예의범절을 갖추는 태도로.

¶ 그는 언제나 손님을 깍듯이 대한다.

○ 깍듯하다

형용사 ×깎듯하다

불규칙 깍듯하여/깍듯해, 깍듯한, 깍듯하였다/깍듯했다

예의범절을 갖추는 태도가 분명하다.

¶ 안내하는 사람들은 우리를 깍듯하게 대해 주었다.

¶ 이곳 사람들은 예절이 깍듯한 편이다.

× 깎듯이

'깍듯이'의 틀린 표기.

× 깎듯하다

'깍듯하다'의 틀린 표기.

깨우치다 동사

규칙 깨우치어/깨우쳐, 깨우친다, 깨우치었다/깨우쳤다

깨달아 알게 하다.

¶ 너의 잘못을 깨우쳐 주마.

깨치다 동사

규칙 깨치어/깨쳐, 깨치는, 깨친다, 깨칩니다, 깨치었다/깨쳤다

일의 이치 따위를 깨달아 알다.

¶ 한글을 깨치는 데는 반나절이면 족하다.

¶ 수학의 원리를 깨치지 않으면 물리학을 연구할 수 없다.

››› '깨우치다'는 다른 사람을 깨달아 알게 하는 일이고, '깨치다'는 자기 스스로 깨달아 아는 것을 뜻한다.

꺼리다 동사

규칙 꺼리어/꺼려, 꺼린다, 꺼립니다, 꺼리었다/꺼렸다

① 두렵거나 싫어하여 피하다.

¶ 어렸을 때 나는 밖에서 놀기를 꺼렸다.

② 마음에 걸리다.

¶ 자기 양심에 꺼릴 일은 하지 않는 것이 좋다.

꺼림직하다 형용사

불규칙 꺼림직하여/꺼림직해, 꺼림직한, 꺼림직합니다, 꺼림직하였다/꺼림직했다

=꺼림칙하다, 께름직하다, 께름칙하다

¶ 집 문을 안 잠그고 온 것 같아 꺼림직했다.

● '꺼림직하다'도 표준어

'꺼림직하다'는 '꺼림칙하다'의 비표준어로 다루었으나 국립국어원이 이를 새롭게 표준어로 포함하였다. '꺼림직하다'가 일반에서 널리 쓰이고 있고 '꺼림칙하다'와 구별하기도 쉽지 않기 때문이다. '께름직하다'와 '께름칙하다'도 표준어이다.

꺼림칙하다 형용사

불규칙 꺼림칙하여/꺼림칙해, 꺼림칙한, 꺼림칙합니다, 꺼림칙하였다/꺼림칙했다

마음에 걸려서 언짢고 싫은 느낌이 있다. =꺼림직하다, 께름직하다, 께름칙하다

¶ 버스가 낡아서 타기가 꺼림칙했지만 어쩔 수 없어 타고 갔다.

¶ 거짓말을 했더니 마음 한구석이 꺼림칙했다.

꺼멓다 형용사

불규칙 꺼메서, 꺼먼, 꺼멓습니다, 꺼멨다

불빛이 전혀 없는 밤하늘과 같이 어둡고 짙게 검다. '까맣다'의 큰말.

¶ 옷이 꺼메서 밤에 입고 다니기에는 위험하다.

¶ 평생 농사일만 하신 할아버지의 꺼먼 얼굴이 떠오른다.

껍데기 명사

① 달걀이나 조개 따위의 겉을 싸고 있는 단단한 물질. 참고 껍질

¶ 금조개의 껍데기로 자개를 만든다.

② 알맹이를 빼내고 남은 겉 부분. 빈껍데기.

¶ 알맹이는 다 빼 먹고 껍데기만 남았다.

③ 속이 들어 있는 물건의 겉 부분.

¶ 이불 껍데기는 한 달에 한 번씩 세탁을 한다.

복합어

겉껍데기 맨 겉에 있는 껍데기.

빈껍데기 허울만 좋은 것을 빗대어 이르는 말.

속껍데기 겉껍데기 안쪽에 있는 껍데기.

알껍데기 알의 껍데기.

조개껍데기 조갯살을 겉에서 싸고 있는 단단한 물질. =조개껍질, 조가비

홑껍데기 ① 한 겹으로 된 껍데기. ② 겹으로 지을 옷에서 안감을 넣지 않은 겉감. ③ 속에 솜을 두지 아니하고 천만으로 된 것.

껍질 명사

물체의 겉을 싸고 있는 단단하지 않은 물질. [참고] 껍데기

¶ 사과 껍질에도 영양분이 들어 있으니 버리지 마라.

¶ 양파 껍질을 벗기는데 매워서 눈물이 났다.

복합어

겉껍질 맨 겉에 있는 껍질. =외피

나무껍질 나무의 껍질.

속껍질 겉껍질 안쪽에 있는 껍질. =내피

열매껍질 열매의 껍질.

속담

껍질 상치 않게 호랑이를 잡을까 호랑이 가죽이 상하지 않고서 호랑이를 잡을 수 없듯이 중요한 희생이 있어야 무엇을 얻을 수 있다는 말.

껍질 없는 털이 있을까 무엇이나 그 바탕이 있어야 생길 수 있다는 말. =가죽이 있어야 털이 나지.

● '껍질'과 '껍데기'

한때 '조개껍질'은 틀린 말이고 '조개껍데기'라고 해야 맞다는 논란이 있었다. 지금은 두 말을 다 표준어로 인정한다. 그러나 '달걀 껍질'은 아직 인정하지 않아서 '달걀 껍데기'

라고 해야 한다. '껍데기'와 '껍질'의 차이는 단단한 정도에 있는 것처럼 보이지만 깨어지는 것과 찢어지는 것으로 구별하는 것이 좋다. 단단한 것이라도 벗길 때 찢는 것이면 껍질이다. 그래서 나무의 거죽은 '나무껍질'이다. 달걀은 겉에 껍데기가 있고 그 속에 껍질이 있는 셈이니 '달걀 껍데기'라고 한다.

께 조사

조사 '에게'의 높임말.

① 행동이 미치는 상대편을 높여 나타내는 말.

¶ 이 기쁜 소식을 부모님께 전해 드렸다.

② 행동을 일으키는 사람을 높여 나타내는 말.

¶ 할아버지께 버릇없다고 야단을 맞았다.

¶ 선생님께 받은 칭찬은 기억에 오래 남는다.

③ 소속이나 처소를 높여 가리키는 말.

¶ 어머니께 그런 큰돈이 어디 있어요?

¶ 우리 회사의 모든 결정권은 사장님께 있어요.

께서 조사

조사 '가'와 '이'의 높임말.

¶ 아버지께서 신문을 보신다.

¶ 선생님께서 숙제를 내 주셨다.

● 조사 '께서'와 '께'

형태상으로는 '께서'와 '께'가 연관성이 있는 것처럼 보이지만 아무런 관련이 없다. '께'는 조사 '에게'의 높임말이고, '께서'는 조사 '가'와 '이'의 높임말이다.

꼬다 동사

규칙 꼬아서/꽈서, 꼽니다, 꼬았다/꽜다

① 여러 가닥을 비비어 한 줄로 만들다.

¶ 초가지붕을 일 때 쓰려고 새끼를 꼬았다.

② 몸의 일부분을 이리저리 뒤틀다.

¶ 지하철에서 다리를 꼬고 앉으면 옆 사람이 불편을 느낀다.

③ 마음에 거슬릴 정도로 빈정거리다. =비꼬다

¶ 내 말을 꼬아 듣지 말아라.

속담

꼬기는 칠팔월 수수 잎 꼬이듯 ① 심술이 사납고 마음이 토라졌음을 빗대어 이르는 말. ② 자기 생각을 솔직하게 말하지 않고 우물쭈물함을 빗대어 이르는 말.

꼬이다[1] 동사

규칙 꼬이어/꼬여, 꼬인, 꼬입니다, 꼬이었다/꼬였다

=꾀다[1]

꼬이다[2] 동사

규칙 꼬이어/꼬여, 꼬인, 꼬입니다, 꼬이었다/꼬였다

① 일이 얽히거나 뒤틀리다.

¶ 하는 일마다 꼬일 때에는 일을 잠시 쉬는 것이 좋다.

② 마음이 올곧지 않거나 뒤틀리다.

¶ 마음이 꼬인 사람은 모든 일을 나쁘게 보려 한다.

꼬이다[3] 동사

규칙 꼬이어/꼬여, 꼬인, 꼬입니다, 꼬이었다/꼬였다

꼬이게 되다. '꼬다'의 피동형.

¶ 연줄이 꼬여 연이 곤두박질쳤다.

¶ 술에 취했는지 자꾸 다리가 꼬여 비틀거렸다.

꼬이다[4] 동사

규칙 꼬이어/꼬여, 꼬인, 꼬입니다, 꼬이었다/꼬였다

= 꾀다[2]

¶ 꽃은 달콤한 꿀과 향기로 벌을 꼬인다.

¶ 친구들을 꼬여서 학원을 빼먹고 놀러 갔다.

››› '유혹하다'의 뜻으로 '꼬이다[4]' 대신에 '꼬시다'를 쓸 수 있다. 둘 다 표준어이다.

꼽다 동사

규칙 꼽고, 꼽아, 꼽는, 꼽습니다, 꼽았다

① 손가락을 꼬부리거나 펴면서 수를 헤아리다.

¶ 생일이 며칠 남았는지 손가락을 꼽아 보았다.

¶ 우리 뜻에 찬성한 사람은 손가락으로 꼽을 정도밖에 안 된다.

② 골라서 가리켜 정하다.

¶ 우리나라에서 첫손가락에 꼽을 만한 관광지는 어디입니까?

¶ 우리는 젊은이가 만든 음식을 일 등으로 꼽았다.

복합어

꼽히다 '꼽다'의 피동형. ¶ 그는 다섯 손가락에 꼽힐 정도로 유명한 인사다.

손꼽다 ① 손가락을 하나씩 꼬부리며 수를 헤아리다. ¶ 소풍 갈 날을 손꼽아 기다린다. ② 많은 가운데 다섯 손가락 안에 들 만큼 뛰어나거나 그 수가 적다. ¶ 우리나라도 이제 세계에서 손꼽을 수 있는 경제 강국이 되었다. ③ 여럿 중에서 뛰어나다고 여기다. ¶ 내가 위대한 사람으로 손꼽는 사람은 세종 임금이다.

손꼽히다 '손꼽다'의 피동형. ¶ 이 영화는 올해 최고의 영화로 손꼽힌다.

››› '꼽다'와 '꽂다'의 용법은 올림말 '꽂다' 참고.

꽂다 동사

규칙 꽂으면, 꽂아, 꽂는, 꽂네, 꽂습니다, 꽂았다

① 박아 세우거나 끼우다.

¶ 콘센트에 플러그를 꽂으면 전기가 들어온다.

¶ 물병에 꽃 몇 송이를 꽂아 놓으니 방 안의 분위기가 밝아졌다.

② 내던져서 거꾸로 박히게 하다.

¶ 자기보다 큰 상대를 들어서 바닥에 힘껏 꽂는 걸 보니 놀라웠다.

③ 시선 따위를 한곳에 고정하다.

¶ 사람들은 걸음을 멈추고 전광판에 눈길을 꽂았다.

복합어

꽂히다 '꽂다'의 피동형. ¶ 꽃병에 꽂힌 꽃들이 벌써 시들었다. / 그의 날카로운 눈길이 내 얼굴에 꽂히는 것이 느껴졌다.

내리꽂다 어떤 대상을 위에서 아래로 힘차게 꽂다.

내리꽂히다 '내리꽂다'의 피동형.

메다꽂다 '메어꽂다'를 강조하여 이르는 말.

메어꽂다 어깨 너머로 둘러메어 힘껏 내리꽂다. ㉾ 메꽂다

● '꽂다'와 '꼽다'의 혼동

이 두 낱말은 혼동하여 잘못 쓰기 쉽다. 대개 '꽂다'를 '꼽다'로 잘못 쓰는 경우가 많다.

누구나 헷갈려서 실수할 수 있으므로 조심해야 한다.

¶ 누가 마당에 막대기를 꼽아(×)/꽂아(○) 놓았다.

꽤재재하다

'꾀죄죄하다'의 틀린 말.

꾀다[1] 동사

규칙 꾀어/꽤, 꾀는, 꾄, 꾄다, 꾑니다, 꾀었다/꽸다

=꼬이다[1]

① 벌레 따위가 한곳에 많이 모여들어 뒤끓다.

¶ 음식 찌꺼기에 파리가 잔뜩 꽸다.

¶ 사람 머리에는 이가 꾀고 방에는 빈대가 꾀었다.

② 사람이 한곳에 많이 모이다.

¶ 그곳은 불량배들이 꾀는 곳이니 가까이 가지 마라.

꾀다[2] 동사

규칙 꾀어/꽤, 꾄, 꾄다, 꾑니다, 꾀었다/꽸다

그럴듯한 말이나 행동으로 남을 속이거나 부추겨서 자기 생각대로 끌다. =꼬이다[4]

¶ 장터에는 어수룩한 사람을 꾀어 물건을 파는 사람들이 많다.

✕ 꾀재재하다 '꾀죄죄하다'의 틀린 말.

ㄱ

○ 꾀죄죄하다 형용사 ×꽤재재하다, ×꾀재재하다

불규칙 꾀죄죄하여/꾀죄죄해, 꾀죄죄한, 꾀죄죄합니다, 꾀죄죄하였다/꾀죄죄했다

① 옷차림이나 모양새가 매우 지저분하고 궁상스럽다.

¶ 옷차림이 꾀죄죄해서 처음에는 그를 알아보지 못했다.

② 마음 씀씀이나 하는 짓이 매우 좀스럽고 옹졸하다.

¶ 그렇게 꾀죄죄한 짓은 그만해라.

○ 꾸미다 동사

규칙 꾸미어/꾸며, 꾸민, 꾸밀, 꾸밉니다, 꾸미었다/꾸몄다

① 보기 좋게 만들거나 손질하다. 참고 가꾸다

¶ 방과 후에 친구들과 교실을 꾸미기로 했다.

② 사실인 것처럼 지어내다.

¶ 말을 꾸미지 말고 사실 그대로 말해 줘.

¶ 소설은 꾸며 낸 이야기이지만 재미도 있고 감동적이다.

③ 일을 꾀하거나 짜다.

¶ 지금은 그런 음모를 꾸밀 때가 아니다.

복합어

꾸미개 ① 꾸미는 데 쓰는 물건. 장식품. ② 옷, 망건, 돗자리의 가장자리를 꾸미는 헝겊 오리.

꾸밈 꾸미는 일.

꾸밈말 문장 속에서 다른 말을 꾸미는 말. =수식어

꾸밈없다 일부러 지어내거나 짐짓 꾸미는 태도가 없다. 참되고 자연스럽다.

꾸밈음 화성이나 가락에 변화를 주기 위하여 덧붙이는 음. 악보에 작은 음표나 특별한 기호로 나타낸다. =장식음

끈[1] 명사

① 물건을 매거나 꿰거나 하는 데에 쓰는 가늘고 긴 물건.

¶ 운동화 끈을 단단히 졸라매었다.

② 물건에 붙여 손잡이로 쓰는 물건.

¶ 너무 오래 썼더니 가방 끈이 다 닳았다.

③ 의지할 만한 힘이나 연줄.

¶ 성공하는 데에 꼭 끈이 있어야 하는 것은 아니다.

④ 인연이나 관계를 빗대어 이르는 말.

¶ 그래도 그와 끈을 유지하는 것이 좋겠다.

끈[2] ×끌은

동사 '끌다'의 관형사형.

¶ 그렇게 오래 끈 사업은 처음이다.

¶ 일을 너무 질질 끈 탓에 비용이 많이 들었다.

끌 ×끌을

동사 '끌다'의 관형사형.

¶ 이렇게 오래 끌 일이라면 시작하지 않았을 것이다.

끌다 동사

불규칙 끌고, 끌어, 끄는, 끈, 끌, 끈다, 끄세요, 끕니다, 끌었다

① 바닥에 대고 앞으로 당기다.

¶ 신을 끌며 걷지 마라.

② 데리고 다니다.

¶ 강아지를 끌고 산책을 나간다.

③ 눈길이나 관심 따위를 모으다.

¶ 그이는 사람들의 눈길을 끌 만한 옷을 입고 다닌다.

¶ 대단히 인기를 끈 노래도 시간이 지나면 다 잊힌다.

④ 시간이나 일을 늦추거나 미루다.

¶ 시간을 너무 끈 것 같다.

¶ 선생님은 일을 너무 끄십니다.

⑤ 길게 늘이다.

¶ 그는 말꼬리를 끄는 버릇이 있다.

⑥ 이끌다.

¶ 친구를 끌고 도서관에 가서 같이 공부하였다.

⑦ 옮기다. 인용하다.

¶ 남의 글에서 끌어다 쓴 부분은 출처를 밝혀야 한다.

⑧ 줄이나 관을 통하여 가져오다.

¶ 아주 먼 데서 수도와 전기를 끌어 썼다.

⑨ 바퀴 달린 것을 움직이다.

¶ 자전거를 끌고 동무들과 한강 공원까지 갔다.

복합어

끌신 발의 뒤축이 없고 앞부분만 꿰어 신는 신.

끌어가다 ① 강제로 데려가거나 붙잡아 가다. ¶ 군인들이 들어와서 우리 식구를 모두 끌어갔다. ② 안내하다. 인도하다. ¶ 이야기를 엉뚱한 방향으로 끌어가려 한다. ③ 빼앗아 가져가다. ¶ 빚쟁이가 우리 집에 있는 세간을 모두 끌어갔다.

끌어내다 ① 당겨서 밖으로 내다. ② 억지로 나오게 하다. ¶ 떠드는 사람을 밖으로 끌어내었다. ③ 어떤 것에서 새로운 것을 나오게 하다. ¶ 정치는 사람들에게서 동의와 협력을 끌어내는 노력이다.

끌어내리다 어떤 자리에서 물러나게 하거나, 더 낮은 자리로 옮기게 하다. ¶ 국민이 그를 대통령직에서 끌어내렸다.

끌어당기다 ① 끌어서 가까이 오게 하다. ② 기울게 만들다. ¶ 그의 글은 사람의 마음을 끌어당기는 힘이 있다.

끌어들이다 ① 권하거나 꾀어서 자기편이 되게 하다. ¶ 이 모임이 성공하려면 젊고 유능한 사람을 많이 끌어들여야 합니다. ② 주로 좋지 않은 일에 참여하게 만들다. ¶ 나쁜 일에 친구를 끌어들였다가 그와 함께 쫓기는 몸이 되었다.

끌어모으다 자신의 목적을 이루기 위하여 여럿을 모으다. ¶ 많은 사람을 끌어모아야 행사를 제대로 치를 수 있다.

끌어안다 ① 끌어당기어 안다. ② 일이나 책임을 맡다. ¶ 너 혼자 하겠다고 일을 끌어안고 있으면 안 돼.

끌어오다 ① 끌어서 가져오다. 잡아당겨서 가져오다. ¶ 거기 있는 쌀가마를 이리 끌어오너라. ② 억지로 데려오다. ¶ 범인을 경찰서로 끌어왔다. ③ 선이나 관을 연결하여 이르게 하다. ¶ 가뭄이 심하여 저수지에도 끌어올 물이 바닥났다. ④ 줄곧 이어져 오다. ¶ 전쟁을 거의 3년이나 끌어왔다. ⑤ 다른 글에서 옮겨 오다. ¶ 네 글에서 끌어온 문장은 이것 하나뿐이다.

끌어올리다 높은 자리나 지위로 올려 주다.

이끌다 ① 목적하는 곳으로 같이 가면서 따라오게 하다. ¶ 점심시간마다 친구들을 이끌고 운동장에 나가 농구를 하였다. ② 어떤 방향으로 나가게 하다. ¶ 선생님께서 저를 성공의 길로 이끄셨습니다. / 우리 모임을 잘 이끌어 주세요.

잡아끌다 손으로 잡고 끌다. ¶ 엄마가 동생의 손을 잡아끌고 집으로 갔다.

끌리다 동사

규칙 끌리고, 끌리어/끌려, 끌리는, 끌립니다, 끌리었다/끌렸다

끎을 당하다. '끌다'의 피동형.

¶ 치맛자락이 바닥에 끌리는 소리가 스르륵 난다.

¶ 첫눈에 그 사람에게 마음이 끌렸다.

¶ 친구에게 끌려 그 모임에 가입했다.

복합어

끌려가다 남이 시키는 대로 억지로 따라가다. ¶ 할아버지는 전쟁 중에 일제의 징용에

끌려갔다가 극적으로 탈출하셨다.

끌려다니다 다른 사람에게 이끌려서 줏대 없이 왔다 갔다 하다. ¶ 남의 말에 끌려다니지 말고 네 목소리를 분명히 내라.

끌려들다 유혹이나 속임수에 말려들다. ¶ 그의 꼬임에 끌려들어 손해만 봤다.

끌려오다 마지못해 따라오다. ¶ 도살장에 끌려오는 소는 자기가 죽을 것을 안대.

››› '끌다'와 '끌리다'는 모두 '끌'을 길게 소리 내야 한다.

끝내 부사

① (주로 부정을 나타내는 말과 함께 쓰여) 끝까지 내내.

¶ 범인은 끝내 입을 열지 않았다.

¶ 사라진 보물을 끝내 찾지 못했다.

② 끝에 가서 결국. [참고] 결국, 드디어, 마침내

¶ 그는 수술을 받았으나 끝내 숨지고 말았다.

¶ 열심히 노력하여 끝내 원하던 일을 하게 되었다.

끼 명사

① 노래나 춤 따위에 특별히 보이는 소질을 이르는 말.

¶ 아이들이 가지고 있는 끼를 마음껏 발산할 수 있게 해야 한다.

② 이성과 함부로 관계를 맺거나 상대를 자주 바꾸는 태도. =바람기

¶ 그 사람 끼가 있어 보이니 조심해라.

● **'끼'와 '기'**

'끼'는 '기'를 세게 소리 내는 습관 때문에 생긴 말이어서 속되게 생각했으나 지금은 '기'와 차별화가 되어 '기'로 쓰면 어색해진다. 아래 예문에서 '기가 있는 아이'처럼 쓰면 어색함을 알 수 있다.

¶ 어려서부터 끼가 있는 아이가 결국 연예인이 되더라.

끼다[1] 동사

규칙 끼니, 끼어/껴, 낀, 낄, 낍니다, 끼었다/꼈다

'끼이다'의 준말

① 벌어진 틈으로 들어가다.

¶ 줄 서 있는 사람들 사이에 끼어 표를 샀다.

② 여럿 사이에 섞이다.

¶ 나는 젊은이들 틈에 끼어 함께 춤을 추고 놀았다.

③ 어떤 일에 관여하다.

¶ 그도 합창단에 끼어 있었다.

복합어

껴들다 '끼어들다'의 준말.

껴묻다 다른 것에 함께 끼어 덧붙다. ¶ 다른 일행에 껴묻어 함께 여행했다.

끼어들다 '껴들다'의 본딧말. ① 자기 차례나 자리가 아닌 틈 사이를 비집고 들어서다. ¶ 늦게 와서 남의 앞에 끼어드는 것은 나쁜 행동이다. ② 남의 일에 참견하다. ¶ 어른들이 이야기하는 데에 불쑥 끼어들었다가 핀잔을 들었다.

끼다[2] 동사

규칙 끼고, 끼어/껴, 낀, 낍니다, 끼었다/꼈다

① 사이에 넣어 빠지지 않게 하다. '끼우다①'의 준말.

¶ 형은 겨드랑이에 늘 책을 끼고 다닌다.

② 걸려 있거나 고정되어 있도록 꿰거나 꽂다. '끼우다②'의 준말.

¶ 안경을 낀 사람이 의외로 많더라.

¶ 전구를 갈아 껴라.

③ 팔이나 손을 서로 걸다.

¶ 연인이 팔짱을 끼고 걸어간다.

¶ 사범은 손깍지를 낀 채로 물구나무서기를 하였다.

④ 곁에 두거나 가까이 하다.

¶ 그 건물을 끼고 돌면 우체국이 나온다.

¶ 항상 아들을 끼고 다녀서 아들을 응석받이로 만들었다.

⑤ 다른 것을 겹치다.

¶ 옷을 잔뜩 끼어 입었더니 추위가 느껴지지 않았다.

⑥ 남의 힘을 빌리거나 이용하다.

¶ 권력을 끼고 부정을 저지르던 사람이 경찰에 붙잡혔다.

¶ 고위 공무원을 끼고 사업을 하려다 실패했다.

복합어

껴들다 ① 팔로 끼어서 들다. ② 둘 이상의 물건을 한데 겹쳐서 들다.

껴안다 ① 두 팔로 감싸서 품에 안다. ¶ 논개가 왜장을 껴안고 남강으로 뛰어내렸다. ② 혼자서 여러 가지 일을 떠맡다.

껴입다 ① 옷을 입은 위에 겹쳐서 또 입다. ② 몸에 맞지 않는 옷을 억지로 입다.

끼고돌다 상대편을 무조건 감싸고 변호하다. ¶ 할머니는 형을 마냥 끼고돌았다.

덧끼다 낀 위에 겹쳐 끼다. ¶ 장갑을 덧끼어도 손이 시리기는 마찬가지이다.

끼다[3] 동사

규칙 끼어/껴, 낀다, 낍니다, 끼었다/꼈다

① 안개나 연기 따위가 퍼져서 서리다.

¶ 아침에 안개가 잔뜩 끼어 앞뒤를 분간할 수 없었다.

¶ 집을 나설 때부터 먹구름이 끼더니 비가 내렸다.

② 이끼나 녹 따위가 물체를 덮다.

¶ 이끼가 낀 바위를 잘못 밟아 미끄러졌다.

¶ 채소에 진딧물이 끼어서 농약을 뿌려야 할 것 같다.

③ 얼굴이나 목소리에 어떤 기운이나 낌새가 어리어 돌다.

¶ 어머니 얼굴에 수심이 가득 끼었다.

복합어

곱끼다 부스럼이나 헌데에 곱이 생기다.

끼우다 동사 ㊜ 끼다[2]

규칙 끼워, 끼운, 끼웁니다, 끼웠다

① 벌어진 사이에 무엇을 넣고 죄어서 빠지지 않게 하다.

¶ 나사를 제대로 끼우지 않아서 의자가 망가졌다.

② 무엇에 걸려 있도록 꿰거나 꽂다.

¶ 타이어가 다 닳아 새것으로 갈아 끼웠다.

¶ 곶감은 껍질 벗긴 감을 꼬챙이에 끼워 말린 것이다.

③ 덧보태다.

¶ 저 가게에서는 안 팔리는 물건을 잘 팔리는 물건에 끼워 판다.

끼이다 동사 ㊜ 끼다[1]

규칙 끼이어/끼여, 끼이는, 끼인, 끼입니다, 끼이었다/끼였다

'끼다[1]'의 본딧말.

¶ 기계에 손가락이 끼여 크게 다쳤다.

¶ 책갈피에 끼인 네잎클로버를 발견했다.

¶ 학생들이 어른들 틈에 끼이어/끼여 있었다.

ㄱ

끼치다[1] 동사

규칙 끼치어/끼쳐, 끼친, 끼칠, 끼치었다/끼쳤다

① 소름이 한꺼번에 돋아나다.

¶ 그의 말을 듣는 순간 온몸에 소름이 쫙 끼쳤다.

② 기운, 냄새, 생각, 느낌 따위가 덮치듯이 확 밀려들다.

¶ 문을 열자 찬 기운이 훅 끼쳐 들어왔다.

¶ 부엌에 들어서자 생선 비린내가 코에 끼쳤다.

끼치다[2] 동사

규칙 끼치어/끼쳐, 끼친, 끼칠, 끼치었다/끼쳤다

① 해, 폐, 불편 따위를 당하거나 입게 하다. 참고 미치다[2]

¶ 공사로 주민 여러분께 불편을 끼쳐 죄송합니다.

¶ 나는 평생 부모님께 걱정을 끼치며 살았다.

② 어떠한 일을 후세에 남기다.

¶ 그분은 우리 마을에 큰 공적을 끼치셨다.

¶ 남북 분단은 우리 민족에게 정신적 고통을 끼치고 있다.

ㄴ

-ㄴ 어미

앞말이 뒤에 오는 체언을 꾸며 주는 기능을 하게 하는 어미. 과거의 일이나 동작, 현재의 상태나 사실임을 나타낸다. 참고 -은

¶ 이 옷은 할머니가 손으로 짠 것이다.

¶ 푸른 들판에 봄 내음이 가득하다.

● '-ㄴ/-은'과 '-ㄹ/-을'

① '-ㄴ'은 동사나 형용사의 어간 끝음절에 받침이 없는 경우에 붙는다. 만일 받침이 있으면 '-은'을 쓴다.

받침 없는 경우(어간+어미)	받침 있는 경우(어간+어미)
빠른 답장(빠르- + -ㄴ)	때늦은 편지(때늦- + -은)
여린 마음(여리- + -ㄴ)	올곧은 의지(올곧- + -은)

② '-ㄴ/-은'이 동사의 어미로 쓰이면 과거의 일을 나타낸다. 미래의 일을 나타낼 때에는 '-ㄹ/-을'을 쓴다.

과거의 일	미래의 일
전에 만난 사람 / 어제 먹은 음식	내일 만날 사람 / 내일 먹을 음식

③ '-ㄴ/-은'이 형용사의 어미로 쓰이면 현재의 상태나 사실을 나타낸다. '-ㄹ/-을'이 형용사의 어미로 쓰이면 추측을 나타낸다.

현재의 상태나 사실	추측
맑고 푸른 하늘 / 이건 검은 돌이다.	너무 클 것 같아. / 오늘은 맑을 거야.

–ㄴ걸 어미

가벼운 반박, 감탄, 후회를 나타내는 종결 어미. 주로 입말에서 쓴다. 참고 –는걸, –은걸

¶ 일이 이미 끝난걸.

¶ 그 애는 아직 어린애인걸.

¶ 제법 잘 쓴 글인걸!

● '–ㄴ걸', '–는걸', '–은걸', '–을걸'

모두 문장을 끝맺는 데 쓰는 어미이다. 동사인지 형용사인지, 어간의 끝음절에 받침이 있는지 없는지, 현재·과거의 일인지, 추측인지에 따라 구별해서 쓴다.

	동사		형용사	
	받침 없음	받침 있음	받침 없음	받침 있음
현재	–는걸(오는걸)	–는걸(먹는걸)	–ㄴ걸(큰걸)	–은걸(깊은걸)
과거	–ㄴ걸(온걸)	–은걸(먹은걸)		
추측	–ㄹ걸(올걸)	–을걸(먹을걸)	–ㄹ걸(클걸)	–을걸(깊을걸)

● '–ㄴ걸', '–는걸', '–은걸', '–을걸'의 띄어쓰기

모두 문장을 끝맺는 데 쓰이는 어미이므로 '걸'을 띄어 쓰면 안 된다. 그러나 문장 중간에서 '걸'이 '것을'이 줄어든 의미로 쓰이는 경우에는 띄어 써야 한다.

	문장의 끝에 쓰임	문장 중간에 쓰임
–ㄴ걸	바다가 무척 푸른걸. 그들은 벌써 떠난걸.	바다가 그렇게 푸른 걸 못 보다니. 벌써 떠난 걸 알고 무척 상심했다.
–는걸	그들도 이제 떠나는걸. 네 동생이 지금 거기 가는걸.	그들이 떠나는 걸 못 보았다. 네 동생이 거기 가는 걸 봤어.
–은걸	나는 이 옷이 좋은걸.	손님에게 더 좋은 걸 보여 드릴게요.
–을걸	생각보다 훨씬 높을걸. 바지를 입을걸.	이렇게 높을 걸 예상하지 못했어. 바지 입을 걸 미처 생각 못 했어.

-ㄴ다 어미

현재 사건이나 사실을 서술하는 뜻이나 자기에게 묻는 물음을 나타내는 종결 어미. 참고 -는다

¶ 아침부터 비가 내린다.

¶ 오늘 친구들과 어디서 만난다?

● '-ㄴ다'와 '-는다'

둘 다 현재 사건이나 사실을 서술하는 뜻이나 자기에게 묻는 물음을 나타내며 문장을 끝내는 데 쓰이는데, 어간의 끝음절에 받침이 있는지 없는지에 따라서 구별하여 쓴다.

어간 끝음절 형태		해당 단어 예	어미 선택	
받침 없음	모든 동사	가다, 사다 자다, 크다	-ㄴ다	간다[1], 산다[1] 잔다, 큰다
받침 있음	'ㄹ' 받침 동사	갈다, 놀다, 살다	-ㄴ다	간다[2], 논다, 산다[2]
	모든 동사	먹다, 잡다, 갚다 빻다, 잇다, 닫다	-는다	먹는다, 잡는다, 갚는다 빻는다, 잇는다, 닫는다

위 표의 어미 선택 난을 보면 '간다[1], 산다[1]'과 '간다[2], 산다[2]'의 두 형태가 똑같다. 이는 '가다'와 '갈다', '사다'와 '살다'에 어미를 붙이는 과정에서 표기 형태가 같아진 것이다. '간다[1], 산다[1]'의 어간은 모두 짧은소리이고 '간다[2], 산다[2]'의 어간은 모두 긴소리여서 소리로는 구별할 수 있다.

-ㄴ지 어미

① 약한 감탄이나 강조를 띠며 뒤에 오는 말과 이어 주는 연결 어미. 참고 -는지, -은지

¶ 얼마나 유능한지 혼자서 세 사람 몫의 일을 해낸다.

② 가벼운 의문을 나타내는 종결 어미.

¶ 부모님께서도 안녕하신지.

¶ 몸이 얼마나 아프신지요?

● '-ㄴ지', '-는지', '-은지'

위 어미는 같은 기능을 하지만 동사나 형용사의 종류와 어간의 끝음절 형태에 따라서 구별하여 사용한다. 사용법은 아래와 같다.

끝음절 형태		해당 단어 예	어미 선택	
동사	받침 없음	나다, 사다, 파다	-는지	나는지, 사는지, 파는지
	'ㄹ' 받침	날다, 살다	-는지	나는지, 사는지('ㄹ' 탈락)
	그 밖의 받침	돕다, 깨닫다, 넣다	-는지	돕는지, 깨닫는지, 넣는지
형용사	받침 없음	차다, 푸르다, 희다	-ㄴ지	찬지, 푸른지, 흰지
	'ㄹ' 받침	길다, 낯설다	-ㄴ지	긴지, 낯선지('ㄹ' 탈락)
	'ㅂ' 받침	밉다, 즐겁다, 꽃답다	-은지	미운지, 즐거운지, 꽃다운지 (ㅂ+-은지 →-운지) ('ㅂ' 변화)
		좁다, 넓다	-은지	좁은지, 넓은지
	'ㅅ' 받침	낫다	-은지	나은지(ㅅ+-은지→-은지) ('ㅅ' 탈락)
		없다	-는지	없는지
		가엾다	-은지	가엾은지
	'ㅎ' 받침	까맣다, 빨갛다, 하얗다	-ㄴ지	까만지, 빨간지, 하얀지 ('ㅎ' 탈락)
		좋다, 많다, 언짢다	-은지	좋은지, 많은지, 언짢은지
	그 밖의 받침	해묵다, 굳다, 검다 얄궂다, 얕다, 높다	-은지	해묵은지, 굳은지, 검은지 얄궂은지, 얕은지, 높은지
이다	받침 없음	나무이다(나무다) 파도이다(파도다)	-ㄴ지	나무인지(나문지) 파도인지(파돈지)
	받침 있음	책이다, 사람이다	-ㄴ지	책인지, 사람인지
-시-	동사	가시다, 잡수시다	-는지	가시는지, 잡수시는지
	형용사	예쁘시다, 좋으시다	-ㄴ지	예쁘신지, 좋으신지
-았-/-었-		갔다, 먹었다, 좋았다	-는지	갔는지, 먹었는지, 좋았는지

● '-ㄴ지'와 '-ㄴ 지'의 띄어쓰기

'-ㄴ지'는 어미이므로 'ㄴ'과 '지'를 반드시 붙여 써야 한다. '예쁜지 모르겠다.'처럼 쓴다. 이에 비해서 '-ㄴ 지'는 앞의 '-ㄴ'은 과거를 나타내는 어미이고, 뒤의 '지'는 동안을 나타내는 의존 명사이므로 띄어 써야 한다.

① '-ㄴ지'를 붙여 쓰는 예

¶ 내 기쁨이 얼마나 큰지 모를 거야.

¶ 학교까지 그렇게 먼지 몰랐어.

② '-ㄴ 지'를 띄어 쓰는 예

¶ 그를 본 지 오래되었다.

¶ 그가 우리를 떠난 지 벌써 1년이 흘렀다.

나[1] ①대명사 ②명사

① 말하는 이가 상대방에게 자기를 가리키는 말.

¶ 나는 초등학교에 다녀요.

¶ 이 책은 나의 것이다.

② 남이 아닌 자기 자신.

¶ 나보다 남을 먼저 생각하는 사람이 되자.

¶ 나만 좋으면 된다는 생각을 버리자.

관용 표현

나 몰라라 하다 어떤 일에 관심도 두지 않고 간섭도 하지 않다. ¶ 친구 일인데 어쩜 그렇게 나 몰라라 할 수 있니?

속담

나는 바담 풍(風) 해도 너는 바람 풍 해라 옛날 어느 서당에서 선생님이 '바람 풍(風)' 자를 가르치는데 혀가 짧아서 '바담 풍'으로 발음하니 학생들도 '바담 풍'으로 외운 데서 나온 말로, 자신은 잘못된 행동을 하면서 남보고는 잘하라고 요구하는 말.

나 먹기는 싫어도 남 주기는 아깝다 자기에게는 소용이 없으면서도 남에게는 주기 싫은 인색한 마음을 빗대어 이르는 말. =나 먹자니 싫고 개 주자니 아깝다.

나 아니면 남이다 자기 자신 외에는 아무도 마음 놓고 믿을 수 없음을 이르는 말.

날 잡아 잡수 한다 하고 싶은 대로 하라고 상대방에게 자기 몸을 내맡기는 경우를 빗대어 이르는 말.

ㄴ

● '나'의 형태 바뀜

① '나'는 조사 '가' 앞에서 '내'로 바뀌고, 조사 '의'와 결합하여 '내'로 줄어들기도 한다.

¶ 그 일은 내가 하겠다.

¶ 이건 내 책이에요.

② 상대가 자기보다 윗사람일 때에는 겸양의 뜻을 나타내기 위하여 '저'를 쓴다.

¶ 저를 위해서 애써 주셔서 고맙습니다.

③ '나'에 조사 '는', '를', '에게'가 붙으면 '난', '날', '내게'처럼 줄여 쓰기도 한다.

¶ 난 거기 가지 않으려고 해.(나+는→난)

¶ 날 오래 기억해 다오.(나+를→날)

¶ 내게 그렇게 말하면 안 되지.(나+에게→내게)

나[2] 조사

① 어느 것을 선택하여도 상관없음을 나타내는 말. 참고 이나

¶ 아무거나 가져와라.

¶ 이렇게나 저렇게나 아무렇게나 해도 좋다.

② 결국 같다는 뜻을 나타내는 말.

¶ 말만으로도 먹은 거나 다름없네.

¶ 전화했으니 직접 본 거나 마찬가지지.

③ 둘 이상의 사물을 같은 자격으로 이어 주는 말. 둘 중 하나를 선택하는 뜻이 있다.

¶ 평화 공원을 파주나 연천에 조성하면 좋겠다.

¶ 아마 할머니나 엄마가 오실 거예요.

④ 마음에 차지 아니하는 선택 또는 하찮은 것임을 뜻하는 말.

¶ 나는 드라마나 봐야겠다.

¶ 너는 청소나 해라.

⑤ 빈정거리는 뜻을 드러내는 말.

¶ 제가 부자나 되는 것처럼 돈을 펑펑 쓴다.

⑥ 어떤 자격이나 조건이 되어 그 일을 함을 강조하기 위하여 쓰는 말.

¶ 나나 되니까 너를 돕지.

⑦ 수량이나 정도가 놀라움을 나타내는 말.

¶ 재산이 그렇게나 많아요?

¶ 키가 2미터나 된다고?

⑧ 수량이나 정도를 어림잡는 뜻을 나타내는 말.

¶ 대전쯤에나 갔을까?

¶ 3시쯤에나 도착할 것 같아요.

››› 받침이 없는 말에는 '나'가 붙고, '몇 명이나'처럼 받침이 있는 말에는 '이나'가 붙는다.

나가다 동사

[규칙] 나가고, 나가니, 나가, 나갈, 나간다, 나갑니다, 나갔다

① 안에서 밖으로 가다. [참고] 나아가다

¶ 영수야, 동생이랑 나가 놀아라.

¶ 운동장에 나간 아이가 교실로 돌아왔다.

② 어떤 곳에 나타나거나 퍼지다.

¶ 우리 이야기가 방송에 나간대.

¶ 소문이 밖으로 나가지 않게 조심해라.

③ 직장이나 일을 위해 가다.

¶ 형은 아침 일찍 학교에 나간다.

¶ 취재를 나가서 우연히 알게 된 사실이 많다.

④ 일이 순조롭게 풀리다. 사람이 잘나가다. 물건이 팔리다.

¶ 이 책이 가장 많이 나갑니다.
¶ 그는 요즘 꽤 괜찮게 나가는 연예인이 되었대.
⑤ 해지거나 찢어지나 부서지거나 부러지다.
¶ 오래 신었더니 구두 뒤축이 나갔군.
¶ 교통사고로 갈비뼈가 나가서 병원에 입원하였다.
⑥ 의식이나 정신 또는 질병이 없어지다.
¶ 내가 정신이 나갔지. 그런 말을 믿다니.
¶ 이제 겨우 감기가 나간 것 같아.
⑦ 전기 따위가 끊어지다. 고장 나다.
¶ 갑자기 전기가 나가 아무 일도 할 수 없었다.
¶ 컴퓨터 드라이버가 나가서 작동이 안 된다.
⑧ 집이나 방이 팔리거나 하여 대상이 없어지다.
¶ 전세로 내놓은 방이 다 나갔다.
⑨ 진행하다.
¶ 어제 진도를 어디까지 나갔지?
⑩ 어떤 태도나 자세로 행동하다.
¶ 너무 우격다짐으로 나가면 오히려 일이 잘못될 수 있다.
¶ 너무 앞서 나가지 마라. 그러다가 낭패 볼라.
⑪ 값이나 무게 따위가 어느 정도에 이르다.
¶ 바구니에 담아 둔 귤은 무게가 얼마나 나가니?
¶ 작은 도자기 하나가 몇백만 원이나 나간대.
⑫ (동사 뒤에서 '-어 나가다' 구성으로 쓰여) 앞말이 뜻하는 행동을 계속 진행함을 나타내는 말.
¶ 일을 열심히 해 나가다 보면 열매를 거둘 날이 꼭 온다.

속담

나간 놈의 몫은 있어도 자는 놈의 몫은 없다 게으른 사람에게는 혜택을 안 준다는 말.

나간 놈의 집구석이라 집 안이 어수선하고 정리가 안 되어 있다는 말.

나갔던 며느리 효도한다 처음에 좋지 않게 생각했던 사람이 뜻밖에 좋은 일을 하는 경우를 이르는 말.

나갔던 상주 제상 엎지른다 상주가 제사는 안 지내고 밖에 나갔다가 돌아와 오히려 제사상을 엎지른다는 뜻으로, 자기가 하여야 할 일도 제대로 못하는 사람이 도리어 그 일에 방해가 됨을 이르는 말.

››› '나가다'는 안에서 밖으로 가는 것을 뜻하고, '나아가다'는 있던 자리에서 좀 더 앞쪽으로, 또는 계속 앞쪽으로 가는 것을 뜻한다.

× 나꿔채다

'낚아채다'의 틀린 말.

○ 나누다 동사

규칙 나누고, 나누어/나눠, 나누어서/나눠서, 나눈, 나눌, 나눕니다, 나누었다/나눴다

① 하나를 여럿으로 가르다.

¶ 이번 관찰 수업은 세 모둠으로 나누었다.

¶ 떡을 세 조각으로 나누어/나눠 세 사람에게 한 조각씩 주었다.

② 여러 가지가 섞인 것을 어떤 기준에 따라 구분하여 분류하다.

¶ 모인 사람을 성별로 나누어서/나눠서 줄을 세웠다.

¶ 곡식은 논에서 나는 것과 밭에서 나는 것으로 나눌 수 있다.

③ 나눗셈을 하다.

¶ 10을 2로 나누면 몫이 5가 된다.

④ 몫을 분배하다. 참고 노느다

¶ 우리는 수익을 공정하게 나누자고 뜻을 모았다.

⑤ 음식 따위를 함께 먹거나 갈라 먹다.

¶ 언제 밥 한 끼 나눕시다.

¶ 차라도 한잔 나누면서 이야기합시다.

⑥ 말이나 이야기, 인사 따위를 주고받다.

¶ 여럿이 이야기를 나누다 보니 시간이 후딱 지났다.

¶ 겨우 인사만 나눈 사이인데 말을 놓을 수는 없지.

¶ 동무들과 의견을 나눌 생각을 하지 못했다.

⑦ 즐거움이나 고통 따위를 함께하다.

¶ 기쁨은 나누면 커지고, 슬픔은 나누면 작아진다.

¶ 부모님은 평생 어려움을 나누며 살아오셨다.

⑧ 같은 핏줄을 타고나다.

¶ 우리는 피를 나눈 형제이다.

복합어

나누기 수를 나누는 일. 나눗셈을 함.

나누기하다 나눗셈을 하다.

나누어떨어지다 나눗셈에서, 몫이 정수로만 되고 나머지가 없게 되다. ㊜ 나눠떨어지다 ¶ 10은 2로 나누어떨어진다.

나누이다 '나누다'의 피동형. ㊜ 나뉘다 ¶ 20은 2로도 나누이고 5로도 나누인다.

나눗셈 수나 식 따위를 나누는 셈. ¶ 나눗셈을 할 줄 알아야 장사를 하지.

나뉘다 '나누이다'의 준말. ¶ 곤충의 몸은 머리, 가슴, 배로 나뉜다.

나는[1]

대명사 '나'에 조사 '는'이 붙은 형태.

¶ 나는 어제 미국에서 돌아왔다.

나는[2]

동사 '나다'의 관형사형.

¶ 우리나라에서 나는 광물에는 무엇이 있을까?

나는[3] ×날으는

동사 '날다'의 관형사형.

¶ 저기 하늘을 나는 새를 보아라.

● '나는'과 '날으는'

'날다'는 어미의 첫소리에 따라서 어간의 'ㄹ'이 탈락하기도 한다.(올림말 '날다' 참고.)

¶ 새는 하늘을 날으오(×)/나오(○).

¶ 지붕 위를 날으는(×)/나는(○) 까치를 보아라.

¶ 하늘다람쥐가 나무 사이를 날읍니다(×)/납니다(○).

¶ 비행기를 타고 하늘을 날으니(×)/나니(○) 기분이 좋다.

¶ 구름이 동쪽으로 날으네(×)/나네(○).

나다 동사

규칙 나고, 나서, 나, 난, 날, 납니다, 났다, 났습니다

① 새롭게 돋다. 새로운 것이 생기다. 참고 낳다

¶ 나뭇가지에서 싹이 납니다.

¶ 옛말에 개천에서 용이 난다고 하였다.

② 질병, 변화, 이상이 생기다. 나타나다.

¶ 몸에 상처가 났다.

¶ 몸살이 나서 꼼짝을 할 수 없다.

③ 자연재해나 사고가 일어나다.

¶ 자동차 사고가 나서 길이 무척 밀린다.

¶ 홍수가 나서 피해가 극심해졌다.

④ 신문 따위에 내용이 실리다. 알려지다.

¶ 우리 동네에서 일어난 일이 신문에도 났더라.

¶ 비밀로 했던 일이 들통이 나고 말았다.

⑤ 문제 따위가 출제되다.

¶ 한번 시험에 난 문제는 또 나기 쉽다.

⑥ 생각, 감정, 느낌 따위가 일어나다.

¶ 그의 말을 들으니 겁이 난다.

¶ 이유 없이 오래 기다리게 하니 짜증이 나서 혼났다.

⑦ 결과가 맺어지다.

¶ 쉽게 결론이 나지 않을 일이다.

¶ 한 골로 경기의 승패가 결정이 났다.

⑧ 농산물 따위가 생산되다.

¶ 우리 마을에서는 포도가 많이 난다.

⑨ 길 따위가 만들어지다.

¶ 우리 마을까지 넓은 길이 새로 나게 되었다.

⑩ 소리나 냄새 따위가 밖으로 드러나다.

¶ 여기서 고약한 냄새가 났군.

¶ 김이 모락모락 나는 떡을 한 입 베어 먹었다.

⑪ 구하던 것이 나타나다.

¶ 마침 일자리가 났다고 해서 이력서를 넣었다.

¶ 빨리 혼처가 나면 좋을 텐데.

⑫ 구하다. 얻다.

¶ 너 이 책 어디서 났니?

¶ 돈 날 곳은 없는데 쓸 곳은 많구나.

⑬ 뛰어나다. 대단하다.

¶ 저 아이는 틀림없이 난 인물이 될거야.

⑭ 그 나이에 이르다.

¶ 한 살 난 아이가 벌써 걷는단다.

⑮ 시간적 여유가 생기다.

¶ 시간이 나면 한번 찾아뵙겠습니다.

⑯ 속도, 열, 빛 따위의 속성이 드러나다.

¶ 눈에서 반짝반짝 빛이 난다.

¶ 해가 나면 곧 안개가 걷히겠지.

⑰ 맛이 생기다.

¶ 설렁탕은 끓일수록 진한 맛이 나는 법이다.

⑱ 철이나 기간을 보내다.

¶ 홑옷으로 겨울을 날 수 있을까?

¶ 이곳에서 꼭 3년을 나고서 사람들과 사귈 수 있게 되었다.

⑲ 살림, 세간 따위를 따로 차리다.

¶ 젊었을 때 살림을 나야 독립심이 일찍 길러진다.

⑳ ('-어 나다', '-고 나다' 구성으로 쓰여) 앞말이 뜻하는 행동을 이루었음을 나타내는 말.

¶ 그는 어려서 갖은 고생을 겪어 난 사람이야.

¶ 일을 마치고 나니 마음이 상쾌하다.

㉑ 땀, 눈물 따위가 흐르다.

¶ 거짓말한 것을 들킬까 봐 식은땀이 났다.

㉒ 안에 있던 것이 겉으로 나오거나 밖으로 나가다.

¶ 얼굴에 뾰루지가 났다.

㉓ 집안에 어떤 일이 일어나다.

¶ 그 집에 경사가 난 것 같더라.

속담

나는 놈마다 장군이다 집안에 큰 인물이 잇따라 남을 빗대어 이르는 말. =낳는 놈마다 장군 난다.

난 대로 있다 어릴 때의 성격이나 언행이 그대로 남아 있음을 이르는 말.

나돌다 동사

불규칙 나도니, 나돌아, 나도는, 나돈다, 나돕니다, 나돌았다

① 밖에서 돌아다니다.

¶ 만날 꾸중하니 아이가 집 밖으로 나돌지.

② 말이 밖에서 떠돌다. 소문이 퍼지다.

¶ 운동회가 미뤄질 거라는 말이 나돈다.

③ 여기저기 퍼지거나 나타나다.

¶ 복제품이 나돌아 경찰이 수사에 나섰다.

나래 명사

'날개'를 부드럽게 이르는 말. 주로 문학적 표현에 쓰인다. 참고 날개

¶ 새는 금빛 나래를 펴고 하늘로 날아갔다.

관용 표현

나래(를) 펴다 생각이나 뜻을 힘차게 펴다. =날개(를) 펴다.

나르다 동사

불규칙 나르고, 나르지, 날라, 날라서, 나른, 나를, 나릅니다, 날랐다

물건을 한 곳에서 다른 곳으로 옮기다.

¶ 그가 와서 자기 짐을 날라 갔어.

¶ 우리 함께 책상을 나릅시다.

나름 명사

① 됨됨이나 하기에 달림을 뜻하는 말.

¶ 사람도 사람 나름이니 아무나 믿으면 안 돼.

¶ 성과야 일하기 나름이지.

② 저마다 지닌 능력이나 방식.

¶ 아이들도 자기 나름의 생각이 있다.

¶ 그들 나름으로는 잘해 보겠다고 한 거겠지.

● '나름'의 새로운 용법

'나름'은 언제나 명사나 대명사 뒤에 쓰인다. 그런데 최근 들어 '나름'을 단독으로 쓰는 경우가 늘고 있다. 말을 간략하게 하려는 의도가 반영된 것이다. 아래 예에서 '나름'은 '나 나름으로는'을 줄인 말이다.

(언니) 너 겨우 37등이냐?

(동생) 나름 열심히 한 거야.

나아가다 동사

규칙 나아가고, 나아가면, 나아가니, 나아가, 나아간, 나아갈, 나아갑니다, 나아갔다

① 있는 자리에서 더 앞쪽으로 움직이다. 참고 나가다

¶ 조금만 더 앞으로 나아가면 낭떠러지니 조심해.

¶ 우리는 조금도 두려워하지 않고 앞으로 나아갔습니다.

② 일이 점점 되어 가다. 진척되다.

¶ 계획대로 나아가면 한 달 안에 집수리를 끝낼 수 있겠다.

③ 목적하는 방향을 향하여 가다.

¶ 우리가 나아가야 할 방향은 이것이다.

¶ 불평등이 없는 사회를 향해 다 같이 나아갑시다.

나지막하다 형용사

불규칙 나지막하게, 나지막하여/나지막해, 나지막한, 나지막하였다/나지막했다

① 높이가 꽤 나직하다. 참고 나직하다

¶ 거기서 나지막한 고개를 넘으면 우리 동네가 나와.

¶ 도시 가까이에 나지막한 산들이 많다.

② 소리가 꽤 나직하다.

¶ 조용한 곳에서는 나지막하게 말해도 잘 들린다.

나직하다 형용사

불규칙 나직하게, 나직하여/나직해, 나직한, 나직합니다, 나직하였다/나직했다

① 위치나 높이가 꽤 낮다.

¶ 하늘에는 구름 한 점이 나직하게 떠 있다.

② 소리가 꽤 낮다.

¶ 어머니는 나직한 소리로 노래를 불렀다.

● '나직하다'와 '나지막하다'

두 낱말은 다 '꽤 낮음'을 뜻하는데, 어감으로는 '나직하다'보다 '나지막하다'가 더 낮음을 뜻한다. 높고 낮음, 멀고 가까움, 깊고 얕음, 무겁고 가벼움, 넓고 좁음, 크고 작음, 길고 짧음을 뜻하는 형용사에는 이와 비슷하게 바뀐 형태가 발달해 있다.

높다: 높직하다, 높지막하다, 높직이, 높지거니
낮다: 나직하다, 나지막하다, 나직이, 나지막이

┌멀다: 멀찍하다, 멀찌막하다, 멀찍이, 멀찌막이, 멀찌감치, 멀찌가니
└가깝다: 가직하다, 가직이

┌깊다: 깊숙하다, 깊숙이
└얕다: 야트막하다, 야트막이

┌무겁다: 묵직하다, 묵직이
└가볍다: 갭직하다, 갭직이

┌넓다: 널찍하다, 널찍이
└좁다: 좁직하다

┌크다: 큼직하다, 큼지막하다, 큼직이, 큼지막이
└작다: 작달막하다

┌길다: 길찍하다, 길쯔막하다, 길찍이
└짧다: 짤막하다

낚다 동사

규식 낚고, 낚으면, 낚아, 낚는, 낚은, 낚는다, 낚으오, 낚습니다, 낚았다

① 낚시로 물고기를 잡다.

¶ 오늘 월척을 낚았다.

② 꾀나 수단을 부려 사람을 꾀다.

¶ 자극적인 제목으로 독자를 낚으려는 신문이 많다.

¶ 그는 말솜씨가 좋아서 사람을 잘 낚는다.

복합어

낚이다 '낚다'의 피동형. ¶ 낚싯대를 던지자마자 붕어가 낚였다.

낚시 명사

① 미끼를 꿰어 물고기를 잡는 데 쓰는 작은 쇠갈고리.

¶ 미끼로 쓸 지렁이를 낚시에 꿰었다.

② 낚싯대, 낚싯줄, 낚싯바늘, 낚싯봉, 낚시찌 등을 갖춘 한 벌의 고기잡이 도구.

¶ 아버지는 낚시를 챙겨서 새벽같이 집을 나섰다.

③ 낚시로 물고기를 낚는 일. =낚시질

¶ 그는 요즘 낚시에 빠져 있다.

¶ 요즘 나온 낚시 도구는 매우 튼튼하고 정교하다.

복합어

낚시질 물고기를 낚는 행위. =낚시③ ¶ 낚시 금지 구역에서는 낚시질을 할 수 없다.

낚시질하다 물고기를 낚는 일을 하다. ¶ 아버지는 낚시질하러 강에 가셨어요.

낚시하다 물고기를 낚다. ¶ 요즘은 소일로 낚시한다.

관용 표현

낚시를 던지다 남을 꾀려고 수단을 쓰다. ¶ 나에게 도와주겠다고 낚시를 던진 사람이 알고보니 사기꾼이었어.

● '낚시'와 '고기잡이'

'낚시'는 낚싯대나 낚싯줄에 미끼를 꿰어 물고기를 낚는 행위이다. 낚싯대와 낚싯줄을 이용하는 낚시를 '대낚'이라고 하고, 낚싯대를 쓰지 않고 긴 낚싯줄을 이용하는 낚시를 '주낙'이라고 한다. 그물을 이용해서 물고기를 잡는 것은 낚시라고 하지 않는다. '고기잡이'는 낚시를 이용하든 그물을 이용하든 두루 쓰지만 흔히 그물을 이용해서 고기를 가두어 잡는 경우에 쓴다.

낚아채다 동사 ×나꿔채다

규칙 낚아채어/낚아채, 낚아챈, 낚아챌, 낚아챕니다, 낚아채었다/낚아챘다

① 낚싯줄을 힘차게 잡아당기다.

② 무엇을 갑자기 세게 잡아당기다.

¶ 경찰이 현장에서 범인의 뒷덜미를 낚아챘다.

¶ 남편이 아내의 팔을 낚아채고 밖으로 나갔다.

③ 재빨리 남의 물건을 가로채다.

¶ 남의 가방을 낚아채 달아나다 붙잡혔다.

¶ 매가 농장에서 기르는 닭을 세 마리나 낚아챘다.

④ 남의 말이 끝나자마자 받아서 말하다.

¶ 자꾸 남의 말을 낚아채지 마라.

난[1]

대명사 '나'에 조사 '는'이 붙어 줄어든 말.

¶ 난 시끄러운 걸 별로 좋아하지 않는다.

난[2]

동사 '나다'의 관형사형.

¶ 이 과일은 어디서 난 거예요?

난[3]

동사 '날다'의 관형사형.

¶ 이 새는 아직 제힘으로 난 적이 없어.

난데없다 형용사

규칙 난데없으니, 난데없어, 난데없는, 난데없습니다, 난데없었다

갑자기 불쑥 나타나 어디서 왔는지 알 수 없다.

¶ 난데없는 소문 때문에 한바탕 법석을 떨었다.

¶ 네 주장이 너무 난데없어 무어라고 말해야 좋을지 모르겠다.

복합어

난데없이 갑자기 불쑥. ¶ 제삼자가 난데없이 끼어들어 일을 망쳤다.

> **‘난데없던’의 잘못된 사용**
>
> 문학 작품에서 ‘난데없던’이 과거의 사실을 나타내는 것과 상관없이 잘못 쓰이는 경우가 있다.
>
> ① 순이가 막 집을 나서 숯가마로 가려는데, 난데없던 까치 두 마리가 순이네 지붕 위에 날아와 앉더니.
>
> ② 마당 복판의 흰 달도 어느새 옆집 오동나무 엉성한 가지 너머로 희미해지고 난데없던 검은 구름이 갑자기 쭉 펴졌다.
>
> 위의 ‘난데없던’은 ‘난데없는’으로 바꿔야 한다. ‘-던’을 쓰면 과거의 상태를 나타내므로 그 뒤의 변화된 상태를 표현하는 말이 뒤따라 나와야 한다. ‘곱던 얼굴이 많이 상했더라.’나 ‘바쁘던 사람도 지금은 한가해.’처럼 쓰는 것이다. 그렇지 않고 단순히 명사를 꾸미는 것이라면 어미 ‘-는’을 붙여 ‘난데없는’으로 써야 한다.

난도(難度) 명사

① 어려움의 정도. 참고 난이도

¶ 수능 시험의 난도를 낮출 필요가 있다.

② 선수가 쓰는 기술의 어려운 정도.

¶ 리듬 체조 선수가 난도가 매우 높은 기술을 선보였다.

복합어

고난도 매우 높은 난도. ¶ 이 서커스단에는 고난도의 기술을 가진 단원이 많다.

난들

대명사 ‘나’에 조사 ‘ㄴ들’이 붙은 형태. ‘나라고 할지라도’의 뜻. 참고 낸들

¶ 모든 사람이 꽃구경 가는데 난들 가고 싶지 않겠어?

난이도(難易度) 명사

어려움과 쉬움의 정도.

¶ 시험의 난이도를 잘 조정해야 시험의 변별력이 생긴다.

> ● '난도'와 '난이도'
>
> '난도'는 어려운 정도를 나타내는 말이므로 난도가 높으면 어렵고 난도가 낮으면 쉽다는 뜻이 된다. 이에 비해서 '난이도'는 어렵고 쉬운 정도를 나타내는 말이므로 난이도가 높다거나 낮다는 말을 쓸 수 없다.
>
> ¶ 이번 수능 시험은 너무 쉬워서 내년에는 난이도(×)/난도(○)를 높일 계획이다.
>
> ¶ 이번 수능 시험은 너무 어려워서 내년에는 난이도(×)/난도(○)를 낮출 계획이다.
>
> ¶ 내년 수능 시험 문제는 과목별로 난이도(○)/난도(○)를 조정할 계획이다.

날[1]

대명사 '나'에 조사 '를'이 붙어 줄어든 말.

¶ 그들은 날 퍽 좋아하는 것 같다.

날[2]

동사 '나다'의 관형사형.

¶ 기억이 날 때까지 기다려 보자.

날[3] ×날을

동사 '날다'의 관형사형.

¶ 새끼가 날 수 있으려면 보름쯤 더 있어야 해.

»» '날다'의 형태 바뀜에 관해서는 올림말 '나는[3]', '날다' 참고.

날- 접사

① (일부 명사 앞에 붙어) '말리거나 익히거나 가공하지 않은'의 뜻을 보태는 말.

¶ 날감, 날것, 날고기, 날김치, 날밤, 날보리, 날장작

② (일부 명사 앞에 붙어) '다른 것이 없는'의 뜻을 보태는 말.

¶ 날땅, 날바늘, 날바닥

③ (일부 명사 앞에 붙어) '지독한'의 뜻을 보태는 말.

¶ 날강도, 날건달, 날도둑

④ (일부 명사 앞에 붙어) '허탕의, 부질없이'의 뜻을 보태는 말.

¶ 날밤, 날장구

날개 명사

① 새나 곤충의 몸 양쪽에 붙어서 날아다니는 데 쓰는 기관. [참고] 나래

② 공중에 잘 뜨게 하려고 비행기의 양쪽 옆에 단 부분.

¶ 비행기가 하늘로 떠오르는 것은 날개 때문이다.

③ 선풍기 몸통에 달려 바람을 일으키는 부분. 또는 그렇게 생긴 것.

¶ 선풍기 날개는 바람을 일으키고, 풍차의 날개는 전기를 일으킨다.

④ 식물의 씨가 바람에 날 수 있도록 된 부분.

¶ 민들레 꽃씨는 솜털 같은 날개가 있어 멀리 날아간다.

⑤ 구두나 운동화 따위에서 끈을 꿰는 양쪽 부분.

관용 표현

날개(가) 돋친 듯 상품이 빠른 속도로 팔려 나가는 모양을 이르는 말. ¶ 유명 연예인이 선전한 옷은 대개 날개 돋친 듯 팔린다.

날개(를) 펴다(/펼치다) 생각, 감정, 기세 따위를 힘차게 펼치다. =나래(를) 펴다. ¶ 동산에 누워 상상의 날개를 펼쳤다.

속담

날개 돋친 범 몹시 날쌔고 용맹스러운 사람을 빗대어 이르는 말.

날개 부러진 매 위세를 부리다가 타격을 받고 힘이 없어진 사람을 빗대어 이르는 말.
날개 없는 봉황 쓸모없고 보람 없게 된 처지를 빗대어 이르는 말. =구슬 없는 용, 꽃 없는 나비, 물 없는 기러기, 줄 없는 거문고, 짝 잃은 원앙.

날다 동사

불규칙 나니, 날아, 나는, 난, 날, 나오, 납니다, 날았다

① 공중에 떠서 어떤 위치에서 다른 위치로 움직이다.

¶ 종다리가 하늘 높이 날았다.

¶ 잠자리가 물 위를 난다.

② 물체가 날듯이 공중을 지나가다.

¶ 화살이 휙 날아 과녁에 꽂혔다.

관용 표현

난다 긴다 하다 재주나 능력이 남보다 뛰어나다. ¶ 이번 대회에는 세계에서 난다 긴다 하는 선수들이 다 모였다.
날 것 같다 몸이나 마음이 매우 가볍다. ¶ 시험을 끝내고 나니 기분이 날 것 같다.

속담

나는 놈 위에 타는 놈 있다 아무리 재주가 뛰어나도 그보다 더 뛰어난 사람이 있음을 빗대어 이르는 말. =뛰는 놈 위에 나는 놈 있다.
나는 새도 깃을 쳐야 날아간다 ① 무슨 일이든지 순서를 밟아 나가야 그 목적을 이룰 수 있음을 빗대어 이르는 말. ② 아무리 재능이 많아도 노력하지 않으면 그 재능을 발휘할 수 없음을 빗대어 이르는 말. =나는 새도 움직여야 난다.
나는 새도 떨어뜨린다 권세가 대단하여 모든 일을 제 마음대로 할 수 있는 상태를 빗대어 이르는 말. =나는 새도 떨어뜨리고 닫는 짐승도 못 가게 한다.
나는 새에게 여기 앉아라 저기 앉아라 할 수 없다 저마다 의지가 있는 사람의 자유를 구속할 수 없음을 빗대어 이르는 말.
날면 기는 것이 능하지 못하다 훌륭한 재주가 있는 사람이라도 모든 일을 다 잘할 수는 없음을 빗대어 이르는 말.

● '날다'의 형태 바뀜

'날다'는 어간 '날-'에 붙는 어미의 첫소리에 따라서 어간의 받침 'ㄹ'이 소리 나지 않아 없어지기도 한다.

어미	형태	설명
-고, -지, -면, -아	날고, 날지, 날면, 날아	변화 없음
-니, -네, -는, -ㄴ	나니, 나네, 나는, 난	'ㄹ' 탈락. ×날으니, ×날으는
-ㅂ니다	납니다	'ㄹ' 탈락. ×날읍니다
-오	나오	'ㄹ' 탈락. ×날으오
-ㄹ	날	'ㄹ' 탈락. ×날을

× 날라가다 '날아가다'의 틀린 말.

● '날아가다'와 '날라가다'

① '날아가다'를 강하게 말하려고 '날라가다'라고 하는 것은 잘못이다. 흔히 '새가 날라간다.'라고 하는데 '새가 날아간다.'라고 해야 한다.

¶ 바람이 부니 낙엽들이 어지럽게 날라갔다(×)/날아갔다(○).

¶ 그때 나의 꿈도 영원히 날라간(×)/날아간(○) 것 같았다.

② '날라가다'에서 '날라'는 '나르다'가 바뀐 형태이므로 '날다'와 아무 관련이 없다. '날라가다'는 물건을 옮겨 다른 곳으로 가져가는 것을 의미한다. 이 경우에 '날라 가다'처럼 띄어 쓰는 것이 원칙이나 붙여 쓰는 것도 허용된다.

¶ 연구실로 책을 날라 갈(○)/날라갈(○) 사람이 필요하다.

¶ 트럭으로 짐을 날라 갔다(○)/날라갔다(○).

날렵하다 형용사

불규칙 날렵하여/날렵해, 날렵한, 날렵합니다, 날렵하였다/날렵했다

① 재빠르고 날래다. 참고 잽싸다

¶ 날렵한 춤사위에 모든 사람이 반했다.

¶ 그는 날렵하게 몸을 움직여 화살을 피했다.

② 매끈하게 맵시가 있다.

¶ 그 여자는 몸매가 날렵하여 옷맵시가 좋다.

¶ 기와지붕의 처마 곡선, 특히 날렵하게 올라간 추녀 끝은 버선코를 닮았다.

날름 부사 ×낼름

① 혀를 날쌔게 내밀었다 들이는 모양.

¶ 형이 동생을 약 올리느라고 혀를 날름 내밀었다.

② 무엇을 날쌔게 가져가거나 훔치는 모양.

¶ 아이는 주인 몰래 사탕 한 알을 날름 집어 주머니에 넣었다.

③ 불길이 밖으로 날쌔게 나왔다 들어가는 모양.

¶ 불길이 이따금 아궁이 밖으로 날름 내보였다.

④ 날쌔게 움직이는 모양.

¶ 그렇게 오자마자 날름 가 버리면 어떻게 하니?

¶ 아이는 날름 할머니 무릎에 앉았다.

복합어

날름거리다 =날름대다 ① 불길이 밖으로 자꾸 날쌔게 나왔다 들어갔다 하다. ¶ 불길이 지붕 밖으로 날름거린다. ② 혀 따위를 자꾸 날쌔게 내밀었다 들였다 하다. ¶ 뱀이 또아리를 틀고 혀를 날름거렸다. ③ 남의 것을 탐내어 자꾸 엿보다.

날름하다 ① 불길이 밖으로 날쌔게 나왔다 들어가다. ② 혀 따위를 날쌔게 내밀었다 들이다. ③ 무엇을 날쌔게 받아 가지다. ④ 날쌔게 움직이다.

날실 명사

피륙이나 그물을 짤 때, 세로 방향으로 놓인 실. =날줄① 참고 씨실

¶ 날실과 씨실을 엮어서 옷감을 짠다.

¶ 도투마리에 감긴 실이 날실이고 북에 감긴 실이 씨실이다.

날아가다 동사 ×날라가다

규칙 날아가고, 날아가니, 날아가, 날아가서, 날아간다, 날아갑니다, 날아갔다

① 날면서 가다.

¶ 봄이 되면 철새가 북쪽으로 날아간다.

¶ 대통령은 워싱턴까지 전용기로 날아가서 정상 회담을 하였다.

② 몹시 빠르게 움직여 가다.

¶ 갑자기 그의 주먹이 샌드백을 향하여 날아갔다.

¶ 늦게 일어나서 세수도 못 하고 학교까지 거의 날아간 기억이 있다.

③ (비유적으로) 가지고 있거나 붙어 있던 것이 허망하게 없어지거나 떨어지다.

¶ 회사가 망하는 바람에 내 일자리도 날아가 버렸다.

¶ 사업 실패로 전 재산이 날아가게 생겼다.

››› '날아가다'를 '날라가다'로 소리 내면 안 된다. 올림말 '×날라가다' 참고.

날으는 'ㄴ나는[3]'의 틀린 표기.

¶ 파리가 날으는(×)/나는(○) 소리가 들린다.

날줄 명사

① 피륙이나 그물을 짤 때, 세로 방향으로 놓인 실. =날실

② 지구의 남극과 북극을 잇는 가상의 선. 영국 그리니치 천문대를 지나는 날줄을 0도로 하면 동쪽으로 127.5도에 해당하는 날줄이 우리나라 동서 가운데 지점을 지난다. =경선

납작하다 형용사

불규칙 납작하여/납작해, 납작한, 납작합니다, 납작하였다/납작했다

판판하고 얇으면서 좀 넓다. 참고 넓적하다

¶ 납작한 그릇이 있으면 부침개를 담기 좋을 텐데.

복합어

나부랑납작하다 평평하게 퍼진 듯이 납작하다.

납작납작 여럿이 다 판판하고 얇으면서 좀 넓은 모양. =납작납작이

납작납작하다 여럿이 다 판판하고 얇으면서 좀 넓다.

납작스름하다 약간 판판하고 얇으면서 좀 넓다.

납작이 납작하게. ¶ 냉이는 납작이 뿌리 잎을 펴고 겨울을 난다.

동글납작하다 동글면서 납작하다. ¶ 동글납작한 돌을 주워서 물수제비를 떴다.

낫다[1] 동사

불규칙 낫지, 나으니, 나아, 낫는, 나은, 나을, 낫습니다, 나았다

병이 고쳐지거나 상처가 아물어 본래대로 되다.

¶ 봄 감기는 좀처럼 안 낫는다.

낫다[2] 형용사

불규칙 낫지, 나으니, 나아, 나은, 나을, 낫습니다, 나았다, 나았습니다

더 좋거나 앞서 있다.

¶ 살기에는 겨울보다 여름이 더 나아.

¶ 이것보다 더 나은 계획은 없니?

¶ 셋 가운데 처음 본 것이 가장 나아 보입니다.

복합어

나아지다 어떤 일이나 상태가 좋아지다. ¶ 바람을 쐬니 기분이 한결 나아졌다.

낮다 형용사

규칙 낮고, 낮지, 낮아, 낮은, 낮습니다, 낮았다

① 아래에서 위까지의 높이가 짧다. 참고 얕다

¶ 지리산에 올라 보면 사방으로 높고 낮은 산들이 끝없이 보인다.

② 재거나 조사한 결과가 보통 정도에 미치지 못하다.

¶ 오늘 기온은 예년에 비해서 낮다고 한다.

¶ 이번 선거는 투표율이 낮았다.

③ 수준, 능력, 품질 따위가 기준보다 못하거나 평균에 미치지 못하다.

¶ 이렇게 질이 낮은 물건을 어떻게 시장에 내놓겠습니까?

④ 지위나 계급 따위가 어떤 정도에 미치지 못하는 상태에 있다.

¶ 지위가 낮은 사람부터 높은 사람까지 모두 한자리에 모였다.

⑤ 소리가 작다. 음계가 아래의 음이다.

¶ 그의 목소리는 비록 낮았지만 말투는 아주 단호했다.

¶ 한 음 낮게 노래를 불러야겠다.

복합어

낮잡다 ① 실제로 지닌 값보다 낮게 치다. ¶ 급매물은 값을 낮잡아 사려는 사람이 많

다. ② 사람을 만만히 여기고 함부로 낮추어 대하다. ¶ 그를 낮잡아 보지 마라.

낮추다 ① '낮다'의 사동형. ¶ 난방 온도를 좀 낮춰야겠다. ② 낮춤말을 쓰다.

낮춤말 ① 사람이나 사물을 낮추어 이르는 말. '저자', '새끼' 따위이다. ② 상대를 높이려고 자기나 자기가 속한 무리를 낮추어 이르는 말. '저', '저희' 따위이다.

낳다[1] 동사

규칙 낳고, 낳지, 낳으면, 낳아, 낳는, 낳은, 낳습니다, 낳았다

① 밴 아이, 새끼, 알을 몸 밖으로 내놓다.

¶ 어머니가 동생을 낳으셨다.

¶ 개는 강아지를 낳고 닭은 알을 낳는다.

② 어떤 결과를 가져오다.

¶ 끊임없는 노력이 성공을 낳았다.

¶ 원래 소문이 소문을 낳는 법이다.

③ 나라나 고장에서 뛰어난 사람을 내다.

¶ 우리나라가 낳은 천재적인 과학자가 누구지?

속담

낳는 놈마다 장군 난다 ① 집안에 훌륭한 인물이 잇따라 남을 이르는 말. =나는 놈마다 장군이다. ② 좋은 일이 잇따라 일어남을 이르는 말.

낳은 아이 아들 아니면 딸이지 둘 가운데에 하나라는 말.

낳은 정보다 기른 정이 더 크다 길러 준 정이 낳은 정보다 크고 소중하다는 말.

● '낳다'와 '나다'

'낳다'와 '나다'는 헷갈려서 잘못 표기하는 경우가 많다. 아래의 용례를 참고하면 쉽게 구별하여 쓸 수 있다.

¶ 어머니, 저를 나아(×)/낳아(○) 주셔서 고맙습니다.

¶ 보리 심은 데에 보리 싹 낳지(×)/나지(○).

낳다[2] 동사

규칙 낳고, 낳지, 낳으면, 낳아, 낳는, 낳습니다, 낳았다

① 누에고치, 삼 껍질, 솜, 털 따위로 실을 만들다.

¶ 무명실은 목화솜을 자아서 낳는다.

② 실로 피륙을 짜다.

¶ 옛날에는 집집이 무명베를 낳아서 옷을 지어 입었다.

내[1] 명사

시내보다는 크지만 강보다는 작은 물줄기.

내[2] 명사

=냄새①

¶ 밥 타는 내가 온 집 안에 가득하였다.

¶ 체육관에 있는 매트에서 퀴퀴한 내가 풍겼다.

내[3]

대명사 '나'에 조사 '의'가 붙어 줄어든 말.

¶ 너는 내 말만 잘 들으면 자다가도 떡을 얻어먹을 수 있어.

내나 부사

결국에 가서는. [참고] 일껏

¶ 그렇게도 반대하더니 그도 내나 동의하고 말았다.

> ● '내나'와 '일껏'
>
> 애써서 얻었으나 결과로는 그 노력이 헛되게 된 경우에 '일껏'을 쓴다. 이에 비해서 어떤 것에 반대하다가 마지막에 반대를 접는 것을 표현할 때 '내나'를 쓴다. 어찌 보면 이제까지 노력한 것에 반하는 결과가 난 것은 같지만 과정이 정반대인 셈이다. 따라서 이 두 낱말을 쓸 때에는 상황에 맞게 골라 써야 한다.
>
> ¶ 끝까지 버티던 그도 내나(○) 굴복하고 말았다.
>
> ¶ 어머니가 일껏(○) 만들어 보낸 음식이 상해서 먹을 수가 없다.
>
> ¶ 내나(×)/일껏(○) 말해 줬는데 왜 이제 와서 딴소리야?

내다 동사

[규칙] 내고, 내니, 내어/내, 냅니다, 내었다/냈다

① 길, 문 따위를 만들다.

¶ 산에 오르는 길을 내려 한다.

¶ 정문은 동쪽으로 내는 것이 좋겠다.

② 구멍이나 자국 따위가 나게 하다.

¶ 피리는 대나무에 구멍을 내어 만든다.

③ 신문, 잡지 따위에 어떤 내용을 싣다.

¶ 잡지에 광고를 내기로 했다.

¶ 신문사에서 아무 기사나 내 주지 않을 거야.

④ 살림이나 가게를 차리다.

¶ 가게를 하나 내려고 찾아보는 중이다.

¶ 막내가 살림을 따로 내겠다고 한다.

⑤ 모나 모종을 옮겨 심다.

¶ 논에 모를 내는 시기는 지역마다 다르다.

⑥ 제출하거나 보내다.

¶ 문제를 다 푼 사람은 답안지를 내고 나가세요.

⑦ 선거에 후보를 추천하다.

¶ 여당은 우리 지역에서 후보를 내지 않기로 했다.

⑧ 이름이나 소문 따위를 알리다.

¶ 좋은 일도 아닌데 온 동네에 소문을 내고 다닌다.

⑨ 문제 따위를 출제하다.

¶ 선생님은 수업 시간에 중요하다고 한 것만 시험에 내겠다고 하셨다.

⑩ 흥미, 짜증, 용기 따위의 감정을 보이다.

¶ 왜 그리 화를 내니?

¶ 용기를 내어 선생님께 질문을 했다.

⑪ 먹을 것이나 마실 것을 제공하다.

¶ 우승 기념으로 친구들에게 한턱을 냈다.

¶ 이번에는 내가 점심을 낼게.

⑫ 돈이나 물건 따위를 주거나 바치다.

¶ 언제 계약금을 내니?

¶ 장애 어린이 돕기 행사에 성금을 냈다.

⑬ 사건이나 사고를 일으키다.

¶ 그가 교통사고를 냈다.

⑭ 인물을 배출하다.

¶ 이런 시골에서 그런 세계적인 인물을 내었다니 놀랍다.

⑮ 소리, 기척 따위를 밖으로 드러내다.

¶ 도서관에서는 소리를 내지 마세요.

⑯ 시간적 여유를 만들다.

¶ 시간을 좀 내 주실 수 있나요?

¶ 틈을 내어 나에게 좀 와 줄래?

⑰ 멋, 맵시 따위를 드러내다.

¶ 아이들이 모양을 내려 하는 것은 당연하지.

¶ 나는 어렸을 때부터 멋을 내는 데 관심이 많았다.

⑱ 어떤 효과나 결과 따위를 만들다.

¶ 시간이 없으니 얼른 결론을 냅시다.

¶ 그 방법은 역효과를 내기 쉽다.

⑲ 출판물을 발행하다.

¶ 그는 처음으로 자신의 이름으로 시집을 내었다.

⑳ 말미를 얻다.

¶ 오늘 휴가를 내어 부모님을 뵈러 간다.

㉑ 다른 사람의 모양이나 행동을 따라 하다.

¶ 원숭이는 사람 흉내를 잘 낸다.

㉒ 돈을 얻다.

¶ 부모는 빚을 내서라도 자식을 공부시키려고 한다.

㉓ (동사 뒤에서 '-어 내다' 구성으로 쓰여) 기어이 어떤 일을 이룸을 나타내는 말.

¶ 이 시련을 이겨 내야 웃을 수 있다.

¶ 어떻게 해서든 이 위기를 극복해 내자.

내닫다 동사

불규칙 내달으니, 내달아, 내닫는, 내달은, 내달을, 내닫습니다, 내달았다

① 밖이나 앞쪽으로 힘차게 뛰어나가다.

¶ 멀리서 오는 주인을 보고 진돗개가 쏜살같이 내달아 주인을 맞는다.

¶ 그가 말을 타고 질풍처럼 내달으니 적들이 놀라 다 도망쳤다.

② 길이나 장소를 박차고 힘차게 달리다.

¶ 내리막길을 내닫는 동생을 보고 소리쳤다.

③ 어떤 일을 하려고 덤벼들다.

¶ 처음부터 크게 사업을 내달았다가 낭패를 보았다.

속담

내닫기는 주막집 강아지라 아무 일에나 뛰어들어 참견하는 사람을 비꼬는 말.

내디디다 동사 ㉾ 내딛다

규칙 내디디어/내디뎌, 내디딘다, 내디딥니다, 내디디었다/내디뎠다

① 밖이나 앞쪽으로 발을 옮겨 놓다.

¶ 어렵사리 발을 떼어 한 걸음 내디뎌 보았다.

¶ 산길에서 자칫 발을 잘못 내디뎠다가는 다칠 수 있어.

② 무엇을 시작하거나, 새로운 범위에 처음 들어서다.

¶ 그는 교사로서 첫발을 내디디게 되었다.

내딛다 동사

규칙 내딛고, 내딛지, 내딛는, 내딛습니다

'내디디다'의 준말.

¶ 영준이는 올해 졸업하여 사회에 첫발을 내딛게 되었다.

● '내딛다'의 활용형 제약

'내딛다'는 '내디디다'의 준말이다. '내딛다'는 모음으로 시작하는 어미를 활용형으로 사용할 수 없으므로, 이 경우에는 본딧말 '내디디다'의 활용형을 쓴다.

내딛어(×)/내디뎌(○), 내딛은(×)/내디딘(○), 내딛을(×)/내디딜(○)

내딛으며(×)/내디디며(○), 내딛으시니(×)/내디디시니(○)

내딛으신다(×)/내디디신다(○), 내딛었다(×)/내디뎠다(○)

¶ 그는 영화배우로 첫발을 내딛으며(×)/내디디며(○) 새로운 인생을 시작했다.
¶ 그 선수는 신호 전에 한 발을 내딛은(×)/내디딘(○) 탓에 실격하고 말았다.
¶ 그분은 정년 퇴임을 하고 건축업계에 첫발을 내딛으셨다(×)/내디디셨다(○).

× 내딛어

'내디뎌'의 틀린 말.

× 내딛으며

'내디디며'의 틀린 말.

○ 내음 명사

코로 맡을 수 있는 나쁘지 않거나 향기로운 기운. 주로 문학적 표현에 쓰인다.

¶ 들에 싱그러운 봄 내음이 가득하다.

○ 내젓다 동사

불규칙 내젓고, 내저으니, 내저어, 내젓는다, 내젓습니다, 내저었다

① 손이나 손에 든 물건 따위를 앞이나 밖으로 내어 휘두르다.

¶ 많은 사람들이 큰길로 나와 깃발을 내저으며 우리 선수단을 환영하였다.

② 고개를 좌우로 흔들다.

¶ 엄두가 안 나는 일이라며 고개를 설레설레 내젓는다.

○ 낸들

대명사 '나'에 조사 '인들'이 붙어 줄어든 말. 참고 난들

¶ 낸들 좋아서 그랬겠니?

● '낸들'과 '난들'

'난들'은 '나'에 조사 'ㄴ들'이 붙은 형태이다. 조사 'ㄴ들'은 받침이 없는 체언이나 부사어 뒤에 붙어서 '-라고 할지라도'의 뜻을 나타내는 말이다. 받침이 있는 체언이나 부사어 뒤에는 'ㄴ들' 대신에 '인들'이 쓰인다. 그러면 받침이 없는 체언이나 부사어 뒤에는 반드시 'ㄴ들'만 써야 하고 '인들'을 붙이면 안 될까. 우리가 흔히 '그런 걸 낸들 알겠느냐.'라고 하여 '난들' 대신에 '낸들'을 쓰는 경우가 있는데 이는 틀린 것인지 의문이 든다. '낸들'은 '나'에 '인들'이 붙어 변한 형태이기 때문이다. 《표준국어대사전》의 뜻풀이를 엄격하게 적용한다면 당연히 '낸들'은 '난들'의 잘못이라고 해야 한다. 그러나 언중들은 그렇게 생각하지 않는 것 같다. 예를 들면, '어느 땐들 못 가랴.'라고 말하는 사람도 글로 쓸 때에는 '어느 때인들 못 가랴.'로 쓰는 사람이 많고, '학굔들 안전할 리 없지.'라고 말하면서 '학교인들 안전할 리 없지.'라고 쓴다. 특히 문어체 문장에서는 이런 경향이 강하다. 어떤 사람은 대화에서도 '때인들', '학교인들'처럼 말한다. 이런 점에 비추어 'ㄴ들'에 대한 《표준국어대사전》의 뜻풀이를 지나치게 엄격하게 적용하지 않는 것이 바람직하다.

✕ 낼름 '날름'의 틀린 말.

¶ 떠돌이 개가 땅에 떨어진 음식을 낼름(×)/날름(○) 주워 먹었다.

○ 냄새 명사

① 코로 맡을 수 있는 온갖 기운. =내[2]

¶ 콩을 볶으면 구수한 냄새가 난다.

¶ 하수구에서 역한 냄새가 올라왔다.

② 어떤 사물이나 분위기 따위에서 느껴지는 특이한 낌새.

¶ 그의 말투에서 학자 냄새가 물씬 풍겼다.

¶ 경찰이 범인의 냄새를 맡고 공원 주변에서 잠복하였다.

-냐 어미

('이다'의 어간, 용언의 어간 또는 어미 '-으시-', '-었-', '-겠-' 뒤에 붙어) 아랫사람이나 또래에게 어떤 상태나 상황을 묻는 종결 어미. 주로 입말에 쓴다. [참고] -니, -으냐

¶ 아버지 계시냐?

¶ 밥 먹었냐?

¶ 너도 함께 가겠냐?

¶ 거기가 어디냐?

● '-냐'의 높임말 '-ㅂ니까'

듣는 사람(상대)의 나이나 지위 따위에 맞추어 '-냐' 대신에 높임을 나타내는 어미 '-ㅂ니까'를 쓴다.

- 저 사람은 누굽니까?(주어 '저 사람'을 낮추고 상대를 높임)
- 저분은 누구시냐?(주어 '저분'을 높이고 상대를 낮춤)
- 저분은 누구십니까?(주어와 상대를 모두 높임)
- 저 사람은 누구냐?(주어와 상대를 모두 낮춤)

● '-냐'와 '-니', '-으냐'와 '-으니'

네 낱말 모두 같은 기능을 한다. 다만 '-니'가 '-냐'에 비하여 좀 더 친밀하고 부드러운 느낌을 준다.

¶ 넌 누구냐/누구니?

¶ 노래 부르는 게 그렇게 좋냐/좋니?

받침이 없는 어간 뒤에는 '-냐/-니'가 오고, 받침이 있으면 '-으냐/-으니'가 온다.

- 그렇게 기쁘냐/기쁘니?
- 기분이 좋으냐/좋으니?

- 지금 바쁘냐/바쁘니?
- 하늘이 맑으냐/맑으니?

››› '-냐'와 '-느냐'의 용법은 올림말 '-느냐' 참고.

너 관형사

('돈', '말', '발', '푼' 따위의 단위를 나타내는 말 앞에 쓰여) 그 수량이 넷임을 나타내는 말.

참고 넉, 네[2]

¶ 금 너 돈, 쌀 너 말, 새끼 너 발, 돈 너 푼

너머 명사

산이나 경계의 저쪽. 또는 그 공간.

¶ 산 너머 남촌에는 누가 살고 있을까?

¶ 할아버지 고향은 휴전선 너머에 있다.

● '너머'와 '넘어'

'너머'는 높이가 있는 물체를 넘은 저쪽의 공간을 가리키는 말이다. 경계를 넘은 쪽의 공간을 이르기도 한다. 즉 구체적인 공간을 가리키는 말로 명사이다. 이에 비해서 '넘어'는 동사 '넘다'가 바뀐 형태이다. '넘어'에는 넘는 동작의 의미가 있다.

¶ 우리 집은 저 고개 너머에 있다.(너머: 장소)

¶ 아이들은 고개를 넘어 학교에 다녔다.(넘어: 넘는 동작)

너무 부사

일정한 정도나 한계를 훨씬 뛰어넘어.

¶ 별일 아니니 너무 걱정하지 마세요.

¶ 너무 많이 먹어서 배가 터지겠다.

복합어

너무하다 ① 말이나 행동을 도에 지나치게 하다. ¶ 그가 거절했다고? 해도 너무하는군. ② 정도나 한계를 넘어 지나치다. ¶ 요금을 또 올리는 건 너무하지 않아?

● '너무'의 사용

'너무'는 바람직하지 않거나 부정적인 의미로 지나침을 나타내기 위해서 쓰던 말이었다. 2015년 국립국어원에서는 사람들이 긍정적인 상황에서 '너무'를 많이 쓰는 현실을 반영하여 '일정한 정도나 한계를 훨씬 넘어선 상태로'로 뜻풀이를 고쳤다. 하지만 긍정적인 뜻을 나타낼 때에는 '매우, 아주, 무척, 꽤, 썩, 퍽, 정말, 대단히, 참으로' 같은 말들도 살려 쓰면 좋겠다.

너비 명사

평면이나 물체의 가로로 잰 거리. =폭

¶ 이 길은 너비가 좁아서 자동차가 다니기 힘들겠다.

¶ 개울의 너비가 넓어 징검다리를 놓았다.

복합어

가슴너비 가슴의 가로로 퍼진 길이. ¶ 너는 가슴너비가 넓구나.

어깨너비 양어깨 사이의 거리. ¶ 양발을 어깨너비만큼 벌려라.

››› '너비'와 '나비'는 물체의 가로 길이(폭)를 가리킨다. 세로 길이는 그냥 '길이(장)'라고 한다. 피륙이나 옷감 등의 너비를 특별히 '나비'라고 부른다.

넉 관형사

('냥', '되', '섬', '자' 따위의 단위를 나타내는 말 앞에 쓰여) 그 수량이 넷임을 나타내는 말.

참고 너, 네[2]

¶ 금 넉 냥, 보리 넉 되, 쌀 넉 섬, 삼베 넉 자, 넉 달

속담

넉 달 가뭄에도 하루만 더 개었으면 한다 ① 오래 기다리던 비일지라도 무슨 일을 치르려면 비 오는 것을 꺼려한다는 말. ② 자기중심으로 날씨를 생각한다는 말.

× 넌즈시 '넌지시'의 잘못.

○ 넌지시 부사 ×넌즈시

드러나지 않게 가만히.

¶ 선생님께서 나에게 넌지시 말씀하셨다.

¶ 그에게 일을 같이하자고 넌지시 권해 보아라.

○ 널따랗다 형용사

[불규칙] 널따라면, 널따라니, 널따래서, 널따란, 널따랗네/널따라네, 널따랗습니다, 널따랬다

공간이 꽤 넓다. 상당히 넓다. [참고] 널찍하다

¶ 마을 앞으로 논밭이 널따랗게 펼쳐져 있다.

¶ 널따란 운동장에서 아이들이 마음껏 뛰논다.

● '널따랗다'와 '좁다랗다'

'널따랗다'는 '넓다'에 접미사 '-다랗다'가 붙어서 된 말인데 '넓다랗다'로 쓰지 않는다. 그러나 '좁다랗다'는 '좁다'에 '-다랗다'가 붙은 상태로 쓴다. 아래의 표기도 같이 익혀 두면 좋다.

- 가늘다-가느다랗다, 길다-기다랗다, 멀다-머다랗다
- 넓다-널따랗다, 얇다-얄따랗다, 엷다-열따랗다, 짧다-짤따랗다
- 잘다-잔다랗다
- 크다-커다랗다
- 굵다-굵다랗다

››› '널찍하다'와 '널따랗다'는 모두 상당히 넓다는 뜻을 나타내지만 말맛에 차이가 있다. '널찍하다'는 주로 칸으로 나뉜 공간이 꽤 넓을 때 쓰고, '널따랗다'는 탁 트인 상태로 넓은 공간에 사용한다. '널따랗다'보다 더 넓은 공간에는 '드넓다'를 사용한다.

널찍하다 형용사

[불규칙] 널찍하니, 널찍하여/널찍해, 널찍한, 널찍합니다, 널찍했다

꽤 넓다. [참고] 널따랗다

¶ 방도 널찍하고 거실도 널찍해서 좋다.

¶ 우리 학교 운동장은 꽤 널찍한 편이다.

넓다 형용사

[규칙] 넓게, 넓고, 넓어, 넓은, 넓네, 넓소, 넓습니다, 넓었다

① 면적이 크다.

¶ 나주에는 기름진 평야가 넓게 펼쳐져 있다.

¶ 그는 이마가 넓다.

② 너비가 크다.

¶ 새로 넓은 길이 뚫렸다.

¶ 바짓가랑이가 너무 넓어서 보기 싫다.

③ 마음 쓰는 것이 너그럽다.

¶ 마음이 넓은 사람은 많은 사람을 끌어들인다.

④ 미치는 범위가 크다.

¶ 그의 넓은 식견에 감탄하지 않을 수 없다.

¶ 사람을 넓게 사귀는 것이 좋다.

> **● '넓다'의 소리내기**
>
> '넓다'는 겹받침 'ㄼ'의 소리내기가 까다롭다. 어미가 자음으로 시작하면 'ㄼ'에서 뒤의 'ㅂ'이 소리 나지 않으면서 어미의 자음을 된소리로 바꾸는 특성이 있다. 그래서 '넓다, 넓지, 넓소, 넓네'를 [널따], [널찌], [널쏘], [널레]처럼 소리 낸다. 그러나 '넓적하다'는 'ㄹ'을 탈락시켜 [넙쩌카다]로 소리 낸다. 이 밖에 '넓다'에서 만들어진 단어인 '널따랗다'나 '널찍하다'는 [널따라타], [널찌카다]로 소리 내고 소리대로 'ㅂ'을 탈락시켜 표기한다.

넓적하다 형용사 ×넙적하다

불규칙 넓적하여/넓적해, 넓적한, 넓적합니다, 넓적하였다/넓적했다

편편하고 얇으면서 넓다. 참고 납작하다

¶ 넓적한 대접에 빨간 토마토가 놓여 있다.

¶ 반죽을 넓적하게 펴서 만두피를 만들었다.

복합어

너부렁넓적하다 평평하게 퍼진 듯이 넓적하다.

넓적넓적 여럿이 다 편편하고 얇으면서 꽤 넓은 모양. =넓적넓적이

넓적넓적하다 여럿이 다 편편하고 얇으면서 넓다.

두리넓적하다 둥그스름하고 넓적하다.

둥글넓적하다 모양이 둥글면서 넓적하다.

● '넓적하다'와 '납작하다'

'얼굴이 넓적하다'나 '엉덩이가 넓적하다'처럼 얼굴이나 엉덩이 따위가 비교적 넓은 경우에 '넓적하다'를 쓴다. 이에 비해서 '납작하다'는 '코가 납작하다'나 '뒤통수가 납작하다'처럼 솟아야 할 곳이 솟지 않은 상태를 나타낼 때에 주로 사용한다. 넓이가 넓은 경우에는 이 두 낱말을 쓰지 않고 '널찍하다'를 쓴다.

넙적하다 '넓적하다'의 틀린 표기.

네[1]

① 대명사 '너'에 조사 '가'가 붙을 때에 바뀐 형태. '너가'라고 하지 않고 '네가'라고 한다.

¶ 오늘 회의에는 네가 나 대신에 참석하여라.

¶ 네가 나를 보자고 한 게 아니냐?

② 대명사 '너'에 조사 '의'가 붙어 줄어든 말.

¶ 네 소원을 말해 봐.

네[2] 관형사

수량이 넷임을 나타내는 말. 참고 너, 넉

¶ 연필 네 자루, 물 네 컵, 강의 네 시간, 닭 네 마리, 사탕 네 알, 옷 네 벌

관용 표현

네 활개(를) 치다 ① 크게 팔다리를 휘저으며 걷다. ¶ 남자는 네 활개를 치며 마을로 들어섰다. ② 의기양양하게 다니거나 행동하다. ¶ 깡패들이 네 활개를 치고 다닌다.

● **'네', '너', '넉'의 용법**

수량이 넷임을 나타내는 관형사로 '네', '너', '넉'을 쓴다. 표준어 규정에 따르면 '돈', '말', '발', '푼' 앞에서는 '너'를 쓰고, '냥', '되', '섬', '자' 앞에서는 '넉'을 쓰고, 다른 것에는 '네'를 쓴다. 이는 전통적으로 우리 민족이 사용해 오던 단위 사용법을 그대로 인정한 것이다. 요즘은 '돈', '말', '발', '푼', '냥', '되', '섬', '자' 앞에서 이와 같이 '너'나 '넉'을 쓰지 않아서 많은 사람이 헷갈린다. 그리고 여기에 제시되지 않은 단위에는 '네', '너', '넉' 가운데에서 무엇을 쓸까 고민하지 않을 수 없다. 예를 들면 자동차나 컴퓨터를 세는 단위인 '대', 굴비 20마리를 엮은 단위인 '두름', 감 100개를 가리키는 단위인 '접', 달걀 열 개를 가리키는 단위인 '꾸러미'를 셀 때에 '네, 너, 넉' 가운데에서 어느 것을 써야 할지 알 수 없다. 따라서 모든 단위 앞에서는 '네'를 쓰도록 통일하고, 다만 '돈', '말', '발', '푼', '냥', '되', '섬', '자'의 경우에는 '너'나 '넉'을 인정하는 것이 좋겠다. '셋'을 나타내는 관형사에서도 같은 문제가 있다.

네[3] 감탄사

① 윗사람의 부름에 대답하거나 묻는 말에 긍정하여 대답할 때 쓰는 말.

¶ "영호야! 이리 와 봐라." "네, 잠깐만요."

② 윗사람이 부탁하거나 명령하는 말에 동의하여 대답할 때 쓰는 말.

¶ "이 일은 네가 해 주면 좋겠는데." "네, 알겠습니다."

③ 윗사람의 말을 재우쳐 물을 때 쓰는 말.

¶ “네? 지금 뭐라고 하셨어요?”

④ 윗사람에게 조르거나 사정할 때 쓰는 말.

¶ 차 한잔 사 주세요, 네?

> ● ‘네’와 ‘예’
>
> 두 낱말은 의미나 기능에 차이가 없다. 다만 입말에서는 ‘예’보다 ‘네’를 더 자주 쓰고, 글말에서는 ‘예’를 더 자주 쓰는 차이가 있다. 특히 ‘아니요’와 상대되는 말로는 ‘예’를 쓴다.
>
> ¶ 설명은 필요 없으니 묻는 말에 ‘예’, ‘아니요’로만 답해 보세요.
>
> 위의 경우에 ‘네’, ‘아니요’라고 쓰는 일은 드물다.

–네 어미

① 단순히 서술하는 종결 어미.

¶ 여기는 비가 많이 내리네.

¶ 지금 내가 그곳으로 가겠네.

② 지금 보거나 깨달은 일을 서술하는 종결 어미.

¶ 와, 집이 무척 멋지네.

¶ 이제 보니 자네 키가 참 크네.

● ‘–네’ 붙이기

어미 ‘–네’ 앞에서 ‘ㄹ’이나 ‘ㅎ’ 받침이 탈락하는 경우가 있다. 아래 예와 같다.

어간의 받침	예
‘ㄹ’이 탈락하는 경우 (‘ㄹ’ 받침이 있는 모든 말)	날– + –네=나네, 불– + –네=부네, 길– + –네=기네 졸– + –네=조네
‘ㅎ’이 탈락하는 경우 (색을 나타내는 말)	빨갛– + –네=빨가네, 노랗– + –네=노라네 하얗– + –네=하야네, 까맣– + –네=까마네 파랗– + –네=파라네, 말갛– + –네=말가네

그 밖의 경우 (탈락 없음)	좁- + -네=좁네, 넓- + -네=넓네, 좋- + -네=좋네 먹- + -네=먹네, 읽- + -네=읽네, 많- + -네=많네 씻- + -네=씻네, 곱- + -네=곱네

색을 나타내는 낱말에 어미가 붙으면 보통은 'ㅎ'이 탈락한다. 그러나 종결 어미 '-네'나 '-니'가 붙는 경우에는 'ㅎ'이 탈락하지 않는 형태도 허용된다.

¶ 얼굴이 까마니(○)/까맣니(×) 밝은 색 옷을 입는 것이 좋겠다.

¶ 내 얼굴이 그렇게 까마니(○)/까맣니(○)?

¶ 이 꽃은 참 빨가네(○)/빨갛네(○).

노느다 동사

불규칙 노느고, 노느니, 노나, 노는, 노늘, 노늡니다, 노났다, 노났습니다

여러 몫으로 가르다. 분배하다. 참고 나누다

¶ 이 과자를 노느면 한 사람 앞에 세 개씩 돌아간다.

¶ 우리 마을에는 설날에 떡을 노나 먹는 풍습이 있다.

복합어

노느매기하다 여러 몫으로 갈라 나누다. ¶ 이웃들하고 만두를 빚어 노느매기하였다.

● '노느다'와 '나누다'

'나누다'는 전체를 몇 부분으로 가름을 의미한다. 갈라서 어떻게 하든지 상관없다. 갈라서 서로 구별되도록 떼어 놓아도 좋고, 갈라서 여러 사람에게 몫몫으로 주어도 좋다. 물건이 아닌 경우에는 서로 주고받거나 함께 이용하는 것도 나누는 개념에 포함된다. 하나에서 갈라져 나오는 경우에도 '나누다'를 쓸 수 있다. 이에 비해서 '노느다'는 갈라서 여러 사람에게 몫몫으로 주는 경우에만 사용한다. '나누다'는 '노느다'의 의미를 포괄하지만 '노느다'는 '나누다'의 일부 의미만 가리킨다. '노느다'를 '나누다'로 쓰면서 '노느다'를 쓰는 경우가 매우 줄어들었다.

노르다 형용사

불규칙 노르고, 노르니, 노르러, 노른, 노를, 노릅니다, 노르렀습니다

달걀노른자의 빛깔과 같이 밝고 선명하다. 참고 누르다[2]

복합어

노르스름하다 조금 노르다. =노릇하다 ¶ 은행나무 열매가 노르스름하게 익었다.

노릇노릇하다 ① 군데군데가 노릇하다. ¶ 엄마는 식은 밥을 솥에 넣고 구워 노릇노릇한 누룽지를 만들었다. ② 매우 노릇하다. ¶ 삼겹살을 노릇노릇하게 구워 먹었다.

노상 부사

언제나 변함없이 한 모양으로 줄곧. =늘

¶ 걔는 노상 웃고 다닌다.

¶ 그는 노상 그 옷만 입고 다닌다.

녹슨 ×녹슬은

동사 '녹슬다'의 관형사형.

¶ 땅속에서 녹슨 칼이 한 자루 나왔다.

녹슬다(綠-) 동사

불규칙 녹슬어, 녹슨, 녹슬, 녹스네, 녹스오, 녹습니다, 녹슬었다

① 쇠붙이가 산화하여 빛이 변하다. =녹나다

¶ 날마다 쓰는 칼이라 녹슬 새가 없다.

② (비유적으로) 오랫동안 쓰지 않고 버려두어 낡거나 무디어지다.

¶ 생각이 녹슬면 새로운 일을 할 수 없다.

¶ 머리가 녹슬어 기억이 빨리빨리 안 난다.

● '녹슬다'의 형태 바뀜

'녹슬다'에 어미 '-ㄴ'이 붙으면 'ㄹ'이 탈락하여 '녹슨'이 된다. 이를 '녹슬은'이라고 하면 안 된다. 이와 같이 '거칠다', '눈멀다', '걸다', '멀다' 따위도 '거친', '눈먼', '건', '먼'처럼 형태가 바뀐다.

✕ 녹슬은 '녹슨'의 틀린 말.

¶ 녹슬은(×)/녹슨(○) 양철 문이 삐걱거렸다.

○ 놀다[1] 동사

불규칙 놀지, 놀면, 노니, 놀아, 노는, 놀, 노오, 놉니다, 놀았다

① 즐겁게 지내다.

¶ 우리 밖에 나가서 놀자.

¶ 잘 노는 아이가 공부도 잘한다.

② 일정하게 하는 일이 없이 지내다.

¶ 그는 직장을 그만두고 집에서 논다.

③ 하던 일을 그치고 쉬다.

¶ 공부하는 시간은 느리게 가는데 노는 시간은 빨리 지나간다.

¶ 아빠 회사는 주말에 일하고 월요일에 논다.

④ 물자나 시설 따위를 쓰지 않다.

¶ 공장마다 많은 기계가 놀고 있다.

¶ 노는 돈이 있으면 좀 빌려주세요.

⑤ 고정되어 있던 것이 헐거워 이리저리 움직이다.

¶ 아랫니가 조금 놀아서 흔들었더니 바로 빠져 버렸어.

¶ 나사가 놀면 금방 망가지니 잘 조여라.

⑥ 태아가 꿈틀거리다.

¶ 배 속에서 아기가 노는 것이 느껴진다.

⑦ 일정한 여건에서 또는 특정 사람들과 어울려 지내다.

¶ 누구나 저 놀던 물에서 놀려 한다.

¶ 자기들끼리 놀면서 나를 끼워 주지 않았다.

⑧ (주로 '누구를 가지고 놀다' 구성으로 쓰여) 사람을 조롱하거나 좌지우지하다.

¶ 날 아주 가지고 놀아라.

⑨ 마음에 들지 않게 행동함을 비꼬는 말.

¶ 놀고 있네.

⑩ 그러하게 행동하다.

¶ 저는 그렇게 시시하게 놀지 않습니다.

¶ 너무 건방지게 놀지 마라.

⑪ 어떤 놀이를 하다.

¶ 설날에는 윷을 노는 풍속이 있다.

⑫ 어떤 행동을 하다.

¶ 남의 일에 훼방을 놀지 마라.

복합어

놀고먹다 직업이나 하는 일 없이 놀면서 지내다.

놀아나다 ① 어떤 사람에게 홀려 그의 말대로 따르다. ¶ 그는 아무것도 모르고 사기꾼에게 놀아났다. ② 무엇에 부추김을 받거나 이용되다. ¶ 그들의 거짓말에 놀아나지 말게. ③ 누구와 부적절한 관계를 가지다.

놀이 ① 여러 사람이 모여서 즐겁게 노는 일. ¶ 건전한 놀이 문화를 만들어 가자. ② 굿, 풍물, 인형극 따위의 우리나라 전통적인 연희를 통틀어 이르는 말. ③ 일정한 규칙 또는 방법에 따라 노는 일. ④ (일부 명사 뒤에 붙어) '모방', '장난', '흉내'의 뜻을 나타내는 말. ¶ 병원놀이, 소꿉놀이, 기차놀이, 그림자놀이

놀이하다 ① 여러 사람이 모여서 즐겁게 놀다. ② 굿, 풍물, 인형극 따위의 우리나라 전통적인 연희를 하다. ③ 일정한 규칙 또는 방법에 따라 놀다.

관용 표현

놀고 앉았네 상대방을 비웃거나 상대방의 행위를 비아냥거릴 때 이르는 말. ¶ 놀고 앉았네. 일이 그리 쉽게 되는 줄 알아?

놀고 지내다 아무 일도 하지 않고 지내다.

속담

노는 입에 염불하기 일 없이 그저 노는 것보다 무엇이든지 하는 것이 낫다는 말. =할 일이 없거든 오금이나 긁어라.

논 자취는 없어도 공부한 공은 남는다 놀지 않고 힘써 공부하면 훗날 그 공적이 반드시 드러날 것이니 아무쪼록 공부에 힘쓰라는 말.

놀다[2] 형용사

불규칙 놀지, 놀면, 노니, 놀아, 노오, 놉니다, 놀았다

드물어서 구하기 어렵다.

¶ 대장간에 쇠가 놀다니 말도 안 돼.

놀라다 동사

규칙 놀라니, 놀라, 놀라서, 놀란, 놀랍니다, 놀랐다

① 뜻밖의 일이나 무서움에 가슴이 두근거리다.

¶ 세상이 불안하니 조그만 사고에도 놀라게 된다.

¶ 밤중에 갑자기 사람의 비명이 들려 모두 놀랐다.

② 뛰어나거나 신기한 것을 보고 매우 감동하다.

¶ 아이가 노래를 하도 잘 불러서 놀랐다.

¶ 그 회사의 규모에 놀라지 않을 수 없다.

③ 어처구니가 없거나 기가 막히다.

¶ 그의 뻔뻔한 태도에 모두가 놀라고 말았다.

¶ 과거 정부가 시민을 간첩으로 몰았다는 사실에 너무 놀랐다.

복합어

놀라움 놀라운 느낌. ㉾놀람 ¶친구는 내 말을 듣고 놀라움을 감추지 못했다.

관용 표현

놀란 가슴(/혼) 놀라서 가슴이 두근거리는 상태. ¶그 사건으로 한번 놀란 가슴은 쉽게 가라앉지 않았다.

놀란 토끼 눈을 하다 뜻밖이거나 놀라 눈을 크게 뜨다. ¶아이는 나를 보더니 놀란 토끼 눈을 하고 도망쳤다.

놀란 피 매우 심하게 다쳐서 멍든 부위에 생기는 검게 된 피를 이르는 말. ¶놀란 피를 빼야 상처가 빨리 아문다.

속담

놀란 토끼 벼랑 바위 쳐다보듯 말도 못 하고 눈만 껌벅거리며 바라보는 모습을 빗대어 이르는 말.

자라 보고 놀란 가슴 솥뚜껑 보고 놀란다 어떤 사물에 몹시 놀란 사람은 비슷한 사물만 보아도 겁을 냄을 이르는 말.

● '놀라다'와 '놀래다'

'놀래다'는 '남을 놀라게 하다'의 뜻이다. 따라서 '놀라다'와 '놀래다'는 전혀 다른 말이다. 아래 예문을 보고 그 차이를 익히자.

¶"너, 무척 놀랬지(×)/놀랐지(○)? 나도 놀랬어(×)/놀랐어(○)."

¶"아이쿠, 놀래라(×)/놀라라(○). 이 무슨 일인고?"

¶"무척 놀랬습니다(×)/놀랐습니다(○). 다시는 놀라지(×)/놀래지(○) 마세요."

놀래다 동사 ×놀래키다

규칙 놀래니, 놀래, 놀래서, 놀랜, 놀랩니다, 놀랬다

놀라게 하다. '놀라다'의 사동형.

¶ 사람을 그렇게 놀래면 안 된다.

¶ 친구들을 깜짝 놀래 주었다.

놀래키다 '놀래다'의 틀린 말.

¶ 동생을 놀래키려고(×)/놀래려고(○) 문 뒤에 숨어 있었다.

놀리다[1] 동사

규칙 놀리면, 놀리어/놀려, 놀린, 놀립니다, 놀리었다/놀렸다

① 짓궂게 굴거나 웃음거리로 만들다.

¶ 누나가 나를 놀려서 화가 났다.

¶ 당신, 지금 나를 놀리는 거요?

② 약점을 잡아 흉을 보다.

¶ 사람들은 그를 게으름뱅이라고 놀렸다.

놀리다[2] 동사

규칙 놀리면, 놀리어/놀려, 놀린, 놀립니다, 놀리었다/놀렸다

① 즐겁게 놀도록 하다. '놀다[1]①'의 사동형.

¶ 아이들을 즐겁게 놀리면 학업에도 좋은 영향을 준다.

② 일을 하지 않고 지내게 하다. '놀다[1]②, ③, ④'의 사동형.

¶ 자식을 놀리고 먹이는 것은 좋지 않다.

¶ 우리 회사는 창립 기념일에 모든 직원과 기계를 놀렸다.

③ 몸의 일부를 움직이다.

¶ 농번기에는 아이들도 손을 놀려 농사일을 거들었다.

④ 기구나 도구를 사용하다.

¶ 붓을 놀리는 솜씨가 놀랍다.

⑤ 함부로 말을 하다.

¶ 입을 잘못 놀리면 패가망신할 수도 있다.

ㄴ

누가

대명사 '누구'에 조사 '가'가 붙어 줄어든 말.

¶ 오늘 화장실 청소는 누가 할래?

¶ 어제 누가 우리 집으로 전화했니?

누구 대명사

① 잘 모르는 사람을 가리키는 인칭 대명사.

¶ 저 사람이 누구입니까?

¶ 이렇게 밤늦게 전화한 사람이 누구니?

② 막연히 어떤 사람을 가리키는 인칭 대명사.

¶ 이것을 원하는 사람은 누구든지 가져가도 좋다.

¶ 잘못이 있으면 누구나 벌을 받아야지.

③ 가리키는 대상을 뚜렷이 밝히지 않을 때 쓰는 인칭 대명사.

¶ 오다가 누구를 잠깐 만나느라고 늦었다.

¶ 누구는 이렇게 말하고 누구는 저렇게 말하고, 누구 장단에 춤을 춰야 하나?

복합어

누구누구 ① 잘 모르는 여러 사람을 두루 가리키는 인칭 대명사. ¶ 생일잔치에 누구누구가 왔었지? ② 어느 한 사람을 꼭 집어 말하지 않고 여러 사람을 두루 가리키는 인칭 대명사 ¶ 선생님은 누구누구 정하지 않고 손을 든 아이를 발표시켰다.

관용 표현

누구 입에 붙이겠는가 여럿에게 나누어 줄 물건이 너무 적을 때에 쓰는 말. =누구 코에 바르겠는가(/붙이겠는가). ¶ 이 작은 떡을 누구 입에 붙이겠는가?

누구 할 것 없이 누구라고 가려 말할 것이 없이. =누구를 막론하고. ¶ 다음 모임에는 누구 할 것 없이 다 참석해라.

속담

누구나 허물 없는 사람은 없다 아무리 원만한 사람이라도 한두 가지 허물은 다 가지고 있다는 뜻으로, 남의 허물을 지나치게 들추지 말라는 말.

> ● 대명사 '누구'와 조사 '가'
>
> '누구'에 조사 '가'를 붙일 때에는 '누구가'라고 쓰지 않고, '누구'의 '구'를 빼고 '가'를 붙여 '누가'라고 쓴다. 꼭 그래야 되는 것은 아니지만 관용적으로 '누가'를 쓴다. '누구가'의 형태는 글말에서 '누구'를 특별히 강조하는 경우에 쓴다.
>
> ¶ 우리는 이 사고를 누가 일으켰는지 반드시 알아내야 했다.(일반적)
>
> ¶ 우리는 이 사고를 누구가 일으켰는지 반드시 알아내야 했다.('누구'를 강조)

누르다[1] 동사

불규칙 누르면, 누르니, 눌러, 눌러서, 누릅니다, 눌렀다, 눌렀습니다

① 어떤 물체에 힘이나 무게를 가하다.

¶ 심부름 시킬 일이 있으면 이 단추를 누르세요.

¶ 손가락으로 피아노 건반을 눌러 보았다.

② 마음대로 행동하지 못하도록 힘이나 규제를 가하다. 억누르다.

¶ 윗사람이 아랫사람을 힘으로 누르려 할수록 반발이 거세진다.

③ 자기의 감정이나 생각을 드러내지 않고 참다. 억누르다.

¶ 화를 누르지 못하면 인간관계를 그르치기 쉽다.

④ 경기 따위에서 상대를 이기다.

¶ 우리나라 축구팀이 올림픽 경기에서 일본 팀을 눌렀다.

⑤ 국수틀로 국수를 뽑다.

¶ 요즘은 국수틀로 국수를 누르는 광경을 보기 어렵다.

⑥ (주로 '눌러 있다, 눌러 지내다' 구성으로 쓰여) 한곳에 계속 머물다.

¶ 그는 고향에 눌러 있기로 했다.

¶ 당분간 친구 집에 눌러 지내기로 결정하였다.

복합어

눌러놓다 ① 부풀지 않도록 다지거나 무거운 것으로 지질러 놓다. ② 함부로 굴지 못하게 하다.

눌러두다 ① 무거운 것으로 지질러 두다. ¶ 종이가 날아가지 않도록 두꺼운 사전으로 눌러두었다. ② 그대로 내버려 두다. ③ 그대로 남겨 두다.

눌러살다 다른 곳으로 옮겨 가지 않고 한곳에 머물러 살다. ¶ 우리는 이제 이곳에서 눌러살 수밖에 없다.

눌러쓰다 ① 깊이 힘을 주어 모자 따위를 쓰다. ¶ 영호는 남들 눈에 띄지 않게 모자를 깊이 눌러썼다. ② 힘주어 글씨를 쓰다. ¶ 연필을 눌러쓰니 심이 부러지지.

눌러앉다 ① 같은 장소에 계속 머무르다. ② 같은 직위나 직무에 계속 머무르다. ¶ 과장이 계속 눌러앉아 있는 한 우리는 승진하기 어렵다.

누르다[2] 형용사 ×누르르다

불규칙 누르니, 누르러, 누르러서, 누른, 누릅니다, 누르렀다

황금이나 놋쇠의 빛깔과 같이 노른빛보다는 어둡고 탁하다. 참고 노르다

¶ 푸르던 잎들이 점점 누른 잎으로 변하기 시작한다.

¶ 단풍잎은 빨갛게, 은행잎은 누르게 물들었다.

복합어

누르스름하다 조금 누르다. =누릇하다 ¶ 책이 오래되어 종이가 누르스름하게 변했다.

누릇누릇하다 ① 군데군데가 누릇하다. ¶ 온돌방 바닥에 누릇누릇하게 탄 흔적이 있다. ② 매우 누릇하다. ¶ 가을이 되니 누릇누릇한 은행잎들이 떨어지기 시작한다.

● '누르다[2]'의 형태 바뀜

'누르다'에 어미 '-어, -어서, -었-'이 붙으면 '누르러, 누르러서, 누르렀다'가 된다. 이에 이끌리어 관형사형 어미 '-ㄴ'이 붙을 때 활용형을 '누르른'으로 쓰는 것은 잘못이다. '누른'으로 써야 한다. '누르르다'를 표준어로 인정하지 않으므로 활용형 '누르른, 누르를, 누르르니, 누르르며, 누르르므로'도 표준어로 인정하지 않는다.

● '누르다[2]'와 '노르다'

'누르다[2]'는 '노르다'의 큰말이다. '누르다'는 색이 어둡고 탁한 느낌을 주고, '노르다'는 밝고 선명한 느낌을 준다. '누릇하다'와 '노릇하다', '누릇누릇하다'와 '노릇노릇하다'도 큰말 작은말 관계에 있다. 다만 '노르다'는 달걀의 '노른자'에서만 쓸 뿐, '노르다'를 쓸 수 있는 경우에는 '노랗다'를 쓴다.

누르른

'누른[2]'의 틀린 말.

¶ 채소의 누르른(×)/누른(○) 잎을 떼고 먹었다.

누른[1]

동사 '누르다[1]'의 관형사형.

¶ 대한민국이 세계 야구 대회에서 일본을 누른 것은 통쾌한 일이다.

¶ 초인종을 누른 뒤에 안에서 문을 열어 주기를 기다렸다.

누른[2] ×누르른

형용사 '누르다[2]'의 관형사형.

¶ 온 들판이 누른 황금빛으로 물들었다.

누이다[1] 동사 ㉶ 뉘다[1]

규칙 누이어/누여, 누이는, 누인, 누입니다, 누이었다/누였다

=눕히다

① 눕게 하다. '눕다'의 사동형.

¶ 아기가 잠들면 자리에 누이고 청소를 시작한다.

② 물체를 가로놓이게 두다.

¶ 기둥을 바닥에 누이고 움직이지 않게 잘 묶었다.

누이다[2] 동사 ㉶ 뉘다[2]

규칙 누이고, 누이어/누여, 누이는, 누인, 누입니다, 누이었다/누였다

오줌 따위를 누게 하다.

¶ 아이를 오줌을 누이고 재웠다.

눈곱 명사 ×눈꼽

① 눈에서 나오는 진득진득한 액. 또는 그것이 말라붙은 것.

¶ 눈에 붙은 눈곱을 떼어라.

② (주로 '눈곱만큼' 형태로 쓰여) 아주 적거나 작은 것을 빗대어 이르는 말.

¶ 그 일에 대해서는 눈곱만큼도 아는 것이 없어요.

눈꼽 '눈곱'의 틀린 표기.

눈두덩 / 눈두덩이 명사

눈언저리의 두두룩한 곳.

¶ 너무 울어 눈두덩이/눈두덩이가 부었다.

눈초리 명사

① 어떤 대상을 바라볼 때 눈에 나타나는 표정.

¶ 언니는 화가 나면 눈초리가 무척 사나워진다.

¶ 무슨 일인지 그가 나를 보는 눈초리가 무척 싸늘했다.

② 귀 쪽으로 가늘게 좁혀진 눈의 가장자리. =눈꼬리

¶ 그 남자는 눈초리가 올라가 매섭게 보인다.

눋다 동사

불규칙 눌어, 눌어서, 눋는, 눌은, 눋습니다, 눌었다

누른빛이 나도록 조금 타다.

¶ 밥이 눌어 누룽지가 되었다.

¶ 다리미가 뜨거워 새 바지가 눌었다.

복합어

눌은밥 누룽지에 물을 부어 불린 밥.

눌러붙다 '눌어붙다'의 틀린 말.

눌어붙다 동사 ×눌러붙다

규칙 눌어붙지, 눌어붙으면, 눌어붙으니, 눌어붙어, 눌어붙습니다, 눌어붙었다

① 뜨거운 바닥에 조금 타서 붙다.

¶ 어머니는 솥 바닥에 눌어붙은 누룽지에 물을 부었다.

② 한곳에 오래 있으면서 떠나지 아니하다.

¶ 하루 종일 컴퓨터 앞에만 눌어붙으려 해서 큰일이야.

¶ 친구가 우리 집에 눌어붙어 돌아갈 생각을 않는다.

눕다 동사

불규칙 눕지, 누워, 눕는, 누운, 누울, 눕네, 눕습니다, 누웠다

① 몸을 바닥에 대고 수평 상태가 되게 하다.

¶ 아이가 요 위에 누워서 잠을 잔다.

② 병 따위로 앓거나 하여 자리에서 일어나지 못하다.

¶ 그는 감기로 사흘 동안을 누워 있었다.

¶ 그는 며칠 밤샘을 한 탓에 과로로 눕고 말았다.

속담

누운 소 똥 누듯 한다 무슨 일을 힘들이지 않고 쉽게 함을 빗대어 이르는 말.

누울 자리 봐 가며 발을 뻗어라 ① 어떤 일을 할 때 그 결과를 짐작하여 미리 살피고 일을 시작하라는 말. ② 시간과 장소를 가려 행동하라는 말.

누워서 떡 먹기 매우 쉬운 일을 빗대어 이르는 말. =누운 소 타기.

누워서 침 뱉기 남을 해치려고 하다가 도리어 자기가 해를 입게 됨을 이르는 말. =자기 얼굴에 침 뱉기.

눕히다 동사

규칙 눕히고, 눕히어/눕혀, 눕힌, 눕힙니다, 눕히었다/눕혔다

=누이다[1]

① 눕게 하다. '눕다'의 사동형.

¶ 아이를 침대에 눕혀서 재워라.

¶ 우선 여기에 사람을 눕히고 인공호흡을 시도해 보자.

② 긴 물체를 가로로 두다.

¶ 이런 긴 물건은 세워 놓으면 위험하니 바닥에 눕혀 놓아라.

>>> '눕히다'와 '누이다'는 의미와 용법이 같아서 서로 대체하여 사용할 수 있다. 대개 갓난아이를 눕게 하는 경우에는 '누이다'가 더 잘 어울리고, 운동 경기나 싸움에서 상대를 쓰러뜨리는 경우에는 '눕히다'가 더 잘 어울린다.

뉘다[1] 동사

규칙 뉘니, 뉘어, 뉘는, 뉜, 뉩니다, 뉘었다

'누이다[1]'의 준말.

¶ 환자를 자리에 뉘어 놓고 안정을 취하게 하십시오.

¶ 그들은 지게를 뉘어 놓고 몸을 쉬었다.

뉘다[2] 동사

규칙 뉘니, 뉘어, 뉘는, 뉜, 뉩니다, 뉘었다

'누이다[2]'의 준말.

¶ 엄마가 아이에게 오줌을 뉩니다.

> **'누이다'와 '뉘다'의 활용형**
>
> '누이다'에 어미 '-어'가 오면 '누이어'가 되고 이것을 줄여 '누여'로 쓸 수 있다. 둘 중 어느 것을 써도 상관없다. '누이다'의 준말 '뉘다'에 어미 '-어'가 오면 '뉘어'가 된다. 이때 '뉘어'의 발음이 [뉘여]로 나서 '뉘여'로 표기하기 쉽다. '뉘어'는 [뉘어]나 [뉘여]로 소리 낼 수 있지만 표기는 반드시 '뉘어'로 해야 한다.
>
> ¶ 아이를 자리에 뉘여(×) / 뉘어(○) / 누여(○) 놓고 청소를 시작했다.
>
> ¶ 아이를 재우기 전에 오줌을 뉘여야(×) / 뉘어야(○) 한다.

-느냐 어미

('있다', '없다', '계시다'의 어간, 동사의 어간 또는 어미 '-으시-', '-었-', '-겠-' 뒤에 붙어) 아랫사람이나 또래에게 상황이 어떠한지 물음을 나타내는 종결 어미. 참고 -냐

¶ 아버지께서 집에 계시느냐?

¶ 밥은 먹었느냐?

¶ 이 일을 하겠느냐?

● '-느냐'와 '-냐', '-니'

입말에서는 '-느냐'보다 '-냐'와 '-니'가 자주 쓰인다.

¶ 영미 집에 없느냐/없냐/없니?

¶ 어디 가느냐/가냐/가니?

¶ 너는 어디서 왔느냐/왔냐/왔니?

¶ 무얼 먹겠느냐/먹겠냐/먹겠니?

¶ 풀을 뽑느냐/뽑냐/뽑니?

¶ 이제 우리 어떡하느냐/어떡하냐/어떡하니?

느는

동사 '늘다'의 관형사형.

¶ 만 3세 무렵이 아이들의 떼가 느는 시기라고 한다.

¶ 갑자기 손님이 느는 이유를 모르겠다.

-느니[1] 어미

('있다', '없다', '계시다'의 어간, 동사의 어간 또는 어미 '-으시-' 뒤에 붙어) 앞의 절을 선택하기보다는 뒤에 오는 절을 선택함을 나타내는 연결 어미.

¶ 이렇게 앉아 계시느니 재미있는 이야기나 해 주세요.

¶ 타향에서 고생하느니 고향으로 돌아가자.

-느니[2] 어미

('-느니 -느니' 구성으로 쓰여) '이러하기도 하고 저러하기도 하다'의 뜻을 나타내는 연결 어미.

¶ 죽었느니 살았느니 의견이 분분하다.

¶ 소풍을 가느니 마느니 말도 많다.

느리다 형용사

규칙 느리어/느려, 느리어서/느려서, 느린, 느립니다, 느리었다/느렸다

① 움직이거나 일이 이루어지는 데 걸리는 시간이 길다. 참고 뜨다[11]

¶ 길이 꽉 막혀 차들이 느리게 이동한다.

② 기세나 기울기가 약하거나 밋밋하다.

¶ 산비탈이 비교적 느려서 오르기 쉽다.

③ 성질이 누그러져 야무지지 못하다.

¶ 그는 성미가 좀 느린 데가 있다.

④ 소리가 높지 않고 늘어져 길다.

¶ 육자배기 가락이 매우 느리게 흐른다.

늑장 명사

느릿느릿 꾸물거리는 태도. =늦장

¶ 이번 재난은 당국의 늑장 대처로 희생자가 더 많았다.

관용 표현

늑장(을) 부리다(/피우다) 느릿느릿 꾸물거리다. ¶ 그는 꼭 바쁠 때 늑장을 부렸다.

는[1] 조사

① (받침 없는 낱말에 붙어) 특정하여 강조하는 뜻을 나타내는 말.

¶ 그렇게는 할 수 없다.

¶ 놀러 가더라도 멀리는 가지 마라.

② 다른 것과 비교하거나 서로 반대되는 뜻임을 나타내는 말.

¶ 나는 가고 그는 왔다.

¶ 산에는 눈이 내리고 들에는 비가 내렸다.

¶ 만나지는 못해도 전화는 자주 하자.

③ 어떤 대상이 화제임을 나타내는 말.

¶ 나는 세 아이의 아버지다.

¶ 바다는 늘 푸르다.

④ 약간의 강조 기능을 하는 말.

¶ 갑자기 비가 오니까는 사람들이 건물 안으로 뛰어 들어갔어.

¶ 딱정벌레를 잡아다가는 서로 싸움을 시켰다.

● '는[1]'과 '가'의 용법

① '가'는 주격 조사로서 주어가 어떤 상태에 있는지 또는 어떤 동작을 하는지 서술할 때 쓴다. 같은 기능을 하는 조사로서 '이'가 있다. 받침이 없는 체언 뒤에서는 '가', 받침이 있는 체언 뒤에서는 '이'가 쓰인다.

¶ 비가 내린다. / 바다가 출렁거린다. / 해가 중천에 떴다.

¶ 바람이 세게 분다. / 거대한 산이 움직이는 것 같다. / 달이 지려 한다.

② '는'은 보조사로서 주어를 설명하거나 정의할 때 사용할 뿐 아니라, 다양한 쓰임새로 사용한다. '는'과 같은 기능을 하는 조사로서 '은'이 있다. 받침이 없는 체언 뒤에서는 '는', 받침이 있는 체언 뒤에서는 '은'이 쓰인다.

¶ 비는 내리지 않는다. / 바다는 넓다.

¶ 바람은 불고 사방은 어둡다.

③ '가'와 '는' 모두 주어의 동작이나 상태를 나타내는 데 사용되지만 속뜻이 조금 다르다. '가/이'는 주어의 실제 보이는 상황을 나타낸다면 '는/은'은 주어를 정의하거나 설명하는 경우에 쓰인다.

새가 날아다닌다.(실제 그렇게 보임.)

새는 날아다닌다.('새'를 설명함.)

④ 주격 조사 '가'와 보조사 '는'의 사용법을 아래 두 문장으로 확인할 수 있다.

그가/그분이 우리 학교의 교장이다.(교장이 누구인지 묻는 경우)

그는/그분은 우리 학교의 교장이다.(그가 누구인지 묻는 경우)

결국 교장이 누구인지 몰라서 묻는 경우와 그가 누구인지 몰라서 묻는 경우에 따라서 '가'와 '는'을 골라서 씀을 알 수 있다.

늗[2]

동사 '늘다'의 관형사형.

¶ 이번 회기에는 판매량이 10% 는 것으로 집계되었다.

¶ 올여름에 안전사고가 는 이유가 무엇입니까?

-는 어미

(받침 없는 동사에 쓰여) 동작이 현재의 일임을 나타내는 어미. 참고 -은, -ㄴ

¶ 우리처럼 생각하는 어른도 많아.

¶ 지하철에서 책을 읽는 사람보다 핸드폰을 보는 사람이 더 많다.

››› 동작이 과거의 일임을 나타낼 때에는 받침이 있는 동사에는 '-은'을 쓰고, 받침이 없는 동사에는 '-ㄴ'을 쓴다.

-는걸 어미

가벼운 반박이나 감탄 또는 후회를 나타내는 종결 어미. 참고 -ㄴ걸, -은걸

¶ 우리는 이제야 밥을 먹는걸.

¶ 잘하고 싶어도 그 일은 이미 끝났는걸.

¶ 눈이 많이 쌓였는걸.

-는다 어미

현재 사건이나 사실을 서술하는 뜻이나 자기에게 묻는 물음을 나타내는 종결 어미. 참고 -ㄴ다

¶ 나는 집에 오면 바로 옷을 갈아입는다.

¶ 아기가 엄마를 보고 방긋방긋 웃는다.

¶ 오늘 저녁에는 무엇을 먹는다?

-는지 어미

① 막연한 의문의 뜻을 나타내며 뒤에 오는 말과 이어 주는 연결 어미. [참고] -ㄴ지, -은지

¶ 언제 그를 만났는지 생각이 안 난다.

¶ 파도가 얼마나 세게 치는지 배를 띄울 수 없었다.

¶ 아이들이 얼마나 시끄럽게 떠드는지 이야기를 나누기 어려웠다.

② 막연한 의문의 뜻을 나타내는 종결 어미.

¶ 아버님은 잘 지내시는지.

¶ 추석에 고향에는 다녀왔는지.

늘[1] 부사 ×늘상

계속하여 언제나. =항상, 노상

¶ 나는 아침이면 늘 국선도를 한다.

¶ 소나무처럼 사철 내내 늘 잎이 푸른 나무를 상록수라고 한다.

늘[2] ×늘을

동사 '늘다'의 관형사형. '늘다'에 어미 '-ㄹ'이 붙어 'ㄹ' 받침이 탈락한 형태.

¶ 사람들은 이제 월급이 늘 것이라고 좋아하였다.

¶ 그렇게 먹어 대면 몸무게가 엄청나게 늘 거야.

늘다 동사

[불규칙] 느니, 늘어, 느는, 는, 늘, 는다, 느오, 늡니다, 늘었다

① 물체의 길이나 넓이, 부피 따위가 커지다.

¶ 물이 얼면 부피가 는다.

¶ 이 소재로 만든 끈은 아무리 힘주어 당겨도 늘지 않는다.

¶ 우리 땅이 조금씩 느는 것을 보니 기쁘다.

② 수나 분량, 시간 따위가 많아지다.

¶ 저는 물만 먹어도 몸무게가 늡니다.

¶ 수도권 인구가 급격하게 는다.

③ 힘이나 기운, 세력 따위가 더 커지다.

¶ 올해 들어 우리 단체의 세력이 조금 는 것 같다.

④ 재주나 능력 따위가 나아지다.

¶ 그의 외국어 실력이 상당히 는 것 같다.

¶ 일 년 사이에 아이의 그림 솜씨가 무척 늘었다.

⑤ 살림이 넉넉해지다.

¶ 우리 살림이 신혼 때보다 꽤 는 것 같다.

⑥ 시간이나 기간이 길어지다.

¶ 일하는 시간이 늘면 월급도 늘어야 정상이지.

복합어

늘어나다 ① 본디보다 커지거나 길어지거나 많아지다. ¶ 이 고무줄은 잘 늘어나지 않는다. ② 본디보다 더 넉넉해지다. ¶ 올해 재산이 많이 늘어났다.

늘어놓다 ① 줄을 지어 죽 벌여 놓다. ② 질서 없이 어수선하게 두다. ¶ 물건을 이렇게 늘어놓으면 찾을 때 힘들지 않겠어? ③ 사람을 여러 곳에 보내어 연락을 짓다. ¶ 경찰을 여러 곳에 늘어놓고 범인을 기다리게 했다. ④ 여러 가지 일을 한꺼번에 여기저기 벌여 놓다. ¶ 작은아이는 일을 이것저것 늘어놓기만 하고 마무리하지 않는다. ⑤ 수다스럽게 말을 많이 하다. ¶ 무슨 잔소리를 그렇게 늘어놓는지 귀에 못이 박히겠다.

늘어뜨리다 사물의 한쪽 끝을 아래로 처지게 하다. =늘어트리다 ¶ 형은 어깨가 빠지기라도 한 것처럼 팔을 축 늘어뜨리고 들어왔다.

늘어서다 길게 줄지어 서다. ¶ 장병들이 연병장에 죽 늘어서 있다.

늘어앉다 줄지어 벌이어 앉다. ¶ 새들이 양지바른 곳에 죽 늘어앉아 볕을 쬐었다.

늘어지다 ① 물체가 당기는 힘으로 길어지다. ¶ 이 고무는 잘 늘어진다. ② 물체의 끝이 아래로 처지다. ¶ 가지가 축 늘어져 있다. ③ 기운이 풀려 몸을 가누지 못하다. ¶ 기운이 없어 몸이 축 늘어졌다. ④ 공간이나 시간이 길게 더 나가다. ⑤ 빠르지 못하고 느려지다. ¶ 말이 점점 늘어지니 지루하게 느껴지더라. ⑥ 근심이나 걱정이 없이 편하게 되다. ¶ 그는 늘어지게 하루를 보냈다.

관용 표현

늘고 줄고 하다 융통성이 있다는 말.

늘리다 동사

규칙 늘리면, 늘리어/늘려, 늘린다, 늘립니다, 늘리었다/늘렸다

① 물체의 넓이, 부피 따위를 본디보다 커지게 하다.

¶ 집 평수를 늘리는 것보다 세간을 줄이는 것이 더 낫다.

② 수량, 힘이나 능력, 재산 따위를 늘게 하다. '늘다'의 사동형.

¶ 학생 정원을 늘리기로 했다.

¶ 우리 실력을 늘려서 다시 도전하겠다.

● '늘리다'와 '늘이다[1]'

'늘리다'는 부피나 수량, 시간 따위를 더 크고 많게 하는 것을 뜻하고, '늘이다'는 길이를 더 길게 하는 것을 뜻한다.

✕ 늘상 '늘[1]'의 틀린 말.

¶ 그건 그가 늘상(×)/늘(○) 하는 푸념이야.

✕ 늘을 '늘[2]'의 틀린 말.

¶ 광고를 하면 식당에 손님이 많이 늘을(×)/늘(○) 거야.

○ 늘이다[1] 동사

[규칙] 늘이어/늘여, 늘인, 늘입니다, 늘이었다/늘였다

본디보다 더 길게 하다. [참고] 늘리다

¶ 치마허리를 더 늘여야 입을 수 있겠다.

¶ 연속극을 고무줄처럼 늘여서 오래 방송을 한다.

○ 늘이다[2] 동사

[규칙] 늘이어/늘여, 늘인, 늘입니다, 늘이었다/늘였다

① 아래로 길게 처지게 하다.

¶ 발을 늘이고 방에서 앉아 쉬었다.

② 넓게 벌여 놓다.

¶ 도로 곳곳에 방범 카메라를 늘여 놓았다.

○ 늦다[1] 동사

[규칙] 늦고, 늦으니, 늦어, 늦는, 늦은, 늦을, 늦는다, 늦었다

정해진 때보다 지나다.

¶ 길이 막혀서 출근 시간에 늦었다.

¶ 약속 시각에 늦을 것 같으면 미리 말해 주어야지.

● '늦다'의 형태 바뀜

'늦다'는 동사로도 쓰이고 형용사로도 쓰인다. 동사로 사용하는 어미와 형용사로 사용하는 어미가 다르기 때문에 '늦다'를 어떤 품사로 사용하는지 정확하게 알아야 한다. 동사의 어미로 '-는', '-는다'를 쓰고, 형용사의 어미로는 '-는', '-는다' 대신에 '-은', '-다'를 쓴다. '-은'은 동사의 어미로 사용되면 과거의 일을 나타내지만 형용사 어미로 사용되면 단순히 꾸미는 기능만 한다.

① 동사로 사용하는 경우: 늦다[1]

¶ 그는 자주 수업에 늦는다.

¶ 수업에 늦는 사람은 벌을 받는다.

¶ 수업에 늦은 사람은 벌을 받았다.

② 형용사로 사용하는 경우: 늦다[2]

¶ 지금 시작하기엔 시간이 너무 늦다.

¶ 꽤 늦은 시각에 그가 전화를 했다.

늦다[2] 형용사

[규칙] 늦고, 늦으면, 늦으니, 늦어, 늦은, 늦었다

① 기준이 되는 때보다 뒤져 있다.

¶ 버스가 너무 늦게 도착하는 바람에 지각을 했다.

¶ 시계가 하루에 이 분씩 늦게 간다.

② 알맞은 때나 한창인 때를 지나 있다.

¶ 이 늦은 시간에 어쩐 일로 전화했니?

¶ 올해는 날씨가 추워 꽃이 늦게 핀다.

¶ 늦은 점심으로 라면을 먹었다.

③ 곡조, 동작 따위의 속도가 느리다.

¶ 한 박자 늦게 노래를 불렀다.

¶ 그는 다른 사람보다 서류 작성이 늦다.

속담

늦게 배운 도둑이 날 새는 줄 모른다 남보다 늦게 재미를 붙인 사람이 그 일에 더 열중하게 된다는 말. =늦게 시작한 도둑이 새벽 다 가는 줄 모른다.

늦게 잡고 되게 친다 늦장을 부리고 있으면 나중에 급히 서둘러야 하기 때문에 도리어 더 큰 어려움을 겪게 된다는 말.

››› '느리다'는 동작을 하는 시간이 오래 걸린다는 말이다. 그 결과 일 전체에 걸리는 시간이 길어지면 결국 '늦다'에 이르게 된다. '걸음이 느려서 학교에 늦게 도착했다.'처럼 구별하여 쓴다.

늦장 명사

=늑장

늦추다 동사

규칙 늦추니, 늦추어/늦춰, 늦춘, 늦춘다, 늦춥니다, 늦추었다/늦췄다

① 시간을 조금 뒤로 미루거나 속도를 조금 느리게 하다. '늦다[1]'의 사동형.

¶ 급한 일이 생겼으니 약속 시간을 한 시간만 늦추자.

¶ 발걸음을 늦춰 아이와 보조를 맞추었다.

② 느슨하게 풀다.

¶ 끈을 너무 세게 맸으니 조금 늦춰라.

¶ 긴장의 끈을 늦추지 마라.

● '늦추다'와 '미루다'

두 낱말 모두 약정된 때를 어기고 그보다 뒤에 하자고 하는 경우에 쓰는 말이다. 그러나 두 낱말의 용법은 상당히 다르다. '늦추다'는 약정된 때에 하지 못하지만 곧 하겠다는 의미로 쓴다. 이에 비해서 '미루다'는 약정된 시간에 못 한다는 의미가 강해서 언제 할지 모르거나 상당히 오랜 뒤에 하게 되는 경우에 쓴다. 즉, 늦춘 일은 곧 시작하지만 미룬 일은 상당한 기간 후에 하거나 계속 미루다가 하지 않을 수도 있다.

니 조사

('-니 -니' 구성으로 쓰여) 둘 이상의 사물을 같은 자격으로 이어 주는 말. [참고] 이니

¶ 사과니 배니 과일을 마음껏 먹었다.

¶ 청소니 빨래니 잠시도 쉴 틈이 없다.

>>> 받침이 없는 체언 뒤에는 '니'를 쓰고, 받침이 있는 체언 뒤에는 '이니'를 쓴다. '추석 때면 밤이니 감이니 대추니 햇과일이 나온다.'처럼 쓴다.

-니 어미

('이다'의 어간, 'ㄹ' 이외의 받침 없는 용언의 어간 또는 어미 '-으시-', '-오-', '-더-' 뒤에 붙어)

① 앞말이 뒷말의 원인이나 근거, 전제 따위가 됨을 나타내는 연결 어미.

¶ 비가 내리니 땅이 질퍽거린다.

¶ 봄이 오니 꽃이 피는구나.

② 어떤 사실에 이어서 다른 사실을 설명할 때 쓰는 연결 어미.

¶ 집에 와서 보니 아무도 없었다.

¶ 정신을 차리고 보니 버스가 두 정거장이나 지나쳐 있었다.

③ '이러하기도 하고 저러하기도 하다'의 뜻을 나타내는 연결 어미.

¶ 아프니 힘드니 하면서 엄살을 피운다.

¶ 할머니는 음식 맛이 짜니 다니 타박을 잘하신다.

④ ('이다'의 어간, 용언의 어간, 어미 '-으시-', '-었-', '-겠-' 뒤에 붙어) 물음의 뜻을 나타내는 종결 어미. [참고] -냐

¶ 지금 어디니?

¶ 벌써 밥을 먹었니?

¶ 어머니는 언제 오시니?

⑤ 진리나 으레 있는 사실을 일러 줄 때 쓰는 종결 어미.

¶ 이건 그렇게 하는 것이 아니니.

¶ 고향의 가을 하늘은 참 푸르니.

× 님[1]
'임'의 틀린 표기.

¶ 내가 사랑하는 님(×)/임(○)은 갔습니다.

¶ 님(×)/임(○) 향한 일편단심이야 가실 줄이 있으랴.

● '님'과 '임'

사랑하고 사모하는 사람을 흔히 '님'이라고 부르는데, 이는 두음 법칙에 따라서 '임'으로 바뀌기 때문에 틀린 표기이다. '임은 멀리 떠났습니다.'라고 해야지 '님은 멀리 떠났습니다.'라고 하면 안 된다. 그러나 여전히 많은 사람들이 '님'을 쓰는 것을 생각하면 두음 법칙이 아직 완전하게 적용되지 않았다고 볼 수 있다. '님'을 살려 쓰는 것도 다시 생각해 볼 필요가 있다.

○ 님[2] 명사

(사람의 이름 다음에 쓰여) 그 사람을 높이는 말. '씨'보다 높임의 뜻을 나타낸다.

¶ 홍길동 님, 들어오세요.

¶ 지연 님, 반갑습니다.

○ -님 접사

① (직위나 신분을 나타내는 일부 명사 뒤에 붙어) '높임'의 뜻을 더하는 말.

¶ 선생님께서 부르셨다.

¶ 사장님께서 들어오십니다.

② (사람이 아닌 일부 명사 뒤에 붙어) '그 대상을 인격화하여 높임'의 뜻을 더하는 말.

¶ 달님, 별님 그리고 해님이 모두 우리를 돌보신단다.

¶ 토끼님, 용왕님 병을 고치려면 토끼님의 간이 필요하답니다.

③ (옛 성인이나 신격화된 인물의 이름 뒤에 붙어) 그 대상을 높이는 뜻을 더하는 말.

¶ 공자님, 부처님, 예수님은 인류의 위대한 스승이시다.

● '-님'의 사용법

자신을 가리키는 말에 '-님'을 쓸 수 없다. '신부님, 선생님, 스님'처럼 일반인이 높임말로 부르는 호칭을 자신에게 붙이는 것은 잘못이다. 아래 대화를 보자.

선생이 자신을 '선생님이'라고 한 것은 잘못이다. '내가'로 바꿔야 한다. 또 사회자가 '김광수 교수님을'이라고 높인 것은 잘못이다. '김광수 교수를'이라고 해야 한다. 대중이 모두 학생들이라면 조금 이해해 줄 수 있지만 대중이 일반인이라면 이해해 줄 수 없다. 대중에게 사람을 소개하면서 그 사람을 높이는 것은 무례한 일이므로 조심해야 한다.

ㄴ

ㄷ

다[1] ①-④부사 ⑤-⑥명사

① 남거나 빠진 것이 없이 모두.

¶ 용돈을 하루 만에 다 써 버렸다.

¶ 다 떠나고 나만 홀로 남았다.

② 어떤 것이 거의.

¶ 방학이 다 끝나 간다.

¶ 시간이 다 되었으니 답안지를 제출하세요.

③ 가벼운 놀람, 감탄, 비꼼 따위의 뜻을 나타내는 말.

¶ 별일 다 보겠군.

¶ 이런 것을 다 선물하다니!

④ (반어적으로) 아직 일어나지 않은 일을 이미 이루어진 것처럼 나타내는 말.

¶ 비가 오니 오늘 장사는 다 했다.

⑤ 모든 것.

¶ 내가 아는 것은 이것이 다이다.

¶ 그에 관한 이야기는 이게 다가 아니야.

⑥ 최고의 가치.

¶ 인생에서 돈이 다가 아니다.

¶ 공부만 잘하면 다냐?

속담

다 된 죽에 코 풀기 ① 거의 다 된 일을 망쳐 버리는 행동을 빗대어 이르는 말. ② 남의 다 된 일을 아주 못된 방법으로 방해하는 것을 빗대어 이르는 말.

다 쑤어 놓은 죽 잘 되었든 못 되었든 이미 끝나서 더는 어쩔 수 없다는 말.

다[2] 조사

(주로 '–다 –다' 구성으로 쓰여) 둘 이상의 사물을 같은 자격으로 이어 주는 말.

¶ 형은 야구다 축구다 못하는 운동이 없다.

¶ 우리는 옥수수다 감자다 손에 잡히는 대로 먹어 치웠다.

–다[1] 어미

① 현재 사건이나 사실, 상태를 서술하는 종결 어미.

¶ 오늘은 하늘이 매우 맑다.

¶ 산천어는 강의 상류에서 사는 물고기이다.

② ('–았–', '–겠–' 따위 뒤에 붙어) 사건이나 사실을 서술하거나 추측하는 뜻을 나타내는 종결 어미.

¶ 어제는 비가 왔다.

¶ 곧 비가 내리겠다.

③ 주로 신문 기사 따위에서 과거의 사실을 간결하게 표현하는 종결 어미.

¶ 한국 야구, 세계를 제패하다.

④ (동작이나 상태를 나타내는 낱말의 어간에 붙어) 으뜸꼴(기본형)임을 나타내는 종결 어미.

¶ 먹다, 오다, 가다, 예쁘다, 착하다, 슬프다, 좋다

–다[2] 어미

'–다가'의 준말.

¶ 동생은 밥을 먹다 말고 일어섰다.

¶ 자전거를 타다 하마터면 넘어질 뻔했다.

-다가 어미 ㊜-다[2]

① 하던 동작을 멈추고 다른 동작을 함을 나타내는 연결 어미.

¶ 아이는 울다가 잠이 들었다.

¶ 고기를 잡았다가 놓쳤다.

② 앞의 행위가 뒤의 행위로 이어짐을 나타내는 연결 어미.

¶ 동생이 스케이트를 타다가 넘어졌다.

¶ 그렇게 잠 안 자고 공부만 하다가 몸살 나겠다.

③ ('-다가 -다가' 구성으로 쓰여) 둘 이상의 동작이 번갈아 일어남을 나타내는 연결 어미.

¶ 날씨가 흐렸다가 개었다가 해서 빨래가 제대로 안 말랐다.

¶ 아기가 자다가 깨다가 한다.

다가가다 동사

규칙 다가가고, 다가가, 다가간다, 다가갑니다, 다가갔다

어떤 대상 쪽으로 가까이 가다.

¶ 전학 온 친구에게 먼저 다가가 인사했다.

¶ 선생님이 창가로 다가가 창문을 열었다.

다가서다 동사

규칙 다가서고, 다가서, 다가선다, 다가섭니다, 다가섰다

① 어떤 대상 쪽으로 더 가까이 옮기어 서다.

¶ 위험하니 난간에 다가서지 마시오.

¶ 내 옆으로 바짝 다가서라.

② 일정한 기준에 가까이 가다.

¶ 나이가 육십 줄에 다가서니 기억력이 자꾸 떨어진다.

¶ 어느덧 가을 문턱에 다가섰다.

다가앉다 동사

규칙 다가앉고, 다가앉아, 다가앉는다, 다가앉습니다, 다가앉았다

어떤 대상이 있는 쪽으로 더 가까이 옮기어 앉다.

¶ 내 이야기가 안 들릴지 모르니 앞쪽으로 바짝 다가앉아라.

ㄷ

다가오다 동사

규칙 다가오고, 다가와, 다가온다, 다가옵니다, 다가왔다

① 어떤 대상이 있는 쪽으로 더 가까이 옮기어 오다.

¶ 반장이 나에게 다가와 쪽지를 건넸다.

¶ 누군가 뚜벅뚜벅 집 앞으로 다가오는 소리가 들렸다.

② 일정한 때가 가까이 닥쳐오다.

¶ 여행 날짜가 다가오니 마음이 설렌다.

¶ 어느새 봄이 우리 옆으로 성큼 다가왔구나.

다녀가다 동사

규칙 다녀가고, 다녀가, 다녀간다, 다녀갑니다, 다녀갔다

어느 곳에 왔다가 가다.

¶ 언제 시간이 되면 우리 집에 다녀가거라.

¶ 우리 고장에 다녀간 관광객이 연간 100만 명에 이른다.

다녀오다 동사

규칙 다녀오고, 다녀와, 다녀온다, 다녀옵니다, 다녀왔다

어느 곳에 갔다가 돌아오다.

¶ 올해 추석에는 꼭 고향에 다녀오려 한다.

¶ 학교에 다녀오겠습니다.

다니다 동사

규칙 다니고, 다니어/다녀, 다닌다, 다닙니다, 다니었다/다녔다

① 어떤 곳에 볼일이 있어 정하여 놓고 드나들다.

¶ 몸이 아파서 병원에 다닌다.

② 인사차 또는 볼일이 있어서 어떤 곳에 들르다.

¶ 설날에는 친척 집에 다니면서 세배를 한다.

¶ 어머니는 주로 동네 시장에 다니신다.

③ 학교나 직장 같은 기관을 늘 갔다 오다.

¶ 큰아이는 대학에 다니고 있습니다.

¶ 교통이 좋아 여기서는 직장 다니기가 편하다.

④ 이리저리 오고 가다.

¶ 아버지는 사방으로 다니면서 물건을 파셨다.

⑤ 어떤 곳을 지나가고 지나오고 하다.

¶ 마을 사람들은 큰길을 두고 꼭 이 좁은 샛길로만 다녔다.

⑥ 어떤 교통수단이 운행하다.

¶ 그 지역에는 기차가 안 다닌다.

¶ 외진 곳이라 버스가 아침저녁으로 한 번씩만 다닌다.

⑦ 어떤 목적을 가지고 움직이다.

¶ 어머니는 행상을 다니신다.

¶ 주말마다 등산을 다닐 계획이다.

다디달다 형용사 ×달디달다

불규칙 다디달고, 다디다니, 다디단, 다디다오, 다디답니다, 다디달았다

매우 달다.

¶ 사탕이 다디달구나.

¶ 다디단 것만 먹으면 이가 썩기 쉽다.

-다랗다 접사

불규칙 -다랗게, -다랗고, -다라면, -다라니, -다래서, -다란, -다랗습니다, -다랬다

(일부 형용사의 어간에 붙어) '그 정도가 꽤 뚜렷함'의 뜻을 더하는 말.

¶ 가느다랗다, 굵다랗다, 기다랗다, 깊다랗다, 높다랗다, 잗다랗다, 좁다랗다, 커다랗다

● '-다랗다'가 붙을 때 형태 바뀜

'-다랗다'는 형용사의 어간에 붙어 새로운 말을 만들어 낸다. 그런데 '-다랗다'가 붙는 형용사의 어간에 따라서 어간의 끝소리가 탈락하거나 바뀌기도 하고, '-다랗다'의 첫소리 'ㄷ'이 된소리로 바뀌기도 한다.

① 'ㄹ'로 끝나는 형용사의 어간에 '-다랗다'가 붙을 때는 'ㄹ' 받침이 탈락하는 경우도 있고, 'ㄹ' 받침이 'ㄷ'으로 바뀌는 경우도 있다.

- 가늘다+-다랗다=가느다랗다
- 길다+-다랗다=기다랗다
- 멀다+-다랗다=머다랗다
- 잘다+-다랗다=잗다랗다

② 'ㄼ'으로 끝나는 형용사의 어간에 '-다랗다'가 붙을 때는 'ㅂ'이 탈락하고 '-다랗다'의 'ㄷ'이 된소리가 된다.

- 넓다+-다랗다=널따랗다
- 얇다+-다랗다=얄따랗다
- 짧다+-다랗다=짤따랗다

③ '크다'에 '-다랗다'가 붙으면 '크'가 '커'로 바뀐다.

- 크다+-다랗다=커다랗다

④ 그 밖에 형용사의 어간에 '-다랗다'가 붙을 때는 형태 변화가 없다.

- 깊다-깊다랗다, 굵다-굵다랗다, 높다-높다랗다, 되다-되다랗다
  두껍다-두껍다랗다, 작다-작다랗다, 좁다-좁다랗다

⑤ 특이하게 명사에 붙는 경우가 하나 있다. '참'에 '-다랗다'가 붙으면 '다랗다'가 된소리로 바뀐다.

- 참+-다랗다=참따랗다

다르다 형용사

불규칙 다르고, 다르면, 다르니, 달라, 달라서, 다릅니다, 달랐다

① 비교가 되는 두 대상이 서로 같지 아니하다.

¶ 내 생각은 네 생각과 달라.

¶ 예전과 얼굴이 많이 다르더구나.

② 보통의 것보다 두드러지다.

¶ 뚝딱뚝딱 못질 몇 번에 금세 의자 하나를 만들다니 목수는 역시 다르네.

¶ 그의 솜씨는 뭔가 다른 데가 있어.

복합어

달리 다르게. ¶ 어제와는 달리 아주 친절하게 대하더군.

달리하다 서로 다르게 가지다. ¶ 우리는 그들과 생각을 달리한다.

관용 표현

다름(이) 아니라 다른 까닭이 있는 게 아니라. =다른 게 아니라, 딴게 아니라. ¶ 자네를 찾아온 건 다름이 아니라, 부탁이 있어서네.

다름 아닌 다른 것이 아니라 바로. ¶ 그 애는 다름 아닌 우리 반 학생이었다.

››› '다르다'를 '틀리다'로 잘못 쓰는 경우는 올림말 '×틀리다[2]' 참고.

다리다[1] 동사 ×달이다

규칙 다리고, 다리어/다려, 다린, 다립니다, 다리었다/다렸다

주름이나 구김을 펴고 줄을 세우기 위하여 다리미나 인두로 문지르다.

¶ 할머니는 인두로 옷을 다리셨다.

¶ 다리미로 구겨진 바지를 다려 반듯이 줄을 세우니 새 옷 같다.

복합어

다리미 옷이나 천 따위의 주름이나 구김을 펴고 줄을 세우는 데 쓰는 연장.

다리미질 다리미로 옷이나 천 따위를 다리는 일. ㊟ 다림질

다리미질하다 다리미로 옷 따위를 다리다. ㊟ 다림질하다

다리미판 다리미질을 할 때 밑에 받치거나 까는 판. =다리미대 ㊟ 다림판

● '다리다[1]'과 '달이다[1]'

두 낱말은 아주 다른 낱말인데 소리가 같게 나서 표기할 때 헷갈리기 쉽다. 다리미와 함께 쓰는 말은 '다리다'이고, 약이나 액체와 함께 쓰는 말은 '달이다'라고 생각하면 구별하기 편할 것이다.

✕ 다리다[2]

'달이다[1]'의 틀린 표기.

¶ 어머니께서 손수 다리신(×)/달이신(○) 약이다.

○ 다시 부사

① 하던 것을 되풀이해서. 거듭하여.

¶ 틀린 문제만 모아서 다시 풀었다.

¶ 한 번 보아도 내 사랑, 다시 보아도 내 사랑.

② 방법이나 방향을 고쳐서 새로이.

¶ 주제에 맞게 작품을 다시 만들어라.

¶ 생활 계획표를 다시 짰다.

③ 하다가 그친 것을 계속하여.

¶ 쉴 만큼 쉬었으니 다시 일을 시작하자.

¶ 회사를 다시 일으키기 위해서 모든 직원이 힘을 모았다.

④ 다음에 또.

¶ 이제 다시 그런 거짓말을 하지 마라.

¶ 우리는 다시 만나자고 약속했다.

⑤ 이전 상태로. 이전과 마찬가지로.

¶ 다시 건강이 좋아져서 일을 하게 되었다.

¶ 일이 좀 풀리는 것 같더니 다시 꼬이기 시작한다.

복합어

또다시 ① 거듭하여 다시. ② '또'나 '다시'를 강조하는 말. ¶ 수없이 실패했지만 마음을 가다듬고 또다시 도전해 보기로 했다.

관용 표현

다시 말하면 앞에서 말한 것을 풀어서 말하면. ¶ 그 여자와 지금은 만나지 않는다고, 다시 말하면 헤어졌다고 하더라.

다시 말해(/말해서) 앞에서 말한 것에 대하여 풀어서 말하여. ¶ 성적이 전보다 못하구나. 다시 말해 이번 시험에서 성적이 떨어졌다는 말이다.

● '다시'와 '또'

두 낱말은 다 같은 동작을 되풀이하는 뜻을 나타내지만 조금 차이가 있다. '다시'는 대개 이미 한 행동이 기대에 못 미치거나 마음에 안 드는 경우에 쓴다. 이 경우에는 '또'를 쓰면 부자연스럽다. 반면에 이미 한 행동이 만족스러워서 그 행동을 되풀이하는 경우에는 '또'를 쓴다. 이 경우에는 '다시'를 쓰면 부자연스럽다.

¶ 이번 실패를 거울삼아 다시(○)/또(×) 시도해 보기로 했다.(같은 일을 새롭게)

¶ 마음에 안 드시면 다시(○)/또(×) 준비해 보겠습니다.(같은 일을 새롭게)

¶ 맛이 있어서 먹고 또(○)/다시(×) 먹었다.(같은 일을 그대로 되풀이)

¶ 경기에서 또(○)/다시(×) 이겼다.(같은 일을 그대로 되풀이)

다시없다 형용사

규칙 다시없고, 다시없어, 다시없는, 다시없습니다, 다시없었다

그보다 더 나은 것이 없다.

¶ 선생님을 뵙게 된 것은 저에게 다시없는 영광입니다.

¶ 아들의 성공은 그 부부에게 다시없는 기쁨이었다.

복합어

다시없이 그보다 더 나은 것이 없게. ¶ 네 합격은 나에게 다시없이 기쁜 소식이다.

다지다[1] 동사

규칙 다지니, 다지어/다져, 다진, 다집니다, 다지었다/다졌다

① 누르거나 밟거나 쳐서 단단하게 하다.

¶ 진흙을 다져 만든 흙벽돌이 생각보다 단단하더라.

② 마음이나 뜻을 굳게 가다듬다.

¶ 이번 일이 여러분의 결의를 다지는 기회가 되기 바란다.

③ 터전 따위를 굳고 튼튼하게 하다.

¶ 나라 발전의 기반을 다져야 할 시점이다.

④ 뒷말이 없도록 주의를 주다.

¶ 다시는 그런 실수를 하지 않도록 단단히 다져 놓았다.

복합어

다짐 ① 이미 한 일이나 앞으로 할 일에 틀림이 없음을 확인하거나 단단히 강조함. ¶ 약속을 지키겠다는 다짐을 받아 냈다. ② 마음이나 뜻을 굳게 가다듬어 정함. ¶ 앞으로는 동생과 안 싸우겠다고 다짐을 했다.

다짐하다 ① 틀림이 없음을 단단히 강조하거나 확인하다. ② 마음이나 뜻을 굳게 가다듬어 정하다. ¶ 나는 이제 공부에만 전념하겠다고 다짐했다.

우격다짐 억지로 우겨서 남을 굴복시키는 짓. ¶ 영호는 다투다 할 말이 없어지면 우격다짐으로 나온다.

주먹다짐 주먹으로 때리거나 때릴 듯이 윽박지르는 짓.

관용 표현

다짐(을) 놓다 다짐을 하도록 억지로 요구하다. ¶ "너 그 말 틀림없지?" 하며 다짐을 놓았다.

다짐(을) 두다 틀림이 없도록 다짐을 하다. ¶ 아버지는 술을 끊겠다고 다짐을 두었다.

다지다[2] 동사

규칙 다지고, 다지니, 다지어/다져, 다진, 다집니다, 다지었다/다졌다

고기, 채소 양념감 따위를 여러 번 칼질하여 잘게 만들다.

¶ 다진 마늘을 찌개에 듬뿍 넣었다.

¶ 소고기를 곱게 다져 넣고 이유식을 끓였다.

다하다 동사

불규칙 다하고, 다하여/다해, 다한, 다합니다, 다하였다/다했다

① 이어져 오던 것이 끝나거나 있던 것이 남아 있지 아니하다.

¶ 건전지 수명이 다한 모양이다.

¶ 양식이 다할 때까지 산에서 버티기로 했다.

② 어떤 현상이 끝나다.

¶ 겨울이 다하면 봄이 오게 마련이다.

③ 힘이나 마음, 정성 따위를 모두 들이다.

¶ 승리를 위해서 있는 힘을 다해 싸우자.

¶ 제가 정성을 다해서 모시겠습니다.

④ 어떤 일을 이루거나 해내다.

¶ 책임을 다하지 못하는 지도자는 물러나야 한다.

¶ 사람의 도리를 다하며 사는 것이 쉬운 일이 아니더라.

● '다하다'와 '다 하다' 띄어쓰기

① 목적어가 없는 경우에는 '다하다'만 쓴다.

¶ 목숨이 다할(○)/다 할(×) 때까지 싸우겠다.

¶ 이번 양식이 다하면(○)/다 하면(×) 굶을 수도 있다.

② '하다'의 목적어가 있으면 '다 하다'를 쓴다.

¶ 공부를 다 했으니(○)/다했으니(×) 이제 놀아야겠다.

¶ 이 일을 다 한(○)/다한(×) 다음에는 무얼 할까요?

③ 문장에 목적어가 있지만 '하다'의 목적어가 아니면 '다하다'를 쓴다. 이 경우에는 '다 하다'가 하나의 낱말로서 붙여 쓴다.

¶ 책임을 다하지(○)/다 하지(×) 않으면 안 된다.

¶ 힘을 다하여(○)/다 하여(×) 도전하려 합니다.

× 닥달 '닦달'의 틀린 표기.

○ 닥치다 동사

규칙 닥치니, 닥치어/닥쳐, 닥치는, 닥친다, 닥칩니다, 닥치었다/닥쳤다

① 어떤 일이나 대상 따위가 가까이 이르다.

¶ 시험이 내일로 닥치니 마음이 불안하다.

¶ 어떤 힘든 일이 닥쳐도 이겨 낼 거야.

② ('닥치는 대로' 구성으로 쓰여) 이것저것 가릴 것 없이 눈에 띄는 대로.

¶ 우리는 허기가 져서 닥치는 대로 먹었다.

○ 닦달 명사 ×닥달

① 남을 단단히 윽박질러서 혼을 냄.

¶ 아이가 제 딴에는 열심히 하는데 왜 그렇게 닦달을 해요?

② 물건을 손질하고 매만짐.

¶ 기계 닦달을 제대로 하지 않으면 불량품을 만들기 쉽다.

③ 음식물로 쓸 것을 요리하기 좋게 다듬음.

¶ 가시가 많은 생선 닦달은 엄마가 잘하신다.

복합어

닦달하다 ① 남을 단단히 윽박질러서 혼을 내다. ¶ 아내가 남편을 닦달하였다. ② 물건을 손질하고 매만지다. ¶ 형이 나뭇가지를 닦달하더니 금세 새총을 만들었다. ③ 음식물로 쓸 것을 요리하기 좋게 다듬다. ¶ 매운탕거리는 내가 닦달할게.

닫다[1] 동사

규칙 닫고, 닫지, 닫으니, 닫아서, 닫은, 닫으오, 닫습니다, 닫읍시다, 닫았다

① 열린 문, 서랍 따위를 도로 제자리로 넣어 막다.

¶ 바람이 들어오니 문을 닫아라.

¶ 펜 뚜껑을 닫지 않아 잉크가 말라 버렸다.

② 하루의 장사나 일을 마치거나 쉬다.

¶ 오늘은 휴일이어서 가게를 닫고 식구와 여행을 하였다.

③ 사업을 그만두다.

¶ 경기가 너무 안 좋아서 회사를 닫을 수밖에 없었다.

④ 입을 다물다.

¶ 그들은 하나같이 입을 굳게 닫고 묵묵히 앉아 있었다.

복합어

닫아걸다 문이나 창을 닫고 빗장을 지르거나 고리를 걸다. ¶ 문을 꼭꼭 닫아걸었다.

여닫다 열고 닫다. ¶ 문을 여닫을 때에 큰 소리가 나지 않도록 조심해라.

처닫다 ① 함부로 거칠게 닫다. ② 오랫동안 굳게 닫다. ¶ 한겨울 내내 처닫아 두었던 문을 활짝 열어젖혔다.

닫다[2] 동사

불규칙 닫고, 달으니, 달아서, 닫는, 달은, 닫습니다, 달읍시다, 달았다

빨리 뛰어가다.

¶ 열심히 하는 사람을 닦달하는 것은 닫는 말에 채찍질하는 것과 같다.

복합어

내닫다 갑자기 밖이나 앞쪽으로 힘차게 뛰어나가다. ¶ 말이 질풍같이 내달았다.

치닫다 ① 위쪽으로 달리다. 위쪽으로 달려 올라가다. ¶ 고라니가 인기척에 놀라 산비탈을 치달아 달아났다. ② 힘차고 빠르게 나아가다. ¶ 정국은 최악의 국면으로 치달았다. ③ 생각, 감정 따위가 치밀어 오르다. ¶ 나는 머리끝까지 화가 치달았다.

닫치다 동사

규칙 닫치고, 닫치니, 닫치어서/닫쳐서, 닫친, 닫칩니다, 닫치었다/닫쳤다

문을 힘을 주어 세게 닫다. 참고 닫히다

¶ 바람이 부니 문을 꼭 닫치시오.

¶ 영수는 부아가 나서 문을 쾅 닫치고 나갔다.

닫히다 동사

규칙 닫히고, 닫히니, 닫히어/닫혀, 닫힌, 닫힙니다, 닫히었다/닫혔다

'닫다[1]'의 피동형.

¶ 문이 저절로 닫혔어.

¶ 어서 타세요. 곧 문이 닫힐 거예요.

● '닫히다'와 '닫치다'

두 낱말은 소리가 같아서 의미를 잘 분간하지 않으면 잘못 적기 쉽다. '닫히다'는 피동사이므로 문이나 창 같은 사물이 주어가 되어야 하고, '닫치다'는 타동사이므로 문이나

창이 목적어가 되어야 한다.

¶ 문이 닫쳐서(×)/닫혀서(○) 들어갈 수 없었다.

¶ 비가 들이칠지 모르니 창을 닫혀라(×)/닫쳐라(○).

달구다 동사

규칙 달구고, 달구어/달궈, 달군다, 달굽니다, 달구었다/달궜다

① 쇠나 돌 따위를 불로 뜨겁게 만들다.

¶ 프라이팬을 달군 뒤에 고기를 올려야 맛있게 구워진다.

② 불을 때어 몹시 덥게 하다.

¶ 감기 기운이 있으니 뜨끈뜨끈하게 달군 방에서 한숨 자야겠다.

③ 분위기, 감정 따위를 고조시키다.

¶ 그의 연설은 청중의 가슴을 뜨겁게 달구었다.

달다[1] 동사

불규칙 달고, 다니, 달므로, 달아, 다는, 단, 달, 다오, 답니다, 달았다

① 주된 것에 이어 붙이다.

¶ 기관차에 객차 10량과 화차 1량을 달고 달린다.

¶ 옷소매 끝에 빨간색 단을 다니 새 옷 같다.

② 일정한 곳에 걸거나 매어 놓다.

¶ 국경일에는 집집마다 태극기를 단다.

¶ 돛을 단 배가 바람을 타고 쏜살같이 달린다.

③ 일정한 곳에 붙이다. 참고 차다[3]

¶ 옷에 달 단추를 두어 개 다오.

¶ 가슴에 이름표를 단 어린이들이 줄지어 서 있다.

④ 어떤 기기를 설치하다.

¶ 요즘은 집에 전화를 다는 경우가 드물다.

¶ 차에 내비게이션을 달지 않았더니 길 찾기가 무척 힘들었다.

⑤ 설명 따위를 덧붙이거나 보태다.

¶ 어려운 부분에는 각주를 달아 설명해 두었다.

¶ 한문은 토를 달지 않으면 읽기가 어렵다.

⑥ 이름이나 제목을 붙이다.

¶ 글을 다 썼으면 이제 멋진 제목을 달아야지.

⑦ 이어서 적어 넣다.

¶ 오늘 밥값은 외상 장부에 달아 두세요.

⑧ ('무엇을 달고' 구성으로 쓰여) 거느리다.

¶ 산적 두목이 졸개들을 달고 나타났다.

달다[2] 동사

[불규칙] 달고, 다니, 달므로, 달아, 다는, 단, 달, 다오, 답니다, 답시다, 달았다

저울로 무게를 헤아리다. [참고] 뜨다[9]

¶ 돼지고기 서 근을 저울에 달아서 샀다.

¶ 몸무게를 달아 보니 몸이 좀 불었더라.

달다[3] 동사

[불규칙] 달고, 다니, 달므로, 달아, 다는, 단, 달, 다오, 답니다, 답시다, 달았다

① 쇠붙이 따위가 열로 몹시 뜨거워지다.

¶ 대장간에서는 벌겋게 단 쇠를 모루에 올려놓고 망치로 친다.

¶ 뜨겁게 달아 있는 철판에 손을 데었다.

② 열을 받아 음식이나 탕약의 물이 졸아들다.

¶ 너무 오래 끓이는 바람에 국물이 다 달았다.

③ 열이 나거나 부끄럽거나 흥분하여 몸이 뜨거워지다.

¶ 철수는 영희를 보고 얼굴이 화끈 달아서 얼른 도망쳤다.

④ 입안이나 콧속이 마르고 뜨거워지다.

¶ 감기로 얼마나 고생을 했는지 입에서 단 냄새가 난다.

⑤ 마음이 몹시 조급해지다.

¶ 아이를 혼자 보내고 애가 달아서 안절부절못했다.

¶ 시험 결과를 기다리자니 속이 바싹 달았다.

복합어

단김 달아올라 뜨거운 김.

단김에 ① 열기가 아직 남아 있을 때에. ¶ 쇠뿔도 단김에 빼야 한다. ② 좋은 기회가 지나기 전에. ¶ 이런 일은 단김에 끝내야 한다.

단내 ① 높은 열에 눋거나 달아서 나는 냄새. ¶ 너무 뜨겁게 단 다리미에 옷이 눌어서 단내가 난다. ② 몸의 열이 몹시 높을 때 입이나 코 안에서 나는 냄새. ¶ 몸살이 났는지 입에서 단내가 난다.

관용 표현

달게 굴다 붙잡고 매달려 몹시 조르다. ¶ 귀찮게, 그리 달게 구니?

속담

단 가마에 눈 뜨겁게 단 가마에 떨어져 금방 녹아 버리는 눈이라는 뜻으로, 눈 깜짝할 사이에 사라지는 사물을 이르는 말.

달다[4] 동사

[불규칙] 달라, 다오

① 말하는 이가 듣는 이에게 어떤 것을 주도록 요구하다. [참고] 달라다

¶ 나에게 지팡이를 다오.

¶ 나에게 자유를 달라. 그렇지 않으면 죽음을 달라.

¶ 남의 물건을 공짜로 달라고 하면 안 되지.

② ('-아/-어 달라', '-아/-어 다오' 구성으로 쓰여) 말하는 이가 듣는 이에게 앞의 말대로 행

동해 줄 것을 요구하는 말.

¶ 수민아, 잠깐만 동생을 보아 다오.

¶ 회사는 우리 제안을 들어 달라.

¶ 돈을 빌려 달라고 간청했다.

> ● '달다[4]'와 '달라다'
>
> '달다'에는 '-라' 또는 '-오' 같은 어미만 붙는다. 특히 '-오'가 붙으면 'ㄹ'이 탈락하여 '다오'가 된다. 그런데 비슷한 의미로 쓰는 '달라다'라는 말이 있다. 이 말은 '달라고 하다'가 줄어든 말인데, 마치 '달라-'가 어간이고 '-다'가 어미인 하나의 동사처럼 오해하기 쉽다. 그러나 어디까지나 '달-'이 어간이고, '-라다'는 '-라고 하다'가 줄어든 말로서 어미의 구실을 한다.(올림말 '달라다' 참고.)
>
> ¶ 빌려 간 책을 돌려 다오.
>
> ¶ 빌려준 책을 달라고 하였다/달랬다.

달다[5] 형용사

불규칙 달고, 다니, 달므로, 달아, 단, 달, 다오, 답니다, 달았다

① 꿀이나 설탕의 맛이다.

¶ 올해는 비가 적게 와서 배와 사과가 달다.

¶ 나는 단 음식을 싫어한다.

② 입맛이 당기도록 맛이 있다.

¶ 오늘따라 밥이 달아 많이 먹었다.

③ 흡족하여 기분이 좋다.

¶ 낮잠을 달게 잤다.

④ ('달게' 형태로 쓰여) 마땅하여 기껍다.

¶ 충고를 달게 받아들여라.

¶ 벌을 달게 받겠습니다.

복합어

다디달다 올림말 '다디달다' 참고.

달짝지근하다 조금 달콤한 맛이 있다.

달착지근하다 '달짝지근하다'보다 거센 느낌을 주는 말. ¶ 커피가 달착지근하다.

달콤하다 ① 감칠맛이 있게 달다. ¶ 배가 시원하면서도 달콤하다. ② 흥미가 나게 아기자기한 느낌이 있다. ¶ 소설은 남녀 간의 달콤한 사랑 이야기를 그렸다. ③ 편안하고 포근하다. ¶ 나는 일주일 동안 달콤한 휴가를 즐겼다.

관용 표현

달고 쓴 맛을 보다(/겪다) 생활의 좋은 일, 나쁜 일, 즐거운 일, 괴로운 일을 다 겪다.

달다 쓰다 말(이) 없다 아무런 반응도 나타내지 않다.

속담

단 장을 달지 않다고 말을 한다 맛이 단 장을 놓고 달지 않다고 억지소리를 한다는 뜻으로, 곧 빤한 사실을 제대로 말하지 않고 딴소리로 우긴다는 말.

달기는 엿집 할머니 손가락이라 ① 엿 맛이 달다고 해서 엿집 할머니의 손가락까지도 단 줄 안다는 뜻으로, 무슨 일에 너무 마음이 혹하여 좋은 것만 보이고 나쁜 것은 안 보인다는 말. ② 어떤 음식을 좋아하여 그와 비슷하나 먹지 못할 것까지 먹을 것으로 잘못 안다는 말.

달면 삼키고 쓰면 뱉는다 옳고 그름이나 신의를 돌보지 않고 자기의 이익만 꾀함을 빗대어 이르는 말. =쓰면 뱉고 달면 삼킨다, 추우면 다가들고 더우면 물러선다.

× 달디달다

'다디달다'의 틀린 말.

¶ 꿀이 달디달았다(×)/다디달았다(○).

○ 달라다

×달래다

규칙 달라며, 달라므로, 달래서, 달라는, 달란다, 달랬다

'달라고 하다'가 줄어든 말.

¶ 아버지께 용돈을 달래서 받았다.

¶ 내게 돈을 달라는 사람은 많지만 주겠다는 사람은 없다.

● '달라다'의 활용형

'달라다'를 '달래다'로 쓰는 것은 잘못이다. 그러나 '달라다'의 활용형으로 쓰는 '달래', '달래서', '달래라', '달랬다'는 각각 '달라고 하여/해', '달라고 하여서/해서', '달라고 하여라/해라', '달라고 하였다/했다'가 줄어든 말이기 때문에 맞는 말이다.

	달라다(달라고 하다)	달래다[1]
-니, -면, -오, -ㅂ니다	달라니, 달라면 달라오, 달랍니다	달래니, 달래면 달래오, 달랩니다
-어, -어서, -어라, -었-	달래, 달래서 달래라, 달랬다	달래어/달래, 달래어서/달래서 달래어라/달래라, 달래었다/달랬다

달래다[1] 동사

규칙 달래고, 달래니, 달래어/달래, 달랜다, 달랩니다, 달래었다/달랬다

① 남을 어르거나 타일러 기분을 풀어 주다.

¶ 우는 아이를 달래는 것은 너무 어렵다.

¶ 그의 상처와 아픔을 달래 줄 방법이 없을까?

② 슬프거나 고통스럽거나 흥분한 감정 따위를 스스로 가라앉히다.

¶ 속상한 마음을 달랠 길이 없다.

¶ 사진을 보면서 고향에 대한 그리움을 달랬다.

③ 좋고 옳은 말로 잘 이끌어 꾀다.

¶ 떼쓰는 동생을 달래서 집에 데려왔다.

✕ 달래다[2] '달라다'의 틀린 말.

달랬다[1]

'달래다[1]'의 과거형인 '달래었다'가 줄어든 말.

¶ 우는 아이를 열심히 달랬지만 허사였다.

달랬다[2]

'달라고 하였다'가 줄어든 말.

¶ 아버지께 용돈을 달랬다.

달리다[1] 동사 ×딸리다

규칙 달리니, 달리어/달려, 달린다, 달립니다, 달리었다/달렸다

재물이나 기술, 힘 따위가 모자라다.

¶ 요즘 농촌에서는 일손이 달려 모내기를 포기하는 경우가 많다.

¶ 우리 반 축구 실력이 옆 반보다 좀 달리는 것 같다.

¶ 기운이 달려서 더는 일을 못 하겠어.

››› '달리다'를 된소리로 내면 [딸리다]가 되는데, '딸리다'는 '달리다'와 아무 관계가 없는 말이므로 표기할 때 주의해야 한다.

달리다[2] 동사

규칙 달리고, 달리니, 달리어/달려, 달린다, 달립니다, 달리었다/달렸다

① 열매 따위가 맺히다.

¶ 나무에 열매가 많이도 달렸구나.

② 어떤 일이나 상태 따위가 무엇에 의존하다.

¶ 이번 월드컵 축구 대회의 승패는 4강 경기에 달려 있다.

¶ 이건 우리 목숨이 달린 일이다.

③ '달다[1]'의 피동형.

¶ 바람이 불 때마다 처마 끝에 달린 풍경이 달그랑거렸다.

¶ 글에 달린 제목만 보아도 어떤 내용인지 짐작할 수 있다.

¶ 기관차에 객차가 여럿 달려 있다.

④ 함께 가거나 거느리고 가게 하다. '달다[1]'의 사동형.

¶ 새참 나를 사람을 달려 보냈다.

ㄷ

달리다[3] 동사

규칙 달리고, 달리니, 달리어/달려, 달린다, 달립니다, 달리었다/달렸다

① 빠른 속도로 가거나 오다.

¶ 선수는 결승점을 향하여 힘껏 달렸다.

¶ 그곳은 기차로 꼬박 사흘을 달려야 갈 수 있는 곳이다.

② 빨리 뛰어가게 하다. '닫다[2]'의 사동형.

¶ 약속 장소로 말을 달렸다.

속담

달리는 말에 채찍질 ① 기세가 좋을 때 힘을 가한다는 말. ② 힘껏 하는데도 자꾸 더 하라고 한다는 말.

달이다[1] 동사 ×다리다

규칙 달이고, 달이니, 달이므로, 달이어/달여, 달인, 달입니다, 달이었다/달였다

① 끓여서 진하게 만들다.

¶ 간장을 달이는 데 여간 품이 드는 게 아니다.

② 약재 따위에 물을 부어 우러나도록 끓이다.

¶ 어머니가 한약을 손수 달여서 보내셨다.

¶ 그는 아침밥을 먹고 나서 늘 차를 달여 마셨다.

››› '달이다[1]'과 '다리다[1]'의 용법은 올림말 '다리다[1]' 참고.

× 달이다[2]

'다리다[1]'의 틀린 표기.

× 담구다

'담그다'의 틀린 말. 따라서 활용형 '담구니, 담궈, 담궜다'도 틀린 말이다.

¶ 개울물에 손을 담구니(×)/담그니(○) 무척 시원하다.

¶ 아이들은 조심스럽게 시냇물에 발을 담궈(×)/담가(○) 보았다.

¶ 생새우에 소금을 뿌려 젓갈을 담궜다(×)/담갔다(○).

○ 담그다 동사

×담구다, ×담다

불규칙 담그고, 담그면, 담그니, 담가, 담근, 담그오, 담급니다, 담갔다

① 액체 속에 넣다.

¶ 시냇물에 손을 담그면 시원할 거야.

¶ 피곤할 때에는 따뜻한 물에 발을 담가 보아라.

② 김치, 술, 장, 젓갈 따위를 만들기 위해서 재료를 익거나 삭도록 그릇에 넣어 두다.

¶ 김장은 겨우내 먹기 위해 김치를 한꺼번에 많이 담그는 것을 이른다.

¶ 매실로 술도 담그고 장아찌도 담갔다.

● '김치를 담그다'와 '김치를 담다'

김치를 만드는 일을 '김치를 담근다'라고 한다. 그런데 흔히 '김치를 담는다'라고 잘못 쓴다. "오늘 김치 담을래?", "너희는 직접 김치를 담아 먹니?", "김치 담으러 와라."라고 하면 모두 틀린 말이다. '김치 담글래?', '김치를 담가 먹니?', '김치 담그러 와라.'라고 해야 맞다.
'담다'는 빈 그릇에 물건을 넣는 행위를 가리킨다. 따라서 실제로 그릇에 김치를 담아서 가져온다면 '김치를 담아 왔다.'라고 말할 수 있다. 김치를 만드는 행위를 가리키는 경우에는 꼭 '김치를 담그자.'나 '김치를 담갔다.'처럼 '담그다'를 써야 한다.

담금질 명사

① 고온으로 열처리한 금속 재료를 물이나 기름 속에 담가 식히는 일.
¶ 옛날 대장간에서는 쇠를 담금질을 하여 온갖 연장을 만들었다.
② 고된 훈련을 반복하여 시킴을 빗대어 이르는 말.
¶ 그 감독은 선수들을 심하게 담금질을 한다.
③ 낚시를 물에 담갔다가 건졌다가 하는 일.
¶ 물고기가 미끼를 물게 하려면 담금질을 해 주어야 한다.

복합어

담금질하다 담금질 방법으로 처리하거나 훈련하다. ¶ 쇠는 담금질하면 할수록 더 단단해진다. / 겨울철에 선수들을 얼마나 담금질하느냐에 따라서 성적이 달라진다.

담기다[1] 동사

규칙 담기고, 담기니, 담기어/담겨, 담긴, 담길, 담깁니다, 담기었다/담겼다
'담다[1]'의 피동형.
① 그릇에 넣어지다.
¶ 과일이 바구니에 가득 담겼다.

② 생각이나 느낌이 글이나 그림, 표정 등에 들어 있다.

¶ 이 사진에 나의 어린 시절 추억이 담겨 있다.

¶ 그의 말에는 매우 중요한 뜻이 담겼다.

담기다[2] 동사

규칙 담기고, 담기니, 담기어/담겨, 담긴, 담길, 담깁니다, 담기었다/담겼다

액체 속에 넣어지다. '담그다①'의 피동형.

¶ 빨랫감이 담긴 세숫대야에 물을 더 채웠다.

담다[1] 동사

규칙 담고, 담지, 담으니, 담아서, 담는다, 담소, 담으오, 담습니다, 담았다

① 물건을 그릇 따위에 넣다.

¶ 과일을 바구니에 담는다.

¶ 나물을 접시에 가득 담아라.

② 생각이나 의미를 그림, 글, 말, 표정 따위 속에 넣다.

¶ 내 마음을 담아 친구에게 편지를 썼다.

¶ 그는 그림에 전쟁의 참상을 담았다.

복합어

귀담다 (주로 '귀담아' 형태로 쓰여) 마음에 단단히 새겨 두다. ¶ 내 말을 귀담아 두어라.

담아내다 ① 용기나 그릇 따위에 담아서 내놓다. ② 글, 말, 그림, 표정 따위에 어떤 생각이나 의미를 드러내다. ¶ 배우는 연기할 때 복잡한 감정을 표정에 담아내었다.

몸담다 어디에 소속되어 일을 하다. ¶ 내가 몸담고 있는 회사는 무역 회사이다.

담다[2] '담그다'의 틀린 말.

¶ 어머니가 담은(×)/담근(○) 젓갈로 김치를 담았다(×)/담갔다(○).

–답다 접사

불규칙 –답고, –답지, –다워, –다운, –답네, –답습니다, –다웠다, –다웠습니다

① (명사 뒤에 붙어) 그 명사의 성질이 있다는 뜻을 더하여 형용사를 만드는 말.

¶ 꽃답다, 실답다, 정답다, 참답다

② (명사 뒤에 붙어) 그 명사가 갖는 특성이나 자격이 있다는 뜻을 더하는 말.

¶ 어른이면 어른답게 행동해야 한다.

¶ 그분의 언행은 참으로 스승다웠다.

¶ 어머니는 자식들을 가르치느라고 옷다운 옷 한 벌을 사 입지 않으셨다.

'–답다'와 '–스럽다'

'–답다'는 그것의 고유한 특성이나 장점, 또는 갖추어야 할 자격을 지니고 있음을 가리키는 말이다. 학생이 학생의 미덕을 갖추고 있으면 '학생답다'가 되고, 어른이 어른의 미덕을 갖추고 있으면 '어른답다'가 된다. 마찬가지로 사람이 사람의 미덕을 갖추고 있으면 '사람답다'라고 한다.

'–스럽다'는 어느 것이 다른 것의 고유한 특성이나 장점을 가지고 있는 경우에 사용한다. 모난 데가 없이 복이 있어 보이면 '복스럽다'고 하고, 아이가 어른의 특성을 갖추고 있다면 '아이가 어른스럽다'라고 한다.

'–답다'는 웬만한 명사에는 다 붙을 수 있기 때문에 이들을 모두 사전에 올릴 수 없다. '점원다운 점원, 친구다운 친구, 동생다운 동생'처럼 '–답다'가 붙는다고 해서 '점원답다', '친구답다', '동생답다' 같은 단어를 사전에 올릴 수 없는 것이다. 이에 비해서 '–스럽다'는 제한된 명사나 어근에 붙으므로 이것이 붙어 만들어진 형용사는 모두 사전에 올라 있다.

답답하다 형용사

불규칙 답답하고, 답답하니, 답답하여/답답해, 답답한, 답답하였다/답답했다

① 숨이 막힐 듯이 갑갑하다.

¶ 환자가 갑자기 가슴이 답답하다고 호소했다.

② 걱정이 있거나 일이 뜻대로 되지 않아 마음이 무겁고 애가 타다.

¶ 소식을 몰라 답답하던 차에 전화가 왔다.

¶ 애써 만든 물건이 수출이 안 되니 답답할 뿐이다.

③ 융통성이 없고 꽉 막히다.

¶ 그는 참 답답한 사람이다.

④ 비좁거나 앞이 막혀 트인 느낌이 없다.

¶ 바람이 통하지 않으니 답답해.

¶ 방이 좁아서 답답하다.

›› '답답하다'와 '갑갑하다'의 차이는 올림말 '갑갑하다' 참고.

당기다 동사 ×땡기다

규칙 당기고, 당기어/당겨, 당기는, 당깁니다, 당기었다/당겼다

① 마음이 끌리거나 호기심 따위가 저절로 생기다.

¶ 나는 이 그림에 마음이 당기는걸.

¶ 그의 말을 들으니 호기심이 당겼다.

② 입맛이 돋우어지다.

¶ 봄은 입맛이 당기는 계절이다.

¶ 잘 차려진 음식을 보니 식욕이 당긴다.

③ 어떤 것을 힘주어 자기 쪽이나 일정한 방향으로 움직이게 하다.

¶ 밤에 친 그물을 새벽에 당겨 보면 물고기가 가득 들어 있다.

¶ 시위를 당겼다 놓으면 화살이 날아간다.

¶ 책상을 조금씩 앞으로 당겨서 앉아라.

④ 정한 날짜나 시간을 앞으로 옮기거나 줄이다. 앞당기다.

¶ 행사 날짜를 며칠 당겨야 할 것 같습니다.

속담

당겨 놓은 화살을 놓을 수 없다 이미 시작한 일을 도중에 그만두어서는 안 된다는 말.

당부(當付) 명사

말로 단단히 부탁함. 또는 그런 부탁.

¶ 아버님의 간곡한 당부가 있어서 이번 일은 그냥 넘어가겠네.

¶ 여러분에게 선생님의 당부 말씀을 전하겠습니다.

복합어

당부하다 말로 단단히 부탁하다. ¶ 입대한 아들에게 몸조심하라고 당부했다.

> ● '당부'와 '부탁'
>
> 마땅히 그리해야 할 것을 하라고 요구하는 것은 '당부', 하지 않아도 될 일을 해 달라고 요구하는 것은 '부탁'이라고 한다. 그래서 도덕적으로 요구할 만한 일을 하도록 할 때에는 '당부'를 쓴다. '당부'는 대체로 그런 말을 할 위치에 있는 사람이 하게 된다. 이에 비하여 '부탁'은 상하 관계없이 누구나 할 수 있다.
>
> ¶ 유치원 선생에게 아이를 잘 돌봐 달라고 당부했다.(당부한 사람: 유치원장)
>
> ¶ 유치원 선생에게 아이를 잘 돌봐 달라고 부탁했다.(부탁한 사람: 학부모)

당신(當身) 대명사

① 듣는 이를 가리키는 말. 이인칭 하오체에 쓴다.

¶ 이건 내가 가질 테니 저건 당신이 가지세요.

② 부부가 상대를 높일 때 쓰는 말.

¶ 여보, 어제 당신이 한 약속을 잊지 마세요.

③ (글말에서) 상대를 높여 이르는 말.

¶ 우리는 당신의 거룩한 희생을 잊지 않겠습니다.

④ 상대편을 낮잡아 이르는 말.

¶ 당신이나 제대로 해.

⑤ 앞에서 이미 말한 윗사람을 도로 가리키는 말.

¶ 할아버지께서는 그 일을 당신이 직접 하시겠다고 합니다.

-대 ①어미

① 어떤 사실에 대하여 놀라거나 못마땅하게 여기는 뜻을 섞어 의문을 나타내는 종결 어미.

¶ 사람들이 왜 이렇게 많이 왔대?

¶ 날씨가 왜 이리 덥대?

② '-다고 해'가 줄어든 말.

¶ 그 사람이 지금 오겠대.

¶ 철수는 언제 오겠대?

● '-대'와 '-데'

'-대'는 남이 보고 들은 것을 다른 사람에게 전할 때에 쓰이고, '-데'는 자기가 보고 들은 내용을 설명할 때에 쓰는 어미로 '-더라'와 같은 뜻이다.

대뜸 부사

이것저것 생각할 것 없이 곧바로. 참고 불쑥

¶ 말을 다 들어 보지도 않고 대뜸 화부터 내니?

¶ 그는 나를 만나자마자 대뜸 같이 갈 데가 있다며 손을 잡아 끌었다.

››› '대뜸'과 '불쑥'은 모두 다짜고짜 무슨 일을 함을 나타낼 때 쓴다. '대뜸'은 참지 않고 바로 대응하는 경우에 쓰고, '불쑥'은 예상하지 못한 상태에서 갑자기 하는 행위를 나타낼 때 쓴다.

대로[1] 명사

① 그 모양이나 상태와 같이.

¶ 네가 아는 대로 말해라.

¶ 바른 글쓰기는 본 대로, 느낀 대로 쓰는 것이다.

② 그 상태나 행동이 나타나는 즉시.

¶ 집에 도착하는 대로 전화해라.

¶ 아무 차나 오는 대로 타고 가자.

③ 그 상태나 행동이 나타나는 족족.

¶ 우리는 발길 내키는 대로 걸었다.

④ 할 수 있는 만큼 최대한.

¶ 할 수 있는 대로 빨리 마쳐라.

⑤ ('-ㄹ/-을 대로' 구성으로 쓰여) 어떤 상태가 매우 심하다는 뜻을 나타내는 말.

¶ 오래 걸었더니 지칠 대로 지쳤다.

복합어

곧이곧대로 조금도 거짓이 없이 나타나거나 있는 그대로. ¶ 그는 내 말이라면 팥으로 메주를 쑨대도 곧이곧대로 믿을 거야.

되는대로 올림말 '되는대로' 참고.

이런대로 만족스럽지는 않지만 이러한 정도로.

대로[2] 조사

① 앞에 오는 말에 근거하거나 그와 같음을 나타내는 말.

¶ 앞으로는 규칙대로 해라.

¶ 각자 자기 생각대로 글을 써 보아라.

② 따로따로 구별됨을 나타내는 말.

¶ 너는 너대로 나는 나대로 간섭하지 말고 지내자.

¶ 상품은 상품대로, 하품은 하품대로 모아 놓아야 팔기 좋다.

● '대로'의 띄어쓰기

① '대로' 앞에 오는 말이 명사나 대명사이면 '대로'가 조사이므로 앞말에 붙여 써야 하고, '대로' 앞에 어미 '-ㄴ/-는'이나 '-ㄹ/-을'이 오면 '대로'가 의존 명사이므로 앞말에 띄어 써야 한다.

- 명사, 대명사 뒤에서는 '대로'를 붙여 씀: 규칙대로, 계획대로, 이대로, 그대로
- 어미 '-ㄴ', '-ㄹ' 뒤에서는 '대로'를 띄어 씀: 본 대로, 있는 대로, 커질 대로

② 다음 낱말처럼 '대로'가 붙어 복합어가 된 경우는 한 낱말로 보기 때문에 붙여 쓴다.

- 명사나 대명사에 조사 '대로'가 붙어 복합어가 된 경우: 그대로, 뜻대로, 마음대로, 멋대로, 이대로, 저대로, 제대로, 제멋대로
- 관형어에 의존 명사 '대로'가 붙어 복합어가 된 경우: 그런대로, 되는대로, 바른대로, 이런대로, 저런대로, 조런대로

대하다(對-) 동사

불규칙 대하고, 대하면, 대하니, 대하여/대해, 대한, 대하였다/대했다

① ('무엇을' 또는 '무엇과') 마주 향하다.

¶ 거짓말을 하고 나니 친구들을 대하기가 무척 힘들었다.

¶ 우리는 벽을 대하고 꿇어앉아 벌을 받았다.

② ('무엇처럼' 또는 '어떻게') 상대하다.

¶ 누구에게나 상냥하게 대하는 것이 그의 장점이다.

¶ 우리는 그를 친구로 대해 주었다.

¶ 나를 형님처럼 대해도 좋다.

③ ('대한', '대하여' 형태로 쓰여) 대상이나 상대로 삼다. 참고 관하다

¶ 이 문제에 대한 네 생각을 말해 보아라.

¶ 선생님께서 우리나라 전통문화에 대하여 설명하셨다.

④ 작품 따위를 직접 읽거나 감상하다.

¶ 이 소설이 내가 태어나서 처음 대한 작품이다.

댕기다 동사 ×땡기다

규칙 댕기지, 댕기어/댕겨, 댕깁니다, 댕기었다/댕겼다

① 불이 옮아 붙다.

¶ 마른 잎은 불이 잘 댕기니 산불을 조심해라.

② 불을 옮기거나 붙이다.

¶ 어머니는 성냥을 득 그어 초에 불을 댕겼다.

¶ 그의 이야기가 나의 호기심에 불을 댕겼다.

››› '댕기다'와 '당기다'는 사용하는 대상에 따라서 구별된다. '당기다'는 자동사로 쓸 때에는 '마음, 식욕, 호기심, 생각' 같은 것이 대상이 되고, 타동사로 쓸 때에는 모든 사물이 대상이 된다. '댕기다'의 대상은 '불'에 한정된다.

더디다 형용사

규칙 더디고, 더디면, 더디니, 더디어/더뎌, 더딘, 더디었다/더뎠다

어떤 움직임이나 일에 걸리는 시간이 오래다.

¶ 시간이 없는데 그리 밥을 더디게 먹으면 어째?

¶ 공사 진행이 무척 더뎠다.

››› '더디다', '느리다', '뜨다[11]'의 차이는 올림말 '뜨다[11]' 참고.

더러[1] 부사

① 전체 가운데 얼마쯤.

¶ 그 소문을 들은 사람들이 더러 고맙다고 인사를 했다.

¶ 관광객들이 더러 우리에게 안내를 부탁하기도 한다.

② 이따금 드물게.

¶ 그는 더러 바다에 가서 낚시를 했다.

¶ 초등학교 때 친구와 더러 길에서 마주쳤다.

더러[2] 조사

어떤 행동이 미치는 대상을 나타내는 말. 참고 에게, 보고

¶ 형이 나더러 집에 언제 왔느냐고 물었다.

¶ 지금 누구더러 잘못했다는 거야?

더하다[1] 형용사

불규칙 더하고, 더하여/더해, 더한, 더할, 더합니다, 더하였다/더했다

어떤 기준보다 정도가 심하다.

¶ 내 고통이 네 아픔보다 더하면 더했지 덜하지는 않을 것이다.

¶ 그것은 죽음보다 더한 고통이었다.

더하다[2] 동사

불규칙 더하고, 더하여/더해, 더하는, 더한, 더할, 더합니다, 더하였다/더했다

① 보태어 늘리다. 참고 보태다

¶ 네 돈에 내 돈을 더하면 제법 큰돈이 되겠다.

¶ 밥물을 좀 더해야 고두밥이 되지 않겠다.

¶ 7에 3을 더하면 10이 된다.

② 정도가 높아지다.

¶ 프로 야구 경기는 해가 갈수록 재미를 더하는 것 같다.

¶ 그 책이 내 인생의 깊이를 더하여 주었다.

③ 어떤 성질이나 요소를 더 많게 하다.

¶ 선생님의 격려는 내게 자신감을 더해 주었다.

¶ 은행잎이 노란빛을 더해 간다.

복합어

더하기 둘 이상의 수를 더하여 값을 내는 방법. =보태기

더하기표 더하기를 의미하는 부호인 '+'의 이름. =덧셈 부호, 덧셈표, 보탬표

더하기하다 더하기 셈을 하다. ¶ 다음 두 수를 더하기하면 얼마가 될까요?

덧셈 하나의 수에 또 하나의 수를 더하는 셈.

덧셈하다 하나의 수에 또 하나의 수를 더하는 셈을 하다.

> ● '더하다'와 '더 하다'
>
> '더하다'는 하나의 낱말로서 이미 있는 수량에 새 수량을 보태어 늘리거나 많게 하는 행위이다. '더 하다'는 어떤 행위를 더 많이 또는 더 열심히 하는 경우에 쓰는 구문으로서, '더'와 '하다' 사이에 다른 부사를 추가할 수도 있다.
>
> ¶ 네가 가진 돈에 이 돈을 더해야 사고 싶은 책을 살 수 있을 것이다.
>
> ¶ 아무래도 시험에 합격하려면 공부를 더 해야 할 것 같다.
>
> ¶ 주전 선수가 되려면 연습을 더 열심히 해야 한다.

››› '더하다[2]', '가하다', '보태다'의 차이는 올림말 '가하다' 참고.

-던[1] 어미 ×-든

과거에 한 일이나 과거의 상태임을 나타내는 연결 어미.

¶ 우리가 그날 만났던 사람이 여기에 와 있더라.

¶ 선생님께서 소중히 간직하셨던 책들을 몽땅 나에게 주셨다.

¶ 어렸을 때에 먹던 음식은 나이가 들면 다시 찾게 된다.

> ● '-던[1]'과 '-든'의 용법
>
> '-던'은 과거 시제를 나타내는 어미이고, '-든'은 어느 것을 선택해도 상관없음을 나타내는 어미이다. '-든'은 대체로 상대되는 두 용언을 잇달아 연결하는 데 쓴다.
>
> ¶ 내가 사용하던 컴퓨터가 아직 거기에 있었다.
>
> ¶ 내가 가든 말든 네가 무슨 상관이냐?
>
> '더'로 시작하는 어미와 '든'으로 시작하는 어미는 모두 이와 같은 차이가 있다. '더'로 시작하는 어미 '-더라, -더냐, -더니, -던, -던가, -던지'는 과거의 일에 쓴다. '든'으로 시작하는 어미 '-든, -든가, -든지'는 둘 가운데 하나를 선택할 때 쓴다.

-던[2] 어미 ×-든

과거에 직접 경험한 사실에 관하여 묻는 종결 어미. '-더냐'보다 더 친근하게 쓰는 말이다.

¶ 그가 그렇게 말하던?

¶ 그곳 경치가 그렇게 아름답던?

-던가 어미 ×-든가

① 과거의 사실에 관하여 묻는 종결 어미.

¶ 취직하니 그렇게도 좋던가?

¶ 내가 그런 말을 했던가?

② (주로 '-던가 싶다', '-던가 보다' 구성으로 쓰여) 과거의 사실에 대하여 자문하거나 추측하는 뜻을 나타내는 종결 어미.

¶ 내가 실수를 했던가 싶어 순간 당황했다.

¶ 그 일로 어머니도 무척 괴로우셨던가 보다.

¶ 내가 친구들에게 다 연락을 했던가?

-던지 어미 ×-든지

어떤 상황이나 느낌이 다른 행위에 영향을 미침을 나타내는 연결 어미.

¶ 합격 소식을 듣고 얼마나 기쁘던지 밥 먹을 생각도 하지 못했다.

¶ 날씨가 얼마나 춥던지 한강이 꽁꽁 얼었더라.

● '-던지'와 '-든지'

'-던지'는 이미 한 일에 붙이는 어미이고, '-든지'는 아직 하지 않은 일 또는 지금 있는 상태가 어떻더라도 상관없음을 나타내는 뜻으로 붙이는 어미이다.

¶ 그의 손이 얼마나 맵던지(○)/맵든지(×) 눈물이 핑 돌았다.

¶ 반찬이 얼마나 맛이 있던지(○)/있든지(×) 밥을 두 그릇이나 먹었다.

¶ 그가 좋던지 싫던지(×)/좋든지 싫든지(○) 만나야 한다.
¶ 그가 오던지 가던지(×)/오든지 가든지(○) 상관하지 않는다.

덜다 동사

불규칙 덜고, 더니, 덜어, 더는, 던, 더세요, 더오, 덥니다, 덜었다

① 걱정이나 슬픔 따위를 줄이다. 적어지게 하다.
¶ 국민의 고통을 덜어 주는 것이 국가가 해야 할 일이 아닌가요?
¶ 네 말을 듣고 한시름 덜었다.

② 얼마를 떼어 내다.
¶ 밥 열 그릇에서 한 술씩 덜어 밥 한 그릇을 만들었다.
¶ 학생들은 자기가 먹을 만큼 음식을 덜어서 먹었다.
¶ 다섯에서 둘을 덜면 셋이다.

복합어

덜기 =빼기
덜하다 어떤 기준이나 정도가 약하다. ¶ 오늘은 추위가 어제보다 덜한 것 같다.

덥다 형용사

불규칙 덥고, 덥지, 더우니, 더워, 더워서, 더운, 덥네, 덥습니다, 더웠다

① 기온이 높다.
¶ 비가 오지 않아 날씨가 덥고 건조하다.
¶ 지난여름은 너무 더웠어.

② 몸에 느끼는 온도가 높다.
¶ 오늘은 가만있어도 땀이 날 만큼 덥네.
¶ 불을 너무 많이 때어 방 안이 덥게 느껴진다.

③ 사물의 온도가 높다.

¶ 새벽 공기가 차니 더운 국물이라도 좀 마시자.

④ 약재에 사람의 몸을 따뜻하게 하는 성질이 있다.

¶ 인삼은 성질이 더워서 네 체질에 쓰기가 조심스럽다.

복합어

더운물 따뜻하게 데운 물.

더운밥 갓 지어 따뜻한 밥.

더운점심 낮에 새로 지은 점심.

더운죽 쑨 지 얼마 안 되어 뜨거운 죽.

더위 더운 기운.

관용 표현

더운 피 의로운 일을 위하여 바치는 피. ¶ 나라의 독립을 위하여 목숨을 바쳤던 분들의 더운 피를 잊지 말자.

속담

더워서 못 먹고 식어서 못 먹고 이런저런 구실과 조건을 대면서 이러쿵저러쿵 부정적으로 말하는 것을 빗대어 이르는 말.

덥히다 동사

규칙 덥히고, 덥히어/덥혀, 덥힌, 덥힙니다, 덥히었다/덥혔다

덥게 하다. '덥다'의 사동형. 참고 데우다

¶ 몸을 덥혀야 감기를 몰아낼 수 있다.

¶ 목욕을 할 수 있게 물을 좀 덥혀 주세요.

덫 명사

① 짐승을 꾀어 잡는 기구.

¶ 사냥꾼들이 쳐 놓은 덫에 토끼가 걸려들었다.

② 남을 모함하기 위한 교활한 꾀를 빗대어 이르는 말.

¶ 우리가 사기꾼들이 친 덫에 걸려든 거야.

복합어

덫사냥 덫을 놓아 짐승을 잡음. 또는 그런 일.

덫사냥하다 덫을 놓아 짐승을 잡다.

쥐덫 쥐를 잡으려고 놓는 덫.

ㄷ

덮다 동사

규칙 덮고, 덮지, 덮어, 덮은, 덮네, 덮습니다, 덮었다

① 물건 따위가 보이지 않도록 넓은 천 따위를 얹어서 씌우다.

¶ 이불을 덮지 않고 자다가 감기에 걸렸다.

¶ 밥을 먹은 뒤에 밥상은 상보로 덮어 놓아라.

② 마개나 뚜껑 따위로 아가리를 막다.

¶ 빗방울이 조금씩 떨어져서 얼른 장독 뚜껑을 덮었다.

③ 공간을 빈틈없이 휩싸다.

¶ 무거운 분위기가 회의장 전체를 덮고 있었다.

④ 펼쳐져 있는 책 따위를 닫다.

¶ 책을 덮고 눈을 지그시 감았다.

⑤ 사실이나 내용 따위를 숨기다.

¶ 과거를 덮고 미래로 나아가자는 말은 잘못을 덮겠다는 말이다.

복합어

덮어놓다 ('덮어놓고' 형태로 쓰여) 옳고 그름이나 형편 따위를 따지지 아니하다. ¶ 그렇게 덮어놓고 화만 내지 마시고 이야기를 차분히 들어 보세요.

덮어쓰다 ① 머리 위까지 덮다. ¶ 이불을 덮어쓰고 잠을 잔다. ② 먼지나 물 따위를 온몸에 뒤집어쓰다. ¶ 길가의 이정표가 흙먼지를 덮어쓰고 서 있다. ③ 억울하게 부

당한 책임을 뒤집어쓰다. ¶ 그는 평생을 간첩이라는 누명을 덮어쓰고 살았다.

덮어씌우다 덮게 하거나 덮어쓰게 하다. '덮어쓰다'의 사동형. ¶ 음식상을 흰 천으로 덮어씌웠다. / 옛날에는 졸업식에서 친구들에게 밀가루를 덮어씌우는 장난을 했다.

덮이다 동사 ×덮히다

규칙 덮이지, 덮이어/덮여, 덮인, 덮입니다, 덮이었다/덮였다

'덮다'의 피동형.

① 위에 무엇이 씌워져 보이지 않게 되다.

¶ 음식이 상보로 덮여 있다.

¶ 어제 내린 눈으로 세상이 하얗게 덮였다.

② 마개나 뚜껑 따위로 막히다.

¶ 그릇에는 모두 뚜껑이 덮여 있었다.

③ 숨겨지다.

¶ 그의 죽음은 숱한 의문만 남긴 채 베일에 덮이고 말았다.

¶ 선박 침몰 사고가 부정 선거로 덮인 꼴이 되었다.

④ 펼쳐져 있던 것이 닫히다.

¶ 제본이 잘못되어 책이 잘 덮이지 않는다.

››› '덮이다'를 '덮히다'로 잘못 쓰는 일이 없도록 조심해야 한다. '덮히다'는 없는 말이다.

덮치다 동사

규칙 덮치고, 덮치지, 덮치어/덮쳐, 덮친, 덮치네, 덮칩니다, 덮치었다/덮쳤다

① 위에서 강하게 내리누르듯이 덮다.

¶ 불어난 계곡물이 마을을 덮쳐 많은 피해를 입혔다.

¶ 자동차가 갑자기 인도로 돌진하여 행인을 덮쳤다.

② 좋지 않은 여러 가지 일이 한꺼번에 닥치다.

¶ 여러 사고가 잇달아 덮치는 바람에 고생을 많이 했다.

¶ 가뭄에 돌림병까지 덮쳐 마을이 온통 쑥대밭이 되었다.
③ 갑작스럽게 강하게 들이닥치다.
¶ 경찰이 범행 현장을 덮쳐 범인들을 체포하였다.

× 덮히다 ‘덮이다’의 틀린 표기.

¶ 모퉁이를 도니 하얀 눈에 덮힌(×)/덮인(○) 산봉우리가 나타났다.

○ 데 명사

① ‘곳’이나 ‘장소’의 뜻을 나타내는 말.
¶ 우리가 가는 데가 어디냐?
¶ 의지할 데가 없는 아이를 그냥 돌려보내면 안 되지.
② ‘일’이나 ‘것’의 뜻을 나타내는 말.
¶ 자격증을 따는 데에 일 년이 걸렸다.
¶ 참는 데도 한계가 있지.
③ ‘경우’나 ‘상황’의 뜻을 나타내는 말.
¶ 비상금을 가져가면 여행하는 데에 도움이 될 거야.
¶ 머리 아픈 데에 무슨 약을 먹어야 하나요?

● ‘데’와 ‘-ㄴ데/-는데’

명사 ‘데’와 어미 ‘-ㄴ데/-는데’에 쓰인 ‘데’가 같은 글자여서 ‘데’를 띄어 써야 하는지 붙여 써야 하는지 헷갈린다. 그럴 경우에 ‘데’에 ‘다’를 붙여 보아 말이 되면 명사로 보고 띄어 쓰고, 말이 안 되면 어미의 일부로 보고 붙여 쓰면 된다.

¶ 비가 오는 데다 바람까지 분다.(명사 ‘데’)
¶ 비가 오는데 체육 대회를 할 수 있을까.(어미 ‘-는데’)
¶ 그는 영리한 데다 마음씨도 예쁘다.(명사 ‘데’)
¶ 그는 영리한데 마음이 여리다.(어미 ‘-ㄴ데’)

-데 어미

자기가 직접 경험하여 알게 된 사실을 다른 사람에게 말할 때 쓰는 종결 어미. '데' 자리에 '-더라'를 대입해 보면 이 말의 뜻을 이해할 수 있다.

¶ 그 후보가 말을 아주 시원시원하게 잘하데.

¶ 오늘 모교에 가 보았는데 학교는 하나도 변하지 않았데.

≫ 어미 '-데'와 '-대'의 용법은 올림말 '-대' 참고.

데우다 동사

규칙 데우고, 데우니, 데우므로, 데워, 데운, 데웠소, 데웁니다, 데웠다

식거나 찬 것을 덥게 하다. 참고 덥히다

¶ 발을 씻으려고 물을 데우고 있다.

¶ 식은 찌개를 데워서 밥을 먹었다.

● '데우다'와 '덥히다'

'데우다'는 찬 음식이나 찬 방바닥에 열을 가하여 따뜻하게 만드는 행위에 쓰인다. 따라서 약간 따뜻한 느낌이 들면 '데우는' 행위가 끝난다. 데운 것이 뜨거워지도록 온도를 더 높인다면 그때부터는 '덥히는' 단계에 들어간 것이다. 이렇듯 찬 것을 미지근하게 또는 따뜻하게 하는 것은 '데우다'이고 뜨겁게 하는 것은 '덥히다'이다.

¶ 찬 음식을 데워서(○)/덥혀서(×) 먹었다.

¶ 감기가 들면 먼저 몸을 뜨겁게 데워야(×)/덥혀야(○) 한다.

¶ 날씨가 차니 히터를 틀어 공기를 데워(○)/덥혀(○) 놓아라.

-도록 어미

① 앞의 내용이 뒤에서 가리키는 말의 목적, 결과, 정도, 방식이 됨을 나타내는 연결 어미.

¶ 아이들이 안전하게 다니도록 건널목을 설치했다.

¶ 손님이 편히 쉬시도록 배려해 드려라.

¶ 아들은 밤이 새도록 공부를 하였다.

¶ 두 사람은 죽도록 사랑하는 사이였다.

② 명령의 뜻을 나타내는 종결 어미.

¶ 내일 열 시까지 시청 앞으로 모이도록.

관용 표현

-도록 하다 다른 사람에게 어떤 행동을 시키다. ¶ 학생들을 강당에 모이도록 했다.

● 어미 '-도록'의 용법

'애국가'의 첫 문장인 "동해물과 백두산이 마르고 닳도록 하느님이 보우하사 우리나라 만세."에 쓰인 '-도록'의 용법은 적절하지 않다. 애국가의 '-도록'은 위 낱말 풀이 ①의 용법으로 쓴 것인데, 이 용법은 대체로 '-도록' 뒤에 나오는 일을 꾸준히 해야만 앞의 결과가 일어나는 경우에 쓴다. '구두가 닳도록 뛰어다니다', '밤이 새도록 공부하다'와 같이 현장을 발로 뛰어다니면 구두가 닳게 되고, 오래 공부하면 밤을 새게 되는 현실을 전제로 하는 표현이다. 그런데 애국가의 문장처럼 하느님이 아무리 열심히 또는 오랫동안 우리나라를 보우해도 동해물이 마르고 백두산이 닳는 일은 일어나지 않는다. '동해물과 백두산이 마르고 닳는 것'과 '하느님이 우리를 보우하는 것'이 서로 연결될 관계가 아니기 때문이다. 애국가의 '-도록'은 원래의 용법에서 벗어나서 '영원히' 또는 '오래도록'의 대체 표현으로 쓴 셈이다.

● '-도록 하다'를 잘못 쓴 사례

'-도록 하다'는 제삼자에게 어떤 행동을 하게 하는(시키는) 뜻을 나타내는 표현이다. 따라서 자기의 행위에는 사용할 수 없고, 상대에게 사용하는 것도 사족에 지나지 않는다.

① 자기나 자기 집단의 행위에 잘못 사용한 경우

¶ (사회자의 말) 지금부터 회의를 시작하도록 하겠습니다(×). → 시작하겠습니다.

¶ (서비스 업체의 말) 철저하게 서비스해 드리도록 하겠습니다(×). → 서비스해 드리겠습니다.

¶ (공무원의 말) 귀 제안은 우리 시의 정책에 반영하도록 하겠습니다(×). → 반영하

겠습니다.

② 상대(이인칭)에게 잘못 사용한 경우

¶ (대면한 상대에게 하는 말) 열심히 공부하도록 하게(×). →공부하게.

¶ (앞에 있는 학생들에게 하는 말) 너무 떠들지 않도록 해라(×). →떠들지 마라.

¶ (옆에 있는 동생에게 하는 말) 선생님께 인사드리도록 해라(×). →인사드려라.

도르다[1] 동사

불규칙 도르고, 도르지, 도르면, 도르니, 돌라, 도릅니다, 돌랐습니다

① 어떤 대상의 둘레를 빙 돌거나 돌게 하다.

¶ 줄을 마당 둘레에 빙 돌라 쳤다.

¶ 어른들은 당산나무에 색색의 천을 돌라 감았다.

② 일, 물건, 돈 따위를 이리저리 형편에 맞추어 대다. 융통하다.

¶ 마을에서는 이앙기 같은 농기구는 서로 돌라서 사용한다.

¶ 봄에 쌀을 좀 돌라 주면 가을에 갚겠다고 부탁했다.

③ 그럴듯하게 말하여 남을 속이다.

¶ 그가 우리 형을 돌라서 자기 땅을 형에게 비싸게 팔아먹었다.

도르다[2] 동사

불규칙 도르고, 돌라, 도른다, 도릅니다, 돌랐다

여러 사람에게 나누어 주다.

¶ 이사한 뒤에 이웃에게 도를 떡을 마련했다.

¶ 아이들에게 과자를 골고루 돌라 주었다.

복합어

도르리 ① 여러 사람이 음식을 차례로 돌아가며 내어 함께 먹음. 또는 그런 일. ¶ 우

리 마을 사람들은 이웃끼리 국수 도르리를 하면서 친목을 다진다. ② 똑같이 나누어 주거나 골고루 돌라 줌. 또는 그런 일.

도르리하다 ① 여러 사람이 음식을 차례로 돌아가며 내어 함께 먹다. ② 똑같이 나누어 주거나 골고루 돌라 주다.

속담

떡 도르라면 덜 도르고 말 도르라면 더 도른다 사람들이 말을 남에게 전하여 소문이 돌게 하기를 좋아한다는 말.

돋구다 동사

규칙 돋구고, 돋구지, 돋구어/돋궈, 돋굽니다, 돋구었다/돋궜다

안경의 도수 따위를 더 높게 하다. 참고 돋우다

¶ 눈이 나빠져서 안경 도수를 돋궈야겠다.

● '돋구다'와 '돋우다'

두 낱말은 모두 '돋다'에 어원을 두고 있으나 쓸 때는 구별한다. '돋구다'는 안경의 도수를 높이는 경우에만 쓰고, 그 밖의 경우에는 모두 '돋우다'를 쓴다.

¶ 화를 돋구지(×)/돋우지(○) 마라.

¶ 노래로 흥을 돋궜다(×)/돋웠다(○).

돋다 동사

규칙 돋고, 돋으니, 돋아, 돋는, 돋습니다, 돋았다

① 해나 달 따위가 하늘에 솟아오르다.

¶ 산봉우리 위로 해가 돋았다.

② 속에 생긴 것이 겉으로 나오거나 나타나다.

¶ 파릇파릇한 새싹이 돋는다.

¶ 이마에서는 땀방울이 돋고, 눈에서는 눈물방울이 돋고.

③ 살갗에 어떤 것이 우툴두툴하게 내밀다.

¶ 온몸에 땀띠가 돋아서 가려웠다.

¶ 무서운 이야기를 들으니 소름이 돋는다.

④ 감정이나 기색 따위가 생겨나다.

¶ 얼굴에 생기가 돋는다.

¶ 머리끝까지 부아가 돋았다.

⑤ 입맛이 당기다.

¶ 입맛이 돋아 밥 한 그릇을 싹싹 비웠다.

돋우다 동사

규칙 돋우고, 돋우지, 돋우어/돋워, 돋웁니다, 돋우었다/돋웠다

① 위로 올려 도드라지거나 높아지게 하다.

¶ 등불의 심지를 돋우고 불을 붙였다.

¶ 키가 작아서 발을 돋워야 창밖을 볼 수 있다.

② 밑을 괴거나 쌓아 도드라지거나 높아지게 하다.

¶ 텃밭에 땅을 돋우고 고추를 심었다.

③ 감정이나 기운을 생겨나게 하다. '돋다④'의 사동형.

¶ 다른 사람의 화를 돋우는 말은 하지 마라.

¶ 칭찬은 아이들의 사기를 돋우는 좋은 약이다.

④ 입맛이 당기게 하다. '돋다⑤'의 사동형.

¶ 향긋한 봄나물을 넣은 된장국은 입맛을 돋운다.

⑤ 가래를 목구멍에서 나오게 하다.

¶ 할아버지의 가래 돋우는 소리가 새벽을 깨웠다.

››› '돋우다'와 '돋구다'의 차이는 올림말 '돋구다' 참고.

ㄷ

돌[1] 명사

① 어린아이가 태어난 날로부터 한 해가 되는 날. ×돐

¶ 내일이 조카 돌이다.

② (해마다 한 번씩 돌아오는 횟수의 단위로 쓰여) 어린아이의 생일이 돌아온 횟수, 기념할 만한 특정한 날이 돌아오는 횟수 따위를 세는 말.

¶ 우리 아이는 이제 겨우 두 돌이 넘었다.

¶ 올해가 훈민정음을 반포한 지 몇 돌이냐?

복합어

돌날 첫돌이 되는 날.

돌떡 첫돌을 기념하기 위하여 돌리는 떡.

돌잔치 첫돌을 기념하기 위하여 벌이는 잔치.

돌잡이 ① 첫돌에 돌상을 차리고 아이에게 마음대로 골라잡게 하는 일. =돌잡히기 ② =돌쟁이

돌쟁이 첫돌이 된 아이. 또는 그만한 시기의 아이. =돌잡이②, 돌짜리

첫돌 아이가 태어난 지 일 년이 되는 날.

관용 표현

돌을 잡히다 아이의 첫돌을 즐겨 그날에 여러 가지 먹을 것과 물건을 차려 놓고 그 아이로 하여금 마음대로 집게 하다. ¶ 옛날에는 첫돌에 마패, 명주실, 붓, 엽전 들을 보이고 돌을 잡혔다.

››› 과거에는 '돌'의 뜻으로 '돐'을 썼으나 1988년 개정된 표준어 규정에 따라서 '돐'이 비표준어가 되었다. 그런데 북한에서는 여전히 '돐'을 쓰고 있다.

돌[2] 명사

① 모래나 흙 같은 것이 굳어서 된 단단한 덩어리. 바위보다는 작고 모래보다는 크다.

¶ 제주도에는 돌로 담을 쌓은 집이 많다.

¶ 서양은 돌로 건물을 많이 지었고, 동양은 나무나 흙으로 많이 지었다.

② 바둑에서 말로 쓰는 동글납작한 물건. 검은색과 흰색의 두 가지가 있다.

¶ 바둑에서 한번 놓은 돌은 물릴 수 없다.

③ 몸 안의 장기 속에 생기는 단단한 물질. =결석

¶ 콩팥에 돌이 있다고 해서 수술을 받았다.

④ (낮잡는 뜻으로) 두뇌 회전이 잘되지 않아 둔하거나 나쁜 머리. 또는 그런 사람.

관용 표현

돌(을) 던지다 ① 남의 잘못을 비난하다. ¶ 모든 잘못은 나에게 있으니 나에게 돌을 던지시오. ② 바둑을 두는 도중에 자기가 졌음을 인정하고 그만두다. ¶ 그는 몇 수 안 두고 돌을 던졌다.

속담

돌을 차면 발부리만 아프다 쓸데없이 화를 내면 저만 해롭게 됨을 빗대어 이르는 말.

돌다 동사

불규칙 돌고, 돌면, 돌아, 도는, 돈다, 도네, 도오, 돕니다, 돌았다

① 물체가 일정한 축을 중심으로 원을 그리면서 움직이다.

¶ 물레방아가 도는 풍경은 옛 정취를 느끼게 한다.

¶ 자전거 바퀴가 잘 돌지 않는다.

② 말, 소문, 전염병 따위가 널리 퍼지다.

¶ 소문이 이미 회사 안에서 돌기 시작한 것 같다.

¶ 마을에 괴질이 돌고 있으니 밖에 나가지 마라.

③ 기능이나 체제가 제대로 작용하다.

¶ 요즘 같은 불경기에 공장이 잘 돈다는 것은 기적이다.

¶ 기계가 쉬지 않고 잘 돌아야 일할 맛이 나지.

④ 돈이나 물자 따위가 유통되다.

¶ 불경기라 시중에 돈이 안 돈다.

⑤ 생각이 얼른 떠오르지 아니하다.

¶ 그 사람 이름이 머릿속에서 뱅뱅 돌 뿐이다.

⑥ 정신을 차릴 수 없도록 아찔하여지다.

¶ 며칠 앓다가 자리에서 일어나니 머리가 핑 돌았다.

⑦ (속되게) 정신에 이상이 생기다.

¶ 중요한 약속을 잊어버리다니 내가 잠깐 돌았나 보다.

⑧ 어떤 기운이나 빛이 나타나다.

¶ 입가에 웃음기가 도는 것을 보니 좋은 일이 생긴 모양이다.

¶ 바닥에 온기가 돌았다.

⑨ 눈물이나 침 따위가 생기다.

¶ 먹을 것을 보니 입안에 군침이 돌았다.

¶ 어머니 생각을 하니까 갑자기 눈물이 핑 돌더라.

⑩ 진행 방향이나 생각을 바꾸다.

¶ 사거리에서 오른쪽으로 돌면 역이 보입니다.

⑪ 근무지나 직책 따위를 옮겨 다니다.

¶ 그는 시골 병원을 돌면서 아픈 사람을 치료했다.

⑫ 무엇의 둘레를 둥글게 움직이다.

¶ 고창에서는 사람들이 성 주위를 빙 돌면서 소원을 비는 행사를 한다.

¶ 지구는 태양의 주위를 돈다.

⑬ 가까운 길을 두고 멀리 비켜 가다.

¶ 이 길은 도는 길이니 저쪽 지름길로 가세요.

⑭ 일정한 범위 안에서 이곳저곳 다니다.

¶ 물건을 싸게 사려고 시장을 다 돌았다.

¶ 아침에 동네를 한 바퀴 돌고 왔더니 땀이 난다.

복합어

감돌다 ① 어떤 기체나 기운이 가득 차서 떠돌다. ¶ 사람들에게 점차 위기의식이 감도는 것 같다. ② 어떤 둘레를 여러 번 빙빙 돌다. ¶ 언니는 산허리를 감돌아 내려왔다. ③ 생각 따위가 눈앞이나 마음속에서 사라지지 않고 자꾸 아른거리다. ¶ 그에 대한 생각이 내 머릿속을 감돌고 있다.

나돌다 ① 바깥이나 주변에서 맴돌다. ¶ 걔는 날마다 어디를 그렇게 나도는지 모르겠다. ② 소문이나 어떤 물건 따위가 여기저기 퍼지거나 나타나다. ¶ 요즘 가짜 돈이 나돈다고 한다.

돌보다 관심을 가지고 보살피다. =돌아보다 ¶ 불쌍한 사람을 나라가 돌보아야지.

돌아가다 ① 도는 행위가 진행되다. ¶ 기계가 잘 돌아갑니까? / 일이 잘 돌아간다. ② 있던 곳으로 다시 가다. ¶ 집으로 돌아가는 길이었다. ③ 한곳을 중심으로 하여 돌다. ¶ 모퉁이를 돌아가면 병원이 보일 것입니다.

돌아눕다 누운 채로 몸을 돌려 반대쪽으로 향하다. ¶ 아내는 화를 내더니 벽 쪽으로 돌아누웠다.

떠돌다 ① 어떤 말이나 소문 따위가 여러 곳으로 퍼지다. ¶ 고약한 소문이 떠돌고 있던데! ② 떠서 이리저리 움직이다. ¶ 기름이 물 위에 둥둥 떠돈다. ③ 정한 곳 없이 이곳저곳을 옮겨 다니다. ¶ 그는 이 시장 저 시장을 떠돌면서 막일을 하였다.

맴돌다 ① 제자리에서 몸을 뱅뱅 돌다. ¶ 물맴이는 물 위에서 뱅뱅 맴도는 습성이 있다. ② 생각이나 말, 느낌이 자꾸 되풀이하여 일어나다. ¶ 머릿속에 여러 가지 생각들이 맴돌았다. ③ 어떤 대상의 주변을 원을 그리면서 빙빙 돌다.

에돌다 ① 곧바로 선뜻 나아가지 아니하고 멀리 피하여 돌다. ¶ 길이 너무 질어서 다른 길로 에돌아 왔다. ② 이리저리 빙빙 돌거나 휘돌다. ¶ 동강은 영월 동쪽을 에돌아 남한강으로 흘러 들어간다. ③ 글이나 말을 곧바로 쓰거나 말하지 아니하고 돌려서 쓰거나 말하다. ¶ 에돌아 말하는 것이 미덕일 때가 있다.

속담

도는 개는 배 채우고 누운 개는 옆 챈다 부지런하면 얻는 바가 있지만 누워서 게으름이나 피우면 옆구리나 차이기 마련임을 빗대어 이르는 말.

돌다가 보아도 마름 물 위에 떠돌아다니는 마름은 아무리 떠돌아도 마름이라는 뜻으로, 별다른 진보가 없이 같은 일만 되풀이함을 빗대어 이르는 말.

돌리다[1] 동사

규칙 돌리고, 돌리어/돌려, 돌린다, 돌립니다, 돌리었다/돌렸다

돌게 하다. '돌다'의 사동형.

¶ 막대기 위에 접시를 올려서 돌리는 기술은 익히기 쉽다.

¶ 전기가 끊겨 공장을 돌릴 수 없었다.

¶ 제발 말을 돌리지 말고 용건만 간단하게 말해라.

¶ 이사한 날 이웃에게 떡을 돌렸다.

¶ 지도자라면 책임을 아랫사람에게 돌리면 안 된다.

¶ 오던 길로 차를 돌려 다시 사무실로 갔다.

¶ 제발 굶주리는 사람들에게도 관심을 돌려 보세요.

돌리다[2] 동사

규칙 돌리고, 돌리어/돌려, 돌린다, 돌립니다, 돌리었다/돌렸다

① 병의 위험한 고비나 상황을 면하게 하다.

¶ 응급 처치를 해서 우선 위급한 상황을 돌린 다음에 병원으로 옮겼다.

② 화를 풀게 하다.

¶ 친구의 마음을 돌리려고 무진장 애를 썼지만 모두 허사였다.

③ 필요한 돈이나 물건 따위를 다른 곳에서 빌리거나 구하다.

¶ 여기저기서 돈을 돌려서 밀린 외상값을 갚았다.

돌리다[3] 동사

규칙 돌리고, 돌리어/돌려, 돌린다, 돌립니다, 돌리었다/돌렸다

① 한패에 넣어 주지 아니하다. =따돌리다

¶ 아이들은 새로 온 아이를 돌리면서 자기들끼리만 축구를 했다.

② 아무렇게나 취급하다.

¶ 이 접시는 귀한 것이니 함부로 돌리지 마라.

돌아다니다 동사

규칙 돌아다니어/돌아다녀, 돌아다닌다, 돌아다닙니다, 돌아다니었다/돌아다녔다

① 여기저기 여러 곳으로 다니다.

¶ 밤늦게 돌아다니지 말고 일찍 들어오너라.

¶ 전국을 돌아다녀도 여기만큼 아름다운 곳은 못 보았다.

② 병이나 소문 따위가 널리 퍼지다.

¶ 안 좋은 소문은 순식간에 온 동네를 돌아다닌다.

돌아보다 동사

규칙 돌아보고, 돌아보아/돌아봐, 돌아본다, 돌아봅니다, 돌아보았다/돌아봤다

① 고개를 돌려서 보다.

¶ 누가 따라오는 느낌이 들어서 뒤를 돌아보았다.

② 지난 일을 다시 생각하여 보다.

¶ 과거를 돌아보는 것은 미래를 계획하는 데 매우 중요하다.

③ 돌아다니면서 두루 살피다.

¶ 새로 건설한 공장을 한 바퀴 돌아보았다.

④ 관심을 가지고 보살피다. =돌보다

¶ 그는 가족을 돌아보지 않고 혼자만 즐기며 산다.

돌아서다 동사

규칙 돌아서고, 돌아서서, 돌아선다, 돌아섭니다, 돌아섰다

① 향하고 있던 쪽에서 방향을 바꾸어 반대로 서다.

¶ 뒤로 돌아서라.

② 생각이나 태도가 다른 쪽으로 바뀌다.

¶ 마음이 한번 돌아서면 어떤 말로도 되돌릴 수 없다.

③ 일이나 형편이 다른 상태로 바뀌다.

¶ 이번 주에 주가가 오름세로 돌아섰다.

④ 병세가 나아지다.

¶ 할아버지의 병세가 차츰 돌아서기 시작하였다.

⑤ 생각이나 의견의 차이로 말미암아 다른 사람과 등지게 되다.

¶ 어제까지도 친구였던 사람들이 오늘은 돌아서서 서로 비난하고 있다.

ㄷ

돌아오다 동사

규칙 돌아오고, 돌아와, 돌아온다, 돌아옵니다, 돌아왔다

① 원래 있던 곳으로 다시 오다.

¶ 삼촌은 결국 고향으로 돌아오고 말았다.

② 차례나 순서가 닥치다.

¶ 내가 말할 차례가 돌아왔다.

③ 몫, 비난, 칭찬 따위를 받다.

¶ 내게 돌아온 몫은 겨우 밥값에 지나지 않았다.

¶ 일이 잘못되자 나에게 비난만 돌아왔다.

④ 에둘러 오다.

¶ 지름길로 오지 않고 왜 멀리 돌아왔지?

⑤ 본래 상태를 되찾다.

¶ 건강이 이전 상태로 돌아온 것 같다.

⑥ 다시 닥치다.

¶ 벌써 추석이 돌아오는군!

¶ 돌아오는 일요일에 무얼 할 거냐?

⑦ 어떤 장소를 끼고 돌아서 오다.

¶ 버스가 모퉁이를 돌아온다.

⑧ 되짚어 오다.

¶ 갔던 길을 돌아올 때는 갈 때보다 가깝게 느껴진다.

돌연(突然) 부사

예기치 못한 사이에 갑자기. =돌연히

¶ 그렇게 건강하던 사람이 돌연 죽었다는 소식을 듣게 되었다.

¶ 돌연 버스 운행이 중단됐다.

복합어

돌연사 겉보기에는 건강하던 사람이 갑자기 죽는 일. ¶ 심장이 안 좋은 사람은 돌연사를 할 확률이 높다고 한다.

돌연하다 생각지도 못한 일이 갑자기 일어난 상태이다. ㉥갑작스럽다 ¶ 형의 돌연한 가출로 부모님이 애를 태웠다.

››› '돌연', '돌연히', '갑자기', '갑작스레'는 부사로서 서로 갈음하여 사용할 수 있다. 이 가운데에서 '돌연', '돌연히'는 자기가 의도적으로 하는 행위에는 사용하지 않는 경향이 있다.

돌입(突入) 명사

세찬 기세로 거침없이 뛰어듦.

¶ 술 취한 행인의 돌입으로 파출소에는 비상이 걸렸다.

복합어

돌입하다 세찬 기세로 거침없이 뛰어들다. ¶ 소방관들이 잠긴 문을 부수고 건물 안으로 돌입하였다.

● '돌입'의 용법

'돌입'은 예정된 일을 단순히 시작하거나 좋은 상황으로 들어가는 경우에는 사용하지 않는다. 적어도 위험한 상황이나 어려움에 갑작스럽게 또는 기운차게 거침없이 뛰어드는 경우에 사용한다. 따라서 아래와 같은 경우에 사용하는 것은 적절하지 않다.

¶ 오늘부터 학기말 시험에 돌입했다. → 들어갔다.

¶ 걸 그룹 새 앨범을 내고 사인회 돌입 → 사인회 시작

¶ 대한민국 정보화 시대에 돌입하다. → 진입하다.

✕ 돐 '돌[1]'의 틀린 표기.

○ 동무 명사

① 늘 친하게 어울리는 사람. ㊥ 벗, 친구

¶ 아이들은 동무들과 신나게 뛰놀며 자라야 한다.

② 어떤 일을 짝이 되어 함께 하는 사람.

¶ 그와 동무가 되어 일을 하게 되었다.

복합어

길동무 길을 함께 가는 사람. =길벗 ¶ 이번 여행에 내 길동무가 되어 줄래?

동무하다 ① 친하게 어울려 지내다. ¶ 나와 동무할 사람을 찾고 있다. ② 짝이 되어 함께 일하다. ¶ 여당과 야당이 서로 동무하여 나라를 발전시켜야 한다.

말동무 더불어 말을 나눌 만한 동무. =말벗 ¶ 그는 내 말동무이다.

소꿉동무 어릴 때 소꿉놀이를 하며 같이 놀던 동무. =소꿉친구

씨동무 소중한 동무.

어깨동무 ① 상대편의 어깨에 서로 팔을 얹어 낌. 또는 그렇게 하고 노는 아이들의 놀이. ¶ 우리는 어깨동무를 하고 함께 걸었다. ② 나이나 키가 비슷한 동무.

어깨동무하다 어깨동무를 하는 자세를 취하다.

속담

동무 따라 강남 간다 자기는 하고 싶지 않지만 남에게 끌려서 덩달아 하게 됨을 이르는 말. =벗(/친구) 따라 강남 간다.

동무 사나워 뺨 맞는다 성미가 좋지 않거나 손버릇이 나쁜 친구와 함께 있다가 자기도 함께 욕을 당한다는 말.

● **'동무'의 용법**

북한에서는 '동무'를 아래와 같은 뜻으로 쓴다.

① 혁명을 위하여 함께 싸우는 사람을 친근하게 이르는 말.

② 일반적으로 남을 친근하게 부르는 말.
즉, 우리가 전통적으로 써 오던 동무의 뜻이 매우 달라진 것을 알 수 있다. 특히 '아무개 동무'처럼 사람의 이름과 함께 쓰는 방식이나, '그 동무는 사상이 온전하지 못하다.'처럼 쓰는 방식은 우리에게는 너무나 낯설다. 이 경우의 동무는 우리가 쓰는 '동지'의 용법과 매우 닮았다. 이런 점에서 북한에서는 동무를 사상적인 의미를 갖는 단어로 사용하고 있음을 알 수 있다. 이에 영향을 받아 우리 사회에서는 '동무' 쓰기를 기피하는 현상이 생겼다. 그래서 그 자리를 '친구'라는 낱말이 차지하게 되었다. 꿩 대신 닭인 셈이다. 하루빨리 동무가 제자리를 찾기 바란다.

되는대로 부사

① 아무렇게나 함부로.
¶ 일을 이렇게 되는대로 하면 어떡하니?
② 사정이나 형편에 따라.
¶ 배가 고프니 되는대로 먹어야지.
③ 가능한 한 최대로.
¶ 되는대로 빨리 차를 고쳐 주시오.

● '되는대로'의 띄어쓰기
'되는대로'는 동사 '되다'에 의존 명사 '대로'가 합쳐진 말이다. 원래는 '되는 대로'처럼 띄어 써야 하는 말인데, 붙여서 한 낱말로 쓰게 된 까닭은 '되는대로'에 새로운 의미가 생겼기 때문이다. '되는 대로'처럼 띄어 쓰는 경우는 다음과 같다.
¶ 시간이 되는 대로 약속 장소로 나가자.
¶ 밥이 되는 대로 밥상을 차리자.
위 두 예문에서 '되다'가 주어 '시간'과 '밥'의 서술어로 기능하고 있음을 알 수 있다. 그리고 '대로'는 '어떤 일이 일어나는 족족, 곧바로'의 뜻을 나타내는 의존 명사이다. 이렇게 두 낱말이 독립적으로 일정한 기능을 하면 당연히 '되는 대로'처럼 띄어 써야 한다.

되다[1] 동사

규칙 되고, 되어/돼, 되어서/돼서, 되는, 된, 될, 된다, 됩니다, 되었다/됐다

① 어떤 신분이나 지위 또는 관계로 바뀌다.

¶ 나는 커서 선생이나 화가가 되고 싶다.

② 다른 것으로 바뀌거나 어떤 상태에 이르다.

¶ 물이 얼면 얼음이 된다.

¶ 눈이 녹으니 길이 엉망진창이 되고 말았다.

¶ 걱정이 되어서 밤에 한숨도 못 잤다.

③ 어떤 때, 일정한 수량, 나이에 이르다.

¶ 여름이 되면 더워서 일하기 힘들다.

¶ 수강생이 열 명은 되는 것 같다.

④ 누구와 어떤 관계이다.

¶ 그는 나와 사촌뻘이 된다.

⑤ 어떤 재료나 성분 또는 구조로 이루어지다.

¶ 우리나라는 국토의 칠십 퍼센트가 산으로 되어 있다.

¶ 은으로 된 반지를 새끼손가락에 끼었다.

⑥ 문서나 서류에 이름이 쓰이다.

¶ 시민의 이름으로 된 청원서를 제출했다.

¶ 네 명의로 된 계약서가 필요하대.

⑦ 성품이나 능력이 갖추어져 있다.

¶ 능력이 되는 사람을 대표로 뽑자.

¶ 심성이 제대로 된 사람이 필요하다.

⑧ 무엇이 생겨나거나 만들어지다.

¶ 밥이 다 되었으니 먹으러 와라.

¶ 주문한 것 다 됐습니까?

⑨ 일 따위가 정상적으로 잘 이루어지다.

¶ 이 일만 계획대로 되면 꼭 보답할게.

¶ 농사가 잘 되건 못 되건 나와 상관없다.

⑩ 어떤 사물의 제 기능이나 수명이 다하다.

¶ 이 기계는 수명이 다 되었다.

¶ 벌써 건전지가 다 되다니.

⑪ 어떤 영향을 끼치다.

¶ 네 말이 나에게 큰 도움이 되었다.

¶ 이런 경험이 나중에는 약이 될 거야.

⑫ 누구에게 어떤 일을 당하다.

¶ 아이들은 의붓어머니에게 양육이 되었다.

¶ 범인이 경찰에 수배가 된 상태로 도망 다녔다.

관용 표현

되지도 않는 소리 ① 전혀 이치에 닿지 아니한 말. ¶ 되지도 않는 소리 하지 마라. ② 전혀 실현 가능성이 없는 의견.

될 수 있는 대로 가능한 한 최대로. ¶ 될 수 있는 대로 빨리 일을 처리할게요.

될 수 있으면 가능한 한. ¶ 될 수 있으면 오늘 중으로 일을 마무리해 주세요.

속담

되는 것도 안 되는 것도 없다 옳은 방법으로 하는 일은 안 되고 부정한 방법으로는 안 되는 일이 없는 어지러운 세상을 이르는 말.

되는 집에는 가지 나무에 수박이 열린다 잘되어 가는 집은 하는 일마다 좋은 결과를 맺음을 빗대어 이르는 말.

되면 더 되고 싶다 욕심이 한이 없음을 이르는 말.

● '되겠습니다'의 잘못된 사용

'되겠다'는 '되다'에 추측이나 의지를 나타내는 말 '-겠-'이 붙은 형태이다. 추측이나 의지와 관련이 없이 쓰는 아래와 같은 표현은 적절하지 않으므로 쓰지 말아야 한다.

¶ 요금은 만 원이 되겠습니다(×). →만 원입니다.

¶ 이번에 도착할 역은 서울역이 되겠습니다(×). →서울역입니다.

¶ 이곳이 바로 경복궁이 되겠습니다(×). →경복궁입니다.

● '되다'의 형태 바뀜과 준말 표기

① '되다'는 어미가 규칙적으로 바뀌므로 특별히 문제가 될 것이 없다. 다만, '되어'가 '돼'로 줄어드는 준말 표기는 조심해서 써야 한다.

'되다'의 바뀐 형태	준말 표기
되어, 되어서, 되어도, 되어야, 되었고, 되었지만, 되었더라도, 되었소, 되었으나, 되었지, 되었어요, 되었다면, 되었습니다	돼, 돼서, 돼도, 돼야, 됐고, 됐지만, 됐더라도, 됐소, 됐으나, 됐지, 됐어요, 됐다면, 됐습니다

¶ 아버지는 자정이 되어/돼 집에 돌아오셨다.

¶ 그러면 안 되어/돼.

¶ 숙제를 빨리 끝내야 되어/돼.

② '되다'가 붙어 복합어가 된 모든 낱말도 위의 표와 같이 줄여 쓸 수 있다.

복합어 바뀐 형태	준말 표기
생산되어, 조직되어도, 거짓되었지만, 고되었소, 참되었지, 막되었다면	생산돼, 조직돼도, 거짓됐지만, 고됐소, 참됐지, 막됐다면

되다[2] 동사

규칙 되고, 되어/돼, 되어서/돼서, 되는, 된, 된다, 됩니다, 되었다/됐다

말, 되, 홉 따위로 가루, 곡식, 액체 따위의 분량을 헤아리다.

¶ 곡식을 되는 그릇에는 말, 되, 홉이 있다.

¶ 길고 짧은 것은 재어 보아야 알고, 많고 적은 것은 되어 보아야 안다.

되다[3] 형용사

규칙 되고, 되어/돼, 되어서/돼서, 된, 될, 됩니다, 되었다/됐다

① 반죽이나 밥 따위가 물기가 적어 빡빡하다.

¶ 죽을 너무 되게 쑤었구나.

¶ 반죽이 되면 물을 조금 쳐서 눅게 해라.

② 줄 따위가 단단하고 팽팽하다.

¶ 짐이 풀어지면 안 되니 끈으로 되게 묶어라.

③ 일이 힘에 벅차다.

¶ 종일 일을 되게 했더니 코피가 났다.

④ 몹시 심하거나 모질다.

¶ 할머니는 모진 시어머니를 만나 된 시집살이를 하였다.

복합어

된더위 몹시 심한 더위. ¶ 올여름 된더위를 나느라고 지쳤다.

된바람 ① 매섭게 부는 바람. 기상청에서 쓰는 용어로는 '큰 나뭇가지가 흔들리고 전선이 울리며, 우산을 받치고 있기가 어려운 정도'로 강한 바람을 이른다. ② 뱃사람 말로, 북쪽에서 부는 바람을 이르는 말.

된밥 ① 물기가 적은 밥. ② 국을 곁들이지 않고 먹는 밥.

된소리 힘을 주어 짙게 내는 소리. 'ㄲ, ㄸ, ㅃ, ㅆ, ㅉ' 소리. =경음

된장 메주로 간장을 담근 뒤에 간장을 떠내고 남은 건더기.

된죽 되게 쑨 죽이나 되직한 죽.

된추위 몹시 심한 추위.

된통 아주 몹시. =되게, 되우 ¶ 감기를 된통 앓았다. / 아버지께 된통 혼났다.

-되다 접사

규칙 -되고, -되어/-돼, -되어서/-돼서, -된, -될, -됩니다, -되었다/-됐다

① (명사 뒤에 붙어) '피동'의 뜻을 더하여 동사를 만드는 말.

¶ 선출되다, 생산되다, 건설되다, 강화되다, 사용되다

② (명사나 부사 또는 어근 뒤에 붙어) 형용사나 동사를 만드는 말.

¶ 거짓되다, 막되다, 못되다, 숫되다, 잘되다, 안되다, 참되다

두껍다 형용사

불규칙 두껍고, 두껍지, 두꺼워, 두꺼운, 두껍습니다, 두꺼웠다

① 두께가 보통보다 크다.

¶ 누나는 두꺼운 책도 빨리 읽는다.

② 여러 층으로 된 집단의 규모가 크다.

¶ 그는 지지하는 층이 매우 두꺼워서 쉽게 당선될 것 같다.

¶ 이 책은 독자층이 두꺼운 편이다.

③ 어둠, 안개, 그늘 따위가 짙다.

¶ 이윽고 어둠이 두껍게 내렸다.

¶ 안개가 두껍게 깔린 길을 걷는다.

››› '두껍다', '두텁다', '두툼하다'의 차이는 올림말 '두텁다' 참고.

두드리다 동사

규칙 두드리지, 두드리어/두드려, 두드리는, 두드립니다, 두드리었다/두드렸다

① 소리가 나도록 두세 번 가볍게 치거나 때리다.

¶ 새벽에 문을 두드리는 소리가 들려서 잠을 깼다.

¶ 선생님은 학생 한 명 한 명의 어깨를 두드리며 격려하였다.

② 손으로 누르거나 채로 치다.

¶ 조용한 밤이라 컴퓨터 자판 두드리는 소리가 유난히 크게 들렸다.

¶ 북을 두드리고 장구를 치는 소리가 어지럽다.

③ 감동을 주거나 격동시키다.

¶ 영화의 마지막 장면이 내 가슴을 세차게 두드렸다.

④ (주로 '두드려' 형태로 쓰여) '마구', '함부로'의 뜻을 나타내는 말.

¶ 몸살이 심해 두드려 맞은 것처럼 온몸이 쑤시고 아프다.

⑤ (주로 '두드려' 형태로 쓰여) '대충'의 뜻을 나타내는 말.

¶ 이번 일은 두드려 맞춘 것인데 운이 좋게 맞아떨어진 거죠.

두들기다 동사

규칙 두들기고, 두들기지, 두들기어/두들겨, 두들깁니다, 두들기었다/두들겼다

세게 두드리다.

¶ 새벽에 문을 두들기는 소리가 들렸다.

¶ 거짓말만 늘어놓는 녀석을 늘씬하게 두들겨 패고 싶다.

두렵다 형용사

불규칙 두렵고, 두렵지, 두려워, 두려운, 두려울, 두렵네, 두렵습니다, 두려웠다

① 어떤 대상이 무서워서 마음이 불안하다. 참고 무섭다

¶ 일이 이렇게 된 바에야 내가 두려울 것이 무엇이겠는가?

¶ 나는 그 누구도 그 무엇도 두렵지 않다.

② ('-기가/-ㄹ까'와 함께 쓰여) 마음에 꺼리거나 염려스럽다.

¶ 잘못을 저지르고 나니 사람 대하기가 두렵다.

¶ 나는 동생이 실수할까 두려워 눈을 감아 버렸다.

● '두렵다'와 '무섭다'

'두렵다'는 대상에 대한 이미지 때문에 갖게 되는 마음에 꺼려지거나 걱정스러운 느낌을 나타낸다. 이에 비해서 '무섭다'는 대상이 무서움을 유발하는 행동을 하는 경우에 느끼는 감정이다. 호랑이를 보기 전에는 호랑이에 대한 두려운 마음만 있고, 호랑이를 보게 되면 호랑이가 무서운 마음이 생긴다. 위해를 끼칠 대상을 직접 보면 무섭고, 보기 전에는 두려움을 갖는 것이다.

위해를 끼칠 대상이 아니면 무서움을 느끼지 않는다. 예를 들면 축구 경기에서 최강 팀과 맞붙게 되면 그 팀에 두려움을 느끼지, 무서움을 느끼지는 않는다. 카리스마 있는 지도자는 두려움의 대상이지 무서움의 대상은 아니다. 그러나 실제로 자신을 나무라는 상사를 만나게 되면 무섭기도 하다. 이때는 자신이 그 상사에게서 공격이나 위해를 당할 수 있기 때문이다.

두루뭉술하다 형용사

불규칙 두루뭉술하여/두루뭉술해, 두루뭉술합니다, 두루뭉술하였다/두루뭉술했다

=두리뭉실하다

① 모나거나 튀지 않고 둥그스름하다.

¶ 저 사람은 얼굴이 두루뭉술하게 생겨서 성격도 원만할 것 같다.

② 말이나 행동 따위가 분명하지 아니하다.

¶ 그렇게 두루뭉술하게 말하면 의미가 잘 전해지지 않는다.

두르다 동사

불규칙 두르고, 두르면, 두르니, 둘러, 두른, 두릅니다, 둘렀다, 둘렀습니다

① 띠나 수건, 치마 따위를 몸에 감거나 걸치다.

¶ 날이 추우니 목에 목도리를 둘러라.

② 둘레에 선을 치거나 벽 따위를 쌓다.

¶ 그는 금테를 두른 안경을 끼고 다닌다.

¶ 집 둘레에 싸리나무로 울타리를 둘렀다.

③ (주로 '둘러' 형태로 쓰여) 바로 가지 아니하고 돌다.

¶ 중간에 길이 막혀서 멀리 둘러 가야 했다.

④ (주로 '둘러' 형태로 쓰여) 간접적으로 표현하다. 에두르다.

¶ 곧바로 말하지 않고 둘러 말해야 좋을 때도 있다.

⑤ 그럴듯한 말로 남을 속이다.

¶ 사기꾼들은 남을 두르는 솜씨가 대단하다.

¶ 다 알고 있으니 나를 둘러 먹으려 하지 마라.

⑥ 사람을 마음대로 다루다. 휘두르다.

¶ 제 나이가 어리다고 사람을 함부로 두르려고 하지 마세요.

⑦ 없는 것을 이리저리 구하거나 빌리다.

¶ 사업을 하다 보면 돈을 여기저기서 둘러야 하는 경우가 많다.

⑧ 어떤 방향으로 향하다.

¶ 주둥이를 어디다 두르고 말하는 거야!

⑨ 기름 따위를 그릇에 고르게 치다.

¶ 프라이팬에 기름을 두르고 전을 부쳤다.

복합어

내두르다 ① 이리저리 휘휘 흔들다. ② 사람을 자기 마음대로 움직이다.

둘러놓다 ① 여럿을 둥그렇게 벌여 놓다. ② 방향을 바꾸어 놓다.

둘러대다 ① 돈이나 물건 따위를 다른 데서 꾸거나 얻어서 대다. ¶ 이제는 돈을 더 둘러댈 데도 없다. ② 그럴듯한 말로 꾸며 대다. ¶ 넌 급하면 거짓말로 둘러대더라.

둘러막다 둘레를 빙 둘러 가며 막다.

둘러말하다 에둘러서 간접적으로 말하다.

둘러매다 끈을 한 바퀴 빙 둘러서 양끝을 마주 매다. ¶ 자꾸 땀이 흘러내려서 목에 손수건을 둘러매었다.

둘러메다 들어 올려서 어깨에 메다. ¶ 등산을 하려고 배낭을 둘러메고 집을 나섰다.

둘러보다 주위를 이리저리 두루 살펴보다. ¶ 경찰이 사고 현장을 둘러보았다.

둘러붙다 ① 기회나 형편을 두루 살피어 이로운 쪽으로 붙어 따르다. ¶ 권력자에게 둘러붙어서 이익을 꾀하려는 사람이 많다. ② 둘레나 가장자리를 따라가며 붙다.

둘러서다 여럿이 둥글게 늘어서다.

둘러싸다 올림말 '둘러싸다' 참고.

둘러쌓다 올림말 '둘러쌓다' 참고.

둘러앉다 여럿이 둥그렇게 앉다. ¶ 마을 사람들이 둘러앉아 담소를 나누고 있다.

둘러엎다 ① 마구 둘러서 뒤집어엎다. ② 하던 일을 그만두고 치워 버리다.

둘러치다 둘레를 돌아가며 보이지 않게 막거나 가리다. ¶ 병실에 커튼을 둘러쳐 칸을 만들어 놓았다.

둘리다 '두르다'의 피동형. ¶ 우리 동네는 숲으로 둘려 있어서 공기가 좋다.

관용 표현

둘러 먹다 남을 속여서 제 잇속을 챙기다.

혀를 두르다 몹시 놀라거나 어이가 없어서 말을 못하다.

두리뭉실하다 형용사

불규칙 두리뭉실하여/두리뭉실해, 두리뭉실합니다, 두리뭉실하였다/두리뭉실했다

=두루뭉술하다

¶ 이번 일은 두리뭉실하게 넘길 생각하지 마라

››› '두루뭉술하다'와 '두리뭉실하다' 모두 표준어이다. 두 낱말의 의미 차이는 없다.

ㄷ

두텁다 형용사

불규칙 두텁고, 두텁지, 두터워, 두터운, 두텁네, 두텁습니다, 두터웠다

신의, 믿음, 관계, 인정 따위가 굳고 깊다.

¶ 그는 두터운 신앙심으로 어려움을 극복해 냈다.

¶ 그와 나는 친분이 두터운 사이이다.

● '두텁다', '두껍다', '두툼하다'

눈에 보이는 사물의 두께가 큰 경우에 '두껍다'를 쓰고, 마음의 깊고 굳음을 나타내는 경우에 '두텁다'를 쓴다. 입술이 두툼하면 '두꺼운 입술'이고, 쪽수가 많은 책은 '두꺼운 책'이다. 이에 비해서 인정이 많거나 신의가 깊은 경우에는 '두터운 정', '두터운 믿음'이라고 한다. 지갑이 두꺼운 이유는 두꺼운 소재로 만들었기 때문이기도 하지만 지갑 속에 돈이 많이 들어 있기 때문이기도 하다. 특히 돈이 많이 들어서 지갑이 꽤 두꺼워지면 '두툼한 지갑'이라고 표현한다. '두툼한 주머니'도 그 속에 돈이 많이 들어 있음을 암시한다. 이렇게 보면 '두툼하다'는 '두껍다'와 인연이 깊은 낱말일 뿐 '두텁다'와는 관련이 없다.

두툼하다 형용사

불규칙 두툼하고, 두툼하여/두툼해, 두툼한, 두툼합니다, 두툼하였다/두툼했다

① 꽤 두껍다. 참고 두텁다

¶ 솜을 두툼하게 넣어서 이불을 만들었다.
¶ 바깥이 추우니 옷을 두툼하게 입고 운동장에 모여라.
② 경제적으로 넉넉하다.
¶ 지갑이 두툼하면 자연히 어깨에 힘이 들어가는 법이다.
¶ 주머니가 두툼하니 목소리에도 힘이 실린다.

둘러싸다 동사

규칙 둘러싸고, 둘러싸, 둘러싸서, 둘러싼, 둘러쌉니다, 둘러쌌다, 둘러쌌습니다

① 물건을 둘러서 감싸다.
¶ 아이를 포대기로 둘러싸서 업고 다녔다.
¶ 김치가 얼지 않게 하려고 짚을 김장독에 둘러쌌다.
② 주위로 둥글게 에워싸다.
¶ 서울은 북한산을 비롯하여 높은 산들이 사방으로 둘러싸고 있다.
¶ 기자들이 순식간에 나를 둘러싸고 이것저것 질문을 던졌다.
③ 어떤 것을 행동이나 관심의 중심으로 삼다.
¶ 이번 사건을 둘러싸고 수많은 소문이 돌았다.
¶ 그를 둘러싼 의혹이 쉽게 사그라지지 않을 것 같다.
››› '둘러싸다'와 '둘러쌓다'의 소리내기는 올림말 '둘러쌓다' 참고.
››› '둘러싸다'는 보자기나 헝겊 같은 쌀 수 있는 재료를 목적어로 삼고, '둘러쌓다'는 돌이나 벽돌 같은 쌓을 수 있는 재료를 목적어로 삼는다.

둘러쌓다 동사

규칙 둘러쌓고, 둘러쌓으면, 둘러쌓아, 둘러쌓는, 둘러쌓습니다, 둘러쌓았다

무엇의 둘레를 빙 둘러서 쌓다.
¶ 밭 둘레에 돌담을 둘러쌓았다.
¶ 서울 주위로 성곽을 둘러쌓아서 외부 침략을 막으려 했다.

● '둘러쌓다'와 '둘러싸다'의 소리내기

'둘러쌓다'는 어간의 끝소리에 'ㅎ'이 들어 있기 때문에 뒤에 자음이 오면 그 자음은 거센소리로 바뀌는데 모음이 오면 'ㅎ'이 소리 나지 않는다. 표기에 따라서 발음을 표시하면 아래와 같다.

	-고	-던	-지	-는	-(으)니	-네
둘러쌓다	둘러싸코	둘러싸턴	둘러싸치	둘러싼는	둘러싸으니	둘러싼네
둘러싸다	둘러싸고	둘러싸던	둘러싸지	둘러싸는	둘러싸니	둘러싸네

-(으)며	-ㄴ/-은	-ㄹ/-을	-아	-았-	-(으)오	-ㅂ니다/-습니다
둘러싸으며	둘러싸은	둘러싸을	둘러싸아	둘러싸앗다	둘러싸으오	둘러싸씀니다
둘러싸며	둘러싼	둘러쌀	둘러싸	둘러쌌다	둘러싸오	둘러쌈니다

둘리다[1] 동사

규칙 둘리고, 둘리어/둘려, 둘리는, 둘린, 둘립니다, 둘리었다/둘렸다

그럴듯한 꾀에 속다.

¶ 네 잔꾀에 둘릴 내가 아니다.

¶ 사기꾼에게 둘려서 큰돈을 잃었다.

둘리다[2] 동사

규칙 둘리고, 둘리어/둘려, 둘린, 둘리었다/둘렸다

'두르다'의 피동형.

① 띠나 수건, 치마 따위가 몸에 휘감기다.

¶ 요리사의 허리에는 앞치마가 둘려 있었다.

② 둘레가 둘러싸이다.

¶ 우리 집은 사방이 숲으로 둘렸다.

둘째[1] ①수사 ②관형사

① 순서가 첫째 다음의 차례.

¶ 첫째, 일찍 올 것. 둘째, 오는 즉시 책상을 닦을 것.

② 순서가 첫째 다음 차례의.

¶ 첫아이보다 둘째 아이에게 더 신경을 쓰게 된다.

관용 표현

둘째(로) 치다 부차적인 것으로 돌리거나 대수롭지 않은 것으로 여기다. ¶ 비가 오는 것은 둘째 치고 바람까지 몹시 분다.

둘째(로) 치더라도 대상이나 고려의 범위에서 빼더라도. ¶ 실패는 둘째로 치더라도 자신감을 잃은 것은 그냥 지나칠 수 없다.

● '둘째[1]'과 '두 번째'

여럿을 차례로 나열할 때에 맨 처음 것부터 차례로 '첫째, 둘째, 셋째'처럼 쓴다. 같은 형식이나 내용, 동작을 여러 번 반복하는 경우에는 '첫 번째, 두 번째, 세 번째'처럼 '번째'를 써서 횟수나 차례를 표현한다. 즉, 반복의 의미가 있는 것의 차례에는 '번째'를 쓰고, 오롯이 차례만 나타낼 때에는 '째'를 쓴다.

예를 들면 거짓말을 다섯 번 하는 경우에 내용은 다르지만 거짓말을 한 행동은 반복이 되므로 첫 번째 거짓말, 두 번째 거짓말처럼 사용한다. 그러나 어떤 경우에도 반복의 의미가 없다면 '번째'를 사용하면 곤란하다. 아래의 경우를 보자.

¶ 우리가 해야 할 일이 셋 있다. 첫 번째(×)/첫째(○)는 그들에게 사과하는 일이고, 두 번째(×)/둘째(○)는 그들의 손해를 배상하는 일이며, 세 번째(×)/셋째(○)는 재발 방지를 약속하는 일이다.

위 글과 같은 경우에는 '번째'를 쓰면 안 되고 '째'를 써야 한다. 세 가지 해야 할 일을 나열한 것이지 반복하는 일이 아니기 때문이다. 일반적으로 사람들은 '하다'가 사용되면 반복으로 오해하여 '첫 번째로 할 일', '두 번째로 할 일'처럼 쓰는데 정확한 표현이 아니다. 세 가지 일을 차례로 나열하는 것이므로 '첫째로 할 일', '둘째로 할 일'처럼 써야 한다.

둘째[2] 명사

① 맨 앞에서부터 세어 두 개가 됨을 이르는 말. 두 개째 또는 두 사람째.

¶ 사과를 둘째 먹고 있다.

② 둘째 자식.

¶ 우리 둘째가 올해 중학생이 되었다.

ㄷ

속담

둘째 며느리 삼아 보아야 맏며느리 착한 줄 안다 먼저 있던 사람의 좋은 점은 나중에 온 사람을 겪어 보아야 비로소 알게 됨을 빗대어 이르는 말. =작은며느리 보고 나서 큰며느리 무던한 줄 안다.

뒤 명사

① 바라보는 방향과 반대되는 쪽이나 곳.

¶ 등 뒤에서 나를 부르는 소리가 들렸다.

¶ 맨 뒤에서부터 한 사람씩 나가세요.

② 시간이나 차례에서 다음이나 나중.

¶ 할 일을 뒤로 미루지 마라.

¶ 딸이 어머니 뒤를 이어 식당을 맡았다.

③ 겉으로 드러나지 않는 부분.

¶ 사건 뒤에 숨은 비밀을 찾아 밝혀야 한다.

¶ 뒤에서 불평하는 것이 가장 나쁘다.

④ 일의 끝이나 마지막이 되는 부분.

¶ 이 책은 뒤로 갈수록 재미있어.

¶ 뒤는 걱정하지 마세요.

⑤ 어떤 일을 할 수 있게 이바지하거나 도와주는 힘.

¶ 한 독지가가 그가 고등학교를 마칠 때까지 그의 뒤를 보아주었다.

⑥ 어떤 일이 진행된 다음에 나타난 결과.

¶ 수술 뒤가 좋지 않다.

⑦ 좋지 않은 감정이 있은 다음에도 여전히 남아 있는 감정. =뒤끝③

¶ 그는 뒤가 없는 사람이다.

⑧ 사람 똥을 완곡하게 이르는 말.

¶ 뒤가 급해서 화장실로 뛰어 들어갔다.

복합어

뒤꿈치 =발뒤꿈치 ① 발의 뒤쪽 발바닥과 발목 사이의 불룩한 부분. ② 어떤 사람이 가진 능력이나 자질의 가장 낮은 수준을 빗대어 이르는 말.

뒤끝 ① 일의 맨 나중이나 끝. ② 어떤 일이 있은 바로 뒤. ③ =뒤⑦ ¶ 이번 일은 뒤끝이 영 개운치 않네.

뒤돌아보다 ① 뒤쪽을 돌아보다. ② 지난 일을 돌이켜 생각해 보다.

뒤따르다 ① 뒤를 따르다. ¶ 엄마를 뒤따라서 시장에 갔다. ② 어떤 일의 과정에 함께 따르거나 결과로서 생기다. ③ 같은 일을 하다.

뒤떨어지다 ① 어떤 것의 뒤에 떨어져 거리를 두다. ② 도달하여야 할 수준이나 기준에 이르지 못하다. ¶ 우리도 다른 나라에 뒤떨어지지 않게 노력합시다. ③ 시대나 사회 조류에 맞지 않게 뒤지다. ¶ 시대에 뒤떨어진 생각을 가지고 있다.

뒤뜰 집채의 뒤에 있는 뜰. =뒷마당

뒤쫓다 뒤를 쫓다.

뒤처리 일의 뒤끝을 처리하는 일.

뒤처지다 뒤로 처지거나 남게 되다.

뒤치다꺼리 ① 뒤에서 일을 보살펴서 도와주는 일. ② 일이 끝난 뒤에 뒤끝을 정리하는 일.

뒤탈 어떤 일의 뒤에 생기는 탈.

뒤통수 머리의 뒷부분.

뒷걸음 ① 발을 뒤로 떼어 놓으며 걷는 걸음. ② 일 따위에 관계되는 것을 피함. ③ 본디보다 못하거나 뒤떨어짐.

뒷걸음치다 ① 뒤로 물러서다. ② 본디보다 뒤떨어지다.

뒷골목 ① 큰길 뒤에 있는 좁은 골목. ② 범죄가 많이 일어나는 세계를 빗대어 이르

는 말. ㉥ 뒷거리

뒷공론 ① 일이 끝난 뒤에 쓸데없이 이러니저러니 다시 말함. ② 앞에 떳떳이 나서지 않고 뒤에서 이러쿵저러쿵 시비조로 말하는 일.

뒷덜미 목덜미 아래의 양 어깻죽지 사이.

뒷동산 집이나 마을 뒤에 있는 동산.

뒷말 ① 계속되는 이야기의 뒤를 이음. 또는 그런 말. ② 일이 끝난 뒤에 뒷공론으로 하는 말. ③ 바로 뒤에 오는 말.

뒷모습 뒤에서 본 모습.

뒷문 ① 뒤나 옆으로 난 문. ② 어떤 문제를 정당하지 못한 방법이나 수단으로 해결하는 길을 빗대어 이르는 말.

뒷바라지 뒤에서 보살피며 도와주는 일.

뒷받침 뒤에서 지지하고 도와주는 일. 또는 그런 사람이나 물건.

뒷북치다 뒤늦게 쓸데없이 수선을 떨다.

뒷이야기 ① 이어지는 이야기의 뒷부분. ② 어떤 일이 있은 뒤에 나오는 이야기.

뒷일 어떤 일이 있은 뒤에 생기거나 일어날 일.

뒷조사 드러나지 않게 은밀히 살피고 알아봄. 또는 그런 일.

뒷짐 두 손을 등 뒤로 젖혀 마주 잡음.

관용 표현

뒤(가) 구리다 숨겨 둔 약점이나 잘못이 있다.

뒤가 든든하다 ① 뒤에서 받쳐 주는 세력이나 사람이 있다. ② 먹은 것이 있어서 허전하지 않고 힘이 있다.

뒤로 물러나다 직책이나 사회 활동에서 은퇴하다.

뒤를 캐다 드러나지 않은 속이나 행동을 알아내려고 은밀히 뒷조사를 하다.

속담

뒤로(/뒤에서) 호박씨 깐다 겉으로는 점잖고 얌전한 체하면서 남이 보지 않는 곳에서는 엉뚱한 짓을 하는 경우를 빗대어 이르는 말.

뒤에 보자는 사람(/양반) 무섭지 않다 나중에 어떻게 하겠다고 말로만 하는 것은 아무 쓸데가 없다는 말.

✕ 뒷문장 ‘뒤 문장’의 틀린 표기.

¶ 뒷문장(×)/뒤 문장(○)이 어색하니 한 번 더 다듬으면 좋겠어.

>>> 한 낱말로 보지 않기 때문에 띄어 쓰고 사이시옷을 붙이지 않는다. 상대적인 의미로 쓰는 ‘앞 문장’도 띄어 써야 한다.

○ 드디어 부사

지속적으로 노력한 끝에 그 결과로. [참고] 마침내, 끝내, 결국

¶ 오랜 항해 끝에 드디어 신대륙에 도착하였다.

¶ 꿈에 그리던 내 집을 드디어 마련했다.

○ 드러나다 동사 ×들어나다

[규칙] 드러나고, 드러나, 드러나는, 드러난, 드러납니다, 드러났다

① 가려 있거나 보이지 않던 것이 보이게 되다.

¶ 구름이 걷히자 멀리 마을이 오롯이 드러났다.

¶ 서해안에는 썰물 때 바닷물이 빠져나가면 갯벌이 드러난다.

② 숨기거나 모르던 사실이 알려지다.

¶ 이번 일로 그들의 범행이 낱낱이 드러났다.

¶ 주머니 속의 송곳처럼 진실은 반드시 드러나게 되어 있다.

○ 드러내다 동사

[규칙] 드러내고, 드러내어/드러내, 드러낸, 드러냅니다, 드러내었다/드러냈다

‘드러나다’의 사동형.

① 눈에 보이게 만들다.

¶ 어깨를 훤히 드러내는 옷이 유행이다.

¶ 아이는 잇몸을 다 드러내며 밝게 웃었다.

② 심리나 성질을 보이다.

¶ 속마음을 그렇게 곧이곧대로 드러내면 손해 본다.

¶ 그는 어릴 적부터 천재성을 드러낸 바 있다.

● '드러내다'와 '들어내다'

두 낱말은 [드러내다]로 소리가 같게 나기 때문에 적을 때 헷갈리기 쉽다. '들다'와 관련이 있으면 '들어내다'를 쓰고, 관련이 없으면 '드러내다'를 쓴다고 생각하면 구별하기 쉽다. 또 노출과 관련이 있으면 '드러내다'를 쓰면 된다.

¶ 웃으면서 하얀 이를 들어내었다(×)/드러내었다(○).

¶ 부상자들을 한 사람씩 드러내고(×)/들어내고(○) 있다.

ㄷ

드리다[1] 동사

규칙 드리고, 드리면, 드리니, 드리어/드려, 드립니다, 드리었다/드렸다

① 어른이나 손윗사람에게 무엇을 주다. '주다'의 높임말.

¶ 어머니께 이 편지를 드려라.

¶ 부모님께 다달이 용돈을 드린다.

② 신이나 윗사람에게 말이나 인사, 축하, 축원 따위를 하다.

¶ 선생님께 인사를 드리고 나오너라.

¶ 하느님께 기도를 드렸다.

③ ('-어 드리다' 구성으로 쓰여) 어른에게 삼가 어떤 행위를 하다.

¶ 결과는 내일 알려 드리겠습니다.

¶ 할머니 어깨를 주물러 드려라.

드리다[2] 동사

규칙 드리고, 드리면, 드리니, 드리어/드려, 드립니다, 드리었다/드렸다

집에 문, 마루, 벽장, 광 따위를 새로 만들다.

¶ 아이가 태어났으니 방을 한 칸 드려야겠다.

¶ 방 뒤쪽에 쪽마루를 드리기로 했다.

든 조사

'든지'의 준말.

¶ 딸기든 사과든 배든 모두 좋아해요.

¶ 이렇게든 저렇게든 일단 하고 보자.

-든 어미 ×-던

'-든지'의 준말.

¶ 내가 가든 말든 무슨 상관이야!

¶ 비가 오든 안 오든 행사를 취소한대.

››› '-든'과 '-던[1]'의 용법은 올림말 '-던[1]' 참고.

-든가 어미 ×-던가

=-든지

¶ 가든가 말든가 맘대로 해.

¶ 그러면 네가 직접 말하든가.

듣지 조사 ㊜든

어느 것이 선택되어도 차이가 없는 둘 이상의 것을 나열하는 말.

¶ 커피든지 차든지 아무거나 주세요.

¶ 궁금한 것이 있으면 언제든지 물어보세요.

-든지 어미 ㊜-든, ×-던지

=-든가

① (주로 '-든지 -든지' 구성으로 쓰여) 둘 중에서 어느 것을 선택해도 상관없음을 나타내는 연결 어미.

¶ 함께 가든지 여기 남든지 네가 알아서 해라.

¶ 먹든지 말든지 내가 상관할 바 아니다.

② 어떤 결정을 하더라도 어미 뒤에 오는 말은 지키라는 뜻을 나타내는 연결 어미.

¶ 어디에 살든지 잘만 살아라.

¶ 좋든지 싫든지 이 일을 꼭 해야만 한다.

③ 약간의 불만을 품고 상대의 행동을 압박하는 뜻을 나타내는 종결 어미.

¶ 바쁘면 오지 말든지.

¶ 왔으면 제대로 일을 하든지.

››› '-든지'와 '-던지'의 용법은 올림말 '-던지' 참고.

듣다 동사

불규칙 듣고, 듣지, 들으면, 들으니, 들어, 듣는다, 듣습니다, 들었다

① 사람이나 동물이 소리를 감각 기관을 통해 알아차리다.

¶ 사람들은 음악을 듣고 위로받기도 한다.

¶ 어머니가 책 읽는 소리를 들으니 마음이 편안하다.

② 귀를 기울이다.

¶ 정치인은 국민의 소리를 들을 줄 알아야 한다.
③ 다른 사람의 말을 받아들여 그대로 하다.
¶ 일곱 살이면 엄마 말을 안 들을 때야.
¶ 학교에 가면 선생님 말씀을 잘 들어라.
④ ('말' 따위를 목적어로 하여) 기계 따위가 제대로 움직이다.
¶ 차 브레이크가 말을 안 들어 수리를 맡겼다.
⑤ 사람에게서 일정한 내용을 가진 말을 전달받다.
¶ 네가 결혼했다는 소식을 듣고 놀랐다.
⑥ 주로 윗사람에게 꾸지람이나 칭찬을 듣다.
¶ 숙제를 잘해 가서 선생님께 칭찬을 들었다.
¶ 그때는 부모님께 꾸중 듣는 것이 예사였지.
⑦ 어떤 말을 잘못 이해하거나 받아들이다.
¶ 내 말을 그리 고깝게 듣지 마라.
¶ 고지식한 사람은 농담을 진담으로 듣는다.
⑧ 약이 어떤 사람이나 어떤 병에 효험을 나타내다.
¶ 사람마다 잘 듣는 약이 따로 있는 것 같다.

관용 표현

듣다 처음(/첫 소리) 지금까지 들어 보지 못하던 내용의 말을 처음으로 듣게 되었음을 이르는 말. ¶ 그런 희한한 일은 듣다 처음이야.
듣도 보도 못하다 들은 적도 본 적도 없어 전혀 알지 못하다. ¶ 그 일에 대해서는 듣도 보도 못해서 아는 바가 없습니다.

속담

듣기 좋은 꽃노래도 한두 번이지 아무리 좋은 일이라도 여러 번 되풀이하여 대하게 되면 싫어진다는 말. =듣기 좋은 이야기도 늘 들으면 싫다.
듣는 것이 보는 것만 못하다 듣기만 하는 것보다는 직접 보는 것이 확실하다는 말.
들으면 병이요 안 들으면 약이다 들어서 걱정될 일은 듣지 않는 것이 차라리 낫다는 말.
들은 말 들은 데 버리고 본 말 본 데 버려라 말을 옮기지 말라는 말.

들은 풍월 얻은 문자 제대로 배우지 않고 여기저기에서 듣고서 문자 쓰는 사람을 비웃는 말.

들을 이 짐작 다른 사람이 무슨 말을 해도 듣는 사람은 자기 나름대로 짐작을 할 것이니 말한 그대로만 될 리는 없다는 말.

들다 동사

불규칙 들고, 들지, 들면, 드니, 들어, 드는, 든, 들, 듭니다, 들었다

① 손에 가지다.

¶ 가방을 들고 있는 사람이 내 친구다.

¶ 실례지만 이 짐을 좀 들어 주시겠어요?

② 아래에 있는 것을 위로 올리다. 참고 뜨다[7]

¶ 질문 있는 사람은 손을 들어 주세요.

¶ 고개를 들고 선생님을 보세요.

③ 무엇을 설명하거나 증명하기 위하여 자료를 가져다 대다.

¶ 알기 쉬운 예를 들어 설명하세요.

¶ 소송에서 이기려면 알리바이를 증명할 증거를 들어야 한다.

④ '먹다[2]①'의 높임말.

¶ 아버지는 아침을 못 드시고 출근하셨다.

¶ 이 반찬도 좀 들어 보세요.

관용 표현

들었다 놓다 ① 들어 올렸다가 도로 놓을 정도로 매우 힘 있고 요란함을 빗대어 이르는 말. ¶ 응원의 함성이 경기장을 들었다 놓았다 한다. ② 굉장히 큰 영향을 미치다. ¶ 그의 말 한마디가 온 사회를 들었다 놓을 정도였다.

속담

들고 나니 초롱꾼 초롱을 들고 나서면 초롱꾼이 된다는 뜻으로, 사람은 어떤 일이고 다 할 수 있다는 말.

들르다 동사 ×들리다

불규칙 들르고, 들르니, 들러, 들러서, 들르는, 들른, 들렀다

지나는 길에 잠깐 들어가 머무르다.

¶ 퇴근하는 길에 마트에 들러 저녁거리를 좀 샀다.

¶ 춘천에 갔을 때에 잠깐 친가에 들러 부모님을 뵈었다.

● '들르다'와 '들리다'

두 낱말은 의미상으로도 차이가 나지만 활용형도 사뭇 달라서 잘못 사용하면 낭패를 당하기 쉽다. 특히 '들르다'를 '들리다'로 잘못 쓰는 경우가 많다.

¶ 잠깐 집에 들렸다(×)/들렀다(○) 가라.

¶ 우리가 그날 들린(×)/들른(○) 곳이 맛집이라고 소문났더라.

¶ 오늘 저녁에 안산에 잠깐 들립니다(×)/들릅니다(○).

¶ 모임 장소에 잠깐 들리기로(×)/들르기로(○) 했다.

들리다[1] 동사

규칙 들리고, 들리어/들려, 들린, 들립니다, 들리었다/들렸다

① 병에 걸리다.

¶ 누나는 감기에 들려서 혼자 따로 밥을 먹었다.

¶ 치매 들린 노인이 크게 증가하였다.

② 귀신이나 넋 따위가 덮치다.

¶ 걸신이 들린 것처럼 허겁지겁 밥을 먹었다.

들리다[2] 동사

규칙 들리고, 들리어/들려, 들린, 들립니다, 들리었다/들렸다

'듣다'의 피동형.

¶ 어디서 노랫소리가 들린다.

¶ 나이가 드니 귀가 잘 들리지 않는다.

들리다[3] 동사

규칙 들리고, 들리어/들려, 들린, 들립니다, 들리었다/들렸다

① '들다'의 피동형.

¶ 양손에 선물 꾸러미가 들려서 초인종을 누를 수가 없다.

¶ 시소는 한끝에서 힘을 주면 다른 끝이 들리게 만든 놀이 기구이다.

② 손에 들게 하다. '들다'의 사동형.

¶ 아이에게 작은 바구니를 들리고 함께 걸었다.

¶ 부모님께서 동생에게 갖가지 반찬을 들려 보내셨다.

● 피동형과 사동형이 같은 말

낱말	피동형/사동형		뜻	용례
들다	들리다	피동형	듦을 당하다.	돌이 무거워 잘 들리지 않는다.
		사동형	들게 하다.	짐을 여럿에게 나누어 들려야겠다.
보다	보이다	피동형	봄을 당하다.	드디어 바다가 보인다.
		사동형	보게 하다.	형에게 내 실력을 보여 줘야지.

업다	업히다	피동형	업음을 당하다.	아이가 업히지 않으려 한다.
		사동형	업게 하다.	언니에게 동생을 업혀서 보냈다.
읽다	읽히다	피동형	읽음을 당하다.	책이 어려워 잘 안 읽힌다.
		사동형	읽게 하다.	저녁 먹고 동생에게 책을 읽혀라.
잡다	잡히다	피동형	잡음을 당하다.	일이 손에 잘 안 잡힌다.
		사동형	잡게 하다.	아이들에게 연필을 잡혀라. 집을 담보로 잡히고 돈을 빌렸다.

× 들리다[4] '들르다'의 틀린 말.

¶ 참새가 방앗간을 안 들리고(×)/들르고(○) 어떻게 그냥 가겠어?

× 들어나다 '드러나다'의 틀린 표기.

¶ 진실은 반드시 들어난다(×)/드러난다(○).

○ 들어내다 동사

규칙 들어내고, 들어내어/들어내, 들어낸, 들어냅니다, 들어내었다/들어냈다

① 물건을 들어서 밖으로 옮기다.

¶ 상자를 창고 밖으로 들어내려면 사람이 필요하다.

¶ 방에 있던 갖가지 물건을 모조리 밖으로 들어냈다.

② 사람을 있는 자리에서 쫓아내다.

¶ 부정부패를 일삼는 자들을 들어내지 않고는 사회가 개혁될 수 없다.

¶ 법정에서 소란을 피우는 사람은 들어낸다.

››› '들어내다'와 '드러내다'는 소리가 같다. 그래서 표기할 때에 두 낱말을 구별하여 표기하여야 한다. 올림말 '드러내다' 참고.

들이 부사

=들입다

¶ 갑자기 굵은 빗방울이 떨어지자 사람들이 건물 쪽으로 들이 달렸다.

들이- 접사

(일부 동사 앞에 붙어) '몹시', '마구', '갑자기'의 뜻을 더하는 말.

¶ 들이퍼붓다, 들이닥치다, 들이덮치다

-들이 접사

(수량을 나타내는 명사구 뒤에 붙어) '그만큼 담을 수 있는 용량'의 뜻을 더하는 말.

¶ 한 말들이 쌀통, 8리터들이 생수통

들이다[1] 동사

규칙 들이고, 들이어/들여, 들인다, 들입니다, 들이었다/들였다

연기나 불길이 아궁이에서 방고래로 잘 들어가다.

¶ 아궁이를 고쳤더니 불이 잘 들인다.

들이다[2] 동사

규칙 들이고, 들이어/들여, 들입니다, 들이었다/들였다

① 밖에서 안으로 들어오게 하다.

¶ 친구를 집에 들이고 잠깐 기다리게 했다.

② 빛이나 볕 따위가 안으로 들게 하다.

¶ 겨울에 실내에 볕을 들이려면 천장에 창문을 내야 한다.

③ 받아들이다.

¶ 그를 우리 모임의 회원으로 들이기로 했다.

¶ 그 아이를 며느리로 들이고 싶었는데 아쉽다.

④ 물건을 안으로 가져오다.

¶ 거실에 새로 텔레비전을 들였다.

⑤ 배거나 물들게 하다.

¶ 옷감에 물을 곱게 들였다.

⑥ 어떤 일에 재료나 밑천으로 사용하다.

¶ 노력을 많이 들여 만든 제품이다.

¶ 앉아서 시간을 많이 들인다고 공부가 되는 것은 아니다.

⑦ 취미나 버릇을 길이 들게 하다.

¶ 아이들에게 좋은 버릇을 들이려면 부모가 먼저 모범을 보여야 한다.

¶ 나는 요즘 운동에 취미를 들였다.

››› '들이다'와 '드리다'는 소리가 같다. 따라서 쓰임에 따라 잘 구별하여 표기하여야 한다.

들이치다[1] 동사

규칙 들이치고, 들이치어/들이쳐, 들이친, 들이칩니다, 들이치었다/들이쳤다

① 손이나 발로 마구 치다.

¶ 화가 났다고 해서 아무거나 막 들이치면 안 되지요.

② 들이닥치며 세차게 공격하다.

¶ 적군이 긴장을 풀 때를 기다려 한순간에 들이쳐서 섬멸하였다.

들이치다[2] 동사 ×들치다

규칙 들이치고, 들이치어/들이쳐, 들이친, 들이칩니다, 들이치었다/들이쳤다

① 비나 눈 따위가 안쪽으로 뿌리다.

¶ 비가 마루까지 들이쳐 마루에 놓아 둔 옷이 다 젖었다.

② 햇빛 따위가 안으로 비치다.

¶ 동향으로 난 창으로 벌써 햇빛이 들이치고 있다.

● '들이치다[2]'와 '들치다'

'들이치다'의 '들이-'는 '안쪽으로'의 뜻을 더하는 접두사이다. '들이불다', '들이비치다', '들이쉬다', '들이쌓다'도 이 접두사를 써서 만든 복합어이다. 따라서 '들이-'의 '이'를 빼고 '들치다'라고 쓰면 안 된다. '들치다'는 물건의 한쪽을 드는 행위를 나타내는 말이다.

들이켜다 동사 ×들이키다

규칙 들이켜고, 들이켜, 들이켠, 들이켤, 들이켠다, 들이켭니다, 들이켰다

① 물이나 술 따위의 액체를 단숨에 마구 마시다.

¶ 목이 말라서 물을 벌컥벌컥 들이켰다.

¶ 나그네는 막걸리를 마치 물 마시듯 들이켜고 곧장 길을 떠났다.

② 공기나 숨 따위를 몹시 세차게 들이마시다.

¶ 바닷가에 와서 깨끗한 공기를 마음껏 들이켤 수 있어서 좋다.

들이키다 동사

규칙 들이키고, 들이키어/들이켜, 들이킨다, 들이킵니다, 들이키었다/들이켰다

안쪽으로 가까이 옮기다.

¶ 평상에 있는 바구니를 좀 들이키는 것이 좋겠다.

¶ 지나다니게 발을 안으로 들이켜라.

● '들이켜다'와 '들이키다'의 형태 바뀜

이 두 낱말은 '어'로 시작하는 어미가 붙을 때 형태가 같아지는 일이 생겨서 헷갈리기 쉬우니 조심해야 한다.

┌들이켜다+-어=들이켜 ¶물을 들이켜 보아라.
└들이키다+-어=들이켜 ¶다리를 들이켜 앉아라.

┌들이켜다+-어서=들이켜서 ¶물을 너무 많이 들이켜서 배가 아프다.
└들이키다+-어서=들이켜서 ¶바구니를 들이켜서 부엌에 놓아라.

┌들이켜다+-었어요=들이켰어요 ¶술을 한숨에 들이켰다.
└들이키다+-었어요=들이켰어요 ¶비에 젖지 않게 곡식을 안으로 들이켰다.

이런 형태 바뀜을 몰라 아래와 같이 쓰면 틀린다.

¶물을 한숨에 들이키어(×)/들이켜(○) 보아라.

¶독한 술을 한숨에 들이키면(×)/들이켜면(○) 위험해요.

'들이키다'는 '들이다'를 힘주어 하는 말로 안쪽으로 옮기는 행위를 가리킨다. 이에 비해서 '들이켜다'는 '켜다'를 힘주어 하는 말이다. 물을 단숨에 마시는 행위를 '켜다'라고 하는데 '들이-'를 씀으로써 단숨에 마시는 행위를 강조한다. 따라서 물을 마시는 행위와 관련하여 '들이키다'를 쓰는 것은 잘못이다.

들입다 부사 ㉾딥다

세차게 마구. =들이

¶누가 쫓아오는 것 같아서 뒤도 돌아보지 않고 들입다 뛰었다.

¶내 말이 끝나기도 전에 그는 들입다 화부터 냈다.

들추다 동사

규칙 들추고, 들추어/들춰, 들춘, 들춥니다, 들추었다/들췄다, 들추었습니다/들췄습니다

① 안이나 속이 드러나게 젖히거나 들어 올리다.

¶장판을 들추니 그 속에서 옛날 돈이 나왔다.

¶아이들은 가재를 잡는다고 물속에 손을 넣어 돌을 들추었다.

② 무엇을 찾으려고 자꾸 뒤지다.

¶ 아이가 그림책을 들춰 가며 이야기한다.

③ 어떤 일을 끄집어내어 드러나게 하다.

¶ 남의 사생활을 그렇게 들추는 것은 실례입니다.

복합어

들추어내다 ㊟ 들춰내다 ① 겉을 걷거나 속을 파헤쳐 모조리 끄집어내다. ¶ 숨긴 물건을 모조리 들추어내라. ② 결함이나 잘못 따위를 따져서 드러나게 하다. ¶ 정부의 잘못을 들추어내어 국민에게 알리는 것이 언론의 사명이다. ③ 어떤 일을 따져서 알아내다. ¶ 그는 왜곡된 역사적 사실들을 들추어냈다.

ㄷ

○ 들치다[1] 동사

규칙 들치니, 들치어/들쳐, 들치는, 들친, 들칠, 들칩니다, 들치었다/들쳤다

물건의 한쪽 끝을 쳐들다.

¶ 치맛자락을 들치고 상처 난 무릎에 약을 발랐다.

¶ 커튼을 들치고 창밖의 풍경을 바라본다.

× 들치다[2] '들이치다[2]'의 틀린 말.

¶ 비가 들칠지(×)/들이칠지(○) 모르니 어서 창문을 닫아라.

○ 들키다 동사

규칙 들키고, 들키어/들켜, 들킨, 들킬, 들킵니다, 들키었다/들켰다

① 숨기려던 것이 남에게 알려지다.

¶ 거짓말을 했다가 아버지께 들켜서 꾸중을 들었다.

¶ 죄를 짓고도 안 들킬 줄 알았니?

② 숨기려던 것을 남이 알아채다.

¶ 자기 잘못을 들키고 싶지 않은 것이 사람 마음이다.

¶ 그 일로 내 속내를 사람들에게 들키고 말았다.

듯 명사

① '듯이'의 준말.

¶ 네 말을 들으니 새 힘이 솟는 듯 자신감이 생긴다.

¶ 넌 어쩌면 네 아버지를 빼다 박은 듯 행동하니?

② 그런 것 같기도 하고 그러지 않은 것 같기도 함을 나타내는 말.

¶ 아이는 책을 보는 듯 마는 듯 뒤적거리고만 있다.

③ 어떤 행동을 하거나 어떤 일이 일어날 것처럼 보임을 나타내는 말.

¶ 그는 무엇인가를 말할 듯 말할 듯 하다가 그냥 떠나 버렸다.

–듯 어미

'–듯이'의 준말.

¶ 땀이 비 오듯 쏟아진다.

¶ 구름에 달 가듯 가는 나그네

듯이 명사 ㊟ 듯

① (어미 '–은', '–는', '–을' 뒤에 쓰여) 비슷하거나 같은 정도임을 나타내는 말.

¶ 아이가 뛸 듯이 기뻐하였다.

¶ 그는 세상 물정을 다 아는 듯이 말을 한다.

② (주로 어미 '–을' 뒤에 쓰여) 짐작이나 추측의 뜻을 나타내는 말.

¶ 선물을 보낼 듯이 하더니 보내지 않았다.

¶ 소나기가 한바탕 퍼부을 듯이 먹구름이 잔뜩 끼었다.

>>> 명사 '듯이'와 어미 '–듯이'의 띄어쓰기는 올림말 '–듯이' 참고.

-듯이 어미 ㊟ -듯

('이다'의 어간, 용언의 어간 또는 어미 '-으시-', '-었-', '-겠-' 뒤에 붙어) 뒤 절의 내용이 앞 절의 내용과 거의 같음을 나타내는 연결 어미.

¶ 사람은 생김새가 다 다르듯이 생각도 다 다르다.

¶ 아이가 콩나물 자라듯이 키가 쑥쑥 자란다.

> **● 의존 명사 '듯이'와 어미 '-듯이'의 띄어쓰기**
>
> 의존 명사 '듯이'는 반드시 어미 '-은', '-는', '-을' 뒤에 온다. 이런 경우 앞의 용언을 관형어라고 한다. 그리고 관형어와 의존 명사 '듯이'는 띄어 써야 한다. 반면에 어미 '-듯이'는 용언의 어간에 붙여 쓴다. 어간에 붙어 있는 것은 어미 '-듯이'이고 어미 '-은', '-는', '-을' 뒤에 있는 것은 명사 '듯이'이다.

등골[1] 명사

등마루 양쪽으로 골짜기처럼 움푹 팬 부분.

¶ 긴장을 해서인지 등골에 식은땀이 흐른다.

관용 표현

등골(이) 서늘하다 두려움으로 아찔하고 등골이 떨리다.

등골(이) 오싹하다 등골에 소름이 끼칠 정도로 매우 놀라거나 두렵다.

등골[2] 명사

등에 위아래로 뻗은 긴 뼈. =척추뼈

¶ 등골이 휘면 건강에 나쁜 영향을 준다.

복합어

등골뼈 등골을 '뼈'라는 뜻으로 강조하여 이르는 말. =척추뼈

등골[3] 명사

등골뼈의 속에 들어 있는 신경 중추. =척수

관용 표현

등골(을) 빨아먹다(/빼먹다) 남의 재물을 착취하거나 농락하며 빼앗다. ¶ 백성의 등골을 빨아먹던 탐관오리를 몰아내었다.

등골(을) 우리다 달래거나 위협하여 남의 재물을 억지로 빼앗다. ¶ 세금을 과하게 매겨 서민 등골을 우린다.

등골(이) 빠지다 견디기 어려울 정도로 몹시 힘이 들다. ¶ 공사장에서 등골이 빠지게 일을 해도 식구들 먹여 살리기가 힘들다.

등극(登極) 명사

① 임금의 자리에 오름. ㉥ 즉위

¶ 세종의 등극에 얽힌 비사가 《세종실록》에 기록되어 있다.

② 어떤 분야에서 가장 높은 자리나 지위에 오름.

복합어

등극하다 ① 임금의 자리에 오르다. ㉥ 즉위하다 ② 어떤 분야에서 가장 높은 자리나 지위에 오르다. ¶ 우리나라 선수가 피겨 스케이팅 세계 챔피언에 등극했다.

● '등극하다'의 용법

'등극하다'는 최고의 자리에 오를 때에 쓰는 말이다. 따라서 어떤 경기에서 1등을 하더라도 같은 종류의 경기가 많이 있어서 다른 경기의 1등과 다시 겨루는 일이 남아 있다면 아직 등극했다고 표현할 수 없다. 적어도 같은 경기를 하는 사람들 중에서는 최고가 되어야 등극했다고 말할 수 있다.

① '등극하다'를 잘못 쓴 예

¶ 중국이 세계 경제 대국 2위에 등극했다.(2위는 등극의 대상이 아님.)

¶ 현 시점에선 확률상 그 투수가 최다패 등극 가능성이 가장 높다.(투수가 가장 많이

패하는 것이 오르고자 하는 바가 아니다. 이 표현은 우스개로나 쓸 수 있을 따름이다.)

② '등극하다'를 함부로 쓴 예

¶ 그가 이달의 선수에 등극했다.(이달의 선수는 다달이 있는 것이므로)

¶ 이 대회에서 1위에 등극했다.(이런 대회가 하나만 있는 것이 아니므로)

현대에서는 등극했다는 표현을 쓰지 않고 올랐다는 표현을 쓰는 것이 더 적절하다. 왜냐하면 '등극'은 전제 군주 시대에 쓰던 말이기 때문이다. 등극을 쓰지 않고 아래와 같이 표현할 수 있다.

¶ 지난해 전국 체육 대회에서 1위에 올랐다.

¶ 올해 월드컵 축구 대회에서 1등을 차지했다.

디디다 동사 ㉾ 딛다

규칙 디디고, 디디어/디뎌, 디딘, 디딥니다, 디디었다/디뎠다

① 무엇에 발을 올려놓고 서거나 무엇을 발로 내리누르다.

¶ 발을 잘못 디뎌 발목을 삐었다.

¶ 발을 디딜 돌을 갖다 놓아라.

¶ 메주는 삶은 콩을 절구에 찧고 발로 디뎌서 빚는다.

② 어려운 상황 따위를 이겨 내다.

¶ 어떤 역경이나 고난도 디디고 일어서야 한다.

¶ 슬픔을 디디고 다시 일터에 갔다.

● '디디다'의 준말 '딛다'

'디디다'는 '딛다'로 줄여 쓸 수 있는 경우와 줄여 쓸 수 없는 경우가 있다.

① 줄여 쓸 수 있는 경우

디디고 – 딛고, 디디게 – 딛게, 디디지 – 딛지, 디디더라도 – 딛더라도

디디니 – 딛니, 디디네 – 딛네, 디디는 – 딛는

② 줄여 쓸 수 없는 경우

디디어 – 디뎌(○) / 딛어(×), 디디어서 – 디뎌서(○) / 딛어서(×)

디디었다 – 디뎠다(○) / 딛었다(×)

이 밖에 '디딥니다, 디디오'는 '딛습니다, 딛소'로 쓸 수 있다. '디디니, 디디면, 디디므로'는 '딛으니, 딛으면, 딛으므로'로 줄여 쓰지 않고 본디대로 쓴다. 줄인들 실익이 없기 때문이다.

딛다 동사

규칙 딛게, 딛고, 딛지, 딛는, 딛소, 딛습니다

'디디다'의 준말.

¶ 오랜만에 고향 땅을 딛는 기분이 참으로 묘했다.

¶ 실패를 딛고 일어서는 모습이 가상하다.

¶ 좌절을 딛고 함께 일어섭시다.

● '딛다'의 형태 바뀜 제약

'딛다'는 '디디다'의 준말로서 '-어'나 '-었-' 같은 모음으로 시작하는 어미를 활용형으로 쓸 수 없다.

• 딛은(×)→디딘, 딛어(×)→디디어 / 디뎌, 딛었다(×)→디디었다 / 디뎠다

¶ 나무 바닥을 딛으면(×) / 디디면(○) 삐거덕 소리가 난다.

¶ 여기를 조심해서 딛어라(×) / 디뎌라(○).

딥다 부사

'들입다'의 준말.

¶ 아버지와 산에 갔다가 딥다 고생만 했다.

¶ 아이가 집에 오자마자 엄마한테 딥다 하소연을 늘어놓았다.

따르다[1] 동사

불규칙 따르고, 따르면, 따라, 따라서, 따른다, 따릅니다, 따랐다

① 남이 가는 대로 같이 가다.

¶ 아버지를 따라 야구장에 갔다.

② 앞선 것을 좇아 같은 수준에 이르다.

¶ 어머니 음식 솜씨를 따르려면 아직도 멀었다.

③ 좋아하거나 존경하여 가까이 좇다.

¶ 강아지가 나를 잘 따른다.

④ 유행이나 명령 따위를 그대로 실행하다.

¶ 젊은 사람들은 유행을 따르려는 욕망이 강하다.

¶ 군사들은 장군의 명령을 따랐다.

⑤ 일정한 선을 그대로 밟아 움직이다.

¶ 마을은 해안을 따라서 군데군데 형성되어 있다.

⑥ 남이 하는 대로 하다.

¶ 아이들은 선생님의 시범을 따라서 동작을 했다.

¶ 앵무새가 사람 말을 곧잘 따라 했다.

⑦ 어떤 일이 다른 일과 더불어 일어나다.

¶ 이번 회의에서 인구 고령화에 따라서 나타나는 여러 문제를 논의하려고 한다.

⑧ (흔히 '따라, 따라서, 따른, 따르면' 형태로 쓰여) 경우, 사실, 기준 따위에 의거하다.

¶ 고인의 뜻에 따라 재산을 모두 학교에 기부하겠습니다.

¶ 일기 예보에 따르면 당분간 열대야가 계속될 거래.

따르다[2] 동사

불규칙 따르고, 따라, 따른다, 따릅니다, 따랐다

그릇을 기울여 액체를 밖으로 조금씩 흐르게 하다.

¶ 그가 내 잔에 물을 따라 주었다.

딸리다[1] 동사

규칙 딸리고, 딸리니, 딸리어/딸려, 딸린다, 딸립니다, 딸리었다/딸렸다

① 어떤 것에 매이거나 붙어 있다.

¶ 집에 꼭 주차장이 딸려 있어야 한다.

¶ 나한테 딸린 식구가 무려 여덟 명이다.

¶ 우리 아이는 초등학교에 딸린 유치원에 다닌다.

② 속하다.

¶ 염소는 솟과에 딸린 짐승이다.

¶ 하늘소, 무당벌레, 사슴벌레는 딱정벌레 무리에 딸린 곤충이다.

딸리다[2] 동사

규칙 딸리니, 딸리어/딸려, 딸린다, 딸립니다, 딸리었다/딸렸다

누구를 따르게 하다. '따르다[1]①'의 사동형.

¶ 할머니께 동생을 딸려 보냈으니 염려하지 마세요.

딸리다[3] '달리다[1]'의 틀린 말.

¶ 힘이 딸리는(×)/달리는(○) 사람이 지는 거야.

¶ 실력이 딸리면(×)/달리면(○) 더 열심히 해야지.

땅기다 동사 ×땡기다

규칙 땅기고, 땅기어/땅겨, 땅기는, 땅깁니다, 땅기었다/땅겼다

몹시 단단하고 팽팽한 느낌을 주다.

¶ 세수를 했더니 얼굴이 좀 땅긴다.

¶ 갑자기 화를 냈더니 뒷골이 땅겼다.

● '땅기다'와 '땡기다'

'땅기다'를 '땡기다'로 소리 내는 것도 잘못이고 그렇게 적는 것도 잘못이다.

¶ 등산을 했더니 장딴지가 땅긴다(○)/땡긴다(×).

¶ 긴장하니까 배가 땅기고(○)/땡기고(×) 몸이 굳어지는 것 같았다.

ㄷ

때리다 동사

규칙 때리고, 때리어/때려, 때리는, 때린, 때립니다, 때리었다/때렸다

① 손이나 회초리 따위로 아프게 치다.

¶ 옛날에는 죄인에게 곤장을 때렸다.

② 한 물체가 다른 물체를 세게 치다.

¶ 굵은 빗방울이 얼굴을 때린다.

¶ 바람이 부니 나뭇가지가 유리창을 때립니다.

③ 남의 잘못을 말이나 글로 비판하다.

¶ 신문들이 비리 정치인의 잘못을 때리는 기사를 쏟아냈다.

④ 각성하도록 충격을 주다.

¶ 그의 말이 내 가슴을 때렸다.

⑤ (속되게) 함부로 마구 하다.

¶ 설문지에 답을 대충 때려 넣었다.

복합어

들때리다 마구 때리다.

때려눕히다 때려서 쓰러지게 하다. =때려누이다

때려잡다 ① 주먹이나 몽둥이 따위로 쳐서 잡다. ¶ 그가 호랑이를 맨주먹으로 때려잡은 이야기가 전설처럼 전해지고 있다. ② 결정적인 타격으로 상대를 다시는 일어나지 못하게 하다. ¶ 한때 공산당을 때려잡자는 구호가 군대에서 사용되기도 했다.

때려치우다 (속되게) 하던 일을 아주 그만두다. ¶ 금방 시작한 일을 때려치우더니 또 새 일을 시작하겠단다.

▮속담

때리는 사람보다 말리는 놈이 더 밉다 겉으로는 위하여 주는 체하면서 속으로는 해하고 헐뜯는 사람이 더 밉다는 말. =때리는 시어머니보다 말리는 시누이가 더 밉다.

때리는 시늉하면 우는 시늉을 한다 서로 손발이 잘 맞는다는 말.

때리면 우는 척해라 잘못에 대하여 충고해 주면 고집 부리지 말고 듣는 척이라도 하라는 말. =때리면 맞는 척이라도 해라.

때린 놈은 다릴 못 뻗고 자도 맞은 놈은 다릴 뻗고 잔다 남에게 해를 입힌 사람은 마음이 불안하나 해를 입은 사람은 오히려 마음이 편하다는 말.

× 땡기다

'당기다', '댕기다', '땅기다'의 틀린 말.

¶ 줄을 너무 세게 땡기지(×)/당기지(○) 마라.

¶ 젖은 나무에 불을 땡기느라(×)/댕기느라(○) 애를 먹었다.

¶ 세수하고 화장품을 안 발랐더니 얼굴이 땡긴다(×)/땅긴다(○).

○ 떠돌다 동사

불규칙 떠돌고, 떠돌아, 떠도는, 떠돈, 떠돈다, 떠도네, 떠돕니다, 떠돌았다

① 정한 곳 없이 이곳저곳을 옮겨 다니다.

¶ 여기저기 떠도는 삶을 살고 있다.

② 공중이나 물 위에 떠서 이리저리 움직이다.

¶ 하늘에는 구름이 떠돌고, 냇가에는 잠자리가 떠돈다.

③ 어떤 말이나 소문 따위가 여러 곳으로 퍼지다.

¶ 요즘 이상한 소문이 떠돌더라.

④ 어떤 기운이나 기미가 드러나 보이다.

¶ 그의 얼굴에 얼핏 쓸쓸한 빛이 떠돌았다.

▮복합어

떠돌아다니다 ① 정처 없이 이곳저곳을 옮겨 다니다. ② 공중이나 물 위에 떠서 이

리저리 움직이다. ③ 어떤 말이나 소문 따위가 여러 곳으로 계속 퍼져 다니다.

떠돌이 정한 곳 없이 이리저리 떠돌아다니는 사람.

떠돌이별 붙박이별의 주위를 도는 별. =행성 [참고] 붙박이별

떠오르다 동사

[불규칙] 떠오르고, 떠올라, 떠오르는, 떠오른, 떠오른다, 떠오릅니다, 떠올랐다

① 솟아서 위로 오르다.

¶ 수평선 위로 붉은 해가 떠올랐다.

② 기억이 나거나 생각이 나다.

¶ 사람 이름이 떠오르지 않아서 답답했다.

¶ 문득 좋은 생각이 떠올라서 메모를 해 두었다.

③ 표정이 나타나다.

¶ 희미하게나마 그의 얼굴에 기뻐하는 기색이 떠오르는 것 같았다.

④ 갑자기 큰 관심의 대상이 되다.

¶ 그가 새로운 대통령감으로 떠올랐다.

복합어

떠올리다 떠오르게 하다. '떠오르다'의 사동형.

떨구다 동사

[규칙] 떨구고, 떨구면, 떨구니, 떨구어/떨궈, 떨굽니다, 떨구었다/떨궜다

① 시선이나 고개를 아래로 향하다.

¶ 아이는 고개를 떨구고 조용히 앉아 있었다.

② 물건을 아래로 떨어지게 하다.

¶ 손이 미끄러워서 컵을 떨궜다.

¶ 그가 카드 한 장을 떨구는 바람에 카드놀이가 중단되었다.

③ 물건을 빠뜨려 흘리다.

¶ 집에서 급히 나오느라 지갑을 떨군 줄도 몰랐다.

④ 값이나 금액을 낮추다.

¶ 물건 값을 떨구지 말고 품질이 좋은 상품을 주세요.

⑤ 가치, 명성, 지위, 품질 따위를 낮게 하거나 잃게 하다.

¶ 욕설을 하는 것은 자기의 인품을 떨구는 행위이다.

⑥ 불길한 생각이나 명예, 욕심 따위를 완전히 버리다.

¶ 분노를 떨구어/떨궈 내기가 쉽지 않다.

⑦ 입찰이나 시험 따위에 붙지 않게 하다.

¶ 입사 시험에 지원한 사람 중 절반을 서류 전형에서 떨구었다.

››› '떨구다', 떨어뜨리다', '떨어트리다'의 차이는 올림말 '떨어트리다' 참고.

떨어뜨리다 동사

규칙 떨어뜨리고, 떨어뜨리어/떨어뜨려, 떨어뜨립니다, 떨어뜨리었다/떨어뜨렸다

=떨어트리다

① 있던 자리에서 아래로 내려가게 하다.

¶ 번지 점프란 몸을 높은 곳에서 떨어뜨리는 오락이다.

¶ 꾸중을 들은 아이는 눈물을 뚝뚝 떨어뜨렸다.

② 뒤에 처지게 하거나 남게 하다.

¶ 그가 다른 선수들을 멀찍이 떨어뜨리고 맨 먼저 결승선을 통과했다.

¶ 저를 태우고 가다가 도중에 떨어뜨려 주세요.

③ 값이나 금액을 낮추다.

¶ 회사는 남은 물건을 팔려고 가격을 떨어뜨리는 정책을 쓰기도 한다.

¶ 일부러 주가를 떨어뜨려 시장을 어지럽힌 사람들이 검찰에 붙잡혔다.

④ 명성, 지위, 품질 따위를 낮게 하거나 잃게 하다.

¶ 상품의 질을 떨어뜨리지 않고 값을 낮출 수 있는 방법이 있을까?

¶ 그가 거짓말을 하여 내 위신을 떨어뜨렸다.

⑤ 시험이나 입찰 따위에 붙지 않게 하다.

¶ 회사는 면접 심사에서 2명을 떨어뜨리고 2명을 합격시켰다.

⑥ 신발이나 옷 따위를 해어뜨려 못 쓰게 만들다.

¶ 신을 바닥에 질질 끌고 다녀 금방 떨어뜨린다.

떨어트리다 동사

규칙 떨어트리고, 떨어트리어/떨어트려, 떨어트립니다, 떨어트리었다/떨어트렸다

=떨어뜨리다

● '떨어트리다', '떨어뜨리다', '떨구다'

'떨어뜨리다'와 '떨어트리다'는 같은 말이다. 그러나 '떨구다'는 앞의 두 낱말과 뜻이 다른 말이다. 예를 들면 나뭇가지에 붙어 있는 잎이 땅으로 내려오는 것은 떨어지는 동작이다. 그래서 '나무는 잎을 떨어뜨리고…'처럼 표현할 수 있다. 그러나 시든 나뭇잎이 평소보다 아래로 처진 채 있는 것은 잎이 떨어진 것이 아니므로 '나뭇잎을 떨구고'처럼 표현한다. 즉, 나뭇잎이 나뭇가지에 붙어 있는 상태에서 아래로 처진 경우에는 '떨구다'를 쓰고, 붙어 있지 않고 떨어진 경우에는 '떨어뜨리다'를 쓴다. 아래 예문에서는 '떨어뜨리다'보다는 '떨구다'를 쓰는 편이 더 좋겠다.

¶ 할미꽃은 항상 꽃송이를 떨어뜨리고(×)/떨구고(○) 있다.

¶ 그는 늘 고개를 떨어뜨린(×)/떨군(○) 채 길을 걷는다.

¶ 선생님을 바로 보지 못하고 시선을 떨어뜨렸다(×)/떨구었다(○).

떨이 명사

팔다 조금 남은 물건을 다 떨어서 싸게 파는 일. 또는 그렇게 파는 물건.

¶ 남은 물건을 떨이로 팔고 일찍 집으로 돌아왔다.

¶ 과일이나 채소는 떨이를 사면 싸게 살 수 있다.

복합어

떨이하다 팔다 조금 남은 물건을 다 떨어서 싸게 팔다. ¶ 장사치는 마수걸이할 때부

터 떨이할 때까지 줄곧 노래를 부르고 춤을 추면서 손님을 끌어들였다.

● '떨이'와 '마수걸이'

'떨이'의 상대되는 낱말로 '마수걸이'가 있다. 이 말은 하루에 처음으로 물건을 파는 일을 가리킨다. '오늘 마수걸이로 가장 비싼 것을 팔아서 기분이 좋다.'라고 쓴다. '아직 마수걸이도 하지 못했는데 자릿세를 달라고 한다.'라고 쓸 수도 있다.

✕ 뗑깡 ''생떼', '억지'의 틀린 말.

¶ 뗑깡(×)/생떼(○) 좀 그만 부려라.

¶ 네가 아무리 뗑깡을(×)/억지를(○) 부려도 소용없어.

››› '뗑깡'은 일본어에서 유래한 말이고 속된 표현이므로 우리말 '생떼'를 쓰는 게 좋겠다. 경우에 따라서는 '생떼' 대신에 '억지'를 쓸 수도 있다.

○ 또 부사

① 어떤 일이 거듭하여.

¶ 오늘 아침에 늦잠을 자서 또 지각을 했다.

¶ 또 허튼수작을 부리는구나.

② 그 밖에 더.

¶ 여기 진열된 것 말고 또 다른 물건은 없나요?

¶ 제주도 참 좋던데, 볼만한 곳 또 없어?

③ (가정하는 의미로) 혹시.

¶ 내가 사장이라면 또 모를까, 그렇게는 할 수 없다.

¶ 누가 또 알아? 그 사람이 성공하여 우리를 놀래 줄지.

④ 그 위에 더.

¶ 그는 변호사이며 또 국회 의원이다.

⑤ 단어를 이어 줄 때 쓰는 말.

¶ 그의 눈은 크고 또 초롱초롱하다.

¶ 그이 성격은 명랑하고 또 활달했다.

⑥ 놀람이나 안도의 뜻을 나타내는 말.

¶ 난 또 무슨 일이라고.

¶ 이건 또 뭐야?

⑦ 앞에 있는 말이 뜻하는 내용을 부정하거나 의아하게 여길 때 쓰는 말.

¶ 일은 또 무슨 일.

>>> '또'와 '다시'의 차이는 올림말 '다시' 참고.

뜨다[1] 동사

불규칙 뜨고, 떠, 떠서, 뜨는, 뜬, 뜬다, 뜹니다, 떴다

① 물 위나 공중에 있거나, 기준 위로 솟아오르다.

¶ 바닷물에서는 물체가 쉽게 뜬다.

¶ 사람들은 산봉우리 위로 뜨는 달을 보며 소원을 빌었다.

② 붙어 있지 않고 떨어져 틈이 생기다.

¶ 풀이 제대로 묻지 않아서 벽지가 떠 있다.

¶ 습기가 차서 장판이 뜬다.

③ 기분이 가라앉지 않아 차분하지 못하게 되다.

¶ 아이들은 여행 갈 생각에 기분이 붕 떠 있었다.

¶ 그는 허영에 떠서 물 쓰듯이 돈을 쓰고 다녔다.

④ 연줄이 끊어져 연이 날아가 버리다.

⑤ 빌려준 것을 돌려받을 수 없게 되다.

¶ 뜬 물건을 돌려받으니 고마운 일이 아니냐?

⑥ (속되게) 두려운 인물이 갑자기 모습을 나타내다.

¶ 경기장에 경찰이 뜨자 암표상들이 썰물 빠지듯이 사라졌다.

⑦ (속되게) 인기를 얻게 되다. 유명해지다.

¶ 그 배우는 악역 연기로 뜨기 시작했다.

복합어

들뜨다 ① 마음이나 분위기가 조금 흥분되다. ② 단단한 데에 붙은 얇은 것이 떨어져 틈이 벌어지며 일어나다. ③ 피부에 수분이 부족하거나 각질 따위가 피부 표면에 붙어 있어 화장품이 잘 스며들지 않고 겉돌다.

뜨내기 ① 일정한 거처가 없이 떠돌아다니는 사람. ② 어쩌다가 간혹 하는 일.

뜬구름 ① 하늘에 떠다니는 구름. ② 덧없는 세상일을 빗대어 이르는 말. ¶ 그에게는 부귀도 출세도 다 뜬구름처럼 여겨졌다.

뜬소문 근거 없이 떠도는 소문. =유언비어

띄우다 올림말 '띄우다[2]' 참고.

뜨다[2] 동사

불규칙 뜨고, 떠, 떠서, 뜨는, 뜬, 뜬다, 뜹니다, 떴다

① 물기 있는 물체가 제 훈김으로 썩기 시작하다.

¶ 두엄에 넣은 풀이 뜨기 시작하면 퇴비가 만들어진다.

¶ 어제 사다 놓은 배추가 하룻밤 사이에 뜨고 말았다.

② 누룩이나 메주 따위가 발효하다.

¶ 골방에는 메주 뜨는 냄새가 진동했다.

③ 병 따위로 얼굴빛이 누르고 살갗이 부은 것처럼 되다.

¶ 며칠 굶은 탓에 얼굴이 노랗게 떠 있었다.

복합어

띄우다 올림말 '띄우다[3]' 참고.

설뜨다 발효가 제대로 되지 못하다.

● '뜨다[2]', '삭다', '썩다'

이 세 낱말은 모두 음식이 정상적인 상태에서 변하는 것을 나타내는데, 용법에 차이가 있다. '뜨다'는 음식에 곰팡이가 피어 변하는 것으로 '발효(醱酵)'와 같은 뜻이다. 띄운 메주로 간장과 된장을 담그고, 찐 밀이나 콩을 띄워 만든 누룩으로 술을 빚는다.

'삭다'는 김치나 젓갈이 발효되어 맛이 들거나 위에 들어간 음식이 분해되어 소화되기 좋게 바뀌는 것을 의미한다. 김치, 젓갈, 홍어 따위는 삭혀서 먹는다.
'썩다'는 음식이 분해되는 것은 '삭다'와 같지만 먹을 수 없게 된 경우에 쓰는 말이다. 음식이 썩으면 해로운 가스가 나오고 냄새와 맛이 고약해져 먹을 수 없게 된다.

ㄷ

뜨다[3] 동사

불규칙 뜨고, 떠, 떠서, 뜨는, 뜬, 뜰, 뜬다, 뜹니다, 떴다

① 있던 곳을 벗어나 다른 곳으로 가다.
¶ 당시 시골 사람들은 먹고살기 위하여 고향을 뜰 수밖에 없었다.
¶ 지금 여기를 떠야 경찰에 붙들리지 않을 수 있다.
② 기차나 버스 따위가 출발하다.
¶ 막차가 뜨고 나면 대합실에는 갈 곳 없는 사람들만 덩그러니 남는다.
③ 죽어서 세상을 떠나다.
¶ 옛날에는 돌림병으로 세상을 뜨는 사람이 많았다.

복합어

떠나가다 ① 어디에서 다른 곳으로 옮겨 가다. ¶ 그는 미국으로 떠나가기 전날 나를 찾아왔다. ② 어디를 벗어나다. ¶ 그는 나를 떠나가고 말았다. ③ (주로 '떠나가게', '떠나가라고', '떠나갈 듯이' 형태로 쓰여) 사라져 없어질 듯이 소리가 요란하다. ¶ 아들은 집이 떠나가라고 소리를 쳤다.
떠나다 ① 있던 곳에서 다른 곳으로 옮기다. ¶ 집 떠나면 고생이야. ② 관계를 끊거나 관련이 없는 상태가 되다. ¶ 그는 우리에게서 멀리 떠난 사람이다. ③ 어떤 일을 하러 나서다. ¶ 부모님은 여행을 떠나서 안 계십니다. ④ 죽다. ¶ 그분은 벌써 세상을 떠나셨습니다.
떠나보내다 다른 곳으로 떠나게 하다. ¶ 아이들을 모두 외국으로 떠나보내니 마음이 너무 허전하다.
떠나오다 있던 데서 일정한 곳으로 옮겨 오다. ¶ 고향을 떠나온 사람들

● ‘뜨다[3]’, ‘떠나다’, ‘떠나가다’

‘뜨다’는 있던 곳에서 보이지 않는 먼 곳으로 옮기는 행동을 나타낸다. 이 행동의 의미를 더 확실하게 하기 위하여 ‘떠나다’를 쓴다. ‘나다’는 안에서 밖으로 옮기는 행동에 쓰이는 말이다. ‘떠나다’는 ‘뜨다’와 ‘나다’를 조합함으로써 지금 있던 곳에서 보이지 않는 다른 곳으로 옮기는 행위임을 확실하게 나타낸다. 여기에 ‘가는’ 행위를 분명하게 나타내기 위해서 다시 ‘가다’를 붙인 것이 ‘떠나가다’이다. 이렇게 함으로써 다른 의미로 오해할 여지가 없게 되었다. 실제로 ‘떠나다’에는 ‘떠나가다, 떠나오다, 떠나보내다’ 같은 다른 개념이 포함되어 있기 때문에 ‘떠나다’만으로는 정확한 뜻을 나타내기 어려울 수 있다.

¶ 고향을 떠난 사람들(어디에 있는 사람이 한 말인지 모른다.)

¶ 고향을 떠나간 사람들(이 사람들은 고향에 지금 나와 함께 있지 않다.)

¶ 고향을 떠나온 사람들(이 사람들은 고향을 떠나 지금 나와 함께 있다.)

¶ 아이들을 떠나보낸 사람들(이 사람들이 아이들을 어디로 보냈다.)

뜨다[4] 동사

[불규칙] 뜨고, 떠, 떠서, 뜨는, 뜬, 뜬다, 뜹니다, 떴다

① 큰 것에서 일부를 떼어 내다.

¶ 잔디를 입히려면 떼를 떠 와야 한다.

¶ 서빙고는 한강에서 얼음장을 떠 보관하던 장소이다.

② 물속에 있는 것을 건져 내다.

¶ 죽은 물고기는 모두 채로 떠서 한데 모았다.

③ 액체를 덜다. [참고] 푸다

¶ 종지에 간장을 뜬다.

¶ 큰 사발에 국물을 떠서 담아 놓았다.

④ 수저 따위로 음식을 조금 먹다.

¶ 아무리 바빠도 밥 한술 뜨고 가거라.

⑤ 얇게 저미다.

¶ 회 뜨는 칼은 날을 잘 갈아야 한다.

¶ 잔칫날에 편육을 뜨지 않으면 먹을 게 없지.
⑥ 종이나 김 따위를 틀에 펴서 낱장으로 만들어 내다.
¶ 전주에 가면 한지 뜨는 것을 직접 체험할 수 있다.
⑦ 피륙에서 옷감이 될 만큼 끊어 내다.
¶ 한복을 한 벌 지으려고 옷감을 떠 왔다.

ㄷ

복합어

떠내다 ① 퍼서 밖으로 옮기다. ¶ 묵은 간장을 조금 떠내고 새 간장을 부었다. ② 물 위에 떠 있는 것을 건져 내다. ¶ 찌개를 끓이면서 국자로 거품을 떠냈다. ③ 작은 나무나 뗏장 따위를 흙과 함께 파내다. ¶ 뒷산에서 뗏장을 떠내어 아버님 무덤에 입혔다.

떠먹다 수저 따위로 음식을 퍼서 먹다.

떠먹이다 '떠먹다'의 사동형. ¶ 아기에게 미음을 떠먹였다.

'뜨다[4]'와 '푸다'

두 낱말은 아래와 같은 차이가 있다.

¶ 물을 바가지로 떴다.(물을 조금 마시려고)

¶ 방에까지 들어온 물을 바가지로 푼다.(많은 물을 없애려고)

¶ 겨우 밥을 한 술 떴을 뿐이다.(아주 조금)

¶ 솥에 있는 밥을 퍼서 그릇에 담아라.(꽤 많은 양)

'뜨다[4]④'의 사용법

'뜨다'는 대체로 '한 술 뜨다'의 형태로 쓴다. 이때는 밥을 제대로 먹기보다는 가볍게 시장기를 면할 정도로 먹는 경우를 가리킨다. 밥상을 갖추어 차린 경우라도 밥을 먹지 않으려는 사람이나 밥맛이 없는 환자에게 한두 숟갈이라도 먹으라고 권하는 경우에 쓴다. 따라서 잘 차려 놓고 편하게 밥을 먹는 경우에는 어울리지 않는다.

¶ 아버지는 겨우 밥 두어 술 뜨고 일을 다시 시작했다.(○)

¶ 팔이 아파서 밥 한 술 뜨기도 어려웠다.(○)

¶ 잔칫집에 왔으니 허리띠 풀어 놓고 한술 뜹시다.(×)

뜨다[5] 동사

불규칙 뜨고, 떠, 떠서, 뜨는, 뜬, 뜬다, 뜹니다, 떴다

① 감았던 눈을 벌리다.

¶ 눈을 크게 뜨고 나를 봐.

② 처음으로 청각을 느끼다.

¶ 아기들은 엄마 배 속에서부터 청각이 뜬대.

③ 무엇을 들으려고 청각의 신경을 긴장시키다.

¶ 사람이 오는 발소리에 귀를 번쩍 떴다.

복합어

거들뜨다 눈을 위로 크게 치켜뜨다. ¶ 눈을 거들뜨지 말고 충고를 새겨들어라.

내리뜨다 눈을 아래쪽으로 뜨다.

눈뜨다 ① 잠을 깨다. ② 사물의 이치나 원리 따위를 깨달아 알게 되다. ¶ 이제야 공부에 눈뜬 모양이다.

뜬눈 밤에 잠을 이루지 못한 눈. ¶ 뜬눈으로 밤을 새웠다.

부릅뜨다 무섭고 사납게 눈을 크게 뜨다.

치켜뜨다 올림말 '치켜뜨다' 참고.

홉뜨다 눈알을 위로 굴리고 눈시울을 위로 치뜨다.

뜨다[6] 동사

불규칙 뜨고, 떠, 떠서, 뜨는, 뜬, 뜬다, 뜹니다, 떴다

① 실 따위로 코를 얽어서 무엇을 만들다. 참고 짜다[1]

¶ 할머니가 털실로 장갑과 스웨터를 떠 주셨다.

¶ 어부들은 낮이면 그물을 뜨고 밤이면 그물을 치러 나간다.

② 한 땀 한 땀 바느질하다.

¶ 직접 바늘로 한 땀 한 땀 떠서 만든 옷이다.

③ 살갗에 먹실을 꿰어 그림, 글자 따위를 그려 넣거나 자취를 내다. 문신하다.

¶ 요즘은 온몸에 그림을 뜨는 젊은이들이 늘어나고 있다.

복합어

뜨개 ① =손뜨개 ② 뜨개질하여 만든 물건. =뜨갯것

뜨개바늘 뜨개질에 쓰는 바늘. =뜨개질바늘

뜨개실 뜨개질에 쓰는 실. =뜨개질실

뜨개질 옷이나 장갑 따위를 실이나 털실로 떠서 만드는 일.

뜨개질하다 옷이나 장갑 따위를 실이나 털실로 떠서 만들다.

뜨개코 뜨개질한 물건의 코.

뜨갯거리 뜨개질을 할 일감.

손뜨개 ① 손으로 뜨는 일. =뜨개 ② 손으로 뜬 물건.

ㄷ

● '뜨다[6]'과 '짜다[1]'

'뜨다'는 코를 얽어서 물건을 만드는 행위이고, '짜다'는 날실과 씨실을 결어서 천 따위를 만드는 행위이다. 실이나 털실 따위로 코바늘이나 대바늘을 사용하여 스웨터나 목도리를 만드는 것은 '뜨는' 행위이다. 이런 행위를 '뜨개질'이라고 한다. 기계로 스웨터나 목도리를 만들었다면 '떴다'고 하지 않고 '짰다'고 말한다. 만일 기계가 뜨개질하듯 떠서 만들었다면 기계로 떴다고 말할 수 있다.

¶ 이게 할머니께서 보름 걸려 짠(○) 모시 옷감이다.

¶ 어머니께서 뜨신(○)/짜신(×) 목도리라 마음에 꼭 들었다.

¶ 요즘은 기계로 뜨는(○)/짜는(○) 털목도리도 있다.

뜨다[7] 동사

[불규칙] 뜨고, 떠, 떠서, 뜨는, 뜬, 뜬다, 뜹니다, 떴다

① 무거운 물건을 위로 들어 올리다. [참고] 들다

¶ 집채만 한 큰 바위를 지렛대로 떠 올렸다.

② 씨름에서, 상대편을 번쩍 들어 올리다.

③ 소가 뿔로 세게 받거나 밀쳐 올리다.

¶ 소가 뿔로 여물통을 떠서 엎어 버렸다.

복합어

떠넘기다 어떤 일이나 책임을 남에게 미루다. =떠밀다② ¶자기가 져야 할 책임을 남에게 떠넘기지 마라.

떠맡다 일이나 책임 따위를 모두 맡다. ¶어쩌다 보니 내가 모든 일을 떠맡게 되었다.

떠메다 ① 무거운 짐 따위를 쳐들어서 어깨에 걸치거나 올려놓다. ② 어떤 일이나 책임을 떠맡다.

떠밀다 ① 힘껏 힘을 주어 앞으로 나아가게 하다. ② =떠넘기다 ¶집안의 크고 작은 일을 모두 큰집에 떠밀었다.

떠밀리다 떠밂을 당하다. '떠밀다'의 피동형.

떠받다[1] 머리나 뿔로 세게 밀어 부딪치다. ¶성난 황소가 사람을 떠받았다.

떠받다[2] 쓰러지거나 주저앉지 않도록 밑에서 받치다. ¶기둥이 처마를 떠받고 있다.

떠받들다 ① 밑을 받치어 번쩍 들어 위로 올리다. ¶히말라야가 파란 하늘을 떠받들고 서 있었다. / 우승하자 선수들이 감독을 떠받들고 운동장을 돌았다. ② 공경하여 섬기거나 잘 위하다. ¶원시 부족들은 특정 동식물이나 자연물을 우상으로 떠받들었다. ③ 귀하게 여기다. ¶아이들을 자꾸 떠받들면 버릇이 없어진다. ④ 존경할 만한 대상으로 높이 받들다. ¶우리는 세종 대왕을 겨레의 스승으로 떠받든다.

떠받치다 ① 주저앉거나 쓰러지지 않도록 밑에서 위로 받치다. ② 나라나 조직 따위를 튼튼하게 지탱하다.

떠안다 일이나 책임 따위를 온통 맡다.

● '뜨다[7]'과 '들다'

'뜨다'와 '들다'는 두 가지 점에서 차이가 있다. 첫째는 한 사람의 힘으로 들기 어려운 물건을 번쩍 드는 경우에 '뜨다'를 쓴다. 무거운 물건을 겨우 드는 것이 아니라 번쩍 들어서 그 물건이 땅에 닿지 않을 정도가 되어야 '뜨다'를 쓸 수 있다. 둘째는 들어 올리는 힘의 중심이 물체의 아래에 있어야 '뜨다'를 쓸 수 있다. 여럿이 물건을 한 귀퉁이씩 잡고 드는 경우에는 '뜨다'를 쓸 수 없다. 작은 물건을 한 사람이 드는 경우에도 '뜨다'를 쓰기 어렵다.

¶바위 같은 큰 돌을 지렛대로 떠서 움직였다.

¶물통을 들어서 이 층으로 올렸다.

뜨다[8] 동사

불규칙 뜨고, 떠, 떠서, 뜨는, 뜬, 뜬다, 뜹니다, 떴다

① 새겨진 글씨나 무늬 따위를 드러나게 하다.

¶ 수를 놓으려면 먼저 본을 떠야 한다.

② 도면, 모형 따위를 만들다.

¶ 집을 지으려고 설계 도면을 떴다.

③ 녹화하거나 녹화물을 복사하다.

¶ 실황 중계 영상을 자료로 두고 보려고 복사본을 떴다.

복합어

본뜨기 ① 무엇을 본으로 삼아 그대로 만들거나 행하는 일. ② 옷 마름질이나 뜨개질을 할 때 옷 바탕을 뜨는 일. 또는 그 바탕. ¶ 그 사람은 본뜨기를 하지 않고 옷을 만든다.

본뜨다 ① 무엇을 본보기로 삼아 그대로 좇아 하다. ¶ 아이들은 부모의 행동을 본뜨게 마련이다. ② 이미 있는 대상을 본으로 삼아 그대로 좇아 만들다. ¶ 이 옷을 본떠서 네 것도 만들어라.

뜨다[9] 동사

불규칙 뜨고, 떠, 떠서, 뜨는, 뜬, 뜬다, 뜹니다, 떴다

① 상대편 속마음을 알아보려고 어떤 말이나 행동을 넌지시 걸어 보다. 참고 달다[2]

¶ 그가 무슨 생각을 하는지 슬쩍 떴다.

② 저울로 무게를 헤아리다.

¶ 옥수수 무게를 알려면 저울로 뜨는 수밖에 없다.

복합어

떠보다 ① 남의 속뜻을 넌지시 알아보다. ¶ 이 일은 그의 의중을 떠보고 나서 결정하자. ② 사람의 능력이나 됨됨이 따위를 헤아려 보다. ¶ 자네가 지금 나를 은근히 떠보는 거로구먼. ③ 저울로 물건을 달아 보다.

>>> '뜨다[9]'와 '달다[2]'는 모두 무게를 헤아리는 경우에 사용한다. 그런데 '뜨다'는 주로 사람의 속마음이나 능력을 헤아릴 때 쓰고, '달다'는 저울을 이용해서 무게를 잴 때에 쓴다.

뜨다[10] 동사

불규칙 뜨고, 떠, 떠서, 뜨는, 뜬, 뜬다, 뜹니다, 떴다

(주로 '뜸'과 함께 쓰여) 약쑥을 비벼 혈에 놓고 불을 붙여 태우다.

¶ 할아버지는 가끔 머리에 뜸을 뜨셨다.

¶ 배탈이 나서 뜸을 떴다.

뜨다[11] 형용사

불규칙 뜨고, 떠, 떠서, 뜬, 뜹니다, 떴다

① 행동 따위가 느리다.

¶ 그렇게 행동이 떠서 제 시간에 일을 마칠 수 있을까?

② 감수성이 둔하다.

¶ 그 사람은 눈치가 떠서 사람들을 곤란하게 만들 때가 있다.

③ 입이 무겁다.

¶ 입이 뜬 사람이라 말수가 적다.

④ 날이 무디다.

¶ 칼이 떠서 잘 안 드니 갈아야겠다.

⑤ 다리미, 인두 따위의 쇠붙이가 잘 달구어지지 않다.

¶ 쇠가 뜨면 좋은 상품을 만들기 어렵다.

⑥ 비탈진 정도가 둔하다.

¶ 지붕의 물매가 뜨니 빗물이 쉽게 지붕 속으로 스며든다.

복합어

굼뜨다 동작, 진행 과정 따위가 답답할 만큼 매우 느리다. ¶ 그는 행동이 굼떴다.

어정뜨다 ① 마땅히 해야 할 일을 제대로 하지 않아 탐탁하지 않거나 태도가 분명

하지 아니하다. ② 이쪽도 저쪽도 아니고 어중간하다.

얼뜨다 다부지지 못하여 어수룩하고 얼빠진 데가 있다.

속담

뜬 소 울 넘는다 동작이 매우 느린 소가 울타리를 넘는다는 뜻으로, 평소에 동작이 느린 사람이 뜻밖에 장한 일을 이룸을 이르는 말.

ㄷ

● '뜨다[11]', '느리다', '더디다'

'뜨다'와 '느리다'는 행동이 빠르지 않은 행위를 가리킨다. 천천히 하는 행동에는 이 두 낱말 중에 어느 것을 써도 상관없다. 다만 속도나 속력이 빠르지 않음을 나타낼 때는 '느리다'를 쓴다. '느린 속도'와 '빠른 속도'처럼 쓰는 경우에는 '뜨다'를 쓰지 않는다. 어미 '-게'와 연결하는 경우에는 '느리게'가 '뜨게'보다 더 자연스럽다. '더디다'는 속도감보다는 시간이 보통 때보다 오래 걸릴 때에 쓰는 말이다. 그래서 '뜨다'와 '느리다'는 동작에 쓰고, '더디다'는 시간이나 일에 쓰는 것이 자연스럽다. '뜨다', '느리다', '더디다'에 상대되는 말은 '빠르다'이다.

¶ 그는 행동이 너무 떠/느려/빨라.

¶ 기차가 느리게/빠르게 간다.

¶ 시간이 참으로 더디게/느리게/빠르게 흐른다.

뜨다[12] 형용사

불규칙 뜨고, 떠, 떠서, 뜬, 뜹니다, 떴다

① 거리가 꽤 멀다.

¶ 우리 집에서 학교까지는 사이가 떠서 걸어가려면 시간이 많이 걸린다.

② 소식이나 왕래가 잦지 않다.

¶ 우리 사이가 좀 떠서 이런 부탁을 하기는 어렵다.

③ 동안이 오래다.

¶ 배차 간격이 떠서 다음 버스가 올 때까지 한참 기다려야 한다.

복합어

떠지다 사이가 뜸해지다.

뜨음하다 '뜸하다'의 본딧말.

뜸하다 자주 있던 왕래나 소식 따위가 한동안 없다. ¶ 요즘은 그의 소식이 뜸해서 어떻게 지내는지 모른다.

관용 표현

동안이 뜨다 ① 동안이 오래다. ¶ 사건이 일어나고 동안이 뜬 뒤에 기사가 신문에 실렸다. ② 거리가 멀다.

사이가 뜨다 사람 사이의 관계가 친밀하지 않거나 벌어지다. ¶ 이런 일로 친구끼리 사이가 떠서 되겠니?

뜨락 명사

① 집 안의 앞뒤나 좌우로 가까이 딸려 있는 빈터. 화초나 나무를 가꾸기도 하고, 푸성귀 따위를 심기도 한다. =뜰

¶ 뜨락에 심어 놓은 치자나무에서 풍기는 향이 온 집 안을 감싼다.

② (주로 '무엇의 뜨락' 구성으로 쓰여) 그것이 깃든 추상적 공간을 빗대어 이르는 말.

¶ 내 영혼의 뜨락에 한 줄기 빛이 비쳐 온다.

¶ 내 마음의 뜨락에서는 스산한 바람 소리와 낙엽이 뒹구는 소리가 들린다.

››› '뜨락'과 '뜰'은 복수 표준어로서 특별한 차이가 없다. 그러나 '뜰'을 추상적으로나 상징적으로 나타내는 경우에는 주로 '뜨락'이 쓰인다.

뜨이다[1] 동사 ㊛ 띄다[1]

규칙 뜨이고, 뜨이는, 뜨이어/뜨여/띄어, 뜨인다, 뜨입니다, 뜨이었다/뜨였다/띄었다

① 눈에 보이다.

¶ 책을 읽다가 보니 잘못 쓴 글자가 눈에 뜨이었다/뜨였다/띄었다.

¶ 우리 집은 멀리서도 눈에 잘 뜨인다.

② 특별히 달라지거나 남보다 훨씬 두드러지다.

¶ 그녀는 눈에 뜨이게 아름답다.

¶ 요즘 아이의 태도가 눈에 뜨이게 달라졌다.

> ● '뜨이어'의 준말 '뜨여'와 '띄어'
>
> '뜨이다[1]'에 연결 어미 '-어'를 붙이면 '뜨이어'가 되고 이것이 줄어들면 '뜨여'가 되는 것이 보통이다. '쓰이어/쓰여', '트이어/트여'도 이렇게 줄어드는 형태이다. '뜨이어', '쓰이어', '트이어'가 줄어든 형태로 '띄어', '씌어', '틔어'도 쓸 수 있다.
>
> ¶ 요즘 영호가 눈에 안 뜨이어(○)/뜨여(○)/띄어(○) 걱정했다.
>
> ¶ 어디에 가나 한국인이 눈에 뜨여서(○)/띄어서(○) 여행할 때에 안심이 된다.

뜨이다[2] 동사

규칙 뜨이고, 뜨이는, 뜨이어/뜨여, 뜨인다, 뜨입니다, 뜨이었다/뜨였다

'뜨다[5]'의 피동형.

¶ 간밤에 늦게 잤더니 아침 늦게야 눈이 뜨이었다/뜨였다.

¶ 아이는 귀가 뜨여 소리를 들을 수 있게 되었다.

> ● '뜨이다[2]'의 연결형 '뜨이어'의 준말
>
> '뜨이다[2]'의 연결형 '뜨이어'는 '뜨여'로 줄어들고, '띄어'로는 줄어들지 않는다.
>
> ¶ 새벽에 눈이 뜨여서(○)/띄어서(×) 일찍 일어났다.

뜻대로 부사

① 마음먹은 대로.

¶ 일이 뜻대로 잘 이루어지고 있다.

¶ 뜻대로 되는 일이 얼마나 있겠니?

ㄷ

② 뜻과 같이.

¶ 이 글을 뜻대로 이해한다면 네 말이 맞을 수 있다.

띄다[1] 동사 ×띠다

규칙 띄고, 띄니, 띄어, 띈, 띈다, 띕니다, 띄었다

'뜨이다[1]'의 준말.

¶ 그는 몸짓이 커서 눈에 잘 띈다.

››› '띄다[1]'과 '띠다'의 발음과 표기는 올림말 '띠다' 참고.

띄다[2] 동사

규칙 띄고, 띄지, 띄어, 띄는, 띈, 띈다, 띕니다, 띄었다

사이를 뜨게 하다. '띄우다[4]'의 준말.

¶ 일정하게 간격을 띄어서 모를 심으세요.

¶ 한글은 낱말 단위로 띄어 써야 의미를 파악하기 쉽다.

복합어

띄어쓰기 글을 쓸 때 각 낱말의 사이를 벌려서 쓰는 일. ×띄워쓰기

띄엄띄엄 ① 붙어 있거나 가까이 있지 않고 조금 떨어져 있는 모양. ¶ 아직 벼를 베지 않은 논이 띄엄띄엄 보인다. ② 거듭되는 간격이 짧지 않고 긴 모양. ¶ 산에서 새소리가 띄엄띄엄 들려왔다. ③ 느릿느릿한 모양. ¶ 띄엄띄엄 걸어도 황소걸음이라는 말처럼 꾸준히 하는 것이 중요하다.

띄우다[1] 동사

규칙 띄우고, 띄워, 띄우는, 띄운다, 띄웁니다, 띄웠다

편지나 엽서 따위를 부치거나 보내다.

¶ 이사 간 친구에게 편지를 띄우려고 한다.

¶ 멀리 있는 가족에게 제 소식을 방송으로나마 띄워 보내고 싶습니다.

> ● '띄우다[1]'과 '부치다'
>
> 편지나 엽서를 우편으로 보내는 것은 '부치다'이다. 이것을 조금 멋스럽게 표현하여 '띄우다'를 쓰지만 여기에는 약간 제약이 따른다. '띄우다'는 공중으로 날려 보낸다는 말맛이 느껴져 윗사람에게 쓰는 표현으로는 적절하지 않을 수 있다.
>
> ¶ 소식을 기다리시는 부모님께 편지를 띄웠다(×)/부쳤다(○).
>
> ¶ 이 엽서를 즉시 사장님께 띄워라(×)/부쳐라(○).

띄우다[2] 동사

규칙 띄우고, 띄워, 띄우는, 띄운다, 띄웁니다, 띄웠다

뜨게 하다. '뜨다[1]'의 사동형.

¶ 오늘은 날씨가 나빠서 비행기를 띄울 수 없겠다.

¶ 호수에 배를 띄우고 달을 감상한다.

띄우다[3] 동사

규칙 띄우고, 띄워, 띄우는, 띄운다, 띄웁니다, 띄웠다

뜨게 하다. '뜨다[2]'의 사동형.

¶ 장을 담그려면 먼저 메주를 띄워야 한다.

띄우다[4] 동사 ㉾ 띄다[2]

규칙 띄우고, 띄워, 띄우는, 띄운다, 띄웁니다, 띄웠다

뜨게 하다. '뜨다[12]'의 사동형.

¶ 좌석을 너무 붙여 놓으면 답답해지니까 사이를 좀 띄워라.

¶ 야간에는 배차 간격을 띄우는 것이 경제적이다.

● '띄우다[4]'와 '띄다[2]'의 형태 바뀜

두 낱말은 본딧말과 준말 관계이다. 그리고 형용사 '뜨다[12]'의 사동형이기도 하다. 간격을 뜨게 하는 것을 '띄운다'고 하고 이를 줄여서 '띈다'고 한다. 또, 간격을 뜨게 하라는 뜻으로 '띄워라'와 '띄어라'를 모두 쓸 수 있다. 아래 활용표를 보면 어미가 자음으로 시작하는 경우에는 줄여 쓰는 것이 어색하지 않고 문제가 없어 보이지만 어미가 '어'로 시작하는 '-어, -어라, -어서, -었-'에는 활용형이 서로 다른 형태로 나타난다. 그래서 '두 글자를 띄어 써라.'라고 해야 할지 '두 글자를 띄워 써라.'라고 해야 할지 헷갈릴 수 있다. 우리가 흔히 '띄어쓰기'라고 하기 때문에 '띄워 써라'는 틀린 표기로 오해할 수 있다. 그러나 '띄워 써라', '띄워 놓아라'도 틀린 말이 아니다. 다만, 단어로서 '띄어쓰기'는 있지만 '띄워쓰기'는 없다는 점에 주의해야 한다.

	-고	-니	-면	-어	-어라	-어서	-었다
띄우다	띄우고	띄우니	띄우면	띄워	띄워라	띄워서	띄웠다
띄다	띄고	띄니	띄면	띄어	띄어라	띄어서	띄었다

띠다 동사 ×띄다

규칙 띠고, 띠지, 띠어, 띤, 띱니다, 띠었다, 띠었습니다

① 띠나 끈 따위를 두르다.

¶ 허리띠를 띠지 않으면 바지가 자꾸 내려간다.

② 용무, 직책, 사명 따위를 지니다.

¶ 우리는 민족중흥의 역사적 사명을 띠고 이 땅에 태어났다.

③ 빛깔이나 색채, 감정이나 기운 따위를 보이다.

¶ 일부 동물은 자기 몸을 보호하기 위해서 주변 색깔과 같은 색을 띤다.

¶ 얼굴에 웃음을 띠고 손님을 맞았다.

¶ 노기를 띤 얼굴을 보니 전혀 다른 사람 같았다.

④ 어떤 성질을 지니다.

¶ 이 신문은 보수 성향을 띠었다.

¶ 각 분야에서 전문성을 띤 사람들을 모집하였다.

복합어

열띠다 열기를 품다. ¶ 사람들이 정치에 관하여 열띤 논쟁을 벌이고 있다.

● '띠다'와 '띄다[1]'의 발음과 표기

두 낱말은 발음이 [띠:다]로 같아서 표기할 때에 헷갈리기 쉽다. 가장 명확한 구별은 '띄다[1]'이 자동사인 데 비해서 '띠다'는 타동사라는 점이다. 그래서 '띄다'는 '무엇이 눈에 띄다'처럼 쓰고, '띠다'는 '무엇을 띠다'처럼 쓴다. '눈에'가 있으면 틀림없이 '띄다'를 써야 한다.

¶ 그가 만면에 웃음을 띄고(×)/띠고(○) 나타났다.

¶ 우리는 공동선을 실천해야 할 사명을 띈(×)/띤(○) 사람들입니다.

¶ 초록빛을 띄는(×)/띠는(○) 옷이 내게 잘 어울린다.

ㄹ

-ㄹ 어미

('이다'의 어간, 받침 없는 용언의 어간, 'ㄹ' 받침인 용언의 어간, 또는 어미 '-으시-', '-시-' 따위의 뒤에 붙어)

① 앞말이 뒤에 오는 체언을 꾸며 주는 기능을 하게 하는 어미. 참고 -을

¶ 그렇게 놀랄 일이 아니야.

¶ 선생님이 들어오실 시간이다.

② 관형어를 만들어 추측, 예정, 의지, 가능성 등 확정된 사실이 아님을 나타내는 어미.

¶ 이게 멍게일 거야.

¶ 나는 내일 떠날 거야.

¶ 나와 함께 가실 분은 손을 들어 주세요.

관용 표현

-ㄹ 거다 '-ㄹ 것이다'의 입말 형태. ¶ 내일은 눈이 내릴 거다. / 난 딸기 아이스크림을 먹을 거야.

-ㄹ 것이다 단정적으로 추측함을 나타내는 말. ¶ 아버지께서 무척 놀라실 것이다.

● '-ㄹ'과 '-을'

'-ㄹ'은 받침이 없는 용언의 어간이나 'ㄹ' 받침이 있는 용언의 어간 뒤에 붙여 쓴다. 그 밖에 받침 있는 용언의 어간 뒤에는 '-을'을 붙여 쓴다.(올림말 '-을' 참고.) 어간에 받침이 있고 없음에 따라 바뀌는 형태의 예를 들면 아래와 같다. 어미 '-ㄹ걸, -ㄹ게, -ㄹ는지, -ㄹ라고, -ㄹ락, -ㄹ망정, -ㄹ밖에, -ㄹ뿐더러, -ㄹ지, -ㄹ지라도'의 형태 바뀜도 아래 표 설명과 같다.

구분	낱말	바뀐 형태	
‘이다’	이다	일(이+-ㄹ)	규칙 활용
받침 없는 어간	가다, 사다, 쓰다 보다, 하다	갈(가+-ㄹ), 살(사+-ㄹ), 쓸(쓰+-ㄹ) 볼(보+-ㄹ), 할(하+-ㄹ)	규칙 활용
‘ㄹ’ 받침 어간	갈다, 살다, 쓸다 밀다, 불다, 빌다 열다, 털다, 팔다	갈(갈+-ㄹ), 살(살+-ㄹ), 쓸(쓸+-ㄹ) 밀(밀+-ㄹ), 불(불+-ㄹ), 빌(빌+-ㄹ) 열(열+-ㄹ), 털(털+-ㄹ), 팔(팔+-ㄹ)	‘ㄹ’ 받침 탈락
‘ㄹ’ 외의 받침 있는 어간	묻다[1,2], 걷다[1,2,3] 믿다, 업다 씻다, 빗다 빻다, 쫓다	묻을(묻+-을), 걷을(걷+-을) 믿을(믿+-을), 업을(업+-을) 씻을(씻+-을), 빗을(빗+-을) 빻을(빻+-을), 쫓을(쫓+-을)	규칙 활용
	묻다[3], 걷다[4] 듣다, 싣다	물을(묻+-을), 걸을(걷+-을) 들을(듣+-을), 실을(싣+-을)	‘ㄷ’ 받침이 ‘ㄹ’로 바뀜
	굽다, 눕다 돕다, 이롭다	구울(굽+-을), 누울(눕+-을) 도울(돕+-을), 이로울(이롭+-을)	‘ㅂ’ 받침이 ‘으’와 합해져 ‘우’로 바뀜
	잇다, 짓다 붓다, 젓다	이을(잇+-을), 지을(짓+-을) 부을(붓+-을), 저을(젓+-을)	‘ㅅ’ 받침 탈락

〈표 설명〉

① 위 표에서 ‘가다’에 ‘-ㄹ’을 붙인 형태와 ‘갈다’에 ‘-ㄹ’을 붙인 형태가 모두 ‘갈’이다. ‘갈다’에 ‘-ㄹ’이 붙으면 어간의 ‘ㄹ’이 탈락하기 때문이다. 다른 ‘ㄹ’ 받침 용언도 마찬가지이다.

② ‘ㄹ’ 외의 받침 있는 어간의 낱말 가운데 ‘묻다’는 ‘(얼룩이 또는 땅에) 묻을’과 ‘(궁금한 것을) 물을’로 바뀌고, ‘걷다’는 ‘(곡식을 또는 소매를) 걷을’과 ‘(길을) 걸을’로 다르게 바뀌는 것을 알 수 있다. ‘묻다[1,2]’는 규칙적으로 바뀌어 ‘묻을’이 되고, ‘묻다[3]’은 규칙에서 벗어나 바뀌기 때문에 ‘ㄷ’이 ‘ㄹ’로 바뀌어 ‘물을’이 된다. ‘걷다[1,2,3]’은 규칙적으로 바뀌고, ‘걷다[4]’는 불규칙하게 바뀐다. ‘듣다’, ‘싣다’도 불규칙하게 바뀐다.

③ 어간에 ‘ㄹ’ 외의 받침 있는 낱말 가운데에서 ‘굽다’, ‘눕다’, ‘돕다’, ‘이롭다’는 ‘ㅂ’ 받침과 ‘으’가 합해져 ‘우’로 바뀐다. ‘잇다’, ‘짓다’, ‘붓다’, ‘젓다’는 ‘ㅅ’ 받침이 탈락한다.

-ㄹ걸 어미 ×-ㄹ껄

① 상대의 물음이나 의심에 대하여 가볍게 자기의 생각을 나타내는 종결 어미. 참고 -을걸

¶ 내일은 비가 올걸.

¶ 내가 너보다 더 키가 클걸.

② 어떤 일에 대해 가볍게 뉘우치거나 아쉬워함을 나타내는 종결 어미.

¶ 먼저 가라고 할 때에 갈걸.

››› 'ㄹ' 외의 받침이 있는 어간에는 '-을걸'을 붙인다. 어간의 받침에 따라 형태가 불규칙하게 바뀌는 경우도 있다. 올림말 '-ㄹ' 참고.

-ㄹ게 어미 ×-ㄹ께

어떤 행동을 하겠다고 가볍게 약속하는 뜻을 나타내는 종결 어미. 참고 -을게

¶ 도착하거든 전화할게.

¶ 내일 다시 올게.

● '-ㄹ게'와 '-을게'

'ㄹ' 외의 받침이 있는 어간에는 '-을게'를 붙인다. 어간의 받침에 따라 형태가 불규칙하게 바뀌는 경우도 있다.(올림말 '-ㄹ' 참고.)

¶ 내가 심부름을 갈게.(가다+-ㄹ게)

¶ 숙제 끝내고 놀게(○)/놀을게(×).(놀다+-ㄹ게)

¶ 아침에 내가 창문을 열게(○)/열을게(×).(열다+-ㄹ게)

¶ 네가 고기를 구우면 상추는 내가 씻을게.(씻다+-을게)

-ㄹ꺼다 / -ㄹ꺼야 '-ㄹ 거다'/'-ㄹ 거야'의 틀린 표기.

¶ 나는 너와 함께 갈꺼다(×)/갈 거다(○).

¶ 이따 저녁에 눈이 내릴꺼야(×)/내릴 거야(○).

× -ㄹ껄 / -ㄹ께 '-ㄹ걸' / '-ㄹ게'의 틀린 표기.

● '-ㄹ걸'과 '-ㄹ게'

'-ㄹ걸'은 [ㄹ껄]로 소리 나지만 '-ㄹ걸'로 적어야 한다. 마찬가지로 '-ㄹ게'도 [ㄹ께]로 소리 나지만 '-ㄹ게'로 적어야 한다.

¶ 그때 배워 둘껄(×)/둘걸(○).

¶ 그 일은 내일 할께요(×)/할게요(○).

○ -ㄹ는지 어미 ×-ㄹ른지

① 어떤 일이 이루어질지에 대한 추측이나 의문의 뜻을 나타내는 연결 어미. 어미 '-는지'의 미래 시제에 해당한다. 참고 -을는지

¶ 그가 우리 집에 올는지 모르겠다.

¶ 언제 일이 끝날는지 예상할 수 없다.

② 어떤 일의 실현 가능성에 대해 의문의 뜻을 나타내는 종결 어미.

¶ 친구가 오늘 나랑 같이 도서관에 갈는지.

》 '-ㄹ는지'는 [ㄹ른지]로 소리 나지만 '-ㄹ는지'로 적어야 한다. 'ㄹ' 외의 받침이 있는 어간에는 '-을는지'를 붙인다. 올림말 '-ㄹ' 참고.

○ -ㄹ라고 어미

어떤 사실을 의심하면서 되묻거나 상대방을 안심시키려고 그럴 리가 없음을 강조하는 종결 어미. 참고 -을라고

¶ 설마 걔가 그런 일을 할라고?

¶ 누가 그런 남자를 좋아할라고?

¶ 그만 걱정해. 설마 이보다 더 나쁜 일이 일어날라고?

››› '-ㄹ라고'는 받침이 없는 용언의 어간, 'ㄹ' 받침이 있는 용언의 어간, '이다'의 어간 뒤에 붙여 쓴다. 'ㄹ' 외의 받침이 있는 어간에는 '-을라고'를 쓴다. 올림말 '-ㄹ' 참고.

○ -ㄹ락 어미

(주로 '-ㄹ락 말락' 구성으로 쓰여) 거의 그렇게 되는 모양을 나타내는 연결 어미. 참고 -락, -을락

¶ 그녀는 한 스물이나 될락 말락 하는 나이로 보였다.

¶ 고개를 넘자 파도 소리가 들릴락 말락 하였다.

¶ 우리는 하늘이 손에 잡힐락 말락 한 곳까지 올라가기로 했다.

››› '-ㄹ락'은 받침이 없는 동사의 어간이나 'ㄹ' 받침이 있는 동사의 어간 뒤에 붙여 쓴다. 'ㄹ' 외의 받침이 있는 동사의 어간에는 '-을락'을 쓴다. 올림말 '-ㄹ' 참고.

× -ㄹ란다 '-련다'의 틀린 말.

¶ 밤이 늦었으니 이제 갈란다(×)/가련다(○).

× -ㄹ래야 '-려야'의 틀린 말.

¶ 내 고향은 갈래야(×)/가려야(○) 갈 수 없는 곳이다.

¶ 너무 시끄러워서 공부를 할래야(×)/하려야(○) 할 수가 없다.

× -ㄹ러 '-러'의 틀린 말.

¶ 체육복을 가질러(×)/가지러(○) 집에 간다.

× -ㄹ려고 '-려고'의 틀린 말.

¶ 나도 외국어를 배울려고(×)/배우려고(○) 한다.

× -ㄹ련다 '-련다'의 틀린 말.

¶ 네가 악기를 배운다면 나도 배울련다(×)/배우련다(○).

× -ㄹ른지 '-ㄹ는지'의 틀린 표기.

¶ 내일 비가 올른지(×)/올는지(○) 알 수 없다.

○ -ㄹ망정 어미

앞 절의 사실을 인정하고 뒤 절에 그와 대립되는 다른 사실을 이어 말할 때에 쓰는 연결 어미. '비록 그러하지만 그러나' 혹은 '비록 그러하다 하여도 그러나'에 가까운 뜻을 나타낸다. [참고] -을망정

¶ 가난하게 살망정 도둑질은 하지 않겠다.

¶ 비록 작은 학교일망정 우수한 선생이 많이 있다.

● '-ㄹ망정', '-을망정', '망정'

① '-ㄹ망정'은 받침 없는 용언의 어간이나 'ㄹ' 받침이 있는 용언의 어간, '이다'의 어간에 붙여 쓴다. 'ㄹ' 외의 받침이 있는 어간에는 '-을망정'을 쓴다.(올림말 '-ㄹ' 참고.)

② '망정'이 '괜찮거나 잘된 일'이라는 뜻으로 쓰이는 경우에는 의존 명사이므로 앞말과

띄어 써야 한다.

¶ 미리 알았기에 망정이지, 하마터면 큰일 날 뻔했다.

-ㄹ밖에 어미

그러는 것 외에 다른 수가 없음을 나타내는 종결 어미. 참고 -을밖에

¶ 자식이 취직했다니 나야 기쁠밖에.

¶ 우리야 시키는 대로 할밖에.

● '-ㄹ밖에', '-을밖에', '밖에'

① '-ㄹ밖에'는 받침 없는 용언의 어간이나 'ㄹ' 받침이 있는 용언의 어간, '이다'의 어간 뒤에 붙여 쓴다. 'ㄹ' 외의 받침이 있는 어간에는 '-을밖에'를 쓴다.(올림말 '-ㄹ' 참고.)

② '밖에'는 '그것 말고는', '그것 이외에는'의 뜻을 나타내는 조사로 주로 체언 뒤에 붙는다.(올림말 '밖에' 참고.)

¶ 여기에서는 오로지 산밖에 보이지 않는다.

-ㄹ뿐더러 어미

그것만으로 그치지 않고 나아가 다른 것이 더 있음을 나타내는 연결 어미. 참고 -을뿐더러

¶ 그 사람은 똑똑할뿐더러 성격도 좋다.

● '-ㄹ뿐더러', '-을뿐더러', '뿐'

① '-ㄹ뿐더러'는 받침 없는 용언의 어간이나 'ㄹ' 받침이 있는 용언의 어간, '이다'의 어간 뒤에 붙여 쓴다. 'ㄹ' 외의 받침이 있는 어간에는 '-을뿐더러'를 쓴다.(올림말 '-ㄹ' 참고.)

② '-ㄹ 뿐'처럼 띄어 쓰는 경우가 있다. 이 경우의 '뿐'은 의존 명사로 '다만 어떠하거나 어찌할 따름'이라는 뜻을 나타낸다.

¶ 나는 너를 좋아할 뿐 사랑하지는 않는다.

-ㄹ지 어미 ×-ㄹ찌

① 추측에 대한 막연한 의문을 나타내며 뒤 절을 이어 주는 연결 어미. 어미 '-는지'의 미래 시제에 해당한다. 참고 -을지

¶ 당황하니까 무엇부터 해야 할지 아무 생각도 안 난다.

¶ 상금을 어떻게 나눌지 의논해 보자.

¶ 내일은 어디서 잠을 주무실지 모르겠다.

② 추측에 대해 막연한 의문을 나타내는 종결 어미.

¶ 교장 선생님은 이 일을 어떻게 처리하실지?

¶ 체육 대회에서 어느 반이 우승을 할지?

> ● '-ㄹ지', '-을지', '지'
>
> ① '-ㄹ지'는 받침 없는 용언의 어간이나 'ㄹ' 받침이 있는 용언의 어간, '이다'의 어간 뒤에 붙여 쓴다. 'ㄹ' 외의 받침이 있는 어간에는 '-을지'를 쓴다.(올림말 '-ㄹ' 참고.)
>
> ② '-ㄹ지'의 현재 시제는 '-는지'이다. 과거 시제를 쓰려면 '-는지'에 과거 어미 '-았-/-었-'을 붙인다.
>
> ¶ 그가 어디 가는지 아무도 모른다.(현재)
>
> ¶ 내가 언제 또 그를 볼지 모르겠다.(미래)
>
> ¶ 어제 무얼 먹었는지 기억이 안 난다.(과거)
>
> ③ '-ㄹ지'의 '지'를 띄어 쓰지 않도록 주의해야 한다. '지'가 기간을 나타내는 경우에 한해서 띄어 쓴다. 이때는 의존 명사 '지' 앞에 과거를 나타내는 어미 '-ㄴ/-은'이 붙은 용언이 온다.
>
> ¶ 그가 떠난 지 5년이 되었다.
>
> ¶ 밥을 먹은 지 얼마 되었다고 벌써 군것질이냐?

-ㄹ지라도 어미 ×-ㄹ찌라도

어떤 일에 대하여 '그렇다고 가정하더라도'의 뜻을 나타내는 연결 어미. 참고 -을지라도

¶ 시험에 떨어질지라도 할 수 있는 데까지는 해 보겠다.

× -ㄹ찌 '-ㄹ지'의 틀린 표기.

¶ 어떻게 해야 할찌(×)/할지(○) 모르겠다.

× -ㄹ찌라도 '-ㄹ지라도'의 틀린 표기.

¶ 비록 몸이 아플찌라도(×)/아플지라도(○) 모임에 참석하겠다.

○ 라고[1] 조사

앞말이 직접 인용되는 말임을 나타내는 말. 큰따옴표 뒤에 붙여 쓴다. 참고 이라고[1]

¶ 그가 나에게 "오늘 모임이 있습니다. 10시까지 나오세요."라고 말했다.

¶ 그는 우리 마을을 보면서 "야, 이렇게 멋진 곳에서 살다니!"라고 소리쳤다.

● '라고[1]'의 용법

직접 인용문은 큰따옴표로 표시하는데 이 부분은 '라고'를 써서 원문에 연결한다. 직접 인용문의 종결 어미에 받침이 있으면 '이라고'를 쓴다. '라고/이라고', '라며/이라며', '라는/이라는', '란다/이란다' 등은 모두 직접 인용문에 쓰인다.

¶ 그는 "배가 너무 아파요."라며 화장실로 달려갔다.

¶ "나는 너를 싫어해."라는 말을 내가 했다고?

¶ 그는 아직도 정신을 못 차리고 "내가 한 일이 아니에요."란다.

¶ 아버지가 나를 보면서 "너 좀 피곤해 보인다."라고 말씀하셨다.

○ 라고[2] 조사

① 마음에 탐탁지 않게 생각하는 대상임을 나타내는 말. 참고 이라고[2]

¶ 그걸 공부라고 했느냐?

¶ 아우라고 하나 있는 것이 만날 사고만 치고 다닌다.

② 뒤에 오는 내용의 원인이나 이유임을 나타내는 말. 뒤에 오는 내용이 보통 부정적이다.

¶ 후배라고 부려 먹을 생각을 하다니!

¶ 박사라고 무엇이나 다 아는 건 아니다.

¶ 아이라고 무조건 뜻을 받아 주는 것은 옳지 않다.

③ ('누구', '어디' 따위에 붙어) '예외 없이 다 마찬가지로'의 뜻을 나타내는 말.

¶ 여기가 어디라고 함부로 떠드느냐?

¶ 누구라고 감히 내 말을 어길까?

④ ('라고는', '라곤' 형태로 쓰여) 강조하여 지정하는 뜻을 나타내는 말.

¶ 반 년 동안 비라고는 한 방울도 내리지 않았다.

¶ 친구라곤 한 사람도 찾아오지 않았다.

››› '라고'는 받침이 없는 체언 뒤에 쓴다. 받침이 있는 명사나 대명사 뒤에는 '이라고'를 쓴다.

-라고 어미

('이다', '아니다'의 어간이나 어미 '-으시-', '-더-', '-으리-' 뒤에 붙어)

① 앞 절의 일을 뒤 절의 까닭이나 근거로 듦을 나타내는 연결 어미.

¶ 친구 사이라고 함부로 대해서는 안 돼.

② 흔히 속담이나 관용구를 인용하면서 '그 말처럼'의 뜻을 나타내는 연결 어미.

¶ 이웃사촌이라고 먼 친척보다 가까운 이웃이 낫네.

③ 자신의 생각이나 주장을 듣는 이에게 강조하여 일러 주는 뜻을 나타내는 종결 어미.

¶ 그건 내 잘못이 아니라고.

④ '너의 말이나 생각이 이런 것이냐?' 하는 뜻으로 묻는 데 쓰는 종결 어미. 빈정거리거나 부정하는 뜻을 띨 때도 있다.

¶ 그 일이 틀어진 게 나 때문이라고?

¶ 이런 일까지 내가 하라고?

⑤ 마음속에 가졌던 의문이나 답이 의외로 별것 아니었을 때 그 의문을 그대로 보여 주는 데 쓰는 종결 어미. 의문, 긴장, 걱정이 해소됨을 암시한다.

¶ 아, 난 또 창문을 깬 사람이 저 아이라고.

-라는

'-라고 하는'이 줄어든 말. 주로 설명하거나 지시하는 의미를 갖는다.

¶ 그의 잘못이 아니라는 사실을 아무도 믿지 않았다.

¶ 엄마가 이 액자를 벽에 걸라는 말씀을 하셨어.

● '-라는', '-이라는', '-으라는'

① '이다' 앞에 받침이 없는 명사나 대명사가 오면 '-라는/-란'을 붙인다. 그러나 받침이 있는 명사나 대명사가 오면 '-이라는/-이란'을 붙인다.

¶ 철수라는 사람을 찾고 있습니다.

¶ 정희숙이라는 분이 너를 찾아오셨어.

② 받침이 없는 동사의 어간 뒤에는 '-라는/-란'을 붙이고, 받침이 있는 동사의 어간 뒤에는 '-으라는/-으란'을 붙인다.

¶ 내일 떠나라는 명령을 받았다.

¶ 쑥국을 해 먹으려면 이른 봄에 쑥을 뜯으라는 말을 들었다.

-락 어미

(주로 '-락 -락' 구성으로 쓰여) 뜻이 상대되는 두 동작이나 상태가 번갈아 되풀이됨을 나타내는 연결 어미. 참고 -ㄹ락, -으락

¶ 밤새 편지를 쓰락 지우락 했다.

¶ 그의 얼굴이 조명 때문에 푸르락 노르락 변했다.

● '-락'이 들어가는 복합어

'-락'이 어미이므로 뒤에 오는 낱말과 띄어 써야 한다. 그러나 '-락 -락'의 형태가 자주 사용되어 한 단어로 인식되는 것이 있다. 이 경우에는 복합어로 인정되어 띄어 쓰지 않는다.

¶ 누르락푸르락, 엎치락뒤치락, 오락가락, 오르락내리락, 쥐락펴락

란 조사

어떤 대상을 특별히 집어서 화제로 삼을 때에 쓰는 말. [참고] 이란

¶ 친구란 어려울 때 도와주어야 참 친구지.

¶ 정의란 강한 사람을 누르고 약한 사람을 돕는 것이다.

-란

'-라는'이나 '-라고 하는', '-라고 한'이 줄어든 말. [참고] -으란

¶ 영희란 아이가 너를 찾아왔더라.

¶ 그게 사실이 아니란 말을 들었다.

》》 받침이 없는 체언이나 동사의 어간에는 '-란'이 붙고, 'ㄹ' 이외의 받침 있는 동사의 어간에는 '-으란'이 붙는다.

-러 어미 ×-ㄹ러

앞의 목적을 위해서 뒤의 행위를 함을 나타내는 연결 어미. [참고] -으러

¶ 여기에 무엇을 하러 오셨습니까?

¶ 동무들과 놀러 뒷동산에 올라갔다.

● '-러'의 사용법

'-러'는 받침이 없는 동사의 어간이나 'ㄹ' 받침이 있는 동사의 어간 뒤에 붙여 쓴다. 그 밖에 다른 받침인 경우에는 '-으러'를 쓴다. 어간의 받침이 있고 없음에 따라 바뀌는 형태는 아래와 같다.(올림말 '-ㄹ' 참고.)

구분	낱말	바뀐 형태	
받침 없는 어간	가다, 사다, 쓰다 보다, 여쭈다, 하다	가러, 사러, 쓰러 보러, 여쭈러, 하러	규칙 활용
'ㄹ' 받침 어간	갈다, 살다, 쓸다 불다, 열다, 팔다	갈러, 살러, 쓸러 불러, 열러, 팔러	규칙 활용

'ㄹ' 외의 받침 있는 어간	묻다[1,2], 걷다[1,2,3] 씻다, 빻다, 쫓다	묻으러, 걷으러 씻으러, 빻으러, 쫓으러	규칙 활용
	묻다[3], 걷다[4], 싣다	물으러, 걸으러, 실으러	'ㄷ' 받침이 'ㄹ'로 바뀜
	굽다, 눕다 돕다, 깁다	구우러, 누우러 도우러, 기우러	'ㅂ' 받침이 '으'와 합해져 '우'로 바뀜
	잇다, 짓다, 붓다	이으러, 지으러, 부으러	'ㅅ' 받침 탈락

-려 어미

① 어떤 행동을 하려는 의도나 욕망, 목적이 있음을 나타내는 연결 어미. 참고 -려고

¶ 친구 숙제를 그대로 베끼려 하다니.

② ('-려 하다' 구성으로 쓰여) 곧 일어날 움직임이나 상태의 변화를 나타내는 연결 어미.

¶ 비가 쏟아지려 한다.

¶ 열차가 막 떠나려 한다.

● '-려'와 '-러'의 용법

두 어미의 형태가 비슷해서 헷갈리기 쉽다. '-려'는 '-려고'를 쓸 자리에 쓴다. '-려고'를 쓰는 자리에는 '-러'를 쓰지 않는다. '-려'는 보통 '-려 하다'의 꼴로 쓴다. 이에 비해서 '-러'는 동사 '가다'와 '오다' 그리고 이와 비슷한 의미를 가진 동사, 예컨대 '방문하다',

'예방하다', '찾아가다', '찾아오다' 따위와 함께 쓴다.
¶ 숙제를 다하고 나서 놀려 해.
¶ 쉬는 날 우리 집에 놀러 올래?

-려고 어미 ×-ㄹ려고

① 어떤 일이나 행동을 하려는 목적이 있음을 나타내는 연결 어미. 참고 -으려고, -려
¶ 친구들과 여행을 하려고 돈을 모으고 있다.
② 곧 일어날 것 같은 상태임을 나타내는 연결 어미.
¶ 그는 버스 문이 닫히려고 할 때에 탔다.
③ 주어진 사태에 대하여 의심과 반문을 나타내는 종결 어미.
¶ 아무려면 둘이 싸우기야 하려고?
¶ 설마 그렇게 멀쩡한 것을 버리려고?

● '-려고'와 '-으려고'
동사 어간의 끝소리에 받침이 없거나 'ㄹ' 받침이 있는 경우에 '-려고'를 쓰고, 그 밖에 다른 받침이 있는 경우에는 '-으려고'를 쓴다.
¶ 회의를 열려고 준비하는 중이다.
¶ 지금 문을 닫으려고 한다.
¶ 토끼를 잡으려고 산에 간다.

● '-려'와 '-려고'
두 어미는 기능이 많이 겹친다. 다만 '-려'에 비해서 '-려고'는 주체의 의지가 섞인 느낌이 있으므로 의도를 깔고 싶은 경우에는 '-려고'를 쓰는 것이 더 바람직하다.
¶ 내 옆에 앉은 사람이 자꾸 내 쪽으로 쓰러지려 한다.(잠이 들어서)
¶ 외국인이 나에게 지도를 보이면서 말을 걸려고 한다.(나에게 길을 물어보려고)

-려야 ×-ㄹ래야

'-려고 하여야'가 줄어든 말.

¶ 그 친구와 나는 뗄래야(×)/떼려야(○) 뗄 수 없는 사이지.

-련다 ×-ㄹ란다, ×-ㄹ련다

'-려고 한다'가 줄어든 말. 자기가 앞으로 그렇게 하겠다는 의지를 나타낸다. 참고 -으련다

¶ 아무도 안 찾아오니 낮잠이나 자련다.

››› 동사의 어간에 받침이 없거나 'ㄹ' 받침이 있는 경우에 '-련다'를 쓰고, 'ㄹ' 이외의 받침이 있으면 '-으련다'를 쓴다.

로 조사

① 움직임의 방향을 나타내는 말. 참고 에, 으로

¶ 서울로 가는 비행기를 탔다.

② 움직임의 경로를 나타내는 말.

¶ 범인이 뒷길로 도망쳤다.

¶ 어디로 해서 오는 길이냐?

③ 변화의 결과를 나타내는 말.

¶ 눈이 녹으면 물로 바뀐다.

¶ 기온이 영하로 떨어졌다.

④ 물건의 재료나 원료를 나타내는 말. 참고 로써

¶ 밥은 쌀로 짓는다.

¶ 나무로 가구도 만들고 그릇도 만든다.

⑤ 일에 사용하는 수단이나 연장을 나타내는 말.

¶ 칼로 연필을 깎는다.

¶ 자동차로 가려면 6시간은 걸린다.

⑥ 일의 방법이나 방식을 나타내는 말.

¶ 물건을 낱개로 포장해서 팔려고 한다.

¶ 팔다 남은 것은 모두 떨이로 넘겼다.

⑦ 원인이나 이유를 나타내는 말. '때문에' 또는 '덕택에'와 같은 뜻이다.

¶ 요즘 감기로 고생하는 사람이 많아졌다.

¶ 언니의 배려로 고생을 면했다.

⑧ 지위나 신분 또는 자격을 나타내는 말. [참고] 로서

¶ 우리는 그를 대표로 뽑았다.

¶ 그는 다섯 남매 가운데 둘째로 태어났다.

⑨ 시간을 나타내는 말.

¶ 그날 이후로 우리는 친구가 되었다.

¶ 서울에 온 지 올해로 십 년이 된다.

⑩ ('로 하여금' 구성으로 쓰여) 행위의 주체가 되게 하는 말.

¶ 우리로 하여금 자유를 누리게 하라.

⑪ ('로 더불어' 구성으로 쓰여) '함께'의 뜻을 나타내는 말.

¶ 너로 더불어 이 사업을 추진하려 한다.

⑫ ('-기로 …하다' 구성으로 쓰여) 약속이나 결정을 나타내는 말.

¶ 친구와 열 시에 만나기로 했다.

¶ 그는 부모님 속을 썩이지 않기로 다짐했다.

⑬ 어떤 사물에 대해 생각하는 바를 나타내는 말.

¶ 사람을 바보로 여기나?

¶ 우리는 그들을 선의의 경쟁자로 생각했다.

● '로'와 '에'

'로'는 진행 방향을 나타내면서 그 목적지를 가리키는 데 쓰고, '에'는 구체적인 도착지를 나타내는 데 쓴다. 그래서 기차의 목적지를 말할 때에는 '로'를 쓰고 기차에 탄 사람의 목적지를 말할 때에는 '에'를 쓰게 된다. '김제에 가려면 용산에서 목포로 가는 기차를 타면 된다.' 이 예문에서는 조사 '에'와 '로'를 생략해도 괜찮다.

'로'와 '에'는 주어와 목적지의 긴밀성에 따라서 구별하여 쓰인다.

① 나는 목포로 간다.
② 나는 목포에 간다.

예문 ①은 목적지가 목포라는 사실을 말할 뿐이다. 다른 곳에서 일하다가 회사 명령으로 목포에서 일하게 된 사람이 쓸 수 있는 표현이다. 예문 ②는 어떤 일을 하기 위해서 목포를 목적지로 정했음을 암시한다. 목포에서 볼일이 있는 사람이 쓸 수 있는 표현이다. 주어와 목적지가 긴밀한 관련이 있으면 '로'를 쓰지 않고 '에'를 쓴다.

● '로'와 '으로'

받침이 없는 명사나 대명사 뒤, 또는 'ㄹ' 받침이 있는 명사나 대명사 뒤에는 '로'를 쓴다. 'ㄹ'외의 받침이 있는 체언 뒤에는 '-으로'를 쓴다.

¶ 물로 얼음을 만들고, 얼음으로 물을 만든다.
¶ 부산으로/광주로/서울로 가기로 했다.
¶ 책상 밑에 끼어 있는 종이를 젓가락으로/자로/연필로 꺼냈다.
¶ 그의 말이 거짓으로/허위로/진실로 밝혀졌다.

로서 조사

지위나 신분 또는 자격을 나타내는 말. [참고] 으로서, 로, 로써

¶ 그는 친구로서 보면 좋은 점이 많으나 결혼 상대로서 생각하면 아쉬운 점이 있다.
¶ 아버지의 아들로서 할 일을 해야 하겠지.
¶ 현재로서 어떤 문제는 해결하기 어렵습니다.

● '로서'와 '으로서'

받침이 없는 명사나 대명사 뒤 또는 'ㄹ' 받침이 있는 명사나 대명사 뒤에는 '로서'를 쓴다. 'ㄹ' 외의 받침이 있는 체언 뒤에는 '으로서'를 쓴다.

¶ 그가 우리 반 대표로서 회의에 참석했다.
¶ 사람으로서 해서는 안 될 일이 있다.
¶ 교사로서/선생으로서 학생들에게 모범을 보였다.

로써 조사

① 재료나 원료임을 나타내는 말. [참고] 으로써, 로, 로서

¶ 쌀로써 밥을 짓는다.

② 일의 수단이나 연장임을 나타내는 말.

¶ 대화로써 갈등을 풀어야 한다.

③ 기준이 되는 시간임을 나타내는 말.

¶ 이 일을 시작한 지 오늘로써 꼭 열흘이 되었다.

¶ 올해로써 십 년째 같은 일을 하고 있다.

ㄹ

● '로', '로서', '로써'의 용법

'로서'는 주로 자격을 나타낼 때 쓰고, '로써'는 수단이나 재료, 시간 따위를 나타낼 때 쓰는 조사이다. '로'는 이 두 조사를 아우르는 용법으로 사용한다. 다만 '로'보다 '로서'와 '로써'가 강조하는 느낌이 있다. '로/로서/로써'는 받침이 없는 체언 또는 'ㄹ' 받침이 있는 명사나 대명사 뒤에 쓴다. 'ㄹ' 이외의 받침이 있는 체언 뒤에는 '으로/으로서/으로써'를 쓴다.

¶ 아들로/아들로서 할 만큼 했지.(자격)

¶ 말로/말로써 갈등을 풀자.(수단)

¶ 돌로/돌로써 집을 짓는다.(재료)

¶ 오늘로/오늘로써 꼭 한 달이 됐다.(시간)

-롭다 접사

[불규칙] -롭고, -로워, -로운, -롭네, -롭소, -롭습니다, -로웠다

(모음으로 끝나는 일부 어근 뒤에 붙어) 그것이 있는 상태임을 나타내는 형용사를 만드는 말.

¶ 감미로운 목소리로 노래를 부른다.

¶ 지혜롭게 행동하라.

¶ 행사에는 다채로운 상품이 준비되어 있다.

● '-롭다'를 사용한 낱말

감미롭다, 경사롭다, 경이롭다, 공교롭다, 괴롭다, 권태롭다, 다채롭다, 단조롭다, 명예롭다, 보배롭다, 사사롭다, 상서롭다, 새롭다, 수고롭다, 순조롭다, 슬기롭다, 신비롭다, 애처롭다, 영예롭다, 영화롭다, 예사롭다, 외롭다, 위태롭다, 은혜롭다, 의롭다, 자비롭다, 자유롭다, 정의롭다, 지혜롭다, 풍요롭다, 해롭다, 향기롭다, 호화롭다, 흥미롭다

-률(率) 접사

(일부 명사 뒤에 붙어) '비율'의 뜻을 더하는 말. [참고] -율

¶ 한국은행은 올해 우리나라 경제 성장률이 2%를 넘지 않을 거라고 예측하였다.

¶ 쥐는 번식률이 엄청나다.

● '률(率)'의 표기

'-률(率)'은 보통 '률'로 표기하지만 앞말에 따라서 '율'로 표기하는 경우가 있다. 끝소리가 모음이나 'ㄴ'인 낱말 뒤에 붙는 경우에는 '율'로 표기한다.

① 끝소리가 모음인 낱말 뒤에 붙는 경우에는 '율'로 표기: 득표율, 실패율, 이자율, 지지율, 참가율, 치사율

② 끝소리가 'ㄴ'인 낱말 뒤에 붙는 경우에는 '율'로 표기: 기준율, 백분율, 출산율

③ 그 밖의 경우에는 '률'로 표기: 경쟁률, 능률, 문맹률, 발생률, 성공률, 수익률, 시청률, 실업률, 이직률, 인상률, 진학률, 출석률, 취업률, 합격률

를 조사

동사의 목적이나 대상임을 나타내는 말. [참고] 을

¶ 화단에 꽃나무를 심었다.

¶ 친구를 주려고 장갑을 샀다.

>>> 받침이 없는 체언 뒤에는 '를'이 붙고, 받침이 있는 체언 뒤에는 '을'이 붙는다.

리[1](理) 명사

(어미 '-ㄹ/-을' 뒤에 '있다', '없다'와 함께 쓰여) '까닭', '이치'의 뜻을 나타내는 말.

¶ 그럴 리가 있겠니?

¶ 그가 그런 말을 했을 리 없다.

ㄹ

리[2](里) 명사

거리를 나타내는 단위. 1리는 약 0.393킬로미터에 해당한다.

¶ 아버지는 학교에 가려고 십 리 길을 걸어야 했대.

¶ 속담 '천 리 길도 한 걸음부터'는 무슨 일이나 시작이 중요하다는 말이다.

-리- 접사

① (일부 어간에 붙어) '사동'의 뜻을 더하는 말.

¶ 굴리다, 날리다, 놀리다, 말리다, 살리다, 울리다, 곯리다

② (일부 어간에 붙어) '피동'의 뜻을 더하는 말.

¶ 걸리다, 깔리다, 내몰리다, 팔리다, 날리다, 끌리다, 밀리다

>>> '날리다'와 '빨리다'처럼 사동사와 피동사의 형태가 같은 경우도 있다.

ㅁ

마구 부사 ㉿ 막[2]

① 아무렇게나 함부로.

¶ 아무 데나 마구 침을 뱉는 것은 공중도덕에 어긋난다.

¶ 마구 지은 집이 쉽게 무너지는 것은 당연하다.

② 몹시 세차게. 또는 아주 심하게.

¶ 영화를 보다가 눈물이 마구 쏟아져 참을 수 없었다.

¶ 우박이 마구 퍼부어 비닐하우스가 무너지고 말았다.

마냥[1] 부사

① 언제까지나 줄곧. [참고] 만판

¶ 우리는 그가 올 때까지 마냥 기다렸다.

¶ 그렇게 마냥 울기만 하면 어떡하니?

② 부족함이 없이 실컷.

¶ 우리는 모처럼 만나서 마냥 웃고 떠들며 놀았다.

③ 보통의 정도를 넘어 몹시.

¶ 약속 장소를 못 찾고 마냥 길에서 헤매었다.

마냥[2] '처럼'의 틀린 말.

¶ 그는 병든 닭마냥(×)/닭처럼(○) 꾸벅꾸벅 졸았다.

마는 조사 ㊜ 만[4] ×만은

앞의 사실을 인정하면서도 그에 대한 의문이나 그와 어긋나는 상황 따위를 나타내는 말.

¶ 기분이 조금 언짢다마는 참겠다.

¶ 얼마 되겠느냐마는 용돈에 보태어 써라.

마다하다 동사

[불규칙] 마다하고, 마다하여/마다해, 마다하는, 마다한다, 마다하였다/마다했다

거절하거나 싫다고 하다.

¶ 나는 좋은 직장을 마다하고 자유로운 삶을 택하였다.

¶ 그는 친구 일이라면 궂은일도 마다하지 않고 열심히 도왔다.

마당 명사

① 집에 평평하게 닦아 놓은 땅.

¶ 단독 주택에는 마당이 있어서 좋아요.

② 어떤 일이 이루어지고 있는 곳.

¶ 아이들은 모두 씨름 마당에 몰려갔다.

③ (주로 '마당에' 형태로 쓰여) 어떤 일이 이루어지는 상황.

¶ 일이 이렇게 된 마당에 하는 데까지 해 보자.

④ 판소리나 탈춤 따위의 단락을 세는 말.

마뜩잖다 형용사 ×마뜩찮다

[규칙] 마뜩잖고, 마뜩잖아, 마뜩잖은, 마뜩잖소, 마뜩잖습니다, 마뜩잖았다

마음에 들 만하지 아니하다.

¶ 내 발표를 들은 선생님은 마뜩잖은 얼굴이었다.

¶ 아버지는 게으른 사람을 마뜩잖아 하셨다.

✕ 마뜩찮다 'ㅁ뜩잖다'의 틀린 말.

● '마뜩찮다'와 '마뜩잖다'

'마뜩하지 아니하다'를 줄이면 '마뜩하지 않다'가 되고, 이것이 다시 '마뜩잖다'로 줄어든다. 원래 '하지'는 '치'로 줄어들기 때문에 '마뜩찮다'가 되어야 하지만 '생각하지 않다'가 '생각지 않다', '생각잖다'로 줄어드는 것처럼 '찮다'로 줄지 않고 '잖다'로 준다. 이처럼 줄어드는 예는 아래와 같은 것들이 있다.

- 거북하다 – 거북잖게, 익숙하다 – 익숙잖은, 넉넉하다 – 넉넉잖아
- 섭섭하다 – 섭섭잖게, 답답하다 – 답답잖은, 갑갑하다 – 갑갑잖아
- 깨끗하다 – 깨끗잖게, 떳떳하다 – 떳떳잖은, 못하다 – 못잖아

대체로 토박이말에서, 접미사 '–하다' 앞에 'ㄱ', 'ㅂ', 'ㅅ' 받침이 있는 경우에 이렇게 줄어든다.

○ 마뜩하다 형용사

불규칙 마뜩하고, 마뜩하여/마뜩해, 마뜩한, 마뜩합니다, 마뜩하였다/마뜩했다

제법 마음에 들 만하다.

¶ 그 사람이 마뜩하게 생각하지 않는다면 달리 도리가 없다.

¶ 나는 별로 마뜩하지 않지만 네가 좋다면 그렇게 해라.

○ 마음 명사 ㉾ 맘

① 사람의 성격이나 품성.

¶ 마음 좋은 우리 엄마

¶ 똑똑한 사람보다 마음이 어진 사람이 좋다.

② 생각, 감정, 기억 따위가 생기거나 자리한다고 생각하는 곳. 참고 가슴

¶ 이번 실패를 마음에 두지 마라.

¶ 네 마음에 있는 것을 모두 털어놓아 보아라.

③ 감정이나 의지, 생각 따위를 일으키는 작용.

¶ 마음으로 성공을 빌겠다.

¶ 몸은 늙었지만 마음은 청춘이다.

④ 어떤 것에 둔 관심이나 감정, 속내.

¶ 새로 산 옷이 마음에 든다.

¶ 나는 너에게 마음이 있는데 너는 어떠니?

⑤ 옳고 그름, 좋고 나쁨을 판단하는 기준이나 바탕.

¶ 다른 사람의 마음에 들려고 노력하지 말고 자기 마음에 들려고 노력해라.

⑥ 어떤 일을 생각하는 힘.

¶ 마음을 쏟아서 열심히 공부해라.

ㄷ

복합어

딴마음 ① 주의를 기울이지 않고 다른 것을 생각하는 마음. ② 처음에 마음먹은 것과 어긋나거나 배반하는 마음.

마음가짐 마음의 자세. ¶ 그는 마음가짐이 반듯한 사람이다.

마음껏 마음에 차도록. ¶ 그곳에서는 하고 싶은 공부를 마음껏 할 수 있었다.

마음대로 올림말 '마음대로' 참고. ㉾ 맘대로

마음먹다 무엇을 하겠다는 생각을 하다. ¶ 세계 일주를 하기로 마음먹었다.

마음보 마음을 쓰는 속 바탕. =심보 ¶ 마음보가 그리 고약해서야 되겠니?

마음속 마음의 속. =가슴속 ¶ 마음속으로만 불평하지 말고 말을 해라.

마음씨 마음을 쓰는 태도. 마음 씀씀이. ¶ 마음씨가 비단 같다.

마음잡다 마음을 바로 가지거나 새롭게 결심하다. ¶ 오늘부터 마음잡고 날마다 책을 100쪽씩 읽을 거야.

속마음 겉으로 드러나지 아니한 실제의 마음. =내심 ¶ 너의 속마음을 모르겠다.

참마음 ① 거짓 없는 진실한 마음. ② 속에 품고 있는 진짜 마음.

큰마음 크고 넓게 생각하는 마음씨. ㉾ 큰맘

한마음 ① 하나로 합친 마음. ¶ 모두 한마음으로 일을 추진합시다. ② 변함없는 마음.

관용 표현

마음(을) 놓다 걱정하거나 불안해하지 않다. ¶ 큰일이 잘 풀려서 마음을 놓았다.

마음(을) 붙이다 어떤 것에 전념하다. ¶ 이제 손주들 재롱에나 마음을 붙이기로 했다.

마음(을) 주다 숨기지 아니하고 기꺼이 마음을 내보이다. ¶ 그는 좀처럼 다른 사람에게 마음을 주지 않았다.

마음에 두다 ① 잊지 아니하고 마음에 새기다. ¶ 내가 한 말을 마음에 두지 마라. ② 마음속으로 생각해 놓다. ¶ 마음에 둔 사람이라도 있느냐?

마음에 없다 무엇을 하거나 가지고 싶은 생각이 없다. ¶ 그렇게 마음에 없는 말을 하지 마시오.

마음에 있다 무엇을 하거나 가지고 싶은 생각이 있다. ¶ 나는 네가 마음에 있었어.

마음에 차다 마음에 만족스럽게 여기다. ¶ 어렵사리 마음에 차는 직원을 구했다.

마음을 썩이다 몹시 괴로워하다. ¶ 그는 사고뭉치 아들 때문에 마음을 썩였다.

마음을 풀다 ① 긴장하였던 마음을 누그러뜨리다. ¶ 긴장했던 마음을 풀고 여유롭게 휴가를 다녀와라. ② 맺히거나 틀어졌던 마음을 본래대로 돌리다. ¶ 제가 잘못했습니다. 한 잔 받으시고 마음을 푸십시오.

마음이 돌아서다 ① 마음이 아주 달라지다. ② 틀어졌던 마음이 정상 상태로 바뀌다. ¶ 아내의 마음이 돌아서자 남편의 얼굴이 이내 밝아졌다.

마음이 통하다 생각이 비슷하여 이해가 되다. ¶ 우리는 서로 마음이 통하는 사이이다.

마음이 풀리다 ① 맺히거나 틀어졌던 감정이 사라지다. ¶ 그가 진심으로 사과해서 내 마음이 풀렸다. ② 긴장하였던 마음이 누그러지다. ¶ 큰 시험을 치르고 나자 마음이 풀려서 몸살을 된통 앓았다.

속담

마음 없는 염불 하고 싶지 아니한 일을 마지못해서 함을 이르는 말. ¶ 마음 없는 염불은 그만하고 정말 네가 하고 싶은 일을 찾아봐.

마음에 없으면 보이지도 않는다 마음이 없으면 눈으로 보면서도 무엇인지 모른다는 말로, 무슨 일을 할 때에는 마음을 가다듬고 온 마음을 다하여 하라는 말. ¶ 마음에 없으면 보이지도 않는다는 말 못 들었나? 정신 바짝 차리고 샅샅이 조사하게.

마음에 있어야 꿈도 꾸지 생각이나 뜻이 있어야 일을 이룰 수 있다는 말. ¶ 마음에 있어야 꿈도 꾼다고 일단 계획을 세워야 일이 이루어지든 말든 할 거 아닌가?

마음처럼 간사한 건 없다 사람의 마음은 이해관계에 따라서 쉽게 변함을 이르는 말. ¶ 마음처럼 간사한 건 없다더니 바람이 조금 차가워지니 금방 지난여름이 생각나네.

마음대로 부사 ㊟ 맘대로

하고 싶은 대로.

¶ 갖고 싶은 것이 있으면 마음대로 가져가도 좋다.

¶ 배가 흔들려서 마음대로 몸을 가누기 어려웠다.

마지아니하다 동사 ㊟ 마지않다

불규칙 마지아니하고, 마지아니하여/마지아니해, 마지아니하는, 마지아니한다, 마지아니합니다

앞말이 뜻하는 바를 진심으로 바란다는 뜻을 강조하여 나타내는 말.

¶ 모두 방학 동안에 건강하기를 바라 마지아니합니다.

● '마지아니하다'와 '마지않다'의 띄어쓰기

'마지아니하다'는 '말다'와 '-지 아니하다'가 붙어서 된 말이다. 원래 '말지 아니하다'처럼 써야 하지만 복합어로 인정되면서 '마지아니하다'라는 낱말이 된 것이다.

¶ 사업을 잘 추진해 줄 것을 요청해 마지아니합니다/마지않습니다.(=요청합니다)

¶ 네가 성공하기를 바라 마지아니한다/마지않는다.(=바란다)

¶ 여러분을 환영해 마지아니하오/마지않소.(=환영하오)

¶ 그는 내 그림을 보고 감탄해 마지아니하였다/마지않았다.(=감탄했다)

마치다 동사

규칙 마치고, 마치어/마쳐, 마친, 마칩니다, 마치었다/마쳤다

① 절차나 과정이 끝나다.

¶ 수업을 마치면 운동장으로 나와라.

② 절차나 과정을 끝내다.

¶ 중학교 3년을 무사히 마치고 졸업하게 되어 기쁘다.

¶ 일을 마치는 대로 전화해라.

③ 삶을 더 누리지 못하고 끝내다.

¶ 그는 늘그막에 고향으로 돌아와서 생을 마쳤다.

● '마치다'와 '맞히다'의 표기

두 낱말은 발음이 [마치다]로 똑같이 나서 소리로 구별하여 표기하기가 쉽지 않다. 또 둘 다 타동사로서 목적어와 함께 쓰이기 때문에 문장의 짜임으로도 구별하기가 어렵다. 한 가지 구별법은 아래 예문처럼 '마치다'는 반드시 움직임이 들어 있는 명사를 목적어로 삼는다는 것이다.

¶ 운동을 마치고 샤워를 하였다.

¶ 수업을 마친 뒤에 운동장에서 축구를 하였다.

¶ 학업을 마치면 취직하려 한다.

이에 비해서 '맞히다'는 아래의 예문처럼 실체가 있는 대상을 목적어로 삼는다.

¶ 과녁을/비를/정답을 맞히다.

✕ 마치맞다

'마침맞다'의 틀린 말.

○ 마침내 부사

드디어 마지막에는.

¶ 오랜 항해 끝에 마침내 육지에 도달하였다.

¶ 상처가 마침내 곪아 터졌다.

¶ 마침내 그 두 사람은 헤어지게 되었다.

● '마침내', '드디어', '끝내', '결국'

① '마침내'는 어떤 일을 진행하는 과정에서 상당한 어려움이 있었음을 암시한다. '마침내'는 일어나서는 안 되는 일이 일어난 경우에도 쓸 수 있고, 적극적으로 결과를 얻어 내는 경우에도 쓴다.

¶ 엄청난 파도를 뚫고 마침내 목적지에 도착하게 되어 감개무량하다.
¶ 마침내 우리는 일본 제국주의를 몰아내고 해방을 쟁취하였습니다.
② '드디어'는 일이 진행되는 결과로 나타나는 현상을 제시할 때에 사용한다. 대체로 일어나서는 안 되는 경우에는 사용하기 곤란하다.
¶ 꿈에 그리던 학교에 드디어 합격하였다.
¶ 브레이크 고장이 잦더니 드디어 사고가 났다. →결국, 끝내
③ '끝내'는 끝까지 노력했지만 기대한 만큼 성과를 거두지 못한 경우에 쓴다. 부정적인 행동을 끝까지 할 때에도 '끝내'를 쓴다.
¶ 방을 샅샅이 뒤졌지만 끝내 지갑을 찾지 못했다.
④ '결국'은 가치 중립적인 단어이다. 뒤에 긍정문이 와도 좋고 부정문이 와도 좋다.
¶ 그들은 결국 우리 요구를 승낙하였다.
¶ 판판이 놀기만 하더니 결국 시험에 떨어졌구나.

마침맞다 형용사 ×마치맞다

규칙 마침맞고, 마침맞으니, 마침맞아서, 마침맞은, 마침맞습니다, 마침맞았다

(흔히 '마침맞게', '마침맞은' 형태로 쓰여) 어떤 경우나 기회에 꼭 알맞다.
¶ 배가 고픈 때에 마침맞게 빵을 사 오는구나.
¶ 이 일에 마침맞은 사람을 구하였다.

막[1] 부사

① 바로 지금.
¶ 일을 이제 막 끝내고 오는 참이다.
¶ 기차가 막 출발하려는데 한 남자가 갑자기 뛰어내렸다.
② 바로 그때.
¶ 내가 승강장에 내려왔을 때, 전동차가 막 떠났다.

막[2] 부사

'마구'의 준말.

¶ 너무 아파서 부끄러운 줄도 모르고 막 울었다.

¶ 그렇게 아무 말이나 막 지껄이면 되겠어?

막연하다(漠然-) 형용사

불규칙 막연하게, 막연하고, 막연하여/막연해, 막연한, 막연하였다/막연했다

① 갈피를 잡을 수 없게 아득하다.

¶ 앞으로 살아갈 길이 막연하다.

¶ 어디로 가야 할지 막연하기만 하다.

② 뚜렷하지 못하고 어렴풋하다.

¶ 네 말이 너무 막연해서 이해가 잘 안 돼.

¶ 막연하게 아는 것은 진짜 지식이 아니다.

만[1] 명사

(흔히 '만에', '만이다' 형태로 쓰여) 동안이 계속되었음을 나타내는 말.

¶ 너를 십 년 만에 보는구나.

¶ 이게 얼마 만이냐?

¶ 500쪽이 넘는 책을 하루 만에 다 읽었다.

● '얼마 만'과 '오랜만'

두 낱말에 사용된 '만'은 모두 '동안'을 나타낸다. 그런데 '얼마 만'의 '만'은 띄어 쓰고, '오랜만'의 '만'은 띄어 쓰지 않는다. '얼마 만'처럼 시간이나 기간을 가리키는 명사 뒤에 오는 '만'은 그 시간 또는 그 기간을 가리키는 의존 명사가 되므로 띄어 써야 한다. '오랜만'은 불명확한 기간을 나타내는 '오래간만'이 줄어든 낱말이어서 붙여 쓴다.

만[2] 명사

① 앞말이 뜻하는 동작이나 행동에 타당한 이유가 있음을 나타내는 말.

¶ 듣고 보니 그가 좋아할 만도 하구나.

¶ 너희가 이 계획에 반대할 만은 하지만 그렇다고 비난하는 것은 옳지 않다.

② 앞말이 뜻하는 동작이나 행동이 가능함을 나타내는 말.

¶ 그래도 먹을 만은 하네.

¶ 그냥 한두 개 사 줄 만도 한데 그럴 생각이 없는 것 같다.

> ● '만[2]'와 '만하다'
>
> '만'에 접미사 '-하다'가 붙어 '만하다'라는 형용사를 만든다. '만'의 뜻풀이 예문에 있는 '좋아할 만도 하구나', '반대할 만은 하지만'에서 조사 '도, 은'을 빼면 '좋아할 만하구나', '반대할 만하지만'이 된다. '만'에 조사를 붙여 '만도 하다'나 '만은 하다'처럼 쓰면 '만하다'보다 어감이 센 느낌을 준다.(올림말 '만하다' 참고.)

ㅁ

만[3] 조사

① 다른 것을 제한하고 어느 것을 한정함을 나타내는 말.

¶ 언니는 하루 종일 책만 읽었다.

¶ 친구가 나를 보고 싱글싱글 웃기만 할 뿐 아무 말을 안 했다.

② ('-어야/-아야' 뒤에 쓰여) 강조하는 뜻을 나타내는 말.

¶ 꼭 그렇게 해야만 하나요?

¶ 그를 만나야만 모든 문제를 해결할 수 있다.

③ 기대하는 마지막 선을 나타내는 말.

¶ 복권 열 장 중에서 하나만 당첨되어도 바랄 것이 없다.

¶ 친구 중에서 너만 와 주어도 좋겠다.

④ ('하다', '못하다'와 함께 쓰여) 앞말이 나타내는 대상이나 정도에 달함을 나타내는 말.

¶ 태풍이 부니 집채만 한 파도가 몰려왔다.

¶ 청군이 백군만 못하다.

⑤ ('-어도/-아도, -으면'의 앞에 쓰여) 어떤 상태가 되기 위한 조건을 나타내는 말.

¶ 너무 피곤하여 눈만 감으면 잠에 곯아떨어질 것 같다.

¶ 어머니는 내가 쉬는 것만 보아도 공부하라고 다그치신다.

만4 조사

'마는'의 준말.

¶ 어쩔 수 없어서 가기는 간다만 꼭 다시 돌아오겠다.

¶ 이 기계는 제가 만들었습니다만 썩 만족스럽지 못합니다.

● '만4'와 '만은'

'만4'는 '마는'을 줄여서 쓴 것이다. 따라서 여기에 조사 '은'을 붙이면 안 된다.(이와 관련한 설명은 올림말 '만은' 참고.)

¶ 이게 좀 더 낫지만은(×)/낫지마는(○)/낫지만(○) 값이 비싸서 망설여진다.

¶ 지금은 참는다만은(×)/참는다마는(○)/참는다만(○) 앞으로 지켜보겠다.

¶ 비가 오지만은(×)/오지마는(○)/오지만(○) 예정대로 여행을 떠나겠다.

¶ 그렇지만은(×)/그렇지마는(○)/그렇지만(○) 어쩔 수 없다.

만날(萬-) 부사

매일같이 계속하여서. =맨날

¶ 너는 왜 만날 그 모양이냐?

¶ 일할 생각은 안 하고 만날 놀 궁리만 하느냐?

속담

만날(/맨날) 떵그렁 생활이 넉넉하여 만사에 걱정이 없음을 이르는 말.

››› '만날'과 '맨날'은 같은 의미로 쓰는 복수 표준어이다.

만도 조사

조사 '만[3]'을 강조하는 말. 만큼도.

¶ 그런 짐승만도 못한 녀석을 내가 키워 주었다니.

¶ 세상에 나만도 못한 사람이 있을라고.

만은 조사

조사 '만[3]'을 강조하는 말.

¶ 이것만은 내줄 수 없다.

¶ 누구도 죽음만은 피할 수 없다.

● '만은'과 '마는'

'만은'은 조사 '만[3]'에 조사 '은'이 붙은 형태이다. 즉 두 개의 조사가 한데 합해져 새로운 조사가 된 것인데 언제나 명사나 대명사 뒤에 붙는다. 이에 비해 조사 '마는'은 '-지', '-다', '-ㄴ다', '-습니다' 같은 어미 뒤에 붙어서 '그러나'의 의미를 덧붙이는 구실을 한다. '마는'이 '만'으로 줄어들기 때문에 조사 '만'이나 이것을 강조하는 '만은'과 헷갈리는 경우가 많다. 아래 예문에서 '마는' 대신에 '만은'을 쓰면 안 되는 경우를 잘 익히기 바란다.

¶ 여행이 좋기는 하지만은(×)/하지마는(○) 지금은 바빠서 못 간다.

¶ 너만은(○)/너마는(×) 부모님을 실망시키지 말아 다오.

만치 명사/조사

=만큼

만큼 ①-②명사 ③조사

=만치

① (어미 '-ㄴ, -ㄹ, -은, -는, -을' 뒤에 쓰여) 앞의 내용이 상당한 정도임을 나타내는 말.

¶ 방 안은 아무것도 보이지 않을 만큼 깜깜했다.

¶ 100명도 먹을 수 있을 만큼 음식을 많이 준비했다.

② (어미 '-ㄴ, -ㄹ, -은, -는, -던' 뒤에 쓰여) 앞의 내용이 뒤 내용의 원인이나 근거임을 나타내는 말.

¶ 내가 타이른 만큼 앞으로는 조심할 거야.

¶ 예기치 않은 사고가 난 만큼 행사를 속행하기는 어려울 것 같다.

③ (명사나 대명사 뒤에 붙어) 앞말과 비슷한 정도나 한도임을 나타내는 말.

¶ 한글만큼 배우기 쉬운 글자가 어디 있겠냐.

¶ 나도 너만큼 빨리 달릴 수 있어.

››› '만큼'과 '만치'는 뜻과 용법이 같아 서로 바꾸어 쓸 수 있다. 다만, '만치'가 표준어로 인정된 지 얼마 되지 않았기 때문에 '만큼'처럼 폭넓게 쓰이지 않는다.

만판 부사

① 마음껏 넉넉하고 흐뭇하게.

¶ 우리는 오랜만에 만판 먹고 마시며 놀았다.

② 다른 것은 하지 않고 줄곧 한가지로. 참고 마냥[1]

¶ 공부는 안 하고 만판 놀기만 하니 걱정이다.

››› '만판'과 '마냥[1]'은 다른 일은 하지 않고 줄곧 한 가지만 죽 하는 경우에 쓴다. 다만 '마냥'은 그냥 줄곧 한 가지만 하는 경우에 쓰고, '만판'은 다른 것도 해야 하는데 그러지 않고 한 가지만 하는 경우에 쓴다.

만하다 형용사

불규칙 만하고, 만하니, 만하여/만해, 만한, 만합니다, 만하였다/만했다

① 앞말이 뜻하는 행동을 할 가치가 있음을 나타내는 말.

¶ 우리나라는 세계가 주목할 만한 정치적, 경제적 성과를 이룩했다.

¶ 이 사전은 초중등 학생들에게 권할 만합니다.

② 앞말이 뜻하는 행동을 하는 것이 가능함을 나타내는 말.

¶ 우리는 아직 집을 살 만한 형편이 못 된다.

¶ 이 정도 아픔은 참을 만해.

● '만하다'와 '만 하다'

'만하다'는 어미 '-ㄹ/-을'로 활용한 동사를 보조하기 위해 쓴다. 이에 비해서 '만 하다'는 조사 '만'과 '하다'로 이루어진 어구로서 '만'의 앞에 명사나 대명사가 온다.

¶ 그저 참을 만하면 참아라.(참다+만하다)

¶ 차려진 음식이 먹을 만하게 보인다.(먹다+만하다)

¶ 동생이 주먹만 한 송편을 빚었다.(주먹+만+하다)

¶ 형만 한 아우 없는 법이다.(형+만+하다)

말귀 명사

① 말이 뜻하는 내용.

¶ 너는 왜 그렇게 말귀를 못 알아듣느냐?

② 남이 하는 말의 뜻을 알아듣는 총기.

¶ 그는 말귀가 밝아서 일을 시키기 좋다.

¶ 저렇게 말귀가 어두운 사람은 처음 봤다.

● '말귀'의 쓰임

이 말은 본디 다른 사람의 말을 알아듣는 귀를 뜻한다. '말귀가 밝다', '말귀가 어둡다' 같은 용법은 '귀가 밝다', '귀가 어둡다'라는 말에서 쉽게 유추할 수 있다. '귀가 어둡다'는 소리를 듣는 능력이 부족하다는 뜻이다. 이에 비해서 '말귀가 어둡다'는 소리를 제대로 듣지만 그 내용을 이해하지 못한다는 뜻이다. 본래의 의미가 확대되어 "왜 말귀를 그리 못 알아듣니?"라는 표현을 하게 되었다.

말다[1] 동사

[불규칙] 말고, 말면, 마니, 말아, 마는, 만, 마오, 마세요, 맙니다, 말았다

① 넓적한 물건을 돌돌 감아 원통형으로 겹치게 하다.

¶ 돗자리를 말아 한쪽에 세워 놓아라.

② 얇고 넓적한 물건에 내용물을 넣고 감아서 싸다.

¶ 소풍 가는 아이에게 김밥을 말아 주었다.

¶ 장미꽃을 신문지에 말아서 집에 가져왔다.

말다[2] 동사

[불규칙] 말고, 말면, 마니, 말아, 마는, 만, 마오, 마세요, 맙니다, 말았다

밥이나 국수 따위를 물이나 국물에 넣어서 풀다.

¶ 입이 깔깔하여 밥을 물에 말아 먹었다.

¶ 국수 한 그릇 말아 먹고 다시 일을 나섰다.

말다[3] 동사

[불규칙] 말고, 말면, 말아, 마오, 마세요, 말았다

① 일이나 행동을 하지 않거나 그만두다.

¶ 이제 그 일에 관해서는 아무 걱정도 마세요.

¶ 밥 먹다 말고 어디 가니?

② 앞말을 부정하는 뜻을 나타내는 말.

¶ 가거나 말거나 하든지 말든지 이제는 상관하지 않겠다.

¶ 갈까 말까 망설이고 있다.

③ ('말고' 형태로 명사의 단독형과 함께 쓰여) '아니고'의 뜻을 나타내는 말.

¶ 아니, 너 말고 네 형더러 오라고 해.

¶ 이것 말고 저것을 가져가라.

④ (동사 뒤에서 '-지 말다' 구성으로 쓰여) 앞의 행동을 가로막는 뜻을 나타내는 말.

¶ 잔디밭에 들어가지 마시오.

¶ 함부로 떠들지 마라.

⑤ 앞의 내용이 이루어지거나 결국 하게 됨을 나타내는 말.

¶ 기어이 성공하고야 말겠다.

¶ 참았던 웃음을 터뜨리고 말았다.

복합 어미

-고말고 상대편의 물음에 대하여 긍정의 뜻을 강조하여 문장을 끝내는 말. =-다마다 ¶ 지금 가는 것이 좋고말고. / 선생님이야 가고말고.

-다마다 =-고말고 ¶ 네 말이 맞다마다. / 통이 너무 크다마다. / 아무렴 가다마다.

> **● '말다[3]'의 특별한 형태**
>
> ① '-지 말다'는 문장 안에서 '-지 말아/말아라/마/마라' 등으로 형태를 바꾼다.
>
> ¶ 거기 앉지 말아/말아라/마/마라.
>
> ¶ 먹지 말아요/마요/마세요.
>
> ② 다른 사람의 말을 인용하는 경우에는 '-라고', '-라는', '-라며'를 붙인다.
>
> ¶ 어머니께서 거기에 가지 마라고/말라고 말씀하셨다.
>
> ¶ 그런 짓을 다시는 하지 마라는/말라는 경고를 내렸다.
>
> ¶ 다시는 그런 말을 하지 마라며/말라며 손가락으로 입을 막는 시늉을 해 보였다.

말씀 명사

① 남의 말을 높여 이르는 말.

¶ 선생님 말씀을 새겨들어라.

② 자기 말을 낮추어 이르는 말.

¶ 제가 한 말씀 올리겠습니다.

복합어

말씀하다 '말하다'의 높임말. ¶ 아버지께서 말씀하시는 것을 옆에서 들었다.

● '말씀'의 용법

'말씀'은 상대를 높이기 위해서 상대의 말을 높여 이를 때에도 쓰고, 나를 낮추기 위해서 내 말을 낮출 때에도 쓴다. 상대의 말과 나의 말에 동시에 쓰면서 상대의 말에는 상대를 높이는 뜻으로, 나의 말에는 나를 낮추는 뜻으로 쓰는 것이다. 이는 아주 독특한 용법이라고 할 수 있다.

말씨 명사

① 말하는 태도나 버릇.

¶ 사람을 대할 때에는 부드러운 말씨로 대해라.

② 말에서 느껴지는 감정 따위의 색깔.

¶ 그는 말씨가 쌀쌀맞아 아무도 쉽게 말을 못 붙였다.

③ 특정한 언어에서 느껴지는 개인적, 지역적 특징.

¶ 그의 말씨로 보아서는 여기 사람이 아닌 것 같다.

맘 명사

'마음'의 준말.

¶ 나도 내 맘을 잘 모르겠다.

맛보기 명사

① 맛을 보도록 조금 내놓은 음식.

¶ 마트에 가면 여기저기에서 맛보기를 내놓고 사람들에게 먹어 보라고 권한다.

¶ 엿장수가 맛보기로 엿을 한 도막씩 나눠 주었다.

② 어떤 일을 본격적으로 하기 전에 시험 삼아 해 보는 것을 빗대어 이르는 말.

¶ 영화관에서는 으레 다른 영화를 맛보기로 보여 준다.

맛빼기 명사

양을 줄이고 맛을 좋게 한 음식.

¶ 이 식당에서는 양보다는 맛을 중시하여 맛빼기를 판다.

> ● '맛보기'와 '맛빼기'
>
> 시장에 가면 "맛이나 한번 보세요. 맛있으면 사시고…"라고 하면서 먹어 보도록 주는 음식이 있는데 이 음식이 '맛보기'이다. 이를 '맛빼기'라고 하면 안 된다. 요즘 식당 가운데는 양보다 맛이라는 생각에 양을 줄이는 대신 맛을 더 내어 음식을 만들어 내놓는 식당이 많다. 이런 음식을 '맛빼기'라고 부른다. 짜장면을 맛빼기로 달라고 하면 보통 짜장면보다 양을 줄이고 양념을 더 많이 넣어 맛을 낸 짜장면이 나오는 식이다. 이 낱말은 아직 《표준국어대사전》에 오르지 않았지만 새로운 의미로 사용하는 것이므로 사전에 올릴 가치가 있다. 고려대학교에서 간행한 《한국어대사전》에는 이 말이 올라 있다.

ㅁ

맞다[1] 동사

규칙 맞고, 맞지, 맞으니, 맞아, 맞는, 맞네, 맞소, 맞습니다, 맞았다

① 답이 틀리지 아니하다.

¶ 답이 맞는지 검토해 보자.

② 말, 느낌, 사실 따위가 틀리지 아니하다.

¶ 어른들은 언제나 자기가 맞는 말만 한다고 생각한다.

¶ 생각해 보니 네 주장이 맞는 것 같아.

③ 누구의 소유임이 틀리지 아니하다.

¶ 이 책이 네 것이 맞느냐?

¶ 이 안경은 제 것이 맞습니다.

④ 어떤 대상이 무엇임이 틀리지 아니하다.

¶ 이 번호가 네 집 전화번호가 맞니?

¶ 거스름돈이 맞는지 헤아려 봐.

⑤ 대상의 맛, 온도, 습도 따위가 어떤 기준에 어긋나지 아니하다.

¶ 각자 입맛에 맞는 음식을 주문하세요.

¶ 기온이 활동하기에 딱 맞는 날씨이다.

⑥ 어떤 것의 크기, 규격 따위가 다른 것의 크기, 규격 따위와 어울리다.

¶ 방금 산 반지가 내 손가락에 딱 맞는다.

⑦ 생각이나 목표가 다른 사람과 어긋나지 아니하고 어울리다.

¶ 서로 이해관계가 맞는 사람끼리 모임을 만들었다.

¶ 남녀가 만나서 살다 보면 의견이 맞지 않는 경우가 많다.

⑧ 모습, 분위기, 취향 따위가 다른 것과 어울리다.

¶ 밝은 색 옷이 언니 분위기와 잘 맞는 것 같아.

¶ 그 일은 내 적성에 잘 맞지 않는다.

복합어

들어맞다 정확히 맞다. ¶ 내 예상이 딱 들어맞았다.

맞아떨어지다 ① 어떤 기준에 꼭 맞아 남거나 모자람이 없다. ¶ 오늘 날씨가 일기 예보와 딱 맞아떨어졌다. ② 가락이 잘 어울리거나 호응이 잘 되다. ¶ 고수의 추임새가 소리와 어찌 그리 잘 맞아떨어지는지.

›› '맞다[1]'은 동사와 형용사를 넘나들며 사용되는 특징이 있다. '이 옷이 네게 잘 맞는구나.'의 '맞는구나'는 어울린다는 뜻으로 쓰인 동사이다. '이 옷이 네게 맞다.'의 '맞다'는 옷 크기 따위가 몸에 어긋나지 않은 상태를 나타내는 형용사이다.

맞다[2] 동사

규칙 맞고, 맞으니, 맞아, 맞는, 맞네, 맞소, 맞습니다, 맞았다

① 오는 사람이나 물건을 예의를 갖춰 받아들이다.

¶ 손님을 맞으려고 집 안 청소부터 시작했다.

② 적이나 어떤 세력에 대항하다.

¶ 아군은 적을 맞아 힘껏 싸웠다.

③ 다가오는 어떤 때를 대하다.

¶ 올해는 새해를 맞는 내 마음이 예사롭지 않다.

¶ 동생은 오늘 열 번째 생일을 맞았다.

④ 내리는 눈, 비 따위를 몸으로 받다.

¶ 비를 맞지 않도록 마당에 있는 곡식을 다 들여놓았다.

¶ 채소는 서리를 맞으면 잎이 시든다.

⑤ 점수를 받다.

¶ 이번 시험에서 만점을 맞았다.

⑥ 어떤 좋지 아니한 일을 당하다.

¶ 선생님께 야단을 맞았다.

¶ 친구에게 바람을 맞았다.

⑦ 식구나 일원으로 예를 갖추어 데려오다.

¶ 친구 동생을 아내로 맞았다.

복합어

달맞이 음력 정월 대보름날 저녁에 달이 뜨기를 기다려 맞이하는 일. =달마중 ¶ 온 식구가 앞동산으로 달맞이를 나갔다.

맞아들이다 ① 오는 사람을 맞아 들어오게 하다. ¶ 이 가게 주인은 손님을 친절하게 맞아들인다. ② 예의를 갖추어 일원으로 받아들이다. ¶ 아주 똑똑한 청년을 사위로 맞아들여서 기분이 좋다.

맞이하다 ① 오는 것을 맞다. ② 일원으로 받아들이다.

봄맞이 봄을 맞는 일.

새해맞이 새해를 맞는 일. =설맞이

야단맞다 꾸지람을 듣다.

해맞이 떠오르는 해를 구경하거나 맞이하는 일.

맞다[3] 동사

규칙 맞고, 맞으니, 맞아, 맞는, 맞네, 맞소, 맞습니다, 맞았다

① 때림을 당하다.

¶ 옛날에 서당에서는 훈장님께 매를 맞으면서 글을 배웠다.

② 침, 주사 따위로 치료를 받다.

¶ 엉덩이에 주사를 맞았다.

③ 쏘거나 던지거나 한 물체가 어떤 물체에 닿다. 또는 그런 물체에 닿게 되다.

¶ 머리에 돌멩이를 맞아서 크게 다쳤다.

¶ 화살이 과녁에 정확하게 맞았다.

복합어

빗맞다 ① 겨눈 곳에 맞지 아니하고 어긋나게 맞다. ¶ 화살이 빗맞아서 크게 다치지는 않았다. ② 일이 뜻한 대로 이루어지지 아니하고 잘못 이루어지다. ¶ 그의 예상이 빗맞는 바람에 우리가 준비한 것이 허사가 되고 말았다.

얻어맞다 ① 심하게 맞다. ¶ 흠씬 얻어맞아 골병이 들었다. ② 비난을 받다. ¶ 정치인이 언론에 얻어맞는 일은 흔하다.

속담

맞기 싫은 매는 맞아도 먹기 싫은 음식은 못 먹는다 ① 싫은 음식은 도저히 먹지 못함을 이르는 말. ② 도저히 받아들일 수 없는 경우를 빗대어 이르는 말.

맞는 자식보다 때리는 부모 마음이 더 아프다 자식을 올바르게 이끌기 위하여 매를 때리는 부모 마음은 매를 맞는 자식 마음보다 훨씬 아프다는 말.

맞은 놈은 펴고 자고 때린 놈은 오그리고 잔다 남에게 해를 입힌 사람은 마음이 불안하나 해를 입은 사람은 오히려 마음이 편하다는 말.

–맞다 접사

규칙 –맞고, –맞으니, –맞아, –맞는, –맞네, –맞소, –맞습니다, –맞았다

(주로 성격을 나타내는 일부 명사나 어근 뒤에 붙어) '그것을 지니고 있음'의 뜻을 더하고 형용사를 만드는 말.

¶ 궁상맞다, 능글맞다, 방정맞다, 쌀쌀맞다, 앙증맞다, 익살맞다, 청승맞다

● '-맞다'의 어감

'-맞다'는 앞말이 가진 성질을 지니고 있되 그 어근이 갖는 부정적인 성질을 두드러지게 하는 데 사용된다. '-스럽다'와 비교하면 '-맞다'의 기능이 부정적 이미지를 더하고 말의 격을 조금 낮추는 것을 알 수 있다. 따라서 품위를 지켜야 할 때에는 '-맞다'를 사용하지 않는 것이 좋다.

구성지다/구성맞다, 궁상스럽다/궁상맞다, 극성스럽다/극성맞다
밉살스럽다/밉살맞다, 쌀쌀하다/쌀쌀맞다, 익살스럽다/익살맞다
청승스럽다/청승맞다

맞닥치다 동사

규칙 맞닥치고, 맞닥치어/맞닥쳐, 맞닥친, 맞닥칠, 맞닥칩니다, 맞닥치었다/맞닥쳤다

① 서로 마주 다다르다.

¶ 원수끼리 외나무다리에서 맞닥쳤다.

¶ 맞은편에서 오는 차가 우리 차와 맞닥쳤다.

② 같은 시간에 함께 다다르다.

¶ 손님 두 분이 동시에 맞닥쳐서 애를 먹었다.

맞추다 동사

규칙 맞추고, 맞추니, 맞추어/맞춰, 맞춘, 맞춥니다, 맞추었다/맞췄다

① 짝을 맞게 대어 붙이다.

¶ 여러 조각을 맞추어 놓으니 하나의 그림이 완성되었다.

¶ 동생이랑 그림 퍼즐을 맞추며 놀았다.

② 서로 비교하다.

¶ 답안지를 정답과 맞추어 보았다.

¶ 아버지는 판매 장부를 맞추는 일을 하루도 거르지 않았다.

③ 서로 어긋남이 없이 조화를 이루다.

¶ 우리와 보조를 맞춰 다오.

¶ 피의자들이 모두 말을 맞춘 것처럼 진술하였다.

④ 어떤 기준이나 정도에 어긋나지 아니하게 하다.

¶ 나는 적성에 맞추어 전공을 선택했다.

¶ 박자에 맞추어 노래를 불러라.

⑤ 어떤 기준에 틀리거나 어긋남이 없이 조정하다.

¶ 이야기의 초점을 주제에 맞추기 바란다.

¶ 시곗바늘을 12시에 맞추었다.

⑥ 줄을 똑바르게 만들다.

¶ 줄을 맞춰 서시오.

⑦ 다른 사람의 의도나 의향 따위에 맞게 행동하다.

¶ 남의 비위를 맞추면서 일하기는 매우 어렵다.

⑧ 일정한 규격의 물건을 만들도록 미리 주문을 하다.

¶ 옷을 맞추려고 양복점에 갔다.

¶ 책장을 하나 맞추었다.

⑨ 마주 닿게 하다.

¶ 사랑하는 사람끼리 입을 맞추는 것은 자연스러운 일이다.

⑩ 정해진 약속이나 시간을 안 넘기게 하다.

¶ 기차 시간에 맞추려면 서둘러야 한다.

››› '맞추다'와 '맞히다'의 차이는 올림말 '맞히다[1]' 참고.

맞히다[1] 동사

규칙 맞히고, 맞히지, 맞히어/맞혀, 맞힌, 맞힙니다, 맞히었다/맞혔다

문제에 대한 답을 옳게 하다. '맞다[1]'의 사동형. 참고 맞추다

¶ 이번 문제의 정답을 맞히면 우리말 달인이 된다.

¶ 오이디푸스는 스핑크스가 낸 수수께끼의 답을 맞혔다.

● '맞히다'와 '맞추다'

두 낱말은 모두 '맞다'에서 파생한 동사이다. '맞추다'는 물건이나 약속을 정해진 틀이나 시각에 맞도록 만드는 행위이고, '맞히다'는 과녁이나 정답 같은 목표 지점에 꼭 들어맞게 하는 행위이다. 이와 같은 용법의 차이로 두 낱말을 구별하여 사용한다.

¶ 모두 줄을 맞춰(○)/맞혀(×) 서세요.

¶ 반주에 맞춰(○)/맞혀(×) 노래를 부르자.

¶ 답을 맞추는(×)/맞히는(○) 사람에게 선물을 주겠다.

¶ 화살 하나로 적장을 맞추어(×)/맞히어(○)/맞혀(○) 쓰러뜨렸다.

››› '맞히다'와 '마치다'의 표기는 올림말 '마치다' 참고.

맞히다[2] 동사

규칙 맞히지, 맞히어/맞혀, 맞힌, 맞힙니다, 맞히었다/맞혔다

맞게 하다. '맞다[2]'의 사동형.

¶ 화분에 비를 맞히려고 화분을 옥상에 가져다 놓았다.

¶ 공연히 아이에게 야단을 맞히는구나.

¶ 내가 일부러 친구에게 바람을 맞힌 게 아니다.

¶ 된장, 고추장을 담은 독에 비를 맞히지 않도록 조심해라.

맞히다[3] 동사

규칙 맞히지, 맞히어/맞혀, 맞힌, 맞힙니다, 맞히었다/맞혔다

맞게 하다. '맞다[3]'의 사동형.

¶ 과녁 정중앙에 화살을 정확히 맞혔습니다.

¶ 아이에게 예방 주사를 맞혔다.

-매 접사

'생김새' 또는 '맵시'의 뜻을 더하는 말.

¶ 눈매, 몸매, 옷매, 입매

매다[1] 동사

규칙 매고, 매니, 매어/매, 매어서/매서, 맨, 맬, 맵니다, 매었다/맸다

① 끈이나 줄 따위가 풀어지지 아니하게 마디를 만들다.

¶ 달리기 전에 신발 끈을 단단히 매었다.

¶ 엄마는 딸의 옷고름을 찬찬히 매 주었다.

② 따로따로 있는 것을 모아서 동이거나 꿰매어 하나로 묶다.

¶ 오소리 털은 붓을 매는 데에 쓴다.

¶ 옛날에는 한지를 매어 책을 만들었다.

③ 끈이나 줄 따위를 무엇에 두르거나 묶다.

¶ 그는 손님을 만나는 날에만 넥타이를 맨다.

¶ 차에 타면 반드시 안전띠를 매라.

④ (주로 '목을 매다' 구성으로 쓰여) 어떤 데에서 떠나지 못하고 얽매이다.

¶ 왜 하필이면 그런 일에 목을 매느냐?

복합어

꿰매다 해지거나 뚫어진 데를 바늘로 깁거나 얽어매다. ¶ 그분은 해진 양말을 꿰매어

신을 만큼 검소하게 산다.

달아매다 ① 아래로 처지도록 높이 잡아매다. ¶ 높은 나무에 그네를 달아매었다. ② 달아나지 못하도록 고정된 물건에 묶다.

동여매다 끈이나 실 따위로 감거나 둘러 묶다. '동이다'와 '매다'를 한꺼번에 사용하여 강조하는 뜻을 나타내는 말. ¶ 나는 머리띠를 이마에 질끈 동여매었다.

둘러매다 한 바퀴 둘러서 두 끝을 마주 매다. ¶ 치마허리 위에 허리띠를 둘러맸다.

매달다 ① 줄이나 끈, 실 따위로 잡아매어서 달려 있게 하다. ¶ 가로수에 연등을 매달았다. ② 자기 몸을 남에게 의지하다.

매이다 '매다[1]'의 피동형. ¶ 부둣가에 배 한 척이 매여 있다. / 요즘 업무에 매여서 시간을 내기가 힘들다.

목매다 ① 목을 매어 죽거나 죽이려고 목을 걸어 매다. ② (속되게) 오로지 의지하거나 얽매이다. ¶ 온 식구가 오직 그의 월급에 목매고 있다.

싸매다 무엇을 싸서 풀어지지 아니하게 꼭 매다. ¶ 상처를 붕대로 잘 싸매었다.

얽어매다 =얽매다 ① 얽어서 매다. ¶ 마을로 내려온 멧돼지를 잡아서 밧줄로 얽어매어 놓았다. ② 마음대로 행동할 수 없도록 몹시 구속하다. ¶ 죄책감이 그를 얽매었다.

옭아매다 ① 자유롭지 못하게 구속하다. ¶ 교도관은 포승줄로 옭아맨 죄수를 버스에 태웠다. ② 함정에 빠뜨리거나 없는 죄를 꾸미어 덮어씌우다.

잡아매다 ① 흩어지지 않게 한데 잡아서 매다. ¶ 머리카락을 단정하게 잡아매었다. ② 달아나지 못하도록 묶다. ¶ 소를 말뚝에 잡아매어 놓고 풀밭에 누웠다. ③ (비유적으로) 꼼짝 못 하게 하다. ¶ 아이를 그렇게 책상 앞에 잡아매 둔다고 공부가 되겠어?

졸라매다 느슨하지 않도록 단단히 매다. ¶ 허리띠를 바짝 졸라매었다.

››› '매다[1]'과 '메다[1]'의 구별은 올림말 '메다[1]' 참고.

매다[2] 동사

[규칙] 매고, 매니, 매어/매, 매어서/매서, 맨, 맬, 맵니다, 매었다/맸다

논밭에 난 잡풀을 뽑다.

¶ 여름 뙤약볕 아래서 김을 매는 일은 정말 힘들다.

¶ 엄마는 콩밭을 매고 아이는 나무 그늘에서 잠을 자고 있다.

복합어

김매다 논밭에 난 잡풀을 뽑아내다.

논매다 논의 김을 매다.

맨[1] 관형사

더 할 수 없을 정도를 나타내는 말.

¶ 산의 맨 꼭대기까지 올라갔다.

¶ 누가 맨 먼저 결승선에 도착하는지 내기하자.

맨[2] 부사

다른 것은 섞이지 아니하고 온통.

¶ 여기는 맨 소나무뿐이다.

¶ 너는 맨 놀기만 하고 공부는 않니?

맨- 접사

(일부 명사 앞에 붙어) '다른 것이 없는'의 뜻을 더하는 말. [참고] 민-

¶ 글씨가 너무 작아서 맨눈으로는 볼 수가 없어.

¶ 맨발로 달리면 발바닥에 상처를 입을 수 있어.

¶ 그가 호랑이를 맨주먹으로 때려눕혔다고 한다.

맨날 부사

매일같이 계속하여서. =만날

¶ 동생은 맨날 장난감을 사 달라고 엄마를 조른다.

>>> '맨날'과 '만날'은 같은 의미로 쓰는 복수 표준어이다.

머무르다 동사 ㊜ 머물다

불규칙 머무르고, 머무르니, 머물러, 머무르는, 머무른, 머무릅니다, 머물렀다

① 도중에 멈추다.

¶ 이 정류장에는 버스가 머무르지 않는다.

② 일시적으로 어떤 곳에 묵다.

¶ 오랜만에 고향에 왔으니 며칠 머물렀다 가거라.

③ 더 나아가지 못하고 일정한 수준이나 범위에 그치다.

¶ 중학교 성적은 늘 중위권에 머물렀다.

ㅁ

머물다 동사

불규칙 머물고, 머물지, 머무는, 머문, 머문다, 머무네, 머뭅니다

'머무르다'의 준말.

¶ 이 도시에 머문 지 벌써 한 달이 되었다.

● '머무르다'와 '머물다'의 형태 바뀜

어미에 따라서 두 낱말의 형태는 서로 다르게 바뀐다. 특히 조심할 것은 '머물다'에 '어'로 시작하는 어미가 오면 '머물어, 머물어서, 머물었다'처럼 바뀌지 않는다. 이는 '머무르다'가 '머물러, 머물러서, 머물렀다'로 형태가 바뀌는 것을 고려한 것이다.

어미	'머무르다'의 바뀐 형태	'머물다'의 바뀐 형태
-고, -면, -다가, -지	머무르고, 머무르면 머무르다가, 머무르지	머물고, 머물면 머물다가, 머물지
-니, -는, -네, -오	머무르니, 머무르는 머무르네, 머무르오	머무니, 머무는 머무네, 머무오
-ㄴ, -ㅂ니다, -시오	머무른, 머무릅니다 머무르시오	머문, 머뭅니다 머무시오
-어, -어서, -었-	머물러, 머물러서, 머물렀다	없음

머지않다 형용사

규칙 머지않고, 머지않으니, 머지않아서, 머지않은, 머지않습니다, 머지않았다

(주로 '머지않아', '머지않았다' 형태로 쓰여) 어떤 일이 생길 때가 멀지 않다.

¶ 머지않아 좋은 일이 생길 것이다.

¶ 우리가 함께 살게 될 날도 머지않았다.

> **'머지않다'와 '멀지 않다'**
>
> 전에는 시간이 가까웠다는 의미로 '머지않다'를 쓰고, 장소가 가깝다는 의미로 '멀지 않다'를 써서 구별하였다. 그러나 지금은 시간이든 장소든 관계없이 '멀지 않다'를 쓸 수 있다. 다만 '멀지 않다'를 시간적 의미로 쓸 때에는 '멀지 않아', '멀지 않았다'로 띄어 써야 한다.
>
> ¶ 머지않아/ 멀지 않아 비가 내릴 것 같다.
>
> ¶ 방학할 날이 머지않았다/ 멀지 않았다.

먹거리 명사

먹을 수 있게 만든 음식과 식료품. 참고 먹을거리

¶ 학교 급식을 아이들이 안심하고 먹을 수 있는 먹거리로 만듭니다.

¶ 주말마다 전통 먹거리 시장이 열린다.

먹다[1] 동사

규칙 먹고, 먹지, 먹으니, 먹어서, 먹는, 먹습니다, 먹었다

귀나 코가 막혀서 제 기능을 하지 못하다.

¶ 왜 그렇게 코 먹은 소리를 하느냐.

복합어

귀먹다 ① 귀가 어두워져 소리가 잘 들리지 않게 되다. ② 남의 말을 이해 못 하다.

먹다[2] 동사

규칙 먹고, 먹지, 먹으니, 먹어서, 먹는, 먹은, 먹을, 먹습니다, 먹었다

① 음식을 입을 통하여 몸 안으로 들여보내다.

¶ 어서 밥을 먹어라.

② 연기나 가스 따위를 들이마시다.

¶ 연탄 가스를 먹고 쓰러졌다.

③ 담배를 피우다.

¶ 호랑이가 담배 먹던 때 이야기를 하나 들려줄게.

④ 어떤 감정이나 생각을 품다.

¶ 한번 먹은 마음을 쉽게 바꿀 수 없다.

⑤ 일정한 나이가 되다.

¶ 나이도 먹을 만큼 먹은 사람이 그런 잘못을 저지르다니.

⑥ 겁이나 충격을 느끼다.

¶ 그의 표정만 보고 지레 겁을 먹었다.

¶ 난 네 말에 충격 먹었어.

⑦ 욕이나 핀잔을 당하다.

¶ 밖에서 욕을 먹고 다니지 마라.

⑧ 이익을 가지다.

¶ 여기서 남는 돈은 다 네가 먹어라.

⑨ 액체나 습기를 빨아들이다.

¶ 옷이 습기를 먹어 눅눅해졌다.

⑩ (속되게) 뇌물을 받아 가지다.

¶ 뇌물을 먹은 공무원이 발각되었다.

⑪ (속되게) 어떤 등급을 차지하거나 점수를 얻다.

¶ 그가 1등을 먹었어.

⑫ 구기 경기에서 점수를 잃다.

¶ 우리 편이 먼저 한 골을 먹었다.

⑬ 칼이나 대패가 제 기능을 제대로 하다.

¶ 칼이 잘 먹지 않아 고기를 썰 수가 없다.

⑭ 잘 배어들거나 고루 퍼지다.

¶ 화장이 잘 먹어서 피부가 좋아 보인다.

⑮ 벌레나 균 따위가 파 들어가거나 퍼지다.

¶ 벌레가 먹은 복숭아는 맛있다.

⑯ 돈이나 물자 따위가 들다.

¶ 이 차는 새로 사는 것보다 고치는 비용이 더 먹을 수 있다.

⑰ (일부 동사 뒤에서 '-어 먹다' 구성으로 쓰여) 앞말을 강조하는 말.

¶ 너는 벌써 그 약속을 잊어 먹은 거냐?

¶ 사람을 종처럼 부려 먹으면 안 된다.

복합어

까먹다 ① 껍질이나 껍데기 속에 있는 알맹이를 내어 먹다. ② 헛되게 써 버리다. ③ (속되게) 어떤 사실이나 기억 따위를 잊어버리다.

뜯어먹다 남의 재물 따위를 졸라서 얻거나 억지로 빼앗아 가지다.

맞먹다 키, 힘, 수준 따위가 상대와 엇비슷한 상태에 이르다.

빌어먹다 남에게 구걸하여 먹고살다.

빼먹다 ① 말 또는 글의 구절 따위를 빠뜨리다. ② 규칙적으로 하던 일을 안 하다. ③ 남의 물건을 몰래 빼내서 가지다.

얻어먹다 ① 남에게 음식을 빌어서 먹다. ② 남이 거저 주는 것을 받아먹다. ③ 남에게 좋지 아니한 말을 듣다.

우려먹다 ① 음식 따위를 우려서 먹다. ② 이미 썼던 내용을 다시 써먹다.

잡아먹다 ① 동물을 죽여 그 고기를 먹다. ② 남을 몹시 괴롭히거나 죽게 하다. ③ 경비, 시간, 자재, 노력 따위를 낭비하다. ④ 자리를 차지하다.

좀먹다 ① 좀이 쏠다. ② 어떤 사물에 드러나지 않게 조금씩 해를 입히다.

팔아먹다 ① 값을 받고 어떤 물건의 소유권을 다른 사람에게 넘겨 버리다. ② 정신을 다른 대상으로 돌리다. ③ 어떤 이득을 얻기 위하여 지조, 양심 따위를 내버리거나 잃어버리다.

속담

먹고 죽자 해도 없다 몹시 귀하여 아무리 구하려 하여도 없다는 말.

먹기 싫은 밥에 재나 뿌리지 제가 싫다고 남도 못하게 방해를 놓는 심술을 이르는 말.

먹는 데는 남이요 궂은일에는 일가라 제 욕심을 채울 때는 남을 돌보지 아니하다가 제가 어려운 일을 당하면 남의 도움을 바라는 얄미운 심리를 이르는 말.

먹는 소가 똥을 누지 무슨 일이든 거기에는 반드시 그렇게 된 까닭이 있다는 말.

먹을 것 없는 제사에 절만 많다 아무 소득도 없는 일에 공연히 수고만 많이 함을 빗대어 이르는 말.

먹을 때는 개도 때리지 않는다 비록 하찮은 짐승일지라도 밥을 먹을 때에는 때리지 않는다는 뜻으로, 음식을 먹고 있을 때에는 아무리 잘못한 것이 있더라도 때리거나 꾸짖지 말아야 한다는 말. =먹는 개도 아니 때린다.

ㅁ

먹을거리 명사

많은 생물 가운데에서 특별히 사람이 먹을 수 있는 것, 먹을 만하게 만든 음식이나 식품을 통틀어 이르는 말. 참고 먹거리

¶ 우리 고장은 먹을거리가 풍부한 곳이다.

'먹을거리'와 '먹거리'

한동안 《표준국어대사전》에서 '먹거리'는 비문법적인 낱말이어서 '먹을거리'의 틀린 말로 규정했었다. 그러나 최근 '먹거리'가 표준어로 인정되자 두 낱말을 섞어 쓰기도 하고 구별하여 쓰기도 한다. 대체로 '먹거리'는 '먹을거리'를 만드는 재료를 말하고, '먹을거리'는 사람이 먹을 수 있도록 조리가 끝난 상태의 음식을 말한다. 흔히 시장에 가는 것은 '먹거리'를 사러 가는 것이고, 식당에 가는 것은 '먹을거리'를 먹으러 간다고 말할 수 있다.

¶ 식탁에는 어머니가 만드신 맛있는 먹을거리가 가득 놓여 있었다.

¶ 냉장고에 먹을거리라고는 김치밖에 없었다.

¶ 식료품 가게에는 다양한 먹거리가 있다.

¶ 어머니가 마늘이며 젓갈이며 김장 양념으로 쓸 먹거리를 사 오셨다.

멀다 형용사

불규칙 멀고, 멀지, 머니, 멀어, 먼, 머네, 머오, 멉니다, 멀었다

① 거리가 많이 떨어져 있다.

¶ 전철역이 집에서 멀어 출퇴근하기 힘들 것 같다.

② 촌수가 가깝지 않다. 관계가 서먹서먹하다.

¶ 먼 친척보다 가까운 이웃이 낫다.

③ 시간적으로 사이가 길거나 오래다.

¶ 점심시간이 멀었는데 배가 고프다.

복합어

머나멀다 매우 멀다. ¶ 너는 머나먼 곳에 사니 편지라도 자주 해라.

멀리 ① 멀게. ¶ 멀리 떨어져 앉아. ② 먼 곳. ¶ 멀리서 찾아온 손님을 반갑게 맞았다.

멀리하다 ① 누구를 멀게 대하다. ② 어떤 것을 삼가거나 꺼리다.

멀어지다 멀게 되다. ¶ 그와 다툰 뒤로 사이가 멀어지고 말았다.

‘멀다’의 소리내기

① 규칙 활용을 하고 길게 소리 내는 경우: 멀고, 멀게, 멀기, 멀다, 멀지, 멀면, 멀수록

② 규칙 활용을 하고 짧게 소리 내는 경우: 멀어, 멀었어

③ 불규칙 활용을 하고 길게 소리 내는 경우: 먼, 멀, 멉니다, 머나, 머니, 머오

‘멀리하다’와 ‘멀리 하다’

‘멀리’는 부사이므로 뒤에 오는 동사를 꾸미는 구실을 한다. ‘멀리 두다’, ‘멀리 놓다’, ‘멀리 던지다’에서 ‘두다’, ‘놓다’, ‘던지다’처럼 구체적인 행동을 나타내는 동사를 꾸미는 말이다. 그런데 ‘하다’는 행동의 구체적인 내용이 없는 동사이다. ‘그는 친구를 멀리 한다.’에서 ‘멀리’를 빼면 문장이 성립하지 않는 것도 그런 까닭이다. 그래서 ‘멀리’가 ‘하다’를 꾸미는 것으로 보지 않고 ‘멀리’와 ‘하다’가 합쳐져 동사 ‘멀리하다’를 만드는 것으로 본다. 따라서 ‘멀리 하다’처럼 띄어 쓰면 안 된다. ‘가까이하다’도 같은 방법으로 합성된 동사이다.

멀찌가니 부사 ×멀찌거니

사이가 꽤 떨어지게. =멀찌감치, 멀찍이

¶ 그의 집은 여기서 멀찌가니 떨어져 있다.

멀찌감치 부사

=멀찌가니, 멀찍이

¶ 형은 우리와 멀찌감치 떨어져 걸어갔다.

멀찌거니 'ᅟ멀찌가니'의 틀린 말.

멀찌막하다 형용사

불규칙 멀찌막하고, 멀찌막하여/멀찌막해, 멀찌막합니다, 멀찌막하였다/멀찌막했다

꽤 멀찍하다.

¶ 병원은 우리 집에서 멀찌막하게 떨어진 곳에 있다.

복합어

멀찌막이 꽤 멀찍하게.

멀찍하다 형용사

불규칙 멀찍하고, 멀찍하여/멀찍해, 멀찍한, 멀찍합니다, 멀찍하였다/멀찍했다

사이가 꽤 떨어져 있다.

¶ 아기가 있으니 위험한 물건은 멀찍하게 치워 놓아라.

복합어

멀찍이 꽤 사이가 떨어지게. =멀찌가니, 멀찌감치

멈추다 동사

[규칙] 멈추고, 멈추어/멈춰, 멈춘, 멈출, 멈춥니다, 멈추었다/멈췄다

① 움직임이나 하던 동작이 그치다. [참고] 멎다

¶ 지나가던 사람들이 모두 멈춰서 사고 현장을 보고 있었다.

¶ 버스가 갑자기 멈추는 바람에 넘어질 뻔했다.

② 비나 눈 따위가 그치다.

¶ 잠시 멈추었던 비가 다시 내리기 시작한다.

③ 사물의 움직임이나 동작을 그치게 하다.

¶ 걸음을 멈춰 서서 새소리를 들었다.

¶ 농부들이 하던 일을 멈추고 새참을 먹는다.

멋 명사

① 차림새, 행동, 됨됨이 따위가 세련되고 아름다움.

¶ 언니는 잔뜩 멋을 부리고 외출했다.

¶ 그렇게 옷을 차려입으니 멋이 한껏 나는 것 같다.

② 고상한 품격이나 운치.

¶ 한옥의 곡선이 보여 주는 멋은 참 독특하다.

복합어

멋있다 보기에 썩 좋거나 훌륭하다.

제멋 제가 스스로 느끼고 생각하는 멋.

멋대로 부사

아무렇게나 하고 싶은 대로. 또는 제 마음대로.

¶ 그렇게 중요한 일을 멋대로 처리하다니!

¶ 잘 알지도 못하면서 멋대로 말하지 마.

복합어

제멋대로 ① 제가 하고 싶은 대로. ② 아무렇게나 마구.

✕ 멋드러지다

'멋들어지다'의 틀린 표기.

¶ 노래를 한 곡 멋드러지게(×)/멋들어지게(○) 불러 보아라.

○ 멋들어지다 형용사

×멋드러지다

규칙 멋들어지고, 멋들어지어/멋들어져, 멋들어진, 멋들어집니다, 멋들어졌다

아주 멋있다.

¶ 어린애가 춤을 멋들어지게 춘다.

¶ 그는 신나는 노래와 멋들어진 몸놀림으로 사람들을 즐겁게 했다.

○ 멋쩍다 형용사

규칙 멋쩍고, 멋쩍으니, 멋쩍어, 멋쩍은, 멋쩍습니다, 멋쩍었다

① 어색하고 쑥스럽다.

¶ 사람들 앞에 나서기가 멋쩍어서 가만히 앉아 있었다.

¶ 그는 나와 눈이 마주치자 멋쩍은 웃음을 지었다.

② 하는 짓이나 모양이 격에 어울리지 않다.

¶ 청년이 아이들과 어울려 노는 게 왠지 멋쩍어 보였다.

복합어

멋쩍어하다 멋쩍은 태도를 취하다. ¶ 동수는 멋쩍어하면서도 끝까지 발표를 했다.

○ 멋하다 형용사

불규칙 멋하고, 멋하여/멋해, 멋하였다/멋했다

'무엇하다'의 준말.

¶ 다들 바삐 움직이는데 혼자 가만있기가 멋해서 자리를 떴다.

멎다 동사

규칙 멎고, 멎으니, 멎어, 멎는, 멎을, 멎는다, 멎습니다, 멎었다

① 움직임이나 동작이 그치다.

¶ 그의 말을 듣고 너무 놀라서 심장이 멎을 뻔했다.

¶ 코피가 좀처럼 멎지 않는다.

② 비나 눈이 그치다.

¶ 빨리 눈이 멎어야 할 텐데.

¶ 퍼붓던 비가 멎고 어느새 햇빛이 비친다.

¶ 바람이 멎은 자리에 따사로운 햇볕이 내리쬔다.

> ● '멎다'와 '멈추다'
>
> 두 낱말은 뜻과 용례가 거의 같아서 서로 대체하여 쓸 수 있다. 다만 외부의 충격이나 영향으로 몸에서 반사적으로 나타나는 현상에는 '멎다'를 쓰는 것이 자연스럽다.
>
> ¶ 충격을 받아 심장이 멎는 줄 알았다.
>
> ¶ 달리던 기차가 갑자기 멈추었을 때에 사고가 난 줄 알고 놀랐다.

메꾸다 동사

규칙 메꾸고, 메꾸지, 메꾸어/메꿔, 메꾼, 메꿀, 메꿉니다, 메꾸었다/메꿨다

=메우다

① 시간을 적당히 또는 그럭저럭 보내다.

¶ 열차 도착 시간이 많이 남아서 시간이나 메꾸려고 영화를 보았다.

② 부족하거나 모자라는 것을 채우다.

¶ 빈자리를 메꾸기 위하여 임시로 일할 사람을 뽑았다.

③ 구멍이나 틈 따위를 막거나 채우다. '메다[2]①'의 사동형.
¶ 파 놓은 구덩이를 다시 메꾸는 데에 시간이 엄청 걸렸다.

메다[1] 동사

규칙 메고, 메니, 메어/메, 메어서/메서, 멘, 멜, 멥니다, 메었다/멨다

① 어깨에 걸치거나 올려놓다.
¶ 등교 시간이 되면 가방을 멘 학생들이 길을 가득 메운다.
¶ 휴일이 되면 아버지는 으레 낚싯대를 메고 집을 나섰다.

② 어떤 책임을 지거나 임무를 맡다.
¶ 여러분은 우리나라의 미래를 메고 나갈 사람들입니다.

복합어

둘러메다 들어 올려서 어깨에 메다. ¶ 배낭을 어깨에 둘러메었다.
메어치다 어깨 너머로 둘러메어 힘껏 내리치다. ㊜ 메치다 ¶ 상대 선수를 힘껏 메어치고 두 손을 번쩍 쳐들었다.
메이다 올림말 '메이다[1]' 참고. ¶ 그의 어깨에는 큰 가방이 메여 있었다.

● '메다[1]'과 '매다[1]'
두 낱말은 표기가 헷갈려서 종종 틀리는 경우가 있다. 묶고 동이는 의미가 있는 경우에는 '매다', 얹는 의미가 있는 경우에는 '메다'를 쓴다. 특히 이 두 낱말이 복합어를 이룰 경우에 표기가 더 헷갈린다. '목매다'와 '목메다', '둘러매다'와 '둘러메다'는 소리가 거의 같지만 의미와 표기가 다르므로 잘 구별해서 써야 한다.

메다[2] 동사 ×메이다

규칙 메고, 메니, 메어/메, 메어서/메서, 멘, 멜, 멥니다, 메었다/멨다

① 구멍 따위가 막히다.
¶ 밥을 급하게 먹다가 목이 메어 혼났다.

¶ 하수구가 멘 통에 물난리가 났다.

② 어떤 장소가 사람으로 가득 차다. 참고 미어지다

¶ 3만 명이나 수용하는 공연장이 사람들로 메어 터졌다.

③ 감정이 치밀어 오르거나 강렬하게 나타나서 몸의 어떤 기능이 억눌리다.

¶ 목이 메어 울음도 나오지 않는다.

¶ 그 아이 이야기를 듣고 가슴이 메는 아픔을 느꼈다.

● '메다[2]'와 '메이다'

'메다'가 자동사이므로 피동사를 만들 수 없다. 따라서 피동형 '메이다'는 쓰지 말아야 한다. 불필요하게 '이'를 넣어서 쓰는 단어가 몇 개 있다. 아래와 같은 것들이다.

¶ 날이 활짝 갰다(○)/개였다(×).

¶ 나들이 인파로 길이 메어서(○)/메여서(×) 움직이기 힘들었다.

¶ 어머니 편지를 읽다가 목메어(○)/목메여(×) 울었다.

¶ 여행 갈 생각에 맘이 설렌다(○)/설레인다(×).

¶ 그는 애인에게 차이고(○)/채이고(×) 말았다.

¶ 돌이 발에 챈다(○)/채인다(×).

¶ 땅이 깊이 패어(○)/패여(×) 걷기가 어렵다.

메우다 동사

규칙 메우고, 메우어/메워, 메운, 메울, 메웁니다, 메우었다/메웠다

① 구멍이나 틈 따위를 막다. '메다[2]①'의 사동형. =메꾸다③

¶ 벌어진 틈을 메우고 그 위에 페인트칠을 하였다.

¶ 원고지 한 칸 한 칸을 메우기가 그리 쉬운 일이 아니다.

② 어떤 곳을 꽉 채우다. '메다[2]②'의 사동형.

¶ 수많은 인파가 광장을 가득 메웠다.

¶ 강연장을 메운 청중이 열렬히 박수를 치며 강사를 맞았다.

③ 부족하거나 모자라는 것을 채우다. =메꾸다②

¶ 부족한 부분을 메우려면 열심히 공부해야 한다.

¶ 모자라는 돈을 메우기 위해 밤낮으로 일했다.

④ 시간을 그럭저럭 보내다. =메꾸다①

¶ 심심한 시간을 메우는 데는 영화 관람이 최고야.

○ 메이다[1] 동사

규칙 메이고, 메이니, 메이어/메여, 메입니다, 메이었다/메였다

멘 상태가 되다. '메다[1]'의 피동형.

¶ 새로 산 가방이 동생의 어깨에 메여 있다.

× 메이다[2] '메다[2]'의 틀린 말.

¶ 하수구가 메이어(×)/메여(×)/메어(○) 물이 흐르지 않는다.

○ 며칠 명사 ×몇일/몇 일

① 그달의 몇째 되는 날.

¶ 오늘이 며칠이지?

② 몇 날.

¶ 며칠 동안 줄곧 비가 내렸다.

● '며칠'과 '몇일', '몇 일', '며칟날'

몇째 되는 날을 표시하는 말에는 '며칠' 외에 '몇일'이나 '몇 일'은 쓰지 않는다. 국립국어원이 표준어로 '며칠'만 인정하기 때문이다. '며칟날'은 '며칠'의 본딧말로서 쓸 수 있다.

¶ 오늘이 몇 월 몇 일(×)/며칠(○)이지?

¶ 벌써 몇 일째(×)/며칠째(○) 비가 내리고 있다.

¶ 네 생일이 며칠날(×)/며칟날(○)이지?

'며칠'은 '몇 일'로는 쓰지 못하지만 '몇 날'은 쓸 수 있다.

¶ 대체 며칠(○)/몇 날(○) 동안 비가 내리려나?

¶ 몇 날 며칠(○)을 기다려도 감감무소식이다.

면[1] (面) 명사

① 사물의 겉쪽의 평평한 바닥.

¶ 상패의 양쪽 면에 글귀를 새겼다.

② 무엇을 향하고 있는 쪽.

¶ 동북 면을 방어하기 위해서 성을 쌓기로 하였다.

③ 어떤 특성이나 측면.

¶ 우리는 그들과 정치적인 면뿐 아니라 경제적인 면에서도 서로 협력하고 있다.

④ (수량을 나타내는 말 뒤에 쓰여) 책이나 신문의 페이지를 세는 말.

¶ 내 기사가 신문의 첫 면 머리기사로 났다.

¶ 그 사건이 신문 몇 면에 실렸는지 모르겠다.

● '면(面)'과 '점(點)'

사람의 성격이나 문제의 특징 등에 관하여 특별함을 나타내기 위해서 '면'과 '점'을 쓴다.

¶ 너에게 그런 자상한 면이 있는 줄 전혀 몰랐어.

¶ 어떤 면에서는 이 사건이 우리에게 더 심각한 영향을 끼칠 거야.

¶ 이 정책의 긍정적인 면과 부정적인 면을 잘 검토하여 시행 여부를 결정해야 한다.

¶ 너는 그 점이 문제야!

¶ 나는 너의 그런 점을 높이 평가한다.

¶ 어떤 점에서 이것이 저것보다 더 낫다고 봅니까?

대체로 '면'은 딱 집어 말할 수 없을 정도로 넓은 판단 결과를 고려하는 경우에 쓰고, '점'은 어느 한 가지를 딱 집어 가리킬 수 있는 경우에 쓴다. 위 예문에서 '면' 대신에 '점'을 쓰는 것은 크게 문제되지 않지만 '점' 대신에 '면'을 쓰면 어색해짐을 알 수 있다. '면'을 함부로 쓰면 안 되는 이유가 여기에 있다. '관점, 약점, 강점, 이점, 유리한 점, 불리한 점'에 사용된 '점'을 '면'이 대체할 수 없다.

면² 조사

(받침 없는 체언에 붙어) 둘 이상의 사물을 같은 자격으로 이어 주는 말.

¶ 그 친구는 공부면 공부, 노래면 노래, 못 하는 게 없어.

-면 어미

① 어떤 사실을 가정하여 말할 때 조건으로 나타내는 연결 어미.

¶ 1년 안에 기계가 고장 나면 무료로 고쳐 드립니다.

¶ 가을이 되면 오곡백과가 무르익는다.

② 희망이나 바람을 나타내는 연결 어미.

¶ 안 바쁘면 너랑 놀러 갈 텐데.

③ 수시로 반복되는 상황의 조건을 나타내는 연결 어미.

¶ 우리 아이는 눈만 뜨면 게임을 한다.

몇 ①-②수사 ③관형사

① (흔히 명사 뒤에서) 수를 막연하게 이르는 말.

¶ 교실 안에 아이들 몇이 남아 있었던 것 같다.

¶ 이번 태풍으로 우리 마을에 있는 나무 몇이 쓰러졌다.

¶ 이 일은 우리 몇이 비밀에 부친다고 해서 끝날 문제가 아니야.

② (주로 의문문에 쓰여) 잘 모르는 수를 물을 때 쓰는 말.

¶ 올해 네 나이가 몇이니?

¶ 오늘 모임에 몇이나 참석할까?

③ (단위 명사 앞에 쓰여) 얼마만큼의 수를 막연하게 이르는 말.

¶ 음료수 몇 병만 들고 와라.

¶ 거기까지 가려면 몇 시간 걸리니?

복합어

몇몇 '몇'을 강조하는 말. ¶ 친구 몇몇이 모여서 극장에 갔다.

몇일 / 몇 일 '며칠'의 틀린 말.

¶ 몇일(×) / 몇 일(×) / 며칠(○) 동안 눈이 내렸다.

모습 명사

① 사람의 생긴 모양.

¶ 아기의 웃는 모습이 엄마를 꼭 닮았다.

¶ 십 년 만에 만난 친구는 어릴 적 모습이 그대로 남아 있었다.

② 겉으로 나타난 모양.

¶ 휴가철이 끝나자 북적이던 사람들 모습이 온데간데없다.

¶ 아이들이 봉사하는 모습을 사진기에 담았다.

복합어

겉모습 겉으로 드러나 보이는 모습.

뒷모습 뒤에서 본 모습.

본모습 본디 모습.

옆모습 옆에서 본 모습.

참모습 거짓이나 꾸밈이 없는 본디의 모습.

›››'모습'과 '모양'의 차이는 올림말 '모양' 참고

모양(模樣) 명사

① 겉으로 나타나는 생김새나 모습. 참고 모양새

¶ 동양인과 서양인의 얼굴 모양에는 많은 차이가 있다.

¶ 여러 모양의 물고기들이 물속에서 놀고 있다.

② 외모에 부리는 멋.

¶ 그는 거울 앞에 앉아 모양을 내기 시작했다.

¶ 새 옷을 입혀 놓으니 제법 모양이 난다.

③ 어떠한 형편이나 되어 나가는 꼴.

¶ 내가 이 모양 이 꼴이 된 건 너 때문이다.

¶ 회사가 돌아가는 모양이 말이 아니다.

④ 남들 앞에서 세워야 하는 위신이나 체면.

¶ 한 번 실수로 내 모양이 엉망이 되었다.

⑤ 어떤 방식이나 방법.

¶ 어머니는 나를 나무라는 모양으로 눈짓을 했다.

⑥ 짐작이나 추측을 나타내는 말.

¶ 그들은 곧 이곳을 떠날 모양이더라.

관용 표현

모양(을) 차리다 ① 꾸미어 맵시를 내다. ¶ 오늘은 중요한 날이니 모양을 차려 입어라. ② 일정한 격식을 갖추다. ¶ 정식 회의이니 모양을 차려서 진행하겠습니다.

모양(이) 사납다 보기에 아주 흉하다. ¶ 머리 모양이 사나워서 외출하기가 겁난다.

모양(이) 아니다 모양이 안돼서 차마 볼 수가 없다. ¶ 며칠 앓았다더니 얼굴이 모양이 아니다.

모양(이) 있다 보기에 좋다. ¶ 우리 마을에는 모양 있게 꾸민 집들이 많다.

> **● '모양'과 '모습'**
>
> ① 두 낱말의 의미는 같지만 관용적으로 쓰는 방식이 조금 다르다. 가장 두드러진 차이는 '모양'은 부정적으로나 긍정적으로나 두루 쓰이지만 '모습'은 대체로 긍정적으로 쓰인다는 점이다.
>
> ¶ 네 머리 모양이 왜 그러니?
>
> ¶ 너는 왜 만날 그 모양이니?
>
> ¶ 이를 내놓고 웃는 모습이 매우 아름답다.
>
> ② 사물의 생김새를 나타낼 때에는 '모양'을 쓰고 '모습'을 쓰지 않는다.
>
> ¶ 도시락에 밥이 담겨 있는 모습(×)/모양(○)이 푸짐하게 보인다.
>
> ¶ 아래 사다리꼴의 모습(×)/모양(○)을 보고 물음에 답하시오.
>
> ③ 기본적인 형태를 말할 때에는 '모양'을 쓰고, 그것의 상태를 나타낼 때에는 '모습'을 쓴다.
>
> ¶ 주차장 모양은 직사각형인데 폭이 그리 넓지 않다.
>
> ¶ 그는 사진마다 입을 굳게 다문 모습이었다.

모양새(模樣-) 명사

① 겉으로 보이는 사물의 모양과 상태. 참고 모양

¶ 이 물건은 모양새는 그럴듯한데 쓰임새는 형편없다.

¶ 그들은 회의 모양새를 갖추는 데만 신경을 쓸 뿐 정작 회의 진행에는 관심이 없다.

② 체면이나 일이 되어 가는 꼴을 속되게 이르는 말.

¶ 윗사람이 자잘한 일에까지 끼어드는 것은 모양새가 좋지 않다.

> ● '모양새'와 '모양'
>
> '모양새'의 '새'도 모양을 뜻하는 말이다. 따라서 같은 의미가 겹치는 말인데 '모양새'와 '모양'은 용법상 미세한 차이가 있다. 낱말의 뜻풀이에서도 짐작할 수 있듯이 '모양새'에는 단순한 모양에 상태 곧 '모습'의 의미가 덧붙는다. 따라서 '모양새'에는 '모양'에서 풍기는 분위기가 포함된다.
>
> ¶ 그 사람의 걷는 모양이 마치 코끼리가 걷는 것 같다.
>
> ¶ 그 사람의 걷는 모양새를 보니 어디가 아픈 것 같다.
>
> ¶ 그 사람이 걷는 모습에서 그의 아버지를 떠올렸다.

○ 목메다 동사 ×목메이다

규칙 목메고, 목메니, 목메어/목메, 목멘, 목멥니다, 목메었다/목멨다

감정이 북받쳐 올라 그 기운이 목에 엉기어 막히다.

¶ 어머니는 서러움에 목메어 울었다.

¶ 아들은 목멘 소리로 어머니를 찾아 헤매었다.

× 목메이다 '목메다'의 틀린 말.

»» '목메다'는 자동사이므로 피동사로 만들 수 없다. 따라서 '목메이다'라는 단어는 성립하지 않는다.

목적어(目的語) 명사

타동사가 쓰인 문장에서 동작의 대상이 되는 말.

● '목적어'의 형태

서술어가 타동사인 경우에는 반드시 목적어가 있어야 문장이 완성된다. '나는 먹었다.'라고 하면 문장이 미완성이다. 여기에 목적어를 넣어 '나는 피자를 먹었다.'라고 하면 문장이 완성된다. 목적어는 체언(명사, 대명사, 수사)에 조사 '를'이나 '을'을 붙여 만든다.

¶ 나는 영화를 보았다.('보았다'의 목적어: 영화를)

¶ 동생은 장난감을 샀다.('샀다'의 목적어: 장난감을)

몸소 부사

직접 제 몸으로. =친히 [참고] 손수

¶ 부모님께서는 몸소 기른 채소를 우리에게 보내 주신다.

¶ 어른들이 사랑을 몸소 실천하여야 아이들도 따라서 배운다.

몹쓸 관형사 ×못쓸

못되고 고약한.

¶ 저런 몹쓸 짓을 하다니.

¶ 그는 몹쓸 병에 걸려 오래 고생하였다.

● '몹쓸'과 '못쓸', '못 쓸'

'못쓸'은 '못쓰다'가 바뀐 형태이다. '건강이 좋지 않은 상태' 또는 '그러면 안 되는 행위'를 가리킬 때에 쓴다. 이에 비해 '못 쓸'은 '쓸 수 없음'을 뜻한다. 사용 여부를 따지는 말이다. '몹쓸'은 쓸 수 있고 없고를 가리지 않고 성질이나 상황이 고약함을 나타낸다.

¶ 몸살이 심해서 얼굴이 못쓰게 되었다.(건강이 좋지 않은 상태를 가리키는 말)

¶ 거짓말을 하면 못써.(행동이 바람직하지 않음을 충고하는 말)

¶ 못 쓸 물건은 버려라.(사용하지 못할 물건을 가리키는 말)

¶ 저런 몹쓸 사람 보았나.(언행이 형편없는 사람을 욕하는 말)

못[1] 명사

목재 따위를 서로 붙이거나 벽에 물건을 걸기 위해 박는 물건.

¶ 벽에 못을 박아 달력을 걸었다.

¶ 마루를 깔기 위해서 나무와 못을 준비했다.

관용 표현

못(을) 박다 ① 원통한 생각을 마음속 깊이 맺히게 하다. ¶ 남의 가슴에 못 박지 마라. ② 꼭 집어 분명하게 하다. ¶ 부탁을 받은 그는 안 된다고 못을 박아 거절했다.

못(이) 박히다 ① 원통한 생각이 마음속 깊이 맺히다. ¶ 악담이 적힌 댓글 때문에 가슴에 못이 박혔다. ② (주로 '못 박힌 듯' 구성으로 쓰여) 한자리에 꼼짝 않고 서 있다. ¶ 너무 놀란 나머지 못 박힌 듯 서 있었다. ③ 한곳을 뚫어지게 쳐다보다. ¶ 아이의 시선은 공룡 장난감에 못 박혀 있었다.

못[2] 명사

주로 손바닥이나 발바닥에 생기는 단단하게 굳은 살.

¶ 기타를 오래 치면 손가락에 못이 박인다.

¶ 엉덩이에 못이 박이도록 의자에 앉아서 공부만 했다.

못[3] 명사

넓고 오목하게 팬 땅에 물이 괴어 있는 곳.

¶ 연꽃을 심으려고 못을 팠다.

못[4] 부사

뒤에 오는 동사의 동작을 할 수 없다거나 그런 동작을 할 만한 상태가 아니라는 뜻을 나타내는 말.

¶ 잠깐 딴생각하느라 네 말을 못 들었어.

¶ 나는 감기에 걸려서 사흘 동안 학교에 못 갔다.

관용 표현

못 말리다 일이나 상황이 너무 뜻밖이어서 기가 막히다. ¶ 게임을 하느라 밤을 새다니, 못 말린다니까.

못 이기는 척(/체) 마지못한 듯이. ¶ 부모는 못 이기는 척 아이에게 용돈을 주었다.

못 하는 소리가 없다 ① 아무 말이나 막 하다. ¶ 학생들이 못 하는 소리가 없구나. ② 어린아이가 말을 아주 잘 하다. ¶ 아이가 애늙은이처럼 못 하는 소리가 없네.

속담

못 먹는 감 찔러나 본다 자기가 먹을 수 없으니 남도 못 먹게 한다는 뜻으로, 제 것으로 못 만들 바에는 남도 갖지 못하게 하려는 뒤틀린 마음을 빗대어 이르는 말. =못 먹는 호박 찔러 보는 심사.

못 먹는 떡 개 준다 남에게는 쓰지 못할 찌꺼기나 주는 고약한 인심을 이르는 말.

못 오를 나무는 쳐다보지도 마라 자기가 할 수 없는 일은 처음부터 욕심을 내지 않는 것이 좋다는 말.

못 입어 잘난 놈 없고 잘 입어 못난 놈 없다 잘난 사람도 돈이 없고 궁하면 못난 사람으로 대접을 받고, 못난 사람도 돈만 있으면 좋은 대접을 받는다는 말.

못쓰다 동사

불규칙 못쓰고, 못쓰지, 못쓰니, 못써, 못쓴다, 못씁니다

① ('못쓰게' 형태로 쓰여) 얼굴이나 몸이 축나다.

¶ 근심이 많았는지 얼굴이 못쓰게 되었더라.

② (주로 '-으면', '-어서'와 함께 쓰여) 옳지 않다. 바람직한 상태가 아니다.

¶ 그렇게 거짓말을 하면 못써.

● '못쓰다'의 형태 바뀜

'못쓰다'는 '못 쓰다'와 다른 독립한 동사로, 활용할 때 제약이 있다. 주로 '못쓰고, 못쓰

니, 못쓰지, 못써, 못쓴다, 못써요, 못씁니다' 정도로만 바뀌고, '못쓸', '못쓴', '못쓰면'의 형태로는 쓰이지 않는다. '못 쓰다'는 '쓰다'를 부정하는 표현으로 '쓰다'의 모든 활용형을 다 쓸 수 있다.

¶ 그렇게 하면 못쓰니(○) 그만두어라.

¶ 동생을 때리면 못써(○)/못써요(○)/못쓴다(○).

¶ 아무 데도 못쓸(×)/못 쓸(○) 물건을 팔다니!

ㅁ

× 못쓸 '몹쓸'의 틀린 말.

¶ 그런 못쓸(×)/몹쓸(○) 말버릇이 어디 있니?

○ 못하다[1] 동사

불규칙 못하고, 못하니, 못하여/못해, 못하는, 못합니다, 못하였다/못했다

① 어떤 일을 일정한 기준에 못 미치게 하거나 할 능력이 없다.

¶ 그는 노래를 못하는 편이다.

② (동사 뒤에서 '-지 못하다' 구성으로 쓰여) 앞말의 행동이 이루어지지 않거나 그것을 이룰 능력이 없음을 나타내는 말.

¶ 아직 숙제를 끝내지 못했어.

¶ 다리가 아파서 걷지 못하겠다.

③ ('-다 못하여' 구성으로 쓰여) 앞말이 뜻하는 행동을 더는 유지할 수 없음을 나타내는 말.

¶ 그의 이기적인 태도를 보다 못해 한마디 하고 말았다.

○ 못하다[2] 형용사

불규칙 못하고, 못하니, 못하여/못해, 못한, 못합니다, 못하였다/못했다

① 비교 대상에 미치지 아니하다.

¶ 이 물건이 저 물건보다 못한 것 같다.

② ('못해도' 형태로 쓰여) 아무리 적게 잡아도.

¶ 참석자가 못해도 열 명은 될 것 같습니다.

③ (형용사 뒤에서 '-지 못하다' 구성으로 쓰여) 앞말의 뜻을 부정하는 말.

¶ 네 주장이 옳지 못한 것 같다.

④ ('-다 못하여' 구성으로 쓰여) 앞말이 뜻하는 상태가 극에 달했음을 나타내는 말.

¶ 언니 얼굴은 희다 못해 푸른빛이 돌았다.

무르다[1] 동사

불규칙 무르고, 무르니, 물러, 물러서, 무르는, 무른, 무릅니다, 물렀다

굳은 것이 물렁하게 되다.

¶ 떫은 감도 무르면 단맛이 난다.

무르다[2] 동사

불규칙 무르고, 무르니, 물러, 물러서, 무르는, 무른, 무릅니다, 물렀다

① 사거나 바꾼 물건을 도로 주고 돈이나 물건을 되찾다.

¶ 옷이 몸에 맞지 않으면 물러 드립니다.

② 이미 행한 일을 그 전의 상태로 돌리다.

¶ 한 번의 실수는 물러 주겠다.

¶ 바둑을 한 수만 물러 주세요.

③ 있던 자리에서 뒤나 옆으로 옮기다.

¶ 뒤쪽으로 좀 물러서 앉아라.

복합어

물러가다 ① 있던 자리에서 옮겨 가다. ¶ 손님들이 다 물러간 뒤에 가게 문을 닫았다. ② 있던 현상이 사라져 가다. ¶ 추위가 물러가고 봄기운이 찾아들었다. ③ 차지한 장

소나 지위를 내어놓고 떠나다. ¶ 시장더러 물러가라고 시민이 들고일어났다. ④ 어른 앞에 있다가 도로 나가다. ¶ 그럼 저희는 이만 물러가겠습니다.

물러나다 ① 있던 자리에서 뒤로 몸을 옮기다. ¶ 우리는 자리에서 물러나 각자 방으로 들어갔다. ② 어른 앞에 있다가 도로 나오다. ③ 하던 일이나 지위를 내놓고 나오다. ¶ 그는 공직에서 물러나 시골에서 텃밭을 가꾸며 살고 있다. ④ 꼭 짜이거나 붙어 있던 물건의 틈이 벌어지다. ¶ 문이 조금씩 물러나더니 이제는 꼭 닫히지 않는다.

물러서다 ① 있던 자리에서 뒤로 옮겨 서다. ¶ 우리는 뒤로 물러서서 그들이 하는 일을 구경했다. ② 지위나 하던 일을 내놓다. ¶ 회장직에서 물러서니 마음이 허전하다. ③ 맞서서 버티던 일을 그만두다. ¶ 우리는 이 싸움에서 절대 물러설 수 없다.

물러앉다 ① 있던 자리에서 물러나 앉다. ¶ 네가 좀 물러앉아야 이곳에 상을 펴지. ② 하던 일이나 지위를 내놓고 아주 나가다. ¶ 그는 관직에서 물러앉게 되었다.

물러오다 산 물건을 도로 주고 치른 돈이나 물건을 되찾아 오다. ¶ 새 옷이 네 마음에 안 들면 내일 물러올게.

무르다[3] 형용사

불규칙 무르고, 무르니, 물러, 물러서, 무른, 무릅니다, 물렀다

① 여리고 단단하지 않다.

¶ 아이들 뼈는 물러서 자칫 부러지기 쉽다.

② 물기가 많아서 단단하지 않다.

¶ 반죽이 너무 무르니 밀가루를 좀 더 쳐라.

③ 마음이 여리거나 힘이 약하다.

¶ 성질이 그리 물러서 무슨 일을 하겠니?

④ 일 처리나 솜씨가 야무지지 못하다.

¶ 일을 그렇게 무르게 처리하면 안 돼.

복합어

물러지다 ① 단단한 것이 물렁물렁해지다. ¶ 바나나를 오래 두었더니 물러졌다. ② 긴장되었던 마음이 조금 누그러지다. ¶ 마음이 물러지면 경기에 지기 쉽다.

속담

무른 감도 쉬어 가면서 먹어라 아무리 쉬운 일이라도 조심해서 하라는 말.

무른 땅에 말뚝 박기 ① 몹시 쉬운 일을 빗대어 이르는 말. ② 다른 사람의 일을 짓궂게 훼방하거나 헤살 놓는 것을 빗대어 이르는 말.

무섭다 형용사

[불규칙] 무섭고, 무섭지, 무서워, 무서운, 무섭네, 무섭습니다, 무서웠다

① 어떤 대상에 대하여 꺼려지거나 무슨 일이 일어날까 불안하다. [참고] 두렵다

¶ 너는 하늘이 무섭지 않으냐?

¶ 뱀은 무섭지만 개구리는 안 무서워.

② 겁이나 놀라움을 느낄 만큼 성질이나 기세 따위가 몹시 사납다.

¶ 적이 무서운 기세로 진격해 왔다.

③ 정도가 매우 심하다.

¶ 비가 무섭게 내리고 있어서 외출할 수 없었다.

관용 표현

-기가 무섭게 -자마자 곧. ¶ 용돈을 받기가 무섭게 다 써 버렸다.

-ㄹ까(/-을까) 무섭다 어떤 일이 일어날까 걱정스럽다. ¶ 이 일로 그가 마음의 상처를 크게 입었을까 무섭다. / 나는 네가 엉뚱한 짓을 벌일까 무서워.

속담

무섭다니까 바스락거린다 ① 남의 약점을 알고 난처하게 만든다는 말. ② 어긋나는 짓을 함을 빗대어 이르는 말. ¶ 무섭다니까 바스락거린다고 저 사람은 하지 말라는 짓은 기어이 하는 성미가 있다.

무엇하다 형용사 ㊅ 멋하다, 뭐하다, 뭣하다

[불규칙] 무엇하고, 무엇하여/무엇해, 무엇한, 무엇합니다, 무엇하였다/무엇했다

언짢은 느낌을 나타내기 어렵거나 표현할 말이 생각나지 않을 때 에둘러서 쓰는 말.

¶ 모르는 사람과 함께 있기가 좀 무엇해서 밖으로 나왔다.

¶ 기다리기가 정 무엇하면 먼저 가도 좋다.

무치다 동사

규칙 무치고, 무치지, 무치어/무쳐, 무친, 무칠, 무칩니다, 무치었다/무쳤다

나물 따위에 갖은양념을 넣고 골고루 한데 뒤섞다.

¶ 봄에는 무친 나물에 밥을 비벼 먹는 것이 별미이다.

● '무치다'와 '묻히다'

두 낱말은 모두 [무치다]로 소리 나기 때문에 구별하여 쓰기가 쉽지 않다. 음식을 만드는 행위에는 '무치다'를 쓰고, 무엇을 들러붙게 하거나 어떤 곳에 묻게 하는 행위에는 '묻히다'를 쓴다.

문득 부사

① 생각이나 느낌 따위가 갑자기 떠오르는 모양. 참고 불쑥

¶ 어릴 적에 들었던 말의 의미를 요즘 문득 깨닫는 경우가 많다.

¶ 문제를 해결할 좋은 생각이 문득 떠올랐다.

② 어떤 행위가 갑자기 이루어지는 모양.

¶ 그는 문득 걸음을 멈추었다.

복합어

문득문득 ① 생각이나 느낌 따위가 갑자기 자꾸 떠오르는 모양. ¶ 좋은 일이 있는 날이면 어머니 생각이 문득문득 떠오른다. ② 어떤 행위가 갑자기 자꾸 이루어지는 모양. ¶ 요즘은 일을 하다가도 문득문득 추억에 빠져든다.

묻다[1] 동사

규칙 묻고, 묻지, 묻으니, 묻어, 묻은, 묻을, 묻는다, 묻습니다, 묻었다

① 가루, 풀, 물 따위가 다른 물체에 들러붙다.

¶ 옷에 흙이 많이 묻었구나.

¶ 잘못하면 옷에 물감이 묻을 수 있으니 주의하세요.

② ('묻어', '묻어서' 형태로 다른 동사와 함께 쓰여) 함께 팔리거나 섞이다.

¶ 친구네 가족 여행에 나도 묻어서 갔다.

복합어

묻어가다 함께 따라가거나 딸려 가다.

묻어나다 ① 칠 따위가 옮아 묻다. ② 말이나 글 따위에서 어떤 분위기나 감정 따위가 드러나다.

묻어오다 함께 따라오거나 딸려 오다.

묻다[2] 동사

규칙 묻고, 묻지, 묻으니, 묻어, 묻은, 묻을, 묻는다, 묻습니다, 묻었다

① 어떤 물건을 흙이나 다른 물건 속에 넣어 보이지 않게 쌓아 덮다.

¶ 타임캡슐을 산에 묻고 십 년 후에 꺼내 보기로 했다.

¶ 보물 상자를 어디에 묻어야 할까?
② 일을 드러내지 아니하고 속 깊이 숨기어 감추다.
¶ 우리 비밀은 가슴속에 깊이 묻어 두자.
③ 고개를 수그려 얼굴을 손으로 감싸거나 다른 물체에 가리듯 기대다.
¶ 여자는 베개에 얼굴을 묻고 흐느껴 울었다.
④ 의자나 이불 같은 데에 몸을 깊이 기대다.
¶ 노인은 소파에 몸을 묻은 채 창밖을 바라보았다.

복합어

되묻다 ① 묻었다가 파내거나 꺼낸 물건을 다시 묻다. ¶ 아버지가 늦게 집에 들어오셔서 꺼내 놓았던 밥을 아랫목에 되묻었다. ② 가슴속에 감추었던 것을 잠시 드러냈다가 다시 감추다. ¶ 그는 비밀을 밝히려다가 다시 가슴에 되묻고 말았다.
파묻다 ① 파서 그 속에 묻다. ¶ 김치를 오래 먹으려면 김장독을 땅에 파묻고 위를 잘 덮어 얼지 않게 해야 한다. ② 남이 모르게 숨기어 감추다. ¶ 어머니는 그동안 가슴속에 파묻어 놓았던 한을 모두 풀어내셨다. ③ 깊숙이 대거나 기대다. ¶ 소파에 몸을 깊이 파묻고 잠이 들었다. / 아내는 남편의 가슴에 얼굴을 파묻고 흐느꼈다.
파묻히다 '파묻다'의 피동형. ¶ 모든 사실이 전쟁에 파묻혀 세상에 드러나지 못했다.

묻다[3] 동사

불규칙 묻고, 묻지, 물으니, 물어, 묻는, 물을, 묻는다, 묻습니다, 물었다
① 무엇을 밝히거나 알아내기 위하여 상대에게 대답이나 설명을 요구하여 말하다.
¶ 이곳은 처음이라 지나가는 사람에게 길을 물었다.
¶ 궁금한 것을 선생님께 물어서 알게 되었다.
② ('책임' 따위를 목적어로 하여) 어떠한 일에 대한 책임을 따지다.
¶ 이 일에 대해서 누구에게 책임을 물어야 할지 모르겠다.

복합어

되묻다 ① 물었던 질문을 다시 묻다. ¶ 어머니는 그 일을 수없이 되물으셨다. ② 질

문에 답하지 않고 오히려 묻다. ¶ 내가 그에게 어디 가느냐고 물었는데 그는 대답하지 않고 나더러 무얼 하느냐고 되물었다.

물어물어 이 사람 저 사람에게 묻고 또 물어서. ¶ 시청을 물어물어 찾아갔다.

물어보다 무엇을 밝히거나 알아내기 위하여 상대편에게 묻다. ¶ 궁금한 것은 모조리 나에게 물어보아라.

캐묻다 자세히 파고들어 묻다. =캐어묻다 ¶ 끝까지 캐물어서 진실을 밝혀내었다.

파묻다 자세히 따지면서 묻다. 시시콜콜히 묻다.

> **'물어'의 의미 구별**
>
> '물어'는 '묻다[3]'과 '물다'의 바뀐 형태로 쓰인다. 따라서 문맥을 보고 '물어'의 의미를 파악하면 된다. 아래 예문을 보면서 '물어'가 '묻다[3]'의 뜻을 갖는지 '물다[1]'이나 '물다[2]'의 뜻을 갖는지 맞혀 보자.
>
> ¶ 물건 주인에게 사용법을 물었다. →묻다[3](대답을 요구함)
>
> ¶ 저 사람한테 책임을 물어라. →묻다[3](책임을 따짐)
>
> ¶ 개가 사람을 물어 다치게 했다. →물다[1](이빨로 물음)
>
> ¶ 네가 사고를 일으켰으니 수리비는 네가 물어라. →물다[2](돈을 갚아 줌)

묻히다[1] 동사

규칙 묻히고, 묻히지, 묻히어/묻혀, 묻힌, 묻힙니다, 묻히었다/묻혔다

무엇에 가루나 먼지 따위가 붙게 하다. '묻다[1]①'의 사동형.

¶ 적들은 독을 묻힌 화살을 쏘았다.

¶ 다친 손에 물을 묻히지 마라.

묻히다[2] 동사

규칙 묻히고, 묻히지, 묻히어/묻혀, 묻힌, 묻힙니다, 묻히었다/묻혔다

① 땅속이나 다른 물건 속에 넣어져 보이지 않게 되다. '묻다[2]①'의 피동형.

¶ 부부가 같은 곳에 묻혔다.
¶ 미국은 운 좋게 석유가 묻힌 알래스카를 러시아에게서 사들이게 되었다.
② 속 깊이 감추어져 드러나지 않게 되다. '묻다[2]②'의 피동형.
¶ 사람들은 각자 가슴에 묻힌 한을 털어놓았다.
¶ 역사 속에 묻힌 진실을 찾아내어 세상에 알리려고 한다.
③ 어떤 상태나 환경에 휩싸이다.
¶ 집 안이 온통 꽃향기에 묻혀 있었다.
④ 어떤 환경에 들어박혀서 드러나지 아니하다.
¶ 초야에 묻힌 인재를 발굴해야 한다.
¶ 이젠 사람들의 관심에서 벗어나 조용히 묻혀 지내고 싶다.
⑤ 어떤 일에 몰두하다.
¶ 그는 우리나라 곤충 연구에 묻혀 산다.
⑥ 가려져 보이지 않거나 막혀 들리지 않게 되다.
¶ 마을은 점점 어둠에 묻혀 갔다.
¶ 인파에 묻힌 그를 도무지 찾을 수 없었다.
¶ 그의 목소리는 주위의 소음에 묻혀 거의 들리지 않았다.
››› '묻히다'와 '무치다'의 구별은 올림말 '무치다' 참고.

물다[1] 동사

불규칙 물고, 물지, 무니, 물어, 무는, 문, 물, 무오, 뭅니다, 물었다
① 이나 입술 사이에 끼워 빠져나가지 않도록 다소 세게 누르다.
¶ 강아지가 공을 물어 왔다.
¶ 언니는 연필을 무는 버릇이 있다.
② 이, 빈대, 모기 따위의 벌레가 주둥이 끝으로 살을 찌르다.
¶ 모기가 코를 물어 코가 빨갛게 되었다.
¶ 여기는 사람을 물 곤충이 거의 없다.
③ (속되게) 이익이 되는 어떤 것이나 사람을 차지하다.

¶ 일을 하나 물어서 한동안은 먹고살 수 있을 것 같다.

④ 입속에 넣어 두다.

¶ 사탕을 입에 물고 말하지 마라.

복합어

물어내다 ① 집안에서 벌어진 일이나 말을 밖에 나가서 퍼뜨리다. ¶ 우리 이야기를 밖으로 물어내는 사람이 있는 것 같다. ② 집 안에 있는 물건을 몰래 집어내다. ¶ 그 집 아들이 돈이 되는 물건은 모조리 물어내어 팔아먹었다.

물어들이다 ① 동물이 먹을 것을 주둥이로 물어서 둥지나 일정한 곳으로 가져오다. ¶ 다람쥐들이 겨우내 먹을 도토리를 부지런히 물어들였다. ② 다른 곳에서 필요한 사람이나 물건을 구해 오다. ③ (속되게) 소식, 정보, 사상 따위를 끌어들이다. ¶ 우리는 부지런히 뉴스거리와 광고를 물어들여야 했다.

물어뜯다 ① 이나 부리로 물어서 뜯다. ¶ 강아지가 내 옷을 물어뜯었다. ② 곤충이 주둥이 끝으로 살을 찌르다. ¶ 모기가 물어뜯어서 잠을 못 잤다. ③ 남을 헐어서 못 견디게 하거나 못살게 굴다. ¶ 정책은 없이 상대를 물어뜯기만 하는 정치는 좋은 정치가 아니다.

관용 표현

물고 늘어지다 ① 어떤 일을 진득하게 붙잡고 놓지 아니하다. ¶ 한번 마음먹으면 끝까지 물고 늘어지는 집념이 그를 성공으로 이끌었다. ② 꼬투리나 말끝을 잡아 자꾸 캐묻거나 덤비다. ¶ 너는 왜 내가 하는 말을 자꾸 물고 늘어지니?

물고 뜯다 ① 서로 맞붙어 물거니 뜯거니 하며 싸우다. ¶ 그들은 만나기만 하면 서로 물고 뜯는다. ② 악랄한 수단과 방법으로 남을 헐뜯다.

속담

무는 개 짖지 않는다 무서운 사람일수록 말이 없음을 빗대어 이르는 말.

무는 호랑이는 뿔이 없다 입으로 무는 호랑이에게는 받는 뿔이 없다는 뜻으로, 한 가지 장점이 있으면 단점도 있듯이 무엇이든 다 갖추기 어려움을 빗대어 이르는 말.

물라는 쥐나 물지 씨암탉은 왜 물어 하라고 시킨 일은 안 하고 해서는 안 될 짓을 하는 경우를 비꼬는 말.

물다[2] 동사

불규칙 물고, 물지, 무니, 물어, 무는, 문, 물, 무오, 뭅니다, 물었다

① ('누구에게 무엇을 물다' 구성으로 쓰여) 갚아야 할 것을 치르다.

¶ 주인에게 다달이 집세를 물기로 하고 방을 빌렸다.

¶ 그렇게 비싼 이자를 물고 어떻게 장사하나?

② 남에게 입힌 손해를 돈으로 갚아 주거나 본래 상태로 해 주다.

¶ 사람을 다치게 해서 치료비를 물게 되었다.

¶ 이 정도 일에 그렇게 많은 비용을 물 수는 없다.

복합어

물어내다 남에게 입힌 손해를 돈으로 갚거나 본래의 상태로 되돌려주다. ¶ 내가 깨뜨리지도 않은 컵을 나더러 물어내라니.

물어넣다 축낸 돈이나 물건 따위를 갚다. ¶ 계산을 잘못해서 부족하게 된 돈을 내가 물어넣었다.

'물다'의 형태 바뀜

'물다'는 'ㄴ'으로 시작하는 어미 앞에서 'ㄹ'이 탈락하여 '무니, 무는, 무네, 문다'처럼 바뀐다. 또 '-시-' 앞에서나 'ㅂ'으로 시작하는 어미 앞에서도 'ㄹ'이 탈락하여 '무십시오', '무세요', '뭅니다', '뭅시다'처럼 바뀐다. '무시오' 대신에 '물으시오'를 쓰거나 '뭅니다' 대신에 '물읍니다'를 쓰는 것은 잘못이다.

¶ 강아지가 아이를 물으니(×)/무니(○) 아이가 울었다.

¶ 밥값을 그 자리에서 물은(×)/문(○) 사람이 누구였지?

¶ 어금니를 꽉 물으시면(×)/무시면(○) 턱이 아플 겁니다.

물다[3] 동사

불규칙 물고, 물지, 무니, 물어, 무는, 무오, 뭅니다, 물었다

무르게 만들다. =물쿠다

속담

물어도 준치 썩어도 생치 본래 좋고 훌륭한 것은 비록 상해도 그 본질에는 변함이 없음을 빗대어 이르는 말.

물리다[1] 동사

규칙 물리고, 물리어/물려, 물리는, 물린, 물립니다, 물리었다/물렸다

다시 대하기 싫을 만큼 몹시 싫증이 나다.

¶ 며칠 된장국만 먹었더니 된장국에 물렸어.

¶ 아무리 재미있는 이야기라도 자꾸 들으면 물리고 만다.

물리다[2] 동사

규칙 물리고, 물리어/물려, 물리는, 물린, 물립니다, 물리었다/물렸다

묾을 당하다. '물다[1]'의 피동형.

¶ 벌레에게 물리지 않게 조심하세요.

¶ 옆집 개한테 물려서 병원에 다녀왔다.

물리다[3] 동사

규칙 물리고, 물리어/물려, 물리는, 물린, 물립니다, 물리었다/물렸다

물게 하다. '물다[2]'의 사동형.

¶ 부자에게 더 많은 세금을 물리는 제도는 사회 정의에 부합한다.

¶ 때린 사람에게 치료비를 물려야 한다.

물리다[4] 동사

규칙 물리고, 물리어/물려, 물리는, 물린, 물립니다, 물리었다/물렸다

무르게 하다. '무르다[1]'의 사동형.

¶ 가지를 쪄서 물린 뒤에 결대로 찢어 양념을 하였다.

물리다[5] 동사

규칙 물리고, 물리어/물려, 물리는, 물린, 물립니다, 물리었다/물렸다

① 산 것을 돌려주고 돈을 돌려받다. '무르다[2]①'의 사동형.

¶ 버스가 고장이 나는 바람에 표를 물리고 기차표를 샀다.

¶ 새로 구입한 책을 모두 물렸다.

② 굿 따위를 하여 귀신을 쫓아내다.

¶ 어머니는 잡귀를 물린다고 푸닥거리를 하셨다.

③ 이미 한 일을 그 전의 상태로 되돌리다. '무르다[2]②'의 사동형.

¶ 바둑 한 수를 물렸다.

물리다[6] 동사

규칙 물리고, 물리어/물려, 물리는, 물린, 물립니다, 물리었다/물렸다

① 정해진 시기를 뒤로 늦추다.

¶ 약속 날짜를 며칠 물려 달라고 사정을 했다.

② 다른 자리로 옮겨 가게 하거나 옮겨 놓다.

¶ 밥상을 물린 다음에 차를 한잔 마셨다.

¶ 사장은 다른 사람들을 다 물리고 나만 잠시 남으라고 하였다.

③ 재물이나 관리, 지위 따위를 다른 사람에게 내려 주다.

¶ 태종은 임금 자리를 셋째 아들 충녕 대군에게 물리려고 마음을 먹었다.

¶ 재산을 무작정 자식에게 물리는 일은 자식을 망치는 일이기도 하다.

복합어

대물림 사물이나 가업 따위를 자손에게 남겨 주어 자손이 그것을 이어 나감. 또는 그런 물건. ¶ 아버지는 사장 자리를 대물림으로 아들에게 주었다.

대물림하다 사물이나 가업 따위를 자손에게 남겨 주어 자손이 그것을 이어 나가다.
¶ 이 집은 3대째 대물림한 국수 가게이다.

물려주다 재물이나 지위 또는 기예나 학술 따위를 전하여 주다.

상물림 ① =큰상물림 ② 윗사람이 물린 밥상을 아랫사람이 받아서 먹던 풍습을 이르는 말.

큰상물림 혼인 잔치 때에 큰상을 받았다가 물린 뒤에 상을 받은 사람의 집으로 음식을 싸 보내는 일. =상물림①

뭐하다 형용사

불규칙 뭐하고, 뭐하니, 뭐하여/뭐해, 뭐한, 뭐합니까, 뭐하였다/뭐했다

'무엇하다'의 준말.

¶ 내 입으로 직접 말하기는 뭐하지만 그래도 말하지 않을 수 없다.

뭣하다 형용사

불규칙 뭣하고, 뭣하니, 뭣하여/뭣해, 뭣한, 뭣하였다/뭣했다

'무엇하다'의 준말.

¶ 가만히 있기가 뭣해서 책을 읽었다.

-므로 어미

까닭이나 근거를 나타내는 연결 어미. 참고 -으므로

¶ 그 아이는 똘똘하므로 어떤 어려움도 극복하리라 생각한다.

¶ 할머니는 마음이 너그러우시므로 다 용서해 주실 거야.

● '-므로'와 '-으므로'

앞말, 곧 용언의 어간에 받침이 없으면 '-므로'를 쓰고, 받침이 있으면 '-으므로'를 쓴다. 다만, 'ㄹ' 받침 뒤에는 '-으므로'를 쓰지 않고 '-므로'를 쓴다. 'ㄷ, ㅅ, ㅎ, ㅂ' 받침인

경우에는 낱말에 따라서 달리 변한다. 대강을 보이면 아래 설명과 같다.

① 앞말에 받침이 없거나 'ㄹ' 받침이 있는 경우에는 '-므로'를 붙인다.

¶ 이다 – 이므로, 흐리다 – 흐리므로, 바르다 – 바르므로, 계시다 – 계시므로

¶ 길다 – 길므로, 살다 – 살므로, 졸다 – 졸므로

② 앞말의 받침이 'ㄷ, ㅅ'인 경우에는 '-으므로'를 붙인다.

¶ 닫다 – 닫으므로, 얻다 – 얻으므로, 묻다 – 물으므로, 싣다 – 실으므로

¶ 잇다 – 이으므로, 짓다 – 지으므로

③ 앞말의 받침이 'ㅎ'인 경우 '-므로'가 붙기도 하고 '-으므로'가 붙기도 한다.

¶ 놓다 – 놓으므로, 좋다 – 좋으므로

¶ 까맣다 – 까마므로, 하얗다 – 하야므로

④ 앞말의 받침이 'ㅂ'인 경우' -으므로'가 붙기도 하고 '-우므로'가 붙기도 한다.

¶ 입다 – 입으므로, 잡다 – 잡으므로

¶ 굽다 – 구우므로, 돕다 – 도우므로

⑤ 그 밖의 받침인 경우에는 '-으므로'를 붙인다.

¶ 익다 – 익으므로, 심다 – 심으므로, 맡다 – 맡으므로, 갚다 – 갚으므로
밝다 – 밝으므로, 삶다 – 삶으므로

››› '-므로'는 '-기 때문에', '-니까'와 같은 뜻으로 쓴다. 이에 비해서 '-ㅁ으로'는 수단이나 방법을 나타내는 뜻으로 쓴다. '-ㅁ으로써'는 '-ㅁ으로'를 강조한 표현으로 쓸 수 있지만, '-므로써'는 없는 말이기 때문에 '-므로'에 '써'를 붙여 쓸 수 없다.

미어지다 동사

규칙 미어지고, 미어지어/미어져, 미어진다, 미어집니다, 미어지었다/미어졌다

① 팽팽한 가죽이나 종이 따위가 해어져서 구멍이 나다.

¶ 양말이 미어져 발가락이 보인다.

② 가득 차서 터질 듯하다. 참고 메다[2]

¶ 자루가 미어지도록 쌀을 넣었다.

¶ 입이 미어지게 밥을 떠 넣었다.

③ 가슴이 찢어질 듯이 심한 고통이나 슬픔을 느끼다.

¶ 그와 이별할 것을 생각하니 가슴이 미어지는 것 같다.

> ● '미어지다'와 '메다[2]'
>
> 수용할 공간이 가득 차는 것을 '메다'라고 하고, 가득 차서 터질 듯한 것을 '미어지다'라고 한다. '메다'는 가득 차서 막힘을 강조하는 말이고, '미어지다'는 가득 차서 터짐을 강조하는 말이다. '목이 메다'는 목이 막혀 아무 말도 할 수 없는 경우를 가리키고, '가슴이 미어지다'는 가슴에 구멍이 난 것처럼 아픈 경우를 가리킨다.

미인(美人) 명사

주로 얼굴이나 몸매 따위가 아름다운 여자.

¶ 그 연극의 주인공은 대단한 미인이다.

복합어

팔방미인 ① 여러 방면에 능통한 사람을 빗대어 이르는 말. ¶ 공부면 공부, 노래면 노래, 운동이면 운동, 그는 정말 못하는 게 없는 팔방미인이었다. ② 어느 모로 보나 아름다운 사람. ¶ 그는 마음씨가 곱고 용모가 빼어난 팔방미인이다.

> ● '미인'의 의미
>
> 전통적으로 '미인'에는 여러 가지 뜻이 있었다. 일반적으로 아름다운 여자를 '미인'이라고 했지만, 용모가 아름다운 남자도 '미인'이라고 했다. 우리 역사에서 대표적인 남자 미인에 '화랑'의 무리가 있다. 화랑은 인물이 잘생긴 청년들로 구성했다. '미인'에는 '재덕이 뛰어난 남자'를 가리키는 뜻도 있다. '현인'과 같은 뜻으로 쓰였는데 이 용법은 중국의 고문에 등장한다. '미인'이 임금을 가리키기도 한다. 송강 정철의 〈사미인곡(思美人曲)〉 곧 '미인을 그리워하는 노래'에 쓰인 '미인'이 선조 임금을 가리킨다. 매화(梅花)를 미인이라고 의인화하여 부르기도 했다. 현대 한국어에서는 이런 다양한 뜻으로 쓰인 용례를 찾아볼 수 없어서 이 사전에는 기본적인 뜻풀이만 적었다.

미처 부사

('못하다', '않다', '없다' 따위와 함께 쓰여) 아직 거기까지 미치도록.

¶ 사장이 지시한 일을 기한 안에 미처 끝내지 못했다.

¶ 준비가 미처 되기도 전에 손님들이 들어왔다.

¶ 네가 그렇게 고생한 줄은 미처 몰랐어.

››› '미처'와 '미쳐'의 차이는 올림말 '미치다[2]' 참고.

미치다[1] 동사

규칙 미치고, 미치어/미쳐, 미치는, 미친, 미칩니다, 미치었다/미쳤다

① 정신에 이상이 생겨 말과 행동이 보통 사람과 다르게 되다.

¶ 미친 사람이 동네를 휘젓고 돌아다닌다.

¶ 좋아하는 연예인이 근처에 왔다는 소식에 미친 듯이 달려 나갔다.

② 상식에서 벗어나는 행동을 하다.

¶ 그런 미친 짓을 하고 다니다니.

¶ 막말과 망언을 일삼는 미친 국회 의원이 너무 많다.

③ ('-어/-아 미치겠다' 구성으로 쓰여) 정신이 나갈 정도로 매우 괴로워하다.

¶ 나는 네가 보고 싶어 미치겠다.

¶ 네 말을 들으니 기가 막혀 미칠 지경이다.

④ ('-에 미치다' 구성으로 쓰여) 어떤 일에 지나칠 정도로 열중하다.

¶ 그는 지금 야구에 미쳐 있다.

¶ 아이가 온라인 게임에 미쳐 공부를 안 한다.

속담

미친 사람의 말에서도 얻어들을 것이 있다 남이 하는 말을 신중하게 귀담아들어야 함을 빗대어 이르는 말.

미친 체하고 떡판에 엎드러진다 사리를 잘 알면서도 일부러 모르는 체하고 음흉하게 제 욕심을 차리는 경우를 비꼬는 말.

미치다[2] 동사

규칙 미치고, 미치니, 미치어/미쳐, 미친, 미칩니다, 미치었다/미쳤다

① 공간적 거리나 수준 따위가 일정한 선에 닿다.

¶ 내 힘이 미치는 데까지 돕겠네.

¶ 문득 어제 일에 생각이 미치자 얼굴이 달아올랐다.

② 영향이나 지시 따위가 대상에 가하여지다.

¶ 회사의 평판이 판매에 영향을 미쳤다.

¶ 그 시기에 내 인생에 큰 영향을 미친 사건이 일어났다.

● '미치다[2]'와 '끼치다[2]'

'미치다'는 어떤 일의 영향이 어느 선에 이름을 나타낸다. 그 영향에 따라서 대상에 직접 어떤 결과가 생기는 것까지는 고려하지 않는다. 이에 비해서 '끼치다'는 대상에 어떤 일이 벌어지도록 하는 의미가 있다. 그래서 '끼치다'는 목적어, 곧 대상의 반응이 구체적으로 제시된다.

¶ 부모님께 걱정을 끼치는 행동은 하지 마라.(목적어는 부모님이 할 '걱정'이다.)

¶ 우리 사회에 폐를 끼치는 일은 삼가라.(목적어는 사회가 받게 될 '폐'이다.)

¶ 공사 때문에 보행에 불편을 끼쳐서 죄송합니다.(목적어는 사람들이 받을 '불편'이다.)

¶ 그는 여러 가지로 사회에 큰 공적을 끼쳤다.(목적어는 그가 이룬 '공적'이다.)

¶ 이 사건의 영향이 어디까지 미칠지 가늠하기 어렵다.(한계를 나타낸다.)

¶ 그의 연설이 나의 인생에 큰 영향을 미쳤다.(영향을 주었다.)

● '미쳐'와 '미처'

'미쳐'는 동사 '미치다'에 어미 '-어'가 붙어서 된 '미치어'가 줄어든 형태이다. '생각이 거기에까지 미쳐 다행히 사고를 미리 막을 수 있었다.'에서 '미쳐'가 '미치다'의 바뀐 형태이다. 그러나 '미처'는 부사로서 '미치다'와 직접 관련이 없다. '약속 시간이 미처 10분도 안 남았다.'처럼 '미처' 뒤에는 부정 표현이 온다. 국어에는 용언의 연결형이 다른 품사로 바뀔 때에 아래처럼 형태도 같이 바뀌는 경우가 있다.

용언	활용형	활용형의 준말	전성 형태
미치다	미치어	미쳐	미처(전성 부사)
뒤미치다	뒤미치어	뒤미쳐	뒤미처(전성 부사)
못 미치다	못 미치어	못 미쳐	못미처(전성 명사)

민- 접사

① (일부 명사 앞에 붙어) '꾸미거나 딸린 것이 없는'의 뜻을 더하는 말. 참고 맨-

¶ 민가락지, 민낯, 민돗자리, 민머리, 민얼굴, 민저고리

② (일부 명사 앞에 붙어) '그것이 없음' 또는 '그것이 없는 것'의 뜻을 더하는 말.

¶ 민꽃, 민등뼈, 민무늬, 민소매

● '맨-'과 '민-'

이 두 말은 용법이 매우 다르다. '맨-'은 어떤 사물을 이용하거나 보존하는 데에 필요한 다른 사물을 갖추지 않은 상태, 즉 다른 것이 없는 상태를 가리킬 때에 쓰고, '민-'은 그 사물에 아무 장식이 없는 상태를 가리킬 때 쓴다.

• 맨머리: 머리에 모자나 갓을 쓰지 않은 상태. 딴머리를 덧붙이지 않고 쪽 찐 머리.

¶ 날씨가 추운데 그렇게 맨머리로 다니면 감기 걸리기 쉽다.

• 민머리: 쪽을 찌지 않은 머리. 탕건을 쓰지 않은 머리, 곧 벼슬이 없는 사람.

¶ 그 사람은 비록 민머리로 지내고 있지만 언제 벼슬자리에 앉을지 모른다.

또한 '민-'은 뒤에 오는 말이 없음을 가리킬 때 쓴다. '민꽃'은 '꽃이 피지 않음', '민무늬'는 '무늬가 없음', '민소매'는 '소매가 없음'을 뜻한다.

ㅂ

-ㅂ니까 어미

(받침 없는 어간에 붙어) 정중히 묻는 뜻을 나타내는 종결 어미. [참고] -습니까

¶ 오늘 떠납니까?

¶ 하늘이 푸릅니까?

¶ 이 일을 어떻게 합니까?

● '-ㅂ니까'와 '-습니까'

두 어미는 정중히 물을 때 쓰는데 어간의 끝음절 형태에 따라서 구별하여 사용한다.

어간 끝음절 형태		해당 단어 예	어미 선택	
받침 없음	기본형	가다, 사다, 자다 희다, 푸르다, 크다	-ㅂ니까 (-ㅂ니다)	갑니까[1], 삽니까[1], 잡니까[1] (흽니다, 푸릅니다, 큽니다)
	이다	책이다, 집이다	-ㅂ니까 (-ㅂ니다)	책입니까, 집입니까 (책입니다, 집입니다)
		나무다, 바다다	-ㅂ니까 (-ㅂ니다)	나뭅니까, 바답니까 (나뭅니다, 바답니다)
받침 있음	'ㄹ' 받침	갈다, 살다, 잘다 길다, 낯설다, 드물다	-ㅂ니까 (-ㅂ니다)	갑니까[2], 삽니까[2], 잡니까[2] (깁니다, 낯섭니다, 드뭅니다)
	그 밖의 모든 받침	먹다, 잡다, 갚다 맑다, 하얗다	-습니까 (-습니다)	먹습니까, 잡습니까, 갚습니까, 맑습니까, 하얗습니까 (먹습니다, 잡습니다, 갚습니다, 맑습니다, 하얗습니다)

어미 첨가	-시-	가시다, 보시다	-ㅂ니까 (-ㅂ니다)	가십니까, 보십니까 (가십니다, 보십니다)
	-었- -았-	넘었다, 보았다	-습니까 (-습니다)	넘었습니까, 보았습니까 (넘었습니다, 보았습니다)
	-겠-	돕겠다, 걷겠다	-습니까 (-습니다)	돕겠습니까, 걷겠습니까 (돕겠습니다, 걷겠습니다)

① 위 표에서 눈여겨볼 점은 어간 끝음절에 받침이 없으면 '-ㅂ니까/-ㅂ니다'를 쓰고, 받침이 있으면 '-습니까/-습니다'를 쓰는데, 받침이 있더라도 'ㄹ' 받침이면 'ㄹ'이 탈락하여 '-ㅂ니까/-ㅂ니다'를 쓴다는 점이다. 어간 뒤에 '-었-/-았-'이나 '-겠-'이 붙으면 '-습니까/-습니다'를 쓰고, '-시-'가 붙으면 '-ㅂ니까/-ㅂ니다'를 쓴다.

② 위 표의 어미 선택 난을 보면 '갑니까[1], 삽니까[1], 잡니까[1]'와 '갑니까[2], 삽니까[2], 잡니까[2]'의 두 형태가 완전히 일치한다. 이는 '가다'와 '갈다', '사다'와 '살다', '자다'와 '잘다'가 어미를 붙이는 과정에서 표기 형태가 같아진 것이다.

③ '갑니까[1], 삽니까[1]'의 어간은 모두 짧은소리이지만 '갑니까[2], 삽니까[2]'의 어간은 모두 긴소리여서 소리로 구별할 수 있다. 그러나 '잡니까[1]'과 '잡니까[2]'는 소리로도 구별되지 않아서 맥락으로 구별할 수밖에 없다.

-ㅂ니다 어미

(받침 없는 어간에 붙어) 현재 동작이나 상태의 어떠함을 정중하게 나타내는 종결 어미.

참고 -습니다

¶ 우리는 여행을 갑니다.

¶ 지금 밖에는 비가 내립니다.

¶ 하늘이 몹시도 푸릅니다.

¶ 여러분의 도움을 바랍니다.

>>> '-ㅂ니다'와 '-ㅂ니까'는 받침이 없는 어간에 사용하고, '-습니다'와 '-습니까'는 'ㄹ' 이외의 받침이 있는 어간에 사용한다. 올림말 '-ㅂ니까' 참고.

-ㅂ시다 어미

(받침 없는 어간에 붙어) 어떤 행동을 함께하자고 정중히 청하는 종결 어미. 참고 -읍시다

¶ 조용히 합시다.

¶ 새벽에 모입시다.

¶ 빨리 만납시다.

● '-ㅂ시다'와 '-읍시다'

두 말 다 어떤 행위를 함께하자고 정중히 청할 때 사용하는데 어간 끝음절의 형태에 따라서 구별하여 사용한다. 사용법을 표로 보이면 아래와 같다.

어간 끝음절 형태			동사의 예	어미 선택	
받침 없는 동사			가다, 사다, 자다	-ㅂ시다	갑시다[1], 삽시다[1], 잡시다
받침 있는 동사	'ㄹ' 받침		갈다, 놀다, 살다	-ㅂ시다	갑시다[2], 놉시다, 삽시다[2]
	'ㄷ' 받침	규칙	걷다[1,2,3], 묻다[1,2] 뻗다	-읍시다	걷읍시다, 묻읍시다 뻗읍시다
		불규칙	걷다[4], 묻다[3] 듣다, 싣다	-읍시다	걸읍시다, 물읍시다 들읍시다, 실읍시다
	'ㅅ' 받침	규칙	빗다, 벗다, 씻다	-읍시다	빗읍시다, 벗읍시다 씻읍시다
		불규칙	긋다, 잇다, 짓다	-읍시다	그읍시다, 이읍시다 지읍시다
	'ㅂ' 받침	규칙	씹다, 입다, 잡다	-읍시다	씹읍시다, 입읍시다 잡읍시다
		불규칙	굽다, 눕다, 돕다	-읍시다	구읍시다, 누읍시다 도읍시다
	그 밖의 받침		깎다, 품다, 찾다, 쫓다, 맡다, 갚다, 빻다, 삶다, 밟다, 핥다	-읍시다	깎읍시다, 품읍시다, 찾읍시다, 쫓읍시다, 맡읍시다, 갚읍시다, 빻읍시다, 삶읍시다, 밟읍시다, 핥읍시다

① 'ㄹ' 받침이 있는 동사는 모두 'ㄹ'이 탈락하여 받침이 없는 동사처럼 '-ㅂ시다'를 붙이고, 그 밖에 받침이 있는 동사는 모두 '-읍시다'를 붙인다.
② 'ㄷ' 받침이 있는 불규칙 동사('걷다[4]', '묻다[3]', '듣다', '싣다' 등)는 'ㄷ'을 'ㄹ'로 바꾼 뒤에 '-읍시다'를 붙여 '걸읍시다, 물읍시다, 들읍시다, 실읍시다'처럼 쓴다.
③ 'ㅅ' 받침이 있는 불규칙 동사('긋다', '잇다', '짓다' 등)는 'ㅅ'이 탈락하고 '-읍시다'를 붙여 '그읍시다, 이읍시다, 지읍시다'처럼 쓴다.
④ 'ㅂ' 받침이 있는 불규칙 동사('굽다', '눕다', '돕다' 등)는 'ㅂ'과 '-읍시다'가 결합하는 과정에서 '-웁시다'로 바뀐다. 그래서 '구웁시다, 누웁시다, 도웁시다'처럼 쓴다.
⑤ 동사 '걷다'와 '묻다'는 규칙 동사와 불규칙 동사 두 가지가 있다. 두 낱말이 규칙 동사인 경우에는 모두 짧은소리이고, 불규칙 동사인 경우에는 모두 긴소리이다.

››› '-읍시다'는 쓰지만 '-읍니다'와 '-읍니까'는 쓰지 않는다. 대신 '-습니다'와 '-습니까'로 쓴다.

ㅂ

바 명사

① (어미 '-은/-는/-을' 뒤에 쓰여) '것' 또는 '일'을 뜻하는 말.
¶ 이젠 우리가 할 바를 결정해야 한다.
¶ 네가 한 바를 낱낱이 말해 보아라.
② (어미 '-을' 뒤에 쓰여) 일의 방법이나 방도.
¶ 어찌할 바를 몰라 허둥댔다.
③ (주로 '-은/-는/-을 바에는' 구성으로 쓰여) '처지' 또는 '경우'를 뜻하는 말.
¶ 이왕 산에 온 바에는 꼭대기까지 올라가야지.

● '바'와 '-ㄴ바'
① 내가 본 바를 말하겠다.
② 내가 본바, 네가 잘못한 것 같다.
위 예문 ①의 '바'는 '것'과 비슷한 뜻을 가진 의존 명사이다. 예문 ②의 '본바'는 '보니'와 같은 뜻으로 '-ㄴ바'가 어미이다. 따라서 '-ㄴ바'의 '바'를 띄어 쓰지 않도록 해야 한다.

✕ -바기

① '-박이'의 틀린 표기.

¶ 네눈바기(×)/네눈박이(○), 붙바기(×)/붙박이(○), 소바기(×)/소박이(○)
외톨바기(×)/외톨박이(○), 점바기(×)/점박이(○), 차돌바기(×)/차돌박이(○)
토바기(×)/토박이(○), 판바기(×)/판박이(○)

② '-배기'의 틀린 표기.

¶ 나이바기(×)/나이배기(○), 알바기(×)/알배기(○), 양코바기(×)/양코배기(○)
옹바기(×)/옹배기(○), 자바기(×)/자배기(○), 포바기(×)/포배기(○)
한 살바기(×)/한 살배기(○)

○ 바깥 명사

① 밖인 곳.

¶ 공이 경기장 바깥으로 나가면 실격이다.

② 한데.

¶ 우리는 묵을 곳을 못 구해서 바깥에서 이슬을 맞으며 잘 수밖에 없었다.

③ 집안의 남자 주인. =바깥주인

¶ 그 일은 바깥에서 하는 일이라 나는 잘 몰라요.

복합어

바깥바람 ① 바깥에서 부는 바람. ② 바깥의 공기. ③ 다른 지방이나 다른 나라의 문물을 빗대어 이르는 말. ¶ 그의 아들은 일찍이 바깥바람을 쐬고 왔다.

바깥소문 ① 밖에서 들려오는 소문. ② 항간에 떠도는 소문.

바깥소식 ① 바깥에서 전해 오는 소식. ② 밖에서 일어나는 일들의 형편이나 상태.

바깥양반 =바깥주인 ① 그 집의 남자 주인. ② 아내가 남편을 이르는 말.

바깥일 집 바깥에서 하거나 일어난 일.

바깥쪽 ① 바깥으로 드러난 쪽. ② 바깥으로 드러난 부분. ③ 어떤 수효를 넘는 수.

바깥출입 바깥에 나다니는 일.

바깥출입하다 바깥에 나다니다.

● '바깥'과 '밖'

① '바깥'은 '밖'과 동의어로 사용하지만 주로 집의 안과 대칭하여 가리킬 때 사용한다.

¶ 집 밖/바깥에다 수영장을 만들기로 했다.

¶ 맨날 밖/바깥으로만 돌면 공부는 언제 하겠느냐.

② '밖'은 장소의 의미와 관념적인 '외(外)'의 의미가 있다.

¶ 그 밖에 다른 것을 찾아보아라.(×바깥에)

¶ 예상 밖으로 사람이 많이 왔다.(×바깥으로)

¶ 이번 대회에서 우리는 기대 밖의 성공을 거두었다.(×바깥의)

》》》 '밖'은 '밖에'의 형태로 조사로도 쓸 수 있다. '밖에'의 용법은 올림말 '밖에' 참고.

× 바꼈다

'바뀌다'의 과거형 '바뀌었다'의 틀린 표기.

¶ 얼굴이 몰라보게 바꼈다(×)/바뀌었다(○).

○ 바꾸다 동사

규칙 바꾸고, 바꾸어/바꿔, 바꾸는, 바꾼, 바꿀, 바꿉니다, 바꾸었다/바꿨다

① 어떤 물건을 주고 다른 물건을 받다. ㊐ 교환하다

¶ 흠이 있는 상품은 바꾸어 드리겠습니다.

② 고치어 달라지게 하다.

¶ 멋진 세상이 되도록 생각을 바꾸자!

¶ 표현을 부드럽게 바꿔라.

③ 전화 받을 사람을 다른 사람이 되게 하다.

¶ 담당자 좀 바꿔 주세요.

④ 돈을 주고 곡식이나 피륙을 사다.

¶ 장에 가서 양식 좀 바꾸어 오너라.

¶ 다음 장날에는 삼베를 바꿔 와야겠다.

복합어

바꿈질 ① 물건과 물건을 맞바꾸는 일. ② 피륙을 사는 일.

바꿔치기 몰래 바꿔치는 일.

바꿔치다 한 물건을 다른 물건으로 몰래 바꾸어 놓다. ¶ 어느 미술관에서 진품을 모조품으로 바꿔쳤다.

관용 표현

바꿔 말하면 달리 말하면. 먼저 한 말을 다른 낱말을 써서 말하면.

바뀌다 동사

규칙 바뀌고, 바뀌어, 바뀌어서, 바뀐, 바뀔, 바뀐다, 바뀝니다, 바뀌었다

바꾸어지다. '바꾸다'의 피동형 '바꾸이다'의 준말.

¶ 입시 제도가 자주 바뀌어서 혼란스럽다.

> **'바뀌었다'와 '바꼈다'**
>
> '바뀌다'의 과거형은 '바뀌었다'이다. '바뀌었다'의 준말로 '바꼈다'를 쓰는 것은 잘못이다. '-위어-'가 '여'로 줄어들지 않기 때문이다. 현재 한글 표기로는 '-위어-'를 줄여서 표기할 글자가 없으므로 본래의 표기를 써야 한다. 같은 이유로 '사귀다'의 과거형 '사귀었다'도 '사겼다'로 줄여 쓰면 안 된다.

바닥 명사

① 땅, 방, 길 따위의 거죽을 이루는 평평한 부분.

¶ 장이 서면 할머니들이 바닥에 나물을 깔고 파셨다.

② 아래쪽이나 밑부분.

¶ 가물어서 저수지 바닥이 훤히 드러나 보인다.

③ 물체가 위로 두둑한 면과 아래로 오목한 면이 있는 경우, 아래로 오목한 면을 이르는 말.

¶ 손이나 발의 바닥을 잘 문질러 주면 건강에 도움이 된다.
④ 피륙 따위의 짜임새.
¶ 모시의 바닥이 몹시 곱다.
⑤ 본디 특성이나 정체성 또는 능력의 정도.
¶ 이번 일로 그는 바닥을 보이고 말았다.
⑥ 일정한 지역이나 장소.
¶ 그는 이 바닥에서 알려진 사람이다.

복합어

바닥나다 물건이나 밑천이 다 없어지다. ¶ 쌀통에 쌀이 바닥났다.
바닥내다 다 써서 없애다. 다 소비하다. ¶ 아이는 하루 만에 용돈을 바닥냈다.

관용 표현

바닥을 보다 ① 밑천이 다 없어지다. ¶ 자식들은 부모 재산까지 바닥을 보겠다고 달려들었다. ② 끝장을 보다. ¶ 그는 무슨 일을 하든지 바닥을 볼 때까지 한다.
바닥이 드러나다 ① 담겨 있던 것이 다 없어져서 바닥이 보이게 되다. ¶ 돈을 헤프게 쓰더니 결국 통장 바닥이 드러났다. ② 겉으로는 보이지 않던 본색이 차차 나타나게 되다. ¶ 이번 사건으로 그의 바닥이 드러났다.

● ‘바닥’과 ‘바탕^{1}’
‘바닥’은 물리적으로 맨 아래를 가리키고, 사람이 가지고 있는 보잘것없는 능력을 나타내기도 한다. 이에 비해서 ‘바탕’은 무엇을 세우거나 만드는 기초를 가리킨다. 사람과 관련하여 쓸 때 ‘바닥’은 부정적인 이미지를 나타내는 경우에 주로 쓰고, ‘바탕’은 중립적으로 쓴다.
¶ 얼굴 바닥에 무얼 그리 바르고 다니는지.
¶ 그 일로 그는 자신의 바닥을 다 드러낸 꼴이 되었어.
¶ 이 바닥에서는 웬만해서는 성공하기가 쉽지 않다.
¶ 언행으로 그 사람의 바탕을 짐작할 수 있는 법이다.
¶ 문화를 이루는 바탕에는 언어가 있다.

ㅂ

바라다 동사

규칙 바라고, 바라면, 바라, 바라서, 바란다, 바랍니다, 바랐다, 바랐습니다

① 이루어지기를 기다리다. 기대하다. 원하다.

¶ 나는 너희들이 행복하기만 바란다.

¶ 부디 건강하게 돌아오기를 바라.

② =바라보다①

¶ 우리는 결승선을 바라고 힘껏 달렸다.

복합어

바라건대 제발 부탁하노니. 원컨대. ¶ 바라건대 저에게 용기를 주소서.

● '바라'와 '바래'

'바라다'에 어미 '-아'를 붙여 문장을 끝맺는 경우에는 '-아'를 생략하여 '나는 네가 성공하기 바라.'처럼 쓴다. 그런데 입말에서 '바라'를 '바래'로 바꾸어서 잘못 말하는 경우가 흔하다. 그러나 현재 어법으로는 '바라'를 써야 하고, 말할 때도 그렇게 해야 한다.

● '바람'과 '바램'

'바라다'의 명사형은 '바람'이다. 명사 '바람'과 형태와 소리가 같아서 이를 구별하기 위하여 명사형 '바람'을 '바램'으로 바꾸려는 경향이 나타나고 있다. 아래의 경우가 그 예인데 이는 잘못이다.

¶ 네가 건강하고 씩씩하게 자라는 것이 내 바램(×)/바람(○)이다.

¶ 저마다 바램(×)/바람(○)을 하나씩 말해 보아라.

'바래다'의 명사형으로 '바램'을 쓰는 아래의 경우는 적절하다.

¶ 피륙 바램(○)을 작업하였다.

¶ 귀빈 맞이와 바램(○), 곧 마중과 배웅이 우리 임무다.

바라다보다 동사

규칙 바라다보니, 바라다보아/바라다봐, 바라다봅니다, 바라다보았다/바라다봤다

얼굴을 정면으로 하여 보다.

¶ 두 사람은 서로 바라다보고 있을 뿐 아무 말도 하지 않았다.

복합어

바라다보이다 멀리 정면으로 눈에 보이다. '바라다보다'의 피동형. ¶ 언덕에 오르면 맞은편 산기슭에 있는 마을이 바라다보인다.

바라보다 동사

규칙 바라보고, 바라보니, 바라보아/바라봐, 바라봅니다, 바라보았다/바라봤다

① 어떤 대상을 바로 향하여 보다. =바라다②

¶ 너를 바라보는 그의 눈초리가 예사롭지 않더라.

② 어떤 행동을 하지 않고 그냥 보기만 하다.

¶ 너는 왜 싸움을 말리지 않고 바라보고만 있니?

¶ 여자는 물끄러미 창밖을 바라보았다.

③ 사건이나 현상 따위를 자기 시각으로 보다.

¶ 이 사건을 바라보는 눈이 제각각이다.

¶ 세상을 긍정적으로 바라보아라.

④ 바라며 희망을 가지다.

¶ 부모님은 나 하나만 바라보면서 살아오셨다.

⑤ 어떤 나이에 가깝게 다다르다.

¶ 마흔을 바라보는 나이가 되어서야 세상을 알게 되었다.

복합어

바라보이다 멀리서 정면으로 보이다. '바라보다'의 피동형. ¶ 저기 바라보이는 산이 바로 북한산이다.

✕ 바래

'바라다'의 종결형 '바라'의 틀린 표기.

¶ 너도 환경 보호 운동에 동참하기를 바래(×)/바라(○).

○ 바래다[1] 동사

규칙 바래고, 바래니, 바래, 바랜, 바랩니다, 바랬다

① 빨래 따위를 햇볕에 쬐어 희게 하다. 빛깔을 희게 만들다.

¶ 양잿물로 옷감을 삶으면 옷감이 하얗게 바랜다.

② 볕이나 습기를 받아 색이 변하다. 오래되어 변색하다.

¶ 빛이 바랜 어머니 사진 한 장이 나를 슬프게 한다.

○ 바래다[2] 동사

규칙 바래고, 바래니, 바래, 바랜, 바랩니다, 바랬다

가는 사람을 배웅하다.

¶ 손님을 골목 어귀까지 바래고 왔다.

복합어

바래다주다 배웅하려고 함께 가 주다. ㉾ 바래주다 ¶ 아이를 학교에 바래다주었다.

››› '바램'과 '바람'의 차이는 올림말 '바라다' 참고.

바로 부사

① 정직하게. 거짓이나 꾸밈없이.

¶ 마음을 바로 가져라.

② 굽지 않고 곧게. ㉥ 곧장

¶ 저 앞에서 오른쪽으로 돌아 바로 가면 역이 나온다.

③ 제대로. 규격이나 법식 따위에 어긋나지 않게.

¶ 모자를 바로 써라.

④ 동안을 두지 않고 곧. ㉥ 곧바로

¶ 시간이 없으니 지금 바로 떠나라.

¶ 눕자마자 바로 잠이 들었다.

⑤ 다른 데 들르지 않고 곧장.

¶ 수업이 끝나면 딴 데 가지 말고 바로 집으로 돌아와라.

⑥ 다른 것이 아니라 곧.

¶ 이번 경기에서 승리의 원동력은 바로 정신력이다.

¶ 내 생일은 바로 오늘이다.

⑦ (명사처럼 쓰여) 매우 가깝거나 다른 단계를 거치지 않음을 나타내는 말.

¶ 우리 집은 학교 앞에서 바로야.

¶ 이렇게 하니 바로네!

복합어

곧바로 ① 바로 그 즉시에. ¶ 그는 제대하자 곧바로 회사에 취직하였다. ② 굽거나 기울지 아니하고 곧은 방향으로. ¶ 곧바로 난 길을 따라서 가면 역이 나온다. ③ 다른 곳을 거치거나 들르지 아니하고. ¶ 오늘은 오락실에 들르지 말고 곧바로 집으로 와라. ④ 멀지 아니한 바로 가까이에. ¶ 학교를 나가면 곧바로 영화관이 있다.

똑바로 ① 어느 쪽으로도 기울지 않고 곧게. ¶ 목적지만을 바라보면서 똑바로 걸어라. ② 틀리거나 거짓 없이 사실대로. ¶ 내 눈을 보면서 똑바로 말해라.

맞바로 마주 정면으로. ¶ 여기서 맞바로 보이는 집이 우리 집이다.

바로바로 그때그때 바로. ¶ 일이 생길 때마다 바로바로 연락해라.

바로잡다 ① 굽은 것을 곧게 하다. ② 그릇된 것을 바르게 만들다. 올바르게 고치다.

올바로 곧고 바르게. ¶ 사람이면 마음을 올바로 가져야지.

바르다[1] 동사

불규칙 바르고, 바르니, 발라, 바른, 바릅니다, 발랐다

① 벽이나 물체 위에 풀칠을 하여 넓게 붙이다. 참고 붙이다

¶ 낡은 벽에 새 벽지를 발랐더니 분위기가 한결 밝아졌다.

② 풀, 화장품 따위를 문질러서 묻히다.

¶ 무엇을 발랐기에 얼굴이 그리 반들반들하니?

③ 이긴 흙 따위를 붙이거나 입히다.

¶ 벽돌을 쌓은 뒤에 시멘트를 발라 마감하였다.

복합어

겉바르다 속의 잘못된 점은 그대로 두고 겉으로만 흠이 없게 꾸미다.

덧바르다 바른 위에 또 바르다.

● '바르다[1]'과 '붙이다'

상처에 연고를 바른다.(액체를 바름.)
상처에 밴드를 붙인다.(고체를 붙임.)

벽에 벽지를 바른다.(벽 전체를 덮음.)
벽에 벽보를 붙인다.(벽 일부를 덮음.)

위의 예문에서 '벽에 벽지를 바른다.' 대신에 '벽에 벽지를 붙인다.'라고 써도 괜찮다. 어떤 물체에 다른 물체를 붙게 하는 행위는 '붙이는' 행위이기 때문이다. 그러나 벽지를 온 벽에 붙이는 경우에는 '바르다'를 쓰는 편이 더 낫다.

바르다[2] 동사

불규칙 바르고, 바르니, 발라, 바른, 바릅니다, 발랐다

① 겉껍데기를 벗기거나 갈라 헤치고 알맹이를 집어내다.

¶ 다람쥐가 도토리를 발라서 먹는 모습이 무척 귀엽다.

② 뼈에 붙은 살을 걷거나 가시를 추려 내다.

¶ 생선 가시를 발라 먹는 것이 귀찮다.

바르다[3] 형용사

불규칙 바르게, 바르고, 바르니, 발라, 바른, 바릅니다, 발랐다, 발랐습니다

① 비뚤어지거나 굽지 않다.

¶ 이곳에 두 줄로 바르게 서라.

¶ 의자에 바르게 앉아서 책을 읽는 습관을 들여야 한다.

② 참되다. 올바르다. 정직하다.

¶ 생각이 바른 사람이라 일을 맡겨도 괜찮을 겁니다.

¶ 인사성이 발라서 모두 그를 좋아한다.

③ 햇볕이 잘 들다.

¶ 장독대는 햇볕이 바르고 바람이 잘 통하는 곳에 둔다.

복합어

곧바르다 기울거나 굽지 아니하고 곧고 바르다.

꾀바르다 어려운 일이나 난처한 상황을 잘 처리하거나 피하는 꾀가 많다. ¶ 그는 어떤 어려운 상황이 닥쳐도 꾀바르게 잘 처리하였다.

똑바르다 ① 어느 쪽으로도 기울지 않고 곧다. ¶ 길이 똑바르게 났다. ② =올바르다

바른길 정당한 길. 참된 도리. =정도

바른말 이치에 합당한 말.

양지바르다 햇볕이 바로 비치어 밝고 따뜻하다. =볕바르다 ¶ 수선화는 양지바른 곳에서 잘 자란다.

올바르다 말이나 생각, 행동 따위가 이치나 규범에서 벗어남이 없이 곧고 바르다. =똑바르다② ¶ 어려운 상황에서도 올바르게 행동하는 것이 마땅하다.

입바르다 바른말을 하는 데 거침이 없다. ¶ 철수는 입바른 소리를 잘한다.

ㅂ

● '바르다'의 형태 바뀜

'바르다'를 쓸 때에는 주의해야 할 점이 있다. '바르다'에 연결 어미 '-아'나 '-아서'가 붙거나 과거를 나타내는 어미 '-았-'이 붙을 때 '발라/발라서/발랐다, 올발라/올발라서/올발랐다, 꾀발라/꾀발라서/꾀발랐다, 샘발라/샘발라서/샘발랐다'처럼 형태가 바뀐다.

¶ 네 태도가 발라서 선생님께서 칭찬하셨어.

¶ 네가 하는 일이 올발랐다면 마땅히 계속 밀고 나가야 했다.

¶ 할머니를 모신 곳은 양지발라 명당이라고 할 만했다.

¶ 가는 길이 똑발랐다면 우리가 이렇게 헤매지 않았을 것이다.

¶ 아이가 무척 꾀발라서 일을 잘 처리하고 올 거야.

¶ 동생이 너무 샘발라서 언니와 자주 다퉜다.

››› '바르다[3]'과 '옳다'는 '반듯하다'와 연결된 낱말이다. 객관적으로 확립된 규범에 맞고 안 맞음에 따라서 '바르고 그름'을 따진다. 어떤 가치 체계에 들어맞고 안 맞음에 따라서 '옳고 그름'을 따진다. 이런 점에서 '바르다'는 객관적으로 판단하는 것이고, '옳다'는 주관적으로 판단하는 것이다.

바른대로 부사

사실과 다름없이.

¶ 속이려 하지 말고 바른대로 말해라.

››› '바른대로'는 형용사 '바르다'에 명사 '대로'를 합하여 만든 복합어이다. 이와 같은 조어 방식을 따라서 만들어진 부사로 '이런대로', '그런대로', '되는대로'가 있다. 올림말 '대로[2]' 참고.

바쁘다 형용사

불규칙 바쁘고, 바쁘니, 바빠, 바쁜, 바빠요, 바쁩니다, 바빴다, 바빴습니다

① 일이 많거나 시간이 없어 겨를이 없다. 틈이 없다.

¶ 요즘은 너무 바빠서 쉴 틈이 없다.

¶ 지금은 농사철이라 일손이 무척 바쁘다.

② 몹시 급하다.

¶ 어머니는 자칫 열차 시간에 늦겠다고 바쁘게 달려가셨다.

¶ 그렇게 바쁜 걸음으로 어디를 가시나요?

복합어

바빠지다 바쁘게 되다. ¶ 마감 때에는 일이 평소보다 더 바빠진다.

관용 표현

-기가 바쁘게 -자마자 곧. =-기가 무섭게 ¶ 일어나기가 바쁘게 길을 떠났다.

-기에 바쁘다 어떤 일을 하느라고 정신이 팔려 다른 일을 할 겨를이 없다. ¶ 아이들은 놀기에 바빠서 이따금 밥때를 놓쳤다.

속담

바쁘게 찧는 방아에도 손 놀 틈이 있다 아무리 바쁜 때라도 틈을 낼 수 있다는 말.

바삐 부사

① 일이 많거나 또는 서둘러서 하여야 할 일 때문에 겨를이 없이. 바쁘게.

¶ 손을 바삐 놀려 물건을 포장하였다.

② 몹시 급하게.

¶ 바삐 걸어가는 사람들 사이에서 그 애를 보았다.

¶ 선생님께서 바삐 와 달라고 하셨습니다.

바야흐로 부사

① 이제 한창.

¶ 산과 들은 바야흐로 봄빛으로 물들고 있다.

② 이제 막. 지금 바로.

¶ 바야흐로 새해가 되었다.

¶ 때는 바야흐로 저녁 해가 뉘엿뉘엿 지는 참이었다.

바치다 동사

규칙 바치고, 바치어/바쳐, 바친다, 바칩니다, 바치었다/바쳤다

① 윗사람에게 정중하게 드리다.

② 무엇을 아낌없이 내놓다.

¶ 선생은 일생을 국어 운동에 바치겠노라 맹세했다.

③ 세금 따위를 내다.

¶ 관청에 세금을 바쳤다.

● '바치다'와 '드리다[1]'

'바치다'나 '드리다'는 아랫사람(지위가 낮은 사람)이 윗사람(지위가 높은 사람)에게 주는 행위를 가리킨다. '드리다'에 비해서 '바치다'에는 '의무적인' 또는 '사명감이 있는'의 뜻이 들어 있다.

¶ 동지 팥죽을 쑤면 먼저 한 그릇 떠서 조상에게 바쳤다.

¶ 그는 평생을 독립운동에 바쳤다.

바탕[1] 명사

① 그림, 글씨, 수, 무늬 따위를 놓는 물체의 바닥.

¶ 우리는 흰 바탕에 수를 놓아 앞치마를 만들었다.

② 타고난 성질이나 체질.

¶ 그 사람은 바탕이 온순하고 점잖다.

③ 어떤 사물이나 현상이 이루어지는 뿌리나, 그 전제가 되는 원리.

¶ 우리 문화의 바탕에는 '한'이라는 정서가 있다.

¶ 이번 일이 성공하게 된 바탕에는 그의 헌신적인 노력이 깔려 있다.

복합어

밑바탕 기본이 되는 바탕.

바탕글 ① 주어진 내용의 글. 주로 문제를 낼 때에 읽히기 위해서 내놓는 글. =지문 ¶ 아래 바탕글을 읽고 물음에 답하시오. ② 희곡 등에서 대화나 해설 외에 적힌 모든 글. 주로 인물의 행동, 표정, 심리, 말투 따위를 지시하는 내용으로 되어 있다. ③ 교과서 본문을 이르는 말. ④ 소설에서 대화 외의 모든 문장을 이르는 말. ¶ 아무개 작가가 쓴 바탕글이 참 쉽고 재미있더라.

바탕색 ① 물체가 본디 가지고 있는 빛깔. ② 그림을 그릴 때 바탕에 맨 먼저 칠하는 색깔. ③ 인쇄물에서 바탕이 띠고 있는 빛깔.

바탕칠 ① 밑바탕으로 맨 처음 하는 칠. ② 인쇄면에서 색을 넣은 바탕.

본바탕 근본이 되는 본디의 바탕. =본바닥

관용 표현

바탕이 없다 보고 배운 바나 타고난 재질이 없다. ¶ 바탕이 없으면 남에게 휘둘리기 쉽다.

>>> '바탕[1]'과 '바닥'의 차이는 올림말 '바닥' 참고.

바탕[2] 명사

판소리의 처음부터 끝까지를 이르는 말. 또는 판소리를 세는 말.

¶ 판소리 열두 바탕

복합어

바탕소리 판소리 '춘향가, 심청가, 적벽가, 흥부가, 수궁가'의 다섯 바탕 중에서 한 바탕을 선택하여 부르는 소리.

온바탕 판소리 따위에서, 한 곡조 전부를 이르는 말.

한바탕 ① 크게 벌어진 한판. ¶ 한바탕 소동이 일어난 시각은 새벽 4시였다. ② 한판 크게. ¶ 크게 한바탕 놀아 보세.

한바탕하다 ① 어떠한 일을 크게 한번 벌이다. ¶ 우리는 그들과 전쟁을 한바탕하기로 했다. ② 크게 한번 싸우다. ¶ 친구와 한바탕했더니 기분이 말이 아니다.

바투 부사

① 거리가 썩 가깝게.

¶ 내 앞으로 바투 다가서라.

② 시간이 썩 짧게.

¶ 약속 날짜를 너무 바투 잡지 말자.

③ 길이가 매우 짧게.

¶ 고삐를 바투 잡았다.

¶ 머리를 바투 깎으니 다른 사람처럼 보이더라.

● '바투'의 조어법

'바투'는 형용사 '밭다'에 '-우'를 붙여 만든 부사이다. 이처럼 형용사나 동사에 '-우', '-오', '-추' 따위를 붙여 부사를 만드는 경우가 몇 있다.

① '-우'를 붙인 부사

넘다+-우=너무, 되다+-우=되우, 두르다+-우=두루, 잦다+-우=자주

② '-오', '-추'를 붙인 부사

돌다+-오=도로, 바르다+-오=바로

곧다+-추=곧추

③ '-이'를 붙인 부사

가깝다+-이=가까이, 깊다+-이=깊이, 멀다+-이=멀리

빠르다+-이=빨리, 바쁘다+-이=바삐, 슬프다+-이=슬피

박다 동사

규칙 박고, 박으면, 박으니, 박아, 박는, 박는다, 박습니다, 박았다

① 두들겨 치거나 틀어서 꽂히게 하다.

¶ 경계를 따라서 말뚝을 박아 놓았다.

¶ 돌담이 무너지지 않게 곳곳에 쐐기를 박았다.

② 붙이거나 끼워 넣다.

¶ 자개를 박은 장롱

¶ 오이에 소를 박아 만든 김치를 오이소박이라고 한다.

③ 틀이나 판에 넣어 눌러 만들다.

¶ 다식은 송화나 깨 따위의 가루를 꿀에 반죽하여 다식판에 박아 만든다.

④ 사람을 은밀히 넣어 두다.

¶ 장관은 곳곳에 자기 측근을 박아 놓고 관리하였다.

⑤ 한곳을 뚫어지게 바라보다.

¶ 아저씨는 한곳에 눈을 박고 꼼짝도 하지 않으셨다.

⑥ 머리나 얼굴 따위를 깊이 숙이거나 눌러서 대다.

¶ 그는 들키지 않으려고 무릎에 얼굴을 박고 있었다.

⑦ 머리 따위를 부딪치다.

¶ 누가 뒤에서 미는 바람에 벽에 이마를 박고 말았다.

¶ 자동차가 빗길에서 미끄러져 가로등을 박았다.

⑧ 식물이 뿌리를 내리다.

¶ 옮겨 심은 나무가 땅에 뿌리를 박으려면 한두 달은 걸린다.

⑨ 실을 곱걸어서 꿰매다.

¶ 닳아 해진 옷을 재봉틀로 박아 놓으니 입을 만했다.

⑩ 인쇄물 따위에 글자나 그림을 집어넣다. 또는 인쇄물이나 사진을 찍다.

¶ 새 명함을 박을 때 내 얼굴 사진도 같이 박았다.

¶ 학생들은 독립 선언서를 박아 은밀하게 운반하였다.

복합어

곤두박다 높은 데서 거꾸로 내리박다.

꼬라박다 ① 거꾸로 내리박다. ② 돈 따위를 어떤 일에 헛되이 써 버리다.

내리박다 ① 위에서부터 아래쪽으로 박다. ② 사정없이 마구 박다.

들이박다 ① 머리 따위를 세차게 부딪치다. ② 마구 덤비거나 대들다. ¶ 그는 아무에게나 들이박는 못된 버릇이 있다.

박음질 ① 바느질의 하나. 실을 곱걸어서 튼튼하게 꿰매는 것으로, 온박음질과 반박음질의 두 가지가 있다. ② 재봉틀로 박는 일.

붙박다 올림말 '붙박다' 참고.

뿌리박다 어떤 것을 토대로 하여 깊이 자리를 잡다. ¶ 나는 은퇴하면 고향에 뿌리박고 살 생각이다.

엇박다 ① 서로 엇갈리게 번갈아 가면서 박다. ¶ 꽃무늬와 별무늬를 엇박아서 커튼을 꾸몄다. ② 어슷하게 박다.

쥐어박다 ① 주먹으로 함부로 내지르듯 때리다. ¶ 아이가 너무 말을 안 들어서 한 대 쥐어박고 말았다. ② 면박 따위를 주어 상대를 주눅 들게 하다. ¶ 실수 좀 했다고 다들 한마디씩 쥐어박으니 풀이 죽었다.

처박다 ① 매우 세게 박다. ② 함부로 막 박다. ③ 마구 쑤셔 넣거나 푹 밀어 넣다. ¶ 귀한 물건을 이리 구석에 처박아 두면 되니? ④ 일정한 곳에만 있게 하고 다른 데로 나가지 못하게 하다.

틀어박다 ① 비좁은 자리에 억지로 쑤시고 들이밀다. ¶ 고양이가 비좁은 창틈에 몸을 틀어박았다. ② 무엇을 어떤 곳에 아무렇게나 오래 넣어 두다.

박람회(博覽會) 명사

여러 가지 물품을 모아 일정한 기간에 많은 사람들에게 선보여 상품을 선전함과 동시에 다른 상품들과 비교 검토하게 하여 생산물의 개량과 산업 진흥을 꾀하기 위하여 여는 모임.

참고 전람회, 전시회

¶ 꽃 박람회, 무역 박람회, 채용 박람회, 만국 박람회

● '박람회', '전람회', '전시회'

모두 여러 사람에게 내보일 목적으로 행하는 모임인데 규모가 다르다. '박람회'는 여러 부문의 물품을 내놓고 사람들이 보도록 하는 행사이다. 보통은 출품한 나라, 출품한 품목의 종류, 물품의 용도, 생산자나 생산지 등에 따라서 따로따로 전시 공간을 마련한다. '전람회'는 박람회에 비해서 내보이는 품목의 종류와 출품자의 수가 적은 편이다. 그러나 여러 사람의 작품, 또는 한 사람의 여러 부문의 작품을 선보인다는 점에서는 전시회와 구별된다. '전시회'는 한 사람의 작품 또는 여러 사람의 한 가지 작품을 선보이는 모임이다. 전시회는 전람회에 비해서 규모가 작고 단순하다.

박물관(博物館) 명사

오래되었거나 희귀한 여러 가지 역사적 사물이나 자료를 널리 모아 보관하고 진열하여 놓은 집. [참고] 전시관

¶ 자연사 박물관, 한글 박물관, 역사 박물관, 만화 박물관, 농업 박물관

››› '박물관'은 주로 역사적인 가치가 있는 여러 가지 사물이나 자료를 보관하고 진열하여 놓는 곳이다. '전시관'은 특정한 분야의 자료를 내보이는 곳이다. 대개 하나의 주제에 맞는 사물이나 자료, 또는 한 사람과 관련한 자료를 보관하고 선보이는 곳이어서 규모가 박물관에 비해서 작다.

박수(拍手) 명사

즐거움이나 격려를 표시하기 위하여 손뼉을 침.

¶ 그의 노래가 끝나자 청중들의 요란한 박수가 이어졌다.

¶ 많은 사람이 매우 크게 치는 박수 소리를 '우레와 같은 박수'라고 한다.

복합어

박수하다 손뼉을 치다.

● '박수하다'와 '박수 치다'

'박수'가 손뼉을 치는 행위를 나타내는 단어이므로 '박수하다'라고 하면 손뼉을 친다는 뜻이 된다. 따라서 '박수 치다'라고 하면 의미가 중복되므로 '박수하다'라고 해야 한다. 그러나 한자어의 경우에 이런 의미 중복이 매우 광범위하게 일어나고 있다. 아래의 예가 우리가 흔히 중복하여 쓰는 것들인데 보기와 같이 바꾸어 쓰면 좋겠다.

¶ 부담을 지우다. → 부담시키다

¶ 피해를 입다. → 해를 입다

¶ 피해를 당하다. → 해를 당하다

¶ 방사능에 피폭을 당하다. → 방사능에 쪼이다

¶ 접수를 받다. → 접수하다

¶ 과금을 부과하다. → 요금을 물리다

-박이 접사

① 무엇이 박힌 물건이나 짐승을 나타내는 말. ×-바기

¶ 점박이, 외눈박이, 자개박이

② '-배기'의 틀린 표기.

¶ 나이박이(×)/나이배기(○), 알박이(×)/알배기(○)

박이다 동사

규칙 박이고, 박이어/박여, 박인, 박입니다, 박이었다/박였다

① 버릇이 깊이 배다.

¶ 수영이 몸에 박여 하루라도 안 하면 몸이 찌뿌둥하다.

¶ 늦게 잠자는 버릇이 몸에 박였는지 자정이 지났는데도 잠이 안 온다.

② 손바닥이나 발바닥에 굳은살이 생기다.

¶ 도끼질을 오래 했더니 손바닥에 못이 박였다.

¶ 바느질을 하다 보면 손가락에 굳은살이 박이기 마련이다.

> ● '박이다'와 '박히다'
>
> '박이다'는 몸에 저절로 깊이 배거나 속에 든 경우를 가리키는 말이다. 반면에, 붙박이로 있거나 '박는' 행위의 결과로 나타난 경우에는 '박다'의 피동형 '박히다'를 쓴다.
>
> ¶ 몸에 박인 버릇('버릇을 몸에 박다.'라는 표현이 없음.)
>
> ¶ 눈가에 점이 박인 강아지('눈가에 점을 박다.'라는 표현이 없음.)
>
> ¶ 말뚝이 박힌 땅('땅에 말뚝을 박다.'라는 표현이 가능함.)
>
> ¶ 사진이 잘 박혔다.('사진을 잘 박았다.'라는 표현이 가능함.)

박히다 동사

규칙 박히고, 박히어/박혀, 박힌, 박힙니다, 박히었다/박혔다

① 사람이나 동물이 한곳에 들어앉아 있다.

¶ 아이가 온종일 방에만 박혀 있으니 답답해한다.

② 어떤 모습이 머릿속이나 마음속에 인상 깊이 새겨지다.

¶ 어머니가 슬퍼하던 모습이 마음속에 깊게 박혀서 잊히지 않는다.

③ 태도나 생각이 몸에 배어 있다.

¶ 할머니는 물을 아껴야 한다는 생각이 뼛속까지 깊이 박힌 것 같다.

¶ 하루하루 틀에 박혀서 살기보다 자유롭게 하고 싶은 일들을 하며 살고 싶다.

④ '박다'의 피동형. 참고 박이다

¶ 벽에 박힌 못을 모조리 빼야겠다.

¶ 장롱에 자개가 박혀 있어 고급스럽게 보인다.

¶ 손가락 끝에 장미 가시가 박혔다.

¶ 그의 눈길은 허공에 박혀 있었다.

¶ 명함에 박힌 이름을 보니 아는 사람이었다.

¶ 옷장 속에 아무렇게나 박혀 있는 옷들을 꺼내 가지런히 정리하였다.

복합어

들어박히다 ① 드러나지 않게 속으로 박히다. ¶ 그의 말은 비수가 되어 그녀의 가슴에 들어박혔다. ② 빈틈없이 촘촘히 박히다. ¶ 밤하늘에 별들이 촘촘히 들어박혀 있다. ③ 한군데만 꼭 붙어 있다. ¶ 방학 동안 방 안에 들어박혀서 책만 읽었다.

처박히다 일정한 곳에만 있고 다른 데로 나가지 아니하다. '처박다'의 피동형. ¶ 그는 만날 집 안에만 처박혀 지냈다.

틀어박히다 ① 밖에 나가지 않고 일정한 공간에만 머물러 있다. ¶ 집구석에 틀어박혀서 도무지 집 밖으로 나갈 생각을 않는다. ② 특정한 지역이나 외지에서 나오지 아니하고 그곳에서만 지내다. ¶ 그는 산골에 틀어박혀서 자연과 벗하며 살고 있다.

밖 명사

① 어떤 경계나 물건의 바깥. 참고 바깥

② 예상이나 한도를 벗어난 곳.

¶ 네가 그 일을 거부하다니 정말 예상 밖이다.

¶ 생각 밖에도 그가 나에게 좋은 제안을 해 왔다.

③ 자기 집이 아닌 곳.

¶ 밖에서 일어난 일을 되도록 집 안으로 끌고 들어오지 마라.

④ 집안의 남자 주인을 이르는 말. =바깥주인

¶ 집안이 잘되려면 안과 밖이 서로 힘을 합해야지.

복합어

꿈밖 꿈에도 생각 못 함. ¶ 제가 상을 타다니 꿈밖이에요.

뜻밖 생각이나 예상을 하지 못함. =의외 ¶ 뜻밖의 선물을 받으니 감격스럽다.

뜻밖에 생각이나 기대 또는 예상과 달리. =의외로 ¶ 뜻밖에도 그가 선선히 부탁을 들어주었다.

문밖 ① 문의 바깥쪽. ¶ 문밖에서 인기척이 났다. ② 성문을 벗어난 곳. ③ 서울의 사대문 밖.

문밖출입 집의 안팎을 드나드는 일.

창밖 창문의 밖. ¶ 창밖에 눈이 내리는 모습이 보인다.

밖에 조사

(명사나 대명사 뒤에 붙어) '그것 말고는'의 뜻을 나타내는 말.

¶ 여기에 보물을 숨겨 둔 사실을 아는 사람은 너밖에 없다.

¶ 그는 돈밖에 모르는 사람이다.

¶ 다 팔리고 물건이 하나밖에 안 남았어요.

관용 표현

-ㄹ 밖에(/수밖에) 없다 그 방법 밖에는 다른 방법이 없다. ¶ 그러면 나도 너를 반대할 수밖에 없어.

(무엇)밖에 없다 (무엇)뿐이다. ¶ 여기는 온통 산밖에 없네요. / 우리가 할 수 있는 일이라고는 기다리는 일밖에 없다.

- '밖에'와 '뿐', '만'

이들 조사는 호응하는 서술어가 서로 다르다. '밖에' 뒤에는 부정 서술어가 오는 것이 특징이다. '뿐'과 '만' 뒤에는 긍정 서술어와 부정 서술어가 다 올 수 있다.

┌쓸 만한 것은 이것밖에 없다.('밖에'와 '없다'가 호응)
└가진 것은 이것밖에 아무것도 없다.('밖에'와 '없다'가 호응)

┌가진 것은 이것뿐이다.('뿐'과 '이다'가 호응)
└가진 것은 이것뿐이 아니다.('뿐'과 '아니다'가 호응)

┌이 책은 너만 보아라.('만'과 긍정 서술어 '보다'가 호응)
└이 책은 너만 보지 마라.('만'과 부정 서술어 '보지 말다'가 호응)

반갑다 형용사

불규칙 반갑고, 반가워, 반가운, 반갑네, 반갑소, 반갑습니다, 반가웠다

누구를 만나거나 기다리던 일이 이루어져서 기쁘다.

¶ 오늘 여러분은 무척 반가운 사람을 만나게 될 것입니다.

¶ 친구들이 나를 반갑게 맞아 주었다.

복합어

반가워하다 반갑게 여기다. 반기다.

반가이 반갑게.

- '반갑다', '기쁘다', '즐겁다'

세 낱말은 다 대상에 대해 좋은 느낌을 나타낼 때에 쓰는데, 쓰는 경우가 조금씩 다르다.

¶ 오랜만에 반가운(○)/기쁜(○)/즐거운(×) 소식을 듣는구나.

¶ 반가운(○)/기쁜(×)/즐거운(×) 친구가 찾아왔다.

¶ 우리는 그를 만나 반갑게(×)/기쁘게(×)/즐겁게(○) 놀았다.

¶ 오늘 모임은 참 반가운(×)/기쁜(○)/즐거운(○) 모임이었다.

¶ 해방이 되자 사람들은 반가워서(×)/기뻐서(○)/즐거워서(×) 만세를 불렀다.

반대(反對) 명사

① 어떤 의견이나 제안 등을 거스름. 찬성하지 아니함.

② 사물의 위치, 방향, 뜻과 맞선 상태.

복합어

반대되다 ① 두 사물이 모양, 위치, 방향, 순서 따위에서 등지거나 서로 맞서게 되다. ¶ 두 사람은 서로 반대되는 방향으로 출발했다. ② 어떤 행동이나 견해, 제안 따위에 따르지 아니하고 맞서 거스르게 되다. ¶ 자기의 주장과 반대되는 주장은 다 틀렸다고 생각하는 것이 독선이다.

반대론 반대되는 논설.

반대말 서로 반대의 뜻을 나타내는 말. =반대어, 반의어

반대편 ① 반대되는 방향이나 반대되는 쪽에 있는 곳. ¶ 반대편 출구로 나가면 바로 지하철역이 있어요. ② 행동, 견해, 제안 따위에 맞서 겨루는 무리.

반대하다 어떤 행동이나 견해, 제안 따위에 따르지 아니하고 맞서 거스르다. ¶ 이 시점에서 누가 개혁을 반대할 수 있겠는가?

'반대'의 개념

'반대'의 개념 속에는 다음과 같은 몇 가지 관계가 포함된다.

① 한쪽이 옳으면 다른 쪽은 옳지 않게 되는 모순 관계: '있다'와 '없다', '승리'와 '패배'

② 정도가 다른 여러 가지 가운데 극과 극인 관계: '더위'와 '추위', '높다'와 '낮다'

③ 진행 방향이 서로 거꾸로인 관계: '위'와 '아래', '주다'와 '받다'

④ 서로 짝이 되는 관계: '아버지'와 '어머니', '여당'과 '야당'

⑤ 대조적으로 사용되는 관계: '밤'과 '낮', '흑'과 '백'

반드시 부사

틀림없이. 꼭. 필연적으로. 참고 반듯이

¶ 우리는 반드시 통일을 해야 한다.

¶ 체육 시간에는 반드시 체육복으로 갈아입고 와라.

반듯이 부사

반듯하게. [참고] 반드시

복합어

반듯반듯하다 여럿이 다 반듯하다. ¶눈, 코, 입, 이마가 다 반듯반듯하게 생겼다.

● '반드시'와 '반듯이'

두 낱말의 소리는 같지만 표기와 용법은 아주 다르다. '반드시' 뒤에는 예외 없이 일어나거나 해야 할 동작이 나타나고, '반듯이' 뒤에는 비뚤지 않고 반듯하게 해야 할 동작이 나타난다. '반듯이' 대신에 '반듯하게'를 쓰면 이 문제를 조금 명료하게 할 수 있다.

- 이름표를 반드시 차고 다녀라.(이름표를 안 차면 안 된다는 말)
- 이름표를 반듯이/반듯하게 차고 다녀라.(비뚤지 않게 차라는 말)

- 우리는 반드시 살아야 한다.(죽으면 안 된다는 말)
- 우리는 반듯이/반듯하게 살아야 한다.(올바르게 살아야 한다는 말)

- 과일을 반드시 그릇 위에 놓아라.(그릇 아닌 데 놓으면 안 된다는 말)
- 과일을 반듯이/반듯하게 그릇 위에 놓아라.(비뚤지 않게 그릇에 놓으라는 말)

반듯하다 형용사

[불규칙] 반듯하고, 반듯하여/반듯해, 반듯한, 반듯합니다, 반듯하였다/반듯했다

① 기울거나 굽지 않고 바르다.

¶ 반듯한 나무만 베어 집을 짓는 데 쓴다.

② 생김새가 아담하고 말끔하다.

¶ 그는 눈, 코, 입이 반듯하게 생겼다.

③ 바르고 옳다.

¶ 나는 언행이 반듯한 사람이 좋다.

반반하다 형용사

불규칙 반반하고, 반반하여/반반해, 반반한, 반반합니다, 반반하였다/반반했다

① 바닥이 고르고 반듯하다.

¶ 바닥이 반반해서 여럿이 둘러앉아 놀기 딱 좋다.

② 물건이 쓸 만하고 보기 좋다.

¶ 이 가게에는 반반한 물건이 별로 없구나.

③ 생김새가 반듯하고 곱살하다.

¶ 얼굴만 반반한 게 아니라 마음씨도 고와.

④ 지체나 문벌, 학벌 같은 것이 나무랄 데 없다.

¶ 알고 보니 집안이 반반한 사람이더라.

⑤ 말썽 될 만한 것이 없이 깨끗하다.

¶ 그 사람이 말투는 무뚝뚝해도 일처리는 반반하게 하더라.

⑥ 잠이 오지 아니하여 눈이 말똥말똥하다.

¶ 혼자 누워 이 생각 저 생각 하다 보니 눈이 반반하게 떠졌다.

복합어

반반히 반반하게.

반어(反語) 명사

표현하는 사람이 표현의 효과를 높이기 위해 낱말의 실제 뜻과는 반대되는 뜻으로 쓰는 말. 참고 역설

복합어

반어법 반어를 사용하여 강조하는 표현 방법. 예컨대 키가 몹시 작은 사람을 보고 '키가 엄청 크구먼.' 하거나, 어쩔 수 없이 하는 경우에 '만세 불렀어.' 하는 따위.

반어적 표현의 효과를 높이기 위하여 실제와 반대되게 말을 하는. 또는 그런 것. ¶ 현진건의 '운수 좋은 날'은 반어적인 제목이다.

● '반어'와 '역설' 그리고 '아이러니'

'반어'는 실제 의미와 반대되는 뜻으로 하는 말이다. 일을 잘못한 사람에게 '잘했군, 잘했어!'라고 하는 말이 반어이고, 이런 방법으로 의미를 강조하는 방법을 반어법이라고 한다.

'역설'은 어떤 주장에 반대되는 이론을 가리키는 말이다. '높아지고 싶으면 먼저 낮아져라.'라고 하는 것이 역설이다. '급할수록 돌아가라.'도 역설의 하나이다. 대개 역설에는 가르침이 들어 있다.

이 두 낱말과 혼동하여 사용하는 말에 '아이러니(irony)'가 있다. 이 말은 대체로 '예상 밖의 결과로 생기는 모순이나 부조화'를 가리키는 경우에 사용한다. 부동산 값을 진정시키기 위해서 취한 정책이 오히려 부동산 값 폭등을 일으킨다면 부동산 정책의 아이러니라고 할 수 있다. '역설'은 '아이러니'의 정확한 번역이라고 볼 수 없다.

반증(反證) 명사

① 어떤 주장을 부정할 만한 증거를 대는 일. 또는 그 증거.

② 어떤 주장이나 사실과 모순되는 것 같지만 오히려 그것을 증명한다고 볼 수 있는 사실.

¶ 그 친구를 그토록 미워하는 것은 아직 네가 그 친구를 좋아한다는 반증이다.

복합어

반증되다 어떤 사실이나 주장의 옳지 아니함이 그에 반대되는 근거로 증명되다. ¶ 그의 주장이 터무니없다는 사실이 이 서류로 반증되었다.

반증하다 어떤 사실이나 주장이 옳지 아니함을 그에 반대되는 근거를 들어 증명하다. ¶ 검찰의 주장을 반증할 만한 증거를 제시해야 합니다.

● '반증'의 잘못된 사용

'반증'을 단순히 반대되는 증거로 생각하면 안 된다. 제시된 증거를 뒤집을 수 있는 증거가 반증이다. 형사 피고인이 제시하는 알리바이가 대표적인 반증이다. 따라서 아래와 같이 사용하는 '반증'은 단순히 '증거'일 뿐이다.

¶ 그가 도망치지 않았다는 반증을(×)/증거를(○) 제시해야 한다.

아래의 '반증'은 제대로 쓴 경우이다.

¶ 검찰이 제시한 증거를 뒤집는 반증이(○) 있어야 소송에서 이길 수 있다.

받다[1] 동사

규칙 받고, 받으니, 받아, 받는, 받는다, 받습니다, 받았다

① 색깔이나 모양이 어떤 것에 어울리다.

¶ 네 얼굴에는 분홍색이 잘 받는다.

② 음식물 따위가 몸에 맞다.

¶ 체질에 따라 저마다 몸에 받는 음식이 다르다.

③ 화장품 따위가 잘 발린다.

¶ 피부가 건조해서 화장이 잘 받지 않는다.

④ 사진이 잘 나오는 특성이 있다.

¶ 그는 얼굴이 갸름하여 사진이 잘 받는다.

받다[2] 동사

규칙 받고, 받으니, 받아, 받는, 받는다, 받았다, 받았습니다

① 다른 사람이 주거나 보내오는 물건 따위를 가지거나 맡아 두다.

¶ 처음으로 친구가 보낸 편지를 받으니 마음이 설레었다.

¶ 이웃집 아주머니가 우리 집 우편물을 대신 받아 주었다.

② 점수나 학위 따위를 따다.

¶ 이번 시험에서는 높은 점수를 받지 못할 것 같다.

¶ 그는 직장을 다니면서 박사 학위를 받았다.

③ 물품이나 술 따위를 사다.

¶ 저는 공장에서 물건을 받아다가 가게에 넘기는 일을 합니다.

④ 위에서 떨어지거나 자기 쪽으로 향해 오는 것을 잡다.

¶ 장갑을 끼고 공을 받아야 손바닥이 아프지 않다.

⑤ 빛, 열, 바람 따위의 기운이 닿다.

¶ 새싹이 햇빛을 받아 쑥쑥 자란다.

¶ 우리는 세찬 바람을 받으며 언덕에 올라갔다.

⑥ 요구, 신청, 질문, 공격, 벌, 도전, 신호 따위의 작용을 당하거나 거기에 응하다.

¶ 챔피언은 언제나 도전을 받을 준비를 해야 한다.

¶ 질문을 받고 대답을 하는 동안 예정 시간이 다 지나갔다.

⑦ 사람을 맞아들이다.

¶ 이 식당은 예약 손님만 받고 일반 손님은 받지 않는다.

¶ 환자를 받지 않는 병원이 있다니 놀랍다.

⑧ 총이나 칼 따위를 맞다.

¶ 내 칼을 받아라!

⑨ 남의 노래, 말 따위에 응하여 뒤를 잇다.

¶ 아무도 내 말을 받아 주지 않았다.

⑩ 태어나는 아이를 거두다.

¶ 병원이 없던 시절에는 산파가 집에서 아이를 받았다.

⑪ 씨나 알 따위를 거두어 내다.

¶ 해바라기에서 씨를 받아 봉지에 넣어 두었다.

⑫ 떨어진 버선이나 신 따위를 덧대어 깁다.

¶ 어머니는 해진 버선볼을 받으려고 헝겊을 챙기셨다.

⑬ 흐르거나 쏟아지거나 하는 것을 그릇 따위에 담다.

¶ 욕조에 따뜻한 물을 받았다.

¶ 우리 마을에서는 빗물을 받아 허드렛물로 사용한다.

복합어

건네받다 남에게서 물건을 옮기어 받다. ¶ 안내인에게서 지도를 건네받았다.

내려받다 컴퓨터 통신망을 통하여 파일이나 자료를 받아 내리다.

넘겨받다 물건, 권리, 책임, 일 따위를 남에게서 받아 맡다.

대받다 ① 앞사람의 사물이나 생각을 뒷사람이 이어받다. ② 선대의 업을 후손이 이어받다.

돌려받다 빌려주거나 빼앗겼던 것을 도로 갖게 되다.

되받다 ① 도로 받다. ② 상대편 말의 일부나 전부를 되풀이하여 말하다.

떠받다 쓰러지거나 주저앉지 않도록 밑에서 받치다.

물려받다 재물, 지위, 기예, 학술 이론 따위를 전하여 받다.

본받다 본보기 삼아 그대로 따라 하다.

이어받다 이루어진 일, 해 오는 일 또는 그 정신 따위를 전하여 받다.

죄받다 죄에 대하여 벌을 받다.

주고받다 서로 주기도 하고 받기도 하다.

속담

받아 놓은 당상(/밥상) ① 일이 확실하여 조금도 틀림이 없는 경우를 빗대어 이르는 말. ② 이러지도 못하고 저러지도 못하는 경우나 처지를 빗대어 이르는 말.

받은 밥상을 찬다 제게 돌아온 복을 제가 내차는 경우를 빗대어 이르는 말.

받다[3] 동사

규칙 받고, 받으니, 받아, 받는, 받는다, 받았다

① 머리나 뿔 따위로 세차게 부딪치다.

¶ 수사슴은 거대한 뿔로 서로 받으면서 싸운다.

② (속되게) 부당한 일을 한다고 생각되는 사람에게 맞서서 대들다.

¶ 지렁이도 밟으면 꿈틀한다는데 기회를 봐서 받아 버려라.

복합어

들이받다 ① 머리를 들이대어 받다. ② 함부로 받거나 부딪다.

맞받다 ① 맞은편을 향하여 정면으로 부딪치다. ② 바람, 빛 따위를 정면으로 받아들이다. ③ 남의 말이나 노래 따위에 호응하여 그 자리에서 곧바로 뒤따라 하다.

치고받다 서로 말로 다투거나 실제로 때리면서 싸우다.

치받다 ① 아래에서 위쪽을 향하여 받다. ② 세차게 들이받다. ③ 윗사람에게 맞서 대들다.

속담

받는 소는 소리치지 않는다 할 수 있는 능력을 가진 사람은 공연히 큰소리를 치지 않음을 빗대어 이르는 말.

–받다 접사

규칙 –받고, –받으니, –받아, –받는, –받는다, –받았다

(몇몇 명사 뒤에 붙어) '피동'의 뜻을 더하고 동사를 만드는 말.

¶ 선행은 강요받아 하는 행위가 아니다.

¶ 주인에게 버림받은 개들이 늘고 있다.

복합어

강요받다 억지로 어떤 일을 할 것을 요구받다.

버림받다 일방적으로 관계가 끊기어 배척당하다.

인정받다 확실히 그렇다고 여김을 받다.

받치다[1] 동사

규칙 받치고, 받치니, 받치어/받쳐, 받친, 받칩니다, 받치었다/받쳤다

① 기운이나 기분이 강하게 치밀다.

¶ 아저씨는 화가 받쳐 문을 쾅 닫고 나갔다.

¶ 아이가 어머니를 보자 설움에 받쳐 울음을 터뜨린다.

② 자리가 딴딴하게 배기다.

¶ 맨바닥에서 잠을 자려니 등이 받쳐서 잠이 오지 않는다.

③ 먹은 것이 잘 내리지 않고 위로 치밀다.

¶ 아침에 먹은 것이 자꾸 받쳐서 속이 거북하다.

받치다[2] 동사

규칙 받치고, 받치어/받쳐, 받친, 받칩니다, 받치었다/받쳤다

① 밑을 대거나 괴다.

¶ 커피 잔을 쟁반에 받쳐서 옮겨라.

② 겉옷 안에 껴입다.

¶ 블라우스 속에 내복을 받쳐 입으니 맵시가 안 난다.

③ 주로 옷을 다른 옷과 조화롭게 입다.

¶ 청바지에는 하얀색 셔츠를 받쳐 입는 것이 가장 잘 어울리는 것 같아.

④ 받침을 붙이다.

¶ 동사 '가다'에 어미 '-ㄴ다'를 붙일 때 'ㄴ'은 어간의 받침으로 받쳐 적는다.

⑤ 뒷받침하다.

¶ 주제 음악이 영화를 잘 받쳐 준다.

¶ 부모님은 그가 선수 생활을 잘할 수 있도록 받쳐 주었다.

⑥ 우산 따위를 펴서 들다.

¶ 비가 제법 내리니 우산을 꼭 받치고 와라.

받침 명사

① 밑에 괴거나 대는 물건.

¶ 책상이 한쪽으로 기울지 않도록 받침을 대었다.

② 한글의 홀소리 밑에 받치어 적는 닿소리. =종성, 받침소리

¶ 명사의 끝음절에 받침이 있느냐 없느냐에 따라서 조사를 다르게 붙인다.

¶ '밖'과 '칡'에서 'ㄲ'과 'ㄺ'을 받침이라고 한다.

복합어

겹받침 서로 다른 두 개의 자음으로 이루어진 받침. 'ㄳ', 'ㄵ', 'ㄶ', 'ㄺ', 'ㄻ', 'ㄼ', 'ㄾ', 'ㄿ', 'ㅀ', 'ㅄ' 따위가 있다.

꽃받침 꽃의 가장 바깥쪽에 꽃잎을 받치고 있는 기관.

뒷받침 뒤에서 지지하고 도와주는 일. 또는 그런 사람이나 물건.

밑받침 ① 밑에 받치는 물건. ② 어떤 일의 바탕이나 근거를 빗대어 이르는 말.

받침대 받치거나 버티게 하는 데 쓰는 물건.

받침소리 음절의 끝에 받침으로 나는 소리. =종성

쌍받침 같은 자음이 겹쳐서 된 된소리 받침. 'ㄲ', 'ㅆ'을 이른다.

책받침 ① 글씨를 쓸 때에 종이 밑에 받치는 단단하고 판판한 물건. ② 한자 부수의 하나. '近', '造' 따위에서 '辶'을 이르는 말.

턱받침 턱을 손으로 괴는 짓.

ㅂ

받히다 동사

규칙 받히고, 받히어/받혀, 받힌, 받힙니다, 받히었다/받혔다

무엇에 부딪히다. '받다[3]'의 피동형.

¶ 한눈을 팔고 걷다가 기둥에 이마를 받혔다.

¶ 장난을 치다가 친구의 팔꿈치에 받혀 코피가 났다.

발견(發見) 명사

미처 찾아내지 못하였거나 아직 알려지지 않은 사물이나 현상, 사실 따위를 찾아냄.

¶ 1492년 콜럼버스의 신대륙 발견은 유럽 사회에 큰 충격을 주었다고 한다.

¶ 무슨 병이든 조기 발견이 중요하다.

복합어

발견하다 미처 찾아내지 못하였거나 알려지지 않은 현상, 사실 따위를 찾아내다.

››› '발견'과 '발명'의 차이는 올림말 '발명' 참고.

발달(發達) 명사

① 신체, 정서, 지능 따위가 성장하거나 성숙함.

¶ 어린이의 신체 발달 정도가 점점 빨라지고 있다.

② 학문, 기술, 문명, 사회 따위의 현상이 더 높은 수준에 이름. 참고 발전

¶ 기술 발달이 인류의 삶을 풍요롭게 한 면이 있다.

¶ 교통의 발달은 전국을 1일 생활권으로 만들었다.

③ 어떤 지역이나 대상이 제법 크게 형성됨.

¶ 평야를 배경으로 하고 물길을 확보하여 도시의 발달을 촉진하였다.

¶ 문명의 발달은 주로 큰 강을 끼고 이루어졌다.

복합어

발달하다 ① 신체, 정서, 지능 따위가 성장하거나 성숙하다. ¶ 성장기의 어린이는 근육과 골격이 급속도로 발달한다. ② 학문, 기술, 문명, 사회 따위의 현상이 더 높은 수준에 이르다. ¶ 공업과 농업 기술이 발달한 나라가 물질적으로 풍요롭다. ③ 지리상의 어떤 지역이나 대상이 제법 크게 형성되다. ¶ 낙동강 하구에는 삼각주가 잘 발달해 있다.

● '발달'과 '발전'

'발달'은 기능이나 기술이 더 높거나 나은 수준에 이름을 뜻한다. 즉 바람직한 일정한 수준에 이른 경우에 쓰는 말이다. '발전'은 수준이 점점 높아지거나 나아지고 있는 상황을 가리킨다. 그래서 어느 기간에 기술이 나아진 것을 표현하려면 '발전'을 써야 한다.

¶ 한국의 과학 기술은 지난 10년 동안 비약적으로 발달하였다(×)/발전하였다(○).

¶ 사람은 손이 발전하여(×)/발달하여(○) 온갖 연장과 세밀한 작품을 만든다.

'발달'의 대상은 수준을 높일 수 있어야 하므로 '학문, 기술, 교통, 무기' 등이 된다. 이것들을 활용하는 인간은 발달의 주체가 되지 않는다. 즉, '나라', '사람'은 발달의 주체가 될 수 없다.

¶ 나라가 발달하면(×)/발전하면(○) 국민의 생활도 좋아진다.

¶ 그 선수는 나날이 발달하는(×)/발전하는(○) 모습을 보인다.

발명(發明) 명사

처음으로 생각해 내거나 만들어 냄. [참고] 발견

¶ 필요는 발명의 어머니다.

복합어

발명가 아직까지 없던 기술이나 물건을 새로 생각하여 만들어 내는 일을 전문으로 하는 사람.

발명되다 아직까지 없던 기술이나 물건이 처음으로 생각되어 만들어지다.

발명품 처음으로 생각해서 만들어 낸 물품.

발명하다 처음으로 생각해 내거나 만들어 내다.

ㅂ

● '발명'과 '발견'

'발명'은 아직까지 없던 기술이나 물건을 새로 생각하여 만들어 내는 것을 뜻한다.

¶ 문자의 발명

¶ 측우기 발명은 세계 최초로 우리나라 장영실이 하였다.

이에 비해서 '발견'은 미처 찾아내지 못하였거나 아직 알려지지 않은 사물이나 현상, 사실 따위를 찾아내는 것을 뜻한다.

¶ 콜럼버스의 신대륙 발견

¶ 새로운 유적과 유물의 발견

¶ 아이작 뉴턴의 중력 발견

발자국 명사 ×발자욱

① 발로 밟은 자리에 남은 모양.

¶ 사냥꾼은 짐승의 발자국을 따라갔다.

② (수량을 나타내는 말 뒤에 쓰여) 발을 한 번 떼어 놓는 걸음을 세는 말. 참고 발짝

¶ 도둑은 몇 발자국 못 가서 경찰한테 붙잡히고 말았다.

››› '발자국'은 사람이나 짐승의 발걸음을 셀 때 쓰는 단위이다. 그래서 '한 발자국', '두 발자국'처럼 쓴다. 그런데 걸음을 제대로 걷지 못하는 사람이 어렵게 한 발씩 내딛는 걸음을 셀 때에는 '한 발짝, 두 발짝'처럼 '발짝'을 쓴다.

발자욱 '발자국'의 비표준어.

● '발자욱'과 '발자국'

'발자욱'은 '발자국'의 틀린 말로 본다. '자욱'도 '자국'의 틀린 말이다. 다만, 짐승의 발자국을 따라서 짐승을 사냥하는 전문 사냥꾼을 '자욱포수'라고 한다. 이로 미루어 본다면 '자욱'이나 '발자욱'도 상당한 세력을 가진 말일 것이나, 지금은 비표준어로 삼고 있다.

발전[1] (發展) 명사

① 더 높은 단계로 올라가거나 더 나은 상태로 나아감. [참고] 발달

¶ 저는 우리나라 과학 발전에 힘쓰고 싶어요.

¶ 그와의 사랑은 전혀 발전이 없다.

② 일이 어떤 방향으로 나아감.

¶ 사태가 엉뚱한 방향으로 발전이 되었다.

복합어

발전기 더 나은 단계로 나아가는 때. ¶ 침체기에서 벗어나 발전기에 접어들었다.

발전상 발전한 모습.

발전성 발전할 가능성. 늘품.

발전시키다 발전하게 만들다. ¶ 양국 관계를 더욱 발전시켜 갑시다.

발전적 더 낫고 좋은 상태나 더 높은 단계로 나아가는. 또는 그런 것. ¶ 전통을 발전적으로 계승해 나갑시다.

발전하다 ① 더 낫고 좋은 상태나 더 높은 단계로 나아가다. ¶ 우리 사업은 최근 눈에 띄게 발전하고 있다. ② 일이 어떤 방향으로 나아가다. ¶ 아이들 싸움이 결국 어른 싸움으로 발전했다.

발전[2] (發電) 명사

전기를 일으킴. 전기를 만들어 냄.

¶ 이 강은 상류와 하류의 낙차가 커서 발전에 유리하다.

복합어

발전기 전기를 일으키는 기계.

발전소 전기를 일으키는 곳. 또는 그런 시설. ¶ 수력 발전소, 화력 발전소

발전하다 전기를 일으키다. ¶ 물을 이용해서 발전하는 장치를 만들었다.

자가발전 자기 건물이나 시설에 사용하려고 발전하는 시설. 또는 그런 발전 시설로 전기를 일으키는 일.

ㅂ

발짝 명사

(수량을 나타내는 말 뒤에 쓰여) 걸음을 간신히 걷는 사람이 한 발씩 떼어 놓는 걸음을 세는 말. 참고 발자국

¶ 환자가 막 수술을 끝내고 한 발짝, 두 발짝 조심스럽게 걸음을 떼기 시작했다.

방사능(放射能) 명사

원자핵이 스스로 붕괴하면서 방사선을 내뿜는 일. 또는 그런 능력. 방사능 강도를 측정하는 단위로는 Bq(베크렐)을 사용한다. 참고 방사선

¶ 일본 후쿠시마 원자력 발전소에서 나온 방사능 물질이 태평양을 오염시키고 있다.

방사선(放射線) 명사

① 중앙의 한 점에서 사방으로 바큇살처럼 뻗어 나간 선.

¶ 도시의 도로가 방사선 형태로 나 있다.

② 라듐, 우라늄, 토륨 따위의 원자핵이 부서질 때, 그 안에서 뻗쳐 나와 매우 빠른 속도로 흐르는 알파선, 베타선, 감마선을 통틀어 이르는 말.

¶ 방사선을 이용하여 병을 진단하거나 치료하기도 한다.

> ● '방사선'과 '방사능'
>
> 이 두 낱말을 구별하지 않고 쓰는 경우가 많은데, 엄격하게 구별하여 써야 한다. 방사능은 방사선을 방출하는 능력 또는 방사선을 방출하는 일을 가리키는 말로서, 그 세기를 측정하는 단위는 '베크렐'이다. 이에 비해서 방사선은 방사능 물질에서 나오는 알파선, 베타선, 감마선 등을 가리킨다. 사람의 살갗에 이 방사선을 많이, 그리고 오래 쪼이게 되면 건강상 심각한 문제가 일어날 수 있다. 방사능을 가진 물질로 가장 강력한 것이 라듐, 우라늄, 토륨, 세슘 같은 원소인데, 이런 물질에 노출되면 방사선을 쪼이게 된다. 방사능 물질이 섞인 음식을 먹어도 방사선에 노출될 수 있다.

밭다[1] 동사

규칙 밭고, 밭으니, 밭아, 밭는, 밭는다, 밭았다

① 액체가 바싹 졸아서 말라붙다.

¶ 가뭄이 심하여 저수지 물이 다 밭아 버렸다.

¶ 입이 밭아 말을 할 수 없었다.

② 몸에 살이 빠져서 여위다.

¶ 그의 얼굴은 밭고 누렇게 떠서 병자임을 한눈에 알 수 있었다.

③ 근심, 걱정 따위로 몹시 안타깝고 조마조마해지다.

¶ 아이가 연락도 없이 집에 안 들어와서 애가 밭아 혼났다.

밭다[2] 동사

규칙 밭고, 밭으니, 밭아, 밭는, 밭는다, 밭았다

체나 거르는 장치에 액체가 섞인 건더기를 따라서 액체만을 분리하여 받아 내다.

¶ 체로 술을 밭은 뒤에 남은 찌꺼기를 지게미라고 한다.

¶ 김치를 담글 때 멸치젓은 체로 밭아서 맑은 국물만 쓴다.

밭다[3] 형용사

규칙 밭고, 밭으니, 밭아, 밭은, 밭았다

① 시간이나 공간이 다붙어 몹시 가깝다.

¶ 천장이 너무 밭아서 키가 큰 사람은 머리를 찧기 쉽겠다.

¶ 약속 날짜가 너무 밭아요.

② 길이가 매우 짧다.

¶ 목이 밭은 사람이 힘이 세다는 속설이 있다.

③ 숨이 가쁘고 급하다.

¶ 할아버지는 밭은 숨소리를 내며 겨우겨우 말씀하셨다.

-배기 접사

×-바기, ×-박이 참고 -빼기

① (나이를 나타내는 말 뒤에 붙어) '그 나이를 먹은 아이'의 뜻을 더하는 말.

¶ 두 살배기, 다섯 살배기, 댓 살배기

② (명사 뒤에 붙어) '그것이 들어 있거나 차 있거나 큼'의 뜻을 더하는 말.

¶ 나배기/나이배기, 알배기, 코배기, 양코배기

③ (명사 뒤에 붙어) '그런 사물'의 뜻을 더하는 말.

¶ 공짜배기, 대짜배기, 생짜배기, 알짜배기, 진짜배기

④ 사람이나 사물을 속되게 이르는 말.

¶ 귀퉁배기, 느루배기, 물퉁배기, 용천배기, 코쭝배기, 혀짤배기

배기다[1] 동사

규칙 배기고, 배기어/배겨, 배긴, 배깁니다, 배기었다/배겼다

몸의 밑에서 단단한 것이 받치어 결리다.

¶ 이 의자는 엉덩이가 배겨서 오래 앉아 있지 못한다.

¶ 무거운 짐을 잔뜩 지고 왔더니 등과 어깨가 배긴다.

배기다[2] 동사

규칙 배기고, 배기어/배겨, 배긴, 배깁니다, 배기었다/배겼다

① 어려움에 굴하지 않고 참고 버티다. 주로 의문이나 부정 표현에 사용한다.

¶ 이 직장에서 오래 배길 자신이 없다.

¶ 네가 숙제를 안 내고 배길 수 있을 것 같아?

¶ 그의 성화를 배겨 낸 사람이 없다.

② (흔히 '-지 않고는' 뒤에서 부정어와 함께 쓰여) 어떤 동작을 하지 않을 수 없어서 이 동작을 함을 나타내는 말.

¶ 하루라도 너를 안 보고는 배길 수 없어 이 늦은 시간에 달려왔어.

¶ 그는 자기가 주도권을 잡지 않고는 배기지 못한다.

¶ 꽃이 너무 예뻐서 안 사고는 못 배기겠다.

배다[1] 동사

규칙 배고, 배지, 배어/배, 밴, 뱁니다, 배었다/뱄다

① 버릇이 되게 익숙해지다.

¶ 그 사람은 욕이 입에 밴 것 같다.

¶ 좋은 습관이 몸에 밸 수 있도록 해라.

② 물기, 빛깔 따위가 스미어 나타나다.

¶ 삼겹살을 먹었더니 고기 냄새가 옷에 배었다.

¶ 우리 소리에는 한의 정서가 배어 있다.

복합어

배어나다 ① 액체 따위가 스미어 나오다. ② 느낌, 생각 따위가 슬며시 나타나다.
¶ 그의 표정에서 어떤 기대감이 배어나는 듯했다.

배어들다 ① 액체, 냄새 따위가 스며들다. ¶ 땀이 속옷에 배어들었다. ② 느낌, 생각, 기운 따위가 깊이 스며들다. ¶ 슬픔이 뼛속까지 배어들어 고통스러웠다.

> **‘배다[1]’과 ‘스미다’**
>
> ‘배다’는 조금씩 눈에 보이지 않게 안쪽으로 들어가거나 안에서 밖으로 나오는 경우에 쓰이는 동사이다. 그래서 ‘배어들다’와 ‘배어나다’같이 서로 반대되는 합성어를 만드는 데 어려움 없이 사용된다. 그러나 ‘스미다’는 안쪽으로 배어드는 경우에만 쓰는 특징이 있다. 그래서 ‘스며들다’는 예사롭게 쓰이지만 ‘스며나다’는 쓰이지 않는다.

배다[2] 동사

규칙 배고, 배지, 배어/배, 밴, 뱁니다, 배었다/뱄다

① 배 속에 아이, 새끼, 알을 만들어 가지다.

¶ 동물이 새끼를 배면 무척 사나워진다고 한다.

② 이삭을 가지다.

¶ 보리가 이삭을 배는 때는 종다리가 하늘 높이 날아올라 노래하는 때이다.

③ 사람의 근육에 뭉친 것과 같은 것이 생기다.

¶ 철봉 운동을 꾸준히 했더니 팔에 알이 뱄다.

배다[3] 형용사

규칙 배지, 배어/배, 밴, 밸, 뱁니다, 배었다/뱄다

① 여럿의 사이가 가깝다. 촘촘하다.

¶ 그물코가 밴 그물로 어린 물고기를 잡는 것은 불법이다.

¶ 모를 배게 심으면 소출이 늘지만 병충해를 입기 쉽다.

② 속이 좁다. 너그럽거나 넓지 아니하다.

¶ 그는 속이 너무 배서 큰 인물은 못 되겠다.

배상(賠償) 명사

불법한 행위로 남에게 입힌 손해를 물어 줌. 참고 변상, 보상[1]

복합어

배상금 배상하는 돈.

배상하다 손해를 물어 주다. ¶ 교통사고에 따른 피해를 배상해야 합니다.

–뱅이 접사

(일부 명사나 어근 뒤에 붙어) '그것을 특성으로 가진 사람이나 사물'의 뜻을 더하는 말.

참고 –쟁이

¶ 가난뱅이, 게으름뱅이, 느림뱅이, 떠돌뱅이, 비렁뱅이, 앉은뱅이, 어정뱅이
얼금뱅이, 잡살뱅이, 장돌뱅이, 좁쌀뱅이, 주정뱅이, 헌털뱅이

뱉다 동사

규칙 뱉고, 뱉으며, 뱉어, 뱉는, 뱉으오, 뱉습니다, 뱉었다

① 입속에 있는 것을 입 밖으로 내보내다.

¶ 길에 함부로 침을 뱉지 맙시다.

② 차지하고 있던 것을 도로 내놓다.

¶ 부정한 방법으로 쌓은 재산은 모두 뱉어 내게 해야 한다.

③ 말이나 신음 따위를 함부로 하다.

¶ 할아버지는 가쁘게 숨을 뱉으셨다.

¶ 너는 아무 말이나 쉽게 뱉는 것 같다.

ㅂ

버겁다 형용사

불규칙 버겁고, 버거우니, 버거워, 버거운, 버거울, 버겁습니다, 버거웠다

치르거나 다루기에 좀 힘에 부치다. 만만하지 아니하다.

¶ 그 선수는 내가 대적하기에 좀 버거울 것 같다.

¶ 짐이 무거워서 혼자 들기가 버겁다.

버리다[1] 동사

규칙 버리고, 버리어/버려, 버린다, 버립니다, 버리었다/버렸다

① 내던지거나 쏟거나 하다.

¶ 쓰레기는 정해진 곳에 버려야 한다.

② 더럽히거나 망치다.

¶ 돈 때문에 사람을 버리는 일이 자주 일어난다.

¶ 흙탕물 위로 넘어지는 바람에 새 옷을 버리고 말았다.

③ 돌보지 않고 내버려 두다.

¶ 오래 버려 둔 땅이라 잡초만 우거졌다.

¶ 나는 늙은 부모를 버리고 제 살길만 찾아 멀리 떠난 불효자식이다.
④ 무엇을 떠나다.
¶ 나를 버리고 가시는 임은 십 리도 못 가서 발병이 난다.
¶ 그의 동생은 일찍이 고향을 버리고 타향을 떠돌았다.
⑤ 습관, 생각을 그만두다.
¶ 낡은 생각을 버리지 않으면 발전할 수 없다.
¶ 게으른 습관을 버려야 성공할 수 있다.

복합어

버림 ① 어림수를 만드는 방법의 하나. 구하는 자리의 수보다 아래 자리에 있는 수는 무조건 버리는 방법이다. ② 돌보거나 받아 주지 않고 내팽개치는 일.
버림받다 보살펴 주거나 사랑해 주던 사람에게서 버려지다. 내팽개침을 당하다.
¶ 그는 부모에게서 버림받고 해외에 입양되었다.

버리다[2] 동사

규칙 버리고, 버리어/버려, 버린다, 버립니다, 버리었다/버렸다
(동사 뒤에서 '-어 버리다' 구성으로 쓰여) 그 동작을 완전히 끝냈음을 나타내는 말.
¶ 그가 벌써 그 편지를 읽어 버렸더라.
¶ 이미 밥을 먹어 버렸다.

보조 동사 '버리다[2]'의 지나친 사용

보조 동사 '버리다'는 동작이 완료됐음을 나타내기 위하여 쓴다. 또 주체가 갖는 심리 상태를 나타내는 기능도 있다. 이런 용도로 쓰는 것은 이 낱말을 쓸모 있게 쓰는 경우이다. 이따금 동작 그 자체를 강조하기 위하여 '버리다'를 쓰는 경우가 있는데 이때 과용 문제가 생긴다. 아래 문장에서 사용한 '버리다'는 감정의 과잉을 나타낸다. 이러한 표현은 쓰지 않는 것이 좋다.
¶ 저리 나가 버려!
¶ 내 눈에서 사라져 버려!

○ 번지르르하다 [형용사] ×번지르하다

[불규칙] 번지르르하고, 번지르르하여/번지르르해, 번지르르하였다/번지르르했다

① 거죽에 기름기나 물기 따위가 묻어서 윤이 나고 미끄럽다.

¶ 얼굴이 번지르르한 걸 보니 살기 좋은 모양이군.

② 말이나 행동 따위가 실속은 조금도 없으면서 겉만 그럴듯하다.

¶ 그 사람은 말만 번지르르할 뿐 도무지 실천하지 않는다.

> ● '번지르르하다'와 '번지르하다'
>
> '번지르르하다'는 부사 '번지르르'에 접사 '-하다'가 붙어 형용사가 된 말이다. 따라서 '번지르하다'처럼 '르'를 하나만 적으면 안 된다. 말할 때에는 '번지르르'를 줄여 '번지르'처럼 들리게 하더라도 적을 때에는 반드시 '번지르르하다'라고 적어야 한다.

× 번지르하다 '번지르르하다'의 틀린 말.

○ 번째(番-) [명사]

횟수나 차례를 나타내는 말.

¶ 이번이 다섯 번째 미국 여행이다.

> ● '번째'와 '-째'
>
> '번째'는 횟수나 차례를 나타낼 때에 사용한다. 맨 처음 '첫 번째'부터 시작하여, '두 번째', '세 번째'처럼 수 관형사를 붙이거나 '다섯 번째', '열 번째'처럼 수사를 붙인다. 이때 주의할 것은 '번째'를 띄어 써야 한다는 것이다. '번째'가 의존 명사이기 때문이다. 이에 비해서 '-째'는 오로지 여럿을 나열하는 순서로만 사용한다. 세 가지를 나열하고 싶으면 '첫째', '둘째', '셋째'처럼 쓴다. '-째' 앞에도 수사와 수 관형사를 번갈아 쓸 수 있다. '둘째'부터 '열째'까지는 '수사+-째'의 구성이고, '열한째', '열두째'는 수 관형사에 '-째'

가 붙은 형태이다.

수사	번째(횟수)	-째(차례)
하나(1)	첫 번째(관형사+번째)	첫째(관형사+-째)
둘(2)	두 번째(수 관형사+번째)	둘째(수사+-째)
셋(3)	세 번째(수 관형사+번째)	셋째(수사+-째)
넷(4)	네 번째(수 관형사+번째)	넷째(수사+-째)
다섯(5)	다섯 번째(수사+번째)	다섯째(수사+-째)
여섯(6)	여섯 번째(수사+번째)	여섯째(수사+-째)
일곱(7)	일곱 번째(수사+번째)	일곱째(수사+-째)
여덟(8)	여덟 번째(수사+번째)	여덟째(수사+-째)
아홉(9)	아홉 번째(수사+번째)	아홉째(수사+-째)
열(10)	열 번째(수사+번째)	열째(수사+-째)
열하나(11)	열한 번째(수 관형사+번째)	열한째(수 관형사+-째)
열둘(12)	열두 번째(수 관형사+번째)	열두째(수 관형사+-째)
열셋(13)	열세 번째(수 관형사+번째)	열셋째(수사+-째)
열넷(14)	열네 번째(수 관형사+번째)	열넷째(수사+-째)
열다섯(15)	열다섯 번째(수사+번째)	열다섯째(수사+-째)
열여섯(16)	열여섯 번째(수사+번째)	열여섯째(수사+-째)
열일곱(17)	열일곱 번째(수사+번째)	열일곱째(수사+-째)
열여덟(18)	열여덟 번째(수사+번째)	열여덟째(수사+-째)
열아홉(19)	열아홉 번째(수사+번째)	열아홉째(수사+-째)
스물(20)	스무 번째(수 관형사+번째)	스무째(수 관형사+-째)
스물하나(21)	스물한 번째(수 관형사+번째)	스물한째(수 관형사+-째)
스물둘(22)	스물두 번째(수 관형사+번째)	스물두째(수 관형사+-째)
스물셋(23)	스물세 번째(수 관형사+번째)	스물셋째(수사+-째)
스물넷(24)	스물네 번째(수 관형사+번째)	스물넷째(수사+-째)

벌다 동사

불규칙 벌고, 버니, 벌므로, 벌어, 버는, 번, 법니다, 벌었다, 벌었습니다

① 일을 하여 돈 따위를 얻거나 모으다.

¶ 아버지는 생활비를 벌려고 공사판까지 나가셨다.

¶ 아르바이트라도 해서 돈을 벌어 학자금을 대야 한다.

② 시간의 여유를 얻다.

¶ 일이 일찍 끝나서 시간을 좀 번 셈이다.

③ 못된 짓을 하여 나쁜 결과를 스스로 청하다.

¶ 괜히 나섰다가 욕을 벌었다.

¶ 매를 벌 짓은 하지 마라.

④ 소작 따위로 농사를 짓다.

¶ 우리는 남의 논을 벌어서 겨우 먹고살았다.

복합어

돈벌이 돈을 버는 일. ¶ 아버지는 어린 나이에 돈벌이에 나서야 했다.

돈벌이하다 돈을 버는 일을 하다. ¶ 어디 쉽게 돈벌이할 만한 일이 있나?

벌이 돈 따위를 버는 일. ¶ 요즘은 불경기라 벌이가 신통치 않다.

벌잇줄 돈을 벌 방도. 돈을 벌 수 있는 방안. =벌잇길 ¶ 아버지에게 벌잇줄이 있는 것이 아니어서 우리 가족은 언제나 가난에 시달려야 했다.

속담

버는 자랑 말고 쓰는 자랑 하랬다 돈을 모으려면 저축을 잘해야 됨을 빗대어 이르는 말.

벌리다[1] 동사 ×벌이다

규칙 벌리고, 벌리어/벌려, 벌린, 벌립니다, 벌리었다/벌렸다

① 사이를 넓히다.

¶ 양팔 간격을 벌려서 서로 손이 닿지 않도록 해라.

¶ 이번 경기에서 2등과 점수 차이를 더욱 벌려 놓았다.

¶ 작은 오해가 친구 사이를 벌려 놓았다.

② 접거나 우므린 것을 펴다.

¶ 답답할 때는 입을 크게 벌려 소리를 질러 보아라.

③ 껍질 따위를 열어 젖혀서 속의 것을 드러내다.

¶ 밤송이를 벌려서 알밤을 꺼냈다.

관용 표현

벌리나 오므리나 이렇게 하나 저렇게 하나. ¶ 벌리나 오므리나 일만 하면 되지.

벌린 입을 다물지 못하다 ① 몹시 감탄하거나 어이없어하다. ¶ 네 말이 하도 기가 막혀서 벌린 입을 다물지 못하겠다. ② 한번 시작한 이야기를 그치지 못하다. ¶ 그는 이야기를 한번 시작하면 벌린 입을 다물지 못한다.

››› '벌리다[1]'과 '벌이다'의 차이는 올림말 '벌이다' 참고.

벌리다[2] 동사

규칙 벌리고, 벌리어/벌려, 벌린, 벌립니다, 벌리었다/벌렸다

일을 하여 돈이 얻어지거나 모아지다. '벌다①'의 피동형.

¶ 요즘은 손님이 없어서 돈이 잘 벌리지 않는다.

벌어지다 동사

규칙 벌어지고, 벌어지니, 벌어지어/벌어져, 벌어진, 벌어진다, 벌어지었다/벌어졌다

① 갈라져서 사이가 뜨다.

¶ 벌어진 문틈으로 연기가 들어왔다.

② 가슴이나 어깨, 등 따위가 옆으로 퍼지다.

¶ 어깨가 떡 벌어진 것이 운동선수처럼 보였다.

③ 식물의 잎이나 가지 따위가 넓게 퍼져서 활짝 열리다.

¶ 이른 봄이지만 날씨가 따뜻하니 이내 꽃봉오리가 벌어지기 시작한다.

④ 그릇 따위가 속은 얕고 위가 넓게 되다.

¶ 찻잔은 위가 벌어진 형태가 많다.

⑤ 막힌 데가 없이 넓게 탁 트이다.

¶ 조금 달리니 서남쪽으로 쫙 벌어진 들판이 나왔다.

⑥ ('벌어진', '벌어지게' 형태로 부사 '떡'과 함께 쓰여) 음식 따위를 번듯하게 차리다.

¶ 사위가 왔다고 어머니는 떡 벌어지게 상을 차렸다.

⑦ 서로 차이가 커지다.

¶ 갈수록 그 두 사람의 격차가 크게 벌어졌다.

⑧ ('사이가 벌어지다' 구성으로 쓰여) 사람 사이에 틈이 생기다.

¶ 그와 사이가 벌어진 지가 오래되었다.

벌이다 동사 ×벌리다

규칙 벌이고, 벌이어/벌여, 벌인, 벌입니다, 벌이었다/벌였다

① 일을 계획하여 시작하다.

¶ 양궁 종목의 올림픽 우승을 축하하기 위하여 마을에서 잔치를 벌였다.

¶ 이제까지 하던 일을 정리하고 새로 벌일 만한 사업을 찾고 있다.

② 영업하려고 가게를 차리다.

¶ 퇴직한 사람들이 너도나도 음식점을 벌이는 바람에 망한 사람이 많다.

③ 여러 개의 물건을 늘어놓다.

¶ 그는 언제나 책을 죽 벌여 놓고 공부를 한다.

④ 전쟁이나 말다툼 따위를 하다.

¶ 일본은 우리 땅에서 청나라와 전쟁을 벌이고 우리에게 전쟁 배상금을 요구했다.

¶ 이번 한글날에는 한국어 정책에 관해서 토론을 벌이기로 했다.

속담

벌여 놓은 굿판 이미 시작한 일이라 중간에 그만둘 수 없는 처지의 일을 이르는 말.

¶ 벌여 놓은 굿판이니까 열심히 하는 수밖에 딴 도리가 없지.

● '벌이다'와 '벌리다[1]'

'벌리다'는 가까이 있는 두 물건 사이를 멀게 함을 기본 뜻으로 한다. 오므린 입술을 벌리고, 닫힌 문을 열고, 가깝게 지내던 두 사람의 사이를 떼어 놓는 경우에 쓴다. 이에 비해서 '벌이다'는 이것저것을 여기저기에 늘어놓는 것을 기본 뜻으로 한다. 일을 새로 시작하는 경우도 '벌이다'를 쓴다.

벗겨지다 동사

규칙 벗겨지고, 벗겨지어/벗겨져, 벗겨진, 벗겨집니다, 벗겨지었다/벗겨졌다

① 덮이거나 씌워진 물건이 외부의 힘으로 떼어지거나 떨어지다.

¶ 버선이 꽉 끼어 잘 벗겨지지 않는다.

¶ 귤은 껍질이 잘 벗겨진다.

② 사실이 밝혀져 죄나 누명 따위에서 벗어나다.

¶ 대법원의 판결로 아버지의 누명이 벗겨지게 되었다.

벗기다 동사

규칙 벗기고, 벗기어/벗겨, 벗긴다, 벗깁니다, 벗기었다/벗겼다

① 가죽이나 껍질 따위를 떼어 내다.

¶ 마늘 껍질을 벗기는 일도 생각보다 만만찮구나.

② 거죽을 긁어 내다.

¶ 요즘은 목욕탕에서 때를 벗기는 사람이 별로 없다.

¶ 대문의 하얀 칠을 벗기고 파란 칠을 하려 한다.

③ 씌운 것을 열거나 걷어 내다.

¶ 병뚜껑을 좀 벗겨 다오.

④ 빗장이나 단추 따위를 풀어서 열리게 하다.

¶ 문고리를 벗기고 문을 열어 보았다.

⑤ 감추어진 것이 드러나게 하다.

¶ 과학자들이 우주의 신비를 벗기는 작업을 진행하고 있다.

⑥ (비유적으로) 남의 물건 따위를 뜯어내다.

¶ 친구를 벗겨 먹으면 결국 신뢰를 잃게 된다.

⑦ 벗어지다. '벗다①'의 피동형.

¶ 아기가 기저귀가 벗긴 채 곤히 잠들어 있었다.

⑧ 벗게 하다. 벗어나게 하다. '벗다'의 사동형.

¶ 아이의 등에서 배낭을 벗기고 쉬게 하였다.

¶ 그가 진실을 밝힘으로써 나의 누명을 벗겨 주었다.

벗다 동사

규칙 벗고, 벗으니, 벗어, 벗는, 벗은, 벗네, 벗습니다, 벗었다

① 몸에 입거나 몸의 일부에 끼거나 신거나 쓴 물건을 몸에서 떼어 내다.

¶ 용호는 외투를 벗어 걸고 자리에 앉았다.

¶ 실내에서는 모자를 벗어라.

② 배낭이나 지게 따위를 몸에서 내려놓다.

¶ 일행은 배낭을 벗어 놓고 빙 둘러앉아 잠시 쉬었다.

¶ 작업이 끝나자 일꾼들은 지게를 벗기 시작했다.

③ 동물이 껍질, 허물, 털 따위를 몸에서 떼어 내다.

¶ 뱀이 허물을 벗었다.
¶ 병아리가 솜털을 벗고 부쩍 자랐다.
④ 의무나 책임 따위를 면하게 되다.
¶ 그렇게 해서는 책임을 벗을 수 없다.
⑤ 누명이나 치욕 따위를 씻다.
¶ 어떻게 해서 이 누명을 벗을지 고민이다.
⑥ 어리숭하거나 미숙한 기운을 없애다.
¶ 그는 아직 앳된 티를 벗지 못했다.
¶ 신입 때를 벗으려면 1년은 걸릴걸.
⑦ (비유적으로) 어떤 위치에서 물러나다.
¶ 장군은 법을 어긴 사실이 발각되어 군복을 벗게 되었다.
⑧ 스스로 몸에서 떨어지거나 때, 기미 따위가 사라지다.
¶ 때를 벗어 얼굴이 아주 말끔해졌구나.

벗어지다 동사

규칙 벗어지고, 벗어지어/벗어져, 벗어진, 벗어집니다, 벗어지었다/벗어졌다
① 덮이거나 씌워진 물건이 흘러내리거나 떨어져 나가다.
¶ 신발이 커서 자꾸 벗어진다.
¶ 마루의 칠이 벗어져 보기가 흉하다.
② 누명이나 죄 따위가 없어지다.
¶ 이번 판결로 네 누명이 벗어져 다행이다.
③ 머리카락이나 몸의 털 따위가 빠지다.
¶ 요즘은 젊은이들 중에도 이마가 벗어진 사람들이 많이 보인다.
④ 피부나 거죽 따위가 깎이거나 일어나다.
¶ 뛰다가 넘어져서 무릎이 벗어졌다.
⑤ 때나 기미 따위가 없어져 미끈하게 되다.
¶ 이 약을 발랐더니 기미가 벗어지더라.

베다[1] 동사

규칙 베고, 베어/베, 베는, 벤, 베어라/베라, 벱니다, 베었다/벴다

베개 따위를 받치다.

¶ 베개를 너무 높게 베면 건강에 안 좋다고 한다.

복합어

돌베개 ① 베개 삼아 베는 반반한 돌. ② 돌로 만든 베개.

무릎베개 남의 무릎을 베개 삼아 벰. 또는 베개 삼아 벤 무릎.

베개 누울 때 머리를 괴는 물건.

팔베개 팔을 베개 삼아 벰. 또는 베개 삼아 벤 팔.

ㅂ

베다[2] 동사

규칙 베고, 베어/베, 베는, 벤, 베어라/베라, 벱니다, 베었다/벴다

칼 따위로 끊거나 자르거나 가르다.

¶ 요즘은 사람 손으로 벼를 베지 않고 대개 콤바인을 이용한다.

● '베다²', '썰다', '자르다', '끊다'

풀이나 나무같이 세로로 서 있는 사물을 연장을 이용하여 가로로 나누는 행위를 '베다'라고 한다. 파나 가래떡 같은 긴 물건을 가로로 놓고 칼날 따위로 누르거나 앞뒤로 움직여서 세로로 자르는 행위는 '썰다'라고 한다. '썰다'와 '베다'는 자르는 방향이 세로 방향인지 가로 방향인지에 따라서 구별하여 쓴다.
그 밖에 종이처럼 넓이가 있는 물건을 나누는 행위는 '자르다'이다. '끊다'는 실이나 끈, 밧줄 같은 긴 물건을 잘라서 이어진 상태를 이어지지 않은 상태로 만드는 행위이다.

벼르다 동사

불규칙 벼르고, 벼르니, 별러, 별러서, 벼른다, 벼릅니다, 별렀다

마음을 도사려 먹다. 어떤 일을 이루려고 마음속으로 준비를 단단히 하고 기회를 엿보다.
¶ 이번에는 꼭 합격하겠다고 벼르고 별렀지만 아쉽게도 합격하지 못하였다.
¶ 그가 오기만 벼르다가 막상 그가 나타나니 아무 말도 하지 못했다.

복합어

벼름벼름 무슨 일을 하려고 자꾸 벼르는 모양.

속담

벼르던 제사 물도 못 떠 놓는다 잘하려고 준비한 일을 도리어 제대로 못하게 되는 수가 많음을 빗대어 이르는 말.

››› '벼르다'는 자기가 자기 마음을 단속하는 행위이다. '벼리다'는 다른 사람의 마음을 단속하는 경우에 더 많이 쓰인다. 경기에 나가는 선수가 이번에 꼭 이기겠다고 생각하는 것은 '벼르는' 것이고, 감독이 그 선수에게 투지를 심어 주는 것은 '벼리는' 것이다.

벼리다 동사

규칙 벼리고, 벼리지, 벼리어/벼려, 벼릴, 벼린다, 벼립니다, 벼렸다

① 무디어진 날을 불에 달구어 두드려서 날카롭게 하다. 참고 갈다[2]

¶ 날이 빠진 낫을 대장간으로 가져가서 벼렸다.

¶ 요즘은 대장간이 없어서 호미 같은 농기구를 벼리기 어렵게 되었다.

② 마음을 긴장시키거나 가다듬어 가지게 만들다. 참고 벼르다

¶ 이번 경기에서 승패가 결정되니 투지를 한껏 벼려 놓아야 한다.

속담

벼린 도끼가 이 빠진다 공을 들여 잘해 놓은 것이 오히려 빨리 탈이 난다는 말.

● '벼리다'와 '갈다[2]'

두 낱말은 모두 무디어진 날을 날카롭게 만드는 행위이나 날카롭게 만드는 방법에 따라서 달리 쓰인다. '벼리다'는 쇠를 불에 넣어서 달군 다음에 쇠메로 두드려서 날을 세워 날카롭게 만드는 일이고, '갈다'는 쇠를 숫돌이나 다른 쇠붙이에 대고 문질러서 날을 세워 날카롭게 하는 일이다. 대체로 '갈다'는 집에서 누구나 할 수 있는 일이고, '벼리다'는 집에서 갈아서 쓸 수 없을 정도로 날이 빠진 경우에 전문적으로 하는 일이다.

ㅂ

벼슬[1] 명사

① 옛날에, 관아에 나가서 나랏일을 맡아 다스리던 자리. 또는 그런 일. ㉥ 관직

¶ 과거에 급제한 사람들이 높은 벼슬까지 올랐다.

② 어떤 기관이나 직장 따위에서 일정한 직위를 속되게 이르는 말.

¶ 과장이 무슨 벼슬이라고 저렇게 기고만장한지 모르겠다.

복합어

벼슬길 벼슬아치 노릇을 하는 길. ¶ 그는 나이 스물에 벼슬길에 올랐다.

벼슬살이 벼슬아치 노릇을 하는 일. ¶ 나라가 혼란스러워지자 벼슬살이가 가시방석이 되었다.

벼슬아치 관청에 나가서 나랏일을 맡아보는 사람. '구실아치'보다 높은 품계이다.

벼슬자리 벼슬의 직위. ¶ 요즘에도 벼슬자리 하나 얻으려고 예사로이 청탁을 한다.

벼슬하다 ① 벼슬아치가 되거나 벼슬길에 오르다. ¶ 그는 벼슬한 지 1년 만에 고향으

로 돌아왔다. ② 여자가 아이를 밴 것을 이르는 말. ¶ 우리 며느리가 지금 벼슬하고 있으니 잘 보살펴야겠다.

속담

벼슬은 높이고 뜻은 낮추어라 지위가 높을수록 마음을 낮추어 겸손해지라는 말.

벼슬하기 전에 일산 준비 과거에 급제하기도 전에 높은 벼슬아치들만이 쓰는 일산을 마련한다는 뜻으로, 일이 장차 어떻게 될 것인지도 모르면서 다 된 것처럼 서둘러 준비를 한다는 말.

✕ 벼슬[2] ‘볏’의 틀린 말.

¶ 닭 벼슬(×)/닭 볏(○)

○ 변상(辨償) 명사

① 빚을 갚음.

② 남에게 입힌 손해를 돈이나 물건으로 물어 줌. 참고 배상, 보상[1]

③ 재물로 지은 죄과를 갚음.

복합어

변상하다 ① 남에게 진 빚을 갚다. ¶ 빨리 빚을 변상하시오. ② 남에게 입힌 손해를 물어 주다. ¶ 네가 잘못하여 우리 닭장이 무너졌으니 당장 손해를 변상해라. ③ 지은 죄과를 재물로 갚다. ¶ 사람을 다치게 한 자는 쌀 10가마로 변상하여야 한다.

● ‘변상’, ‘배상’, ‘보상[1]’

세 낱말이 모두 다른 사람에게 준 피해를 물어 줌을 의미하는데, ‘변상’은 ‘배상’과 ‘보상’을 포괄하는 넓은 의미로 쓰이고, ‘배상’과 ‘보상’은 법률적으로 특별하게 쓰이는 단어이다. ‘배상’은 개인이나 공공 기관이 불법 행위로 상대에게 끼친 손해를 물어 준다는 뜻이고, ‘보상’은 국가나 공공 단체가 적법 행위로 국민이나 주민에게 끼친 손해를 물어 준다는 뜻이다.

별다르다(別-) 형용사

[불규칙] 별다르고, 별다르게, 별달라서, 별다른, 별달랐다

(주로 부정어와 함께 쓰여) 다른 것과 특별히 다르다. [참고] 별스럽다

¶ 노력을 많이 했지만 별다른 성과는 거두지 못했다.

¶ 그 아이는 어려서부터 별달랐던 것 같다.

¶ 이번 일로 나를 별다르게 생각하지 않기를 바란다.

복합어

별달리 다른 것과 특별히 다르게. ¶ 우리 고장은 10년 전과 별달리 변하지 않았다.

ㅂ

별로(別-) 부사

① (부정하는 말과 함께 쓰여) 그다지. 따로 달리. [참고] 별스럽다

¶ 나는 그에 대하여 아는 것이 별로 없다.

¶ 실내에서 나는 냄새가 별로 좋지 않다.

② (전통적인 어법으로) 특별히. 보통과 다르게.

¶ 오늘 이런 곳에서 너를 만나니 별로 반갑구나.

¶ 오늘이 무슨 날인지 반찬이 별로 좋구나.

별스럽다(別-) 형용사

[불규칙] 별스럽고, 별스러우니, 별스러워, 별스러운, 별스럽습니다

남다르게 이상하다. 별다른 데가 있다.

¶ 우리도 별스러운 계획을 가진 것은 아닙니다.

¶ 저도 다른 아이들과 다르지 않으니, 저를 별스럽게 생각하지 말아 주세요.

복합어

별스레 보기에 보통과는 다른 데가 있게. ¶ 올여름은 별스레 더위가 심하다.

● ‘별스럽다’, ‘별다르다’, ‘별로’의 부정적 용법
이 세 낱말은 원래 특별함을 나타내기 위해서 만들어진 말이다. ‘별다르다’는 ‘특별히 다름’을 뜻하고, ‘별스럽다’는 ‘특별한 데가 있음’을 뜻하며, ‘별로’는 ‘특별하게’를 뜻하는 말이다. 그런데 이들이 한결같이 긍정적인 뜻에서 벗어나 부정적인 용도로 쓰인다. ‘별다르지 않다’, ‘별다르게 보이지 않는다’, ‘별스럽지 않다’, ‘별스러운 것이 아니다’, ‘별로 좋지 않다’, ‘별로 크지 않다’처럼 모두 뒤에 부정의 의미를 갖는 표현과 어울리고 있다. 언어를 긍정적으로 사용할 환경이 조성되지 못해서 결국 언어가 부정적으로 사용되는 일이 벌어진 것이라고 말할 수 있다.

볏 명사 ×벼슬

① 닭이나 새 따위의 이마 위에 붙은 붉은빛 살 조각.
¶ 수탉의 볏이 암탉보다 크다.
② 쟁기의 보습 위쪽에 비스듬하게 덧댄 쇳조각.
>>> 닭의 ‘볏’을 ‘벼슬’이라고 말하는 것은 잘못이다. ‘볏’에 목적격 조사 ‘을’이 붙어 ‘볏을’이 되면 소리가 [벼슬]로 나지만, 이를 명사 ‘벼슬’과 구별해서 써야 한다.

볕 명사

해에서 오는 따뜻하고 밝은 기운. =햇볕 [참고] 빛

복합어
볕가리개 햇볕을 가리기 위해 치는 포장이나 천막.
볕들다 안쪽이나 으슥한 곳에 볕이 비치다.
볕바라기 양달에서 따뜻한 볕을 쬐는 일.
볕바르다 볕이 바로 비치어 밝고 따뜻하다. =양지바르다 ¶ 볕바른 데서 자라는 풀이 그늘진 곳에서 자라는 풀보다 일찍 꽃을 피운다.
햇볕 올림말 ‘햇볕’ 참고. =볕 [참고] 햇빛

● '볕'과 '빛'

밝게 만드는 것을 '빛'이라고 한다. 빛 덕택에 우리는 사물을 볼 수 있다. 빛 가운데 가장 대표적인 것이 해가 보내는 '햇빛'이다. 그리고 햇빛은 따뜻한 기운까지 함께 실어 오는데 이 따뜻한 기운을 '볕'이라고 한다. 특별히 햇빛이 싣고 오는 볕임을 강조하기 위해서 '햇볕'이라고 이른다. 햇빛이 아니라도 물건이 타거나 온도가 매우 높아지면 거기서 빛과 열이 나온다. 물건이 탈 때에 생기는 빛도 따뜻한 기운을 싣고 오지만 이것을 볕이라고 부르지는 않는다. 볕이라고 하면 으레 햇볕을 의미한다.

보고 조사

(사람이나 동물을 나타내는 체언 뒤에 붙어) 어떤 행동이 미치는 대상임을 나타내는 말.

¶ 그거 나보고 하는 소리냐?

¶ 우리보고 이 일을 해 놓으라고 하더라.

● 조사 '보고', '에게', '더러[2]'의 용법

① '보고'와 '에게'는 의미와 기능이 거의 같은 조사이다. '보고'는 주로 입말에서 쓰고, '에게'는 입말과 글말에서 두루 쓴다. 다만 '에게'를 쓰는 자리에 '보고'는 쓸 수 없는 경우가 있다.

¶ 지금 나보고/나에게 하는 말이냐?(둘 다 사용할 수 있음.)

¶ 이 반지는 나에게 너무나 소중한 보물이야.('에게' 대신에 '보고'를 쓸 수 없음.)

② '더러'는 '보고'와 거의 같은 기능을 하는 조사인데 사람에게만 쓰는 특징이 있다.

¶ 누가 너보고/너더러 거기 가라고 하더냐?(둘 다 사용할 수 있음.)

보다[1] 동사

규칙 보고, 보아/봐, 보는, 본, 보아라/봐라, 봅니다, 보았다/봤다

① 눈으로 무엇을 느끼다.

¶ 창가에 앉아서 오가는 사람을 보았다.
② 맡아서 지키다.
¶ 혼자 집을 보는데 옆집 아주머니가 돌떡을 가지고 오셨다.
③ 일을 처리하다.
¶ 급한 일 좀 보고 갈 테니 먼저 가게.
④ 알려고 살피다.
¶ 전세 얻을 집을 보러 다녔다.
¶ 의사가 환자를 보는 시간이 정해져 있다.
⑤ 사람을 가족의 일원으로 얻다.
¶ 자네 벌써 며느리 보았다며?
⑥ 판단하거나 고려하다.
¶ 상황을 잘 보고 결정해야 된다.
⑦ 당하거나 치르다.
¶ 이익을 보든 손해를 보든 그것으로 마음이 흔들리면 안 된다.
⑧ 대하거나 만나다.
¶ 친구를 보러 나갔다가 갑자기 소나기를 만났다.
⑨ 감상하거나 구독하다.
¶ 우리는 신문을 안 본다.
¶ 어제는 영화를 보러 외출하였다.
⑩ 직무를 맡아서 하다.
¶ 내가 유격수를 볼 테니 네가 이루수를 볼래?
⑪ 상을 차리다.
¶ 손님이 오셨으니 다과상을 좀 보아라.
⑫ 음식 맛이나 간을 알기 위해 조금 먹어 보다.
¶ 된장국이 너무 싱겁지 않은지 간을 좀 봐 줘.

복합어

거들떠보다 (흔히 부정어 앞에 쓰여) 알은체를 하거나 관심 있게 보다. ¶ 동생은 새로

산 책을 거들떠보지도 않았다.

건너다보다 ① 건너편에 있는 것을 쳐다보다. =건너보다 ¶ 횡단보도를 건너다보니 친구가 서 있었다. ② 부러워하거나 탐내서 넘보다.

굽어보다 ① 높은 위치에서 고개나 허리를 굽혀 아래를 내려다보다. ¶ 고갯마루에서 마을을 굽어보니 무척 평화롭게 느껴졌다. ② 아랫사람이나 불우한 사람을 돌보아 주려고 사정을 살피다. ¶ 신이시여, 우리를 굽어보시고 불쌍히 여겨 주소서.

깔보다 얕잡아 보다. ¶ 아이들이라고 깔보았다가는 큰코다친다.

낮추보다 남을 업신여기어 자기보다 낮게 보다. ¶ 차림새로 사람을 낮추보면 안 된다.

내다보다 ① 안에서 밖을 보다. ¶ 창밖을 내다보니 눈이 내리고 있었다. ② 먼 곳을 보다. ¶ 방에서 동쪽 하늘을 내다보니 아침놀이 장관이었다. ③ 앞일을 미리 헤아리다. ¶ 지도자는 앞을 내다보는 눈을 가져야 한다.

내려다보다 ① 위에서 아래를 향하여 보다. ¶ 남산에서 내려다본 서울 야경은 매우 멋졌다. ② 낮추어 보다. ¶ 돈 좀 있다고 돈 없는 사람을 내려다보지 마라.

노려보다 ① 미운 감정으로 어떠한 대상을 매섭게 계속 바라보다. ¶ 내 잘못이 아니니 그런 눈으로 나를 노려보지 마라. ② 탐이 나서 눈독 들여 겨누어 보다. ¶ 고양이가 쥐를 노려본다.

눈여겨보다 주의 깊게 잘 살펴보다. ¶ 선생님의 춤사위를 눈여겨보았다가 혼자 따라 해 보았다.

대보다 서로 견주어 보다. ¶ 누가 더 큰지 대보자.

돌보다 관심을 가지고 보살피다. ¶ 살림을 돌볼 사람을 구하였다.

둘러보다 주위를 이리저리 두루 살펴보다. ¶ 공장을 둘러보고 오겠다.

들여다보다 ① 밖에서 안을 보다. ② 가까이서 자세히 살피다. ③ 어디에 들러서 보다. ¶ 요양 중인 부모님을 들여다보기 위해서 가끔 이곳에 온다.

떠보다 ① 저울로 물건을 달아 보다. ② 남의 속뜻을 넌지시 알아보다. ¶ 넌지시 그의 속마음을 떠보았다. ③ 사람의 능력이나 됨됨이 따위를 헤아려 보다.

몰라보다 ① 알 만한 사실이나 사물을 보고도 알아차리지 못하다. ¶ 아이가 몰라보게 컸더라. ② 예의를 갖추어야 하는 상대에게 무례하게 굴다. ¶ 어른도 몰라보고 버릇없이 구는구나. ③ 진정한 가치를 제대로 평가하지 못하다. ¶ 우리는 훌륭한 사람을 몰라보는 경우가 많다.

ㅂ

살펴보다 ① 두루두루 자세히 보다. ② 무엇을 찾거나 알아보다. ③ 자세히 따져서 생각하다. ¶ 틀린 문제만 좀 더 자세히 살펴보자.

새겨보다 ① 자세히 알기 위하여 주의하여 보다. ② 다시 곰곰이 생각해 보다.

알아보다 ① 조사하거나 살펴보다. ¶ 그의 말이 맞는지 알아보아라. ② 눈으로 보고 분간하다. ¶ 어두워서 얼굴을 알아보기 어렵다. ③ 잊어버리지 않고 기억하다. ¶ 선생님께서 나를 알아보셔서 놀랐다. ④ 사람의 능력이나 물건의 가치 따위를 밝히어 알다. ¶ 그는 사람을 알아보는 능력이 있다.

얕보다 실제보다 낮추어 깔보다. ¶ 상대를 얕보고 덤비다가는 낭패를 당하기 쉽다.

엿보다 ① 남이 알아차리지 못하게 하여 대상을 살펴보다. ¶ 대문 밖에서 집 안을 슬쩍 엿보았다. ② 어떤 사실을 바탕으로 실상을 미루어 알다. ¶ 그가 쓴 글들을 보면 그의 삶에 대한 태도를 엿볼 수 있다. ③ 무엇을 이루고자 온 마음을 쏟아서 눈여겨보다. ¶ 나는 내가 이길 기회만 엿보고 있다. ④ 음흉한 목적을 가지고 남의 것을 빼앗으려고 벼르다. ¶ 남의 자리를 엿보지 마라.

올려다보다 아래에서 위를 향하여 보다. ¶ 까치발을 하고 찬장을 올려다보았다.

지켜보다 주의를 기울여 살펴보다. ¶ 나는 그의 움직임을 잠자코 지켜보았다.

훑어보다 ① 책이나 글의 전체를 쭉 보다. ¶ 책을 한번 훑어보았다. ② 위아래로 또는 처음부터 끝까지 빈틈없이 눈여겨보다. ¶ 나를 훑어보는 눈이 예사롭지 않더라.

훔쳐보다 남이 모르게 가만히 보다.

흘겨보다 못마땅하여 흘기는 눈으로 보다. ¶ 내가 할아버지 상에서 고기를 갖다 먹으려 하자 엄마가 나를 흘겨보았다.

관용 표현

보기 좋게 ① 보기에 그럴듯하고 괜찮게. ② 거절하거나 지거나 하는 것이 마음이 후련할 만큼 철저하고 완전하게. ¶ 나는 그에게 보기 좋게 거절당하였다.

보는 눈이 있다 사람이나 일 따위를 평가하는 능력이 있다. ¶ 그는 보는 눈이 있어서 필요한 자리에 알맞은 사람을 배치하였다.

보란 듯이 남이 보고 부러워하도록 자랑스럽거나 떳떳하게. ×봐란듯이 ¶ 가장 약해 보였던 팀이 보란 듯이 강팀을 모두 이기고 우승했다.

보자 보자 하다 마음에 들지 않지만 참고 또 참다. ¶ 보자 보자 하니까 못 하는 소리가 없네.

볼 장 보다 하고자 하는 바를 이루다. ¶우리는 볼 장 봤으니 그만 가자.

속담

보고 못 먹는 것은 그림의 떡 아무 실속이 없음을 빗대어 이르는 말.

보기 싫은 반찬이 끼마다 오른다 싫증 난 것이 계속되어 눈에 띔을 빗대어 이르는 말.

보기 좋은 떡이 먹기도 좋다 겉모양새를 잘 꾸미는 일도 필요함을 빗대어 이르는 말.

보기 좋은 음식 별수 없다 겉모양은 좋으면서 그 내용이 별로 좋지 못함을 이르는 말.

본 놈이 도둑질한다 ① 무슨 일이나 실정을 알아야 그 일을 감당할 수 있음을 이르는 말. ② 도둑질은 결국 내용을 잘 아는 사람이 하는 것임을 빗대어 이르는 말.

ㅂ

보다[2] 동사

규칙 보고, 보아/봐, 보는, 본, 보아라/봐라, 봅니다, 보았다/봤다

① ('-아/-어 보다' 구성으로 쓰여) 시험 삼아 또는 일단 한다는 뜻을 나타내는 말.

¶내 말을 한번 믿어 보시오.

¶이 수박 좀 먹어 봐라.

② ('-아/-어 보다' 구성으로 쓰여) 경험을 나타내는 말.

¶그런 음식은 먹어 본 적이 없다.

¶그를 한 번쯤 만나 본 일이 있다.

③ ('-고 보면' 또는 '-고 보니' 구성으로 쓰여) 결과를 겪거나 내용을 깊이 인식함을 나타내는 말.

¶그는 차가워 보이지만 알고 보면 인정 많은 사람이다.

¶뒤에 알고 보니 그가 너를 구했던 은인이더라.

④ ('-다 보면' 구성으로 쓰여) '때로는 그런 경우가 있음'을 나타내는 말.

¶일을 하다 보면 잘못 되기가 다반사지.

¶졸다 보면 내릴 정거장을 놓치는 경우가 있다.

⑤ ('-기만 해 봐' 구성으로 쓰여) 그것을 허용하지 않겠다는 뜻을 나타내는 말.

¶나더러 가라기만 해 봐, 가만있나.

¶이걸 먹기만 해 봐라!

보다[3] 형용사

규칙 보고, 보아/봐, 보지, 보네, 보오, 봅니다

① (어미 '-ㄴ가', '-는가', '-은가', '-ㄹ까', '-을까', '-나' 따위 뒤에 쓰여) 추측을 나타내는 말.

¶ 그는 무척 바쁜가 보더라.

② (어미 '-ㄹ까', '-을까' 뒤에 쓰여) 의지를 나타내는 말.

¶ 나는 거기 안 갈까 봐.

③ ('-ㄹ까 봐', '-을까 봐서' 구성으로 쓰여) 걱정하거나 두려워함을 나타내는 말.

¶ 혼날까 봐 잘못한 일을 선생님께 아직 말 못 했어.

보다[4] 부사

한층 더. 지금에 비해서 더.

¶ 우리는 보다 나은 내일을 위해서 오늘 수고를 아끼지 말아야 한다.

¶ 보다 더 좋은 일이 앞으로 너를 기다릴 거야.

● '보다[4]'의 용법

'보다[4]'는 홀로 쓰이기보다는 비교를 나타내는 '보다[5]'처럼 조사로 쓰이던 것인데 부사의 기능을 갖게 되었다. 이는 일본어의 영향을 받은 것이기도 하다. 부사 '보다'에 대응하는 우리말에는 '더'가 있다. 그런데 요즘은 '보다 더'라는 관용 표현을 사용하는 경우가 많아서 '보다'를 그냥 '더'로 갈음하기 어렵게 되었다.

¶ 보다 나은 내일이 우리를 기다린다. → 더 나은 내일

¶ 너희는 이제 보다 행복한 생활을 할 수 있게 되었다. → 더 행복한 생활

¶ 보다 더 열심히 노력해 주기 바란다. → 더욱 열심히 노력해

보다[5] 조사

(명사나 대명사 뒤에 붙어) 그것과 다른 것을 비교할 때 쓰는 말.

¶ 언니보다 동생이 더 크다.

¶ 오늘보다 내일이 더 낫겠지.

보상[1](補償) 명사

① 국가 또는 공공 단체가 국민이나 주민에게 끼친 재산상의 손해를 돈으로 갚음. [참고] 배상, 변상, 보상[2]

¶ 도로로 편입된 밭에 대하여는 정부가 시세대로 보상을 하기로 했다.

② 욕구 불만에 빠졌을 때, 다른 행동을 함으로써 그 욕구 불만을 다스리는 일.

¶ 폭식도 일종의 보상 행동이라고 한다.

복합어

보상금 손해를 보상하는 뜻으로 주는 돈.

보상하다 남에게 끼친 재산상의 손해를 돈으로 갚다. ¶ 개인의 땅을 수용하여 공적으로 사용하려면 마땅히 돈이나 다른 물건으로 보상하여야 한다.

보상[2](報償) 명사

① 남에게 진 빚 또는 받은 물건을 갚음.

¶ 국채 보상 운동은 나라의 빚을 국민이 대신 갚아 주는 국권 회복 운동이었다.

② 어떤 것에 대한 대가로 갚음. 또는 어떤 행위로 받는 대가.

¶ 그는 나에게 아무 보상도 바라지 않고 도움을 주었다.

③ 격려하기 위하여 주는 물질이나 칭찬.

¶ 아이가 열심히 하면 조그만 보상이라도 해 주는 게 좋다.

복합어

보상금 대가로 주는 돈.

보상하다 ① 남에게 진 빚 또는 받은 물건을 갚다. ② 어떤 것에 대한 대가로 갚다.

¶ 어떻게 해야 내가 네게 진 신세를 보상할 수 있을까?

● '보상[1](補償)'과 '보상[2](報償)'의 변별

두 낱말은 한글로 적으면 같은 글자인데, 한자로 적으면 다른 단어가 된다. 그래서 국어사전에서는 다른 낱말로 올려놓았지만, 통합해서 써도 무난하다고 생각한다. 구태여 따진다면 '보상[1]'은 상대에게 끼친 손해를 채워 주는 뜻이 되고, '보상[2]'는 빚진 것을 갚든 은혜에 보답을 하든 상대가 한 행위에 대한 대가를 주는 뜻이 된다.

보아주다 동사 ㊟ 봐주다

규칙 보아주고, 보아주어/보아줘, 보아준, 보아줍니다, 보아주었다/보아줬다

① 남의 처지를 살펴 이해하거나 잘못을 덮어 주다.

¶ 우리 성당 신부님은 어려운 사람 사정을 잘 보아주었다.

¶ 제 잘못을 너그러이 보아주시기 바랍니다.

② 일이 잘되도록 도와주거나 힘이 되어 주다.

¶ 이번에 우리 일을 잘 보아주시면 꼭 보답하겠습니다.

¶ 형이 시험공부를 보아주기로 했다.

보아하니 부사 ㊟ 봐하니

겉으로 보아서 짐작하건대.

¶ 행색이 초라한 게 보아하니 집 나온 지 오래된 것 같다.

¶ 얼굴이 몹시 수척한 걸 보아하니 며칠 굶은 것 같다.

¶ 말투를 보아하니 교양이 부족한 사람인 듯하다.

보어(補語) 명사

주어와 술어만으로는 뜻이 완전하지 못한 문장에서, 그 불완전한 곳을 보충하기 위하여 쓰는 말. 국어에서는 술어가 '되다'와 '아니다'인 경우에만 보어가 나타난다.

● '보어'의 형태

술어가 '되다'와 '아니다'인 경우에 반드시 보어가 있어야 뜻이 완전해진다. '나는 된다.' 라고 하면 무슨 말인지 알 수 없지만 '나는 중학생이 된다.'라고 하면 뜻이 완전해진다. 또, '이것은 아니다.'라고 하면 뜻이 완전히 드러나지 않지만 '이것은 책이 아니다.'라고 하면 뜻이 완전해진다. 앞의 두 예에서 불완전한 문장을 완전하게 해 주는 '중학생이'와 '책이'가 보어이다. 보어는 명사나 대명사 또는 수사에 조사 '이'나 '가'가 붙은 형태를 갖는다. 아래 예문에서 밑줄 친 부분이 보어이다.

¶ 얼음이 물이 되었다.
¶ 나는 학생이 아니다.
¶ 물이 수증기가 되었다.
¶ 우리는 친구가 아니다.

ㅂ

보이다[1] 동사 ㉾ 뵈다[2]①

규칙 보이고, 보이어/보여, 보인, 보입니다, 보이었다/보였다

'보다[1]'의 피동형.

① 어떤 것이 눈에 띄다.

¶ 저 멀리 보이는 산이 무등산이다.

¶ 방 안을 빙 둘러보니 벽에 걸린 시계가 보였다.

② 기회나 때를 알아차리게 되다.

¶ 이제야 우리에게 기회가 왔다는 사실이 보인다.

③ 방법이나 결과를 가늠할 수 있게 되다.

¶ 당시에는 해결책이 도무지 보이지 않았다.

④ 느껴지다.

¶ 그분은 언제나 청년처럼 보인다.

¶ 나에게 그 여자는 애인이라기보다는 친구로 보였다.

⑤ ('-어/-아 보이다' 구성으로 쓰여) 그렇게 생각되다.

¶ 집이 생각보다 더 좋아 보이더라.

¶ 겉으로는 건강해 보이지만 속병이 든 몸이었다.

관용 표현

보이지 않는 손 시장 경제에서 상품의 값이 스스로 제자리를 찾게 된다는 원리를 빗대어 이르는 말. ¶ 아담 스미스는 보이지 않는 손이 시장의 균형을 잡아 준다고 했다.

보이다[2] 동사 ㊟ 뵈다[2]②

규칙 보이고, 보이어/보여, 보인, 보입니다, 보이었다/보였다

'보다[1]'의 사동형.

① 보게 하다.

¶ 나는 친구들에게 내 어릴 때 사진을 보여 주었다.

② 감상하게 하다.

¶ 학교에서 학생들에게 인권 영화를 보이고 토론을 시켰다.

③ 나타내다.

¶ 친구가 무안해할까 봐 싫다는 눈치를 보일 수 없었다.

¶ 자꾸 부정적인 태도를 보이면 함께 일할 수 없다.

④ 당하거나 경험하게 하다.

¶ 다른 사람에게 손해를 보이면 언젠가 나도 손해를 보게 된다.

¶ 나로 말미암아 다른 사람에게 욕을 보이고 싶지 않다.

⑤ ('선을 보이다' 구성으로 쓰여) 좋고 나쁨을 가려보게 하다.

¶ 이번에 고객에게 선을 보일 상품이 무엇이냐?

보전[1] (保全) 명사

온전하게 잘 보호하여 지킴. 참고 보존

¶ 요즘 지구촌의 가장 큰 주제는 환경 보전이다.

복합어

보전하다 온전하게 잘 보호하여 지키다. ¶ 무궁화 삼천 리 화려 강산 대한 사람 대한으로 길이 보전하세.

보전[2](補塡) 명사

부족을 채우거나 결손을 메움.

¶ 이번 영업 손실에 대한 보전 방법을 찾아봅시다.

복합어

보전하다 부족한 부분을 다른 방법으로 메우다. ¶ 땅을 팔아 적자를 보전하였다.

보존(保存) 명사

없어지거나 상하지 않도록 지키고 보살핌. 참고 보전[1]

¶ 무령왕릉에서 발굴된 향로는 그 보존 상태가 매우 좋았다.

¶ 수산 자원을 보존하기 위해 설정한 보존 수역에서는 고기잡이를 할 수 없다.

복합어

보존하다 없어지거나 상하지 않도록 지키고 유지하다.

››› '보전'은 훼손하지 않고 온전하게 잘 지켜 보호함을 뜻하고, '보존'은 다른 데로 옮기거나 사라지지 않게 잘 지키는 것을 뜻한다.

ㅂ

보태다 동사

규칙 보태고, 보태어/보태, 보탠다, 보탭니다, 보태었다/보탰다

① 더하여 채우다.

¶ 적은 돈이지만 차비에 보태세요.

¶ 저희만으로는 힘겨우니 힘을 보태어 주십시오.

② 있는 수에 얼마를 더하다.

¶ 만 원이 모자란다니 내가 보탤게.

¶ 사과 다섯 개에 다섯 개를 보태어 열 개들이 한 상자를 만들었다.

복합어

보태기 =더하기

보탬 모자라는 것을 채우는 도움. ¶ 네 도움이 내게는 크게 보탬이 되었다.

보탬표 =덧셈표, 더하기표, 덧셈 부호

> ● '보태다'와 '더하다'
>
> 이 두 낱말에는 작은 차이가 있다. '보태다'는 부족한 것을 채움을 뜻하고, '더하다'는 단순히 합하여 수량을 늘림을 뜻한다. 아래 문장은 그런 작은 차이를 생각하고 두 낱말을 구별하여 사용한 예문이다.
>
> ¶ 성금만으로는 조금 부족하니 우리가 가진 돈을 보태기로 했다.
>
> ¶ 독지가의 기부금에 우리가 거둔 돈을 더하면 목표한 액수에 이를 것 같다.

››› '보태다', '더하다[2]', '가하다'의 차이는 올림말 '가하다' 참고.

복걸복 / 복골복 '복불복(福不福)'의 틀린 말.

복구(復舊) 명사

① 손실 이전의 상태, 예전의 상태로 회복함. [참고] 복원

¶ 전쟁으로 폐허가 된 도시의 복구에는 엄청난 돈과 시간이 필요하다.

¶ 홍수 피해 지역의 복구를 위하여 정부가 대책을 발표했다.

② 컴퓨터 운영 체제가 정상적으로 작동하지 아니할 때, 문제가 생기기 바로 전 상태로 회복시켜 프로그램의 처리를 계속할 수 있게 함.

복합어

복구공사 손실 이전의 상태로 회복시키는 공사.

복구하다 ① 손실 이전의 상태로 회복하다. ¶ 산불 피해를 복구하는 데 여러 곳에서 도움을 주었다. ② 컴퓨터 시스템이 정상적으로 작동하지 아니할 때, 문제가 생기기 바로 앞의 상태로 회복시켜 프로그램의 처리를 계속할 수 있게 하다. ¶ 지워진 프로그램도 쉽게 복구할 수 있다.

복귀(復歸) 명사

본디 자리나 상태로 돌아오거나 돌아감.

¶ 그는 기자 회견에서 선수 복귀를 선언했다.

¶ 파견 나온 대원들이 복귀를 준비하고 있다.

복합어

복귀하다 원래 자리나 상태로 돌아오거나 돌아가다.

복불복(福不福) 명사 ×복걸복/복골복

복이 있고 없음 또는 복됨과 복되지 않음의 뜻으로, 사람의 운수를 이르는 말.

》》 동전을 던져 앞면이 나오든 뒷면이 나오든 이것은 운에 해당한다. 앞면이 나오면 복이 되고, 뒷면이 나오면 불복이 된다. '복걸복'이나 '복골복'이라고 말하는 사람이 많은데 '복불복'만 맞는 말이다.

복원(復原) 명사

원래대로 회복함. 참고 복구

¶ 훼손된 문화재 복원을 위하여 고증 작업을 하고 있다.

복합어

복원도 없어진 건축물 또는 물건 따위를 옛 모습대로 다시 나타낸 도면.

복원력 ① 물체가 변형되었을 때, 그 물체를 본디 상태로 되돌리려고 하는 힘. ② 평형을 유지하던 선박 따위가 외부의 힘을 받아서 기울어졌을 때, 이를 본디 상태로 되돌리는 힘. ¶ 배는 복원력이 있어서 파도에 기울더라도 정상적으로 항해할 수 있다.

복원하다 원래대로 회복하다. ¶ 훼손된 문화재를 복원하는 작업이 한창이다.

》》 '복구'의 핵심은 손실되기 전의 상태와 같게 하거나 재료나 디자인을 바꾸어 전보다 더 낫게 만드는 것이다. '복원'은 할 수 있는 한 예전 모습을 그대로 되살려 만드는 것이다. 문화재가 대표적인 복원 대상이다.

복합(複合) 명사

둘 이상의 것이 합쳐져 하나가 됨.

¶ 복합 기술, 복합 개념, 복합 건물, 복합 첨단 산업

복합어

복합어 둘 이상의 낱말이 합해져 하나의 낱말이 된 것. 복합어는 복합 명사(방패연, 앞뒤 따위), 복합 동사(돌아보다, 뛰어가다 따위), 복합 형용사(높맑다, 높푸르다, 맵짜다 따위), 복합 부사(더더욱, 이러쿵저러쿵 따위) 등의 합성어와, 어근에 접두사가 붙거나(짓누르다, 빗맞다, 새파랗다 따위) 접미사가 붙은 파생어(도둑질, 마음씨, 예술가 따위)를 포함한다.

복합적 두 가지 이상이 합쳐 있는. 또는 그런 것. ¶ 이 사건은 여러 가지 요인이 복합적으로 작용하여 일어났다.

복합하다 두 가지 이상이 하나로 합쳐지다. 또는 두 가지 이상을 하나로 합치다. ¶ 요즘에는 인쇄, 복사, 스캔 기술을 복합한 제품이 대세이다.

본[1](本) 명사

① 본보기가 될 만한 방법이나 일. 모범.

¶ 어른들이 먼저 본을 보여야 아이들이 따라 하지.

② 버선, 옷 따위를 짓는 데 쓰는 실물 크기의 물건.

¶ 옷을 짓기 위해서 먼저 본에 맞추어 옷감을 마름질하였다.

③ 실물과 같은 모양으로 만든 물건.

¶ 지구와 같은 모양으로 본을 만들어 책상 위에 두었다.

복합어

본뜨다 ① 모형을 그대로 베끼거나 좇아 행하다. ¶ 짝꿍이 내 그림을 본떠 그린다. ② 남의 행동을 그대로 따르다. ¶ 어린이는 어른들의 행동을 그대로 본뜨는 경향이 있다.

본받다 본보기로 하여 그대로 따르다. ¶ 위인의 삶을 본받고 싶다.

본보기 본받을 만한 대상. 또는 본을 보이기 위한 물건.

본²(本) 명사

가문의 시조가 난 곳. =관향, 본관

¶ 나의 본은 의령이다.

본³(本) 관형사

어떤 대상이 말하는 이와 직접 관련되어 있음을 나타내는 말.

> ● '본³(本)'의 순화어
>
> '본³'은 일본어 투로서 권위적인 느낌을 주기 때문에 우리 식으로 '이' 또는 '우리'로 순화하여 쓰는 것이 바람직하다.
>
> ¶ 본 사건을 살펴보면→이 사건을
>
> ¶ 본 협회의 계획에 따르면→우리 협회의
>
> ¶ 본 변호인이 생각하건대→내가 또는 변호인인 제가

본-(本) 접사

① (일부 명사 앞에 붙어) '바탕이 되는'의 뜻을 더하는 말.

¶ 가계약에 정한 대로 오늘 본계약을 체결하기로 하였다.

¶ 국회의 본회의가 오늘부터 열린다.

② (일부 명사 앞에 붙어) '맨 처음' 또는 '본디'의 뜻을 더하는 말.

¶ 내 본뜻은 그것이 아니었다.

¶ 여기가 내 본고장이다.

복합어

본고장 =제고장 ① 태어나서 자라난 고장. 또는 본디부터 살아온 고장. ② 어떤 활동이나 생산이 이루어지는 중심지. ¶ 태권도의 본고장은 한국이다.

본뜻 ① 본디부터 변함없이 그대로 가지고 있는 마음. ¶ 한참 말이 없더니 그가 나를

찾아온 본뜻을 말하기 시작했다. ② 말이나 글의 근본이 되는 뜻. ¶ 나는 그가 한 말의 본뜻을 바로 알아차렸다.

본마음 ① 본디부터 변함없이 그대로 가지고 있는 마음. ¶ 어려움이 있더라도 본마음은 변하지 말아야 한다. ② 꾸밈이나 거짓이 없는 참마음. ¶ 내가 화를 낸 것이 내 본마음은 아니라는 것을 알아주면 좋겠다.

본이름 가명이나 별명이 아닌 본디 이름. ¶ 연예인들은 본이름 대신에 예명을 쓴다.

본회의 전원이 참석하는 정식 회의를 주제별 분과 회의에 상대하여 이르는 말. ¶ 모든 법안은 국회의 본회의를 통과하여야 법이 된다.

볼[1] 명사

① 뺨의 한복판. [참고] 뺨

¶ 두 볼에 흐르는 눈물을 주체할 수 없었다.

② 뺨의 가운데에 있는 살집.

¶ 심술궂은 그 영감은 볼이 축 처진 얼굴을 하고 있었다.

관용 표현

볼(이) 붓다 못마땅하여 뾰로통하게 성이 나다. =볼에 밤을 물다. ¶ 화가 나서 잔뜩 볼이 부었다. / 아이는 자기 싫다며 볼에 밤을 물고 앉아 있었다.

볼을 적시다 눈물을 흘리다. ¶ 어머니 생각이 나서 나도 모르게 볼을 적시고 말았다.

볼[2] 명사

① 좁고 기름한 물건의 너비.

¶ 이 널빤지의 볼이 몇 자나 되는가?

② 신발이나 구두의 옆면과 옆면 사이의 간격.

¶ 구두 볼이 좁아서 발이 아프다.

③ 버선이나 양말 밑바닥의 앞뒤에 덧대는 헝겊 조각.

¶ 옛날에는 흔히 해진 양말에 볼을 대어 기워 신었다.

볼[3]

동사 '보다'의 관형사형.

¶ 오늘 볼 영화는 기록 영화이다.

¶ 눈이 나빠 물건을 제대로 견주어 볼 수 없다.

봉변(逢變) 명사

남에게 망신을 당하거나 뜻밖에 화를 입음. 또는 그렇게 당하는 변.

¶ 자네 덕에 내가 봉변은 면하게 되었네.

¶ 그 사람에게 함부로 덤벼들었다가는 크게 봉변을 할 걸세.

복합어

봉변하다 남에게 망신을 당하거나 뜻밖의 변을 당하다.

● '봉변을 당하다'의 구조

'봉변'은 '변을 당함' 또는 '변을 만남'을 뜻하는 말이므로 '봉변을 당하다'라고 하면 의미가 중복된 표현이 된다. 그런데 '봉변'을 단순히 '변을 당함'으로 볼 수 없고, 우연히 또는 뜻밖에 변을 당하거나 망신을 당하는 경우를 가리키는 말이어서, 그런 '변'을 '봉변'이라고 해야 의미 전달이 된다고 본다. 그래서 자연스럽게 '봉변을 당하다'라는 표현을 쓰게 되었다. 이는 한자어가 글자 뜻대로 우리에게 인식되지 않는 부분이 있음을 의미하는 것이기도 하다. 비슷한 중복 표현의 예가 '피해를 당하다', '부채를 지다', '독불장군은 없다' 등에서도 나타난다. 낱말의 개념을 명확하게 알고 쓴다면 이런 중복 표현이 나타나지 않겠지만 현재는 이를 막기가 어려워 보인다. 그래서 간단히 문제를 제기하는 것으로 그친다.

봉사(奉仕) 명사

마음에 우러나서 남에게 도움이 되는 일을 함.

¶ 아이들에게 봉사 정신을 길러 주면 좋다.

복합어

봉사단 봉사하는 단체.

봉사자 봉사하는 사람.

봉사하다 마음에 우러나서 남에게 도움이 되는 일을 하다.

자원봉사 도움이 되는 일을 대가 없이 자발적으로 참여하여 함. 또는 그런 활동.

봉오리 명사

꽃이 피기 전에 맺힌 망울. =꽃봉오리

¶ 가뭄이 심해지자 꽃들이 피기는커녕 봉오리째 말라 떨어졌다.

¶ 앵두꽃은 봉오리가 가지에 다닥다닥 붙어 맺힌다.

봉우리 명사

산의 꼭대기를 포함하여 솟은 부분. =산봉우리

¶ 북한산에는 높은 봉우리가 셋 있어서 삼각산이라는 별칭이 붙었다.

››› '봉우리'는 산의 둥글게 솟은 부분을 가리킨다. 대체로 '산봉우리'라고 부른다. '봉오리'는 꽃이 피기 전에 동그랗게 맺힌 망울을 가리킨다. 대체로 '꽃봉오리'라고 부른다.

봐란듯이 '보란 듯이'의 틀린 말.

'봐란듯이'와 '보란 듯이'

'봐란듯이'는 '보아란 듯이'의 준말로서 지시나 명령을 뜻하는 말이 들어 있어 단어 구성에는 맞지 않다. 그래서 '봐란듯이'는 낱말로서 인정하지 않는다. 같은 뜻으로 쓸 수 있는 '보란 듯이'는 낱말이 아니고 구문이다. '오란 듯이', '먹으란 듯이', '만들란 듯이' 등도 모두 이와 같은 구조를 가지고 있다.

봐주다 동사

규칙 봐주고, 봐주니, 봐주어/봐줘, 봐주는, 봐주었다/봐줬다

'보아주다'의 준말.

¶ 친척의 뒷배를 봐주는 것도 부정행위이다.

¶ 사정 좀 봐줘.

¶ 시험 때라 동생이 공부하는 것을 봐주기로 했어.

봐하니 부사

'보아하니'의 준말.

¶ 그 젊은이는 봐하니 사기꾼인 듯싶다.

뵈다[1] 동사

규칙 뵈고, 뵈어/봬, 뵈지, 뵌다, 뵙니다, 뵈었다/뵀다

윗사람을 만나 보다. 참고 뵙다

'ㅂ다[1]'과 '뵙다'의 형태 바뀜

'뵈다'는 어른에게만 쓰는 높임말이다. 내가 어른을 보는 것을 나를 어른에게 보이는 것으로 표현하는 것이다. 자기를 낮추는 기능이 있다. '뵈다'보다 더 겸양의 뜻으로 말하려면 '뵙다'를 쓴다. 이들이 문장 안에서 바뀌는 형태는 아래와 같다.

어미	뵈다[1]	뵙다
-고, -지	뵈고, 뵈지	뵙고, 뵙지
-네, -면, -러	뵈네, 뵈면, 뵈러	뵙네, 뵈오면, 뵈오러
-오, -소, -ㅂ니다	뵈오, 뵙니다	뵙소, 뵙습니다
-어/-아, -었-/-았-	뵈어/봬, 뵈었다/뵀다	뵈와, 뵈왔다

뵈다[2] 동사

규칙 뵈고, 뵈지, 뵈니, 뵈어/봬, 뵌다, 뵙니다, 뵈었다/뵀다

① '보이다[1]'의 준말. '보다[1]'의 피동형.

¶ 여기서는 우리 집이 잘 뵈지 않는다.

¶ 화면이 잘 뵙니까?

② '보이다[2]'의 준말. '보다[1]'의 사동형.

¶ 부모님께 이 알림장을 뵈고 의견을 받아 오너라.

부는

동사 '불다'의 관형사형.

¶ '피리 부는 소년'을 그린 화가는 에두아르 마네이다.

부니

동사 '불다'의 연결형. 또는 종결형.

¶ 바람이 부니 나뭇가지가 흔들린다.

¶ 내가 피리를 부니 모두 말하던 것을 멈추고 들었다.

¶ 오늘 바람이 많이 부니?

부닥뜨리다 동사

규칙 부닥뜨리고, 부닥뜨리어/부닥뜨려, 부닥뜨립니다, 부닥뜨리었다/부닥뜨렸다

=부닥트리다

① 사람 또는 사물과 부딪칠 정도로 마주치다.

¶ 책을 읽으며 걷다가 나무에 부닥뜨렸다.

¶ 버스를 타려고 달려가다가 마주 오던 사람과 부닥뜨리게 되었다.

② 어떤 일이나 상황 따위에 놓이다.

¶ 갑자기 이사해야 하는 상황에 부닥뜨려서 무척 당혹스럽다.

● '무엇에 부닥뜨리다'와 '무엇과 부닥뜨리다'

부닥뜨리는 상황에 따라서 '무엇에'를 쓸 수도 있고, '무엇과'를 쓸 수도 있다. '무엇에'는 일방적으로 주체가 움직여 부닥뜨리는 경우에 쓰고, '무엇과'는 객체도 함께 움직이는 경우에 쓴다. 이 원칙은 '부닥치다'나 '부딪치다'에도 적용된다.

¶ 전봇대에 부닥뜨리면/부닥치면/부딪치면 화부터 내는 사람이 많다.

¶ 마주 오는 사람과 부닥뜨리면/부닥치면/부딪치면 먼저 사과하는 것이 좋다.

부닥치다 동사

규칙 부닥치고, 부닥치어/부닥쳐, 부닥친, 부닥칩니다, 부닥치었다/부닥쳤다

① 일이나 상황에 맞서게 되거나 맞닥뜨리다. 참고 부딪치다

¶ 대담한 사람은 위험에 부닥쳤을 때도 용기를 잃지 않는다.

¶ 우리가 결승에 올라가면 그 팀과 부닥치게 될 거야.

¶ 우리는 어려운 문제에 부닥쳤다.

② 부딪칠 정도로 가까이 맞닥뜨리다.

¶ 그와 외나무다리에서 부닥치게 되었다.

››› '부닥치다'는 주로 '일'이나 '사태', '상황' 같은 것에 매우 가깝게 맞닥뜨리는 경우에 쓰고, '부딪치다'는 주로 물리적으로 세게 닿는 경우에 쓰는 경향이 있다.

부닥트리다 동사

규칙 부닥트리고, 부닥트리어/부닥트려, 부닥트립니다, 부닥트리었다/부닥트렸다

=부닥뜨리다

¶ 뜻하지 않은 상황에 부닥트려 쩔쩔매었다.

부둥키다 동사

규칙 부둥키고, 부둥키어/부둥켜, 부둥킨다, 부둥킵니다, 부둥키었다/부둥켰다

① 두 팔로 힘써 안거나 두 손으로 힘껏 붙잡다.

¶ 아이가 인형을 꼭 부둥키고 잠들었다.

¶ 배를 부둥키고 한참을 웃었다.

② 강하게 집착하다.

¶ 고단하고 어려운 삶일지언정 단단히 부둥키고 헤쳐 나가자.

복합어

부둥켜안다 꼭 끌어안다. ¶ 엄마는 딸을 부둥켜안고 울기만 하였다.

부디 부사

꼭. 아무쪼록.

¶ 부디 성공하시기를 빕니다.

부딪다 동사

규칙 부딪고, 부딪지, 부딪는, 부딪는다, 부딪습니다

① 무엇과 무엇이 힘 있게 마주 닿거나 대다.

¶ 칼과 검이 부딪는 소리가 날카로워 움찔했다.

¶ 아이는 책상 모서리에 머리를 부딪자 울음을 터뜨렸다.

② 어떤 일이나 상황 따위에 직면하다.

¶ 수술할 상황에 부딪게 되자 그는 단호하게 수술을 거부했다.

¶ 아들은 결혼 문제로 어머니와 부딪지 않으려고 자리를 피했다.

복합어

부딪뜨리다 몹시 힘차게 부딪게 하다. =부딪트리다

‘부딪다’의 형태 바뀜

‘부딪다’에 ‘-어’, ‘-었-’이 붙는 경우에 ‘부딪어’, ‘부딪었다’처럼 되는데 실제로는 쓰지 않는다. ‘부딪어’, ‘부딪었다’ 표현이 일상어에서 사라졌음을 의미한다. ‘부딪으니’, ‘부딪으면’의 경우도 마찬가지이다.

부딪치다 동사

규칙 부딪치고, 부딪치어/부딪쳐, 부딪친, 부딪칩니다, 부딪치었다/부딪쳤다

① 세게 닿다. 또는 세게 닿게 하다. ‘부딪다’를 강하게 표현하는 말. 참고 부닥치다

¶ 파도가 바위에 부딪쳐 물보라가 일었다.

¶ 일어서다가 시렁에 머리를 부딪쳐 피가 났다.

¶ 길을 가다가 어깨를 부딪쳐서 시비가 붙었다.

② 어떤 일이나 상황 따위에 직면하다. ‘부딪다’를 강하게 표현하는 말.

¶ 매우 어려운 현실에 부딪치고 말았다.

¶ 누구나 그런 상황에 부딪치면 낙심하지 않을 수 없다.

③ 맞서다. 대립하다.

¶ 진학 문제로 부모님과 부딪치고 싶지 않다.

¶ 피해자와 부딪치는 것은 좋은 방법이 아니다.

④ 논의하기 위해서 또는 뜻하지 않게 누구를 만나다.

¶ 이 일을 해결하려면 직접 사장님과 부딪쳐야 한다.

¶ 우연히 백화점 앞에서 그와 부딪쳤다.

부딪히다 동사

규칙 부딪히고, 부딪히어/부딪혀, 부딪힌, 부딪힙니다, 부딪히었다/부딪혔다

‘부딪다’의 피동형.

¶ 그는 길을 가다가 자동차에 부딪혔다.

● '부딪히다'와 '부딪치다'

두 낱말은 소리가 같으므로 소리만으로 구별하여 적기 어렵다. 따라서 맥락에 맞추어 표기해야 하는데 두 낱말의 용법이 확연히 다르기 때문에 이를 알면 표기하기 쉽다. '무엇에 부딪치다'는 문장의 주어가 움직여 고정되어 있는 객체(무엇)에 충돌함을 의미한다. '무엇에 부딪히다'는 문장의 주어는 움직이지 않는데 객체(무엇)가 움직여 주어를 받는 경우에 쓰인다. 주어와 객체가 다 움직인다면 어느 쪽이 정상적으로 움직였는지에 따라서 '부딪치다'를 쓸 것인지 '부딪히다'를 쓸 것인지 결정해야 한다. 충돌의 책임을 논할 때 '부딪치다'는 주어의 책임이고 '부딪히다'는 객체의 책임이 될 수 있다.

¶ 나는 갑자기 인도로 뛰어든 차에 부딪혔다.(객체 '자동차' 책임)

¶ 나는 급히 도망가다가 길가에 서 있던 차에 부딪쳤다.(주어 '나' 책임)

부러뜨리다 동사

규칙 부러뜨리고, 부러뜨리어/부러뜨려, 부러뜨립니다, 부러뜨리었다/부러뜨렸다

단단한 물체를 꺾어서 부러지게 하다. =부러트리다

¶ 꽃이 핀 가지를 부러뜨리지 마라.

¶ 출연자는 야구 방망이를 맨손으로 쳐서 부러뜨렸다.

부러지다 동사

규칙 부러지고, 부러지어/부러져, 부러집니다, 부러지었다/부러졌다

① 단단한 물체가 꺾여서 둘로 겹쳐지거나 동강이 나다.

¶ 연필심이 자꾸 부러져서 글자를 적기 어렵다.

¶ 바람이 세게 불어 나뭇가지가 힘없이 부러지고 말았다.

② (주로 '딱', '똑' 따위의 부사와 함께 쓰여) 말이나 행동 따위를 확실하고 단호하게 하다.

¶ 못 하면 못 하겠다고 딱 부러지게 말을 해야지.

¶ 그는 일을 시키면 무슨 일이든지 똑 부러지게 한다.

관용 표현

상다리가 부러지게 음식을 매우 많이 차렸음을 뜻하는 말. ¶ 상다리가 부러지게 상을 차려 놓고 생일잔치를 하였다.

허리가 부러지게 매우 고된 일을 쉬지 않고 매우 힘들게 함을 뜻하는 말. ¶ 농부들은 모심기 철이면 허리가 부러지게 일을 한다.

속담

부러진 칼자루에 옻칠하기 부러져서 쓸모없게 된 칼자루에 옻칠을 한다는 뜻으로, 쓸데없는 일에 노력을 하는 경우를 빗대어 이르는 말.

부러트리다 동사

규칙 부러트리고, 부러트리어/부러트려, 부러트립니다, 부러트리었다/부러트렸다

=부러뜨리다

부르다[1] 형용사

불규칙 부르고, 부르지, 부르면, 부르니, 불러, 부릅니다, 불렀다

① 먹은 것이 많아 속이 꽉 찬 느낌이 들다.

¶ 음식이 맛있어서 배가 부르도록 실컷 먹었다.

② 불룩하게 부풀어 있다.

¶ 출산일이 다가오니 배가 몹시 불러서 다니기가 힘들다.

속담

부른 배 고픈 건 더 답답하다 ① 아이를 배어 배가 불러 있는데 음식을 많이 먹어 배부른 것처럼 오해를 받아 답답하다는 뜻으로, 속사정을 몰라주어 매우 답답한 경우를 빗대어 이르는 말. ② 임신 중에는 배고픈 것을 견디지 못함을 빗대어 이르는 말.

부르다[2] 동사

불규칙 부르고, 부르지, 부르면, 부르니, 불러, 부릅니다, 불렀다

① 누구를 오도록 말하거나 관심을 가지도록 만들다.

¶ 문 밖에서 누가 나를 부르는 소리가 났다.

¶ 나는 손짓으로 친구를 불렀다.

② 이름이나 명단을 소리 내어 읽으며 대상을 확인하다.

¶ 먼저 이름을 부를 테니 큰 소리로 대답해 주세요.

¶ 선생님은 교실에 들어오자마자 출석을 불렀다.

③ 자신의 말을 받아 적을 수 있게 또박또박 읽다.

¶ 내가 부르는 대로 받아 적어라.

¶ 전화번호를 불러 줄 테니 꼭 전화해라.

④ 곡조에 맞추어 노래의 가사를 소리 내다.

¶ 우리는 함께 노래를 부르면서 길을 걸었다.

⑤ 값이나 액수 따위를 얼마라고 말하다.

¶ 부르는 게 값이라고 할 정도로 요즘 과일 값이 비싸졌다.

¶ 팔 사람이 먼저 값을 부르세요.

⑥ 소리 내어 외치다.

¶ 나는 이제 됐다 싶어 속으로 만세를 불렀다.

⑦ 어떤 상황을 가져오다.

¶ 화가 화를 부르고, 피가 피를 부르며, 전쟁이 전쟁을 부르는 법이다.

⑧ 청하여 오게 하다.

¶ 친구들을 집으로 불렀다.

⑨ 무엇이라고 가리켜 말하거나 이름을 붙이다. 참고 이르다[2]

¶ 앞으로는 형님이라고 부르겠습니다.

¶ 옛날에는 오래 살라는 뜻에서 아이들을 개똥이라고 불렀대.

속담

부르느니 말하지 가까운 거리에 있으면서 불러서 오라고 하기보다는 마주 대고 말을 하는 것이 더 빠르다는 말.

부르는 게(/것이) 값이다 물건을 파는 사람이 마음대로 값을 매긴다는 뜻으로, 값이 일정하지 아니하고 그때그때 달라짐을 이르는 말.

››› '부르다'는 실제로 입으로 말하는 것을 염두에 두고 쓰는 말이다. '이르다'와 '일컫다'는 그렇게 이름을 붙인다는 의미로 쓸 뿐 입말에서는 잘 쓰지 않는다. 올림말 '이르다[2]' 참고.

ㅂ

부문(部門) 명사

일정한 기준에 따라 분류하거나 나누어 놓은 낱낱의 테두리나 갈래. 참고 부분

¶ 그 영화는 연출과 음악 부문에서 상을 받았다.

¶ 과학은 물리학, 화학, 생물학 등 여러 부문으로 나눠진다.

● '부문'과 '부분'

'부문'은 전체를 일정한 기준에 따라서 나눈 일부이고, '부분'은 물리적으로 전체를 가른 일부이다.

¶ 생산 부분(×)/부문(○) 단체와 소비 부분(×)/부문(○) 단체가 모여 협의를 했다.

¶ 사과의 썩은 부분(○)/부문(×)을 도려내었다.

부분(部分) 명사

전체를 몇 개로 나눈 조각 가운데 하나. 참고 부문

¶ 옷 따위의 더러운 부분만 빠는 것을 '지르잡는다'고 한다.

¶ 이 글은 시작 부분에 주제가 드러나 있다.

복합어

공통부분 둘 이상의 물건이나 대상에 두루 통하는 특징. ¶ 우리 두 사람은 공통부분이 많은 편이어서 편하게 사귀고 있다.

대부분 ① 절반이 훨씬 넘어 전체량에 거의 가까운 정도의 수효나 분량. ¶ 회원 대부분이 회의에 참석했다. ② 대체로. 대개. ¶ 문서는 대부분 한국어로 작성되었다.

뒷부분 앞뒤로 나뉜 것의 뒤쪽 일부.

부분적 한 부분에만 한정되거나 관계되는. 또는 그런 것. ¶ 부분적인 현상 / 부분적인 변화

부분집합 하나의 집합이 다른 집합의 부분이 되는 집합.

아랫부분 위아래로 나뉜 것의 아래쪽 일부.

앞부분 앞뒤로 나뉜 것의 앞쪽 일부.

윗부분 위아래로 나뉜 것의 위쪽 일부.

일부분 한 부분. 또는 전체를 여럿으로 나눈 얼마. =일부 ¶ 다달이 수입의 일부분을 떼어서 부모님께 용돈을 보내 드렸다.

● '부분'의 잘못된 사용

전체와 부분의 관계로 환원할 수 없는 경우에도 습관적으로 '부분'이라는 개념을 사용하는 것은 잘못이다. 아래 경우에는 '부분'을 사용하지 않는 것이 좋다.
¶ 이 점이 저에게는 참 어려운 부분입니다(×). →어렵습니다
¶ 경기 침체 장기화가 우리가 가장 우려하는 부분(×)입니다. →우려하는 점

»» '부분'의 앞에 '앞, 뒤, 위, 아래'가 오면 모두 붙여 쓴다. 즉, '앞부분, 뒷부분, 윗부분, 아랫부분'처럼 쓴다. 하나의 단어 곧 복합어로 인정하는 것이다.

× 부비다 '비비다'의 틀린 말.

● '비비다'와 '부비다'
입말에서 흔히 '비비다'를 '부비다'라고 하기도 하는데, '부비다'는 틀린 말이다.
¶ 날씨가 너무 추워 곱은 손을 호호 불며 마주 부벼도(×)/비벼도(○) 소용이 없었다.

○ 부스스 부사 ×부시시

① 부스러기가 흩어지는 모양. 또는 그 소리.
¶ 모래성이 부스스 부스러졌다.
② 앉았거나 누웠다가 천천히 몸을 일으키는 모양.
¶ 딸은 엄마 성화에 마지못해 자리에서 부스스 일어났다.
③ 머리털 같은 것이 몹시 헝클어져 꺼벙한 모양.
¶ 자다 일어났는지 머리가 부스스 헝클어져 있었다.

복합어
부스스하다 몹시 헝클어져 꺼벙하다. ¶ 며칠 머리를 안 감았더니 몹시 부스스했다.

× 부시시 '부스스'의 틀린 말.

● '부스스'와 '부시시'

'으'를 '이'로 잘못 쓰는 예는 다음과 같다.

부시시(×)/부스스(○), 부시시하다(×)/부스스하다(○)
부시럭거리다(×)/부스럭거리다(○), 부실부실하다(×)/부슬부슬하다(○)
으시시(×)/으스스(○), 으시시하다(×)/으스스하다(○)
으실으실하다(×)/으슬으슬하다(○)

우리는 '으' 계열을 표준으로 삼고 있는데, 북한에서는 '이' 계열을 표준으로 삼고 있다. 즉, 앞의 것은 북한의 문화어이고 뒤의 것이 남한의 표준어이다.

부치다[1] 동사

규칙 부치고, 부치어/부쳐, 부친, 부칩니다, 부치었다/부쳤다

능력이나 힘이 모자라거나 미치지 못하다.

¶ 늘그막에 글을 쓰려니 힘이 조금 부친다.

¶ 그 일은 내 능력에 부쳐서 포기하겠다.

부치다[2] 동사

규칙 부치고, 부치어/부쳐, 부친, 부칩니다, 부치었다/부쳤다

부채를 움직여 바람을 일으키다.

¶ 더위를 쫓기 위해서 연신 부채를 부쳐 보지만 역부족이다.

복합어

부채 손으로 잡고 바람을 일으키는 물건.

부치다[3] 동사

규칙 부치고, 부치어/부쳐, 부친, 부칩니다, 부치었다/부쳤다

① 편지나 소포 따위를 보내다.

¶ 편지를 부치려고 우체국에 왔다.

¶ 다른 지역에서 공부하는 자식에게 용돈을 부쳤다.

② 어떤 문제를 다른 곳이나 다른 기회로 넘기어 맡기다.

¶ 이 안건을 전체 회의에 부칩시다.

¶ 헌법 개정안을 국민 투표에 부치기로 하였다.

③ 어떤 일을 거론하거나 문제 삼지 아니하는 상태에 있게 하다.

¶ 그 일은 비밀에 부쳐야 합니다.

¶ 이번 잘못은 특별히 불문에 부치겠다.

④ 먹고 자는 일을 제집이 아닌 다른 곳에서 하다.

¶ 서울에 계시는 삼촌 집에 숙식을 부치고 있다.

⑤ 행사나 특별한 날에 즈음하여 의견이나 감정을 나타내다.

¶ 봄에 부치는 노래

¶ 한글날에 부치는 글

부치다[4] 동사

규칙 부치고, 부치어/부쳐, 부친, 부칩니다, 부치었다/부쳤다

논밭을 다루어 농사를 짓다.

¶ 논 몇 마지기와 밭 몇 뙈기 부치는 정도로는 먹고살기가 쉽지 않다.

부치다[5] 동사

규칙 부치고, 부치어/부쳐, 부친, 부칩니다, 부치었다/부쳤다

부침개를 만들다.

¶ 설을 앞두고 전을 부치느라 부산했다.

¶ 아침에는 부친 달걀에 빵 한 조각이면 충분하다.

복합어

달걀부침 달걀을 씌워서 번철이나 프라이팬 따위에 지진 음식을 통틀어 이르는 말.

부침개 빈대떡, 누름적, 저냐 따위를 통틀어 이르는 말.

부침개질 부침개를 만드는 일. =부침질, 지짐질

부탁(付託) 명사

어떤 일을 해 달라고 청하거나 맡김. 또는 그 일거리. 참고 당부, 청탁

¶ 여러분께 부탁을 하나 드리겠습니다.

¶ 도와 달라는 친구의 부탁을 받았다.

¶ 사사로운 부탁은 하지 마세요.

복합어

부탁하다 어떤 일을 해 달라고 청하거나 맡기다. ¶ 아버지께 제자가 주례를 서 달라고 부탁해 왔다.

'부탁'과 '청탁'

'부탁'과 '청탁'은 의미상으로 특별히 다르다고 볼 수는 없다. 그래서 글말체이기도 하고 조금 더 어렵게 느껴지는 '청탁'을 쉬운 말인 '부탁'으로 바꿔 쓰자는 주장이 나오게 되었다. 국립국어원이 '청탁'의 순화어로 '부탁'을 제시한 것은 그런 생각을 반영한 것이다. 그러나 의미상으로 구별되지 않는다고 해서 용법이 완전히 같다고 말하기는 어렵다. '부탁'은 주로 개인끼리 하는 요청인 반면에 '청탁'은 공적인 업무와 관련하여 하는 요청인 경우가 많고 특히 약간의 부정적 의미를 포함하기 때문이다. 아래 예문을 보면 이를 어느 정도 인정할 수 있을 것 같다.

¶ 이웃 아주머니에게 아이를 좀 봐 달라고 부탁했다.

¶ 세무사에게 우리 회사 세무를 봐 달라고 부탁했다.

¶ 세금을 깎아 달라고 세무 공무원에게 청탁했다.

¶ 국회 의원을 동원하여 인사 청탁을 한 사람도 있다.

부프다 형용사

불규칙 부프고, 부퍼, 부퍼서, 부픈, 부픕니다, 부펐다

① 무게는 나가지 아니하지만 부피가 크다.

¶ 짐이 너무 부퍼서 가지고 다니기 힘들다.

② 성질이나 말씨가 매우 급하고 거칠다.

¶ 윗사람의 성미가 너무 부프니 아랫사람들이 몹시 어려워한다.

복합어

부픈짐 무게에 비하여 부피가 매우 큰 짐.

부피 올림말 '부피' 참고.

부피 명사

물건이 차지하고 있는 공간 부분의 크기. 부픈 정도. =체적

복합어

부피감 부피가 있는 느낌. 부픈 느낌.

● '부피'와 '부프다'

수학이나 물리학에서 쓰는 '부피'라는 말은 '부프다'의 명사형이다. '부프다'의 어근 '부프-'에 접미사 '-이'를 붙여 만든 명사이다. 아래의 명사들도 같은 방식으로 만들어졌다.

넓다+-이=넓이, 높다+-이=높이, 길다+-이=길이

깊다+-이=깊이, 무겁다+-이=무게

북돋다 동사

규칙 북돋고, 북돋아, 북돋아서, 북돋는, 북돋네, 북돋습니다, 북돋았다

'북돋우다'의 준말.

¶ 위문편지가 군인들의 사기를 북돋아 주었다.

북돋우다 동사 ㉾ 북돋다

규칙 북돋우고, 북돋우니, 북돋워서, 북돋웁니다, 북돋웠다

기운이나 정신이 더욱 나게 심리적으로 격려하다.

¶ 부모님은 나에게 늘 용기를 북돋워 주신다.

분수[1] (分數) 명사

어떤 수(분자)를 0이 아닌 다른 수(분모)로 나눈 모양을 나타낸 수. 정수로 나타낼 수 없는 수를 적는 데 쓸모가 있다.

복합어

가분수 ① 분자가 분모보다 큰 분수. ② 몸집에 비해 머리가 큰 사람을 놀리는 말.

분수식 분수를 포함하는 유리식.

분수[2] (分數) 명사

① 자기에게 주어지는 몫의 양.

¶ 사람은 분수를 지키며 살아야 한다.

¶ 그는 분수에 넘치는 사치를 하다가 결국 재산을 모두 탕진하고 말았다.

② 사물을 분별하는 슬기.

¶ 그런 무지한 사람이 어찌 분수를 알겠습니까?

③ (주로 '있다'와 함께 쓰여) 지켜야 할 한계. 또는 이를 수 있는 한계.

¶ 아닌 밤중에 홍두깨도 분수가 있지, 한밤중에 웬 소란이냐?

복합어

분수없다 ① 무엇을 분별할 지혜가 없다. 생각하고 헤아리는 슬기가 없다. ② 자기 분수를 지킬 통제력이나 판단력이 없다.

분수없이 분수없게. ¶ 그렇게 분수없이 행동하지 마라.

분지르다 동사

불규칙 분지르고, 분질러, 분지른, 분지릅니다, 분질렀다

꺾어서 둘로 나뉘게 하다.

¶ 마른 나뭇가지를 분질러 불을 붙였다.

¶ 놀부가 제비 다리를 일부러 분지른 뒤에 헝겊으로 동여매었다.

붇다 동사

불규칙 붇고, 불으니, 불어, 불어서, 붇는, 불은, 붇는다, 붇습니다, 불었다

① 물에 젖어서 부피가 커지다.

¶ 쌀이 아직 붇지 않아서 밥을 안치기 어렵다.

¶ 때가 불어야 벗기기 쉬우니 몸을 물에 담가라.

② 수량이 많아지다.

¶ 몸무게가 이렇게 많이 붇다니 놀랍다.

¶ 폭우가 쏟아져 갑자기 개울물이 불었다.

③ (주로 '몸'에 쓰여) 살이 찌다. 참고 붓다[1]

¶ 요즘 운동을 소홀히 했더니 몸이 좀 불었다.

● '붇다'의 형태 바뀜

'붇다'는 자음으로 시작하는 어미 앞에서는 어간이 바뀌지 않고, 모음으로 시작하는 어미 앞에서는 'ㄷ'이 'ㄹ'로 바뀐다. 따라서 자음으로 시작하는 어미를 붙이는 경우에는 '붇고, 붇게, 붇다니, 붇지, 붇는, 붇습니다'처럼 쓰고, 모음으로 시작하는 어미를 붙이는 경우에는 '불어, 불으니, 불은, 불어서, 불어요, 불었습니다'처럼 쓴다. 그러므로 자음으로 시작하는 어미 앞에서 'ㄷ'을 'ㄹ'로 바꾸는 것은 잘못이다.

¶ 비가 조금 내려서 냇물이 별로 붇지(○)/불지(×) 않았다.

¶ 비가 내리면 개울은 금방 물이 붇는다(○)/불는다(×)/분다(×).

그리고 'ㄹ'로 바뀐 받침은 생략하면 안 된다.

¶ 금방 불은(○)/분(×) 강물이 넘쳐 강가의 집들을 삼켰다.

> ● '붇다'와 '붓다[1]'
>
> '붇다'는 전체가 팽창하거나 물에 젖어 부피가 늘어난 경우를 가리키고, '붓다'는 대개 몸의 일부가 비정상적으로 부풀어 오른 경우를 가리킨다. '몸이 붇는다'라고 하면 살이 많이 쪄서 몸집이 커진 경우를 가리킨다. '얼굴이 붓는다'라고 하면 얼굴이 비정상적으로 부푼다는 뜻이다.
>
> ¶ 운동을 안 하고 밥을 많이 먹으니 몸이 금방 불었다.(←붇다+-었다)
>
> ¶ 하루 종일 걸었더니 종아리가 부었다.(←붓다+-었다)

불과(不過) 부사

(주로 수량을 나타내는 말 앞에 쓰여) 그 수량에 지나지 아니한 상태임을 이르는 말. =겨우

¶ 그 사실을 아는 사람은 불과 몇 명뿐이었다.

¶ 불과 몇 달 사이에 흰머리가 잔뜩 생겼다.

¶ 남은 양식은 불과 두 바가지 정도이다.

복합어

불과하다 ① 그 수량에 지나지 아니한 상태이다. ¶ 우리 학교는 전교생이 여섯 명에 불과하다. / 삼 년 동안 모은 돈이 삼백만 원에 불과해. ② 그 수준을 넘지 못한 상태이다. ¶ 변치 않는 사랑이란 환상에 불과하다.

> ● '불과'의 용법
>
> '불과'는 '겨우'와 용법이 거의 같다. '불과'는 '불과 얼마뿐이다.', '불과 얼마밖에 안 된다.', '불과 얼마 정도이다.'처럼 '뿐, 밖에, 정도' 같은 말과 호응한다. 그러나 '불과 얼마에 지나지 않는다.'라고 하는 것은 의미 중복이다. '불과'에 이미 '지나지 않은 상태'의 의미가 있기 때문이다.
>
> ¶ 만날 사람은 불과 두 명에 지나지 않는다. →만날 사람은 두 명에 지나지 않는다.
>
> →만날 사람은 불과 두 명이다.

불끈 부사

① 힘차게 치밀거나 솟아오르는 모양.

¶ 새해 아침 해가 수평선 위로 불끈 솟았다.

¶ 힘을 주니 팔뚝에 지렁이 같은 핏줄이 불끈 솟는다.

② 흥분하여 성을 월컥 내는 모양. 참고 불쑥

¶ 내가 거짓말을 하자 아버지가 화를 불끈 냈다.

③ 힘을 주어 주먹을 꽉 쥐는 모양.

¶ 한번 해 보자고 불끈 주먹을 쥐었다.

복합어

불끈거리다 자꾸 불끈 솟거나 화를 내거나 힘을 주다. =불끈대다 ¶ 기분이 나쁘다고 불끈거리지 말고 참아라.

불끈불끈 자꾸 불끈거리는 모양.

● '불끈'과 '불쑥'

화가 치미는 상태를 꾸미는 부사로서 '불끈'과 '불쑥'을 쓸 수 있는데 용법이 조금 다르다. '불끈'은 화를 낼 만한 정당한 이유가 있어서 힘주어 화를 내는 행위에 쓰는 말이다. '불쑥'은 참을성 없이 앞뒤 가리지 않고 다짜고짜 화를 내는 행위를 꾸미는 말이다.

¶ 그 친구는 불끈 화를 내더니 우리더러 책임을 지라고 강하게 요구했다.

¶ 그 친구는 불쑥 화를 내더니 문을 쾅 닫고 나가 버렸다.

불다 동사

불규칙 불고, 불면, 불어, 부는, 분다, 부네, 붑니다, 불었다

① 바람이 일어나서 어느 방향으로 움직이다.

¶ 봄이 되니 따뜻한 바람이 분다.

② 유행, 풍조, 변화 따위가 일어나 휩쓸다.

¶ 복고 열풍이 불어 너도나도 옛날 차림을 하고 다닌다.

¶ 언제부터인가 다이어트 바람이 세차게 불었다.

③ 입을 오므리고 날숨을 내어보내어 입김을 내거나 바람을 일으키다.

¶ 입김을 호호 불면서 종종걸음을 하는 아이들이 눈에 띈다.

¶ 풍선을 세게 불다가 그만 풍선을 터뜨리고 말았다.

④ 입술을 좁게 오므리고 그 사이로 숨을 내쉬어 소리를 내다.

¶ 사내아이들이 휘파람을 불며 골목길을 내려갔다.

⑤ 코로 날숨을 세게 내어보내다.

¶ 아직 화가 덜 풀린 형은 코를 씩씩 불며 동생을 노려보았다.

⑥ 관악기를 입에 대고 숨을 내쉬어 소리를 내다.

¶ 소년은 피리를 불고 양 떼는 한가로이 풀을 뜯어 먹었다.

¶ 우리 악단에 나팔을 잘 부는 사람이 필요하다.

⑦ (속되게) 숨겼던 죄나 감추었던 비밀을 사실대로 털어놓다.

¶ 조사자는 내가 아는 대로 모두 불면 보내 주겠다고 했다.

복합어

불어넣다 어떤 생각이나 느낌을 가질 수 있도록 영향이나 자극을 주다. ¶ 여행은 일상에 활력을 불어넣는다. / 아이들에게 희망과 용기를 불어넣어 주세요.

불어닥치다 ① 바람이 몹시 세게 불어오다. ¶ 강풍이 불어닥쳐 지붕이 날아갔다. ② 유행, 풍조, 변화 따위가 강하게 들어오다. ¶ 본격적으로 불황이 불어닥쳤다.

불어오다 ① 바람이 이쪽으로 불다. ¶ 산 너머에서 남풍이 불어오고 있다. ② 어떤 경향이나 사조 따위가 영향을 끼쳐 오다. ¶ 만세 열풍이 시골 마을까지 불어왔다.

불어제치다 바람이 세차게 불다. ¶ 저녁이 되자 바람이 더욱 세차게 불어제쳤다.

속담

불고 쓴 듯하다 깨끗하게 아무것도 남은 것이 없는 경우를 빗대어 이르는 말.

불면 꺼질까 쥐면 터질까 어린 자녀를 애지중지하여 기르는 부모의 사랑을 빗대어 이르는 말.

불면 날아갈 듯 쥐면 꺼질 듯 몸이 마르고 매우 허약한 사람을 빗대어 이르는 말.

불리다[1] 동사

규칙 불리고, 불리어/불려, 불린다, 불립니다, 불리었다/불렸다

배 따위가 부르게 하다. '부르다[1]'의 사동형.

¶ 제 배만 불리는 정치인을 선거로 심판해야지.

¶ 배를 충분히 불렸으면 이제 떠날 준비를 하자.

불리다[2] 동사 ×불리우다

규칙 불리고, 불리어/불려, 불린다, 불립니다, 불리었다/불렸다

부름을 당하다. '부르다[2]'의 피동형.

¶ 이곳에서 그는 장군으로 불린다.

¶ 학생들은 한 명씩 선생님께 불려 나갔다.

¶ 이 노래가 요새 사람들에게 가장 많이 불리는 노래이다.

불리다[3] 동사

규칙 불리고, 불리어/불려, 불린다, 불립니다, 불리었다/불렸다

'불다'의 피동형.

¶ 나뭇가지가 바람에 불려 흐느적거린다.

불리다[4] 동사

규칙 불리고, 불리어/불려, 불린다, 불립니다, 불리었다/불렸다

붇게 하다. '붇다'의 사동형.

¶ 온탕에서 때를 불리면 손쉽게 때를 밀 수 있다.

¶ 운동선수를 하려면 지금보다 더 몸집을 불려야 한다.

¶ 월급만 가지고는 살림을 불리기가 매우 어렵다.

✕ 불리우다 '불리다[2]'의 틀린 말.

¶ 그의 노래는 젊은이들 사이에서 많이 불리운다(×)/불린다(○).

○ 불쑥 부사

① 갑자기 쑥 나오거나 내미는 모양.

¶ 둥근 해가 수평선 위로 불쑥 솟아올랐다.

¶ 악수를 하려고 손을 불쑥 내밀었다.

② 갑자기 쑥 나타나거나 생기거나 하는 모양.

¶ 네가 불쑥 방에 들어와서 깜짝 놀랐어.

③ 갑자기 좋지 않거나 불안한 마음이 생기거나 생각이 떠오르는 모양. 참고 불끈, 대뜸

¶ 그 일을 생각하니 화가 불쑥 치솟는다.

④ 앞뒤 생각 없이 말을 함부로 하는 모양.

¶ 그는 다 지난 일을 불쑥 꺼내 내 속을 뒤집어 놓았다.

¶ 남의 말에 불쑥 끼어들지 마라.

복합어

불쑥거리다 =불쑥대다 ① 사람이나 사물 또는 생각이 갑자기 쑥 내밀듯이 나오거나 떠오르다. ② 자꾸 앞뒤 생각 없이 말을 함부로 하다.

불쑥불쑥 여럿이 자꾸 불쑥거리는 모양. ¶ 남의 말에 불쑥불쑥 끼어들면 안 된다.

불쑥하다 불룩하게 쑥 나오거나 내밀어져 있다.

● '불쑥'과 '문득'

갑작스럽게 어떤 생각이 드는 경우에 '불쑥'과 '문득'을 모두 쓴다. 같은 생각이라도 당사자에게 좋지 않은 생각, 근심 같은 것이 드는 경우에는 '문득'보다는 '불쑥'이 더 자연스럽다.

¶ 오늘 나쁜 일이 일어날 것 같은 생각이 불쑥 들었다.

¶ 문득 오늘 좋은 일이 있을 것 같은 생각이 들었다.

불어나다 동사

규칙 불어나고, 불어나, 불어나는, 불어난, 불어납니다, 불어났다

① 수량 따위가 본디보다 커지거나 많아지다.

¶ 폭우로 개울물이 순식간에 불어나서 건널 수 없었다.

¶ 빚이 눈덩이처럼 불어났다.

② 몸집 따위가 커지다.

¶ 운동을 안 하고 먹기만 했더니 몸이 많이 불어났다.

붓다[1] 동사

불규칙 붓고, 부으니, 부어, 붓는, 부어요, 붓습니다, 부었다

① 병이나 상처로 인해 살갗이 부풀어 오르다. 참고 붇다

¶ 다리가 부은 데를 누르니 땡땡하다.

¶ 밤늦게 라면을 먹고 잤더니 얼굴이 부었다.

② 성이 나서 부루퉁하게 되다.

¶ 그는 잔뜩 부은 얼굴로 우리의 부탁을 거절했다.

관용 표현

부어오르다 살갗 따위가 부어서 부풀어 오르다. ¶ 모기에 물린 자리가 부어올랐다.

부어터지다 ① 부풀어서 터지다. ② (속되게) 잔뜩 화가 나다. ¶ 여행을 못 간다고 하니 아이가 부어터진 얼굴을 했다.

● '붓기'와 '부기'

'붓다[1]'을 문장 안에서 '붓기'로 바꾸어 쓰는 경우가 있다. '요즘 몸이 자주 붓기 때문에 외출을 하지 못한다.'라거나 '밤에 음식을 먹고 자면 얼굴이 붓기 쉽다.'라고 할 때 쓴 '붓기'가 그런 경우이다. 이 말을 몸이 부은 상태를 가리키는 한자어 '부기(浮氣)'와 혼동하여 쓰면 안 된다.

¶ 전봇대에 이마를 부딪쳐서 생긴 붓기(×)/부기(○)가 아직 남아 있다.

¶ 산후 조리를 잘못하여 붓기(×)/부기(○)가 좀처럼 빠지지 않는다.

¶ 살이 찐 것이 아니라 붓기(×)/부기(○) 때문에 그렇게 보인 것이다.
위 예문에서 쓰인 '붓기'는 '부기'의 잘못이다. '붓기'는 긴소리이고, '부기'는 짧은소리이다. '붓기'는 된소리 [부끼]로 발음하지만, '부기'는 예사소리 [부기]로 발음한다.

붓다[2] 동사

불규칙 붓고, 부으니, 부어, 붓는, 부어라, 부어요, 붓습니다, 부었다

① 무엇을 쏟아 어디에 담다.

¶ 쓰레기를 쓰레기통에 부었다.

¶ 밑 빠진 독에 물을 붓는 어리석은 짓은 하지 마라.

② 씨앗을 배게 뿌리다.

¶ 모판에 볍씨를 붓는 작업이 끝났다.

③ 부금 따위를 때에 맞추어 치러 주다.

¶ 큰언니는 다달이 적금을 붓고 있다.

복합어

내리붓다 비, 눈 따위가 많이 오다. ¶ 함박눈이 하루 종일 내리붓는다.

내리퍼붓다 ① 눈이나 비 따위가 계속하여 힘차게 오다. ¶ 몇 시간째 장대 같은 비가 내리퍼붓고 있다. ② 물 따위를 아래로 마구 쏟다. ¶ 불이 나자 소방관이 소방 호스로 물을 내리퍼부었다.

들어붓다 ① 비 따위가 퍼붓듯이 쏟아지다. ¶ 소나기가 들어붓는다. ② 담긴 물건을 들어서 붓다. ¶ 동이의 물을 두멍에 들어부었다. ③ 술을 퍼붓듯이 들이마시다. ¶ 빈 속에 술만 들어부으면 속탈이 나기 쉽다.

들이붓다 ① 안쪽으로 쏟아 넣다. ¶ 물을 가마솥에 들이부었다. ② 마구 붓다. ¶ 나물에 참기름을 적당히 넣어야지 그렇게 들이부으면 안 돼.

들이퍼붓다 ① 비나 눈 따위가 마구 쏟아지다. ② 욕 따위를 마구 하다. ¶ 그는 속이 시원해질 때까지 욕을 들이퍼부었다.

쏟아붓다 ① 비 따위가 많이 쏟아지다. ¶ 장대비가 쏟아붓더니 이내 그쳤다. ② 담긴

물건을 쏟으면서 붓다. ¶ 저금통에 들어 있는 돈을 바닥에 쏟아부었다. ③ 저주, 욕설, 비난 따위를 많이 하다. ¶ 그렇게 악담을 쏟아붓다니! ④ 애정, 열정, 노력, 물자 따위를 아낌없이 많이 보내거나 바치다. ¶ 쓸데없는 일에 세금을 너무 많이 쏟아부은 결과 나라 살림에 빨간불이 켜졌다. ⑤ 총이나 포 따위를 한곳에 집중적으로 많이 쏘다. ¶ 적진에 포탄을 쏟아부었다.

● '붓다'의 형태 바뀜

'붓다'에 모음으로 시작하는 어미가 오면 'ㅅ'이 탈락하는 현상이 일어난다. 따라서 '부으면, 부으니, 부은, 부어서, 부어라, 부었다'처럼 바뀐다. 이때 '부으면, 부으니, 부은'이 '부면, 부니, 분'처럼 줄어들지 않는다.

¶ 동생은 울어서 퉁퉁 부은(○)/분(×) 눈으로 나를 보았다.

¶ 뜨거운 냄비에 물을 부으면(○)/부면(×) 뜨거운 물방울이 튀기 쉽다.

ㅂ

붙박다 동사

규칙 붙박고, 붙박으니, 붙박아, 붙박는다, 붙박습니다, 붙박았다

움직이거나 다른 곳으로 옮겨 가지 못하도록 꼭 붙이거나 박아 놓다.

¶ 화장실 거울은 벽에 붙박아 놓아야 안전하다.

¶ 우체통을 우리 가게 앞에 붙박아 두어 무척 편리하다.

붙박이 명사

어느 한 자리에 정한 대로 박혀 있어서 움직임이 없는 상태. 또는 그런 사물이나 사람.

¶ 요즘은 웬만한 집에서는 장롱을 붙박이로 설치한다.

복합어

붙박이별 상대 위치를 바꾸지 않는 별. =항성 참고 떠돌이별

붙박이장 벽에 붙어 옮길 수 없게 만든 장.

붙박이창 여닫지 못하게 만든 창.

○ 붙박이다 [동사] ×붙박히다

[규칙] 붙박이고, 붙박이어/붖박여, 붙박인, 붙박인다, 붙박이었다/붙박였다

'붙박다'의 피동형.

¶ 돌림병에 걸릴까 무서워 외출하지 않고 집에 붙박여 있다.

¶ 아버지는 주말이면 하루 종일 집 안에만 붙박여 계신다.

× 붙박히다 '붙박이다'의 틀린 말.

○ 비기다[1] [동사]

[규칙] 비기고, 비기어/비겨, 비긴, 비깁니다, 비기었다/비겼다

서로 비금비금하여 승부를 가리지 못하다. ㊥ 맞비기다

¶ 이번 축구 경기에서 한국은 일본과 비겼다.

¶ 두 팀이 비기면 다른 팀이 결승전에 진출한다.

복합어

맞비기다 서로 엇비슷하여 승부가 나지 아니하다. ㊥ 비기다

비김 이기지도 않고 지지도 않은 승부.

○ 비기다[2] [동사]

[규칙] 비기고, 비기어/비겨, 비긴, 비깁니다, 비기었다/비겼다

줄 것과 받을 것을 서로 없는 것으로 치다. ㊥ 상쇄하다, 에끼다

¶ 서로 꾼 돈이 비슷해서 나는 친구와 주고받을 것을 비기기로 했다.

○ 비기다[3] [동사]

[규칙] 비기고, 비기어/비겨, 비긴, 비깁니다, 비기었다/비겼다

① 견주어 보다.

¶ 부모님 은혜를 무엇에 비길 수 있을까?

¶ 음식 솜씨로 말하면 나는 언니와 비길 수 없다.

② 빗대어 말하다.

¶ 사랑을 꿀에 비기는 것은 썩 적절하지 않은 것 같다.

¶ 인생은 마라톤에 비길 수 있다.

비꼬다 동사

규칙 비꼬고, 비꼬아/비꽈, 비꼰, 비꼴, 비꼽니다, 비꼬았다/비꽜다

① 비틀어서 꼬다.

¶ 새끼는 짚 세 가닥을 비꼬아서 만든다.

② 몸을 바로 가누지 못하고 비비 틀다.

¶ 아이가 부끄러워 팔다리를 비꼰다.

③ 엇먹게 말하다. 남의 말을 빈정거리다.

¶ 너는 왜 남의 말을 그렇게 비꼬아서 듣니?

¶ 내 말을 비꼬지 마라.

비꼬이다 동사

규칙 비꼬이고, 비꼬이어/비꼬여, 비꼬인, 비꼬입니다, 비꼬이었다/비꼬였다

① 비틀어 꼬이다. 몸이 비비 틀리다. '비꼬다'의 피동형.

¶ 끈이 비꼬여 있다.

¶ 술에 취해서 다리가 자꾸 비꼬인다.

② 일이 잘못 진행되다.

¶ 하는 일마다 비꼬여서 되는 일이 하나도 없다.

③ 마음이 뒤틀려 그릇되게 나아가다.

¶ 무슨 일로 심사가 그리 비꼬였니?

비끼다 동사

규칙 비끼고, 비끼어/비껴, 비낀, 비낄, 비낍니다, 비끼었다/비꼈다

① 옆으로 비스듬히 비치다.

¶ 노을에 비낀 구름이 연보랏빛으로 곱게 물들었다.

¶ 남북으로 비낀 은하수가 밤하늘을 아름답게 수놓았다.

② 비스듬히 놓이거나 늘어지다.

¶ 내 등 뒤로 그림자가 길게 비꼈다.

③ 비스듬하게 차거나 놓거나 하다.

¶ 영희가 맞은편에 고개를 비낀 채 앉아 있다.

④ 얼굴에 어떤 표정이 잠깐 드러나다.

¶ 그이 입가에 옅은 웃음이 비꼈다.

복합어

비껴가다 ① 비스듬히 스쳐 지나다. ¶ 공이 골대를 살짝 비껴갔다. ② 어떤 감정, 표정, 모습 따위가 얼굴에 잠깐 스쳐 지나가다. ¶ 그의 눈에 후회하는 빛이 비껴갔다.

비껴들다 비스듬히 들다. ¶ 창을 비껴들고 적을 노려본다.

비껴쓰다 모자 따위를 옆이나 뒤로 비스듬히 쓰다.

비는

동사 '빌다'의 관형사형.

¶ 흉년이라 밥을 비는 사람이 많았다.

¶ 자식의 합격을 비는 어머니의 마음이 오죽 간절하겠니.

비니

동사 '빌다'의 연결형. 또는 종결형.

¶ 잘못했다고 비니 용서할게.

¶ 무슨 소원을 그리 간절하게 비니?

비다 동사

규칙 비고, 비니, 비어, 비는, 빈, 빕니다, 비었다

① 속에 아무것도 없다.

¶ 대나무 줄기는 속이 비어 있다.

¶ 집 안이 텅 비니 쓸쓸하다.

② 지닌 것이 없다.

¶ 호주머니가 비면 힘이 빠지는 법이다.

③ 땅 위에 아무것도 세워져 있지 않다.

¶ 빈 마당에는 잡풀만 무성하였다.

④ 원래 있던 것 가운데서 얼마가 모자라다.

¶ 돈이 좀 비는 것 같은데.

복합어

빈말 ① 실속이 없는 말. 헛된 말. ② 실행하지 못할 말. ③ 속마음과 다르게 짐짓 해 보는 말.

빈방 ① 사람이 없는 방. ② 아무도 살지 않고 비워 둔 방.

빈속 아무것도 먹지 않은 배 속. =공복

빈손 아무것도 지니지 않은 손. =맨손

빈자리 ① 아무것도 놓여 있지 않은 자리. ② 사람이 앉지 않아 비어 있는 자리.

빈주먹 아무것도 가지지 못한 주먹. =맨주먹

빈집 ① 아무도 살지 않는 집. ② 식구들이 모두 나가 비어 있는 집.

빈칸 비어 있는 칸. ¶ 빈칸에 답을 빼곡히 적어 넣었다.

빈털터리 재물을 다 써 없애고 아무것도 없는 사람.

빈틈 사이가 떨어져 비어 있는 부분. 모자란 부분.

빈틈없다 ① 비어 있는 곳이 없다. ② 허술한 데가 없이 야무지고 철저하다.

빈틈없이 ① 비어 있는 곳이 없이. ② 허술한 데가 없이 야무지고 철저하게.

비로서 '비로소'의 틀린 말.

비로소 부사 ×비로서

처음으로.

¶ 어버이의 은혜를 오늘에야 비로소 깨닫게 되었다.

¶ 잃고 난 뒤에야 비로소 소중한 줄 알게 된다.

비록 부사

(어미 '-더라도', '-지만'과 함께 쓰여) 어떤 조건을 가정으로 내세울 때 쓰는 말.

¶ 비록 내가 운동은 못 하지만 팔씨름은 이길 수 있어.

¶ 비록 그것이 사실이더라도 나는 인정할 수 없다.

비리다 형용사

규칙 비리고, 비리어/비려, 비린, 비릴, 비립니다, 비리었다/비렸다

① 날콩을 씹는 맛과 같다. 피의 냄새와 같다.

¶ 수산 시장에 가면 생선의 비린 냄새가 물씬물씬 풍긴다.

¶ 날콩을 먹으면 몹시 비립니다.

② 하는 짓이 좀스럽고 구차스러워서 더럽고 아니꼽다.

¶ 그렇게 비리게 굴 것은 또 무어냐?

¶ 제발 그 비린 소리는 그만하게.

③ 너무 적어서 마음에 차지 않다.

¶ 그는 비린 임금을 받고도 열심히 일했다.

복합어

물비린내 물에서 나는 비릿한 냄새.

비리비리하다 ① 몹시 비리다. ② 좀스럽거나 구차스럽게 굴어 몹시 비위에 거슬리는 데가 있다.

비리척지근하다 좀 비린 듯하다. ㉾ 비리치근하다

비린내 물고기, 날콩, 동물의 피에서 나는 냄새.

젖비린내 ① 젖에서 풍기는 비릿한 냄새. ② 유치한 느낌을 빗대어 이르는 말. =젖내

비비다 동사 ×부비다

규칙 비비고, 비비어/비벼, 비빈, 비빕니다, 비비었다/비볐다

① 고루 섞이도록 함께 버무리다.

¶ 나물을 넣고 밥을 비빈다.

¶ 짜장면은 고루 비벼서 먹어야 맛이 있다.

② 맞대어 문지르다.

¶ 손이 시려서 두 손을 마주 비볐다.

¶ 아이가 엄마에게 뺨을 비비며 좋아한다.

③ 몇 가닥을 손바닥에 넣고 움직여서 꼬이게 만들다.

¶ 새끼는 손으로 비벼서 꼰다.

¶ 창호지를 비벼서 등잔 심지를 만들었다.

④ ('손'과 함께 쓰여) 다른 사람의 비위를 맞추거나 아부하는 행동을 하다.

¶ 부장은 사장 앞에서 손을 너무 비빈다.

⑤ 많은 사람 틈에서 부대끼며 살아가다.

¶ 좁은 방에서 여럿이 비비며 살고 있다.

¶ 그 친구들과 오랫동안 비비고 살아서 정이 많이 들었다.

복합어

볼비빔 사랑스러워 볼을 대고 비비는 일.

비비대다 자꾸 대고 비비다.

비비송곳 자루를 두 손바닥으로 비벼서 구멍을 뚫는 송곳.

비비적거리다 자꾸 비비다.

비비적비비적하다 무엇을 맞대어 자꾸 비비다.

비빔 밥이나 국수 따위에 고기나 나물을 넣고 양념이나 고명을 섞어서 비빈 음식.

비빔밥 밥에 여러 가지 양념과 나물, 고기 따위를 넣어 비빈 밥.

● ‘비비 꼬다’와 ‘비비 틀다’

‘비비’는 여러 번 꼬이거나 뒤틀린 모양을 나타내는 부사로서 ‘배배’의 큰말이다. 따라서 ‘비비 꼬다’와 ‘비비 틀다’처럼 뒤의 동사와 띄어서 써야 한다. ‘비비꼬다’, ‘비비틀다’는 현재 한 단어로 인정되지 않아 《표준국어대사전》이 올림말로 삼지 않았다.

비추다 동사

규칙 비추고, 비추어/비춰, 비춘, 비춥니다, 비추었다/비췄다

① 대상에 빛을 보내어 그것을 밝게 하다. 참고 비치다

¶ 방에서 새어 나오는 불빛이 희미하게 마당을 비추었다.

¶ 손전등으로 방 안을 비춰 보았다.

② 빛을 받게 하거나 빛이 통하게 하다.

¶ 햇빛에 필름을 비춰 보았다.

¶ 엑스선에 가슴을 비추어 사진을 찍는다.

③ 거울 따위에 어떤 물체의 모습이 나타나게 하다.

¶ 거울에 얼굴을 비춰 보니 주근깨가 더 늘었다.

④ (주로 ‘…에 비추어’ 구성으로 쓰여) 어떤 것과 관련하여 견주어 보다.

¶ 내 경험에 비추어 볼 때 이 사업은 성공하기가 어렵다.

¶ 상식에 비추어 생각해 보면 네 행동은 지나친 감이 있다.

비추이다 동사

규칙 비추이고, 비추이어/비취어, 비추인, 비추입니다, 비추이었다/비취었다

‘비추다①, ③’의 피동형.

¶ 불꽃놀이에 비추인 밤하늘은 무척 아름다웠다.

¶ 가로등 불빛에 비추인 그녀의 얼굴이 몹시 창백해 보였다.

● '비추이다'와 '비치다'

'비추이다'는 '비추다'의 피동형이다. 비추는 행위를 받는 기능을 한다. '비추이다'를 쓰려면 반드시 '비추는' 주체와 객체가 있어야 한다.

¶ 그녀의 얼굴이 가로등 불빛에 비추인다.(=가로등 불빛이 얼굴을 비춘다.)

이처럼 주어와 목적어가 있어야 이것을 피동으로 바꾸어 '비추이다'를 사용할 수 있다.

이에 비해서 '비치다'는 자동사이므로 주어가 능동적이어야 한다.

¶ 등대의 불빛이 우리 배에 비치자 환호성이 터졌다.(=빛이 비친다.)

¶ 사람의 그림자가 창에 비친다.(=그림자가 비친다.)

이런 차이가 있기 때문에 '비치다'를 쓸 자리에 '비추이다'를 쓰면 안 된다.

¶ 거울에 비추이는(×)/비치는(○) 내 얼굴이 몹시 피곤하게 보인다.

¶ 개울을 건너려는데 내 얼굴이 물에 비추인다(×)/비친다(○).

¶ 고요한 마을에 달빛이 비취었다(×)/비쳤다(○).

ㅂ

비치다 동사

규칙 비치고, 비치니, 비치어/비쳐, 비친, 비칩니다, 비치었다/비쳤다

① 해, 달, 불 따위가 빛을 주어 환하게 되다. 참고 비추다

¶ 먼동이 트자 햇빛이 창문 틈으로 비쳐 들어왔다.

¶ 어두워진 마을에 달빛이 비치니 아름답게 느껴졌다.

② 모습이 어디에 드러나 보이다.

¶ 거울 속에 비친 내 모습

¶ 잔잔한 호수 위에 달그림자가 비쳤다.

③ 무엇으로 보이거나 인식되다.

¶ 내가 다른 사람들을 무시하는 것처럼 비칠까 봐 행동을 조심했다.

¶ 글씨를 흘려서 쓰면 성의 없는 사람으로 비치기 쉽다.

④ 남의 속을 떠보려고 말을 약간 꺼내다.

¶ 내가 가겠다는 뜻을 슬쩍 비쳤더니 뜻밖에도 허락을 해 주셨다.

⑤ 얼굴을 잠깐 보이다.

¶ 잠깐 집에 들러 얼굴이라도 비치고 출장을 가야겠다.

복합어

나비치다 ① 나타나서 비치다. ¶ 창문에 그림자가 나비친다. ② 나타나거나 참여하다. ¶ 이 일에 너는 나비치지 않는 것이 좋겠다.

들이비치다 ① 마구 비치다. ¶ 들이비치는 땡볕을 피해 나무 그늘에서 쉬었다. ② 안쪽으로 비치다. ¶ 아침 햇살이 방 안으로 가득 들이비쳤다.

어리비치다 어떤 현상이나 기운이 은근하게 드러나 보이다. ¶ 아무렇지 않은 듯이 웃고 있었지만 두 눈에는 슬픔이 어리비쳤다.

얼비치다 ① 빛이 어른거리게 비치다. ¶ 구름 사이로 햇빛이 빨갛게 얼비치었다. ② 어떤 대상의 모습이나 그림자가, 덮거나 가리고 있는 투명하거나 얇은 것에 어렴풋하게 나타나 보이다. ¶ 뿌옇게 김이 서린 차창 너머로 그녀의 모습이 얼비쳤다.

● '비치다'와 '비추다'

'비치다'는 빛이 드러나 환해지는 현상을 가리키는 말이다. 그리고 빛을 이용하여 어두운 곳에 빛이 닿도록 하는 행위가 '비추다'이다. 빛이 비치게 하는 행위가 '비추다'인 셈이다. 아래 문장에 사용된 '비치다'는 '비추다'의 잘못이다.

¶ 손전등을 비치니(×)/비추니(○) 고양이들이 쏜살같이 달아났다.

비키다 동사

규칙 비키고, 비키어/비켜, 비키는, 비킨다, 비킵니다, 비키었다/비켰다

① 있던 자리에서 조금 물러서다.

¶ 자동차 경적 소리에 깜짝 놀라 옆으로 비켰다.

② 방해물을 한갓지게 조금 옮겨 놓다.

¶ 화분을 교실 구석에 비켜 놓아라.

¶ 통행에 지장이 없게 물건을 뒤쪽으로 비켜 놓았다.

③ 장애물을 피하다.

¶ 앞에 가는 아이를 비켜 오른쪽으로 돌아갔다.

④ ('길'이나 '자리' 따위와 함께 쓰여) 다른 사람을 위하여 있던 자리를 피하여 다른 곳으로 옮기다.

¶ 소방차가 지나가도록 모두 길을 비켜 주었다.

¶ 이곳은 사회자의 자리이니 자리를 좀 비켜 주시겠습니까?

복합어

비켜나다 ① 한쪽으로 피하여 자리를 옮기다. ¶ 구급차가 오면 모든 차는 마땅히 옆으로 비켜나야 한다. ② 어떤 장소에서 벗어나다. ¶ 우리 집에서 오른쪽으로 조금 비켜난 곳에 전봇대가 서 있다. ③ 어떤 문제나 사건 따위의 핵심이나 중심에서 벗어나다. ¶ 그는 사실 회사 운영에서 한발 비켜나 있었다.

비켜서다 비켜서 물러서다. ¶ 자동차가 다가오니 길옆으로 비켜서라.

빈[1]

동사 '비다'의 관형사형.

¶ 저쪽 빈 곳에 자리를 깔고 앉자.

빈[2]

동사 '빌다'의 관형사형.

¶ 열심히 용서를 빈 사람은 풀려났다.

빌다[1] 동사

불규칙 빌고, 빌어, 비는, 비네, 비오, 비세, 빕니다, 빌었다

① 소원이 이루어지도록 간절히 청하다.

¶ 부처님께 복을 빌어 잘된다면 누가 그리 안 하겠니?

¶ 비나이다. 비나이다. 천지신명께 비나이다.

② 잘못을 용서하여 달라고 호소하다.

¶ 학생은 무릎을 꿇고 선생님께 용서를 빌었다.

③ 생각한 대로 이루어지길 바라다.

¶ 빨리 완쾌하시기를 빕니다.

¶ 좋은 일이 많이 생기기를 빌겠습니다.

속담

비는 놈한테 져야 한다 자기 잘못을 뉘우치고 사과하는 사람은 용서하라는 말.

비는 데는 무쇠도 녹는다 지성으로 잘못을 빌면 용서하지 않을 수 없다는 말.

비는 장수 목 벨 수 없다 누구나 잘못을 뉘우쳐 사과하고 용서를 빌면 이를 받아들이는 것이 인정이라는 말.

빌다[2] 동사

불규칙 빌고, 빌어, 비는, 비네, 비오, 비세, 빕니다, 빌었다

① 남의 물건을 거저 얻으려고 사정하다.

¶ 심학규는 딸을 위해 동냥젖을 빌러 다녔다.

¶ 요즘은 집으로 밥을 빌러 다니는 거지가 없다.

② '빌리다'의 잘못.

¶ 이 자리를 빌어(×)/빌려(○) 사과 말씀을 드립니다.

복합어

빌어먹다 먹고살 길이 없어 남에게 빌붙어서 거저 얻어먹다. ¶ 빌어먹더라도 도둑질은 할 수 없다.

빌어먹을 ① 지독하고 몹쓸. ② 욕으로 하는 말. ¶ 이런 빌어먹을!

속담

빌어먹는 놈이 콩밥 마다할까 궁한 참이니 이것저것 가릴 처지가 못 된다는 말.

● '빌다[2]'와 '빌리다'

'빌다[2]'가 '빌리다'의 의미로 사용하던 때에는 "이 자리를 빌어 감사 인사를 드립니다."처럼 썼다. 그러나 1988년에 고시한 표준어 규정에 따라서 '빌다[2] ②'의 용법을 쓰지 않기로 하고 이 뜻으로는 '빌리다'만 쓰도록 표준어를 단일화했다. 그러므로 '빌리다'의 뜻으로 쓰는 '빌다[2]'는 바른 말이 아니다.

¶ 이 자리를 빌어(×) 감사의 말씀을 드립니다. → 빌려

¶ 꼴을 베려면 낫을 한 자루 빌어(×) 와야겠다. → 빌려

¶ 없으면 옆에서 빌어다(×) 쓰지. → 빌려다

빌리다 동사 ×빌다

규칙 빌리고, 빌리면, 빌리어/빌려, 빌립니다, 빌리었다/빌렸다

① 남의 물건이나 돈 따위를 나중에 돌려주거나 갚기로 하고 얼마 동안 쓰다.

¶ 사업을 하려면 은행에서 돈을 빌리지 않을 수 없다.

¶ 귀농한 사람들은 남의 땅을 빌려 경작을 하는 경우가 많다.

② 남의 도움을 받거나, 사람이나 물건 따위를 믿고 기대다.

¶ 다른 사람의 손을 빌려 작업을 마쳤다.

¶ 네 지혜를 좀 빌리자.

③ 일정한 형식이나 이론 또는 남의 말이나 글 따위를 취하여 따르다.

¶ 그는 수필이라는 형식을 빌려서 자기 생각을 표현했다.

¶ 신문은 검찰의 발표를 빌려 그대로 보도하였다.

④ 어떤 일을 하기 위해 기회를 이용하다.

¶ 오늘 이 자리를 빌려 여러분께 깊은 사과의 말씀을 드립니다.

속담

빌려 온 고양이 같다 여러 사람이 모여 떠드는 데서 사람들과 어울리지 아니한 채 혼자 덤덤히 있는 경우를 이르는 말.

빚다 동사

규칙 빚고, 빚으면, 빚어, 빚는다, 빚네, 빚습니다, 빚었다

① 술을 담그거나 떡을 만들다.

¶ 마을 회관에서 막걸리 빚는 시범을 보여 주었다.

¶ 명절 하면 온 가족이 둘러앉아서 송편을 빚던 일이 가장 기억에 남는다.

② 반죽을 이겨서 어떤 형태를 만들다.

¶ 흙으로 독을 빚던 가마터가 발견되었다.

③ 어떤 일이 다른 일을 생기게 하다.

¶ 수많은 인파가 몰려 행사 진행에 차질을 빚었다.

¶ 그는 불법 건축물을 지어 물의를 빚었다.

복합어

빚어내다 ① 술, 떡 따위를 만들어 내다. ② 주로 좋지 않은 결과를 만들어 내다.

¶ 애들 싸움이 어른 싸움을 빚어내기도 한다.

빛 명사

① 밝게 하는 물질. 참고 볕

¶ 눈을 뜨고 보니 이미 창틈으로 빛이 들어와 있었다.

② 물체가 나타내는 색. 색깔. 빛깔.

¶ 비가 오려는지 하늘이 시커먼 빛으로 뒤덮였다.

③ 보람이나 가치.

¶ 인정이 빛을 잃을 때, 정의가 빛을 잃을 때, 황금은 더욱 빛나오.

④ 표정이나 눈, 몸가짐에서 나타나는 기색이나 태도.

¶ 회의장에는 순간 긴장의 빛이 감돌았다.

¶ 그에게는 도무지 뉘우치는 빛이 보이지 않는다.

⑤ 현상이나 기운을 느끼게 하는 분위기.

¶ 가을은 쓸쓸한 빛이 더해 가고 있다.

복합어

빛깔 ① 물체의 거죽에 나타나는 색의 상태. =색깔 ② 빛이 가지는 색의 상태.

빛나다 ① 밝게 비치다. ② 윤이 나다. ③ 훌륭하게 드러나다.

빛내다 빛나게 하다.

빛다발 한 점에서 나오거나 한 점으로 들어가는 빛의 다발. =광속

빛발 내어 뻗치는 빛의 줄기.

빛살 빛이 나가는 줄기. =광선

빛없다 면목이나 생색이 없다. 보람이 없다. ¶ 애써 준비한 일들이 빛없게 되었다.

관용 표현

빛을 발하다 제 능력이나 값어치를 드러내다. ¶ 장사를 시작하자 그의 수완이 비로소 빛을 발했다.

빛을 보다 업적이나 보람 따위가 드러나 인정을 받게 되다. ¶ 말없이 자기 일을 열심히 하는 사람이 빛을 보는 세상을 만들자.

속담

빛 좋은 개살구 겉보기에는 먹음직스러운 빛깔을 띠고 있지만 맛이 시고 떫은 개살구라는 뜻으로, 겉모양은 그럴듯하나 실속이 없는 것을 이르는 말.

'빛', '색', '물'

'빛'은 햇빛이 반사하여 우리 눈에 보이는 것인데, 한자로는 '광(光)'이라고 한다. 빛에는 무지개에서 보듯이 수많은 종류가 있는데 이들 모두 빨강, 파랑, 초록의 세 가지를 기본으로 하며, 이들을 다 합하면 흰빛이 된다. 즉, 빛은 보탤수록 더 밝은 빛이 된다. '색'은 우리말로 '물'이라고도 한다. 물감은 색을 만들어 내는 재료를 일컫는 말이다. '물을 들인다'는 염색 곧 색을 넣는다는 뜻이다. 색의 기본은 빨강, 노랑, 파랑의 세 가지로 빛의 기본이 되는 세 가지와는 다르다. 다만 '빛'과 '색'은 우리 눈에 거의 같게 보이기 때문에 우리는 빛과 색을 동의어로 생각하여 사용하는 경향이 있다. 그러나 본질적으로는 '빛'과 '색'은 같은 말이 될 수 없다. 두 낱말의 가장 큰 차이는 세 가지 빛과 세 가지 색을 더했을 때에 정반대의 결과가 나온다는 점이다. 빛은 더하면 더할수록 밝아져서 모든 빛을 합하면 흰빛이 되고, 빛을 모두 제거하면 검정이 된다. 그런데 색은 더하면 더할수록

어두워져서 모든 색을 합하면 검정색이 되고 모든 색을 빼면 흰색이 된다. 이처럼 빛은 밝게 만드는 성질이 있고 색은 어둡게 만드는 성질이 있다고 말할 수 있다. 따라서 조명의 빛깔을 말할 때에 '빨간색 조명', '파란색 조명'처럼 말하지 말고, '빨간빛 조명', '파란빛 조명'처럼 말해야 한다. 조명은 빛으로 하기 때문이다.

빠르다 형용사

불규칙 빠르고, 빨라, 빨라서, 빠른, 빠릅니다, 빨랐다

① 속력이 높다.

¶ 그의 걸음이 얼마나 빠른지 도무지 따라갈 수가 없다.

¶ 말이 너무 빨라서 알아듣기 어렵습니다. 천천히 말씀해 주십시오.

② 오래 걸리지 않다.

¶ 이 약은 약효가 무척 빠르다.

¶ 너무 빠른 출세가 그에게는 오히려 독이 되었다.

③ 기준이나 보통보다 앞선 상태에 있다.

¶ 이 시계는 하루에 2분씩 빠르게 간다.

¶ 사촌 형은 나보다 생일이 여섯 달 빠르다.

④ 어떤 일이 생기거나 일을 하기에는 시간이 더 필요한 상태이다.

¶ 무슨 일을 하지 않기에는 빠르고, 무슨 일을 하기에는 늦은 시간이다.

¶ 아직 혼자 수영하기에는 빠르다.

복합어

빠르기 빠른 정도. ㉥ 속도

빠르기표 악곡의 빠르기를 나타내는 기호.

빠른우편 우체국에서 일반 우편물보다 빨리 배달해 주기로 하고 접수하는 우편.

속담

빠른 바람에 굳센 풀을 안다 빠른 바람 속에 꿋꿋이 서 있는 풀을 알 수 있듯이, 굳은 심지와 절개는 어떤 시련을 겪고 나서야 알게 된다는 말.

● '빠르다', '이르다[3]', '느리다', '늦다', '빨리', '일찍'

속도가 높은 경우에 '빠르다'를 쓰고, 시간이 앞선 경우에 '이르다'를 쓴다. 그래서 '빠르게' 오라고 하면 속도를 내라는 뜻이고, '이르게' 오라고 하면 기준 되는 시각보다 앞서 오라는 뜻이다. 또, '빠르게'는 지금 해야 하는 행동에 적용하고, '이르게'는 미래에 할 행동이나 이미 한 행동에 적용된다.(올림말 '이르다[3]' 참고.)

¶ 지금 빠르게/빨리 오세요.(현재 하고 있는 행위, 당장 해야 하는 행위에 적용)

¶ 오늘은 이르게/일찍 오셨네요.(이미 한 행위에 적용)

¶ 오늘은 이르게/일찍 오세요.(앞으로 할 행위에 적용)

위 경우에 '이르게/일찍' 대신에 '빠르게/빨리'를 써도 문제가 없다. 이렇게 보면 '빠르다'는 속도의 높음과 함께 시간의 앞섬도 포괄하는 것을 알 수 있다.

¶ 기차가 도착하기에는 아직 빠르다.(지금이 정해진 시각보다 앞이다.)

¶ 빨리 퇴근해라.(퇴근하지 않은 사람에게 '지금 즉시'의 의미가 있다.)

¶ 빨리 만나고 싶다.(지금부터 만나는 시각까지의 사이를 짧게 하고 싶다.)

위 예문에서 '아직 빠르다' 대신에 '아직 이르다'를 써도 문제가 되지 않는다. 이때의 '빠르다'는 '이르다'의 뜻과 같고, 반대 개념은 '늦다'가 된다. 그러나 '빨리 퇴근해라' 대신에 '일찍 퇴근해라'를 쓰면 의미가 달라진다. '빨리 퇴근해라'는 지금 곧 퇴근하라는 뜻이고, '일찍 퇴근해라'는 보통 때보다 더 시간을 앞당겨 퇴근하라는 뜻이다. '빨리 만나고 싶다'를 '일찍 만나고 싶다'라고 해도 의미가 달라진다. '빨리 만나고 싶다'는 곧 또는 얼마 지나지 않아서('하루빨리') 만나고 싶다는 뜻이지만, '일찍 만나고 싶다'는 새벽이나 아침에 만나고 싶다는 뜻이 되거나 정해진 시각보다 더 앞에 만나고 싶다는 뜻이 된다. 다른 사람을 만나는 것보다 더 앞서 만나고 싶다는 뜻도 있다. 그래서 '빠르다'가 '이르다' 의미 영역의 일부까지만 포괄함을 알 수 있다.

빠지다 동사

규칙 빠지고, 빠지어/빠져, 빠진, 빠집니다, 빠지었다/빠졌다

① 벗어나다.

¶ 나는 이 모임에서 빠지려고 한다.

② 무슨 일에 너무 정신을 빼앗겨 헤어나지 못하다.

¶ 낙지 잡는 재미에 빠져 밀물이 들어오는 것을 몰랐다.

③ 안이나 속으로 떨어져 잠기거나 들어가다.

¶ 물에 빠진 사람을 건져 주었다.

④ 어려움에 들게 되다.

¶ 나는 요즘 고민에 빠져 있다.

¶ 그들이 파 놓은 함정에 빠진 느낌이다.

⑤ 묻은 것이 빨려서 없어지다.

¶ 묵은 때는 잘 빠지지 않는다.

⑥ 박힌 것, 붙은 것이 분리되어 나오다. 갈라져 다른 곳으로 나가다.

¶ 의자 다리에 박혔던 나사가 빠져서 앉을 때마다 흔들린다.

¶ 큰길에서 샛길로 빠졌다.

⑦ 들어 있어야 할 것이 없다.

¶ 가져가야 할 물건 중에서 빠진 것이 없는지 확인해라.

⑧ 줄어지거나 없어지다.

¶ 홍수로 불었던 물이 많이 빠졌으니 이제 개울을 건너가도 되겠다.

¶ 논물이 다 빠져 모내기가 어려울 것 같다.

⑨ 살이 여위다.

¶ 무슨 고민이 있는지 살이 많이 빠진 것 같다.

⑩ 미끈하게 생기다.

¶ 속리산에 있는 정이품 소나무는 참 잘 빠졌다.

⑪ ('-어/-아 빠지다' 구성으로 쓰여) 상태가 지나치게 되었음을 나타내는 말.

¶ 이렇게 낡아 빠진 가방을 메고 어디를 가겠어요.

복합어

빠져나가다 어렵거나 불리한 상황에서 벗어나 밖으로 나가다. ¶ 우리는 쉽사리 적의 포위망을 빠져나갔다.

빠져나오다 어렵거나 불리한 상황에서 벗어나 밖으로 나오다. ¶ 가까스로 그들의 계략에서 빠져나왔다.

빠져들다 ① 잠이나 꿈 따위에 깊이 들어가다. ¶ 점점 깊은 잠에 빠져들었다. ② 남의 계략이나 어려운 상황 속으로 떨어지다. ¶ 그들의 속임수에 빠져들지 마라.

빠짐없다 하나도 빠뜨리지 아니하고 모두 다 있다.

빠짐없이 하나도 빼놓지 않고 모조리.

빨갛다 형용사

불규칙 빨갛고, 빨가면, 빨가니, 빨개, 빨간, 빨가오, 빨갛습니다, 빨갰다

피나 익은 고추와 같이 밝고 짙게 붉다.

¶ 부모님 가슴에 빨간 카네이션을 달아 드렸다.

¶ 노을이 빨가니 아름답구나.

¶ 단풍이 들어 온 산이 빨갰다.

¶ 입술이 너무 빨개.

¶ 어느 것이 더 빨갛니?

복합어

새빨갛다 매우 빨갛다.

관용 표현

빨간 거짓말 뻔히 드러날 만큼 터무니없는 거짓말. =새빨간 거짓말.

● '빨갛다'와 '뻘겋다'의 형태 바뀜

	빨갛다	뻘겋다
-갛-/-겋-	빨갛고, 빨갛지, 빨갛습니다 빨갛니(종결)	뻘겋고, 뻘겋지, 뻘겋습니다 뻘겋니(종결)
-가-/-거-	빨가니(연결), 빨가면, 빨가므로 빨가냐(종결), 빨가오	뻘거니(연결), 뻘거면, 뻘거므로 뻘거냐(종결), 뻘거오
-간/-건	빨간	뻘건
-개-/-게-	빨개, 빨개서, 빨갰다	뻘게, 뻘게서, 뻘겠다

ㅂ

위 표에서 주의하여 볼 것은 종결 어미 '-니'가 붙을 때에는 '빨갛니?', '뻘겋니?'처럼 쓰이는데, 연결 어미 '-니'가 붙을 때에는 '입술이 너무 빨가니 보기 좋지 않다.'처럼 바뀐다는 점이다. 이 규칙은 '발갛다/벌겋다', '노랗다/누렇다', '까맣다/꺼멓다', '하얗다/허옇다', '파랗다/퍼렇다' 등에도 적용된다.

빨리 부사

걸리는 시간이 짧게. [참고] 얼른

¶ 빨리 가지 않으면 기차를 놓칠지도 몰라.

¶ 철수는 배고프다면서 빨리 밥을 달라고 했다.

¶ 생각보다 일이 빨리 끝났다.

복합어

빨리하다 걸리는 시간이 짧게 하다. ¶ 일을 빨리하는 습관이 있다.

속담

빨리 알기는 칠월 귀뚜라미라 음력 칠월만 되면 울기 시작하는 가을 귀뚜라미처럼 영리하고 눈치 빠름을 빗대어 이르는 말.

● '빨리'와 '일찍'

¶ 일이 빨리 끝났다.

¶ 일이 일찍 끝났다.

'빨리'를 쓰면 일이 시작하여 끝날 때까지 시간이 짧게 걸려서 끝났음을 뜻한다. 언제까지 끝나야 하는 제한을 염두에 두지 않고 그냥 시작한 지 얼마 안 되어 끝났음을 뜻하는 말이다. '일찍'을 쓰면 기준이 되는 한도에 이르기 전에 끝났음을 의미한다. 점심시간을 기준으로 한다면 점심시간 전에 끝나는 것이 일찍 끝나는 것이고, 퇴근 시간을 기준으로 한다면 퇴근 시간 전에 끝나는 것이 일찍 끝나는 것이다.

빻다 동사

규칙 빻고, 빻지, 빻으면, 빻아, 빻는, 빻으오, 빻습니다, 빻니, 빻느냐, 빻았다

짓찧어서 가루로 만들다.

¶ 고추를 빻아 고춧가루를 만든다.

¶ 무엇을 하려고 찹쌀을 빻니/빻느냐?

¶ 깨를 빻으니 고소한 냄새가 난다.

-빼기 접사 참고 -배기

① (명사 뒤에 붙어) 그 명사를 속되게 이르는 말.

¶ 과녁빼기, 구석빼기, 그루빼기, 대갈빼기, 이마빼기, 재빼기, 코빼기, 머리빼기

② (명사 뒤에 붙어) 그 명사의 속성을 가진 사람이나 그런 속성의 사물을 나타내는 말.

¶ 밥빼기, 악착빼기, 앍둑빼기, 앍작빼기, 억척빼기, 얼룩빼기, 얽둑빼기, 곱빼기

● '-빼기'와 '-배기'의 표기

① [배기]로 소리 나는 것은 '-배기'로 적는다.

¶ 공짜배기, 귀퉁배기, 꽈배기, 나배기, 나이배기, 느루배기, 다섯 살배기
대짜배기, 따배기, 물퉁배기, 알배기, 양코배기, 옹배기, 왜배기, 육자배기
자배기, 진짜배기, 코쭝배기, 주정배기, 포배기, 혀짤배기

② 한 형태소 안에서 'ㄱ'과 'ㅂ' 받침 뒤에서 [빼기]로 소리 나는 것은 '-배기'로 적는다.

¶ 뚝배기

③ 그 밖에 [빼기]로 소리 나는 것은 모두 '-빼기'로 적는다.

④ '언덕배기'는 [언덕빼기]로 소리 나지만 표준어 규정 제26항이 '언덕바지'와 함께 '언덕배기'를 표준어로 인정하고 있으므로 '언덕배기'로 적는다.

빼내다 동사

규칙 빼내고, 빼내어/빼내, 빼낸, 빼냅니다, 빼내었다/빼냈다

① 당기어 뽑아내다.

¶ 벽에 못을 빼낸 자국이 뚜렷하다.

② 꺼내다.

¶ 통장에서 돈을 빼내었다.

③ 줄거나 없어지도록 하다.

¶ 장마철에는 저수지 물을 미리 빼내야 한다.

④ 가려내다. 추출하다.

¶ 석유에서 휘발유와 경유 등을 빼낸다.

⑤ 몰래 꺼내다. 빼돌리다.

¶ 공금을 빼내어 함부로 썼다.

⑥ 얽매임에서 자유롭게 하다.

¶ 바쁜 중에 겨우 몸을 빼내어 가족 여행을 다녀왔다.

빼다[1] 동사

규칙 빼고, 빼지, 빼어/빼, 빼어야/빼야, 뺀, 뺍니다, 빼었다/뺐다

① 전체에서 제외하거나 덜어 내다.

¶ 그를 우리 모임에서 빼자.

¶ 이 규정에서 이 조항은 빼는 게 좋겠다.

¶ 잠자는 시간을 빼고는 공부만 한다.

② 살, 기운 따위를 줄이거나 없애다.

¶ 타자는 어깨에 힘을 빼고 공을 쳐야 한다.

¶ 살을 좀 빼야 이 옷을 입을 수 있겠다.

③ 끼어 있거나 박혀 있는 것을 밖으로 나오게 하다. ㉥ 뽑다

¶ 도배를 하려면 먼저 벽에 박힌 못을 빼야 한다.

¶ 이 놀이는 달려가서 먼저 깃발을 빼는 사람이 이긴다.

④ 때를 뽑아 깨끗이 하다.

¶ 빨래를 삶아 찌든 때를 뺐다.

⑤ 어떤 수에서 어떤 수를 덜어 내어 셈하다. 감하다.

¶ 서른에서 스물을 빼면 10이 된다.

복합어

빼기 뺄셈을 함. =덜기

빼내다 ① 박혀 있거나 끼워져 있는 것을 뽑다. ② 여럿 가운데에서 골라내다.

빼놓다 ① 여럿 가운데에서 어떤 것을 골라 놓다. ¶ 이것만 빼놓고 다 가져가라. ② 무리에 넣지 않다. ¶ 친구들이 나만 빼놓고 놀러 갔다.

빼닮다 그대로 닮다. ¶ 할아버지를 빼닮은 손자

빼돌리다 몰래 빼내어 보내거나 감추다. ¶ 시험지를 빼돌리는 것은 범법 행위이다.

빼먹다 규칙적으로 하던 일을 안 하다. ¶ 어제 학원 수업을 빼먹었다.

뺄셈 빼는 계산. 또는 빼어 셈.

관용 표현

빼도 박도 못하다 일이 난처하게 되어 이러지도 저러지도 못하게 되다.

빼다[2] 동사

규칙 빼고, 빼어/빼, 빼어야/빼야, 빼는, 뺀, 뺍니다, 빼었다/뺐다

짐짓 어떤 태도를 취하다.

¶ 그이는 너무 점잔을 뺀다.

¶ 그렇게 빼지 말고 한 곡 불러라.

빼다[3] 동사

규칙 빼고, 빼어/빼, 빼어야/빼야, 빼는, 뺀, 뺍니다, 빼었다/뺐다

차림을 말끔하게 하다.

¶ 그렇게 빼고 다닌다고 누가 알아주겠나?

빼앗다 동사 ㊟ 뺏다

규칙 빼앗고, 빼앗으면, 빼앗아, 빼앗으오, 빼앗습니다, 빼앗읍시다, 빼앗았다

① 남의 것을 억지로 제 것으로 만들다.

¶ 일제 강점기 때 일본이 우리나라 문화재를 많이 빼앗아 갔다.

¶ 동생에게서 빼앗은 장난감을 돌려주었다.

② 남의 일이나 시간, 자격 따위를 억지로 차지하다.

¶ 대기업이 운영하는 상점이 구멍가게 손님을 다 빼앗는다.

¶ 자동화 시설이 노동자의 일자리를 빼앗는다는 주장은 어느 정도 맞는 말이다.

③ 자격이나 권리를 합법적으로 잃게 하다.

¶ 법정은 불법 선거로 당선된 국회 의원의 자격을 빼앗았다.

¶ 우리나라 선수가 세계 챔피언과 싸워서 챔피언 벨트를 빼앗아 왔다.

④ 남의 생각이나 마음을 사로잡다.

¶ 그 사람이 나의 마음을 빼앗아 갔다.

¶ 커다란 전광판이 사람들의 시선을 빼앗았다.

● '빼앗다'와 '뺏다'의 형태 바뀜

'빼앗다'는 줄여서 '뺏다'로 적을 수 있어 두 형태 바뀜에도 주의해야 한다.

어미	빼앗다	뺏다
-어/-아, -으니, -으면 -은, -으오	빼앗아, 빼앗으니, 빼앗으면 빼앗은, 빼앗으오	뺏어, 뺏으니, 뺏으면 뺏은, 뺏으오
-는, -는다, -네	빼앗는, 빼앗는다, 빼앗네	뺏는, 뺏는다, 뺏네
-고, -지, -습니다	빼앗고, 빼앗지, 빼앗습니다	뺏고, 뺏지, 뺏습니다
-었-/-았-	빼앗았어, 빼앗았으니 빼앗았는데, 빼앗았습니다	뺏었어, 뺏었으니 뺏었는데, 뺏었습니다

'빼앗다'의 준말 '뺏다'를 쓸 때에 받침에 쌍시옷을 써서 '뺐다'처럼 쓰지 않도록 주의해야 한다. '뺐다'는 '빼다'의 과거형이다.

¶ 동생 장난감을 뺐지(×)/뺏지(○) 마라.

빼어나다 형용사

규칙 빼어나고, 빼어나니, 빼어나, 빼어난, 빼어납니다, 빼어났다

여럿 가운데에서 두드러지게 뛰어나다.

¶ 그의 요리 솜씨는 빼어났다.

¶ 그는 빼어난 말솜씨 덕에 방송국에 취직할 수 있었다.

● '빼어나다'와 '뛰어나다'

'뛰어나다'는 여럿 가운데서 눈에 띄게 훌륭하거나 다른 것과 비교하여 훨씬 나은 경우를 뜻한다. '빼어나다'는 특별히 더 뛰어난 경우에 쓰는 말인데 보통은 천부적인 자질이나 자연 상태의 것에 주로 사용하여 '빼어난 자연환경', '빼어난 아름다움', '빼어난 자질'처럼 쓴다. '빼어나다'에는 이상적이거나 바람직한 상태라는 뜻이 있다. 이에 비해 '뛰어나다'는 사람의 노력이나 능력이 보태어진 것에 써서 '뛰어난 기술', '뛰어난 작품'처럼 쓰고 그것이 이상적이거나 바람직하지 않더라도 눈에 띄게 구별된다면 쓸 수 있다. '뛰어난 처세술', '뛰어난 수완' 따위가 그 예이다.

빽빽하다 형용사

불규칙 빽빽하고, 빽빽하여/빽빽해, 빽빽한, 빽빽합니다, 빽빽하였다/빽빽했다

① 비좁게 다붙어서 촘촘하다.

¶ 드넓은 들판이던 곳에 이젠 성냥갑 같은 아파트들이 빽빽하게 들어서 있다.

② 속이 트이지 못하고 좁다.

¶ 첫째보다도 둘째가 성격이 빽빽한 데가 없이 너그럽다.

③ 꼭 끼이어서 헐렁하지 않다.

복합어

빽빽이 빽빽하게.

● '빽빽하다'와 '빽빽이'

① '-하다'가 붙은 형용사를 부사로 바꿀 때에는 '-히'를 붙인다.

조용하다 – 조용히, 말끔하다 – 말끔히, 시원하다 – 시원히, 쓸쓸하다 – 쓸쓸히

② '-하다' 앞의 어근에 'ㅅ' 받침이 붙는 경우에는 '-히'를 붙이지 않고 '-이'를 붙인다. 이 경우에는 소리가 [히]로 나지 않고 [이]로 나기 때문이다.

깨끗하다 – 깨끗이, 다소곳하다 – 다소곳이, 느긋하다 – 느긋이, 호젓하다 – 호젓이

③ '-하다' 앞의 어근에 'ㄱ' 받침이 붙는 경우에는 [히]로 소리 나면 '히'로 적고 [이]로 소리 나면 '이'로 적는다. 이 경우 [히]로 나는지 [이]로 나는지 확실하지 않으면 '-히'로 적는다. 이와 관련하여 형용사의 부사형을 몇 개 제시한다.

· '이'로 적는 것

굵직하다 – 굵직이, 꺼림칙하다 – 꺼림칙이, 그윽하다 – 그윽이, 나직하다 – 나직이
널찍하다 – 널찍이, 듬직하다 – 듬직이, 빽빽하다 – 빽빽이, 수북하다 – 수북이

· '히'로 적는 것

가득하다 – 가득히, 갸륵하다 – 갸륵히, 거룩하다 – 거룩히, 까마득하다 – 까마득히
빼곡하다 – 빼곡히, 솔직하다 – 솔직히, 아늑하다 – 아늑히, 아득하다 – 아득히

뺏다 동사

규칙 뺏고, 뺏지, 뺏으니, 뺏어, 뺏는, 뺏네, 뺏습니다, 뺏었다

'빼앗다'의 준말.

¶ 형이 내 장난감을 뺏어 갔어요.

¶ 남의 물건을 뺏는 건 나빠요.

뺨 명사

관자놀이에서 턱 위까지의 살이 두툼한 부분. 볼과 그 가장자리를 포함하는 부분이다.

복합어

뺨따귀 '뺨'을 저속하게 이르는 말. ×뺨따구니

뺨살 ① 뺨의 살. ¶ 뺨살에 부딪는 바람이 매웠다. ② 소의 뺨에 붙은 고기.

뺨치다 (속되게) 비교 대상을 능가하다. ¶ 그 아이는 어른 뺨치게 말을 잘한다.

● '뺨', '볼[1]', '낯', '얼굴'
사람의 목 위에 붙어 있는 머리를 앞쪽에서 보면 전체적으로 둥그스름하고 이마, 눈, 코, 입 등이 보인다. 이 전체의 형태를 '얼굴'이라고 한다. 그러니까 윤곽을 포함하여 모든 보이는 형태를 '얼굴'이라고 한다. '낯'은 얼굴의 바닥 중에서 윤곽 부분과 이마를 뺀 개념이다. '뺨'은 낯의 정면에서 조금 비낀 부분으로서 코와 입이 있는 중앙 부분의 옆 부분 곧, 관자놀이 아래에서 턱 위의 부분을 가리킨다. '볼'은 '낯' 가운데에서 가장 살이 두툼하게 된 부분을 가리킨다. 음식을 먹으면 볼록하게 튀어나오는 부분이 '볼'이다. 눈에서 눈물이 난다면 눈물은 뺨을 거쳐 볼로 흐르게 될 것이다.

○ 뻐기다 동사 ×뻐개다

규칙 뻐기고, 뻐기어/뻐겨, 뻐긴, 뻐길, 뻐깁니다, 뻐기었다/뻐겼다

잘난 체하고 으쓱거리며 뽐내다.

¶ 저 애는 은근히 뻐기는 말을 잘한다.

¶ 그는 모임의 회장에 당선되자마자 뻐기고 다녔다.

››› '뻐기다'와 '뻐개다'는 의미가 다르기 때문에 구별하여 써야 한다. '뻐개다'는 '빠개다'와 함께 쪼개는 행위를 가리키는 말이다. 흔히 '뻐기다'를 쓸 자리에 '뻐개다'를 쓰는 경우가 있는데 이는 잘못이다.

× 뻐치다 '뻗치다'의 틀린 표기.

○ 뻗치다 동사 ×뻐치다

규칙 뻗치고, 뻗치어/뻗쳐, 뻗친, 뻗칩니다, 뻗치었다/뻗쳤다

'뻗다'를 강조하여 이르는 말.

① 세게 뻗다.

¶ 시원하게 뻗치는 분수를 바라보니 마음이 한결 상쾌해진다.

¶ 태백산맥은 한반도의 남북으로 길게 뻗쳐 있다.

② 기분이나 감정이 몹시 강렬하게 퍼지다.

¶ 분한 기운이 온몸에 뻗친다.

¶ 아이들의 뻗치는 힘은 운동으로 풀어 주는 것이 좋다.

③ 무엇을 곧게 뻗다.

¶ 지하철 안에서 다리를 뻗치고 앉지 마라.

¶ 두 팔을 한껏 뻗치면 아름드리나무를 안을 수 있다.

④ ('누구에게 무엇을 뻗치다' 구성으로 쓰여) 뻗어 주다.

¶ 그가 나에게 도움의 손길을 뻗친 덕에 내가 오늘 이렇게 살아 있다.

¶ 가짜 뉴스는 국민들에게 나쁜 영향을 뻗친다.

복합어

뻗쳐오르다 분수, 물줄기 따위가 위로 세차게 뻗다.

> **'뻗치다'와 '뻐치다'**
>
> 소리는 같지만 표기가 다르다. 중요한 것은 '뻐치다'를 쓰지 않기로 했다는 점이다. 이는 한글 맞춤법 제55항에서 '뻐치다' 표기를 버리고 '뻗치다' 표기만 사용하도록 규정한 것을 따른 것이다. 비슷한 예로 '마추다'와 '맞추다' 가운데 '마추다'는 버리고 '맞추다'만 쓴다.

뻘게지다 동사

규칙 뻘게지고, 뻘게지어/뻘게져, 뻘게진, 뻘게집니다, 뻘게지었다/뻘게졌다

뻘겋게 되다.

¶ 영희는 부끄러워 얼굴이 뻘게졌다.

> **'뻘게지다'와 '빨개지다'**
>
> '뻘겋다'에 '-어지다'가 붙는 경우에는 '뻘게지다'로 표기하고, '빨갛다'에 '-아지다'가 붙는 경우에는 '빨개지다'로 표기한다. 다른 색에도 같은 원리가 적용된다.

	어간 + '-어지다'	어간 + '-아지다'
뻘겋다/빨갛다	뻘게지다	빨개지다
누렇다/노랗다	누레지다	노래지다
퍼렇다/파랗다	퍼레지다	파래지다
허옇다/하얗다	허예지다	하얘지다
꺼멓다/까맣다	꺼메지다	까매지다
시커멓다/새카맣다	시커메지다	새카매지다

뾰족하다 형용사

불규칙 뾰족하게, 뾰족하여/뾰족해, 뾰족한, 뾰족합니다, 뾰족하였다/뾰족했다

① 끝이 날카롭다.

¶ 연필 끝을 뾰족하게 갈아 글씨가 잘 써진다.

¶ 송곳은 끝이 뾰족해.

② (주로 의문문이나 부정문에 쓰여) 생각, 성능 따위가 매우 신통하다.

¶ 내게 무슨 뾰족한 수가 있는 것도 아닌데 굳이 날 만나겠다니.

¶ 뾰족한 방법이 떠오르지 않는군.

복합어

뾰족이 뾰족하게. ×뾰족히

뿌듯하다 형용사

불규칙 뿌듯하고, 뿌듯하여/뿌듯해, 뿌듯한, 뿌듯합니다, 뿌듯하였다/뿌듯했다

기쁨이나 감격이 마음에 가득 차서 벅차다.

¶ 네가 성공했다는 소식을 들으니 내 마음이 다 뿌듯하다.

¶ 내가 가꾼 텃밭에서 상추도 따고 감자도 캐 먹으니 무척 뿌듯했다.

복합어

뿌듯이 뿌듯하게.

뿌옇다 형용사

불규칙 뿌옇고, 뿌여면, 뿌여니, 뿌예서, 뿌연, 뿌옇소, 뿌옇습니다, 뿌옜다

안개나 연기가 낀 것처럼 약간 희고 투명하지 아니하다.

¶ 유리창이 뿌예서 밖이 잘 보이지 않는다.

복합어

뿌예지다 뿌옇게 되다.

● '뿌옇다'와 '뽀얗다'의 형태 바뀜

어미에 따라서 두 낱말의 형태 바뀜은 아래 표와 같다.

-다	뿌옇다	뽀얗다
-고, -게, -지	뿌옇고, 뿌옇게, 뿌옇지	뽀얗고, 뽀얗게, 뽀얗지
-니?, -냐?	뿌여니/뿌옇니? 뿌여냐/뿌옇냐?	뽀야니/뽀얗니? 뽀야냐/뽀얗냐?
-니, -면, -므로	뿌여니, 뿌여면, 뿌여므로	뽀야니, 뽀야면, 뽀야므로
-시-, -셨-	뿌여시니, 뿌여셨다	뽀야시니, 뽀야셨다
-ㄴ, -ㄹ, -ㅁ	뿌연, 뿌열, 뿌염	뽀얀, 뽀얄, 뽀얌
-어, -어서, -었다/-았다	뿌예, 뿌예서, 뿌옜다	뽀얘, 뽀얘서, 뽀얬다
-소, -습니다	뿌옇소, 뿌옇습니다	뽀얗소, 뽀얗습니다

뿐[1] 명사

'따름'의 뜻으로 쓰는 말.

¶ 나는 이것으로 만족할 뿐, 더 바라지는 않겠다.

¶ 조금 비좁다 뿐이지 시설은 훌륭했다.

뿐[2] 조사

(명사, 대명사, 수사 뒤에 붙어) '오직 그것만이고 더는 없음'의 뜻을 나타내는 말.

¶ 이 사실을 아는 사람은 영수뿐이다.

¶ 하나뿐인 동생이 이민을 갔다.

관용 표현

뿐만 아니라 '그러할 뿐만 아니라'의 뜻을 나타내는 말. ¶ 그 친구는 공부를 잘한다. 뿐만 아니라 성격도 무척 좋다.

> ● '뿐'의 띄어쓰기
>
> 의존 명사 '뿐'과 조사 '뿐'은 띄어쓰기를 달리한다.
>
> ① '뿐'의 앞에 있는 낱말이 동사나 형용사이면 '뿐'은 의존 명사이다. 이때는 앞말과 띄어 써야 한다.
>
> ¶ 우리는 그를 따라갔을 뿐이다.
>
> ¶ 조용히 볼 뿐 말을 건네지는 마라.
>
> ② '뿐'의 앞에 있는 낱말이 명사, 대명사, 수사이면 '뿐'은 조사이므로 앞말에 붙여 쓴다.
>
> ¶ 사막에는 온통 모래뿐이다.
>
> ¶ 우리가 본 것은 이것뿐이다.

삐거덕 부사 ×삐그덕

크고 단단한 물건이 서로 닿아서 갈릴 때 나는 소리.

¶ 문에서 자꾸 삐거덕 소리가 난다.

복합어

삐거덕거리다 ① 크고 단단한 물건이 서로 닿아서 갈리는 소리가 자꾸 나다. 또는 그런 소리를 자꾸 내다. ¶ 문을 여닫을 때마다 삐거덕거린다. ② 여러 사람이 함께 일을 할 때에 생각이 달라서 불평이나 불만의 소리가 나다. ¶ 요즘 국회에서는 여야가 복지 예산 편성을 두고 삐거덕거리고 있다.

ㅂ

삐거덕삐거덕 크고 단단한 물건이 자꾸 서로 닿아서 갈릴 때 나는 소리.

삐거덕하다 크고 단단한 물건이 서로 닿아서 갈리는 소리가 나다. 또는 그런 소리를 내다. ¶잠시 기다리고 있는데 문이 삐거덕하며 열렸다.

✕ 삐그덕 '삐거덕'의 비표준어.

○ 삐다 동사

규칙 삐고, 삐니, 삐므로, 삐어, 삔, 삡니다, 삐었다

접질리거나 비틀려서 뼈가 어긋나다.

¶손목을 삐어 공을 던질 수 없다.

¶계단에서 내려오다가 잘못하여 발목을 삐었다.

○ 삐져나오다 동사

규칙 삐져나오고, 삐져나와, 삐져나온다, 삐져나옵니다, 삐져나왔다

속에 있는 것이 겉으로 불거져 나오다.

¶속옷이 자꾸 삐져나와서 성가셨다.

¶가방에 물건을 너무 많이 넣었더니 자꾸 삐져나온다.

○ 삐지다 동사

규칙 삐지고, 삐지면, 삐지어/삐져, 삐진, 삐집니다, 삐지었다/삐졌다

① 성이 나서 마음이 토라지다. =삐치다

¶왜 그리 삐졌어?

¶삐진 동생을 달래느라 애를 먹었다.

② 가방이나 주머니 속에 있는 것이, 또는 줄을 지어 있는 것 중에서 하나가 삐죽 나오다.

¶자꾸 밖으로 삐지지 말고 줄을 맞추어 서세요.

● '삐지다'와 '삐치다'

'삐지다'를 삐죽 내미는 동작을 나타내는 뜻으로 쓰는 경우가 있다. '줄을 반듯이 서! 옆으로 삐져나오지 말고!'처럼 말할 때 '삐져나오다'는 '삐지다'와 '나오다'를 합성한 말이다. 또 '토라짐'을 뜻할 때에는 '삐치다'와 '삐지다'를 모두 사용할 수 있다.

삐치다 동사

규칙 삐치고, 삐치어/삐쳐, 삐친, 삐칩니다, 삐치었다/삐쳤다

성이 나서 마음이 토라지다. =삐지다①

¶ 조그만 일에도 그리 쉽게 삐치니 네 비위를 맞추기가 어렵구나.

¶ 언니는 한번 삐치면 며칠씩 말을 안 한다.

ㅅ

사

① 동사 '사다'의 연결형.

¶ 과자를 사 먹는다.

¶ 동생이 장난감을 사 달라고 떼를 썼다.

② 동사 '사다'의 종결형. 명령이나 지시, 의문의 의미를 나타낸다.

¶ 언니 것만 사지 말고 내 것도 사.

¶ 과일은 더 안 사?

사겼다

'사귀다'의 과거형 '사귀었다'의 틀린 말.

¶ 전에 그 사람과 사겼지만(×)/사귀었지만(○) 지금은 헤어졌다.

사귀다 동사

규칙 사귀고, 사귀어, 사귀는, 사귄, 사귈, 사귑니다, 사귀었다

① 서로 얼굴을 익히고 가깝게 지내다.

¶ 사람을 사귀다 보면 이런 사람도 있고 저런 사람도 있다.

¶ 이웃과 잘 사귀어야 지내기 편하다.

② 남녀가 사랑을 나누는 상태로 지내다.

¶ 두 사람은 사귄 지 1년이 넘었다.

¶ 그 사람은 정직하고 한결같아서 사귈 만해.

복합어

사귐성 사람들과 어울려 잘 사귀는 성품. ¶ 동생은 사귐성이 좋은 아이다.

속담

사귀어야 절교하지 원인이 있어야 결과가 있음을 이르는 말.

● '사귀었다'와 '사겼다'

'사귀었다'를 빨리 소리 내면 '사겼다'처럼 들려서 이를 '사귀었다'의 준말로 알고 그렇게 소리 내거나 표기하는 경우가 있는데, 이는 잘못이다. '사귀었다'는 '사겼다'로 줄어들지 않는다. '바뀌었다', '쉬었다'도 '바꼈다', '셨다'처럼 줄어들지 않는다.

사그라들다 동사

불규칙 사그라들고, 사그라들어, 사그라드는, 사그라든다, 사그라듭니다, 사그라들었다

삭아서 점점 없어져 가다.

¶ 우리는 아버지의 노여움이 사그라들기를 기다려 다시 말씀드리기로 했다.

¶ 그들은 사회에 대한 관심이 점점 사그라들었다.

사그라지다 동사

규칙 사그라지고, 사그라지어/사그라져, 사그라진다, 사그라집니다, 사그라지었다/사그라졌다

삭아서 없어지다.

¶ 이글거리던 불길이 사그라지고 재만 남았다.

¶ 화가 눈 녹듯이 사그라졌다.

사는[1]

동사 '사다'의 관형사형.

¶ 시장에 가서 물건을 사는 사람이 적어졌다.

사는[2]

동사 '살다'의 관형사형.

¶ 시골 사람이 도시에서 사는 것은 쉽지 않지.

사다 동사

규칙 사고, 사니, 사, 사서, 사는, 산, 삽니다, 샀다

① 값을 치르고 물건이나 권리 따위를 자기 것으로 만들다.

¶ 책을 사려고 책방에 들렀다.

② 가진 것을 팔아 돈을 장만하다.

¶ 장날이니 곡식을 좀 내어 돈을 사러 가야겠다.

③ (주로 '사서' 형태로 쓰여) 안 해도 좋을 일을 일부러 하다.

¶ 위험한 일을 사서 하는구나.

④ 다른 사람의 태도나 어떤 일의 가치를 인정하다.

¶ 우리는 너의 성실함을 높이 산다.

⑤ 대가를 치르고 사람을 부리다.

¶ 사람을 사서 가게 청소를 하자.

⑥ 다른 사람에게 어떤 감정을 가지게 하다.

¶ 공연히 상대에게 의심을 살 짓은 하지 마라.

⑦ 음식 따위를 함께 먹기 위하여 값을 치르다.

¶ 오늘 저녁 밥은 내가 살게.

관용 표현

사서 고생(을) 하다 고생하지 않아도 될 일을 고생스럽게 일부러 하다. ¶ 편안한 집을 놔두고 왜 험한 길바닥에서 그렇게 사서 고생을 하니?

사단(事端)[1] 명사

사건의 실마리. 일의 실마리. 참고 사달

¶ 일의 사단을 찾아서 문제를 해결해야 한다.

¶ 동생과 말다툼을 한 것이 엄마에게 꾸중을 듣는 사단이 되었다.

››› '사단'은 첫소리를 길게 소리 내고, '사달'은 첫소리를 짧게 소리 낸다. '무엇이 사단이 되어 그런 사달이 났을까?'처럼 쓴다. 곧 사달이 나게 된 실마리가 사단이다.

사단[2] 'ᄉ달'의 틀린 말.

¶ 위험한 짓을 하더니 결국 사단(×)/사달(○)을 내고 말았구나.

사달 명사 ×사단

사고나 탈.

¶ 일이 꺼림칙하게 되어 가더니만 결국 사달이 났다.

사동사(使動詞) 명사

문장의 주어가 자기 스스로 행하지 않고 남에게 그 행동이나 동작을 시키는 뜻을 나타내는

ㅅ

동사. 사동사는 원래의 동사에 사동 접미사 '-이-', '-히-', '-리-', '-기-', '-우-', '-구-', '-추-'를 붙여 만든다.

● '사동사' 만들기

원래의 동사(주동사)에 사동 접미사를 붙여 사동사가 된 예를 들면 아래와 같다.

- 먹다 – 먹이다, 보다 – 보이다
- 굽다 – 굽히다, 읽다 – 읽히다
- 걷다 – 걸리다, 놀다 – 놀리다, 살다 – 살리다
- 굶다 – 굶기다, 씻다 – 씻기다, 웃다 – 웃기다
- 서다 – 세우다, 타다 – 태우다, 피다 – 피우다
- 달다 – 달구다, 솟다 – 솟구다, 돋다 – 돋구다
- 늦다 – 늦추다, 맞다 – 맞추다

형용사에 사동 접미사가 붙으면 사동사가 아니라 타동사가 된다.

- 높다 – 높이다, 넓다 – 넓히다, 바르다 – 바루다

››› 사동사의 뜻을 나타내는 형태를 '사동형'이라고 한다. '먹이다'는 '먹다'의 사동형이다.

사르다 동사

불규칙 사르고, 사르니, 살라, 살라서, 사릅니다, 살랐습니다

① 불에 태우다. =불사르다

¶ 할머니께서 법당에서 향을 사르고 기도하셨다.

¶ 누나가 친구한테 받은 편지를 다 살라 버렸다.

② 불을 일으켜 붙이다. =불사르다

¶ 성냥으로 불을 살라 낙엽을 태웠다.

¶ 먼저 불쏘시개로 불을 사른 뒤에 섶나무를 넣었다.

③ 어떤 것을 남김없이 없애 버리다.

¶ 우리는 횃불로 어둠을 살랐다.

¶ 헛된 생각을 살라 버려라.

사리 명사

① 국수, 새끼, 실 따위를 동그랗게 포개어 감은 뭉치.

¶ 그 실은 여기에 사리를 지어 놓아라.

② (수량을 나타내는 말 뒤에 쓰여) 국수, 새끼, 실 따위의 뭉치를 세는 말.

¶ 점심에 냉면 한 사리를 더 먹었다.

복합어

사리사리 ① 국수, 새끼, 실 따위를 동그랗게 포개어 감아 놓은 모양. ② 감정 따위가 복잡하게 얽혀 있는 모양. ¶ 두 사람은 사리사리 얽힌 오해를 말끔히 풀어냈다.

사리다 동사

규칙 사리고, 사리어/사려, 사리는, 사린, 사립니다, 사리었다/사렸다

① 줄 따위를 헝클어지지 않도록 동그랗게 빙빙 둘러 감다. '서리다[2]①'의 작은말.

¶ 새끼를 사려 두지 않으면 헝클어져서 못 쓰게 될 수 있다.

② 뱀 따위가 몸을 똬리처럼 동그랗게 감다. '서리다[2]②'의 작은말.

¶ 풀 속에 큰 뱀이 둥글게 몸을 사리고 있다.

③ 짐승이 겁을 먹고 꼬리를 다리 사이에 구부려 끼다.

¶ 개가 꼬리를 사타구니에 사리고 도망쳤다.

④ 박아서 나온 못을 꼬부려 붙이다.

¶ 못을 박은 뒤에 끝을 사리지 않으면 찔리기 쉽다.

⑤ 마음을 바싹 죄어 가다듬다.

¶ 지금 마음을 사려 먹지 않으면 자칫 큰 해를 당할 수 있다.

⑥ 일을 하지 않으려고 꾀를 쓰며 몸을 아끼다.

¶ 불이익을 받지 않으려고 몸을 사리는 사람이 많다.

● '사리다'와 '사리'

줄이나 끈을 둥글게 둘러놓는 행위를 '사리다'라고 하는데, 그렇게 사려 놓은 뭉치를 '사리'라고 하고, 또 그것을 세는 단위로 '사리'를 쓰기도 한다. '사리'처럼 동사의 어간을 곧

ㅅ

바로 명사로 사용하는 예가 국어에 더러 있다. 바꿔 말하면 명사에 어미를 붙여 동사로 쓴 경우라고 할 수 있다. 영어에는 동사와 명사의 형태가 같은 경우가 많다. 영어에 비하면 국어에는 그런 예가 매우 제한적으로 나타난다. 대표적인 예를 몇 개 소개한다.

동사	명사	동사	명사	동사	명사
가물다	가물	갈래다	갈래	거루다	거루
누비다	누비	돌다	돌 [回]	띠다	띠
뭉치다	뭉치	버무리다	버무리	빗다	빗
뼘다	뼘	사리다	사리	살다	살 [歲]
설레다	설레	신다	신	품다	품
후리다	후리	박다	박(메움)	부풀다	부풀

어간을 부사로 사용하거나 부사에 어미를 붙여 용언을 만든 경우는 아래와 같다.

용언	부사	용언	부사	용언	부사
곧다	곧	갖추다	갖추	곧추다	곧추
늦추다	늦추	더디다	더디	잦추다	잦추

사무치다 동사

규칙 사무치고, 사무치어/사무쳐, 사무친, 사무칩니다, 사무치었다/사무쳤다

감정 따위가 속 깊이 스며들다. 무엇에까지 닿다.

¶ 가슴에 사무치는 설움을 안고 고향을 떠났다.

¶ 선생님의 따뜻한 사랑이 새삼 마음에 사무칩니다.

사용(使用) 명사

① 물건이나 연장을 그 용도에 따라서 부리어 씀.

¶ 사용 계획, 사용 방법, 사용 기간, 한국어 사용

② 사람을 다루어 씀.

복합어

사용량 쓰는 양.

사용료 사용한 값으로 내는 돈. ¶ 인터넷 사용료, 저작권 사용료

사용자 ① 물건이나 시설을 사용하는 사람. =사용인 ② 근로자에게 일을 시키고 품삯을 주는 사람. =고용인 ¶ 노사 문제를 해결하기 위하여 사용자와 근로자가 함께 머리를 맞대었다.

사용처 물건이나 돈 따위를 사용한 곳이나 목적.

사용하다 ① 일정한 목적이나 기능에 맞게 쓰다. ② 사람을 다루어 쓰다.

● '사용', '이용', '활용'

'사용'은 그 물건의 용도에 따라서 쓰는 것이고, '이용'은 편의나 이익을 얻기 위하여 쓰는 것을 가리키는데, '이용'은 자기의 이익이나 목적을 위하여 다른 사람이나 물건을 수단이나 도구로 쓰는 부정적인 의미도 포함한다. '활용'은 사람이나 물건을 제 용도에 한정하지 않고 더 적극적으로 이용하거나 사용하여 더 나은 결과를 얻는 일을 가리킨다.

¶ 인간이 불을 사용하면서 문명이 시작되었다.

¶ 바람을 이용하여 풍차를 돌린다.

¶ 우유갑을 활용해서 연필꽂이를 만들었다.

ㅅ

사이 명사 ㉾ 새[2]

① 이때에서 저때까지의 시간.

¶ 저희가 오전 10시에서 11시 사이에 방문하겠습니다.

② 한 물체와 다른 한 물체까지의 공간.

¶ 단열을 위해서 벽돌과 벽돌 사이에 흙을 두껍게 넣기로 했다.

③ 서로 맺은 관계. 또는 사귀는 정분.

¶ 우리는 선후배 사이다.

복합어

사이사이 ① 사이와 사이. 여러 것의 사이. ② 사이마다. 여러 것의 사이에. ㉾ 새새

사이시옷 사잇소리를 적는 데 쓰이는 시옷.

사이좋다 서로의 관계가 가깝다. 서로 친하다. ¶ 친구들과 사이좋게 지내고 있다.

사잇소리 두 낱말이 결합하여 합성어를 이룰 때 두 낱말 사이에 덧나는 소리.

관용 표현

사이가 뜨다 ① 일정한 거리가 있다. ② 동안이 오래다. ③ 서로 사이가 좋지 않다.

사이를 두다 ① 일정한 거리나 동안을 두다. ② 가깝지 않게 관계를 유지하다.

> ● '사이'와 '서리[3]'
>
> '사이'는 두 물건의 가운데 있는 공간이나 간격을 가리키는 말이다. '이것과 저것 사이', '오늘과 내일 사이'처럼 대상이 두 가지인 경우에 쓴다. 이에 비해서 '서리'는 셋 이상인 대상의 가운데를 가리키는 말이다. '사람들 서리에'는 '여러 사람 중에'와 같은 말이다. 그러나 요즘은 '서리'를 거의 쓰지 않고 '사이'나 '중(中)'으로 대체하여 쓰는 것이 현실이다. '서리'가 죽은말이 된 것이 아쉽다.

사재다 동사

규칙 사재고, 사재어/사재, 사잰다, 사잽니다, 사재었다/사쟀다

물건을 마구 사서 쟁이다.

¶ 상인은 값이 오를 것 같은 상품을 사재어 놓고 팔지 않았다.

복합어

사재기 물건 값이 오를 것을 예상하고 사서 쟁여 놓는 일. =매점

사정(事情) 명사

① 일의 형편이나 까닭.

¶ 그는 집안 사정에 매우 어두웠다.

¶ 저는 어려운 사정이 있어서 오늘 회의에 참석하지 못하겠습니다.

② ('사정을 하다' 구성으로 쓰여) 형편이나 까닭을 말하고 무엇을 간청함.

¶ 그는 자기 실수를 한 번만 봐 달라고 사정을 했다.

¶ 몸이 안 좋아 하루만 쉬겠다고 사정을 했다.

복합어

사정없다 남의 사정을 헤아려 돌봄이 없이 매몰차다.

사정없이 남의 사정을 헤아려 돌봄이 없이 매몰차게. ¶ 부탁을 사정없이 거절했다.

사정하다 형편이나 까닭을 남에게 말하고 무엇을 간청하다. ¶ 아무리 사정해도 네 청을 들어줄 수 없다.

속담

사정이 사촌보다 낫다 사정만 잘하면 웬만한 것은 통할 수 있음을 이르는 말.

사족[1] (四足) 명사

① 짐승의 네 다리를 이르는 말.

¶ 소, 돼지, 범 따위는 사족으로 걷는다.

② 사람의 팔과 다리를 낮추어 부르는 말. ×사죽

¶ 사족이 멀쩡한 녀석이 일을 하지 않고 놀고 있다.

관용 표현

사족(을) 못 쓰다 무슨 일에 반하거나 혹하여 꼼짝 못 하다. ¶ 그는 먹을 것이라면 사족을 못 쓰는 먹보이다.

사족[2] (蛇足) 명사

'뱀의 발'이라는 뜻으로, 뱀 그림에 발을 그려 넣는 것처럼 일을 그르치는 군짓 또는 쓸데없는 일을 가리키는 말.

¶ 내 글에 사족을 달지 마라.

¶ 네 변명은 사족에 지나지 않는다.

삭다 동사

규칙 삭고, 삭으면, 삭으니, 삭아, 삭는, 삭으오, 삭습니다, 삭았다

① 물건이 오래되어 본바탕이 쓸 수 없게 변하다.

¶ 오래된 밧줄이 삭아서 끊어졌다.

¶ 무슨 물건이든 오래되면 삭는다.

② 사람의 얼굴이나 몸이 생기를 잃다.

¶ 고생을 많이 했는지 얼굴이 몹시 삭았더라.

③ 걸쭉하고 빡빡하던 것이 묽어지다.

¶ 이제 고추장이 푹 삭을 때까지 기다려야 한다.

④ 김치나 젓갈 따위가 맛이 들다.

¶ 밥에 엿기름 우린 물을 부으면 밥알이 삭으면서 맛있는 식혜가 된다.

⑤ 먹은 음식물이 소화되다.

¶ 화가 난 상태에서 먹었으니 밥이 위에서 제대로 삭았을 리 없지.

⑥ 긴장이나 화가 풀려 마음이 가라앉다.

¶ 화도 분도 다 삭은 뒤라 이제는 아무 원한이 없다.

⑦ 기침이나 가래 따위가 잠잠해지거나 가라앉다.

¶ 약을 먹어서 가래가 조금 삭은 듯하다.

⑧ 불이 사그라지다.

¶ 시간이 지나니 모닥불이 점점 삭는다.

››› '삭다', '썩다', '뜨다[2]'의 차이는 올림말 '뜨다[2]' 참고.

삭이다 동사

규칙 삭이고, 삭이어/삭여, 삭인다, 삭입니다, 삭이었다/삭였다

'삭다'의 사동형. 참고 삭히다, 새기다

① 음식물을 소화시키다.

¶ 돌도 삭일 나이이니 많이 먹고 쑥쑥 커라.

② 화나 분을 가라앉히다.

¶ 아이는 겨우 분을 삭이면서 내 뒤를 따라왔다.

③ 기침이나 가래를 가라앉히다.

¶ 무즙은 가래를 삭이는 데 좋다.

삭히다 동사

규칙 삭히고, 삭히면, 삭히어/삭혀, 삭힌다, 삭힙니다, 삭히었다/삭혔다

김치나 젓갈을 발효시켜 맛이 들게 하다. '삭다④'의 사동형.

¶ 멸치나 새우에 소금을 뿌려 삭히면 젓갈이 된다.

¶ 묵은지는 김치를 땅속에 묻어 오래 삭힌 것이다.

● '삭히다'와 '삭이다'

'삭이다'는 무엇이 삭아서 없어지게 하는 행위를 가리킨다. 가래를 삭이고, 화를 삭이고, 음식을 삭이는 행위는 모두 삭아 없어지게 하는 행위이다. 이에 비해서 '삭히다'는 음식이 맛이 들도록 억지로 삭게 만드는 행위를 포함한다. 김치는 삭혀야 맛이 난다. 젓갈이나 홍어 같은 것도 모두 삭혀서 먹는다.

¶ 분한 감정을 가까스로 삭이고 입을 열었다.(가라앉혀 없앰.)

¶ 홍어는 삭혀 먹으면 맛있다.(발효시켜 맛이 들게 함.)

산봉오리

'산봉우리(山-)'의 틀린 말.

산봉우리(山-) 명사

×산봉오리

산의 꼭대기 부분. =봉우리

¶ 산봉우리에는 아직도 눈이 하얗게 쌓여 있다.

¶ 지리산의 산봉우리는 둥근 편인데 금강산의 산봉우리는 매우 뾰족하다.

ㅅ

»› '봉우리'는 '산봉우리'를 가리키는 말이고, '봉오리'는 '꽃봉오리'를 가리키는 말이다. '산봉오리'나 '꽃봉우리'는 없는 말이다.

살다 동사

불규칙 살고, 살지, 사니, 사는, 산, 산다, 삽니다, 살았다

① 생명을 지니고 있다.

¶ 요즘은 보통 아흔 살까지는 사는 것 같다.

② 불 따위가 꺼지지 않고 타거나 비치고 있다.

¶ 꺼진 불이 다시 살아 큰 화재를 일으키는 경우가 있다.

③ 본래 가지고 있던 색깔이나 특징 따위가 그대로 있거나 뚜렷이 나타나다.

¶ 개성이 살아 있는 글을 써야 한다.

④ 성질이나 기운 따위가 뚜렷이 나타나다.

¶ 아이가 칭찬 몇 마디로 기가 살았다.

⑤ 움직이던 물체가 멈추지 않고 제 기능을 하다.

¶ 시계를 물에 빠뜨렸는데 다행히 살아 있었다.

⑥ 경기나 놀이 따위에서, 상대편에게 잡히지 않고 제 기능을 하다.

¶ 바둑에서는 두 집을 내야 살고 못 내면 죽은 돌이 된다.

⑦ 현실과 관련되어 생동성이 있다.

¶ 역사에서 산 교훈을 얻는다.

⑧ 어느 곳에 거주하거나 거처하다.

¶ 요즈음에는 삼대가 한집에서 사는 경우가 흔하지 않다.

⑨ 어떤 사람과 결혼하여 함께 생활하다.

¶ 소꿉친구가 결혼하면 아웅다웅하면서도 아기자기하게 산다고 한다.

⑩ 어떤 직분이나 신분의 생활을 하다.

¶ 우리 선조 가운데에서 벼슬을 산 사람은 딱 한 명뿐이다.

¶ 2년 동안 군대에서 살았다.

⑪ ('삶'을 목적어로 취하여) 어떤 생활을 영위하다.

¶ 그는 의로운 삶을 살다 갔다.

속담

산 (사람) 입에 거미줄 치랴 아무리 살림이 어려워 식량이 떨어져도 사람은 그럭저럭 죽지 않고 먹고살아 가기 마련임을 빗대어 이르는 말.

산 개 새끼가 죽은 정승보다 낫다 ① 아무리 천하더라도 살아 있는 것이 죽은 것보다는 낫다는 말. ② 아무리 존귀했던 몸이라도 한번 죽으면 거들떠보지 않는 것이 세상인심임을 빗대어 이르는 말.

산 범의 눈썹을 뽑는다 ① 살아 있는 범의 눈썹을 뽑는다는 뜻으로, 감히 손댈 수 없는 위험한 짓을 목숨 걸고 함을 빗대어 이르는 말. ② 도저히 이룰 수 없는 헛된 망상을 함을 빗대어 이르는 말.

산 호랑이 눈썹 (찾는다) 살아 있는 호랑이의 눈썹을 찾는다는 뜻으로, 도무지 구할 수 없는 것을 구하려 함을 빗대어 이르는 말.

✕ 살륙 ‘살육(殺戮)’의 틀린 표기.

○ 살리다 동사

규칙 살리고, 살리어/살려, 살리는, 살린, 살립니다, 살리었다/살렸다

① 살게 하다. ‘살다’의 사동형.

¶ 지난 화재에서 우리 남매를 살려 준 은인을 찾고 있습니다.

¶ 꺼져 가는 불을 살리려고 부채질을 하였다.

¶ 그는 5년 동안 징역을 살렸어도 달라지지 않았다.

② 없애거나 깎지 않고 그대로 두다.

¶ 글의 앞부분만 살리고 나머지는 모두 다른 내용으로 바꿨다.

③ 본래의 기능을 제대로 하게 하다.

¶ 지금은 경제를 살리는 일이 급하다.

④ 무엇이 잘 나타나도록 표현하다.

¶ 유화로 질감을 살려 표현해 보세요.

¶ 바탕색을 더 살려서 인쇄해 주세요.

살림 명사

① 한집안을 이루어 생활하는 일.

¶ 그들은 바로 이 동네에서 살림을 시작하였다.

② 살아가는 형편.

¶ 요즘 그의 살림이 말이 아니다.

복합어

살림꾼 ① 살림을 알뜰하게 하는 사람. ② 살림을 맡아 하는 사람.

살림살이 ① 살림을 차려서 사는 일. ② 살림에 쓰이는 세간과 기구.

살림집 살림을 하는 집.

속담

살림에는 눈이 보배다 ① 살림을 잘하려면 안목이 있어야 한다는 말. ② 살림에는 낱낱이 살피는 것이 제일이라는 말. ¶ 살림에는 눈이 보배라고, 잘 보면 값싸고 좋은 물건을 고를 수 있다.

살림이란 게 쓸 건 없어도 남 주워 갈 건 있다 필요 없고 하찮은 물건이라도 남의 살림에는 도움이 되는 것이 있게 마련이라는 말.

살아가다 동사

규칙 살아가고, 살아가, 살아간다, 살아갑니다, 살아갔다

① 목숨을 이어 가다.

¶ 동물이나 식물은 환경에 적응하며 살아간다.

② 살림을 해 나가다.

¶ 경비 일을 하면서 그럭저럭 살아가고 있다.

살아나다 동사

규칙 살아나고, 살아나, 살아난다, 살아납니다, 살아났다

① 몹시 어려운 상황에서 벗어나다.

¶ 내가 위험한 고비에서 가까스로 살아난 이야기를 들려주지.

② 죽게 된 상태에서 다시 살게 되다.

¶ 호랑이는 딸랑새한테서 겨우겨우 살아났다.

¶ 예수는 죽었다가 살아났다고 하지 않니?

③ 꺼져 가던 불이 다시 일어나다.

¶ 재에 남아 있던 불씨가 살아나서 온 산을 태웠다.

④ 잊었던 기억이 다시 떠오르다.

¶ 그를 보면 과거의 아픈 기억이 살아나 괴롭다.

¶ 어릴 적 친구를 만나니 지난 추억이 새록새록 살아났다.

⑤ 약해졌던 기운이 다시 성해지다.

¶ 병을 이겨 내겠다는 의지가 살아났다.

¶ 비가 내리자 시든 꽃나무가 살아났습니다.

¶ 우리 팀 분위기가 살아나도록 열심히 응원했다.

ㅅ

살아남다 동사

규칙 살아남고, 살아남으니, 살아남아, 살아남는, 살아남는다, 살아남습니다, 살아남았다

① 죽을 고비에서 죽지 않고 살다.

¶ 격렬한 전투에서도 살아남는 사람이 있게 마련이다.

② 어떤 분야에서 밀려나지 않고 버티다.

¶ 경쟁 사회에서 살아남아 높은 자리에 올랐다.

살아생전(-生前) 명사

세상에 살아 있는 동안. =생전

¶ 내 살아생전에 아들 얼굴을 한번 보는 것이 소원이다.

¶ 살아생전 고향 땅을 다시 밟을 수 있을지 모르겠다.

살아오다 동사

규칙 살아오고, 살아와, 살아온다, 살아옵니다, 살아왔다

① 생활하여 오다.

¶ 한평생 살아오면서 오늘처럼 기쁜 날은 처음이다.

¶ 나는 언제나 이렇게 단순하게 살아왔다.

② 죽지 않고 돌아오다.

¶ 그는 죽을 고비를 수차례 넘기고 살아왔다.

③ 어떤 직업이나 신분을 겪으며 지내 오다.

¶ 그는 평생을 선생으로 살아오신 분이다.

살육(殺戮) 명사 ×살룩

사람을 마구 죽임.

¶ 전쟁과 살육을 멈춰라.

복합어

살육하다 마구 죽이다. ¶ 무슨 까닭으로 무고한 사람들을 살육하는가?

● '살육'과 '살륙'

한자 '殺戮'의 본디 음은 '살륙'이다. 그러나 '살육'을 표준어로 삼았으므로 '살육'으로 적어야 한다. 이처럼 한자어의 원음과 국어의 표기가 다른 경우가 몇이 있다.

표준음	원음	비고
수락(受諾), 허락(許諾), 쾌락(快諾)	낙(諾)	승낙(承諾)
곤란(困難), 논란(論難)	난(難)	재난(災難)
의령(宜寧), 회령(會寧)	녕(寧)	안녕(安寧)
대로(大怒), 희로애락(喜怒哀樂)	노(怒)	분노(忿怒)
오뉴월(五六月), 유월(六月)	륙(六)	오륙일(五六日)
모과(木瓜)	목(木)	목련(木蓮)

시월(十月), 시왕(十王), 시방정토(十方淨土)	십(十)	십자가(十字架)
초파일(初八日)	팔(八)	팔불출(八不出)
모란(牡丹)	단(丹)	목단(牧丹)
살육(殺戮)	륙(戮)	도륙(屠戮)
선열(先烈), 전열(戰列), 나열(羅列), 비열(卑劣)	렬(烈, 列, 劣)	열렬(熱烈)
규율(規律), 비율(比率), 전율(戰慄)	률(律, 率, 慄)	법률(法律)

살지다 형용사

규칙 살지고, 살지니, 살지어/살져, 살진, 살집니다, 살지었다/살졌다

① 땅이 기름지다.

¶ 최 부잣집은 살진 농토를 많이 가지고 있었다.

¶ 이렇게 살진 땅에는 무엇을 심든 잘 자랄 거야.

② 몸에 살이 많다. 참고 살찌다

¶ 아침에 나가 보니 살진 토끼 한 마리가 올무에 걸려 있었다.

살찌다 동사

규칙 살찌고, 살찌어/살쪄, 살찌는, 살찐, 살찝니다, 살찌었다/살쪘다

① 몸에 살이 오르다. 살이 많아지다.

¶ 많이 먹고 운동을 적게 하면 살찌지 않을 수 없다.

② (비유적으로) 힘이 강하게 되거나 생활이 풍요로워지다.

¶ 다양한 독서는 마음을 살찌게 한다.

● '살지다'와 '살찌다'

'살지다'는 형용사이고, '살찌다'는 자동사이다. '살지다'는 '살이 통통하다' 또는 '살이 오

ㅅ

동포동하다'와 같은 의미를 갖는다. '살찌다'는 살이 불어나고 있음을 의미한다. 현재형 '살찌는'을 쓰면 지금 살이 불어나고 있음을 의미하고, 과거형 '살찐'을 쓰면 이미 살이 많이 붙은 상태임을 의미한다. '살지다'는 대체로 짐승에 쓰고, '살찌다'는 사람에 쓴다.

¶ 살진 송아지가 여물을 먹고 있다.

¶ 물만 먹어도 살찌는 사람이 있다.

삼가 부사

조심하는 마음으로 정중하게.

¶ 유가족에게 삼가 조의를 표합니다.

¶ 삼가 경의를 표합니다.

삼가다 동사 ×삼가하다

규칙 삼가고, 삼가, 삼가서, 삼갈, 삼간다, 삼갑니다, 삼갔다

① 몸가짐이나 언행을 신중하게 가지다.

¶ 언행을 삼가지 못하면 크게 낭패를 당하기 쉽다.

¶ 삼가는 마음으로 조문을 하고 왔다.

② 꺼려서 가까이하지 아니하다.

¶ 앞으로 며칠 동안 밥과 고기를 삼가고 미음만 드세요.

¶ 오늘은 미세 먼지가 많으니 노약자들은 외출을 삼가시기 바랍니다.

● '삼가다'와 '삼가하다'

'삼가하다'는 '삼가다'의 틀린 말이다.

¶ 다른 사람을 비난하는 것을 삼가하시오(×) / 삼가시오(○).

¶ 욕설을 삼가해라(×) / 삼가라(○).

'삼가하다'를 '삼가 하다'라고 띄어서 적으면 어떨까? 이렇게 하면 하지 말라는 말이 하

라는 말이 되어 자기 생각과 반대되는 문장이 된다.

¶ 남을 비난하는 것을 삼가 하시오.(조심하는 마음으로 정중하게 비난하라는 말)

¶ 거짓말을 삼가 하지 않으면 고발하겠다.(조심하며 정중하게 거짓말을 하라는 말)

삼키다 동사 ×생키다

규칙 삼키고, 삼키어/삼켜, 삼키는, 삼킨, 삼킵니다, 삼키었다/삼켰다

① 목구멍으로 넘기다.

¶ 침을 한 번 꿀꺽 삼키고 말을 시작했다.

② 남의 것을 제 것으로 만들어 버리다.

¶ 일본은 우리나라를 통째로 삼키고 36년 동안 지배했다.

¶ 남의 재산을 몰래 삼키고도 무사할 줄 알았니?

③ 눈물이나 웃음을 억지로 참다.

¶ 눈물을 억지로 삼키고 이야기를 계속했다.

¶ 수업 시간에 기침을 삼키느라고 무척 고생했다.

상서롭다(祥瑞-) 형용사 ×상스럽다

불규칙 상서롭게, 상서롭지, 상서로워, 상서로운, 상서롭습니다, 상서로웠다

복되고 길한 일이 일어날 조짐이 있다.

¶ 비 온 뒤에 무지개가 뜬 것은 매우 상서로운 징조이다.

복합어

상서로이 복되고 길한 일이 일어날 조짐이 있게. ¶ 까치가 아침부터 대문간에서 상서로이 우짖는다.

››› '상서롭다'를 '상스럽다'로 잘못 쓰는 경우가 더러 보인다. 두 낱말은 의미도 다르고 용법도 다르므로 혼동하지 말아야 한다.

상스럽다(常-) 형용사

불규칙 상스럽고, 상스럽지, 상스러워, 상스러운, 상스럽습니다, 상스러웠다

말이나 행동이 보기에 천하거나 점잖지 못하다.

¶ 상스러운 언행을 하지 마라.

¶ 그 친구는 행동이 거칠고 말도 상스럽게 한다.

복합어

상스레 말이나 행동이 보기에 천하고 교양이 없이.

상채기 '생채기'의 틀린 표기.

상하다(傷-) 동사

불규칙 상하고, 상하니, 상하여/상해, 상한, 상하였다/상했다

① 물건이 깨지거나 헐거나 하다.

¶ 이사하면서 어머니가 아끼던 그릇이 상했다.

② 옷 따위가 찢어지거나 해어지거나 삭거나 좀먹거나 하다.

¶ 이 옷은 손빨래를 해야 옷감이 덜 상한다.

③ 음식이 맛이 가거나 쉬거나 썩거나 하다.

¶ 여름에는 음식이 상하기 쉽다.

④ 몸이 약해지거나 나빠지다.

¶ 공부를 하느라고 몸이 많이 상했구나.

⑤ 마음이 언짢게 되다. 또는 마음을 아프게 하다.

¶ 그렇게 남의 마음을 상하게 해 놓고 네 마음은 편하니?

⑥ 몸이 다치다.

¶ 무거운 짐을 들다가 허리가 상했다.

¶ 길에서 넘어져 발목을 상했다.

새[1] 관형사

① 이미 있던 것이 아니라 처음 마련하거나 다시 생겨난.

¶ 봄이 오니 새 가지가 돋아난다.

¶ 오늘 새 회원이 다섯 명이나 가입했다.

② 사용하거나 구입한 지 얼마 되지 아니한.

¶ 새 운동화를 신고 달리기를 했다.

속담

새 도랑 내지 말고 옛 도랑 메우지 말라 새로운 법을 내려고 하기보다 오히려 옛 법을 잘 운영하는 것이 나음을 빗대어 이르는 말.

새 바지에 똥 싼다 ① 염치없는 행동을 빗대어 이르는 말. ② 잘된 것을 만져서 도리어 못 되게 그르치는 경우를 빗대어 이르는 말.

새 오리 장가가면 헌 오리 나도 한다 남이 하는 대로 무턱대고 자기도 하겠다고 따라나서는 주책없는 행동을 빗대어 이르는 말.

ㅅ

● '새'와 '새로운'

'새롭다'의 '-롭다'는 앞말을 긍정하여 '그렇다', '그럴 만하다'의 뜻을 보태어 형용사로 만든다. '신비롭다'는 '신비하다'와 뜻이 같고, '풍요롭다'는 '풍요하다'와 뜻이 같다. '-하다'를 붙여 형용사가 되는 어근에 '-롭다'를 붙여 형용사를 만드는 것은 표현의 다양성 면에서 좋을 뿐 의미 차이는 별로 없다. 대체로 '-롭다'는 '-하다'를 붙일 수 없는 어근에 붙이는 경우가 많다. 그래서 '새'와 '새로운' 두 말에는 큰 차이가 없지만 상황에 따라서는 의미가 조금 달리 해석되는 경우가 있다.

① 아이가 젓가락을 떨어뜨리자 점원이 새 젓가락을 갖다 주었다.

② 아이가 자꾸 젓가락을 떨어뜨리자 점원이 새로운 젓가락을 갖다 주었다.

위 예문 ①에서 '새'는 전에 쓰던 젓가락과 같은 종류로 사람들이 쓰지 않은 젓가락을 가리킨다. 여러 번 썼더라도 깨끗이 닦아서 보관해 둔 것이면 '새 젓가락'이라고 해도 무방하다. 예문 ②에서 '새로운'은 이전의 젓가락과 다른 젓가락, 예를 들면 모양이 다르거나 재질이 다른 젓가락을 가리킬 수 있다.

새[2] 명사

'사이'의 준말.

¶ 어금니 새가 벌어져 자꾸 음식물이 낀다.

¶ 너무 바빠서 쉴 새 없이 일했다.

¶ 사람들 새로 친구가 손을 흔들며 오는 모습이 보였다.

복합어

샛강 큰 강의 강줄기 일부가 갈라져 중간에 섬을 이루고 하류에서 다시 강줄기에 합류하는 강.

샛길 한길에서 갈라졌다가 다시 한길로 통하는 작은 길. 무엇의 사이로 난 길.

샛문 ① 정문 외에, 따로 드나들도록 만든 작은 문. ② 방과 방 사이에 있는 문.

››› '샛강', '샛길', '샛문'은 명사 '새'가 다른 명사와 합성어를 이루는 과정에서 사이시옷이 덧난 형태이다. 그러나 여기에 쓰인 '샛'은 '사이'의 본디 의미에서 멀어져 '사이사이에 비공식적으로 이용하거나 작용함'의 의미를 나타낸다.

새-[1] 접사

(명사 앞에 붙어) 새로운 것임을 나타내는 말.

¶ 새색시, 새신랑, 새아기

복합어

새것 ① 새로 나온 물건. 새로 생긴 것. ② 한 번도 쓰지 아니한 물건.

새댁 '새색시'를 높여 이르는 말.

새사람 ① 새로 시집온 사람을 손윗사람이 이르는 말. ¶ 큰집에 새사람이 들어왔대. ② 새로운 다짐으로 바르게 사는 사람. ¶ 그는 잘못을 뉘우치고 새사람이 되었다.

새살 헌데나 부스럼 자리에 새로 돋은 살.

새살림 처음 시작하는 살림.

새싹 새로 돋은 싹.

새해 새로 시작하는 해. =신년

새–[2] 접사

(주로 색을 나타내는 형용사 앞에 붙어) '빛깔이 선명하고 짙음'의 뜻을 더하는 말. [참고] 샛–

복합어

새까맣다 ① 매우 까맣다. ¶ 햇볕에 얼굴이 새까맣게 탔다. ② 거리나 시간 따위가 매우 아득하게 멀다. ¶ 새까만 후배가 동문이라고 나를 찾아왔다. ③ (주로 '새까맣게' 형태로 쓰여) 기억이나 아는 바가 아주 전혀 없다. ¶ 약속을 새까맣게 잊고 있었다. ④ (주로 '새까맣게' 형태로 쓰여) 헤아릴 수 없이 매우 많다. ¶ 꿀물에 개미가 새까맣게 몰려들었다. ⑤ (비유적으로) 마음이나 행실 따위가 매우 앙큼하다. ¶ 마음이 새까만 사람

새까매지다 새까맣게 되다.

새빨갛다 ① 매우 짙게 빨갛다. 새뜻하게 빨갛다. ② (주로 '새빨간' 형태로 쓰여) 터무니없다. ¶ 새빨간 거짓말을 천연덕스럽게 한다.

새빨개지다 새빨갛게 되다. ¶ 거짓말이 들통이 나자 얼굴이 금방 새빨개졌다.

새뽀얗다 산뜻하고 뽀얗다. ¶ 그 아이의 얼굴빛이 우윳빛처럼 새뽀얗다.

새뽀얘지다 새뽀얗게 되다.

새카맣다 '새까맣다'보다 거센 느낌을 주는 말.

새카매지다 새카맣게 되다.

새파랗다 ① 몹시 파랗다. ② 매우 젊다. ¶ 새파란 나이에 허무하게 죽다니.

새파래지다 ① 몹시 파랗게 되다. ② 몹시 놀라서 핏기가 사라지다. ¶ 사람들이 겁에 질려 얼굴이 새파래졌다.

새하얗다 ① 매우 하얗다. 새뜻하게 하얗다. ② 겁에 질리거나 놀라서 핏기가 가셔 얼굴이 몹시 하얗다.

새하얘지다 몹시 하얗게 되다. ¶ 너무 놀라서 머릿속이 새하얘졌다.

● '새–[2]'와 '샛–'

모두 빛깔이 선명하고 짙음을 나타내기 위해서 붙이는 말인데, 뒤에 어떤 색깔이 오느냐에 따라서 둘 가운데 하나를 선택하여 쓴다. '샛–'을 붙이는 낱말은 '노랗다', '말갛다'에 국한된다. 즉, '샛노랗다, 샛노래지다, 샛말갛다, 샛말개지다' 네 가지이다. 그 밖의 낱말에는 모두 '새–'를 쓴다. 특히 '까맣다', '빨갛다', '뽀얗다', '파랗다', '하얗다'에는

'샛-'을 쓰지 않는다는 점에 유의해야 한다.

- 샛까맣다(×)/샛까매지다(×)→새까맣다/새까매지다
- 샛빨갛다(×)/샛빨개지다(×)→새빨갛다/새빨개지다
- 샛뽀얗다(×)/샛뽀얘지다(×)→새뽀얗다/새뽀얘지다
- 샛카맣다(×)/샛카매지다(×)→새카맣다/새카매지다
- 샛파랗다(×)/샛파래지다(×)→새파랗다/새파래지다
- 샛하얗다(×)/샛하얘지다(×)→새하얗다/새하얘지다

새기다[1] 동사

규칙 새기고, 새기어/새겨, 새기는, 새깁니다, 새기었다/새겼다

① 깎거나 파서 무엇을 만들거나 그리다. ㉥ 조각하다

¶ 나무에 이름을 새겨서 문패를 만들었다.

¶ 무른 돌에 글자를 새기기는 그리 어렵지 않다.

② 잊지 않도록 단단히 기억하다.

¶ 부모님 말씀을 마음속에 단단히 새겨 두어라.

복합어

새겨듣다 ① 잊지 않도록 단단히 마음속에 넣어 듣다. ¶ 내 말을 새겨듣지 않으면 나중에 크게 낭패를 당할 수 있다. ② 말뜻을 잘 헤아려 듣다.

새김 나무, 돌, 쇠붙이 따위에 그림이나 모양을 파서 나타내는 일. =새김질

새김질하다 그림이나 글씨를 새기는 행동을 하다.

새기다[2] 동사

규칙 새기고, 새기어/새겨, 새기는, 새깁니다, 새기었다/새겼다

말이나 글을 알기 쉽게 풀거나 옮기다.

¶ 이 구절의 뜻을 새겨 보아라.

¶ 영문 소설을 우리말로 새겼다.

복합어

새김 ① 글의 뜻을 쉽게 푸는 일. ② 한자를 읽을 때 음 앞에 풀이하여 놓은 뜻. =훈

¶ 한자는 새김으로 뜻을 이해한다. / 天은 '하늘 천'으로 읽는데 '하늘'이 새김이다.

새기다[3] 동사

규칙 새기고, 새기어/새겨, 새기는, 새깁니다, 새기었다/새겼다

소나 양 따위의 동물이 이미 먹은 것을 다시 내어서 씹다. 참고 삭이다

¶ 소가 여물을 새기고 있다.

복합어

새김 한번 삼킨 것을 게워 다시 씹는 일. =새김질, 되새김, 되새김질, 반추

새김질하다 먹어 삼킨 먹이를 게워 다시 씹다. ¶ 소는 새김질하는 동물이다.

● '새기다[3]'과 '삭이다'

소나 양같이 풀을 뜯어 먹는 동물은 일단 삼킨 풀을 게워서 다시 씹는 방법으로 소화를 돕는다. 이런 행위를 '새김질한다'라고 하거나 '새긴다'라고 한다. 많은 사람이 '새긴다'를 '삭인다'로 쓰는데 이는 잘못이다.

¶ 소는 뜯어 먹은 풀을 게워 삭이는(×) 방법으로 풀을 소화한다. →새기는

새다[1] 동사

규칙 새고, 새니, 새어/새, 샌, 샙니다, 새었다/샜다

① 기체, 액체 따위가 틈이나 구멍으로 조금씩 빠져 나가거나 나오다.

¶ 공에서 바람이 샌다.

¶ 지붕에서 비가 새 양동이를 받쳤다.

② 빛이 물체의 틈이나 구멍으로 나거나 들다.

¶ 문틈으로 빛이 약하게 새어 나왔다.

③ 소리가 빠져나가 바깥에서 들리다.

¶ 방 안에서 어른들이 하는 말이 새어 나와 우리 귀에까지 들렸다.

④ 조금씩 줄어들거나 빠져나가다.

¶ 요즘 돈이 자꾸 새는 것 같다.

¶ 재산이 엉뚱한 곳으로 새지 않도록 해라.

⑤ 비밀, 정보 따위가 몰래 밖으로 알려지다.

¶ 우리 비밀이 자꾸 새어 나가는 것 같다.

⑥ 모임, 대열, 집단 따위에서 슬그머니 빠지거나 다른 곳으로 나가다.

¶ 수업 마치면 딴 데로 새지 말고 곧장 집으로 오너라.

¶ 함께 영화를 보러 가기로 했는데 그가 슬그머니 딴 곳으로 샜다.

⑦ 주된 화제에서 벗어나거나 다른 주제로 바뀌어 버리다.

¶ 말이 엉뚱한 데로 샜구나.

¶ 오늘 토론은 주제에서 벗어나 자꾸 딴 데로 샜다.

새다[2] 동사

규칙 새고, 새니, 새어/새, 샌, 샙니다, 새었다/샜다

날이 밝아 오다. 참고 새우다

¶ 어느덧 날이 새는지 창문이 뿌옇게 변하였다.

¶ 밤이 새도록 책을 읽었다.

새로 부사

① 지금까지 있은 적이 없이 처음으로. =새로이①

¶ 학교 앞에 새로 문을 연 분식집이 있다.

¶ 오늘 새로 우리 반에 전학 온 친구를 소개하겠습니다.

② 전과 달리 새롭게. 또는 새것으로. =새로이②

¶ 유리창이 깨어져 유리를 새로 갈아 끼웠다.

¶ 집을 새로 지어서 이사하였다.

③ (12시를 넘긴 시각 앞에 쓰여) 다시 시각이 시작한 것임을 나타내는 말.

¶ 어머니는 새로 두 시가 지나서야 돌아오셨다.

››› '새로'와 '새로이'는 의미나 용법에 별다른 차이가 없다.

새로이 부사

=새로

① 전에 없던 것이 처음으로.

¶ 여기에 도서관을 새로이 지어 학생들이 이용하게 할 계획이다.

¶ 진돗개가 새로이 새끼 2마리를 낳았다.

② 새롭게 다시.

¶ 너를 만나니 옛날 생각이 새로이 떠오른다.

¶ 봄이 되어서 집을 새로이 단장했다.

새롭다 형용사

불규칙 새롭고, 새로우면, 새로우니, 새로워, 새로운, 새롭네, 새롭습니다, 새로웠다

① 지금까지 있은 적이 없다.

¶ 새로운 소식을 전해 드리겠습니다.

¶ 이 제품은 올해 새롭게 개발한 것이다.

¶ 오늘 모임에서 새로운 친구들을 만날 수 있었다.

② 전과 달리 생생하고 산뜻하게 느껴지는 맛이 있다.

¶ 비가 내린 뒤라 공기가 새롭다.

¶ 여기 와 보니 동무들과 놀던 기억이 새롭게 난다.

③ 매우 절실하게 필요하거나 아쉽다.

¶ 요즘은 벌이가 없어서 단돈 만 원이 새로운 형편이다.

¶ 마감 시간이 얼마 남지 않아 일 분이 새롭다.

✕ 새암 ‘샘[1]’의 비표준어.

● ‘샘’과 ‘새암’

‘새암’은 물이 솟아나는 곳을 일컫는 말인데, 표준어 자리를 ‘샘’에게 넘겨준 탓에 지금은 비표준어로 취급되고 있다. 개천절 노랫말에 “우리가 물이라면 새암이 있고, 우리가 나무라면 뿌리가 있다.”라는 구절이 있는데 여기서 말하는 ‘새암’이 바로 표준어로 ‘샘’이다. 1988년 표준어를 사정할 때에 ‘새암’, ‘배암’, ‘무우’, ‘기음’, ‘또아리’, ‘새앙쥐’를 모두 비표준어로 삼고 이에 대응하여 ‘샘’, ‘뱀’, ‘무’, ‘김’, ‘똬리’, ‘생쥐’를 표준어로 삼았다.

○ 새우다 동사

규칙 새우고, 새우니, 새우어/새워, 새운, 새웁니다, 새우었다/새웠다

한숨도 안 자고 밤을 지내다. ‘새다[2]’의 사동형.

¶ 밤을 새워 가며 일을 해도 일이 끝나지 않는다.

● ‘새다[2]’와 ‘새우다’

‘날이 새다’는 새벽이 되었다는 뜻이다. 그렇게 될 때까지 잠을 자지 않는 것을 ‘밤을 새우다’라고 말한다. ‘날이 새다’를 ‘밤이 새다’로 쓰기도 한다. 그러나 ‘밤을 새다’처럼 쓰면 안 된다.

¶ 밤을 새는(×)/새우는(○) 한이 있더라도 계획대로 일을 꼭 마치겠다.

이처럼 사동형 낱말에서 ‘-우-’를 줄여 쓰는 것은 허용되지 않는다. 아래의 예도 마찬가지이다.

- 깨다 – 깨우다 ¶ 아이를 깨다(×)/깨우다(○).
- 타다 – 태우다 ¶ 비행기를 태다(×)/태우다(○).
- 새다 – 새우다 ¶ 밤을 새다(×)/새우다(○).
- 피다 – 피우다 ¶ 향을 피다(×)/피우다(○).
- 자다 – 재우다 ¶ 아이를 재다(×)/재우다(○).
- 치다 – 치우다 ¶ 쓰레기를 치다(×)/치우다(○).

샘[1] 명사 ×새암

① 땅에서 물이 솟아나는 곳. [참고] 우물

② 샘물이 솟아 나오는 곳. 또는 그 언저리. =샘터

복합어

샘물 샘에서 솟는 물.

샘물받이 샘물을 끌어 대거나 샘물이 나는 논. =샘받이

샘솟다 샘처럼 솟다. ¶ 인정이 샘솟는 마을을 만듭시다.

속담

샘에 든 고기 빠져나올 수 없는 곤경에 처하여서 마지막 운명만을 기다리는 처지를 빗대어 이르는 말. =우물에 빠진 고기, 함정에 든 범.

> ● '샘[1]'과 '우물'
>
> '샘'은 땅에서 물이 솟아나는 곳을 일컫는 말이다. 모든 강의 근원은 '샘'이라고 말할 수 있다. '우물'은 물을 긷기 위하여 지하수를 파서 고이게 만든 시설을 일컫는 말이다. 흐르는 물을 가두어 길을 수 있게 만든 시설도 우물이라고 한다. 우물은 울을 만들어 물이 고이도록 하기 때문에 붙여진 이름이다.

샘[2] 명사

탐내거나 부러워하며 지지 않으려고 하는 성미. ㊥ 시새움, 질투 [참고] 시샘

¶ 그는 어릴 적부터 샘이 많아서 누구에게든 지지 않으려 했다.

복합어

샘내다 샘하는 마음을 먹다. 또는 샘을 부리다.

샘바리 샘이 몹시 많은 사람.

샘하다 남의 처지나 물건을 탐내거나, 자기보다 나은 처지에 있는 사람이나 적수를 미워하다. ㊥ 시새우다, 질투하다 ¶ 동생을 샘하는 언니가 어디 있니?

ㅅ

샘[3] 명사

몸속에서 호르몬이나 특별한 종류의 물질을 분비하거나 배설하는 세포 조직을 가리키는 말.

¶ 눈물샘, 땀샘, 갑상샘, 림프샘

샛- 접사

(주로 색을 나타내는 형용사 앞에 붙어) '빛깔이 선명하고 짙음'의 뜻을 더하는 말. [참고] 새-[2]

복합어

샛노랗다 매우 노랗다.

샛노래지다 매우 노랗게 되다.

샛말갛다 매우 말갛다.

샛말개지다 매우 말갛게 되다.

생각 명사

① 사물을 헤아리고 판단하는 작용.

¶ 누구나 자기 나름의 생각이 있게 마련이다.

¶ 너처럼 생각이 깊은 사람은 처음 보았다.

¶ 인간은 생각을 하는 동물이다.

② 어떤 사람이나 일 따위에 대한 기억.

¶ 돌아가신 어머니 생각에 잠을 이룰 수 없다.

¶ 문득 고향 생각이 났다.

③ 하고 싶어 하거나 하려고 하는 마음.

¶ 내일 등산 가려는데 너도 갈 생각이 있으면 따라와라.

¶ 언제나 놀 생각만 하니?

¶ 그동안 생각만 했던 것들을 올해부터 하나씩 해 볼 거야.

④ 의견이나 느낌.

¶ 가을이 되자 몹시 쓸쓸한 생각이 든다.

¶ 이번 사건에 대한 네 생각을 말해 보아라.

⑤ 어떤 사람이나 일에 대하여 보이는 성의나 정성.

¶ 우리 생각도 좀 해 주시오.

관용 표현

생각이 꿀떡 같다 무엇을 하고 싶은 생각이 매우 간절하다. ¶ 집에 가고 싶은 생각이 꿀떡 같다.

생각이 돌다 때맞춰 생각이 잘 떠오르다. ¶ 요즘 좀처럼 생각이 돌지 않아 고생이다.

생각이 팔자 늘 원하고 골똘히 생각하는 대로 운명이 결정된다는 말. ¶ 생각이 팔자라고 모든 일이 생각하기 나름이다.

● '생각보다'의 의미

'생각보다 크다' 또는 '생각보다 잘한다'처럼 '생각보다'를 쓰는 경우에는 '생각으로 정도를 가늠한 것보다'의 의미를 나타낸다. 비교의 대상이 '생각'이 아니라, '생각으로 짐작한 정도' 곧 보이지 않는 생각의 내용이 비교 대상이 된다. 우리에게는 매우 자연스러운 표현이지만 외국인에게는 조금 낯선 표현일 수 있다. '생각보다'는 고도로 압축된 표현이라고 할 수 있다.

¶ 방이 생각보다 넓다.(방의 실제 넓이가 짐작한 넓이보다 크다.)

¶ 그는 생각보다 유능하다.(실제 유능한 정도가 짐작한 정도보다 더 높다.)

¶ 생각보다 훨씬 비싼 제품(보통 예상할 수 있는 수준보다 훨씬 더 비싸다.)

생각하다 동사

불규칙 생각하고, 생각하여/생각해, 생각하는, 생각한, 생각합니다, 생각하였다/생각했다

① 헤아리고 판단하다. 참고 생각되다

¶ 미처 생각하지 못한 일이 일어났다.

② 어떤 사람이나 일 따위를 기억하다.

¶ 교통사고가 났던 날을 생각하면 지금도 가슴이 덜컥한다.

③ 어떤 일을 하려 하거나 하고 싶어 하다.

¶ 나는 피아노를 배우려고 생각하고 있다.

④ 의견이나 느낌을 가지다.

¶ 나는 너를 자랑스럽게 생각한다.

⑤ 성의를 보이거나 마음을 쓰다.

¶ 건강을 생각해서 무리하지 마세요.

⑥ 방법 따위를 고안하거나 찾다.

¶ 감독은 이 경기에서 이길 방안을 생각하고 있다.

● '생각하다' 활용형의 준말 표기

'생각하다'에 '-지', '-건대', '-다' 같은 어미가 붙는 경우에는 아래와 같이 준말로도 표기를 할 수 있다.

¶ 생각하지 / 생각지 않은 돈을 벌었다.

¶ 생각하건대 / 생각건대 당신 말이 맞는 것 같다.

¶ 생각하다 / 생각다 못해 내가 나섰다.

¶ 깊이 생각하도록 / 생각도록 해라.

이처럼 준말 표기를 할 수 있는 낱말로 '거북하다', '깨끗하다', '넉넉하다', '떳떳하다', '마뜩하다', '못하다', '섭섭하다', '익숙하다' 따위가 있다.

거북하지 / 거북지 않다, 깨끗하지 / 깨끗지 않다, 넉넉하지 / 넉넉지 않다

떳떳하지 / 떳떳지 않다, 마뜩하지 / 마뜩지 않다, 못하지 않다 / 못지않다

섭섭하지 / 섭섭지 않다, 익숙하지 / 익숙지 않다

● '생각되다'와 '생각하다'

'생각되다'는 '생각하다'의 피동형이다. 주체가 스스로 생각하는 것이 아니라 다른 대상으로 말미암아 생각을 하게 되는 것이기 때문이다. 그러나 비록 '생각'이 대상에 따라서 일어난다 해도 결국은 자기의 인식 작용을 거쳐 나오는 것이기 때문에 '생각되기'보다는 '생각하는' 행위로 귀착되는 것이 보통이다.

¶ 저는 이것이 더 좋다고 생각됩니다(×). →생각합니다

¶ 이 방법이 옳다고 생각되어(×) 추진하기로 했다. →생각하여

¶ 옳다고 생각되는(×) 일은 강력하게 밀고 나가라. → 생각하는

위의 세 문장에 사용된 '생각되다'는 주어가 그렇게 생각하도록 한 주체가 확실하지 않다. 오히려 대상을 주어가 판단하여 주체적으로 생각한 결과라고 보아야 한다. 따라서 위 세 문장에서 사용한 '생각되다'는 모두 '생각하다'로 바꾸는 것이 좋다.

아래의 경우는 '생각되다'가 적절하게 쓰인 예이다. 생각하는 주체가 '나' 아닌 다른 사람이기 때문이다.

¶ 그에게는 우리의 태도가 옳지 않게 생각되는 모양이더라.(생각하는 주체는 '그')

¶ 사고가 자주 나면 지금까지 써 온 방법이 나쁘다고 생각될 수도 있다.(생각하는 주체는 '다른 사람')

요즘은 '생각되다'보다 더욱 강력한 피동 표현으로 '생각되어지다'를 쓰는 경우가 자주 보인다. 이는 이중 피동 표현이므로 절대로 쓰면 안 된다. 마찬가지로 '판단되어지다'도 이중 피동이므로 쓰면 안 된다. 아예 '되어지다'라는 표현은 쓰면 안 된다.

ㅅ

생기다 동사

규칙 생기고, 생기어/생겨, 생기는, 생긴, 생길, 생깁니다, 생기었다/생겼다

① 없던 것이 새로 있게 되다.

¶ 여드름 때문에 얼굴에 흉터가 생겼다.

¶ 우리에게도 아이가 생겼습니다.

¶ 새로 친구가 생겨서 재미있게 지내고 있다.

② 자기 소유가 아니던 것이 자기 소유가 되다.

¶ 어디서 돈이 생겼지?

③ 어떤 일이 일어나다.

¶ 비가 내리면 우리 계획에 지장이 생길 수 있다.

④ ('어떻게 생기다' 또는 '무엇처럼 생기다' 구성으로 쓰여) 그런 모양이다.

¶ 아이가 아주 귀엽게 생겼군.

¶ 한국에는 상자처럼 생긴 아파트가 많이 있다.

⑤ (주로 '-게 생기다' 구성으로 쓰여) 어떤 지경에 이르게 됨을 나타내는 말.

¶ 지금 돕지 않으면 당장 굶어 죽게 생겼더라.

¶ 실수 한 번에 우리가 경쟁에서 지게 생겼다.

복합어

못생기다 생김새가 보통보다 못하다. ¶ 못생긴 며느리 제삿날에 병난다더니.

생겨나다 탄생하거나 새로 있게 되다.

생김새 생긴 모양새.

생김생김 모양새나 됨됨이.

잘생기다 생김새가 보통보다 낫거나 훌륭하다. ¶ 과일도 잘생겨야 제값을 받는다.

생신(生辰) 명사

'생일'의 높임말.

복합어

생신날 '생일날'의 높임말.

● '생신', '생일', '생신날', '생일날'

위의 네 낱말은 모두 사람이 태어난 날을 가리키는 말로 사용된다. 아주 훌륭한 사람이 태어난 날은 특별히 '탄신(誕辰)' 또는 '탄일(誕日)'이라고 한다. 영어로 'birthday'가 국어에서는 무려 여섯 가지로 쓰이는 셈이다. 우리는 어른의 생일을 생신이라고 해야 격에 맞는다고 본다. 높임법이 있기 때문이다. 그런데 '생신날'이나 '생일날'도 쓴다. '생신'이나 '생일'이 이미 '난 날'이므로 '생신날', '생일날'은 의미가 중복된다. 우리가 한자어의 의미를 명료하게 인식하지 못하여 쉽게 의미 중복을 허용하는 것 같다.

생일은 추상적으로 느껴지고 생일날이라고 해야 구체적으로 그날을 인식할 수 있다는 생각을 가진 사람도 있다. 그래서 '이번 생일에 무슨 선물을 받았어?'라고 하면 생일을 전후하여 무슨 선물을 받았는지 묻는 것 같고, '이번 생일날에 무슨 선물을 받았어?'라고 해야 바로 그날 무슨 선물을 받았는지 묻는 것 같다는 것이다. '생일' 대신에 토박이말로 '난날'이라고 하면 이런 문제가 일시에 해소된다.

생일(生日) 명사

태어난 날. 해마다 태어난 날에 해당하는 날. =생일날 [참고] 생신

¶ 올해 네 음력 생일은 며칠이니?

¶ 이번 주 토요일이 내 생일이야.

복합어

생일맞이 생일 때 무당이나 판수를 불러다가 신령 앞에 음식을 차리고 복을 비는 일.

생일상 생일을 축하하려고 차린 음식상.

생일잔치 생일에 베푸는 잔치.

속담

생일날 잘 먹자고 이레를 굶을까 ① 잠깐의 기쁨을 위해 길고 무리한 희생을 감수할 수 없다는 말. ② 어떻게 될지 모를 앞일을 지나치게 기대하지 마라는 말.

ㅅ

생전(生前) ①명사 ②부사

① 살아 있는 동안. 죽기 전. =살아생전

¶ 내 생전에 통일을 볼 수 있으려나.

② 전혀. 결코. 아무리 해도.

¶ 생전 해 보지 않은 일을 하려니 힘이 든다.

¶ 그것은 생전 모르는 일이다.

생채기 명사 ×상채기

손톱이나 날카로운 것으로 할퀴이거나 긁히어서 생긴 작은 상처.

¶ 얼굴에 난 생채기보다 마음에 난 생채기가 더 아프다.

¶ 가시덤불을 지나왔더니 팔 여기저기에 생채기가 났다.

››› '생채기'를 흔히 '상채기'로 잘못 표기하는 경우가 있다. '상처'라는 단어가 있어서 이렇게 표기하기 쉬운데 '생채기'가 맞는 표기이다.

✕ 생키다 '삼키다'의 틀린 말.

¶ 침을 생키면서(×)/삼키면서(○) 불고기를 구웠다.

서[1] 관형사

(주로 '돈, 말, 발, 푼' 등의 단위 앞에 쓰여) '셋'을 뜻하는 말. [참고] 석, 세[1]

¶ 서 돈, 서 말, 서 발, 서 푼

속담

서 발 막대 거칠 것 없다 ① 서 발이나 되는 긴 막대를 휘둘러도 아무것도 거칠 것이 없다는 뜻으로, 몹시 가난한 살림을 빗대어 이르는 말. ② 조심하거나 거리낄 것이 아무것도 없다는 말.

서 홉에도 참견 닷 홉에도 참견 서 홉을 되는데도 많다 적다 하고 다섯 홉을 되는데도 이러쿵저러쿵 쓸데없이 참견한다는 뜻으로, 부질없이 아무 일에나 참견함을 빗대어 이르는 말.

● '서[1]', '석', '세[1]'

'셋'을 나타내는 관형사로 '세'가 있는데, 전통적인 길이, 무게, 화폐 단위를 쓸 때에 '세'를 쓰지 않고 '서'나 '석'을 쓰는 경우가 있다. 표준어 규정에는 '서'와 '석'을 쓸 자리에는 '세'를 쓰지 않도록 규정하고 있다. 따라서 '세 돈, 세 말, 세 발, 세 푼'이나 '세 냥, 세 되, 세 섬, 세 자'를 쓰는 것은 잘못이 되었다.

단위	서	석
돈, 말, 발, 푼	서 돈, 서 말, 서 발, 서 푼	
냥, 되, 섬, 자		석 냥, 석 되, 석 섬, 석 자

그렇다면 그 외에는 '세'를 쓸 것인가? 예를 들면 자동차를 세는 '대', 배를 세는 '척', 집을 세는 '채', 되의 10분의 1인 '홉' 같은 것을 셀 때에 '세'만 써야 하는가? 이런 문제는 앞으로 계속 일어날 수 있으므로 '셋'의 관형사로 '세'를 쓰는 것을 원칙으로 하고, 경우에 따라서 '서'와 '석'을 허용하는 규정으로 바꾸는 것이 좋겠다.

서[2] 조사

(사람의 수효를 나타내는 말 뒤에 쓰여) 그 말이 주어임을 강조하는 말.

¶ 백지장도 맞들면 낫다고 쉬운 일도 혼자서 하는 것보다 둘이서 하는 것이 낫다.

서[3] 조사

'에서'의 준말.

¶ 여기서 쉬었다 가자.

¶ 이번 행사는 대전서 치르기로 하였다.

서[4]

동사 '서다'의 연결형. 또는 종결형.

¶ 어머니는 혼자 마당에 서 계셨다.

¶ 초등학교 때 담임 선생님께서 결혼식 주례를 서 주셨다.

¶ 줄을 똑바로 서!

서글프다 형용사

불규칙 서글프고, 서글퍼, 서글퍼서, 서글픈, 서글픕니다, 서글펐다

① 외로워 불쌍하거나 슬프다.

¶ 가을은 괜스레 사람들을 서글프게 만든다.

¶ 단짝 친구가 멀리 이사를 가서 무척 서글펐다.

② 섭섭하고 언짢다.

¶ 우리가 서로 미워하고 싸우는 것은 서글픈 일이다.

복합어

서글피 서글프게. ¶ 소쩍새가 서글피 운다.

서다 동사

규칙 서고, 서니, 서, 서서, 선, 설, 선다, 섭니다, 섰다

① 사람이나 동물이 발을 땅에 디디고 위를 향하여 몸을 곧게 하다.

¶ 사람들이 우리 집 앞에 서서 이야기를 나누고 있다.

② 계획, 결심, 자신감 따위가 마음속에 이루어지다.

¶ 나도 이제 어느 정도 결심이 섰으니 밀고 나아가야겠다.

¶ 계획이 서면 알려라.

③ 질서나 체계, 규율 따위가 올바르게 되거나 짜이다.

¶ 논리가 서야 남을 설득할 수 있다.

④ 건물이나 기관 따위가 처음으로 이루어지다.

¶ 1919년에 대한민국 임시 정부가 상해에 선 후 독립운동은 활기를 띠었다.

⑤ 움직임을 멈추다.

¶ 갑자기 발전기가 서는 바람에 온 동네가 정전이 되었다.

¶ 가다가 서면 안 가느니만 못하다.

⑥ 어떤 입장이나 위치에 있다.

¶ 나는 네 편에 서겠다.

⑦ 장이나 씨름판 따위가 열리다.

¶ 우리 마을에는 5일마다 장이 선다.

⑧ 구겨진 것, 무딘 것이 곧고 날카롭게 되다.

¶ 얼마나 날을 잘 갈았는지 칼날이 시퍼렇게 섰다.

¶ 군인이 주름이 잘 선 바지를 입고 씩씩하게 걸어간다.

⑨ 아이가 배 속에 생기다.

¶ 아이가 서면 입덧을 심하게 하기도 한다.

⑩ 어떤 모양이나 현상이 나타나다.

¶ 그의 두 눈에는 시뻘건 핏발이 서 있었다.

¶ 비가 개니 서쪽 하늘에 무지개가 서더라.

⑪ 체면 따위가 바로 유지되다.

¶ 이 일이 성사되어야 직장에서 내 체면이 섭니다.

⑫ 어떤 역할을 맡아서 하다.

¶ 우리는 돌아가면서 보초를 서기로 했다.

⑬ 줄을 맞추어 몸을 두다.

¶ 같은 반끼리 줄을 서세요.

관용 표현

설 땅을(/자리를) 잃다 존재 기반이 없어지다. ¶ 전통 음악이 설 자리를 잃었다.

설 땅이(/자리가) 없다 존재 근거가 없다. ¶ 일하고 싶은 청년들이 설 땅이 없다.

속담

설 자리 앉을 자리 모른다 자기가 서야 할 자리와 앉아야 할 자리도 분간하지 못한다는 뜻으로, 환경이나 조건에 맞게 처신하지 못함을 이르는 말.

ㅅ

서두르다 동사 ㉾ 서둘다

불규칙 서두르고, 서두르면, 서둘러, 서두른, 서둘러요, 서두릅니다, 서둘렀다

① 일을 빨리 해치우려고 급하게 바삐 움직이다.

¶ 지금 서두르지 않으면 기차를 놓친다.

¶ 비가 내릴지 모르니 서둘러 떠나자.

② 어떤 일을 예정보다 빠르게 또는 급하게 처리하려고 하다.

¶ 곧 손님들이 올 테니 준비를 서둘러 주십시오.

¶ 어서 출발을 서두르라고 전해라.

››› '서두르다'와 '서둘다'의 형태 바뀜은 올림말 '서둘다' 참고.

서둘다 동사

불규칙 서둘고, 서두니, 서둘므로, 서두는, 서두네, 서둔다, 서둡니다

'서두르다'의 준말.

¶ 서둘지 말고 천천히 운전해라.

● '서두르다'와 '서둘다'의 형태 바뀜

두 낱말의 형태 바뀜은 아래 표와 같다. 어미가 '-어', '-었-'인 경우에 '서두르다'와 '서둘다'가 어떻게 형태가 바뀌는지 주의해야 한다. '서둘다'는 모음으로 시작하는 어미를 활용형으로 쓸 수 없다.

어미	서두르다	서둘다
-고, -면, -지	서두르고, 서두르면, 서두르지	서둘고, 서둘면, 서둘지
-는, -ㄴ, -니, -네	서두르는, 서두른, 서두르니 서두르네	서두는, 서둔, 서두니 서두네
-오, -ㅂ니다	서두르오, 서두릅니다	서두오, 서둡니다
-어, -었-	서둘러, 서둘렀다	서둘어(×), 서둘었다(×)

서럽다 형용사

불규칙 서럽고, 서러우니, 서러워, 서러운, 서럽네, 서럽소, 서럽습니다, 서러웠다

원통하고 슬프다. =섧다

¶ 객지에서 떠도는 내 신세가 너무 서러워 눈물이 난다.

¶ 큰집에서 더부살이하면서 온갖 푸대접을 받으며 서럽게 자랐다.

● '서럽다'와 '섧다'의 형태 바뀜

두 낱말의 의미나 사용법은 같다. 따라서 어느 말을 써도 문장의 의미는 달라지지 않는다. 그러나 두 낱말의 형태 바뀜은 조금 다르다. 아래 표를 보며 어미에 따라서 어떻게 형태가 바뀌는지 알아보자.

어미	서럽다	섧다
-ㅁ, -음	서러움	설움
-ㄴ, -ㄹ	서러운, 서러울	설운, 설울
-으니, -어, -은데	서러우니, 서러워, 서러운데	설우니, 설워, 설운데

-습니다, -소 -오, -어라	서럽습니다, 서럽소 서러우오, 서러워라	섧습니다, 섧소 설우오, 설워라
-니?, -냐/-으냐?	서럽니?, 서럽냐/서러우냐?	섧니?, 섧냐/설우냐?
-구나, -도다	서럽구나, 서럽도다	섧구나, 섧도다

위 표를 보면 주로 '섧다'의 활용형 가운데 낯선 형태가 많다. '섧다'를 폭넓게 쓰지 않기 때문에 그 활용형도 낯설게 보이는 것이다.

서리[1] 명사

대기 중의 수증기가 지상의 물체 표면에 얼어붙은 것.

¶ 서리를 맞은 배추로도 김치를 담근다고 한다.

¶ 홍시는 서리를 맞아야 단맛이 제대로 난다.

복합어

끝서리 그해 겨울에 마지막으로 내린 서리.

늦서리 제철보다 늦게 내리는 서리.

된서리 ① 늦가을에 아주 되게 내리는 서리. ② 모진 재앙이나 타격을 빗대어 이르는 말. ¶ 부정을 일삼던 관리들이 된서리를 맞았다.

서리꽃 유리창 따위에 서린 김이 얼어서 꽃처럼 엉긴 무늬.

서리병아리 ① 이른 가을에 알에서 깬 병아리. ② 힘없고 추레한 사람을 빗대는 말.

올서리 제철보다 일찍 내리는 서리.

첫서리 그해 가을에 처음으로 내리는 서리.

흰서리 늙어서 하얗게 센 머리카락을 빗대어 이르는 말.

관용 표현

서리(가) 내리다(/앉다) 머리카락이 하얗게 세다. =서리를 이다, 서릿발을 이다. ¶ 삼십 대에 접어들고 나서 머리에 서리가 내리기 시작했다.

서리(를) 맞다 권력이나 난폭한 힘 따위에 큰 타격이나 피해를 입다. =된서리를 맞다.

서리 같은 칼(/칼날) 찬 서리같이 희게 번뜩이는 날카로운 칼.

속담

서리 맞은 구렁이(/병아리) ① 행동이 굼뜨고 힘이 없는 사람을 빗대어 이르는 말. ② 세력이 다하여 모든 희망이 꺾인 사람을 빗대어 이르는 말.

서리[2] 명사

떼를 지어 남의 과일, 곡식, 가축 따위를 훔쳐 먹는 장난.

¶ 옛날에는 시골에서 여름에 수박 서리나 참외 서리를 즐겨 했다.

복합어

서리꾼 서리하는 장난꾼.

서리하다 농촌에서 아이들이 떼를 지어 남의 과일, 곡식, 가축 따위를 훔쳐 먹는 장난을 하다. ¶ 여름에는 친구들과 수박을 서리해서 먹곤 했다.

서리[3] 명사

무엇이 많이 모여 있는 무더기의 가운데. 참고 사이

¶ 나무들 서리에 멧돼지 한 마리가 쉬고 있었다.

서리다[1] 동사

규칙 서리어/서려, 서린, 서립니다, 서리었다/서렸다

① 수증기가 찬 기운을 받아 물방울을 지어 엉기다.

¶ 차창에 김이 서려 밖이 잘 안 보인다.

¶ 안개가 자욱하게 서리어 산이 보이지 않았다.

② 어떤 기운이 어리어 나타나다.

¶ 이곳에는 조상들의 숨결이 서린 문화재가 전시되어 있습니다.

¶ 아이 눈빛에 장난기가 가득 서리어 있었다.

③ 어떤 생각이 마음속 깊이 자리 잡아 간직되다.

¶ 어머니는 헤어진 가족을 만나 그동안 마음에 서린 한을 푸셨다.

④ 냄새 따위가 흠뻑 묻어 있다.

¶ 소나무 숲에는 진한 송진 냄새가 서려 있다.

서리다[2] 동사

규칙 서리어/서려, 서린, 서립니다, 서리었다/서렸다

① 국수, 새끼, 실 따위를 헝클어지지 아니하도록 둥그렇게 포개어 감다.

¶ 아버지는 뜰에서 새끼줄을 서리고 계셨다.

② 뱀 따위가 몸을 똬리처럼 둥그렇게 감다.

¶ 뱀이 몸을 서리고 혀를 날름거렸다.

ㅅ

서술어(敍述語) 명사

=술어

서슴다 동사

규칙 서슴지

(주로 '서슴지 않다'나 '서슴지 말고' 구성으로 쓰여) 결단이나 언행을 머뭇거리며 망설이다.

¶ 네가 생각한 것을 서슴지 말고 말해 보아라.

¶ 그는 불쌍한 사람을 보면 서슴지 않고 도왔다.

¶ 성가신 일도 그는 서슴지 않고 맡았다.

● '서슴지'와 '서슴치'

'서슴다'는 문장 안에서 '서슴지' 외에는 쓰이지 않는다. '서슴고', '서슴게', '서슴는', '서슴어'처럼 사용되는 예가 없다. 물론 누군가 이런 형태를 쓰면 틀렸다고 말할 수는 없지만 매우 어색하다고 느낄 것이다. 한편, '서슴지 않고/말고'를 '서슴치 않고/말고'처럼 쓰는 것은 잘못이다. '서슴다'를 부정하려면 '서슴지 않다'라고 해야 한다.

¶ 궁금한 것이 있으면 서슴치(×) 말고 물어라. → 서슴지

서투르다 형용사 ㉾ 서툴다

[불규칙] 서투르고, 서툴러, 서툴러서, 서투른, 서툴러요, 서투릅니다, 서툴렀다

① 익숙하지 못하다. [참고] 섣부르다

¶ 나는 자전거 타는 것이 서툴러서 걸어가겠다.

¶ 나는 남 앞에서 내 생각을 발표하는 일에 무척 서툴렀다.

② 낯이 익지 못하여 어색하고 서먹하다.

¶ 처음 가는 곳이라 길이 서툴러서 헤맸다.

③ (주로 '서투르게' 형태로 쓰여) 신중하게 앞뒤를 재지 않아 상황에 맞지 않다.

¶ 그렇게 서투르게 변명할 생각은 하지 마라.

속담

서투른 무당이 장구만 나무란다 능력이 부족한 사람이 자기 능력 부족은 생각하지 아니하고 연장만 탓한다는 말.

서툴다 형용사

[불규칙] 서툴고, 서투니, 서툴면, 서툴므로, 서툰, 서투네, 서툽니다

'서투르다'의 준말.

● '서투르다'와 '서툴다'의 형태 바뀜

두 낱말의 의미나 사용법은 같다. 따라서 어느 말을 써도 문장의 의미는 달라지지 않는다. 그러나 두 낱말의 형태 바뀜은 조금 다르다. '서툴다'는 모음으로 시작하는 어미를 활용형으로 쓸 수 없다.

어미	서투르다	서툴다
-고, -면, -지	서투르고, 서투르면, 서투르지	서툴고, 서툴면, 서툴지
-ㄴ, -니, -네	서투른, 서투르니, 서투르네	서툰, 서투니, 서투네
-오, -ㅂ니다	서투르오, 서투릅니다	서투오, 서툽니다
-어, -었-	서툴러, 서툴렀다	서툴어(×), 서툴었다(×)

¶ 그는 운전이 서툴어(×)/서툴러(○) 자주 사고를 낸다.

¶ 그림에 서툴은(×)/서투른(○)/서툰(○) 사람은 글을 써 보세요.

¶ 너는 젓가락질이 서툴으니(×)/서투르니(○)/서투니(○) 포크를 써라.

석 관형사

(주로 '냥, 되, 섬, 자, 장' 등의 단위 앞에 쓰여) '셋'을 뜻하는 말. 참고 서[1], 세[1]

¶ 석 냥, 석 되, 석 섬, 석 자

속담

석 자 베를 짜도 베틀 벌이기는 매일반 석 자밖에 안 되는 베를 짜려고 해도 베틀을 벌여야 한다는 뜻으로, 일이 많으나 적으나 한 번 일을 준비하는 데 드는 수고는 마찬가지라는 말.

섞다 동사

규칙 섞고, 섞으니, 섞어서, 섞는, 섞은, 섞네, 섞습니다, 섞었다

① 두 가지 이상의 물건을 한데 합치다.

¶ 파랑과 노랑을 섞어 초록을 만들었다.

¶ 밀가루에 메밀가루를 섞어서 국수를 뽑았다.

② 어떤 말이나 행동에 다른 말이나 행동을 함께 나타내다.

¶ 강사는 우스개를 섞어 가면서 강의를 진행하였다.

복합어

뒤섞다 마구 섞다.

뒤섞이다 뒤섞어지다. '뒤섞다'의 피동형.

섞갈리다 갈피를 잡기 어렵도록 한데 뒤섞이다.

섞박지 배추, 무, 오이를 절여 넓적하게 썬 다음, 여러 가지 고명에 젓국을 쳐서 한데 버무린 뒤 조기젓 국물을 약간 부어서 익힌 김치. ×석박지

섞어짓기 한곳에 두 가지 이상의 작물을 심는 일. =혼작

섞어짓기하다 한곳에 두 가지 이상의 작물을 심다.

섞어찌개 고기와 여러 가지 채소를 섞어서 끓인 찌개.

섞이다 올림말 '섞이다' 참고.

엇섞다 서로 어긋매끼어 섞다.

● '섞다', '뒤섞다', '엇섞다'

세 낱말 모두 서로 다른 물건을 한데 합한다는 뜻이지만, 섞는 방법에 따라서 뒤섞기와 엇섞기를 구별한다. '뒤섞다'는 무질서하게 마구 섞는 행위를 가리킨다. 다진 파와 마늘, 참기름, 간장 따위를 섞어서 양념장을 만들거나 빨간색과 파란색 물감을 섞어 보라색을 만드는 행위가 뒤섞는 것이다. 대개 물건을 섞을 때 뒤섞는 경우가 많다. '엇섞다'는 질서 있게 섞는 행위를 가리킨다. 시루떡을 찌기 위해서 쌀과 팥을 켜켜이 섞어 안치는 행위가 엇섞는 것이다.

섞이다 동사

규칙 섞이고, 섞이어/섞여, 섞인, 섞입니다, 섞이었다/섞였다

'섞다'의 피동형.

① 한데 합쳐지다.

¶ 쌀밥에 돌이 섞여 있었다.

¶ 물과 기름은 섞이지 않는다.

② 어떤 말이나 행동에 다른 말이나 행동이 함께 나타나게 되다.

¶ 그의 말에는 장난기가 섞여 있었다.

선[1] (線) 명사

① 그어 놓은 금이나 줄.

¶ 선을 똑바로 그으려면 자를 사용해야 한다.

② 전선이나 철선 따위의 가는 줄.

¶ 진공청소기 선이 짧아서 콘센트를 옮겨 가며 청소하였다.

③ 기차나 전화 따위가 통하는 길을 이르는 말.

¶ 통신 수요가 갑자기 늘어나 선을 늘렸다.

④ 물체의 윤곽을 이루는 부분.

¶ 이 조각상은 선이 매우 부드러운 것이 특징이다.

¶ 날이 밝아 오자 살짝 쳐들린 처마의 선이 드러났다.

⑤ 다른 것과 구별되는 일정한 한계나 그 한계를 나타내는 기준.

¶ 그와는 친구일 뿐 사귀는 사이가 아니라고 선을 그었다.

⑥ 어떤 인물이나 단체와 맺고 있는 관계.

¶ 그는 최고 권력층과 선이 닿는 사람이다.

복합어

곡선 모가 나지 않게 굽은 선.

수직선 일정한 직선이나 평면과 직각을 이루는 직선.

실선 끊어진 곳이 없이 이어져 있는 선.

점선 점이나 짧은 선 토막이 일정한 간격으로 이어져 이루어진 선.

직선 꺾이거나 굽은 데가 없이 곧은 선.

포물선 던져진 물체가 공중을 날아가는 자취로 이루어진 선.

관용 표현

선을 긋다 어떤 행동을 할 때 한계나 기준을 정하다.

선을 대다 어떤 인물이나 단체와 관계를 가지다.

선이 가늘다 ① 생김새가 연약하고 섬세하다. ② 성격이 잘고 꼼꼼하다.

선이 굵다 ① 생김새가 크고 튼튼하다. ② 성격이나 행동 따위가 대범하거나 통이 크다. ¶ 그는 선이 굵은 사람이라 사소한 것에는 별로 신경을 쓰지 않는다.

선[2] 명사

① 사람의 좋고 나쁨과 마땅하고 마땅하지 않음을 가리는 일. 주로 결혼할 대상자를 정하기 위하여 만나 보는 일.

¶ 우리 부모님은 선을 보아 결혼하셨다.

② 물건의 좋고 나쁨을 가려보는 일.

¶ 이 상품은 우리 회사에서 처음 선을 보이는 것이다.

복합어

맞선 결혼할 당사자들이 직접 만나서 보는 선.

첫선 처음 세상에 내놓음.

선[3]

동사 '서다'의 관형사형.

¶ 길가에 선 큰 나무를 '정자나무'라고 한다.

선[4]

형용사 '설다'의 관형사형.

¶ 이곳은 처음이라 낯이 선 느낌을 지울 수 없었다.

¶ 가위질이 선 아이들은 선을 따라 오리는 것을 어려워했다.

선-[1] 접사

(명사 앞에 붙어) '서툰' 또는 '충분치 않은'의 뜻을 더하는 말.

복합어

선무당 서투르고 미숙하여 굿을 제대로 하지 못하는 무당.

선소리 이치에 맞지 않는 서툰 말.

선웃음 우습지도 않은데 꾸며서 웃는 웃음.

선잠 깊이 들지 못하거나 흡족하게 이루지 못한 잠.

선-[2](先) 접사

① (일부 명사 앞에 붙어) '앞선'의 뜻을 더하는 말.

¶ 공사 대금을 선지급을 하는 문제는 다시 검토해 보겠다.

② (일부 명사 앞에 붙어) '이미 죽은'의 뜻을 더하는 말.

¶ 선대인께서는 자네를 끔찍이 생각하셨지.

복합어

선결제 결제할 날짜보다 앞서 결제하는 일.

선대인 죽은 남의 아버지를 높여 이르는 말.

ㅅ

선뜩하다 형용사 ×선뜻하다

불규칙 선뜩하고, 선뜩하여/선뜩해, 선뜩한, 선뜩합니다, 선뜩하였다/선뜩했다

① 갑자기 서늘한 느낌이 있다.

¶ 방바닥이 선뜩한 느낌이 들어서 보일러를 틀었다.

② 갑자기 놀라서 마음에 서늘한 느낌이 있다. 참고 섬뜩하다

¶ 뒤에서 무슨 소리가 들리는 것 같아 뒷덜미가 선뜩했다.

● '선뜩하다'와 '섬뜩하다'

'선뜩하다'는 갑자기 차가운 것이 몸에 닿았을 때 드는 느낌에서 온 말이다. 갑자기 놀라거나 두려운 일이 닥쳐 간담이 서늘해지는 경우에 '선뜩하다'를 쓴다. 이에 비해서 끔찍하여 진저리를 칠 만큼 두려움을 느끼는 경우에 '섬뜩하다'를 쓴다.

››› '선뜩하다'를 '선뜻하다'로 쓰는 것은 잘못이다. '선뜻하다'는 '산뜻하다'의 큰말로, 서늘한 느낌과는 관계가 없는 말이다.

선뜻 부사

동작이 망설임 없이 시원스럽고 날렵한 모양.

¶ 젊은이가 노인에게 선뜻 자리를 양보해 주었다.

¶ 그가 내 부탁을 선뜻 들어주더라.

선보다 동사

규칙 선보고, 선보아/선봐, 선보는, 선본, 선봅니다, 선보았다/선봤다

① 결혼 상대자, 사윗감, 며느릿감을 만나서 살펴보다.

¶ 그동안 선본 사람만 해도 수십 명일 거다.

② 물건의 좋고 나쁨을 가려보다.

¶ 오늘 전시는 이 작가의 첫 작품을 선보기 위한 자리이다.

● '선을 보다'와 '선보다'의 띄어쓰기

'선을 보다'에서 목적격 조사 '을'을 생략하면 '선 보다'가 된다. 그런데 복합어로 '선보다'라는 낱말이 있다. 띄어쓰기와 관련하여 생각한다면 '선 보다'와 '선보다'가 다 맞지만 목적격 조사를 생략하여 띄어 쓰는 것보다는 한 단어로 붙여서 '선보다'로 쓰는 것이 바람직하다. '꿈꾸다', '춤추다', '뜀뛰다' 등도 마찬가지다.

¶ 신랑감을 선 보러 간다. →선보러

¶ 꿈 꾸는 사람이 성공한다. →꿈꾸는

¶ 춤 추기 좋아하는 사람이 많다. →춤추기

¶ 아이들은 뜀 뛰며 놀았다. →뜀뛰며

선보이다 동사 ㉦ 선뵈다

규칙 선보이고, 선보이어/선보여, 선보입니다, 선보이었다/선보였다

선보게 하다. '선보다'의 사동형.

¶ 네 색싯감으로 누구를 선보일지 궁금하다.

¶ 이번 해양 박람회에서 가장 인기를 끈 것은 첫날 선보인 돌고래 쇼였다.

선열(先烈) 명사

나라를 위하여 싸우다가 죽은 열사.

¶ 이번 기념식에서는 독립을 위해 애쓴 선열들의 뜻을 기렸다.

> **● '선열'의 소리내기**
>
> '선열'을 [선녈]로 발음하는 것을 쉽게 볼 수 있다. 그러나 [서녈]로 발음해야 한다. 'ㄴ'을 첨가하여 발음할 이유가 없기 때문이다. '검열'은 [거:멸]과 [검:녈] 두 가지 발음 다 허용한다. '일요일', '금요일'은 [이료일], [그묘일]로 발음하고, [일료일], [금뇨일]처럼 발음하지 않는다. '송별연'도 [송:벼련]으로 발음하고 [송:별련]으로는 발음하지 않는다.

ㅅ

선친(先親) 명사

남에게 돌아가신 자기 아버지를 이르는 말.

> **● '선친'을 잘못 쓰는 경우**
>
> '선친'은 돌아가신 자기 아버지를 다른 사람에게 말할 때에 쓴다. 이에 대하여 '돌아가신 너의 아버지'의 뜻으로 쓰는 말은 '선대인(先大人)'이다. "제 선친께서 선생님을 꼭 뵈라고 하셨습니다."라고 말하면 "그래, 자네 선대인께서 그렇게 가셨다니 참으로 안타까운 일이네." 이런 식으로 말하는 것이다. 돌아가신 자기 어머니를 남에게 이를 때에는 '선자(先慈)'라 하고, 돌아가신 남의 어머니를 그 아들에게 말할 때에는 '선대부인(先大夫人)'이라고 해야 한다. 이런 표현은 매우 복고적인 느낌을 준다.
>
> 《표준 언어 예절》(국립국어원 간행)에는 이 문제를 매우 현명하게 해결해 놓았다. "돌아가신 아버지를 어머니와 조부모에게 지칭할 때에는 살아 계실 때와 마찬가지로 '아버지'로 지칭하고, 그 외의 사람에게는 '아버님'으로 지칭한다."라고 설명해 놓은 것이다.

굳이 '선친'이라는 말을 쓰지 말라는 뜻이다. 이와 마찬가지로 돌아가신 어머니도 '어머니' 또는 '어머님'이면 충분할 것이다. 더러 상대방의 돌아가신 아버지를 일컬으면서 '자네 선친께서'처럼 쓰는 경우가 있는데 앞에서 말한 바와 같이 '자네 선대인께서'로 써야 한다. 어려운 낱말을 부정확하게 쓸 바에는 《표준 언어 예절》에서 이르는 대로 '아버지', '아버님'으로 쓰는 것이 바람직하다.

선하다[1] 형용사

불규칙 선하고, 선하여/선해, 선한, 선합니다, 선하였다/선했다

잊히지 않고 눈앞에 생생하게 보이는 듯하다.

¶ 어머니의 뒷모습이 아직도 눈에 선하다.

복합어

선히 잊히지 않고 눈앞에 생생히 보이는 듯이.

선하다[2](善-) 형용사

불규칙 선하고, 선하여/선해, 선한, 선합니다, 선하였다/선했다

올바르고 착하다.

¶ 사람이 선하게 살아야 복을 받지.

섣달 명사

음력으로 한 해의 마지막 달. 참고 동짓달

속담

섣달 그믐날 개밥 퍼 주듯 무엇을 너무 많이 헤프게 퍼 주는 경우를 빗대어 이르는 말.

섣달 그믐날 시루 얻으러 가다니 어느 집이나 다 시루를 쓰는 섣달 그믐날에 남의 집

에 시루를 얻으러 다닌다는 뜻으로, 되지도 않을 일에 애를 쓰는 미련한 짓을 빗대어 이르는 말.

섣달 그믐날 흰떡 맞듯 섣달 그믐날에 흰떡이 떡메에 맞는다는 뜻으로, 몹시 두들겨 맞는 모습을 빗대어 이르는 말.

섣달이 둘(/열아홉)이라도 시원치 않다 섣달이 아무리 많아도 모자란다는 뜻으로, 때를 아무리 늦춰도 일의 성공을 가늠하기 어려운 경우를 빗대어 이르는 말.

››› '동짓달'은 음력으로 한 해의 열한 번째 달을 이른다. 동짓달이 지나야 '섣달'이 된다. 음력으로 한 해의 마지막 달을 '섣달', 마지막 날을 '섣달그믐'이라고 한다.

섣부르다 형용사

불규칙 섣부르게, 섣불러, 섣부른, 섣부릅니다, 섣불렀다

일처리 솜씨가 어설프고 탐탁하지 못하다. 참고 서투르다

¶ 섣부른 판단으로 일을 망쳤다.

¶ 이번 일은 섣부르게 결론을 내서는 안 된다.

복합어

섣불리 어설프고 탐탁하지 못하게. ¶ 여기서 섣불리 도망치면 잡히기 쉽다.

● '섣부르다'와 '서투르다'

두 낱말 모두 '설다'에서 파생하였다. '섣부르다'는 기회가 무르익지 않은 상태이거나 방법이 완벽하지 않음에 주안점을 두는데, '서투르다'는 손이나 눈에 익지 않은 것에 주안점을 둔다. 아래 예문으로 두 낱말의 같고 다름을 판단할 수 있다.

① 섣부르게(○)/서투르게(○) 장사해서 무슨 돈을 벌겠는가?

② 나는 이 일에 섣부르게(○)/서투르게(×) 나서지 않겠다.

③ 음식 솜씨가 그렇게 섣불러서(×)/서툴러서(○) 어떻게 일을 맡기겠니?

예문 ①은 장사하는 솜씨가 어설프다는 뜻이어서 두 낱말 모두 쓸 수 있다. 예문 ②는 시기나 방법을 제대로 알지 못하는 상태를 의미하므로 '서투르다'는 부적절하다. 예문 ③은 무엇을 만드는 솜씨가 서툰 상태를 의미하므로 '섣부르다'는 부적절하다.

설[1] 명사

① 정월 초하룻날을 명절로 이르는 말. =설날

¶ 설은 우리나라 사람들이 매우 중요하게 여기는 명절이다.

② 새해의 첫머리.

¶ 설에 고향에 내려오거든 한번 만나자.

③ 음력설과 양력설을 아울러 이르는 말.

¶ 과거에는 설을 두 번 쇠는 일이 있었다.

복합어

양력설 양력으로 쇠는 설. 양력 1월 1일을 새해 명절로 이르는 말. ¶ 요즘은 양력설을 쇠는 사람이 거의 없다.

음력설 음력으로 쇠는 설. 음력 정월 초하루를 새해 명절로 이르는 말로, 보통 '설'이라고 하면 음력설을 이른다.

속담

설 쇤 무 가을에 뽑아 둔 무가 해를 넘기면 속이 비고 맛이 없다는 뜻으로, 한창때가 지나 볼 것이 없게 됨을 이르는 말.

> ● '설'과 '설날'
>
> 두 낱말이 가리키는 날짜는 같다. 우리는 음력으로 새해가 시작하는 첫날을 명절로 쇠는데 이날을 '설날'이라고 한다. 달력으로는 이날이 정월 초하룻날이다. 그냥 '설'이라고 해도 '설날'을 가리킨다.

설[2]

'설다'가 명사 '수'나 '것' 앞에서 바뀐 형태.

¶ 산에서 지은 밥이라 밥이 좀 설 거야.

¶ 너에게는 이곳이 낯이 설 수밖에 없겠지.

설[3]

동사 '서다'의 관형사형.

¶ 여러 사람 앞에 설 때에는 매무새를 단정하게 해야 한다.

¶ 앉을 자리와 설 자리를 잘 가려라.

설- 접사

(동사나 명사 앞에 붙어) '불충분함', '불완전함'의 뜻을 더하는 말.

복합어

설구이 ① 잿물을 바르지 아니하고 낮은 열로 구운 질그릇. ② 마침구이를 하기 전에 슬쩍 구워 굳히는 공정. =애벌구이, 초벌구이

설굳다 불완전하게 굳다. 덜 굳다. ¶ 찰흙으로 만든 인형이 설굳어서 찌그러졌다.

설굳히다 불완전하게 굳히다. '설굳다'의 사동형. ¶ 아직은 그가 마음을 설굳힌 것 같으니 말을 조심하게.

설깨다 잠을 어설프게 깨다.

설듣다 불충분하게 듣다. 선부르게 듣다.

설보다 불충분하게 보다. 바로 보지 못하다. 잘못 보다. 건성으로 보다.

설삶다 푹 익히지 않고 설게 삶다. ¶ 고기를 설삶아서 질기다.

설익다 ① 덜 익다. 불충분하게 익다. ② 완성되지 못하다. ¶ 정부가 설익은 도시 계획을 발표하여 혼란을 일으켰다.

설자다 잠을 어설프게 자다. ¶ 그는 며칠 동안 설잤는지 눈이 퀭하다.

설잡다 어설프게 잡다. ¶ 버스 손잡이를 설잡으면 위험해.

설거지 명사 ×설겆이

음식을 먹은 뒤 그릇을 씻고 챙기는 일. =뒷설거지①

¶ 음식 솜씨는 상차림에 나타나지만 인간의 됨됨이는 설거지에 나타난다.

ㅅ

복합어

뒷설거지 ① =설거지 ¶ 저녁은 당신이 준비했으니 뒷설거지는 내가 할게. ② 큰일을 치른 다음에 하는 설거지나 뒤처리. ¶ 잔치를 치르고 나면 뒷설거지가 무척 힘들다.

비설거지 비가 오려고 하거나 올 때, 비에 맞으면 안 되는 물건을 치우거나 덮는 일.

설거지물 그릇을 씻을 때 쓰는 물. =개숫물

설거지통 그릇을 씻을 때 쓰는 물을 담는 통. =개수통

설거지하다 먹고 난 뒤의 그릇을 씻어 챙기다.

잔치설거지 잔치를 끝내고 남은 음식을 먹어 치우는 일.

설날 명사

정월 초하룻날을 명절로 이르는 말. =설[1]①

¶ 옛날에는 설날이면 마을 어른들께 세배를 다녔다.

설다[1] 동사

불규칙 설고, 설지, 서니, 설어, 선, 서네, 서오, 섭니다, 설었다

① 안 익다.

¶ 며칠 전에 담근 술이 아직도 설었느냐?

② 잠이 깊이 들지 아니하다.

¶ 간밤에 잠이 설었던 탓으로 종일 피곤하다.

설다[2] 형용사

불규칙 설고, 설지, 서니, 설어, 선, 서네, 서오, 섭니다, 설었다

낯이 익지 않아 서먹서먹하다. 서투르다.

¶ 그의 저런 모습이 내 눈에는 무척 설게 느껴진다.

¶ 낯이 선 사람이 몇 보이더라.

설레 명사

가만히 있지 아니하고 자꾸 움직이는 행동이나 현상.

¶ 아이들 설레에 도무지 정신을 차릴 수가 없다.

설레다 동사 ×설레이다

규칙 설레고, 설레면, 설레니, 설레어, 설렙니다, 설렜다

① 마음이 가라앉지 아니하고 들떠서 두근거리다.

¶ 내일 여행 떠날 생각에 마음이 설레어서 잠이 안 온다.

② 공연히 이리저리 움직이다.

¶ 아이들이 설레는 바람에 하루 종일 아무것도 못했다.

¶ 행여 집 나간 아들이 돌아오지 않을까 어머니는 오늘도 마을 어귀에서 설레신다.

③ 물 따위가 설설 끓거나 일렁거리다.

> ● '설레'와 '설레다'
>
> 이 두 낱말은 명사와 동사인데, 명사에 곧바로 어미가 붙어 동사가 된 것이 특이하다. 명사에 어미가 붙어 동사가 된 것인지 동사의 어간이 명사화한 것인지 단언할 수는 없지만 적어도 의미부인 동사의 어간 형태와 명사의 형태가 같다는 것은 동사와 명사의 전성법 또는 조어법에 시사하는 바가 크다. (이와 같은 예는 올림말 '사리다' 참고.)

설레발 명사

몹시 서두르며 부산을 떠는 짓.

¶ 소풍 갈 생각에 아이들이 새벽부터 일어나 설레발을 쳤다.

¶ 남의 집 잔치에 손님이 설레발을 치는 격이다.

복합어

설레발치다 몹시 서둘러 대며 부산을 피우다. =설레발놓다

× 설레이다 ‘설레다’의 틀린 말.

●‘설레다’와 ‘설레이다’

‘설레다’는 자동사로서 주로 ‘마음’이나 ‘가슴’이 주어가 되어 ‘마음/가슴이 설레다’처럼 쓰이는데 일부에서는 이를 ‘설레이다’로 쓰기도 한다. ‘설레다’가 의지로 하는 행동이라면 피동형 ‘설레이다’를 쓸 수 있지만 ‘설레다’는 의지와 상관없이 우러나는 감정이어서 피동형으로 쓰지 않는다. 따라서 ‘설레이다’를 쓰는 것은 잘못이다.

¶ 설레이는(×)/설레는(○) 기대를 안고 시상식장에 들어섰다.

¶ 너를 볼 생각에 가슴이 설레여서(×)/설레어서(○) 잠을 못 잤어.

¶ 오랜만에 여행을 하려니 가슴이 설레입니다(×)/설렙니다(○).

¶ 이 설레임(×)/설렘(○)은 어디서 오는 감정인가?

○ 설마 부사

아무리 그러하기로. 그럴 리 없겠지만.

¶ 설마 그 친구가 거짓말을 하였을라고.

¶ 그가 설마 나를 속이지는 않겠지?

복합어

설마하니 아무리 그러하기로. ¶ 설마하니 그런 일이 벌어졌겠어?

속담

설마가 사람 잡는다(/죽인다) 그럴 리 없을 것이라고 믿거나 마음을 놓았다가 큰 화를 입을 수 있다는 말.

× 설비음 ‘설빔’의 틀린 말.

○ 설빔 명사 ×설비음

설을 맞아 새로 마련하여 입는 옷.

¶ 설날에는 아이나 어른이나 저마다 설빔을 갖춰 입는다.

○ 설움 명사

서럽게 느껴지는 마음.

¶ 뭐니 뭐니 해도 배고픈 설움이 가장 큰 설움이다.

¶ 아이는 엄마를 보자 설움이 복받쳐 한없이 울었다.

○ 설치다[1] 동사

규칙 설치고, 설치어/설쳐, 설치는, 설친, 설친다, 설칩니다, 설치었다/설쳤다

① 마구 날뛰다.

¶ 아무것도 모르는 주제에 완장 차고 설치는 꼴이라니.

¶ 뭘 믿고 저리 설치는지 알 수가 없다.

② 찬찬하지 못하고 조급하게 행동하다.

○ 설치다[2] 동사

규칙 설치고, 설치어/설쳐, 설치는, 설친, 설친다, 설칩니다, 설치었다/설쳤다

필요한 정도에 미치지 못한 채로 그만두다.

¶ 요즘은 잠을 설치는 날이 많다.

섧다 형용사

불규칙 섧고, 섧지, 설우니, 설워, 설운, 설운데, 섧네, 섧니, 섧소, 섧습니다

=서럽다

¶ 움치고 뛸 수 없이 막막한 내 처지가 너무 섧고 불쌍하다.

● '섧다'의 활용형과 발음

① '섧다'에 어미 '-으니', '-은데', '-어', '-어라'를 붙이면 아래와 같이 형태가 바뀐다.

섧다+-으니=설우니, 섧다+-은데=설운데, 섧다+-어=설워

섧다+-어라=설워라

② '섧다'의 발음은 [설:따]로 난다. '섧고, 섧지, 섧다, 섧소'는 각각 [설:꼬], [설:찌], [설:따], [설:쏘]로 소리 난다. 또, '섧네, 섧니?'는 [설:레], [설:리]로 소리 난다.

③ '섧다'가 문장 안에서 연결 어미 '-니'가 붙는 경우에는 '설우니'로 바뀌지만, 문장 끝에서 종결 어미 '-니'가 붙는 경우에는 '섧니?'로 바뀐다.

¶ 자기 처지가 설우니(=서러우니) 더 심하게 울었을 거다.

¶ 무슨 일이 있기에 마음이 그리 섧니(=서럽니)?

››› '섧다'와 '서럽다'의 형태 바뀜은 올림말 '서럽다' 참고.

섬뜩하다 형용사

불규칙 섬뜩하고, 섬뜩하여/섬뜩해, 섬뜩한, 섬뜩합니다, 섬뜩하였다/섬뜩했다

갑자기 소름이 끼치도록 무섭고 끔찍하다. 참고 선뜩하다

¶ 무서운 영화를 보면 등 뒤가 섬뜩한 기분이 든다.

¶ 밤중에 어두운 산길을 걷자니 바스락 소리에도 섬뜩했다.

○ 섬찟하다 형용사 ×섬칫하다

불규칙 섬찟하고, 섬찟하지, 섬찟하여/섬찟해, 섬찟한, 섬찟합니다, 섬찟하였다/섬찟했다

갑자기 소름이 끼치도록 무시무시하고 끔찍하다.

¶ 그 영화는 섬찟한 장면이 자주 나와서 혼자 보기 무서웠다.

× 섬칫하다 '섬찟하다'의 틀린 표기.

○ 성가시다 형용사

규칙 성가시고, 성가시어/성가셔, 성가신, 성가십니다, 성가시었다/성가셨다

자꾸 들볶거나 번거롭게 굴어 괴롭거나 귀찮다.

¶ 몸이 아프면 만사가 귀찮고 성가시다.

¶ 그가 옆집으로 이사 오니 성가신 일이 너무 많이 생긴다.

¶ 동생이랑 같이 영화를 보는데 자꾸 말을 시켜서 성가셨다.

○ 성패(成敗) 명사

성공과 실패를 아울러 이르는 말. 참고 승패

¶ 이번 계획이 우리 사업의 성패를 좌우할 것이다.

> ● '성패'와 '승패'
>
> 일이 이루어지고 안 이루어지는 것을 가리키는 말이 '성패'이다. 이에 비해서 이기고 짐을 나타내는 말은 '승패'이다. 대개 '성패'를 말할 자리에서 '승패'라고 하는 경우가 많다. 한자어를 정확하게 인식하지 않고 쓰면 이런 잘못을 범하기 쉽다.
>
> ¶ 일의 승패(×)는 하늘에 맞기고 우리는 최선을 다하자. →성패
>
> ¶ 경기의 승패(○)는 하늘에 맡기고 우리는 최선을 다하자.

ㅅ

세[1] 관형사

(단위를 나타내는 명사 앞에 쓰여) '셋'을 나타내는 말. 참고 서[1], 석

¶ 세 사람, 세 마리, 세 개

속담

세 닢 주고 집 사고 천 냥 주고 이웃 산다 이웃의 중요함을 일깨우는 말.

세 사람이 우겨 대면 없는 호랑이도 만들어 낸다 여럿이 퍼뜨린 말이나 소문은 결국 참말로 믿게 된다는 말.

세 살 적 버릇 여든까지 간다 어릴 때 몸에 젖은 나쁜 버릇은 늙도록 고치기 어렵다는 말.

세[2](貰) 명사

돈을 받고 집이나 방, 가게 따위를 빌려주는 일. 또는 그렇게 받는 돈.

¶ 집주인이 세를 올리겠다고 하네요.

복합어

세내다 일정한 삯을 내고 남의 소유물을 빌려 쓰다. ¶ 관광버스를 세내어 수학여행을 다녀왔다.

세놓다 일정한 삯을 받고 자기 소유물을 남에게 빌려주다. ¶ 신혼부부에게 집을 세놓았다.

세주다 남에게 일정한 세를 받기로 하고 집이나 물건 따위를 빌려주다. ¶ 부모님은 살던 집을 세주고 시골로 이사했다.

세[3](稅) 명사

국가 또는 지방 공공 단체가 필요한 경비로 사용하기 위하여 국민이나 주민에게 강제로 거두어들이는 금전. =세금, 조세

¶ 국가는 국민에게서 세를 받아 운영한다.

세간 명사

집안 살림에 쓰이는 모든 물품이나 기구 따위. =세간붙이, 세간살이

관용 표현

세간 밑천 '첫딸'을 우스개로 이르는 말. '살림 밑천'이라고도 한다.

-세요 어미

'-어요'에 높임을 나타내는 '-시-'가 합해서 이루어진 '-시어요'의 준말. =-셔요

¶ 선생님, 안녕하세요?

¶ 어서 오세요.

¶ 계속 말씀하세요.

ㅅ

-셔요 어미

'-시어요'의 준말. =-세요

¶ 손님, 어서 오셔요.

¶ 어머나, 갑자기 웬일이셔요?

¶ 이분이 우리 어머니셔요.

● '-셔요'와 '-세요'

둘 다 '-시어요'의 준말로서 높임을 나타내고, 평서문이나 의문문 또는 청유문을 끝맺는 말로 두루 쓰인다. 높임을 나타내는 '-시-'를 빼면 '-에요'와 '-어요'의 관계와 같다. 아주 미세한 차이를 말한다면 '-셔요'가 '-세요'에 비해서 좀 더 정중한 느낌을 준다. 다른 각도에서 말한다면 '-세요'가 '-셔요'보다 더 강한 어감을 가지고 있어서 청하거나 지시하는 느낌을 상대적으로 강하게 준다. 인사말로는 '안녕하세요'를 쓰고 '안녕하셔요'는 잘 쓰지 않는다. 나이가 어린 사람이 여럿인 경우에 '여기 보세요.'처럼 쓰는 것이 자연스럽고, '여기 보셔요.'는 어색하다. '-셔요'가 정중한 표현이기 때문이다.

소곤거리다 동사 ×소근거리다

규칙 소곤거리고, 소곤거리어/소곤거려, 소곤거립니다, 소곤거리었다/소곤거렸다

남이 알아듣지 못하도록 작은 목소리로 자꾸 가만가만 이야기하다. =소곤대다 참고 수군거리다

¶ 우리는 남이 듣지 않도록 낮은 소리로 소곤거렸다.

> ● '소곤거리다'와 '수군거리다' 표기
>
> 두 낱말은 큰말 작은말 관계이다. '소곤거리다'는 '수군거리다'의 작은말이다. '소곤거리다'와 '수군거리다'를 '소근거리다'와 '수근거리다'로 잘못 쓰는 경우가 많이 있는데 조심해야 한다.
>
> ¶ 아이들이 소근거리는(×)/소곤거리는(○) 소리가 들렸다.
>
> ¶ 뒤에서 수근거리지(×)/수군거리지(○) 마라.

소근거리다 '소곤거리다'의 틀린 말.

소용없다(所用-) 형용사

규칙 소용없고, 소용없어, 소용없는, 소용없습니다

=쓸데없다

¶ 이제는 네가 아무리 노력해도 소용없다.

복합어

소용없이 =쓸데없이

소지(素地) 명사

① 본바탕. 밑바탕.

¶ 그는 작가가 될 소지가 많다.

② 문제가 되거나 좋지 않은 일이 생기게 될 원인. 또는 가능성.

¶ 처음부터 오해의 소지를 없애라.

¶ 이 법은 다음에 악용될 소지가 있다.

소쩍새 명사

부엉이처럼 귀깃을 가진 여름 철새. 밤에 활동한다. 참고 두견이

● '소쩍새'와 '두견이'

두 새는 모양과 사는 모습이 전혀 다른 새인데 그 울음소리가 슬프다고 해서 슬픔을 상징하는 새로 인식되어 같은 새처럼 오해를 받게 되었다. 엄밀하게 말하면 소쩍새는 한국인에게 슬픔을 상징하는 새이고, 두견이는 중국인에게 슬픔을 상징하는 새이다. 중국의 시문에 두견이가 슬픔을 상징하는 새로 자주 등장하기 때문에 우리나라 사람들이 이에 동화되어 소쩍새와 두견이를 혼동하게 된 것 같다.

소쩍새와 두견이는 생활 방식과 생김새가 다르다. 소쩍새는 밤에 활동하고 두견이는 낮에 활동한다. 소쩍새는 밤에 우는 새이고, 두견이는 낮에 우는 새이다. 소쩍새는 부엉이처럼 생겼지만 두견이는 뻐꾸기처럼 생겼다. 소쩍새는 자기 알을 자기가 깨워 키우지만, 두견이는 휘파람새나 산솔새의 둥지에 알을 낳아 그들이 품어 깨우고 키우게 한다. 접동새도 우리 시문에 나타나는데, 접동새는 소쩍새의 다른 이름이다.

속 명사

① 거죽이나 껍질의 안쪽 부분.

¶ 잘 익은 수박은 속이 빨갛다.

② 일정하게 둘러싸인 것의 안쪽 부분. 참고 안[1]

¶ 추워서 이불 속에 발을 넣었다.

③ 사람의 몸에서 배의 안 또는 위장.

¶ 매운 음식을 너무 많이 먹었더니 속이 쓰리다.
¶ 소화가 안되는지 속이 더부룩하고 거북하다.

④ 사람의 마음 씀씀이.
¶ 대체로 속이 좁은 사람들이 남을 비난하기 좋아한다.

⑤ 품은 생각.
¶ 친구가 자기 속을 털어놓았다.
¶ 네가 말을 안 하는데 누가 네 속을 알겠니?

⑥ 상황이나 일의 가운데.
¶ 이야기 속에서나 있을 법한 일이 실제로 벌어졌다.

⑦ 보이지 않는 곳. 감추어진 부분.
¶ 이 일이 겉으로는 화려하게 보이지만 속을 들여다보면 힘들고 괴로운 일이 많다.

복합어

속내 겉으로 드러나지 아니한 속마음이나 일의 내막. ¶ 걔 속내를 모르겠다.

속병 ① 몸속의 병을 통틀어 이르는 말. ② '위장병'을 일상적으로 이르는 말. ③ 화가 나거나 속이 상하여 생긴 마음의 심한 아픔. ¶ 너 걱정하다가 내가 속병이 다 생겼다.

속사랑 겉으로 드러내지 않고 속으로 하는 사랑.

속사정 겉으로 드러나지 않은 내막의 사정.

속살 ① 옷에 가린 살. ② 겉으로는 보이지 않아도 속으로 실속 있게 찬 살.

속셈 ① 마음속으로 하는 궁리. =속계산 ¶ 무슨 속셈이 있는 게 틀림없어. ② 연필이나 계산기 따위를 쓰지 않고 머릿속으로 하는 계산.

속앓이 ① 속이 아픈 병. 또는 속에 병이 생겨 아파하는 일. ② 겉으로 드러내지 못하고 속으로 걱정하거나 괴로워하는 일. ¶ 혼자 속앓이를 하지 말고 이야기해 봐라.

속옷 맨 속에 껴입는 옷.

관용 표현

속을 긁다 남의 비위를 살살 건드리다. ¶ 왜 남의 속을 긁는 소리만 하니?

속을 끓이다 자꾸 마음을 태우다. ¶ 어머니는 자식 걱정으로 속을 끓인다.

속을 떠보다 남의 마음을 알아내려고 넘겨짚다.

속을 빼놓다 줏대나 감정을 억제하다. ¶ 남 밑에서 일하려면 속을 빼놓아야지.

속을 썩이다 ① 몹시 마음이 상하게 되다. ② 남의 마음을 몹시 괴롭고 상하게 하다.

속을 주다(/터놓다) 남에게 자기가 마음먹은 바를 숨김없이 드러내어 보이다. ¶ 우리 서로 속을 터놓고 이야기해 봅시다.

속을 차리다 ① 자기 실속을 차리다. ② 철이 들어 지각 있게 처신하다.

속을 태우다 ① 걱정이 되어 마음을 몹시 졸이다. ② 남의 마음을 몹시 안타깝게 하다. ¶ 언제까지 부모님 속을 태울 거야?

속이 달다 애를 쓰느라고 마음이 죄고 안타까워지다.

속이 뒤집히다 ① 비위가 상하여 구역이 날 것같이 되다. ② 몹시 아니꼽게 느껴지다.

속이 보이다(/뵈다) 엉큼한 마음이 들여다보이다. ¶ 속이 보이는 말은 하지 마라.

속이 시원하다 애태우며 속으로 바라던 일이 뜻대로 되어 마음이 후련하다.

속이 썩다 마음이 몹시 상하다. ¶ 너 때문에 내 속이 썩겠다.

속이 차다 ① 배추 같은 것이 속이 제대로 들다. ② 사람이 허황됨이 없이 지각이 들어차다. ¶ 저이가 겉으로는 허술해 보이지만 제대로 속이 찬 사람이야.

속이 타다 걱정이 되어서 마음이 몹시 달다.

속담

속 빈 강정 실속은 없고 겉만 그럴듯한 사물이나 일을 두고 하는 말.

속으로 기역 자를 긋는다 마음속으로 부정하거나 거부하는 결정을 한다는 말.

속이 빈 깡통이 소리만 요란하다 실속 없는 사람이 겉으로 더 떠들어 댐을 빗대어 이르는 말. =빈 수레가 요란하다.

● '속'과 '안[1]'

입체로 된 물건은 겉과 속으로 구분된다. '겉'은 보이는 부분이고 '속'은 보이지 않는 부분이다. 이에 비해서 경계가 있고 드나드는 문 같은 것이 있는 경우에는 들어가서 있을 공간을 '안'이라고 하고, 나와서 있을 공간을 '밖'이라고 한다.

¶ 아무것도 없다면서 주머니 속(○)/안(×)까지 탈탈 털어 보였다.

¶ 수많은 사람들 속(○)/안(×)에서 그 사람을 찾아냈다.

¶ 오래 보관할 포도주는 굴을 파고 그 속(○)/안(×)에 저장한다.

¶ 그의 말 속(○)/안(×)에는 진실이라고 할 것이 거의 없다.

¶ 아버지께서 방 안(○)/속(×)으로 들어가셨다.

속다 동사

규칙 속고, 속으니, 속아서, 속는, 속네, 속습니다, 속았다

① 남의 거짓이나 꾀에 넘어가다.

¶ 사기꾼에 속아서 전 재산을 날렸다.

② 거짓을 참으로 알거나 어떤 것을 다른 것으로 잘못 알다.

¶ 내 연필이랑 똑같이 생겨서 깜빡 속았네.

복합어

눈속임 남의 눈을 속이는 일. ¶ 마술사의 솜씨는 어디까지나 눈속임일 뿐이다.

눈속임하다 남의 눈을 속이다. ¶ 고기 무게를 눈속임하여 팔다가 걸렸다.

속이다 남을 속게 만들다. '속다'의 사동형. ¶ 작정하고 속이려 드는 사람에게는 안 속을 방법이 없다.

속임수 남을 속이는 짓. 또는 그런 술수. ¶ 그렇게 간교한 속임수를 나에게 쓰다니.

솎다 동사

규칙 솎고, 솎으니, 솎으므로, 솎아서, 솎는, 솎은, 솎습니다, 솎았다

촘촘한 것을 드문드문 뽑아내어 성기게 하다.

¶ 배추 싹이 너무 촘촘히 나서 솎아 주었다.

복합어

솎아베기 배게 난 나무를 솎기 위해 베는 일.

솎음 촘촘히 난 푸성귀 따위를 솎아 내는 일. =솎기

솎음질 솎아 내는 일.

손녀(孫女) 명사

아들이나 딸의 딸. 딸의 딸을 특별히 '외손녀'라고 부르기도 한다.

¶ 우리 손녀는 말도 잘하고 성격도 무척 적극적이다.

손수 부사

남의 힘을 빌리지 아니하고 제 손으로 직접. [참고] 몸소, 친히

¶ 이 편지는 아버지께서 손수 써서 부치신 것이다.

> **'손수', '몸소', '친히'**
>
> 세 낱말은 남에게 시키거나 남의 손을 빌리지 않고 제 손으로 직접 하는 것을 나타내는 말이다. '손수'는 손으로 간단히 할 수 있는 일에 쓰고, '몸소'와 '친히'는 온몸으로 하거나 손과 몸을 모두 사용하는 일에 쓴다.
>
> ¶ 어머니는 손수(○) 뜬 벙어리장갑을 내 손에 끼워 주셨다.
>
> ¶ 이 쌀은 할아버지가 친히(○)/몸소(○)/손수(○) 농사지으신 것이다.
>
> 세 낱말은 모두 윗사람의 행위를 가리킬 때에 사용하는 말이므로 높임말을 써야 할 자리에만 쓴다. 따라서 하대할 사람에게는 쓸 수 없다.
>
> ¶ 우리 애가 이 작품을 손수(×)/몸소(×) 만들었다. →혼자서, 직접
>
> ¶ 너희가 손수(×)/몸소(×) 숙제를 해야 한다. →스스로, 직접
>
> ¶ 나는 웬만한 물건은 친히(×)/손수(×)/몸소(×) 만들어 쓴다. →스스로, 직접

손자(孫子) 명사

아들이나 딸의 아들. 딸의 아들을 특별히 '외손자'라고 부르기도 한다.

¶ 나는 손자 셋과 손녀 둘을 두었다.

속담

손자 밥 떠먹고 천장 쳐다본다 겸연쩍은 일을 해 놓고 모른 척하고 시치미를 떼는 경우를 빗대어 이르는 말.

손주(孫-) 명사

손자와 손녀를 아울러 이르는 말.

¶ 다섯이나 되는 손주가 한꺼번에 몰려와 정신이 하나도 없다.

쇠- 접사

(명사 앞에 붙어) 소의 부위이거나 소의 특성이 있음을 나타내는 말.

복합어

쇠고기 소의 고기. =소고기

쇠고집 몹시 센 고집. 또는 고집이 몹시 센 사람. =황소고집

쇠귀 소의 귀. =소귀 ¶ 쇠귀에 한 말은 아니 나도 어머니 귀에 한 말은 난다더라.

쇠꼬리 소의 꼬리. =소꼬리

쇠똥구리 딱정벌레목 소똥구릿과의 곤충. =소똥구리

쇠뼈 소의 뼈. =소뼈

쇠뿔 소의 뿔. =소뿔 ¶ 쇠뿔도 단김에 빼라지 않는가? 망설이지 말고 어서 하게.

쇠옹두리 소의 옹두리뼈. =소옹두리 ¶ 그는 10년 전에 만든 강의 교재를 쇠옹두리 우리듯 계속 사용하고 있다.

쇠전 소를 팔고 사는 장. =소전, 소장, 우시장

쇠죽 소의 먹이로 주기 위해서 여물로 쑨 죽. =소죽

쇠코뚜레 소의 코청을 뚫어 낀 둥근 나무. 이것에 고삐를 맨다. =소코뚜레

쇠털 소의 털. 수량이 몹시 많음을 빗대어 이를 때에 자주 쓰인다. =소털 ¶ 쇠털같이 허구한 날 무슨 일을 하면서 지낸담?

쇠다[1] 동사

규칙 쇠고, 쇠어/쇄, 쇠어서/쇄서, 쇠는, 쇤, 쇱니다, 쇠었다/쇘다

① 푸성귀의 잎이 뻣뻣해지다.

¶ 나물은 잎이 쇠면 먹을 수 없다.

② 한도를 지나쳐 심해지다.

¶ 의사는 내게 감기가 쇠어서 기관지가 나빠졌다고 했다.

¶ 미움이 쇠면 원한이 된다.

③ 성질이 나쁘다. 비뚤어지다.

④ 베어 둔 통나무 따위가 묵어서 나뭇결이 곧지 않게 되다.

쇠다[2] 동사

규칙 쇠고, 쇠어/쇄, 쇠어서/쇄서, 쇠는, 쇤, 쇱니다, 쇠었다/쇘다

명절을 기념하여 지내다.

¶ 경호는 추석을 쇠러 시골집으로 내려왔다.

¶ 올해 설은 고향집에 가서 쇘다.

> ● '쇠어라'와 '쇄라'
>
> '쇠다'의 바뀐 형태 '쇠어, 쇠어라, 쇠어서, 쇠었다'처럼 '어'로 시작하는 어미가 오면 각각 '쇄, 쇄라, 쇄서, 쇘다'처럼 줄여 쓸 수 있다. 이때 '쇄'는 모두 긴소리이다. '되다', '괴다', '쬐다' 등도 이것처럼 활용한다.
>
> ¶ 고사리가 너무 쇠어서(○)/쇄서(○) 먹을 수 없게 되었다.
>
> ¶ 이번에는 고향에서 명절을 쇠어라(○)/쇄라(○).
>
> ¶ 이번 추석은 어떻게 쇠었는지(○)/쇘는지(○) 모르게 지나갔다.
>
> ¶ 이번 설은 외갓집에서 쇠려(○)/쇄려(×) 합니다.

수[1] 명사

생물에서 새끼를 배지 않거나 열매를 맺지 않는 쪽의 성.

¶ 병아리는 눈으로 보아서는 암인지 수인지 구별하기 어렵다.

수[2] 명사

① 일을 처리하는 방법이나 수완.

¶ 할아버지 생신날 즐겁게 해 드릴 좋은 수가 없을까?

¶ 이제는 그런 얄팍한 수에는 넘어가지 않겠어.

② (주로 '있다', '없다'와 함께 쓰여) 어떤 일을 할 만한 능력이나 어떤 일이 일어날 가능성.

¶ 살다 보면 그럴 수도 있는 거야.

¶ 빛이 너무 강해서 눈을 뜰 수가 없다.

수[3](手) 명사

① 바둑이나 장기 따위를 두는 기술. 또는 그 기술 수준.

¶ 네가 나보다 한 수 위인 것 같다.

¶ 너는 수를 읽는 눈이 보통이 아니구나.

② 바둑이나 장기 따위에서, 한 번씩 번갈아 두는 횟수를 세는 말.

¶ 한 수만 물리자.

관용 표현

수(가) 달리다 말이나 행동에서 상대편에게 약점을 잡히거나 상대편보다 못하다.

수(가) 세다 남을 휘어잡거나 다루는 힘이 매우 세차다.

수(가) 좋다 수단이 매우 뛰어나다.

수[4](數) ①명사 ②관형사

① 사물을 세어서 나타낸 값.

¶ 참가한 사람의 수가 줄었다.

② '여럿' 또는 '약간'의 뜻을 나타내는 말.

¶ 여기에도 수 명이 기다리고 있다.

¶ 행렬이 수 킬로미터에 이르는 것 같았다.

수– 접사

(명사 앞에 붙어) '수컷'을 나타내는 말. [참고] 숫–[2], 암–

● '수–'와 '숫–[2]'

수컷을 나타내는 접두사로 '수–'와 '숫–'이 쓰인다. '양, 염소, 쥐'의 수컷만 '숫–'을 써서 '숫양, 숫염소, 숫쥐'라고 적는다. 그 밖의 명사 앞에는 '수–'를 붙여 수컷을 나타낸다.

¶ 수노루(암노루), 수놈(암놈), 수말(암말), 수새(암새), 수소(암소)
수여우(암여우), 수은행나무(암은행나무), 수짐승(암짐승)

● '수-'와 '암-'의 거센소리

① 수컷을 나타내는 접두사 '수-'와 암컷을 나타내는 접두사 '암-' 뒤에 특정한 명사가 오면 그 명사의 첫소리가 거센소리로 바뀌는 것이 있다. 아래 아홉 가지가 그것이다.

- 강아지: 수캉아지, 암캉아지
- 개: 수캐, 암캐
- 것: 수컷, 암컷
- 기와: 수키와, 암키와
- 닭: 수탉, 암탉
- 당나귀: 수탕나귀, 암탕나귀
- 돌쩌귀: 수톨쩌귀, 암톨쩌귀
- 돼지: 수퇘지, 암퇘지
- 병아리: 수평아리, 암평아리

② 이 밖의 것들은 모두 예사소리로 적는다. 예를 들면 '개'의 수컷은 '수캐'이지만 '게'의 수컷은 '수게'이다.

¶ 수곰(암곰), 수담비(암담비), 수돌고래(암돌고래), 수벌(암벌), 수범(암범) 수비둘기(암비둘기)

수고 명사

애를 쓰고 힘을 들이어 일을 함. 또는 그런 노력.

¶ 경제 발전은 많은 사람의 땀과 수고로 이루어졌다.

복합어

수고로이 수고롭게.

수고롭다 일을 처리하기가 힘들다. ¶ 혼자서 청소하기에는 너무 수고로울 것 같다.

수고비 일을 한 수고에 대한 보수. 일에 대한 정상적인 삯은 아니다.

수고스럽다 수고가 되는 느낌이 있다. 일을 하기에 수고로움이 있다.

수고스레 수고스럽게.

수고하다 애를 쓰고 힘을 들이다. ¶ 종일 짐을 나르느라 수고했어.

● '수고'의 용법

① 일을 하는 데 들인 노력을 수고라고 하지만 실제 말할 때에는 이 말을 조심스럽게 써

야 한다. '수고'는 아랫사람이 윗사람에게 사용하지 않는 말이기 때문이다.
¶ 여러분, 청소하느라고 수고했습니다.(선생이 학생에게, 또는 학생이 학생에게)
¶ 선생님, 수고하셨습니다(×).(윗사람에게 쓰면 안 됨.)
② 윗사람이 한 고생에 대해서는 '수고' 대신에 '노고'나 '고생'을 쓰면 된다.
¶ 선생님, 노고가 크셨습니다.
¶ 선생님, 고생 많으셨습니다.
③ '수고'와 '수고하다'는 윗사람에게 쓸 수 없지만, '수고비', '수고롭다', '수고스럽다'는 높임법과 관계없이 사용할 수 있다.
¶ 청소해 주신 데 대한 수고비입니다.
¶ 너무 수고로운 일을 부탁해서 염치가 없습니다.
¶ 수고스럽지만 선생님께서 이 일을 처리해 주시면 감사하겠습니다.

✕ 수구리다 '수그리다'의 틀린 말.

○ 수그리다 동사 ×수구리다

규칙 수그리고, 수그리어/수그려, 수그립니다, 수그리었다/수그렸다

① 기세나 형세를 굽히거나 줄이다.

② 푹 숙이다.

¶ 고개를 수그리고 지나가지 않으면 선반에 머리를 부딪히기 쉽다.

복합어

수그러들다 기운이나 형세 따위가 수그러지고 약해지다. ×수구러들다

수그러지다 ① 형세나 기세가 점차 줄어들다. ¶ 네가 같이 있어 줘서 두려움이 조금은 수그러졌어. ② 깊이 숙어지거나 굽어 들다.

수렴(收斂) 명사

① 여러 생각이나 주장 따위가 한군데로 모아짐. 또는 그것들을 한군데로 모음.

¶ 민주주의에서 여론 수렴은 꼭 필요하다.

② 변수가 어떤 일정한 값에 한없이 가까워지는 일.

③ 광선 따위가 한 점으로 모이는 일.

④ 돈이나 물건 따위를 거두어들임.

복합어

수렴하다 ① 여러 의견이나 사상 따위를 하나로 모아 정리하다. ¶ 정부에서는 각계의 의견을 수렴하여 정책을 수립하기로 하였다. ② 변수가 어떤 일정한 값에 한없이 가까워지다. ¶ 수식의 값이 0으로 수렴하는 경우와 무한대로 발산하는 조건을 설명하라. ③ 광선, 유체, 전류 따위가 한 점에 모이다. 또는 그렇게 모으다. ④ 돈이나 물건 따위를 거두어들이다.

● '수렴하다'의 잘못된 사용

'수렴하다'는 마치 볼록 렌즈를 통과한 빛이 초점에 모이는 것처럼 각기 다른 의견이나 사상을 서로 조금씩 아울러서 결국 하나로 정리하는 행위를 가리킨다. 단순히 다른 의견을 덧붙이거나 들어주는 행위와는 사뭇 다르다. 수렴하려면 서로 다른 생각을 토론과 의논을 거쳐 정리하는 과정이 필요하다. 따라서 아래와 같은 용법은 '수렴하다'를 잘못 쓴 예이다.

¶ 반대 의견도 수렴하여(×) 최선의 정책을 제시하겠습니다. →참고하여, 받아들여

¶ 급식에 대한 어린이들의 의견을 수렴하기로(×) 하였다. →듣기로, 받아들이기로

¶ 여론을 수렴하여(○) 정책을 결정하는 것이 최선이다.

수순(手順) 명사

① 바둑에서, 수를 두는 차례.

② 일을 해 나가는 차례. [참고] 순서

¶ 무리하지 말고 수순을 밟아 차근차근 진행해 주세요.

> ● '수순'과 '순서'
>
> '수순'은 바둑 용어가 일상어로 확장된 말로서 일본인들이 주로 쓰던 말이다. 따라서 일상어로 쓰는 '수순'은 '순서'나 '차례' 또는 '절차'로 바꿔 쓰는 것이 바람직하다.
>
> ¶ 다음 수순(×)을 밟아 진행하세요. →순서, 절차.
>
> ¶ 정해진 수순(×)에 따라서 일이 처리되었다. →순서, 절차

수적(數的) ①명사 ②관형사 ×숫적

① 수를 기준으로 하는 것.

¶ 전년 대비 올해 매출이 수적으로 증가했다.

② 수를 기준으로 하는.

¶ 상대 팀 선수가 한 명 퇴장하여 우리 팀이 수적 우세에 놓였다.

수줍다 형용사

[규칙] 수줍고, 수줍으면, 수줍으니, 수줍어서, 수줍은, 수줍습니다, 수줍었다

어려워하거나 부끄러워하는 기가 있다.

¶ 동생은 사람들 앞에서는 수줍어서 말도 못 한다.

복합어

수줍어하다 부끄러워하는 기색을 하다.

수줍음 수줍어하는 느낌이나 마음. ¶ 나는 수줍음을 타서 남들 앞에 나서지 못한다.

수채 명사

집 안에서 버린 물이 집 밖으로 흘러 나가도록 만든 시설.

¶ 설거지한 물이나 빨래한 물은 수채를 거쳐서 집 밖으로 흘러 나갔다.

> **● '수채', '수채통', '하수관'**
>
> 전통적으로 집에서 쓴 허드렛물은 수채에 버리는데, 수채는 마당 한쪽 가장자리에 파서 만들고 그 위를 돌 따위로 덮었다. 덮지 않고 그대로 두기도 한다. 수채에서 흐르는 물은 집 밖으로 나가 다른 집의 수채에서 흘러나온 물과 합쳐져 도랑을 이루게 된다.
>
> 그런데 수채가 보기에 좋지 않고 자주 막혀서 통이나 대롱을 묻어 땅속으로 개숫물이 흐르게 만든 것이 '수채통'이다. 수채통은 대개 마당에만 묻어 놓기 때문에 집 밖으로 나가면 도랑으로 흐르게 된다. 집집이 흘러나온 구정물이 도랑에서 합쳐지므로 매우 불결하다. 더러워진 도랑을 '도랑창'이라고 한다.
>
> 그리고 수채통을 요즘에는 '하수관'이나 '하수도관'이라고 한다. 수채를 하수 또는 하수도로 바꾸고, 통을 관으로 바꿔 쓰는 것이다. 하수관이나 하수도관은 일본인이 쓰는 용어이다. 우리가 스스로 도랑에 통을 묻어 땅속으로 하수를 흘려보내게 되었다면 '도랑통'이라는 말이 생겼을 것이다. 기술의 발달이 언어의 발달을 이끈다는 점을 알게 해 주는 낱말이다.

숟가락 명사 ㉠숟갈

밥이나 국을 떠먹는 기구.

복합어

숟가락질 숟가락으로 음식을 떠먹는 짓.

숟가락질하다 숟가락으로 음식을 떠먹다.

> **● '숟가락'의 표기**
>
> '젓가락'은 'ㅅ' 받침인데 왜 '숟가락'은 'ㄷ' 받침인가? 젓가락은 '저+가락'의 합성어이

ㅅ

고, 숟가락은 '술+가락'의 합성어이다. '저+가락'은 자연스럽게 'ㅅ' 소리가 덧나 '젓가락'으로 표기하게 되지만 '술+가락'은 받침이 있으므로 사이시옷을 붙이지 않고 그 대신에 'ㄹ'이 급박하게 바뀌어 'ㄷ'이 되었다. '설+달'이 '섣달'로, '이틀+날'이 '이튿날'로 바뀌는 것도 같은 현상이다.

술어(述語) 명사

한 문장에서 주어의 움직임, 상태, 성질 따위를 서술하는 말. =서술어

● '술어'의 세 가지 형태

술어에는 동사로 된 술어, 형용사로 된 술어, 조사 '이다'로 된 술어의 세 가지가 있다.

- 동사로 된 술어: 아이가 운다.(술어: 운다)
- 형용사로 된 술어: 꽃이 예쁘다.(술어: 예쁘다)
- 조사 '이다'로 된 술어: 이것이 내 선물이다.(술어: 선물이다)

숨기다 동사

규칙 숨기고, 숨기어/숨겨, 숨긴다, 숨깁니다, 숨기었다/숨겼다

① 숨게 하다. '숨다'의 사동형. 참고 감추다

¶ 한 나무꾼이 사냥꾼에게 쫓기던 사슴을 숨겨 주었다.

¶ 총각이 우렁 각시를 항아리 속에 숨겼다.

¶ 술래가 못 찾게 나무 뒤에 몸을 숨겼다.

② 어떤 사물을 남이 보이지 않는 곳에 두다. 또는 어떤 사실이나 행동을 남모르게 감추다.

¶ 자기 잘못을 아무리 숨기려 해도 결국 드러나게 된다.

¶ 다 알고 있는 일을 굳이 그에게만 숨기는 이유가 뭐냐?

¶ 할머니는 돈과 통장을 장롱 속에 숨기셨다.

숨다 동사

규칙 숨고, 숨지, 숨어, 숨는, 숨은, 숨으오, 숨습니다, 숨었다

① 보이지 않게 몸을 감추다.

¶ 꼭꼭 숨어라. 머리카락 보인다.

¶ 빨치산들은 지리산으로 숨어 들어갔다.

② (주로 '숨은' 형태로 쓰여) 겉으로 드러나지 아니하다. 보이지 않게 잠겨 있다.

¶ 나라가 발전하려면 숨은 인재를 찾아 일을 맡겨야 한다.

¶ 나의 성공 뒤에는 어머니의 숨은 노력이 있었다.

속담

숨다 보니 포도청 집이라 피하여 숨은 곳이 하필 포도청이었다는 뜻으로, 어떤 일이 뜻밖에 낭패를 보았다는 말.

ㅅ

숫-[1] 접사

(명사 앞에 붙어) 아직 사람의 손이 닿지 않았거나 본디 그대로의 것임을 나타내는 말.

복합어

숫구멍 갓난아기 정수리의 아직 덜 굳은 곳. =숨구멍

숫눈길 눈이 내린 뒤 아무도 가지 않은 길.

숫되다 약빠르지 않고 순진하다.

숫사람 꾸밈이 없고 숫되어 어수룩한 사람.

숫음식 만든 후 아직 입에 대지 않은 음식.

숫-[2] 접사

(명사 앞에 붙어) '수컷'을 나타내는 말. 참고 수-

¶ 숫양, 숫염소, 숫쥐

● '수컷'의 표기

수컷을 나타내는 접두사는 '수-'이다. 명사 앞에 '수-'를 붙이면 그것의 수컷을 나타낸다. '숫-'을 붙이는 경우는 '양, 염소, 쥐' 세 동물뿐이다. 따라서 그 외의 명사 앞에 '숫-'을 붙이는 것은 잘못이다.

숫놈(×)→수놈, 숫사슴(×)→수사슴, 숫줄(×)→수줄, 숫짐승(×)→수짐승

숫기(-氣) 명사

부끄러워하지 않고 활발하고 쾌활한 기질.

¶ 그는 워낙 숫기가 없는 사람이라 눈만 마주쳐도 얼굴이 벌게진다.

숫자(數字) 명사

① 수를 적은 글자.

¶ 유치원에서 아이들에게 숫자를 가르친다.

② 숫자로 표시되는 사항. 또는 수량적인 사항.

¶ 그 사람은 숫자에 밝다.

③ 사람이나 사물의 수.

¶ 사람 숫자에 맞추어 음식을 준비해라.

● '숫자'의 표기

'숫자'는 한자어 '수자(數字)'에 'ㅅ'을 덧붙인 표기이다. 발음이 된소리 [수짜]로 나는 현상을 표시하기 위해서 한글 맞춤법에 따라 'ㅅ'을 덧붙인 것이다. 한자어 가운데에서 아래의 여섯 낱말에는 'ㅅ'을 덧붙인다.

곳간(庫間), 셋방(貰房), 숫자(數字), 찻간(車間), 툇간(退間), 횟수(回數)

다음 경우에는 된소리로 발음되지만 'ㅅ'을 덧붙이지 않는다. 한글 맞춤법에서 'ㅅ'을 덧붙이도록 허용하지 않았기 때문이다.

개수(個數), 고가(高價), 대가(代價), 도수(度數), 소수점(小數點), 수적(數的)
시가(市價), 시구(詩句), 시점(時點), 이과(理科), 이점(利點), 저가(低價)
전세방(傳貰房), 치과(齒科), 호수(戶數), 화병(火病), 화증(火症)

'숫자'에 덧붙은 'ㅅ'을 사이시옷이라고 한다. 원래 사이시옷은 낱말과 낱말이 합성하여 하나의 단어(합성어)가 될 때에 두 단어 사이에 덧나는 소리를 표시하기 위해서 사용하는 글자이다. '내+가=냇가, 배+길=뱃길, 비+방울=빗방울, 나무+잎=나뭇잎, 이+몸=잇몸'의 'ㅅ'이 그것이다. 한글 맞춤법은 낱말과 낱말 사이가 아니라도 위에 제시한 6개의 한자어에는 사이시옷을 붙이도록 하였다.

✕ 숫적

'수적(數的)'의 틀린 표기.

¶ 우리 축구 선수들이 숫적(×)/수적(○) 열세를 만회하지 못하고 패하였다.

ㅅ

○ 쉬다[1] 동사

규칙 쉬고, 쉬며, 쉬어, 쉰, 쉴, 쉽니다, 쉬었다

음식 따위가 상하여 먹을 수 없을 정도가 되다.

¶ 나물이 쉬어서 먹을 수 없다.

복합어

쉰내 음식 따위가 쉬어서 나는 시큼한 냄새.

쉰밥 쉰내가 나거나 시큼한 맛이 나는 밥. ¶ 쉰밥이라도 있으면 좀 주시오.

○ 쉬다[2] 동사

규칙 쉬고, 쉬며, 쉬어, 쉰, 쉴, 쉽니다, 쉬었다

목청에 탈이 나서 목소리가 거칠고 투박해지다.

¶ 목이 쉬어서 제대로 노래를 부를 수 없다.

복합어

목쉬다 목이 잠겨 소리가 제대로 나지 아니하다.

쉬다[3] 동사

규칙 쉬고, 쉬며, 쉬어, 쉰, 쉴, 쉽니다, 쉬었다

① 피로를 풀려고 몸을 편안히 두다.

¶ 하루 종일 조금도 쉬지 못하고 일을 했다.

¶ 나무 그늘에 앉아서 눈을 감고 잠시 쉬었다.

② 잠시 머무르다.

¶ 어머니는 딸네 집에 잠시 쉬러 가셨다.

③ 움직임을 멈추다.

¶ 한강은 수천 년을 쉬지 않고 흘러 왔습니다.

¶ 쉬지 않고 도는 물레방아

④ 일을 그만두다.

¶ 직장을 잃었으니 집에서 쉬는 수밖에 없지.

¶ 이왕 쉬는 동안에 책이나 좀 읽을 생각이다.

⑤ 일을 잠시 그치거나 멈추다.

¶ 하던 일을 쉬고 새참을 먹자.

⑥ 손이나 다리를 잠시 놀리다.

¶ 오래 걸었으니 다리를 좀 쉬어야겠다.

¶ 손을 쉴 틈이 없이 일했다.

⑦ 회사나 학교를 안 가다.

¶ 오늘은 개교기념일이어서 학교를 쉰다.

복합어

쉬엄쉬엄 ① 쉬어 가며 천천히 길을 가거나 일을 하는 모양. ¶ 바쁜 일이 없으니 쉬엄쉬엄 가자. ② 그쳤다 계속되었다 하는 모양. ¶ 비도 쉬엄쉬엄 내리고 있다.

쉬엄쉬엄하다 ① 쉬어 가며 천천히 길을 가거나 일을 하다. ¶ 아무리 일을 쉬엄쉬엄

해도 기한보다 일찍 끝날 것 같다. ② 그쳤다 계속되었다 하다.

쉼터 쉬는 장소.

쉼표 ① 문장 부호의 하나. 반점(,)의 다른 이름이다. ② 악보에서, 쉼을 나타내는 기호. 온쉼표, 이분쉼표, 사분쉼표, 팔분쉼표, 십육분쉼표 따위가 있다.

속담

쉬려던 차에 넘어진다 쉬려고 하던 차에 넘어지게 되었다는 뜻으로, 속으로 바라던 일을 할 수 있는 조건이나 핑계가 생김을 이르는 말.

> **● '쉬엄쉬엄'의 형태**
>
> '쉬다'의 명사형은 '쉼'이다. '쉬엄쉬엄'은 명사형 '쉬엄'을 두 번 반복한 형태이다. 이처럼 특별한 명사형으로 새로운 말을 만들어 내는 경우가 종종 있다.
>
> 기다: 기엄기엄, 띄다: 띄엄띄엄, 밟다: 발밤발밤, 보다: 보암보암
>
> 쉬다: 쉬엄쉬엄, 알다: 알음알음, 알음알이, 잇다: 이엄이엄
>
> 죄다: 죄암죄암, 쥐다: 쥐엄쥐엄

쉬다[4] 동사

규칙 쉬고, 쉬어, 쉬는, 쉰, 쉴, 쉽니다, 쉬었다, 쉬었습니다

① 입이나 코로 공기를 들이마셨다 내보냈다 하다.

¶ 숨을 쉬는 동안은 살아 있는 것이다.

② 괴로움이나 긴장감 때문에 크게 숨을 쉬다.

¶ 어머니는 무슨 걱정이 있는지 가끔 한숨을 쉬셨다.

복합어

내리쉬다 크게 들이마신 숨을 길게 내뱉다.

내쉬다 숨을 밖으로 내보내다.

들이쉬다 숨을 몸 안으로 들여보내다.

몰아쉬다 숨 따위를 한꺼번에 모아 쉬다.

● ‘쉬었다’와 ‘셨다’

‘쉬었다’를 빨리 발음하면 마치 ‘셨다’처럼 들려서 이를 ‘쉬었다’의 준말로 보거나 심지어 그렇게 표기하는 경우가 있는데 이는 잘못이다. ‘쉬었다’는 [셛다]로 발음하거나 표기할 수 없다. ‘쉬었다’는 [쉬엳다]처럼 발음할 수도 있는데, 현행 표기법에서는 이를 ‘셨다’로 줄여 표기하는 것을 허용하지 않는다. ‘셨다’는 ‘시다’의 과거형인 ‘시었다’의 준말이다.

쉽사리 부사

아주 쉽게. 또는 순조롭게. 참고 어렵사리

¶ 일이 쉽사리 해결될 것 같지 않다.

¶ 전에 해 본 일이어서 쉽사리 일을 끝낼 수 있었다.

-스럽다 접사

불규칙 -스럽고, -스럽지, -스러워, -스러운, -스럽네, -스럽습니다, -스러웠다

‘그러한 특성과 비슷한 성질이 있음’의 뜻을 더하여 형용사를 만드는 말. 참고 -답다

¶ 그렇게 가증스러운 사람은 처음 보았다.

¶ 그 사람은 고집스럽게 원칙을 지킨다.

¶ 모란꽃이 탐스럽게 피었다.

● '-스러운'과 '-스런'

'-스러운'을 줄여서 '-스런'으로 표기하는 경우가 있다. 그러나 아직 '-스러운'을 '-스런'으로 줄인 말은 표준어로 보지 않는다. 따라서 '-스런'으로 표기하는 것은 잘못이다.

¶ 거짓말하는 것은 수치스런(×)/수치스러운(○) 일이다.

¶ 이렇게 경사스런(×)/경사스러운(○) 날에 잔치를 벌여야지.

¶ 그 사고는 참으로 유감스런(×)/유감스러운(○) 일입니다.

-슴 명사형 어미 '-음'의 틀린 표기.

● 명사형 어미

현행 맞춤법에서는 '있습니다', '없습니다', '갔습니다', '좋습니다'처럼 '-습니다'를 어미로 인정하고 있기 때문에 이에 영향을 받아 이들의 명사형을 '있슴', '없슴', '갔슴', '좋슴'으로 오해하기 쉬운데 이는 잘못이다. '-슴'이라는 어미는 없다. 명사형을 만드는 어미로는, 받침이 없는 용언이나 'ㄹ' 받침 용언의 경우에는 '-ㅁ'을, 'ㄹ' 이외의 받침이 있는 용언의 경우에는 '-음'을 사용한다. 따라서 '있음', '없음', '갔음', '좋음'처럼 써야 한다.

¶ 오늘은 비가 내렸슴(×)/내렸음(○).

¶ 그는 집으로 돌아갔슴(×)/돌아갔음(○).

¶ 나는 그가 이미 나가고 없슴(×)/없음(○)을 알았다.

¶ 우리는 이곳에서 살음(×)/삼(×)/삶(○).

¶ 기차역은 여기서 너무 멀음(×)/멈(×)/멂(○).

¶ 언니가 옷을 만듬(×)/만듦(○).

-습니까 어미

(받침이 있는 어간에 붙어) 정중히 묻는 뜻을 나타내는 종결 어미. 참고 -ㅂ니까

¶ 누가 오셨습니까?

¶ 어제 어디 갔습니까?

¶ 기분이 어떻습니까?

¶ 아이들이 밥을 먹습니까?

-습니다 어미 ×-읍니다

(받침이 있는 어간에 붙어) 현재 동작이나 상태를 있는 그대로 나타내는 종결 어미. 참고 -ㅂ니다

¶ 다람쥐는 도토리를 잘 먹습니다.

¶ 오늘 날씨가 매우 좋습니다.

● '-습니다'와 '-습니까'

용언의 어간 끝음절에 'ㄹ' 외의 받침이 있는 경우 평서문에는 '-습니다'를 쓰고, 의문문에는 '-습니까'를 쓴다. 용언의 어간 끝음절이 모음인 경우와 'ㄹ' 받침이 있는 경우('ㄹ' 받침인 경우에는 'ㄹ'을 탈락시킴)에는 '-ㅂ니다', '-ㅂ니까'를 사용한다. 어간과 이들의 관계는 아래 표와 같다.

		어간 끝음절에 'ㄹ' 이외의 받침이 있는 경우	어간 끝음절이 모음인 경우와 'ㄹ' 받침이 있는 경우
평서형		막습니다(막다) 집습니다(집다)	갑니다(가다, 갈다) 합니다(하다), 줍니다(주다)
의문형		막습니까, 집습니까	갑니까(가다, 갈다), 합니까, 줍니까
-시-	평서형	막으십니다, 집으십니다	가십니다(가다, 갈다) 하십니다, 주십니다
	의문형	막으십니까, 집으십니까	가십니까(가다, 갈다) 하십니까, 주십니까
-었-	평서형	막았습니다, 집었습니다	갔습니다(가다), 갈았습니다(갈다) 하였습니다, 주었습니다
	의문형	막았습니까, 집었습니까	갔습니까(가다), 갈았습니까(갈다) 하였습니까, 주었습니까

어간 끝음절에 ‘ㄹ’ 이외의 받침이 있는 경우에는 어간에 ‘-읍니다’, ‘-읍니까’를 붙이지 않고 ‘-습니다’, ‘-습니까’를 붙인다.

¶ 우리는 과일을 먹읍니다(×). → 먹습니다

¶ 강에서 물고기를 잡읍니까(×)? → 잡습니까

승부(勝負) 명사

이김과 짐. ⓑ 승패

¶ 체력이 경기의 승부를 가르는 중요한 변수이다.

¶ 가위바위보로 승부를 내자.

복합어

명승부 경기나 경쟁 등에서 이기고 지는 것이 멋지게 이루어지는 일.

무승부 내기나 경기 따위에서 이기고 짐이 없이 비김.

승부사 승부수를 잘 사용하여 승패에 결정적인 역할을 하는 사람.

승부수 승패를 좌우하는 결정적인 수. 주로 지고 있는 편이 상황을 뒤바꾸기 위하여 마지막 결단으로 쓰는 수를 일컫는다. ¶ 당선을 위해 승부수를 던진 거겠지.

승부욕 이길 욕심. 기어이 이기려 하는 욕심.

승부차기 축구에서, 무승부인 경우 승패를 결정짓기 위하여 페널티킥 지점에서 한 팀이 한 번씩 골을 차는 방식.

‘승부’와 ‘승패’

두 낱말 다 ‘이기고 짐’을 의미하지만 실제로는 다르게 사용하고 있다. ‘승부’는 ‘명승부, 승부수, 승부욕’처럼 다른 낱말과 어우러져 다양하게 복합어를 만들어 내는데 ‘승패’는 오로지 ‘이기고 짐’이라는 본래의 의미에 한정하여 독립적으로 쓰인다. 그렇게 된 까닭은 ‘승부’가 일본에서 들어온 말로서 일본인이 다양한 복합어를 만들어 사용한 것을 그대로 받아들여 쓰게 된 데 있다. ‘승패’는 우리가 사용법을 확장하지 못해서 제한적으로 쓰게 된 것으로 보인다.

시- 접사

(주로 색을 나타내는 형용사 앞에 붙어) '매우 짙고 선명하게'의 뜻을 더하는 말. 참고 싯-

¶ 시커멓다, 시뻘겋다, 시뿌옇다, 시퍼렇다

-시- 어미

(동사나 형용사의 어간과 어미 사이에 붙어) 높임의 뜻을 나타내는 어미.

¶ 이제 집에 가셔도 됩니다.

¶ 지금 보시는 책이 바로 제 책입니다.

¶ 이분이 바로 네 고모님이시고 저분은 네 이모님이시다.

● '-시-'의 잘못된 사용

① '-시-'는 문장의 주어를 높이는 데 쓴다. 높임의 대상이 되는 주어는 자기보다 나이가 많은 사람이나 지위가 높은 사람이다. 사물은 높임의 대상이 아니므로 사물이 주어인 경우에는 '-시-'를 쓰지 않는다.

¶ 커피 나오셨습니다(×). →나왔습니다

¶ 이 옷은 10만 원이십니다(×). →10만 원입니다

¶ 카드 결제가 가능하시고(×), 환불도 가능하십니다(×). →가능하고, 가능합니다

¶ 혹시 고장 나시면(×) 애프터서비스도 보장되십니다(×). →고장 나면, 보장됩니다

¶ 좋은 하루 되십시오(×). →보내십시오

¶ 즐거운 여행 되세요(×). →하세요, 즐겁게 여행하세요

¶ 즐거운 명절 되세요(×). →보내세요, 명절 즐겁게 쇠세요

② 사물이라도 상대와 인격적으로 밀착된 사물인 경우에는 상대를 높이는 의미에서 높임의 대상이 될 수 있다. 상대의 몸의 일부, 상대와 매우 가까운 사물이 이에 해당한다.

¶ 오늘 기분이 좋아 보이십니다.

¶ 얼굴이 무척 고우세요.

¶ 옷이 참 잘 어울리십니다.

시가[1](市價) 명사 ×싯가

시장에서 거래되는 가격.

¶ 이 땅은 현재 시가로 10억 원이 넘을 거다.

시가[2](時價) 명사 ×싯가

일정한 시기의 가격. =시세

¶ 정부가 고시한 오늘의 시가를 알려 주세요.

시구(詩句) 명사 ×시귀, ×싯구

시의 구절.

¶ 나는 '자세히 보아야 예쁘다'라는 시구를 좋아한다.

시귀 '시구(詩句)'의 틀린 표기.

¶ 어린아이가 시귀(×)/시구(○)를 줄줄 윈다.

시나브로 부사

① 모르는 사이에 조금씩. [참고] 야금야금

¶ 밤새 시나브로 눈이 내렸다.

¶ 가을이 오니 한 잎 한 잎 시나브로 잎이 진다.

② 다른 일을 하는 사이에 틈틈이.

¶ 그동안 시나브로 익혀 왔던 춤 실력을 뽐낼 기회가 왔다.

››› '시나브로'는 어떤 일이 아주 느리게 진행되어 쉽게 눈치채지 못할 정도임을 나타내는 말이다. 주로 자연의 변화나 오래 진행하는 일에 쓴다. '야금야금'은 남이 눈치채지 못하게 조금씩 행동하는 모양을 나타낸다. 주로 무엇을 축내는 행위에 쓴다.

시늉 명사

어떤 일을 정말로 하는 것처럼 그럴듯하게 꾸미어 하는 행동. [참고] 흉내

¶ 청소하는 시늉만 하지 말고 깨끗이 닦아.

복합어

시늉하다 어떤 모양이나 움직임을 정말로 하는 것처럼 그럴듯하게 꾸미다.

● '시늉'과 '흉내'

두 낱말은 비슷한 것 같으면서도 다른 점이 있다. 비슷한 점은 두 낱말 다 원래의 행위와 닮은 행위를 한다는 점이다. '시늉'은 상대를 속이기 위해서 하는 경우가 많다. '흉내'는 남이 하는 말이나 행동을 그대로 옮기는 경우에 쓴다. 이런 차이를 알면 상황에 따라 '시늉'을 쓸지 '흉내'를 쓸지 판단할 수 있다. 한 가지 덧붙일 것은 '시늉'은 '하다' 동사와 어울리고, '흉내'는 '내다' 동사와 어울린다.

¶ 그가 원숭이 흉내(○)를 내는 바람에 모두가 웃었다.

¶ 내가 펭귄 시늉(×)을 내어 모든 사람을 웃겼다. →흉내를 내어

¶ 그가 갑자기 배가 아픈 시늉을(○) 해서 모두 속아 넘어갔지.

¶ 나는 선생님께 배가 아픈 흉내(×)를 내서 조퇴를 하였다. →시늉을 해서

시다 형용사

규칙 시고, 시니, 시어/셔, 신, 십니다, 시었다/셨다

① 맛이 식초나 설익은 살구와 같다.

¶ 포도가 너무 셔.

¶ 임신부는 신 과일을 좋아하는 경우가 많다.

② 관절 따위가 삐었을 때처럼 거북하게 저리다.

¶ 발목이 시어서 걷기가 거북하구나.

③ 강한 빛을 받아 눈이 부시어 슴벅슴벅 찔리는 듯하다. ㊇ 시리다③

¶ 빛이 강하여 눈이 시다.

속담

시거든 떫지나 말고 얽거든 검지나 말지 사람이 못났으면 착실하기라도 하거나 재주가 없으면 소박하기라도 했으면 좋겠다는 뜻으로, 아무짝에도 쓸모가 없는 경우를 빗대어 이르는 말.

시다는데 초를 친다 가뜩이나 신 데다 식초까지 또 친다는 뜻으로, 일이 엎친 데 덮친 경우를 빗대어 이르는 말.

시답잖다 형용사

규칙 시답잖고, 시답잖으니, 시답잖아, 시답잖은, 시답잖습니다, 시답잖았다

볼품이 없어 만족스럽지 못하다.

¶ 사장은 나의 제안을 시답잖게 여기는 듯했다.

¶ 그는 음식을 맛보고는 시답잖은 표정으로 수저를 놓았다.

● '시답잖다'와 '실답지 않다'

'시답잖다'의 본딧말은 '실(實)답지 않다'이다. '실'의 'ㄹ'이 'ㄷ' 앞에서 탈락하였다. 이처럼 새로운 낱말이 되는 과정에서 'ㄹ'이 'ㄷ' 앞에서 탈락하는 현상이 몇몇 단어에서 나타난다. '다디달다', '자디잘다'는 각각 '달디달다', '잘디잘다'가 본딧말인데 'ㄹ' 받침이

탈락한 것이다. 한 가지 중요한 것은 '실답다'의 'ㄹ' 받침은 탈락하지 않는다는 점이다. 이때 '실답잖다'는 '시답잖다'와 다른 뜻을 갖는다.

¶ 네 말이 하도 시답잖아서 대꾸하지 않았다.(보잘것없고 불만스러워서)

¶ 만나자는 말이 실답잖게 들려서 약속을 하지 않았다.(거짓처럼 미덥지 않게)

× 시렵다 '시리다'의 틀린 말.

¶ 손이 시려워(×)/시려(○) 장갑을 끼었다.

○ 시름 명사

마음에 늘 걸리어 사라지지 않는 근심이나 걱정.

¶ 가을장마 때문에 가을걷이를 해야 하는 농가는 큰 시름에 잠겼다.

¶ 이번에 네가 취직한 덕에 큰 시름을 덜었다.

복합어

시름겹다 감당하지 못할 만큼 시름이 많다.

시름없다 ① 근심이나 걱정으로 맥이 없다. ② 아무 생각이 없다.

시름없이 ① 근심이나 걱정으로 맥이 없이. ¶ 걱정에 잠겨 시름없이 걷기만 했다. ② 아무 생각이 없이. ¶ 아내는 시름없이 창밖을 내다보았다.

시름하다 근심하거나 걱정하다.

한시름 큰 시름. ¶ 네가 아이를 건강하게 낳아서 한시름 놓았다.

○ 시리다 형용사 ×시렵다

규칙 시리고, 시리면, 시리어/시려, 시린, 시립니다, 시리었다/시렸다

① 찬 기운이 몸에 닿아 추위를 느낄 정도이다.

¶ 여름에도 계곡물에 발을 담그면 발이 시리다.

¶ 옷을 얇게 입었더니 등이 시려 견딜 수가 없다.

② 찬 것 따위가 닿아 통증이 있다.

¶ 찬물을 마셨더니 이가 시렸다.

③ (주로 '눈'과 함께 쓰여) 빛이 강하여 바로 보기 어렵다. ㉥ 시다③

¶ 눈이 시리도록 푸른 하늘에 실구름이 한 줄 걸려 있다.

시비(是非) 명사

① 옳음과 그름.

¶ 내 말이 맞는지 틀리는지 사진을 보면서 시비를 가리자.

② 옳고 그름을 따지며 다툼. ㉥ 시시비비①

¶ 그는 아무에게나 치근대면서 시비를 걸려고 한다.

¶ 자잘한 일로 시비가 붙어서 결국 큰 싸움이 되고 말았다.

복합어

시비하다 옳고 그름을 따지는 말다툼을 하다. ¶ 그는 툭하면 나에게 시비하려 든다.

시새다 동사

규칙 시새고, 시새니, 시새어/시새, 시샌, 시샐, 시샙니다, 시새었다/시샜다

'시새우다'의 준말.

¶ 너보다 잘난 사람을 시새지 마라.

시새우다 동사 ㉨ 시새다

규칙 시새우고, 시새우니, 시새우어/시새워, 시새웁니다, 시새우었다/시새웠다

① 저보다 나은 이를 공연히 미워하고 싫어하다.

¶ 친구가 잘되면 시새우지 말고 함께 기뻐해 주어라.

② 저보다 나은 이를 부러워하고 지지 않으려고 하다.

¶ 너도나도 시새워 자기 자랑을 늘어놓았다.

복합어

시새움 시새우는 마음이나 짓. ㉾ 시샘 ㉥ 샘[2], 질투

시샘 명사

시새우는 마음. '시새움'의 준말.

● '시샘'과 '샘[2]'

두 낱말의 의미는 같다. '시샘'은 '샘'에 시기한다는 뜻을 가진 한자 '시(猜)'를 덧붙인 것으로서 '샘'을 강조하고 의미를 확실하게 하기 위하여 취한 방법이다. 우리말에는 이처럼 고유어에 한자어를 덧붙여 의미를 확실하게 만드는 조어법이 발달해 있다. 몇 개 예를 들면 아래와 같다.

- 기틀 = 기(機) + 틀
- 담장 = 담 + 장(牆)
- 뒷배 = 뒤 + 배(背)
- 시샘 = 시(猜) + 샘
- 팻말 = 패(牌) + 말
- 고되다 = 고(苦) + 되다
- 억누르다 = 억(抑) + 누르다
- 온전하다 = 온 + 전(全)하다

시시비비(是是非非) 명사

① 옳고 그름을 따지며 다툼. ㉥ 시비②

② 옳은 것은 옳다고 하고 그른 것은 그르다고 함.

● '시비'와 '시시비비'

두 낱말을 거의 같은 용도로 사용하는 경향이 있다. 그러나 '옳고 그름' 또는 '잘잘못'을 가리키는 말은 '시비'이고, '옳고 그름을 따짐'을 뜻하는 경우에만 '시비'와 '시시비

비'를 함께 쓸 수 있다. 중국의 고전 《순자》에 "옳은 것은 옳다고 하고 그른 것은 그르다고 하는 것(是是非非)을 '지(知)'라 하고, 그른 것을 옳다고 하고 옳은 것을 그르다고 하는 것(非是是非)을 '우(愚)'라고 한다."라는 말이 나온다. '시시비비'와 '비시시비'가 한 짝이 되는 말이므로 '시시비비'를 그대로 '시비'의 뜻으로 쓰는 것은 바람직하지 않다. '시비'는 '시비를 가리다'라는 표현을 쓸 수 있지만, '시시비비'는 그 자체가 시비를 가리는 뜻을 포함하고 있으므로 '시시비비를 가리다'라는 표현은 쓸 수 없다. 그 대신 '시시비비를 하다'라고 하면 된다.

¶ 교통사고 현장에서 시시비비(×)/시비(○)를 가리면 2차 사고를 당하게 된다.

¶ 무책임한 발언에 대해 법원이 시시비비(×)/시비(○)를 가려 줄 것이다.

¶ 청문회에서 시시비비(×)/시비(○)를 가려야 한다는 게 당의 기본 입장이다.

¶ 언론은 시시비비(○)를 하는 것이 본래의 사명이다.

¶ 시시비비(○)를 할 능력이 없는 사람은 지도자가 되어서는 안 된다.

아래 예문처럼 '옳고 그름을 따지는 행위'를 가리킬 때에는 '시시비비'와 '시비'를 함께 써도 무방하다.

¶ 새삼스럽게 이에 관한 시시비비(○)/시비(○)로 시끄럽게 할 것 없지 않습니까?

¶ 이런 일로 시시비비(○)/시비(○)를 하는 것은 바람직하지 않은 것 같다.

ㅅ

-시어요 어미 ㉾ -셔요, -세요

('이다'의 어간, 받침 없는 용언의 어간 또는 'ㄹ' 받침인 용언의 어간 뒤에 붙어) 설명, 의문, 명령, 권유의 뜻을 높여 나타내는 종결 어미. 어미 '-시-'와 '-어요'가 결합한 말이다. [참고] -으시어요

¶ 어서 오시어요.

¶ 여기를 보시어요.

'-시어요'와 '-으시어요'

어간의 끝음절에 받침이 없거나 'ㄹ' 받침이 있으면 '-시어요'를 쓴다. 어간의 끝음절에 'ㄹ' 이외의 받침이 있으면 '-으시어요'를 쓴다. '-으세요'와 '-으셔요'는 '-으시어요'의

준말로서, 같은 경우에 쓴다. 어간의 끝음절에 'ㅎ' 받침이 있는 낱말 가운데 색깔을 나타내는 형용사 '까맣다', '하얗다' 등은 'ㅎ'이 탈락한 상태에서 '-시어요'를 붙인다.
¶ 사과 드시어요/드세요/드셔요.
¶ 짧은 인생 즐기면서 사시어요/사세요/사셔요.
¶ 얼굴이 참 하야시어요/하야세요/하야셔요.
¶ 이거 받으시어요/받으세요/받으셔요.
¶ 제 손을 잡으시어요/잡으세요/잡으셔요.

시점[1](時點) 명사 ×싯점

흐르는 시간의 어느 한 순간.
¶ 이 시점에서 우리가 해야 할 일을 생각해 보자.
¶ 어느 시점에 공격할 것인지 의논합시다.
›››'시점[1]'을 '싯점'으로 적는 것은 잘못이다. 한자어인 경우, 낱말 사이에서 된소리로 나더라도 거기에 사이시옷을 붙이지 않는다. 이에 관해서는 올림말 '×싯점' 참고.

시점[2](視點) 명사 ×싯점

① 시력의 중심이 대상에 가 닿는 점.
¶ 난시는 시점을 제대로 맞추기 어렵다.
② 소설에서, 이야기를 서술하여 나가는 방식이나 관점. 작중 화자가 '나'인 일인칭 시점과 '그'인 삼인칭 시점이 있다.
③ 화가의 시각과 같은 위치에서 화면을 대할 때에, 화면과 시선이 직각으로 만나는 가상점.

시키다 동사

규칙 시키고, 시키어/시켜, 시킨, 시킨다, 시킵니다, 시키었다/시켰다

① 어떤 일이나 행동을 하게 하다.

¶ 누나가 동생에게 심부름을 시켰다.

¶ 왜 자꾸 나한테만 일을 시키는지 모르겠다.

② 음식 따위를 만들어 오거나 가지고 오도록 주문하다.

¶ 한참 전에 음식을 시켰으나 아직 나오지 않았다.

¶ 커피 한 잔을 시켜 놓고 그렇게 오래 앉아 있다니!

-시키다 접사

규칙 -시키고, -시키어/-시켜, -시킨다, -시킵니다, -시키었다/-시켰다

(일부 명사 뒤에 붙어) '시킴'의 뜻을 더하고 동사를 만드는 말. '-하게 하다'로 풀어 말할 수 있다.

¶ 그들을 화해시킬 방법이 없을까요?

¶ 환경을 오염시키지 마세요.

¶ 아이를 입원시키고 오는 길이다.

● '-시키다'의 잘못된 사용

'-시키다'는 대상으로 하여금 그렇게 하게, 또는 되게 하는 행위를 나타내기 위하여 사용하는 말이다. 따라서 시키는 행위가 아니라 '주어가 하는 행위'에는 이를 붙일 수 없

다. 아래의 문장이 '-시키다'를 잘못 사용한 사례이다.

¶ 선생님, 우리 아이를 잘 교육시켜(×)/교육해(○) 주세요.

¶ 너는 발이 넓으니 좋은 사람을 내게 소개시켜(×)/소개해(○) 다오.

¶ 지금부터 제가 이곳을 안내시켜(×)/안내해(○) 드리겠습니다.

시험(試驗) 명사

① 일정한 절차에 따라 검사하여 평가하는 일.

¶ 학생들은 시험을 쳐서 실력을 검증받았다.

¶ 운전면허 시험을 통과하여야 운전을 할 수 있다.

② 사물의 성질이나 기능을 실지로 증험하여 보는 일. 참고 실험

¶ 발전소가 시험 가동에 들어갔다.

¶ 컴퓨터를 시험 생산하자 우리 회사에 대한 관심도가 무척 높아졌다.

③ 사람의 됨됨이를 알기 위하여 떠보는 일. 또는 그런 상황.

¶ 기독교인들은 죄를 짓거나 고통에 빠질 때에 시험에 들었다고 말한다.

¶ 사람을 시험에 빠뜨려서 그의 능력과 의지를 시험할 수도 있다.

복합어

시험관[1](試驗管) 실험을 위해서 사용하는 유리관.

시험관[2](試驗官) 시험을 관리하는 사람.

시험적 시험 삼아서 평가하는. 또는 그런 것. ¶ 시험적으로 물어본 것인데 너무 민감하게 생각하는 것 같다.

시험지 ① 시험 문제가 적힌 종이. ② 시약을 바른 종이. ¶ 리트머스 시험지

시험하다 ① 재능이나 실력 따위를 일정한 절차에 따라 검사하고 평가하다. ¶ 담력을 시험하려고 밤에 공동묘지에 갔다. ② 사물의 성질이나 기능을 실지로 확인해 보다. ¶ 새로 도입한 기계의 성능을 시험해 보자. ③ 사람의 됨됨이를 알기 위하여 떠보다. ¶ 내가 그를 시험하고 있지만 그도 나를 시험하려 할 것이다.

신문(訊問) 명사

① 알고 있는 사실을 캐어물음.

② 주로 법관이나 경찰 또는 조사관이 어떤 사건에 관하여 증인, 당사자, 피고인 등에게 말로 물어 조사하는 일.

복합어

신문하다 ① 알고 있는 사실을 캐어묻다. ② 주로 법관이나 경찰 또는 조사관이 어떤 사건에 관하여 증인, 당사자, 피고인 등에게 말로 물어 조사하다. ¶ 검찰이 피의자를 신문하는 과정에서 새로운 사실이 드러났다.

싣다 동사

불규칙 싣고, 싣지, 실으니, 실어, 실은, 실어라, 싣습니다, 실었다

① 옮기려고 수레 따위의 탈것에 사람이나 물건을 올려놓다.

¶ 마차가 주인공을 싣고 쏜살같이 달린다.

¶ 짐을 잔뜩 실은 오토바이가 거리를 아슬아슬하게 달린다.

② 보나 논바닥에 물을 담아 놓다.

¶ 가뭄에 대비해서 저수지에 물을 많이 실어 놓았다.

③ 출판물에 글이나 그림을 올리다.

¶ 신문에 실으려면 사건을 정확하게 취재해야 한다.

¶ 이번 달 잡지에 실을 기사와 사진을 골라 봅시다.

④ 생각이나 느낌 따위를 품거나 띠다.

¶ 저는 시에 임을 그리는 마음을 실었습니다.

¶ 아이들은 얼굴에 웃음을 가득 싣고 있었다.

복합어

덧싣다 실은 위에 더 싣다. ¶ 이삿짐으로 꽉 찬 트럭 위에 남은 짐을 덧실었다.

떠싣다 떠밀거나 들어서 싣다. ¶ 버스는 몇 사람을 더 떠실은 뒤에야 출발하였다.

실리다 올림말 '실리다' 참고.

ㅅ

실답다(實-) 형용사

불규칙 실답고, 실다우면, 실다우니, 실다워, 실다운, 실답네, 실답습니다, 실다웠다

꾸밈이나 거짓이 없이 참되고 미더운 데가 있다.

¶ 그는 실다운 친구이다.

¶ 실답지 않은 말은 하지 마라.

실리다 동사

규칙 실리고, 실리어/실려, 실린, 실립니다, 실리었다/실렸다

① '싣다'의 피동형.

¶ 눈에 겁이 잔뜩 실렸다.

¶ 아는 사람이 쓴 기사가 신문에 실린 것을 보았다.

¶ 내 노래가 바람에 실려 네 귀에까지 들릴 수 있다면 좋겠다.

② 싣게 하다. '싣다'의 사동형.

¶ 큰 짐은 짐꾼에게 실리고 작은 가방만 내가 들었다.

¶ 구급차에 환자를 실려 보냈다.

③ 몸을 실어 기대다.

¶ 아이가 나에게 몸을 실리고 잠을 잔다.

실험(實驗) 명사

① 실제로 해 봄. 또는 그렇게 하는 일. 참고 시험

¶ 체세포에서 줄기세포를 배양하는 실험이 진행되고 있다.

② 과학에서, 이론이나 현상을 관찰하고 측정함.

¶ 소다, 물비누, 식초를 사용하여 화산 폭발 실험을 하였다.

③ 새로운 방법이나 형식을 사용해 봄.

¶ 이번 전시에는 그래픽을 이용한 실험 작품이 많다.

복합어

모의실험 해당 모형을 만들어 놓고 계산하거나 실험을 하는 방법.

실험실 실험을 하는 데에 필요한 장치와 설비를 갖춘 방.

실험적 ① 과정이나 결과를 실지로 관찰하고 기록하는 방법에 따른. 또는 그런 것. ¶ 이론은 실험적인 방법으로 증명해야 한다. ② 새로운 방법이나 형식을 시험 삼아 해 보는. 또는 그런 것. ¶ 이 영화는 실험적 성격이 짙은 영화이다.

실험하다 ① 실제로 해 보다. ② 과학에서, 이론이나 현상을 관찰하고 측정하다. ¶ 물의 끓는점과 어는점, 얼음의 녹는점을 실험하였다. ③ 새로운 방법이나 형식을 사용해 보다. ¶ 새로운 기법을 실험해 보려고 영화를 만드는 사람들이 많이 있다.

● '실험'과 '시험'

'실험'은 실제처럼 해 보는 것이고, '시험'은 직접 시도해 보는 것이다. 어떤 약이 사람에게 유용할지 직접 사람에게 사용해 보는 것은 '시험'이고, 사람이 아닌 동물에게 사용해 보고 그 효과를 측정하여 사람에게 사용할 수 있을지 판단해 보는 것을 '실험'이라고 한다. 아래 예문을 보면 이 두 낱말의 차이를 이해할 수 있을 것이다.

¶ 신약 효과를 증명하기 위한 동물 실험을 마치고 임상 시험을 시작했다.

싯- 접사

(주로 색을 나타내는 형용사 앞에 붙어) '매우 짙고 선명하게'의 뜻을 더하는 말. 참고 시-

복합어

싯누렇다 몹시 누렇다.

싯누레지다 몹시 누렇게 되다.

싯멀겋다 몹시 멀겋다.

싯멀게지다 몹시 멀겋게 되다.

● '싯-'과 '시-'

빛깔이 매우 짙음을 나타내기 위해서 접두사 '싯-' 또는 '시-'를 쓰는데, 뒤에 오는 말의 첫소리가 'ㄴ', 'ㅁ'인 경우에는 '싯-'을 붙이고, 그 밖의 경우에는 '시-'를 붙인다.

- '싯-'을 붙이는 경우: 싯누렇다/싯누레지다, 싯멀겋다/싯멀게지다
- '시-'를 붙이는 경우: 시꺼멓다/시꺼메지다, 시뻘겋다/시뻘게지다
  시커멓다/시커메지다, 시퍼렇다/시퍼레지다, 시허옇다/시허예지다

✕ 싯가

'시가[1](市價)'과 '시가[2](時價)'의 틀린 표기.

✕ 싯구

'시구(詩句)'의 틀린 표기.

✕ 싯꺼멓다 / 싯꺼메지다

'시꺼멓다' / '시꺼메지다'의 틀린 표기.

✕ 싯뻘겋다 / 싯뻘게지다

'시뻘겋다' / '시뻘게지다'의 틀린 표기.

✕ 싯점

'시점[1](時點)'과 '시점[2](視點)'의 틀린 표기.

● **'싯점'과 '시점[1](時點)', '시점[2](視點)'**

한자어는 두 음절 사이에서 덧나는 소리가 있어도 사이시옷을 붙이지 않는다. 한자어 가운데에서 사이시옷을 붙이는 낱말은 '곳간, 셋방, 숫자, 찻간, 툇간, 횟수' 여섯 낱말로 제한하였다. 이에 따라서 '시점(時點, 視點), 개수(個數), 화병(火病), 시가(市價), 이과(理科), 치과(齒科), 제상(祭床)' 등은 뒤 음절이 된소리로 나지만 사이시옷을 붙일 수 없다. 어느 하나가 고유어이면 사이시옷을 붙일 수 있다. '훗날(後-), 예삿일(例事-), 횟배(蛔-), 햇수(-數), 샛강(-江), 자릿세(-貰)' 등에 사이시옷을 붙인 것이 그 예이다.

✕ 싯퍼렇다 / 싯퍼레지다 '시퍼렇다' / '시퍼레지다'의 틀린 표기.

✕ 싸가지 '싹수'의 비표준어.

● '싸가지'의 의미 변화

'싸가지'는 '싹수'의 비표준어 곧 사투리로 인식되고 있다. 사람이 앞으로 잘될 기미가 없는 경우에 '싹수'가 없다고 말하는데 일부 지역에서는 '싸가지'가 없다고 말한다. 그러나 요즘은 이 '싸가지'가 이른바 공통어의 지위에 오른 느낌이 있다. 《싸가지 없는 진보》라는 책까지 나오는 것으로 보아서 그렇다. 문제는 이 말의 의미가 '앞으로 잘될 기미나 징조'를 뜻하지 않고 사람의 언행이 예의나 도덕에 합당하지 않음을 뜻하고 있다는 점이다. 조금 성급한 느낌이 없지 않아서 정식으로 '싸가지'의 의미에 '예의나 도덕적 판단'을 보탤 수 없지만 현실 언어생활에서는 이미 이런 의미로 폭넓게 쓰고 있다는 점을 유념할 필요가 있다.

○ 싸다[1] 동사

규칙 싸고, 싸, 싸야, 싸는, 싼, 쌉니다, 쌌다

① 물건을 보이지 않게 둘러 말다.

¶ 선물은 예쁜 포장지에 싸야 제격이다.

¶ 책을 보따리에 싸 놓았다.

¶ 아이를 포대기에 싸서 업었다.

② 물체 주위를 가리거나 막다.

¶ 눈을 떠 보니 많은 사람들이 내 주위를 겹겹이 싸고 있었다.

③ 어떤 용기에 필요한 것을 넣어서 꾸리다.

¶ 언니는 날마다 도시락을 싸서 들고 다닌다.

¶ 책가방을 미리 싸 두어라.

ㅅ

복합어

감싸다 ① 전체를 둘러서 싸다. ¶ 여자는 두 손으로 얼굴을 감싸고 울었다. ② 흉이나 허물을 덮어 주다. ¶ 남의 약점을 감싸 주는 것도 미덕이다. ③ 편을 들어서 두둔하다. ¶ 자기편이라고 무조건 감싸면 안 된다.

덧싸다 싼 위에 겹쳐 싸다.

둘러싸다 ① 둘레를 감싸다. ¶ 깨지지 않도록 도자기를 천으로 둘러쌌다. ② 둥그렇게 에워싸다. ¶ 사람들이 요술쟁이를 둘러싸고 요술을 구경하고 있다.

싸이다 '싸다[1]'의 피동형. ¶ 보자기에 싸인 것이 무엇이지?

에워싸다 ① 둘레를 에워서 싸다. ¶ 아이들이 선생님을 에워싸고 둘러앉았다. ② 어떤 사실을 관심의 초점으로 하여 둘러싸다. ¶ 이 문제를 에워싸고 의견이 분분해.

휩싸다 ① 휘휘 둘러 감아서 싸다. ¶ 커다란 파도가 작은 배를 순식간에 휩싸 버렸다. ② 무엇이 온통 뒤덮다. ¶ 불길이 건물을 휩싸기 시작했다. ③ 어떠한 감정이 가득하여 마음을 뒤덮다. ¶ 누군가 쫓아온다는 두려움에 휩싸여 빨리 걸었다. ④ 분위기, 침묵 따위가 주위를 감돌다. ¶ 뭔가 기괴한 분위기가 나를 휩싸는 것 같다.

속담

싸고 싼 사향도 냄새 난다 =싸고 싼 향내도 난다. ① 어떤 일을 아무리 애써서 숨기려 하여도 결국에는 드러나고야 만다는 말. ② 재주와 덕망을 겸비한 사람은 알리지 아니하려고 하여도 저절로 알려짐을 빗대어 이르는 말.

싸다[2] 동사

규칙 싸고, 싸므로, 싸, 싸야, 싸는, 싼, 싼다, 쌉니다, 쌌다

① 똥이나 오줌을 참지 못하고 함부로 누다.

¶ 아이가 자다가 이불에 오줌을 쌌다.

② (속되게) 똥이나 오줌을 누다.

싸다[3] 형용사

규칙 싸고, 싸, 싸야, 싼, 쌉니다, 쌌다

① 걸음이 재빠르다.

¶ 싸게 싸게 걸읍시다.

¶ 형의 발걸음이 너무 싸서 따라가기 힘들다.

② ('입이 싸다' 구성으로 쓰여) 들은 말을 곧잘 떠벌리다.

¶ 그는 입이 너무 싸서 무슨 말을 하기가 겁난다.

③ 불기운이 세다.

¶ 싼 불에 국을 끓였다.

④ 비탈진 정도가 급하다.

¶ 지붕 물매가 너무 싸니 지붕 위에서 작업하기가 어렵다.

¶ 싼 경사 때문에 차가 올라가지 못한다.

복합어

잽싸다 동작이 매우 빠르고 날래다. ¶ 잽싼 걸음으로 사고 현장에 달려갔다.

ㅅ

싸다[4] 형용사

규칙 싸고, 싸니, 싸, 싸야, 싼, 쌉니다, 쌌다

① 값이 보통보다 낮다. 값싸다.

¶ 떨이라 싸게 파는 겁니다.

¶ 집값이 싸니 집을 마련할 좋은 기회다.

② ('-어/-어도 싸다' 구성으로 쓰여) 저지른 잘못에 비추어서 벌이 오히려 가볍다.

¶ 그 사람은 욕을 먹어도 싸.

¶ 네가 한 일을 생각해 보면 그런 푸대접을 받아도 싸지.

복합어

값비싸다 ① 물건 따위의 값이 높다. ② 들이는 노력이나 공이 적지 아니하다.

값싸다 ① 물건 따위의 값이 낮다. ② 가치나 보람이 적고 보잘것없다.

비싸다 ① 물건 값이나 무엇에 드는 비용이 보통보다 높다. ② 다른 사람의 요구에 쉽게 응하지 아니하고 태도가 도도하다. ③ 어떤 일에 대한 대가가 보통을 넘는 상태에 있다.

속담

싼 것이 비지떡 값싼 물건은 품질도 그만큼 나쁘게 마련이라는 말.

싹 명사

① 씨, 줄기, 뿌리 따위에서 처음 돋아나는 어린잎이나 줄기. =싹눈 [참고] 움[2]

¶ 고구마에서 싹이 나기 시작한다.

¶ 겨울이 물러가는 듯 메말랐던 산과 들에 푸릇푸릇 싹이 돋는다.

② 움트기 시작하는 현상 따위의 시초를 빗대어 이르는 말.

¶ 이 도시는 고대 문명의 싹이 나타난 곳이다.

¶ 두 사람 사이에는 사랑의 싹이 트고 있었다.

③ =싹수

관용 표현

싹도 없다 전혀 흔적이 보이지 아니하다. ¶ 걔는 1년 동안 안부 전화는커녕 싹도 없이 지내더니 느닷없이 오겠다고 전화했더라.

싹을 밟다 ① 새로 시작하는 것을 처음부터 막거나 아예 없애다. ¶ 꿈을 향해 노력하는 사람에게 싹을 밟는 소리를 하는 것은 옳지 않다. ② 무슨 낌새를 알아차리다.

싹이 노랗다 =싹수(가) 노랗다. ¶ 벌써부터 거짓말을 하는 걸 보니 싹이 노랗구나.

싹수 명사 ×싸가지

어떤 일이나 사람이 앞으로 잘될 것 같은 낌새나 징조. =싹③

¶ 이 사업은 성공할 싹수가 보인다.

¶ 아이가 게으르고 공부도 하지 않으려 하니 싹수는 없어 보인다.

관용 표현

싹수(가) 노랗다 잘될 가능성이나 희망이 애초부터 보이지 아니하다. =싹이 노랗다. ¶ 그렇게 게으르다니, 싹수가 노란 녀석이군.

○ 싹트다 동사

불규칙 싹트고, 싹트면, 싹트니, 싹터, 싹튼, 싹틉니다, 싹텄다

어떤 생각이나 감정, 현상 따위가 처음 생겨나다.

¶ 사회가 급격하게 변하면서 자연과 환경에 대한 새로운 인식이 싹트기 시작했다.

¶ 일본의 침략과 압박은 한국인에게 민족주의 감정을 싹트게 한 요인이 되었다.

››› '싹트다'는 생각이나 감정 또는 어떤 현상 따위가 처음 생겨남을 뜻하는 말이다. 실제로 초목의 싹이 트는 것은 '싹 트다'처럼 띄어 쓴다.

○ 쌉싸름하다 형용사

불규칙 쌉싸름하고, 쌉싸름하여/쌉싸름해, 쌉싸름한, 쌉싸름하였다/쌉싸름했다

조금 쓴맛이 있는 듯하다. =쌉싸래하다

¶ 쌉싸름한 씀바귀 무침이 봄의 입맛을 돋운다.

››› '쌉싸름하다'와 '쌉싸래하다'는 복수 표준어이다. '쌉싸래하다'는 '씁쓰레하다'의 작은말에 해당한다.

× 쌍동이 '쌍둥이(雙–)'의 틀린 말.

○ 쌍둥이(雙–) 명사 ×쌍동이

① 한 태에서 한꺼번에 둘 이상이 함께 나온 아이.

② '꼭 같이 생긴 두 개의 물건'을 빗대어 이르는 말.

● '쌍동'과 '쌍둥'의 구별

'쌍동(雙童)'은 한자어이므로 '쌍동'으로 표기하고 발음해야 한다. 다만 '쌍둥이'가 '쌍동이'보다 압도적으로 많이 사용되므로 '쌍둥이'를 표준어로 본다. '쌍둥이' 외에는 '쌍동밤'처럼 '쌍동'을 쓴 것을 표준어로 본다. 그래서 '쌍동아들, 쌍동딸'처럼 쓰는 것이다.

쌓다 동사

규칙 쌓고, 쌓지, 쌓아서, 쌓는, 쌓은, 쌓는다, 쌓습니다, 쌓았다

① 지식, 경험, 업적 따위를 거듭하여 닦거나 이루다.

¶ 젊은이는 사회 경험을 차곡차곡 쌓아 나가야 한다.

② 겹겹이 포개어 얹다. 차곡차곡 얹어 올리다.

¶ 돌을 겹겹이 쌓아서 성곽을 만들었다.

③ ('-어 쌓다' 구성으로 쓰여) 무엇을 거듭함을 나타내는 말.

¶ 아이가 울어 쌓는다.

¶ 아무거나 먹어 쌓더니만 결국 탈이 나고 말았구나.

복합어

쌓이다 '쌓다'의 피동형. ㊟ 쌔다 ¶ 튼튼하게 쌓인 성곽이 십 리나 뻗어 있다.

››› '쌓다', '쌓이다'는 아래에서 위로 차곡차곡 쟁임을 의미한다. 이에 비해서 '싸다', '싸이다'는 둘레를 막아서 밖으로 나가지 못하도록 하는 것을 의미한다.

쌔다 동사

규칙 쌔고, 쌔어/쌔, 쌘, 쌔었다/쌨다

'쌓이다'의 준말.

관용 표현

쌔고 쌨다 쌓일 만큼 몹시 흔하다. 여기저기에 쌓여 있다. ¶ 너 정도의 실력을 가진 사람은 우리 동네에 쌔고 쌨다. / 쓸 만한 물건이 창고에 쌔고 쌨다.

››› '쌔다'는 '쌔고 쌨다'의 구성으로 쓰이고, '쌔다' 단독으로는 잘 쓰이지 않는다.

썩다 동사

규칙 썩고, 썩으니, 썩어, 썩는다, 썩네, 썩습니다, 썩었다

① 유기물이 원래의 성질을 잃어 나쁜 냄새가 나고 형체가 뭉개져서 못 쓰게 되다.

¶ 여름에는 생선이나 고기가 쉽게 썩는다.

¶ 두엄은 풀이나 짚, 가축의 배설물이 썩어서 만들어지는 천연 거름이다.

② 몸의 일부가 물리적으로 변하여 기능을 잃고 회복할 수 없게 되다.

¶ 이를 매일 구석구석 잘 닦지 않으면 이가 썩을 거야.

③ 쇠붙이 따위가 녹이 심하게 슬어 부스러지기 쉬운 상태가 되다.

¶ 오래된 철문이 비바람에 썩어서 너덜거린다.

④ 물건이나 사람이 쓰여야 할 곳에 제대로 쓰이지 못하고 내버려져 있다.

¶ 그는 이 좁은 바닥에서 썩기에는 아까운 인물이다.

¶ 일거리가 없어서 값비싼 기계가 그냥 썩고 있다.

⑤ 사회의 조직이나 기관, 또는 사람의 사고방식이나 생각 따위가 건전하지 못하고 부정이나 비리를 저지르는 상태가 되다.

¶ 그런 썩어 빠진 정신 상태로 뭐가 되겠니?

¶ 오래 지속되어 온 썩은 관습은 이제 과감히 버려야 합니다.

⑥ 사람의 얼굴이 윤기가 없이 검고 꺼칠한 상태가 되다.

¶ 고생을 많이 한 탓인지 얼굴도 썩어 보였다.

⑦ (주로 '썩어 나다' 구성으로 쓰여) 흔할 정도로 많은 상태에 있다.

¶ 돈이 썩어 나더라도 네게는 한 푼도 줄 수 없다.

⑧ 걱정이나 근심 따위로 마음이 몹시 괴로운 상태가 되다.

¶ 너 때문에 내 속이 썩는다.

속담

썩어도 준치 본래 좋은 것은 비록 상해도 그 본질이 변하지 않는다는 말.

썩은 고기에 벌레 난다 좋지 못한 일에서 좋지 못한 결과가 생긴다는 말.

썩은 동아줄 같다 힘없이 뚝뚝 끊어지거나 맥없이 쓰러지는 모양을 이르는 말.

썩은 새끼도 쓸 데가 있다 아무 데도 소용없을 것 같은 폐물도 다 쓸 데가 있다는 말.

썩은 새끼로 범(/호랑이) 잡기 ① 어수룩한 방법과 허술한 준비로 큰일을 하겠다고 덤빈다는 말. ② 허술한 방법으로 큰일에 성공하였다는 말.

썩은 새끼 잡아당기다간 끊어진다 ① 몸이 쇠약한 사람에게 고된 일을 시키면 죽을 수 있다는 말. ② 낡아서 거의 못 쓰게 된 것을 잘못 건드리면 아주 못 쓰게 될 수 있다는 말.

썩은 생선에 쉬파리 끓듯 먹을 것이나 이익이 생기는 곳에 어중이떠중이가 자꾸 모이는 모양을 빗대어 이르는 말.

››› '썩다', '삭다', '뜨다[2]'의 차이는 올림말 '뜨다[2]' 참고.

썩이다 동사

규칙 썩이고, 썩이지, 썩이어/썩여, 썩인다, 썩입니다, 썩이었다/썩였다

걱정이나 괴로움으로 속을 썩게 하다. '썩다⑧'의 사동형. 참고 썩히다

¶ 부모님 속 좀 그만 썩여라.

썩히다 동사

규칙 썩히고, 썩히지, 썩히어/썩혀, 썩힌다, 썩힙니다, 썩히었다/썩혔다

① 썩게 하여서 다른 것으로 변하게 하다. '썩다①'의 사동형.

¶ 음식을 썩혀 거름을 만든다.

② 이용하지 않고 묵혀 두다. '썩다④'의 사동형.

¶ 자기 재능을 썩히지 마세요.

¶ 비싼 장비를 사 놓고도 줄곧 썩히는 이유가 무엇입니까?

● '썩이다'와 '썩히다'

둘 다 '썩다'의 사동형인데 '속을 썩이다'처럼 마음을 썩게 하는 경우에만 '썩이다'를 쓴다. 동사의 사동형을 만드는 접사에는 대표적으로 '-이-'와 '-히-'가 있고 대개 이 중에서 어느 하나를 선택하여 사동형을 만든다. '숙다-숙이다', '녹다-녹이다', '식다-식히다', '묵다-묵히다'처럼 낱말에 따라서 '-이-'나 '-히-'가 사용된다. 형용사의 사동형에는 '-히-'만 사용한다. 그런데 어떤 낱말은 '-이-'와 '-히-'가 모두 사용되는 경우가 있다. '썩이다'와 '썩히다'가 다 인정되는 대표적인 경우이다. 이 밖에도 '눕다'의 사동형으로 '누이다'와 '눕히다'가 함께 쓰인다.

썰다 동사

불규칙 썰고, 써니, 썰어, 썬, 써오, 썹니다, 썰었다

어떤 물체를 아래로 누르면서 잘라 내거나 토막을 내다. 참고 베다[2]

¶ 무를 썰어 깍두기를 담근다.

¶ 톱으로 나무를 썰었다.

쏘다 동사

규칙 쏘고, 쏘아/쏴, 쏜, 쏩니다, 쏘았다/쐈다

① 화살이나 총알 따위를 일정한 목표를 맞히기 위하여 내보내다.

¶ 총을 쏘고 활을 쏘아도 적은 한 걸음도 물러서지 않았다.

② 말이나 시선으로 상대편을 매섭게 공격하다.

¶ 그에게 따끔한 충고를 한마디 쏘아 주고 밖으로 나갔다.

¶ 그가 나를 쏘는 듯 바라보아 마음이 불편했다.

③ 벌레가 침과 같은 것으로 살을 찌르다.

¶ 모기가 쏘는 바람에 잠을 잘 수 없었다.

④ 매운맛이나 강한 냄새가 사람의 입안이나 코를 강하게 자극하다.

¶ 마늘 냄새가 코를 쏘는 통에 기침을 하고 말았다.

¶ 겨자 맛이 혀를 톡 쏘았다.

복합어

내쏘다 ① 총, 화살 따위를 안에서 밖으로 향하여 쏘다. ② 총, 화살 따위를 마구 쏘다. ③ 불빛 따위를 앞이나 밖을 향하여 내보내다. ④ 남의 감정을 찌르는 말로 쏘아붙이다.

되쏘다 ① 총알 따위를 날아오던 방향으로 쏘다. ② 남의 말을 되받아치다.

쏘아보다 날카롭게 노려보다. ㊟ 쏴보다

쏘아붙이다 날카로운 말투로 상대를 몰아붙이듯이 공격하다. ㊟ 쏴붙이다 ¶ 언니는 “네 마음대로 해!”라고 쏘아붙인 뒤 방을 나가 버렸다.

속담

쏘아 놓은 살이요 엎지른(/엎질러진) 물이다 한번 저지른 일을 다시 고치거나 중지할 수 없음을 빗대어 이르는 말.

쏘이다[1] 동사 ㊟ 쐬다[1]

규칙 쏘이고, 쏘이어/쏘여, 쏘인, 쏘입니다, 쏘이었다/쏘였다

'쐬다[1]'의 본딧말.

¶ 찬바람을 쏘이면 감기에 걸리기 쉽다.

¶ 연기를 쏘여서 고기를 굽는 방법이 널리 사용되고 있다.

¶ 외국 바람을 쏘이고 오면 시야가 한결 넓어질 것이다.

쏘이다[2] 동사 ㊟ 쐬다[2]

규칙 쏘이고, 쏘이어/쏘여, 쏘인, 쏘입니다, 쏘이었다/쏘였다

'쏘다'의 피동형.

¶ 쐐기에 쏘인 곳이 몹시 가렵다.

쐈다

규칙 쐈고, 쐈지, 쐈으니, 쐈어, 쐈네, 쐈습니다

동사 '쏘다'의 과거형 '쏘았다'가 줄어든 말.

¶ 주몽의 후예답게 우리나라 양궁 선수들은 활을 잘 쐈다.

¶ 경찰이 범인을 향하여 총을 쐈지만 맞히지 못했다.

쐤다

규칙 쐤고, 쐤지, 쐤으니, 쐤어, 쐤네, 쐤습니다

동사 '쐬다'의 과거형 '쐬었다'가 줄어든 말.

¶ 밖에 나가서 바람을 쐤더니 더위가 좀 가신다.

¶ 벌에 쐤던 곳이 벌겋게 부었다.

쐬다[1] 동사

규칙 쐬고, 쐬어/쐐, 쐰다, 쐬어요/쐐요, 쐽니다, 쐬었다/쐤다

'쏘이다[1]'의 준말.

① 바람이나 햇빛 따위를 몸에 받다.

¶ 머리가 아파서 바람을 쐬러 밖에 나갔다 왔다.

¶ 방사선을 많이 쐬면 몸에 이상이 생기기 쉽다.

② 새로운 문물을 보고 듣다.

¶ 외국에 나가서 선진 문화를 쐬고 나면 생각이 달라질 것이다.

③ 남에게 평가를 받기 위해 물건을 내보이다.

¶ 전람회에 작품을 내놓고 전문가에게 직접 쐬어 평가를 받으려 한다.

쐬다[2] 동사

규칙 쐬고, 쐬어/쐐, 쐰다, 쐬어요/쐐요, 쐽니다, 쐬었다/쐤다

'쏘이다[2]'의 준말.

¶ 벌초를 하러 갔다가 벌에 쐬었다/쐤다.

¶ 말벌에 쐬면 얼른 침을 빼고 병원에 가야 한다.

● '쏘이다'와 '쐬다'의 형태 바뀜

'쏘이다'에 어미 '-어'가 붙으면 '쏘이어'가 되고 이것을 줄이면 '쏘여'가 된다. 한편, '쏘이다'의 준말 '쐬다'에 어미 '-어'가 붙으면 '쐬어'가 된다. 그런데 일부에서는 '쐬어'를 '쐬여'로 적기도 하는데 이는 잘못이다. '쏘이다'의 연결형은 '쏘여'이고, '쐬다'의 연결형은 '쐬어'가 되는 점을 잊지 말아야 한다.

¶ 나는 벌에 쐬여(×) / 쐬어(○) / 쏘여(○) 죽을 뻔했다.
¶ 나무 밑에서 놀다가 쐐기에 쐬였다(×) / 쐬었다(○) / 쏘였다(○).

○ 쑥스럽다 형용사 ×쑥쓰럽다

불규칙 쑥스럽고, 쑥스러워, 쑥스러운, 쑥스럽습니다, 쑥스러웠다

자연스럽지 못하여 부끄럽고 어색하다.

¶ 나는 쑥스러워 그녀가 내민 손을 잡지 못했다.

¶ 이런 일로 상을 받기가 퍽 쑥스럽습니다.

복합어

쑥스레 자연스럽지 못하고 부끄럽고 어색하게. ¶ 아내가 옆에서 핀잔을 주자 그는 쑥스레 웃으며 뒷머리를 긁었다.

× 쑥쓰럽다 '쑥스럽다'의 틀린 표기.

● '쑥쓰럽다'와 '쑥스럽다'

'쑥스럽다'는 발음이 [쑥쓰럽다]로 된소리로 나지만, 'ㄱ'과 'ㅂ' 받침 뒤에 나는 된소리는 된소리 표기를 하지 않고 예사소리 표기를 한다는 한글 맞춤법 규정(제5항 다만)에 따라서 '쑥스럽다'로 표기한다. 어근에 접미사 '-스럽다'가 붙은 경우에는 '복스럽다', '잡스럽다'처럼 쓰는 것이 당연하다. 그러나 어근이 아닌 한 단어 안에서는 '안쓰럽다'처럼 소리대로 된소리 표기를 한다.

○ 쓰다[1] 동사

불규칙 쓰고, 써, 쓰는, 쓴다, 씁니다, 썼다

① 획을 그어서 일정한 글자의 모양이 이루어지게 하다.

¶ 어린애가 연습장에 글자를 또박또박 쓴다.

② 생각을 글로 나타내다.

¶ 나는 날마다 일기를 쓰고 있다.

③ 서류를 작성하다.

¶ 회사에 들어가서 근로 계약서를 썼다.

쓰다[2] 동사

불규칙 쓰고, 써, 쓰는, 쓴다, 씁니다, 썼다

① 모자 따위를 머리에 얹어 덮다.

¶ 자외선이 강할 때에는 모자를 쓰는 것이 좋다.

② 어떤 물건을 걸어 얼굴의 전부 또는 일부를 가리다.

¶ 감기에 걸려서 마스크를 썼다.

③ 먼지나 가루 따위를 덮은 상태가 되다.

¶ 가뭄에 길가의 풀들이 흙먼지를 쓴 채 시들어 가고 있다.

④ 우산이나 양산 따위를 머리 위에 펴 들다.

¶ 비가 오니 우산을 쓰고 가거라.

⑤ 죄나 누명 따위를 입게 되다.

¶ 그는 억울하게 누명을 쓰고 옥에 갇히게 되었다.

쓰다[3] 동사

불규칙 쓰고, 써, 쓰는, 쓴다, 씁니다, 썼다

① 일을 하는 데에 재료나 도구, 수단을 이용하다.

¶ 요즘은 누구나 휴대 전화를 써서 전화를 한다.

¶ 아이들이 쓰다 남은 몽당연필을 버리지 않고 모아 두었다.

② 사람을 부리다.

ㅅ

¶ 할머니가 입원하시는 동안 간병인을 쓰기로 했다.

¶ 그를 회사 경리 사원으로 쓰려 한다.

③ (흔히 '한턱', '턱' 따위와 함께 쓰여) 다른 사람에게 음식을 베풀거나 내다.

¶ 우리 아이가 시험에 붙은 기념으로 내가 한턱 쓰겠다.

④ 어떤 일에 마음이나 관심을 기울이다.

¶ 나는 괜찮으니 너무 신경 쓰지 마라.

⑤ 합당치 못하게 요구하다.

¶ 그렇게 억지를 쓰지 마세요.

¶ 아이들이 떼를 쓸 때에 잘 다스리지 않으면 버릇이 된다.

⑥ 시간이나 돈을 들이다.

¶ 요즘 엄마들은 아이들의 사교육에 돈을 너무 많이 쓰는 경향이 있다.

⑦ 힘이나 노력 따위를 들이다.

¶ 애를 쓴 보람도 없이 성적이 더 떨어졌다.

¶ 우리 선수들이 힘 한번 제대로 써 보지 못하고 경기에 패하고 말았다.

⑧ 몸의 일부분을 제대로 놀리거나 움직이다.

¶ 그는 교통사고를 당해서 한쪽 다리를 쓰지 못하게 되었다.

⑨ 어떤 말이나 언어를 사용하다.

¶ 어른에게는 존댓말을 쓰는 것이 한국어의 특징이다.

⑩ (주로 반어적인 표현에 쓰여) 도리에 맞는 바른 상태가 되다.

¶ 욕을 그렇게 심하게 해서 쓰겠니?

쓰다[4] 형용사

불규칙 쓰고, 써, 쓴, 씁니다, 썼다

① 맛이 한약이나 소태, 씀바귀의 맛과 같다.

¶ 약은 써야 효험이 있다.

② 달갑지 않고 싫거나 괴롭다.

¶ 인내는 쓰지만 그 열매는 달다.

③ 몸이 좋지 않아서 입맛이 없다.

¶ 며칠 앓았더니 입맛이 써서 먹고 싶은 것이 없다.

속담

쓰다 달다 말이 없다 어떤 문제에 대하여 아무런 반응이나 의사 표시가 없음을 빗대어 이르는 말.

쓰면 뱉고 달면 삼킨다 신의를 저버리고 제게 이로우면 취하고 그렇지 않으면 버린다는 말. =달면 삼키고 쓰면 뱉는다.

쓴 약이 더 좋다 비판이나 꾸지람이 당장에 듣기에는 좋지 않지만 잘 받아들이면 본인에게 이롭다는 말. =쓴 것이 약.

쓰이다 동사 ㉾ 씌다[1]

규칙 쓰이고, 쓰이어/쓰여, 쓰인, 쓰입니다, 쓰이었다/쓰였다

동사 '쓰다'의 피동형.

¶ 칠판에 뭐라고 쓰여 있어?

¶ 온갖 전자 제품에 컴퓨터가 쓰인다.

¶ 신경 쓰이는 일이 왜 이리 많은지 모르겠다.

쓸데 명사

쓰일 자리. 또는 써야 할 곳. 참고 쓸모

¶ 이 그릇은 쓸데가 있으니 내가 가져가겠다.

¶ 이 책상은 쓸데가 마땅치 않아서 버려야겠다.

¶ 별로 쓸데도 없으면서 왜 돈을 그리 악착같이 모으려 하는지 모르겠다.

● '쓸데'와 '쓸 데'

띄어 쓰나 붙여 쓰나 의미 차이는 없다. 명사로 써야 할 경우에는 '쓸데'로 붙여 쓰고, '어떻게'와 같은 부사어가 있을 때에는 부사어와 '쓰다'가 호응하도록 '쓸 데'로 띄어 쓴다.

¶ 이 물건은 어디서 온 것인지 쓸데를 모르겠다.
¶ 이것을 의미 있게 쓸 데를 찾아보자.
¶ 달리 쓸 데 없는 물건이면 나에게 다오.

쓸데없다 형용사

규칙 쓸데없고, 쓸데없어, 쓸데없는, 쓸데없습니다, 쓸데없었다

아무런 쓸모나 득이 될 것이 없다. =소용없다

¶ 너는 쓸데없는 일에 시간과 돈을 들이는구나.

¶ 이제는 아무리 노력해도 쓸데없다.

복합어

쓸데없이 아무런 쓸모나 득이 될 것이 없게. =소용없이 ¶ 앉아서 쓸데없이 걱정만 하지 말고 가서 한 푼이라도 벌어라.

● '쓸데없다'와 '쓸 데 없다'

'쓸데없다'는 어떤 행위를 하여 얻을 이익이 없거나 그런 일을 할 가치가 없음을 뜻한다. '쓸 데 없다'는 어떤 사물을 사용할 적절한 곳이 없다는 뜻이다.

¶ 공부할 때에는 쓸데없는 데에 신경을 쓰지 마라.(공부에 도움이 되지 않음.)
¶ 그 사람은 쓸데없는 일만 한다.(가치 없음.)
¶ 여기 있는 그릇은 쓸 데 없으면 버려라.(용도가 없음.)

쓸모 명사

① 쓸 만한 가치. 참고 쓸데

¶ 부디 사회에 쓸모가 있는 사람이 되어라.

¶ 굽은 나무는 땔감으로밖에 쓸모가 없다.

② 쓰이게 될 분야나 부분.

¶ 연장을 쓸모에 따라 구별해서 넣어 두었다.

¶ 송곳과 드라이버는 쓸모가 다르다.

복합어

쓸모없다 쓸 만한 가치가 없다. ¶ 아무짝에도 쓸모없는 물건을 왜 못 버리니?

››› '쓸모'는 쓰임새와 같은 의미로서 '쓸모없다'는 무슨 용도로 쓸 만한 가치가 없다는 뜻이 된다. 이에 비해 '쓸데'는 사용할 곳을 의미하여 '쓸데없다'는 사용처가 없다는 뜻이 된다.

씌다[1] 동사

규칙 씌고, 씌어, 씐, 씐다, 씌었다

'쓰이다'의 준말.

¶ 눈에 콩깍지가 씌었던지 그와 관련된 것은 다 좋아 보였다.

¶ 신경 씌는 일이 있어서 마음이 무겁다.

¶ 편지에 씐 글자가 물에 번져서 못 알아보겠어요.

씌다[2] 동사

규칙 씌고, 씌어, 씐, 씐다, 씌었다

귀신 따위에 접하게 되다.

¶ 그때는 귀신에 씌었나 보다.

씌우다 동사

규칙 씌우고, 씌워, 씌운다, 씌웁니다, 씌웠다

'쓰다[2]'의 사동형.

¶ 아이에게 모자를 씌우고 신을 신겼다.

¶ 애먼 사람에게 누명을 씌워서 벌을 받게 하지 마라.

씨[1] 명사

① 싹이 터서 자라게 될 물질.

¶ 식물의 씨 모양은 매우 다양하다.

¶ 씨 없는 수박이 있다.

② 동물이 번식하는 근원이 되는 것.

③ 앞으로 커질 수 있는 근원을 빗대어 이르는 말.

¶ 말이 씨가 되었다.

¶ 그의 막말이 분란의 씨가 되었다.

④ 어떤 가문의 혈통이나 근원을 낮잡아 이르는 말.

¶ 왕후장상의 씨가 따로 있더냐?

관용 표현

씨(가) 먹다(/박히다) 말이나 행동이 조리에 맞고 실속이 있다.

씨가 마르다 어떤 종류의 것이 모조리 없어지다. ¶ 농촌의 젊은 일손은 씨가 마른 지 오래되었다. / 돈이 씨가 말랐는지 돈 구경하기가 어렵다.

씨도 남기지 않다 아무것도 남기지 아니하다. ¶ 음식을 씨도 남기지 않고 다 먹었다.

씨도 먹히지 않다 제기한 방법이나 의견이 받아들여지지 않다. ¶ 사장한테 내 말은 씨도 먹히지 않았습니다.

씨도 없이 아무것도 남기지 아니하고 모조리. ¶ 메뚜기 떼가 곡식을 씨도 없이 먹어 치웠다.

씨를 말리다 아무것도 남기지 아니하고 모조리 없애다.

씨를 붙이다 땅에 씨를 심어 싹을 틔우다.

속담

씨는 속일 수 없다 내림으로 이어받은 집안 내력은 숨기려 해도 숨길 수 없다는 말.

씨를 뿌리면 거두게 마련이다 일한 보람이나 결과는 꼭 나타나게 된다는 말.

씨 바른 고양이다 눈치 빠르고 잇속을 잘 차리는 사람을 빗대어 이르는 말.

씨 보고 춤춘다 오동나무 씨만 보고도 나중에 나무로 가야금을 만들 것을 생각하여 미리 춤춘다는 뜻으로, 나중에 할 일을 성급하게 서두름을 빗대어 이르는 말.

씨[2] 명사

문법에서 낱말을 특성별로 나눈 것. 이름씨(명사), 대이름씨(대명사), 셈씨(수사), 움직씨(동사), 그림씨(형용사), 매김씨(관형사), 어찌씨(부사), 느낌씨(감탄사), 토씨(조사) 등 9가지가 있다. =품사

씨[3](氏) ①-②명사 ③대명사

① (주로 문집이나 비문 따위에 쓰여) 같은 성(姓)의 계통을 표시하는 말.

¶ 씨는 김이고, 본관은 김해이다.

② (성년이 된 사람의 성이나 이름 아래에 쓰여) 그 사람을 높이거나 대접하여 부르거나 이르는 말. 대체로 동년배나 아랫사람에게 쓴다.

¶ 그 일은 김 씨가 맡기로 했네.

③ '그 사람'을 높여 이르는 삼인칭 대명사.

¶ 이 영화는 홍길동 감독이 만들었다. 씨는 문단에서는 잘 알려진 인물이다.

-씨[1] 접사

(몇몇 명사 뒤에 붙어) '태도나 모양'의 뜻을 더하는 말.

¶ 솜씨, 마음씨, 말씨

-씨[2](氏) 접사

(사람의 성을 나타내는 명사 뒤에 붙어) '그 성씨 자체', '그 성씨의 가문이나 문중'의 뜻을 더하는 말.

¶ 우리 회원 중에는 김씨가 가장 많다.

¶ 그는 밀양 박씨이다.

¶ 정조와 혜경궁 홍씨 사이에는 보이지 않는 갈등이 있었다.

ㅅ

● '씨'의 높임과 낮춤

① '씨'를 성이나 이름 뒤에 붙이는 것은 그 사람을 대접하기 위해서이다. 그러나 상대에 따라서 또는 상황에 따라서 상대를 소홀히 대접하는 느낌을 주기도 한다. 몇 가지 경우로 나누어 '씨'의 사용법을 보이면 아래와 같다.

첫째, 글에서는 모든 사람의 성이나 이름에 '씨'를 붙일 수 있다. 그러나 역사적 인물에는 '씨'를 붙이지 않는다. 현대 인물이라고 해도 높여야 할 인물에 '씨'를 붙이는 것은 결례가 될 수 있다.

둘째, 대중에게 이야기할 때에는 모든 사람의 성이나 이름에 '씨'를 붙일 수 있다. 그러나 직접 만나서 부를 때에는 자기보다 어린 사람을 대접하기 위해서 '씨'를 쓸 뿐, 어른에게는 쓰면 안 된다. 어른에게 쓰면 어른을 소홀히 대접하는 느낌을 준다. 높여야 할 사람에게는 '씨' 대신에 '선생'을 붙이는 것이 좋다.

셋째, 성과 이름을 함께 말할 때에 '씨'를 붙이는 것이 자연스럽다. 동년배나 가까운 사이라면 이름에 '씨'를 붙여도 괜찮다.

¶ 김사랑 씨, 안녕하세요. 사랑 씨, 어서 오세요.

넷째, 성에 '씨'를 붙여 가리키거나 부르면 상대를 소홀히 대접하는 느낌을 준다.

¶ 이 일은 김 씨에게 부탁하면 된다.

¶ 박 씨, 이리 좀 와 보게.

② 대명사로 '씨'를 쓰려면 앞에 그 사람의 이름이 나와 있어야 한다.

¶ 김수근은 근대 미술에서 빼놓을 수 없는 작가이다. 씨는 수많은 작품을 남겼다.

③ 접미사로 쓰는 '-씨'는 성씨에 붙여 쓴다. 상대나 제삼자의 성씨를 말할 때에 '-씨'를 사용하고, 자기 성씨를 상대에게 말할 때에는 '-씨'를 쓰지 않고 '-가(哥)'를 쓴다.

¶ 이 사람은 최씨이고, 저는 김가입니다.

씨실 명사

피륙이나 그물을 짤 때, 가로 방향으로 놓인 실. =씨줄① [참고] 날실

¶ 베를 짤 때 북에 들어 있는 실이 씨실이 된다.

씨줄 명사

① 피륙이나 그물을 짤 때, 가로 방향으로 놓인 실. =씨실

② 지구를 적도와 평행하게 동서로 잇는 가상의 선. 적도를 0도로 하고 남극과 북극을 90도가 되게 지구의 표면을 나누는데, 북쪽으로 38도에 해당하는 씨줄이 우리나라의 남북 중앙을 지난다. =위선

씻다 동사

규칙 씻고, 씻으니, 씻어, 씻는, 씻습니다, 씻었다

① 물이나 휴지 따위로 때나 더러운 것을 없게 하다.

¶ 외출에서 돌아오면 손을 씻는다.

¶ 과일에 농약이 묻어 있을지 모르니 깨끗이 씻어 먹어라.

② 누명, 죄과 따위를 벗어나다.

¶ 죄를 씻으려면 그에 합당한 벌을 받아야 한다.

¶ 영원히 씻지 못할 과오를 범했다.

③ 원한 따위를 풀다.

¶ 가슴에 맺힌 원한을 씻었다.

④ (주로 '걱정', '부진' 따위와 함께 쓰여) 현재의 좋지 않은 상태에서 벗어나다.

¶ 하루의 피로를 씻어 줄 멋진 음악과 다과가 준비되어 있다.

복합어

씻기다 ① 씻어지다. '씻다'의 피동형. ¶ 쌓여 있던 오물이 비에 씻겨 내려갔다. ② 씻게 하다. '씻다'의 사동형. ¶ 따뜻한 물을 받아 아기를 씻겼다.

씻부시다 그릇 따위를 물에 씻어서 깨끗하게 하다.

관용 표현

씻은 듯 부신 듯 아무것도 남지 아니하고 아주 깨끗하게 없어진 모양을 이르는 말.

씻은 듯이 아주 깨끗하게. ¶ 병이 씻은 듯이 나았다.

ㅇ

아 조사

(받침 있는 체언 뒤에 붙어) 손아랫사람이나 짐승 따위를 부를 때 쓰는 말. 참고 야[2], 여

¶ 영숙아, 밥 먹었니?

¶ 바둑아, 이리 와.

> ● 조사 '아'와 '야[2]'
>
> 받침이 있는 말 뒤에는 '아'를 붙이고, 받침이 없는 말 뒤에는 '야'를 붙인다.
>
> ¶ 영숙아/영희야, 너 어제저녁에 어디 갔었니?
>
> ¶ 구름아/바다야, 너는 우리 엄마 계신 곳을 알고 있겠지?
>
> ¶ 거북아/파랑새야, 안녕!

››› 받침이 있는 말로서 정중하게 불러야 할 사람에게는 '이여'를 붙이고, 더 높여야 할 사람에게는 '이시여'를 붙인다. 받침이 없으면 '여'를 붙이고, 더 높여야 할 사람에게는 '시여'를 붙인다.

-아 어미

① 두 절의 앞뒤 관계 또는 인과 관계를 나타내는 연결 어미. 참고 -어

¶ 아이들은 개를 쫓아 아주 멀리까지 갔다.

¶ 물이 너무 많아 밥이 질게 되었다.

② 본용언과 보조 용언을 이어 주는 연결 어미.

¶ 바위산이 높이 솟아 있다.

¶ 배추가 너무 배게 나서 솎아 주었다.

③ 서술, 의문, 청유, 명령의 뜻을 나타내는 종결 어미.

¶ 그는 머리가 참 좋아.

¶ 그 산이 그렇게 높아?

¶ 나랑 같이 앉아.

● 어미 '-아'와 '-어'

두 어미는 기능이 같다. 앞에 오는 동사, 형용사의 어간 끝음절 모음이 'ㅏ'나 'ㅗ'이면 '-아'를 쓰고 그 밖의 소리이면 '-어'를 쓴다.

	예	바뀐 형태
어간의 끝음절 모음이 'ㅏ', 'ㅗ'인 경우	갈-, 많-, 밝-, 작-, 좋- 높-, 속-, 좁-, 보-	갈아, 많아, 밝아, 작아, 좋아 높아, 속아, 좁아, 보아
그 밖의 경우	기-, 빼-, 주-, 떼-, 싫- 달래-, 있-, 없-	기어, 빼어, 주어, 떼어, 싫어 달래어, 있어, 없어
어미 '-아', '-어'를 생략하는 경우	가-, 자-, 사-, 차-, 서-	가, 자, 사, 차, 서

● 어미 '-아'의 생략과 바뀜

① 어미 '-아'는 용언의 어간 끝음절의 모음이 'ㅏ'이고 받침이 없는 경우에 생략된다. 과거를 나타내는 어미 '-았-'을 붙일 때에도 '아'가 생략된다.

¶ 요리할 재료를 사 아이에게 들려 보냈다.(사다+-아)

¶ 값이 너무 비싸 과일을 살 수 없었다.(비싸다+-아)

¶ 저리 가!(가다+-아)

¶ 내가 이 일을 하기를 바라?(바라다+-아)

¶ 나는 어제 늦게 잤다.(자다+-았-)

¶ 지하철을 간신히 탔는데 반대 방향으로 가는 것을 탔다.(타다+-았-)

② '하다'는 어간 끝음절의 모음이 'ㅏ'이지만 어미가 생략되는 것이 아니라 변형된 어미를 붙인다. '하다'는 여 불규칙 활용을 하므로 '-아'를 붙이지 않고 '-여'를 붙여 '하여'가 된다. 그리고 '하여'는 '해'로 줄여 쓴다. 과거를 나타내는 어미로는 '-였-'을 쓰고,

ㅇ

'하였'은 보통 '했'으로 줄여 쓴다.

¶ 학생 때 공부를 열심히 하여/해 두면 어른이 되어서 반드시 쓸모가 있다.

¶ 빨리 일을 해!(이 경우에는 '하여'를 쓰지 않는다.)

¶ 어서 일을 시작하여라/시작해라.

¶ 사랑하였으므로 나는 행복했다.

③ '까맣다', '빨갛다', '하얗다', '말갛다'처럼 'ㅎ' 받침 형용사 중 일부는 어미 '-아'를 붙이면 아래와 같이 바뀐다.

¶ 물이 너무 까매/빨개/하얘/말개 놀랐다.

(까맣다+-아=까매, 빨갛다+-아=빨개, 하얗다+-아=하얘, 말갛다+-아=말개)

④ 어간 끝음절이 'ㅗ'로 끝나는 용언에 연결 어미 '-아'가 붙거나 '아'로 시작하는 어미가 오면 '오'와 '아'가 합하여 '와'로 줄기도 한다.

¶ 이리 와!(이 경우 '오아'를 쓰지 않고 '와'만 쓴다.)

¶ 여기를 보아/봐.

¶ 새끼를 꼬아/꽈 뭇줄을 만들었다.

¶ 어미 닭이 모이를 쪼아/쫘 병아리에게 준다.

¶ 저 과녁을 향하여 화살을 쏘아라/쏴라.

위의 예문에 쓴 '꽈, 쫘'는 표기상으로는 틀리지 않지만 잘 쓰지 않는다. 따라서 줄지 않은 상태로 쓰는 것이 바람직하다.

✕ 아구 '아귀[1]'의 비표준어.

○ 아귀[1] 명사 ×아구

바닷물고기의 하나. 한자어로는 '안강(鮟鱇)'이라고 한다.

복합어

아귀찜 아귀에 콩나물, 미나리, 미더덕 등을 넣어 찐 음식. ×아구찜

아귀탕 아귀에 미나리, 쑥갓, 파, 고춧가루 등을 넣어 끓인 음식. ×아구탕

>>> '아귀'를 요리한 음식의 표준어는 '아귀찜', '아귀탕'이다. 그런데 비표준어인 '아구', '아구찜', '아구탕'이 '아귀', '아귀찜', '아귀탕'을 밀어내고 있다. 과거 비표준어였던 '아지랑이', '허우대', '상추'가 표준어였던 '아지랭이', '허위대', '상치'를 밀어내고 표준어가 된 것은 언어 현실을 반영한 경우라고 보인다. '아구'도 다시 검토하면 좋겠다.

아귀[2] 명사 ×아퀴

① 물건의 갈라진 곳. 또는 그 틈. 참고 아퀴[2]

¶ 문짝이 아귀가 잘 맞지 않아 삐걱거린다.

② 엄지손가락과 다른 네 손가락과의 사이. =손아귀

¶ 형은 아귀 힘이 좋아서 팔씨름을 하면 늘 이긴다.

관용 표현

아귀가 맞다 ① 앞뒤가 빈틈없이 들어맞다. ¶ 이야기를 아귀가 맞게 해야지. ② 일정한 수량 따위가 들어맞다. ¶ 지출 내용과 잔금을 계산해 보니 아귀가 맞더라.

아귀가 무르다 마음이 굳세지 못하여 남에게 잘 굽히다.

아귀를 맞추다 아귀가 맞게 만들다.

아귀다툼 명사

자기 욕심을 채우고자 서로 헐뜯고 기를 쓰며 다투는 일.

¶ 좋은 물건을 싸게 사려고 사람들이 아귀다툼을 벌이더라.

아기 명사 ×애기

① 배 속에서 자라고 있거나 태어난 지 얼마 안 되는 젖먹이 아이를 귀엽게 이르는 말.

¶ 아기 때는 배냇짓도 하고 옹알이도 한다.

② 시부모가 갓 시집온 며느리를 귀엽게 이르는 말.

③ 짐승의 작은 새끼나 어린 식물을 귀엽게 이르는 말.

● '아기'와 '애기'

'애기'는 '아기'가 변해서 된 말인데 표준어에서는 이를 인정하지 않는다. 아래의 몇 낱말도 같은 경우이다.

애기→아기, 애비→아비, 에미→어미, 아지랭이→아지랑이

한편, 아래 낱말은 이와 반대로 표준어로 인정된다.

남비→냄비, 동당이치다→동댕이치다, 신출나기→신출내기, 풋나기→풋내기

● '아기'와 '아이'

'아기'는 '아이'에 비해서 더 어린 아이에게 쓰거나 '아이'를 귀엽게 또는 정답게 부를 때 쓴다. '아이'는 '아기'를 포괄하는 말인데, 실제로는 갓난아이에서부터 미성년 상태인 사람까지를 아우른다. 경우에 따라서는 성년이 되었지만 아직 혼인하지 않은 사람한테도 쓴다. 노인이 다른 노인에게 "우리 집 아이가 이번에 내 생일 선물로 사 준 거야."라고 말한다면 이 '아이'는 혼인한 아들이나 딸일 수도 있다.

아까 ①부사 ②명사

① 조금 전에.

¶ 아까 내가 한 말 잊으면 안 돼.

② 조금 전.

¶ 아까는 내가 미안했어.

아깝다 형용사

불규칙 아깝고, 아깝지, 아까우니, 아까워, 아까운, 아깝습니다, 아까웠다

① 소중히 여기는 것을 잃어 섭섭하거나 서운한 느낌이 있다.

¶ 그는 우리가 놓치기 아까운 사람이다.

¶ 그동안 이 일에 쏟아부은 열정이 아까워 그만둘 수 없다.

② 어떤 대상이 가치 있는 것이어서 버리거나 내놓기가 싫다.

¶ 아까운 시간을 여기서 이렇게 허비하다니!

¶ 누군들 자기 목숨이 아깝지 않겠는가?

③ 가치 있는 대상이 제대로 쓰이거나 다루어지지 못하여 안타깝다.

¶ 그 사람은 이런 곳에서 썩기는 아까운 사람이었지.

¶ 이런 멋진 경치를 나 혼자 보기엔 아까워.

복합어

아까워하다 아까운 생각을 가지다. ×아까와하다

● '아까워하다'와 '아까와하다'

'아깝다'는 연결 어미 '-어'를 붙여 '아까워'로 활용한다. '-아'를 붙여 '아까와'로 활용하지 않는다. 이와 같은 원리로 '아깝다'를 동사로 만들려면 '-어하다' 구문을 결합하여 '아까워하다'라고 해야 한다. '-아하다'를 붙여 '아까와하다'를 쓰면 안 된다.

형용사에 '-어하다'를 붙여 동사를 만드는 예를 몇 개 더 들면 다음과 같다.

고맙다 – 고마워하다, 괴롭다 – 괴로워하다, 놀랍다 – 놀라워하다

반갑다 – 반가워하다, 안타깝다 – 안타까워하다, 외롭다 – 외로워하다

아끼다 동사

규칙 아끼고, 아끼면, 아끼어/아껴, 아낀, 아낍니다, 아끼었다/아꼈다

① 아깝게 여기다.

¶ 아버지가 몹시 아끼던 골동품을 깨트렸다.

② 귀중히 여겨 함부로 쓰지 아니하다.

¶ 여기는 물이 귀한 곳이니 아껴 써라.

¶ 돈을 아끼지 않는 사람은 결국 돈 때문에 고생을 하게 된다.

③ 귀히 다루어 상하지 않게 하다.

¶ 사람을 아낄 줄 아는 사회가 바른 사회다.

복합어

아낌없다 아끼는 마음이 없다. 아까워하는 기색이 없다. ¶ 사람들은 그의 수고에 대하여 아낌없는 찬사를 보냈다.

아낌없이 아끼지 않고. ¶ 그는 평생 모은 재산을 아낌없이 기부하였다.

아니[1] 부사

① 뒤의 말을 부정하거나 반대하는 뜻을 나타내는 말. ㉾ 안[2]

¶ 제 아니 오르고 뫼만 높다 하더라.

¶ 가다가 그만두면 아니 감만 못하다.

② (명사와 명사 사이나 문장과 문장 사이에 쓰여) 강조하는 뜻을 나타내는 말.

¶ 누가 백만 원, 아니 천만 원을 준다고 해도 그런 일은 하지 않겠다.

¶ 비가 온다 해도, 아니 태풍이 몰아친다 해도 나는 내일 떠나겠다.

관용 표현

아니 할 말로 그렇게 말하기는 좀 지나칠 수도 있지만. =아닌 말로. ¶ 아니 할 말로 우리 팀이 지면 좋겠다. 그래야 쉴 수 있으니까.

속담

아니 땐 굴뚝에 연기 날까 =아니 때린 장구 북소리 날까. ① 원인이 없으면 결과가 있을 수 없음을 빗대어 이르는 말. =불 안 땐 굴뚝에 연기 날까, 뿌리 없는 나무에 잎이 필까. ② 실제로 어떤 일이 있기 때문에 말이 남을 빗대어 이르는 말.

아니 무너진 하늘에 작대기 받치자 한다 공연히 쓸데없는 짓을 하자고 함을 빗대어 이르는 말.

● '아니[1]'과 '안[2]'

부사 '아니'는 '안'으로 줄여서 쓰는 경우가 많다. '일을 아니 한다'를 '일을 안 한다'처럼 쓰는 것이다. 입말에서는 '아니'를 거의 쓰지 않고 '안'을 쓴다. 강조하는 뜻을 나타내는 부사 '아니'나 감탄사로 쓰는 '아니'는 '안'으로 줄여 쓰지 않는다.

아니[2] 감탄사

① 아랫사람이나 대등한 관계에 있는 사람이 묻는 말에 부정하여 대답할 때 쓰는 말.

¶ "너 지금 자니?" "아니, 안 자."

¶ "무슨 일 있니?" "아니, 아무 일도 없어."

¶ 아이는 거칠게 '아니!' 하고 도리질했다.

② 놀라거나 감탄스러울 때, 또는 의아스러울 때 하는 말.

¶ 아니, 친구라면서 어떻게 그런 말을 할 수가 있어요?

¶ 아니, 벌써 도착했다고?

¶ 아니, 이게 어떻게 된 일입니까?

● '아니[2]'와 '아니요'

감탄사 '아니'와 '아니요'는 높임말과 낮춤말 관계이다. '아니'는 '응'과 같이 자기와 대등한 관계에 있는 사람이나 아랫사람에게 대답할 때 쓰는 말이다. 보통 부정에는 '아니', 긍정에는 '응'을 쓴다. 손윗사람에게는 '아니' 대신에 '아니요'를, '응' 대신에 '예'를 쓴다.

아니꼽다 형용사

불규칙 아니꼽고, 아니꼬우니, 아니꼬워, 아니꼬운, 아니꼽습니다, 아니꼬웠다

① 언행이 눈에 거슬리고 불쾌하다.

¶ 지하철에서 다리를 벌리고 앉은 사람을 보면 아니꼽다.

¶ 사촌이 땅을 사서 아니꼬운 것이 아니라, 거들먹거리는 꼴이 아니꼽다.

② 비위가 뒤집혀 메스껍다.

¶ 비린 냄새를 맡으니 갑자기 속이 아니꼬워 꼭 토할 것 같다.

아니다 형용사

규칙 아니고, 아니면, 아닌, 아니야, 아니오, 아니어요, 아닙니다, 아니었다

① ('이다'를 부정하는 말로) 어떤 사실을 부정하는 뜻을 나타내는 말.

¶ 그는 선생이 아니고 학생이다.

¶ 별것도 아닌 일로 화내지 마라.

② (의문형으로 쓰여) 물음이나 짐작의 뜻을 나타내는 말. 어떤 사실을 강하게 긍정하는 효과가 있다.

¶ 너 철수 아니야?

¶ 괴로울 때 곁에 있고 힘들 때 도와주는 것이 진정한 사랑이 아닐까?

관용 표현

아니나 다를까 과연 예측한 바와 같다는 말. ¶ 아침에 까치가 울기에 기대했더니 아니나 다를까 반가운 손님이 찾아왔다.

아닌 게 아니라 어떤 사실이 정말 그러하다는 말. ¶ 소문에 그가 똑똑한 사람이라더니 아닌 게 아니라 참 똑똑하더라.

아닌 때 아닌 곳 뜻하지 아니한 엉뚱한 때나 곳.

아닌 말로 말하기는 좀 무엇하나, 그렇게는 차마 할 수 없는 말이나. =아니 할 말로.

아닌 밤중에 ① 뜻하지 않은 밤중에. ¶ 아닌 밤중에 네가 무슨 일로 이 먼 곳을 왔느냐? ② 뜻밖의 때에. ¶ 아닌 밤중에 무슨 뚱딴지같은 소리야?

아닌 보살 하다 시치미를 떼고 모르는 척한다는 말.

아닐 수 없다 앞에서 말한 사실을 긍정하여 강조하는 말. ¶ 남북통일은 우리 민족의 염원이 아닐 수 없지.

속담

아닌 밤중에 찰시루떡 뜻하지 않게 이익을 얻게 되었음을 빗대어 이르는 말.

아닌 밤중에 홍두깨 (내밀 듯) 별안간 엉뚱한 말이나 행동을 함을 빗대어 이르는 말.
=어두운 밤에 주먹질, 어두운 밤중에 홍두깨 내밀 듯.

● '아니오'와 '아니요'

① '아니오'는 '아니다'가 문장 끝에서 바뀐 형태이다. 아래와 같이 다양하게 바뀐다.

¶ 이것은 책이 아니오.

¶ 여기는 노는 곳이 아니란다.

¶ 오늘은 휴일이 아닙니다.

② '아니요'는 감탄사 '아니'의 높임말인데, 아래와 같이 사용된다.

¶ 어제 극장에 갔었니? 아니, 극장에 안 갔어.(낮춤 표현)

¶ 어제 집에 있었니? 아니요, 친구들과 시내 구경 갔어요.(높임 표현)

● '아니어요', '아니에요', '아니여요', '아니예요'

'아니다'로 문장을 끝맺을 때에는 어미 '-어요'와 '-에요'를 붙인다. '-여요'나 '-예요'를 붙이면 안 된다. '아니어요'는 '아녀요'로, '아니에요'는 '아녜요'로 줄여 쓸 수 있다.

¶ 나는 학생이 아니어요(○)/아니에요(○).

¶ 그것은 제 모자가 아니여요(×)/아니예요(×)/아니어요(○)/아니에요(○).

'여요'와 '예요'는 조사 '이다'가 바뀐 형태인 '이어요'와 '이에요'가 줄어든 말이므로 받침 없는 명사 뒤에서만 나타난다.

¶ 그는 참 고마운 친구여요(○)/친구예요(○).

¶ 남산에 가장 많이 있는 나무가 소나무여요(○)/소나무예요(○).

아니면 부사

그렇지 않으면.

¶ 이번 휴가 땐 제주도로 갈까? 아니면 울릉도로 갈까?

아니야 감탄사 ㊟ 아냐

'아니[2]'의 힘줌말. 손아랫사람에게 쓴다.

¶ 아니야, 그게 아니라고.

아니요 감탄사 ㊟ 아뇨

'아니[2]'의 높임말.

¶ 아니요, 제가 그러지 않았습니다.

● **'아니면', '아니야', '아니요'의 품사**

세 낱말은 모두 형용사 '아니다'에서 파생하였는데, '아니면'은 '아니다'에 어미 '-면'이 붙은 형태이고, '아니야'는 감탄사 '아니'에 강조 기능을 가진 조사 '야'가 붙은 형태이다. '아니요'는 감탄사 '아니'에 높이는 기능을 가진 조사 '요'가 붙은 형태이다.

① '아니면'은 '아니다'의 활용형으로 이때에는 '아니다' 앞에 보어가 와야 한다.

¶ 너 아니면 누가 이 일을 하겠니?

¶ 죽기 아니면 까무러치기로 끝까지 해 보자.

② '아니면'을 단독으로 쓰면 부사로 본다. '따라서'를 부사로 인정하는 논리와 같다.

¶ 네가 하든가, 아니면 누구를 대신 시키든가.

③ 감탄사 '아니'에 조사가 붙은 '아니야'와 '아니요'는 모두 감탄사이다. '아니야' 대신에 '아니다', '아니지', '아닙니다'처럼 '아니다'의 바뀐 형태를 쓸 수도 있다. 이것들도 모두 감탄사이다.

¶ "어제 네가 나에게 전화했니?" "아니야, 난 전화 안 했어."

¶ "어제 네가 나한테 전화했니?" "아닙니다/아니요, 저는 전화하지 않았습니다."

¶ "아버지께서 저에게 전화하셨어요?" "아니다, 바빠서 전화할 틈도 없었어."

아니하다[1] 동사 ㊟ 않다[1]

불규칙 아니하고, 아니하지, 아니하여/아니해, 아니하는, 아니합니다, 아니하였다/아니했다

① 어떤 행동을 안 하다.

¶ 그는 아무 말도 아니하고 떠나 버렸다.

¶ 나무를 아니하면 무엇으로 불을 때겠니?

② (동사 뒤에서 '-지 아니하다' 구성으로 쓰여) 앞말을 부정하는 뜻을 나타내는 말.

¶ 우리는 숙제를 하지 아니하고 놀기만 했다.

¶ 여행을 떠나지 아니하기로 결정했다.

아니하다[2] 형용사 ㉾ 않다[2]

불규칙 아니하고, 아니하여/아니해, 아니한, 아니합니다, 아니하였다/아니했다

(형용사 뒤에서 '-지 아니하다' 구성으로 쓰여) 앞말을 부정하는 뜻을 나타내는 말.

¶ 그는 외국어 실력이 좋지 아니하여 면접에서 떨어졌다고 생각했다.

¶ 날씨가 따뜻하지 아니하면 외출하기가 싫어진다.

✕ 아둥바둥 '아등바등'의 틀린 말.

아등바등 부사 ×아둥바둥

무엇을 이루려고 애를 쓰거나 우기는 모양.

¶ 우리가 왜 이렇게 아등바등 살고 있지?

복합어

아등바등하다 무엇을 이루려고 애를 쓰거나 우겨 대다. ¶ 이 좁은 땅에서 아등바등하지 말고 드넓은 세계로 나가라.

아마 부사

(뒤에 추측하는 말과 어울려) 확실히 단정하기는 어렵지만, 짐작하건대.

¶ 아마 이번에는 합격할 것이다.

¶ 싱글벙글하고 다니는 걸 보면 아마 그에게 좋은 일이 생겼나 보다.

복합어

아마도 '아마'의 힘줌말. ¶ 아마도 우리가 이기지 않을까?

> **'아마'의 용법**
>
> 이 말은 추측하는 의미를 나타내기 위해서 쓴다. 말 앞에 '아마'를 먼저 쓰면 확실히 추측해서 하는 말임을 미리 상대에게 알려 주는 효과가 있다. '그때 너는 열 살쯤 되었지?'라고 하면 추측의 의미도 있고 확신의 의미도 있는 것으로 판단할 수 있다. 그런데 '아마 그때 너는 열 살쯤 되었지?'라고 하면 추측임이 명확해진다. 여기서 조심해야 할 것은 '아마' 뒤에 확실한 사실을 말하면 안 된다는 것이다. '추측'과 '확신'은 어울리지 않기 때문이다. 아래 예문은 '아마'를 쓰지 말아야 할 자리에 쓴 것들이다.
>
> ¶ 그때 너는 아마 여기에 서 있었다. →그때 너는 여기에 서 있었다.
>
> ¶ 아마 그들은 줄곧 너를 기다렸다. →그들은 줄곧 너를 기다렸다.

아무[1] 대명사

① 어떤 사람을 특별히 정하지 않고 이르는 말.

¶ 아직 아무도 안 왔다.

¶ 그때는 아무나 붙들고 울고 싶을 만큼 절박한 심정이었다.

② ('성' 다음에 쓰여) 어떤 사람을 구체적인 이름 대신 이르는 인칭 대명사. [참고] 아무개

¶ 오늘 최 아무와 만났다.

복합어

아무개 어떤 사람을 구체적인 이름 대신 이르는 인칭 대명사. '아무'에 비해서 낮추는 느낌이 있다. ¶ 이 동네에서 아무개라면 모르는 사람이 없다.

아무아무 사람을 특별히 지정하지 않고 가리킬 때에 쓰는 말. ¶ 오늘 회의에 아무아무가 참석했다더라.

'아무'의 용법

'아무'에 어떤 조사가 붙느냐에 따라서 '아무'의 용법이 사뭇 달라진다.

① '아무도'는 흔히 부정의 뜻을 가진 부사나 서술어와 호응한다. 서술어에 긍정의 뜻이 있으면 그 앞이나 뒤에 부정을 나타내는 말을 붙인다.

¶ 아무도 모른다.(모르다: 부정 서술어)

¶ 이번에는 아무도 가지 않는다.(가다+않다)

¶ 아무도 안 한다는데 어떻게 하지?(안+하다)

¶ 아무도 오지 마.(오다+말다)

② '아무나'는 긍정 서술어와도 호응하고 부정 서술어와도 호응한다. 긍정 서술어와 어울리는 '아무나'는 '누구나'와 같은 뜻이 된다. 그래서 예외 없이 모든 사람을 다 포괄한다. 반면에 부정 서술어와 어울리면 일부 긍정하는 뜻을 갖는다.

¶ 이 일은 아무나 할 수 있다.(누구나 할 수 있음. 모두 긍정)

¶ 아무나 데리고 와라.(누가 오든 다 괜찮음. 모두 긍정)

¶ 이 일은 아무나 할 수 없다.(모두가 할 수 있는 일은 아님. 일부 긍정)

¶ 아무나 데려가지 않겠다.(선택된 사람만 데려감. 일부 긍정)

ㅇ

아무² 관형사

① 꼭 무엇이라고 지정하지 아니하고 사물을 가리킬 때 쓰는 말.

¶ 아이들은 아무 때, 아무 곳에서나 소리를 지르며 뛰논다.

¶ 아무 이야기나 하나 해 주세요.

② (주로 부정 서술어와 어울려) '전혀 어떠한'의 뜻을 나타내는 말. =아무런

¶ 그 일은 나와는 아무 상관이 없다.

¶ 너는 아무 걱정도 말아라.

복합어

아무것 ① 특별히 정해지지 않은 어떤 것. ¶ 아무것도 모르면서 나서지 마라. ② (주로 '아니다'와 함께 쓰여) 대단하거나 특별한 어떤 것. ¶ 그건 아무것도 아니야.

아무짝 ('아무짝에도' 형태로 부정 표현과 어울려) '아무 데'를 낮추어 이르는 말. ¶ 게으르고 놀기만 좋아해서 아무짝에도 쓸모없는 사람이 될까 걱정이다.

속담

아무 때 먹어도 김가가 먹을 것이다 자기가 취할 이익은 언제나 자기가 갖게 된다는 말.

아무래도 ①부사

① 아무리 생각해 보아도. 아무리 이리저리 하여 보아도.

¶ 이건 아무래도 안 되겠다.

¶ 아무래도 이번 일은 저 사람이 잘못한 것 같다.

② '아무러하여도'가 줄어든 말. 어떠해도.

¶ 그가 약속을 못 지킨 이유야 아무래도 상관없다.

¶ 결혼 같은 건 아무래도 좋아. 내가 편하게 살 수 있으면 돼.

아무러면 부사

(주로 의문문에 쓰여) 어떤 사실에 대한 확신을 반어적으로 나타낼 때 쓰는 말.

¶ 아무러면 그 애가 정말 그런 말을 했을까?

¶ 아무러면 굶어 죽기야 하겠소?

아무러하다 형용사 ㉾ 아무렇다

불규칙 아무러하게, 아무러하든, 아무러하여도/아무러해도, 아무러한, 아무러하였다/아무러했다

① 구체적으로 정하지 않은 어떤 상태나 조건에 놓여 있다.

¶ 사람만 진실하다면 집안 형편이 아무러하든 상관없다.

② (주로 부정하는 말과 함께 어울려) 뒤에 오는 명사가 포함되지 않음을 나타내는 말.

¶ 그는 꿀 먹은 벙어리처럼 아무러한 말도 못 하였다.

¶ 내가 책임을 질 아무러한 까닭도 없다.

③ ('아무러하게나' 형태로 쓰여) 되는대로 막 하는 상태에 있다.

¶ 옷을 아무러하게나 벗어 놓지 말고 옷걸이에 잘 걸어 둬.

아무런 관형사

(부정을 나타내는 말과 함께 쓰여) 전혀 어떠한. =아무[2]②

¶ 그 일은 아무런 문제가 되지 않으니 너는 아무런 걱정도 말아라.

¶ 그는 아무런 대꾸도 하지 않고 잠자코 듣고만 있었다.

아무런들

'아무러한들'이 줄어든 말. '아무러하다'에 어미 '-ㄴ들'이 붙어 줄어든 말이다.

¶ 수단이야 아무런들 어떤가? 결과만 좋게 나오면 되는 거지.

아무렇다 형용사

불규칙 아무렇게, 아무렇지, 아무래도, 아무렇거나, 아무렇든

'아무러하다'의 준말.

¶ 말을 그렇게 아무렇게 하면 안 되지.

¶ 우리가 함께한다는 것이 중요하지 결과는 아무렇든 상관없다.

관용 표현

아무렇지 않다 아무런 변화 없이 먼저 모양 그대로 있다. ¶ 아이들은 싸운 뒤에도 금방 아무렇지 않게 웃으며 논다.

아무려면 감탄사

'아무렴'의 본딧말.

¶ 아무려면, 네 말이 맞고말고.

아무렴 감탄사

말할 나위 없이 그렇다는 뜻으로, 상대편 말을 강하게 긍정할 때 하는 말.

¶ 아무렴, 그렇고말고. 네 말이 옳다.

아무리[1] 부사

=암만

① 정도가 심함을 나타내는 말.

¶ 날이 아무리 추워도 보리는 자란다.

¶ 시험공부를 아무리 열심히 해도 성적이 오르지 않는다.

② 비록 그렇다 하더라도.

¶ 네 친구가 아무리 잘못했다고 해도, 그렇게 화를 내면 어떡해!

¶ 아무리 바빠도 할 일은 해야지.

속담

아무리 바빠도 바늘허리에 매어 쓰지는 못한다 아무리 바쁘더라도 갖추어야 할 격식은 갖추고 해야 한다는 말.

아무리[2] 감탄사

결코 그럴 리가 없다는 뜻으로 하는 말.

¶ 아무리, 그 사람이 그런 말을 했을까.

¶ 아무리, 죽은 사람이 다시 살아날까.

● 부사 '아무리'와 감탄사 '아무리'

부사 '아무리'는 뒤에 형용사나 동사 또는 부사가 와서 '아무리'의 수식을 받아야 한다. '아무리 열심히 해도'처럼 '아무리'가 부사 '열심히'를 꾸미기도 하고, '아무리 아파도'처럼 형용사 '아프다'를 꾸미기도 하고, '아무리 일해도'처럼 동사 '일하다'를 꾸미기도 하듯이 부사 '아무리'는 반드시 뒤에 형용사나 동사 또는 부사가 와야 한다. 이와 달리 감탄사 '아무리'는 '아무리, 한 입으로 두말하려고.'처럼 홀로 쓰이고, 뒤에 오는 문장을 부정한다.

아무쪼록 부사

될 수 있는 대로. =모쪼록

¶ 아무쪼록 몸 건강히 잘 다녀오너라.

아무튼 부사 ㉾암튼

어떻게 되어 있든. =어떻든, 어쨌든

¶ 아무튼 불행 중 다행이다.

¶ 아무튼 그는 너무 말이 많다.

'아무튼'과 '어떻든'의 표기

'아무튼'은 '아무러하든'이 '아무렇든'으로, 다시 '아무튼'으로 줄어든 말이다. '-렇든'이 '튼'으로 줄어든 것인데 과거에는 '아뭏든'으로 줄여서 쓴 일이 있다. 이는 '아무'의 형태를 깨뜨려 바람직하지 않다. '하여튼'도 같은 표기법을 따른 것이다.

'어떻든'은 '어떠하다'의 활용형인 '어떠하든'이 줄어든 것이다. '어떠하다'가 '어떻다'로 줄어들기도 하므로 '어떠하든'이 '어떻든'으로 줄어드는 것은 자연스럽다. '이렇든', '그렇든', '저렇든'도 같은 표기법을 따른 것이다.

아비 명사 ×애비

① '아버지'의 낮춤말.

¶ 녀석 참 제 아비랑 똑같이 생겼네.

ㅇ

② 결혼하여 자식을 둔 아들을 이르는 말.

¶ 아비야, 이리 좀 들어오너라.

③ 시부모가 며느리에게 아들을 이르는 말.

¶ 어미야, 오늘은 아비가 늦는구나.

④ 자녀를 둔 여자가 시부모, 친정 부모, 웃어른 앞에서 자기 남편을 낮추어 이르는 말.

¶ 아비는 오늘 못 올 것 같답니다.

⑤ 아버지가 자식들에게 자기 자신을 낮추어 이르는 말.

¶ 이놈이 아비 말을 허술하게 듣다니!

-아서 어미

① 먼저 한 행동을 뒤의 행동과 이어 주는 연결 어미. 참고 -어서

¶ 아이가 공을 잡아서 나에게 주었다.

¶ 책장에서 책을 뽑아서 가방에 넣었다.

② 뒤에 이어지는 행동의 이유나 근거를 나타내는 연결 어미.

¶ 마당이 좁아서 아이들이 마음껏 뛰어놀지 못한다.

③ 수단이나 방법을 나타내는 연결 어미.

¶ 그는 밥을 물에 말아서 먹었다.

¶ 여기 사람들은 고물을 팔아서 겨우겨우 살아간다.

● '-아서'의 용법

① '-아서'는 끝음절 모음이 'ㅏ', 'ㅗ'인 어간 뒤에 붙는다. 그 밖의 용언이나 '이다'와 '아니다'의 어간 뒤에는 '-어서'가 붙는다.(올림말 '-어서' 참고.)

② 끝음절의 끝소리가 'ㅏ'인 어간(받침이 없는 어간) 뒤에는 '-서'만 붙인다.

¶ 우리 직접 만나서 이야기하자.(만나다+-아서)

¶ 날마다 도서관에 가서 공부한다.(가다+-아서)

③ '하다' 뒤에서는 '-여서'로 바뀐다.

¶ 그가 거짓말을 하여서 선생님이 꾸중을 하셨다.

④ 어간 끝음절이 'ㅗ'로 끝나는 경우에는 'ㅗ'와 '-아서'가 결합하여 '-ㅘ서'로 줄어든다.

¶ 활을 신중하게 쏴서 과녁을 맞혀라.(쏘다+-아서)

¶ 그가 뛰어와서 나에게 누가 찾아왔다고 알려 주었다.(뛰어오다+-아서)

⑤ 일부 'ㅂ' 받침이 있는 말 중에서 어간 끝음절 모음이 'ㅏ', 'ㅗ'이면 '-와서'로 바뀐다. 다만, 어간이 두 음절 이상이면 '-워서'로 바뀐다.

¶ 색깔이 매우 고와서 하나 사 왔다.(곱다+-아서)

¶ 너도 형을 도와서 청소해라.(돕다+-아서)

¶ 그가 너무 반가워서 마구 껴안았다.(반갑다+-어서)

¶ 그의 행동이 너무 아니꼬워서 모른 척했다.(아니꼽다+-어서)

⑥ 어간이 '르'로 끝나는 말 중에서 '르' 앞 음절의 모음이 'ㅏ'나 'ㅗ'이면 '-ㄹ라서'로 바뀐다.

¶ 이처럼 긴 물건은 반으로 잘라서 써야 한다.(자르다+-아서)

¶ 누가 내 짝인지 몰라서 당황하였다.(모르다+-아서)

⑦ '까맣다', '파랗다', '노랗다' 같은 형용사에 '-아서'가 결합하면 '-ㅐ서'로 바뀐다.

¶ 아주 까매서/파래서/노래서 보기 좋다.

⑧ '하얗다'에 '-아서'가 결합하면 '-얘서'로 바뀐다.

¶ 빛깔이 하얘서 쉽게 더러워질 것 같다.(하얗다+-아서)

아쉽다 형용사

불규칙 아쉽고, 아쉽지, 아쉬우니, 아쉬워, 아쉬운, 아쉽습니다, 아쉬웠다

① 필요한데 없거나 모자라서 안타깝고 불만이다.

¶ 한 푼이 아쉬운데 자꾸 돈 쓸 일이 생긴다.

¶ 어렸을 때에는 아쉬운 게 없이 살았는데 요즘은 모든 것이 아쉽다.

② 미련이 남아 서운하다.

¶ 졸업식 날 친구들과 헤어지기 아쉬워 발길을 떼지 못하겠더라.

¶ 대대로 살아온 집을 팔려니 너무 아쉬웠다.

관용 표현

아쉬운 대로 부족하나마 그냥 그대로. 불만스럽지만 그냥. ¶ 우리는 아쉬운 대로 빵으로 끼니를 때웠다.

아쉬운 소리 없거나 부족하여 남에게 빌거나 꾸려고 구차하게 사정하는 말.

속담

아쉬운 감 장수 유월부터 한다 ① 돈이 아쉬워서 물건답지 못한 것을 미리 내다 팖을 빗대어 이르는 말. ② 변변치 못한 상태로 서둘러 남보다 먼저 함을 빗대어 이르는 말.

아쉬워 엄나무 방석이라 아쉬운 대로 엄나무 방석에 앉았다는 뜻으로, 마음에 들지는 않지만 어쩔 수 없어서 하게 됨을 빗대어 이르는 말.

아스라이 부사 ×아스라히

① 보기에 아슬아슬할 만큼 높거나 까마득할 정도로 멀게.

¶ 비행기가 파란 하늘 높이 아스라이 멀어져 간다.

¶ 바다 끝 수평선에 아스라이 배 한 척이 보인다.

② 기억이 분명하게 나지 않고 가물가물하게.

¶ 부모님과 함께 바다에 갔던 기억이 아스라이 떠오른다.

③ 먼 곳에서 들려오는 소리가 분명하지 아니하고 희미하게.

¶ 먼 산에서 새소리가 아스라이 들려왔다.

아스라하다 형용사 ㉾아스랗다

불규칙 아스라하게, 아스라하여/아스라해, 아스라한, 아스라하였다/아스라했다

① 보기에 아슬아슬할 만큼 높거나 까마득하게 멀다.

¶ 연은 아스라하게 하늘 높이 날아가 버렸다.

¶ 그는 아스라한 절벽 꼭대기에서 바다를 향해 뛰어내렸다.

② 기억이 분명하지 않고 가물가물하다.

¶ 고향에 오니 어린 시절의 기억이 아스라하게 떠올랐다.

③ 먼 곳에서 들려오는 소리가 분명하지 않고 희미하다.

¶ 산에서 뻐꾸기 울음소리가 아스라하게 들려왔다.

✕ 아스라히

'아스라이'의 틀린 말.

○ 아이 명사

나이가 어린 사람. [참고] 아기

속담

아이도 낳기 전에 포대기 장만한다 너무 일찍 서두른다는 말.

아이도 사랑하는 데로 붙는다 사람은 누구나 정이 많은 데로 따라간다는 말.

아이들 보는 데서는 찬물도 못 마신다 ① 아이들은 보는 대로 다 따라 하니 아이들 앞에서는 행동을 조심해야 한다는 말. ② 남이 하는 대로만 따라 하는 사람에게 핀잔으로 하는 말.

아이 싸움이 어른 싸움 된다 작은 일이 커져서 큰 사건이 된다는 말.

아이 자라 어른 된다 ① 불완전한 것이 점점 발전하여 완전한 것이 된다는 말. ② 어린이도 크면 어른이 되니 너무 구박하지 말라는 말.

○ 아저씨 명사

① 아버지의 남동생을 부르거나 이르는 말. '작은아버지(숙부)', '삼촌'을 달리 이르는 말.

② 어머니의 남자 형제를 부르거나 이르는 말. '외삼촌', '외숙부'를 달리 이르는 말.

③ 아버지와 같은 항렬로 5촌 이상인 남자를 이르는 말.

¶ 저분은 네 오촌 당숙이시니 아저씨라고 불러야 한다.

④ '고모부'나 '이모부'를 달리 이르는 말.

⑤ 성인 남자를 예사롭게 부르거나 이르는 말.

¶ 요즘 젊은 사람들은 '아저씨'나 '아주머니'라고 불리는 것을 꺼린다.

속담

아저씨 못난 것 조카 장짐 지운다 조금 높은 자리에 있다고 아랫사람을 마구 부리는 경우를 빗대어 이르는 말.

아저씨 아니어도 망건이 동난다 특정한 사람이 아니라도 도와줄 사람은 얼마든지 있음을 빗대어 이르는 말.

아저씨 아저씨 하고 길짐만 지운다 겉으로는 존경하는 척하면서 부담되는 일을 시켜서 이용하기만 한다는 말.

아주머니 명사

① 아버지의 누이나 어머니의 동기를 부르거나 이르는 말. '고모', '이모'를 달리 이르는 말.

② 남자가 같은 항렬의 형뻘이 되는 사람의 아내를 부르거나 이르는 말. '형수'를 달리 이르는 말.

¶ 형과 아주머니가 말다툼을 하는 소리를 들었다.

③ 손위 처남의 아내를 부르거나 이르는 말.

④ 혼인한 여자를 예사롭게 부르거나 이르는 말.

¶ 우리 하숙집 아주머니는 매우 친절하다.

¶ 엘리베이터에서 10층 아주머니를 만났다.

속담

아주머니 떡(/술)도 싸야 사 먹지 아무리 가까운 사이라도 잇속을 따짐을 빗대어 이르는 말. =아주머니 떡도 커야 사 먹는다.

››› 아주머니는 자기와 3촌, 5촌, 7촌이 되는 여자 어른을 가리키는 말인데 '아저씨'에 대칭된다. 국립국어원이 펴낸 《표준 언어 예절》에 따르면 '아주머니'는 2촌, 4촌 사이에서도 쓰는 경우가 있음을 알 수 있다.

아줌마 명사

'아주머니④'를 정답게 또는 홀하게 이르는 말.

아퀴[1] 명사

① 일을 마무르는 끝매듭.

② 일이나 정황 따위가 빈틈없이 들어맞음을 이르는 말.

¶ 거짓말도 아퀴가 맞게 해야지, 그러지 않으면 금방 들통난다.

관용 표현

아퀴(를) 짓다 일이나 말을 끝마무리하다. ¶ 내가 시작한 일은 내가 아퀴를 짓겠소.

아퀴가 나다 일이나 말이 마무리되어 마감이 되다.

아퀴를 내다 일이나 말을 마무리하여 마감 짓다.

아퀴[2] 명사

① 한쪽 끝이 둘로 갈라지게 다듬은 기둥. 주로 밤나무로 만들어 가게 따위를 지을 때 쓴다.

② '아귀[2]'의 틀린 말.

¶ 옷장 문이 아퀴(×)/아귀(○)가 맞지 않는다.

복합어

아퀴쟁이 둘 이상의 가지로 갈라진 나뭇가지.

››› '아퀴'는 끝이 둘로 갈라진 나무나 그렇게 다듬은 나무를 가리킨다. 허술한 집의 보를 받치는 데에 쓰거나 바지랑대 대신 쓴다. '아귀'는 사물이 갈라진 부분을 가리키는 말이다. 엄지손가락과 다른 네 손가락 사이를 '손아귀'라고 하고, 입을 벌리고 다물 때에 입 끝이 겹치는 부분을 '입아귀'라고 부른다.

아파하다 동사

불규칙 아파하고, 아파하여/아파해, 아파하는, 아파합니다, 아파하였다/아파했다

괴로워하다. 아픔을 느끼다.

¶ 친일파는 나라를 빼앗기고 아파하기는커녕 오히려 반겼다.

¶ 친구가 마음 아파해서 위로해 주었다.

아프다 형용사

불규칙 아프고, 아프지, 아프니, 아파서, 아픈, 아픕니다, 아팠다

① 몸에 이상이 생겨 아픔을 느끼다.

¶ 바늘에 찔린 손가락이 너무 아팠다.

② 마음이 쓰리고 괴롭다.

¶ 빈손으로 집을 떠난 동생을 생각하면 마음이 아프다.

복합어

아픔 육체적으로나 정신적으로 괴로운 느낌. ¶ 가족이 흩어지는 아픔을 겪었다.

악[1] 명사

있는 힘을 다하여 모질게 마구 쓰는 기운.

¶ 이 험한 세상을 악 하나로 버텨 왔다.

¶ 치과에서 동생이 악을 쓰며 울었다.

복합어

악다구니 기를 써서 다투며 욕설을 함. 또는 그런 사람이나 행동. ¶ 악다구니를 치다. / 악다구니를 부리다.

악다구니하다 기를 써서 다투며 욕설을 하다. ¶ 동네 사람들이 아침마다 악다구니하는 소리가 낭자했다.

악다물다 단단히 결심하거나 무엇을 참아 견딜 때에 힘주어 입을 꼭 다물다. ¶ 상처를 꿰맬 때 신음 소리를 내지 않으려고 입을 악다물었다.

악머구리 잘 우는 개구리라는 뜻으로, '참개구리'를 이르는 말.

악물다 (흔히 '이', '입술', '입'과 함께 쓰여) 단단히 결심하거나 무엇을 참아 견딜 때에 힘주어 이를 꼭 마주 물다. ¶ 시험에 합격하기 위하여 이를 악물고 공부하였다.

악쓰다 악을 내어 소리를 지르거나 행동하다. ¶ 아무리 화가 나도 악쓰지 마라.

관용 표현

악에 받치다 궁지를 벗어나기 위해서 모질게 마음을 먹다. ¶ 가혹한 세금에 시달리던

백성들이 악에 받쳐 들고일어났다.

악을 쓰다 있는 힘을 다 내어 쓰다. ¶ 그렇게 악을 써 가면서 왜 돈을 벌려는가?

> **'악[1]'과 '악[3](惡)'**
>
> 두 낱말은 한글로 같은 글자여서 뜻을 헷갈리기 쉽다. '악[1]'이 모질게 마구 쓰는 기운의 뜻을 가진 탓에 자칫 나쁜 것으로 생각하기 쉽다. 그래서 '악[3]'과 혼동하여 쓰기도 한다. 특히 '발악(發惡)'이 '악[1]'과 비슷한 의미가 있어서 더욱 혼동을 할 우려가 있다. 그러나 '악[1]'은 있는 힘을 다해서 모질게 쓰는 기운이나 힘을 나타낼 뿐 거기에는 도덕적으로 나쁜 의미는 없다. '악바리'나 '악돌이'에서 '악(惡)'을 떠올리면 안 된다.

악[2] 감탄사

① 남이 놀라도록 갑자기 지르는 소리.

¶ 아이가 몰래 다가와 "악!" 하고 소리를 질렀다.

② 놀랐을 때 무의식적으로 지르는 외마디 소리.

¶ 뭔가에 놀랐는지 갑자기 그녀가 "악!" 하고 비명을 질렀다.

악[3](惡) 명사

① 도덕 기준에 어긋나 나쁨. 또는 그런 것.

¶ 사람이 악에 물들기는 쉬우나 선을 행하기는 어렵다.

② 도덕률이나 양심을 어기거나 남에게 피해를 주는 일.

¶ 사회를 좀먹는 악의 무리들을 혼내 주자.

복합어

선악 착한 것과 악한 것.

악감정 상대에게 품는 나쁜 감정.

악하다 도덕 기준에 어긋나 나쁘다. ¶ 악한 마음을 버리고 선한 마음을 갖기 바라.

필요악 없는 것이 바람직하지만 사회적으로 어쩔 수 없이 필요한 것. ¶무기는 인간 세상의 필요악이다.

속담

악으로 모은 살림 악으로 망한다 나쁜 짓을 하여 모은 재산은 오래가지도 못할 뿐 아니라 도리어 해롭게 된다는 말.

악바리 명사

① 성미가 깔깔하고 고집이 세며 모진 사람.

¶그는 모든 사람이 두려워하는 악바리이다.

② 지나치게 똑똑하고 영악한 사람.

¶요즘 세상에는 자기 이익을 지키려면 악바리가 되어야 한다.

속담

악바리 악돌이 악쓴다 무슨 일에나 남에게 굴하지 않고 끈질기게 자기 고집을 내세우는 경우에 이르는 말.

● '악바리'의 조어법

'악바리'는 '악'과 '바리'가 합해진 낱말인데, 국어에는 이런 조어법으로 된 낱말이 몇 개 있다. '꼼바리', '발바리', '벗바리', '샘바리' 등인데 앞의 말(어근)이 가지는 인상을 지닌

사람을 가리킨다. '꼼바리'는 꼼꼼한 사람, '발바리'는 이리저리 발발거리고 돌아다니는 사람, '벗바리'는 뒷배를 보아 주는 사람, '샘바리'는 샘이 많은 사람을 가리킨다. 이 밖에도 '감바리', '데퉁바리', '뒤듬바리', '뒤틈바리' 따위가 있다.

안[1] 명사

① 어떤 물체나 공간의 둘러싸인 가에서 가운데로 향한 쪽. 또는 그런 곳이나 부분. [참고] 속

¶ 공원 안에서 가수들이 공연을 하였다.

¶ 극장 안에서는 떠들지 마시오.

② 일정한 표준이나 한계를 넘지 않은 정도.

¶ 한 시간 안에 문제를 다 풀어야 한다.

¶ 성적이 10등 안에 든다.

③ 안주인이 사는 방. =안방

¶ 할아버지는 할머니가 계시는 안으로 들어갈 때 늘 기척을 하셨다.

④ 옷 안에 받치는 감. =안감

¶ 치마 속이 비치지 않도록 안을 대었다.

⑤ '아내'를 이르는 말.

¶ 제 안이 정성껏 마련한 음식이니 맛있게 드시기 바랍니다.

⑥ 조직이나 나라 따위를 벗어나지 않은 영역.

¶ 외국에서도 방송을 보고 우리나라 안의 일을 알 수 있다.

복합어

안주인 여자 주인. 주인의 아내.

안지름 두께가 있는 관 따위의 안쪽 지름.

안쪽 ① 안이나 복판으로 향한 쪽. ② 안으로 향한 부분. ③ 어떤 수효에 미치지 못한 수. ¶ 우리가 가지고 있는 돈을 다 합해 봐야 10만 원 안쪽이다.

안창 신 안에 까는 가죽이나 헝겊.

안채 안쪽의 집채. =안집

관용 표현

안으로 들어가다 실속 있게 내용을 파고들다.

안[2] 부사

'아니[1]①'의 준말.

¶ 나는 이제부터 안 벌고 안 쓰겠다.

¶ 요즘 날씨는 옛날만큼 안 추운 것 같다.

속담

안 먹겠다 침 뱉은 물 돌아서서 다시 먹는다 두 번 다시 안 볼 것처럼 모질게 대한 사람에게 나중에 도움을 청할 일이 생긴다는 뜻으로, 누구에게나 좋게 대하여야 함을 빗대어 이르는 말.

안 먹고 사는 장사가 없다 누구나 먹어야 힘써 일을 할 수 있음을 빗대어 이르는 말.

안 본 용은 그려도 본 뱀은 못 그린다 ① 눈앞에 있는 사실을 있는 그대로 파악하기는 어려움을 빗대어 이르는 말. ② 어떤 일에 대하여 말하기는 쉬우나 실제로 하기는 어려움을 빗대어 이르는 말.

안 주어서 못 받지 손 작아서 못 받으랴 주면 주는 대로 얼마든지 받을 수 있다는 말.

● 부사 '안'의 띄어쓰기

'안'은 부사이므로 뒤에 오는 동사나 형용사와 띄어 써야 한다. 붙여 쓰는 경우는 '안되다' 말고는 없다. 따라서 '안되다'에 대해서 정확하게 알면 띄어쓰기가 어렵지 않다.

'안되다'는 좋은 상태나 바람직한 상태로 되지 않음을 나타내므로 이에 대응하는 말은 '잘되다'이다. 즉, '안되다'의 반대말이 '되다'가 아니라 '잘되다'라는 점을 알아 두면 '안'의 띄어쓰기가 쉽다.

정리하면 동사 '되다'의 부정어는 '안 되다'이고, '잘되다'의 부정어는 '안되다'이다. '안되다'는 동사 '되다'와 관계가 없음도 기억해야 한다.

¶ 지금 몇 시인가요? 아직 열시가 안 되었나요?(되다↔안 되다)

¶ 학교에 갈 거예요, 안 갈 거예요?(가다↔안 가다)

¶ 몇 가지 일만 서둘러 하고 나머지는 안 했어요.(하다↔안 하다)
¶ 아직 은퇴할 나이가 안 된 것 같은데.(되다↔안 되다)
¶ 올해 농사는 잘 안된 편입니다. 작년은 올해보다 잘됐지요.(잘되다↔안되다)
¶ 다친 건 안된 일이지만 더 큰 사고를 당하지 않은 건 다행이다.(잘되다↔안되다)

● '안'과 '않'의 차이

'안'은 부사이고, '않-'은 '않다'의 어간이다. 따라서 '안' 뒤에는 동사나 형용사가 오고, '않-' 뒤에는 어미가 온다. 특히 '않다'는 '-지 않다'의 구성으로 쓴다는 점도 알아 둘 필요가 있다.
¶ 오늘은 비가 안 온대(○)/오지 않는대(○).
¶ 나는 저녁밥을 안 먹겠다(○)/먹지 않겠다(○).
¶ 건강이 안 좋은(○)/좋지 않은(○) 사람
¶ 내가 그 일을 안 했다(○)/하지 않았다(○).

››› '안[2]'와 '아니[1]'의 차이는 올림말 '아니[1]' 참고.

ㅇ

안녕(安寧) ①-②명사 ③감탄사

① 걱정이나 탈이 없이 평안함.
¶ 새해를 맞아 가족의 안녕을 빌었다.
¶ 대보름날에는 마을 사람들이 달집을 태우면서 마을의 안녕을 기원했다.
② 사회가 불안이나 무질서가 없이 평화로운 상태.
¶ 나라의 안녕과 사회의 질서를 유지하기 위해 모두가 노력하고 있다.
③ 친구나 아랫사람과 만나거나 헤어질 때 정답게 하는 인사말.
¶ 여러분, 안녕! 영수야, 안녕!

복합어

안녕하다 ① 아무 탈 없이 편안하다. ¶ 나라가 안녕해야 백성도 편안하다. ② 몸이 건강하고 마음이 편안하다. 안부를 전하거나 물을 때에 쓴다. ¶ 누님, 안녕하세요?

안녕히 몸이 건강하고 마음이 편안하게. 안부를 전하거나 물을 때에 쓴다. ¶ 안녕히 계십시오. / 안녕히 주무셨어요?

안되다[1] 동사

규칙 안되고, 안되니, 안되어/안돼, 안된다, 안됩니다, 안되었다/안됐다

① 일 따위가 제대로 또는 좋게 이루어지지 않다.

¶ 올해는 비가 너무 많이 와서 과일 농사가 안되었다/안됐다.

¶ 집에서는 공부가 안되어서/안돼서 도서관에 갔다.

② 사람이 훌륭하게 되지 못하다.

¶ 세상에 자기 자식이 안되기를 바라는 사람이 어디 있겠느냐.

③ 일정한 수준이나 정도에 이르지 못하다.

¶ 우리 반에서 안되어도/안돼도 열 명은 같은 중학교에 배정될 것이다.

속담

안되는 놈은 두부에도 뼈라 잘 안되던 사람이 모처럼 좋은 기회를 만났건만, 그 일마저 역시 잘 안됨을 빗대어 이르는 말. =계란에도 뼈가 있다.

안되는 놈은 자빠져도(/뒤로 넘어져도) 코가 깨진다 운수가 사나운 사람은 무슨 일을 하여도 되는 일이 없고 보통 사람에게는 생기지 않는 나쁜 일까지 생긴다는 말.

안되면 조상 탓 자기 실패를 남의 탓으로 돌린다는 말.

안되다[2] 형용사

규칙 안되고, 안되니, 안되어/안돼, 안된, 안되었다/안됐다

① 섭섭하거나 가엾어 마음이 언짢다.

¶ 혼자 보내기가 안되어서/안돼서 역까지 배웅했다.

¶ 네가 시험에 떨어졌다니, 정말 안됐구나.

② 근심이나 병 따위로 얼굴이 많이 상하다.

¶ 몸살을 앓더니 얼굴이 많이 안되었구나/안됐구나.

× 안스럽다 ' 안쓰럽다'의 틀린 표기.

× 안쓰런 '안쓰러운'의 틀린 표기.

● '안쓰런'과 '안쓰러운'

명사 앞에서 '안쓰럽다'가 형태를 바꾸면 '안쓰러운'이 된다. 이것을 줄여서 '안쓰런'이라고 표기하면 안 된다. '-스럽다'는 아직 '-스런'으로 줄여서 쓰는 것이 허용되지 않으므로 정확하게 '-스러운'을 써야 한다.

¶ 그가 무척 조심스런(×)/조심스러운(○) 태도를 하고 있음을 알 수 있었다.

¶ 자랑스런(×)/자랑스러운(○) 태극기 앞에 조국을 위하여 헌신할 것을 맹세한다.

¶ 어머니가 근심스런(×)/근심스러운(○) 눈빛으로 나를 바라보았다.

○ 안쓰럽다 형용사 ×안스럽다

불규칙 안쓰럽고, 안쓰러우니, 안쓰러워, 안쓰러운, 안쓰럽습니다, 안쓰러웠다

① 아랫사람이나 약자에게 도움을 받거나 폐를 끼쳐 퍽 미안하고 딱하다.

¶ 한창 공부할 나이에 내 병 수발을 드는 아들 모습이 무척 안쓰럽다.

② 아랫사람이나 약자가 형편이 딱하여 가엾다.

¶ 어린 나이에 집안일을 거드는 아이를 보니 안쓰러운 마음이 든다.

○ 안절부절 부사

마음이 초조하고 불안하여 어쩔 줄 모르는 모양.

¶ 나의 반론에 그는 안절부절 어찌할 바를 몰라 했다.

복합어

안절부절못하다 마음이 초조해서 일어섰다 앉았다 하며 어쩔 줄 모르다. ×안절부절하다 ¶ 산불이 번진다는 소식을 듣고 사람들은 안절부절못했다.

✕ 안절부절하다 '안절부절못하다'의 틀린 말.

● '안절부절하다'와 '안절부절못하다'

부사인 의태어나 의성어에 접미사 '-하다'를 붙여 동사를 만들 수 있다.

덜컹덜컹 – 덜컹덜컹하다, 번쩍번쩍 – 번쩍번쩍하다, 아장아장 – 아장아장하다

엉금엉금 – 엉금엉금하다, 오락가락 – 오락가락하다

위와 같은 원리로 '안절부절'도 '-하다'를 붙여 동사를 만들 수 있을까? 결론은 이렇게 쓸 수 없다. '안절부절'은 하나의 동작을 나타내는 말이 아니고 '이러지도 저러지도'를 뜻하기 때문에 접미사 '-하다'를 붙이면 '이러기도 하고 저러기도 하다'의 뜻이 된다. 다시 말하면 두 가지 서로 다른 것 중에 어느 하나를 선택해야 한다는 말이다. 그러므로 '-하다'를 붙이지 않고 '-못하다'를 붙여서 의미가 정확하게 드러나도록 한 것이다.

○ 안짝 명사

① 안과 밖의 두 짝으로 이루어진 물건의 안쪽에 있는 짝. 참고 안쪽

¶ 문 안짝에 페인트를 칠해라.

② 거리나 나이가 일정한 수효에 미치지 못하는 수준.

¶ 여기서 십 리 안짝에 이름난 약수터가 있다.

○ 안쪽 명사

① 안으로 향한 부분이나 안에 있는 부분. 참고 안짝

¶ 나는 버스나 기차를 탈 때 안쪽보다 창가 자리를 더 좋아한다.

¶ 문 앞이 혼잡하니 안쪽으로 들어가 주세요.

② 어떤 수효나 기준에 미치지 못함을 이르는 말.

¶ 그의 월급은 아마 3백만 원 안쪽일 거다.

¶ 아이가 집에서 공부하는 시간은 하루에 한 시간 안쪽이다.

● '안쪽'과 '안짝'

이 두 낱말은 형태와 의미가 비슷하지만 차이가 있다. 그 차이는 '쪽'과 '짝'의 차이에서 온다. 방향으로 안과 바깥을 나눌 수 있는 경우에 '안쪽/바깥쪽'이라 하고 이 경우에는 '짝'을 쓸 수 없다. 이와 달리 두 사물의 안쪽에 있는 것과 바깥쪽에 있는 것을 말할 때에는 '안짝/바깥짝'이라고 하고 이때는 '쪽'을 쓸 수 없다. 사물의 안쪽 면과 바깥쪽 면을 이야기할 때에도 '짝'을 쓰고 '쪽'을 쓰면 안 된다. 즉, '사물의 안쪽 면=안짝'이나 '경계의 안쪽=안짝'의 관계가 성립하는 것이다.

¶ 사람들이 안쪽(○)/안짝(×)에 많이 앉아 있다.

¶ 만나는 곳은 광화문 안쪽(○)/안짝(×) 광장이 좋겠다.

¶ 수원은 서울에서 100리 안짝(○)/안쪽(×)에 있다.

¶ 한글은 8살 안짝(○)/안쪽(×)에 익히는 것이 좋다.

¶ 장지문 안짝(○)/안쪽(×)에는 그림이 그려져 있다.

경계를 기준으로 막연하게 안쪽인 경우에는 안쪽과 안짝이 다 통용될 수 있다.

¶ 그의 나이는 아마 마흔 안짝(○)/안쪽(○)일 것이다.

ㅇ

안치다 동사

규칙 안치고, 안치니, 안치어/안쳐, 안친, 안칩니다, 안치었다/안쳤다

끓이거나 삶거나 찌기 위하여 솥에 넣다.

¶ 어머니는 쌀을 일어 밥솥에 안친 뒤에 찌개를 끓였다.

● '안치다'와 '앉히다'

두 낱말은 발음이 같아서 표기할 때 헷갈리기 쉽다. '안치다'는 밥을 하려고 곡식을 솥에 넣는 행위에 쓰고, '앉히다'는 '앉다'의 사동형으로서 자리 잡게 한다는 뜻으로 쓴다.

¶ 밥을 지으려고 불린 쌀을 냄비에 안쳤다.

¶ 기계를 공장에 새로 앉혀 생산을 시작하였다.

¶ 고양이를 무릎 위에 앉히고 목을 긁어 주었다.

안팎 명사

① 사물이나 영역의 안과 밖.

¶ 집 안팎을 다 청소해라.

¶ 나라 안팎에 전운이 감돌았다.

② 마음속 생각과 겉으로 드러나는 행동. 또는 말과 행동.

¶ 사람의 안팎을 속속들이 알 수는 없다.

¶ 그 사람이 이제 와서 안팎이 맞지 않는 말을 하네.

③ 남편과 아내. =부부

¶ 그 집은 안팎이 모두 부지런하다.

④ 어떤 수량이나 기준에 조금 모자라거나 넘치는 정도.

¶ 청중은 100명 안팎이 되는 것 같더라.

¶ 100만 원 안팎으로 유럽 여행을 할 수 있는 기회가 생겼다.

¶ 원고지 200자 안팎으로 서평을 써 주세요.

관용 표현

안팎으로 꼭 맞다 여러 가지 점으로 완전히 맞거나 서로 어울리다. ¶ 그 일에는 안팎으로 꼭 맞는 사람이 있다.

앉히다 동사

규칙 앉히고, 앉히어/앉혀, 앉힌다, 앉힙니다, 앉히었다/앉혔다

① 엉덩이를 바닥에 대고 윗몸을 세운 상태로 있게 하다.

¶ 아이를 의자에 똑바로 앉혀라.

¶ 선생님은 학생을 앞에 앉히고 잘못을 타일렀다.

② 어떤 자리를 차지하게 하다.

¶ 회장은 자기 동생을 사장 자리에 앉혔다.

③ 일하지 않고 놀게 하다.

¶ 다 큰 자식을 가만히 앉혀 놓고 늙은 부모가 일하러 다니다니.

④ 속이 들게 하다.

¶ 배춧속을 꽉 차게 앉히려면 거름을 많이 주어야 한다.

⑤ 무엇을 설치하거나 올려놓다.

¶ 공장에 새로운 생산 시설을 앉히고 가동을 시작했다.

⑥ 문서에 줄거리를 따로 잡아 적다.

¶ 중요한 내용은 아래쪽 빈 공간에 앉혀 두었다.

››› '앉히다'와 '안치다'의 차이는 올림말 '안치다' 참고.

않다[1] 동사

규칙 않고, 않지, 않으면, 않으니, 않아, 않는, 않은, 않는다, 않습니다, 않았다

'아니하다[1]'의 준말.

① 어떤 행동을 안 하다.

¶ 그는 아무 말도 않고 떠났다.

¶ 숙제를 않은 사람은 내일까지 꼭 해 오세요.

② ('-지 않다' 구성으로 쓰여) 앞의 말을 부정하는 뜻을 나타내는 말.

¶ 쥐가 고양이 앞에서 꼼짝도 하지 않았다.

¶ 밥을 먹지 않아서 배가 너무 고팠다.

않다[2] 형용사

규칙 않고, 않지, 않으면, 않으니, 않아, 않은, 않습니다, 않았다

'아니하다[2]'의 준말.

¶ 오늘 날씨는 맑지 않다.

¶ 여행하는 동안 즐겁지 않은 날이 없었다.

¶ 기쁘지 않은 사람은 스스로 기쁨을 만들어라.

● '않다'의 품사에 따른 형태 바뀜

이 말은 '않다[1]'처럼 동사로 쓰기도 하고 '않다[2]'처럼 형용사로 쓰기도 한다. 품사에 따라서 형태가 달리 바뀌는 경우가 있으므로 아래 표를 보고 그 차이를 익히자.

어미 바뀜	동사	형용사
문장을 끝낼 때	않는다(울지 않는다.)	않다(예쁘지 않다.)
현재의 일일 때	않는(울지 않는 새)	시제에 관계없이 '않은'(예쁘지 않은 그림)
과거의 일일 때	않은(그때 오지 않은 사람)	

››› '않'과 '안'의 차이는 올림말 '안[2]' 참고.

알다 동사

불규칙 알고, 알지, 알면, 아니, 알아, 아는, 아네, 아오, 압니다, 알았다

① 사물이나 상황에 대한 정보나 지식을 갖추다.

¶ 지시한 내용을 알아야 그대로 행동하지.

¶ 이 문제는 공식을 알면 풀 수 있다.

② 의식이나 감각으로 깨닫거나 느끼다.

¶ 몸이 아프니 도무지 음식 맛을 알 수가 없다.

¶ 책을 읽느라고 사람이 들어오는 것도 알지 못했다.

③ 심리 상태를 마음속으로 느끼거나 깨닫다.

¶ 사람이 부끄러움을 알지 못한다면 짐승과 다를 것이 없다.
¶ 그가 지은 표정으로 그의 마음을 어느 정도 알 수 있었다.
④ (주로 '알아서' 형태로 쓰여) 어떤 일을 어떻게 할지 스스로 정하거나 판단하다.
¶ 이 일은 김 과장이 알아서 처리하시오.
¶ 너는 이제 스스로 알아서 할 나이가 되었다.
⑤ 대상을 인식하고 관심을 가지다.
¶ 과거를 알면 미래를 예측할 수 있다.
¶ 그 일은 내가 알 바 아니다.
⑥ 어떻다고 인식하거나 여기다.
¶ 당신은 그 친구에 대해 잘못 알고 있어요.
¶ 부모는 자식을 전부로 알고 키운다.
⑦ 어떠한 사실에 대하여 그러하다고 믿거나 생각하다.
¶ 그는 자기가 최고인 줄 안다.
¶ 나는 오늘이 네 생일인 줄 알았어.

속담

아는 것이 병(/탈) 정확하지 못하거나 분명하지 않은 지식은 오히려 걱정거리가 될 수 있음을 이르는 말.
아는 것이 힘 지식이 있어야 어떤 일을 이룰 수 있다는 말.
아는 길도 물어 가랬다 일을 확인하면서 신중하게 처리하라는 말. =돌다리도 두들겨 보고 건너라.
아는 놈이 도둑놈 ① 도적질도 그 형편을 잘 아는 사람이 한다는 뜻으로, 잘 아는 사람이 속임수를 써서 이쪽 편을 해롭게 함을 빗대어 이르는 말. ② 잘 아는 사람이 물건 값을 더 비싸게 매겨 팖을 빗대어 이르는 말.
알아야 면장을 하지 어떤 일이든 그 일을 하려면 그것에 관련된 학식이나 실력을 갖추고 있어야 함을 빗대어 이르는 말.

✖ 알맞는 '알맞은'의 틀린 말.

알맞다 형용사

규칙 알맞고, 알맞아, 알맞아서, 알맞은, 알맞네, 알맞습니다, 알맞았다

일정한 기준, 조건, 정도 따위에 넘치거나 모자라지 아니하다. ⓑ 적당하다, 적절하다

¶ 병아리는 알맞은 온도만 유지해 주면 어미 없이도 알을 깰 수 있다.

¶ 운동도 자기 몸에 알맞게 해야 건강에 좋다.

● '알맞은'과 '알맞는'

'알맞다'가 형용사이므로 '알맞는'처럼 쓰면 안 된다. 형용사는 어미 '-는'을 취하지 않기 때문이다. '-는'은 동사의 현재 시제를 나타낼 때에 쓴다.

¶ 이곳은 내가 지내기에 알맞은 환경이다.(형용사)

¶ 몸에 맞는 옷을 입어야 한다.(동사)

알아맞추다 '알아맞히다'의 틀린 말.

알아맞히다 동사 ×알아맞추다

규칙 알아맞히고, 알아맞히어/알아맞혀, 알아맞힙니다, 알아맞히었다/알아맞혔다

요구하거나 기대하는 답을 알아서 맞게 대다.

¶ 내가 무슨 생각을 하는지 알아맞혀 보세요.

¶ 내일 비가 올지 안 올지 알아맞히면 맛있는 것을 사 주겠다.

알은척 명사

=알은체

복합어

알은척하다 =알은체하다 ¶ 경비 아저씨는 나를 보면 먼저 알은척한다.

알은체 명사

=알은척

① 어떤 일에 관심을 가지는 듯한 태도를 보임.

¶ 내 말에는 알은체도 않다가 네가 물으니 얼른 대답을 하는구나.

¶ 형은 오지랖이 넓어서인지 사사건건 알은체를 한다.

② 사람을 보고 인사하는 표정을 지음.

¶ 사람을 보면 알은체라도 해야지.

복합어

알은체하다 =알은척하다 ① 어떤 일에 관심을 가지는 듯한 태도를 보이다. ¶ 남의 일에 섣불리 알은체하다가 잘못하면 낭패를 당한다. ② 사람을 보고 인사하는 표정을 짓다. ¶ 길을 가는데 가게 주인이 알은체하면서 인사를 한다.

● '알은체'와 '아는 체'의 표기

이 낱말은 동사 '알다'에 '체'와 '척'이 붙은 형태이다. 문법적으로는 이런 경우 '아는 체', '아는 척'으로 쓰는 것이 옳다. '알다'는 '아는'으로 바뀌지 '알은'으로 바뀌지 않기 때문이다. '아는 체', '아는 척'은 '지식이나 정보를 가지고 있는 것처럼'을 뜻한다. 그런데 사람이나 사물에 관심을 보이는 의미로 쓸 때는 특별히 '알은체'나 '알은척'을 쓴다. 그리고 이 경우 독립한 낱말로 본다.

¶ 그는 조금 배웠다고 무척 아는 척한다/아는 체한다.

¶ 전에 그를 본 일이 있어서 내가 먼저 알은척했다/알은체했다.

알음 명사

① 사람끼리 서로 아는 일. 서로 얼굴을 알 정도의 친분이 있거나 그 정도의 사귐이 있음.

¶ 그와는 알음이 있는 사이다.

② 지식이나 지혜가 있음.

¶ 그는 술 빚는 일에 관해서는 알음이 꽤 있는 사람이다.

③ 신의 가호. 신이 보호하여 준 덕.

④ 어떤 사정이나 수고에 대하여 알아주는 것.

¶ 다른 사람의 알음을 바라고 하는 봉사는 진정한 봉사가 아니다.

복합어

알음알음 서로 아는 관계. 서로의 친분. ¶ 사람은 알음알음으로 살아가는 법이다.

알음알음하다 친분이 있는 사람을 통해 여러 방면으로 알아보다. ¶ 알음알음해서 옛 친구를 찾았다.

알음알이 ① 서로 가까이 아는 사람. ¶ 어머니는 알음알이를 통해 일꾼을 소개받았다. ② 꾀바른 수단.

알음하다 어떤 일을 알아보거나 맡아보다. ¶ 아들이 나서서 아버지 일을 알음하였다.

● '알음'과 '앎'

'앎'은 아는 것, 곧 지식을 가리키고, '알음'은 사귐이 있는 상태를 가리킨다. '알다'의 명사형은 '앎'인데 이 말은 '아는 것', '아는 일'을 뜻한다. '알음'도 '알다'의 명사형으로서 '아는 사이', '배워 아는 바가 있는 상태', '사귀어 아는 바가 있음'을 뜻하는 데 쓰인다. 이로써 '알다'의 명사형은 '앎'과 '알음' 두 가지가 되었다. '알다'처럼 어간이 'ㄹ'로 끝나는 동사나 형용사 가운데에는 '-음'을 붙여 명사를 만드는 예가 몇 있다.

- 갈다 – 갈음 ¶ 이것을 갈음할 물건이 없다.
- 그을다 – 그을음 ¶ 부엌에는 그을음이 여기저기 붙어 있었다.
- 놀다 – 놀음 ¶ 지금 한가하게 잔치 놀음이나 할 때가 아니야.
- 보풀다 – 보풀음 ¶ 이 스웨터는 보풀음이 너무 심하게 일어난다.
- 알다 – 알음 ¶ 그와 알음이 있어서 도움을 받았다.
- 얼다 – 얼음 ¶ 얼음이 녹았다.

• 울다 – 울음 ¶ 아이가 울음을 터뜨렸다.
• 졸다 – 졸음 ¶ 운전 중에 졸음이 오면 잠시 쉬어 가세요.

앎 명사

아는 일. 아는 것. [참고] 알음

¶ 힘은 있으나 앎이 부족하여 일을 그르친 사람이 많다.

● '앎'의 소리내기

'앎'이 독립적으로 쓰이면 [암:]으로 발음하지만, 조사가 붙으면 달라지기도 한다. 모음으로 시작하는 조사가 오면 겹받침이 모두 소리가 나게 된다.

앎과 – [암:과], 앎도 – [암:도], 앎만 – [암:만]

앎에 – [알:메](○)/[아:메](×), 앎은 – [알:믄](○)/[아:믄](×)

앎이 – [알:미](○)/[아:미](×), 앎을 – [알:믈](○)/[아:믈](×)

ㅇ

암– 접사

(명사 앞에 붙어) '암컷'을 나타내는 말. [참고] 수–

¶ 암개미, 암게, 암고양이, 암곰, 암구렁이, 암꽃, 암꿩, 암나귀, 암놈, 암벌, 암범

복합어

암글 ① 여자들이나 쓸 글이란 뜻으로, 지난날 '한글'을 업신여겨 이르던 말. ② 배워서 알기는 하나 실제로는 활용할 수 없는 지식을 얕잡아 이르는 말. ×암클

암캉아지 강아지의 암컷. ×암강아지

암캐 개의 암컷. ×암개

암컷 암수가 따로 있는 동물에서 알을 낳거나 새끼를 배는 쪽. ×암것

암키와 지붕의 고랑이 되게 젖혀 놓는 기와. ×암기와

암탉 닭의 암컷. ×암닭

암탕나귀 당나귀의 암컷. ×암당나귀

암톨쩌귀 수톨쩌귀의 뾰족한 부분이 끼워지도록 구멍이 뚫린 돌쩌귀. ×암돌쩌귀

암평아리 병아리의 암컷. ×암병아리

››› '암캐'처럼 '암-' 뒤에 오는 명사의 첫소리가 거센소리로 바뀐 형태를 표준어로 삼는 경우가 있다. 접사 '수-'의 경우와 같다.

암만 부사

=아무리[1]

¶ 암만 기다려도 그 사람은 오지 않았다.

-았- 어미

=-었-

¶ 어제는 날씨가 좋았다.

¶ 일 년 사이에 물가가 많이 올랐다.

¶ 풍랑이 심한 걸 보니 오늘 물고기는 다 낚았네.

앙상하다 형용사

불규칙 앙상하고, 앙상하니, 앙상하여/앙상해, 앙상한, 앙상합니다, 앙상하였다/앙상했다

① 살이 빠져서 뼈만 남을 만큼 바짝 마른 듯하다.

¶ 그는 잘 먹지 못해서 뼈대만 앙상했다.

② 나뭇잎이 지고 가지만 남아서 스산하다.

¶ 나무는 잎이 다 떨어지고 가지만 앙상한 채 서 있다.

③ 꼭 짜이지 아니하여 어울리지 않고 어설프다. 참고 엉성하다

¶ 방 안에 세간이 앙상하게 놓여 있다.

○ 앙증맞다 형용사 ×앙징맞다

규칙 앙증맞고, 앙증맞으니, 앙증맞아, 앙증맞은, 앙증맞습니다, 앙증맞았다

작으면서도 갖출 것은 다 갖추어 아주 깜찍하다.

¶ 아이가 춤을 추는 모습이 무척 앙증맞다.

× 앙징맞다 '앙증맞다'의 틀린 말.

○ 앞 명사

① 사람이나 사물이 향하고 있는 쪽이나 곳.

¶ 동생이 밥상 앞에서 꾸벅꾸벅 졸았다.

② 시간이나 차례, 이야기 따위에서 먼저인 것.

¶ 앞 세대 분들이 일구어 낸 일들을 존중해야 한다.

¶ 이 이야기의 앞 내용이 어떻게 진행되는지 들려주세요.

③ 방향이 있는 사물에서 정면을 향하는 부분.

¶ 동전의 앞과 뒤를 어떻게 구별해요?

④ 장차 다가올 시간.

¶ 앞으로 우리 지역은 어떻게 바뀔까?

¶ 100년 앞을 내다보는 환경 정책이 나와야 합니다.

⑤ 차례에 따라 받거나 맡은 몫.

¶ 그는 자기 앞은 잘 가리는 사람이다.

⑥ 직면한 현실이나 어떤 조건에 처한 상태.

¶ 비참한 현실 앞에 의연하기란 쉽지 않다.

⑦ (이름이나 인칭 대명사 뒤에 쓰여) '에게'의 뜻을 나타내는 말.

¶ 편지 봉투 맨 밑에 '홍길동 앞'이라고 적었다.

¶ 제 앞으로 온 택배가 있나요?

ㅇ

● '앞'의 복합어

'앞'이 다른 명사나 동사와 복합어를 이룬 낱말은 아래와 같다.

앞가림, 앞가슴, 앞개울, 앞걸음, 앞글, 앞길, 앞날개, 앞녘, 앞니, 앞다리, 앞다투다, 앞당기다, 앞동산, 앞뒤, 앞뒷집, 앞뜰, 앞마당, 앞마디, 앞마루, 앞마을, 앞머리, 앞면, 앞모습, 앞모양, 앞문, 앞바다, 앞바닥, 앞바퀴, 앞발, 앞발질, 앞방, 앞밭, 앞부분, 앞사람, 앞산, 앞생각, 앞서가다, 앞서다, 앞세우다, 앞엣것, 앞이마, 앞일, 앞자락, 앞자리, 앞잡이, 앞장, 앞장서다, 앞조각, 앞주머니, 앞줄, 앞지르기, 앞짧은소리, 앞짱구, 앞쪽, 앞차, 앞치마, 앞트임, 앞표지

앞문장 'ㅤ앞 문장'의 띄어쓰기 잘못.

¶ 글은 앞문장(×)/앞 문장(○)과 뒤 문장이 자연스럽게 이어지게 써야 한다.

››› '앞 문장'도 '뒤 문장'과 같이 한 낱말로 보지 않기 때문에 띄어 써야 한다.

애기 '아기'의 틀린 말.

애달다 동사

불규칙 애다니, 애달아, 애다는, 애다오, 애답니다, 애달았다

마음이 쓰여 속이 달아오르다.

¶ 그 일로 내가 아무리 애달아도 달라지는 것이 없다.

¶ 엄마가 애다는 줄도 모르고 이렇게 늦으면 어떡하니?

● '애달다'와 '애달아하다'

'애달다'의 뜻으로 '애달아하다'를 쓰는 것은 잘못이다. '애달다'는 '애가 달다'가 줄어든 동사이고, 동사에는 '-아하다'가 붙지 않기 때문이다. '-아하다/-어하다'는 형용사에 붙어 형용사를 동사로 만든다.

× 애달아하다 '애달파하다'의 비표준어.

○ 애달파하다 동사 ×애달아하다

불규칙 애달파하고, 애달파하니, 애달파하여/애달파해, 애달파하였다/애달파했다

애달프게 여기다.

¶ 그 아이의 사연을 듣고 애달파하지 않을 사람이 어디 있겠어요.

● '애달파하다'의 형태

'애달파하다'는 형용사 '애달프다'에 '-아하다'가 붙어 동사가 된 말이다. 국어에는 이처럼 형용사에 '-아하다'나 '-어하다'를 붙여 동사를 만드는 경우가 많이 있다. 다만 여느 국어사전에는 이 중에서 쓰임이 많은 낱말만 올라 있고 '애달파하다', '배고파하다', '서글퍼하다', '미더워하다' 같은 동사는 올라 있지 않다. 그러나 이들도 한 단어로 오를 자격이 있다.

○ 애달프다 형용사 ×애닯다

불규칙 애달프고, 애달프면, 애달파, 애달파서, 애달픈, 애달픕니다, 애달팠다

① 마음이 안타깝고 서글프다.

¶ 부모를 잃은 아이의 애달픈 사연이 소개되자 많은 사람이 아이를 지원해 주었다.

¶ 남과 북이 갈라져 가족이 만날 수 없게 되어 참으로 애달팠다.

② 애처롭고 쓸쓸하다.

¶ 엄마를 찾는 아이의 울음소리가 애달프게 허공을 감돌고 있다.

¶ 애달픈 배따라기 노랫가락이 포구에서 들려온다.

복합어

애달피 ① 마음이 안타깝고 서글프게. ¶ 이웃 사람들은 그 아이 처지를 애달피 여겼다. ② 애처롭고 쓸쓸하게. ¶ 밤이면 소쩍새가 애달피 운다.

✕ 애닯다 ‘애달프다’의 틀린 말.

››› 표준어 규정에서 ‘애닯다’를 죽은말로 보고 ‘애달프다’만 표준어로 인정했다.

○ 애로(隘路) 명사

① 일을 진행하는 데 장애가 되는 것.

¶ 처음에 아이들을 가르칠 때에는 애로가 한두 가지가 아니었다.

② 좁아서 다니기 힘든 길. 험하여 다니기 힘든 길.

››› ‘애로(隘路)’의 한자 뜻은 ‘좁고 험한 길’이다. 의미가 확장되어 ‘일을 진행하는 데에 걸림돌이 되는 것’을 가리키게 되었다. 어려운 한자말이기도 하지만 일본어에서 온 한자말이므로 ‘고충’, ‘걸림돌’ 따위로 바꿔 쓰는 것이 바람직하다.

○ 애매하다[1] 형용사

불규칙 애매하고, 애매하여/애매해, 애매한, 애매합니다, 애매하였다/애매했다

아무 잘못 없이 추궁을 당하거나 벌을 받아 억울하다. ㊐ 애꿎다

¶ 조선 시대에는 죄 없는 백성이 애매하게 벌을 받는 일이 많았다.

¶ 그 사람은 애매하게 도둑 누명을 썼다.

복합어

애매히 아무 잘못 없이 추궁을 당하거나 벌을 받아 억울하게. ¶ 죄 없는 사람을 어찌 애매히 감옥에 넣는답니까?

○ 애매하다[2](曖昧-) 형용사

불규칙 애매하고, 애매하여/애매해, 애매한, 애매합니다, 애매하였다/애매했다

① 확실하지 아니하다.

¶ 비가 올지 말지 애매해서 우산을 두고 왔는데 비가 오네.

¶ 그렇게 애매하게 대답하지 말고 가면 간다, 안 가면 안 간다고 확실하게 말해라.

② 딱 부러지게 알맞거나 명확하지 아니하다.

¶ 지금 시간은 밥을 먹기도 애매하고, 안 먹기도 애매하다.

복합어

애매성 ① 희미하여 분명하지 아니한 성질. ② 사용한 낱말이 풍부한 암시를 나타내거나 동시에 둘 이상의 뜻을 나타내는 성질.

애매히 불확실하게. 모호하게. ¶ 말을 그렇게 애매히 하지 마라.

× 애비 '아비'의 비표준어.

¶ 지금부터 애비(×)/아비(○)가 하는 말을 잘 들어라.

○ 애송이 명사 ×애숭이

애티가 나는 사람이나 사물.

¶ 저런 젖비린내 나는 애송이가 나에게 덤비겠다니.

× 애숭이 '애송이'의 틀린 말.

● '-송이'와 '-숭이'

'애송이'를 '애숭이'로 쓰는 것은 잘못이다. 우리말에 '-숭이' 또는 '-송이'가 붙은 말을 찾아보면 '-숭이'가 '-송이'보다 훨씬 많다. '-송이'가 붙은 말은 '애송이' 하나뿐이다. 이에 비해서 '-숭이'가 붙은 말은 아래와 같다.

벌거숭이, 발가숭이, 빨가숭이, 뻘거숭이, 깨보숭이, 코숭이, 허릅숭이

이렇게 보면 '애송이'를 '애숭이'로 바꿔야 하지 않을까 하는 생각이 든다. 참고로 북한에서는 '애숭이'가 문화어(표준어)이다.

애쓰다 동사

불규칙 애쓰고, 애써, 애쓰는, 애쓴다, 애씁니다, 애썼다

마음과 힘을 다하여 무엇을 이루려고 노력하다.

¶ 몇 달 동안 애썼는데 결과가 나빠서 속상해.

¶ 반 아이들이 학예회를 준비하느라고 무척 애썼다.

애환(哀歡) 명사

슬픔과 기쁨을 아울러 이르는 말.

¶ 이 영화는 70년대 서민들의 애환을 재현하고 있다.

● '애환'의 잘못된 사용

'애환'은 슬픔과 기쁨을 아우르는 말이다. 그런데 이 말을 오로지 슬픔의 뜻으로만 쓰는 경우가 있는데 이는 잘못이다.

¶ 서민들은 소주 한잔으로 삶의 애환(×)/고단함(○)/괴로움(○)을 달랬다.

야[1] 감탄사

① 매우 놀라거나 반가울 때 내는 소리.

¶ 야, 이렇게 하니 되는구나!

¶ 야, 눈이 온다!

② 어른이 아이를 부르거나 같은 또래끼리 서로 부르는 말.

¶ 야, 나 좀 보자.

¶ 야, 같이 가자.

야[2] 조사

① (받침 없는 말 뒤에 붙어) 강조의 뜻을 나타내는 말.

¶ 사고가 나고 한 달이 지나서야 사건의 전모가 드러났다.

¶ 그래도 너보다야 내가 낫지.

② (받침 없는 체언 뒤에 붙어) 손아랫사람이나 짐승 따위를 부를 때 쓰는 말. 참고 아, 여

¶ 철수야, 어디 가니?

¶ 파랑새야, 녹두밭에 앉지 마라.

> ● 조사 '야[2]'와 '여'
>
> 손아랫사람이나 짐승을 부를 때에는 '야'를 붙인다. 정중하게 부를 때에는 '여'를 붙이고, 높여 부를 때에는 '시여'를 붙인다. '여'나 '시여'는 주로 글말에서 쓴다.
>
> ¶ 친구야, 다시 보자.
>
> ¶ 친구여, 우리 서로 잊지 말자.
>
> ¶ 하느님 아버지시여, 우리를 불쌍히 여기소서.

–야[1] 어미

('이다', '아니다'의 어간에 붙어) 어떤 사실을 서술하거나 물을 때 쓰는 종결 어미.

¶ 그건 사실이 아니야.

¶ 이게 내가 말한 그 책이야.

¶ 저게 바로 코끼리야.

¶ 일은 이렇게 하는 거야.

¶ 이게 뭐야?

–야[2] 어미

(어간의 끝음절이 모음 'ㅏ, ㅓ, ㅐ, ㅔ'인 경우에) '–아야'의 '아'나 '–어야'의 '어'가 탈락한 형태.

¶ 재래시장에 가야 물건을 싸게 살 수 있다.

¶ 높이가 알맞은 베개를 베어야/베야 잠자리가 편하다.

약[1] 명사

① 어떤 식물이 성숙해서 지니게 되는 맵거나 쓴 성분.

¶ 고추가 약이 올라서 몹시 맵다.

② 비위가 몹시 상할 때 일어나는 감정.

¶ 사람이 약이 받치면 앞뒤를 못 가릴 때가 있다.

¶ 남동생이 짓궂게 놀려서 누나는 약이 오를 대로 올랐다.

관용 표현

약(을) 올리다 비위가 상하여 언짢거나 은근히 화가 나게 하다. ¶ 누구 약 올리나?

약(이) 오르다 ① 고추나 담배 따위가 잘 자라 자극적인 성분이 많아지다. ¶ 고추가 약이 올라 맵다. ② 비위가 상하여 언짢거나 은근히 화가 나다. ¶ 마땅히 하는 일도 없이 돈을 많이 버는 사람을 보면 공연히 약이 오른다.

약[2](藥) 명사

① 병이나 상처를 낫게 하거나 예방하는 데 쓰는 물질.

¶ 머리가 아파서 약을 먹었다.

② 해로운 동식물을 없애는 데 쓰는 물질.

¶ 방에 바퀴벌레 잡는 약을 뿌려 놓았다.

③ '건전지'를 달리 이르는 말.

¶ 약이 다 돼서 시계가 멈췄다.

속담

약은 나누어 먹지 않는다 약을 나누어 먹으면 약효가 덜하다는 뜻으로 하는 말.

약은 빚내어서라도 먹어라 건강을 위해서는 돈을 아끼지 말라는 말.

약[3](約) 관형사

(수량을 나타내는 말 앞에 쓰여) 얼추 잡아서 그 수량에 가까움을 나타내는 말.

¶ 우리 집은 여기서 약 20킬로미터 떨어진 곳에 있다.

¶ 약 10분 후면 도착할 것 같다.

약빠르다 형용사

불규칙 약빠르게, 약빠르니, 약빨라, 약빨라서, 약빠릅니다, 약빨랐다

약아서 눈치나 행동 따위가 재빠르다.

¶ 그들은 자기 잇속 챙기는 데는 약빠르니 조심해야 한다.

¶ 친일파들은 약빠르게 일본에 붙어서 이권을 챙겼다.

속담

약빠른 고양이 밤눈이 어둡다 약빨라 실수가 없을 듯한 사람도 부족한 점은 있음을 빗대어 이르는 말. =약은 쥐가 밤눈 어둡다.

약빠른 고양이 앞을 못 본다 지나치게 영리한 사람이 도리어 판단을 잘못하여 기회를 놓치는 수가 있음을 빗대어 이르는 말.

ㅇ

얇다 형용사

규칙 얇고, 얇지, 얇아, 얇아서, 얇은, 얇네, 얇습니다, 얇았다

① 두껍지 아니하다. 참고 가늘다

¶ 날씨가 더우니 얇은 옷으로 갈아입어야겠다.

② 층을 이루는 사물의 높이나 집단의 규모가 보통의 정도에 미치지 못하다.

¶ 우리 팀은 선수층이 얇은 편이다.

③ 빛깔이 연하다.

● '얇다'의 잘못된 사용

두께가 두꺼운지 얇은지 구별하는 것과 굵기가 굵은지 가는지 구별하는 것은 다른 상황이다. 그래서 두께는 얇다고 하지만 굵기는 가늘다고 해야 한다. 팔이나 다리통이 가는 사람에게 팔이 얇다거나 다리가 얇다고 하면 안 된다.

¶ 아이의 팔뚝이 너무 얇아서(×)/가늘어서(○) 보기에 안쓰러울 지경이다.

양념 명사

① 음식의 맛을 돕기 위해 치는 재료. 맛난이. 참고 고명

¶ 한국 음식에는 파, 마늘, 고춧가루, 간장, 깨 같은 양념을 주로 쓴다.

② 재미를 돕기 위하여 덧붙이는 것을 이르는 말.

¶ 전쟁 영화도 사랑 이야기로 양념을 해야 볼 맛이 난다.

복합어

양념감 양념으로 쓰이는 식료. =양념거리

양념장 갖은양념을 넣은 간장. =양념간장

양념절구 고추나 깨소금 등의 양념감을 빻는 작은 절구.

양념하다 ① 양념을 넣거나 치다. ② 이야기에 살을 붙여 재미있고 다채롭게 꾸미다.

››› '양념'은 소금, 기름, 다진 마늘, 파, 간장, 설탕 따위를 섞어서 음식의 맛을 돋우는 데 쓴다. '고명'은 실고추, 달걀지단, 대추, 잣, 깨소금, 미나리, 당근 따위를 음식 위에 얹거나 뿌려서 음식의 모양과 빛깔을 돋보이게 하고 맛을 더하는 데 쓴다.

얕다 형용사

규칙 얕고, 얕지, 얕으니, 얕아, 얕아서, 얕은, 얕네, 얕습니다, 얕았다

① 위에서 밑바닥까지, 겉에서 속까지의 길이가 짧다. 참고 낮다

¶ 바다가 얕아서 아이들이 헤엄을 치며 놀기 좋다.

¶ 구덩이를 얕게 파고 무 씨를 심었다.

② 생각, 연구, 심지 따위가 깊지 않다.

¶ 제 생각이 얕아서 선생님 말씀을 이해하지 못했어요.

¶ 그런 얕은 연구로 학위를 받기 어렵다.

③ 수준이 낮거나 정도가 약하다.

¶ 그렇게 얕은 재주로 우리를 속이려 하다니 우습다.

¶ 얕은 잠이 들었다가 부스럭거리는 소리에 깼다.

④ 기간이 얼마 되지 않다.

¶ 우리 회사는 아직 역사가 얕은 편이다.

복합어

야트막하다 조금 얕은 듯하다. ¶ 야트막한 지붕이 이마를 맞대고 오순도순 모여 있다.

얕디얕다 매우 얕다.

얕보다 실제보다 얕잡아 보다. 업신여겨 깔보다. ¶ 어린애라고 얕보았다가는 큰코다칠지 모른다.

얕은꾀 속이 환히 들여다보이는 꾀. ¶ 그런 얕은꾀로 우리를 속이려 하다니.

얕잡다 사람의 능력을 실제보다 낮추어 보고 아무렇게나 대접하다. ¶ 상대 선수를 얕잡아 보았다가 크게 졌다.

얕추 너무 깊지 않고 얕게.

속담

얕은 내도 깊게 건너라 작은 일이라도 가벼이 생각해서는 안 된다는 말.

● '얕다'와 '낮다'

《표준국어대사전》에는 '얕다'의 의미로 '밑에서 위까지의 길이가 짧다'를 포함하였다.

그래서 예문으로 '얕은 산', '천장이 얕다'를 제시하여 '얕다'와 '낮다'가 같은 상황에서 쓸 수 있음을 보여 주고 있다. 그러나 '얕다'와 '낮다'의 의미를 가려 사용하는 것이 좋겠다. 기준면의 아래쪽으로 거리가 짧으면 '얕다', 거리가 길면 '깊다'를 쓰고, 기준면의 위쪽으로 거리가 짧으면 '낮다', 거리가 길면 '높다'를 쓰는 것이 합리적이다. 그렇게 해야 '얕다'의 반대말은 '깊다'로, '낮다'의 반대말은 '높다'로 확정할 수 있다.

-어 어미

① 두 절의 앞뒤 관계 또는 인과 관계를 나타내는 연결 어미. 참고 -아

¶ 형이 내 책을 뺏어 동생에게 주었다.

¶ 옆 친구가 내 팔을 꼬집어 화가 났다.

② 본용언과 보조 용언을 이어 주는 연결 어미.

¶ 이곳을 힘껏 붙들어 다오.

¶ 새로 나온 소설을 읽어 보았다.

¶ 창문을 열어 놓아라.

③ 서술, 의문, 청유, 명령의 뜻을 나타내는 종결 어미.

¶ 내가 그렇게 싫어?

¶ 배고프면 이것이라도 좀 먹어.

¶ 나도 그가 들어오는 것을 보았어.

어미 '-어'의 생략과 바뀜

① 어미 '-어'는 어간 끝음절이 모음 'ㅓ'로 끝나는 경우에 생략된다. 과거를 나타내는 어미 '-었-'을 붙일 때에도 '어'가 생략된다. 여기에 해당하는 낱말에는 '서다'와 '건너다'가 있다.

¶ 여기에 서 있어라.(서다+-어)

¶ 이 강을 건너 마을로 가려면 배를 타야 한다.(건너다+-어)

¶ 이쪽으로 건넜니?(건너다+-었-)

② '꺼멓다', '뻘겋다', '허옇다', '멀겋다'처럼 'ㅎ' 받침 형용사 중 일부는 어미 '-어'를 붙이면 아래와 같이 바뀐다.

¶ 물이 너무 꺼메/뻘게/허예/멀게 놀랐다.

(꺼멓다+-어=꺼메, 뻘겋다+-어=뻘게, 허옇다+-어=허예, 멀겋다+-어=멀게)

③ 어간 끝음절이 모음 'ㅣ'로 끝나는 말에 어미 '-어'나 '어'로 시작하는 어미가 붙는 경우에 어간 'ㅣ'와 어미 '어'가 섞여 'ㅕ'로 줄어든 형태를 쓰는 것이 더 자연스럽다. 특히 어간 끝음절이 '지'나 '치'인 경우에는 줄인 형태만 쓴다.

¶ 그가 안 보이어/보여 찾는 중이다.

¶ 밭이 물에 잠기었다/잠겼다.

¶ 아이에게 밥을 먹이어라/먹여라.

¶ 이번엔 우리 팀이 졌다.

¶ 이 창은 강화 유리로 만들어져 잘 안 깨진다.

¶ 뒷사람이 밀쳐 넘어졌다.

¶ 부모님께 편지를 부쳤다.

④ 어간 끝음절이 모음 'ㅜ'로 끝나는 말에 어미 '-어'가 붙거나 '어'로 시작하는 어미가 오면 'ㅜ'와 '어'가 합해져 'ㅝ'로 줄기도 한다. 과거를 나타내는 어미 '-었-'이 붙으면 'ㅝㅆ'으로 줄어들기도 한다.

¶ 나에게도 선물 주어/줘!

¶ 밀가루로 풀을 쑤었다/쒔다.

⑤ '푸다'는 어간 끝음절이 모음 'ㅜ'로 끝나지만 어미 '-어'가 붙거나 '어'로 시작하는 어미가 오면 'ㅜ'와 '어'가 합하여 'ㅝ'로 줄지 않고 'ㅜ'가 탈락한다. 어미 '-었-'이 붙을 때에도 마찬가지이다.

¶ 그렇게 남한테 푸어(×)/풔(×)/퍼(○) 주기만 하면 되겠니?

¶ 물이 넘치니 빨리 푸어라(×)/풔라(×)/퍼라(○).

¶ 항아리에서 간장을 푸었다(×)/풨다(×)/펐다(○)

⑥ 어간 끝음절의 모음이 'ㅐ'나 'ㅔ'인 경우 어미 '-어'를 생략할 수 있다. 과거를 나타내는 어미 '-었-'을 붙일 때에도 '어'를 생략할 수 있다.

¶ 모처럼 날씨가 개어/개 외출을 하였다.

¶ 사람을 그렇게 빼어/빼 가면 어떻게 해요?
¶ 두 물건 사이를 떼어/떼 놓으세요.
¶ 남은 돈을 세었다/셌다.
¶ 그의 의지는 굳세었다/굳셌다.

⑦ 어간 끝음절의 모음이 'ㅚ'인 경우 어미 '-어'가 오면 'ㅚ'와 '어'가 합해져 'ㅙ'로 줄어든다. 과거를 나타내는 어미 '-었-'이 오면 'ㅚ'와 '었'이 합해져 'ㅙㅆ'으로 줄어든다.

¶ 교실에서 떠들면 안 되어/돼.
¶ 일이 잘되어/잘돼 다행이다.
¶ 오랜만에 은사님을 뵈었다/뵀다.
¶ 금년 설은 고향에서 부모님과 함께 쇠었다/쇘다.
¶ 풀어지지 않게 끈을 단단히 죄어라/좨라.

››› 어미 '-아'와 '-어'는 그 기능이 정확하게 일치한다. 다만 붙이는 경우가 다른데 이에 관한 설명은 올림말 '-아' 참고.

어간(語幹) 명사

동사, 형용사, 서술격 조사 '이다'의 변하지 않는 부분. '가다', '좋은', '먹고'에서 '가-', '좋-', '먹-'이 어간에 해당한다. [참고] 어미²

¶ 동사와 형용사는 어간과 어미로 이루어진다.

어근(語根) 명사

단어에서 실질적 의미를 나타내는 중심이 되는 부분. 단어에서 접사를 뺀 부분. '어른스럽다'에서 '어른', '덜렁거리다'에서 '덜렁', '한국인'에서 '한국'이 어근이고 그 뒤에 붙은 것이 접미사이다. '짓밟다'에서 '밟다', '맨발'에서 '발', '샛노랗다'에서 '노랗다'가 어근이고 그 앞에 붙은 것이 접두사이다.

¶ 파생어는 어근에 접사가 붙어 이루어진 낱말이다.

어디[1] 대명사

① (의문문에 쓰여) 잘 모르는 어느 곳을 가리키는 말.

¶ 여기가 어디예요?

¶ 이 시원한 바람은 어디에서 불어오나.

② 가리키는 곳을 밝히지 아니할 때 쓰는 말.

¶ 나는 지금 어디 가 볼 데가 있다.

③ 일정하게 정해져 있지 아니하거나 꼭 집어 댈 수 없는 곳을 가리키는 말.

¶ 열쇠는 어디에 잘 두었어.

¶ 어디나 정들면 다 고향이다.

④ ('어딘가', '어딘지' 형태로 쓰여) 무엇이라 말하기 어려운 점을 가리키는 말.

¶ 이 문장은 어딘가 잘못이 있는 것 같다.

¶ 잘 꾸미기는 했지만 어딘지 모르게 촌스러웠다.

⑤ (반어적 의문문에 쓰여) 수량, 범위, 장소 따위가 무시할 수 없는 정도임을 가리키는 말.

¶ 이 불황기에 손해가 안 난 것만 해도 어디야.

¶ 여기가 어디라고 감히 소란을 피워!

⑥ ('어디까지나' 형태로 쓰여) 다른 방법이나 달리 생각할 여지가 없음을 이르는 말.

¶ 이 일은 어디까지나 너 혼자 결정해야 한다.

¶ 그가 한 말은 어디까지나 농담이었을 뿐이다.

어디[2] 감탄사

① 벼르거나 다짐할 때 쓰는 말.

¶ 어디, 누가 이기나 보자.

② 되물어 강조할 때 쓰는 말.

¶ 이걸 네가 만들었다고? 어디.

③ 남의 주의를 끌 때 쓰는 말.

¶ 어디 보자, 이것이 네가 만든 작품이구나.

④ 마음대로 되지 아니하여 딱한 사정이 있는 형편을 강조할 때 쓰는 말.

¶ 세상이 이처럼 각박해서야 어디 살겠어요.

어떠하다 형용사 ㉾ 어떻다

불규칙 어떠하고, 어떠하여/어떠해, 어떠한, 어떠합니다, 어떠하였다/어떠했다

무슨 상태로 있다. 의견, 성질, 형편 따위가 어찌 되어 있다.

¶ 그곳의 지금 상황은 어떠합니까?

¶ 어떠한 상황에서도 흔들리지 말고 맡은 일을 수행해 주기 바란다.

어떡하다

불규칙 어떡하고, 어떡하면, 어떡하여/어떡해, 어떡할, 어떡합니다, 어떡하였다/어떡했다

'어떻게 하다'가 줄어든 말. 참고 어떻다

¶ 이 일을 어떡하면 좋지?

¶ 앞으로 어떡할 작정이냐?

● '어떡하다'와 '어떠하다'의 형태 바뀜

'어떡하다'는 동작을 나타내고, '어떠하다'는 상태를 나타내는 말이므로 어미가 아래와 같이 바뀐다.

어미	어떡하다	어떠하다/어떻다	주의할 점
-는	어떡하는	(없음)	동사만 해당(현재 시제)
-냐?	어떡하냐?	어떠하냐?/어떻냐?	
-니?	어떡하니?	어떠하니?/어떻니?	
-느냐?	어떡하느냐?	(없음)	동사만 해당(현재 시제)
-ㄴ	어떡한	어떠한/어떤	동사는 과거 시제 형용사는 관형사형
-ㄹ까?	어떡할까?	어떠할까?/어떨까?	

어떻다 형용사

불규칙 어떻게, 어떻고, 어떻든, 어때, 어떤, 어떻소, 어떻니/어떠니, 어떻습니까

‘어떠하다’의 준말.

¶ 세상이 어떻게 변해 가는지 모르겠다.

¶ 네 의견은 어떤지 말해 줘.

¶ 지금 그쪽 상황은 어떠냐?

¶ 이 옷은 어때?

‘어떠하다’와 ‘어떻다’의 형태 바뀜

두 낱말은 준말과 본딧말 관계에 있으므로 의미와 용법은 차이가 없다. 다만 문장에서 바뀌는 형태에 주의할 점이 있다.

어미	어떠하다	어떻다	주의할 점
-ㄴ	어떠한	어떤	형용사이므로 ‘-는’이 붙지 않는다.
-니	어떠하니	어떠니 /어떻니	‘어떻다’의 ‘ㅎ’이 탈락하기도 하고 탈락하지 않기도 한다.
-냐	어떠하냐	어떠냐 /어떻냐	
-든	어떠하든	어떻든	
-게	어떠하게	어떻게	
-소, -오	어떠하오	어떻소	
-ㄹ까	어떠할까	어떨까	‘어떻다’의 ‘ㅎ’이 탈락한다.
-면	어떠하면	어떠면	
-아/-어	어떠하여/어떠해	어때	‘어떻다’의 ‘ㅎ’이 탈락하며 형태가 바뀐다.
-아서/-어서	어떠하여서/어떠해서	어때서	
-았니/-었니	어떠하였니/어떠했니	어땠니	
-았다/-었다	어떠하였다/어떠했다	어땠다	

● '어떻게'와 '어떡해'

두 말은 소리가 같아서 표기할 때 헷갈리기 쉽다. 품사로 구별하면 헷갈리지 않을 수 있다. '어떻게'는 형용사 '어떻다'의 연결형이므로 뒤에 동사나 형용사가 와야 한다. '어떡해'는 동작을 나타내는 '어떡하다'가 바뀐 형태이므로 뒤에 동사나 형용사가 오지 않는다.

¶ 이 일을 어떻게 하지? 이 일을 어떡해?

어렵사리 부사

매우 어렵게.

¶ 어렵사리 구한 일자리를 마음에 안 든다고 그만둔다니.

¶ 우리 집은 부모님이 평생 돈을 모아 어렵사리 산 집이다.

● '어렵사리'와 '쉽사리'

보통의 노력으로 결과를 얻었다면 '쉽사리' 얻은 것이다. 많은 노력을 해서 겨우겨우 결과를 얻었다면 '어렵사리' 얻은 것이다. 어느 정도 노력을 했는지, 일반적으로 필요한 성과를 내는 것이 쉬운 일인지 어려운 일인지 등에 따라서 '어렵사리'를 쓸 것인지 '쉽사리'를 쓸 것인지 결정해야 한다.

어루만지다 동사

규칙 어루만지고, 어루만지어/어루만져, 어루만집니다, 어루만지었다/어루만졌다

① 가볍게 살살 만지다.

¶ 내가 강아지를 어루만지면 강아지는 꼬리를 흔든다.

② 위로하여 마음을 풀어 주다.

¶ 이웃들은 사고 유가족을 어루만지며 슬픔을 나누려 애쓴다.

③ 빛이나 모습 같은 것이 사람이나 물체를 정답고 가볍게 비치다.

¶ 따뜻한 햇볕이 나의 뺨을 부드럽게 어루만진다.

어르다[1] 동사 ×얼르다

불규칙 어르고, 어르니, 얼러, 어른다, 어릅니다, 얼렀다

① 놀리며 장난하다.

¶ 고양이가 쥐를 잡지 않고 앞발로 어르기만 한다.

¶ 네가 감히 양반을 얼렀다니 제 정신이냐?

② 달래어 기쁘게 하여 주다.

¶ 엄마가 아이를 어르니 아이가 깔깔대며 웃는다.

¶ 할머니는 손주들이 울지 않게 잘 어르셨다.

③ 어떤 일을 하도록 구슬리다.

¶ 그가 우리 마을 일을 맡도록 잘 얼러 보아라.

¶ 반찬 투정을 하는 아이를 어르고 달래어 밥을 먹였다.

복합어

얼러맞추다 그럴듯한 말로 둘러대어 남의 비위를 맞추다. ¶ 그럴듯한 말로 상대의 비위를 얼러맞추면 불신을 사기 쉽다.

속담

어르고 뺨 치기 그럴듯한 말로 꾀어서 은근히 남을 해롭게 함을 빗대어 이르는 말. =어르고 등골 뺀다.

어르다[2] 동사

불규칙 어르고, 어르니, 얼러, 어른다, 어릅니다, 얼렀다

'어우르다'의 준말.

¶ 이것저것을 모두 얼러서 한데 놓아라.

¶ 텃밭에서 딴 토마토며, 오이, 고추를 얼러서 이웃집에 나눠 주었다.

어른답다 형용사

불규칙 어른답고, 어른답지, 어른다워, 어른다운, 어른답습니다, 어른다웠다

어른이 어른으로서 말이나 행동을 하는 모습이다. 참고 어른스럽다

¶ 이제 너도 성인이 되었으니 어른답게 행동해야지.

어른스럽다 형용사

불규칙 어른스럽고, 어른스러워, 어른스러운, 어른스럽습니다, 어른스러웠다

어린아이의 말이나 행동이 의젓하여 어른 같은 데가 있다. 참고 어른답다

¶ 아이가 커서 제법 어른스러운 말을 한다.

¶ 동생은 나이보다 어른스럽게 행동한다.

복합어

어른스레 어른스러운 데가 있게.

● '어른스럽다'와 '어른답다'

'어른스럽다'는 어린아이가 어른처럼 굴 때에 쓰는 말이다. '어른답다'는 어른이 어른으로서 언행을 할 때, 또는 어른에게 어른처럼 행동하라고 말할 때에 쓰는 말이다. 따라서 '어른답다'를 어린아이에게 하거나, '어른스럽다'를 어른에게 하면 안 된다.

¶ 이 아이는 정말 어른스럽고 의젓하게 말하는구나.

¶ 요즘에는 어른다운 어른이 드물다.

어림 명사

대강 짐작으로 헤아림. 또는 그런 셈이나 짐작.

¶ 참가자는 어림으로 짐작해도 만 명은 넘을 것 같다.

¶ 네 어림은 믿을 수 없어.

¶ 지금 들으면 어림도 안 갈 이야기이지요.

복합어

눈어림 눈으로 헤아려 보는 어림. ¶ 눈어림으로만 봐도 이 옷은 너한테 작겠다.

어림셈 어림으로 셈함. 또는 그런 셈.

어림수 대강 짐작으로 잡은 수.

어림잡다 어림으로 헤아려 보다. =어림치다

어림재기 길이, 무게, 들이, 부피 따위를 대강 짐작으로 재는 것.

어림짐작 대강 헤아리는 짐작.

어림하다 대강 짐작으로 헤아리다. ¶ 소고기가 어림하여 두 근쯤 되겠네.

관용 표현

어림 반 푼어치도 없다 몹시 부당하거나 터무니없는 말을 함을 이르는 말. ¶ 옛날에는 체벌을 예사로 했지만 지금은 어림 반 푼어치도 없는 일이다.

어림없다 형용사

규칙 어림없고, 어림없어, 어림없는, 어림없네, 어림없습니다, 어림없었다

① 도저히 될 가망이 없다.

¶ 주소도 모르고 서울에서 김 서방 찾기란 어림없는 일이다.

¶ 이 돈으로 집을 사겠다는 것은 어림없는 생각이다.

② 사물을 분별할 만한 지혜가 없다. ⓑ 분수없다

¶ 그렇게 어림없는 애는 아니니까 믿고 기다립시다.

③ 너무 많거나 커서 대강 짐작조차 할 수 없다.

¶ 그의 공연에는 어림없을 만큼 많은 사람이 왔다.

복합어

어림없이 ① 도저히 될 가망이 없이. ② 분수가 없이. ¶ 그렇게 어림없이 사업을 시작하면 실패하기 마련이다. ③ 너무 많거나 커서 대강 짐작조차 할 수 없이. ¶ 몇 년 사이에 고향이 어림없이 변해 있었다.

어미[1] 명사 ×에미

① '어머니'의 낮춤말.

¶ 저는 어미도 아비도 없습니다.

¶ 아이가 밤에 일어나 제 어미를 찾는다.

¶ 영희야, 네 어미 좀 불러 오너라.

② 결혼하여 자식을 둔 딸을 이르는 말.

¶ 어미야, 아이 좀 봐라.

③ 시부모가 아들에게 아내인 며느리를 이르는 말.

¶ 아범아, 왜 어미는 함께 오지 않았니?

¶ 내일은 어미와 처가에 다녀오너라.

④ 부모나 장인, 장모 또는 웃어른 앞에서 자기 아내를 낮추어 이르는 말.

¶ 어머니, 어미가 몸이 아파서 함께 오지 못했습니다.

⑤ 어머니가 자식에게 자기를 낮추어 이르는 말.

¶ 넌 도대체 왜 이리 어미 속을 썩이느냐?

››› 입말에서 흔히 쓰는 '에미'는 '어미'의 비표준어이다. '아비'를 '애비'라고 하는 것도 마찬가지로 비표준어이다.

어미[2](語尾) 명사

동사, 형용사, 조사 '이다'가 문장 안에서 쓰일 때에 바뀌는 부분. '점잖게', '점잖으며', '점잖고'에서 '-게', '-으며', '-고' 따위. [참고] 어간

¶ 한국어의 가장 큰 특징은 조사와 어미의 활용이다.

어서 부사 ×어여

① 지체 없이 빨리. [참고] 얼른

¶ 식구들이 기다리겠다. 어서 집으로 가자.

¶ 야단치지 않을 테니 어서 말해 봐라.

② 반갑게 맞아들이거나 간절히 권하는 말.

¶ 어서 오십시오/오세요/오게/오너라/와라/와.

¶ 시장하실 텐데, 어서 드십시오.

● '어서'와 '얼른'

① 두 말이 다 재촉하는 말이다. 어떤 행동을 요구하거나 권하는 문장에서는 '얼른'이나 '어서'나 딱히 의미 차이를 느낄 수 없다. 따라서 '얼른' 대신에 '어서'를 써도 괜찮다.

¶ 어머니가 기다리시니 어서/얼른 집에 가자.

¶ 기차 시간에 늦겠다. 어서/얼른 서둘러라.

② 평서문에서는 '어서'가 부적절하다. 이때는 '얼른'을 사용하는 것이 더 자연스럽다.

¶ 졸음이 찾아오면 나는 얼른(○)/어서(×) 찬물로 세수를 하고 옵니다.

¶ 얼른(○)/어서(×) 시작한다면 제 시간에 일을 끝낼 수 있을 것이다.

-어서 어미

① 먼저 한 행동을 뒤의 행동과 이어 주는 연결 어미. [참고] -아서

¶ 나는 쌀을 씻어서 솥에 안쳤다.

¶ 책꽂이에서 책을 빼어서 가방에 넣었다.

② 뒤에 이어지는 행동의 이유나 근거를 나타내는 연결 어미.

¶ 마당이 넓어서 아이들이 마음껏 뛰어놀았다.

¶ 우리는 오래 사귀어서 서로의 마음을 잘 안다.

③ 수단이나 방법을 나타내는 연결 어미.

¶ 나는 걸어서 학교에 다닌다.

¶ 쥐는 낮에는 숨어서 생활한다.

● '-어서'의 용법

① '-어서'는 용언의 어간 뒤나, '이다'와 '아니다'의 어간 뒤에 붙는다. 끝음절 모음이 'ㅏ'나 'ㅗ'인 경우에는 어간 뒤에 '-아서'가 붙는다.(올림말 '-아서' 참고.)

¶ 저 물건을 손으로 집어서 다오.(집다+-어서)

¶ 이 상품의 수를 세어서 정리해 두어라.(세다+-어서)

¶ 동생의 장난감을 뺏어서 부모님께 혼났다.(뺏다+-어서)

¶ 일이 잘되어서/잘돼서 빨리 끝났다.(잘되다+-어서)

② 끝음절이 모음 'ㅓ'로 끝나는 어간(받침이 없는 어간) 뒤에는 '-서'만 붙인다.

¶ 여기 서서 기다려라.(서다+-어서)

¶ 강을 건너서 소풍을 갔다.(건너다+-어서)

③ 어간 끝음절이 모음 'ㅣ'로 끝나면 'ㅣ'와 '-어서'가 결합하여 '-ㅕ서'로 줄어든다.

¶ 그림을 그려서 벽에 붙여 놓았다.(그리다+-어서)

④ 모음으로 끝나는 체언 뒤에서 '이다'의 '이'가 생략되는 경우에는 '-여서'로 바뀐다.

¶ 여기는 도시여서 사람들이 매우 북적거린다.(도시다+-어서)

¶ 그곳은 바다여서 바람이 끊임없이 불어 시원했다.(바다다+-어서)

⑤ '이다'의 '이'가 생략되지 않는 경우에는 '이'와 '어서'가 결합해도 '여서'로 줄어들지 않는다.

¶ 그는 선생이어서(○)/선생여서(×) 애들을 좋아하는 것 같다.(선생이다+-어서)

⑥ 'ㅜ'로 끝나는 어간 뒤에서는 'ㅜ'와 '-어서'가 결합하여 '-ㅝ서'로 바뀐다.

¶ 회사를 세워서 사업을 시작했다.(세우다+-어서)

¶ 돌을 잘게 부숴서 건축 소재로 쓴다.(부수다+-어서)

⑦ 'ㅂ' 불규칙 활용을 하는 용언의 경우는 '-워서'로 바뀐다.

¶ 매우 즐거워서 시간 가는 줄 몰랐다.(즐겁다+-어서)

¶ 반가워서 그를 와락 껴안았다.(반갑다+-어서)

⑧ '르' 불규칙 활용을 하는 용언의 경우는 '-ㄹ러서'로 바뀐다.

¶ 올봄에는 하루 걸러서 한 번꼴로 비가 내렸다.(거르다+-어서)

¶ 이 과일은 너무 물러서 먹을 수 없다.(무르다+-어서)

¶ 아이가 소리를 크게 질러서 깜짝 놀랐다.(지르다+-어서)

⑨ '허옇다'에 '-어서'가 결합하면 '-예서'로 바뀐다.

¶ 빛깔이 허예서 쉽게 더러워질 것 같다.

⑩ '꺼멓다', '퍼렇다', '누렇다', '멀겋다'같이 색을 나타내는 형용사에 '-어서'가 결합하면 '-ㅔ서'로 바뀐다.

¶ 너무 꺼메서/퍼레서/누레서/멀게서 보기 싫다.

어여 '어서'의 비표준어.

¶ 쓸데없는 소리 말고 어여(×)/어서(○) 네 볼일이나 봐.

-어요 어미

① (끝음절 모음이 'ㅏ, ㅗ'가 아닌 용언의 어간 뒤에 붙어) 설명, 의문, 명령, 청유의 뜻을 나타내는 종결 어미. 어미 '-어'와 보조사 '요'가 결합하여 문장을 끝맺는 말이다.

¶ 아이가 방에서 울어요.

¶ 양칫물을 삼키지 말고 뱉어요.

¶ 어디서 밥을 먹어요?

② (형용사 '아니다'와 조사 '이다'의 어간에 붙어) 설명, 의문의 뜻을 나타내는 종결 어미. =-에요

¶ 이것은 내가 찾는 물건이 아니어요.

¶ 여기가 바로 선생님께서 사시던 집이어요?

● '-어요'와 '-에요'

'이다'와 '아니다'의 활용형에 쓰이는 '-어요'는 '-에요'로 바꿔 쓸 수 있다.

¶ 여기는 살 만한 곳이 아니어요/아니에요.

'이어요'와 '이에요'는 각각 '여요'와 '예요'로 줄여 쓸 수 있다. 다만, 앞말에 받침이 있는 경우에는 줄이지 않는다.

¶ 이건 틀림없이 장미 향기여요/향기예요.
¶ 이게 세상에서 가장 오래된 화석이어요/화석이에요.
'아니어요'와 '아니에요'는 각각 '아녀요'와 '아녜요'로 줄여 쓰기도 한다.
¶ 말은 함부로 하는 게 아니어요/아니에요/아녀요/아녜요.

어우르다 동사 ㊟ 어르다[2]

불규칙 어우르고, 어우르지, 어울러, 어우르는, 어우릅니다, 어울렀다

① 여럿을 모아 한 덩어리나 한판이 크게 되게 하다.
¶ 여러 사람이 힘을 어울러 모내기를 마쳤다.
¶ 여기 있는 사람까지 모두 어울러도 열 명은 되지 않는다.
② 윷놀이에서 말 두 바리 이상을 한데 합치다.
¶ 도에 말 둘을 어울러 써라.

어울리다 동사 ㊟ 얼리다[1]

규칙 어울리고, 어울리어/어울려, 어울리는, 어울립니다, 어울리었다/어울렸다

① 여럿이 서로 잘 조화되어 자연스럽게 보이다.
¶ 빨간색 티셔츠가 청바지와 아주 잘 어울린다.
¶ 집은 주위 환경과 잘 어울리도록 지어야 한다.
② 함께 사귀어 잘 지내거나 일정한 분위기에 끼어들어 같이 휩싸이다.
¶ 그는 사귐성이 좋아서 처음 보는 사람들과도 잘 어울린다.
¶ 동생은 친구들과 어울려 노는 것을 좋아한다.

어줍다 형용사

규칙 어줍고, 어줍으면, 어줍으니, 어줍어, 어줍은, 어줍었다

① 말이나 행동이 익숙지 않아 서투르고 어설프다.

¶ 신랑은 아이를 어줍게 안고 잠을 재웠다.

¶ 동생은 아직 젓가락질이 어줍어서 포크를 쓴다.

② 말이나 행동이 둔하고 부자연스럽다.

¶ 찬바람을 쏘였더니 입이 얼어서 말하는 게 어줍었다.

③ 어쩔 줄을 몰라 겸연쩍거나 어색하다.

¶ 거짓말을 들킨 여자는 어줍은 듯 손으로 얼굴을 가린다.

복합어

어줍대다 자꾸 어줍게 굴다.

어줍살스럽다 보기에 어줍은 태도가 있다.

어줍살스레 보기에 어줍은 태도로.

● '어줍다'의 용법

'어줍다'는 두 가지 점이 다른 형용사와 다르다.

첫째, 형용사를 동사로 만드는 구문인 '-어하다'를 붙여 '어줍어하다'라고 쓰지 않는다. 보통 형용사는 '-어하다'를 붙여 동사를 만들 수 있다. 즉, '부끄럽다', '수줍다' 같은 형용사는 '부끄러워하다', '수줍어하다'처럼 동사를 만들지만 '어줍다'는 동사로 만들어 쓰지 않는다는 말이다.

둘째, 형용사를 부정하는 구문인 '-지 않다'를 붙여 '어줍지 않다'나 줄여서 '어줍잖다'라고 쓰지 않는다. 보통 형용사는 '-지 않다'를 붙여 부정할 수 있다. 즉, '크다', '예쁘다' 같은 형용사는 '크지 않다', '예쁘지 않다'라고 부정하고 이를 '크잖다', '예쁘잖다'로 줄여 쓸 수 있지만, '어줍다'는 그렇게 부정하거나 줄이지 않는다. '어줍다'를 부정하는 표현이 없는 셈이다. 《표준국어대사전》은 '어줍잖다'를 '어쭙잖다'의 잘못으로 설명한다.

¶ 아이들은 어줍은 몸짓으로 절을 했다.

¶ 아이들은 어줍잖은(×)/어쭙잖은(○) 몸짓으로 절을 하였다.

× **어줍잖다** '어쭙잖다'의 틀린 말.

어지간하다 형용사

불규칙 어지간하고, 어지간하여/어지간해, 어지간한, 어지간합니다, 어지간하였다/어지간했다

① 수준이 보통에 가깝거나 그보다 약간 더하다.

¶ 성품도 어지간하고 직장도 어지간하니, 그를 만나 보는 게 어때?

¶ 나는 어지간한 영어는 알아듣는다.

② 기준에 크게 벗어나지 아니한 상태에 있다.

¶ 화가 나겠지만 그래도 어지간하면 네가 참아라.

¶ 어지간한 일이면 그가 도와줄 거야.

③ 생각보다 꽤 무던하다.

¶ 그런 걸 참다니 그 사람도 어지간하군.

¶ 그렇게 몰아세우면 어지간한 사람도 받아들이기 어려울 거요.

④ 성격 따위가 생각보다 심하다.

¶ 우리 할아버지 성격이 어지간하셨거든.

¶ 선생님한테 대들다니 걔 성격도 어지간하네.

복합어

어지간히 ① 보통이나 보통보다 조금 더. ② 정도나 형편이 기준에 어느 정도 맞게. ③ 무던하게. ④ 생각보다 심하게. ¶ 사람을 어지간히도 볶는다.

어지럽다 형용사

불규칙 어지럽고, 어지러우니, 어지러워, 어지러운, 어지럽습니다, 어지러웠다

① 몸을 가누기 힘들 정도로 정신이 흐리고 얼떨떨하다.

¶ 기둥에 머리를 부딪치니 어지러워서 걸을 수 없었다.

② 이런저런 것이 뒤섞이거나 뒤얽혀 갈피를 잡을 수 없다.

¶ 지금은 정신이 어지러워 아무 결정도 내릴 수 없다.

③ 사회가 혼란스럽고 질서가 없다.

¶ 나라가 어지러울 때에 영웅이 나타나는 법이다.

④ 물건들이 제자리에 있지 못하고 널려 있어 너저분하다.

¶ 가을이 되니 길 위에 낙엽이 어지럽게 굴러다닌다.

¶ 책상 위에 책들과 공책, 필기구들이 어지럽게 널려 있었다.

복합어

어지러이 어지럽게.

어지럼 어지러운 상태.

어지럼증 아찔하고 어지러운 증상. ㊟ 어질증 =현기증 ¶ 계단을 오르는데 별안간 어지럼증이 났다.

어지르다 동사

불규칙 어지르고, 어질러, 어질러서, 어지르는, 어지릅니다, 어질렀다

정돈되어 있는 것을 마구 늘어놓아 혼란하게 하다.

¶ 아이들이 잔뜩 어질러 놓은 방을 혼자 치웠다.

복합어

어질러지다 정돈되어 있던 일이나 물건이 뒤섞이거나 얽히다. ¶ 도둑이 든 집처럼 방 안이 잔뜩 어질러져 있었다.

> **‘어지르다’의 준말을 잘못 쓰는 예**
>
> 동사 ‘어지르다’를 ‘어질다’로 줄여 아래와 같이 쓰는 것은 허용되지 않는다. 형용사 ‘어질다’와 혼동하지 않도록 하기 위해서이다.
>
> ¶ 마당을 어질지(×) 마라. →어지르지
>
> ¶ 그렇게 우리 집을 어질려면(×) 다시는 오지 마라. →어지르려면
>
> ¶ 만날 책상을 이렇게 어질면(×)/어질르면(×) 누가 다 치우니?→어지르면
>
> ¶ 네가 방을 어지니(×)/어질르니(×) 엄마가 화를 내셨지. →어지르니
>
> ¶ 여기 마루를 어진(×)/어질른(×) 사람이 누구야?→어지른
>
> ¶ 동생이 내 방을 어질었다(×). →어질렀다

ㅇ

어질다 형용사

불규칙 어질고, 어질므로, 어지니, 어질어, 어진, 어집니다, 어질었다

마음이 너그럽고 인정이 두터우며 슬기롭고 착하다.

¶ 그는 어딘지 위엄을 풍기면서도 어질어 보였다.

¶ 어진 사람은 외롭지 않다.

어질하다 형용사

불규칙 어질하고, 어질하니, 어질하여/어질해, 어질한, 어질합니다, 어질하였다/어질했다

갑자기 정신이 아득하고 어지럽다.

¶ 갑자기 일어서니 머리가 어질해서 하마터면 쓰러질 뻔했다.

어째

① '어찌하여'가 줄어든 말. 어떠한 것이 이유나 원인이 되어.

¶ 일이 어째 이렇게 되었나?

¶ 어째 그러오. 무슨 일이 있었소?

¶ 오늘은 어째 밥맛이 없구나.

② 어떻다고.

¶ 무엇이 어째?

어째서

'어찌하여서'가 줄어든 말. 어떠한 것이 이유나 원인이 되어서.

¶ 어째서 너는 나를 싫어하니?

¶ 너만 보면 어째서 자꾸 웃음이 나는지 모르겠어.

¶ 그 사람이 어째서 우리를 만나자는 거니?

어쨌든 부사

그 원인, 이유, 상황, 상태 따위가 어찌 되었든 그에 얽매이지 않고. =아무튼

¶ 어쨌든 오늘은 여기서 그치고 그만 돌아가자.

¶ 오늘 사고는 어쨌든 내 책임이다.

어쨌든지 ①부사

① 그 원인, 이유, 상황, 상태 따위가 어떻게 되어 있든지. =아무튼지

¶ 결과야 어쨌든지 내가 할 일은 열심히 해야지.

② '어찌하였든지', '어찌 되었든지'가 줄어든 말.

¶ 일이야 어쨌든지 내가 알 바 아니다.

어쩌다[1] 동사

불규칙 어쩌고, 어쩌면/어쩜, 어째, 어쩐, 어쩔, 어쩝니까, 어쨌다

① '어찌하다'의 준말.

¶ 아이가 지금은 어쩌고 있는지 살펴보아라.

¶ 그래서 나더러 어쩌라고?

② ('어쩐' 형태로 쓰여) 무슨. 웬.

¶ 어쩐 일로 이렇게 일찍 오셨소?

¶ 어젯밤 도둑이 들었다니, 어쩐 소리요.

관용 표현

어쩔 수 없다 달리 어떻게 할 방법이 없다. ¶ 이번 일은 내가 어쩔 수 없어서 승낙한다.

어쩌다[2] 부사

'어쩌다가'의 준말.

¶ 어쩌다 길에서 그를 만날 때도 있다.

¶ 요즘 그가 무척 바빠서 나도 어쩌다 한 번씩 전화 통화만 할 뿐이다.

어쩌다가 ①-②부사 ㊟ 어쩌다[2]

① 뜻밖에 우연히.

¶ 그와는 길에서 어쩌다가 만나면 알은체하는 정도의 관계이다.

¶ 그날 어쩌다가 네 이야기를 들었다.

② 이따금. 가끔.

¶ 이모는 어쩌다가 한 번씩 우리 집에 온다.

③ '어찌하다가'가 줄어든 말.

¶ 어쩌다가 일을 이 지경까지 그르치게 되었니.

››› '어쩌다[2]'와 '어쩌다가'는 준말과 본딧말의 관계에 있을 뿐 용법이나 의미에 차이는 없다.

어쩌면[1] 부사 ㊟ 어쩜[1]①

① 혹시.

¶ 어쩌면 그가 오늘 모임에 올지 모른다.

¶ 어쩌면 네 말이 맞을지도 몰라.

② 어떻게 해서.

¶ 너는 어쩌면 피아노를 그렇게 잘 치니?

¶ 어쩌면 저렇게 하늘이 파랄까!

어쩌면[2] 감탄사 ㊟ 어쩜[1]②

놀라거나 따지거나 할 때 내는 소리.

¶ 어쩌면, 내가 보아도 놀라운 솜씨네.

¶ 어쩌면, 그런 힘든 일이 있었는데도 나한테 전화 한 통 안 했니?

어쩌면[3] ㊟ 어쩜[2]

동사 '어쩌다'의 연결형. 동사 '어쩌다'에 연결 어미 '-면'이 붙어 바뀐 형태.

¶ 이제 우리는 어쩌면 좋니?

어쩐 관형사

어찌 된. 어찌한.

¶ 이렇게 이른 시각에 어쩐 일이냐?

어쩐지 부사

어찌 된 까닭인지. 무슨 까닭인지.

¶ 어쩐지 내 이야기를 안 들으려고 하더라.

¶ 오늘따라 어쩐지 기운이 없다.

어쩔

동사 '어쩌다'의 관형사형.

¶ 그러면 네가 어쩔 건데?

어쩜[1] ①부사 ②감탄사

① '어쩌면[1]'의 준말.

¶ 이 옷은 나한테는 작지만 어쩜 너한테는 맞을 것 같아.

¶ 아이가 어쩜 이렇게 귀여울까!

② '어쩌면[2]'의 준말.

¶ 어쩜, 놀라운 기술이네.

어쩜[2]

'어쩌면[3]'의 준말.

¶ 우리 이제 어쩜 좋아?

어쭙잖다 형용사 ×어줍잖다

규칙 어쭙잖고, 어쭙잖으니, 어쭙잖아, 어쭙잖습니다, 어쭙잖았다

① 비웃음을 살 만큼 언행이 분수에 넘치는 데가 있다. 참고 어줍다

¶ 가난뱅이 주제에 어쭙잖게 외제 차를 산대?

¶ 그의 어쭙잖은 호령에 사람들은 모두 웃음을 참지 못했다.

② 아주 서투르고 어설프다. 또는 아주 시시하고 보잘것없다.

¶ 일을 그렇게 어쭙잖게 하니 만날 타박을 맞지.

¶ 그런 어쭙잖은 생각은 그만두고 발품이나 팔아라.

어찌 부사

① 어떻게. 어떠한 방법으로.

¶ 이 일을 어찌 감당해야 할지 모르겠어.

¶ 그 엄청난 고초를 어찌 견딘단 말입니까?

② 어떠한 이유로. ㉥ 왜

¶ 어찌 그리 생각하시는지 까닭을 말씀해 주십시오.

¶ 아직 이른 시간인데 어찌 벌써 떠나려 하십니까?

¶ 자식 일인데 어찌 걱정이 안 되겠습니까?

③ 어떤 관점 또는 처지에서.

¶ 어찌 보면 이 섬 전체가 거북 같다.

¶ 어찌 생각하면 네 말도 일리가 있다.

④ (감탄 표현의 '-ㄴ지', '-는지', '-던지' 따위와 호응하여) 그 정도가 대단함을 나타내는 말.

¶ 그 꽃을 보는 순간 어찌 예쁘던지 넋을 잃고 바라보았다.

¶ 그 모습이 어찌 그리 눈부신지 말로 다 할 수 없구나.

어찌하다 동사 ㉾ 어쩌다[1]

불규칙 어찌하고, 어찌하여/어찌해, 어찌하여서/어찌해서, 어찌합니까, 어찌하였다/어찌했다

① (주로 '어찌하여' 형태로 쓰여) 어떠한 것이 이유나 원인이 되다.

¶ 어찌하여 내 마음을 그리도 몰라줍니까?

¶ 너희들은 어찌해서 만날 싸움질이냐?

② 무엇을 어떻게 하다. 어떤 방법으로 하다.

¶ 이 일을 어찌하여야 좋을지 모르겠소.

¶ 섭섭한 마음을 어찌하지 못하여 갈림길까지 배웅을 나갔다.

››› '어찌하다'는 '어째, 어쩌다, 어쩜, 어쩐, 어쩔, 어쨌든' 같은 준말 활용형이 발달했다.

언

동사 '얼다'의 관형사형. 과거 시제를 나타낸다.

¶ 남자는 난롯가에서 언 손을 녹였다.

¶ 빚을 내어 빚을 갚는 것은 언 발에 오줌을 누는 것이나 마찬가지다.

언덕배기 명사 ×언덕빼기

언덕의 꼭대기.

¶ 마을 뒤 언덕배기에는 커다란 느티나무가 서 있었다.

¶ 언덕배기에 올라서니 마을이 한눈에 들어온다.

✕ 언덕빼기 '언덕배기'의 틀린 표기.

● '-배기'와 '-빼기'

어떤 명사를 낮추어 이르기 위해서 그 명사 뒤에 붙이는 접미사로 '-빼기'를 쓴다. '코빼기', '이마빼기', '과녁빼기', '그루빼기', '낯빼기', '대갈빼기' 따위가 그것이다. '언덕'에도 이 접미사가 붙으면 '언덕빼기'가 되는 것이 맞겠지만 표준어 규정에는 '언덕배기'만 표준어로 인정한다. '언덕배기'와 함께 '언덕바지'도 표준어이다.

언뜻 부사

=얼핏

① 생각이나 기억 따위가 문득 떠오르는 모양. 순간적으로.

¶ 책을 읽다가 선생님이 해 주신 말씀이 언뜻 떠올랐다.

¶ 그가 중얼거리던 말뜻을 언뜻 깨달았다.

② 지나는 결에 잠깐 나타나는 모양.

¶ 차창 너머로 언뜻 그의 모습이 보였다.

복합어

언뜻거리다 =언뜻대다 ① 생각이나 기억 따위가 잇따라 문득문득 떠오르다. ② 지나가는 결에 잠깐씩 잇따라 나타나다.

언뜻언뜻하다 여기저기서 또는 여럿이 언뜻거리다.

얼다 동사

불규칙 얼고, 어니, 얼어, 언, 어네, 업니다, 얼었다

① 액체나 물기가 고체 상태로 굳어지다.

¶ 이번 강추위로 한강 물이 얼었다.

② 추위로 인하여 몸이 뻣뻣하여지고 감각이 없어질 만큼 아주 차가워지다.

¶ 종일 밖에서 놀더니 손발이 꽁꽁 얼었구나.

¶ 옛날에는 소한 추위로 얼어 죽은 사람이 있었다.

③ 긴장하거나 흥분하여 침착한 태도를 잃고 당황하다.

¶ 나는 많은 사람들 앞에 서면 얼어서 말이 잘 안 나온다.

¶ 선생님 앞이라고 얼지 말고 차분하게 네 생각을 말해라.

관용 표현

얼어 죽을 전혀 합당하지 아니한. ¶ 지금 무슨 얼어 죽을 사랑 타령이야?

속담

언 발에 오줌 누기 잠시 효력이 있을지 모르나 그 효력이 오래가지 못하고 오히려 상황이 더 나빠짐을 빗대어 이르는 말.

언 손 불기 부질없는 짓을 빗대어 이르는 말.

언 수탉 같다 기진한 듯 몰골이 초췌하여 쭈그리고 앉은 모양을 빗대어 이르는 말.

얼어 죽고 데어 죽는다 어려운 일이 공교롭게 계속됨을 빗대어 이르는 말.

○ 얼루기 명사 ×얼룩이

얼룩얼룩한 점. 또는 그런 점무늬가 있는 사물이나 동물.

× 얼룩배기 '얼룩빼기'의 틀린 표기.

○ 얼룩빼기 명사 ×얼룩배기

'얼루기'를 낮추어 이르는 말.

¶ 얼룩빼기 황소가 울음을 우는 곳, 그곳이 차마 꿈엔들 잊힐 리야.

× 얼룩이 '얼루기'의 틀린 표기.

✕ 얼르다 '어르다[1]'의 틀린 말.

¶ 아기를 얼르고(×)/어르고(○) 달래서 겨우 재웠다.

○ 얼른 부사

시간을 끌지 아니하고 바로. 참고 빨리, 어서

¶ 식기 전에 얼른 먹어라.

¶ 묻는 말에 얼른 대답하지 않는다고 야단을 맞았다.

¶ 노크 소리에 얼른 나가서 문을 열었다.

> ● '얼른'과 '빨리'
>
> '얼른'은 시작을 곧 하라는 뜻으로 쓰는 말이고, '빨리'는 행동을 속도감 있게 하라는 뜻으로 쓰는 말이다. 그러나 실제 용법은 거의 비슷해서 같은 상황에서 사용하는 경우가 많다. 시작을 재촉하는 사람이 행동을 천천히 하라고 할 리 없고, 행동을 빠르게 하라는 사람이 천천히 시간을 끌면서 시작하는 것을 원하지 않을 것이기 때문이다.
>
> ¶ 밥을 얼른/빨리 먹고 일을 시작하자.
>
> ¶ 얼른/빨리 이리 와서 나를 좀 도와라.
>
> ¶ 가져온 것을 얼른/빨리 방에 들여놓아라.

››› '어서'는 '얼른'과 특별한 의미 차이가 없어서 서로 대체하여 쓸 수 있다.

○ 얼리다[1] 동사

규칙 얼리고, 얼리어/얼려, 얼립니다, 얼리었다/얼렸다

① '어울리다'의 준말.

¶ 학교가 끝나면 아이들끼리 여기저기 기웃거리며 얼려 다녔다.

② 연이 한데 얽히다.

¶ 내 연과 동생 연이 얼려서 땅으로 떨어지고 말았다.

얼리다[2] 동사

규칙 얼리고, 얼리어/얼려, 얼린, 얼립니다, 얼리었다/얼렸다

얼게 하다. '얼다'의 사동형.

¶ 냉동실에 물을 얼려 두어라.

¶ 홍시를 얼려 두었다가 여름에 먹는다.

얼마 명사

① (의문문에 쓰여) 잘 모르는 수량이나 정도를 나타내는 말.

¶ 이 옷은 얼마죠?

¶ 하루에 얼마 받고 일해요?

¶ 컴퓨터 수리하는 데에 비용이 얼마 드나요?

② 정하지 아니한 수량이나 정도.

¶ 치료비가 얼마 나오든 낫게만 해 주세요.

¶ 나는 떡볶이라면 얼마든지 먹을 수 있다.

③ 뚜렷이 밝힐 필요가 없는 적은 수량이나 값 또는 정도.

¶ 얼마 안 되지만 용돈에 보태 써라.

¶ 아빠 친구에게서 받은 돈 중에서 얼마를 동생에게 나누어 주었다.

관용 표현

얼마 상관 아니다 차이가 얼마 나지 아니하다.

얼마나 부사

동작의 강도나 상태의 정도가 대단함을 나타내는 말.

¶ 오래간만에 친구들을 만나서 얼마나 반가웠는지 몰라.

¶ 얼마나 추운지 강이 꽁꽁 얼었다.

¶ 그동안 얼마나 많은 사람이 민주주의를 이루기 위해서 희생되었던가!

얼추 부사

① 어지간한 정도로 대충.

¶ 네 말뜻을 얼추 알 것 같다.

¶ 입장객이 얼추 천 명은 되겠다.

② 어떤 기준에 거의 가깝게. 거의 다.

¶ 공장은 얼추 지어 가는데 일감은 아직 없다.

¶ 정해진 시간에 얼추 맞출 수 있을 것 같다.

복합어

얼추잡다 ('얼추잡아' 형태로 쓰여) 대강 짐작하여 정하다. ¶ 모임에 참석하겠다는 사람이 얼추잡아도 스무 명은 될 듯하다.

얼핏 부사

=언뜻

① 지나는 결에 잠깐.

¶ 얼핏 보면 보잘것없는 꽃이라도 찬찬히 들여다보면 예쁘다.

¶ 그가 얼핏 하던 말이 내 귀에 맴돈다.

② 깊이 생각함이 없이 문득.

¶ 일이 뭔가 이상하게 돌아간다는 생각이 얼핏 들었다.

복합어

얼핏얼핏 잇달아 얼핏 생각나거나 나타나는 모양. =언뜻언뜻

얽히고설키다 동사

규칙 얽히고설키고, 얽히고설키어/얽히고설켜, 얽히고설킨, 얽히고설키었다/얽히고설켰다

① 줄이나 끈 같은 것이 이리저리 뒤섞이다.

¶ 그의 집은 골목길이 몹시 얽히고설킨 곳에 있어서 찾기 어려웠다.

¶ 숲은 잡목이 우거지고 덩굴들이 얽히고설켜 있었다.
② 관계, 일, 감정 따위가 이리저리 복잡하게 되다.
¶ 이번 일은 너무 여러 가지가 얽히고설켜서 풀기가 어렵다.

● '얽히고설키다'와 '얽히고 설키다'

'얽히고설키다'는 분명히 어미 '-고'를 중심으로 앞뒤에 '얽히다'와 '설키다'가 연결된 구조이지만 '설키다'라는 동사가 없기 때문에 띄어 쓰지 않고 하나의 낱말로 붙여 쓴다. 이 말은 부사 '얼기설기'와 '얼키설키'를 연상하면 어떻게 만들어진 말인지 짐작할 수 있다. 비슷한 구조로 '어쩌고저쩌고', '함부로덤부로', '흥청망청', '어중이떠중이'가 있다. 이들은 이미 형성된 낱말이나 형태소 '어쩌고', '함부로', '흥청', '어중이'와 대응되는 형태를 덧붙여 새로운 낱말을 만들어 낸 것이다. 이런 낱말의 경우 뒤에 붙은 말 '저쩌고', '덤부로', '망청', '떠중이'는 독립적인 의미가 있는 것은 아니고 앞말에 붙어서 앞말의 의미를 더 강하게 하는 구실을 한다.

업신여기다 동사

규칙 업신여기고, 업신여기어/업신여겨, 업신여긴다, 업신여기었다/업신여겼다

남을 낮추보거나 하찮게 여기다.
¶ 내가 나를 업신여기면 남도 나를 업신여긴다.

복합어

업신여김 교만한 마음에서 남을 낮추어 보거나 하찮게 여기는 일. =업심

없다 형용사

규칙 없고, 없으니, 없어, 없는, 없네, 없소, 없습니다, 없었다

① 존재하지 아니하다.
¶ 놀이터에 아이들이 하나도 없다.
② 많지 못하다.

¶ 안 그래도 일할 사람이 없는데 너까지 그만두면 어떡해.

③ 경제적으로 가난하다.

¶ 부모님은 없는 살림에 우리들을 키우느라 고생이 많으셨다.

④ 어떤 일이 일어나지 않은 상태이다.

¶ 여기는 아직 아무 사고가 없는 지역이다.

⑤ 살아 있지 아니하다.

¶ 그는 이미 세상에 없는 사람이야.

⑥ 가지거나 갖추고 있지 아니하다.

¶ 순수한 물은 색도 없고 맛도 없다.

¶ 자격이 없는 사람은 시험을 치를 수 없다.

⑦ ('-ㄹ 수 없다' 또는 '-ㄹ 리 없다'처럼 쓰여) 앞말을 부정하는 말.

¶ 그렇게 놀기만 하면 대학에 들어갈 수 없어.

¶ 그가 그런 말을 했을 리 없어. 네가 잘못 들었을 거야.

복합어

없애다 없게 만들다. '없다'의 사동형.

없어지다 ① 없게 되다. 사라지다. ② 줄어들다.

없음 '없다'의 명사형. ×없슴 ¶ 볼일 없는 사람은 들어올 수 없음.

관용 표현

없는 것이 없다 모든 것이 다 갖추어져 있다는 말.

속담

없는 꼬리를 흔들까 아무리 뜻이 있어도 그것을 해낼 만한 뒷받침이 없으면 안 된다는 말.

없는 놈이 있는 체 못난 놈이 잘난 체 실속 없는 사람이 유난히 허세를 부리는 경우를 빗대어 이르는 말.

없는 놈이 찬밥 더운밥 가리랴 급하고 아쉬울 때는 좋고 나쁨을 가리지 않고 무엇이나 고마워한다는 말.

없어서 비단 치마 다른 것이 없어서 할 수 없이 아끼던 것을 쓰게 된다는 말.

● '없다'의 관형사형은 '없는', 명사형은 '없음'

'없다'는 형용사이므로 형용사 활용 방식에 따라서 관형사형 어미로 '-은'을 써야 하지만 동사처럼 '-는'을 쓰는 점이 특이하다. '돈이 없는 사람', '입구가 좁은 방'에서 '없다'와 '좁다'는 다 형용사이지만 '없다'에는 어미 '-는'이 붙고, '좁다'에는 어미 '-은'이 붙은 것을 볼 수 있다. '없다' 외에 형용사의 관형사형 어미로 '-는'이 붙는 낱말은 없다.

'없다'의 명사형은 '없음'이다. 종결 어미로 '-습니다'를 쓰는 것에 이끌리어 '-슴'을 쓰는 사람이 있는데 '없슴'이라는 명사형은 없다.

없슴

'없음'의 틀린 표기.

없이 부사

① 생기거나 나타나지 않게.

¶ 하는 일 없이 시간을 보내지 마라.

② 많지 않은 상태로.

¶ 반찬도 없이 밥상을 차려서 미안합니다.

③ 갖춰야 할 것을 갖추지 않은 상태로.

¶ 아무 준비도 없이 일을 벌였다.

¶ 생각 없이 말하지 마라.

④ 가난하게.

¶ 없이 사는 설움은 있는 사람은 몰라.

⑤ 가능하지 않게.

¶ 불길이 걷잡을 수 없이 번졌다.

⑥ 존재하지 않은 상태로.

¶ 가을 하늘이 구름 한 점 없이 파랗구나.

⑦ 자격이나 능력 따위를 갖지 않은 상태로.

¶ 면허 없이 운전을 하면 처벌을 받는다.

⑧ 논리를 갖추지 않은 상태로.

¶ 아무 이유 없이 결석하지 마라.

⑨ 질서나 규칙을 지키지 않는 상태로.

¶ 너는 위아래도 없이 아무에게나 대드는구나.

복합어

없이하다 없어지게 하다.

-었- 어미

=-았-

① 어떤 행동이 과거에 일어난 일이거나 이미 끝난 일임을 나타내는 어미.

¶ 아침에는 날씨가 궂었는데 지금은 좋네.

¶ 난 벌써 밥을 먹었어.

② 과거에 일어난 일이 현재까지 지속되거나 영향을 미치는 상황을 나타내는 어미.

¶ 벚꽃이 활짝 피었다.

③ 앞으로 일어날 일에 대해 정해진 결과인 것처럼 단정하여 말할 때 쓰는 어미.

¶ 가뭄 때문에 올해 농사는 다 지었다.

››› 끝음절의 모음이 'ㅏ, ㅗ'가 아닌 용언의 어간 뒤나 '이다'의 어간 뒤에는 '-었-'을 붙이고, 끝음절의 모음이 'ㅏ, ㅗ'인 용언의 어간 뒤에는 '-았-'을 붙인다.

엉덩이 명사

볼기의 윗부분.

¶ 간호사가 엉덩이에 주사를 놓았다.

복합어

엉덩방아 넘어지거나 하여 엉덩이로 바닥을 쾅 구르는 짓. ¶ 사람들이 밀치는 바람에 엉덩방아를 찧었다.

엉덩잇짓 엉덩이를 흔들거나 움직이는 짓. =궁둥잇짓

엉덩춤 매우 기쁘거나 신이 나서 엉덩이를 들먹거리는 짓.

관용 표현

엉덩이가 가볍다 어느 한자리에 오래 머물지 못하고 바로 자리를 뜨다.

엉덩이가 근질근질하다 한군데 가만히 앉아 있지 못하고 자꾸 일어나 움직이고 싶어하다. ¶ 나도 앞으로 나가서 노래하고 싶어서 엉덩이가 근질근질했다.

엉덩이가 무겁다(/질기다) 한번 자리를 잡고 앉으면 좀처럼 일어나지 아니하다. ¶ 그 사람처럼 엉덩이가 질긴 사람은 처음 본다.

엉덩이를 붙이다 자리를 잡고 앉다. ¶ 좁은 계단에 엉덩이를 붙이고 쉬었다.

속담

엉덩이에 뿔이 났다 되지못한 사람이 옳은 가르침을 듣지 않고 엇나간다는 말.

엉성하다 형용사

불규칙 엉성하고, 엉성하여/엉성해, 엉성한, 엉성합니다, 엉성하였다/엉성했다

① 잘 짜이지 아니하여 어울리는 맛이 없고 빈틈이 있다.

¶ 영화 구성이 엉성하니 재미가 떨어진다.

¶ 뼈대가 엉성하여 집이 곧 무너질 것 같다.

② 빽빽하지 못하고 성기다.

¶ 머리카락이 많이 빠져서 엉성하게 보인다.

ㅇ

¶ 넓은 정원에 나무를 여기저기 엉성하게 심어 놓았다.

③ 사물의 형태나 내용이 부실하다.

¶ 겉은 화려하지만 내용은 엉성하기 짝이 없다.

④ 살이 빠져서 뼈만 남을 만큼 버쩍 마른 듯하다. '앙상하다'의 큰말.

¶ 병을 오래 앓은 탓인지 야윈 어깻죽지가 몹시 엉성하게 보였다.

복합어

엉성히 ① 잘 짜이지 못하고 빈틈이 있게. ② 빽빽하지 못하고 성기게. ③ 내용이 부실하게.

››› '엉성하다'와 '앙상하다'는 큰말과 작은말 관계지만 용도가 달라지고 있다. '엉성하다'는 주로 얼개가 잘 짜이지 않은 상태를 뜻하는 말로 쓰이고, '앙상하다'는 살이 빠지거나 나뭇잎이 떨어져 뼈나 가지만 남아 보기 흉함을 가리키는 말로 많이 쓰인다.

에 조사

① 행위의 대상이 되는 장소임을 나타내는 말.

¶ 옷에 먼지가 묻었다.

¶ 기둥과 기둥 사이에 줄을 매고 빨래를 널었다.

② 있는 곳임을 나타내는 말. 참고 에서

¶ 부모님은 시골집에 계신다.

¶ 거리에 사람들이 많다.

③ 행위가 이루어지는 시간임을 나타내는 말.

¶ 나는 아침에 운동을 한다.

¶ 우리, 오후 4시에 만나자.

④ 목적지 또는 대상을 나타내는 말. 참고 로

¶ 내일부터 학교에 다닌다.

¶ 나는 그의 의견에 찬성한다.

⑤ 원인을 나타내는 말.

¶ 나는 요란한 소리에 잠을 깼다.

¶ 그가 내게 해 준 충고에 정신이 번뜩 들었다.
⑥ 수단 또는 방법임을 나타내는 말.
¶ 김치는 배추를 소금에 잘 절여야 맛있다.
¶ 햇볕에 옷을 말리면 살균 효과가 있다.
⑦ 기준이나 단위를 나타내는 말.
¶ 그것은 예의에 어긋나는 행동이다.
¶ 그의 생각은 시대에 뒤떨어진다.
⑧ 무엇을 더함을 나타내는 말.
¶ 할머니는 종종 국에 밥을 말아 드신다.
¶ 나는 커피에 크림이나 설탕을 타지 않는다.
⑨ 맡는 자리나 노릇임을 나타내는 말.
¶ 오페라의 주인공에 누가 뽑힐지 궁금하다.
⑩ 조건이나 환경임을 나타내는 말.
¶ 이 무더위에 어떻게 지냈니?
⑪ 용도를 나타내는 말.
¶ 이 물건은 어디에 쓰나요?
¶ 이 칼은 고기를 썰기에 알맞아요.
⑫ 속하거나 포함됨을 나타내는 말.
¶ 단어를 익히는 방법에 여러 가지가 있다.
¶ 포유류에 어떤 동물이 있는지 말해 보세요.
⑬ 서로 짝이 됨을 나타내는 말.
¶ 그 아버지에 그 아들이로구나.
⑭ ('에 관하여', '에 대하여', '에 의하여' 구성으로 쓰여) 관계되는 것임을 나타내는 말.
¶ 우리나라 문화에 관하여 연구하는 사람이 늘고 있다.
¶ 공동체의 발전에 대하여 생각해 본 적 있는가?
⑮ 여럿을 나열하는 노릇을 하는 말.
¶ 우리는 빵에 우유에 떡에 별의별 것을 다 먹었다.
¶ 아버지가 책에 연필에 장난감에 이것저것 많이 사 주셨다.

● 조사 '에'와 '에서'의 구별

'에'와 '에서'는 명확히 구별하여 사용하여야 한다. 요즘 '에서'를 사용해야 할 곳에 '에'를 사용하는 예가 늘고 있다.

¶ 올해는 대천 해수욕장에(×)/에서(○) 휴가를 지냈다.

¶ 다음 경기에 나설 사람을 우리 중에(×)/에서(○) 뽑기로 했다.

¶ 오늘 학교에(×)/에서(○) 휴교한다는 연락을 받았다.

¶ 동생과 나는 집에(○) 있다.

이처럼 활동하는 곳에는 '에서'를 붙이고, 그냥 있는 곳에는 '에'를 붙인다. 또 다음과 같이 출발지에는 '에서'를 붙이고, 도착지에는 '에'를 붙인다.

┌ 지금 선두가 운동장에(×)/에서(○) 출발하고 있습니다.
└ 지금 선두가 운동장에(○) 도착하고 있습니다.

┌ 빨리 자리에(×)/에서(○) 일어서세요.
└ 빨리 자리에(○) 앉으세요.

┌ 새장에(×)/에서(○) 벗어난 새
└ 새장에(○) 갇힌 새

● '에'와 '에게'

대상이 사람이나 고양이 같은 동물이면 '에게'를 붙이고, 돌 같은 사물이나 식물이면 '에'를 붙인다. 무정물이나 식물이라도 의인화를 하는 경우에는 '에게'를 붙인다.

¶ 나에게 있는 모든 재산을 사회에 내놓겠다.

¶ 학교에 가다가 친구에게 들렀다.

¶ 난초에 물을 주지 말고 고양이에게 밥을 주어라.

에게 조사

① 행동이 미치는 상대편을 나타내는 말. 참고 께, 한테, 보고

¶ 이 책을 누구에게 줄까?

¶ 엄마에게 합격 사실을 알렸다.

¶ 고양이에게 생선 가게를 맡긴 격이다.

② 당하게 하는 상대임을 나타내는 말. [참고] 에게서

¶ 개에게 물렸다.

¶ 부모에게 사랑을 받는다.

¶ 거짓말을 선생님에게 들켰다.

③ 소속이나 처소를 가리키는 말.

¶ 나에게 버섯과 관련한 책이 많이 있다.

¶ 동물에게 감정이 있을까?

④ 어떤 상태나 동작의 대상임을 나타내는 말.

¶ 체육 선생님은 아이들에게 인기가 높다.

● '에게'의 높임말 '께'

높임말을 써야 할 사람한테는 '께'를 쓴다.

¶ 동생에게 / 어머님께 전화를 했다.

¶ 사장님의 지시 사항을 부하 직원에게 / 부장님께 전달했다.

● '에게'와 '한테'

① 두 낱말은 기능이 같다. 다만 '에게'는 입말과 글말로 두루 쓰는 반면에 '한테'는 주로 입말로 쓴다.

¶ 국가가 국민에게 해 주어야 할 일이 무엇인지 말해 보세요.

¶ 궁금한 것은 누구한테 / 에게 물어야 되죠?

¶ 그런 부탁을 왜 나한테 / 에게 하는 거야?

② '에게'는 특정한 대상이든 막연한 대상이든 상관없이 폭넓게 쓰고, '한테'는 대상을 아주 좁혀 특정할 수 있는 사람(예를 들면, 나/너/우리/너희/이름)에게 사용한다.

¶ 영수한테 물어보아라.(구체적인 대상을 가리킨다.)

¶ 사람에게 삶이란 어떤 의미가 있을까?(막연한 대상을 가리킨다.)

ㅇ

에게로 조사

'에게'의 힘줌말.

¶ 돈이 필요한 사람은 모두 나에게로 와라.

에게서 조사

무엇이 비롯하는 사람임을 나타내는 말. [참고] 에게, 한테서

¶ 언니에게서 용돈을 받았다.

¶ 이건 그에게서 들은 말이다.

● '에게'와 '에게서'

① 두 낱말 다 사람이나 동물을 가리키는 말 뒤에 붙는다. 그러나 기능은 정반대이다. '에게'는 받을 사람에 붙이고, '에게서'는 주는 사람에 붙인다.

¶ 돈을 영호에게 주고 그만큼을 성호에게서 받았다.

¶ 내가 경수에게 한 말을 너에게서 듣다니!

¶ 어른은 아이들에게 지식을 가르치지만 때로는 아이들에게서 배우기도 한다.

② 행위의 근원이나 출처를 나타내는 경우에는 '에게서'를 쓴다.

¶ 그 이야기를 친구에게서 들었다.

¶ 동생에게서 편지가 도착하였다.

››› '에게서'와 '한테서'는 기능이 같다. 다만 '에게서'는 입말과 글말로 두루 쓰는 반면에 '한테서'는 주로 입말로만 쓴다.

에누리 명사

① 물건 값을 깎는 일.

¶ 에누리 없는 장사가 어디 있소.

② 물건 값을 더 높이 부르는 일.

¶ 요즘 과자 값은 에누리가 너무 심하다.
¶ 우리 가게는 에누리 없이 받을 값만 받습니다.
③ 실제보다 더 보태거나 깎아서 말하는 일. 실제와 다른 내용.
¶ 그의 말에는 에누리도 섞여 있다.

복합어

에누리하다 ① 살 사람이 물건 값을 깎다. ② 실제보다 더 보태거나 줄여서 말하다.
¶ 에누리하지 말고 솔직하게 말해 줘.

에누릿속 에누리하는 마음 자세. ¶ 세상에 떠도는 말은 에누릿속으로 들어야 한다.

● '에누리'의 독특한 용법

에누리는 상인이 정상 가격에 조금 보태어 가격을 더 높이 매기는 행위를 가리키는 데에서 비롯하였는데 물건을 사는 사람이 값을 깎으려는 행위를 가리키는 말로도 쓰인다. 한국인의 언어 의식을 엿볼 수 있는 좋은 예라고 볼 수 있다. 어느 일방이 상대에게 더 요구하는 행위와 상대가 그것을 거부하려는 행위를 같은 말로 표현하는 것이다. 이익을 더 얻으려는 사람과 그것을 허용하지 않음으로써 자기 이익을 지키려는 사람이 각자의 행위를 같은 언어로 표현한다는 점이 재미있다. 아래의 짤막한 대화에서 에누리의 용법을 이해할 수 있다.

상인: 이 물건은 1,200원입니다.(정상 가격은 1,000원이지만 200원을 에누리한 것임.)
손님: 값이 너무 비싸요. 800원에 주세요.(400원을 에누리하려 함.)
상인: 너무 에누리하지 마십시오. 1,000원에 드리겠소.

에다[1] 동사

규칙 에고, 에어/에, 에는, 엘, 엔다, 엡니다, 에었다/엤다

① 칼 따위로 도려내듯 베다.
¶ 바람이 코끝을 에어 낼 것처럼 차다.
② 마음을 몹시 아프게 하다.
¶ 그가 떠나자 나는 가슴을 에는 아픔을 느꼈다.

> ● '에다'와 '에이다'
> '살을 에는 추위'나 '살이 에이는 추위'는 모두 맞는 표현이다. 다만 '살을 에이는 추위'라고 하여 '에다'를 써야 할 자리에 '에이다'를 쓰는 것은 잘못이다. 여기에 쓰인 '에이는'은 '에다'의 피동형으로 쓰인 것이 아니라 불필요하게 '이'가 들어간 경우이기 때문이다.

››› '베다'는 실제로 칼로 자르는 행동을 나타낼 때 쓰고, '에다'는 칼로 자르는 행위 없이 그런 행위를 가정하는 경우에 쓴다.

○ 에다[2] 조사

'에다가'의 준말.

¶ 책을 가방에다 넣어 두고는 줄곧 책꽂이에서만 찾았다.

¶ 국에다 밥을 말아서 먹었다.

¶ 종이에다 그림을 그린다.

○ 에다가 조사 ㊟ 에다[2]

① 일정한 위치를 나타내는 말.

¶ 자주 안 쓰는 물건은 창고에다가 넣어 두어라.

¶ 시골에다가 집을 짓고 살 계획이다.

② 무엇에 다른 것을 더함을 나타내는 말.

¶ 커피에다가 설탕을 조금 타 주세요.

✕ 에미 '어미[1]'의 비표준어.

○ 에서 조사

① 동작하는 장소를 나타내는 말.

¶ 누나는 안방에서 공부한다.

¶ 어제 모임에서 논의한 내용을 설명해 드리겠습니다.

② 행위의 출발점을 나타내는 말.

¶ 학교에서 집까지 걸었다.

¶ 그는 미국에서 막 돌아왔다.

¶ 한강은 강원도 태백의 검룡소에서 시작한다.

③ 사물의 출처임을 나타내는 말.

¶ 오늘 내가 들려준 이야기는 책에서 읽은 것이다.

④ 행위의 이유임을 나타내는 말.

¶ 보탬이 되고자 하는 마음에서 드리는 말씀입니다.

¶ 도움을 드리는 뜻에서 귀띔해 드리려 합니다.

⑤ ('이에서' 형태로 쓰여) 비교의 기준임을 나타내는 말.

¶ 나빠도 이에서 더 나쁠 수는 없을 것입니다.

¶ 아무리 좋은들 이에서 더 좋을 수 있겠습니까?

⑥ (단체를 나타내는 명사 뒤에 붙어) 주어임을 나타내는 말.

¶ 정부에서 발표한 것을 보면 이제 우리나라도 선진국 대열에 선 것 같다.

¶ 이번 행사는 우리 학교에서 주최하기로 했다.

-에요 어미

=-어요②

››› '-에요'와 '-어요'의 용법은 올림말 '-어요' 참고.

에이다 동사

규칙 에이고, 에이어/에여, 에이는, 에인다, 에입니다, 에이었다/에였다

'에다[1]'의 피동형.

¶ 찬바람이 세차게 부니 뺨이 에이는 것 같다.

여 조사

(받침 없는 체언 뒤에 붙어) 사람이나 동물 따위를 정중하게 부르는 뜻을 나타내는 말. 감탄이나 호소의 뜻이 포함된다. [참고] 아, 야[2]

¶ 겨레여, 일어나라.

¶ 그대여, 내 잘못을 용서하여 주오.

››› 정중한 표현으로는 '여'를 붙이고, 높이는 표현으로는 '시여'를 붙인다. 낮추어 부를 때에는 '야'를 쓴다. 받침이 있는 체언 뒤에서는 각각 '이여', '이시여', '아'를 쓴다.

–여[1] 어미

('하다'나 '–하다'가 붙은 용언의 어간 뒤에 붙어)

① 시간상의 선후 관계를 나타내거나 방법 따위를 나타내는 연결 어미.

¶ 열심히 노력하여 성공하여라.

¶ 이 농작물은 우리가 직접 생산하여 판매합니다.

② 까닭이나 근거 따위를 나타내는 연결 어미.

¶ 그가 아파하여 일찍 집에 들어가게 했다.

¶ 이 반지는 네가 원하여 만들어 준 것이다.

③ 본용언과 보조 용언을 이어 주는 데 쓰는 연결 어미.

¶ 장사를 직접 경험하여 보아라.

¶ 내일까지 수리하여 주세요.

④ 어떤 사실을 서술하거나 물음, 명령, 청유의 뜻을 나타내는 종결 어미. 이 경우에는 '하여'를 '해'로 줄여 사용한다.

¶ 우리는 참 행복하여/행복해.

¶ 이번 일은 너희가 하여/해.

–여[2](餘) 접사

① (한자어로 된 수 뒤에 붙어) 어떤 수에 자투리가 더 붙어 있음을 나타내는 말. [참고] –남

은, 남짓

¶ 십여 가구, 천여 명, 백여 년 전, 80여 살

② (주로 기간을 나타내는 단위 뒤에 붙어) 자투리 기간이 더 붙어 있음을 나타내는 말.

¶ 3년여에 걸친 공사가 이제 막 끝났다.

¶ 6개월여 만에 가게를 열었다.

● '-여'의 용법

① 주로 십진법에 따라서 10단위 이상을 나타내는 수의 뒤에 붙어서 그 수에 자투리가 조금 더 있음을 나타내는 경우에 쓴다. 이 경우에는 수 바로 뒤에 붙여 쓴다.

¶ 유류품 천여 개가 무더기로 발견되었다.

② 기간을 나타내는 경우에는 수 뒤에 붙을 수도 있고, 단위 뒤에 붙을 수도 있다.

¶ 이것은 십여 년 전에 시작한 큰 공사이다.

¶ 이것은 십 년여에 걸쳐 진행한 큰 공사이다.

'-여'가 단위 뒤에 붙으면 그 단위보다 아래 단위로 된 자투리를 의미하게 된다. '십 년여'는 10년에 몇 달이 더 있음을 나타내고, '십여 년'은 11년이나 12년을 나타낸다.

● '-여'와 '-남은', '남짓'

'-여'는 한자어에 붙고, '-남은'은 토박이말에 붙는 특징이 있다. 특히 '-남은'은 토박이말 가운데 특별히 몇 개의 수에만 붙는다. 《표준국어대사전》에 따르면 '-남은'이 붙은 낱말로는 '여남은, 스무남은, 예수남은'의 셋이 있다. '열, 스물, 예순'의 받침이 탈락한 것도 한 특징이다.

'서른, 마흔, 쉰, 일흔, 여든, 아흔'의 뒤에 '-남은'을 붙이는 경우도 있겠지만 그 형태를 정확하게 제시할 수 없다. '30여'를 '서르남은', '40여'를 '마흐남은'처럼 쓸 수 있을지 의문이라는 말이다. 사전에 특별히 올림말로 제시되지 않았다면 규칙적으로 '서른남은', '마흔남은', '쉰남은', '일흔남은', '여든남은', '아흔남은'처럼 써야 할 것 같다.

'남짓'은 크기, 수효, 부피 따위가 어느 한도에 차고 조금 남는 정도를 나타내는 말이다. '남짓'은 의존 명사이므로 앞말에 띄어 써야 한다. '열 개 남짓', '6개월 남짓 걸릴 것이다.'처럼 쓴다.

여느 관형사

보통의. 예사로운. 그 밖의 다른.

¶ 여느 때 같으면 그가 버럭 화를 냈을 터인데 오늘은 웬일인지 웃고 넘긴다.

관용 표현

여느 때 없다 ① 보통 때와는 다르다. ¶ 오랜만에 비가 그치니 오늘은 여느 때 없이 상쾌하고 기분이 좋다. ② 따로 정해진 때가 없다.

-여도 어미

가정이나 양보의 뜻을 나타내는 연결 어미. 어미 '-어도'가 '하다'나 '-하다'가 붙은 용언의 어간 뒤에 붙어 바뀐 형태.

¶ 칭찬을 많이 하여도 역효과가 나기 쉽다.

¶ 아무리 생각하여도 알 수 없다.

-여라 어미

어미 '-어라'가 '하다'나 '-하다'가 붙은 용언의 어간 뒤에 붙어 바뀐 형태.

① 명령의 뜻으로 쓰는 종결 어미.

¶ 열심히 공부하여라.

② 감탄의 뜻을 나타내는 종결 어미.

¶ 산이 참 높기도 하여라.

¶ 아유, 착하기도 하여라.

여러 관형사

수가 한둘보다 많은.

¶ 여러 개, 여러 명, 여러 사람, 여러 동네, 여러 방향

복합어

여러모꼴 모와 변이 각각 셋 이상인 도형. =다각형, 다변형

여러모로 여러 방면으로. 여러 가지로. ¶ 이번에 여러모로 도와주셔서 고맙습니다.

여러해살이 식물이 2년 이상 사는 일. 또는 그런 식물.

여럿 많은 수의 사람이나 물건. ¶ 여럿이 모인 곳에서는 공중도덕을 잘 지켜야 한다.

여러분 대명사

① 자기 말을 듣는 '여러 사람'을 높이어 가리킬 때 쓰는 이인칭 대명사.

¶ 여러분께서 도와주신 덕에 큰일을 무사히 마쳤습니다.

② (감탄사로 쓰여) 여러 사람을 부르는 말.

¶ 어린이 여러분, 안녕하세요? 반갑습니다.

● '여러분'과 '여러 분'

둘 이상을 나타내는 관형사 '여러'와 사람을 가리키는 의존 명사 '분'을 합하여 쓰는 말인데 붙여 쓰는 경우와 띄어 쓰는 경우의 의미가 다르다. 붙여 쓰는 '여러분'은 많은 사람을 하나로 묶어서 가리킬 때에 쓴다. 그러나 띄어 쓰는 '여러 분'은 한둘보다 더 많은 사람을 가리킨다.

¶ 여러분이 걱정해 주신 덕에 제가 무사히 돌아왔습니다.('너희들'의 높임말)

¶ 그날 오신 여러 분께서 저를 도와주셨습니다.('여러 사람'의 높임말)

여론(輿論) 명사

사회 대중의 공통된 의견. ㉥ 공론

¶ 시에서는 시민 여론을 따라서 도서관을 짓기로 결정하였다.

복합어

여론전 자기편으로 대중의 의견을 끌어들이기 위해 벌이는 싸움.

여성(女性) 명사

성년이 된 여자를 이르는 말. [참고] 여인, 여자

¶ 현대에 와서 여성의 지위가 급격하게 향상되었다.

¶ 여성의 정치 참여가 높을수록 선진국에 가까워진다.

복합어

여성상 여자로서 갖추어야 할 모습. =여인상②

여성스럽다 보기에 여성과 같은 느낌이나 요소가 있다.

여성적 여성의 모습이나 성질을 지닌. 또는 그런 것. ¶ 사람에게는 여성적인 면과 남성적인 면이 공존한다.

여요

조사 '이다'의 활용형 '이어요'가 받침 없는 체언 뒤에서 줄어든 형태. [참고] 예요

¶ 여기가 우리 회사여요.

¶ 이 영화도 바로 그 감독이 만든 영화여요.

> **'여요'와 '예요'**
> '이어요'와 '이에요'는 받침 없는 체언 뒤에서 각각 '여요'와 '예요'로 줄어든다. 어느 것을 써도 문제가 없고 기능이 똑같다. 굳이 구별한다면 '여요'에 비해서 '예요'는 입말에 많이 쓰이고 친근하게 들린다고 말할 수 있다.

-여요 어미

('하다'나 '-하다'가 붙은 용언의 어간 뒤에 붙어) 설명, 의문, 명령, 청유의 뜻을 나타내는 종결 어미. 어미 '-여'와 높임을 나타내는 조사 '요'가 결합한 말로서 '해요'로 줄여 쓸 수 있다.

¶ 그렇게 하여요/해요.

¶ 열심히 노력하여요/노력해요.

여위다 동사

규칙 여위고, 여위니, 여위어, 여윈, 여윕니다, 여위었다

① 살이 빠져 몸이 마르다.

¶ 노인은 며칠 굶은 사람처럼 몹시 여위었다.

¶ 짖는 개는 여위고 먹는 개는 살찐다.

② 살림살이가 매우 가난해지다.

¶ 여윈 살림이다 보니 사람 구실을 못 하며 살았다.

③ 빛이나 소리 따위가 점점 작아지거나 어렴풋해지다.

¶ 가을이 되니 햇빛도 여위고 마음도 쓸쓸해진다.

④ 산에 나무가 없거나 나무에 잎이 없다.

¶ 여윈 산과 잿빛 하늘이 우리의 마음을 우울하게 만든다.

¶ 겨울나무의 여윈 가지에 눈이 쌓여 탐스럽게 눈꽃이 피었다.

⑤ 땅이나 강 따위가 부피가 줄어들고 메말라지다.

¶ 가뭄이 계속되니 계곡의 물줄기가 점점 여위어 간다.

ㅇ

복합어

여윈잠 깊이 들지 못한 잠.

여의다 동사

규칙 여의고, 여의어, 여의는, 여읜, 여읠, 여읩니다, 여의었다

① 부모나 사랑하는 사람이 죽어서 이별하다.

¶ 현수는 부모를 여의고 동생들을 보살피며 살고 있다.

② 딸을 시집보내다.

¶ 올해 막내딸을 여의고 나니 집 안이 텅 빈 것 같다.

③ 멀리 떠나보내다.

¶ 올해는 감기 여읠 새도 없이 일을 많이 하였다.

¶ 임을 여의는 슬픔은 견디기 어렵다.

여인(女人) 명사

어른이 된 여자. [참고] 여성, 여자

¶ 초등학교 동창생들이 어느새 중년 여인이 되어 있었다.

복합어

여인상 ① 여인의 모습. 여인의 그림이나 조각. ② =여성상

여자(女子) 명사

① 여성으로 태어난 사람. [참고] 여성, 여인

¶ 요즘 세상에도 여자 무시하는 남자가 있나?

② 남자의 아내나 애인을 남자가 이르는 말.

¶ 자기 여자라고 함부로 말하면 안 된다.

● '여자', '여인', '여성'

'여자'는 성적으로 '암[女]'인 사람을 두루 이르는 말이다. 나이가 어리건 많건 상관이 없다. '여성'은 여자 가운데 스스로 자신을 자각할 수 있는 사람에 대하여 성별로 구분하여 이르는 말이다. 곧 성년에 이른 여자를 이른다. '여인'은 여자를 아름답게 표현하는 말이다. 따라서 아래와 같은 용법의 차이가 있다.

¶ 여자아이, 여자 화장실, 나이 든 여자

¶ 여성 유권자, 여성 정치인, 여성의 사회 참여, 여성 상위 시대

¶ 성숙한 여인, 아름다운 여인, 바느질하는 여인, 해변을 거니는 여인

여지껏 '여태껏'의 틀린 말.

여쭈다 동사

[규칙] 여쭈고, 여쭈니, 여쭈어/여쭤, 여쭌, 여쭐, 여쭙니다, 여쭈었다/여쭸다

① 어른에게 아뢰다. 참고 여쭙다

¶ 유학을 가는 일은 아버님께 여쭌 뒤에 결정해라.

② 인사를 드리다.

¶ 할아버지께 문안 인사 여쭈고 떠나거라.

여쭙다 동사

불규칙 여쭙고, 여쭈우면, 여쭈우니, 여쭈워, 여쭙는, 여쭙습니다, 여쭈웠다

'여쭈다'보다 더 공손한 말.

> ● '여쭈다'와 '여쭙다'의 형태 바뀜
>
> ① '여쭙다'와 '여쭈다'는 의미 차이가 없으나, '여쭙다'가 '여쭈다'에 비해서 더 공손한 느낌을 준다. 그런데 활용형이 서로 헷갈릴 수 있다. 아래 문장에서 '여쭈었더니/여쭈어라'는 '여쭈다'의 활용형이고, '여쭈웠더니/여쭈워라'는 '여쭙다'의 활용형이므로 다 맞는 형태이다.
>
> ¶ 아버님께 여쭈었더니/여쭸더니/여쭈웠더니 흔쾌히 허락하셨습니다.
>
> ¶ 할아버지께 인사 여쭈어라/여쭤라/여쭈워라.
>
> ② 그런데 '여쭙다'에 어미 '-니, -면, -므로'가 붙으면 '여쭈다'의 활용형을 잘못 쓴 것으로 보기 쉽다. 아래 '여쭈우면'은 '여쭈면'의 잘못으로 오해하기 쉬운데 이 경우도 잘못이 아니다. 즉, '여쭈우면'과 '여쭈면' 모두 바른 표기이다.
>
> ¶ 아버지께 여쭈면/여쭈우면 그 일을 허락해 주실까?

여태 부사

주로 불만을 나타내거나 나무라는 뜻으로, 지금까지 또는 아직까지.

¶ 여태 그것밖에 못 했니?

¶ 해가 중천에 떴는데 여태 자고 있냐?

¶ 네가 좋아하는 걸 내가 여태 몰랐구나.

여태껏 부사 ×여지껏

'여태'를 강조하는 말. =입때껏 ㉥ 이제껏, 지금껏

¶ 여태껏 무얼 하다가 이제야 서두르는가?

¶ 아침에 놀러 나가 여태껏 안 들어오면 어째.

역할(役割) 명사 ×역활

자기가 마땅히 하여야 할 바. 자기의 직책이나 임무. ㉥ 구실[1]

¶ 사람마다 맡은 역할이 다르다.

● '역할'과 '역'

'역(役)'은 배우에게 맡겨진 일, 곧 배역을 뜻한다. 배우가 아닌 사람이라도 그 사람에게 어떤 구체적인 임무를 주는 경우에 그 임무를 '역'이라고 한다. '역할'은 그 사람이 할 일, 곧 임무나 구실을 나타낼 때에 쓴다.

¶ 저 배우가 이번에 이순신 장군 역을 맡았대.

¶ 이번에 뽑힌 대통령이 지도자 역할을 잘해야 할 텐데.

역활 '역할'의 틀린 말.

연(年) 명사

한 해를 나타내는 말.

¶ 회의는 연 4회 열기로 했다.

¶ 연 평균 기온이 10도를 넘는다.

복합어

연간 ① 한 해 동안. ② 임금의 재위 기간. ¶ 조선의 문물제도는 세종 연간에 대부분 완성되었다.

연도 한 해를 한 단위로 하여 가리키는 말. ¶ 수출입 양은 연도에 따라 크게 다르다.

● '연(年)'과 '년(年)'

한자 '年'을 한글로 적으면 '연' 또는 '년'이 된다. '연'은 두음 법칙을 적용한 표기이고, '년'은 본음대로 쓴 표기이다. 한 해를 나타내는 명사로 쓸 때에는 두음 법칙을 적용하여 '연'으로 적고, 햇수를 세는 단위(의존 명사)로 쓸 때에는 본음대로 '년'으로 적는다. 의존 명사 '년'은 아라비아 숫자와 같이 쓸 때는 붙여 쓰고, 수사와 같이 쓸 때는 띄어 쓴다.

¶ 한국의 강수량은 연 평균 3,000밀리미터이다.(명사로 쓴 경우)

¶ 이 예금은 이자율이 연 3%입니다.(명사로 쓴 경우)

¶ 그와 만난 지 벌써 십 년이 되었다.(의존 명사로 쓴 경우)

¶ 오늘은 2021년 10월 9일 한글날이다.(의존 명사로 쓴 경우)

● '연간(年間)'과 '년간', '연도(年度)'와 '년도'

한자 '年間'을 한글로 적으면 '연간' 또는 '년간'이 된다. 한자 '年度'를 한글로 적으면 '연도' 또는 '년도'가 된다. 명사로 쓸 때에는 두음 법칙을 적용하여 '연간', '연도'로 적고, 햇수를 나타내는 단위로 쓸 때에는 본음대로 '년간', '년도'로 적는다.

¶ 우리 회사의 연간 수출량은 10억 달러쯤 된다.

¶ 우리나라 날씨는 최근 삼 년간 비가 자주 내려 강수량이 많았다.

¶ 최근 10년간 물가 상승률을 연도에 따라 분석해서 보고하시오.

¶ 한일 월드컵은 2002년도에 한국과 일본에서 동시에 진행되었다.

ㅇ

열사(烈士) 명사

나라와 겨레를 위하여 절개를 굽히지 않고 노력하다가 죽은 사람.

> ● '열사', '의사', '선열', '지사'의 구별
>
> 나라와 겨레 또는 사회 발전을 위하여 높은 뜻을 품고 이를 위하여 노력하는 사람을 '지사'라고 한다. 지사는 책을 쓰거나 강연을 하는 방식으로 뜻을 펴는 활동을 한다. 이에 비해서 '열사'는 가진 뜻을 펴기 위하여 실제로 어떤 희생을 무릅쓰고 활동하는 사람을 가리킨다. 독립 자금을 모으고 민주화 운동을 위해서 시위를 주도하는 등 실제로 행동하는 사람을 열사라고 한다. '의사'는 열사 가운데에서 가장 의로운 사람을 가리킨다. 여기서 '의롭다'는 나라를 위해서 적극적으로 적을 무찌르고(꼭 성공을 해야 하는 것은 아니다) 그로 말미암아 목숨을 잃었다는 뜻이다. '선열'은 특히 민족의 자유와 나라의 독립을 위해서 열사로서의 삶을 살다 죽은 사람을 기리는 말이다. 선열에는 의사와 열사가 다 포함된다.

엷다 형용사

규칙 엷고, 엷지, 엷으면, 엷으니, 엷어, 엷습니다, 엷었다

① 빛깔이 진하지 않고 연하다. 참고 열다

¶ 주인공은 엷은 화장에 수수한 옷차림으로 나타났다.

② 두께가 적다.

¶ 이불이 너무 엷어서 잘 때 춥겠다.

③ 밀도가 빽빽하지 않다.

¶ 가을 햇빛이 엷게 비쳐 들어온다.

¶ 안개가 엷게 끼어 있다.

④ 잠, 웃음 따위가 드러나지 않게 다소곳하다.

¶ 부인은 입가에 엷은 미소를 띠었다.

¶ 어머니는 엷은 한숨을 내쉬고 조용히 나를 바라보셨다.

복합어

엷붉다 엷게 붉다. ¶ 엷붉은 입술

엷어지다 엷게 되다. ¶ 짙게 낀 안개가 낮이 되자 엷어졌다.

엷파랗다 엷게 파랗다.

엷푸르다 엷게 푸르다.

-였-[1] 어미

어떤 일이 일어났음을 나타내는 어미. 어미 '-었-'이 '하다'나 '-하다'가 붙는 용언의 어간 뒤에 붙어 바뀐 형태.

¶ 공부를 열심히 하였다.

¶ 도서관에서 친구와 함께 공부하였다.

-였-[2]

접사 '-이-'와 어미 '-었-'이 합쳐 된 말.

¶ 밥을 너무 많이 먹이었더니/먹였더니 배탈이 났다.

¶ 선생님께 숙제를 보이었다/보였다.

였다[1]

동사 '이다[1, 2]'의 과거형 '이었다'가 줄어든 말.

¶ 순이는 물동이를 머리에 였다.

¶ 그 주유소는 청기와로 지붕을 였다.

였다[2]

조사 '이다[3]'의 과거형 '이었다'가 받침이 없는 체언 뒤에서 줄어든 말.

¶ 그는 고등학교 국어 교사였다.

옅다 형용사

[규칙] 옅고, 옅지, 옅으니, 옅어, 옅네, 옅습니다

① 수면이 겉에서 속까지, 또는 거죽에서 바닥까지의 길이가 꽤 짧다. [참고] 엷다

¶ 우리는 물이 비교적 옅은 곳에서 조개를 잡았다.

② 빛이나 맛 따위의 농도가 묽다.

¶ 나는 커피를 옅게 타서 자주 마신다.

¶ 비행기에서 보니 옅은 구름 사이로 파란 바다가 보인다.

③ 지식, 교양, 경험, 연구 따위가 부족하다.

¶ 연구자들 가운데에는 지식이 옅은 사람도 있었던 듯하다.

¶ 꾀를 그렇게 옅게 써서 누구를 속일 수 있겠니?

④ 잠이 깊지 아니하다.

¶ 잠이 옅게 든 때라 바스락거리는 소리에도 눈이 떠졌다.

복합어

옅디옅다 매우 옅다.

> ● '옅다'와 '엷다'
>
> ① '짙다'의 반대 개념으로 '옅다'와 '엷다'를 쓴다. 이 경우 '옅다'와 '엷다'에 미세한 말맛 차이가 있지만 주관적인 느낌의 차이로 볼 수 있을 정도이다.
>
> ¶ 짙은 빨강을 옅은/엷은 빨강으로 바꿨다.
>
> ¶ 안개가 짙어서 앞이 안 보인다. 안개가 조금 옅어질/엷어질 때까지 기다리자.
>
> ② 정도가 심하지 않음을 나타내는 경우에는 그것이 무엇이냐에 따라서 '옅다'와 '엷다' 중에서 어울리는 말이 각각 다르다.
>
> ¶ 주인공이 입가에 엷은(○) 미소를 띠고 나타났다.
>
> ¶ 옅은(○) 꽃향기가 코끝을 스쳤다.

예요

조사 '이다'의 활용형 '이에요'가 받침 없는 체언 뒤에서 줄어든 형태. [참고] 여요

¶ 그는 참 좋은 친구예요.

¶ 서울은 참 살기 좋은 도시예요.

-오-[1] 어미

(예스럽게) 서술이나 의문에 공손함을 더하여 주는 어미. 어간과 다른 어미 사이에 오는 것이 특징이다.

¶ 아이를 지금 보내오니 잘 보살펴 주시기 바랍니다.

¶ 저는 지금 서울에서 사오니 서울에 오시면 꼭 연락해 주시기 바랍니다.

¶ 지금 가시오면 언제 다시 뵈올 수 있을까요?

-오[2] 어미

설명, 의문, 명령의 뜻을 나타내는 종결 어미. 참고 요[2]

¶ 부디 건강하게 잘 사시오.

¶ 키가 얼마나 되오?

¶ 내 고향으로 나를 보내 주오.

어미 '-오[2]'와 조사 '요[2]'

① '-오'는 '-ㅂ니다'나 '-ㅂ니까'보다 낮추는 표현에 쓰는 종결 어미이다.

¶ 나는 한국을 사랑합니다/사랑하오.

¶ 당신은 한국을 좋아합니까/좋아하오?

¶ 여기가 도서관 아닙니까/아니오?

② 조사 '요'는 종결 어미 '-어'나 '-아' 뒤에 높임을 나타내기 위하여 붙이는 보조사이다.

¶ 강아지가 밥을 먹어요.(먹어+요)

¶ 이 문제는 잘 모르겠어요.(모르겠어+요)

¶ 내 손을 잡아요.(잡아+요)

● '-오'의 높임 표현

'-오'의 높임말로 '-시오'를 쓴다. 자칫 '-시요'를 쓰지 않도록 조심해야 한다.

¶ 어서 오시요(×)/오시오(○).

¶ 여기 앉으시요(×)/앉으시오(○).

오뉴월(五六月) 명사 ×오륙월, ×오육월

'오월'과 '유월'을 아울러 이르는 말.

관용 표현

오뉴월 염천 오뉴월의 더위가 한창 심한 때.

속담

오뉴월 감기는 개도 아니 앓는다 여름에 감기 앓는 사람을 못났다고 놀릴 때 쓰는 말.

오뉴월 개 팔자 하찮은 사람의 편안한 팔자를 이르는 말.

오뉴월 겻불도 쬐다 나면 서운하다 당장에 필요하지 않은 것도 없어지거나 잃어버리면 아쉬워진다는 말.

오뉴월 볕이 하루가 무섭다 오뉴월에는 동식물이 몹시 빨리 자란다는 말.

오뉴월 소나기는 쇠등을 두고 다툰다 여름 소나기는 몹시 부분적으로 오니, 여기 안 온다고 저기도 오지 않을 거라고 생각하지 말라는 말.

오뉴월 쇠불알 늘어지듯 어떤 사물이나 행동이 축 늘어져 활발하지 못함을 이르는 말.

오뉴월 쇠불알 떨어지기를 기다리지 가망 없는 일을 헛되이 바라는 것을 경계하는 말.

오뉴월 품앗이도 진작 갚으랬다 갚을 것은 서둘러서 갚으라는 말.

오다 동사

규칙 오고, 오면, 와, 온, 올, 온다, 오오, 오너라, 옵니다, 왔다

① 어떤 사람이나 탈것이 말하는 사람 쪽으로 움직이다.

¶ 서울로 오는 비행기가 태풍 때문에 연착되었다.

¶ 이리 가까이 오너라.

② 시간이나 상황이 현재 시점으로 닥치다.

¶ 봄이 오면 죽은 것 같던 나뭇가지에서 싹이 틀 것이다.

¶ 나에게도 꼭 한 번의 기회가 오리라.

③ 소식이 이르다. 전하여지다.

¶ 너를 찾는 전화가 왔다.

¶ 군대에 간 아들에게서 편지가 와 있었다.

④ 모임에 참석하다.

¶ 회의에 오신 여러분을 환영합니다.

⑤ 어떤 일을 하기 위하여 말하는 이가 있는 곳으로 움직이다.

¶ 내 친구가 우리 마을로 이사를 온대.

¶ 우리는 훈련을 왔지 놀러 온 게 아니다.

⑥ ('-어/-아 오다'의 형태로 쓰여) 말하는 이에게 가까워지면서 행동하거나 진행하다.

¶ 외국인이 나에게 시청으로 가는 길을 물어 와서 당황했다.

¶ 이제 곧 날이 밝아 올 것이다.

● '오다'의 명령형 '와라'와 '오너라'

동사의 명령형 종결 어미로 '-어라/-아라'를 쓴다. '먹다-먹어라', '받다-받아라'의 활용형이 그 예이다. '오다'도 '-아라'를 붙여서 '와라(=오+아라)'를 쓴다. 다만, 특별히 '오다'나 '오다'로 끝나는 동사의 어간에 '-너라'를 붙여 명령형을 만들 수 있다. '와라'와 '오너라'의 기능은 같지만 말맛이 조금 다르다. '와라'에 비해서 '오너라'가 예스러운 느낌을 준다. '오너라'는 어른이 어린아이에게 쓴다. '가다', '있다', '먹다'의 명령형으로 '가라', '있어라', '먹어라' 대신에 '가거라', '있거라', '먹거라'를 쓰는 것과 비교할 만하다.

오돌오돌 부사

① 작고 여린 뼈나 날밤처럼 깨물기에 조금 단단한 상태.

¶ 날밤은 오돌오돌 씹는 맛이 좋다.

② 작은 것이 잘 삶아지지 아니한 모양.

¶ 콩이 오돌오돌 덜 삶아졌다.

③ 오동통하고 보드라운 모양.

¶ 오돌오돌 살진 아기

복합어

오돌오돌하다 ① 깨물기에 조금 단단하다. ② 잘 삶아지지 아니한 상태이다. ③ 오동통하고 보드랍다.

오돌토돌 부사

거죽이나 바닥이 고르지 아니하게 군데군데 도드라져 있는 모양. ㊥ 오톨도톨

¶ 날씨가 추우니 소름이 오돌토돌 돋았다.

복합어

오돌토돌하다 거죽이나 바닥이 고르지 아니하게 군데군데 도드라져 있다.

오들오들 부사

춥거나 무서워서 몸을 잇따라 심하게 떠는 모양.

● '오들오들'과 '오돌오돌'

두 낱말은 형태가 비슷해서 용법을 헷갈리기 쉬우므로 조심해야 한다. 추워서 몸을 떠는 것을 묘사할 때에는 '오들오들 떤다'라고 해야지 '오돌오돌 떤다'라고 하면 안 된다.

× 오똑 '오뚝'의 비표준어.

× 오똑하다 '오뚝하다'의 비표준어.

× 오뚜기 '오뚝이[1]'의 틀린 표기.

¶ 다락에서 어릴 때 갖고 놀던 오뚜기(×)/오뚝이(○)를 찾았다.

○ 오뚝 부사 ×오똑

① 도드라지게 솟아 있는 모양. =오뚝이[2] 참고 우뚝

¶ 저 배우는 콧날이 오뚝 선 것이 매력적이다.

② 갑자기 발딱 일어서는 모양. =오뚝이[2]

¶ 엄마를 보자 아이가 오뚝 일어서서 걸어온다.

③ 움직이다가 딱 멎는 모양.

¶ 무심코 걸어가는데 앞에 무언가 있는 것 같아서 오뚝 섰다.

복합어

오뚝오뚝 ① 군데군데 아주 도드라지게 솟아 있는 모양. ② 여럿이 다 또는 잇따라 발딱발딱 일어서는 모양.

››› '오뚝'과 '우뚝'은 작은말과 큰말 관계이다. '오뚝'과 '우뚝'만 표준어로 인정되고, '오똑'은 '오뚝'의 비표준어로 본다. 작은 것이 도드라지게 솟은 모양을 묘사할 때에 '오뚝'을 쓰고, 그보다 큰 것이 두드러지게 솟은 모양을 묘사할 때에 '우뚝'을 쓴다.

오뚝이[1] 명사 ×오뚜기

아무렇게나 굴려도 오뚝오뚝 일어서는 어린아이들의 장난감.

오뚝이[2] 부사

=오뚝①, ②

오뚝하다 형용사 ×오똑하다

불규칙 오뚝하고, 오뚝하여/오뚝해, 오뚝한, 오뚝합니다, 오뚝하였다/오뚝했다

작은 물건이 도드라지게 높이 솟아 있는 상태이다.

¶ 서양 사람은 대개 코가 오뚝하고 크다.

오래간만 명사 ㉾ 오랜만

어떤 일이 있은 때로부터 긴 시간이 지난 뒤.

¶ 초등학교 동창 중 한 친구를 오래간만에 우연히 만났다.

¶ 내가 고향에 가는 것도 참 오래간만인 것 같다.

오랜만 명사 ×오랫만

'오래간만'의 준말.

¶ 정말 오랜만에 이런 재미난 이야기를 들어 본다.

¶ 너 참 오랜만이다.

오랫만 '오랜만'의 틀린 말.

¶ 오랫만(×)/오랜만(○)에 등산을 했더니 다리에 알이 뱄다.

× 오륙월 '오뉴월(五六月)'의 틀린 말.

× 오무리다 '오므리다'의 틀린 말.

¶ 지하철 자리에 앉을 때에는 다리를 오무리는(×)/오므리는(○) 것이 좋다.

○ 오므리다 동사 ×오무리다

규칙 오므리고, 오므리어/오므려, 오므린다, 오므립니다, 오므리었다/오므렸다

펴거나 벌린 것을 안으로 모으거나 말다. 참고 우므리다

¶ 자루의 아가리를 바싹 오므리고 단단히 동여맸다.

¶ 아이가 고사리 같은 손을 오므렸다 폈다 하면서 재롱을 떤다.

복합어

오므라들다 점점 오므라져 들어가다. ¶ 오징어를 불에 구우면 오징어가 오므라든다.

오므라뜨리다 오므라지게 하다. '오므리다'의 힘줌말. =오므라트리다

오므라지다 펴지거나 벌려진 것이 한곳으로 모이어 오목하게 되거나 줄어들다.

››› '오무리다'는 '오므리다'의 틀린 말이다. '오물오물', '오물거리다'처럼 '오물'을 형태소로 쓰는 낱말이 있지만 '오므리다'와는 관련이 없다. '오므리다'의 큰말은 '우므리다'이다.

× 오육월 '오뉴월(五六月)'의 틀린 말.

○ 오톨도톨 부사

물건의 거죽이나 바닥이 여기저기 잘게 부풀어 올라 고르지 못한 모양. ㉥ 오돌토돌

¶ 조금 가려워서 긁었더니 살갗에 좁쌀 같은 것이 오톨도톨 돋았다.

¶ 두꺼비는 온몸에 돌기가 오톨도톨 나 있다.

복합어

오톨도톨하다 물건의 거죽이나 바닥이 여기저기 잘게 부풀어 올라 고르지 못한 데가 있다.

>>> '오톨도톨'과 '오돌토돌'은 모두 표준어이다. 같은 뜻으로 '도톨도톨'도 쓴다. '우툴두툴', '우둘투둘', '두툴두툴'은 모두 이들의 큰말이다.

와[1] 조사

① 다른 것과 비교하거나 기준으로 삼는 대상임을 나타내는 말. [참고] 과

¶ 우리는 너희와 다르다.

¶ 기차가 마치 번개와 같이 빠른 속도로 달렸다.

¶ 개는 늑대와 생김새가 서로 닮았다.

② 함께함을 나타내는 말.

¶ 나는 오랜만에 친구와 영화를 보았다.

¶ 언니와 함께 시골 할머니 댁에 갔다.

③ 상대하는 대상임을 나타내는 말.

¶ 나와 팔씨름할 사람 나와라.

¶ 지금 너와 헤어지면 다시 만날 수 없을 것 같아.

④ 둘 이상의 사물을 같은 자격으로 이어 주는 말.

¶ 우리 집에는 개와 고양이가 함께 산다.

¶ 우리는 자유와 평등 그리고 정의를 위해 싸워 왔다.

● '와[1]'의 용법

두 낱말 사이에서 앞뒤 낱말을 연결하는 구실을 하는데, 연속해서 세 낱말 이상을 연결할 때에는 쉼표로 이 말을 대체할 수 있다.

¶ 사과와 배와 복숭아를 먹었다.(=사과, 배, 복숭아를 먹었다.)

¶ 거기에는 영희와 철수와 서우와 수지가 있었다.(=거기에는 영희, 철수, 서우, 수지가 있었다.)

● '와[1]'과 '과'

둘 다 같은 기능을 하는데 조사인데, 앞의 낱말이 받침이 없이 모음으로 끝나면 '와'를 쓰고, 받침이 있으면 '과'를 쓴다.

¶ 너와 나, 집과 나무

¶ 소리와 모양, 전쟁과 평화

¶ 국가와 사회, 한국과 일본

와[2]

동사 '오다'의 연결형. 또는 종결형. '오다'에 어미 '-아'가 붙어서 줄어든 형태.

¶ 이리 와 보아라.

¶ 학교 마치면 곧장 집으로 와.

와서

동사 '오다'의 연결형. '오다'에 어미 '-아서'가 붙어서 줄어든 형태.

¶ 이리 와서 나를 좀 도와줘.

와중(渦中) 명사

(주로 '와중에' 형태로 쓰여) 복잡한 일이 벌어진 가운데. 어수선한 가운데.

● '와중'을 잘못 사용한 예

'와중'은 사고가 나거나 예상 밖의 일이 생겨 상황이 복잡하고 어수선한 가운데를 뜻하는 말이다. 따라서 상황이 어수선하지 않은 경우에는 '와중'이 어울리지 않는다. 그런 때에는 그냥 '중'만 쓰면 된다.

¶ 전란의 와중(○)에도 이승만은 개헌을 추진하여 권력을 계속 장악하였다.

¶ 태풍 피해 복구로 애쓰는 와중(○)에 장성들은 골프를 즐겼다고 한다.

¶ 사방이 쥐 죽은 듯이 고요한 와중(×)/중(○)에 누가 문을 두드리는 소리가 들렸다.

¶ 그는 휴가를 즐기는 와중(×)/중(○)에 어머니의 사고 소식을 듣게 되었다.

왔다

규칙 왔고, 왔지, 왔어, 왔네, 왔습니다

동사 '오다'의 과거형.

¶ 밖에 누가 왔니?

¶ 벌써 가을이 왔구나!

¶ 네 친구한테서 전화가 왔더라.

››› '왔다'는 '오다'에 과거 시제를 나타내는 어미 '-았-'이 붙은 형태인 '오았다'가 줄어든 말인데 본딧말인 '오았다' 형태는 거의 쓰지 않고 '왔다' 형태를 쓴다.

왠지 부사 ×웬지

왜 그런지 모르게. 또는 뚜렷한 이유도 없이.

¶ 오늘은 왠지 잠이 오지 않는다.

¶ 그를 보니 왠지 가슴이 두근거린다.

¶ 그 이야기를 듣자 왠지 불길한 예감이 들었다.

● '왠지'와 '웬지'

'왠지'는 '왜인지'가 줄어든 말로 본다. 그래서 '웬지'로 쓰지 않는다. 그런데 '왠지'를 쓰다 보니 관형사 '웬'까지 '왠'으로 쓰는 경향이 나타나고 있다. 국어에서 '왠'으로 쓰는 경우는 '왠지'가 유일하다. 그 외에는 '웬'을 쓴다. '웬일, 웬걸, 웬 말씀, 웬 선물' 등 모든 경우에 '웬'을 쓴다.

외다 동사

규칙 외고, 외니, 외어/왜, 외는, 외어라/왜라, 욉니다, 외었다/왰다

'외우다'의 준말.

① 잊지 않고 기억하다.

¶ 선생님은 학급 학생의 이름을 전부 외고 계셨다.

¶ 어머니는 내 어릴 적 일들을 거의 외셨다.

② 말이나 글을 잊지 않고 그대로 말하다.

¶ 나는 윤동주의 시를 몇 편 외고 있다.

¶ 그는 한 번 읽은 글을 토씨 하나도 빠뜨리지 않고 줄줄 왰다.

¶ 애국가를 1절부터 4절까지 모두 욀 수 있는 사람 있어요?

외래어(外來語) 명사

다른 언어에서 빌려 마치 국어처럼 쓰는 낱말. 참고 외국어

● '외래어'와 '외국어'

국어 속에 있는 낱말 가운데 다른 언어에서 들어온 말을 '외래어'라고 한다. 우리말에는 몽골이나 여진 또는 중국과 일본에서 들어온 말이 있다. 아주 오래전에 들어온 말은 우리 토박이말로 인식할 정도로 국어화한 것들이 많이 있는데 이들 말을 구태여 어원을 따진다면 외래어에 속하는 것이다. 비교적 최근에 국어에 들어온 영어는 외래어로 쉽게 구별된다.

'외국어'는 많이 쓰는 말이라 하더라도 아직 국어에 동화하지 못한 것을 가리킨다. 그런데 외국어에서 온 말이 국어에 동화했는지 아직 그런 상태까지 이르지 못했는지 판단하는 기준이 모호하다. 예컨대 텔레비전이나 컴퓨터 같은 외국어는 이미 한국어 어휘에 속한다고 보아야 하므로 외래어라고 할 수 있다. 그러나 '프로젝트, 컨벤션' 같은 말은 일부에서 매우 자주 쓰고는 있지만 외래어로 보기에는 아직 이르다고 볼 수 있다. 이런 말은 외국어에 속한다.

외우다 동사 준 외다

규칙 외우고, 외우니, 외워, 외우는, 외운, 외웁니다, 외웠다

① 글이나 말을 잊지 않고 기억하다.

¶ 우리가 해야 할 일 열 가지를 외웁시다.

¶ 영어 공부는 문장을 통째로 외우는 방법이 효과가 있다고 한다.

② 기억한 것을 틀리지 않게 그대로 말하다.

¶ 내 짝꿍은 서울 지하철 노선을 모두 외울 수 있다.

● '외다'와 '외우다'의 형태 바뀜

두 낱말은 뜻이나 용법이 같다. 다만 문장 안에서 두 낱말의 형태가 어떻게 바뀌어 쓰이는지 보면 아래 표와 같다.

어미	외다	외우다
-ㄴ, -ㄹ, -ㅂ니다	왼, 욀, 욉니다	외운, 외울, 외웁니다
-어, -어서, -어라	외어 / 왜, 외어서 / 왜서 외어라 / 왜라	외워, 외워서, 외워라
-었다, -었소	외었다 / 왰다, 외었소 / 왰소	외웠다, 외웠소

외치다 동사

규칙 외치고, 외치어/외쳐, 외친, 외칩니다, 외치었다/외쳤다

① 남의 주의를 끌거나 다른 사람에게 어떤 뜻을 알리기 위하여 큰 소리로 말하다.

¶ "도둑이야!" 하고 외치는 소리를 듣고 밖으로 뛰어나가 보았다.

¶ 독도는 우리나라 땅이라고 외치면서 행진하였다.

② 의견이나 요구 따위를 강하게 주장하다.

¶ 탑골 공원에서 수많은 사람들이 '대한 독립 만세'를 외쳤다.

¶ 그가 책에서 외친 것은 의롭게 사는 것만이 옳은 길이라는 것이다.

요[1] 관형사

① 말하는 이에 가까이 있거나, 말하는 이가 생각하고 있는 대상을 조금 낮잡아 이르거나 귀엽게 이르는 말.

¶ 어제 요 근방에서 지갑을 잃어버린 것 같은데.

¶ 요 녀석이 이제는 제법 말을 잘하는구나.

② 바로 앞에서 이야기한 대상을 낮잡아 이르거나 귀엽게 이르는 말.

¶ 선생님께서 내일 일찍 오라는 요 말을 너한테 전하라고 하셨어.

복합어

요것 ① '이것'을 낮잡아 이르거나 귀엽게 이르는 말. ¶ 요것을 하나 사야겠다. ② '요 사람'을 낮잡아 이르는 삼인칭 대명사. ¶ 요것들이 사람을 잘못 보았지. ③ '요 아이'를 귀엽게 이르는 삼인칭 대명사. ¶ 아이코 요것아, 어미 간 떨어지겠다.

관용 표현

요 모양 요 꼴 좋지 않은 처지나 형편. ¶ 우리는 왜 만날 요 모양 요 꼴로 살까?

ㅇ

요[2] 조사

① (종결 어미 뒤에 붙어) 존대의 뜻을 나타내는 말. 참고 -오[2]

¶ 그 애는 벌써 갔는걸요.

¶ 비가 조금씩 오네요.

¶ 그 얘기 아직 못 들었어요?

② (체언이나 부사어, 연결 어미 따위의 뒤에 붙어) 듣는 사람에게 존대의 뜻을 나타내는 말.

¶ 어제는요 집에서 숙제를 했어요.

¶ 그렇게 해 주시기만 하면요 더 바랄 것 없겠습니다.

요[3]

조사 '이다'에 종결 어미 '-오'가 붙은 '이오'가 문장 끝에서 줄어든 형태.

① 무엇을 단정하는 뜻을 나타내는 말.

¶ 여기가 심청이가 빠졌다는 인당수 바다요.

¶ 여기가 민주 항쟁의 성지인 광주요.

② 묻는 뜻을 나타내는 말.

¶ 여기가 어디요?

● '요[3]'과 '이오'

조사 '이다'는 받침이 없는 체언 뒤에서는 '요'로 쓰고, 받침이 있는 체언 뒤에서는 '이오'로 쓴다.

¶ 여기는 대구요. / 이 물고기 이름은 낙지요.

¶ 여기는 부산이오. / 이 동물 이름은 사슴이오.

서술격 조사 '이다'의 활용형은 이 밖에도 많이 있다. '이다, 이고, 이면, 이니, 이므로, 이오, 입니다, 이어요, 이에요, 이지, 인가, 인데, 인지, 일까, 일지' 따위이다. 활용형은 일반 국어사전에 올리지 않기 때문에 '이다'의 다양한 형태를 사전에서 접하기 어렵다. 이 사전에는 특별히 중요하다고 판단한 활용형을 올려서 문법적 설명을 덧붙여 두었다.

-요 어미

('이다', '아니다'의 어간과 받침 없는 체언 뒤에 붙어) 어떤 사물이나 사실 따위를 나열할 때에 쓰는 말.

¶ 우리는 적이 아니요, 친구랍니다.

¶ 냉장고에 사과요, 배요, 포도 같은 과일을 넣어 두었다.

용언(用言) 명사

문장 안에서 서술어 기능을 하는 동사와 형용사를 이르는 말. 주어를 풀이해 주는 기능을 하므로 '풀이말'이라고도 한다. 참고 체언

¶ 용언은 문장 안에 쓰일 때에 형태가 바뀌며 문법적 기능을 수행한다.

● 용언의 구조

용언은 바뀌지 않는 부분과 바뀌는 부분으로 나뉜다. 바뀌지 않는 부분을 '어간'이라고 하고 바뀌는 부분을 '어미'라고 한다. 예를 들면 형용사 '좋다'는 문장에서 '좋고, 좋지, 좋으므로'처럼 어간 '좋-'은 그대로 있고 어미만 여러 형태로 바뀐다. 동사 '먹다'도 문장에서 '먹으면, 먹어서, 먹습니다'처럼 어간인 '먹-'은 바뀌지 않고 어미만 여러 형태로 바뀐다. 용언의 어미 바뀜 현상을 '활용'이라고 하고 바뀐 형태를 '활용형'이라고 한다.

용하다[1] 형용사

불규칙 용하게, 용하고, 용하여/용해, 용한, 용합니다, 용하였다/용했다

① 재주가 뛰어나고 특별하다.

¶ 근방에서 가장 용하다는 한의사를 찾아갔다.

② 기특하고 장하다.

¶ 네가 이 일을 해냈다니 참으로 용하구나.

¶ 용하게 한밤중까지 졸음을 참으며 공부를 하는구나.

③ (주로 '용하게도' 또는 '용케도' 형태로 쓰여) 매우 다행스럽다.

¶ 사고를 당했지만 용하게 다치지 않았다.

¶ 용하게도/용케도 시험에 합격했다.

복합어

용히 ① 재주가 뛰어나고 특별하게. ② 기특하고 장하게. ③ 다행스럽게.

용하다[2] (庸-) 형용사

불규칙 용하고, 용하여/용해, 용한, 용합니다, 용하였다/용했다

성질이 어리석고 온순하다.

¶ 그는 사람이 너무 용해서 제 주장을 하지 못한다.

우거지 명사

① 푸성귀의 맨 겉잎. [참고] 시래기

② 김장한 김치를 항아리에 담고 그 김치를 덮는 품질이 낮은 겉잎.

복합어

우거지상 잔뜩 찌푸린 얼굴 모습을 속되게 이르는 말. ¶ 무슨 언짢은 일이 있는지 아내는 우거지상을 하고 있었다.

우거짓국 우거지로 끓인 국.

> ● '우거지'와 '시래기'
>
> '우거지'는 주로 배추의 가장 겉에 있는 잎을 가리키는데, 배추를 다듬을 때에 떼어 내기 때문에 김치 재료로는 잘 쓰지 않고 주로 국을 끓일 때에 넣는다. '시래기'는 그늘에 말린 배춧잎이나 무청을 이르는 말이다. 무와 무청을 함께 김치로 담그기도 하지만 대체로 무만 쓰고 무청은 별도로 말려서 국을 끓이거나 죽을 쑤거나 나물로 만들어 먹는다.

우거지다 동사 ×욱어지다

[규칙] 우거지고, 우거지어/우거져, 우거진, 우거집니다, 우거지었다/우거졌다

식물의 가지와 잎이 푸르싱싱하게 많이 자라고 퍼지다. ㉥ 무성하다

> ● '우거지다'와 '욱어지다'
>
> '우거지다'는 형용사 '욱다'에 '-어지다'가 붙어서 만들어진 복합어이다. '욱다'는 나무나 풀이 몹시 배게 난 상태를 가리키는 형용사이지만 지금은 죽은말이 되어서 독립된 형태소로 다루지 않으므로 소리 나는 대로 '우거지다'로 표기한다.

✕ 우겨넣다 '욱여넣다'의 틀린 표기.

우그리다 동사

규칙 우그리고, 우그리어/우그려, 우그린다, 우그립니다, 우그리었다/우그렸다

① 물체를 안쪽으로 우묵하게 휘어지게 하다. 욱게 만들다.

② 물체의 거죽을 우글쭈글하게 주름져 줄어지게 하다. 참고 으그리다

¶ 캔 같은 재활용품은 우그려서 따로 모아 버린다.

복합어

우그러뜨리다 =우그러트리다 ① 물체를 안쪽으로 우묵하게 휘어져 들어가게 하다. ② 물체의 거죽을 우글쭈글하게 주름져 줄어들게 하다.

우그러지다 ① 물체가 안쪽으로 우묵하게 휘어지다. ② 물체의 거죽이 우글쭈글하게 주름이 잡히며 줄어들다. ③ 형세나 형편 따위가 전보다 아주 못하여지다.

››› '우그리다'와 '으그리다'는 모두 물체의 거죽을 우글쭈글 찌그러지게 하는 행위를 가리키는 말이다. '으그리다'가 '우그리다'보다 어감이 크다.

우기다 동사

규칙 우기고, 우기어/우겨, 우기는, 우긴다, 우깁니다, 우기었다/우겼다

억지를 부려 제 의견을 고집스럽게 내세우다.

¶ 그는 언제나 자기가 옳다고 우긴다.

››› '우기다'와 '욱이다'는 발음은 같지만 형태만큼이나 뜻도 다르다. '우기다'는 제 뜻을 고집스럽게 내세우는 행위에 쓰는 말이고, '욱이다'는 안쪽으로 조금 우그러뜨림을 뜻한다.

우뚝 부사

=우뚝이 참고 오뚝

① 두드러지게 높이 솟아 있는 모양.

¶ 우리 집 앞에는 높은 산이 우뚝 솟아 있다.

② 남보다 뛰어난 모양.

¶ 그는 피겨 스케이팅에서 세계를 제패하고 정상에 우뚝 섰다.

③ 움직이던 것이 갑자기 멈추는 모양.

¶ 오르막길을 달리던 차가 갑자기 우뚝 멈추어 섰다.

복합어

우뚝우뚝 ① 군데군데 아주 두드러지게 높이 솟아 있는 모양. ② 여럿이 다 또는 매우 뛰어난 모양. ③ 움직이던 것이 여럿이 다 또는 잇따라 갑자기 멈추는 모양.

우뚝하다 형용사

불규칙 우뚝하고, 우뚝하여/우뚝해, 우뚝한, 우뚝합니다, 우뚝하였다/우뚝했다

① 두드러지게 높이 솟아 있는 상태이다.

¶ 그는 콧날이 우뚝하고 눈매는 서글서글하게 생겼다.

② 남보다 뛰어나다.

¶ 그분은 과학계에서 세계적으로 우뚝한 인물이다.

우러나다 동사

규칙 우러나고, 우러나니, 우러나, 우러난, 우러납니다, 우러났다

① 물체의 빛, 맛 따위가 풀려 물에 배어나다.

¶ 녹차의 구수한 맛이 잘 우러난 것 같다.

② 생각, 감정 따위가 마음속에서 저절로 생겨나다. =우러나오다

¶ 겸손은 사람을 존중하는 마음에서 우러난다.

우러르다 동사

불규칙 우러르고, 우러르지, 우러러, 우러른다, 우러릅니다, 우러렀다

① 고개를 쳐들어 보다.

¶ 하늘을 우러러 한 점 부끄럼이 없다.

② 마음속으로 공경하다.

¶ 마을 사람들은 모두 그분을 우러른다.

복합어

우러러보다 ① 높은 곳을 쳐다보다. ② 진심으로 공경하다.

우러러보이다 ① 높은 곳을 향하여 쳐다보이다. ② 마음속으로 공경할 만하게 보이다.

속담

우러러 하늘에도 부끄럽지 않고 굽어 땅에도 부끄럽지 않다 양심에 거리끼는 것이 조금도 없고 아주 떳떳함을 빗대어 이르는 말.

○ 우레 명사 ×우뢰

구름과 구름 사이나 구름과 땅 위의 물체 사이에 방전이 일어나 하늘이 흔들리듯 우렁차게 울리는 소리. =천둥

¶ 한밤중에 우레가 치는 소리에 잠이 깼다.

복합어

우렛소리 우레가 울리는 소리. =천둥소리

× 우뢰 '우레'의 틀린 말.

○ 우리[1] 명사

짐승을 가두어 기르는 곳. 참고 외양간

¶ 우리에는 겨우 돼지 두 마리가 있을 뿐이다.

복합어

돼지우리 돼지를 기르는 우리. ¶ 방 청소 좀 해라! 방이 아니라 돼지우리 같다.

››› '우리'는 짐승을 가두어 기르는 곳이다. 우리 가운데에서 특별히 소나 말을 기르기 위하여 집의 문간채에 만들어 놓은 곳이 '외양간'이다.

우리[2] 대명사

① 말하는 사람이 자기와 자기 동아리를 함께 이르는 말.

¶ 모든 일은 우리가 직접 결정하고 추진하여야 한다.

¶ 우리 학교에는 실내 체육관이 있다.

② '나의'의 뜻으로 두루 쓰는 말.

¶ 우리 막내는 식구 가운데 키가 가장 크다.

¶ 우리 아버지는 여행가이신데 안 가 본 나라가 없다.

복합어

우리글 '한글'을 한국인끼리 이르는 말.

우리나라 '대한민국'을 한국인끼리 이르는 말.

우리네 자기와 관계되는 무리. ¶ 우리네 형편이 좋지 않다.

우리들 자기와 관계되는 모든 사람들.

우리말 '한국어'를 한국인끼리 이르는 말. ¶ 선생은 영국이나 미국 소설을 우리말로 번역하는 일을 해 오고 있다.

'우리[2]'와 '저희'

① '우리'에는 너와 나를 아우르는 의미와 너를 배제하는 의미가 함께 들어 있다. '우리 회사가 네 회사보다 더 크다.'라고 하면 '우리'에 상대가 포함되지 않는데, '우리가 함께 이 어려움을 극복하여 나가자.'라고 하면 '우리'가 상대를 포함한다.

② '저희'는 '우리'를 낮추는 말이다. 내가 속한 무리를 낮추어 상대방에게 말할 때에 쓰는 말이다. 그래서 '저희'에는 상대방이 포함되지 않는다.

③ '우리'를 '저희'로 낮출 수 있는 경우는 사적인 경우에 국한된다. 우리에 속하는 집단 모두 상대에게 높임말을 쓰거나 겸양어를 써야 할 처지라면 '우리' 대신에 '저희'를 써서 상대를 높일 수 있다. 그러나 우리 중에 상대보다 연장자가 있다면 '저희'를 쓸 수 없다. 이때는 '우리'를 쓰는 것이 옳다.

¶ 이번 일은 저희가 실수하여 일어난 사고였습니다.

¶ 모든 일은 저희에게 맡겨 주십시오. 반드시 해내겠습니다.

③ 공적인 경우라도 주체의 규모가 작고 상대와 상하 관계가 뚜렷한 경우에는 '저희'를 쓴다.

¶ 오늘은 저희 부서가 장관님께 보고하는 날입니다.

④ 국가나 공공 기관에는 '저희'를 붙이지 않는다.

¶ 저희나라(×)/우리나라(○)는 2000년대 초에 몇몇 분야에서 일본을 앞질렀다.

¶ 오늘 국무총리께서 저희(×)/우리(○) 시를 찾아오셨다.

시장이 '우리 시'라고 하면 시민을 대접하는 것으로 볼 수 있고, '저희 시'라고 하면 시민을 국무총리 아래로 보는 것으로 볼 수 있다. 시청 공무원은 대통령에게든 국무총리에게든 절대로 '저희 시'라는 말을 해서는 안 된다.

● '우리말'과 '우리 말'

한국어를 우리 한국인끼리 일컬을 때에는 '우리말'이라고 한다. 한국인이 외국인에게 '우리말'이라고 하면 외국인은 어리둥절할 것이다. 그와 한국인이 같은 말을 쓰지 않기 때문이다. 따라서 '우리말'은 한국인끼리 한국어를 가리키는 데 쓸 뿐 외국인에게는 쓸 수 없다. 외국인이 자기 모국어를 가리킬 때에는 '우리 말'이라고 띄어 써야 한다.

이와 마찬가지로 '우리나라'도 한국인끼리만 한국을 가리킬 뿐이다. 외국인이 자기 나라를 가리킬 때에는 '우리 나라'처럼 띄어 써야 한다.

우리다 동사

규칙 우리고, 우리어/우려, 우린, 우립니다, 우리었다/우렸다

① 어떤 물건을 액체에 담가 맛이나 빛깔이 액체 속으로 빠져나오게 하다.

¶ 멸치를 우려서 국물을 만들면 감칠맛이 난다.

② 위협하거나 달래어 물건을 취하다.

¶ 코 묻은 아이들 돈을 우리다니.

¶ 사기꾼들이 건설 회사를 상대로 돈을 우려 도망갔다.

복합어

우려내다 ① 물체를 액체에 담가 성분, 맛, 빛깔 따위가 액체로 빠져나오게 하다. ¶ 정성을 들여 찻잎에서 맛과 향을 우려내었다. ② 생각이나 감정을 끄집어내다. ③ 꾀거나 위협하거나 하여서 자신에게 필요한 돈이나 물품을 빼내다. ¶ 남의 돈을 우려내려다 혼쭐이 났다.

우려먹다 ① 음식 따위를 우려서 먹다. ¶ 소뼈를 여러 번 우려먹었다. ② 이미 썼던 내용을 다시 써먹다. ¶ 그는 자기가 나를 딱 한 번 도와준 일을 두고두고 우려먹었다.

우물 명사

땅을 파서 지하수를 괴게 하여 가두어 놓은 곳. 참고 샘[1]

복합어

우물가 우물의 언저리.

속담

우물 안 개구리 ① 넓은 세상의 형편을 모르는 사람을 빗대어 이르는 말. ② 견식이 좁아 저만 잘난 줄 아는 사람을 빗대어 이르는 말.

우물에 가 숭늉을 찾는다 일의 순서도 모르고 성급히 덤빔을 빗대어 이르는 말.

우물에 든 고기 어쩔 수 없이 운명을 따를 수밖에 없는 처지를 빗대어 이르는 말.

우물 옆에서 말라(/목말라) 죽겠다 무슨 일에나 융통성이 없음을 빗대어 이르는 말.

우물을 파도 한 우물을 파라 어떤 일이나 끝까지 철저하게 해야 성공할 수 있다는 말.

우수리 명사

① 일정한 수나 수량에 차고 남은 수나 수량.

¶ 전부 이만천 원인데 우수리는 떼고 이만 원만 주세요.

¶ 떡을 참석자에게 골고루 돌리고 나니 우수리가 세 개 남았다.

② 거슬러 받는 잔돈. =거스름돈

¶ 만 원짜리를 내고 우수리로 1,500원을 거슬러 받았다.

¶ 가게에 가서 우유를 사 오고 우수리는 네가 가져라.

욱여넣다 동사 ×우겨넣다

규칙 욱여넣고, 욱여넣어, 욱여넣는다, 욱여넣습니다, 욱여넣었다

억지로 안쪽으로 밀어 넣다.

¶ 윗옷을 바지춤에 그렇게 욱여넣으면 보기 흉하지 않을까?

¶ 아이가 배가 많이 고팠는지 밥을 욱여넣듯 먹는다.

울다[1] 동사

불규칙 울고, 울면, 우니, 울어, 우는, 웁니다, 울었다

① 기쁘거나 슬프거나 아파서 입으로 소리를 내면서 눈물을 흘리다.

¶ 아이가 다친 다리를 붙잡고 엉엉 소리를 내며 울었다.

② 짐승이나 벌레, 바람 따위가 소리를 내다.

¶ '쓰름쓰름' 하고 우는 매미도 있고, '맴맴 매앰' 하고 우는 매미도 있다.

③ 종, 시계, 전화 따위가 소리를 내다.

¶ 뻐꾸기시계는 일정한 시간이 되면 뻐꾸기가 시계 안에서 튀어나와 웁니다.

복합어

우는소리 엄살을 부리며 곤란한 사정을 늘어놓는 말.

ㅇ

속담

우는 아이 젖 준다 무슨 일에서나 자기가 요구하여야 쉽게 구할 수 있다는 말. =울지 않는 아이 젖 주랴.

울며 겨자 먹기 싫은 일을 억지로 마지못하여 함을 빗대어 이르는 말.

울다[2] 동사

불규칙 울고, 울면, 우니, 울어, 우는, 웁니다, 울었다

바르거나 바느질한 것 따위가 반반하지 못하고 우글쭈글해지다.

¶ 벽지를 울지 않게 잘 발라라.

¶ 셔츠 옷깃이 울어서 다림질로 폈다.

움[1] 명사

땅속에 만든 방이나 광.

¶ 옛날에는 김장을 하면 움을 만들어 김치를 묻었다.

관용 표현

움(을) 묻다 움을 만들다. ¶ 냉장고가 없던 때에는 겨울에 움을 묻어 채소를 저장하였다.

속담

움 안에 간장 겉보기에는 좋지 않으나 내용은 훌륭함을 이르는 말.

움 안에서 떡 받는다 자기가 구하지도 않았는데 뜻밖에 좋은 물건이 자기 손에 들어옴을 이르는 말.

움[2] 명사

새로 돋는 어린 싹. 참고 싹

¶ 봄철에 묵은 뿌리에서 움이 돋는 것을 보면 새삼 생명의 신비가 느껴진다.

속담

움도 싹도 없다 ① 감쪽같이 없어져 간 곳을 알 수 없다. ② 장래성이 전혀 없다.

> ● '움2'와 '싹'
>
> 씨나 줄기 또는 가지에서 새로 돋는 것을 '싹'이라고 한다. 싹 가운데에서 특별히 베어 낸 줄기나 가지가 있던 자리에 새로 나오는 싹을 '움'이라고 한다. 줄기나 잎이 죽고 뿌리만 살아 있다가 그 뿌리에서 새롭게 돋는 싹도 '움'이라고 한다. 이렇게 보면 싹이 움보다 넓은 개념임을 알 수 있다.

움찔 부사

깜짝 놀라 갑자기 몸을 움츠리는 모양.

¶ 조용한 도서관에서 책이 떨어지며 큰 소리가 나자 움찔 놀랐다.

복합어

움찔거리다 깜짝 놀라 갑자기 몸이 자꾸 움츠러들다. 또는 몸을 자꾸 움츠리다.

움찔하다 깜짝 놀라 갑자기 몸이 움츠러들다. 또는 몸을 움츠리다.

× 움추리다 '움츠리다'의 틀린 말.

움츠러들다 동사 ×움치러들다

불규칙 움츠러들고, 움츠러드니, 움츠러들어, 움츠러듭니다, 움츠러들었다

① 몸의 일부가 몹시 오그라져 들어가거나 작아지다. 참고 움츠리다

¶ 추우니 저절로 목이 움츠러든다.

② 겁을 먹거나 위압감 때문에 기를 펴지 못하고 몹시 주눅이 들다.

¶ 번지 점프대에 오르니 그만 온몸이 움츠러들었다.

움츠러지다 동사 ×움치러지다

규칙 움츠러지고, 움츠러지어/움츠러져, 움츠러집니다, 움츠러지었다/움츠러졌다

① 몸이 몹시 오그라지거나 작아지다. 참고 움츠리다

¶ 추우면 아무래도 몸이 움츠러지기 마련이다.

② 기가 꺾이거나 풀이 죽게 되다.

¶ 젊은이여, 어떤 일에도 움츠러지지 말고 당당하게 나서라.

움츠리다 동사 ㊜움치다 ×움추리다

규칙 움츠리고, 움츠리어/움츠려, 움츠린, 움츠립니다, 움츠리었다/움츠렸다

① 몸이나 몸의 일부를 몹시 오그리어 작아지게 하다.

¶ 개구리가 움츠리는 뜻은 멀리 뛰자는 뜻이다.

② 겁을 먹거나 위압감 때문에 몹시 기가 꺾이거나 풀이 죽다.

¶ 그렇게 죄인처럼 움츠리며 있지 마라.

복합어

움츠러뜨리다 =움츠러트리다 ① 몸이나 몸의 일부를 몹시 힘 있게 오그리어 작아지게 하다. ¶ 춥다고 몸을 움츠러뜨리지만 말고 가슴을 활짝 펴라. ② 소리 따위를 몹시 작게 하다. ③ 내었던 마음이나 하려던 행동 따위를 몹시 누그러뜨리거나 주춤하다. ¶ 한 번 실수했다고 뜻을 움츠러뜨리지 말고 자신감을 가져라.

> ● '움츠리다', '움츠러들다', '움츠러지다'
>
> '움츠리다'는 스스로 몸을 오그리는 동작을 가리키고, '움츠러들다'와 '움츠러지다'는 자기도 모르게 몸이 오그라지는 동작을 가리킨다.
>
> ¶ 차가운 바람에 옷깃을 여미고 몸을 움추렸다(×)/움츠렸다(○).
>
> ¶ 개 짖는 소리만 들려도 나도 모르게 몸이 움치러든다(×)/움츠러든다(○).
>
> ¶ 나는 웬만한 일에는 움치러지지(×)/움츠러지지(○) 않는다.
>
> ¶ 날씨가 추워서 저절로 몸이 움츠러든다(○)/움츠러진다(○).

× **움치러들다** '움츠러들다'의 틀린 말.

× **움치러지다** '움츠러지다'의 틀린 말.

○ **움칠** 부사

깜짝 놀라서 몸을 갑자기 가볍게 움직이는 모양. '움찔'보다 거센 느낌을 준다. =움칫

¶ 길을 건너려다가 경적 소리에 움칠 물러났다.

복합어

움칠하다 깜짝 놀라서 몸을 갑자기 가볍게 움직이다. =움칫하다

× **움크리다** '웅크리다'의 틀린 말.

○ **움키다** 동사

규칙 움키고, 움키어/움켜, 움킨다, 움킵니다, 움키었다/움켰다

① 손가락을 오그리어 물건 따위를 힘 있게 잡다.

¶ 보퉁이를 놓치지 않으려고 두 손으로 꽉 움켰다.

② 새나 짐승 따위가 발가락으로 무엇을 꽉 잡다.

¶ 솔개가 두 발로 병아리를 움키고 하늘로 날아갔다.

복합어

움켜잡다 손가락을 오그려 힘 있게 꽉 잡다.

움켜쥐다 ① 손가락을 오그리어 손안에 꽉 잡고 놓지 아니하다. ¶ 한 친구의 우스갯소리에 모두 배를 움켜쥐고 웃었다. ② 일이나 물건을 수중에 넣고 마음대로 다루다. ¶ 조선 시대에는 왕이 모든 권한을 움켜쥐지 못하도록 사헌부, 사간원, 홍문관을 두었다.

움트다 동사

불규칙 움트고, 움트며, 움트니, 움터, 움튼, 움틉니다, 움텄다

① 나무나 풀 따위의 싹이 새로 돋아 나오기 시작하다.

¶ 봄이 되면 나뭇가지에 파릇파릇 싹이 움트는 것을 볼 수 있다.

② 기운이나 생각 따위가 새로이 일어나다.

¶ 그들 사이에 사랑이 움트기 시작했다.

웃- 접사

(명사 앞에 붙어) '위'의 뜻을 나타내는 말.

¶ 웃국, 웃옷, 웃어른, 웃돌다, 웃자라다

● '웃-'과 '윗'

'위'와 '아래'를 구별할 수 있는 단어에 '위'나 '아래'를 붙여 복합어를 만들 때에는 '윗사람/아랫사람, 윗물/아랫물, 윗집/아랫집'처럼 사이시옷을 붙인다. 뒤에 오는 명사의 첫소리가 거센소리이거나 된소리일 때에는 '위쪽/아래쪽, 위층/아래층, 위편/아래편'처럼 사이시옷을 붙이지 않는다. 아래위로 구별하지 않는 낱말에 붙는 '웃-'은 접사로서 '웃거름, 웃국, 웃기, 웃돈, 웃돌다, 웃바람(웃풍), 웃어른, 웃통, 웃자라다, 웃짐, 웃치다'처럼 쓰는데 이때 '웃-'은 '위'의 뜻을 가지지만 '원래의 것 위에 있는 것' 또는 '원래의 것에 보태어 넣는 것'의 뜻이 첨가된다.

웃마을 / 웃목 / 웃몸 / 웃물 '윗마을'/'윗목'/'윗몸'/'윗물'의 틀린 말.

웃물 명사

① 잘 섞이지 못하고 위로 떠서 따로 도는 물. =겉물

② 무엇을 우리거나 고거나 죽 따위를 쑬 때 위에 뜨는 국물.

¶ 웃물을 걷어 내야 국물이 깔끔하다.

● '웃물'과 '윗물'

'웃물'은 액체의 위쪽에 떠도는 물을 가리킨다. '웃물'의 뜻으로 '윗물'을 쓰면 안 된다. '윗물'은 물의 위쪽(상류)에서 흐르는 물을 가리키는 말이다. 아래쪽(하류)에서 흐르는 물은 '아랫물'이라고 한다.

웃바람 명사 ×윗바람

겨울에 방 안에서 느껴지는 찬 기운. =웃풍

¶ 옛날 집은 웃바람이 심해서 방 안에 있는 물이 얼 정도였다.

● '웃바람'과 '윗바람'

'웃바람'은 밖에서 부는 바람과 달리 방 안에서 차게 느껴지는 기운을 가리키는 말이다. 주로 겨울에 벽을 통해서 들어오는 찬 기운이 심하면 방 안에 있어도 마치 찬바람이 이는 것처럼 추위를 느끼게 된다. 이런 찬 기운을 '웃바람' 또는 '웃풍'이라고 한다. '윗바람'은 강의 상류에서 불어오는 바람을 가리키는 말이다. 반대로 강의 하류에서 불어오는 바람은 '아랫바람'이라고 한다.

웃자라다 동사

규칙 웃자라고, 웃자라니, 웃자라, 웃자란다, 웃자랍니다, 웃자랐다

식물의 잎이나 줄기가 비정상적으로 많이 자라다.

¶ 날씨가 일찍 더워지는 바람에 보리가 웃자라서 거둘 것이 많지 않을 것 같다.

웅크리다 동사 ×움크리다

규칙 웅크리고, 웅크리어/웅크려, 웅크린, 웅크립니다, 웅크리었다/웅크렸다

몸을 움츠려 작게 하다.

¶ 곰은 겨울이 되면 굴 안에서 몸을 웅크리고 겨울잠을 잔다.

워낙 부사

① 본디부터. =원체

¶ 너는 워낙 목소리가 커서 좀 작게 말해도 잘 들려.

¶ 그 친구는 워낙 눈이 나빴어요.

② 두드러지게 아주.

¶ 요즘엔 워낙 바빠서 오늘이 내 생일인 줄도 몰랐다.

월(月) 명사

① (주로 일부 명사나 수 관형사 앞에 쓰여) 한 달 동안.

¶ 요즘은 월 생활비가 수백만 원이 넘게 든다.

¶ 올해는 월 생산량을 10% 늘리기로 한다.

② (1부터 12까지 수와 함께 쓰여) 그 달을 가리키는 말.

¶ 오는 7월/칠월에 휴가를 갈 예정이다.

웬 관형사

① 어찌 된.

¶ 언제나 씩씩하던 아이가 웬 엄살을 그렇게 부렸을까?

¶ 그 사람은 웬 불평이 그리 많은지 몰라!

¶ 4월에 웬 눈이 내린단 말이냐!

② 어떠한.

¶ 골목에서 웬 아이가 울고 있더라.

¶ 웬 사람이 너를 만나겠다고 찾아왔어.

복합어

웬셈 어찌 된 셈.

웬일 어찌된 일. 어떻게 된 일. ¶ 오늘 밤에는 웬일인지 잠이 오지 않는다.

관용 표현

웬 떡이냐 뜻밖의 행운을 만났을 때 하는 말. ¶ 내가 웬 떡이냐 싶어서 딱 하나 남은 물건을 덥석 집었다.

● '웬'과 '왠'

'왠'을 단독으로 쓰는 경우는 없다. 오직 '왠지'라는 부사어를 만드는 경우에 쓸 뿐이다. 이는 '왜'와 '인지'의 결합을 '왠지'로 표기하는 과정에서 생긴 형태일 따름이다. 관형사나 복합어로 쓸 수 있는 말은 '웬'뿐이다. '웬 사람'이나 '웬일이니?'의 '웬'은 '왜'와 관련이 없는 말이므로 '웬'으로 적는다. '웬일', '웬 말', '웬 떡'처럼 언제나 '웬'을 쓴다.

웬걸 감탄사

뜻밖임을 나타내거나 앞말을 부정하는 뜻을 나타내는 말.

¶ 사실을 알아보았더니 웬걸, 헛소문이었지.

● ‘웬걸’과 ‘웬 걸’

감탄사로 쓰는 ‘웬걸’은 예상과 사뭇 다른 결과가 나타났을 때에 쓰는 말이다. 이것은 ‘웬 것을’을 줄인 ‘웬 걸’과 다르다. 물건을 가리키는 ‘웬 걸’을 ‘웬걸’로 붙여 쓰면 안 된다. 의존 명사 ‘것’을 관형사 ‘웬’에 붙여 쓰면 안 되기 때문이다. 《표준국어대사전》에는 ‘웬걸’의 둘째 풀이로 ‘웬 것을’이 줄어든 말로 설명해 놓아서 ‘웬 것을’을 줄여서 ‘웬걸’로 쓸 수 있는 것처럼 풀어 놓았는데 이는 좀 문제가 있는 풀이이다. 관형사 ‘웬’이 명사와 붙어서 복합어를 만드는 것은 ‘웬일’이나 ‘웬셈’이 있을 뿐이다. 이 밖에 ‘웬’은 뒤에 오는 명사와 붙여 쓰면 안 된다. ‘웬 말’, ‘웬 소식’, ‘웬 생각’, ‘웬 것/거/걸’처럼 띄어 써야 된다.

¶ 이 정도는 내가 해낼 수 있다고 보았는데 웬걸, 그렇게 간단히 되지 않더라고.

¶ 너희 쓰기에도 모자랄 텐데 웬 걸 이렇게 많이 가지고 왔느냐?

¶ 사람 다니는 길에 웬 것이 이렇게 많이 널려 있지?

¶ 문에 웬 게 아주 멋지게 장식되어 있더라.

웬만큼 부사

① 그저 그만하게. 웬만하게.

¶ 이제 웬만큼 먹었으니 가자.

¶ 웬만큼 벌었으면 오늘은 가게 문을 일찍 닫을까?

② 보통으로.

¶ 웬만큼 잘해서는 시험에 붙지 못한다.

¶ 형은 노래를 웬만큼 한다.

웬만하다 형용사

불규칙 웬만하고, 웬만하면, 웬만하여서/웬만해서, 웬만한, 웬만합니다, 웬만하였다/웬만했다

① 기준에 가깝거나 그보다 약간 낫다.

¶ 웬만한 성적으로는 네가 원하는 대학에 못 들어갈걸.

¶ 그는 성격도 웬만하고 직장도 웬만하니 결혼해도 되겠더라.

② 허용되는 범위에서 크게 벗어나지 아니한 상태에 있다.

¶ 내가 사정이 웬만했으면 너에게까지 부탁하겠느냐?

¶ 웬만하면 네가 참아라.

복합어

웬만히 웬만하게. ¶ 우리 집은 웬만히 추워서는 난방을 하지 않는다.

✕ 웬지 'ㅤ왠지'의 틀린 표기.

○ 위임(委任) 명사

일 처리를 하도록 책임을 지워 맡김. 또는 그 책임.

¶ 우리는 선생님께 가을 축제를 진행하도록 위임을 받았다.

¶ 국민의 위임을 받아 나랏일을 하는 사람을 국회 의원이라고 한다.

복합어

위임하다 어떤 일을 책임 지워 맡기다. ¶ 사장이 회사 경영을 부사장에게 위임하고 출장을 갔다.

○ 위탁(委託) 명사

① 남에게 일이나 사물의 처리를 맡김.

¶ 우리는 모든 상품을 대리점에 위탁 판매를 한다.

② 행정 기관이 민간 기관에게 관리를 맡김.

¶ 서울시는 대부분의 주차장을 민간 회사에 넘겨 위탁 관리하고 있다.

복합어

위탁하다 ① 남에게 사물이나 사람의 책임을 맡기다. ¶ 우리 물건을 팔아 달라고 가게 주인에게 위탁하였다. ② 법률 행위나 사무의 처리를 다른 사람에게 맡기다. ¶ 부모님은 재산을 은행에 위탁하여 관리한다.

위태롭다(危殆-) 형용사

불규칙 위태롭고, 위태롭지, 위태로워, 위태로운, 위태롭습니다, 위태로웠다

무슨 일이 벌어질 것 같아 마음을 놓을 수 없는 느낌이다.

¶ 암자가 천 길 바위 위에 위태롭게 서 있다.

복합어

위태로이 위태롭게. ¶ 아이가 난간 위에 위태로이 앉아 있다.

위태하다(危殆-) 형용사

불규칙 위태하고, 위태하여/위태해, 위태한, 위태합니다, 위태하였다/위태했다

무슨 일이 벌어질 것 같아 아슬아슬하여 마음을 놓을 수 없다.

¶ 공중에 매달려서 건물 유리창을 닦는 모습이 위태해 보인다.

복합어

위태위태하다 매우 위태하다. ¶ 어름사니가 줄 위를 위태위태하게 걸어갔다.

위험(危險) 명사

안전하지 못하여 해로움이나 손실이 생길 우려가 있음. 또는 그런 상태.

¶ 투자에는 당연히 위험이 따르는 법이다.

¶ 구급 대원이 위험을 무릅쓰고 물에 빠진 아이를 구했다.

복합어

위험하다 피해나 손실이 생길 우려가 있다. ¶ 길에서 놀면 위험하니 집 안에서 놀아라.

위협(威脅) 명사

말이나 행동으로 위세를 내보이며 으르는 일.

복합어

위협적 위협이 되는. 또는 그런 것. ¶ 그는 위협적인 말을 서슴지 않는다.

위협하다 말이나 행동으로 위세를 내보이며 으르다.

-율(率) 접사

(명사 뒤에 붙어) '비율'의 뜻을 더하는 말. 참고 -률

¶ 백분율, 치사율, 투표율

한자 '율(率, 律, 栗, 慄)'의 표기

한자 '率, 律, 栗, 慄'은 원음이 '률'이지만 모음이나 'ㄴ' 받침 뒤에 오는 경우에는 '률'로 적지 않고 '율'로 적는다(한글 맞춤법 제11항). 이 맞춤법 규칙은 '率, 律'이 접미사이건 아니건 상관없이 적용된다. 이렇게 해서 표기한 단어의 예를 들면 아래와 같다.

· 率: 비율

① 모음이나 'ㄴ' 받침 뒤에 오는 경우 '율'로 표기: 감소율, 세율, 임신율, 환율

② 'ㄴ' 이외의 받침 뒤에 오는 경우 '률'로 표기: 결실률, 배합률, 불임률, 성공률, 승률, 확률

· 律: 법칙

① 모음이나 'ㄴ' 받침 뒤에 오는 경우 '율'로 표기: 계율, 규율, 불문율, 선율, 운율

② 'ㄴ' 이외의 받침 뒤에 오는 경우 '률'로 표기: 도덕률, 법률, 형률, 황금률

· 栗: 밤

① 모음이나 'ㄴ' 받침 뒤에 오는 경우 '율'로 표기: 건율

② 'ㄴ' 이외의 받침 뒤에 오는 경우 '률'로 표기: 생률

· 慄: 두려워하다

모음이나 'ㄴ' 받침 뒤에 오는 경우 '율'로 표기: 전율

으그리다 동사

규칙 으그리고, 으그리어/으그려, 으그립니다, 으그리었다/으그렸다

ㅇ

물건의 거죽을 찌그러지게 하다. [참고] 우그리다

¶ 빈 깡통을 발로 으그려서 납작하게 했다.

복합어

으그러뜨리다 물건의 거죽을 으그러지게 하다. '으그리다'를 강조하는 말. =으그러트리다

으그러지다 ① 물건의 거죽이 찌그러지다. ② 짜임새가 무너져 찌그러지다.

-으락 어미

(주로 '-으락 -으락 하다' 구성으로 쓰여) 뜻이 상대되는 두 동작이나 상태가 번갈아 되풀이 됨을 나타내는 연결 어미. [참고] -락

¶ 어떤 것을 살지 망설이느라 연방 물건을 집으락 놓으락 하고만 있다.

-으란

'-으라는'의 준말. 또는 '-으라고 한'이 줄어든 말. [참고] -란

¶ 어머니께서 저에게 여기에서 묵으란 말씀을 하셨습니다.

¶ 나더러 이걸 다 먹으란 말이야?

¶ 어서 옷을 입으란 말이야!

-으러 어미

앞의 목적을 위해서 뒤의 행위를 함을 나타내는 연결 어미. [참고] -러

¶ 물고기를 잡으러 어디로 갈까?

¶ 산에 나무를 심으러 가자.

››› 'ㄹ' 받침을 제외한 받침이 있는 어간 뒤에는 '-으러'를 쓰고, 'ㄹ' 받침이 있거나 그 밖에 받침이 없는 어간 뒤에는 '-러'를 쓴다. 둘 다 동사의 어간에 붙는 어미이다.

-으려 어미

① 어떤 행동을 하려는 의도나 욕망, 목적을 가지고 있음을 나타내는 연결 어미. 참고 -려

¶ 숨바꼭질을 하는데 형이 자꾸 나만 잡으려 했다.

¶ 그들을 믿으려 했지만 믿을 수 없었다.

② ('-으려 하다' 구성으로 쓰여) 곧 일어날 움직임이나 상태의 변화를 나타내는 연결 어미.

¶ 강물이 둑을 넘으려 해서 모래 포대를 쌓았다.

¶ 떠돌이 개가 죽으려 해서 병원에 데리고 갔다.

● '-으러'와 '-으려'

둘 다 연결 어미이고 형태가 비슷하여 헷갈리기 쉽다. 목적을 이루기 위한 경우에는 '-으러'를 쓰고, 의도나 생각을 나타낼 때는 '-으려'를 쓴다. '-으려'는 주로 '-으려 하다'의 형태를 취한다.

┌ 집에 밥을 먹으러 간다.(집에 가는 목적이 밥 먹는 것임.)
└ 지금 밥을 먹으려 한다.(밥 먹을 의도를 가짐.)

┌ 아버지는 고기를 잡으러 바다로 가셨다.(바다로 간 목적이 고기 잡는 것임.)
└ 아버지는 고기를 잡으려 하셨다.(고기 잡을 의도를 가짐.)

››› 'ㄹ' 받침을 제외한 받침이 있는 어간 뒤에는 '-으려'를 쓰고, 'ㄹ' 받침이 있거나 그 밖에 받침이 없는 어간 뒤에는 '-려'를 쓴다.

-으려고 어미 ×-을려고

① 의도나 욕망을 가지고 행동함을 나타내는 연결 어미. 참고 -려고

¶ 머리를 빗으려고 빗을 찾고 있다.

¶ 하룻밤 묵으려고 여관에 들었다.

② 곧 일어날 것 같은 상태임을 나타내는 연결 어미.

¶ 밥을 막 먹으려고 하는데 전화가 왔다.

¶ 기사님이 버스 문을 닫으려고 할 때 누가 급히 뛰어들어 탔다.

③ 주어진 사태에 대하여 의심과 반문을 나타내는 종결 어미.

¶ 이 추위에 겉옷을 벗으려고?

¶ 점잖은 분이 설마 욕까지 하셨으려고?

››› '-으려고'는 'ㄹ'을 제외한 받침 있는 동사의 어간에 붙는다. 받침이 없거나 'ㄹ' 받침이 있는 경우에는 '-려고'를 붙인다.

-으려야 ×-을래야

'-으려고 하여야'가 줄어든 말.

¶ 네 말은 믿으려야 믿을 수가 없다.

¶ 이 일은 하지 않으려야 않을 수 없는 중요한 일이다.

-으련다 ×-을란다, ×-을련다

'-으려고 한다'가 줄어든 말. 자신이 앞으로 그렇게 하겠다는 의지를 나타낸다. 참고 -련다

¶ 나는 사과를 먹으련다.

¶ 나는 결코 이곳을 떠나지 않으련다.

으로 조사

① 움직임의 방향을 나타내는 말. 참고 로

¶ 오늘 부산으로 가려 한다.

¶ 풍선이 공중으로 날아갔다.

② 움직임의 경로를 나타내는 말.

¶ 바람이 문틈으로 몹시 세게 들어온다.

③ 변화의 결과를 나타내는 말.

¶ 아이가 어른으로 자란다.

④ 물건의 재료나 원료를 나타내는 말.

¶ 옛날에는 나무와 흙으로 집을 지었다.

⑤ 일에 사용하는 수단이나 연장을 나타내는 말.

¶ 무엇으로 사회 통합을 이룰 것인가?

¶ 돈으로 사람을 사려 하지 마라.

⑥ 일의 방법이나 방식을 나타내는 말.

¶ 이 일은 다른 방법으로 해 보자.

¶ 안이한 생각으로 일을 하면 반드시 망한다.

⑦ 원인이나 이유를 나타내는 말. '때문에' 또는 '덕택에'와 같은 뜻이다.

¶ 지난 태풍으로 농작물 피해가 컸다.

¶ 그의 도움으로 일을 잘 마칠 수 있었다.

⑧ 지위나 신분 또는 자격을 나타내는 말.

¶ 그를 우리 반 반장으로 뽑았다.

⑨ 시간을 나타내는 말.

¶ 벌써 아침저녁으로 서늘한 바람이 분다.

¶ 오늘 모임은 사정이 생겨 다음으로 미뤄야겠다.

⑩ ('으로 하여금' 구성으로 쓰여) 행위의 주체가 되게 하는 말.

¶ 사람으로 하여금 동물과 다르게 만드는 것이 이성이다.

⑪ 생각하는 바를 나타내는 말.

¶ 그는 우리를 적으로 생각한다.

● '으로'와 '-므로'

'으로'는 조사이고, '-므로'는 어미이므로 둘의 기능이 전혀 다르다. 그런데 용언의 명사형에 조사 '으로'를 붙이는 경우와 용언의 어간에 어미 '-므로'를 붙이는 경우가 있어 헷갈리기 쉽다. 예를 들면 '감으로/가므로', '함으로/하므로', '내림으로/내리므로', '죽음으로/죽으므로'를 구별하기가 쉽지 않다. '으로'가 붙으면 앞말이 체언이고, '-므로'가 붙으면 앞말이 용언의 어간이다. 문장에서 명사로 썼는지 용언으로 썼는지 구별하면 헷갈리지 않을 것이다.

┌ 선생님은 종을 침으로 시작을 알리셨다.(침+으로)
└ 선생님이 종을 치므로 우리는 교실로 들어갔다.(치다+-므로)

┌ 많은 사람들이 함께 외침으로 그들의 요구를 관철하였다.(외침+으로)
└ 많은 사람들이 함께 외치므로 그 요구를 들어주지 않을 수 없었다.(외치다+-므로)

으로서 조사

지위나 신분 또는 자격을 나타내는 말. [참고] 로서

¶ 벗으로서 충고를 하겠다.

¶ 나는 책임 있는 사람으로서 그 일을 허락할 수 없다.

으로써 조사

① 재료나 원료임을 나타내는 말. [참고] 로써

¶ 여러 곡식으로써 술을 빚는다.

② 수단임을 나타내는 말.

¶ 톱으로써 나무를 켠다.

¶ 권력과 돈으로써 사람을 회유하려고 하지 마라.

③ 어떤 일의 기준이 되는 시간임을 나타내는 말.

¶ 지금으로써 할 수 있는 것은 아무것도 없다.

으르다 동사

[불규칙] 으르고, 으르면, 을러, 을러서, 으른다, 으릅니다, 을렀다

상대편이 겁을 먹도록 무서운 말이나 행동으로 위협하다.

¶ 내가 눈을 부릅뜨고 으르자 그가 순순히 내 지시를 따랐다.

¶ 혼내고 을러도 아이가 말을 듣지 않으니 어쩌면 좋을까.

복합어

을러대다 위협적인 말이나 행동으로 을러서 남을 억누르다. =을러메다 ¶ 빨리 빚을 갚으라고 아무리 을러대도 그는 눈 한번 깜빡하지 않고 버텼다.

–으므로 어미

뒷말의 이유나 근거를 제시하는 데에 사용되는 연결 어미. 참고 –므로

¶ 다른 사람의 모범이 되었으므로 표창장을 줍니다.

¶ 우리는 서로 사랑하였으므로 결혼하였다.

으스대다 동사 ×으시대다

규칙 으스대고, 으스대어/으스대, 으스댄다, 으스댑니다, 으스대었다/으스댔다

어울리지 아니하게 우쭐거리며 뽐내다.

¶ 철수는 이번 시험에서 백 점을 받았다고 으스대었다.

으스스 부사 ×으시시

차고 싫은 기운이 몸에 스르르 돌면서 소름이 끼치는 듯한 모양.

복합어

으스스하다 차고 싫은 기운이 몸에 스르르 돌면서 소름이 끼치는 듯하다. ×으시시하다 ¶ 햇빛도 잘 들지 않는 숲속에 들어서니 으스스했다.

> **‘으스스’와 ‘으시시’**
>
> 국어에서는 ‘으’와 ‘이’가 넘나들어 쓰이는 경우가 많다. 주로 ‘으’를 ‘이’로 발음하고 쓰는 경우가 대부분인데, ‘으스스, 부스스’를 ‘으시시, 부시시’로, ‘으슬으슬하다’를 ‘으실으실하다’로, ‘으스대다’를 ‘으시대다’로 쓰는 것이 그 예이다. 그러나 현재 표준어는 ‘부스스, 으스스, 으슬으슬하다, 으스대다’이므로 표기에 주의해야 한다.

✕ 으시대다 '으스대다'의 틀린 말.

✕ 으시시 '으스스'의 틀린 말.

○ 은 조사

① (받침 있는 체언이나 부사어 따위의 뒤에 붙어) 어떤 대상이 다른 것과 대조됨을 나타내는 말. 참고 는[1], 이

¶ 산은 높고, 물은 깊다.

¶ 다른 사람은 몰라도 형은 꼭 와야 해.

¶ 내가 그림을 잘은 못 그리지만 보통은 그린다.

② (받침 있는 체언 뒤에 붙어) 어떤 대상이 화제임을 나타내는 말.

¶ 오늘은 날씨가 좋다.

¶ 이 책은 우리말을 바로 쓰게 하기 위해서 썼다.

¶ 내가 그를 만난 것은 그에게 전해야 할 말이 있어서였다.

③ (받침 있는 체언이나 부사어, 일부 어미 뒤에 붙어) 강조의 뜻을 나타내는 말.

¶ 우리에게도 희망은 있다.

¶ 무엇이든 열심히 하면은 좋은 일이 있을 것이다.

● 조사 '은'과 '는[1]'

'은'과 '는'은 같은 기능을 하는 보조사로서, 앞말의 끝음절에 받침이 있고 없음에 따라서 구별하여 쓴다. 받침이 있는 말 뒤에는 '은'을, 받침이 없는 말 뒤에는 '는'을 쓴다.

● 조사 '은'과 '이'

'은'은 보조사이고, '이'는 주격 조사로서 둘 다 받침이 있는 체언 뒤에 붙는다. 받침이 없는 체언 뒤에는 '는'과 '가'를 쓴다.('은/는'과 '이/가'의 용법은 올림말 '는[1]' 참고.)

-은 어미

① (동사에 쓰여) 동작이 과거의 일임을 나타내는 어미. 참고 -는, -ㄴ

¶ 보물 찾은 사람 없어?

¶ 어제 먹은 배는 맛있었다.

② (형용사에 쓰여) 성질이나 상태를 나타내는 어미.

¶ 운동 신경이 좋은 사람만 뽑았다.

¶ 밝은 태양이 비친다.

● 어미 '-은'과 '-는'

'-은'은 동작이 과거에 행해졌음을 나타낼 때에 쓰고, '-는'은 동작이 현재의 일이거나 동작이 행해지지 않고 단순히 사실이나 진리를 나타낼 경우에 쓴다.

¶ 점심을 다 먹은 사람은 운동장으로 모여라.('먹다'의 행위가 끝났음.)

¶ 저기 걸어가는 사람을 좀 불러 다오.('걸어가다'의 행위가 진행 중임.)

¶ 사람은 두 발로 걷는 동물이다.('걷다'의 행위가 없음. 사실을 말함.)

● 어미 '-은'과 '-ㄴ'

① 동사 어간에 붙이는 경우: 과거의 동작임을 나타내는 데에 쓰는 어미로, 받침이 있는 어간 뒤에는 '-은'이 붙고 받침이 없는 어간 뒤에는 '-ㄴ'이 붙는다. 'ㄹ' 받침이 있는 어간은 'ㄹ'이 탈락하고 '-ㄴ'이 어간의 받침이 된다.

¶ 고기를 잡은 사람이 누구냐?(잡다+-은)

¶ 고기를 잡으러 간 사람이 누구냐?(가다+-ㄴ)

¶ 이 밭을 간 사람이 누구냐?(갈다+-ㄴ)

¶ 여기에서 산 사람은 누구냐?(살다+-ㄴ)

② 형용사 어간에 붙이는 경우: 상태를 나타내는 어미로, 받침이 있는 어간 뒤에는 '-은'이 붙고 받침이 없는 어간 뒤에는 '-ㄴ'이 붙는다. 'ㄹ' 받침이 있는 어간은 'ㄹ'이 탈락하고 '-ㄴ'이 어간의 받침이 된다.

¶ 보기에 좋은 떡이 먹기도 좋다.(좋다+-은)

¶ 마음이 예쁜 사람이 진짜 예쁜 사람이다.(예쁘다+-ㄴ)

¶ 사람을 구하려면 긴 밧줄이 필요하다.(길다+-ㄴ)

③ '이다'에 붙이는 경우: 언제나 '-ㄴ'을 붙인다.

¶ 화가인 친구와 미술관에 갔다.(화가이다+-ㄴ)

¶ 성공하려면 적극적인 자세가 필요하다.(적극적이다+-ㄴ)

-은걸 어미

현재의 사실이 이미 알고 있는 바나 기대와는 다른 것임을 나타내는 종결 어미. 가벼운 반박이나 감탄의 뜻을 나타낸다. 참고 -ㄴ걸, -는걸

¶ 나는 이미 그 책을 다 읽은걸.

¶ 나도 그 녀석에게 속은걸.

¶ 산이 내가 오르기에는 너무 높은걸.

¶ 나는 이 옷이 좋은걸.

››› '-은걸', '-는걸', '-ㄴ걸'은 동사인지 형용사인지에 따라서, 어간의 끝음절에 받침이 있고 없음에 따라서 선택하여 붙인다. '-은걸'과 '-ㄴ걸'은 동사와 형용사에 모두 쓰이고, '-는걸'은 동사에만 쓰인다. 세 어미의 용법과 띄어쓰기는 올림말 '-ㄴ걸' 참고.

-은지 어미

① ('ㄹ' 이외의 받침 있는 형용사 어간에 붙어) 가벼운 의문이나 추측을 나타내는 연결 어미. 감탄하거나 강조하는 뜻이 있다. 참고 -ㄴ지, -는지

¶ 방에 책이 얼마나 많은지 발 디딜 틈도 없다.

¶ 공기가 얼마나 맑은지 먼 산까지 또렷이 보인다.

② 가벼운 의문을 나타내는 종결 어미.

¶ 지금도 그때 생각만 하면 기분이 얼마나 좋은지.

을 조사

(받침이 있는 체언 뒤에 붙어) 동사의 목적이나 대상임을 나타내는 말. 참고 를

¶ 자기 이익을 위하여 사람을 이용하면 안 된다.

¶ 동생은 학원을 다니지 않아요.

¶ 며칠 여행을 다녀오려고 한다.

-을 어미

('ㄹ' 이외의 받침 있는 용언의 어간, 과거형 어미 '-었-/-았-' 뒤에 붙어)

① 앞말이 관형어 구실을 하게 하는 어미. 참고 -ㄹ

¶ 네가 아직까지 학교에 남아 있을 줄 몰랐다.

¶ 이렇게 좋을 수 있을까?

② 관형어를 만들어 추측, 예정 등 확정된 현실이 아님을 나타내는 어미.

¶ 지금쯤은 택배가 집에 도착해 있을 거다.

¶ 오늘은 도서관에서 책을 읽을 생각이야.

-을걸 어미 ×-을껄

('ㄹ' 이외의 받침 있는 용언의 어간, 과거형 어미 '-었-/-았-' 뒤에 붙어)

① 상대의 물음이나 의심에 대하여 가볍게 자기의 생각을 나타내는 종결 어미. 주로 입말에서 쓴다. 참고 -ㄹ걸

¶ 내일은 비가 멎을걸.

¶ 우리 아파트보다 이 건물이 더 높을걸.

¶ 걔가 그때 속상해서 울었을걸.

② 그렇게 하지 않은 것에 대해 가볍게 뉘우치거나 아쉬워함을 나타내는 종결 어미.

¶ 내가 먼저 제비를 뽑을걸.

¶ 있으라고 사정할 때에 못 이기는 척하고 남아 있을걸.

○ -을게 어미 ×-을께

상대에게 어떤 행동을 하겠다고 가볍게 약속하는 뜻을 나타내는 종결 어미. [참고] -ㄹ게

¶ 약속 시간에 늦지 않을게.

¶ 네가 믿으라면 믿을게.

× -을껄 '-을걸'의 틀린 표기.

¶ 그 선물을 내가 받을껄(×)/받을걸(○).

× -을께 '-을게'의 틀린 표기.

¶ 채소랑 과일은 내가 씻을께(×)/씻을게(○).

○ -을는지 어미 ×-을른지

① 제삼자 또는 주체의 행동에 대해서 추측이나 의문의 뜻을 나타내는 연결 어미. [참고] -ㄹ는지

¶ 그가 내일까지 빚을 갚을는지 알 수 없다.

¶ 누가 지금 집에 있을는지 모르겠다.

② 어떤 일의 실현 가능성에 대해 의문의 뜻을 나타내는 종결 어미.

¶ 이 일을 그가 과연 맡을는지.

○ -을라고 어미

어떤 사실을 의심하면서 되묻거나 상대방을 안심시키려고 그럴 리가 없음을 강조하는 종결 어미. [참고] -ㄹ라고

¶ 남태평양의 섬들이 설마 네가 묘사한 것처럼 좋을라고?

¶ 아무렴 그가 벌써 왔을라고?
¶ 그만 걱정하게. 설마 이보다 더 고약한 일이 있을라고.

○ -을락 어미

('ㄹ' 이외의 받침 있는 동사의 어간 뒤에 붙어 '-을락 말락' 구성으로 쓰여) 거의 그렇게 되려는 모양을 나타내는 연결 어미. 참고 -ㄹ락

¶ 그렇게 먹을락 말락 하지 말고 어서 한 입 먹어 봐.

× -을래야 '-으려야'의 틀린 말.

¶ 옷이 너무 째어서 벗을래야(×)/벗으려야(○) 벗을 수 없다.
¶ 일기장을 다른 식구가 찾을래야(×)/찾으려야(○) 찾을 수 없게 깊숙이 감추었다.

× -을려고 '-으려고'의 틀린 말.

¶ 선물을 받을려고(×)/받으려고(○) 줄을 섰다.

× -을련다 '-으련다'의 틀린 말.

¶ 오늘은 이곳에서 묵을련다(×)/묵으련다(○).
¶ 나는 손해 배상을 현금으로 받을련다(×)/받으련다(○).

× -을른지 '-을는지'의 틀린 표기.

¶ 그가 이 선물을 받을른지(×)/받을는지(○) 알 수 없다.
¶ 이래도 좋을른지(×)/좋을는지(○) 모르겠다.

-을망정 어미

앞 절의 사실을 인정하고 뒤 절에 그와 대립되는 다른 사실을 이어 말할 때에 쓰는 연결 어미. '비록 그러하지만 그러나' 또는 '비록 그러하다 하여도 그러나'에 가까운 뜻을 나타낸다.

참고 -ㄹ망정

¶ 그는 비록 돈은 없을망정 성실하기로는 최고다.

¶ 비록 몸은 죽을망정 내 뜻은 많은 사람에게 계승될 것이다.

-을밖에 어미

그러는 것 외에 다른 수가 없음을 나타내는 종결 어미. 참고 -ㄹ밖에

¶ 잘못에 대한 벌을 받으라면 받을밖에.

¶ 아들이 취직을 했으니 기분이 좋을밖에.

¶ 자식들이 속을 썩이니 부모가 저렇게 늙었을밖에.

-을뿐더러 어미

그것만으로 그치지 않고 나아가 다른 것이 더 있음을 나타내는 연결 어미. 참고 -ㄹ뿐더러

¶ 영화가 재미있을뿐더러 유익하기도 하다.

¶ 그는 능력이 없을뿐더러 게으르기까지 하다.

¶ 새로 뽑은 직원이 성격이 좋을뿐더러 일도 잘한다.

-을지 어미 ×-을찌

① 추측에 대해 막연한 의문이 있는 채로 뒤 절과 이어 주는 연결 어미. 참고 -ㄹ지

¶ 배는 고픈데 무엇을 먹을지 아무 생각도 나지 않는다.

② 추측에 대해 막연한 의문을 나타내는 종결 어미.

¶ 그분이 우리가 기다리던 분이 맞을지?

¶ 친구가 꿈을 이루었을지?

○ -을지라도 어미 ×-을찌라도

어떤 일에 대하여 '그렇다고 가정하더라도'의 뜻을 나타내는 연결 어미. 참고 -ㄹ지라도

¶ 강이 아무리 깊을지라도 반드시 건너야 한다.

× -을찌 / -을찌라도 '-을지'/'-을지라도'의 틀린 표기.

○ -음 어미 ×-슴

동사나 형용사를 명사처럼 기능하도록 만드는 어미. 참고 -기, -ㅁ

¶ 우리가 거기에 가기로 하였음.

> ● '-음'과 '-슴', '-ㅁ'
>
> 동사나 형용사를 명사처럼 기능하도록 만드는 어미는 '-음'과 '-ㅁ'뿐이다. '-슴'은 '-음'의 틀린 말이다. '-음'은 받침이 있는 동사나 형용사의 어간 뒤에 붙인다. 받침이 없는 경우나 'ㄹ' 받침이 있는 용언의 어간 또는 '-으시-' 뒤에는 '-ㅁ'을 붙인다.
>
> ¶ 아침에는 빵을 먹습니다. → 빵을 먹음(먹다+-음).
>
> ¶ 이것을 축제라고 일컫습니다. → 축제라고 일컬음(일컫다+-음).
>
> ¶ 도와줘서 고맙습니다. → 도와줘서 고마움(고맙다+-음).
>
> ¶ 줄을 길게 잇습니다. → 길게 이음(잇다+-음).
>
> ¶ 즐겁게 놀았습니다. → 즐겁게 놀았음(놀았다+-음).
>
> ¶ 낮에는 죽을 마십니다. → 죽을 마심(마시다+-ㅁ).
>
> ¶ 무척 기쁩니다. → 무척 기쁨(기쁘다+-ㅁ).
>
> ¶ 인형을 만듭니다. → 인형을 만듦(만들다+-ㅁ).

× -읍니다 '-습니다'의 틀린 표기.

¶ 아이들이 헤엄치고 놀기에는 물이 너무 깊읍니다(×)/깊습니다(○).

의 조사

(앞에 오는 체언이 뒷말의 관형어가 되게 하는 말로서)

① 뒷말이 앞말의 소유물이거나 그 부분임을 나타내는 말.

¶ 이것은 나의 가방이다.

¶ 그의 다리는 무척 길다.

② 앞말이 뒷말의 행위나 작용의 주체임을 나타내는 말.

¶ 그는 우리의 부탁을 거절하지 않았다.

¶ 이번 일은 너의 결심이 중요하다.

③ 앞말이 뒷말을 시작하거나 생산한 주체임을 나타내는 말.

¶ 안중근 의사의 동양평화론에 대해서 말해 보세요.

¶ 이 그림이 영희의 작품입니다.

④ 앞말이 뒷말의 대상임을 나타내는 말. 이 경우에 '의'를 생략할 수 있다.

¶ 기업이 이익의 추구만을 목적으로 삼는 것은 아니다.

¶ 요즘은 환경의 훼손이 심각한 수준이다.

⑤ 앞말과 뒷말 사이에 친족이나 사회적 관계가 있음을 나타내는 말.

¶ 그 애는 나의 동생이다.

¶ 나도 그 선생님의 제자다.

⑥ 뒷말이 앞말의 의미나 느낌을 가짐을 나타내는 말.

¶ 우리는 모여서 사랑의 노래를 불렀다.

¶ 여기저기서 기쁨의 환호성이 터졌다.

⑦ 뒷말이 앞말과 관계되는 특별한 일이나 사물임을 나타내는 말.

¶ 대한민국의 발전상에 세계가 놀란다.

¶ 밤하늘의 수많은 별들은 다 어디서 왔을까?

⑧ 뒷말이 앞말의 속성임을 나타내는 말.

¶ 꽃의 향기가 은은하다.

¶ 농부의 부지런함을 배워라.

⑨ 뒷말이 앞말에 있거나 거기서 생긴 것임을 나타내는 말.

¶ 몸의 병은 의사가 고치지만 마음의 병은 스스로 고쳐야 한다.

¶ 우리나라의 자연환경은 세계 어느 나라에도 뒤지지 않는다.

⑩ 앞말이 뒷말의 어느 시점임을 나타내는 말.

¶ 정오의 거리 풍경을 카메라에 담았다.

¶ 고려 시대의 문화를 공부해 보자.

⑪ 뒷말이 앞말의 일부분임을 나타내는 말.

¶ 국민의 대다수가 이 정책에 찬성했다.

¶ 나는 용돈의 10%를 저금한다.

의사(義士) 명사

의로운 지사. [참고] 열사

이 조사

① (받침 있는 체언 뒤에 붙어) 문장의 주어임을 나타내는 말. [참고] 가, 는[1]

¶ 빛이 비친다.

¶ 바람이 세게 분다.

② (받침 있는 체언 뒤에 붙어) 뒤에 오는 서술어의 주어임을 나타내는 말.

¶ 그는 몸집이 크다.

¶ 나는 이곳이 좋다.

③ (수량과 함께 써서) 그 정도에 이름을 나타내는 말.

¶ 아들이 한 섬이 넘는 쌀을 가져왔다.

¶ 1년이 다 되도록 그에게서 연락이 오지 않았다.

④ ('되다'나 '아니다'와 함께 쓰여) 문장의 보어임을 나타내는 말.

¶ 얼음이 녹으면 물이 된다.

¶ 검던 머리가 백발이 되었다.

¶ 이것은 내 물건이 아니다.

-이 접사

① 일부 명사를 부사로 만드는 구실을 하는 말.

¶ 나날이, 집집이, 곳곳이, 낱낱이

② 형용사를 부사로 만드는 구실을 하는 말.

¶ 많이, 높이, 깊이, 깨끗이, 반듯이, 또렷이

● 접미사 '-이'와 '-히'의 선택

한글 맞춤법 제51항에는 "부사의 끝음절이 분명히 '이'로만 나는 것은 '-이'로 적고, '히'로만 나거나 '이'나 '히'로 나는 것은 '-히'로 적는다."라고 규정하고 그 예를 아래와 같이 들었다.

① '이'로 나는 것

¶ 가붓이, 깨끗이, 느긋이, 가까이, 고이, 날카로이, 많이, 적이, 헛되이, 겹겹이, …

② '히'로만 나는 것

¶ 극히, 급히, 딱히, 속히, 작히, 족히, 특히, 엄격히, 정확히

③ '이, 히'로 나는 것

¶ 가만히, 간편히, 공평히, 과감히, 도저히, 무단히, 섭섭히, 솔직히, 심히, 조용히, …

그런데 위 규정에는 문제가 있다. 부사의 끝음절이 [이]로 소리 나는지 [히]로 소리 나는지 또는 [이]와 [히]로 소리 나는지 확실하게 제시하지 않았기 때문이다. 특히, 위 규정은 '-하다'가 붙은 형용사 가운데 어근 끝음절 끝소리가 'ㄱ'인 경우가 문제이다. 아래의 경우에는 '이'로 적을지, '히'로 적을지 몹시 헷갈린다. 국어사전을 찾아서 해결하면 되겠지만 어떤 경우에는 국어사전으로도 해결되지 않는다.

- 깊숙하다 – 깊숙히(×)/깊숙이(○)
- 넉넉하다 – 넉넉히(○)/넉넉이(×)
- 빼곡하다 – 빼곡히(○)/빼곡이(×)
- 수북하다 – 수북히(×)/수북이(○)

《표준국어대사전》에는 위의 표기 중에서 색으로 표시된 표기를 취하고 있지만 사람에 따라서는 '깊숙히', '수북히'가 왜 틀리는지 의문을 품을 수 있다. 규정에 따르면 [이]나 [히]로 소리 나는 것은 '히'로 적게 되어 있으므로 이들은 모두 '히'로 적는 것이 옳다고 생각할 수 있기 때문이다. 매우 아쉬운 규정이고, 하루빨리 보완해야 할 규정이다.

-이- 접사

(일부 동사 어간 뒤에 붙어) 사동 또는 피동의 뜻을 더하는 말.

¶ 끓다–끓이다, 늘다–늘이다, 들다–들이다, 붙다–붙이다, 줄다–줄이다

¶ 깎다–깎이다, 꼬다–꼬이다, 놓다–놓이다, 덮다–덮이다, 쌓다–쌓이다

이고 조사

(주로 '…이고 …이고' 구성으로 쓰여) 둘 이상의 사물을 같은 자격으로 이어 주는 말. 나열되는 사물이 똑같이 선택됨을 나타낸다. 바로 뒤에 '간에'가 오기도 한다. 참고 고[2]

¶ 물난리가 나서 세간이고 책이고 다 물에 젖었다.

¶ 옷이고 신이고 죄다 흩어져 있다.

¶ 슬픔이고 기쁨이고 간에 다 느끼지 못한다.

››› 받침이 있는 체언 뒤에는 '이고'가 붙고, 받침이 없는 체언 뒤에는 '고'가 붙는다.

이나 조사

① 마음에 차지 아니하는 선택 또는 최소한 허용되어야 할 선택임을 나타내는 말. 참고 나[2]

¶ 나는 여기서 잠이나 자겠다.

¶ 지금 갈 테니 문이나 열어 줘.

② 강조나 양보의 뜻을 나타내는 말.

¶ 부모님이나 만난 듯이 좋아한다.

¶ 자기가 안 간다면 남이나 가게 해야지.

¶ 취직이나 해야 결혼을 하지.

③ 상당한 정도의 수량을 나타내는 말.

¶ 이 많은 식구가 다 먹으려면 쌀말이나 들겠군.

¶ 몇 시간이나 기다리면 되겠니?

④ 비교의 뜻을 나타내는 말. 뒤에는 결국 같다는 뜻을 가진 말이 온다.

¶ 아들에게서 직접 전화를 받았으니 만난 것이나 다름없다.

⑤ 나열하는 두 가지에 다 적용함을 나타내는 말.

¶ 옛날이나 지금이나 이곳은 도무지 변하지 않은 것 같다.

¶ 사람이나 동물이나 다를 바 없다.

⑥ 둘 이상의 사물을 같은 자격으로 이어 주는 말.

¶ 시장할 때는 밤이나 감자를 먹으면 좋다.

¶ 여름에는 산이나 바다로 가서 더위를 식힌다.

> ● 조사 '이나'와 '나[2]'
>
> 앞말의 끝음절에 받침이 있으면 '이나'를 쓰고, 받침이 없으면 '나'를 쓴다.
>
> ¶ 나는 무엇이나 잘 먹는다. / 나물이나 과일이나 다 좋아한다.
>
> ¶ 나는 아무거나 잘 먹는다. / 소고기나 돼지고기나 다 맛있다.

이다[1] 동사

규칙 이고, 이지, 이어/여, 이어서/여서, 인다, 입니다, 이었다/였다

① 물건을 머리 위에 얹다.

¶ 남자는 등에 짐을 지고, 여자는 머리에 보따리를 이고 피난길을 나섰다.

② (비유적으로) 머리 위쪽에 지니거나 두다.

¶ 히말라야는 언제나 머리에 눈을 이고 있다.

¶ 하늘을 이고 서 있는 웅장한 산을 보라.

이다[2] 동사

규칙 이고, 이면, 이니, 이어/여, 이어서/여서, 인, 일, 입니다, 이었다/였다

지붕을 기와나 볏짚 따위로 덮다.

¶ 집집마다 지붕을 새로 이니 동네가 산뜻해졌다.

● ‘이다[2]’의 형태 바뀜

‘이다’의 활용형으로 ‘이은, 이으니, 이으면, 이을’을 쓰는 사람이 있는데 이는 ‘이다’를 ‘잇다’로 잘못 생각해서 활용한 것이다. 이 경우에는 마땅히 ‘인, 이니, 이면, 일’처럼 활용형을 써야 한다.

¶ 비가 새니 지붕을 새로 이으면(×)/이면(○) 좋겠다.

¶ 지붕을 이을(×)/일(○) 짚을 마련해야겠다.

¶ 마을에 새로 지붕을 이은(×)/인(○) 집이 많이 있다.

이다[3] 조사

규칙 이고, 이어서, 인, 이어요/여요, 이에요/예요, 입니다, 이었다/였다

① (체언 뒤에 붙어) 주어가 지시하는 대상의 이름이나 속성을 지정하는 뜻을 나타내는 말.

¶ 이것은 책이다.

¶ 침묵은 금이지.

¶ 방 안이 엉망이군.

② (접미사 ‘-적’이 붙은 명사 뒤에 붙어) 주어의 특징을 나타내는 말.

¶ 그는 양심적인 사람이다.

¶ 그는 매사에 적극적이더라.

③ (일부 명사나 부사 뒤에 붙어) 용언처럼 주체의 행동이나 상태를 나타내는 말.

¶ 너는 어째서 매사에 불평이냐?

¶ 일하는 솜씨가 제법이네요.

¶ 내가 여기에 온 건 처음이어요.

④ (어미 ‘-어서’ 뒤에 붙어) 주체의 행동에 관여하는 상황을 나타내는 말.

¶ 그가 잠을 깬 것은 9시가 넘어서이다.

¶ 내가 오늘 한마디도 하지 않은 것은 너무 화가 나서이다.

⑤ (주로 ‘…이다 …이다’ 구성으로 쓰여) 둘 이상의 사물을 같은 자격으로 이어 주는 말.

¶ 연습이다 레슨이다 아이들을 지나치게 많이 가르치려 하는 것이 우리 교육의 문제다.

ㅇ

● 조사 '이다'와 '다'

① 앞에 오는 체언의 끝음절에 받침이 있으면 '이다'를 붙이고, 받침이 없으면 '이다'의 어간 '이'를 생략하여 어미 '다'만 쓸 수 있다.

¶ 이것은 책이다.(받침이 있는 경우)

¶ 이것은 노트다(○)/노트이다(○).(받침이 없는 경우)

② 앞에 오는 체언의 끝음절에 받침이 없더라도 관형사형이나 명사형으로 쓸 때에는 '이'를 생략하면 안 된다.

¶ 삼면이 바다인 우리나라는 해산물이 풍부하다.

¶ 오늘부터 사흘간 휴가임.

● 조사 '이다'의 바뀐 형태 '이어요'와 '이에요'

'이다'의 바뀐 형태로 '이어요'와 '이에요'를 다 표준어로 인정한다.

① 받침이 없는 체언에 붙은 '어어요'와 '이에요'는 '여요'와 '예요'로 줄여 쓸 수 있다.

¶ 이것은 지우개이어요(○)/지우개이에요(○)/지우개여요(○)/지우개예요(○).

¶ 여기는 광주이어요(○)/광주이에요(○)/광주여요(○)/광주예요(○).

그러나 받침이 있는 말 뒤에서는 '여요', '예요'로 줄어들지 않는다.

¶ 이것은 책상이어요(○)/책상이에요(○)/책상여요(×)/책상예요(×).

¶ 참 좋은 생각이어요(○)/생각이에요(○)/생각여요(×)/생각예요(×)

② '이어', '이어서', '이었다'는 받침이 없는 말에 붙을 때에만 '여', '여서', '였다'로 줄여 쓸 수 있다.

¶ 여기는 바다여서(○)/산이어서(○)/산여서(×) 공기가 맑다.

¶ 그때 시간이 5시였다(○)/5시 10분이었다(○)/5시 10분였다(×).

③ 받침이 있는 이름 끝에 '이'를 덧붙여 말하는 경우가 있는데 이때는 '이어요', '이에요'를 '여요', '예요'로 줄여 쓸 수 있다.

¶ 제가 영식이이어요(○)/영식이이에요(○)/영식이여요(○)/영식이예요(○).

¶ 친구 이름은 수연이이어요(○)/수연이이에요(○)/수연이여요(○)/수연이예요(○).

⋙ '이다'는 학자에 따라서 용언의 하나로 보거나 조사로 보기도 하는데, 현행 학교 문법(표준 문법)에서는 서술격 조사로 본다. 다만, 용언처럼 활용을 하는 조사이다.

이따 부사

'이따가'의 준말.

¶ 이따 보자는 사람 무섭지 않아.

이따가 부사 ㉾ 이따

조금 지난 뒤에.

¶ 이따가 말해 줄게.

● '이따가'와 '있다가'

'이따가'는 부사이고, '있다가'는 동사 '있다'에 어미 '-다가'가 붙어 활용한 형태이다. 그러므로 부사와 동사라는 특성에 따라서 달리 쓴다. '이따가'는 부사이므로 언제나 동사 앞에서 그 동사를 꾸민다. 그러나 '있다가'는 어미 '-다가'가 연결 기능을 하므로 앞의 절을 뒤의 절과 이어 준다. '이따가'가 '있다가'에서 전성한 것이어서 이 두 말이 매우 비슷한 기능을 하므로 헷갈리기 쉽다. 하지만 적어도 '이따가' 속에는 '조금 지난 뒤'라는 시간이 들어 있으므로 그 앞에 '조금'이나 '오래' 같은 시간을 나타내는 수식어가 붙을 수 없다는 특징이 있음을 알면 헷갈리지 않는다.

¶ 이따가 그를 만나서 의논하기로 했다.

¶ 그걸 곧바로 하지 않고 이따가 하겠다니 걱정이 된다.

¶ 우리는 잠시 여기 있다가(○)/이따가(×) 시간이 되면 그곳으로 이동하자.

¶ 조금 있다가(○)/이따가(×) 연극이 시작할 거야.

¶ 한참 있다가(○)/이따가(×) 그가 나타났다.

이따금 부사

얼마쯤 있다가 가끔.

¶ 내가 여기 살 때는 그가 이따금 놀러 오곤 했다.

››› '이따금'은 '잊을 만큼 오랜 뒤에'의 뜻이 있고, '가끔'은 '잊을 만하면'의 뜻이 있다. 다시 말하면 '이따금'이 '가끔'보다 더 간격이 커서 횟수가 적음을 암시한다.

이라고[1] 조사

(받침이 있는 말 뒤에 붙어) 앞말이 직접 인용되는 말임을 나타내는 말. 큰따옴표 뒤에 붙여 쓴다. [참고] 라고[1]

¶ 그가 나에게 "사랑이란?"이라고 물었다.

이라고[2] 조사

① (받침이 있는 체언 뒤에 붙어) 마음에 탐탁지 않게 생각하는 대상임을 나타내는 말. [참고] 라고[2]

¶ 이걸 밭이라고 가꾸었단 말이오?

¶ 그런 사람을 벗이라고 사귀다니.

② (받침이 있는 체언 뒤에 붙어) 보통 부정적인 판단의 원인이나 이유를 나타내는 말.

¶ 사슴이라고 다 녹용을 얻을 수 있는 건 아니다.

¶ 선생이라고 아이들을 함부로 대할 권리는 없다.

③ ('이라고는'이나 '이라곤' 형태로 쓰여) 강조하여 지정하는 뜻을 나타내는 말.

¶ 반 년 동안 사람이라고는 아무도 찾아오지 않았다.

¶ 요즘 밥이라곤 한 술도 뜨지 않는다.

이란 ①조사

① (받침이 있는 체언 뒤에 붙어) 어떤 대상을 특별히 집어서 화제로 삼을 때에 쓰는 말. [참고] 란

¶ 사람이란 생각하는 갈대다.

¶ 죽음이란 아무도 피할 수 없는 과정이다.

② '이라고 하는'이 줄어든 말.

¶ 이게 거짓이란 증거가 어디 있소?

¶ 그는 오늘 연구부장이란 직함을 받았다.

이러다 동사

불규칙 이러고, 이러면, 이래, 이래서, 이러는, 이런다, 이럽니다, 이랬다

① 이렇게 행동하다. '이리하다'의 준말.

¶ 네가 나한테 왜 자꾸 이러는지 모르겠어.

¶ 내가 지금 이러고 있을 때가 아니야.

¶ 이러다가 결국 크게 낭패를 보게 될 거야.

② 이렇게 말하다.

¶ 아이가 자꾸 학교에 가기 싫다고 이러는데 어떡하지?

¶ 걔가 지금은 안 가겠다고 이러지만 잘 달래면 따라올 거야.

● '이러다', '저러다', '그러다'

이것들은 각각 대명사 '이', '저', '그'와 어울리는 동사이다. 말하는 사람이 자기 말과 행동을 가리키는 경우에는 '이러다', 말하는 사람과 듣는 사람이 제삼자의 말과 행동을 가리키는 경우에는 '저러다', 말하는 사람이 상대의 말과 행동을 가리키는 경우에는 '그러다'를 쓴다. 상대의 언행 가운데서 지금 당장 말하는 이의 눈앞에서 하는 언행이라면 '이러다'를 쓰기도 한다. 말하는 사람이나 듣는 사람의 눈에 보이지 않지만 서로 아는 언행 또는 앞에서 말한 언행을 가리킬 때는 '그러다'를 쓴다.

¶ 내가 이러다 일을 그르치겠네.

¶ 너 그러다/이러다 낭패를 당할지 몰라.

¶ 저 사람 저러다 넘어지겠어.

¶ 함께 재미있게 놀기도 하고 그러다가 싸우기도 하더라.

››› '이러다', '이렇다'와 '이러하다'의 형태 바뀜은 올림말 '이러하다' 참고.

이러하다 형용사 ㉠ 이렇다

불규칙 이러하고, 이러하여/이러해, 이러한, 이러합니다, 이러하였다/이러했다

'이렇다'의 본딧말.

¶ 이러한 일은 생전 처음 본다.

● '이러하다', '이렇다', '이러다'

'이러하다'가 본딧말이고 '이렇다'가 준말인데 준말이 더 널리 사용된다. 사용법에 차이는 없지만, 형태가 다르므로 활용하는 형태도 다르다. 또 '이렇다'와 '이러하다'는 형용사이지만 '이러다'는 동사이다. 따라서 활용형을 잘 구별하여 써야 한다.

	품사	-어	-ㄴ	-ㅂ니다	-었-
이러하다	형용사	이러하여 /이러해	이러한	이러합니다	이러하였다 /이러했다
이렇다	형용사	이래	이런	이렇습니다	이랬다
이러다	동사	이래	이러는/이런	이럽니다	이랬다

이렇다 형용사

불규칙 이렇고, 이러면, 이러니, 이래, 이런, 이렇네/이러네, 이렇습니다, 이랬다

성질, 모양, 상태 따위가 이와 같다. '이러하다'의 준말.

¶ 꼴은 이러나 마음은 비단결 같다.

¶ 이런 일로 시간을 빼앗겨서는 안 된다.

이루 부사

① (주로 뒤에 부정하는 말과 함께 쓰여) 도저히. 아무리 하여도.

¶ 어머니가 고생하신 것은 이루 헤아릴 수 없다.

¶ 이곳의 아름다움은 이루 말할 수 없다.

② 있는 것 모두. 있는 대로 다.

¶ 세상 사람을 이루 구제하는 방법이 있겠느냐?

¶ 이루 불평하자면 끝이 없을 거야.

● '이루'와 '이루 다'

흔히 "내가 한 고생을 이루 다 말하려면 평생을 해도 못 한다."처럼 '이루'에 '다'를 덧붙여 강조하는 경우가 많은데, 여기서 사용한 '다'는 군더더기이다. '이루 ②'에는 이미 '다'의 의미가 확실하게 포함되어 있기 때문이다. 이를 강조하는 방법으로 받아들일 수도 있지만 엄밀하게 말하면 '이루'의 뜻에 대한 인식이 정확하게 안 된 결과라고 보아야 할 것이다.

이루다 동사

규칙 이루고, 이루어/이뤄, 이룬, 이룹니다, 이루었다/이뤘다

① 어떤 결과나 상태로 되게 하다.

¶ 오늘은 잠을 이루지 못할 것 같다.

¶ 그곳에는 가게들이 불야성을 이루고 있다.

② 뜻한 바를 그대로 되게 하다. =성취하다 참고 이룩하다

¶ 뜻을 이루려면 자신감을 가지고 도전해야 한다.

¶ 우리가 열심히 노력하여 아버지 소원을 이루어 드리자.

③ 조직하다. 구성하다.

¶ 물을 이루는 원소에는 무엇이 있는지 알아봅시다.

¶ 국가를 이루는 3대 요소는 국민, 국토, 주권이다.

복합어

이루어지다 ① 일정한 상태나 결과가 생기거나 만들어지다. ¶ 여야 합의가 이루어지지 않아 법안이 통과되지 않고 있다. ② 뜻한 대로 되다. ¶ 꿈은 이루어진다. ③ 몇 가지 성분이 모여 일정한 존재가 되다. ¶ 물은 산소와 수소로 이루어졌다.

이룩하다 동사

불규칙 이룩하고, 이룩하여/이룩해, 이룩하는, 이룩한, 이룩합니다, 이룩하였다/이룩했다

① 큰 사업이나 뜻을 이루다.

¶ 통일을 이룩하는 날까지 남북이 협력해야 합니다.

¶ 그는 사업에 뜻을 두고 노력한 끝에 이처럼 큰 회사를 이룩하였다.

② 나라, 집 같은 것을 새로 세우다.

¶ 이성계가 이룩한 조선은 기틀이 잡히기도 전에 왕자들의 난으로 소용돌이쳤다.

¶ 우리가 어떤 사회를 이룩할 것인지 공론에 부칠 필요가 있다.

● '이룩하다'와 '이루다'

① 많은 노력을 기울여 기어이 큰일을 해내는 경우, 특히 웬만한 사람은 할 수 없는 노력을 기울여 성취한 커다란 업적에 대하여 '이룩하다'를 쓴다. 노력한 정도나 커다란 업적이 어느 수준인지 정해진 바는 없다. 나라나 사회 또는 공동체를 아우르는 큰일, 수많은 어려움을 이기고 기울인 노력 따위를 평가하여 '이룩하다'를 쓰는 것이 좋다.

¶ 친구들끼리 조그만 회사 하나를 이루어 냈다.

¶ 그는 정의로운 사회를 이룩하는 데 온 힘을 쏟았다.

② '이룩하다'가 '이루다'에 비해서 더 적극적인 노력을 하는 경우에 쓰기 때문에 그 피동형인 '이룩되다'는 잘 쓰지 않는다. 반면에 '이루다'는 상대적으로 적은 노력으로도 성취할 수 있는 일이 대상이므로 피동형인 '이루어지다'를 매우 폭넓게 쓴다. 일반적으로 노력하면 이루어질 수 있기 때문이다.

이르다[1] 동사 ×이르르다

불규칙 이르고, 이르러, 이르러서, 이릅니다, 이르렀다

① 어떤 장소나 시각에 다다르다.

¶ 답사대는 400킬로미터가 넘는 길을 걸어 14일 만에 목적지에 이르렀다.

¶ 10시에 이르러서야 공연이 끝났다.

② 어떤 정도나 범위에 미치다.

¶ 그들은 어렵사리 결혼에 이르게 되었다.

¶ 그의 음악이 신의 경지에 이른 것 같다.

● '이르다[1]'의 형태 바뀜

'이르다[1]'에 어미 '-어', '-어서', '-어라'나 '-었-'이 붙는 경우에는 'ㄹ'이 첨가되어 '이르러', '이르러서', '이르러라', '이르렀다'가 된다. 이것들은 '이르르다'에서 온 것이 아니라 '이르다'에서 왔다. '이르르다'는 없는 말이다.

¶ 맨 먼저 목적지에 이르른(×)/이른(○) 사람이 그 사람이다.

¶ 10월 말에 이르르면(×)/이르면(○) 온 산이 단풍으로 물든다.

¶ 기어이 우리는 산 정상에 이르르었다(×)/이르렀다(○).

¶ 빨리 목적지에 이르르라고(×)/이르라고(○) 명령했다.

¶ 지금 막 회담 장소에 이르르는(×)/이르는(○) 중입니다.

이르다[2] 동사

불규칙 이르고, 일러, 일러서, 이르는, 이른, 이릅니다, 일렀다

① 누구에게 무엇이라고 또는 어떻다고 말하다.

¶ 선생님께서 지금 오신다고 동생에게 일러 주어라.

¶ 그에게 즉시 떠나라고 일러라.

② 잘 깨닫도록 일의 이치를 밝혀 말해 주다. =타이르다

¶ 학생에게 다음부터는 실수하지 말라고 일렀다.

③ 미리 알려 주다.

¶ 주의 사항을 잘 일러 주어라.

¶ 약속 시간을 미리 일러 주지 않아서 혼란이 일어났다.

④ 어떤 사람의 잘못을 윗사람에게 말하여 알게 하다. =고자질하다

¶ 친구의 비밀을 선생님에게 이르는 녀석이 가장 얄밉다.

⑤ 어떤 대상을 무엇이라고 이름을 붙여 부르다. 참고 일컫다, 부르다[2]

¶ 이 생선을 도루묵이라고 이른다.

¶ 그 음식점을 사람들은 '대박집'이라고 이른다.

⑥ ('이르기를' 또는 '이르되', '일렀으되' 형태로 쓰여) 책이나 속담에 말하여지다.

¶ 옛사람이 이르기를 사람은 열 번 된다고 했다.

¶ 논어에 이르되 제 몸을 닦은 후에 집안을 다스리라고 했다.

복합어

일러바치다 남의 잘못 따위를 윗사람에게 알리다. ¶ 누나가 어머니에게 내 잘못을 일러바쳤다.

관용 표현

이를 데 없다 ① 정도가 굉장하여 이루 다 말할 수 없다. ¶ 네 소식을 들으니 기쁘기 이를 데 없다. ② 생각 따위가 아주 옳거나 마땅하여 더 말할 필요가 없다. ¶ 말씀은 이를 데 없이 옳습니다만 말씀대로 하기는 쉽지 않아 보입니다.

● '이르다[2]', '일컫다', '부르다[2]'

'선생님께서 모든 아이들의 이름을 하나하나 부르셨다.'처럼 원래의 이름을 말하는 경우에는 '부르다'를 쓴다. '일컫다'나 '이르다'는 원래의 이름 대신에 다른 이름으로 부르거나 이름이 없는 사물에 이름을 붙이는 경우에 쓴다.

¶ 내 이름을 함부로 부르지(○)/이르지(×)/일컫지(×) 마라.

¶ 저를 영수라고 불러(○)/일러(×)/일컬어(×) 주세요.

¶ 이 식물은 맨드라미라고 부릅니다(○)/이릅니다(○)/일컫습니다(×).

¶ 백두산을 민족의 영산이라고 부릅니다(×)/이릅니다(○)/일컫습니다(○).

¶ 백의민족은 우리 민족을 부르는(×)/이르는(○)/일컫는(○) 말이다.

¶ 사람을 불러(×)/일러(○)/일컬어(○) 만물의 영장이라고 한다.

이르다[3] 형용사

불규칙 이르고, 이르면, 일러, 일러서, 이른, 이릅니다, 일렀다

① 기준이나 표준보다 시간이 앞서다.

¶ 이슬비 내리는 이른 아침에 우산 셋이 나란히 걸어갑니다.

¶ 오후 5시는 저녁 모임을 시작하기에 이른 시간이다.

② 죽 이어지는 시간 가운데 앞쪽이다.

¶ 이른 봄이라 아직 날씨가 쌀쌀하다.

¶ 이른 첫눈이 내렸다.

③ 어떤 일이 있기까지는 아직 시간이 있다. 아직 때가 되지 아니한 상태이다.

¶ 아기 이가 나기에는 아직 일러.

¶ 겉모양이 바뀌었다고 속마음까지 바뀐 것으로 보기는 아직 이르다.

● '이르다[3]'과 '빠르다'

① '이르다'는 기준이나 평균보다 앞선 것을 가리킨다. 따라서 기준이나 평균이 일반적으로 인정되는 상태가 아닌 막연한 경우에는 잘 쓰지 않는다. '교통 대책을 이른 시일 안에 내놓겠습니다.' 하는 표현이 어색하게 느껴지는 것은 이 때문이다(시일은 이르거나 늦거나 하는 것이 아니다). 이때는 '이른' 대신에 '가까운'을 쓰면 자연스럽다. 이에 비해 '빠르다'는 무엇을 하는 동작에 속도가 붙어 있음을 뜻한다. 따라서 속도와 관계없는 데서 이 말을 쓰면 어색하다. '일을 빠른 시간 안에 마치겠습니다.' 하는 표현은 좋지 않다. '시간'에는 빠른 시간도 느린 시간도 없기 때문이다. 이런 경우에는 '빠른' 대신에 '짧은'을 쓰는 것이 좋다.

② '이르면'과 '빠르면'에도 의미 차이가 있다. '이르면 오늘 발표할 것 같다'와 '빠르면 오늘 끝낼 수 있을 것 같다.'에서 '이르면'과 '빠르면'에 대해 살펴보자. '이르면 오늘 발표할 것 같다.'에는 오늘 발표하는 것이 기대보다 이른 것이라는 공감대가 있으면 이렇게 말하고, '늦어도 내일 아침까지는 발표할 것입니다.'라고 덧붙일 수 있다. 이때 '빠르면'을 쓰는 것은 부적절하다. '빠르면 오늘 끝낼 수 있을 것 같다.'는 어떤 일을 지금 진행하고 있는데 일을 빨리 한다면 오늘 끝낼 수 있을 것이라는 의미이다. 여기서 '이르면'을 쓰는 것은 부적절하다. 이렇게 볼 때, 계속되는 행위를 끝내는 시점을 표현할 때는 '빠르면'이 적합하고, 계속되는 행위가 아니라 어느 시점에서 한 번 하게 되는 행위라면 '이르면'이 적합함을 알 수 있다.(올림말 '빠르다' 참고.)

이르렀다

동사 '이르다[1]'의 과거형.

¶ 이제 겨우 목표 지점에 이르렀다.

이르르다 '이르다[1]'의 틀린 말.

이리[1] 부사

이곳으로. 이쪽으로.

¶ 너는 이리 와 앉아라.

¶ 줄을 이리 당겨라.

이리[2] 부사

모양, 성질 따위가 이렇게.

¶ 무슨 일로 이리 슬퍼하시는지 모르겠다.

¶ 어떻게 이리 새빨간 거짓말을 하세요?

이리하다 동사 ㊟ 이러다

불규칙 이리하고, 이리하여/이리해, 이리합니다, 이리하였다/이리했다

이렇게 하다.

¶ 이리하여 사건은 마침내 미궁에 빠지고 말았다.

이만때 '이맘때'의 틀린 말.

이맘때 명사 ×이만때

꼭 이만큼 된 때.

¶ 작년 이맘때에 우리 가족이 모두 함께 유럽 여행을 하였지.

> ● '이맘때', '저맘때', '그맘때'
>
> 이것들은 각각 '이만큼 된 때', '저만큼 된 때', '그만큼 된 때'를 가리키는 말이다. 이를 '이만때', '저만때', '그만때'라고 하면 안 된다.

이쁘다 형용사

불규칙 이쁘고, 이쁘니, 이뻐, 이뻐서, 이쁜, 이쁩니다, 이뻤다

① 아름다워 눈으로 보기에 좋다.

¶ 아기 신발이 앙증맞게 이쁘다.

¶ 너는 손이 참 이쁘구나.

¶ 이 책은 디자인이 이뻐서 사고 싶다.

② 말이나 행동이 사랑스럽거나 귀엽게 여길 만하다.

¶ 새댁 말하는 게 참 이뻐서 덤으로 사과 하나 주겠소.

¶ 요즘 아이가 부쩍 이쁜 짓을 하네요.

¶ 마음 씀씀이가 이쁘네.

››› '이쁘다'와 '예쁘다'는 둘 다 표준어로 인정된다. 어감으로는 '이쁘다'가 '예쁘다'에 비해서 더 사랑스럽고 귀엽게 느껴진다.

이어요

조사 '이다'에 종결 어미 '-어요'가 붙어 바뀐 형태. =이에요

¶ 이곳은 참 좋은 고장이어요.

¶ 여기가 서울이어요?

이에요

=이어요

¶ 이 꽃이 천리향이에요.

> ● '이어요'와 '이에요'
>
> ① 조사 '이다'가 바뀐 형태인 '이어요'와 '이에요' 모두 표준어이다. '이에요'가 여성적이고 젊은 사람들이 입말로 많이 쓰는 데 비해서, '이어요'는 글말로 사용한다.(올림말 '이다[3]' 참고.)
>
> ② 받침이 없는 체언 뒤에서는 '이어요'와 '이에요'가 각각 '여요', '예요'로 줄어든다. 줄이지 않고 써도 된다.
>
> ¶ 이 계약은 우리가 손해이어요/손해여요.
>
> ¶ 여기가 우리 마을에서 바라다보이던 그 바다이에요/바다예요.

이오

(받침 있는 체언 뒤에 붙어) 조사 '이다'에 종결 어미 '-오'가 붙어 바뀐 형태.

¶ 오늘은 어린이날이오.

››› '이오'는 받침 없는 체언 뒤에서만 '요'로 줄여 쓸 수 있다.

이윽고 부사

얼마 있다가. 얼마쯤 시간이 흐른 뒤에.

¶ 하늘이 흐리고 바람이 불더니 이윽고 비가 내렸다.

¶ 그는 한참 동안 듣고만 있더니 이윽고 조심스레 말을 꺼냈다.

이전(以前) 명사

① 기준이 되는 때를 포함하여 그 앞. [참고] 전

¶ 법이 통과된 날 이전에 맺은 계약은 유효하다.

② 이제보다 전. 오래전. 참고 이후

¶ 이전에는 우리나라도 하나였지요.

● '이전'과 '전(前)', '이후'와 '후(後)'

날짜나 시간을 이야기할 때에 '이전'과 '전'을 혼용하는데 엄밀하게 말하면 두 낱말은 일치하지 않는다. 따라서 두 낱말을 법률 문장에서 혼용한다면 법률관계에서 낭패를 당할 수 있다. '이전'은 그 날짜나 시각을 포함한다. 이에 비해서 '전'은 그 날짜나 시각을 뺀다.

¶ 1월 10일 이전에 도착하는 것만 받습니다. →10일에 도착하는 것까지 받음.

¶ 1월 10일 전에 도착하는 것만 받습니다. →10일에 도착하는 것은 받지 않음.

마찬가지로 '이후'와 '후'도 구별해서 써야 한다.

¶ 1월 10일 이후에 교환 가능→1월 10일부터 교환해 줌.

¶ 1월 10일 후에 교환 가능→1월 10일까지는 교환 불가.

우리말에 이런 단어가 꽤 많이 있다. '이상, 이하, 이북, 이남' 등에 사용된 '이(以)'는 모두 기준을 포함함을 의미한다.

ㅇ

이후(以後) 명사

① 기준이 되는 때를 포함하여 그 뒤. 참고 후

¶ 10시 이후에는 외출할 수 없다.

② 이제부터 뒤. 참고 이전

¶ 이후에는 같은 잘못을 저지르지 마라.

인물(人物) 명사

① 생김새나 됨됨이로 본 사람.

¶ 인물이 좋으면 사람들의 호감을 사기가 쉽다.

¶ 그 작가는 인물 묘사 능력이 탁월하다.

¶ 나는 인물 사진을 전문으로 찍는다.
② 일정한 상황에서 어떤 구실을 하는 사람.
¶ 그 영화에 나온 인물은 하나같이 선하고 다정하더라.
③ 뛰어난 사람.
¶ 우리 고장에서 수많은 인물이 났다.
¶ 여야가 선거에서 이기기 위해 참신한 인물을 끌어들이고 있다.

인사[1](人事) 명사

① 만나는 사람끼리 이름을 알려 주거나 안부를 주고받으면서 예의를 갖추는 일.
¶ 어른을 보면 먼저 인사를 해야지.
¶ 그와는 초면이어서 명함을 건네며 인사를 나눴다.
② 사람들 사이에서 예의를 지키기 위해 하는 말이나 행동.
¶ 상을 당한 사람에게 인사를 차려야 도리겠지.
¶ 나를 많이 도와준 분께 인사를 가야 한다.

복합어

인사말 인사로 하는 말. ×인삿말

인사성 인사를 차리는 습성. ¶ 그 아이는 인사성이 참 밝더라.

인사치레 성의 없이 의례적으로 하는 인사. 또는 그런 인사를 함. ¶ 그와 나는 서로 인사치레만 하고 각자 자리로 돌아갔다.

인사하다 ① 마주 대하거나 헤어질 때에 예를 표하다. ¶ 어른에게는 공손히 인사하는 습관을 들여라. ② 은혜를 갚거나 치하할 일에 대하여 예의를 차리다. ¶ 도와주신 분들께 일일이 인사하려 한다. ③ 처음 만나는 사람끼리 서로 이름을 알려 주며 자기를 소개하다. ¶ 우리는 찻집에서 처음 만나 인사하였다.

관용 표현

인사를 붙이다 처음 만나는 사람끼리 이름을 말하며 자기를 소개하다.

인사를 차리다 마땅히 표해야 할 예를 표하다.

인사[2](人事) 명사

① 사람이 하는 일 또는 해야 할 일.

¶ 인사를 다하고 천명을 기다린다는 옛말이 있다.

② 사람에게 각자의 업무를 주어 여기저기에 배치하는 일.

¶ 이번 정부 인사는 파격적이라는 평가를 받았다.

복합어

인사권 인사이동 등 인사 문제를 다룰 수 있는 권한.

인사이동 직원의 지위나 근무 부서를 바꾸는 일.

인사[3](人士) 명사

사회적으로 약간의 지위나 이름을 얻은 사람.

¶ 학계 인사, 지도층 인사, 유명 인사

¶ 오늘 행사에는 이 지역의 유력한 인사들이 다 나왔더구나.

인상[1](人相) 명사

사람의 얼굴 생김새와 골격.

¶ 회의 결과가 마음에 안 들더라도 인상을 좀 펴라.

복합어

인상착의 얼굴 생김새와 옷차림. ¶ 범인과 인상착의가 같은 사람을 보면 즉시 경찰서에 신고해 주세요.

관용 표현

인상(을) 쓰다 얼굴 표정을 찡그리거나 일그러뜨리어 좋지 않게 만들다. ¶ 그렇게 인상 쓰고 있지만 말고 그만 기분 풀어.

인상을 짓다 어떤 표정을 나타내다. ¶ 배우는 슬픈 인상을 지으며 연기에 몰입했다.

ㅇ

인상[2] (引上) 명사

① 값을 올림.

¶ 정부가 물가 인상을 잡기 위하여 발 벗고 나섰다.

② 역도 경기 종목의 하나. =들어올리기

¶ 우리 선수가 역도 경기에서 인상 부문 신기록을 세웠다.

복합어

인상률 오르거나 올린 비율. ¶ 올해 임금 인상률이 3%를 넘었다.

인상하다 물건 값을 올리다. ¶ 버스 요금을 인상했다.

인상[3] (印象) 명사

① 사물이 사람의 마음에 주는 느낌.

¶ 그 사람을 본 인상이 어떠냐?

② 마음에 깊이 새겨져 잊히지 않는 자취.

¶ 그의 연설은 많은 사람에게 깊은 인상을 남겼다.

복합어

인상적 뚜렷이 기억에 남는. 또는 그런 것. ¶ 그는 아주 인상적인 연설을 했다.

인상주의 빛의 변화에 따라 시시각각 달리 보이는 자연을 그 순간에 받은 인상 그대로 묘사하고 표현하려는 미술 운동.

인상파 인상주의를 좇는 갈래. 또는 그런 사람들.

첫인상 첫눈에 느껴지는 인상. ¶ 그는 첫인상이 참 좋아서 눈에 띄더라.

관용 표현

인상이 깊다 마음속에 강렬하게 새겨져 잊히지 않는다. =인상이 짙다②. ¶ 이번엔 퍽 인상 깊은 여행을 했다.

인상이 짙다 ① (주로 부정적인 의미에서) 꼭 그럴 것 같은 기분이 들다. ¶ 그의 말은 거짓이라는 인상이 짙다. ② =인상이 깊다.

인제 ①-③부사 ④명사

① 지금에 이르러. 이 시점에 와서야. 참고 이제

¶ 인제 말해 무엇 하겠니?

¶ 인제 와서 못 들어주겠다고 하면 어떻게 해!

¶ 인제 아버지를 이해할 수 있을 것 같다.

② 지금부터. 이제부터 곧.

¶ 인제 다시는 나쁜 짓 안 할 테니 용서해 주세요.

¶ 추위도 인제 고비를 넘겼다.

③ 이번의 차례나 경우 또는 시간.

¶ 인제 정신을 차려야지.

④ 바로 이때.

¶ 인제라도 기권하는 것이 어때?

¶ 인제는 날씨가 따뜻해져서 등산할 만하다.

¶ 인제부터 가까운 곳은 걸어 다니기로 마음먹었다.

속담

인제 보니 수원 나그네 누군가 알고 싶었는데 알고 보니 그전부터 잘 아는 수원 나그네였다는 뜻으로, 몰라보았는데 다시 생각해 보니 알던 사람이라는 말.

››› '인제'와 '이제'는 의미가 같다. 다만, '인제'가 '이제'에 비해서 입말에 가깝고, 조금 강조하는 느낌을 준다.

일(日) 명사

① 하루 동안.

¶ 이 영화는 일 5회 상영합니다.

② (한자어 수 뒤에 쓰여) 날을 세는 말.

¶ 비가 오 일이나 계속 내렸다.

¶ 내 생일은 2월 26일이다.

● '일'과 '일 날'

날을 나타내는 말을 겹쳐서 '2일 날에 만나기로 했다.'처럼 쓰는 경우에 '일'과 '날'은 띄어 쓴다. '2일에 만나기로 했다.'라고 하는 것이 좋지만 '날'을 붙이려면 '일'과 '날'을 띄어 쓰라는 말이다. '공휴일 날', '당일 날', '기념일 날'도 마찬가지이다.

일껏 부사

① 애써서.

¶ 일껏 밥상을 차려 주니 반찬 투정을 한다.

¶ 일껏 한 숙제를 집에 두고 왔다.

② 모처럼.

¶ 공연한 말을 해서 일껏 잘되어 가는 일을 망치느냐?

>>> '일껏'과 '내나'의 차이는 올림말 '내나' 참고.

일다[1] 동사

불규칙 일고, 이니, 일어, 이는, 이오, 입니다, 일었다

① 없던 현상이 생기다.

¶ 호수에 물결이 이는 것은 바람이 분다는 표시이다.

¶ 그의 주장으로 사회에 큰 파문이 일었다.

② 왕성하여지다.

¶ 너의 말을 들으니 나에게 강렬한 의지가 이는 것 같다.

¶ 꼭 성공해야겠다는 욕망이 불꽃같이 일었다.

¶ 새 며느리가 들어오면서부터 살림이 일었다.

③ 솟아오르거나 부풀어 오르다.

¶ 빨래를 할 때에는 거품이 많이 이는 비누를 쓴다.

¶ 옷에 보풀이 일어 못 입게 되었다.

일다[2] 동사

불규칙 일고, 이니, 일어, 이는, 이오, 입니다, 일었다

① 쌀이나 사금에 물을 붓고 흔들어서 쓸 것과 못 쓸 것을 가려내다.

¶ 밥을 지으려고 쌀을 일었다.

② 키나 체 따위로 쓸 것만 가려내다.

¶ 참깨를 일려면 키나 체가 있어야 한다.

일절(一切) 부사

아주. 도무지. 결코. 전혀. 통. 참고 일체

¶ 면회는 일절 금한다.

¶ 발길을 일절 끊었다.

> ● 한자 '一切'의 읽기
>
> 이 한자어는 '일절'과 '일체' 두 가지로 읽는다. '일절'은 부정하거나 금지하는 말과 함께 부사로 쓴다. '일체'는 '모든', '전부'의 뜻으로 명사나 부사로 쓴다.
>
> ¶ 회의장 안에 음식을 일절 들여올 수 없다.
>
> ¶ 회의장 안에는 일체의 음식을 들여올 수 없다.
>
> ¶ 나는 술을 일절 안 마신다.
>
> ¶ 서류 일체를 보내 주시오.

일찌기 '일찍이'의 틀린 표기.

일찍 부사

보통 시간이나 기준 시간보다 이르게. 늦지 않게. =일찍이①

¶ 일찍 자고 일찍 일어나라.

복합어

일찌감치 좀 더 일찍이. =일찌거니 ¶ 비가 올 듯하니 일찌감치 길을 나서자. / 오늘 안에 일을 다 끝내려면 일찌거니 시작해야겠어.

일찍이 ① =일찍 ¶ 내일은 좀 일찍이 오너라. ② 예전에. 이때까지. ¶ 일찍이 이런 일은 없었다. ×일찌기

'일찍', '일찍이', '일찌감치', '일찌거니'

'일찌감치'와 '일찌거니'는 다 표준어이다. '일찌감치'와 '일찌거니'에 상대되는 '느지감치'와 '느지거니'도 표준어이다. 또, '일찍이'는 '일찍'에 '이'가 덧붙은 형태인데 대체로 '일찍'을 강조하는 의미로 쓴다. '일찌기'는 '일찍이'의 잘못으로 본다. '일찍이'에 상대되는 말은 '느직이'이다. 그러면 '일찍'에 상대되는 낱말만 없는 셈이다. 그래서 '늦다'의 부사형인 '늦게'가 대응하게 된다. 경우에 따라서는 '늦게' 대신에 '늦추'를 쓸 수 있다. 그러면 아래와 같은 대응 쌍이 이루어진다.

- 이르다 – 늦다, 일찍 – 늦게/늦추, 일찍이 – 느직이, 일찌감치 – 느지감치
  일찌거니 – 느지거니

이와 비슷한 조어 형태가 '멀다'에도 나타난다. 여기서는 '멀찌거니'가 아니라 '멀찌가니'인 점이 특별하다.

- 멀다, 멀찍이, 멀찌감치, 멀찌가니

일체(一切) ①명사 ②부사

① 모든 것. 참고 일절

¶ 미술관에서 도난에 대한 일체의 책임을 지기로 했다.

¶ 그는 재산 일체를 학교에 기부하였다.

② 모든 것을 다.

¶ 걱정 근심일랑 일체 털어 버려라.

¶ 그는 친구들과 연락을 일체 끊어 버렸다.

¶ 이 일을 일체 비밀에 부칩시다.

● '일체'와 '일절'

'일체'는 '모든 것을 다'의 의미가 있어서 구체적인 사물이나 대상을 염두에 두고 그것 모두를 의미한다. '가진 것을 일체 내놓아라.'라는 말은 '가진 것을 전부 내놓아라.'라고 하는 것과 같은 말이다. '일체'가 명사와 부사를 넘나드는 낱말인 점을 이해할 수 있을 것이다. 그래서 뒤에 오는 서술어를 긍정하는 의미로 기능을 한다.

'일절'은 뒤에 오는 서술어를 부정하기 위하여 쓴다. '일절 손대지 마라.'라고 하면 손대는 행위를 절대 하지 말라는 뜻이다. 이것을 '일체 손대지 마라.'라고 하면 안 된다.

일컫다 동사

불규칙 일컫고, 일컬어, 일컫는, 일컫네, 일컫소/일컬으오, 일컫습니다, 일컬었다

① 무엇이라고 가리켜 말하다. 참고 이르다[2]

¶ 사람들은 그를 일컬어 사랑의 전도사라고 한다.

¶ 배달민족은 우리 겨레를 일컫는 말이다.

② 특별히 이름 지어 부르다.

¶ 예로부터 우리나라를 동방예의지국이라고 일컬었다.

③ 칭찬하여 말하다. 기리어 말하다.

¶ 누구나 그의 총명함을 일컫지 않을 수 없다.

잃다 동사

규칙 잃고, 잃으니, 잃어, 잃는, 잃은, 잃습니다, 잃었다

① 지닌 것을 모르게 놓치거나 떨어뜨리다.

¶ 출근길에 지하철 안에서 지갑을 잃었다.

② 정신이나 넋을 차리지 못하다.

¶ 너무 놀라서 정신을 잃을 뻔했다.

③ 있던 자리나 가진 땅, 권리, 재산 따위를 빼앗기거나 넘겨주어 이용하지 못하게 되다.

¶ 사업이 망해서 그는 모든 재산을 다 잃었다.

¶ 그는 최근 직장을 잃고 집에서 놀고 있다.

④ 죽어서 사람을 다시 볼 수 없게 되다. =사별하다

¶ 그는 일찍 아내를 잃고 혼자 아이들을 키워 냈다.

⑤ 사람과의 관계가 끊어지다.

¶ 친구에게 돈을 빌려주면 친구까지 잃게 된다.

¶ 그 식당은 종업원이 불친절해서 손님을 많이 잃었다.

⑥ 기회 따위가 사라지다.

¶ 준비하지 않으면 기회를 잃기 쉽다.

⑦ 몸의 일부가 떨어져 나가거나 기능을 잃다.

¶ 사고로 두 다리를 잃어 휠체어를 이용하고 있다.

¶ 한번 건강을 잃고 나서 건강의 중요성을 새삼스레 깨달았다.

⑧ 의식이나 감정이 사라지다.

¶ 용기를 잃지 말고 시험에 다시 한 번 도전해 보세요.

¶ 화가 나면 이성을 잃기 쉽다.

⑨ 본디 지녔던 모습이나 상태를 유지하지 못하게 되다.

¶ 이 도시는 화려했던 옛 명성을 잃은 지 오래되었다.

¶ 자전거가 균형을 잃고 쓰러졌다.

⑩ 길을 못 찾거나 방향을 분간 못 하게 되다.

¶ 나는 길눈이 어두워 자주 길을 잃고 헤맨다.

⑪ 다른 사람에게 신용이나 점수를 깎이다.

¶ 거짓말을 하면 신용을 잃게 마련이다.

¶ 사장에게 겨우 딴 점수를 잃지 않으려면 새롭게 성과를 보여야 한다.

속담

잃은 도끼나 얻은 도끼나 일반 잃은 물건이나 얻은 물건이나 별 차이가 없다는 말.

잃은 도끼는 쇠가 좋거니 새로운 사람이 먼저 사람보다 못하여 아쉬움을 나타내는 말.

잃은 사람이 죄가 많다 무엇을 잃은 사람이 애먼 사람을 의심하게 됨을 이르는 말.

● '잃다'와 '잊다'

'잊다'는 기억하지 못하게 되는 경우에 쓴다. 잊으면 잃게 된다. 그래서 우산을 차에 둔 사실을 잊고 차에서 내리면 우산을 잃게 된다. 이에 비해서 '잃다'는 가진 것을 놓치거나 있던 것이 사라지게 하는 경우에 쓴다. 잊은 것은 기억을 되살려야 잊기 전의 상태로 되돌릴 수 있고, 잃은 것은 어디에서 찾아와야 이전 상태로 되돌릴 수 있다. '잊다'는 기억, 생각이 작동하지 않음을 가리키고, '잃다'는 사물, 정신, 기회가 사라짐을 가리킨다.

임 명사 ×님

사랑하는 사람. 애인.

속담

임도 보고 뽕도 딴다 좋은 일을 한꺼번에 겸하여 한다는 말.

● ‘임’과 ‘님’

사랑하는 사람을 가리키는 말로 ‘임’ 대신 ‘님’을 쓰는 경우가 많이 있다. ‘님’은 ‘임’의 옛말이기도 하고, 두음 법칙이 적용되기 전의 말이기도 하다. 현대 국어에서는 맞춤법 규정에 따라서 두음 법칙이 적용되므로 ‘님’을 ‘임’이라고 하여야 한다.

‘님’은 높임의 뜻으로 ‘김영희 님’처럼 사람의 이름 뒤에 의존 명사로 쓰거나, ‘선생님, 과장님’처럼 직업이나 직위 뒤에 접미사로 사용한다.

입바르다 형용사 ×입빠르다

불규칙 입바르고, 입바르며, 입발라, 입바른, 입바릅니다, 입발랐다

(주로 ‘입바른’ 형태로 쓰여) 바른말을 하는 데 거침이 없다.

¶ 그는 입바른 소리를 자주 하다가 곤란을 당했다.

입빠르다 ‘입바르다’의 틀린 말.

입장[1](入場) 명사

회장이나 식장 안으로 들어감.

¶ 신랑의 입장이 있겠습니다.

복합어

입장권 입장을 허가하는 표.

입장료 입장하기 위해 내는 요금.

입장하다 일정한 장소 안으로 들어가다.

입장[2](立場) 명사

① 당면하고 있는 상황. 참고 처지

¶ 우리 입장이 매우 난처하게 되었소.
② 각자의 상황에 따라서 가지는 생각이나 내세우는 주장.
¶ 먼저 회의에 나온 대표들이 각자 자기의 입장을 밝혔다.
¶ 양측은 모두 어제의 입장에서 한 걸음도 물러서지 않고 있다.

잇다 동사

불규칙 잇고, 이으면, 이으니, 이어, 이어서, 잇습니다, 이었다

① 끝과 끝을 서로 맞대어 붙이다.
¶ 끈을 이어서 여기에 묶으세요.
② 계승하다. 끊어지지 않게 계속하다.
¶ 태종의 뒤를 이어서 세종이 나라를 다스렸다.
③ 잇달다.
¶ 400미터를 100미터씩 4명이 이어 달렸다.

복합어

잇닿다 뒤를 이어 닿다.
잇대다 ① 서로 마주 닿게 하다. ② 끊이지 않게 뒤를 이어 계속하다. ③ 계속 걸어서 어디에 닿다.

잇달다 동사

불규칙 잇달고, 잇다니, 잇달아, 잇다는, 잇단, 잇답니다, 잇달았다

① =잇따르다
¶ 상여 뒤로 추모 행렬이 잇달았다.
② 끊이지 않게 뒤를 이어 달다.
¶ 몇 개의 줄을 잇달아 놓으니 긴 줄이 만들어졌다.

복합어

잇단음표 같은 음표 몇 개를 이어서 본디의 박수보다 길거나 짧게 연주하는 표.

잇따르다 동사

불규칙 잇따르고, 잇따르며, 잇따라, 잇따른, 잇따릅니다, 잇따랐다

=뒤닫다, 연달다, 잇달다

① 움직이는 물체가 다른 물체의 뒤를 이어 따르다.

¶ 남자 무용수 뒤를 잇따라서 여자 무용수가 나왔다.

② 어떤 사건이 이어 일어나거나 행동 따위를 계속하다.

¶ 전시회 관람을 마치면 잇따라 식사를 함께 합시다.

● '잇따라'와 '잇달아'

하나의 뒤로 여럿이 따르는 경우에 '잇달아'와 '잇따라' 둘 다 쓸 수 있다. 다만, '무엇에 이어서 달다'의 뜻으로는 '잇달아'만 쓸 수 있다.

¶ 요즘 좋지 않은 사건이 잇달아(○)/잇따라(○) 발생한다.

¶ 많은 사람들이 잇달아(○)/잇따라(○) 식장에 들어온다.

¶ 이 줄에 노끈을 잇달아(○)/잇따라(×) 놓아라.

있슴 '있음'의 틀린 표기.

있음 ×있슴

형용사 '있다'의 명사형.

¶ 이 경우에만 그렇게 할 수 있음을 밝힙니다.

¶ 여기는 볼일이 있는 사람만 들어올 수 있음.

● '있음'과 '있슴'

'있습니다'를 명사형으로 줄이면 '있슴'이 될 것 같아서 이렇게 쓰는 사람이 많이 있다. 그러나 명사형을 만드는 어미에는 '-ㅁ'과 '-음'이 있을 뿐 '-슴'은 없다. '먹습니다'의 명사형도 '먹음'이고, '믿습니다'의 명사형도 '믿음'이다.

¶ 여기에는 아무것도 없습니다. →여기에는 아무것도 없슴(×)/없음(○).
¶ 아주 유용한 정보가 있습니다. →아주 유용한 정보가 있슴(×)/있음(○).
¶ 우리가 이길 것이라 믿습니다. →우리가 이길 것이라 믿슴(×)/믿음(○).
¶ 거리의 음악가라고 일컫습니다. →거리의 음악가라고 일컫슴(×)/일컬음(○).

잎샘 명사

봄에 잎이 나올 무렵에 갑자기 추워지는 현상. 또는 그 추위. 잎이 나오는 것을 시새움한다는 뜻으로 하는 말이다. =잎샘추위 참고 꽃샘추위

¶ 올봄은 유난히 잎샘이 심하다.

복합어

잎샘추위 =잎샘

잎샘하다 봄에 잎이 나올 무렵에 갑자기 날씨가 추워지다.

● '잎샘'과 '꽃샘', '잎샘추위'와 '꽃샘추위'

이른 봄, 나무에 잎이 나고 꽃이 필 무렵에 갑자기 닥치는 추위를 '잎샘' 또는 '꽃샘'이라고 한다. '잎샘'과 '꽃샘'은 은유적인 표현이어서 쉽게 뜻이 전달되지 않아 '잎샘추위'나 '꽃샘추위'를 쓰는데, 이는 의미적으로 동어 반복이다.

ㅈ

–자[1] 어미

① (동사 어간 뒤에 붙어) 앞뒤 동작이 차례로 잇따라 일어남을 나타내는 연결 어미.

¶ 까마귀 날자 배 떨어진 격이다.

¶ 아이는 엄마를 보자 울음을 터뜨렸다.

¶ 산길을 들어서자 후드득 빗방울이 떨어졌다.

② (동사 어간 뒤에 붙어) 앞의 일이 원인이나 동기가 되어 뒤의 일이 일어남을 나타내는 연결 어미.

¶ 바람이 불자 더위가 가셨다.

¶ 가을이 되자 많은 사람이 단풍 구경을 나섰다.

–자[2] 어미

('이다' 어간 뒤에 붙어) 앞뒤의 두 자격을 겸하고 있음을 나타내는 연결 어미.

¶ 그는 철학자이자 물리학자였다.

¶ 오늘은 추석날이자 내 생일이다.

–자[3] 어미

(동사 어간 뒤에 붙어) 어떤 행동을 함께하자는 뜻을 나타내는 종결 어미.

¶ 빨리 학교 가자.

¶ 아빠한테 컴퓨터 사 달라고 하자.

–자[4] 어미

(동사 어간 뒤에 '–자 하니' 구성으로 쓰여) 어떤 행동을 할 의도가 있음을 나타내는 연결 어미.

¶ 앞으로 나가자 하니 적이 서 있고 뒤로 물러서자 하니 낭떠러지다.

¶ 네가 하는 짓을 보자 하니 도저히 봐줄 수 없다.

자국 명사 ×자욱

① 다른 물건이 닿거나 묻어서 생긴 자리.

¶ 아이 얼굴에는 눈물 자국이 선명하게 남아 있었다.

¶ 흰옷에 흙이 묻은 자국이 깨끗하게 안 지워진다.

¶ 벽에 쓴 낙서를 지웠지만 글자 자국이 보인다.

② 부스럼이나 상처가 생겼다가 아문 자리.

¶ 얼굴에 여드름 자국이 있다.

¶ 어렸을 때 손가락을 다쳐서 생긴 자국이 흉하게 남아 있다.

③ 발을 디디어 생긴 자리. =발자국

¶ 밤새 내린 눈 위에 자국을 내며 학교에 갔다.

④ 어떤 사고가 남긴 결과를 가리키는 말.

¶ 전쟁은 우리 사회에 커다란 자국을 남겼다.

관용 표현

자국을 밟다 사람이나 동물이 남긴 발자국을 따라 뒤쫓다. ¶ 눈이 온 뒤에는 짐승이 지나간 자국을 밟으면 쉽게 사냥할 수 있다.

자그마치 부사 ×자그만치, ×조그마치

예상보다 많이. 적지 않게. 생각보다 훨씬 많음을 반어적으로 표현하는 말이다.

¶ 5인승 승용차에 자그마치 열 명이 타고 있었다.

¶ 그가 집을 떠난 지 자그마치 십 년이 지났다.

자그마하다 형용사 ㊟ 자그맣다

불규칙 자그마하게, 자그마하여/자그마해, 자그마한, 자그마합니다, 자그마하였다/자그마했다

좀 작다. 참고 작달막하다

¶ 언덕 위에 자그마한 집을 한 채 지었다.

¶ 토마토가 자그마해도 싱싱하고 맛있다.

자그만치 '자그마치'의 틀린 말.

자그맣다 형용사

불규칙 자그맣게, 자그맣지, 자그마면, 자그마니, 자그매서, 자그만, 자그맣습니다, 자그맸다

'자그마하다'의 준말.

¶ 그렇게 자그만 사람이 어떻게 농구 선수를 한단 말이냐?

¶ 눈이 자그매서 눈을 뜬 건지 감은 건지 모르겠더라.

복합어

자그매지다 자그맣게 되다. ¶ 날이 따뜻해지니 커다란 눈사람이 녹아 자그매졌다.

자기(自己) ①명사 ②-③대명사

① 말이나 행동의 주체인 그 사람. ㊥ 자신

¶ 누구나 자기 일을 스스로 해결하려고 노력해야 한다.

② 앞에서 말했거나 생각한 사람을 다시 가리키는 말.

¶ 자기만 고생했나? 우리도 같이 일했잖아.

¶ 영수는 자기가 제일 멋쟁이라고 생각한다.

③ '너', '당신'의 뜻으로 완곡하게 이르는 말.

¶ 자기가 어제 그렇게 말했잖아요?

복합어

자기모순 자신의 생각이나 주장이 앞뒤가 맞지 아니함. ㉥자가당착

자기비판 자기의 사상이나 행동의 잘못을 스스로 인정하고 반성하는 일. ㉥자아비판

자기주장 자기 생각이나 방식. 또는 그것을 내세움. ¶개성이 강할수록 자기주장이 더 뚜렷한 편이다.

자기중심주의 자기 처지만 생각하고 남의 처지는 이해하지 않으려는 주의.

자기편 자기와 같은 처지에 서 있는 사람이나 무리.

관용 표현

자기도 모르게 무의식중에 저절로. ¶새 장난감을 보면 자기도 모르게 눈길이 간다.

속담

자기 배 부르면 남의 배 고픈 줄 모른다 환경이나 조건이 다른 사람의 사정을 이해하기가 어려움을 이르는 말.

자기 얼굴에 침 뱉기 남을 해치려고 하다가 도리어 자기가 해를 입게 된다는 말.

> **● 호칭으로 쓰는 '자기'**
>
> '자기'는 제삼자를 가리키는 대명사로 쓰이기도 하고, 상대를 가리키는 대명사로 쓰이기도 한다. 이처럼 '자기'는 지칭으로 사용될 뿐 호칭으로 사용되지는 않는다. 그런데 최근에 젊은 사람들 사이에서 '자기'를 상대를 부르는 말로 사용하는 경향이 생겼다. 예를 들면 연인들끼리 "자기야, 나 배고파."라고 하는 경우가 '자기'를 호칭으로 사용한 경우인데 이렇게 쓰는 것은 잘못이다. 상대의 이름을 부르거나 상대를 가리키는 적절한 호칭을 써야 한다.

ㅈ

자다 동사

규칙 자고, 자면, 자, 자서, 잔다, 잡니다, 잤다

① 눈을 감고 한동안 몸과 정신이 쉬는 상태가 되다.

¶아기가 자고 있으니 시끄럽게 떠들지 마라.

¶ 어젯밤에는 꿈도 안 꾸고 잘 잤다.
② 바람이나 물결 따위가 잠잠해지다.
¶ 바람이 자면 파도도 잘 테니 그때 배를 띄우자.
③ 기계가 멈추다.
¶ 요즘은 주문이 없어서 공장 기계가 자고 있다.
④ 소란하거나 설레던 분위기가 가라앉아 조용해지다.
¶ 소란스러운 장내가 자면 그때 이야기를 꺼내자.
⑤ 부풀었던 것이 무엇에 눌린 상태가 되다.
¶ 솜이 자서 이불이 납작해졌다.
⑥ 물건이 용도대로 쓰이지 못하고 묻혀 있다.
¶ 내 운전 면허증은 10년 동안 장롱 속에서 자고 있다.
¶ 아이들이 커서 장난감이 창고에서 자고 있어요.

복합어

눌러자다 계속 머물러 자다.
설자다 충분히 못 자다. 푹 자지 못하다.
잠 ① 자는 상태. ② 아직 각성되지 못한 상태를 이르는 말. ¶ 동포여, 깊은 잠에서 깨어나라. ③ 누에가 허물을 벗기 전에 뽕잎을 먹지 않고 잠시 쉬는 상태. 또는 그 횟수. ¶ 누에는 네 번째 잠을 자고 나면 5령 누에가 됩니다.
잠자다 ① 잠을 자는 상태에 있다. ② 기계 따위가 가동하지 않다. ③ 물건이 제 용도로 쓰이지 않고 방치되다.

관용 표현

자나 깨나 잠들어 있거나 깨어 있거나 늘. ¶ 부모는 자나 깨나 자식 걱정을 한다.

속담

자는 범(/호랑이) 코침 주기 그대로 가만히 두었으면 아무 탈이 없을 것을 공연히 건드려 문제를 일으킴을 이르는 말.
자다가 봉창 두드린다 자는 중에 남의 집 봉창을 두드려 잠을 깨운다는 뜻으로, 뜻밖의 일이나 말을 갑자기 불쑥 내미는 행동을 이르는 말.

자라다[1] 동사

규칙 자라고, 자라면, 자라, 자란다, 자랍니다, 자랐다

① 생물체가 전체적으로 점점 커지다.

¶ 소나무는 산에서 잘 자란다.

¶ 아이가 어느덧 엄마 키만큼 자랐다.

¶ 손톱이 왜 이렇게 빨리 자라는지 모르겠다.

② 어떤 조건이나 환경에서 성장하다.

¶ 나는 외할머니 집에서 자랐다.

¶ 고생을 모르고 자란 사람은 어려운 사람을 이해하지 못한다.

③ 세력이나 역량 따위가 커지거나 확장되다.

¶ 민주주의는 피를 먹고 자란다고 한다.

④ 어떤 상태로 성장하거나 발전하다.

¶ 아버지는 내가 의롭고 성실한 사람으로 자라기를 바라신다.

자라다[2] 동사

규칙 자라고, 자라면, 자라, 자란다, 자랍니다, 자랐다

힘이나 능력이 일정한 정도에 이르다.

¶ 내 힘이 자라는 데까지 힘껏 도와줄 테니 열심히 해 보아라.

> **● '자라다[2]'와 '모자라다'**
>
> '자라다'의 부정 표현으로는 '모자라다'를 쓴다. 보통 부정 표현은 '-지 못하다' 구문을 쓰거나 부사 '못'을 써서 나타낸다. '가다'의 부정 표현은 '가지 못하다'나 '못 가다'가 되고, '보다'의 부정 표현은 '보지 못하다'나 '못 보다'가 되는데, '자라다'의 부정 표현은 '자라지 못하다'나 '못 자라다'를 쓰지 않고 '모자라다'를 쓰는 것이 특별하다.
>
> ¶ 내가 힘이 자라는 데까지 너를 돕겠다.
>
> ¶ 내가 힘이 못 자라서(×)/자라지 못해서(×)/모자라서(○) 너를 도울 수 없구나.

ㅈ

자르다 동사

불규칙 자르고, 자르지, 자르면, 자르니, 잘라, 자른다, 자릅니다, 잘랐다

① 동강을 내거나 끊어 내다. 참고 베다[2]

¶ 머리를 짧게 자르니 훨씬 더 어려 보인다.

② 부탁이나 요구를 야무지게 거절하다.

¶ 나는 누가 하기 싫은 일을 부탁해도 딱 자르지 못한다.

③ 남의 말을 끊고 자기 말을 하다.

¶ 어른 말을 자르고 나서다니, 고약한 녀석이군.

④ 달리 생각할 여지가 없이 명확하게 말하다.

¶ "그건 옳지 않아."라고 엄마가 딱 잘라 말했다.

⑤ (속되게) 직장에서 해고하다.

¶ 회사 사정은 어렵지만 직원은 자르지 않겠다.

복합어

잘라먹다 ① 남에게 갚거나 돌려주어야 할 것을 그렇게 하지 아니하고 자기 것으로 하다. ② 중간에서 어떤 재물이나 남에게 전해 주어야 할 것을 자기 것으로 하다. ¶ 그는 공금을 잘라먹다 들통이 났다. ③ 다른 사람의 의견을 무시하거나 중간에서 끊어서 전하지 아니하다. ¶ 그는 남의 말을 잘라먹는 못된 버릇이 있다.

잘리다 '자르다'의 피동형. ¶ 도로 공사로 많은 나무들이 잘려 나갔다.

››› '자르다'는 넓이가 있는 물건을 가위 같은 연장을 이용해서 가르거나 동강을 내는 행위를 가리킨다. '끊다'는 실처럼 긴 물건을 가위 같은 연장이 아닌 손이나 다른 물건을 이용해서 동강을 내는 행위를 가리킨다.

자리[1] 명사

① 사람이나 물체가 차지하고 있는 공간.

¶ 우리 집이 있던 자리에는 공장이 들어섰다.

② 어떤 일이 있음을 보이는 자국.

¶ 불에 덴 자리에 물집이 생겼다.
③ 앉을 수 있도록 만들어 놓은 물건이나 장소.
¶ 제 자리는 어디 있나요?
¶ 모두 자리에 앉아 주세요.
④ 조직체에서의 직위나 지위.
¶ 높은 자리에 있을 때에 많이 베풀어라.
¶ 과장 자리가 아직 비어 있다.
⑤ 일할 곳이나 혼처.
¶ 혼처로 그만한 자리가 흔치 않을 겁니다.
⑥ 모임 같은 곳에서 말을 할 기회.
¶ 이렇게 영광스러운 자리를 마련해 주셔서 고맙습니다.
⑦ 자리의 개수. =자릿수②
¶ 우편번호가 여섯 자리에서 다섯 자리로 바뀌었다.
⑧ 숫자의 위치.
¶ 3.14에서 소수점 아래 첫째 자리의 수는 1이다.
¶ 567에서 백의 자리 수는 5이다.

복합어

가장자리 둘레나 끝에 해당되는 부분.
꿈자리 꿈에 나타난 일이나 내용.
뒷자리 ① 뒤쪽에 있는 자리. ② 경쟁이나 학습에서 남에게 뒤떨어진 자리. ¶ 내 성적은 뒷자리를 맴돌았다. ③ 어떤 일을 한 뒤의 흔적. ¶ 뒷자리를 깨끗이 정리해라.
별자리 별의 위치를 정하기 위하여 밝은 별을 중심으로 천구를 몇 부분으로 나눈 것.
보금자리 ① 새가 알을 낳거나 깃들이는 곳. =둥지 ② 지내기에 매우 포근하고 아늑한 곳을 빗대어 이르는 말.
아랫자리 ① 아랫사람이 앉는 자리. ② 낮은 지위나 순위. ③ 여러 자리 중에서 낮은 쪽에 위치한 자리. ④ 십진법에서, 어느 자리보다 낮은 자리.
앉은자리 어떤 일이 벌어진 바로 그 자리. ¶ 그는 앉은자리에서 막걸리 한 말을 마시는 사람이다.

윗자리 ① 윗사람이 앉는 자리. =상석 ¶ 아버지는 잔치에 온 친척 어른들을 윗자리에 모셨다. ② 높은 지위나 순위. ③ 여러 자리 중에서 높은 곳에 위치한 자리. ④ 십진법에서, 어느 자리보다 높은 자리.

일자리 ① 생계를 꾸려 나갈 수 있는 수단으로서의 직업. =직장 ② 일을 한 흔적. 또는 일한 결과.

자리다툼 좋은 지위나 자리를 차지하려고 다투는 일.

자리매김하다 사회나 사람들의 인식 따위에 어느 정도의 고정된 위치를 차지하다. ¶ 공공 언어 쉽게 쓰기가 언어 운동의 한 부문으로 자리매김하였다.

자리하다 ① 일정한 공간을 차지하다. ¶ 여기는 원래 학교가 자리하던 곳이다. ② 일정한 조직체에서의 특정 직위나 지위를 차지하다. ¶ 동문 중에는 정부 요직에 자리한 인물이 즐비하다. ③ 여러 사람이 일정한 곳에 모이다. ¶ 바쁘신 중에도 이렇게 자리해 주셔서 고맙습니다.

자릿세 터나 자리를 빌려 쓰는 대가로 주는 돈이나 물품. =자릿삯

자릿수 ① '일, 십, 백, 천, 만'처럼 자리를 가리키는 수. ¶ 만의 자릿수가 5이면 5만이 된다. ② 자리의 개수. =자리[1]⑦ ¶ 그 선수는 올해도 두 자릿수 홈런을 쳤다.

한자리 올림말 '한자리' 참고.

관용 표현

자리(가) 나다 일한 성과가 확연히 나타나다. ¶ 아무리 열심히 해도 도무지 일한 자리가 나지 않는다.

자리(가) 잡히다 ① 서투르던 것이 익숙해지다. ② 규율이나 질서 따위가 정착되다. ¶ 이제 교통질서가 자리 잡혀 간다. ③ 생활이 제대로 꾸려져 안정되다. ¶ 서울에서 자리가 잡힐 때까지는 고향에 내려가지 않겠다.

자리(를) 잡다 ① 일정한 지위나 공간을 차지하다. ¶ 이제 겨우 배우로서 자리를 잡게 되었다. ② 생각이 마음속에 뿌리를 박은 듯 계속 남아 있다. ¶ 깊이 자리 잡은 원한이 쉽게 사라지겠느냐?

자리가 길어지다 벌여 놓은 판이 오랜 시간 계속되다. ¶ 모처럼 친구들을 만나 얘기하다가 자리가 길어지는 바람에 막차를 놓쳤어.

자리를 차고 일어나다 기세 좋게 세차게 일어서다. ¶ 나는 너무 화가 나서 회의 중에 자리를 차고 일어났다.

자리[2] 명사

① 앉거나 누울 수 있도록 바닥에 까는 물건.

¶ 야외에서는 맨땅에 앉을 수 없으니 자리를 준비해라.

¶ 나무 밑에 자리를 깔고 앉자.

② 이불과 요를 통틀어 이르는 말. 또는 누워서 자는 곳. =이부자리, 잠자리[1]①

¶ 손님이 편히 쉬시도록 사랑방에 자리를 펴 놓으세요.

¶ 그날은 피곤하여 일찍 자리에 들었다.

복합어

돗자리 왕골이나 골풀의 줄기로 짠 자리.

이부자리 이불과 요를 통틀어 이르는 말. =자리[2]②

자리끼 밤에 자다가 마시기 위하여 잠자리의 머리맡에 준비하여 두는 물.

자리맡 잠자리의 곁.

관용 표현

자리(를) 보다 ① 잠을 잘 수 있도록 이부자리를 펴거나 깔다. ¶ 손님께서 피곤하실 텐데 빨리 자리를 보아 드려라. ② 잠을 자려고 이부자리에 드러눕다. ¶ 일찍 자리를 보았지만 이런저런 생각에 뒤척이느라 늦게야 잠이 들었다.

자리를 걷고(/털고) 일어나다 ① 있던 곳에서 다른 곳으로 옮기려고 움직이다. ¶ 먼 산을 바라보던 영감은 이윽고 자리를 털고 일어났다. ② 아파서 누워 있던 사람이 일어나서 활동하다. ¶ 어서 자리를 걷고 일어나셔요.

자리에 눕다 누워서 앓다. ¶ 어머님께서 자리에 누우신 지 벌써 한 달이 되었다.

자문[1] (自問) 명사

스스로 자신에게 물음.

복합어

자문자답 스스로 묻고 스스로 답함.

자문하다 스스로 자신에게 묻다. ¶ 네가 무엇을 잘못했는지 자문해 보아라.

ㅈ

자문[2] (諮問) 명사

전문가에게 의견을 물음.

¶ 우리 부서에서는 민간 전문가에게 정책에 관한 자문을 자주 한다.

복합어

자문하다 전문가에게 의견을 묻다.

> ● '자문[2]'의 용법
>
> '자문'은 '질문'처럼 다른 사람에게 묻는 행위인데 특별히 전문가에게 의견을 묻는 행위를 말한다. 그래서 '자문'을 다음과 같이 사용하는 것은 옳지 않다. 흔히 '자문을 구한다.'라는 말을 많이 쓰는데 이 말도 잘못이다.
>
> ¶ 정부는 전문가의 자문을 받아(×) 정책을 결정한다. →전문가에게 자문하여
>
> ¶ 교수님께서 저희 정책을 자문해(×) 주시기 바랍니다. →정책 자문에 응해
>
> ¶ 내가 교통 정책에 대해서 자문하고(×) 오는 길이다. →교통 정책 자문에 응하고

자시다 동사

규칙 자시고, 자시니, 자시어/자셔, 자십니다, 자시었다/자셨다

① '먹다[2]①'의 높임말.

¶ 아버지는 저녁밥을 밖에서 사 자시는 경우가 거의 없다.

② (주로 '-고 자시고' 구성으로 쓰여) 앞에 나온 말을 부정하는 뜻으로 이르는 말.

¶ 지금 먹고 자시고 할 시간이 어디 있니?

¶ 경황이 없었을 텐데 우리에게 알은척하고 자시고 할 여유가 있었겠는가?

> ● '자시다', '드시다', '잡수다', '잡수시다'
>
> '먹다'의 높임말은 매우 다양하다. 가장 흔히 쓰는 높임말로 '드시다'가 있고, 높임의 정도가 높은 것으로 '잡수다', 더 높이는 말로 '잡수시다'가 있다. '드시다'와 거의 격이 같은 용도로 쓰이는 것이 '자시다'인데, 이 말은 주로 나이가 든 사람들이 쓴다. 예를 들

면 나이가 좀 많은 어른이 자기보다 나이가 적은 어른을 존중하여 말하는 경우에 "이거 좀 자시게."라고 한다. "이거 좀 드시게."라고 해도 상관없지만 어른들은 '드시다'보다는 '자시다'를 더 흔히 사용하는 경향이 있다. 이에 비해서 나이가 많지 않은 사람들은 자기보다 나이가 많은 어른에게 '자시다'보다 '드시다'를 쓴다. "어르신, 이걸 좀 드십시오."라고 하지 "어르신, 이걸 좀 자십시오."라고 하지 않는다. '잡수다'와 '잡수시다'는 가장 예의를 차리는 표현이다.(이 두 낱말에 관해서는 올림말 '잡수다' 참고.)

● '자시다'와 '주무시다'

'자시다'는 '먹다'의 높임말이고, '주무시다'는 '자다'의 높임말이다. 잠을 자는 행위의 높임말이 '자시다'가 아니고 '주무시다'라는 점을 조심해야 한다.

자신(自身) 명사

① 그 사람의 몸 또는 바로 그 사람을 이르는 말. ㊐ 자기

¶ 그는 무슨 일이나 다른 사람을 보내지 않고 자신이 직접 가서 해결한다.

¶ 자신에게 손해되는 일은 하지 마라.

② (사람을 가리키는 말 뒤에 쓰여) 다름이 아니고 앞에서 가리킨 바로 그 사람임을 강조하여 이르는 말.

¶ 너 자신을 알라.

¶ 내가 어떻게 그런 말을 했는지 나 자신도 믿을 수 없다.

자아내다 동사

규칙 자아내고, 자아내어/자아내, 자아냅니다, 자아내었다/자아냈다

① 섬유나 실을 뽑아내다.

¶ 누에고치에서 비단실을 자아낸다.

② 물푸개로 물을 높이 빨아올리다.

¶ 가뭄에는 펌프로 지하수를 자아내어 논으로 흘려보냈다.

③ 웃음이나 눈물, 또는 감정 따위가 생기거나 나오도록 이끌어 내다.

¶ 이 영화는 관객의 눈물을 자아낸다.

¶ 많은 사람의 흥미를 자아냈던 특별한 공연이었다.

››› '자아내다'는 '잣다'에 '-아내다'가 붙어서 이루어진 동사이다. '잣다'와 의미는 크게 차이가 없으나 '자은 결과물이 눈에 보이도록 내놓다'의 의미가 보태어졌다고 보면 된다.

자욱 '자국'의 틀린 말.

자위[1] 명사

눈알이나, 새나 짐승의 알에서 빛깔로 나뉘는 부분.

¶ 자위가 구별이 되지 않을 정도로 눈이 탁해졌다.

복합어

검은자위 눈알의 검은 부분.

노른자위 달걀의 노란 부분.

눈자위 눈알의 언저리. ¶ 며칠 밤을 새웠더니 눈자위가 벌겋게 충혈되었다.

흰자위 ① 눈알의 흰 부분. ② 새알이나 달걀의 노른자위를 둘러싸고 있는 흰 부분.

자위[2](自慰) 명사

스스로 자신을 위로함. 스스로 자기 마음을 달램.

복합어

자위하다 자신을 위로하다. 자기 마음을 스스로 달래다.

자진가락 명사 ×잦은가락

빠르고 잦게 넘어가는 가락.

¶ 농악을 자진가락으로 몰아치자 구경꾼들이 덩달아 소리를 지르며 몸을 흔들었다.

● '자진가락'과 '잦은가락'

'자진가락'은 농악에서 북이나 장구 또는 꽹과리를 칠 때에 빠르고 잦게 치는 가락으로, '늦은가락'에 대하여 빠르다는 뜻으로 부르는 이름이다. '자진모리장단'이 공식 이름이다. 이보다 더 급하고 빠르게 치는 장단을 '휘모리장단'이라고 하고 조금 느리게 치는 장단을 '중중모리장단', '중모리장단'이라고 한다. '자진가락'의 어원은 '잦은가락'에서 왔지만 농악의 전문 용어로 '자진가락'을 사용하기 때문에 이에 따라서 '자진가락'을 표준어로 삼았다.

ㅈ

자취 명사

무엇이 지나가거나 남긴 자국.

¶ 고향은 옛 자취를 찾아볼 수 없었다.

¶ 역사 유적지 답사는 선조들이 남긴 자취를 찾는 일이다.

관용 표현

자취를 감추다 ① 남이 모르게 어디로 가거나 숨다. ¶ 범인이 감쪽같이 자취를 감추었다. ② 어떤 사물이나 현상 따위가 없어지거나 바뀌다. ¶ 추운 겨울이 자취를 감추고 따뜻한 봄기운이 가득하였다.

자취 없다 아무 흔적이나 소리도 없다. ¶ 세 사람이 방금 전까지 여기 있었는데 어느 순간에 자취 없이 사라졌다.

● '자취'와 '자국'

어떤 일을 하여 남은 흔적을 '자국'이라고 한다. 자국은 어떤 사물이 있다가 사라진 자리에 생긴 물리적 흔적만 가리킨다. 어떤 사물이 만든 공간의 모습은 자국이 아니라 '자취'이다. 자취는 자국을 남기게 된 배경, 자국을 남기면서 행한 일, 자국과 관련한 삶을 가리킨다.

¶ 백련사 가는 길에서 나는 비록 다산 선생의 자국을 직접 밟을 수는 없었지만 그분의 자취가 느껴졌다.

¶ 태풍이 할퀴고 간 자국이 여기저기 보인다.

자칫 부사

조금이라도 어긋나서. 실수하여.

¶ 산길에서 자칫 발을 헛디디면 큰일 난다.

¶ 급히 서두르다가 자칫 일이 안되는 수도 있다.

¶ 갑자기 안 하던 운동을 해서 자칫 병이라도 날까 걱정이다.

복합어

자칫하다 어쩌다 조금 어긋나서 잘못되다. ¶ 자칫하여 서로 오해가 생기면 어떡하지? / 자칫하다가 옆사람 발을 밟을 뻔했다.

관용 표현

자칫 잘못하면 조금이라도 어긋나게 잘못하면. ¶ 자칫 잘못하면 일을 망칠 뻔했네.

● '자칫 잘못하면'과 '자칫하면'

'자칫'에 이미 '잘못'이나 '실수'의 뜻이 들어 있어 '자칫하면'은 '조금이라도 어긋나 잘못하면'을 뜻한다. 그런데 '자칫 잘못하면'이라고 하면 '조금이라도 어긋나 잘못하여 잘못하면'이 되어 뜻이 중복됨을 알 수 있다. 습관적으로 또는 강조 용법으로 '자칫 잘못하면'이라는 표현을 쓴다고 보아 이를 관용 표현으로 간주한다.

자투리 명사

① 자 단위로 팔고 남은 피륙의 조각.

¶ 옷을 짓고 남은 자투리를 모아서 조각보를 만들었다.

② 어떤 단위나 기준으로 사용하거나 계산하고 남은 부분.

¶ 행사 장면을 찍고 남은 자투리 필름으로 가족사진을 찍었다.

복합어

자투리땅 어떤 용도로 사용하고 남은 좁은 땅.

관용 표현

자투리 시간 ① 계획이나 규정에 따라 일을 하는 중간에 조금 남은 시간. ¶ 일하는 중에 자투리 시간을 이용하여 그림을 배웠다. ② 무엇을 정식으로 하기에 부족하여 아무 일도 하지 않게 된 짧은 시간.

작다 형용사

규칙 작게, 작고, 작으면, 작으니, 작아, 작은, 작소, 작으오, 작습니다, 작았다

① 부피, 넓이, 길이, 크기, 키가 보통에 미치지 아니하다. 참고 적다[2]

¶ 너는 왜 그렇게 글자를 작게 쓰니?

¶ 숲에는 큰 나무와 작은 나무가 어우러져 자란다.

② 소리가 낮거나 약하다.

¶ 너무 작은 소리로 말하니 내가 알아들을 수 없다.

③ 도량이나 인품이 잘다.

¶ 그릇이 작은 사람들이 모인 자리에서 큰 사람이 배겨 내기 어렵다.

④ 정하여지거나 필요한 크기에 모자라다.

¶ 옷이 내 몸에는 좀 작은 듯하다.

¶ 구두가 작아 신을 수 없다.

⑤ 규모, 중요도, 영향력, 미치는 범위 따위가 보잘것없거나 시시하다.

¶ 그렇게 작은 일에까지 간섭을 하니 아랫사람이 일하기 얼마나 어려울까?

ㅈ

¶ 우리 단체가 규모는 작지만 사회적 영향력은 매우 크다.

복합어

작은골 큰골의 아래, 숨골의 뒤에 있는 골. 몸의 운동을 조절하는 구실을 한다. =소뇌

작은달 다른 달보다 날수가 덜 있는 달.

작은따옴표 문장 부호 ' '의 이름. 따온 말 안에 다시 따온 말이 있는 경우, 마음속으로 한 말을 적을 경우, 문장에서 중요한 부분을 드러낼 경우에 쓴다.

작은말 뜻은 같으나 느낌이 작고 밝게 들리는 말. '벙글벙글, 덜렁덜렁, 설설, 중얼중얼'에 대하여 '방글방글, 달랑달랑, 살살, 종알종알'을 작은말이라고 한다.

작은아버지 아버지의 아우로서 결혼한 사람. =숙부

작은어머니 작은아버지의 아내. =숙모

작은집 ① 따로 살림하는 아우의 집. ② '변소'를 에둘러 이르는 말.

작은창자 위와 큰창자 사이의 창자. =소장

속담

작게 먹고 가는 똥 누어라 지나친 욕심을 내지 말고 분수에 맞게 사는 것이 좋다는 말.

작은 고추가 더 맵다 겉으로 보기에는 몸집이 작고 대수롭지 않게 보여도 하는 일은 맵짜고 옹골차게 잘한다는 말.

작은 나무는 큰 나무 덕을 못 입어도 사람은 큰집 덕을 입는다 ① 작은 나무는 큰 나무의 그늘에 가려 잘 자라지 못하지만 사람은 아랫사람이 윗사람의 돌봄을 받을 수 있다는 말. ② 권세나 재물이 있는 사람의 혜택을 볼 수 있음을 빗대어 이르는 말.

작은 일이 끝 못 맺는다 작은 일이라고 가볍게 생각하면 흐지부지되어 끝을 맺지 못하게 된다는 말.

● '작은'의 소리내기

'작다'의 '작-'은 길게 소리 나므로 '작은'도 길게 소리를 내야 한다. '작은 일', '작은 사람', '작은 나무' 등에서 '작은'은 모두 긴소리로 낸다. 그러나 '작은집', '작은아버지', '작은창자' 등의 모든 복합어에 쓰인 '작-'은 짧게 소리를 내야 한다. 이들 복합어에서는 '작은'이 일반적 의미인 '작다' 개념에서 조금 벗어나서 '맏이'나 '첫째'가 아닌 사람을 가

리켜 특별히 한정된 의미를 나타내기 때문이다.

┌ 여기에 키가 작은[작:-] 할아버지 한 분이 서 계신다.
└ 여기에 우리 작은할아버지가 서 계신다.

┌ 우리 부모님은 그렇게 작은[작:-] 집에서 육 남매를 키우셨다.
└ 부모님이 돌아가시고 나서 우리는 작은집에서 살게 되었다.

┌ 나는 이렇게 작은[작:-] 방에서 산다.
└ 부모님에게 안방을 내 드리고 우리는 작은방에서 자기로 했다.

작달막하다 형용사

[불규칙] 작달막하고, 작말막하여/작달막해, 작달막합니다, 작달막하였다/작달막했다

키가 몸피에 비하여 꽤 작다. [참고] 자그마하다

¶ 그는 키가 작달막하고 얼굴이 동그스름하다.

››› '작달막하다'는 주로 키가 보통보다 꽤 작은 경우에 사용하고, '자그마하다'는 키를 포함하여 부피, 규모 등에도 사용한다.

ㅈ

잔[1](盞) 명사

① 차나 술 또는 음료를 마시는 데 쓰는 작은 그릇.

¶ 우유를 잔에 따라 마신다.

② 음료나 술을 담아 마시는 분량을 세는 말.

¶ 커피 한 잔만 주세요.

¶ 아저씨가 약주 한 잔 드신 모양입니다.

관용 표현

잔(을) 드리다(/올리다) 축하나 축수를 하는 마음으로 윗사람에게 술을 따르다.

잔을 기울이다 술잔에 부어 놓은 술을 마시다.

잔을 비우다 잔에 부어 놓은 술을 말끔히 마시다.

속담

잔 잡은 팔 밖으로 펴지 못한다 사람은 자기와 조금이라도 더 가까운 사람에게 정이 가기 마련임을 빗대어 이르는 말. =잔 잡은 팔이 안으로 굽는다.

잔[2]

동사 '자다'의 관형사형.

¶ 누구나 수업 시간에 한 번쯤 잔 경험이 있을 거다.

잔[3]

형용사 '잘다'의 관형사형.

¶ 알이 굵은 밤은 내어다 팔고 잔 것은 우리가 먹자.

잔- 접사

(일부 명사 앞에 붙어) '자잘함', '가늚', '사소함'의 뜻을 더하는 말.

¶ 잔글씨, 잔소리꾼, 잔주름

복합어

잔걱정 자질구레한 걱정.

잔걸음 ① 가까운 거리를 왔다 갔다 하는 걸음. ② 발걸음을 작게 자주 떼면서 걷는 걸음.

잔기침 작은 소리로 잇달아 하는 기침.

잔꾀 약고도 얕은 꾀. 좀스러운 꾀.

잔돈 액수가 많지 않은 푼돈.

잔돌 작고 자질구레한 돌.

잔말 쓸데없이 자질구레하게 늘어놓는 말. ¶ 잔말 말고 시키는 대로 해라.

잔물결 잘게 이는 물결.

잔별 매우 작게 반짝이는 별.

잔뼈 ① 자잘한 뼈. ② 아직 어린 뼈.

잔뿌리 굵은 뿌리에서 돋은 가는 뿌리.

잔소리 듣기 싫게 자꾸 늘어놓는 잔말.

잔손 자질구레한 일에 가는 손 또는 그런 일의 품.

잔손질 ① 자질구레한 손질. ② 무슨 일에 소소하게 여러 번 하는 손질.

잔심부름 자질구레한 심부름.

잔일 잔손이 많이 가는 자질구레한 일.

잔재미 아기자기한 재미.

잔재주 바닥이 들여다보이는 얕은 재주.

잔털 썩 보드랍고 짧은 털.

잔고(殘高) 명사

'나머지 금액' 또는 '잔액'으로 순화함. 주로 통장이나 장부를 정리할 때에 쓴다.

● '잔고(殘高)'의 '高'의 의미

'잔고'의 '高'는 일본어 '다카(たか)'를 한자로 표기한 것으로, '양이나 액수', '양이나 액수의 정도', '높음', '오름' 따위를 뜻하는 말이다. 참고로 '엔고(円高)'는 일본의 화폐인 엔(円)이 미국의 달러화에 비해 값이 높아진다는 의미이다.

국어사전에 올라 있는 판매고(販賣高), 생산고(生産高), 수출고(輸出高) 등에 쓰인 '高'도 마찬가지이다. 이들은 모두 일본어를 한자어로 표기한 것이어서 국어에서 그대로 쓰기는 곤란하다. 국어로는 판매량(판매액), 생산량(생산액), 수출량(수출액) 따위로 쓴다.

¶ 요새는 인터넷 뱅킹으로 통장의 잔고를 확인한다. →잔액

잔다

동사 '자다'의 종결형.

¶ 아이가 마루에서 쌕쌕거리며 잠을 잔다.

ㅈ

−잖다

'−지 아니하다'가 줄어든 말.

① (용언의 어간에 붙어) 그 용언을 부정하는 말. 참고 −찮다

¶ 그 정도는 두렵잖으니 걱정 마라.

¶ 넉넉잖은 형편에서 반듯하게 잘 자랐구나.

② 상대의 동의를 구하거나 확인하기 위하여 종결 어미와 함께 쓰는 말.

¶ 네가 어제 그렇게 말했잖아.

¶ 우리가 지난번에 거기서 만났잖소.

¶ 지금 가겠다고 하잖습니까.

● '−잖다'의 두 가지 유형

'−잖다'는 어근에 붙는 유형과 어간에 붙는 유형으로 나눌 수 있다.

① '−하지 아니하다'가 '−지 아니하다'로 줄어든 다음에 다시 '−잖다'로 줄어든 유형: 어근에 접미사 '−하다'가 붙어 파생된 용언인 경우가 여기에 해당한다.

용언	부정 표현	1차 줄임	2차 줄임
생각+-하다	생각하지 아니하다	생각지 않다	생각잖다
넉넉+-하다	넉넉하지 아니하다	넉넉지 않다	넉넉잖다
깨끗+-하다	깨끗하지 아니하다	깨끗지 않다	깨끗잖다
의젓+-하다	의젓하지 아니하다	의젓지 않다	의젓잖다
갑갑+-하다	갑갑하지 아니하다	갑갑지 않다	갑갑잖다
답답+-하다	답답하지 아니하다	답답지 않다	답답잖다

위와 같이 줄어든 표기를 하게 된 것은 한글 맞춤법 규정(제40항 붙임2)에 따른 것이다. 이들은 모두 어근의 끝소리가 안울림소리(ㄱ, ㅂ, ㅅ)로 되어 있다. 이런 어근에 '−하다'가 붙은 용언은 '−하지 않다'가 '−잖다'로 줄어든다. 그 밖의 어근으로 된 용언은 '−하지 않다'가 '−찮다'로 줄어든다.

② 어간에 '−지 아니하다'가 붙어 줄어든 유형: '−하다'가 붙지 않은 용언은 어간에 곧바로 '−지 아니하다'가 붙게 되므로 자연스럽게 '−잖다'로 줄어든다.

용언	부정 표현	1차 줄임	2차 줄임
가다	가지 아니하다	가지 않다	가잖다
귀찮다	귀찮지 아니하다	귀찮지 않다	귀찮잖다
싫다	싫지 아니하다	싫지 않다	싫잖다

● '-잖다'와 '-찮다'

'-잖다'는 '-하지 않다'의 '하'가 탈락하면서 줄어든 말이다. '-찮다'는 '-하지 않다'의 'ㅎ'이 그대로 살아서 '-지 않다'에 영향을 주어 '-치 않다'가 되고 이것이 줄어 '-찮다'가 된 것이다. 어간이 모음으로 끝나거나, 울림소리(ㄴ, ㅁ, ㅇ)로 끝나는 경우에는 '-찮다'로 줄어든다. 아래 표에서 어떤 단어는 1차 줄임이나 2차 줄임을 별로 사용하지 않는 것도 있다. 그러나 줄인다면 이렇게 줄여야 한다.

용언	부정 표현	1차 줄임	2차 줄임
고요+-하다	고요하지 아니하다	고요치 않다	고요찮다
대단+-하다	대단하지 아니하다	대단치 않다	대단찮다
만만+-하다	만만하지 아니하다	만만치 않다	만만찮다
알뜰+-하다	알뜰하지 아니하다	알뜰치 않다	알뜰찮다
시원+-하다	시원하지 아니하다	시원치 않다	시원찮다
심심+-하다	심심하지 아니하다	심심치 않다	심심찮다
유명+-하다	유명하지 아니하다	유명치 않다	유명찮다

잘 부사

① 반듯하고 훌륭하게.

¶ 동생은 아이들을 모두 잘 키웠다.

② 익숙하고 능란하게.

¶ 언니는 노래도 잘 부르고, 그림도 잘 그린다.

ㅈ

③ 자세하고 정확하게. 또는 분명하고 또렷이.

¶ 그 일에 관해서는 내가 잘 아는 편이다.

¶ 도시에서는 별이 잘 보이지 않는다.

④ 아주 적절하게. 또는 아주 알맞게.

¶ 마침 네가 때맞추어 잘 왔구나.

¶ 역경을 잘 딛고 성공한 사람이 많다.

⑤ 아무 탈 없이 편하고 순조롭게.

¶ 우리는 잘 지내고 있을게요. 잘 가세요.

⑥ 버릇으로 자주.

¶ 비 오는 날에는 극장에 잘 갔다.

¶ 아이가 조그만 소리에도 잘 놀라고는 한다.

⑦ 유감없이 충분하게.

¶ 이번 일은 잘 생각해서 결정하게.

⑧ 아주 만족스럽게.

¶ 맛있게 잘 먹었습니다.

¶ 잘 놀고 갑니다.

⑨ 예사롭거나 쉽게.

¶ 민들레는 아무 데서나 잘 자란다.

¶ 기억이 잘 나지 않아서 묻는 말에 대답할 수 없었다.

⑩ 기능 면에서 아주 만족스럽게.

¶ 칼이 잘 든다.

¶ 이 약이 감기에 잘 듣습니다.

⑪ 친절하게 성의껏.

¶ 손님을 잘 대해 주는 것이 우리 마을의 미덕이다.

¶ 우리 아이를 좀 잘 봐주세요.

⑫ 아주 멋지게. 또는 아름답고 예쁘게.

¶ 옷을 잘 차려입고 식장에 나갔다.

¶ 사진이 비교적 잘 나왔다.

복합어

잘나가다 사회적으로 계속 성공하다.

잘나다 ① 얼굴이 잘생기거나 예쁘다. ¶그만큼 잘났으면 됐지. ② 똑똑하고 뛰어나다. ¶못난 사람이 있어야 잘난 사람도 있지. ③ (반어적으로) 변변치 못하거나 대수롭지 아니하다. ¶그 잘난 사업을 한답시고 만날 바쁘다는 말을 입에 달고 산다.

관용 표현

잘 가다가(/나가다) 삼천포로 빠진다 진주로 가야 하는데 길을 잘못 들어 삼천포로 가게 되었다는 데서, 어떤 일이나 이야기 따위가 도중에 엉뚱한 방향으로 진행됨을 빗대어 이르는 말.

잘 자랄 나무는 떡잎부터 안다(/알아본다) 잘될 사람은 어려서부터 남달리 장래성이 엿보임을 빗대어 이르는 말.

● '잘'의 띄어쓰기

'잘'이 부사이므로 뒤에 오는 동사나 형용사와 띄어 써야 한다. 그런데 어떤 동사나 형용사와는 복합어를 이루기 때문에 붙여 써야 한다. 따라서 복합어로 붙여 쓰는 경우와 어구로 띄어 쓰는 경우를 구별할 수 있어야 하는데 이것이 쉽지 않아서 어려움을 겪는다. 몇 가지 예를 들어서 이 문제에 대한 이해를 돕고자 한다.

① '잘나가다'와 '잘 나가다': 복합어 '잘나가다'는 사회적으로 성공한 경우를 가리킨다. '잘 나가다'처럼 띄어 쓰면 '나가는' 행위에 어려움이 없다는 뜻이다.

- 그는 요즘 회사에서 아주 잘나가고 있어.
- 마지막 문을 잘 나가야 탈출에 성공할 수 있다.

② '잘나다'와 '잘 나다': 복합어 '잘나다'는 얼굴이나 몸매가 예쁘거나 능력이 있음을 가리킨다. '잘 나다'는 '나는' 행위에 어려움이 없음을 의미한다.

- 꼭 잘난 사람만 성공하라는 법이 있나요?
- 요즘은 어디나 길이 잘 나서 다니기 편하다.

③ '잘되다'와 '잘 되다': 복합어 '잘되다'는 바람직한 성과를 거둠을 가리킨다. '잘 되다'는 '되는' 행위에 어려움이 없음을 의미한다.

- 네가 하는 일마다 잘되기를 빌겠다.
- 보온이 잘 되는 옷을 입어라.

④ '잘빠지다'와 '잘 빠지다': 복합어 '잘빠지다'는 준수하게 생겼다는 뜻이고, '잘 빠지다'는 '빠지는' 행위에 어려움이 없다는 뜻이다.

이번 가마에서는 이 항아리가 가장 모양이 잘빠졌다.
문을 여니 방 안의 연기가 잘 빠졌다.

⑤ '잘살다'와 '잘 살다'에 관해서는 올림말 '잘살다' 참고.

⑥ '잘생기다'와 '잘 생기다'에 관해서는 올림말 '잘생기다' 참고.

⑦ '잘하다'와 '잘 하다'에 관해서는 올림말 '잘하다' 참고.

잘다 형용사

불규칙 잘고, 잘지, 잘며, 자니, 잘아, 잔, 자오, 잡니다, 잘았다

① 가늘고 작다.

¶ 마당에 있는 잔 돌멩이를 주워 공기놀이를 하였다.

¶ 이 사과는 선물로 쓰기에는 알이 너무 잡니다.

② 너그럽지 못하고 좀스럽다.

¶ 그는 사람이 너무 잘아서 큰일을 생각하지 못한다.

¶ 부모 생각이 그리 자니 자식이 무얼 보고 배우겠소?

잘되다 동사

규칙 잘되고, 잘되어/잘돼, 잘됩니다, 잘되었다/잘됐다

① 일, 현상, 물건 따위가 썩 좋게 이루어지다.

¶ 올해는 농사가 잘되었으니/잘됐으니 살림이 조금 좋아지겠군.

¶ 사업이 그럭저럭 잘되어서/잘돼서 집을 마련하였다.

② 사람이 훌륭하게 되다.

¶ 그 집 자식들은 모두 잘되었어/잘됐어.

③ ('잘되어야/잘돼야' 형태로 쓰여) 넉넉잡아 어느 수준이나 정도에 이르다.

¶ 이런 식이라면 올해는 농사가 잘되어야/잘돼야 본전이 되겠다.

④ (반어적으로) 결과가 좋지 아니하게 되다.

¶ 내 말을 안 듣더니 결국 크게 낭패를 보았다고? 거 참 잘됐다.

속담

잘되면 제 탓 못되면 남 탓 일이 안될 때 그 책임을 남에게 돌리는 태도를 빗대어 이르는 말. =잘되면 제 복 못되면 조상 탓.

잘되면 충신 못되면 역적이라 강한 것이 정의가 된다는 말.

잘라

동사 '자르다'의 연결형. 또는 종결형.

¶ 짧으면 잇고 길면 잘라 길이를 맞추어라.

¶ 이번 주말에는 미용실에 가서 머리 좀 잘라.

잘리다 동사

규칙 잘리고, 잘리어/잘려, 잘린다, 잘립니다, 잘리었다/잘렸다

동사 '자르다'의 피동형.

¶ 이 노끈은 여느 가위로는 좀처럼 잘리지 않는다.

¶ 그는 최근에 회사에서 잘렸다.

잘못 ①명사 ②-④부사

① 잘하지 못한 짓. 나쁜 짓. 잘못한 것.

¶ 그 일이 잘못된 데는 나에게도 잘못이 있다.

② 그릇되게. 틀리게.

¶ 너는 내 말을 잘못 이해하고 있다.

③ 앞뒤를 살피지 않고. 깊이 생각함이 없이.

ㅈ

¶ 발을 잘못 디뎌 흙탕물에 빠졌다.

¶ 내가 잘못 생각하여 진로가 바뀌었다.

④ 불행하게. 재수 없게.

¶ 사기꾼에게 잘못 걸려들어 돈을 빼앗겼다.

복합어

잘못짚다 짐작이나 예상이 빗나가다. 틀리게 예상하다.

잘잘못 잘함과 잘못함. 옳음과 그름.

잘잘못간에 잘하였거나 잘못하였거나 따질 것 없이. ¶ 잘잘못간에 우선 쓰러진 사람을 병원으로 옮깁시다.

잘못되다 동사

규칙 잘못되고, 잘못되어/잘못돼, 잘못된다, 잘못됩니다, 잘못되었다/잘못됐다

① 어떤 일이 그릇되거나 실패로 돌아가다.

¶ 아버지의 수술이 잘못되어 다시 입원하였다.

② 나쁜 길로 빠지다.

¶ 사람은 누구나 한순간의 실수로 잘못될 수가 있다.

③ (완곡한 표현으로) 사람이 사고나 병 따위로 불행하게 죽다.

¶ 내가 암으로 잘못되면 내 재산을 모두 사회에 환원하겠다.

잘못하다 동사

불규칙 잘못하고, 잘못하여/잘못해, 잘못한다, 잘못합니다, 잘못하였다/잘못했다

① 비난의 대상이 되는 그릇된 일을 하다.

¶ 이야기를 들어 보니 누가 잘못했는지 알겠다. 잘못한 사람이 사과해라.

¶ 제가 잘못했으니 처벌을 달게 받겠습니다.

② 조심하지 않거나 실수하다.

¶ 내가 잘못하여 컵을 깨뜨리고 말았다.

¶ 장난을 치다가 잘못하여 다리를 다쳤다.
③ 일을 잘못 처리하다. 틀리게 하다.
¶ 계산을 잘못해서 손해를 보았다.
¶ 의사가 수술을 잘못하는 바람에 고생을 많이 했다.
④ 제대로 하지 아니하다.
¶ 잘못하다가는 아무 일도 못하고 해가 지게 생겼다.
¶ 공격을 잘못하면 오히려 반격을 당하게 된다.
¶ 수사를 잘못하는 바람에 엉뚱한 피해자가 생겼다.

● '잘못하다'와 '잘못 하다'

도덕적으로 옳지 않게 행동하는 것, 규칙에 맞지 않게 행동하는 것, 능력이 없어서 제대로 하지 못하는 것은 '잘못하다'이다. '잘못 하다'는 '잘못을 하다'에서 목적격 조사 '을'이 생략된 형태라고 말할 수 있지만, 의미로 보면 '잘못하다'와 같다. 따라서 '잘못 하다'처럼 띄어 쓰면 안 된다.

잘빠지다 형용사

규칙 잘빠지고, 잘빠지어/잘빠져, 잘빠진, 잘빠지었다/잘빠졌다

사람의 생김새나 물체의 겉모양이 미끈하게 잘생기다.
¶ 그 배우는 참 잘빠졌더라.
¶ 이 디자인이 가장 잘빠진 것 같다.

잘살다 동사

불규칙 잘살고, 잘사니, 잘살아, 잘사는, 잘사오, 잘삽니다, 잘살았다

경제적으로 넉넉하게 살다.
¶ 사람들은 너도나도 잘살기 위해서 노력한다.
¶ 잘사는 것은 모든 사람이 바라는 바다.

● '잘살다'와 '잘 살다'

'잘살다'는 생활 상태가 좋다는 말로, 주로 사람의 생활 수준과 관련하여 경제적으로 여유가 있는 삶을 가리킬 때 쓴다. 반대로 경제적으로 여유가 없이 고단하게 사는 것을 '못살다'라고 한다. 두 말은 각기 부사 '잘'과 '못'을 동사와 붙여서 씀으로써 띄어 쓰는 경우와 다른 특별한 의미를 갖게 되었다. '잘 살다'는 동식물이 좋은 환경에서 잘 자라거나 생활하는 상황을 의미한다. 기름진 논에서는 벼가 잘 살고, 먹이가 많은 곳에서는 동물이 잘 살 수 있다. 사람이 가치 있는 활동을 하며 사는 것도 '잘 살다'에 속하는 행위이다.

¶ 그 집은 우리 마을에서 가장 잘사는 축에 속한다.

¶ 잘사는 아이와 못사는 아이를 차별하는 학교 교육은 반드시 바로잡아야 한다.

¶ 남들과 서로 돕고 어울리면서 사는 것이 잘 사는 거지.

¶ 얘들아, 행복하게 잘 살아라.

잘생기다 형용사

규칙 잘생기고, 잘생기어/잘생겨, 잘생긴, 잘생기었다/잘생겼다

훌륭하게 생기다. 예쁘게 생기다.

¶ 저렇게 잘생긴 남자가 성격까지 좋다니.

¶ 오이나 호박도 잘생겨야 제값을 받는다.

● '잘생기다'와 '잘 생기다'

'잘생기다'는 사람이나 동물의 모습이 예쁘거나 멋지다는 의미이다. 이에 비해서 '잘 생기다'는 생기는 일이 자주 또는 쉽게 일어난다는 의미이다. '잘생기다'의 반대는 '못생기다'이고, '잘 생기다'의 반대는 '안 생기다' 또는 '잘 안 생기다'이다.

¶ 누구 아이인지 아이가 참 잘생겼다.

¶ 인격을 판단하는 데에 겉모습이 잘생겼는지 못생겼는지는 중요하지 않다.

¶ 나는 다치면 흉터가 잘 생기는데 동생은 흉터가 안 생긴다.

잘하다 동사

불규칙 잘하고, 잘하여/잘해, 잘하는, 잘한, 잘합니다, 잘하였다/잘했다

① 익숙하고 능란하게 하다.

¶ 그는 노래를 참 잘하는 가수야.

¶ 저 선수는 어려서부터 축구를 잘하는 아이였다고 한다.

② 버릇으로 자주 하다.

¶ 그때 우리는 함께 외식을 잘했었지.

¶ 남의 약점을 캐어 비난을 잘하는 사람은 친구로 사귀기가 어렵다.

③ 만족스럽게 하다.

¶ 이번 일은 아주 잘했다.

¶ 공부를 잘한다고 다 성공하는 것은 아니다.

④ 올바르고 훌륭하게 하다.

¶ 누가 잘하고 잘못했는지 분간하기 어렵다.

¶ 앞으로 처신을 잘해라.

⑤ 정성을 들이거나 친절하게 대하다.

¶ 부모님이 살아 계실 때 잘해야 한다.

¶ 내가 남에게 잘하면 남도 나에게 잘한다.

⑥ ('잘하면'으로 쓰여) '운이 좋으면', '여차하면'의 뜻을 나타낸다.

¶ 잘하면 우리가 이길 수도 있겠다.

⑦ (반어적으로) 하는 짓이 못마땅하다는 뜻을 나타낸다.

¶ 잘한다, 잘해! 여태 여기서 놀고 있었어?

복합어

잘해야 넉넉히 잡아야 고작. 기껏해야. 크게 잡아야. 많이 잡아야. ¶ 잘해야 하루에 만 원쯤 번다.

관용 표현

잘하는 짓이다 (반어적으로) 잘못하였다는 뜻을 나타내는 말. ¶ 아주 잘하는 짓이다. 언제까지 이렇게 지낼 거냐?

속담

잘해도 한 꾸중 못해도 한 꾸중 ① 일을 잘하고 못하고를 떠나 결점을 찾아내려고 하면 언제든지 찾아낼 수 있음을 이르는 말. ② 일을 잘하고 못하고와 관계없이 덮어놓고 꾸중하는 경우를 이르는 말.

● '잘하다'와 '잘 하다'

'잘 하다'의 뜻에 '잘하다'로는 표현할 수 없는 점이 없지만, '잘하다'의 뜻에 '잘 하다'로는 나타낼 수 없는 내용이 있다. 그래서 '잘하다'를 쓰면 틀리지 않지만 '잘 하다'를 쓰면 틀릴 경우가 있다. '잘' 하는 것이 옳지 않은 경우에는 '잘 하다'를 쓸 수 없다.

¶ 이번 발표는 정말 잘해야(○)/잘 해야(○) 하는데 걱정이다.

¶ 이번 일은 준비를 잘했구나(○)/잘 했구나(○).

¶ 학교 다닐 때 나는 지각을 잘했어(○)/잘 했어(×).(잘하는 것이 미덕이 아님.)

¶ 그는 거짓말을 참 잘했지(○)/잘 했지(×).(잘하는 것이 미덕이 아님.)

잠구다

'잠그다'의 틀린 말.

잠궈

동사 '잠그다'의 연결형 '잠가'의 틀린 말.

잠그다[1] 동사

×잠구다

불규칙 잠그고, 잠가, 잠가서, 잠근, 잠급니다, 잠갔다

① 열지 못하도록 자물쇠를 채우거나 빗장을 걸다.

¶ 비가 들이치지 못하게 창문을 잠갔다.

② 물이나 가스가 새지 않도록 막다.

¶ 물을 쓰고 나면 수도꼭지를 잘 잠가라.

③ 단추를 끼우다.

¶ 사진을 찍을 때에는 양복 단추를 잠가야 보기 좋다.

▌복합어

잠금 ‘잠그다’의 명사형.

잠금장치 자물쇠로 채우거나 빗장을 질러 문을 열지 못하게 만든 장치.

잠그다[2] 동사 ×잠구다

불규칙 잠그고, 잠가, 잠가서, 잠근, 잠급니다, 잠갔다

① 물속에 넣거나 물속에 완전히 들어가 있게 하다.

¶ 추운 날 따뜻한 욕조에 몸을 깊이 잠그고 있으면 피로가 풀린다.

② 앞날을 바라고 어떤 일에 돈을 들여 넣다.

¶ 부동산에 돈을 잠가 놓았다가 손해를 보았다.

● ‘잠그다’의 형태 바뀜

‘잠그다’에 ‘아/어’로 시작하는 어미가 붙어 활용하면 ‘잠거’나 ‘잠궈’, ‘잠겄다’나 ‘잠궜다’로 바뀌지 않고, ‘잠가, 잠갔다’로 바뀐다. ‘담그다’가 ‘담가, 담갔다’로, ‘모으다’가 ‘모아, 모았다’로 바뀌는 것과 같은 원리이다.

¶ 아이는 집으로 들어가서 곧바로 문을 잠궜다(×)/잠갔다(○).

¶ 우리는 냇물에 발을 잠구고(×)/잠그고(○) 즐겁게 놀았다.

¶ 비상시에 쓰기 위해서 돈을 통장에 잠궈(×)/잠가(○) 두었다.

잠기다[1] 동사

규칙 잠기고, 잠기어/잠겨, 잠긴, 잠깁니다, 잠기었다/잠겼다

① '잠그다[1]'의 피동형.

¶ 문이 잠겨서 들어갈 수 없다.

② 목이 쉬거나 막히어 소리가 제대로 나지 아니하다.

¶ 목이 많이 잠겨 목소리가 제대로 나오지 않는다.

잠기다[2] 동사

규칙 잠기고, 잠기어/잠겨, 잠긴, 잠깁니다, 잠기었다/잠겼다

① '잠그다[2]'의 피동형.

¶ 물에 잠긴 통발을 꺼내 보니 물고기가 많이 들어 있었다.

¶ 그의 돈은 대부분 부동산에 잠겨서 당장 쓸 수가 없다.

② 정신이나 신경이 한데로 집중되다.

¶ 그는 하염없이 상념에 잠겨 있는 듯했다.

③ 어떤 기분이나 상태에 놓이게 되다.

¶ 슬픔에 잠긴 사람을 어떻게 위로해야 할까?

④ 위로 뒤덮이거나 휩싸이다.

¶ 폭설로 마을이 하얀 눈에 잠겼다.

¶ 도시 전체가 빠르게 어둠에 잠겨 갔다.

잠자리[1] 명사

① 잠을 자기 위해 사용하는 이부자리나 침대보 따위를 통틀어 이르는 말. =자리[2]②

¶ 나는 일찌감치 잠자리를 펴고 잠을 청했다.

¶ 아침에 일어나면 잠자리부터 정리해라.

② 누워서 잠을 자는 곳.

¶ 나는 잠자리가 바뀌면 잠을 못 잔다.

¶ 어제 일찍 잠자리에 들었는데도 피곤하다.

관용 표현

잠자리를 보다 잠을 잘 수 있게 이부자리를 펴다. ¶ 아내가 손님 잠자리를 보았다.

잠자리[2] 명사

잠자리목에 있는 곤충을 통틀어 이르는 말.

¶ 가을이 되니 잠자리가 떼를 지어 날아다닌다.

잡니다[1]

동사 '자다'의 종결형. '자다'보다 높이는 표현임.

¶ 아이는 엄마 무릎에서 잡니다.

잡니다[2]

형용사 '잘다'의 종결형. '잘다'보다 높이는 표현임.

¶ 요즘 나오는 사과는 알이 잡니다.

잡수다 동사

규칙 잡수고, 잡수어/잡숴, 잡순다, 잡숩니다, 잡수었다/잡쉈다

'먹다[2]①'의 높임말.

¶ 아버지, 진지 잡수세요.

¶ 형님, 우리 집에서 밥 한 그릇 잡숴요.

¶ 점심을 안 잡순 분들에게 떡을 드리세요.

ㅈ

● '잡수다', '잡수시다', '잡숫다'

'잡수다'는 '먹다'의 높임말이다. '먹다'의 높임말에 '자시다'와 '드시다'가 있는데 '잡수다'와 '잡수시다'는 이들보다 더 높이는 말이다. '잡수시다'가 '잡수다'보다 더 높이는 말이므로 가장 어른이나 나이가 많은 분에게 쓰면 된다. '잡숫다'는 '잡수시다'의 준말이다. '잡수시다'는 'ㄱ, ㄴ, ㄷ, ㅈ'으로 시작하는 어미 앞에서 '잡숫다'로 줄여서 쓸 수 있다.

¶ 진지를 잡수시고(○)/잡숫고(○) 계신다.

¶ 진지를 잡수시는(○)/잡숫는(○) 중이시다.

¶ 진지를 잡수시더니(○)/잡숫더니(○) 이내 숟가락을 놓으셨다.

¶ 진지를 잡수시지(○)/잡숫지(○) 못하셨다.

장님 명사

① 소경을 높여 이르는 말. ㊐ 맹인

② 사리에 어둡고 세상 돌아가는 형편에 깜깜한 사람.

속담

장님 손 보듯 한다 도무지 친절한 맛이 없다는 뜻.

장님이 더듬어 봐도 알 노릇 짐작으로도 알 수 있는 일이라는 말.

장님 잠자나 마나 하는 일이 겉으로 드러나지 않는다는 말.

장님 지팡이 짚는 격 확실하게 알지 못하고 대충 어림하여 무엇을 함을 이르는 말.

장님 코끼리 말하듯 ① 부분만 알고 그것이 전체인 것처럼 여긴다는 말. ② 못난 사람이 격에 맞지 않게 큰일을 이야기한다는 말.

장님 파밭 들어가듯 무엇인지도 모르고 한 일이 그만 그 일을 망쳐 버리게 되었음을 이르는 말.

● '장님'의 높임법

눈이 먼 사람을 '소경'이라고 하는데 '소경'을 높여 '장님'이라고 한다. 그러니까 눈먼 사람을 '장님'이라고 하면 그를 높이는 표현에 속한다. 그러나 요즘은 '소경'을 '장님'이라고 불러도 실례가 된다. 《심청전》에 나오는 '심 봉사'도 장님인데 장님에게 주던 관직을 이용해서 '심 봉사'라고 부르는 것을 보면 당시에도 '장님'이라는 말이 상대를 부르거나 가리키는 말로는 거북한 점이 있었던 것 같다. 요즘은 인권 개념이 좀 더 크게 부각되어 눈먼 사람을 '소경'이나 '장님'이라고 부르면 차별적 표현으로 본다. 그래서 이들 낱말 대신에 '시각 장애인'이라는 표현을 쓴다. 이 말도 어떤 환경에서는 차별적 언어로 비난을 받을 소지가 있다. 도무지 '장애인'이라는 말 자체가 정상적인 사람을 중심으로 하는 언어이기 때문이다. 우리말에는 눈이 먼 사람을 가리켜서 만든 관용 표현과 속담이 많이 있다. 대체로 부정적인 상황을 표현할 때에 사용한다. 그래서 앞에 든 관용 표현과 속담을 쓰지 말아야 한다는 주장도 나오고 있다. 이런 말을 쓰지 않으려면 대체 표현을 만들어야 하는 어려움이 있다. 예컨대 '장님 코끼리 말하듯'이라고 하면 의미가 비교적 쉽게 와 닿지만 여기에서 '장님'을 쓰지 않고 다른 말로 바꾼다면 이 뜻을 전달하기가 쉽지 않다. 쉽지 않은 일이지만 여러 사람이 노력한다면 좋은 표현을 만들어 낼 수 있을 것이다.

장만 명사

① 필요한 것을 갖추거나 준비함.

¶ 이번 추석 음식 장만은 모처럼 나와 아내가 직접 했다.

② 자기 것으로 마련하여 갖춤. [참고] 마련

¶ 신혼부부에게는 집 장만이 가장 어려운 일이었다.

복합어

장만하다 ① 필요한 것을 준비하다. ¶ 누가 음식을 장만할래? ② 자기 것으로 마련하여 갖추다. ¶ 어렵사리 내 집을 장만할 수 있게 되었다.

● '장만'과 '마련'

'장만'과 '마련'은 모두 '준비'의 뜻을 가지고 있으나 쓰임새가 조금 다르다. '장만'은 구체적인 물건을 사거나 만들거나 하여 준비하는 경우에 쓴다.

¶ 잔치에 쓸 음식을 장만하였다.

¶ 이제 겨우 집 한 채 장만하였다.

이에 비해 '마련'은 추상적인 계획이나 방법 따위를 만들어 내는 데에 쓴다.

¶ 정부는 아직도 금년 수해 대책을 마련하지 못하고 있다.

¶ 청년 실업을 해결할 방안을 마련하시오.

또, '장만'은 준비한 것이 자기 것이 되는 경우에 쓴다. 자기가 직접 만들 수도 있고, 돈을 내어 살 수도 있다.

¶ 결혼식에 입을 한복을 한 벌 장만하였다.

'마련'은 빌리거나 꾸거나 하여 필요할 때 쓸 수 있도록 준비하여 놓는 경우에 쓴다. 직접 만들거나 다른 어떤 방법으로든 준비가 되면 '마련'한 것이 된다.

¶ 은행에서 융자를 받아 겨우 아들 학자금을 마련하였다.

¶ 아직 신부 드레스가 마련되지 않은 모양인데요.

장본인(張本人) 명사

주로 나쁜 일을 꾀하여 일으킨 사람.

¶ 이완용과 이용구는 조선을 일본에 바친 장본인들이다.

'장본인'의 오용

'장본인'은 어떤 '장본(張本)' 곧 '사건의 발단'이 된 사람을 가리킨다. 싸움을 일으키거나 분란을 일으키거나 문제를 일으킨 사람이 장본인이다. 장본인과 같은 뜻으로 쓸 수 있는 말로 '주모자'가 있다. 주모자가 적극적으로 일을 일으키고 지휘한 사람이라면 장본인은 일을 일으키거나 발단을 제공했지만 지휘하고 이끌 정도로 적극적인 역할을 하지 않은 사람이다. 문제는 이 말을 좋은 뜻으로도 쓸 수 있는가에 있다. 예를 들면 일제 강점기에 삼일 독립 만세 운동을 주도한 사람을 만세 운동의 장본인이라고 할 수 있는지, 4·19 혁명의 발단이 된 고려대 학생 시위 주동자를 4·19 혁명의 장본인이라고 할 수 있는지 의문이다. 결론은 장본인을 긍정적인 역할을 한 사람에게는 쓰지 않는다는 것이다. 마찬가지로 주모자도 긍정적인 구실을 한 사람에게는 쓰지 않는다.

¶ 헐버트 박사는 한글의 가치를 처음으로 서양에 알린 장본인(×)/주인공(○)이다.
¶ 유관순 열사는 아우내 장터에서 있었던 만세 운동의 장본인(×)/주동자(○)이다.

장성[1](長成) 명사

아이가 자라 어른이 됨.

복합어

장성하다 자라서 어른이 되다. ¶ 그에게는 장성한 아들이 둘이나 있다.

장성[2](長城) 명사

① 길게 둘러쌓은 성.

② 중국의 북쪽 국경선을 따라 길게 쌓은 성인 '만리장성'을 이르는 말.

ㅈ

-장이 접사

(앞말에 붙어) 그것을 만들거나 그런 일을 하는 수공업자임을 나타내는 말. 참고 -쟁이

¶ 간판장이, 대장장이, 미장이, 옹기장이

'-장이'와 '-쟁이'

'-장이'는 수공업 기술자를 가리키고, '-쟁이'는 수공업이 아닌 일을 잘하거나 자주 하거나 어떤 습관을 가진 사람을 가리킬 때 쓰는 접미사이다.

- 전문 수공업자: 갓장이, 대장장이, 미장이, 양복장이, 옹기장이, 유기장이
- 무엇에 익숙하거나 그것을 잘하는 사람: 거짓말쟁이, 노래쟁이, 멋쟁이, 춤쟁이, 허풍쟁이
- 어떤 특성이 있는 사람을 낮추어 이르는 말: 감투쟁이, 겁쟁이, 고집쟁이

잦다[1] 동사

규칙 잦고, 잦아, 잦는, 잦은, 잦습니다, 잦았다

① 기운이 가라앉다. 잠잠해지다.

¶ 밤이 되니 시장의 떠들썩하던 소리가 잦아 간다.

② 액체가 증발하거나 스며들어 차차 졸아 없어지다.

¶ 밥을 지을 때에 뜸을 잘 들여야 밥물이 잦아 먹기 좋게 된다.

③ 깊숙이 스미거나 배어들다.

¶ 꽃샘추위가 뼛속까지 잦는 느낌이다.

복합어

잦아지다 ① 거칠거나 들뜬 기운이 가라앉아 잠잠하게 되다. ¶ 밤이 되자 거리를 오가던 사람들 발자국 소리도 잦아지고 공기도 싸늘해졌다. ② 고여 있던 액체가 점점 말라 없어지게 되다. ¶ 오랜 가뭄으로 저수지의 물이 잦아졌다. ③ 느낌이나 기운 따위가 깊숙이 배어들다. ¶ 긴장이 풀어지자 피로감이 온몸에 잦아지는 느낌이 들었다.

잦다[2] 동사

규칙 잦고, 잦아, 잦는, 잦은, 잦습니다, 잦았다

뒤로 기울다. '젖다[2]'의 작은말.

¶ 아가야, 네가 자꾸 뒤로 잦으니까 엄마가 걷기 힘들잖니?

복합어

잦뜨리다 힘을 들이어 뒤로 잔뜩 잦히다. =잦트리다

잦다[3] 형용사

규칙 잦고, 잦아, 잦은, 잦습니다, 잦았다

① 거듭되는 동안이 몹시 짧다.

¶ 잦은 기침 때문에 밤잠을 설쳤다.

② 빈번하다. 자주 있다.

¶ 저 애는 지각이 너무 잦다.

복합어

자주 여러 번. 잇달아 잦게.

잦아지다 어떤 일이나 행위 따위가 자주 있게 되다. ¶ 요즘에는 회의가 잦아져 늦게 퇴근하는 날이 많다.

잦아들다 동사

불규칙 잦아들고, 잦아드니, 잦아들어, 잦아드는, 잦아든다, 잦아드네, 잦아듭니다, 잦아들었다

① 괴었던 물이 차차 말라 없어져 가다.

¶ 가뭄이 계속되어 저수지 물이 점점 잦아들고 있다.

② 속으로 깊이 스며들거나 배어들다.

¶ 새벽의 찬 기운이 뼛속까지 잦아들었다.

③ 절로 차차 줄어들거나 작아지거나 가라앉아 조용해지다.

¶ 소란스럽던 사람들 소리가 점차 잦아들었다.

ㅈ

잦은가락 '자진가락'의 틀린 말.

잦히다[1] 동사

규칙 잦히고, 잦히지, 잦히어/잦혀, 잦힌다, 잦힙니다, 잦히었다/잦혔다

밥물이 끓으면 불을 잠깐 약하게 했다가 다시 조금 세게 해서 밥물이 잦아지게 하다.

¶ 밥을 제때에 잦히지 않으면 진밥이 되거나 고두밥이 되기 쉽다.

¶ 지금 밥을 잦히고 있으니 곧 먹을 수 있다.

속담

잦힌 밥에 흙 퍼붓기 매우 심술궂은 행동을 이르는 말.

잦힌 밥이 멀랴 말 탄 서방이 멀랴 조금만 기다리면 될 일이니 너무 조바심을 내지 말라는 말.

잦히다[2] 동사

규칙 잦히고, 잦히어/잦혀, 잦힌다, 잦힙니다, 잦히었다/잦혔다

① 뒤로 기울이다. '잦다[2]'의 사동형.

¶ 몸을 뒤로 잦히고 팔자걸음을 걸으면 거만하게 보인다.

¶ 우리는 문에 드리워진 발을 잦히고 안으로 들어가 보았다.

② 속을 겉으로 드러나게 하다. '젖히다[1]②'의 작은말.

¶ 주머니를 잦혀 보았으나 그 속에는 아무것도 없었다.

복합어

잦혀지다 ① 뒤로 기울어지다. ¶ 차창에 머리를 기대고 조는데 자꾸 고개가 뒤로 잦혀졌다. / 할머니는 손자 재롱에 허리가 잦혀지도록 크게 웃으셨다. ② 물건의 속이 겉으로 드러나게 되다. ¶ 냄비 뚜껑이 잦혀지면서 된장찌개 냄새가 물씬 풍겼다.

재다[1] 동사

규칙 재고, 재니, 재어/재, 잰, 잽니다, 재었다/쟀다

잘난 척하며 으스대거나 뽐내다. ⓑ 뻐기다

¶ 남들이 못하는 일을 좀 할 수 있다고 너무 재고 다니지 마라.

¶ 공부 좀 하는 걸로 그리 재느냐?

재다[2] 동사

규칙 재고, 재니, 재어/재, 잰, 잽니다, 재었다/쟀다

① 자, 저울, 온도계 따위를 이용하여 길이, 무게, 온도, 속도 따위의 정도를 알아보다.

¶ 자로 키를 재어 보았다.

¶ 서울 성곽의 길이를 재려면 특별한 기구가 필요하다.

② 따져 보고 헤아리다.

¶ 너무 재다가는 좋은 사람 다 놓친다.

재다[3] 동사

규칙 재고, 재니, 재어/재, 잰, 잽니다, 재었다/쟀다

① 물건을 차곡차곡 포개어 쌓아 두다.

¶ 창고에 밀가루 부대를 차곡차곡 재어 놓아라.

② 고기 따위를 양념하여 차곡차곡 담아 두다.

¶ 갖은양념을 하여 소고기를 재어 놓았다.

¶ 엄마는 생강을 꿀에 재어 생강차를 만드셨다.

재다[4] 형용사

규칙 재고, 재니, 재어/재, 잰, 잽니다, 재었다/쟀다

① 동작이 재빠르다.

¶ 더 재게 걷지 않으면 차 시간에 늦겠다.

¶ 언니는 손놀림이 재서 무슨 일이든 금방 해치운다.

② 참을성이 모자라 입놀림이 가볍다.

¶ 너는 입을 너무 재게 놀리는 것이 흠이다.

복합어

재빠르다 동작이 재고 빠르다. ¶ 선생님이 오시자 우리는 모두 재빠르게 자리에 앉았다.

재빨리 재빠르게. ¶ 상대 선수의 공격을 재빨리 몸을 던져 막아 냈다.

속담

잰 놈 뜬 놈만 못하다 일은 빨리 마구 하는 것보다 천천히 성실하게 하는 것이 더 낫다는 말.

ㅈ

재우다 동사 ㊟ 재다[3]

규칙 재우고, 재우어/재워, 재웁니다, 재우었다/재웠다

'재다[3]'의 본딧말. =쟁이다

¶ 불고기를 한동안 재워 두면 고기가 맛이 좋아진다.

재우치다 동사

규칙 재우치고, 재우치어/재우쳐, 재우칩니다, 재우치었다/재우쳤다

빨리 몰아치거나 재촉하다.

¶ 대답을 시원하게 하지 않는 아들에게 어머니는 무슨 일이냐고 재우쳐 물었다.

¶ 비가 내릴 것 같아서 우리는 걸음을 재우쳤다.

재차 부사

거듭하여 다시.

¶ 사장이 직원에게 곧바로 일을 끝내라고 재차 지시했다.

재촉 명사

어서 하거나 빨리 하도록 죄어치는 일.

복합어

재촉하다 어서 하거나 빨리 하도록 죄어치다. ¶ 그는 아침밥을 재촉하여 먹고 일찍 길을 나섰다.

● '재촉'과 '독촉'

이 두 낱말은 의미상 차이가 없다. 그러나 아래의 예와 같이 관행적으로 차이를 두는 경우가 있다. 즉 의무를 빨리 수행하라고 재촉하는 경우에는 '독촉'이 더 자연스럽다.

¶ 봄을 재촉하는(○)/독촉하는(△) 비가 내린다.
¶ 밤이 늦어 발걸음을 재촉했다(○)/독촉했다(△).
¶ 하루가 멀다 하고 빚 재촉(△)/독촉(○)에 시달렸다.

잰걸음 명사

빠른 걸음.

¶ 누나가 무슨 바쁜 일이 있는지 잰걸음으로 가게 앞을 지나갔다.

잼잼 '죔죔'의 틀린 말.

잽싸다 형용사

규칙 잽싸고, 잽싸, 잽싼, 잽쌉니다, 잽쌌다

매우 재고 날쌔다. 참고 날렵하다

¶ 개구리가 잽싸게 혀를 내밀어 모기를 낚아챘다.

'잽싸다'와 '날렵하다'

'잽싸다'는 '재다'와 '싸다'의 복합어이다. '재다'나 '싸다'도 모두 동작이 빠름을 나타내는 형용사이다. 따라서 '잽싸다'는 동작이 아주 빠름을 나타낼 때 사용한다. 다만, '잽싸다'는 남의 물건을 빼앗거나 감추거나 하는 동작에 쓰는 경향이 있다. 눈 깜짝할 사이에 해치워야 할 일에 쓰는 것이다. 비슷하게 동작이 빠름을 나타내는 말로 '날렵하다'가 있는데 이 낱말은 능숙하고 경쾌하고 빠르게 동작하는 경우에 쓴다. 요리하는 솜씨가 능숙하거나, 춤을 추는 동작이 빠르고 경쾌하거나 맵시 있음을 표현하는 경우에 쓴다.

¶ 오빠가 잽싸게(○)/날렵하게(×) 내 성적표를 뺏어 달아났다.
¶ 춤 동작이 잽싸고(×)/날렵하고(○) 멋스러웠다.

ㅈ

–쟁이 접사

'어떤 성질, 독특한 습관이나 행동, 모양 등을 지닌 사람'의 뜻을 더하는 말. [참고] –장이

¶ 고집쟁이, 미련쟁이, 수다쟁이, 허풍쟁이

쟁이다 동사

[규칙] 쟁이고, 쟁이어/쟁여, 쟁입니다, 쟁이었다/쟁였다

① 차곡차곡 가리거나 쌓다.

¶ 갓 캔 고구마를 자루에 넣어 창고에 차곡차곡 쟁이어 놓았다.

② 고기 따위의 음식을 양념하여 그릇에 차곡차곡 담아 두다.

¶ 인삼을 꿀에 쟁여 놓고 매일 조금씩 먹으면 건강에 좋다.

¶ 김부각을 쟁여 놓고 그때그때 튀겨 먹었다.

쟤

'저 아이'가 줄어든 말.

¶ 너는 쟤 옆에 서라.

¶ 쟤가 나한테 그렇게 말했어요.

● '쟤'와 '제'

제삼자를 가리킬 때에 '저 아이'를 줄여 '쟤'라는 말을 쓴다. 자신을 낮추어 가리킬 때에는 '제'를 쓴다. '제'는 상대에게 자신을 낮추어 이르는 대명사 '저'가 조사 '가' 앞에서 바뀐 형태이기도 하고, '저의'가 줄어든 말이기도 하다.

¶ 이 물건은 쟤(저 아이)한테 주세요.

¶ 이 물건은 제게(저에게) 주세요.

¶ 오늘은 제가(저+가) 청소할게요.

¶ 사람은 제(저의, 자기의) 허물을 알지 못하는 경우가 많다.

● '쟤'와 '쟤네' 그리고 '저네'

'쟤'에 접미사 '-네'를 붙여 '쟤네'라고 하면 '저 아이네'가 줄어든 말이 된다. 이 말과 비슷한 말로 '저네'가 있다. '저네'는 '저쪽에 보이는 사람의 무리'를 가리키는 말이다. 저쪽에 있는 사람이 아이면 '쟤네'나 '저네'나 모두 쓸 수 있지만 아이가 아니라면 '저네'를 써야 한다. 복수일 때에도 전부 아이들이면 '쟤네'를 쓸 수 있고, 어른만 있거나 어른과 아이가 섞여 있으면 '저네'라고 해야 한다.

¶ 우리 학급에서는 쟤(○)가 달리기를 가장 잘한다.

¶ 쟤네(○)/저네(○) 집이 우리 마을에서 가장 크다.

¶ 이번 축구 경기에서 쟤네들(○)/저네들(○)이 우승을 했다.

¶ 쟤네(×)/저네(○)끼리 놀러 간대.

저[1] 대명사

① '나[1]①'의 낮춤말. 윗사람에게 자기를 가리킬 때 쓰는 일인칭 대명사.

¶ 저는 모르는 일입니다.

¶ 저로서는 할 만큼 했습니다.

② 앞에서 말한 사람을 다시 가리키는 삼인칭 대명사. '자기'보다 낮잡는 느낌을 준다.

¶ 누가 저더러 그렇게 하라고 했나?

● '저[1]'에 조사 붙이기

대명사 '저'를 주어로 써서 주격 조사 '가'를 붙이면 '제가'로 형태가 바뀐다. 또 '저'에 관형격 조사 '의'를 붙이면 '저의'가 되고 줄여 쓰면 '제'가 된다. '저'에 부사격 조사 '에게'가 붙은 형태인 '저에게'가 줄어드는 경우에도 '제게'처럼 '제'로 바뀐다.

¶ 저가(×)/제가(○) 이 일을 해 보겠습니다.

¶ 저(×)/저의(○)/제(○) 생각을 말씀드리겠습니다.

¶ 저에게(○)/제게(○) 주신 선물을 잘 받았습니다.

저[2] ①-②대명사 ③관형사

① 말하는 이와 듣는 이에게서 멀리 있는 대상을 가리키는 대명사. 참고 그, 이

¶ 이도 저도 아니라면 어떻게 하자는 거야?

② (주로 복수의 뜻을 더하는 접미사 '-들' 앞에 붙어) '저 사람'을 가리키는 삼인칭 대명사.

¶ 저들처럼 우리도 보란 듯이 만들어 보자.

¶ 저들이 하는데 왜 우리가 못 하겠니?

③ 말하는 이와 듣는 이에게서 멀리 있는 대상을 가리킬 때 쓰는 말.

¶ 저 사람은 내가 언젠가 만난 적이 있다.

¶ 저 멀리 산에서 뻐꾸기 소리가 들려온다.

● '저', '이', '그'

이 셋은 모두 지시 대명사와 관형사로 쓸 수 있다. 말하는 사람과 듣는 사람의 눈에 보이는 것을 가리키는 경우에 그것이 두 사람 모두에게서 멀리 있으면 '저', 그것이 말하는 사람에게 가까이 있으면 '이', 듣는 사람에게 가까이 있으면 '그'를 쓴다. 두 사람에게 보이지 않지만 듣는 사람도 짐작할 수 있는 것을 가리킬 때에는 '그'를 쓴다. '저', '이', '그'에 조사가 붙으면 대명사로 쓰인 것이고, 그 뒤에 명사가 오면 관형사로 쓰인 것이다. 아래 예는 모두 관형사로 쓴 것이다.

¶ 저 사람을 너도 아느냐?(두 사람에게서 멀리 떨어져 있는 사람을 가리킨다.)

¶ 이 사람을 너도 아느냐?(말하는 사람에게 가까이 있는 사람을 가리킨다.)

¶ 그 물건을 이리 가져오너라.(듣는 사람에게 가까이 있는 물건을 가리킨다.)

¶ 그 상품을 너도 샀느냐?(두 사람이 아는 상품 또는 앞에서 이야기한 상품을 가리킨다.)

저[3] 감탄사

미처 생각이 나지 않거나 꺼내기 거북한 말을 하게 될 때, 금방 말하지 못하고 내는 군소리.

¶ 저, 소방서가 어디에 있는지 아십니까?

¶ 저, 자리 좀 양보해 주실 수 있나요?

저까짓 관형사 ㉾ 저깟

겨우 저만한 정도의. [참고] 제까짓

¶ 저까짓 일로 이 야단이냐?

● '저까짓'과 '제까짓'

'저까짓'은 구체적으로 '저것'을 소홀히 가리키는 말이고, '제까짓'은 막연히 대상을 떠올려 그 사람을 낮추어 이르는 말이다.

¶ 저까짓 것을 가지고 나를 속이려고 해?('저것'을 가리킨다.)

¶ 저까짓 녀석에게 지다니!('저 사람'을 가리킨다.)

¶ 제까짓 게 나를 속이려고 해?(상대를 직접 가리키지 않고 마음속으로 하는 말.)

저깟 관형사

'저까짓'의 준말. [참고] 제깟

¶ 저깟 놈을 누가 무서워해?

ㅈ

저러다 동사

[불규칙] 저러고, 저래, 저래서, 저러는, 저런, 저런다, 저럽니다, 저랬다

① 저렇게 행동하다. '저리하다'의 준말.

¶ 저 사람이 왜 자꾸 저러는지 모르겠어.

¶ 저러다가 크게 몸살이 날 거야.

¶ 지금은 낯이 설어 저러지만 금방 친해질 거야.

② 저렇게 말하다.

¶ 강아지를 서로 기르겠다고 저럽니다.

¶ 지금은 수학여행을 안 가겠다고 저러지만 친한 친구들이 다 가면 마음을 바꿀걸.

››› '저러다', '이러다', '그러다'의 용법은 올림말 '이러다' 참고.

저러하다 형용사 ㊟ 저렇다

불규칙 저러하고, 저러하여/저러해, 저러한, 저러합니다, 저러하였다/저러했다

'저렇다'의 본딧말.

¶ 저러한 일은 생전 처음 본다.

● '저러하다'와 '저렇다', '저러다'

'저러하다'가 본딧말이고 '저렇다'가 준말인데 준말을 더 널리 사용한다. 뜻에는 차이가 없지만, 형태가 다르므로 활용형도 다르다. 또 '저렇다'와 '저러하다'는 형용사이지만 '저러다'는 동사이다. 따라서 활용형을 구별하여 잘 써야 한다.

기본형	품사	-어	-ㄴ	-ㅂ니다	-었-
저러하다	형용사	저러하여 /저러해	저러한	저러합니다	저러하였다 /저러했다
저렇다	형용사	저래	저런	저렇습니다	저랬다
저러다	동사	저래	저런	저럽니다	저랬다

저렇다 형용사

불규칙 저렇고, 저러면, 저러니, 저러나, 저래, 저런, 저렇습니다, 저랬다

성질, 모양, 상태 따위가 저와 같다. '저러하다'의 준말.

¶ 꼴은 저러나 마음은 비단결 같다.

¶ 저런 하찮은 일로 시간을 빼앗겨서는 안 된다.

저리 부사

① 저곳으로. 저쪽으로.

¶ 너는 저리 가 있어라.

¶ 자전거가 나가니 저리 비켜라.

② 모양, 성질 따위가 저렇게.

¶ 어머니가 무슨 일로 저리 슬퍼하시는지 모르겠다.

¶ 어떻게 저리 새빨간 거짓말을 할 수 있을까?

복합어

저리되다 저렇게 되다. ¶ 일이 저리되면 안 되는데.

저리하다 저렇게 행동하다. ㉠ 저러다 ¶ 사람들이 왜 저리하는지 난 모르겠다.

관용 표현

저리 가라 비교되거나 비교할 수 없다는 말. ¶ 걔 얼굴이 연예인 저리 가라던데.

››› '저리', '이리', '그리'는 각각 대명사 '저', '이', '그'와 어울리는 말로 장소나 모양, 상태 따위를 구별하여 가리킬 때 사용한다.

저마다 ①부사 ②명사

① 각각의 사람이나 사물마다.

¶ 거리에는 저마다 한껏 멋을 낸 사람들이 오가고 있다.

¶ 모든 생물은 저마다 살아가는 방식이 있는 법이다.

② 각각의 사람이나 사물.

¶ 사람들은 저마다의 소원을 풍선에 적어 하늘로 띄웠다.

저만때 '저맘때'의 틀린 말.

저만하다 형용사

불규칙 저만하고, 저만하여/저만해, 저만한, 저만합니다, 저만하였다/저만했다

상태, 모양, 성질 따위의 정도가 저러하다.

¶ 나도 저만한 때는 부모님 속을 좀 썩였지.

¶ 결과가 저만해서 그나마 다행이다.

저맘때 명사 ×저만때

꼭 저만큼 된 때.

¶ 내가 한글을 떼었을 때가 딱 저맘때였지.

››› '저맘때', '이맘때', '그맘때'는 각각 '저만큼 된 때', '이만큼 된 때', '그만큼 된 때'를 가리키는 말이다. 이것을 '저만때', '이만때', '그만때'라고 쓰면 안 된다.

저문

동사 '저물다'의 관형사형.

¶ 해가 저문 저녁이면 마당에 모깃불을 피웠다.

저물다 동사

불규칙 저물고, 저무니, 저물어, 저문, 저무오, 저뭅니다, 저물었다

① 해가 져서 어두워지다.

¶ 날이 저물기 전에 산에서 내려가야 한다.

② 한 해가 거의 다 지나게 되다.

¶ 또 한 해가 저물어 가는구나.

③ 일정한 시기가 다 지나 늙어 가다.

¶ 사십 대가 저물어 가니 마음이 무언가에 쫓기는 것 같다.

저미다 동사

규칙 저미고, 저미어/저며, 저민다, 저밉니다, 저미었다/저몄다

① 얇게 베어 내다.

¶ 생선은 얇게 저며서 회로 먹을 때 가장 맛이 있다.

② 칼로 도려내듯이 매우 아프게 하다.

¶ 북쪽에서 몰아치는 바람이 뺨을 저미는 듯하다.

저으기 / 저윽이 '적이'의 틀린 말.

저지난달 명사

두세 달 전의 달.

>>> '지난달의 바로 전달'을 뜻하는 말로 쓸 경우에는 '지지난달'이라고 써야 한다.

저지난밤 명사

엊그제 밤. 이삼일 전의 밤.

● '저지난밤'과 '지지난밤'

'지난밤'은 어젯밤을 의미한다. '간밤'이라고도 한다. 지난밤의 바로 앞 밤은 '지지난밤'이다. '지난해'의 바로 앞 해는 '지지난해'이다. 그런데 '저지난밤'이나 '저지난해'라는 말도 쓴다. 이 말은 지지난밤, 또는 지지난해보다 앞의 시점을 가리킨다. 대체로 이삼일 전의 밤, 또는 이삼 년 전의 해를 의미한다. 따라서 아래 문장에서 어느 것을 선택하는지에 따라서 시각이 달라짐을 유념해야 한다.

¶ 지지난밤에 삼촌께서 집에 오셨다 가셨다.(정확하게 그제 밤)

¶ 저지난밤에 삼촌께서 집에 오셨다 가셨다.(흐릿하게 이삼일 전의 밤)

저지난해 명사

두세 해 전의 해.

>>> '저지난해'와 '지지난해'의 차이는 올림말 '저지난밤' 참고.

저희 대명사

① '우리[2]'의 낮춤말.

ㅈ

② 앞에서 이미 말하였거나 나온 바 있는 사람들을 도로 가리키는 말. 저 사람들. 저이들.

¶ 그들은 언제나 저희가 한 일에 책임을 졌다.

››› '저희'와 '우리'의 용법은 올림말 '우리[2]' 참고.

적[1] 명사

(일부 명사나 관형사형 어미 '-ㄴ/-ㄹ' 다음에 쓰여) 때를 나타내는 말.

¶ 언젠가 그를 본 적이 있다.

¶ 네가 울 적에 내 마음이 얼마나 아팠는지 아니?

¶ 내가 아이 적에 입었던 옷을 어머니는 아직도 간직하고 있다.

적[2](籍) 명사

사람의 인적 사항이나 토지, 가축 등의 소유 관계를 기록한 공문서.

관용 표현

적을 두다 어디에 등록한 상태로 있다. ¶ 졸업하기 전에 취업한 학생들은 대학에 적을 둔 채 회사에 다니기도 한다.

-적(的) 접사

(일부 명사 또는 명사구 뒤에 붙어) '그 성격을 띠는', '그에 관계된', '그 상태로 된'의 뜻을 더하는 말.

¶ 국가적, 기술적, 문화적, 비교적, 사교적, 일반적, 전국적

● '-적'의 과도한 사용

접미사 '-적'을 필요 이상으로 사용하는 습관은 바람직하지 않다. '무조건적으로', '폭력적으로' 같은 경우에는 '적'을 쓰지 않고 그냥 '무조건', '폭력으로'를 쓰는 편이 더 바람직하다. '실천적 과제'나 '민족적 정서' 같은 표현에서도 '실천 과제', '민족 정서'처럼 '적'

을 쓰지 않는 편이 더 나은 것 같다. 그렇지만 '적'을 무조건 거부할 필요는 없다고 본다. 어느 정도 유용하게 쓸 수 있기 때문이다. '객관적인 근거'나 '조직적인 활동'에서 '적'을 쓰지 않고 이것을 다른 말로 바꾸어 표현하려고 애쓸 필요는 없을 것이다.

적다[1] 동사

규칙 적고, 적으니, 적어, 적은, 적는다, 적습니다, 적었다

글로 쓰다.

¶ 자기 생각을 적어서 가져오세요.

¶ 역사가는 사실을 바탕으로 진실되게 적는 사람이다.

적다[2] 형용사

규칙 적고, 적으니, 적어, 적은, 적습니다, 적었다

수나 양, 정도가 어느 표준에 미치지 못하다. 많지 아니하다. 참고 작다①

¶ 들어오는 일거리가 적어서 수입도 줄어들었다.

¶ 우리 마을은 이번 홍수로 적지 않은 해를 입었다.

ㅈ

● '적다[2]'와 '작다'

두 낱말은 기준에 미치지 못함을 나타내는 말인데 수량이 기준에 못 미치는 경우에 '적다'를 쓰고, 크기가 기준에 못 미치는 경우에 '작다'를 쓴다. '적다'는 '많다'에 대응하고 '작다'는 '크다'에 대응한다.

¶ 오늘 판매한 상품이 어제보다 더 적다/많다.

¶ 영수는 키가 작다/크다.

-적다 접사

규칙 -적고, -적으니, -적어, -적은, -적으오, -적습니다, -적었다

무엇이 적음을 나타내는 말. 참고 -쩍다

¶ 괘다리적다, 딴기적다, 맛적다, 열퉁적다, 재미적다, 퉁어리적다

● '-적다'와 '-쩍다'

접미사 '-적다'는 무엇이 적음의 의미를 덧붙이는 경우에 쓴다. 즉, '적다[2]'의 뜻이 추가되는 경우에 사용하는 것이다. 이에 비해서 '-쩍다'는 '적다[2]'의 뜻을 전혀 보태지 않는다. '맛적다'는 맛이 적음을 나타내는 말이지만, '멋쩍다'는 멋이 적음을 뜻하는 말이 아니고 단지 격에 어울리지 않거나 어색하고 쑥스럽다는 뜻을 나타내는 말이다. 우리말에 접미사 '-적다'가 붙은 단어는 앞에 예시한 6개 정도이고, 접미사 '-쩍다'가 붙은 단어는 이보다 훨씬 더 많다.

적이 부사 ×저으기/저윽이

약간. 다소. 얼마간. 조금.

¶ 소식이라도 들으니 적이 안심이 되는구나.

¶ 빈손으로 집에 들어가니 아이들이 적이 실망한 눈치였다.

복합어

적이나 얼마간이라도. '적이'의 힘줌말. ¶ 늦었지만 잘 도착했다니 적이나 다행이다.

● '적이'와 '저으기'

'적이'는 '적'을 길게 소리 내어 [저:기]처럼 낸다. 이것이 [저으기]처럼 들리어 '저으기'로 표기하기도 하는데 정확한 표기는 '적이'이다. '저윽이'도 틀린 표기이다.

적잖다 형용사

규칙 적잖게, 적잖고, 적잖아, 적잖아서, 적잖은, 적잖습니다, 적잖았다

① 적은 수나 양이 아니다.

¶ 강연장에는 적잖은 사람들이 기다리고 있었다.

¶ 이제 나이도 적잖아서 일을 쉬려고 한다.

② 소홀히 여기거나 대수롭지 않게 여길 수 없다.

¶ 우리는 그에게 적잖게 신세를 지며 살았다.

¶ 남편의 성공에는 아내의 내조가 적잖았다.

복합어

적잖이 ① 적지 않은 수나 양으로. ¶ 사업으로 적잖이 돈을 벌었다. ② 소홀히 하거나 대수롭게 여길 만하지 아니하게. ¶ 선생님께서는 적잖이 나를 사랑해 주셨다.

전혀(全-) 부사

(주로 부정하는 뜻을 나타내는 낱말과 함께 쓰여) '도무지', '아주', '완전히'의 뜻을 나타내는 말. =전연

¶ 그는 성공한 뒤에 전혀 다른 사람이 되었다.

¶ 이 일은 나와 전혀 관계가 없다.

¶ 사건의 실마리를 전혀 찾지 못했다.

절대(絶對) ①-③명사 ④부사

① (주로 일부 명사 앞에 쓰여) 아무런 조건이나 제약이 붙지 아니함.

¶ 절대 반대나 절대 찬성은 바람직한 말이 아니다.

¶ 환자에게는 절대 안정이 필요합니다.

② (주로 일부 명사 앞에 쓰여) 비교되거나 맞설 만한 것이 없음.

¶ 그는 권좌에서 절대 권력을 휘둘렀다.

¶ 그 분야에서 그는 절대 강자였다.

③ 어떤 대상과 비교하지 아니하고 그 자체만으로 존재함.

¶ 인간이 절대 진리를 찾으려 하는 것은 욕심에 지나지 않는다.

④ =절대로

¶ 이 말은 남에게 절대 하지 마라.

¶ 나는 절대 그 일에 관여하지 않겠다.

복합어

절대적 ① 아무런 조건이나 제약이 붙지 아니하는. 또는 그런 것. ¶ 그의 명령은 절대적이었다. ② 비교하거나 상대될 만한 것이 없는. 또는 그런 것. ¶ 수비하는 팀이 절대적으로 불리하다.

절대로(絶對-) 부사

어떠한 경우에도 반드시. =절대④

¶ 나는 절대로 너의 의견에 동의할 수 없다.

¶ 선생님의 도움이 절대로 필요합니다.

접두사(接頭辭) 명사

다른 어근이나 단어의 머리에 붙어 새로운 단어를 구성하는 부분. '짓밟다'에서 '짓-', '맨손'에서 '맨-', '휘날리다'에서 '휘-', '새빨갛다'에서 '새-'가 접두사에 속한다.

접미사(接尾辭) 명사

다른 어근이나 단어의 꼬리에 붙어 새로운 단어를 구성하는 부분. '사실적'에서 '-적', '도둑질'에서 '-질', '성장률'에서 '-률', '떨어뜨리다'에서 '-뜨리다', '반짝거리다'에서 '-거리다'가 접미사에 속한다.

접사(接辭) 명사

단독으로 쓰이지 아니하고 항상 다른 어근이나 단어에 붙어 새로운 단어를 구성하는 부분. 접두사와 접미사가 있다.

정지(停止) 명사

움직이고 있던 것이 멎거나 그침. 또는 중도에서 멎거나 그치게 함.

¶ 벌점이 쌓여서 운전면허 정지 통보를 받았다.

¶ 빨간 신호등은 정지 신호이다.

복합어

정지하다 ① 움직이고 있던 것이 멎거나 그치다. 또는 중도에서 멎거나 그치게 하다. ¶ 자동차가 횡단보도 바로 앞에서 정지했다. ② 하고 있던 일을 그만두다. ¶ 검찰은 항소심 선고가 날 때까지 구속 집행을 정지한다고 밝혔다.

정찰(正札) 명사

'정가표' 또는 '가격표'로 순화.

복합어

정찰제 정해진 가격을 붙여 놓고 그 값에만 파는 제도. '정가제'의 일본식 표현으로 에누리를 하지 않는 제도를 가리킨다.

ㅈ

> ● '정찰'의 어원
>
> '정찰(正札)'의 '찰(札)'은 얇고 작은 나뭇조각을 가리키는 말로서, 옛날엔 이런 것에 글씨를 써서 보관했는데 이것이 뒤에 '편지'의 뜻을 갖게 되었다. 그런데 일본인들은 이 글자를 이름표, 짐표, 차표 등을 뜻하는 말로 폭넓게 사용하고 있다. 문화의 차이 때문일 것이다. 정찰은 일본식 표현이므로 우리식으로 쓴다면 '찰(札)'을 '표(票)'로 바꾸어 써야 한다. 그래서 정찰을 '정가표' 또는 '가격표'로 순화하였다.

정체[1] (正體) 명사

① 본디의 참모습. ㊥ 본체

¶ 이 일로 그의 정체가 드러나게 되었다.

② 본디의 마음.

복합어

정체성 자기 본디의 성질. 본디의 성질이나 모양. ¶ 민족이 정체성을 잃으면 그 민족의 해체는 시간문제가 된다.

정체[2] (停滯) 명사

더 나아가지 못하고 막힘.

¶ 추석을 앞두고 고속 도로는 귀성 차량으로 극심한 정체를 이루었다.

복합어

정체기 사물이 발전하거나 나아가지 못하고 한자리에 머물러 그쳐 있는 시기.

정체되다 사물이 발전하거나 나아가지 못하고 한자리에 머물러 있는 상태가 되다.

¶ 경제가 어려워지면 사회 발전도 그만큼 정체되기 쉽다.

정체성 사물이 발전하거나 나아가지 못하고 제자리에 머물러 있는 특성.

정체하다 사물이 발전하거나 나아가지 못하고 한자리에 머물러 있다.

● '정체(正體)'와 '정체(停滯)'의 소리내기

'정체(正體)'의 '정'은 긴소리이고, '정체(停滯)'의 '정'은 짧은소리이다. 따라서 '정체성(正體性)'의 '정'도 긴소리이다. 그런데 '정'을 짧게 발음하면 '정체성(停滯性)'이 되어 진보가 없는 특성을 뜻하는 전혀 다른 낱말이 된다.

① 정체성(正體性) ¶ 우리 문화의 정체성[정:-]을 회복해야 한다.

② 정체성(停滯性) ¶ 일본 제국주의는 우리 역사의 정체성을 강조했다.

위 ①과 ②의 '정체성'은 한글로는 표기가 같지만 의미는 아주 반대이다. 따라서 정확하게 소리를 내지 않으면 오해를 일으킬 우려가 있다.

젖다[1] 동사

규칙 젖게, 젖고, 젖으니, 젖어, 젖는, 젖은, 젖습니다, 젖었다

① 물이 배어 축축하게 되다.

¶ 비를 맞아서 옷이 흠뻑 젖었다.

¶ 이슬에 젖은 나팔꽃이 산뜻하다.

② 어떤 영향이 몸에 배다.

¶ 그렇게 권위주의에 젖은 사람과 함께 일할 수 없다.

③ 어떤 감정 상태에 잠기다.

¶ 눈물 젖은 빵을 먹어 보지 않은 사람은 나서지 마시오.

¶ 외국에 나가 있으면 곧잘 향수에 젖게 된다.

④ 감각에 익다.

¶ 문을 들어서자 귀에 젖은 노랫소리가 들려왔다.

젖다[2] 동사

규칙 젖고, 젖으니, 젖어, 젖는, 젖은, 젖습니다, 젖었다

뒤로 기울다. '잦다[2]'의 큰말.

ㅈ

젖히다[1] 동사 ×제끼다

규칙 젖히고, 젖히어/젖혀, 젖힌다, 젖힙니다, 젖히었다/젖혔다

① 뒤쪽으로 기울게 하다. '젖다[2]'의 사동형.

¶ 전철 안에서 고개를 뒤로 젖히다가 뒷사람의 얼굴을 받았다.

¶ 우거진 나뭇가지를 뒤로 젖히면서 천천히 앞으로 나아갔다.

② 안쪽이 겉으로 나오게 하다. '잦히다[2]②'의 큰말.

¶ 이불을 젖히니 아이가 그 속에 웅크리고 잠들어 있었다.

③ ('-어/-아 젖히다' 구성으로 쓰여) 앞말의 행위를 막힘없이 해치움을 나타내는 말.

¶ 그가 멋지게 노래를 불러 젖히는 동안 우리는 손뼉을 쳐서 장단을 맞추었다.

¶ 장군은 큰 소리로 웃어 젖힌 뒤 적장에게 소리쳤다.

복합어

밀어젖히다 ① 문을 힘껏 밀어서 열다. ② 사람이나 물건 따위를 힘껏 한쪽으로 밀다.

벗어젖히다 옷 따위를 힘차게 벗다. ×벗어제끼다

열어젖히다 문이나 창문 따위를 갑자기 벌컥 열다. ×열어제끼다

젖혀뛰기 멀리뛰기를 할 때, 공중에서 윗몸을 뒤로 젖힌 다음 그 반동을 이용하여 몸을 앞으로 숙이면서 뛰는 기법.

● '젖히다[1]', '제치다', '제끼다'

'젖히다'와 '제치다'는 소리가 비슷하지만 전혀 다른 의미로 쓴다. '젖히다'는 몸이나 사물을 뒤쪽이나 옆으로 움직이는 행위에 쓴다. 이에 비해서 '제치다'는 앞에 있는 걸림돌을 피하거나 앞에 가는 것을 따라잡아 뒤로 밀치는 행위에 쓴다. '제끼다'는 '젖히다'와 '제치다'를 틀리게 쓴 말이다.

¶ 어머니는 저고리를 풀어 제치고(×)/젖히고(○) 아기에게 젖을 물렸다.

¶ 앞에 가는 사람을 모조리 젖히고(×)/제끼고(×)/제치고(○) 일 등으로 들어왔다.

젖히다[2] 동사

규칙 젖히고, 젖히어/젖혀, 젖힌다, 젖힙니다, 젖히었다/젖혔다

입맛이 없어지다.

¶ 걱정 때문에 입맛이 싹 젖혀 도무지 밥을 먹을 수가 없었다.

제[1] 대명사

① '나'의 낮춤말 '저[1]①'에 조사 '가'가 붙으면서 바뀐 형태.

¶ 제가(저+가) 잘못했습니다.

¶ 이 일은 제가(저+가) 하겠습니다.

② 앞에서 이미 말하였거나 나온 바 있는 사람을 도로 가리키는 '저[1]②'에 조사 '가'가 붙으면서 바뀐 형태.

¶ 사람은 제가(저+가) 하고 싶은 것을 하게 해야 한다.

¶ 아이는 제가(저+가) 궁금한 것을 엄마한테 꼬치꼬치 물어봤다.

속담

제가 기른 개에게 발꿈치 물린다 자기가 은혜를 베푼 사람에게 도리어 해를 당하게 됨을 이르는 말. ¶ 제가 기른 개에게도 발꿈치를 물리는 법이야.

제가 제 뺨을 친다 남을 해롭게 하려다가 도리어 자기가 손해를 보게 됨을 이르는 말.

ㅈ

제[2]

① '나'의 낮춤말 '저[1]①'에 조사 '의'가 붙어서 바뀐 형태.

¶ 이 가방은 제(저+의) 것입니다.

② 삼인칭 대명사 '자기'를 나타내는 '저[1]②'에 조사 '의'가 붙어서 바뀐 형태.

¶ 누구나 제(저+의) 생각을 말하게 해라.

속담

제 것 주고 뺨 맞는다 남에게 잘해 주고 도리어 해를 입는다는 말.

제 꾀에 제가 넘어간다 남을 속이려다가 오히려 그 꾀에 자기가 속는다는 말.

제 낯에 침 뱉기 자기가 한 짓으로 자기가 욕을 보게 됨을 이르는 말.

제 논에 물 대기 자기에게만 이롭게 되도록 일함을 빗대어 이르는 말.

제 눈에 안경 보잘것없어도 제 마음에 들면 된다는 말.

제 똥 구린 줄 모른다 자기의 잘못은 잘 깨닫지 못한다는 말.

제 밑 들어 남 보이기 자기 결점을 스스로 남의 앞에 드러낸다는 말.

제 발등에 오줌 누기 자신의 행동이 자신을 모욕하는 결과가 되는 경우를 이르는 말.

제 발이 저리다 자기의 잘못이 드러날까 염려되어 스스로 마음을 졸인다는 말.

제 방귀에 놀란다 자기가 한 일에 도리어 자기가 놀란다는 말.

제 버릇 개 못 준다 한번 젖어 버린 나쁜 버릇은 좀처럼 고치기 어렵다는 말.

제[3]

'저기에'가 줄어든 말.

¶ 봄 처녀 제 오시네. 새 풀 옷을 입으셨네.

제[4]

명사 '적'에 조사 '에'가 붙어 줄어든 말.

¶ 함께 있을 제는 모르겠더니 떨어져 있으니 보고 싶다.

제가끔 부사

=제각기

¶ 제가끔 볼일을 보고 4시까지 이곳으로 모여라.

제각각(-各各) ①부사 ②명사

① 여럿이 다 따로따로.

¶ 입맛이 다 달라서 음식을 제각각 주문하였다.

¶ 우리는 네거리에서 제각각 헤어졌다.

② 모두 각각.

¶ 거기 모인 사람은 차림이나 성격이 모두 제각각이었다.

¶ 집집마다 김치 맛이 제각각이다.

제각기(-各其) 부사

여럿이 다 저마다. 여럿이 따로따로. =제가끔

¶ 제각기 한 마디씩만 해도 몇 시간이 걸릴 것이다.

¶ 제각기 옷과 잠자리를 마련했다.

● '제각기'와 '제각각', '각기'와 '각각'

'각기'는 여러 사람이 자기 방식대로 일을 처리하는 경우에 사용한다. '각기 준비한 것을 내놓고 함께 나눠 먹었다.'처럼 여러 사람이 한 사람씩 따로따로 어떤 일을 함을 나타낼 때에 쓴다. '각각'은 각 사람에게 따로따로 배정되거나 따로 구별됨을 나타낼 때에 쓴다. '생각하는 것이 각각 다 달라서 의견을 한데 모으기 쉽지 않다.'처럼 서로 독립적으로 구별하는 의도를 나타낼 때에 쓴다. '각기'와 '각각'에 '저마다'의 뜻을 보태는 '제'를 덧붙여 쓸 수 있다. '제각기'와 '각기'의 의미와 용법이 같고, '각각'과 '제각각'도 의미와 용법이 같다.

제격(-格) 명사

제 신분이나 정도에 맞는 격식. 자기에게 딱 맞는 격식.

¶ 그는 정치인보다는 학자가 제격인 것 같다.

¶ 설날에는 한복을 입어야 제격이지.

제곱 명사

같은 두 수를 서로 곱함. 또는 그렇게 해서 만들어진 수.

복합어

제곱하다 같은 수를 서로 곱하다. ¶ 1을 제곱하면 1이고, 3을 제곱하면 9이다.

제구실 명사

① 제가 마땅히 해야 할 일이나 책임.

¶ 그는 4번 타자로서 제구실을 완벽하게 해냈다.

¶ 여러분은 우리 학교 학생회 임원으로서 제구실을 잘해 주기 바랍니다.

② 어린아이가 으레 치러야 할 홍역 같은 병.

복합어

제구실하다 ① 마땅히 해야 할 일이나 책임을 하다. ¶ 아버지로서 또 남편으로서 제구실하기가 어디 쉬운 일이니? ② 어린아이가 으레 치러야 할 병을 앓다. ¶ 아이가 제구실하느라고 수두를 심하게 앓았다.

제까짓 관형사 ㉾ 제깟

'겨우 저만한 정도의'의 뜻으로 홀하게 이르는 말. 참고 저까짓

¶ 제까짓 게 무얼 안다고 큰소리를 치나.

✕ 제깐에 'ㅤ제 깐에'의 띄어쓰기 잘못.

¶ 거짓말을 해 놓고 제깐에(×)/제 깐에(○) 좀 쑥스러웠던지 자리를 뜨더라.

››› '제 깐에'나 '제 딴에'처럼 '제'와 의존 명사 '깐', '딴'은 띄어 쓴다.

○ 제깟 관형사

'제까짓'의 준말. 참고 저깟

¶ 제깟 게 뭘 안다고 그래.

✕ 제끼다 '젖히다[1]'과 '제치다'의 틀린 말.

○ 제날짜 명사

미리 정했거나 마치기로 한 날짜. =제날

¶ 꼭 제날짜를 지켜 공사를 마쳐 주시기 바랍니다.

¶ 이자를 제날짜에 꼬박꼬박 치렀다.

○ 제대로 부사

① 제 격식이나 규격대로.

¶ 제대로 된 물건이 하나도 없다.

② 마음먹은 대로.

¶ 일이 제대로 안 풀린다.

③ 마땅한 정도로.

¶ 지금이라도 비가 제대로 오면 해갈이 되겠는데.

¶ 공부를 하려면 제대로 해라.

제딴에

'제 딴에'의 띄어쓰기 잘못. '제'와 의존 명사 '딴'은 띄어 쓴다.

¶ 제딴에(×)/제 딴에(○) 한다고 했는데 핀잔을 주니 몹시 실망한 듯했다.

제법

①명사 ②부사

① 상당한 정도에 이른 수준.

¶ 네가 인제는 집안일을 거들 줄 아니 제법이로구나.

② 보통 수준에 가깝게.

¶ 아이가 노래를 제법 잘 부른다.

¶ 방이 제법 넓어서 대여섯 명은 잘 수 있을 거야.

제소리

명사

① 글자가 나타내는 자기 소리. 글자의 바른 소리.

¶ 한글에도 제소리가 나지 않는 글자가 많이 있다.

② 본래 가진 소리.

¶ 줄이 느슨해서 거문고가 제소리를 내지 못하는 것 같다.

③ 본심에서 하는 소리.

¶ 이렇게 험악한 분위기에서 어떻게 제소리를 낼 수 있겠소?

제자리

명사

① 본래 있던 자리.

¶ 물건을 쓴 뒤에는 제자리에 갖다 놓아라.

② 위치의 변화가 없는 같은 자리.

¶ 아이들은 제자리에서 펄쩍펄쩍 뛰며 기뻐했다.

¶ 북극성은 시간이 아무리 흘러도 언제나 제자리에서 빛난다.

③ 마땅히 있어야 할 자리.

¶ 비상시이니 각자 제자리를 지키기 바란다.

복합어

제자리걸음 ① 앞으로 나아가지 않고 제자리에서만 걷는 일. 또는 그 걸음. ② 일의 진행이 앞으로 나아감이 없이 제자리에 그대로 머물러 있음. 또는 그런 상태. ¶ 아무리 노력해도 실력이 제자리걸음이니 속상하다.

제자리표 악보에서 높이거나 낮춘 음을 다시 제자리로 돌리는 부호.

관용 표현

제자리에 머물다 발전이 없다. ¶ 복지 정책이 몇 년째 제자리에 머물러 있다.

제정신(-精神) 명사

자기 본래의 정신. ㉥ 본정신

¶ 눈을 뜨는 것을 보니 이제야 제정신이 드는 모양이다.

¶ 그는 요즘 너무 바빠서 제정신이 아니야.

ㅈ

제집 명사

자기 집.

¶ 그는 결혼 10년 만에 제집을 장만할 수 있었다.

¶ 놀이터에서 놀던 아이들이 모두 제집으로 돌아갔다.

관용 표현

제집 드나들듯 마치 자기 집을 드나들듯이 아무렇지 않게 또는 자주 드나들다. ¶ 그는 미국을 제집 드나들듯 한다.

속담

제집 개에게 발뒤꿈치 물린 셈 자기에게 은혜를 입은 사람으로부터 도리어 화를 입음을 빗대어 이르는 말.

제집 어른 섬기면 남의 어른도 섬긴다 제집에서 잘하는 이는 밖에 나가서도 잘한다는 말.

제집 연기가 남의 집 연기보다 낫다 대수롭지 아니한 것이라도 정든 것이 좋다는 말.

제집 제사는 모르면서 남의 집 제사는 알까 자기네 집의 일을 모르면서 남의 집의 일을 잘 알 까닭이 없다는 말.

제짝 명사

한 쌍이나 한 벌을 이루는 그 짝.

¶ 삼촌은 아직도 제짝을 찾지 못해서 결혼을 못 하고 있단다.

¶ 양말이 모두 제짝에 맞게 정돈되어 있었다.

제치다 동사 ×제끼다

규칙 제치고, 제치어/제쳐, 제친다, 제칩니다, 제치었다/제쳤다

① 거치적거리지 않게 처리하다.

¶ 공격수가 수비수 2명을 제치고 공을 넣었다.

② 일정한 대상이나 범위에서 빼다.

¶ 나를 제치고 자기들끼리 하려고 하는 것 같다.

③ 경쟁 상대보다 앞에 서다.

¶ 우리 선수가 선두를 제치고 일 등으로 들어왔다.

④ 당장 할 일을 다음으로 미루다.

¶ 그는 제집 일을 제쳐 두고 남의 집 일에 발 벗고 나선다.

● '제치다'와 '제끼다'

'제끼다'는 '제치다'의 비표준어이다. 비표준어는 표준어 환경에서 사용할 수 없는 말이다.

¶ 결국 우리나라가 일본을 제끼고(×)/제치고(○) 우승을 했다.

¶ 공격수가 수비수 3명을 연달아 제낀(×)/제친(○) 뒤에 슛을 하였다.

¶ 다른 일은 다 제껴(×)/제쳐(○) 놓고 이 일부터 해라.

조가비 명사

조개의 껍데기.

> **조개의 껍데기**
>
> 조개는 속살과 그것을 둘러싸고 있는 껍데기로 이루어졌다. 속살을 조갯살이라고 하고 이것을 말린 먹거리도 조갯살이라고 한다. 껍데기는 '조가비'라는 이름으로 불린다. 조가비를 '조개껍데기'라는 복합어로 부르기도 한다. 일부에서는 '조개껍질'이라는 말도 사용한다. 《표준국어대사전》도 조개껍질을 조개껍데기와 함께 쓸 수 있도록 올림말로 삼았다. 그렇다면 조개의 껍데기를 가리키는 말이 조가비, 조개껍데기, 조개껍질의 세 가지가 있는 셈이다.

조고맣다 '조그맣다'의 틀린 말.

조곤조곤 부사 ×조근조근

성질이나 태도가 조금 은근하고 끈덕진 모양. =조곤조곤히

¶ 언니는 화를 내지 않고 조곤조곤 잘 설명한다.

¶ 누가 잘못을 저질렀는지 조곤조곤 따져 보자.

복합어

조곤조곤하다 성질이나 태도가 조금 은근하고 끈덕지다. ¶ 그의 말씨는 무척 조곤조곤한 편이다.

조곤조곤히 =조곤조곤

조그마치

① '조그만큼'의 틀린 말.

¶ 저쪽으로 조그마치(×)/조그만큼(○) 떨어져 있어라.

② '자그마치'의 틀린 말.

¶ 대구 한 마리가 조그마치(×)/자그마치(○) 5만 원이나 한다.

조그마하다 형용사 ㊟ 조그맣다 ×조그만하다

불규칙 조그마하고, 조그마하여/조그마해, 조그마한, 조그마합니다, 조그마하였다/조그마했다

좀 작거나 적다.

¶ 우는 아이에게 조그마하고 귀엽게 생긴 인형을 주니 울음을 뚝 그쳤다.

¶ 그의 집은 우리 동네에서 흔히 볼 수 있는 집처럼 조그마했다.

조그만

형용사 '조그맣다'의 관형사형.

¶ 조그만 집에 삼대가 북적거리며 살고 있다.

조그만큼 부사 ×조그마치

아주 작거나 적게.

¶ 여기서 조그만큼 더 가면 학교가 나옵니다.

× 조그만하다 '조그마하다'의 틀린 말.

조그맣다 형용사 ×조고맣다

불규칙 조그맣고, 조그매, 조그만, 조그맣소, 조그맣습니다, 조그맸다

'조그마하다'의 준말.

¶ 산에서 보니 집과 자동차들이 개미처럼 조그맣게 보인다.

¶ 직장을 그만두고 조그만 가게를 하나 차렸다.

¶ 내 손이 아빠 손보다 더 조그매.

× 조근조근 '조곤조곤'의 틀린 말.

¶ 들은 대로 조근조근(×)/조곤조곤(○) 말해 보아라.

○ 조는

동사 '졸다'의 관형사형.

¶ 수업 시간에 조는 사람은 뒷자리에 세우겠다.

○ 조르다[1] 동사

불규칙 조르고, 조르니, 졸라, 조릅니다, 졸랐다

끈덕지게 요구하다. 참고 보채다

¶ 아이가 엄마에게 과자를 사 달라고 졸랐다.

¶ 동생이 칭얼대며 빨리 집에 가자고 졸랐다.

● '조르다[1]'과 '보채다'

'조르다'는 무엇을 해 달라고 끈질기게 요구하는 행위이다. 이에 비해 '보채다'는 무엇을 해 달라고 귀찮게 요구하는 행위라고 볼 수 있다. 원래 '보채다'는 몸이 아프거나 불편해서 칭얼대며 불만을 나타내는 행위를 나타내므로 조르는 행위를 귀찮게 여긴다면 '조르다' 대신에 '보채다'를 쓰는 것이 좋다. 아이가 막무가내로 무얼 요구한다면 보챈다고 할 수 있고 이유를 들어 요구한다면 조른다고 말할 수 있다.

¶ 조르는(○)/보채는(○) 아이에게 떡 하나를 더 주게 된다.

¶ 사 주기로 한 약속을 지키라며 조르는(○)/보채는(×) 데는 안 사 줄 수 없었다.

ㅈ

조르다[2] 동사

불규칙 조르고, 조르면, 조르니, 졸라, 조릅니다, 졸랐다

동이거나 감은 것을 단단히 죄다.

¶ 바지가 내려가지 않도록 허리띠를 졸라 매었다.

> ● '조르다'의 소리내기
>
> '조르다'를 [졸르다]로 소리 내는 사람이 많다. 이는 '조르다'가 '졸라, 졸랐다'처럼 활용하기 때문에 일어난 현상이기도 하고, 어쩌면 원래 [졸르다]로 소리 내었기 때문일 수도 있다. 그러나 현행 표준 발음법에 따라서 [조르다]로 소리 내고 소리대로 써야 한다.

조리 부사

조 곳으로. 조쪽으로.

¶ 도둑고양이가 조리 달아났어.

››› '조리로'는 '조리'를 강조하는 말로, '졸로'로 줄어든다.

조리다 동사

규칙 조리고, 조리어/조려, 조린, 조린다, 조립니다, 조리었다/조렸다

① 고기, 생선, 채소 따위를 양념한 국물에 넣고 바짝 끓여서 양념이 배어들게 하다.

¶ 간장에다 쇠고기를 넣고 한참 조린 뒤에 삶은 달걀을 넣어 같이 조렸다.

② 열매, 뿌리, 줄기 따위를 설탕물 따위에 넣고 끓여서 단맛이 배어들게 하다.

¶ 설탕물에 조린 복숭아를 차갑게 식혀서 먹었다.

복합어

조림 조리어 만든 음식. ¶ 가자미조림, 갈치조림, 감자조림, 다시마조림, 달걀조림, 닭조림, 두부조림, 멸치조림, 북어조림, 비웃조림, 우엉조림, 장조림, 통조림, 표고조림

● ‘조리다’와 ‘졸이다’

두 낱말은 무엇을 목적어로 삼느냐에 따라서 구별하여 쓴다. 양념이 생선에 배어들게 요리하는 것은 ‘조리다’이고, 양념 국물을 끓여 양을 줄이는 것은 ‘졸이다’이다. 그래서 ‘조리다’는 보통 ‘무엇에’와 함께 쓰이고, ‘졸이다’는 보통 ‘무엇을’과 함께 쓰인다.

¶ 지진 두부를 냄비에 넣고 고명을 얹어 간장에 조리면 두부조림이 된다.

¶ 찌개는 국물을 바특하게 졸여야 제맛이 난다.

ㅈ

조이다 동사 ㊜ 죄다[1]

규칙 조이고, 조이어/조여, 조인, 조인다, 조입니다, 조이었다/조였다

① 느슨하거나 헐거운 것이 단단하거나 팽팽하게 되다.

¶ 새 구두가 너무 조여서 발이 아프다.

② 자리나 공간이 비좁아지다.

¶ 자리의 앞뒤가 꽉 조여 숨도 못 쉬겠더라.

③ 마음이 긴장되다.

¶ 걱정으로 마음이 조여 어쩔 줄을 몰랐다.

④ 느슨하거나 헐거운 것을 단단하거나 팽팽하게 하다.

¶ 물이 새니 수도꼭지를 꽉 조이라고 일렀다.

⑤ 차지하고 있는 자리나 공간을 비좁게 만들다.

¶ 적이 사방에서 차츰차츰 우리를 조여 온다.

⑥ 마음을 긴장시키다.

¶ 가슴을 조이며 경기 결과를 지켜보았다.

⑦ 목, 손목 따위를 힘으로 압박하다.

¶ 상대를 쓰러뜨려 목을 조이는 기술을 쓰자 상대가 기권을 하고 말았다.

조잡스럽다(粗雜-) 형용사

불규칙 조잡스럽고, 조잡스러워, 조잡스러운, 조잡스럽네, 조잡스러웠다

① 말이나 행동, 솜씨 따위가 보기에 거칠고 잡스럽다.

¶ 물건이 너무 조잡스러워서 돈을 주고 사고 싶지 않다.

¶ 행동을 그렇게 조잡스럽게 하니 사람들이 너와 놀기 싫어하는 거야.

② 보기에 음식에 대하여 추잡하게 욕심을 부리는 데가 있다.

¶ 음식을 그렇게 조잡스럽게 먹지 마라.

복합어

조잡스레 ① 보기에 말이나 행동, 솜씨 따위가 거칠고 잡스러워 품위가 없이. ¶ 말을 그리 조잡스레 하니 능력만큼 인정을 못 받지. ② 보기에 음식에 대하여 추잡하게 욕심을 부리는 데가 있게.

조촐하다 형용사

불규칙 조촐하고, 조촐하여/조촐해, 조촐한, 조촐합니다, 조촐하였다/조촐했다

① 모습이 말쑥하고 맵시 있다.

¶ 그녀는 퍽 조촐하게 차려입고 연회장에 들어왔다.

② 아담하고 깨끗하다.

¶ 비록 오래된 집이지만 손질이 잘되고 세간도 잘 정돈되어 조촐해 보였다.

③ 호젓하고 단출하다.

¶ 요즘은 환갑잔치나 돌잔치를 식구끼리 조촐하게 치른다.

복합어

조촐히 조촐하게. ¶ 연말연시를 조촐히 보냅시다.

족집게 명사

① 주로 털이나 가시를 뽑을 때 쓰는, 쇠로 만든 작은 연장.

¶ 거울을 보며 짧게 난 흰머리를 족집게로 뽑았다.

② 문제나 알짬이 되는 부분을 정확하게 찾아내거나 알아맞히는 사람. 또는 그런 일을 빗대어 이르는 말.

¶ 대학 입시 때면 이른바 족집게 강사에게 아이들이 몰린다.

졸깃하다 형용사

불규칙 졸깃하고, 졸깃하여/졸깃해, 졸깃합니다, 졸깃하였다/졸깃했다

조금 질긴 듯하다.

복합어

졸깃졸깃 씹히는 맛이 매우 질긴 듯한 모양.

졸깃졸깃하다 씹히는 맛이 매우 차지고 질긴 듯하다.

››› '졸깃하다'는 주로 음식이 푸석하지 않고 질긴 느낌을 주어 감각적으로 좋을 때 쓴다. '쫄깃하다'는 어감이 강할 뿐 '졸깃하다'와 의미가 같다. '질깃하다'는 질긴 것이 탐탁하지 않음을 나타낼 때 쓴다.

졸다[1] 동사

불규칙 졸고, 조니, 졸아, 조는, 존다, 졸니다, 졸았다

저절로 잠이 드는 상태로 자꾸 들어가다. 참고 졸리다[1]

¶ 내 짝꿍은 수업 시간에 잘 존다.

¶ 너무 피곤하여 걸으면서도 졸았다.

졸다[2] 동사

불규칙 졸고, 조니, 졸아, 조는, 조오, 좁니다, 졸았다

① 찌개, 국, 한약 따위의 물이 증발하여 바특해지다. 참고 줄다, 졸이다

¶ 찌개가 너무 졸아서 짜다.

② 위협적이거나 압도하는 대상 앞에서 심리적으로 위축되다.

¶ 사장 앞이라고 졸지 말고 네 주장을 당당하게 이야기해라.

● '졸다[2]'와 '줄다'

'졸다'와 '줄다'는 작은말 큰말 관계에 있다. 즉, '졸다'는 '줄다'의 작은말이고, 반대로 '줄다'는 '졸다'의 큰말이다. 느낌이 더 크고 작음을 나타내기 위해서 양성 모음과 음성 모음을 번갈아 바꾸는 것이 우리말의 한 특징이다. 그런데 일부 낱말에서는 느낌의 크고 작음을 넘어서 용법의 차이가 심해져서 서로 대체하여 사용하기 어려운 경우도 있다. '졸다'와 '줄다'도 그중에 하나이다. 수량이 적어지는 경우에는 '줄다'만 쓰고 국물이 바특해지는 경우에는 '졸다'만 쓴다.

¶ 입학하는 아이들 수가 부쩍 졸았다(×)/줄었다(○).

¶ 가뭄으로 저수지 물이 상당히 졸았다(○)/줄었다(○).

¶ 찌개는 국물이 졸아야(○)/줄어야(×) 맛이 제대로 난다.

● '졸다[2]'와 '쫄다'

'졸다'의 느낌을 강하게 하기 위하여 된소리로 '쫄다'를 쓰는 경향이 많이 있다. 그러나 '쫄다'는 아직 표준어의 자격을 얻지 못한 말이다. 따라서 이 말을 입말로 할 수는 있지만 글자로 쓰는 것은 삼가야 한다.

졸로 부사

'조리로'의 준말. 참고 조리

¶ 여기서 얼씬거리지 말고 졸로 가 있어라.

● '졸로', '절로', '일로', '골로', '글로', '욜로'

'졸로'가 '조리로'의 준말인 것처럼 '절로'는 '저리로', '일로'는 '이리로'의 준말이다. 또 '골로'는 '고리로', '글로'는 '그리로', '욜로'는 '요리로'의 준말이다.

졸리다[1] 동사 ×졸립다

규칙 졸리고, 졸리어/졸려, 졸리는, 졸린다, 졸립니다, 졸리었다/졸렸다

자고 싶은 느낌이 들다. 졸음이 오다. 참고 졸다[1]

¶ 밥을 먹었더니 졸린다.

¶ 졸린 사람은 나가서 찬물에 얼굴을 씻고 와라.

졸리다[2] 동사

규칙 졸리고, 졸리어/졸려, 졸린다, 졸립니다, 졸리었다/졸렸다

'조르다'의 피동형.

¶ 평생 빚쟁이에게 졸리면서 살아왔다.

¶ 넥타이에 목이 졸리어 숨이 막혔다.

× 졸립다 '졸리다[1]'의 틀린 말.

¶ 오후가 되니 무척 졸립다(×)/졸리다(○).

졸아들다 동사

불규칙 졸아들고, 졸아드니, 졸아든, 졸아듭니다, 졸아들었다

① 액체가 증발하여 그 분량이 적어지다.

¶ 새벽이 되니 등잔 기름이 거의 졸아들어 불이 꺼지려 한다.

ㅈ

② 부피나 분량이 작게 되거나 적어지다.

¶ 가뭄이 계속되어 저수지의 물이 많이 졸아들었다.

③ 심리적으로 위축되다.

¶ 가슴이 졸아들어서 경기를 볼 수 없다.

¶ 무서워서 심장이 졸아드는 것 같았다.

● '졸아들다'와 '줄어들다'

두 낱말은 작은말 큰말 관계에 있다. 즉, '졸아들다'가 작은말, '줄어들다'가 큰말이다. 그러나 이 두 낱말은 용법에서 차별화하는 추세에 있다. 분량이나 부피가 적어지는 것은 '졸아들다', 개수가 적어지는 것은 '줄어들다'를 사용하여 차별화하고 있는 것이다.

¶ 태어나는 아이는 점점 졸아들고(×)/줄어들고(○), 노인은 늘어나는 추세이다.

¶ 국물이 너무 줄어들면(×)/졸아들면(○) 짜서 못 먹는다.

졸아붙다 동사

규칙 졸아붙고, 졸아붙어, 졸아붙는다, 졸아붙습니다, 졸아붙었다

바짝 졸아서 물기가 거의 없게 되다.

¶ 가뭄이 너무 심해서 저수지에 물이 완전히 졸아붙었다.

졸이다 동사

규칙 졸이고, 졸이어/졸여, 졸입니다, 졸이었다/졸였다

① 졸아들게 하다. '졸다[2]①'의 사동형.

¶ 찌개는 국물을 바특하게 졸여야 제맛이 난다.

¶ 감자며, 당근, 돼지고기를 볶아 카레 가루를 넣고 졸이듯 끓였다.

② 몹시 초조해하다.

¶ 합격자 발표를 기다리면서 가슴을 졸였다.

● ‘졸이다’와 ‘줄이다’

두 말은 작은말 큰말 관계에 있다. 즉, ‘졸이다’는 ‘줄이다’의 작은말이다. 따라서 어감을 조금 줄이려면 ‘졸이다’를 쓰고 어감을 크게 하려면 ‘줄이다’를 쓴다. 그러나 단순히 어감 차이로 이 낱말을 구별하여 적기보다는 용법에 차이가 생기고 있다. 물을 증발시켜 적어지게 하는 경우에는 ‘졸이다’를 쓰고, 수량을 적어지게 하는 경우는 ‘줄이다’를 쓴다.

¶ 교복 바지 길이를 좀 줄여 주세요.

¶ 얼마 전에 집 크기를 줄여서 이사했다.

¶ 국물을 조금 더 졸여야 맛이 날 것 같다.

‘마음, 가슴을 태우다시피 초조해하다’의 의미로는 ‘졸이다’만 쓴다.

¶ 네가 이번 시험에 떨어질까 봐 얼마나 가슴을 졸였는지 아니?

››› ‘졸이다’와 ‘조리다’의 차이는 올림말 ‘조리다’ 참고.

좀처럼 부사 ×좀해/좀해서

(주로 부정적인 의미를 가진 단어와 호응하여) 여간하여서는. =좀체

¶ 감기가 좀처럼 낫지 않는다.

¶ 어찌 된 영문인지 그가 요즘은 좀처럼 모임에 나오지 않는다.

¶ 우리 할머니는 좀처럼 화를 안 내신다.

좀체 부사 ×좀체로

=좀처럼

복합어

좀쳇것 웬만한 물건. ¶ 좀쳇것으로는 그의 환심을 살 수 없을 거야.

좀쳇놈 웬만한 놈.

좀쳇일 웬만한 일. ¶ 그이는 대범한 성격이라 좀쳇일에는 눈물을 안 보인다.

× 좀체로 'ᅟ좀체'의 틀린 말.

¶ 버스가 좀체로(×) / 좀체(○) / 좀처럼(○) 안 오네.

× 좀해 / 좀해서 '좀처럼'의 비표준어.

››› '좀한', '좀해', '좀해서'는 모두 비표준어로, 표준어 사용 환경에서는 사용할 수 없다.

○ 좁다랗다 형용사

불규칙 좁다랗고, 좁다라므로, 좁다라니, 좁다래, 좁다래서, 좁다란, 좁다랬다

공간이 꽤 좁다. 참고 널따랗다

¶ 좁다란 골목길에 주차를 해 놓으니 사람들이 다니기 불편하다.

○ 종잡다 동사

규칙 종잡고, 종잡아, 종잡을, 종잡습니다, 종잡았다

('-을 수 없다', '-기 어렵다' 구성으로 쓰여) 대중으로 헤아려 잡다.

¶ 당신이 지금 무슨 말을 하는지 종잡을 수가 없네요.

¶ 세상이 어수선하니 종잡을 수 없는 소문만 무성하다.

○ 좇다 동사

규칙 좇고, 좇으니, 좇아, 좇는, 좇습니다, 좇았다

① 뒤를 밟아 따르다.

¶ 포수는 곰의 흔적을 좇아서 산속으로 들어갔다.

② 관례, 규칙, 남의 뜻을 따라 그대로 하다.

¶ 선생님의 가르침을 좇아 착한 일을 하기로 마음먹었다.

¶ 우리 마을의 전통 관습을 좇아 장례 절차를 진행하였다.

③ 얻으려고 뒤쫓다. 추구하다.

¶ 사람은 자기 이익을 좇게 되어 있다.

¶ 꿈을 좇는 젊은이들

④ 대세나 시대의 흐름을 따르다.

¶ 평범한 사람은 대세를 좇지만 위대한 사람은 대세를 바꾼다.

⑤ 순서에 따라 하나하나 더듬거나 밟아 가다.

⑥ 눈여겨보거나 눈길을 보내다

¶ 어머니의 눈길은 아들이 대문을 나가는 뒷모습을 좇고 있었다.

복합어

좇아가다 ① 시선으로 따라가다. ¶ 인사를 하고 헤어졌지만 내 눈은 그의 발걸음을 좇아가고 있었다. ② 남의 말이나 뜻을 그대로 따르다. ¶ 부부는 서로의 뜻을 좇아가는 것이 맞는 일이라고 생각한다.

좇아오다 ① 시선으로 따라오다. ¶ 내 뒤를 좇아오는 눈길이 있음을 알고 얼른 방향을 바꿨다. ② 남의 뜻을 그대로 따라오다. ¶ 내 말을 좇아오면 자다가도 떡을 얻어먹는 일이 생길 것이다.

● '좇다'와 '쫓다'

'좇다'와 '쫓다'를 쓸 때 의미가 겹치는 부분이 있어서 헷갈리는 경우가 있다. '좇다'는 자국이나 흔적처럼 이미 있는 것을 따라서 감을 의미한다. 발자취를 따라가는 것이 '좇는' 것이다. '좇다'에는 움직이는 대상을 잡기 위한 목적이 없다. 추상적인 생각이나 의견을

ㅈ

따르는 것도 '좇는' 행위이다. '쫓다'는 움직이는 대상을 잡거나 놓치지 않기 위해서 급하게 따르는 행위를 가리킨다. 앞에 가는 사람을 따라가는 것이나 경찰이 범인을 잡기 위해서 그의 뒤를 따르는 것은 '쫓는' 행위이다.

죄다[1] 동사

규칙 죄고, 죄어/좨, 죈다, 죕니다, 죄었다/좼다

'조이다'의 준말.

¶ 구두가 너무 죄어 못 신겠어.

¶ 헐거워진 나사를 죄었다.

¶ 가슴을 죄며 경기를 지켜보았다.

죄다[2] 부사

남김없이 모조리.

¶ 어제 산 귤을 동생과 함께 죄다 먹어 버렸다.

¶ 불만이 있으면 죄다 털어놓아라.

죄암죄암 ①감탄사 ②명사 ㉾ 죔죔

① 젖먹이에게 죄암질을 하라는 뜻으로 내는 소리.

② 젖먹이가 두 손을 쥐었다 폈다 하는 동작.

● '죄암죄암', '죄암질', '쥐엄쥐엄', '쥐엄질'

'죄암죄암'은 '쥐엄쥐엄'과 작은말 큰말 관계에 있고, '죄암질'은 '쥐엄질'과 작은말 큰말 관계에 있다. 갓난아이가 고사리 같은 손을 쥐었다 폈다 하는 동작을 가리키는 말이므로 '쥐엄쥐엄'이나 '쥐엄질'보다는 작은말 '죄암죄암'과 '죄암질'이 더 잘 어울린다.

죔죔 감탄사/명사 ×잼잼

'죄암죄암'의 준말.

¶ 아가야, 곤지곤지 죔죔 해 봐.

> ● '죔죔'과 '잼잼'
>
> '죔죔'은 '죄암죄암'의 준말로 갓난아이에게 손가락을 쥐었다 폈다 하는 동작을 하라는 뜻으로 쓰는 말이다. 그런데 '죔죔'을 '잼잼'으로 쓰는 사람이 많다. '죔죔'이 소리 내기 어렵기 때문일 것이다. 그러나 '잼잼'은 틀린 말이므로 '죔죔'을 써야 한다.

주관[1](主管) 명사

책임지고 맡아봄. 주장하여 관리함. [참고] 주최

복합어

주관하다 책임지고 맡아서 처리하다. 주장하여 관리하다.

> ● '주관'과 '주최'
>
> 회사 차원에서 어떤 행사를 할 때에 '주최자'는 회사이고, '주관자'는 그 행사를 기획하고 추진하여 진행하는 일을 맡은 주무 부서이다. 그러나 같은 조직이 아닌 경우에는 주최와 주관을 잘 구별해야 한다. 재정 지원을 하여 그 행사를 추진하도록 한 기관이 주최자가 되고 그 돈을 받아서 그 행사를 기획하고 실제로 행사와 관련한 모든 사무를 처리하는 기관이 주관자가 된다.
>
> ¶ 통일 웅변 대회는 우리 학교에서 주최하는 행사이므로 학생회가 주관하는 것이 당연하다.

주관[2](主觀) 명사

① 자기대로의 생각. 자기의 관점.

ㅈ

¶ 자기 주관이 뚜렷한 사람은 다른 사람의 비판에 흔들리지 않는다.

② 외부 세계나 현실 따위를 인식하고 평가하는 의식을 가진 존재.

복합어

주관적 자기 견해나 관점을 기초로 하는. 또는 그런 것. ¶ 남의 말을 지나치게 주관적으로 해석하려 하지 마라.

주꾸미 명사 ×쭈꾸미

낙지와 비슷하게 생겼지만 낙지보다는 몸이 더 짧고 둥글게 생긴 동물.

››› '쭈꾸미'는 표준 발음으로는 인정되지 않으므로 된소리로 발음하지 않는 것이 바람직하다.

주다 동사

규칙 주고, 주어/줘, 주는, 준, 줄, 줍니다, 주었다/줬다

① 무엇을 남에게 건네어 가지거나 누리게 하다.

¶ 아이에게 용돈을 주었다.

¶ 나에게 한 끼 음식을 준 분에게 감사한다.

② 어떤 자격이나 권리, 점수 따위를 가지게 하다.

¶ 모든 회원에게 투표권을 주기로 했다.

③ 좋지 아니한 영향을 미치게 하다.

¶ 시끄러운 소리는 사람들에게 고통을 준다.

¶ 내 이익을 위하여 다른 사람에게 피해를 줘서는 안 된다.

④ 시선이나 몸짓 따위를 어떤 곳으로 향하다.

¶ 선생님은 좀처럼 나에게 눈길을 주지 않으셨다.

¶ 평소엔 내 일에 관심도 주지 않더니 왜 갑자기 참견하니?

⑤ 속력이나 힘 따위를 가하다.

¶ 손에 힘을 더 줘라.

⑥ 다른 사람에게 정이나 마음을 베풀거나 터놓다.

¶ 내게는 마음을 주는 친구가 별로 없다.

⑦ (동사 뒤에서 '-어 주다' 구성으로 쓰여) 다른 사람을 위하여 어떤 행동을 함을 나타내는 말.

¶ 제발 이 소원만은 꼭 이루어 주세요.

¶ 네가 내 심부름을 좀 해 주면 좋겠다.

관용 표현

주거니 받거니 서로가 물건이나 말을 계속 주고받는 모양을 이르는 말. ¶ 두 사람은 말을 주거니 받거니 하면서 밤새도록 이야기를 나눴다.

속담

주는 떡도 못 받아먹는다 제가 받을 수 있는 복도 멍청하게 놓친다는 말.

주러 와도 미운 놈 있고 받으러 와도 고운 놈 있다 사람을 좋아하고 미워하는 감정이란 이치를 따져서는 알 수 없다는 말.

줄 듯 줄 듯 하면서 안 준다 애당초 줄 생각이 없으면서 말로만 준다고 하고 실행은 안 한다는 말.

줄수록 양양(/냥냥) 주면 줄수록 부족하게 여기고 더 요구하게 된다는 말.

● '주다'의 보조 기능

'주다'는 두 가지 보조 기능을 가지고 있다. 첫째는 상대의 행위가 나 또는 제삼자를 위하여 하는 것임을 나타내는 기능이고, 둘째는 상대의 행위를 부드럽게 요구하여 상대가 기분이 나쁘지 않도록 하는 기능이다.

① 그 사람을 용서해 주세요.

② 제자리 뛰기를 10번 반복해 주세요.

위 예문 ①은 용서하는 행위가 '그 사람'을 위한 것이다. 예문 ②는 반복하는 행위가 누구를 위한 것이 아니라 '반복하세요'라는 지시나 권유를 부드럽게 만들어 주는 기능을 한다. 그러나 이런 두 가지 기능이 없는데도 습관적으로 사용하는 경우가 있다. 아래 예문에 쓴 '주다'가 불필요하게 쓴 예이다.

¶ 빠른 회복을 위해서 운동을 열심히 해 주시기 바랍니다. → 하시기

¶ 지금은 많은 사람이 방문해 주시는 것이 중요합니다. → 방문하시는

¶ 그러면 안 된다는 뜻으로 이해해 주시면 되겠습니다. → 이해하시면

ㅈ

주리다 동사

규칙 주리고, 주리어/주려, 주린, 주립니다, 주리었다/주렸다

① 먹을 만큼 먹지 못하여 배를 곯다.

¶ 어렸을 때에 배를 주리며 공부하던 생각이 난다.

② 원하는 것을 얻지 못하고 아쉬워하다.

¶ 아이들은 언제나 사랑에 주린 것처럼 행동했다.

¶ 그들은 인정에 주린 사람들이어서 조금만 따뜻하게 대해 줘도 감동한다.

속담

주린 고양이가 쥐를 만났다 놓칠 수 없는 좋은 기회를 만났다는 말.

주어(主語) 명사

문장에서 술어가 나타내는 동작이나 상태의 주체가 되는 말.

● '주어'와 문법

문장을 이루는 요소에는 주어, 술어, 목적어, 보어, 관형어, 부사어, 독립어의 7가지 요소가 있다. 이 가운데에서 주어, 술어, 목적어, 보어를 필수 요소라고 한다. 이 필수 요소를 갖춘 문장을 보이면 아래와 같다. 대개 주어는 문장의 맨 앞에 오고 술어는 맨 뒤에 온다.

¶ 꽃이 피었다.(주어: 꽃이, 술어: 피었다)

¶ 동생이 밥을 먹는다.(주어: 동생이, 목적어: 밥을, 술어: 먹는다)

¶ 이것은 나무가 아니다.(주어: 이것은, 보어: 나무가, 술어: 아니다)

¶ 그는 경찰관이 되었다.(주어: 그는, 보어: 경찰관이, 술어: 되었다)

● '주어'의 형태

주어는 명사, 대명사, 수사(이 셋을 아울러 '체언'이라고 한다)에 조사 '가', '이'를 붙여 만든다. 주어를 만드는 데 붙이는 조사 '가'와 '이'를 주격 조사라고 한다. 체언에 받침이 있으면 '이'를 붙이고, 받침이 없으면 '가'를 붙인다. 주어가 높임의 대상인 사람이면 '이'와 '가' 대신에 '께서'를 쓴다.

¶ 꽃이 아름답다.(주어: 꽃+이)

¶ 나무가 흔들린다.(주어: 나무+가)

¶ 할아버지께서 오셨어요.(주어: 할아버지+께서)

주요하다(主要-) 형용사

불규칙 주요하고, 주요하여/주요해, 주요한, 주요합니다, 주요하였다/주요했다

(주로 '주요한' 형태로 쓰여) 주되고 중요하다.

¶ 이곳에 국가의 주요한 시설이 밀집해 있다.

¶ 임진란 당시 조령은 왜군을 방어할 수 있는 주요한 지점이었다.

● '주요하다'와 '중요하다'

'주요하다'는 중요한 것 가운데에서 주된 것을 가리키는 경우에 쓴다. 국가의 시설이 다 중요하지만 그 가운데에서 발전 시설, 석유 비축 시설, 군수 물자 생산 시설 등을 주요한 시설이라고 할 수 있다.

주워

동사 '줍다'의 연결형. 또는 종결형.

¶ 길에 떨어진 종이를 주워 쓰레기통에 넣었다.

¶ 네가 떨어뜨린 건 네가 주워.

준다[1] / 줍니다[1]

동사 '주다'의 종결형.

¶ 아버지가 아들에게 용돈을 준다.

¶ 선생님께서 아이들에게 이야기를 해 줍니다.

준다[2] / 줍니다[2]

동사 '줄다'의 종결형.

¶ 하루하루 몸무게가 준다.

¶ 벌지 않고 쓰기만 하니 돈이 눈에 띄게 줍니다.

줄다 동사

불규칙 줄고, 주니, 줄어, 주는, 준, 주네, 주오, 줍니다, 줄었다

① 물체의 길이나 넓이, 부피 따위가 본디보다 작아지다. 참고 졸다[2]

¶ 이 옷은 물빨래를 하면 주니 세탁소에 맡겨라.

② 수나 분량이 본디보다 적어지다.

¶ 요즘 불경기라 손님이 많이 줄었습니다.

③ 힘이나 세력 따위가 본디보다 못하게 되다.

¶ 나이가 들면 기력도 주나 보다.

④ 재주나 능력, 실력 따위가 본디보다 못하게 되다.

¶ 꾸준히 연습을 하지 않으면 실력이 줄기 마련이다.

⑤ 살림이 어려워지거나 본디보다 못하여지다.

¶ 주는 것은 살림살이요 느는 것은 빚뿐이다.

⑥ 시간이나 기간이 짧아지다.

¶ 고속 철도 개통으로 부산 가는 시간이 무척 줄었다.

복합어

줄어들다 부피나 분량 따위가 본디보다 작아지거나 짧아지거나 적어지다. ¶ 날이 추워지면서 운동하러 나오는 사람도 줄어드는 것 같다.

줄어지다 점점 줄게 되다. ¶ 수입이 갈수록 줄어진다.

줄이다 ① '줄다'의 사동형. ¶ 쓰레기를 줄입시다. ② (편지의 끝에 붙여) 끝을 맺다. ¶ 드릴 말씀은 많지만 시간이 없으니 이만 줄이겠습니다.

줄잡다 ① 어느 표준보다 줄여서 헤아려 보다. ② (흔히 '줄잡아' 형태로 쓰여) 대강 짐작으로 헤아려 보다. ¶ 대회에 참가한 사람이 줄잡아 100명은 될 것 같다.

줍다 동사 ×줏다

불규칙 줍고, 주우면, 주우니, 주워, 줍는, 주운, 줍습니다, 주웠다

① 바닥에 떨어지거나 흩어져 있는 것을 집다.

¶ 나뭇가지를 주워 모닥불을 피운다.

② 남이 잃은 물건을 집어 지니다.

¶ 길에서 지갑을 주웠다.

③ (주로 '주워' 형태로 다른 동사 앞에 쓰여) 이것저것 되는대로 취하거나 가져오다.

¶ 이것저것 주워 먹었더니 배가 부르다.

¶ 아무 책이나 닥치는 대로 주워 읽는다.

복합어

주워대다 생각이나 논리가 없이 제멋대로 이 말 저 말을 하다.

주워듣다 귓결에 한마디씩 얻어듣다.

주워섬기다 들은 대로 본 대로 이러저러한 말을 아무렇게나 늘어놓다.

✕ 줏다

'줍다'의 틀린 말.

¶ 쓰레기를 줏는다(×)/줍는다(○).

¶ 길에서 지갑을 주어(×)/주워(○) 경찰서에 가져갔다.

○ 중단(中斷) 명사

중도에서 끊음.

복합어

중단하다 중도에서 끊다. ¶ 원료가 들어오지 않아서 생산을 중단하게 되었다.

○ 중요하다(重要-) 형용사

불규칙 중요하고, 중요하니, 중요하여/중요해, 중요한, 중요합니다, 중요하였다/중요했다

귀중하고 요긴하다. 참고 주요하다

¶ 선거는 민주 정치에서 매우 중요하다.

¶ 음식을 먹을 때 맛보다 건강을 중요하게 생각하는 사람이 많다.

¶ 무엇보다도 우리가 살아남는 것이 중요한 일이다.

○ 중지(中止) 명사

하던 일을 도중에서 그만두거나 멈춤.

복합어

중지하다 하던 일을 도중에서 그만두다. ¶ 즉시 작업을 중지해라.

○ 쥐다 동사

규칙 쥐고, 쥐어, 쥔다, 쥡니다, 쥐었다

① 힘을 주어 손가락을 오므려 손바닥이 보이지 않게 만들다.
¶ 주먹을 쥐고 책상을 치니 쿵 소리가 방 안에 울렸다.
② 주먹을 쥐듯이 손가락을 오므려 물건을 힘 있게 잡다.
¶ 함부로 남의 멱살을 쥐는 경우가 어디 있소?
③ 제 뜻대로 다루거나 움직일 수 있는 상태에 두다.
¶ 권력을 쥐면 세상을 다 거머쥔 것으로 착각을 하는 것 같다.
④ 증거 따위를 얻거나 가지다.
¶ 내가 이 문제를 해결할 열쇠를 쥐고 있다.
⑤ 재물 따위를 벌거나 가지다.
¶ 집을 팔아서 목돈을 손에 쥐고 고향을 떠났다.
¶ 손에 쥔 것이라고는 겨우 천 원짜리 몇 장이 전부였다.

복합어

쥐어뜯다 ① 단단히 쥐고 뜯어내다. ② 마음이 답답하거나 괴로울 때에 자기의 가슴을 함부로 꼬집거나 잡아당기다.

쥐어짜다 ① 억지로 쥐어서 비틀거나 눌러 액체 따위를 꼭 짜내다. ② 눈물을 찔끔찔끔 흘리다. ③ 어떤 행동을 하도록 오기 있게 떼를 쓰며 조르거나 괴롭히다. ④ 안 나오는 목소리를 억지로 내다. ⑤ 이리저리 궁리하여 골똘히 생각하다. ¶ 아무리 머리를 쥐어짜도 좋은 방안이 떠오르지 않는다. ⑥ 억지로 받아 내다. ¶ 나라가 서민들의 호주머니를 쥐어짜는 정책만 만들고 있다.

쥐어틀다 단단히 잡고 비틀다.

쥐어흔들다 ① 단단히 잡고 흔들다. ② 마음대로 휘두르다.

관용 표현

쥐고 흔들다 어떤 일이나 사람을 자기 마음대로 하다. =쥐었다 폈다 하다.

속담

쥐고 펼 줄을 모른다 ① 돈을 모으기만 하고 쓸 줄을 모른다는 말. ② 옹졸하여 풀쳐서 생각할 줄 모른다는 말.

쥐면 꺼질까 불면 날까 부모가 자식을 매우 아끼며 조심스럽게 다루는 모양을 빗대

ㅈ

어 이르는 말.

쥐었다 놓은 개떡 같다 얼굴이 매우 못생겼다는 말.

쥐락펴락 부사 ×펴락쥐락

남을 자기 손아귀에 넣고 마음대로 부리는 모양.

¶ 소리꾼은 무대에서 관객들을 쥐락펴락 요리했다.

쥐엄쥐엄 ①감탄사 ②명사

① 젖먹이에게 쥐엄질을 하라는 뜻으로 내는 소리. 참고 죄암죄암

② 젖먹이가 두 손을 쥐었다 폈다 하는 동작.

››› '쥐엄쥐엄'과 '죄암죄암'은 큰말 작은말 관계에 있다.

쥐이다 동사

규칙 쥐이고, 쥐이면, 쥐이어/쥐여, 쥐인다, 쥐입니다, 쥐이었다/쥐였다

① '쥐다'의 피동형.

¶ 손에 돈이 쥐이면 무언가 사고 싶어진다.

¶ 그는 아내에게 꽉 쥐이어/쥐여 사는 통에 집안에서 기를 못 폈다.

② '쥐다'의 사동형.

¶ 의사 선생님은 우는 아이에게 사탕을 쥐이며 달랬다.

¶ 어머니는 누나에게 돈을 쥐이어/쥐여 심부름을 보냈다.

● '쥐여'와 '쥐이여'

'쥐이다'에 어미 '-어'를 붙이면 '쥐이어'가 되는데 이를 줄이면 '쥐여'가 된다. '쥐이여'는 '쥐이어'를 소리대로 적은 것이어서 잘못된 표기이다. 같은 원리로 '쥐이였다'는 '쥐이었다'의 틀린 표기이다.

¶ 나는 돌멩이를 하나 쥐었다(○).

¶ 아이에게 천 원짜리 한 장을 쥐이였다(×)/쥐이었다(○)/쥐였다(○).

¶ 편지를 아이에게 쥐이여(×)/쥐이어(○)/쥐여(○) 보냈다.

¶ 어머니는 나에게 음식 꾸러미를 쥐이여(×)/쥐이어(○)/쥐여(○) 주셨다.

✕ 즈려밟다 '지르밟다'의 틀린 말.

¶ 사뿐히 즈려밟고(×)/지르밟고(○) 가시옵소서.

○ 즐겁다 형용사

불규칙 즐겁게, 즐겁고, 즐거워, 즐거운, 즐겁소, 즐겁습니다, 즐거웠다

마음에 맞아 기쁨이 있고 흡족하다. 참고 기쁘다

¶ 이번 여행은 무척 즐거웠다.

¶ 노래하고 춤추며 종일 즐겁게 놀았다.

● '즐겁다'와 '기쁘다'

'즐겁다'는 즐기는 일, 좋아하는 일을 하게 되어서 그 일을 하는 동안 스스로 흐뭇하고 만족스러움을 느끼는 경우에 사용한다. '기쁘다'는 자기 마음 상태와 관계없이 어떤 외적 요인이 순간적으로 제 마음을 흐뭇하게 해 주는 경우에 사용한다. 낚시를 좋아하는 사람이 낚시하는 것은 즐거운 일이지 기쁜 일은 아니다.

¶ 친구들과 함께 즐거운(○)/기쁜(×) 시간을 보냈다.

¶ 혼자 조용히 책을 읽는 것은 즐거운(○)/기쁜(×) 일이다.

¶ 너를 만난 뒤로 하루하루가 즐거워(○)/기뻐(×).

¶ 우리는 그를 즐겁게(×)/기쁘게(○) 맞이했다.

¶ 우리 반이 우승을 하게 되어 무척 즐겁다(×)/기쁘다(○).

¶ 오늘 여러분에게 즐거운(×)/기쁜(○) 소식을 전해 줄게요.

ㅈ

지 명사

(어미 '-ㄴ', '-은' 뒤에 쓰여) 어떤 일이 있을 때부터 지금까지의 동안을 이르는 말.

¶ 밥을 먹은 지 한 시간도 안 되었는데 배가 고프다.

¶ 고향을 떠나온 지 삼 년쯤 되었다.

››› '지'가 동안을 나타내는 의존 명사로 쓰일 때는 앞말과 띄어 쓴다. '-ㄴ 지'와 '-ㄴ지'의 용법은 올림말 '-ㄴ지' 참고.

지나다 동사

규칙 지나고, 지나면, 지나, 지나서, 지난, 지납니다, 지났다

① 시간이 흘러 그 시기에서 벗어나다.

¶ 벌써 한 해가 다 지나는구나.

② 한도나 정도를 벗어나거나 넘다.

¶ 식품은 모두 유통 기한이 있으므로 그 기한이 지나면 팔아서는 안 된다.

③ 거치어 가거나 오거나 하다.

¶ 이곳 날짜 변경선을 지나면 날짜가 하루 바뀌게 된다.

¶ 지하철이 한강 위를 지나고 있습니다.

④ 어떤 시기나 한도를 넘다.

¶ 요즘에는 수업 시작 시간을 지나서 오는 학생은 없다.

⑤ (주로 '지나' 형태로 쓰여) 어떠한 상태나 정도를 넘어서다.

¶ 지금은 어려운 상태를 지나 거의 포기해야 하는 상황까지 왔다.

⑥ ('지난' 형태로 쓰여) 일정한 시간이나 일 따위가 과거가 되다.

¶ 다 지난 일이니 그만 잊어 버려라.

관용 표현

지나는 말로 무심히 다른 말을 하는 결에. ¶ 지나는 말로 한 이야기니 마음에 두지 마.

지나지 아니하다(/않다/못하다) 바로 그것밖에 달리 되지 아니하다. ¶ 네 말은 변명에 지나지 않아.

지나치다[1] 동사

규칙 지나치고, 지나치어/지나쳐, 지나칩니다, 지나치었다/지나쳤다

① 어떤 곳을 머무르거나 들르지 않고 그냥 지나가거나 지나오다.

¶ 지하철에서 졸다가 내릴 역을 지나쳐 버렸다.

② 문제 삼지 않고 그냥 넘기다.

¶ 그는 성격이 매우 꼼꼼하여 사소한 것도 그냥 지나치는 법이 없다.

지나치다[2] 형용사

규칙 지나치고, 지나치어/지나쳐, 지나칩니다, 지나치었다/지나쳤다

정도가 보통의 수준을 넘어 심하다.

¶ 욕심이 지나치면 좋지 않다.

¶ 그는 남의 시선을 지나치게 의식한다.

지난날 명사

① 지나온 과거의 날. 또는 그런 날의 행적.

¶ 사람은 여유가 생기면 지난날을 돌아보게 된다.

② 역사상의 한 시대.

¶ 나라를 빼앗겼던 지난날을 기억하며 오늘 우리가 무엇을 해야 하는지 생각하자.

● '지난'의 의미

'지난' 뒤에 시기를 나타내는 명사가 오면 최근의 시기를 가리킨다. '지난밤'은 바로 어젯밤을 가리키고, '지난달'은 이달의 바로 앞 달을 가리킨다. '지난봄'은 최근에 지나간 봄을 가리키고, '지난여름'은 최근에 지나간 여름을 가리킨다. '지난가을'이나 '지난겨울'도 최근에 지나간 가을이나 겨울을 가리킨다. 그러나 유일하게 '지난날'은 어제를 뜻하지 않고 불특정한 과거의 어느 날을 가리킨다.

ㅈ

지난달 명사

이달의 바로 앞 달.

¶ 지난달부터 피아노를 배우고 있다.

지난밤 명사

어젯밤. =간밤

¶ 지난밤 꿈속에서 어머니를 뵈었더니 오늘 좋은 일이 생겼다.

지난해 명사

이해의 바로 앞 해.

¶ 지난해에는 풍년이 들었는데 올해는 가뭄이 심해서 작황이 나쁠 것 같다.

¶ 지난해부터 경기가 좋아져서 사업이 잘 풀리고 있다.

지내다 동사

규칙 지내고, 지내어/지내, 지낸다, 지냅니다, 지내었다/지냈다

① 사람이 어떤 장소에서 생활을 하면서 시간을 보내다.

¶ 그동안 어떻게 지내셨습니까?

¶ 요즘은 조용히 책을 읽으며 지내고 있습니다.

② 서로 사귀어 오다.

¶ 그들은 중학교에서 만나 아직까지도 친하게 지낸다.

③ 과거에 어떤 직책을 맡아 일하다.

¶ 그분은 우리나라 초대 대법원장을 지낸 분이다.

④ 관혼상제 같은 어떤 의식을 치르다.

¶ 우리 집은 한식에 제사를 지낸다.

¶ 옛날에는 비가 오지 않으면 기우제를 지냈다.

⑤ 계절, 절기, 방학, 휴가 따위의 일정한 시간을 보내다.

¶ 제주도에서 겨울을 지내야겠다.

지다[1] 동사

규칙 지고, 지니, 지어/져, 진, 집니다, 지었다/졌다, 지었습니다/졌습니다

① 해나 달이 서쪽으로 넘어가다.

¶ 해가 지고 나면 어느새 달이 동산 위에 떠오른다.

② 꽃이나 잎 따위가 시들어 떨어지다.

¶ 낙엽이 진 뜰을 거니는 것은 서글프다.

③ 때나 얼룩 따위가 닦이거나 씻겨 없어지다.

¶ 커피 흘린 자국은 쉽게 안 진다.

지다[2] 동사

규칙 지고, 지니, 지어/져, 진, 지었다/졌다, 지었습니다/졌습니다

① 내기나 경기, 싸움, 전쟁 따위에서 겨루어 상대에게 꺾이다.

¶ 이번 판은 내가 진 것 같다.

② 집요한 요구에 거절하지 못하고 들어주다.

¶ 그의 억지에 내가 지고 말았다.

속담

지는 게 이기는 거다 옥신각신 시비를 가리는 것보다는 너그럽게 양보하는 것이 더 낫다는 말.

지다[3] 동사

규칙 지고, 지니, 지어/져, 진, 집니다, 지었다/졌다, 지었습니다/졌습니다

① 어떤 현상이나 상태가 나타나거나 생기다.

¶ 노을이 지는 때에는 강가에 나가 강에 비친 노을을 본다.

¶ 올해는 전국에 가뭄이 져 농작물 생산량이 줄어들 것이다.

② 누구와 좋지 아니한 관계가 되다.

¶ 그들과 원수 진 상태로 살 수 없다.

③ (동사 뒤에서 '-어지다' 구성으로 쓰여) 앞말이 뜻하는 행동을 하게 됨을 나타내는 말.

¶ 체기가 있어 숨이 잘 쉬어지지 않았다.

¶ 그의 요청이 나에게는 협박으로 느껴졌다.

④ (형용사 뒤에서 '-어지다' 구성으로 쓰여) 앞말이 뜻하는 상태로 됨을 나타내는 말.

¶ 봄이 되니 날씨가 완연히 따뜻해졌다.

¶ 청소를 했더니 방이 한결 깨끗해진 것 같다.

○ 지루하다 형용사 ×지리하다

불규칙 지루하고, 지루하여/지루해, 지루합니다, 지루하였다/지루했다

시간이 오래 걸리거나 같은 상태가 오래 계속되어 따분하고 싫증이 나다.

¶ 기다리기가 너무 지루하여 책을 꺼내 들었다.

¶ 영화가 재미없어서 보는 내내 지루했다.

○ 지르밟다 동사 ×즈려밟다

규칙 지르밟고, 지르밟으니, 지르밟아, 지르밟습니다, 지르밟았다

위에서 내리눌러 밟다.

¶ 언니는 내가 은근히 미웠는지 내 발등을 지르밟고 지나갔다.

× 지리하다 '지루하다'의 틀린 말.

¶ 그해 여름밤은 무덥고 지리했다(×)/지루했다(○).

지사(志士) 명사

나라와 민족을 위하여 제 몸을 바쳐 일하려는 뜻을 가진 사람. 참고 열사

¶ 나라가 망할 때에는 매국노도 있지만 나라를 근심하는 지사도 있다.

복합어

애국지사 나라가 위태로울 때에 나라를 위하여 자기의 몸과 마음을 다 바쳐 이바지하는 사람. ¶ 일제 강점기에 수많은 애국지사가 나라의 독립을 위하여 싸웠다.

지사적 나라와 민족을 위하여 제 몸을 바쳐 일하려는 뜻을 가진 사람과 같은. 또는 그런 것. ¶ 그에게는 일찍부터 지사적 풍모가 보여서 많은 사람들이 그를 따랐다.

지지다 동사

규칙 지지고, 지지어/지져, 지진, 지진다, 지집니다, 지지었다/지졌다

① 불에 달군 판에 기름을 바르고 전 따위를 부쳐 익히다.

¶ 비가 오는 날에는 빈대떡을 지져서 먹는다.

② 불에 달군 물건을 다른 물체에 대어 약간 태우거나 눋게 하다.

¶ 옛날에는 인두로 살을 지지는 형벌이 있었다.

③ 열을 내는 것에 대어 찜질을 하다.

¶ 뜨거운 방바닥에 몸을 지지고 나면 무거웠던 몸이 풀린다.

④ 국물을 조금 붓고 끓여서 익히다.

¶ 쌀뜨물에 된장을 풀고 호박과 두부를 넣고 지졌더니 맛있는 된장찌개가 되었다.

복합어

지짐이 ① 국보다 국물을 적게 잡아 짭짤하게 끓인 음식. ② 기름에 지진 음식물을 통틀어 이르는 말.

관용 표현

지지고 볶다 ① (속되게) 사람을 들볶다. ② (속되게) 머리털을 곱슬곱슬하게 만들다. ③ 희로애락을 서로 나누며 한데 어우러져 요란하게 살아가다. ¶ 우리 다섯 식구는 단칸방에서 이렇게 지지고 볶으며 산다.

ㅈ

직하다 형용사

불규칙 직하고, 직하여/직해, 직한, 직합니다, 직하였다/직했다

('-ㅁ/-음 직하다' 구성으로 쓰여) 앞말의 뜻대로 하거나 그럴 것 같다.

¶ 그가 서 있던 곳은 내가 한달음에 달려감 직한 거리였다.

¶ 아이들이 좋아함 직한 선물을 샀다.

¶ 그의 말이 사실임 직하다.

복합어

그럼직하다 꽤 그럴 만하다. ¶ 그의 변명도 생각해 보면 그럼직한 구석이 있다.

들음직하다 흥미가 있어 들을 만하다. ¶ 그가 살아온 이야기는 들음직하였다.

먹음직하다 먹고 싶을 정도로 맛있을 듯하다. ¶ 먹음직한 음식

믿음직하다 매우 믿을 만하다. ¶ 믿음직한 국군 장병들

바람직하다 바랄 가치가 있다. ¶ 그렇게 하는 것이 바람직한 방법이다.

보암직하다 눈여겨볼 가치가 있다. ¶ 한번쯤 보암직한 영화

하염직하다 ① 어떤 일을 할 만하다. ② 어떤 일이 할 가치가 있다.

짜[1]

동사 '짜다'의 연결형. 또는 종결형.

¶ 책상을 하나 짜 보려 한다.

¶ 모임을 새로 하나 짜 활동을 시작하려 한다.

¶ 동백나무나 피마자 씨에서도 기름을 짜.

짜[2]

형용사 '짜다'의 연결형. 또는 종결형.

¶ 시급이 너무 짜 다른 일을 알아보기로 했다.

¶ 된장찌개가 너무 짜.

짜깁기 명사 ×짜집기

① 직물의 찢어진 곳을 그 감의 올을 살려 본디대로 흠집 없이 짜서 깁는 일.

¶ 양복은 대체로 해어진 부분을 짜깁기를 해서 입는다.

② 기존의 글이나 영화 따위를 편집하여 하나의 완성품으로 만드는 일.

¶ 그의 논문은 다른 논문의 짜깁기 수준에 지나지 않았다.

짜다[1] 동사

규칙 짜고, 짜, 짜서, 짠, 짠다, 짭니다, 짰다

① 사개를 맞추어 가구를 만들다.

¶ 못을 쓰지 않고 오동나무로 장롱을 짜려고 한다.

② 끈 따위를 결어서 천 따위를 만들다. 참고 뜨다[6]

¶ 삼베를 짜려고 실을 고르고 있다.

¶ 검은색 털실로 목도리를 짰다.

③ 사람을 모아 무리를 만들다.

¶ 한 조에 네 사람씩 편을 짜서 경기를 진행하자.

④ 계획이나 일정 따위를 세우다.

¶ 방학 동안 하루 일과표를 짜서 그에 맞춰 생활해라.

¶ 반드시 이길 수 있는 작전을 짜서 경기에 들어가라.

⑤ 부정적인 일을 하려고 은밀하게 의논하여 약속하다.

¶ 경리 직원과 짜고 공금을 횡령한 회사 대표가 구속되었다.

¶ 자기들끼리는 미리 짜고 경기를 이기기도 하고 져 주기도 했다.

짜다[2] 동사

규칙 짜고, 짜, 짜서, 짠, 짠다, 짭니다, 짰다

① 물기나 기름 따위를 빼내려고 누르거나 비틀다.

¶ 소에서 젖을 짠 것이 우유다.

¶ 참기름은 참깨에서 짜고, 들기름은 들깨에서 짠다.

¶ 빨래를 제대로 짜지 않아서 물기가 너무 많다.

② 남의 재물 따위를 빼앗으려고 갖은 수단을 쓰다.

¶ 고을의 원이 백성의 재물을 지나치게 짠다고 원성이 자자하였다.

③ 생각해 내기 위하여 노력하다.

¶ 머리를 아무리 짜 보아도 뾰족한 대책을 찾지 못하겠다.

짜다[3] 형용사

규칙 짜고, 짜, 짜서, 짠, 짭니다, 짰다

① 소금과 같은 맛이다.

¶ 고혈압이 있는 사람은 짜게 먹으면 안 된다.

¶ 이번 김장 김치는 너무 짜서 걱정이다.

② (속되게) 인색하다.

¶ 회사 월급이 그렇게 짤 줄은 몰랐다.

¶ 그렇게 짠 사람은 처음 보았다.

속담

짜지 않은 놈 짜게 먹고 맵지 않은 놈 맵게 먹는다 야무지지 못한 이가 짜게 먹고 싱거운 이가 맵게 먹는다는 뜻으로, 아이들이 너무 짜고 맵게 먹는 것을 말리는 말.

짜집기 '짜깁기'의 틀린 말.

짤따랗다 형용사

불규칙 짤따랗고, 짤따라며, 짤따라니, 짤따래서, 짤따란, 짤따랗습니다, 짤따랬다

매우 짧다. 생각보다 더 짧다.

¶ 아이가 짤따란 작대기로 감을 따려 한다.

¶ 여자아이가 댕기를 짤따랗게 드리고 무대 위로 올라왔다.

››› '짤따랗다'는 '짧다'에 '-다랗다'가 붙어 된 말인데, 한글 맞춤법 규정에 따라 '짧다랗다'라고 표기하지 않고 '짤따랗다'라고 쓴다.

짤막하다 형용사

불규칙 짤막하게, 짤막하고, 짤막하여/짤막해, 짤막한, 짤막합니다, 짤막하였다/짤막했다

조금 짧은 듯하다.

¶ 인사말을 짤막하게 해 주시면 고맙겠습니다.

¶ 치마가 좀 짤막하지 않니?

짧다 형용사

규칙 짧고, 짧지, 짧아, 짧아서, 짧은, 짧소, 짧으오, 짧습니다, 짧았다

① 물체의 양 끝이나 두 지점 사이가 가깝다.

¶ 옷이 너무 짧아서 입으면 불편하다.

¶ 머리를 짧게 깎으니 시원해서 좋다.

¶ 토끼는 앞발이 짧고 뒷발이 길다.

② 두 시점 사이의 동안이 오래지 않다.

¶ 겨울에는 낮이 짧아서 서두르지 않으면 해 지기 전에 일을 못 끝낸다.

¶ 여기서 산 기간이 짧은 탓에 아직 이곳 지리에 익숙하지 않다.

③ 말이나 글의 길이가 얼마 안 되다. 또는 행동을 빠르게 하다.

¶ 글이든 연설이든 짧고 명료해야 사람들이 이해하기 쉽다.

¶ 나의 부탁에 그는 짧게 웃어 보일 뿐 특별한 대답을 하지 않았다.

④ 어느 정도나 수준에 미치지 못한 상태이다.

¶ 저는 경험이 짧아서 그 일을 제대로 할 능력이 없습니다.

¶ 제 짧은 생각으로는 우리가 이번에 양보하면 안 된다고 봅니다.

¶ 영어가 짧아도 자신 있게 말하면 의사소통이 되더라.

-쩍다 접사

규칙 -쩍고, -쩍으니, -쩍어, -쩍어서, -쩍습니다, -쩍었다

어떤 것이 보잘것없거나 어떤 느낌을 느끼게 하는 데가 있다는 의미를 더하고 형용사를 만드는 말. 참고 -적다

¶ 객쩍다, 겸연쩍다, 괴이쩍다, 맥쩍다, 멋쩍다, 면구쩍다, 무안쩍다, 미심쩍다, 미안쩍다, 별미쩍다, 수상쩍다, 의심쩍다, 짓쩍다, 혐의쩍다

쫓기다 동사

규칙 쫓기고, 쫓기어/쫓겨, 쫓긴다, 쫓깁니다, 쫓기었다/쫓겼다

① '쫓다'의 피동형.

¶ 사냥꾼에게 쫓기던 사슴을 나무꾼이 발견하고 숨겨 주었다.

② 일이나 기한에 몹시 몰리다.

¶ 날짜에 너무 쫓기어 일을 하면 일을 거칠게 할 우려가 있다.

¶ 나는 만날 마감에 쫓기며 산다.

③ 두려움으로 마음에 불안함을 느끼다.

¶ 그는 빚에 쫓기어 불안하게 살고 있다.

¶ 강박관념에 쫓겨 살지 않으려면 마음의 여유를 되찾아야 한다.

복합어

쫓겨나다 어떤 장소나 일터에서 강제로 떠나게 되다. ¶ 그는 모임에서 쫓겨났다.

쫓다 동사

규칙 쫓고, 쫓으니, 쫓아, 쫓는다, 쫓습니다, 쫓았다

① 어떤 대상을 잡거나 만나기 위하여 뒤를 급히 따르다.

¶ 나를 빨리 쫓지 않으면 너를 데리고 가지 않겠다.

¶ 경찰이 도둑을 쫓아서 달려 나갔다.

② 어떤 곳에서 떠나도록 만들다.

¶ 모기를 쫓으면서 잠을 잤더니 잔 것 같지 않다.

¶ 처용무는 궁중에서 역병을 일으키는 귀신을 쫓는 의식 뒤에 추던 춤이다.

③ 밀려드는 졸음이나 잡념 따위를 물리치다.

¶ 졸음을 쫓을 겸 손자와 바둑을 두었다.

¶ 불현듯 떠오른 걱정을 쫓을 수 없었다.

복합어

내쫓다 ① 밖으로 몰아내다. ¶ 마당에 널린 곡식을 쪼아 먹는 참새 떼를 '훠이' 하면서 밖으로 내쫓았다. ② 있던 자리에서 강제로 나가게 하다. ¶ 구조 조정이란 직원을 직장에서 내쫓는 것을 그럴듯하게 표현한 말이다.

뒤쫓다 ① 뒤를 따라 쫓다. ② 마구 쫓다.

쫓아가다 ① 급히 따라가다. ¶ 엄마는 울며 달아나는 아이를 쫓아갔다. ② 따지거나 이르기 위하여 급히 어디에 또는 누구에게 가다. ¶ 아이의 이야기를 듣던 아버지는 곧바로 학교로 쫓아가서 항의하려 하였다.

쫓아내다 ① 강제로 어떤 곳에서 밖으로 내보내다. ¶ 사람들이 불량배를 마을 밖으로 쫓아냈다. ② 직장이나 학교 따위를 그만두게 하다. ¶ 요즘은 조금만 일을 잘못하면 회사에서 쫓아내니까 정신 차려야 한다. ③ 졸음 따위를 아주 물리치다. ¶ 시원한 아이스크림으로 졸음을 쫓아내자. / 잡념을 쫓아내지 않으면 공부를 잘할 수 없다.

쫓아다니다 ① 누구를 졸졸 따라다니다. ¶ 그는 만날 나만 쫓아다닌다. ② 부지런히 찾아다니다. ¶ 돈벌이할 곳을 열심히 쫓아다녔지만 아무것도 얻지 못했다.

쫓아오다 ① 어떤 사람이나 물체의 뒤를 급히 따라오다. ¶ 개가 짖으며 나를 쫓아와서 겁이 났다. ② 따지거나 이르기 위하여 급히 어디에 또는 누구에게 오다. ¶ 그들은 날마다 우리 가게에 쫓아와서 행패를 부렸다.

››› '쫓다'와 '좇다'의 차이는 올림말 '좇다' 참고.

✕ 쭈꾸미

'주꾸미'의 틀린 표기.

¶ 요즘 쭈꾸미(×)/주꾸미(○)가 한창 제철이다.

ㅈ

찌개 명사 ×찌게

뚝배기나 냄비에 고기, 채소, 두부 따위를 넣고 갖은양념을 하여 바특하게 끓인 반찬.

¶ 오늘 점심은 돼지고기로 찌개를 끓여 먹자.

¶ 감자찌개, 김치찌개, 동태찌개, 된장찌개, 두부찌개, 생선찌개, 순두부찌개

찌게 '찌개'의 틀린 표기.

● '찌개'와 '찌게'

두 낱말이 형태상으로는 '찌다'에서 온 것 같으나 확실하지 않다. 다만, '찌게'는 '찌개'의 틀린 표기로 본다. 동사 '찌다'와 음식 '찌개' 사이에는 의미상 연관이 없다. 재료를 수증기를 이용해서 찐 것이 찌개가 아니라 물에 넣고 바특하게 끓인 것이 찌개이므로 사실 찌는 행위와 찌개 사이에 관련이 없다.

특히 어간에 '개'나 '게'를 붙여 연장을 나타내는 경우는 많지만 그것으로 만든 음식을 나타내는 단어는 드물다. 예를 들면 '날개, 끌개, 깔개, 뜨개, 쓰개, 베개, 병따개' 등은 모두 어간에 '개'가 붙어 연장을 가리키게 된 말이고, '집게, 지게'는 어간에 '게'가 붙어 연장을 나타내게 된 말이다. 찌개의 어원은 '찌다'가 아닐 것이다. 어원이 어떻든 표기는 '찌개'가 옳다.

찌다[1] 동사

규칙 찌고, 찌니, 찌어/쪄, 찔, 찐다, 찝니다, 찌었다/쪘다

살이 올라서 뚱뚱해지다.

¶ 맨날 놀고먹었더니 살만 피둥피둥 쪘다.

복합어

살찌다 올림말 '살찌다' 참고.

찌우다 살을 오르게 하다. '찌다'의 사동형. ¶ 그녀는 배역 때문에 10kg을 찌웠다.

찌다[2] 동사

규칙 찌고, 찌니, 찌어/쪄, 찔, 찐다, 찝니다, 찌었다/쪘다

① 뜨거운 김을 쐬는 것같이 더워지다.

¶ 할머니는 날씨가 푹푹 찌는 날에도 밭일을 하셨다.

¶ 올여름은 유난히 푹푹 찐다.

② 뜨거운 김으로 익히거나 데우다.

¶ 찐 고구마보다 구운 고구마가 더 달다.

¶ 제사에 쓸 떡을 시루에 쪘다.

찌다[3] 동사

규칙 찌고, 찌니, 찌어/쪄, 찔, 찐다, 찝니다, 찌었다/쪘다

① 촘촘하게 난 풀이나 나무를 성기게 베어 내다.

¶ 가을이면 우거진 나무를 쪄서 정리하여야 겨울에 소나무가 튼튼하게 자란다.

② 나무나 풀 따위를 베어 내다.

¶ 청솔가지를 한 짐 쪄서 송편 시루에 넣었다.

③ 모판에서 모를 한 모숨씩 뽑아내다.

¶ 모내기를 하려고 모판에서 모를 쪘다.

찌다[4] 동사

규칙 찌고, 찌니, 찌어/쪄, 찔, 찐다, 찝니다, 찌었다/쪘다

머리카락을 뒤통수 아래에 틀어 올리고 비녀를 꽂다.

¶ 과거 한국의 아낙네들은 머리를 곱게 빗은 뒤에 쪽을 찌고 생활을 하였다.

찜 명사

① 여러 가지 양념을 한 고기나 채소를 찌거나 국물을 넣고 바특하게 삶은 음식.

② (일부 명사 뒤에 붙어) 찌거나 국물이 바특하게 삶은 음식을 나타내는 말.

③ 온천이나 뜨거운 물에 몸을 담그거나 더운 모래밭에 몸을 묻어서 땀을 흘려 병을 고치는 일. =찜질②

¶ 여름이면 강가 모래톱에서 달궈진 모래로 찜을 하는 사람들이 많이 있다.

복합어

갈비찜 소나 돼지 따위의 갈비를 양념과 간을 하여 국물이 바특하게 푹 삶은 음식.

달걀찜 달걀을 풀어 새우젓이나 명란젓, 파, 깨 따위를 넣고 찐 음식. =계란찜

얼음찜질 비닐봉지 따위에 얼음을 넣고 천 따위로 싸서 몸의 한 부분에 대어 열을 내리게 하는 일.

찜질 ① 약물이나 더운물에 적신 헝겊 또는 얼음주머니를 아픈 곳에 대어 병을 고치는 일. ② =찜 ③ (속되게) 몹시 매를 때리는 일을 이르는 말.

찜질하다 ① 약물이나 더운물에 적신 헝겊 또는 얼음주머니를 아픈 곳에 대어 병을 고치다. ¶ 부은 발목을 얼음으로 찜질하였다. ② 온천이나 뜨거운 물에 몸을 담그거나 더운 모래밭에 몸을 묻어서 땀을 흘려 병을 고치다. ¶ 온천물로 찜질하고 나면 몸이 나을 것이다.

관용 표현

찜 쪄 먹다 ① 꾀, 재주, 수단 따위가 다른 사람에 견주어 비교가 안 될 만큼 월등하다. ¶ 우리 엄마는 귀신 찜 쪄 먹게 바느질 솜씨가 좋다. ② 남을 해치거나 꼼짝 못 하게 하다. ¶ 너희가 감히 나를 찜 쪄 먹으려고 하다니!

찜하다 동사

불규칙 찜하고, 찜하여/찜해, 찜한다, 찜합니다, 찜하였다/찜했다

(속되게) 어떤 물건이나 사람을 자기의 것으로 하다.

¶ 남은 물건은 먼저 찜한 사람이 임자가 된다.

¶ 아이들은 음식에 침을 발라서 찜하는 버릇이 있다.

찡하다 ①-②동사 ③형용사

불규칙 찡하고, 찡하여/찡해, 찡한다, 찡합니다, 찡하였다/찡했다

① 얼음장이나 굳은 물질 따위가 갑작스럽게 갈라지는 소리가 나다.

¶ 날씨가 풀리니 강에서 얼음이 찡하며 깨지는 소리가 들린다.

② 감동을 받아 가슴 따위가 뻐근해지는 느낌이 들다.

¶ 할머니가 살아오신 이야기를 듣고는 가슴이 찡하는 아픔을 느꼈다.

③ 감동을 받아 가슴 따위가 뻐근한 데가 있다.

¶ 나를 기다리는 아이를 보고 코끝이 찡했다.

ㅈ

찧다 동사

규칙 찧고, 찧으니, 찧어, 찧는, 찧습니다, 찧었다

① 곡식 따위를 쓿거나 빻으려고 절구에 담고 공이로 내리치다.

¶ 김치를 담그려고 찹쌀을 찧어서 풀을 쑤었다.

② 무거운 물건을 들어서 아래 있는 물체를 내리치다.

¶ 대장장이는 쇠망치로 잘 달궈진 쇠붙이를 땅땅 찧었다.

③ 무엇에 마주 부딪다.

¶ 휴대 전화를 보며 걷다가 전봇대에 이마를 찧고 말았다.

관용 표현

찧고 까불다 되지도 않는 소리로 이런저런 소리를 하며 몹시 경망스럽게 굴다.

ㅊ

차[1](車) 명사

① 바퀴가 굴러서 나아가게 만든 탈것. 자동차, 기차, 전차, 우차, 마차 따위를 통틀어 이른다.

② (수량을 나타내는 말 뒤에 쓰여) 차에 실을 수 있는 분량을 세는 말.

¶ 길을 까는 데에 모래 세 차가 필요하다.

③ '車' 글자를 새긴 장기짝.

관용 표현

차 (떼고) 포 떼다 장기에서 가장 중요한 말인 차와 포를 뗀다는 뜻으로, 귀중하고 요긴한 것을 다 빼다. ¶ 우리 팀은 차 떼고 포 뗀 상태로 경기를 치르게 되었다.

차[2](茶) 명사

① 차나무의 어린잎을 달이거나 우린 물.

¶ 곡우 전에 딴 찻잎으로 만든 차가 맛이 좋다.

② 식물의 잎이나 뿌리, 과실 따위를 달이거나 우리거나 하여 만든 마실 것을 통틀어 이르는 말. 인삼차, 생강차, 칡차 따위가 있다.

¶ 찻집에 가서 차 한잔 마시자.

차[3](次) 명사

① (주로 한자어 수 뒤에 쓰여) '번', '차례'의 뜻을 나타내는 말.

¶ 한 해 동안 제주도를 수십 차 방문했다.

② ('-던 차' 구성으로 쓰여) 어떠한 일을 하던 기회나 순간.

¶ 잠이 막 들려던 차에 전화가 왔다.

¶ 너를 만나러 가던 차였는데 네가 먼저 와 주었구나.

③ 수학에서, 방정식 따위의 차수를 이르는 말.

¶ 이 문제집에 있는 2차 방정식을 한번 풀어 보자.

④ (일정한 기간을 나타내는 명사구 뒤에 쓰여) 주기나 경과의 해당 시기를 나타내는 말.

¶ 이 회사에 입사한 지 3년 차에 들어섰다.

¶ 임신 4주 차에 임신 사실을 알았다.

차[4](差) 명사

① 둘 이상의 사물을 견주었을 때에 서로 다르게 나타나는 수준이나 정도.

¶ 시합을 보니 두 사람의 실력 차를 금방 알 수 있었다.

¶ 요즘은 한 살 차이만 나도 세대 차를 느낀다고 한다.

② 어떤 수나 식에서 다른 수나 식을 뺀 나머지.

¶ 10과 8의 차는 2이다.

복합어

견해차 둘 이상의 사람 사이에서 나타나는 생각의 차이.

차[5]

① 동사 '차다'의 연결형. '차다'에 어미 '-아'가 붙은 '차아'가 줄어든 말.

¶ 상자 안에는 과자가 차 있었다.

② 동사 '차다'의 종결형. 지시나 명령 또는 의문의 의미가 있다.

¶ 공을 빨리 이쪽으로 차.

¶ 공을 어디로 차?

ㅊ

○ 차[6]

형용사 '차다'의 연결형. 또는 종결형. '차다'에 어미 '-아'가 붙은 '차아'가 줄어든 말.

¶ 음식이 차 데워 먹어야겠다.

¶ 개울물이 몹시 차 발을 넣을 수 없다.

¶ 날씨가 너무 차.

× 차가와 '차가워'의 틀린 표기.

¶ 방바닥이 얼음장처럼 차가와(×)/차가워(○).

○ 차가운

형용사 '차갑다'의 관형사형.

¶ 차가운 바람이 세차게 분다.

○ 차가워 ×차가와

형용사 '차갑다'의 연결형. 또는 종결형.

¶ 수영장 물이 너무 차가워 못 들어가겠다.

¶ 음식이 너무 차가워.

○ 차갑다 형용사

불규칙 차갑고, 차가우면, 차가우니, 차가워, 차가운, 차가웠다

① 살갗에 닿는 감각이 싸늘하게 차다.

¶ 네 손이 차가운 것을 보니 밖이 몹시 추운 모양이구나.

② 인정이 없이 쌀쌀하다.

¶ 그는 내 부탁을 차갑게 거절했다.

차곡차곡 부사

① 물건을 가지런하게 자꾸 포개거나 쌓는 모양.

¶ 옷가지를 개서 옷장에 차곡차곡 집어넣었다.

② 절차를 차례대로 하나씩 밟아 가는 모양.

¶ 일을 계획대로 차곡차곡 진행하였다.

차근차근 부사

말이나 행동이 조리 있고 자세하며 서두르지 않는 모양.

¶ 무슨 일이 있었는지 차근차근 이야기해 보아라.

차다[1] 동사

규칙 차고, 차니, 차, 차서, 차는, 찬, 찹니다, 찼다

① 공간에 사람, 사물, 냄새 따위가 가득하게 되다.

¶ 비가 온 뒤라 저수지에 물이 가득 찼다.

② 감정이나 기운 따위가 가득한 빛을 띠다.

¶ 그는 만날 때마다 활기에 차 있다.

¶ 부모님이 기쁨에 찬 눈빛으로 맞아 주었다.

③ 흡족하게 마음에 들다.

¶ 거기에는 내 마음에 차는 물건이 하나도 없더라.

④ 어떤 높이나 한도에 이르는 상태가 되다.

¶ 개울물이 허리까지 차서 건너기가 어렵다.

¶ 있는 힘껏 달렸더니 숨이 턱까지 차는 것 같다.

⑤ 정한 수량, 나이, 기간 따위가 다 되다.

¶ 이번 강좌는 정원이 다 차서 신청하실 수 없습니다.

¶ 기한이 차면 자동으로 계약이 해제됩니다.

ㅊ

⑥ 달이 완전히 둥글게 되다.

¶ 달이 차면 기우는 법이다.

복합어

기운차다 기운이 가득하고 넘치는 듯하다. ¶ 운동장에서 기운찬 함성이 들린다.

들어차다 많이 들어서 가득 차다. ¶ 버스에 사람들이 꽉 들어차서 움직일 수 없다.

숨차다 ① 숨이 가빠서 숨쉬기 어렵다. ¶ 숨차서 더는 못 뛰겠어요. ② (비유적으로) 매우 힘겹거나 급박하다. ¶ 우리는 목표만 바라보면서 숨차게 달려왔다.

알차다 내용이 아주 실속이 있다. ¶ 아주 알찬 여행이었어. / 휴가 알차게 보내.

활기차다 힘이 넘치고 생기가 가득하다. ¶ 활기찬 걸음걸이

희망차다 희망이 가득하다. ¶ 젊은이는 희망찬 미래를 꿈꾼다.

힘차다 힘이 있고 씩씩하다. ¶ 오늘 하루도 힘차게 시작해 볼까.

속담

차면 기운다 성하고 쇠함이 반복한다는 말.

차면 넘친다 너무 정도에 지나치면 도리어 안 좋게 된다는 말.

차다[2] 동사

규칙 차고, 차니, 차, 차서, 차는, 찬, 찹니다, 찼다

① 발로 내어 지르다.

¶ 축구는 공을 발로 차서 골 안에 넣는 경기이다.

② 발로 힘 있게 밀어젖히다.

¶ 물떼새들이 한꺼번에 물을 차고 날아올랐다.

③ 혀끝을 입천장 앞쪽에 붙였다가 떼어 소리를 내다.

¶ 아저씨는 무엇이 불만인지 혀를 끌끌 찼다.

④ (비유적으로) 자기에게 베풀어지거나 차례가 오는 것을 받아들이지 않다.

¶ 굴러 들어오는 복을 차는 사람도 있다.

⑤ (속되게) 주로 남녀 관계에서 일방적으로 관계를 끊다.

¶ 언니는 이번에 만난 남자도 찬 모양이다.

복합어

걷어차다 ① 발을 들어서 세게 차다. ¶ 형이 내 정강이를 걷어찼다. ② 저버리어 내치다. ¶ 좋은 기회를 걷어찼구나.

박차다 ① 냅다 차다. 힘껏 차다. ¶ 회의 도중에 문을 박차고 나와 버렸다. ② 관계를 일방적으로 끊어 버리다. ¶ 함께 고생한 아내를 박차면 벌 받는다. ③ 어려움 따위를 강하게 물리치다. ¶ 이 난관을 박차지 못한다면 우리에게 희망이 없다.

차다[3] 동사

규칙 차고, 차니, 차, 차는, 찬, 찹니다, 찼다

① 물건을 몸의 한 부분에 달아매거나 끼워서 지니다. 참고 달다[1]

¶ 장군은 허리에 긴 칼을 차고 늠름하게 서 있었다.

¶ 어깨에 노란 완장을 찬 아이가 주장이다.

② 수갑이나 차꼬 따위를 팔목이나 발목에 끼우다.

¶ 죄인은 팔에 수갑을 차고 있었다.

복합어

꿰차다 (속되게) 자기 것으로 만들어 가지다. ¶ 이번에 그가 주인공 자리를 꿰찼다.

ㅊ

차다[4] 형용사

규칙 차고, 차니, 차, 차서, 찬, 찹니다, 찼다

① 온도가 낮다.

¶ 겨울 날씨가 이 정도 찬 것은 예사지.

② 인정이 없고 쌀쌀하다.

¶ 그는 성격이 차고 까다롭다.

복합어

차디차다 매우 차다. ¶ 차디찬 손을 녹이려고 난롯불을 쬐었다.

차로(車路) 명사

① 자동차가 다니는 길. =찻길, 차도

② 자동차가 안전하게 달릴 수 있도록 차선으로 구별하여 놓은 찻길. [참고] 차선[1]

● '차로'와 '차선'

'왕복 4차선 도로'라고 하거나 '좌회전 차선에서 기다리고 있는 차를 들이받았다.'라고 하는 경우에 사용된 차선은 바른 말이 아니다. 차선은 차로를 구별하기 위하여 그어 놓은 선일 뿐 그 선으로 자동차가 다니는 것이 아니기 때문이다. 길에 네 개의 차로가 있다면 '4차로'이고 두 개의 차로가 있다면 '2차로'이다. 좌회전을 하도록 만들어 놓은 차로는 '좌회전 차로'라고 해야 한다. '차로'는 중앙에 있는 차로에서부터 가장자리 차로까지 순서대로 제1차로, 제2차로라고 부른다.

¶ 왕복 4차선(×)/4차로(○) 도로에서 좌회전을 하려고 좌회전 차선(×)/차로(○)에서 기다리고 있다.

¶ 작업복을 입은 사람들이 희미해진 차선(○)을/차로(×)를 색칠하고 있다.

차리다 동사

[규칙] 차리고, 차리어/차려, 차린, 차립니다, 차리었다/차렸다

① 음식 따위를 장만하여 갖추다.

¶ 밥상을 한 상 걸게 차려 놓았다.

② 태도나 격식을 갖추다.

¶ 어른에게는 예의를 차려서 말해야 한다.

③ 새로 벌이거나 마련하다.

¶ 이번에 새로 회사를 차렸습니다.

¶ 막냇동생이 스무 살이 되던 해에 딴살림을 차렸다.

④ 눈치나 짐작으로 깨닫다.

¶ 엄마가 몰래 나가려 하자 아이가 금방 낌새를 차리고 운다.

⑤ 자기 이익만 챙기다.

¶ 제 욕심만 차리는 사람은 받아들일 수 없다.

⑥ 정신이나 기운을 모아 가다듬다.

¶ 어서 기운을 차리고 학교에 나오렴.

¶ 호랑이에게 물려 가도 정신만 차리면 산다.

복합어

알아차리다 ① 알고 정신을 차려 깨닫다. ¶ 아직도 사태의 심각성을 알아차리지 못했구나. ② 낌새를 미리 알다. =알아채다 ¶ 엄마는 내 거짓말을 늘 알아차리신다.

차림 ① 옷, 음식, 정신 따위를 차리는 일. ¶ 가벼운 차림으로 집을 나섰다. ② 필요한 바대로 갖추는 일. ③ 정신이나 기운을 모아 가다듬음.

차림새 옷이나 음식을 차린 모양새.

차림표 식당에서 파는 음식 이름과 값을 적어 놓은 표. ㊊ 식단, 메뉴

차마 부사

(부정하는 말과 함께 쓰여) 가엾고 애틋하고 안타까워서 감히.

¶ 그는 부끄러워서 차마 말을 잇지 못했다.

¶ 눈 뜨고는 차마 볼 수 없는 광경이었다.

¶ 너를 보내고 차마 발걸음을 돌릴 수 없었다.

차선[1](車線) 명사

찻길에 자동차가 한 대씩 달릴 수 있도록 자동차 폭에 맞추어 그어 놓은 선. [참고] 차로

차선[2](次善) 명사

최선의 다음.

¶ 내일 일을 끝내는 것이 최선이고, 모레 끝내는 것이 차선이다.

복합어

차선책 최선책에 다음가는 방책. ¶ 계획이 실패할까 봐 차선책을 마련했다.

차이다 동사 ㊅ 채다[1] ×채이다

[규칙] 차이고, 차이어/차여, 차인, 차입니다, 차이었다/차였다

'차다[2]'의 피동형.

¶ 발길에 차이어/차여 넘어졌다.

¶ 애인에게 차인 아픔으로 병이 들었다.

● '차이어/차여'와 '채어'

'차이다'에 연결 어미 '-어'가 붙은 활용형 '차이어'는 '차여'와 '채어'로 줄여 쓸 수 있다. '차여'는 '차이어'의 '이어'가 줄어든 것이고, '채어'는 '차이어'의 '차이'가 줄어든 것이다. '차이다'가 '채다'로 줄어들기 때문에 이런 현상이 나타난다. 국어에는 이처럼 준말의 형태가 두 가지인 것이 몇 개 더 있다.

- '싸다'의 피동형: 싸이다–싸이어/싸여, 싸이다–쌔다–쌔어
- '눕다'의 사동형: 누이다–누이어/누여, 누이다–뉘다–뉘어
- '보다'의 피동형, 사동형: 보이다–보이어/보여, 보이다–뵈다–뵈어
- '쓰다'의 피동형: 쓰이다–쓰이어/쓰여, 쓰이다–씌다–씌어
- '쏘다'의 피동형: 쏘이다–쏘이어/쏘여, 쏘이다–쐬다–쐬어

차지다 형용사

규칙 차지고, 차지니, 차지어/차져, 차진, 차집니다, 차지었다/차졌다

① 반죽이나 밥, 떡 따위가 푸슬푸슬하지 않고 끈기가 많다.

¶ 진흙은 차진 성질이 있는 흙을 가리킨다.

¶ 인절미는 가래떡이나 무리떡에 비해서 훨씬 더 차지다.

② 성질이 야무지고 까다로우며 빈틈이 없다.

¶ 그는 싱거운 사람이 아니라 차지고 단단한 사람이다.

차출(差出) 명사

'뽑음' 또는 '뽑아 보냄'으로 순화함.

복합어

차출하다 사람을 뽑아 보내다.

>>> '차출'은 '보냄'을 뜻하는 말로, 일본식 한자어라 사용하지 않는 것이 바람직하다. 보통 '열 명을 차출하여 현장에 보내세요.'라고 하는데 '열 명을 뽑아 현장에 보내세요.'라고 하는 것이 좋다.

ㅊ

찰- 접사

① (명사 앞에 붙어) '끈기가 있고 차진'의 뜻을 더하는 말.

¶ 찰것, 찰기, 찰고무, 찰떡, 찰밥, 찰흙

② (부정적인 뜻을 가진 몇몇 명사 앞에 붙어) '매우 심한' 또는 '지독한'의 뜻을 더하는 말.

¶ 찰가난, 찰거머리, 찰깍쟁이

③ (긍정적인 뜻을 가진 몇몇 명사 앞에 붙어) '제대로 된' 또는 '충실한'의 뜻을 더하는 말.

¶ 찰개화, 찰교인

④ (먹거리 앞에 붙어) '품질이 좋은'의 뜻을 더하는 말.

¶ 찰가자미, 찰감, 찰복숭아, 찰젖

참가(參加) 명사

어떤 행사나 모임에 함께하거나 들어감. [참고] 참석, 참관

¶ 이번 대회는 참가에 의의가 있다.

복합어

참가율 참가한 비율.

참가자 참가한 사람. =참가인

참가하다 어떤 행사나 모임에 함께하거나 들어가다. ¶ 교내 미술 대회에 참가했다.

››› '참가'는 어떤 행사나 단체 일에 손님으로 들어가서 함께하는 행위를 가리킨다. '가입'은 조직을 갖춘 단체나 회의체의 구성원 자격을 얻는 행위이다. '참석'은 실제 행사장에 있거나 모임이나 회의에 참여하는 행위를 가리킨다. '참관'은 '학부모 참관 수업'처럼 어떤 행사에 초대되어 지켜보는 행위를 가리킨다.

참견(參見) 명사

남의 일에 끼어들어 아는 체하거나 이래라저래라 간섭함.

¶ 그는 쓸데없는 참견을 너무 자주 한다.

복합어

말참견 다른 사람이 말하는 데에 끼어들어 말하는 짓.

참견하다 남의 일에 끼어들어 아는 체하거나 이래라저래라 간섭하다.

관용 표현

참견을 들다 간섭하여 나서다. ¶ 형은 곧잘 남의 일에 참견을 든다.

참관(參觀) 명사

모임이나 회의에 나아가서 지켜보는 일. [참고] 참가

¶ 오늘은 학부모 참관 수업을 하는 날이다.

복합어

참관인 ① 참관하는 사람. ② 선거에서 투표나 개표가 법에 따라 제대로 진행되고 있는지를 지켜보는 사람.

참관하다 당사자가 아닌 제삼자로서 모임이나 회의에 가서 지켜보다.

참석(參席) 명사

어떤 자리나 모임에 나와 참여함. [참고] 참가

복합어

참석시키다 참석하게 하다.

참석자 참석한 사람.

참석하다 어떤 자리나 모임에 가다. ¶ 회의에 빠짐없이 참석해 주세요.

참여(參與) 명사

어떤 일에 힘을 보태고 함께함.

¶ 이번 선거에는 투표 참여가 적었다.

¶ 지식인이나 종교인의 현실 참여는 사회 발전에 도움이 된다.

복합어

참여하다 어떤 모임에 힘을 보태고 함께하다. ¶ 봉사 활동에 나도 참여하려 한다.

채다[1] 동사 ×채이다

[규칙] 채고, 채니, 채어/채, 챈다, 챕니다, 채었다/챘다

'차이다'의 준말.

¶ 사자도 말발굽에 채면 죽을 수 있다.

¶ 그는 애인에게 채어 기가 죽어 있다.

ㅊ

● ‘채다’의 형태 바뀜

‘채다’에 연결 어미 ‘-어’가 붙으면 ‘채어’가 된다. 이때 ‘채여’라고 쓰지 않도록 조심해야 한다. 과거형도 ‘채었다’이지 ‘채였다’가 아니다. ‘차이다’에 어미 ‘-어’가 붙으면 ‘차이어’가 되고 이를 줄여서 ‘차여/채어’로 쓸 수 있지만, ‘채다’는 ‘채어’만 쓸 수 있다.

¶ 그는 말에 채이어(×)/채여(×) 나가넘어졌다. →차여/채어

¶ 길을 가는데 자꾸 돌이 발에 채인다(×). →차인다/챈다

››› ‘차이어/차여’와 ‘채어’의 용법은 올림말 ‘차이다’ 참고.

채다 2 동사

규칙 채고, 채니, 채어/채, 챈다, 챕니다, 채었다/챘다

① 재빠르게 빼앗거나 훔치다.

¶ 소매치기가 내 가방을 채어 갔다.

¶ 매가 병아리를 채려고 공중을 뱅뱅 돌고 있다.

② 갑자기 세게 잡아당기다.

¶ 그가 내 손을 채는 바람에 하마터면 넘어질 뻔했다.

채다 3 동사

규칙 채고, 채니, 채어/채, 챈다, 챕니다, 채었다/챘다

어떤 사정이나 형편을 재빨리 미루어 헤아리거나 깨닫다.

¶ 아내는 남편이 실직한 낌새를 전혀 못 채고 있다.

¶ 그가 내 물건을 가져간 것을 눈치를 챘지만 아무 말도 하지 않았다.

채신머리 명사

‘처신’을 속되게 이르는 말.

복합어

채신머리없다 '채신없다'를 속되게 이르는 말.

채신머리없이 '채신없이'를 속되게 이르는 말.

채신없다 형용사

규칙 채신없게, 채신없고, 채신없는, 채신없습니다

말이나 행동이 경솔하여 위엄이나 신망이 없다. =처신없다

¶ 아이들 앞에서 채신없게 거짓말을 할 작정이십니까?

복합어

채신없이 말이나 행동이 경솔하여 위엄이나 신망이 없이. =처신없이

채우다[1] 동사

규칙 채우고, 채우니, 채워, 채웁니다, 채웠다

① 자물쇠로 잠그다.

¶ 금붙이를 금고에 넣고 자물쇠를 채워 벽장에 감췄다.

② 틀어서 꽉 막다.

¶ 물을 안 쓸 때는 꼭 수도꼭지를 채워라.

③ 단추를 잠그다.

¶ 늦게 일어나서 단추도 못 채우고 급히 나갔다.

④ 차게 하다. '차다[3]'의 사동형.

¶ 형사는 범인을 잡자마자 손에 수갑을 채웠다.

¶ 아이에게 기저귀를 채워 데리고 나갔다.

채우다[2] 동사

규칙 채우고, 채우니, 채워, 채웁니다, 채웠다

ㅊ

식히거나 상하지 않게 하려고 찬물이나 얼음 속에 담그다.

¶ 참외와 수박을 개울물에 채웠다가 먹었다.

¶ 시든 채소를 찬물에 채웠더니 금방 싱싱해졌다.

채우다[3] 동사

규칙 채우고, 채우니, 채워, 채웁니다, 채웠다

① 일정한 공간에 사람, 사물, 냄새 따위를 가득하게 하다. '차다[1]①'의 사동형.

¶ 욕조에 물을 채워라.

¶ 공연이 시작되기 전에 사람들이 객석을 다 채웠다.

② 만족하게 하다.

¶ 자기 욕심만 채우려 하지 마라.

③ 기한이나 기준에 이르게 하다. '차다[1]⑤'의 사동형.

¶ 의원은 임기를 다 채우지 못하고 물러났다.

¶ 올해 판매 목표량을 채우지 못했다.

채이다 '차이다'와 '채다[1]'의 틀린 말.

¶ 나는 상대 공격수의 발에 채이어(×)/차이어(○)/차여(○)/채어(○) 넘어졌다.

¶ 사람의 발에 채이기(×)/차이기(○)/채기(○) 쉬운 물건을 안쪽으로 물렸다.

책거리[1](冊-) 명사

책 한 권을 다 읽어 떼거나 베끼거나 쓰는 일이 끝난 뒤에 한턱내는 일. =책씻이

¶ 이번에 국어책을 다 떼었으니 먹을 것을 준비해서 책거리를 하자.

복합어

책거리하다 책을 한 권 끝낸 기념으로 한턱을 내다. =책씻이하다

책거리[2](冊-) 명사

서책이나 문방구를 그린 그림.

¶ 과거 문인들은 사군자나 책거리를 곧잘 그렸다.

챙기다 동사

규칙 챙기고, 챙기어/챙겨, 챙긴다, 챙깁니다, 챙기었다/챙겼다

① 필요한 물건을 찾아서 갖추어 놓거나 무엇을 빠뜨리지 않았는지 살피다.

¶ 도시락을 잘 챙겨서 가져가라.

¶ 여행할 때에는 구급약을 꼭 챙겨야 한다.

② 거르지 않고 잘 거두다.

¶ 하루 밥 세 끼는 챙겨 먹어야지.

¶ 엄마는 집안의 대소사를 모두 챙기신다.

③ 자기 것으로 취하다.

¶ 모두 제 몫을 챙기기에 정신이 없더라.

¶ 경리부장이 회사 공금을 부당하게 챙긴 혐의로 검찰에 잡혀 갔다.

처- 접사

(일부 동사 앞에 붙어) '마구', '많이', '함부로' 따위의 뜻을 더하는 말.

복합어

처넣다 마구 몰아 집어넣다.

처담다 아무렇게나 잔뜩 담다.

처먹다 ① 음식을 욕심 사납게 함부로 마구 먹다. ② '먹다'를 속되게 이르는 말.

처박다 ① 다른 곳으로 가지 못하도록 한곳에 있게 하다. ② 마구 또는 매우 세게 박다. ③ 마구 쑤셔 넣거나 밀어 넣다.

처박히다 '처박다'의 피동형. ① 다른 곳에 나가지 않고 한곳에 들러붙어 있다. ② 사이나 틈에 끼어 있거나 구석진 곳에 눈에 잘 띄지 않게 있다.

ㅊ

● ‘처-’와 ‘쳐’

‘처-’는 접두사로서 ‘마구’, ‘많이’, ‘함부로’의 뜻을 더하는 구실을 한다. 이에 비해서 ‘쳐’는 ‘치어’의 준말로 동사 ‘치다’의 연결형이다. ‘처-’는 다른 동사 앞에 붙어 동사의 파생어를 만들고, ‘쳐’는 동사 ‘치다’와 다른 동사를 연결하여 합성어를 만든다. 아래는 ‘쳐’와 다른 동사가 결합하여 생긴 합성어이다. (‘처-’로 이루어진 파생어는 위의 복합어 참고.)

- 쳐내다 = 치다 + -어 + 내다: 깨끗하지 못한 것을 모아서 일정한 곳으로 가져가다.
- 쳐내려오다 = 치다 + -어 + 내려오다: 적이 위쪽이나 북쪽에서 공격해 오다.
- 쳐들어가다 = 치다 + -어 + 들어가다: 적을 무찌르러 들어가다.
- 쳐들어오다 = 치다 + -어 + 들어오다: 적이 무력으로 침입하여 들어오다.
- 쳐부수다 = 치다 + -어 + 부수다: 공격하여 무찌르다.
- 쳐주다 = 치다 + -어 + 주다: 셈을 맞추어 주다. 인정하여 주다.

처녀(處女) 명사

① 결혼하지 않은 성년 여자. =처자

¶ 옆집 처녀가 곧 시집을 간다고 한다.

② 일이나 행동을 처음으로 하는 것을 이르는 말.

¶ 이번에 우리 학교는 전국 체전에 처녀 출전을 하게 되었다.

¶ 나에게는 이 책이 처녀 출판인 셈이다.

③ (몇몇 명사와 함께 쓰여) 아무도 손대지 아니하고 그대로임을 뜻하는 말.

¶ 처녀림, 처녀지

복합어

처녀봉 아직 아무도 올라 보지 아니한 산봉우리.

처녀비행 새로 만든 비행기를 처음으로 조종하는 비행. 또는 처음으로 비행기를 조종하는 비행사가 하는 비행.

처녀작 처음 지었거나 발표한 작품.

처녀지 ① 사람이 살거나 이용하지 않고 있는 자연 그대로의 땅. ② 아직 개척되지 않았거나 밝혀지지 않은 분야.

처녀항해 새로 만든 배나 새로 된 항해사가 처음으로 하는 항해.

속담

처녀가 아이를 낳아도 할 말이 있다 아무리 큰 잘못을 저지른 사람도 그것을 변명하고 이유를 붙일 수 있다는 말.

처녀들은 말 방귀만 뀌어도 웃는다 계집애들은 매우 잘 웃는다는 말.

> ● '처녀'에 대한 차별적 표현
>
> 뜻갈래 ②와 ③의 뜻으로 '처녀'를 사용하는 것은 신중해야 한다. 여자에게만 순결을 강요하는 의미가 담겨 있거나 여자를 정복의 대상으로 삼는 듯한 생각이 들어 있어 여자에 대한 성적 차별이나 편견을 조장할 수 있기 때문이다. 같은 이유로 복합어 '처녀봉, 처녀비행, 처녀작, 처녀지, 처녀항해' 같은 말도 조심해서 사용해야 한다.

처뜨리다 동사

규칙 처뜨리고, 처뜨리어/처뜨려, 처뜨립니다, 처뜨리었다/처뜨렸다

고개, 팔다리 따위를 맥없이 늘어뜨리다.

¶ 함박눈을 뒤집어쓴 나무가 무거워진 가지를 처뜨리고 서 있다.

¶ 불합격 사실을 알고 나는 어깨를 처뜨릴 수밖에 없었다.

처리(處理) 명사

① 일을 다루어서 마무리를 지음. 참고 처분

¶ 이런 일은 처리 기간이 얼마나 걸릴까요?

② 특정한 방법이나 물질을 사용하여 어떤 작용을 일으킴.

¶ 이 옷은 방수 처리를 한 옷이라 비를 맞아도 괜찮다.

복합어

처리하다 일이나 사건 따위를 다루어 마무리하다. ¶ 이 일은 김 과장이 처리하시오.

ㅊ

처분(處分) 명사

① 재산을 팔거나 하여 정리함. 참고 처리, 처치

¶ 주식과 재산의 처분은 변호사에게 위임했다.

② 일을 분별하여 처리함.

¶ 관대한 처분을 바랍니다.

③ 법이나 규정에 따라 처리함.

¶ 곧 행정 처분이 내려질 모양이다.

복합어

처분하다 ① 재산을 팔거나 하여 정리하다. ¶ 집 한 채 있는 것을 처분하여 빚을 정리하였다. ② 일을 분별하여 처리하다. ¶ 선생님께서 처분하시는 대로 따르겠습니다. ③ 법에 따라 처리하다. ¶ 불구속 수사를 하는 것으로 처분하였다.

> **‘처분’, ‘처리’, ‘처치’**
> ‘처리’는 주로 일이나 사물을 이치에 맞게 다루는 일을 가리키고(사무 처리, 화학 처리), ‘처분’은 권리나 의무에 따라서 일이나 사물을 다루는 일을 가리키고(행정 처분, 보호 관리 처분, 관대한 처분), ‘처치’는 처리하여 치워 없애는 행위까지를 포함한다(응급 처치).

처신(處身) 명사

세상을 살아가는 데에 가져야 할 몸가짐이나 행동.

¶ 단체 생활을 할 때에는 처신을 잘하는 게 좋다.

¶ 그는 처신이 바르다고 주위 사람들한테 인정받고 있다.

복합어

처신술 세상살이나 인간 관계에서 적절하게 대처하여 행동하는 방법이나 수단.

처신하다 세상을 살아가면서 가져야 할 몸가짐이나 행동을 하다. ¶ 이 문제에 관해서는 네가 현명하게 처신할 거라 믿는다.

처신없다(處身-) 형용사

[규칙] 처신없고, 처신없어, 처신없는, 처신없습니다

=채신없다

¶ 아이들 앞에서 처신없게 컴퓨터 게임 좀 하지 마세요.

복합어

처신없이 =채신없이

처지(處地) 명사

처하여 있는 사정이나 형편. [참고] 입장[2]

¶ 그는 지금 매우 어려운 처지에 놓여 있다.

¶ 지금 제가 웃을 처지가 아닙니다.

¶ 그와 나는 처지가 같아서 쉽게 친해졌다.

● '처지'와 '입장[2]'

'처지(處地)'는 한국식 한자어이고 '입장(立場)'은 일본식 한자어이다. 의미는 둘 다 '처한 상황'이나 '놓인 자리'를 뜻한다. 그래서 국립국어원은 일본식 한자어 '입장' 대신에 '처지'를 쓸 것을 권해 왔다. 그러나 이에 아랑곳하지 않고 '입장'이 폭넓게 쓰인 결과 '입장'이 '처지'와 차별된 의미 영역을 구축하기에 이르렀다. 그래서 지금은 '입장'을 '처지'로 바꾸면 매우 어색하게 되는 경우가 많아졌다.

¶ 여야의 입장 차이가 워낙 커서 합의가 되지 않고 있다.(견해)

¶ 이 문제와 관련하여 우리 단체의 입장을 밝히겠다.(의견, 생각)

¶ 검찰은 수사에 성역이 없다는 입장을 거듭 밝혔다.(뜻)

¶ 일이 잘못되면 우리 입장이 매우 난처해진다.(처지)

위 예문에서 입장 대신에 처지를 써서 무리가 없는 것은 마지막 문장에 지나지 않음을 알 수 있다. 입장을 그대로 쓰기보다는 문맥에 따라 '뜻', '생각', '처지' 따위로 바꾸어 쓰는 것이 바람직하다.

ㅊ

처지다 동사

규칙 처지고, 처지어/처져, 처진다, 처집니다, 처지었다/처졌다

① 위에서 아래로 늘어지다.

¶ 빨래를 널려면 줄이 너무 처지지 않도록 매야 한다.

② 감정이나 기분이 잠기어 가라앉다.

¶ 한번 기분이 처지면 무엇을 해도 흥이 나지 않는다.

③ 뒤에 남거나 뒤떨어지다.

¶ 다른 것은 몰라도 운동만큼은 결코 처지지 않는다.

④ 다른 것보다 못하다.

¶ 시험을 보면 대체로 수학보다 영어가 처진다.

처치(處置) 명사

① 일을 감당하여 처리함. 참고 처분

¶ 홍수로 떠내려온 수많은 쓰레기 처치를 봉사자들이 도왔다.

② 상처나 헌데 따위를 치료함.

¶ 의사는 응급 처치에 필요한 최소한의 도구를 가지고 급히 출발했다.

③ 처리하여 없애거나 죽여 버림.

복합어

처치하다 ① 일을 감당하여 처리하다. ¶ 큰 쓰레기는 처치하기 참 곤란하다. ② 상처나 헌데 따위를 치료하다. ¶ 상처를 빨리 처치하지 않으면 곪을 수 있다. ③ 처리하여 없애거나 죽여 버리다. ¶ 주인공이 악당을 처치하는 장면이 무척 통쾌했다.

처하다(處-) 동사

불규칙 처하고, 처하여/처해, 처한, 처할, 처하였다/처했다

① 어떤 처지에 놓이다.

¶ 사람은 자기가 처한 상황에 따라 생각하게 마련이다.

② ('누구를 어떤 벌에 처하다' 구성으로 쓰여) 형벌이나 처벌에 부치다.

¶ 탈세를 한 사람을 엄벌에 처했다.

척 명사

=체[2]

¶ 저 아이는 아무 때나 아는 척을 하고 나선다.

복합어

척하다 =체하다 ¶ 잘난 척하지 마.

천년(千年) 명사

오랜 세월.

¶ 우리는 천년의 사랑을 꿈꿨지만 백일몽에 지나지 않았다.

'천년'과 '천 년'

'천년'과 '천 년'은 띄어쓰기에 따라서 의미가 아래와 같이 달라진다.

¶ 이곳은 우리 집안 천년의 영화를 상징하는 곳이다.(오랜 세월)

¶ 이 나무는 천 년은 넘게 살았다고 한다.(1000년)

수 관형사와 명사를 붙여 쓰면 구체적인 햇수나 수량을 생각하지 않고 그 정도로 많은 세월이나 날짜를 의미하고, 띄어 쓰면 구체적으로 그 수에 맞는 해나 날을 가리킨다.

¶ 아이의 백일 기념사진을 찍었다.(태어난 날부터 백 번째 되는 날)

¶ 우리가 사귄 지 벌써 백 일이 됐어.(100일)

¶ 이 바위는 만년이 가도 변함이 없을 것이다.(오랜 세월)

¶ 그는 만년 과장을 하고 있다.(변함없음)

¶ 대략 만 년 전에 매머드가 우리나라에 살았다고 한다.(10000년)

ㅊ

천둥 명사

번개가 친 뒤에 하늘이 커다랗게 울리는 소리. 또는 그 현상. =우레

¶ 갑자기 천둥이 치는 소리가 나서 건물 안으로 들어갔다.

속담

천둥에 개 뛰어들듯 놀라서 어찌할 바를 모르는 행동을 이르는 말.

천둥인지 지둥인지 모르겠다 뭐가 뭔지 모르겠다는 말.

››› '천둥'과 '우레'는 하늘에서 벼락이 칠 때 나는 소리를 가리키는 말이다. '천둥'은 한자어 '천동(天動)'이 변한 말이고, '우레'는 토박이말인데 이 두 말을 복수 표준어로 인정하고 있다.

천둥벌거숭이 명사

두려운 줄 모르고 철없이 덤벙거리거나 날뛰는 사람.

¶ 그렇게 천둥벌거숭이처럼 날뛰다가는 큰코다칠걸.

천만(千萬) ①수사 ②명사 ③관형사 ④부사

① 만의 천 배가 되는 수.

¶ 서울 인구가 천만을 넘었다.

② 많은 수를 이르는 말.

¶ 적이 천만이 온다고 해도 두렵지 않다.

③ 천만이 되는.

¶ 정원을 뒤덮은 천만 송이 장미

¶ 우리는 천만 경기도민의 힘을 믿는다.

④ '아주', '전혀'의 뜻을 나타내는 말.

¶ 그런 일이 천만 없기를 바랍니다.

복합어

천만금 아주 많은 돈이나 값어치. ¶ 천만금을 준다 해도 이거랑 안 바꿀 거야.

천만년 아주 오랜 세월. ¶ 우리가 여기서 천만년 살 것도 아니잖아?

천만다행 어떤 일이 뜻밖에 잘 풀려 몹시 좋음.

천만뜻밖 전혀 생각하지 아니한 상태. ¶ 너를 여기서 만난 것은 천만뜻밖이다.

천만에 전혀 그렇지 아니하다는 뜻으로, 남의 말을 부정하거나 남이 한 말에 대하여 겸양의 뜻을 나타낼 때 하는 말. ¶ 천만에, 그가 그런 말을 했을 리가 없어.

× 천상 '천생(天生)'의 틀린 말.

○ 천생(天生) ①명사 ②~③부사 ×천상

① 타고난 본바탕.

¶ 그는 천생이 백면서생이다.

② 타고나기를. 본바탕이.

¶ 할아버지는 천생 농사꾼이시다.

③ 정해진 것처럼 어쩔 수 없이.

¶ 막차가 끊겼으니 천생 택시를 탈 수밖에.

¶ 우리는 천생 함께 살아야 할 운명인 모양이다.

복합어

천생배필 하늘이 맺어 준 부부로서의 짝.

천생연분 하늘이 미리 정하여 준 연분.

››› 입말로 '천생'을 '천상'으로 쓰는 경향이 있지만 '천상'은 비표준어이다.

○ 천장(天障) 명사 ×천정

① 방의 위쪽을 마감한 면. 주로 서까래 같은 구조물이 보이지 않도록 판자 같은 것으로 막아 평평하게 마감한다.

¶ 침대에 드러누워 멍하니 천장만 바라보았다.

ㅊ

② 지붕의 안쪽 공간. 지붕 안쪽의 구조물을 아울러 이르기도 함.
¶ 옛날 집에는 쥐들이 천장에서 뛰어다니는 소리가 다 들렸다.

관용 표현

천장을 모르다 한계를 알 수 없다. ¶ 아파트 값이 천장을 모르고 뛰고 있다.

✕ 천정 ‘천장(天障)’의 틀린 말.

○ 천정부지(天井不知) 명사

(주로 ‘천정부지로’ 형태로 쓰여) 천정을 알지 못한다는 뜻으로, 물가나 주가 등이 크게 뛰어 오름을 빗대어 이르는 말. ‘하늘 높은 줄 모르고’로 바꾸어 쓰는 것이 좋다.
¶ 요즘 집값이 천정부지로 뛰고 있다.

○ 천지(天地) 명사

① 하늘과 땅을 아울러 이르는 말.
¶ 밤새 눈이 내려 천지가 하얗게 변했다.
¶ 안개가 자욱하여 천지를 분간할 수 없다.
② ‘세상’의 뜻으로 하는 말.
¶ 이런 어처구니없는 일이 천지에 어떻게 일어날 수 있겠니?
¶ 천지에 그런 경우는 없다.
③ (주로 ‘무엇이 천지이다’ 구성으로 쓰여) ‘무엇이 많음’을 뜻하는 말.
¶ 가게에는 먹을 것이 천지다.
¶ 사람들이 떠난 놀이공원은 쓰레기 천지로 변해 있었다.

복합어

세상천지 (주로 ‘세상천지에’ 형태로 쓰여) ‘세상’을 강조하는 말. ¶ 세상천지에 그런 일이 어디 있어요!

천지간 이 세상. 지구상. ¶ 천지간에 형제는 너와 나뿐이다.

천지개벽 ① 하늘과 땅이 처음으로 생겨남. ② 자연이나 사회가 크게 변화함.

천지신명 천지의 조화를 주재한다는 여러 신령.

천하(天下) 명사

① 온 세상.

¶ 우리는 천하 만민이 평화롭게 살기를 바랍니다.

¶ 천하를 호령하던 영웅도 죽으면 한 줌 흙으로 돌아간다.

② 한 나라. 나라 전체.

¶ 왕건이 천하를 통일하고 나라 이름을 고려라고 지었다.

③ (주로 명사 뒤에 쓰여) 그것이 지배하는 세상을 뜻함.

¶ 러일 전쟁에서 일본이 승리하자 조선은 친일파 천하로 바뀌었다.

④ (주로 '천하의' 형태로 쓰여) 대단한 사람이라는 뜻으로 쓰거나 비꼬아서 표현하는 말.

¶ 그는 천하의 독설가로 이름을 날렸다.

¶ 천하의 명사수들이 다 모였다.

⑤ (주로 '천하에' 형태로 쓰여) 세상 어디에도 없을 정도임을 강조하는 말.

¶ 저런 천하에 몹쓸 놈 같으니.

¶ 천하에 그런 효자는 다시없을 거다.

복합어

천하무적 천하에 대적할 만한 적이 없음.

천하없어도 무슨 일이 있더라도 절대로. =세상없어도 ¶ 그건 천하없어도 양보 못 해.

천하장사 ① 세상에 보기 드문 장사. ② 민속 씨름에서, 최고의 선수권.

천하태평 ① 세상이 태평함. ② 아무 걱정도 없이 편안함.

관용 표현

천하를 얻은 듯 매우 만족해함을 이르는 말. ¶ 첫 월급을 받은 영수는 마치 천하를 얻은 듯 어깨에 힘을 주며 집으로 갔다.

철[1] 명사

① 봄, 여름, 가을, 겨울의 네 시기. =계절

¶ 우리나라는 철에 따라서 날씨가 매우 다르다.

¶ 철이 바뀔 때마다 한 번씩 옷장 정리를 한다.

② 한 해의 일정한 때. 어떤 일을 하기 가장 좋은 때.

¶ 모내기 철에 모를 심지 못할 만큼 가뭄이 들었다.

③ 바로 그 철. 알맞은 시절.

¶ 그는 철이 지난 옷을 입고 다닌다.

복합어

제철 알맞은 철. ¶ 제철 과일이 몸에 좋다고 한다.

철새 멀리 떨어져 있는 번식지에서 철을 따라 해마다 정기적으로 오는 새. 우리나라에 머무는 철에 따라 겨울새, 여름새가 있고 이동 도중에 잠깐씩 머물다 가는 나그네새가 있다.

속담

철 그른 동남풍 ① 정작 필요할 때는 없다가 이미 소용없게 된 때에 생기는 사물이나 그런 사람. ② 전혀 맞지 않거나 관계없는 말.

철 묵은 색시 가마 안에서 장옷 고름 단다 준비할 시간이 충분히 있었음에도 미리 준비하지 않고 있다가 정작 일이 닥쳐서야 다급하게 서두른다는 말.

철[2] 명사

사리를 분별하는 슬기.

¶ 아직 철이 들려면 멀었어요.

¶ 아이가 철이 일찍 들었다.

복합어

철나다 사리를 분별할 수 있는 힘이 생기다. =철들다

철딱서니 '철[2]'의 속된 말. =철따구니, 철딱지

철모르다 아직 어려서 사물을 분간하지 못하다.
철부지 ① 철없는 아이. ② 철없는 어리석은 사람.
철없다 사리를 분간할 능력이 없다.
철없이 사리를 분간할 능력이 없는 상태로. ¶ 동생은 철없이 까불기만 한다.

-철(綴) 접사

여러 장의 서류나 문서 따위를 하나로 묶은 것임을 나타내는 말.

¶ 서류철, 문서철, 신문철

첫 관형사

맨 처음의.

¶ 첫 만남, 첫 시험, 첫 월급

¶ 우리는 첫 사업으로 주택 건축을 시작했다.

복합어

첫걸음 ① 맨 처음 내디디는 걸음. ② 어떤 일을 처음 시작한 단계. ¶ 그는 사회생활의 첫걸음을 힘차게 내디디었다.
첫날 ① 어떤 일이 처음으로 시작되는 날. ¶ 개업 첫날 손님에게 떡을 돌렸다. ② 시집가거나 장가드는 날.
첫눈[1] ('첫눈에' 형태로 쓰여) 처음 보고 받은 느낌이나 인상. ¶ 우리는 첫눈에 반했다.
첫눈[2] 그해 겨울에 처음 내리는 눈. ¶ 친구랑 첫눈 오는 날 만나기로 하였다.
첫돌 처음 맞는 돌.
첫마디 ① 처음 하는 말. ② 말의 첫머리.
첫말 첫마디의 말.
첫머리 처음 시작하는 부분.
첫발 ① 처음 떼는 발. ② 어떤 일이나 사업의 시작을 이르는 말.
첫사랑 처음으로 느끼거나 맺은 사랑. 또는 그 사람.

ㅊ

첫소리 한 소리마디에서 처음 나는 소리. =초성

첫술 맨 처음 떠먹는 밥술.

첫인사 처음 교제를 트거나 모임 따위에서 처음으로 하는 인사.

첫인상 첫눈에 느끼는 인상. 처음 보았을 때 느끼는 인상.

첫차 그날 맨 처음 떠나거나 도착하는 차.

첫째 ①-②명사 ③수사 ④관형사

① '첫째 아이'의 뜻으로 맏아들이나 맏딸을 이르는 말.

¶ 이번에 우리 첫째가 초등학생이 됐어요.

② 으뜸. 제일.

¶ 나는 첫째로 그의 능력을 높이 평가하고, 둘째로 그의 마음가짐을 높이 평가한다.

③ 맨 처음의 차례.

¶ 첫째, 집에 오면 손부터 깨끗이 씻는다.

④ 맨 처음 차례의.

¶ 이 소설은 첫째 권이 가장 재미있다.

복합어

첫째가다 으뜸가다. 여럿 가운데서 가장 낫다.

'첫째'와 '첫 번째'

여럿을 차례로 일컬을 때에 첫째, 둘째, 셋째, 넷째처럼 헤아린다. 어떤 일을 여러 번 하는 경우에 몇 번째로 하는지 순서를 헤아릴 때는 첫 번째, 두 번째, 세 번째, 네 번째처럼 쓴다. 같은 일을 여러 번 하는 경우에 순서대로 일컬을 때만 '첫 번째'를 쓰고, 일반적으로 순서를 나타낼 때는 '첫째'를 쓴다. 사람들이 자주 잘못 사용하는 경우는 '첫째'를 써야 할 때에 '첫 번째'를 쓰는 것이다.

¶ 지금 우리가 첫 번째로(×)/첫째로(○) 바라는 것은 휴식이다.

¶ 첫 번째(○)/첫째(×) 여행은 미국으로, 두 번째 여행은 영국으로 갔다.

¶ 지금 여행을 못 가는 첫 번째(×)/첫째(○) 까닭은 돈이 없기 때문이다.

청탁(請託) 명사

청하여 남에게 부탁함. [참고] 부탁

¶ 출판사에서 원고 청탁을 해 왔다.

¶ 청탁을 받아 공무를 처리하는 것은 불법이다.

복합어

청탁하다 남에게 요청하여 부탁하다. ¶ 담당자에게 일을 빨리 처리해 달라고 청탁했다.

체[1] 명사

가루를 곱게 치거나 액체를 밭거나 거르는 데 쓰는 기구.

¶ 떡을 하려면 쌀가루를 체로 쳐서 고운 가루를 받아야 한다.

복합어

가는체 올이 가늘고 구멍이 잔 체. =고운체

굵은체 올이 굵고 구멍이 큰 체.

체[2] 명사

(어미 '-은', '-는' 뒤에 쓰여) 그럴듯하게 꾸미는 거짓 태도. =척

¶ 왜 보고도 못 본 체를 하니?

¶ 친구가 내 말을 들은 체도 안 해서 속이 많이 상했다.

복합어

체하다 ('-은/-는 체하다' 구성으로 쓰여) 그럴듯하게 꾸미는 태도를 나타내다. =척하다 ¶ 엄마 목소리가 들려서 얼른 책을 펴고 공부하는 체했다.

체언(體言) 명사

문장에서 주어의 기능을 하는 명사, 대명사, 수사를 통틀어 이르는 말. [참고] 용언

ㅊ

쳐다보다 동사

규칙 쳐다보고, 쳐다보아/쳐다봐, 쳐다본다, 쳐다보았다/쳐다봤다

① 위를 향하여 올려다보다.

¶ 하늘을 쳐다보니 서쪽에서 먹구름이 몰려오고 있었다.

¶ 애써 계획한 일이 실패하여 닭 쫓던 개 지붕 쳐다보는 격이 되었다.

② 얼굴을 들어 바로 보다.

¶ 사람들이 나를 힐끔힐끔 쳐다본다.

¶ 가게 주인은 문을 열고 들어오는 손님을 쳐다보며 반갑게 인사하였다.

③ 어떤 대상을 전적으로 의지하며 바라보다.

¶ 월급이 신통치 않으니 남편만 쳐다보고 살 수 없다.

복합어

쳐다보이다 훌륭하게 여겨지다. 존경할 만하게 보이다. '쳐다보다'의 피동형. ¶ 나는 어려운 형편에도 남을 돕는 그가 쳐다보인다.

● '쳐다보다'의 높이

'쳐다보다'는 자기 눈높이보다 높이 있는 대상을 보는 경우에 쓴다. 자기 눈높이보다 아래 있는 사물을 볼 때는 이 말을 쓰기 곤란하다. 서 있는 사람이 앉은 사람을 보는 것처럼 눈 아래 있는 사물을 볼 때에는 '내려다보다', '바라보다'를 쓴다.

¶ 밤하늘의 별을 쳐다보았다(○)/내려다보았다(×)/바라보았다(×).

¶ 엄마는 침대에 누워 자고 있는 아이를 쳐다본다(×)/내려다본다(○)/바라본다(○).

쳐들다 동사

불규칙 쳐들고, 쳐드니, 쳐드는, 쳐든다, 쳐듭니다, 쳐들었다

① 위로 들어 올리다.

¶ 학생이 고개를 쳐들고 당당하게 대답하였다.

② 어떤 사실을 입에 올려서 말하다.

¶ 이미 지난 일을 자꾸 쳐들어서 좋을 게 무어 있겠느냐.

초롱초롱 부사

① 눈이 정기가 돌고 맑은 모양.

¶ 아이의 눈이 초롱초롱 빛난다.

② 별빛이나 불빛이 밝고 또렷또렷한 모양.

¶ 하늘에는 별들이 초롱초롱 빛나고 있다.

③ 정신이 맑고 또렷한 모양.

④ 목소리가 맑고 쟁쟁한 모양.

복합어

초롱초롱하다 ① 눈이 정기가 있고 맑다. ② 별빛이나 불빛 따위가 밝고 또렷하다. ¶ 밤거리에는 온갖 불빛이 초롱초롱합니다. ③ 정신이 맑고 또렷하다. ¶ 할머니는 정신은 아직 초롱초롱하신데 무릎이 아프셔서 거동을 못 하신다. ④ 목소리가 맑고 또렷하다. ¶ 아이들이 초롱초롱한 목소리로 책을 읽었다.

초롱초롱히 초롱초롱하게.

최선(最善) 명사

① 가장 좋고 훌륭함. 또는 그런 일.

¶ 감기에 걸리면 푹 쉬는 게 최선이다.

② 온 정성과 힘.

¶ 이 일이 성공할 수 있도록 최선을 다해 주기 바랍니다.

ㅊ

복합어

최선책 가장 좋고 훌륭한 방책.

추다[1] 동사

규칙 추고, 추어/춰, 추는, 춘다, 춥니다, 추었다/췄다

① 업거나 지거나 한 것을 치밀어서 올리다.

¶ 아이가 바지춤을 추는 모습이 무척 앙증맞았다.

¶ 엄마는 포대기 밑으로 빠지려는 동생을 추어서 다시 업었다.

② 어깨를 위로 올리다.

¶ 형은 신이 나서 어깨를 추면서 이야기했다.

③ 몸을 똑바로 가누다.

¶ 날이 너무 더우니 선수들이 맥을 못 추는 것 같다.

④ 어떤 사람을 정도 이상으로 크게 칭찬하여 말하다.

¶ 아이는 추어 가며 가르쳐야 열심히 따라 한다.

복합어

들추다 ① 보이거나 드러나게 하려고 들어 올리다. ¶ 커튼을 들추고 밖을 내다보았다. ② 무엇을 찾으려고 뒤지다. ¶ 휴대 전화를 찾으려고 여기저기 들추어 보았지만 찾지 못했다. ③ 숨은 일이나 잊은 일을 끄집어내어 드러나게 하다. ¶ 남의 과거를 들추는 것은 비신사적인 행위이다.

추다[2] 동사

규칙 추고, 추어/춰, 춘다, 춥니다, 추었다/췄다

('춤을 추다' 구성으로 쓰여) 춤 동작을 보이다. 장단에 맞추어 몸을 움직이다.

¶ 바람이 일자 물결이 춤을 춘다.

복합어

춤 장단에 맞추거나 흥에 겨워 팔다리와 몸을 움직여 뛰노는 동작.

춤추다 ① 장단에 맞추거나 흥에 겨워 팔다리와 몸을 율동적으로 움직여 뛰놀다. ② (비유적으로) 몹시 기뻐 날뛰다. ③ 남의 말을 좇아 줏대 없이 앞에 나서서 설치다.

추돌(追突) 명사

뒤에서 달려와 들이받음. 참고 충돌

¶ 등굣길에 버스와 자동차 추돌 사고가 나서 지각했다.

복합어

추돌하다 뒤에서 달려들어 들이받다. ¶ 앞차가 갑자기 멈추어서 추돌하고 말았다.

››› '추돌'은 같은 방향으로 앞서가고 있는 차나 사람을 뒤따르는 차나 사람이 가서 부딪는 것이고, '충돌'은 방향이 다른 자동차나 열차 등이 서로 부딪치는 것을 말한다. 마주 보고 달리던 자동차가 부딪친다거나, 건널목을 건너던 자동차와 기차가 부딪치는 것 등은 '충돌'이라고 한다.

추렴 명사

여러 사람이 무엇을 사 먹거나 무슨 일을 하기 위해서 돈을 일정하게 나누어 내는 일.

¶ 동네잔치는 집집이 추렴으로 준비하였다.

복합어

추렴새 추렴하는 돈이나 물건. 또는 추렴하는 일.

추렴하다 여러 사람이 무슨 일을 하기 위해서 필요한 돈을 일정하게 나누어 내다.

¶ 잔치 비용은 가까운 사람끼리 추렴하여 마련했다.

● '추렴'과 '걸립'

'추렴'은 여러 사람이 모여서 얼마씩 내기로 결정하고 이에 따라서 돈을 거두는 것이다. '걸립'은 돈이 필요한 조직(예를 들면 절이나 공공 기관)이 농악대나 공연단을 조직하여 마을과 가정을 돌아다니면서 기금을 거두는 것이다. '걸립'이 공적인 일을 추진하기 위하여 기금을 마련하는 수단으로 쓰였다면 '추렴'은 사적인 모임 비용을 마련하는 수단으로 쓰였다.

ㅊ

추리다 동사

규칙 추리고, 추리어/추려, 추리어서/추려서, 추립니다, 추리었다/추렸다

여럿 중에서 좋은 것이나 필요한 것을 가려내거나 뽑아내다.

¶ 먹을 만한 것만 추려서 그릇에 담아 놓았다.

¶ 글감이 될 만한 것만 추려서 적어라.

> **● '추리다', '가리다²', '뽑다'**
>
> 여럿 가운데에서 선택하는 행위로 '추리다', '가리다', '뽑다' 세 가지가 있다.
>
> '추리다'는 여러 가지가 섞인 상태에서 어떤 조건에 맞는 것을 골라내는 행위이다. 고구마 가운데에서 씨알이 큰 것만 추리고, 쓸 만한 옷만 추리는 등 물건의 상태에 따라서 조건에 맞는 것을 고르는 행위를 추린다고 한다.
>
> '가리다'는 사람이나 동물을 포함한 모든 사물 가운데에서 어떤 것이 조건에 더 맞는지 변별해 내는 일을 가리킨다. 둘 중에서 하나를 고르거나, 여럿 중에서 하나를 고르는 행위이다. 거짓말을 한 사람을 가리고, 내 몸에 더 어울리는 옷을 가리고, 맞는 답을 가리고, 우승팀을 가린다고 한다. 추리는 결과물은 수십 개가 되거나 수백 개가 될 수 있지만 가리는 결과물은 한두 개에 지나지 않는다. 사람을 대상으로 하여 '추리다'는 쓸 수 없지만 '가리다'는 쓸 수 있다.
>
> '뽑다'는 여러 사람 중에서 한두 사람을 골라내는 것을 가리킨다. '가리다'에는 대표성이 없지만 '뽑다'에는 대표성이 있다. 그래서 '그 사람을 대표로 뽑았다.'는 되지만 '그 사람을 대표로 가렸다.'는 되지 않는다.

추스르다 동사 ×추슬리다

불규칙 추스르고, 추슬러, 추슬러서, 추스른, 추스릅니다, 추슬렀다

① 물건을 추어올려 잘 다루다.

¶ 그는 쌀자루를 가뜬하게 추슬러 어깨에 메었다.

¶ 아낙은 업은 아이를 추스른 뒤에 바삐 걸어갔다.

② 일을 수습하여 처리하다.

¶ 이번 사고를 잘 추스르지 못하면 엄청난 문제가 생길 수 있다.

¶ 잠시 생각을 좀 추슬러 보아야겠습니다.

③ 몸을 가누어 움직이다.

¶ 나이가 들면 제 한 몸 추스르기도 힘겹다.

¶ 병으로 누운 지 한 달 만에 겨우 몸을 추슬러서 외출을 하였다.

✕ 추슬리다 '추스르다'의 틀린 말.

¶ 영호는 가까스로 정신을 추슬리고(×)/추스르고(○) 주위를 둘러보았다.

¶ 빨리 사건을 추슬려서(×)/추슬러서 (○) 기자들이 엉뚱한 기사를 쓰지 않게 해라.

○ 추어올리다 동사

규칙 추어올리고, 추어올리어/추어올려, 추어올린다, 추어올립니다, 추어올리었다/추어올렸다

=추켜올리다, 치켜올리다

① 옷이나 물건, 신체 일부를 위로 가뜬하게 올리다.

¶ 어깨에서 흘러내린 가방끈을 추어올리고 걸음을 재촉했다.

¶ 엄마는 업은 아이가 빠지지 않게 포대기를 추어올렸다.

② 실제보다 과장되게 칭찬하다. =추어주다

¶ 그 애는 조금만 추어올리면 기고만장해진다.

¶ 사람들이 자꾸 추어올리니 괜히 우쭐하는 기분이 느껴졌다.

○ 추어주다 동사

규칙 추어주고, 추어주어/추어줘, 추어준다, 추어줍니다, 추어주었다/추어줬다

실제보다 과장되게 칭찬하다. =추어올리다, 추켜올리다, 치켜올리다

¶ 사람들이 너무 추어주니 쑥스러워 몸 둘 바를 모르겠더라.

¶ 잘한다고 추어주는 말에 자신감을 얻어 더 잘할 수 있었다.

>>> '추어주다'와 같은 뜻으로 '추어올리다', '추켜올리다', '치켜올리다'를 모두 쓸 수 있다. 어감으로는 아주 조금씩 다른 점이 있다고 볼 수 있지만 객관적으로 확실하게 구별할 만큼 다르지 않다. 따라서 개인적으로 선호하는 낱말을 골라서 사용하면 된다.

추월(追越) 명사

뒤에서 따라잡아 앞의 것을 앞섬. =앞지르기

복합어

추월선 주로 고속 도로에서 앞지르기를 허용하는 차로. 앞지르기 차로.

추월하다 뒤에서 따라잡아 앞의 것을 앞서다. =앞지르다

추켜들다 동사

불규칙 추켜들고, 추켜드니, 추켜들어, 추켜든, 추켜듭니다, 추켜들었다

치올리어 들다. =치켜들다

¶ 사람들은 횃불을 추켜들고 만세를 부르며 시위를 했다.

¶ 우승자는 금메달을 높이 추켜들고 흔들었다.

>>> '추켜들다'와 '치켜들다'는 의미상 구별되지 않아서 선호하는 낱말을 골라서 쓰면 된다.

추켜세우다 동사

규칙 추켜세우고, 추켜세워, 추켜세운다, 추켜세웁니다, 추켜세웠다

=치켜세우다

① 옷깃이나 신체 일부 따위를 위로 가뜬하게 올려 세우다.

¶ 화가 난 동생은 눈썹을 추켜세우고 나를 노려보았다.

¶ 어머니는 구부리고 있던 몸을 추켜세우더니 땀을 닦았다.

② 정도 이상으로 크게 칭찬하다.

¶ 조금 추켜세워 주었더니 자기가 정말로 잘하는 줄 안다.

>>> '추켜세우다'와 '치켜세우다'는 의미상 구별되지 않아서 선호하는 낱말을 골라서 쓰면 된다.

추켜올리다 동사

규칙 추켜올리고, 추켜올리어/추켜올려, 추켜올린다, 추켜올립니다, 추켜올리었다/추켜올렸다

=추어올리다, 치켜올리다

① 옷이나 물건, 신체 일부 따위를 위로 가뜬하게 올리다.

¶ 할머니는 자꾸 흘러내리는 치맛자락을 추켜올리며 걸었다.

② 실제보다 과장되게 칭찬하다. =추어주다

¶ 그는 조금만 추켜올리면 제가 제일인 것처럼 으스대는 사람이야.

››› '추켜올리다', '추어올리다', '치켜올리다'는 의미상 구별되지 않으므로 골라 쓰면 된다.

추켜잡다 동사 ×치켜잡다

규칙 추켜잡고, 추켜잡으니, 추켜잡습니다, 추켜잡았다

치올려 잡다.

¶ 도둑의 멱살을 추켜잡고 을러대었다.

››› '치켜잡다'는 표준어로 인정되지 않은 상태이므로 '추켜잡다'만 써야 한다.

추키다 동사

규칙 추키고, 추키어/추켜, 추킨다, 추킵니다, 추키었다/추켰다

① 위쪽으로 가뜬하게 밀어 올리다.

¶ 엄마가 포대기 밑으로 자꾸만 내려가는 아이를 다시 추켜 업었다.

② 힘 있게 위로 끌어 올리거나 채어 올리다.

¶ 싸우다 상대의 멱살을 추켜 쥔 일로 고소를 당했다.

③ 남을 들쑤셔 무슨 행동을 하게 만들다. =부추기다, 추기다

충돌(衝突) 명사

① 서로 맞부딪침. 참고 추돌

ㅊ

¶ 오늘 아침 사거리에서 버스와 트럭의 충돌 사고가 일어났다.

② 의견이 서로 달라 맞서거나 다툼.

¶ 국회에서는 여야의 의견 충돌로 회의가 제대로 진행되지 않았다.

복합어

충돌하다 ① 서로 맞부딪치거나 맞서다. ② 움직이는 두 물체가 접촉하여 짧은 시간 내에 서로 힘을 미치다.

취조(取調) 명사

'조사(調査)'로 순화함.

> **'취조'와 '조사'**
>
> '취조'는 일본어 '도리시라베(取り調べ)'의 한자말을 우리 소리로 적은 것인데, 우리말에 같은 뜻을 가진 '조사'가 있으므로 '취조'는 사용하지 않기로 하였다. '취조'가 관례적으로 경찰관이 혐의자나 죄인의 범죄 사실을 밝히기 위하여 하는 조사를 주로 가리켰다는 점 때문에 법원이 조사하는 '신문'이나 '심문'과 구별하려고 사용하는 경우가 있는데 그럴 필요가 없다. '취조'는 사용하지 않는 것이 바람직하다.

치- 접사

(동사 앞에 붙어) '위로 향하게'의 뜻을 더하는 말.

복합어

치닫다 ① 위로 향하여 달리다. ② 힘차게 냅다 달리다. ③ 생각 따위가 치밀어 오르다.

치뜨다 올림말 '치뜨다' 참고.

치밀다 ① 감정이 세차게 복받쳐 오르다. ¶ 분한 마음이 머리 끝까지 치밀어 오른다. ② 불길 따위가 맹렬히 뻗쳐오르거나 일어나다. ③ 오래된 체증으로 생긴 덩이가 위로 올라오다.

치받다 ① 몹시 세게 받다. ② 위를 향하여 떠받다. ¶ 느티나무들이 하늘을 치받으며 버티고 서 있다. ③ 윗사람이나 상급 기관에 맞서다.

치받치다 ① 슬픔 따위의 감정이 속에서 세게 북받쳐 오르다. ¶ 욕심이 치받쳐 엉뚱한 사고를 저질렀다. ② 불길이나 연기 따위가 많이 나 세차게 오르다. ¶ 불길이 하늘로 치받쳤다. ③ 밑을 버티어 위로 치밀다. ¶ 무거운 상자를 치받쳐 들었다.

치사랑 손윗사람에 대한 사랑.

치솟다 ① 위를 향하여 힘차게 솟다. ② 세차게 북받치어 오르다. ③ 값이 급격히 오르다. ¶ 요즘 물가가 하늘 높은 줄 모르고 치솟고 있다.

-치

'-하지'가 줄어든 형태.

¶ 태도가 성실치 않은 사람은 탈락시키겠다.

치고 조사

① (흔히 부정하는 말과 함께 쓰여) '모두 예외 없이'의 뜻을 나타내는 말.

¶ 잘난 체하는 사람치고 일을 제대로 하는 사람을 못 봤다.

¶ 꽃치고 아름답지 않은 꽃이 어디 있느냐.

② (흔히 긍정하는 말과 함께 쓰여) '그중에서는 예외적으로'의 뜻을 나타내는 말.

¶ 오늘은 겨울 날씨치고 따뜻한 편이야.

¶ 외국인치고 한국말을 잘하는군.

치껴올리다 '치켜올리다'의 틀린 말.

치다[1] 동사

규칙 치고, 치니, 치어/쳐, 친다, 칩니다, 치었다/쳤다

ㅊ

① 손이나 물건으로 세게 때리다.

¶ 권투 도장에서 샌드백 치는 연습을 했다.

② 누르거나 부딪쳐 소리가 나게 하다.

¶ 응원하느라고 손뼉을 너무 세게 쳤더니 손바닥이 아프다.

¶ 북도 치고 장구도 치면서 춤을 추었다.

③ 공을 때리거나 물건을 부딪게 하는 운동이나 놀이를 하다.

¶ 배드민턴을 치러 운동장에 나갔다.

¶ 팽이도 치고, 구슬도 치고, 딱지도 치면서 놀았다.

④ 일정한 장치를 손으로 눌러 글자를 찍거나 신호를 보내다.

¶ 요즘은 타자기를 쳐서 문서를 만드는 일은 거의 없다.

¶ 전화기가 없던 시절에는 전보를 쳐서 긴급한 연락을 주고받았다.

⑤ 시계나 종 따위가 일정한 시각을 소리를 내어 알리다.

¶ 수업 시작종을 치자 운동장에서 놀던 아이들이 교실로 뛰어 들어갔다.

⑥ 날개나 꼬리 따위를 세차게 흔들다.

¶ 개는 주인을 보자 반갑게 꼬리를 쳤다.

¶ 새들이 날개를 치며 하늘 높이 날아갔다.

⑦ 팔이나 다리를 힘 있게 저어서 움직이다.

¶ 물장구를 치며 노느라고 시간 가는 줄 몰랐다.

⑧ 날이 있는 도구를 사용하여 물체를 자르다.

¶ 농부가 낫으로 잔가지를 쳐 냈다.

¶ 머리를 짧게 치니 시원스럽게 보인다.

⑨ 칼로 밤 따위의 속껍질을 벗기다.

¶ 제상에 올리려고 날밤을 친다.

⑩ 웃음이나 소리를 적극적으로 또는 크게 드러내다.

¶ 그녀는 눈웃음을 치며 인사했다.

¶ 너무 크게 소리를 치지 마라.

⑪ 시험을 보다.

¶ 오늘 국어 시험을 친다.

⑫ 적군이나 상대편을 공격하다.

¶ 그는 북방 오랑캐를 쳐야 한다고 주장했다.

⑬ 속이는 짓이나 짓궂은 짓, 또는 좋지 못한 행동을 하다.

¶ 너는 왜 나가면 만날 사고를 치고 들어오니?

⑭ 점괘로 길흉을 알아보다.

¶ 입시 철이면 점을 치러 오는 사람들이 부쩍 는다.

복합어

맞장구치다 남의 말에 서로 호응하거나 동의하다.

메아리치다 메아리가 울려 퍼지거나 또는 어떤 소리가 메아리처럼 울려 퍼지다.

소리치다 소리를 크게 지르다. ¶ "도둑이야!" 소리치는 것을 듣고 달려가 보았다.

장난치다 장난을 하다. ¶ 쓸데없이 장난치지 말고 일 좀 거들어.

쳐들어오다 침범하여 들어오다.

쳐부수다 ① 세차게 때려 부수다. ② 적을 무찔러 부수다.

치고받다 서로 말로 다투거나 실제로 때리면서 싸우다. ¶ 형제끼리 주먹으로 치고받고 싸우면 되겠니?

큰소리치다 ① 큰소리로 야단을 치다. ¶ 아이들에게는 큰소리치지 말고 살살 타일러야지. ② 으스대며 당당하게 말하다. ¶ 힘없는 사람한테 큰소리치는 놈치고 변변한 놈 없다. ③ 잘난 체하며 장담하거나 과장하다. ¶ 이길 것이라고 큰소리치더니 꼴좋게 지고 말았구나.

속담

치고 보니 삼촌이라 사람을 잘못 보고 매우 실례되는 일을 하였음을 이르는 말.

치러 갔다가 맞기도(/맞기는) 예사 요구하러 갔다가 도리어 당하는 때도 있다는 말.

친 사람은 다리 오그리고 자도 맞은 사람은 다리 펴고 잔다 손해를 입힌 사람은 불안하게 살지만 손해를 입은 사람은 편하게 살 수 있다는 말.

》》 '시험을 치다'와 '시험을 치르다'는 뜻이 거의 같은데 작은 차이가 있다. '시험을 치다'는 '응시하다'와 같은 의미로, 주로 수험생에게 해당하는 표현이다. '시험을 치르다'는 시험을 치는 행위를 포함해서 그것을 준비하고 시행하는 모든 과정이 포함된다. 그러므로 수험생을 포함해서 감독자, 준비하는 사람도 쓸 수 있는 표현이다.

ㅊ

치다[2] 동사

규칙 치고, 치니, 치어/쳐, 친다, 칩니다, 치었다/쳤다

① 눈보라, 폭풍우, 비바람 따위가 세차게 일다.

¶ 눈보라가 심하게 쳐서 산행을 포기하였다.

¶ 어부들은 폭풍우가 치는 날에는 그물을 손질하였다.

② 천둥이나 번개 따위가 일어나다.

¶ 번개가 친 뒤에 곧 이어서 우레 소리가 들렸다.

¶ 아버지의 고함이 마치 천둥 치는 소리 같았다.

③ 물결이나 파도 따위가 일어 움직이다.

¶ 오늘처럼 파도가 심하게 치는 날에는 배를 못 띄운다.

복합어

소용돌이치다 ① 물이 거세게 빙빙 돌면서 흐르다. ¶ 배가 소용돌이치는 급류에 휘말렸다. ② 바람이나 눈보라, 불길 따위가 세차게 휘돌며 치솟다. ③ 사상, 감정 따위가 서로 뒤엉켜 강하게 움직이다. ¶ 한순간 불안한 생각이 소용돌이쳤다.

치다[3] 동사

규칙 치고, 치니, 치어/쳐, 친다, 칩니다, 치었다/쳤다

① 막이나 그물, 발 따위를 펴서 벌이거나 늘어뜨리다.

¶ 저녁에 일찍 모기장을 치고 잤다.

¶ 거미가 나뭇가지 사이에 거미줄을 쳐 놓았다.

¶ 햇볕이 뜨겁게 들어와 창문에 발을 쳤다.

② 벽 따위를 둘러서 세우거나 쌓다.

¶ 방에 칸막이를 치기로 했다.

¶ 야생 동물의 침입을 막으려고 밭 가장자리로 울타리를 쳤다.

③ 붕대나 대님 따위를 감아 매거나 두르다.

¶ 요즘 한복은 대님을 치지 않도록 짓는다.

치다[4] 동사

규칙 치고, 치니, 치어/쳐, 친다, 칩니다, 치었다/쳤다

붓이나 연필 따위로 점을 찍거나 선이나 그림을 그리다.

¶ 중요한 부분에 밑줄을 쳐 놓으면 쉽게 찾을 수 있어 편리하다.

¶ 틀린 것에 가위표를 치세요.

¶ 문인들은 사군자를 치는 걸 기본 교양으로 여겼다.

치다[5] 동사

규칙 치고, 치니, 치어/쳐, 친다, 칩니다, 치었다/쳤다

① 적은 분량의 액체를 따르거나 가루 따위를 뿌려서 넣다.

¶ 나물에 간장을 너무 많이 친 모양이다.

¶ 내 국에는 고춧가루를 치지 마세요.

② 기름이나 약을 바르거나 뿌리다.

¶ 엔진에 기름을 치면 소리가 덜 날 것이다.

¶ 오늘 밭에 농약을 쳐야 한다.

¶ 장마철이라 집 안팎에 소독약을 쳤다.

ㅊ

치다[6] 동사

규칙 치고, 치니, 치어/쳐, 친다, 칩니다, 치었다/쳤다

① 가축이나 닭 따위를 기르다. 참고 기르다

¶ 스위스를 여행하다 보면 양을 치는 목동을 심심찮게 만나게 된다.

② 새끼를 낳거나 까다.

¶ 어젯밤 우리 집 돼지가 새끼를 열 마리나 쳤다.

③ 영업을 목적으로 묵게 하다.

¶ 학교 주변에는 하숙을 치는 집이 많다.

● '치다[6]'과 '기르다'

'기르다'는 어린 상태에서 개체가 잘 자라도록 돕는 행위이다. 개체가 자라서 이익을 줄지는 모르지만 기본적으로는 이익 때문이 아니라 그 개체의 성장을 위해서 기르는 것이다. '치다'는 이익을 얻을 목적으로 자라게 하거나 번식시키는 행위이다. 길러서 수를 불려 나가 이익을 얻거나, 수가 늘지 않더라도 기르는 동안에 이익을 얻을 것을 목적으로 하면 '치다'를 쓴다.

치다[7] 동사

[규칙] 치고, 치니, 치어/쳐, 친다, 칩니다, 치었다/쳤다

① 불필요하게 쌓인 물건을 파내거나 옮기어 깨끗이 하다. [참고] 치우다

¶ 손님이 오시니 방을 깨끗이 치어 놓아라.

¶ 쓰레기로 막힌 도랑을 쳐서 물이 잘 흐르도록 했다.

② 논이나 물길 따위를 만들기 위하여 땅을 파내거나 고르다.

¶ 개숫물이 흘러 나가도록 마당 한쪽으로 도랑을 치자.

● '치다[7]'과 '치우다'

도랑을 치고, 우물을 치는 것은 거기에 섞인 더러운 것을 치움으로써 물을 잘 흐르게 하거나 물을 깨끗하게 하는 행위이다. '치다'의 목적어로는 주로 장소를 나타내는 말을 쓴다. '치우다'는 물건을 다른 데로 옮김으로써 그곳을 정리하는 행위이다. 쓰레기를 쓰레기통에 버리거나 안 쓰는 물건은 창고로 보내거나 어수선하게 널려 있는 물건을 제자리로 옮겨 정리하는 것도 치우는 행위이다. '치우다'의 목적어로는 장소와 물건이 모두 쓰일 수 있다.

치다[8] 동사

[규칙] 치고, 치니, 치어/쳐, 친다, 칩니다, 치었다/쳤다

차나 수레 따위가 사람을 강한 힘으로 부딪고 지나가다.

¶ 자동차가 사람을 치고 그대로 달아났다.

치다[9] 동사

규칙 치고, 치니, 치어/쳐, 친다, 칩니다, 치었다/쳤다

① 셈을 맞추다.

¶ 남은 물건은 개당 천 원에 쳐서 모두 내가 사기로 했다.

¶ 너까지 쳐야 겨우 열 명이 된다.

② 어떠한 상태라고 인정하거나 사실인 듯 받아들이다.

¶ 나에게 거짓말을 친 사람은 친구로 치지 않는다.

¶ 네 말대로 내가 잘못했다고 치자.

복합어

쳐주다 ① 셈을 맞추어 주다. ② 인정하여 주다. ¶ 이런 그림은 별로 쳐주지 않아요.

치다[10] 동사

규칙 치고, 치니, 치어/쳐, 친다, 칩니다, 치었다/쳤다

체를 이용하여 분리하다.

¶ 쌀을 빻은 뒤에 체로 치면 고운 쌀가루를 얻을 수 있다.

¶ 자갈이 섞인 모래를 체로 쳐서 자갈만 골라내었다.

복합어

쳐내다 체를 흔들어 고운 가루를 뽑아내다.

● '치다'의 형태 바뀜

'치다'에 어미 '-어, -어서, -어라'를 붙이거나 '-었-'을 붙이는 경우에는 '치어, 치어서, 치어라, 치었어'처럼 되는데, 보통 이를 줄여서 '쳐, 쳐서, 쳐라, 쳤어'처럼 쓴다.

✕ 치다[11] '치이다[1]'의 틀린 말.

¶ 길을 건너다가 차에 치어(×)/치이어(○)/치여(○) 다쳤다.

››› '치이다[1]'의 준말로 '치다'를 쓰지 않는다. '치이다'의 '-이-'가 피동의 뜻을 나타내는 데 중요한 구실을 하기 때문이다.

✕ 치다[12] '치우다'의 틀린 말.

¶ 그는 앉은자리에서 불고기 10인분을 먹어 치는(×)/치우는(○) 대식가로 유명하다.

››› '치우다'의 준말로 '치다'를 쓰지 않는다. '치우다'의 '-우-'가 사동의 뜻을 나타내는 데 중요한 구실을 하기 때문이다. 마찬가지로 '키우다, 피우다'도 '키다, 피다'로 쓰면 안 된다.

○ 치다꺼리 명사 ×치닥거리/치닥꺼리

① 남을 도와서 자잘한 일을 해 주는 것. 또는 그 일.

② 일을 치름.

복합어

뒤치다꺼리 일을 마친 뒤를 정리하는 것. ¶ 내가 이런 뒤치다꺼리나 해야겠니?

● '치다꺼리'의 용법

'치다꺼리'는 대체로 부정적인 상황에서 사용한다. 일이 자잘해서 할 만한 것이 아니거나, 맛있는 음식을 다 먹고 남은 설거지를 해야 하는 상황에서 사용한다. 긍정적인 상황에서는 '바라지'를 사용한다. 아래 몇 가지 예문을 보면 알 수 있다.

¶ 부모는 자식 치다꺼리(×)를 보람으로 삼는다. →바라지

¶ 누가 내 치다꺼리(×)를 좀 해 주려나? →바라지

¶ 그 사람이 다 해 먹고 나는 그의 치다꺼리(○)만 한 셈이다.

✕ 치닥거리 / 치닥꺼리 '치다꺼리'의 틀린 표기.

치들다 동사

불규칙 치들고, 치드니, 치들어, 치든, 치든다, 치듭니다, 치들었다

위로 올려 들다. =치켜들다

¶ 기수가 깃발을 높이 치들고 행진한다.

치뜨다 동사

불규칙 치뜨고, 치뜨면, 치떠, 치뜬다, 치뜹니다, 치떴다

눈을 위쪽으로 뜨다. =치켜뜨다

¶ 화가 잔뜩 난 동생이 눈을 치뜨고 형에게 달려든다.

치루다 'ᅟ치르다'의 틀린 말.

¶ 시험을 치뤘다(×)/치렀다(○).

치뤄 '치르다'의 연결형 '치러'의 틀린 말.

치르다 동사 ×치루다

불규칙 치르고, 치르니, 치러, 치른다, 치릅니다, 치렀다

① 마땅히 주어야 할 돈을 내어 주다.

¶ 내가 밥값을 치르기로 했다.

② 무슨 일을 당하여 겪어 내다.

¶ 행사를 치르면 다음 날 꼭 몸살이 난다.

¶ 아이가 홍역을 치르고 나더니 부쩍 큰 것 같다.

③ (끼니나 새참을 나타내는 단어와 함께 쓰여) 먹거나 요기를 하다.

¶ 아직 시간이 있으니 점심이나 치르고 출발하자.

ㅊ

● '치르다'와 '치루다'

'치루다'라는 말은 없다. '치르다'를 잘못 표기한 것이다. 따라서 '치뤄', '치뤘다'도 '치르다'의 활용형 '치러', '치렀다'의 틀린 말이다. 비슷한 잘못은 '담그다', '잠그다'에서도 나타난다.

¶ 이번에 행사를 잘 치뤘다고(×)/치렀다고(○) 사장님께서 크게 칭찬하셨다.

¶ 선생은 독립운동을 하다가 5년간 옥고를 치루셨다(×)/치르셨다(○).

치우다 동사 ×치다

규칙 치우고, 치워, 치운다, 치웁니다, 치웠다

① 도중에 그만두거나 멈추다.

¶ 하던 일을 치우고 여행을 떠났다.

② 거두어 다른 데로 옮기다.

¶ 자전거를 한쪽으로 치워야 사람이 지나다닐 수 있겠다.

③ 안에 든 것을 꺼내고 깨끗이 청소하다. 참고 치다[7]

¶ 어질러진 방을 치우니 기분이 개운해졌다.

④ (동사 뒤에서 '-어 치우다' 구성으로 쓰여) 앞말이 뜻하는 행동을 쉽고 빠르게 해 버림을 나타내는 말.

¶ 밥 한 그릇을 게 눈 감추듯 먹어 치웠다.

복합어

집어치우다 하던 일이나 하려는 일을 그만두다. ¶그런 쓸데없는 말은 집어치워라.

해치우다 ① 일을 시원스럽고 빠르게 끝내다. ¶숙제를 빨리 해치우고 놀러 나가자.
② 방해가 되는 것을 없애다. ¶주인공이 단숨에 보초를 해치우고 달아났다.

치이다[1] 동사 ×치다

규칙 치이고, 치이어/치여, 치이는, 치인다, 치입니다, 치이었다/치였다

① 무엇에 받히다. '치다[8]'의 피동형.

¶자전거를 타고 가다가 자동차에 치이는 사고를 당했다.

② 어떤 힘에 구속이나 방해를 받다.

¶만날 일에 치여 사느라고 피서 한번 변변히 가지 못했다.

③ 다른 힘에 억눌리거나 해를 입다.

¶우리가 언제부터 중국에 치이고, 일본에 치이며 살게 되었는가?

④ 덫 따위에 걸리다.

치이다[2] 동사

규칙 치이고, 치이어/치여, 치인다, 치입니다, 치이었다/치였다

값이 얼마씩 먹히다. '치다[9]'의 피동형.

¶계산해 보니 하나에 100원씩 치인 것 같다.

치이다[3] 동사

규칙 치이고, 치이어/치여, 치인다, 치입니다, 치이었다/치였다

치우게 하다. '치우다'의 사동형.

¶방은 동생에게 치이고 너는 심부름을 좀 갔다 오너라.

¶마당에 쌓인 눈은 형에게 치이고 너는 대문 밖을 치워라.

치켜들다 동사

불규칙 치켜들고, 치켜드니, 치켜든, 치켜듭니다, 치켜들었다

위로 올려 들다. =추켜들다, 치들다

¶ 아이들은 한쪽 팔을 번쩍 치켜들고 횡단보도를 건넜다.

¶ 사람들은 너도나도 태극기를 치켜들고 만세를 불렀다.

치켜뜨다 동사

불규칙 치켜뜨고, 치켜뜨니, 치켜떠, 치켜뜬, 치켜뜹니다, 치켜떴다

눈을 아래에서 위로 향하여 뜨다. =치뜨다

¶ 어른에게 눈초리를 치켜뜨고 말대꾸를 하다니 그러면 못써.

치켜세우다 동사

규칙 치켜세우고, 치켜세우면, 치켜세워, 치켜세운다, 치켜세웁니다, 치켜세웠다

=추켜세우다

① 옷깃이나 신체 일부를 위로 가뜬하게 올려 세우다.

¶ 바람이 세게 부니 모두 옷깃을 치켜세우고 걸었다.

② 정도 이상으로 크게 칭찬하다.

¶ 사람을 지나치게 치켜세우면 우쭐해서 잘못되기 쉽다.

¶ 언제는 애국자라고 치켜세우더니 이제는 매국노라고 비난한다.

››› '치켜세우다'와 '추켜세우다'는 구별하지 않고 서로 대체하여 사용할 수 있다.

치켜올리다 동사 ×치껴올리다

규칙 치켜올리고, 치켜올리면, 치켜올려, 치켜올립니다, 치켜올렸다

=추어올리다, 추켜올리다

① 옷이나 물건, 몸의 일부를 위로 가뜬하게 올리다.

② 실제보다 과장되게 칭찬하다. =추어주다

✕ 치켜잡다 ‘추켜잡다’의 틀린 말.

○ 치키다 동사

[규칙] 치키고, 치키어/치켜, 치킨다, 치킵니다, 치키었다/치켰다

위로 향하여 끌어 올리다.

¶ 화가 났는지 동생은 눈초리를 치키고 나를 노려보았다.

¶ 선수는 공을 공중으로 치켰다가 떨어지는 순간에 라켓으로 쳐서 서브를 넣었다.

○ 친히(親-) 부사

직접 제 몸으로. =몸소

¶ 종묘 제례에는 왕이 친히 종묘까지 납셔서 제사를 주관하셨다.

>>> ‘친히’, ‘몸소’, ‘손수’의 차이는 올림말 ‘손수’ 참고.

ㅋ

칸 명사

① 건물, 기차 안, 책장 따위에서 일정한 규격으로 둘러막아 생긴 공간.

¶ 지하철에는 약냉난방 칸이 따로 있다.

¶ 2층은 회의 공간으로 쓰려고 칸을 막지 않았다.

② 사방을 둘러막은 그 선의 안.

¶ 비어 있는 칸에 알맞은 답을 써 넣으시오.

③ (수량을 나타내는 말 뒤에 쓰여) 집의 칸살을 세는 말.

¶ 우리는 이 건물의 세 칸을 빌려서 쓰고 있다.

복합어

빈칸 ① 비어 있는 칸. ② 비어 있는 부분.

짐칸 짐을 싣는 칸. =화물칸

집칸 ① 집을 이루는 칸살. 집의 각 칸. ② 몇 칸 안 되는 변변치 못한 집.

칸막이 칸과 칸 사이를 막는 물건. 또는 칸을 막는 일.

칸수 방이나 기차 따위의 칸의 수. ¶ 이 집은 칸수가 많아서 세를 많이 놓을 수 있다.

‘칸’과 ‘간(間)’

‘칸’은 한자어 ‘간(間)’이 거센소리로 바뀐 것이다. 현실 발음을 존중하여 ‘칸’을 표준어로 인정하고, ‘간’은 접미사와 의존 명사로 제한적으로만 쓴다.

① 접미사로 쓰는 경우 ‘동안’이나 ‘장소’의 뜻을 더한다.

¶ 이 일은 이틀간이면 끝날 것 같다.

¶ 기간을 얼마간 주면 되겠니?

¶ 예전에는 고기를 푸줏간에 가서 사 왔다.
② 의존 명사로 쓰는 경우 단위로 쓰거나 '사이'나 '관계'의 뜻을 나타낸다.
¶ 사방 여섯 자 되는 공간을 한 간으로 본다.
¶ 서울과 부산 간의 거리가 400킬로미터쯤 될 거야.
¶ 가족 간에도 지켜야 할 예의가 있다.

캐다 동사

규칙 캐고, 캐어/캐, 캐어서/캐서, 캐는, 캔, 캡니다, 캐었다/캤다

① 땅속에 묻힌 생산물을 파서 꺼내다.
¶ 봄이면 쑥을 캐고, 여름이면 조개 캐는 재미가 쏠쏠하다.
② 드러나지 아니한 사실을 밝혀내다.
¶ 학자들은 피라미드의 비밀을 캐려고 노력하였다.

커다랗다 형용사 ×크다랗다

불규칙 커다랗게, 커다라니, 커다래, 커다란, 커다랗습니다, 커다랬다

썩 크다. 매우 큼직하다. 참고 -다랗다
¶ 선생님은 칠판에 커다랗게 '안녕'이라고 적으셨다.

복합어

커다래지다 커다랗게 되다.

커트(cut) 명사

① 공을 비스듬히 깎아 치는 일.
② 머리칼을 조금 짧게 치는 일.
③ 자르거나 베어 냄. 참고 컷

ㅋ

복합어

커트라인 합격자와 불합격자가 갈리게 되는 선. 합격자의 최저선.

커트하다 ① 공을 비스듬히 깎아 치다. ② 머리칼을 조금 짧게 치다. ③ 자르거나 베어 내다.

컷(cut) 명사

① 삽화. 또는 삽화를 세는 말.

② 영화에서 필요에 따라 필름을 잘라 내는 일. 또는 그 필름.

③ 영화를 촬영할 때 카메라의 회전을 멈추는 일. 또는 멈추라는 지시.

● '컷'과 '커트'

두 낱말 다 영어 'cut'에서 유래한 말이다. 영어로는 하나의 낱말인데 우리말에서는 [커트]와 [컷] 두 가지로 소리 나며 소리에 따라서 용도가 다른 것이 특징이다.

케케묵다 형용사 ×켸켸묵다

규칙 케케묵고, 케케묵어, 케케묵은, 케케묵었다

① 쓸모가 없을 만큼 낡거나 오래 묵다.

¶ 물건이 너무 케케묵어서 벼룩시장에 내놓기가 부끄럽다.

② 생각이나 습관 따위가 새롭지 않고 매우 낡다.

¶ 그렇게 케케묵은 생각으로는 아무것도 바꿀 수 없다.

켕기다 동사 ×캥기다

규칙 켕기고, 켕기어/켕겨, 켕깁니다, 켕기었다/켕겼다

① 속으로 슬그머니 겁이 나거나 거리끼다.

¶ 서둘러 도망하는 것을 보니 뭐 켕기는 것이 있는 모양인데.

② 단단하고 팽팽하게 되다.

¶ 바람이 부니 연줄이 너무 팽팽하게 켕기어 곧 끊어질 것 같다.

③ 마주 버티다.

¶ 두 사람은 서로 켕길 줄만 알지 져 주는 법을 모른다.

④ 마주 당기어 팽팽하게 하다.

¶ 빨랫줄을 팽팽하게 켕겨서 나무에 묶어라.

켜다[1] 동사

규칙 켜고, 켜니, 켜, 켠다, 켭니다, 켰다

① 톱으로 썰다. 톱으로 결을 따라 썰다.

¶ 제재소에서는 나무를 켜는 소리가 하루 종일 끊이지 않는다.

¶ 흥부가 박을 켜자 금은보화가 쏟아져 나왔다.

② 현악기를 연주하다. 참고 타다[6]

¶ 방학 동안에 해금 켜는 법을 배웠다.

③ 우레를 불어 암컷의 소리를 내다.

¶ 우레 켜는 소리에 어디에선가 매가 득달같이 날아왔다.

④ 누에고치에서 실을 뽑아내다.

¶ 누에고치를 켜서 명주실을 만든다.

⑤ 엿을 다루어서 희게 만들다.

¶ 가락엿을 만들려면 엿을 잘 켜야 한다.

⑥ 기지개를 일으키다.

¶ 나는 일어나자마자 기지개를 켜고 창문을 열었다.

켜다[2] 동사

규칙 켜고, 켜니, 켜, 켠다, 켭니다, 켰다

① 불을 붙이거나 일으키다.

¶ 촛불을 켜니 방 안이 밝아졌다.

¶ 손전등을 켜고 밤길을 걸었다.

② 전기 제품 따위를 작동하다.

¶ 컴퓨터 전원을 켰다.

¶ 텔레비전을 켜고 올림픽 중계를 보았다.

켜다[3] 동사

규칙 켜고, 켜니, 켜, 켠다, 켭니다, 켰다

술, 물 따위를 한숨에 들이마시다.

¶ 막걸리 한 사발을 단숨에 켜고 일어섰다.

복합어

켜이다 갈증 따위로 물을 자꾸 마시게 되다. '켜다[3]'의 피동형. ㊟ 키다[1] ¶ 점심을 짜게 먹었는지 하루 종일 물이 켜인다.

켸켸묵다 '케케묵다'의 틀린 표기.

¶ 켸켸묵은(×)/케케묵은(○) 옛날이야기는 꺼내지 마라.

코배기 명사

코가 유난히 큰 사람, 특히 서양 사람을 놀림조로 이르는 말.

코빼기 명사

'코'를 속되게 이르는 말.

관용 표현

코빼기도 내밀지 않다 도무지 모습을 나타내지 아니함을 낮잡아 이르는 말. ¶ 일할 때는 코빼기도 내밀지 않더니 먹을 때가 되니 오는구나.

코빼기도 못 보다 도무지 나타나지 않아 전혀 볼 수 없음을 낮잡아 이르는 말. ¶ 아들 녀석이 아침부터 어디를 갔는지 하루 종일 코빼기도 못 보았다.

››› '코배기'와 '코빼기'는 '코'를 어근으로 삼아 여기에 접미사 '-배기'와 '-빼기'를 붙여 만든 낱말이다. '-배기'와 '-빼기'의 기능에 따라서 두 낱말의 의미 차이가 생긴 것이다. 올림말 '-배기'와 '-빼기' 참고.

크다 ①-⑩형용사 ⑪-⑬동사

불규칙 크고, 크니, 커, 커서, 큽니다, 컸다

① 사물의 길이, 넓이, 높이, 부피 따위가 보통 정도나 기준을 넘다.

¶ 그 사람은 키가 장대처럼 크다.

¶ 옷이 너무 커서 입고 다닐 수 없다.

② 일의 규모, 정도, 힘 따위가 대단하거나 강하다.

¶ 이 결과에 관해서는 제 책임이 큽니다.

③ 사람의 됨됨이가 뛰어나고 훌륭하다.

¶ 머지않아 이 마을에 큰 인물이 날 것이다.

④ 돈의 액수나 단위가 높다.

¶ 그가 저축한 돈이 얼마나 큰지 모르겠다.

⑤ 일의 영향, 충격 따위가 보통 정도를 넘다.

¶ 네 말에 나는 크게 실망했다.

¶ 그 사건이 우리 사회에 큰 충격을 주었다.

⑥ 생각의 범위나 도량이 넓다.

¶ 그 사람은 통이 커서 큰일을 해낼 것이다.

⑦ 가능성 따위가 많다.

¶ 이런 상황에서는 조금만 건드리면 폭발할 위험이 크다.

⑧ 중요하다. 의의가 있다.

¶ 이번에 제가 국회 의원 선거에 나서려는 큰 결심을 하게 되었습니다.

⑨ 뛰어나다. 훌륭하다.

¶ 대통령으로서 큰 업적을 남기기 바란다.

⑩ ('크게' 형태로 쓰여) '대강', '대충'의 뜻을 나타내는 말.

¶ 식물을 크게 나누면 풀과 나무 두 종류로 나눌 수 있다.

⑪ 길이가 자라다.

¶ 날씨가 건조하면 나무가 크지 못한다.

⑫ 사람이 자라서 어른이 되다.

¶ 나는 커서 장군이 되고 싶다.

⑬ 수준이나 지위 따위가 높은 상태가 되다.

¶ 네가 나에게 대들다니, 많이 컸구나.

관용 표현

크나 작으나 크기에 관계없이 어쨌든. ¶ 사내들은 크나 작으나 다 똑같다.

속담

크고 단 참외 겉보기도 좋고 실속도 있어 마음에 드는 물건을 빗대어 이르는 말.

큰 고기는 깊은 물속에 있다 훌륭한 인물은 많은 사람들 속에 섞여 있어 잘 드러나지 아니함을 빗대어 이르는 말.

큰 도적이 좀도적 잡는 시늉 한다 권력을 가진 사람이 자기는 닥치는 대로 재물을 긁어모으면서도 아랫사람들의 부정행위는 엄격히 다스림을 빗대어 이르는 말.

큰 둑(/방죽)도 개미구멍으로 무너진다 ① 작은 실수가 큰 사고를 일으킨다는 말. ② 작은 힘으로도 큰일을 이룰 수 있음을 빗대어 이르는 말.

× 크다랗다 'ㄹ커다랗다'의 틀린 말.

○ 키다[1] 동사

[규칙] 키고, 키니, 키어/켜, 킨다, 킵니다, 키었다/켰다

갈증 따위로 물을 자꾸 켜게 되다. '켜이다'의 준말. [참고] 켜다[3]

¶ 자꾸 물이 키니 오줌도 자주 누게 된다.

× 키다[2] '키우다'의 틀린 말.

¶ 부모들은 제 아이를 키느라고(×)/키우느라고(○) 주변을 돌보지 못하기 쉽다.

○ 키우다 동사 ×키다

[규칙] 키우고, 키워, 키운다, 키웁니다, 키웠다

① 사람이나 동식물을 자라게 돌보다. '크다'의 사동형.

¶ 자식을 잘 키우는 것이 부모가 할 일이다.

¶ 그 집은 화초도 많이 키우는데 고양이도 여러 마리 키운다.

② 소리를 크게 하다.

¶ 라디오 소리를 좀 키워라.

③ 규모를 크게 하다.

¶ 사업을 두 배로 키우려면 자금이 네 배는 더 필요하다.

④ 악화시키거나 심하게 하다.

¶ 공연히 사건을 더 키우지 마라.

¶ 그러다가 병만 더 키우게 생겼다.

ㅌ

타고나다 동사

규칙 타고나고, 타고난, 타고납니다, 타고났다

어떤 성품이나 능력, 운명 따위를 선천적으로 가지고 태어나다.

¶ 그는 노래에 타고난 재능을 보인다.

¶ 그는 좋은 성품을 타고났다.

타다[1] 동사

규칙 타고, 타, 타서, 타는, 탄다, 탑니다, 탔다

① 불이 붙다. 불붙어 불꽃이 일어나거나 벌겋게 바뀌다.

¶ 참나무는 잘 타는 성질이 있어서 땔감으로 널리 쓰인다.

② 누렇게 또는 까맣게 되도록 몹시 눋다.

¶ 밥이 다 타서 먹을 수 없게 되었다.

③ 살갗이 햇볕에 몹시 그을다.

¶ 외출할 때는 얼굴이 타지 않도록 선크림을 발라라.

④ 물기가 없이 바싹 마르다.

¶ 가뭄으로 잎이 다 타 버렸다.

⑤ 걱정이 되어 몹시 달다.

¶ 너 때문에 내 속이 탄다.

속담

타는 불에 부채질한다 ① 화가 나 있는 사람에게 더욱 화를 돋우거나 부아가 나게 함을 빗대어 이르는 말. ② 남의 재난에 도움을 주지 않고 오히려 해코지함을 빗대어 이르는 말.

타다[2] 동사

규칙 타고, 타, 타서, 타는, 탄다, 탑니다, 탔다

① 탈것을 이용하려고 올라앉거나 올라앉아 이동하다.

¶ 울릉도에 가려면 속초나 포항에서 배를 타야 한다.

¶ 아버지는 버스를 타고 출근하신다.

② 그네, 썰매 따위를 이용하여 다루다.

¶ 눈이 오면 우리는 썰매를 타기 위하여 언덕으로 모여들었다.

③ 산이나 나무 따위를 오르다.

¶ 그는 암벽을 타는 재미에 푹 빠져 있다.

¶ 내 친구는 다람쥐처럼 나무를 잘 탄다.

④ 어떤 기회를 잡아 이용하다.

¶ 바람이 부는 기회를 타서 배를 띄우고 바다로 나아갔다.

¶ 빗줄기가 뜸해진 틈을 타 집으로 뛰어갔다.

⑤ 줄에 올라서 걷거나 뛰다.

¶ 곡예사가 외줄 위에서 줄을 타는 모습이 아슬아슬하였다.

⑥ 매개체에 실려 퍼지다.

¶ 일본이 패망했다는 소식이 라디오 전파를 타고 전해졌다.

¶ 일단 방송을 타면 유명 인사가 되는 것 같다.

타다[3] 동사

규칙 타고, 타, 타서, 타는, 탄다, 탑니다, 탔다

액체에다 무엇을 넣어 섞다.

¶ 물에 꿀이나 설탕을 타서 마시면 피로를 푸는 데에 도움이 된다.

타다[4] 동사

규칙 타고, 타, 타서, 타는, 탄다, 탑니다, 탔다

① 상이나 돈을 받다.

¶ 고등학교 졸업 전까지는 부모님께 용돈을 타서 썼다.

¶ 대회 우승 상금으로 100만 원을 탄 일이 있다.

② 기운이나 힘을 받아 지니다.

¶ 가까스로 기운을 타던 벼 포기가 또 물에 잠겼다.

③ 복이나 운명을 선천적으로 지니다.

¶ 그는 재복을 타고 태어난 것 같다.

타다[5] 동사

규칙 타고, 타, 타서, 타는, 탄다, 탑니다, 탔다

① 양쪽으로 갈라서 줄이나 골을 내다.

¶ 소녀는 가르마를 반듯하게 타서 머리를 양 갈래로 묶었다.

② 박 따위를 톱 같은 기구를 써서 밀었다 당겼다 하여 갈라지게 하다.

¶ 흥부가 박을 타니 속에서 금은보화가 쏟아져 나왔다.

③ 낟알 따위를 맷돌로 부서뜨리다.

¶ 맷돌에 콩을 타서 만든 콩국수라서 그런지 맛이 좋다.

타다[6] 동사

규칙 타고, 타, 타서, 타는, 탄다, 탑니다, 탔다

현악기를 다루어 소리를 내다. 참고 켜다[1]②

¶ 여인의 거문고 타는 솜씨가 대단했다.

● '타다[6]'과 '켜다[1]'

줄로 된 악기를 현악기라고 하는데 이를 연주하는 방법에는 두 가지가 있다. 줄을 문질러서 소리를 내는 방법과 줄을 튕겨서 소리를 내는 방법이다. 줄을 문질러 소리 내는 악기에는 바이올린, 비올라, 해금 따위가 있고, 줄을 튕겨 소리 내는 악기에는 가야금, 거문고 따위가 있다. 줄을 문질러 소리 내는 것을 '켜다'라고 하고, 줄을 튕겨 소리 내는 것을 '타다'라고 한다.

타다[7] 동사

규칙 타고, 타, 타서, 타는, 탄다, 탑니다, 탔다

솜을 튀기거나 쳐서 보풀게 하다.

¶ 묵은 솜을 탔더니 새 솜처럼 보송보송하다.

타다[8] 동사

규칙 타고, 타, 타서, 타는, 탄다, 탑니다, 탔다

① 간지럼, 부끄럼, 무서움 따위를 쉽게 느끼다.

¶ 동생은 간지럼을 많이 탄다.

② 독한 기운을 몸에 쉽게 받다.

¶ 나는 옻을 잘 타는 편이다.

③ 상황이나 기후의 영향을 쉽게 받다.

¶ 나는 유난히 봄을 타는 체질이라 봄이 되면 입맛도 떨어지고 피부도 까칠해진다.

④ 때나 먼지 따위가 쉽게 달라붙다.

¶ 기름때가 탄 옷은 깨끗이 빨기가 어렵다.

타들다 동사

불규칙 타들고, 타드니, 타들어, 타든다, 타드오, 타듭니다, 타들었다

① 점점 타 들어가다.

¶ 촛불이 점점 타들어 촛농이 흘러내렸다.

¶ 무심코 버린 담뱃불이 타들어 산불이 났다.

② 일정한 한계를 넘어 넓게 또는 깊이 번져 가며 타다.

¶ 산기슭에서 시작한 불이 점점 산꼭대기를 향하여 타들어 가고 있다.

¶ 가뭄이 심하여 논밭이 새빨갛게 타들고 샘물까지 말라 버렸다.

③ 입술이 바싹 말라 들다.

¶ 긴장이 되니 입이 바싹 타들더라.

타오르다 동사

불규칙 타오르고, 타오르니, 타올라, 타오른, 타오릅니다, 타올랐다

① 불이 타기 시작하다.

¶ 창고에서 타오른 불길이 순식간에 공장으로 번졌다.

② 마음이 후끈 달아오르다.

¶ 그의 얼굴을 보자마자 분노가 불같이 타올랐다.

타이르다 동사

불규칙 타이르고, 타일러, 타이르는, 타이릅니다, 타일렀다

깨닫도록 사리를 밝혀 말해 주다.

¶ 내가 네 동생에게 잘 알아듣도록 타일렀으니 아무 걱정 하지 마라.

¶ 선생님께서 아이들을 잘 타일러 집으로 돌려보냈다.

¶ 어머니는 우리에게 거짓말을 하지 말라고 타이르셨다.

탄신(誕辰) 명사

임금이나 성인이 태어난 날. 참고 탄일, 생신

¶ 여주에서는 해마다 5월 15일에 세종 대왕 탄신을 기념하는 행사가 열린다.

● '탄신'과 '탄일', '생신'

사람이 태어난 날을 높여 이르는 말로 '생신'과 '탄일', '탄신'이 있다. '생신'과 '탄일'은 '생일'의 높임말이다. 손아랫사람이 태어난 날은 생일이지만, 손윗사람이나 높여야 할 사람이 태어난 날은 '생신'이고, 그보다 더 지위가 높은 임금이나 성인이 태어난 날은 '탄신'이다. '생신'이나 '탄신'에 '일'이나 '날'을 붙여서 '생신일', '생신날', '탄신일', '탄신날'이라고 쓰지 말아야 한다. '일'과 '신'이 '날'을 가리키는 말이므로 그냥 '생신', '탄신'이라고 해야 한다.

✕ 탐탁치 '탐탁지'의 틀린 표기.

¶ 그의 제안은 탐탁치(×)/탐탁지(○) 않아서 검토하지 않았다.

››› '탐탁지'는 '탐탁하지'가 줄어든 말로, 'ㄱ' 받침 뒤에서는 '-하지'가 '-지'로 줄어든다.

○ 탐탁하다 형용사

불규칙 탐탁하지/탐탁지, 탐탁하여/탐탁해, 탐탁한, 탐탁하였다/탐탁했다

(주로 부정하는 말과 함께 쓰여) 모양이나 태도, 또는 어떤 일 따위가 마음에 들어 만족하다.

¶ 그의 일솜씨가 탐탁하지/탐탁지 않았던 건 사실이다.

¶ 사장은 내 기획안을 그다지 탐탁하게 생각하지 않았다.

○ 탓 명사

① 나쁜 결과가 생기게 된 그 원인이나 까닭.

¶ 그는 잘못된 결과를 자기 탓으로 돌렸다.

¶ 공간이 밀폐된 탓에 숨을 쉬기가 어려웠다.

② 구실이나 핑계로 삼아 원망하거나 나무라는 일.

¶ 일이 안될 때 남 탓만 하는 사람은 발전이 없다.

복합어

탓잡다 핑계나 구실로 삼다. ¶ 사소한 일을 탓잡아 비난하면 사이만 나빠진다.

탓하다 핑계나 구실로 삼아 나무라거나 원망하다. ¶ 내가 실수해서 일어난 일인데 누구를 탓하겠는가?

태(態) 명사

① 아름답고 보기 좋은 모양새. =맵시

¶ 예쁜 옷을 입었지만 영 태가 안 난다.

② 겉으로 보이는 모양새.

¶ 그녀에게서는 어딘지 모르게 귀부인 태가 나는 것 같다.

¶ 나는 도시로 나온 지 얼마 되지 않아서 촌사람 태를 말끔히 벗었다.

③ 일부러 꾸며 드러내려는 태도.

¶ 동기들보다 한 살 더 많다고 나이 든 태를 내려 한다.

¶ 연기는 태를 부리지 않고 자연스럽게 해야 한다.

복합어

뒤태 뒤쪽에서 본 몸매나 모양.

앞태 앞쪽에서 본 몸매나 모양.

옆태 옆에서 본 몸매나 모양.

태깔 ① 모양과 빛깔. ¶ 얼굴 태깔이 좋은 걸 보니 형편이 펴인 모양이군. ② 교만한 태도. ¶ 어른 앞에서 태깔을 부리는 게 아니다.

태어나다 동사

규칙 태어나고, 태어나, 태어난, 태어납니다, 태어났다

사람이나 동물이 형태를 갖추어 어미의 태에서 세상으로 나오다.

¶ 아버지는 장남으로 태어났다.

¶ 나는 나주에서 태어나서 광주에서 학교에 다녔다.

태우다[1] 동사

규칙 태우고, 태워, 태운다, 태웁니다, 태웠다

'타다[1]'의 사동형.

¶ 나는 엄마 속을 무던히도 태우며 자랐다.

¶ 가뭄이 농작물을 모조리 태워 버렸다.

¶ 풀과 나무를 태운 자리에 농사짓는 것을 화전이라고 한다.

태우다[2] 동사

규칙 태우고, 태워, 태운다, 태웁니다, 태웠다

'타다[2]①, ②'의 사동형.

¶ 그네를 태워 주니 아이가 무척 좋아한다.

¶ 방학마다 아이들을 기차에 태워서 시골로 보냈다.

¶ 엄마가 아기를 유모차에 태웠다.

¶ 여기가 어릴 때 동생에게 썰매를 태워 주던 논이다.

태우다[3] 동사

규칙 태우고, 태워, 태운다, 태웁니다, 태웠다

몫으로 주는 돈이나 물건을 받게 하다. '타다[4]①'의 사동형.

¶ 월급날 직원에게 월급을 태우는 일이 가장 힘들었다.

¶ 계주가 곗돈을 태우지 않고 도망쳤다.

태우다[4] 동사

규칙 태우고, 태워, 태운다, 태웁니다, 태웠다

간지럼 따위의 느낌을 느끼게 하다. '타다[8]①'의 사동형.

¶ 옆 친구가 자꾸 간지럼을 태워서 웃음이 난다.

터[1] 명사

① 집이나 건물을 지었거나 지을 자리.

¶ 집 지을 터를 닦고 있다.

② 활동의 토대나 일이 이루어지는 밑바탕.

¶ 선생은 비디오 예술이라는 새로운 장르의 터를 닦으셨다.

③ (일부 명사 뒤에 붙어) '자리'나 '장소'의 뜻을 나타내는 말.

¶ 낚시터, 사냥터, 싸움터, 놀이터, 일터, 흉터

속담

터를 닦아야 집을 짓지 기초 작업을 해야 그다음 일을 할 수 있음을 이르는 말.

터[2] 명사

① (어미 '-ㄹ' 뒤에 쓰여) '예정'이나 '추측', '의지'의 뜻을 나타내는 말.

¶ 내일 갈 터이니 잘 준비해 두어라.

¶ 시장할 터인데 먹을 것이 없어서 어쩌나?

② (어미 '-은/-는', '-던' 뒤에 쓰여) '처지'나 '형편'의 뜻을 나타내는 말.

¶ 알 만한 사람은 다 알고 있는 터에 거짓말을 할 필요가 있니?

¶ 병원에 예약을 한 터라 오래 기다리지 않았다.

'터[2]'의 표기

'터'는 조사 '이다'를 데리고 다녀 '터이다, 터이니, 터인데, 터이야'처럼 쓴다. 이때 '터'와 '이다'의 어간 '이'가 합해져서 '테'로 바뀐 상태로 쓰는 것이 보통이다.

¶ 나는 지금 갈 터이야/테야.

¶ 곧 비가 내릴 터인데/텐데 우산을 가지고 가라.

¶ 내일 갈 터이니/테니 거기서 만나자.

¶ 나는 산에 가지 않을 터이다/테다.

터지다[1] 동사

규칙 터지고, 터지어/터져, 터진다, 터집니다, 터지었다/터졌다

① 거죽이 갈라지다.

¶ 추운 날씨에 손등이 터져서 크림이라도 발라야겠다.

② 막혔던 것이 갈라져 무너지거나 뚫리다.

¶ 갑자기 불어난 물로 둑이 터져서 많은 논밭이 못쓰게 되었다.

③ 쌓인 감정이 갑자기 쏟아져 나오다.

¶ 그의 엉뚱한 말에 그만 쌓인 분노가 터지고 말았다.

④ 소리나 노래가 갑자기 울려 나오다.

¶ 옆방에서 고함 소리가 터져 나왔다.

⑤ 한꺼번에 생기다.

¶ 요즘 복이 터진 것처럼 좋은 일이 많이 생겼다.

⑥ 얻어맞거나 매를 맞다. ㉥ 얻어터지다

¶ 너는 왜 만날 그렇게 터지고 다니니?

⑦ 사건이 일어나거나 벌어지다.

¶ 전쟁이 터지면 힘없는 사람들만 죽음에 내몰리겠지.

⑧ 광맥이 나타나다.

¶ 뒷산에서 금줄이 터져서 온 동네가 소란스러웠다.

⑨ 전화 통화가 이루어지다.

¶ 요새는 무선 전화가 어디서나 잘 터진다.

복합어

미어터지다 ① 공간이 꽉 차 터지거나 터질 듯한 상태가 되다. ¶ 사람이 너무 많이 타서 버스가 미어터지게 생겼다. ② (비유적으로) 심한 고통이나 슬픔으로 가슴이 터질 듯이 몹시 괴롭다. ¶ 아픈 아이를 보니 가슴이 미어터지는 것 같다.

부어터지다 ① 부풀어서 터지다. ② (속되게) 잔뜩 화가 나다. ¶ 아이는 화가 났는지 부어터진 얼굴로 앉아 있었다.

얻어터지다 '얻어맞다'를 속되게 이르는 말. ¶ 동생이 친구들에게 얻어터지고 울자 형이 달려가 혼내 주었다.

ㅌ

관용 표현

터진 팥 자루 같다 팥 자루는 한번 터지면 팥이 줄곧 흘러나오므로 쉽게 오므릴 수 없다는 뜻에서, 벌어진 채 다물어지지 않는 입을 가리키는 말.

터지다[2] 동사

규칙 터지고, 터지어/터져, 터진다, 터집니다, 터지었다/터졌다

('-어 터지다' 구성으로 쓰여) 앞말이 가리키는 성질이나 상태가 심하여 못마땅함을 나타내는 말. =빠지다

¶ 형은 사람이 물러 터지고 동생은 게을러 터졌어.

털터리 명사

① 가진 것이 아무것도 없는 사람. =빈털터리

¶ 한 푼도 없는 털터리가 멋만 잔뜩 들었다.

② '털털이'의 틀린 표기.

> ● '털터리'와 '털털이'
>
> 두 낱말 모두 표기상으로는 틀리지 않지만 의미하는 바가 아주 다르다. '털털한 사람', '털털거리는 물건'은 어원을 밝혀 '털털이'라고 적어야 한다. 반면에 가진 것이 아무것도 없는 사람을 가리키는 낱말은 어원을 밝히지 않고 소리 나는 대로 '털터리'라고 적는다.

털털거리다 동사

규칙 털털거리고, 털털거리어/털털거려, 털털거린다, 털털거리었다/털털거렸다

=털털대다

① 나른한 걸음걸이로 자꾸 걷다.

¶ 아버지께서 어깨를 축 늘어뜨리고 털털거리며 집으로 돌아오셨다.

② 낡은 자동차 따위가 흔들리며 힘들게 가다.

¶ 흙먼지를 뒤집어쓴 경운기가 털털거리며 밭둑길을 오른다.

털털이 명사 ×털터리

① 행동이나 몸차림이 단정하지 못하고 털털한 사람.

② 털털거리는 수레나 자동차.

털털하다 형용사

불규칙 털털하고, 털털하여/털털해, 털털합니다, 털털하였다/털털했다

① 성격이 까다롭지 않고 소탈하다.

¶ 그는 워낙 털털해서 누구하고나 잘 어울린다.

② 품질이나 꾸밈이 요란스럽지 않고 수수하다.

¶ 라디오가 보기에는 털털해도 소리는 잘 난다.

복합어

털털히 까다롭지 않게. 소탈하게. ¶ 무슨 음식이나 털털히 먹어 주니 고맙다.

테레비 / 테레비전 / 테레비져 '텔레비전(television)'의 틀린 말.

텔레비젼 '텔레비전(television)'의 틀린 표기. '젼'을 홑모음 '전'으로 써야 한다.

토록 조사

(일부 명사, 대명사에 붙어) '그러한 정도까지 이르도록'의 뜻을 나타내는 말.

¶ 네가 이토록 그림을 잘 그리다니 놀랍다.

¶ 우리의 우정은 영원토록 변하지 않을 거다.

ㅌ

○ -토록

'-하도록'이 줄어든 말.

¶ 모두 기록토록 하라.

¶ 빨리 집합토록 하라.

● '-토록'으로 줄어들지 않는 '-하도록'

① 동작을 포함하지 않은 명사에 '-하다'가 붙어 동사가 된 낱말들, 예컨대 '일하도록, 말하도록, 나무하도록, 밥하도록' 같은 낱말의 경우에는 '-하도록'이 '-토록'으로 줄어들지 않는다.

② '-하'의 'ㅎ'이 앞말의 받침으로 붙는 낱말들, 예컨대 '그러하도록, 이러하도록, 저러하도록' 같은 낱말의 경우에는 '그렇도록, 이렇도록, 저렇도록'처럼 줄어들기 때문에 '-토록'으로 줄어들지 않는다.

③ '생각하도록'은 '생각도록'으로 줄어들고, '-토록'으로 줄어들지 않는다.

× 톡톡이

'톡톡히'의 틀린 표기.

○ 톡톡히 부사

×톡톡이

① 실속 있고 넉넉하게.

¶ 이번에 도와주시면 사례를 톡톡히 하겠습니다.

¶ 이번에 그 친구 덕을 톡톡히 보았다.

② 비판이나 망신, 꾸중 따위의 정도가 심하게.

¶ 막내가 집안 망신을 톡톡히 시키고 다닌다.

③ 구실이나 역할 따위가 제대로 되어 충분하게.

¶ 생각한 대로 그가 이름값을 톡톡히 하더라.

¶ 나도 이제 선생 노릇을 톡톡히 하려 한다.

× 통털어 '통틀어'의 틀린 말.

통틀다 동사

불규칙 통틀고, 통트니, 통틀어, 통틀어서, 통틀었다

있는 대로 모두 다 한데 합하다.

¶ 은행 예금, 적금을 통틀어도 빚을 갚기에 부족하다.

¶ 선인들의 훌륭한 문학이나 예술 작품을 통틀어서 고전이라고 한다.

통틀어 부사 ×통털어

있는 대로 다 합하여.

¶ 내가 가진 돈은 통틀어 오천 원뿐이다.

퇴짜(退-) 명사

바치는 물건을 물리치는 일. 또는 그 물건.

관용 표현

퇴짜(를) 놓다 물건이나 의견 따위를 받아들이지 아니하고 물리치다. ¶ 맞선을 본 사람이 마음에 들지 않아 퇴짜를 놓았다.

퇴짜(를) 맞다 바치는 물건이나 제기하는 의견 따위가 거절을 당하다. ¶ 밤새도록 만들어 제출한 계획안이 보기 좋게 퇴짜를 맞았다.

ㅌ

튀기다[1] 동사

규칙 튀기고, 튀기어/튀겨, 튀긴다, 튀깁니다, 튀기었다/튀겼다

① 힘을 모았다가 갑자기 탁 놓아서 튀거나 내뻗치게 하다.

¶ 선생님이 침을 튀기며 열심히 설명하셨다.

¶ 손가락을 튀겨 돌을 날렸다.

② 건드리어 갑자기 달아나게 하다.

¶ 토끼를 잡으려고 다가가다 튀기고 말았다.

③ 손가락으로 주판알을 올리거나 내리거나 하다. =튕기다

¶ 주판알을 튀기고 있는 사람이 사장이다.

④ 거문고나 가야금을 연주하다.

¶ 한 곡조 튀겨 내고 줄을 다시 골랐다.

⑤ 탄력 있는 물체를 솟아오르게 하다. '튀다①'의 사동형.

¶ 아이들이 공을 바닥에 튀기며 놀고 있다.

튀기다[2] 동사

규칙 튀기고, 튀기어/튀겨, 튀긴다, 튀깁니다, 튀기었다/튀겼다

① 끓는 기름에 넣어서 부풀어 오르게 하다.

② 마른 낟알 따위를 열을 가해서 부풀어 퍼지게 하다.

복합어

튀김 고기나 생선 따위에 반죽 따위를 입혀 기름에 튀긴 것.

튀김옷 튀김에 입히거나 바르는 밀가루나 녹말 반죽.

튀다 동사

규칙 튀고, 튀지, 튀어, 튀는, 튄다, 튑니다, 튀었다

① 탄력 있는 물체가 솟아오르다.

¶ 공이 바람이 빠져서 잘 튀지 않는다.

¶ 몸이 마치 용수철처럼 튀어 공중으로 떠올랐다.

② 어떤 힘을 받아 위나 옆으로 세게 흩어지다.

¶ 좁쌀만 한 불똥이 사방으로 튀었다.

¶ 끓는 기름이 튀어 손등을 데었다.

③ '달아나다'를 속되게 이르는 말.

¶ 사장은 부도가 나자 외국으로 튀어 버렸다.

④ 어떤 행동이나 말 따위가 다른 사람의 시선을 끌다.

¶ 이 옷은 너무 튀는 것 같다.

¶ 그는 튀는 행동으로 많은 사람의 구설에 올랐다.

트다[1] 동사

불규칙 트고, 터, 터서, 튼다, 틉니다, 텄다

① 틈이 생기다. 사이가 벌어지다.

② 추위 따위로 살갗이 벌어지다.

¶ 강추위로 손도 트고 발도 트고 입술도 텄다.

③ 눈이나 싹이 새로 나오다.

¶ 봄이 되어 나뭇가지에 싹이 텄다.

④ 날이 새느라고 동쪽이 환해지다.

¶ 어느새 동이 터 온다.

트다[2] 동사

불규칙 트고, 터, 터서, 튼다, 틉니다, 텄다

① 서로 거래하거나 스스럼없는 관계를 맺다.

¶ 그들은 직거래장을 트기 위해 공을 많이 들였다.

② 막힌 것을 통하게 하다.

¶ 벽을 터서 방을 합치려 한다.

③ 장을 벌이다.

¶ 난장을 트면 여러 장사치들이 다 모여든다.

④ 해라체나 반말을 하다.

¶ 나이도 비슷하니 서로 말을 트면 어떨까요?

-트리다 접사

규칙 -트리고, -트리어/-트려, -트린다, -트리었다/-트렸다

(일부 동사의 '-아/-어' 연결형이나 어간 뒤에 붙어) '강조'의 뜻을 더하는 말. =-뜨리다

¶ 깨트리다, 넘어트리다, 떨어트리다, 부러트리다, 우그러트리다, 흩트리다

트이다 동사 ㉾ 틔다

규칙 트이고, 트이어/트여, 트인, 트입니다, 트이었다/트였다

① '트다[2]'의 피동형.

¶ 산꼭대기에 오르니 시야가 탁 트였다.

¶ 사방이 탁 트인 집에서 사니 기분이 상쾌하다.

② 막혀 있던 운 따위가 열려 좋은 상태가 되다.

¶ 이제 서서히 운이 트이기 시작하나 보다.

③ 마음이나 가슴이 답답한 상태에서 벗어나게 되다.

¶ 한바탕 울고 나니 속이 트이는 것 같았다.

④ 생각이나 지적 능력이 상당한 수준이나 정도에 이르게 되다.

¶ 선생은 생각이 트여 젊은이들의 마음을 잘 이해한다.

¶ 이제야 문리가 조금 트이는 것 같다.

⑤ 막혀 제대로 나오지 아니하던 목소리가 나오다.

¶ 목이 트이지 않아 높은 소리를 내기 어렵다.

틀려먹다 동사

규칙 틀려먹고, 틀려먹은, 틀려먹었다

'틀리다[1]'을 속되게 이르는 말.

¶ 어른을 함부로 대하다니, 네 행동이 틀려먹었어.

¶ 이미 틀려먹은 일이니 너무 애쓰지 마라.

틀리다[1] 동사

규칙 틀리고, 틀리어/틀려, 틀리는, 틀립니다, 틀리었다/틀렸다

① 사이가 나쁘게 되다. 비 틀어지다

¶ 그와 사이가 틀려서 요즘은 인사도 건네지 않는다.

② 셈이나 답이 어긋나다.

¶ 예상이 틀리는 경우에는 대가를 치러야 한다.

¶ 너는 틀린 답만 골라 쓰는구나.

③ 어떤 일이 어렵게 되다. 비 어그러지다

¶ 비가 오니 나들이하기는 다 틀렸다.

④ 비뚤어지다.

¶ 그는 마음 씀씀이가 틀렸어.

복합어

틀림 일이 어그러져 맞지 않음. 사실, 이치, 기준 따위에 맞지 않음.

틀림없다 정확하다. 확실하다. 어긋남이 없다. 꼭 맞다.

틀리다[2] '다르다'의 틀린 표현.

● '틀리다'와 '다르다'

'다르다'를 쓸 자리에 많은 사람들이 '틀리다'를 쓴다. 아래 예는 모두 틀린 경우이다.

¶ 이 옷은 어제 보았던 옷과 틀린데(×). →다른데
¶ 이 사람은 아까 그 사람과 틀려(×). →달라
¶ 그 사람은 여느 사람과 틀린(×) 데가 있어. →다른

틀어지다 동사

규칙 틀어지고, 틀어지어/틀어져, 틀어진, 틀어지었다/틀어졌다

① 감정이나 사이가 서로 벌어지다.

¶ 그는 또 무슨 일로 틀어졌는지 몹시 기분이 안 좋은 눈치다.

¶ 그와 사이가 틀어져서 말을 안 섞은 지 오래되었다.

② 제 갈 자리에서 옆으로 굽어 나가다.

¶ 공이 똑바로 구르지 않고 옆으로 틀어졌다.

③ 물체가 곧지 않고 굽거나 꼬이다.

¶ 문틀이 틀어져서 잘 닫히지 않는다.

④ 꾀하는 일이 어그러져 잘못되다.

¶ 약속이 틀어져서 허탕만 치고 돌아왔다.

틈틈이 부사

① 겨를이 있을 때마다.

¶ 아무리 바빠도 운동은 틈틈이 해라.

② 틈이 난 곳마다.

¶ 책장 틈틈이 먼지가 끼어 있었다.

틔다 동사

규칙 틔고, 틔니, 틔어, 틘다, 틥니다, 틔었다

'트이다'의 준말.

¶ 앞이 탁 틘 집에서 살아 보고 싶다.

¶ 운이 이제 틔기 시작하는 것 같다.

¶ 그 회사와 거래가 틔면 우리 회사도 훨씬 성장할 것이다.

틔우다[1] 동사

규칙 틔우고, 틔워, 틔운다, 틔웁니다, 틔웠다

싹이나 움이 트게 하다.

¶ 봄이 되면 온갖 풀과 나무가 싹을 틔운다.

틔우다[2] 동사

규칙 틔우고, 틔워, 틔운다, 틔웁니다, 틔웠다

'틔다'의 사동형.

¶ 그는 남북 간 대화를 틔운 사람이다.

¶ 그의 말문을 틔운 것은 한마디 격려였다.

¶ 답답한 가슴을 틔우려고 강가로 나갔다.

티각태각 '티격태격'의 틀린 말.

¶ 친구와 티각태각(×)/티격태격(○) 말다툼을 하였다.

티격태격 부사 ×티각태각

서로 뜻이 맞지 아니하여 이러니저러니 시비를 따지는 모양.

¶ 서로 잘했느니 못했느니 하면서 티격태격 싸웠다.

복합어

티격태격하다 서로 뜻이 맞지 아니하여 이러니저러니 시비를 따지며 다투다. ¶ 우리는 견해차 때문에 간혹 티격태격하지만 그래도 서로를 존중한다.

ㅌ

ㅍ

파다 동사

규칙 파고, 파므로, 파, 판, 팝니다, 팠습니다

① 구멍이나 구덩이를 만들다.

¶ 마당에 나무를 심으려고 땅을 파기 시작했다.

¶ 구덩이를 파고 김칫독을 묻었다.

② 그림이나 글씨를 새기다.

¶ 서류에 찍을 도장을 팠다.

③ 천이나 종이 따위의 한 부분을 도리다.

¶ 목둘레선을 깊이 파는 것이 요즘 유행인가 보다.

④ 알아내거나 밝히기 위하여 몹시 노력하다. 자세히 알아보다.

¶ 이 사건은 파면 팔수록 새로운 의문이 생긴다.

⑤ 깊이 공부하거나 연구하다.

¶ 허생은 책만 파던 양반이었다.

복합어

들고파다 한 가지만을 열심히 공부하거나 연구하다.

파헤치다 ① 속에 있는 것이 드러나도록 파서 젖히다. ¶ 개발을 한다고 아름답던 산자락을 마구 파헤쳐 버렸다. ② 감추어진 사실이나 실체 따위를 드러내어 밝히다. ¶ 경찰은 사건을 파헤치고 끝내 범인을 밝혀내었다.

속담

파고 세운 장나무 땅을 파고 깊이 묻어 세운 장나무라는 뜻으로, 사람이나 일이 든든하여 믿음직스러운 경우를 빗대어 이르는 말.

파동(波動) 명사

① 물결이나 전자파의 움직임. [참고] 파문

¶ 호수에 돌을 던지면 수면에 파동이 인다.

② 사회적으로 어떤 현상이 퍼져 커다란 영향을 미침.

¶ 부정 선거의 파동이 잇따라 다른 사건으로 번져 나갔다.

● '파동'과 '파문'

'파문'은 '파동'이 만들어 내는 무늬, 곧 우리 눈에 보이는 물결을 가리킨다. 먼저 파동이 일어나야 그 결과로 파문이 일어나는 것이다. 그러나 이런 차례는 큰 의미가 없다. 파동이 생기는 즉시 파문이 생기므로 두 현상이 동시에 생긴다고 볼 수 있다. 그래서 우리는 파동이 일어나는 것과 파문이 일어나는 것을 같은 의미로 받아들인다. 다만 일반에서는 파동을 큰 사건에 적용하는 경향이 있고, 파문은 그보다 작은 사건에 적용하는 경향이 있다. 또 파동은 일어난 사건 자체에 관심을 가진다면 파문은 그것이 미치는 영향에 관심을 가진다는 특징이 있다.

¶ 비선 실세의 국정 개입 파동은 대통령의 인사 잘못 때문이다.

¶ 대변인의 발언 파문이 좀처럼 가라앉지 않고 있다.

파란빛 명사

=파란색

파란색(-色) 명사

맑은 가을 하늘과 같이 밝고 선명한 색. =파란빛

● '파란색'과 '푸른색'

우리는 전통적으로 풀빛과 하늘빛을 구별하지 않은 것 같다. '파란 하늘'과 '푸른 하늘', '파란 새싹'과 '푸른 새싹', '파란 바다'와 '푸른 바다'가 모두 같은 대상을 가리키는 것으

ㅍ

로 보아 그렇게 짐작되는 것이다. 그러나 지금 우리는 색상의 차이가 중요한 시대에 사는 만큼 이제는 구별해서 쓰는 것이 좋겠다. 이 사전에서는 '파랑, 파란빛, 파란색'을 '맑은 하늘의 빛깔'로, '푸렁, 풀빛, 푸른빛, 푸른색'을 '살아 있는 나뭇잎이나 풀잎의 빛깔'로 사용한다. 따라서 파란색과 푸른색은 서로 다른 색을 가리키는 것으로 본다.

¶ 바닷물의 색깔은 지역에 따라서 파란색일 수도 있고, 푸른색일 수도 있다.

¶ 태극기의 가운데 동그라미는 위가 빨간색이고 아래가 파란색이다.

¶ 중앙아시아에는 푸른색 초원이 끝없이 펼쳐진 곳이 많이 있다.

파랑 명사

① 파란 빛깔이나 물감.

② 기본색의 하나로 빨강, 노랑과 함께 삼원색을 이루는 색깔.

파랗다 형용사

불규칙 파랗고, 파라면, 파라니, 파래서, 파란, 파랗네, 파랗습니다, 파랬다

① 맑은 가을 하늘의 빛과 같다.

¶ 오늘은 하늘이 정말 파랗고 맑다.

② 춥거나 무섭거나 하여 얼굴이나 입술의 색깔이 어둡다.

¶ 너무 추워 입술이 파랗게 질렸다.

③ 언짢거나 성이 나서 냉랭하거나 사나운 기색이 있다.

¶ 너무 화가 나서 얼굴이 파랗게 변했다.

④ '푸르다'의 뜻으로 쓰는 말.

¶ 봄이 되니 여기저기서 새싹이 파랗게 돋아난다.

복합어

새파랗다 ① 매우 파랗다. ② 춥거나 겁에 질려 얼굴이나 입술 따위가 매우 파르께하다. ③ 매우 젊다. ④ 칼날 따위가 매우 날카롭다.

파래지다 파랗게 되다.

파르께하다 옅지도 짙지도 않게 파랗다.

파르스름하다 조금 파랗다. =파르랗다, 파르스레하다, 파릇하다

파릇파릇 ① 군데군데 파르스름한 모양. ② 매우 파르스름한 모양.

>>> 흔히 '파랗다'와 '푸르다'를 같은 색깔로 여기는데 이 사전에서는 이를 구별한다. 이에 관한 설명은 올림말 '파란색' 참고.

파래[1] 명사

해조류의 하나. 가장자리는 물결 모양을 이루고 빛깔은 광택이 있는 푸른빛이다.

파래[2]

형용사 '파랗다'의 연결형. 또는 종결형.

¶ 가을 하늘이 유난히 파래 꼭 짜면 파란 물이 뚝뚝 떨어질 것만 같다.

¶ 춥니? 지금 네 입술이 파래.

ㅍ

파문(波紋) 명사

① 물 위에 이는 잔물결. 또는 그 무늬. 참고 파동

¶ 소금쟁이가 파문을 일으키며 물 위를 미끄러져 간다.

② 주위에 동요를 일으킬 만한 영향.

¶ 그의 말 한마디가 사회에 커다란 파문을 몰고 왔다.

파묻다[1] 동사

규칙 파묻고, 파묻어서, 파묻은, 파묻습니다, 파묻었다

① 땅을 파서 그 속에 묻다.

¶ 거북은 모래땅에 알을 파묻는다.

② 남이 모르게 숨기어 감추다.

¶ 어머니는 평생 마음속에 깊이 파묻어 두었던 비밀을 이야기해 주셨다.

③ 깊숙이 대거나 기대다.

¶ 소파에 깊숙이 몸을 파묻고 잠이 들었다.

복합어

파묻히다 ① '파묻다'의 피동형. ② 어떤 일 하나에만 파고들면서 골몰하거나 거기에만 빠져 있다. ¶ 그는 오로지 여행기 쓰기에 파묻혀 지낸다.

파묻다[2] 동사

불규칙 파묻고, 파물으면, 파물으니, 파물어, 파묻는다, 파물었다

자세히 따지면서 묻다. ㊉ 캐묻다

¶ 그렇게 파물으셔도 저는 아무 대답도 하지 않겠습니다.

파이다 동사 ㊟ 패다[5] ×패이다

규칙 파이고, 파이어/파여, 파인, 파입니다, 파이었다/파였다

'파다'의 피동형.

¶ 비가 오고 나니 길에 구덩이가 많이 파였다.

¶ 옷의 목둘레선이 너무 깊이 파인 것 같다.

파장(波長) 명사

① 파동에서, 위상이 같은 서로 이웃한 두 점 사이의 거리. 물결의 너비.

¶ 단파 방송은 파장이 짧은 전파를 사용한다.

② 충격적인 일이 끼치는 영향 또는 그 영향이 미치는 정도를 빗대어 이르는 말.

¶ 이 사건은 정치적으로 엄청난 파장을 몰고 왔다.

판박이(版-) 명사

① 판에 박은 듯이 똑같아 새로운 점이나 변화가 없는 것.

¶ 그의 연설은 지난번에 한 연설에 문구 몇 개만 바꾼 판박이였다.

② 판에 박은 듯이 매우 비슷하게 닮은 사람.

¶ 아들은 자기 아버지의 판박이이다.

③ 바탕 종이에 어떤 형상을 인쇄하여 물을 묻히거나 문지른 뒤에 바탕 종이를 떼어 내면 인쇄한 형상만 따로 남도록 만든 것.

¶ 동생이 판박이 스티커를 집 안 곳곳에 붙여 놓았다.

● '판박이'와 '판에 박히다'

'판박이'는 '판으로 박는 일'에서 온 말이다. 판으로 박는 일은 똑같은 일을 반복한다는 의미를 나타내므로 '판박이'라는 말이 생긴 것이다.

'판에 박히다'는 '판으로 박다'의 피동 표현이다. '판에 박힌 말'은 판에 박아 낸 듯이 똑같은 말을 하는 경우를 가리킨다. '판에 박힌'을 '판에 박인'이라고 하면 안 된다. 박는 행위를 피동으로 바꾸려면 '박힌'으로 해야 하기 때문이다.

판잣집(板子-) 명사 ×판자집

판자로 만든 집.

¶ 강가에는 허술한 판잣집이 빼곡히 들어서 있다.

판판하다 형용사

불규칙 판판하고, 판판하여/판판해, 판판한, 판판합니다, 판판하였다/판판했다

높낮이가 없이 평평하고 너르다. '펀펀하다'의 작은말.

¶ 여기서부터는 길이 판판하여 걷기 쉬울 거야.

¶ 산꼭대기에 제법 판판한 곳이 있었다.

복합어

판판히 물건 표면이 높낮이가 없이 평평하고 너르게.

패다[1] 동사 ×피다

규칙 패고, 패어/패, 팬다, 팹니다, 패었다/팼다

이삭이 생겨 나오다. 참고 피다[1]

¶ 보리가 패기 시작할 무렵이 가장 심한 보릿고개이다.

¶ 벼꽃이 피었다 지면 이삭이 팬다.

속담

패는 곡식 이삭 뽑기 잘되어 가는 일을 심술궂은 행동으로 망치는 경우를 이르는 말.

● '패다'와 '피다'

'패다'는 줄기 속에 있던 이삭이 나오는 것을 이르고, '피다'는 꽃망울이 벌어지는 것을 이르는 말이다. 따라서 '이삭이 피다'라고 하면 안 되고 '이삭이 패다'라고 해야 한다.

패다[2] 동사

규칙 패고, 패어/패, 팬다, 팹니다, 패었다/팼다

사정없이 마구 때리다.

¶ 아이는 꽃으로도 패면 안 된다.

패다[3] 동사

규칙 패고, 패어/패, 팬다, 팹니다, 패었다/팼다

머리 따위가 몹시 아프고 쑤시다.

¶ 머리가 몹시 패고 아파서 조퇴를 하였다.

¶ 골이 패는 소리 그만하고 오늘은 좀 쉬자.

패다[4] 동사

규칙 패고, 패어/패, 팬다, 팹니다, 패었다/팼다

도끼로 나무를 찍어 쪼개다.

¶ 도끼로 장작을 패다가 도낏자루가 부러졌다.

패다[5] 동사 ×패이다

규칙 패고, 패어/패, 팬다, 팹니다, 패었다/팼다

'파이다'의 준말. '파다'의 피동형.

¶ 영희는 목선이 둥글게 팬 옷을 입고 나왔다.

● '패다[5]'와 '파이다'의 형태 바뀜

'파이다'는 '파다'의 피동형이다. 그런데 피동사 '파이다'는 '패다'로 줄어든다. '차이다'가 '채다'로 줄어드는 것과 같은 현상이다. 이 경우에 '패다'의 형태 바뀜에 주의하여야 한다. '파이어, 파이었다'가 '파여/패어, 파였다/패었다'로 줄어들므로 이에 맞추어 바뀐 형태를 써야 하는 것이다.

¶ 할아버지는 얼굴에 주름이 깊게 파여/패어 있다.

¶ 비가 오니 길 곳곳에 웅덩이가 파였다/패었다.

¶ 길에 구덩이가 파여/패어 있어서 위험하다.

'패어', '패었다'를 쓸 경우에, '패여', '패였다'로 쓰지 않도록 조심해야 한다.

× 패이다

'파이다'와 '패다[5]'의 틀린 말.

¶ 땅이 여기저기 패이었다(×)/패였다(×)/패었다(○)/파이었다(○)/파였다(○).

¶ 움푹 패인(×)/팬(○)/파인(○) 보조개가 인상적이다.

○ 퍼

동사 '푸다'의 연결형. 또는 종결형.

¶ 우물에서 물을 퍼 왔다.

¶ 내가 국을 뜰 테니 네가 밥을 퍼.

× 퍼그나

'퍽'의 틀린 말.

¶ 올 여름에는 비가 퍼그나(×)/퍽(○) 많이 내렸다.

○ 퍼더버리다 동사

규칙 퍼더버리고, 퍼더버리어/퍼더버려, 퍼더버린다, 퍼더버립니다, 퍼더버리었다/퍼더버렸다

팔다리를 아무렇게나 편하게 뻗다. =퍼지르다[1]

¶ 힘겹게 고개를 올라온 할머니는 바닥에 퍼더버렸다.

퍼뜩 부사

① 어떤 생각이 갑자기 아주 순간적으로 떠오르는 모양.

¶ 지난 일이 퍼뜩 떠올랐다.

② 어떤 물체가 갑자기 아주 순간적으로 나타나는 모양.

¶ 큰길가에서 주인 없는 개 한 마리가 퍼뜩 눈에 띄었다.

③ 갑자기 정신이 드는 모양.

¶ 찬물로 세수를 하고 나니 퍼뜩 정신이 들었다.

복합어

퍼뜩퍼뜩 매우 퍼뜩. ¶ 아이들을 볼 때마다 내 어린 시절이 퍼뜩퍼뜩 생각난다.

퍼뜩하다 ① 어떤 생각이 아주 순간적으로 갑자기 떠오르다. ② 어떤 물체나 빛 따위가 아주 순간적으로 갑자기 나타나다.

● '퍼뜩'과 '얼른'

'얼른'과 같은 뜻으로 '퍼뜩'을 쓰는 것은 잘못이다.

¶ 퍼뜩(×) 먹어라. → 얼른

¶ 퍼뜩(×) 가자. → 얼른

퍼래지다 '퍼레지다'의 틀린 표기.

퍼런

형용사 '퍼렇다'의 관형사형.

¶ 종아리에 퍼런 멍 자국이 선명하게 남아 있다.

퍼렇다 형용사

불규칙 퍼렇고, 퍼러면, 퍼러니, 퍼레, 퍼레서, 퍼런, 퍼렇네, 퍼렜다

'파랗다'의 큰말.

복합어

시퍼렇다 ① 매우 퍼렇다. ② 춥거나 겁에 질려 얼굴이나 입술 따위가 몹시 푸르께하다. ③ 날 따위가 몹시 날카롭다. ¶ 칼날이 시퍼렇게 서 있다. ④ (비유적으로) 기세가 등등하고 무서운 기운이 몹시 서려 있다. ¶ 그의 기세가 시퍼러니 지금은 만나지 않는 것이 좋겠다. ⑤ (주로 '시퍼렇게' 형태로 쓰여) 몹시 싱싱하거나 생생하다.

퍼레지다 동사 ×퍼래지다

규칙 퍼레지고, 퍼레지어/퍼레져, 퍼레집니다, 퍼레지었다/퍼레졌다

퍼렇게 되다. '파래지다'의 큰말.

> ● '퍼레지다'와 '파래지다'
>
> '퍼레지다'는 '파래지다'의 큰말이다. '퍼렇다'에 '-어지다'가 붙어서 된 말이다. '꺼메지다', '누레지다', '허예지다'도 같은 원리로 '꺼멓다', '누렇다', '허옇다'에 '-어지다'가 붙어서 된 말이다. 이들의 작은말은 각각 '까매지다', '노래지다', '하얘지다'이다.

퍼먹다 동사

규칙 퍼먹고, 퍼먹어서, 퍼먹는다, 퍼먹습니다, 퍼먹었다

욕심 사납게 마구 먹다.

¶ 밥을 허겁지겁 퍼먹었더니 체한 모양이다.

¶ 평소에는 말이 없던 사람이 술만 퍼먹으면 한 말을 또 하고 또 한다.

복합어

퍼먹이다 마구 먹이다. '퍼먹다'의 사동형.

》 '퍼먹다'와 '처먹다'는 먹는 행위를 속되게 표현하는 말이다. 상대를 욕하거나 무시하는 말로 쓰므로 되도록 사용하지 않는 것이 바람직하다.

퍼붓다 동사

불규칙 퍼붓고, 퍼부으면, 퍼부으니, 퍼부어, 퍼붓는다, 퍼붓네, 퍼부었다

① 비나 눈이 몹시 심하게 쏟아지다.

¶ 하루 종일 눈이 퍼부어서 길이 엄청 막혔다.

¶ 소나기가 무섭게 퍼붓는다.

② 잠이나 졸음이 심하게 밀려오다.

¶ 수업 시간에 졸음이 퍼부어 정신을 차릴 수 없었다.

③ 물이나 국 따위를 퍼서 붓다.

¶ 목욕을 하려고 욕조에 물을 퍼부었다.

④ 욕, 비난 따위를 마구 하다.

¶ 욕이라도 실컷 퍼붓고 나니 가슴이 좀 뚫리는 것 같다.

⑤ 술 따위를 매우 많이 마시다.

⑥ 총이나 포 따위를 집중적으로 맹렬하게 쏘다.

¶ 적을 향하여 포탄을 퍼부었다.

ㅍ

퍼지르다[1] 동사

불규칙 퍼지르고, 퍼질러, 퍼지른다, 퍼지릅니다, 퍼질렀다

('퍼질러 앉다/눕다' 구성으로 쓰여) 팔다리를 아무렇게나 편하게 뻗다. =퍼더버리다

¶ 아이는 자기도 따라가겠다고 바닥에 퍼질러 앉아 떼를 쓰기 시작했다.

○ 퍼지르다[2] 동사

불규칙 퍼지르고, 퍼질러, 퍼지른다, 퍼지릅니다, 퍼질렀다

① 욕을 마구 하다.

¶ 화가 난다고 그렇게 상스러운 욕을 퍼질러서 되겠니?

② 함부로 먹어 대다.

¶ 하고많은 날 그저 술만 퍼지르고 있으니 큰일이다.

③ 똥이나 오줌을 마구 싸다.

¶ 아기가 기저귀를 갈자마자 똥을 잔뜩 퍼질렀다.

○ 퍽 부사 ×퍼그나, ×퍽이나

보통 정도를 훨씬 넘게.

¶ 우리는 퍽 가까운 사이다.

¶ 오늘 공연에 사람들이 퍽 많이 왔더라.

● '퍽', '꽤', '상당히', '무척', '매우', '몹시', '아주'

모두 정도를 나타내는 부사인데 어느 정도를 나타내는지 분간하기는 쉽지 않다. 일반적으로 보통의 정도를 넘어섰을 때에 '꽤'를 사용하고, 그 정도를 넘어선 경우에는 '퍽' 또는 '상당히'를 사용한다. '퍽'이나 '상당히'보다 더 높은 정도를 나타내는 말로 '무척', '매우', '몹시', '아주'를 쓴다. 최근에는 '너무'를 가장 강력한 긍정 의미로 사용하기도 한다.

× 퍽이나 '퍽'의 틀린 말.

○ 펀펀하다 형용사

불규칙 펀펀하고, 펀펀하여/펀펀해, 펀펀한, 펀펀하였다/펀펀했다

① 높낮이가 없이 매우 평평하고 너르다. '판판하다'의 큰말.

¶ 우리는 조금 편편한 바위 위에 둘러앉아 점심을 먹었다.
¶ 두메산골에 이런 편편한 들이 있다니 놀랍다.
② 얼굴이나 몸이 살이 올라 넓적하다.
¶ 며칠 푹 쉬었더니 얼굴에 편편하게 살이 올랐다.

복합어

편편히 ① 높낮이가 없이 매우 평평하게. ② 얼굴이나 몸이 살이 올라 넓적하게.

펑크(puncture) 명사 ×빵꾸

① 튜브나 공이 터져 구멍이 나는 일.
¶ 타이어에 펑크가 났다.
② 의복이나 양말 따위가 해져서 구멍이 뚫리는 일. 또는 그 구멍.
¶ 펑크가 난 양말을 신고 다닌다.
③ 계획이 틀어지거나 잘못되는 것.
¶ 배우가 촬영 시간에 펑크를 내서 영화 촬영이 중단되었다.
››› '펑크'는 영어 '펑크처(puncture)'의 앞부분만 떼어서 만든 말이다. '빵꾸'는 '펑크'의 일본식 말로 비표준어이다.

펴내다 동사

규칙 펴내고, 펴내어/펴내, 펴냅니다, 펴내었다/펴냈다

① 책을 발행하다.
¶ 우리 반 아이들이 쓴 글을 모아 학급 문집을 펴냈다.
② 개킨 것을 넓게 펴 내어놓다.
¶ 계절이 바뀌어 새 이불을 펴내어 잠자리를 보았다.

복합어

펴낸이 신문이나 책을 만들어 낸 사람. =발행인

ㅍ

펴놓다 동사

규칙 펴놓고, 펴놓아/펴놔, 펴놓은, 펴놓습니다, 펴놓았다/펴놨다

① 속마음을 숨김없이 나타내다.

¶ 자, 이제 자네 속뜻을 펴놓아 보게.

② 펴서 벌리어 놓다.

¶ 숙제 검사를 할 테니 노트를 펴놓아라.

펴다 동사

규칙 펴고, 펴니, 펴, 편다, 폅니다, 폈다

① 덮인 것, 개킨 것, 접힌 것을 젖히어 벌리다.

¶ 요를 펴서 바닥에 깔아 놓았다.

¶ 기러기 떼가 날개를 펴고 하늘 높이 날아간다.

② 굽은 것을 곧게 하다.

¶ 허리를 굽혔다 폈다 해 보세요.

③ 구김이나 주름을 없애어 반반하게 만들다.

¶ 옷의 주름을 펴려면 다리미가 있어야 한다.

¶ 화가 나더라도 얼굴을 펴고 말해라.

④ 널리 실시하다.

¶ 세종은 좋은 정책을 널리 펴서 백성을 편하게 하였다.

⑤ 기세, 감정, 뜻을 자유롭게 나타내거나 실현하다.

¶ 누구나 제 뜻을 펴고 살 수 있는 사회를 만듭시다.

¶ 반론을 펴려면 근거를 제시해야 한다.

⑥ 세력이나 작전, 정책 따위를 벌이거나 그 범위를 넓히다.

¶ 수사망을 전국에 펴서 범인을 잡아야 한다.

⑦ 골고루 넓게 늘어놓다.

¶ 가을이 되면 마당에 빨간 고추를 펴서 말린다.

편락취락 '취락편락'의 틀린 말.

● '편락취락'과 '취락편락'

같은 말인 것 같은데 우리 표준어 규정은 '취락편락'만 표준어로 인정하고 '편락취락'은 비표준어로 본다. '취락편락'을 좀 더 많이 쓰고 있으며 순서로 보아 쥐어야 편다고 볼 수 있기 때문이다. 이처럼 상대적인 의미를 함께 가진 낱말 가운데 어느 하나를 비표준어로 보는 경우가 몇 개 더 있다. 괄호 속에 ○표를 한 것이 표준어이다.

① 아래 × 표를 한 낱말은 《표준국어사전》에 틀린 말로 올라 있는 것이다.

들락날락(○)/날락들락(×), 붉으락푸르락(○)/푸르락붉으락(×)

쥐락펴락(○)/펴락쥐락(×)

② 아래 × 표를 한 낱말은 《표준국어사전》에 틀린 말로도 오르지 못한 것들이다.

이랬다저랬다(○)/저랬다이랬다(×), 어쩌고저쩌고(○)/저쩌고어쩌고(×)

이러쿵저러쿵(○)/저러쿵이러쿵(×), 이쪽저쪽(○)/저쪽이쪽(×)

③ 낱말의 순서를 바꿔도 다 표준어로 인정되는 경우

누르락푸르락(○)/푸르락누르락(○), 미주알고주알(○)/고주알미주알(○)

물덤벙술덤벙(○)/술덤벙물덤벙(○), 오나가나(○)/가나오나(○)

오다가다(○)/가다오다(○), 엎치락뒤치락(○)/뒤치락엎치락(○)

이런 구별은 언중의 사용 빈도나 습관에 따른 것이어서 개인차가 있기 마련이다. 틀린 표현이 아니라면 둘 다 인정하는 편이 더 좋을 것이다.

펴지다 동사

규칙 펴지고, 펴지어/펴져, 펴집니다, 펴지었다/펴졌다

① 굽은 것이 곧게 되다.

¶ 나이가 들수록 허리가 잘 펴지지 않으므로 허리 운동을 열심히 해야 한다.

② 구김살이 없어지다.

¶ 구겨진 옷이 펴지게 잘 다려 주세요.

③ 젖혀지거나 벌어지다.

ㅍ

¶ 갑자기 발에 쥐가 나서 발가락이 펴지지 않는다.

④ 순조롭지 못하던 것이 나아지다.

¶ 요즘 그 집 형편이 펴진 것 같더라.

평상시(平常時) 명사

특별한 일이 없는 보통 때. =평소, 평시

¶ 그는 평상시에는 안 보이다가 먹을 때에만 나타난다.

¶ 형은 게임을 할 때면 평상시와는 아주 다르게 거친 사람이 된다.

평소(平素) 명사

=평상시

¶ 오늘은 평소보다 옷차림에 신경을 더 썼다.

¶ 평소에는 아무렇게나 먹더라도 네 생일에는 제대로 먹어 보자.

평시(平時) 명사

=평상시

¶ 오늘은 평시보다 더 일찍 출근하였다.

속담

평시에 먹은 마음 취중에 나온다 술에 취하면 평소에 가졌던 생각이 무의식중에 행동으로 나타난다는 말.

표[1](票) 명사

① 증거가 되도록 일정한 형식을 갖추어 만든 쪽지.

¶ 연극을 보기 위해서 표를 샀다.

¶ 지하철이나 버스를 탈 때에 요즘은 표 대신에 교통 카드를 사용한다.
② 선거를 할 때에, 유권자가 출마자를 선택할 수 있도록 만든 쪽지.
¶ 선거 때만 되면 표를 얻기 위해서 갖은 공약을 남발하는 정치인은 믿을 수 없다.
③ 선거를 할 때에, 유권자가 투표한 쪽지를 세는 말.
¶ 이번 반장 선거에서 한 표 차이로 떨어졌다.

복합어

고정표 선거 때에 일정한 정당이나 후보를 지지하는 태도가 확실한 표. =붙박이표
¶ 선거에서 의롭지 못한 고정표가 결과를 좌우하는 것은 불행한 일이다.
동정표 선거에서, 유권자가 후보를 동정하여 주는 표.
몰표 한 출마자에게 무더기로 쏠린 표. ¶ 그는 고향에서 몰표를 얻어 당선되었다.
무효표 효력을 잃은 표.
표밭 ① '표를 얻는 밭'이라는 뜻으로, 선거구의 유권자들이나 그 선거구를 가리키는 말. ¶ 열성적으로 표밭을 누비고 다니더니 국회 의원에 당선되었다. ② 어떤 특정 정당이나 후보를 지지하는 유권자가 두드러지게 많은 선거 지역. ¶ 이곳은 야당의 표밭인데 여당으로 입후보해서 당선되겠는가?

표[2] (標) 명사

① 증거나 준거가 되도록 적어 놓는 글이나 그림. 또는 그런 내용을 적은 물건.
¶ 상자를 마당에 묻어 두고 그곳에 돌로 표를 해 두었다.
¶ 중요한 부분에는 표를 해 두면 나중에 다시 찾아보기가 쉽다.
② 다른 것과 분간할 수 있도록 하는 그 사물만의 두드러진 특징.
¶ 거짓말을 한 사람은 얼굴에 표가 난다.
¶ 옷은 초라하게 입었지만 얼굴에서 귀인의 표가 보이더라.
③ '상표'의 뜻을 나타내는 말.
¶ 사람들은 대개 표를 보고 물건을 고르는 경향이 있다.
④ (일부 명사 뒤에 붙어) '그 사람이 만든 물건'의 뜻을 더하는 말.
¶ 엄마표 도시락이 가장 맛있지.

▮ 복합어

가위표 틀렸다는 표시를 하거나 문장에서 내용을 감추기 위하여 쓰는 표 '×'의 이름. =가새표

경계표 경계를 나타내기 위하여 세우는 표. ¶ 입구에 돌로 만든 경계표가 서 있다.

느낌표 문장 부호 '!'의 이름. 문장에서 감탄이나 놀람, 부르짖음, 명령 등 강한 느낌을 나타낼 때에 쓴다.

도돌이표 악보에서, 악곡의 어느 부분을 되풀이하여 연주하거나 노래하도록 지시하는 기호. =되돌이표

마침표 ① 문장 부호의 하나로 '.'의 이름. 서술, 명령, 청유 따위를 나타내는 문장의 끝에 쓰거나 아라비아 숫자로 날짜를 표시할 때 숫자 다음에 쓴다. =끝점, 온점 ② 악보에서, 악장이나 악곡의 끝을 나타내는 기호.

묶음표 문장에서 다른 것과 구별하기 위해서 여럿을 한데 묶는 기능을 하는 부호. 대괄호, 중괄호, 소괄호가 있다.

물음표 문장 부호 '?'의 이름. 문장에서 물음을 나타낼 때 쓴다.

붙임표 문장 부호 '–'의 이름.

상표 상품에 붙이는 기호, 문자, 도형 따위의 일정한 표지.

쉼표 ① 문장 부호의 하나로 ','의 이름. 같은 자격의 어구를 연결할 때 쓰거나, 짝을 지어 구별할 때, 열거의 순서를 나타낼 때, 문장의 연결 관계를 분명히 하고자 할 때, 한 문장에 같은 의미의 어구가 반복될 때, 도치된 어구 사이에, 끊어 읽는 곳을 나타낼 때 쓴다. =반점, 콤마 ② 악보에서, 소리를 내지 않고 쉬도록 하는 기호. 온쉼표, 이분쉼표, 사분쉼표, 팔분쉼표, 십육분쉼표 따위가 있다.

이름표 이름을 적어 놓은 표. ¶ 모두 이름표를 가슴에 달고 서 있다.

표하다 구별하기 위하여 표를 남기다. ¶ 중요한 부분에 밑줄을 그어 표해 놓았다.

표[3] (表) 명사

① 어떤 내용을 일정한 형식과 순서에 따라 보기 쉽게 나타낸 것.

¶ 오늘 일정을 표로 만들어 게시판에 붙여 놓았다.

② 자취나 흔적.

¶ 집안일은 아무리 해도 표가 나지 않는다.

복합어

가격표 ① 가격을 보이는 그래프나 그림. ② 가격을 적어 상품에 붙여 놓은 것.

그림표 여러 자료를 분석하여 그 관계를 일정한 양식의 그림으로 나타낸 표. =도표

표하다 태도나 의견 따위를 나타내다. ¶ 삼가 조의를 표합니다.

표시[1](表示) 명사

겉으로 드러내 보임.

¶ 그는 내 말을 알아들었다는 표시로 눈을 깜빡여 보였다.

¶ 적극적으로 반대 의사 표시를 하지 않으면 찬성한 것으로 오해를 받게 된다.

복합어

표시하다 겉으로 드러내 보이다. ¶ 아기들은 울음으로 자기 뜻을 표시한다.

표시[2](標示) 명사

표를 세우거나 붙여 나타냄. 또는 그 표지.

¶ 원산지 표시, 가격 표시, 경계 표시

복합어

표시하다 표에 적어 볼 수 있게 하다. ¶ 모든 농산품에는 생산지와 유통 경로를 반드시 표시해야 한다.

표지[1](表紙) 명사

책의 맨 앞과 뒤에 붙은 겉장.

복합어

겉표지 책의 겉을 싼 표지.

속표지 책의 겉표지 안쪽에 붙이는 얇은 종이로 된 표지.

표지[2] (標識) 명사

표시나 특징으로 어떤 사물을 다른 것과 구별하게 함. 또는 그 표시.

¶ 통행금지 표지, 화장실 표지, 엘리베이터 표지

복합어

표지판 어떠한 사실을 알리기 위하여 일정한 표시를 해 놓은 판. ¶ 도로 곳곳에 공사 안내 표지판이 세워져 있다.

푸다 동사

불규칙 푸고, 퍼, 퍼서, 푼다, 풉니다, 펐다

속에 들어 있는 액체, 가루, 낟알 따위를 떠내다. 참고 뜨다[4]

¶ 우물에 두레박을 던져 물을 펐다.

¶ 밥통에서 밥을 퍼 와라.

● '푸다'의 형태 바뀜

'푸다'는 '주다', '꾸다', '쑤다', '가두다', '바꾸다', '지우다'처럼 어간의 끝음절의 끝소리가 모음 'ㅜ'로 되어 있으나 이들과 다른 형태로 바뀌는 특이한 단어이다. 일반적으로 어간의 끝소리가 'ㅜ'인 동사나 형용사는 '-어', '-어서', '-었-'처럼 '어'로 시작하는 어미가 붙을 때에 규칙적으로 바뀌되 대개 어간의 'ㅜ'와 어미의 '어'가 합하여 'ㅝ'의 형태로 줄어든다. 그러나 '푸다'만은 어간의 'ㅜ'가 탈락하고 곧바로 어미가 붙는다. 아래 표를 참고하기 바란다.

	-어	-어서	-어라	-었다	-었네
푸다	퍼	퍼서	퍼라	펐다	펐네
주다	주어/줘	주어서/줘서	주어라/줘라	주었다/줬다	주었네/줬네
꾸다	꾸어/꿔	꾸어서/꿔서	꾸어라/꿔라	꾸었다/꿨다	꾸었네/꿨네
쑤다	쑤어/쒀	쑤어서/쒀서	쑤어라/쒀라	쑤었다/쒔다	쑤었네/쒔네
추다	추어/춰	추어서/춰서	추어라/춰라	추었다/췄다	추었네/췄네

푸르다 형용사

불규칙 푸르고, 푸르니, 푸르러, 푸르러서, 푸른, 푸릅니다, 푸르렀다

① 싱싱한 풀빛이다.

¶ 우리 집 뜰에는 푸른 잔디가 넓게 깔려 있다.

¶ 봄비가 내린 뒤에는 산이 더 푸르게 보인다.

② 과일 따위가 아직 덜 익은 상태이다.

¶ 푸른 토마토도 며칠 지나면 빨갛게 익는다.

¶ 푸른 보리밭을 지나 낮은 언덕을 넘으면 내가 그리던 고향 땅이 나올까?

③ 세력이 당당하다.

¶ 서슬 푸르던 양반도 나이가 드니 한결 기세가 누그러졌다.

④ (비유적으로) 젊음과 생기가 왕성하다.

¶ 그 푸르던 학창 시절이 그립다.

⑤ (비유적으로) 희망이나 포부 따위가 크고 아름답다.

¶ 우리는 모두 푸른 미래를 꿈꾸며 대학에 입학했다.

⑥ 공기 따위가 맑고 신선하다.

¶ 새벽에 한강으로 나아가 푸른 공기를 들이마셨다.

⑦ 서늘한 느낌이 있다.

¶ 그의 검에서는 푸른 기운이 도는 것 같더라.

⑧ '파랗다'의 뜻으로 쓰는 말.

¶ 푸른 하늘 은하수 하얀 쪽배에 계수나무 한 나무 토끼 한 마리.

복합어

푸르디푸르다 더없이 매우 푸르다. ¶ 푸르디푸른 보리밭이 끝없이 펼쳐졌다.

푸르락누르락 성이 나거나 흥분하여 얼굴빛이 푸르렀다 누르렀다 하는 모양. =누르락푸르락

푸르러지다 화가 나서 얼굴빛이 푸르게 되다.

푸른나물 통배추의 푸르고 연한 잎을 데쳐서 무친 것. =청채

● '푸르다'와 '푸르르다'의 형태 바뀜

'푸르르다'가 표준어로 인정되어 문장 속에서 형태가 바뀔 때에 '푸르다'와 같은 경우가 생기게 되었다. 어미 '-어', '-었-'이 붙을 때에 이 두 낱말의 형태가 같아진다.

어미	-고	-ㄴ	-어	-어서	-었-
푸르다	푸르고	푸른	푸르러	푸르러서	푸르렀다
푸르르다	푸르르고	푸르른	푸르러	푸르러서	푸르렀다

››› '푸르다'는 풀이나 나뭇잎의 색과 같음을 의미하고, '파랗다'는 맑은 가을 하늘의 색과 같음을 의미하는 것으로 구별하여 사용한다. 이에 대해서는 올림말 '파란색' 참고.

푸르러

형용사 '푸르다' 또는 '푸르르다'의 연결형. 또는 종결형.

¶ 산과 들이 푸르러 이제 봄이 무르익고 있음을 알겠다.

푸르렀다

형용사 '푸르다' 또는 '푸르르다'에 과거를 나타내는 어미 '-었-'이 붙어 바뀐 형태.

¶ 여름이 깊어지니 온 산하가 푸르렀다.

푸르르다 형용사

불규칙 푸르르고, 푸르르니, 푸르러, 푸르른, 푸르릅니다, 푸르렀다

풀의 빛깔과 같다. '푸르다'를 강조하기 위해서 쓴다.

¶ 저 멀리 푸르른 들판에 아지랑이가 피어오른다.

¶ 오늘따라 유독 하늘이 높고 푸르른 것 같다.

››› '푸르르다'는 '푸르다'의 틀린 말로 여겨 오다가 최근에 표준어로 인정하였다.

푸시시 부사

① 털 같은 것이 몹시 어지럽게 흩어지거나 마구 거칠게 난 모양.

¶ 머리털이 푸시시 일어나 있다.

② 물건이 갑자기 부스러져 허물어지거나 헤어지는 모양.

¶ 흙더미가 푸시시 무너져 내렸다.

③ 미닫이나 장지문 따위를 느리게 슬그머니 여닫는 소리. 또는 그 모양.

¶ 자다 말고 일어나 푸시시 장지를 열고 나가더니 감감소식이다.

④ 잠이나 공상에 슬그머니 빠지는 모양.

¶ 아이가 무어라고 중얼거리더니 푸시시 잠이 들었다.

¶ 어느새 푸시시 상상의 세계로 빠져 들었다.

⑤ 슬그머니 웃는 모양.

¶ 그는 멋쩍은 듯 푸시시 웃으며 돌아보았다.

복합어

푸시시하다 털 같은 것이 몹시 어지럽게 흩어지거나 일어나 있다. =부스스하다 ¶그이는 검불처럼 푸시시한 머리칼을 하고 다녔다.

● '푸시시'와 '부스스'

'부스스'의 거센말로 '푸스스'를 쓰지 않고 '푸시시'를 쓰는 것은 이례적이다. '푸시시'를 표준어로 본다면 그 예삿말은 '부시시'가 되는 것이 자연스러울 텐데 '부스스'를 표준어로, '부시시'를 비표준어로 본다. 그런데 북한도 같은 규정을 두고 있다. 다만 그들은 '부시시'와 '푸스스'를 표준어로 보고 '부스스'와 '푸시시'는 비표준어로 본다. 그러니까 남과 북의 규정이 서로 반대인 셈이다.

남북이 이렇게 엇나가는 규정을 사용하는 것이 여럿 있지만 이 경우는 조금 심하다. 이럴 바에야 차라리 서로 '부스스'와 '부시시', '푸스스'와 '푸시시'를 다 표준어로 인정하는 것이 바람직할 것이다. 사실 '부스스'가 맞는지 '부시시'가 맞는지는 우리가 정하기 나름이기 때문이다. 그렇게 되면 '으스스하다'를 '으시시하다'로 써도 되므로 우리 언어생활이 조금은 편해질 수 있다.

품[1] 명사

① 윗도리에서 앞쪽 겨드랑이 밑으로 가슴과 등을 두르는 부분의 넓이.

② 윗도리 옷을 입었을 때에 가슴과 옷 사이에 있는 틈.

¶ 윗도리는 품을 넉넉하게 지어야 입기 편하다.

③ 두 팔을 벌려서 안는 가슴.

¶ 엄마가 아이를 품에 안고 입을 맞춘다.

④ '따뜻한 보호를 받는 환경'을 빗대어 이르는 말.

¶ 넋이 되어 돌아오신 선열들, 이제 고국의 품에서 고이 잠드소서.

복합어

품속 ① 품의 안. ¶ 아이는 어머니의 품속에 안겨 잔다. ② 품고 있는 깊은 속내. ¶ 사람의 품속은 아무도 알 수 없다.

품[2] 명사

① 일을 하는 데에 드는 힘이나 수고.

¶ 사전 만드는 일은 품이 많이 든다.

② 삯을 받고 하는 일.

¶ 품을 팔아서 살아가는 사람도 있다.

복합어

품꾼 품을 팔아서 일을 하는 사람. =삯일꾼

품삯 품을 들이고 받는 돈이나 물건. 품팔이에 대한 삯. =품값

품앗이 어려운 일을 하기 위해 여럿이 서로 품을 빌리고 갚음. ¶ 모내기 같은 일은 시기가 정해져 있으므로 마을 사람들끼리 품앗이를 해야 시기를 놓치지 않는다.

품앗이하다 서로 품을 빌리고 갚다. ¶ 마을 사람들끼리 서로 품앗이하여 가을걷이를 마쳤다.

품팔이 품삯을 받고 남의 일을 하여 주는 행위.

품팔이하다 품삯을 받고 남의 일을 하여 주다.

품[3] 명사

동작이나 모양의 됨됨이를 나타내는 말. =품새[2]

¶ 옷을 입은 품을 보면 그 사람의 직업을 어느 정도 짐작할 수 있다.

¶ 바람이 부는 품이 곧 비가 내릴 것 같다.

품다 동사

규칙 품고, 품지, 품으니, 품어, 품은, 품네, 품습니다, 품었다

① 안거나 지니다.

¶ 어미 닭이 알을 품고 있다.

¶ 엄마와 나는 보따리를 하나씩 가슴에 품고 마을을 떠났다.

② 마음속에 가지다.

¶ 네가 그런 생각을 품었다니 놀랍다.

¶ 정부의 정책에 대하여 많은 사람이 불만을 품었던 것이 사실이다.

③ 받아들여 아우르다.

¶ 가난한 이를 품지 못하는 사회는 좋은 사회가 아니다.

품새[1] 명사

옷 같은 것의 품의 크고 작음. 또는 품이 몸에 맞는 모양새.

¶ 옷을 입어 보니 옷감도 고울 뿐더러 품새도 잘 들어맞아서 매우 만족스럽다.

품새[2] 명사

=품[3]

¶ 그분이 한복을 차려입은 품새에서 고고한 선비의 풍모가 엿보인다.

¶ 그가 걸어가는 품새를 보니 다리를 다친 것 같다.

× 풋나기 '풋내기'의 틀린 표기.

○ 풋내기 명사 ×풋나기

① 경험이 없어서 일에 서투른 사람.

¶ 이 일에는 우리 모두 풋내기에 지나지 않는다.

② 차분하지 못하여 객기를 잘 부리는 사람.

¶ 이런 풋내기들이 어디서 감히 소란을 피워!

× 프랑카드 / 플랑카드 '플래카드(placard)'의 틀린 표기.

○ 플래카드(placard) 명사 ×프랑카드 / 플랑카드

기다란 천에 표어 따위를 써서 걸어 두는 광고물. '현수막'으로 순화.

¶ 동아리 신입 부원을 모은다는 플래카드를 보았다.

››› '플래카드'는 '프랑카드', '플랭카드' 따위로 잘못 쓰는데, 부정확한 외래어를 쓰기보다는 '현수막'이나 '펼침막'으로 바꿔 쓰는 것이 바람직하다.

○ 피[1] 명사

논이나 밭에 자라는 한해살이풀의 이름 또는 그 이삭에서 얻는 낟알. 주로 농작물의 성장을 방해한다고 해서 뽑아내지만 먹을 것이 부족한 시기에는 이삭에서 나오는 낟알을 갈아 죽을 쑤어 먹기도 했다.

¶ 논의 피는 날마다 뽑아도 한없이 나온다.

복합어

피죽 피로 쑨 죽. ¶ 사흘 동안 피죽도 얻어먹지 못한 얼굴이구나.

피[2] 명사

① 사람이나 동물의 몸 안의 핏줄을 돌며 산소와 영양분을 공급하는 액체.

② 혈연 또는 겨레를 빗대어 이르는 말.

복합어

피맺히다 가슴에 피가 맺힐 정도로 한이 사무치다. ¶ 내 피맺힌 사연을 들어 주세요.

피비리다 ① 맛이나 냄새가 피처럼 비리다. ② (주로 '피비린' 형태로 쓰여) 전쟁이나 살상 따위로 매우 살벌하다. ¶ 우리나라는 피비린 전쟁을 많이 겪었다.

피비린내 ① 선지피에서 나는 비린 냄새. ② 전쟁 따위로 생기는 매우 살벌한 기운.

관용 표현

피를 말리다 몸의 피가 다 마를 정도로 몹시 긴장시키고 애를 태우다. ¶ 당시 궁 안에서는 피를 말리는 암투가 벌어졌다.

피난(避難) 명사

재난을 피함. 재난을 피하여 다른 곳으로 옮김. 참고 피란

복합어

피난민 재난을 피하여 가거나 온 사람.

피난살이 피난 중에 사는 살림살이.

피난처 피난할 곳. 피난한 곳.

피난하다 재난을 피하여 다른 곳으로 옮기다.

피다[1] 동사

규칙 피고, 피니, 피어, 핀, 핍니다, 피었다

① 꽃봉오리 따위가 벌어지다. 참고 패다[1], 피우다

¶ 봄이면 산과 들에 울긋불긋 꽃이 핀다.

② 불이 일어나 스스로 타다.

¶ 참숯은 잘 피기도 하지만 오래 피기도 한다.

③ 사람이 살이 오르고 혈색이 좋아지다.

¶ 아기가 잘 먹더니 얼굴이 피고 살이 통통하게 올랐다.

¶ 네 얼굴이 핀 것을 보니 요즘에 좋은 일이 있는 모양이다.

④ 구름이나 연기 따위가 커지다.

¶ 서쪽 하늘에 흰 구름이 뭉게뭉게 피기 시작했다.

⑤ 가정이 수입이 늘어 형편이 나아지다.

¶ 살림이 피었으니 일을 조금 줄여도 되겠다.

⑥ 냄새나 먼지 따위가 퍼지거나 일어나다.

¶ 어디서 구수한 냄새가 피는 것 같다.

⑦ 천에 보풀이 일어나다.

¶ 스웨터에 보푸라기가 피어서 못 입게 되었다.

⑧ 웃음이나 미소 따위가 겉으로 나타나다.

¶ 교실 안에는 아이들의 웃음꽃이 피었다.

⑨ 곰팡이, 버짐, 검버섯 따위가 나타나다.

¶ 식빵에 곰팡이가 피었다.

복합어

피어나다 ① 꽃 따위가 피게 되다. ② 꺼져 가던 불이나 연기 따위가 일어나다. ③ 곤란한 형편이 차츰 풀리게 되다. ¶ 이제 형편이 조금씩 피어나려나 보다. ④ 성하여지거나 좋아지다. ¶ 한글, 세계인의 글자로 피어나라. ⑤ 어떤 느낌이나 생각 따위가 일어나다. ¶ 두 사람 사이에 사랑이 피어나기 시작했다. ⑥ 웃음이나 미소 따위가 나타나다. ¶ 모처럼 그의 얼굴에 환한 웃음꽃이 피어났다.

피어오르다 ① 김, 내, 구름 같은 것이 줄을 지으며 위로 올라가다. ¶ 저녁이 되자 초가집 굴뚝에서 연기가 피어올랐다. ② 꽃이나 잎 같은 것이 자라서 한창 물이 오르다. ③ 마음속에서 어떤 희망이나 염원, 꿈 따위가 간절하게 솟아나다. ④ 이야깃거리가 되어 흥성거리다. ¶ 우리 사이에는 고향에서 놀던 이야기가 피어오르기 시작하였다. ⑤ 불길 따위가 밑에서부터 솟아오르다. ¶ 금세 모닥불이 피어올랐다.

× 피다[2] ‘피우다’의 틀린 말.

¶ 길을 걸으면서 담배를 피지(×)/피우지(○) 마세요.

피동사(被動詞) 명사

남의 행동을 입어서 행하여지는 동작을 나타내는 동사. 피동사는 원래의 동사에 피동 접미사 ‘-이-’, ‘-히-’, ‘-리-’, ‘-기-’ 따위를 붙여 만든다.

피란(避亂) 명사

난리를 피함. [참고] 피난

복합어

피란민 피란하여 가거나 온 사람.

피란살이 난리를 피하여 타향에 가서 삶.

피란하다 난리를 피하여 옮기다.

● ‘피란’과 ‘피난’

두 낱말은 사실 비슷한 내용을 가리킨다. 글자로는 ‘피란’이 ‘란(亂)’을 피하는 것이고, ‘피난’은 ‘난(難)’을 피하는 것이지만, 따지고 보면 ‘란(亂)’도 ‘난(難)’의 일부이기 때문이다. 굳이 따진다면 ‘란(亂)’은 군사적이거나 무력적인 행위로 나타나는 것이므로 ‘피란’은 전쟁이나 이와 비슷한 난리를 피해 다른 곳으로 가는 것이고, ‘피난’은 그 밖의 재난을 피해 다른 곳으로 옮기는 것이다. 한국 전쟁 때에 북쪽에서 남쪽으로 넘어온 사람은 ‘피란민’이고, 홍수나 가뭄 또는 방사선 피폭 등을 피해 다른 지역으로 옮긴 사람은 ‘피난민’이다.

피우다 동사 ×피다

[규칙] 피우고, 피우어/피워, 피운, 피웁니다, 피우었네/피웠네

① 피게 하다. 피어나게 하다. '피다[1]'의 사동형.
¶ 우리는 어린 시절 이야기로 웃음꽃을 피웠다.
¶ 불을 피우니 연기가 피어 매캐했다.
② 어떤 행동이나 태도를 나타내다.
¶ 곰이 재주를 피운다.
¶ 공공 장소에서는 소란을 피우면 안 된다.
¶ 부자라고 거드름을 피우는 태도는 못난 짓이다.
③ 연기를 빨아들였다가 내보내다.
¶ 담배를 피우면 건강에 해롭다.

● '피우다'와 '피다[1]'

'피우다'는 '피다'에 사동의 의미를 보태는 접사 '-우-'를 붙여 만든 말이다. 그런데 일부 사람들이 '피우다'를 줄여서 '피다'('피'를 길게 발음)로 쓰는 경향이 있는데 이는 잘못이다. 말을 할 때에는 '피'를 긴소리로 발음하기 때문에 짧은소리로 내는 '피다'와 구별되지만 글자로 적으면 구별되지 않는다. 그래서 '피우다'를 '피다'로 적지 않아야 하는 것이다. 특히, '피우다'의 활용형으로 '피워, 피웠다'를 써야 하는데 '피다'를 허용하면 이것을 활용할 때에 '피어', '피었다'처럼 활용하게 되어 '피우다'와 '피다'의 의미 구별이 안 되는 문제가 생긴다. 따라서 '피우다'의 뜻으로 '피다'를 쓰면 안 된다. '키우다, 치우다, 채우다, 새우다, 배우다' 따위를 '키다, 치다, 채다, 새다, 배다'로 줄이지 않는 것도 같은 이치이다.

핑계 명사

① 내키지 아니하는 사태를 피하거나 사실을 감추려고 방패막이가 되는 다른 일을 내세움. 또는 그런 내용. =구실

¶ 그는 바쁘다는 핑계로 모임에 참석하지 않았다.

② 잘못한 일에 대하여 이리저리 돌려 말하는 구차한 변명.

¶ 자꾸 핑계만 대지 말고 묻는 말에나 대답해.

복합어

핑계하다 ① 내키지 아니하는 사태를 피하거나 사실을 감추려고 방패막이가 되는 다른 일을 내세우다. ¶ 비 오는 날씨를 핑계하고 온종일 집에만 틀어박혔다. ② 잘못한 일에 대하여 이리저리 돌려 구차하게 변명하다. ¶ 자기 잘못을 인정하지 않으려고 남을 핑계하는 사람은 비겁한 사람이다.

속담

핑계가 좋아서 사돈네 집에 간다 속으로는 어떤 일을 좋아하면서 겉으로는 다른 일이 좋은 듯이 둘러댐을 빗대어 이르는 말.

핑계 없는 무덤이 없다 어떤 큰 잘못을 한 사람이라도 핑계를 댈 거리가 있다는 말.

핑크빛(pink-) 명사 ×핑큿빛

분홍빛. =핑크

¶ 핑크빛이 도는 블라우스

핑큿빛 '핑크빛(pink-)'의 틀린 표기.

>>> 외래어에는 사이시옷을 붙이지 않기로 하였기 때문에 '핑크빛'으로 적어야 한다.

ㅎ

하고[1] 조사

① ('누구하고 같다/다르다/닮다' 구성으로 쓰여) 다른 것과 비교하거나 기준으로 삼는 대상임을 나타내는 말.

¶ 나는 너하고 달라.

¶ 그 애 이름이 나하고 같다.

¶ 언니는 엄마하고 닮았다.

② 무슨 일을 함께 함을 나타내는 말.

¶ 누구하고 여행 가니?

③ 행위의 대상임을 나타내는 말.

¶ 그 사람하고 헤어진 지 오래되었어.

¶ 친구하고 싸우면 안 된다.

④ 둘 이상의 사물을 같은 자격으로 이어 주는 말.

¶ 엄마하고 언니가 시장에 갔다.

¶ 과자하고 떡하고 마실 것을 사 오너라.

● '하고', '와/과', '랑'

'하고'와 '와/과'는 기능이 같다. 다만 '하고'는 입말에만 쓰고, '와/과'는 입말과 글말에 두루 쓴다. '하고' 대신에 '랑'을 쓰기도 한다.

¶ 나는 너하고/너랑/너와 있고 싶다.

¶ 사과하고/사과랑/사과와 배를 사 왔다.

¶ 너하고 나하고/너랑 나랑/너와 나와 함께 가자.

하고[2]

동사 '하다'의 연결형.

¶ 청소를 하고 나서 시원한 물을 한 잔 마셨다.

¶ 동생은 "큰일 났다!" 하고 소리치면서 뛰어나갔다.

하고한 '허구한'의 틀린 말.

하다[1] 동사

불규칙 하고, 하면, 하지, 하여/해, 하여서/해서, 하는, 한, 합니다, 하였다/했다

① 몸을 움직여 어떤 동작이나 활동을 일으키다.

¶ 수영을 하기 전에 준비 운동을 꼭 해라.

¶ 숙제부터 하고 놀아라.

② 만들거나 장만하다.

¶ 산에 가서 나무를 하였다.

¶ 저녁 반찬으로 된장찌개를 해 먹을까?

③ 행동하다.

¶ 네 마음대로 하지 마라.

¶ 그렇게 하면 안 돼.

④ 옷이나 장신구 따위를 차리다.

¶ 황사가 심하니 마스크를 꼭 하고 다녀라.

¶ 귀걸이를 하니 훨씬 돋보인다.

⑤ 음식을 먹거나 담배를 피우다.

¶ 언제 저녁이나 하자.

¶ 청소년기에 담배를 하면 몸에 안 좋아.

⑥ 다루거나 처리하다.

¶ 어떻게 하면 이 고비를 넘길 수 있을까.

¶ 저 사람을 어떻게 해야 될까요?

⑦ 표정이나 태도를 짓거나 취하다.

¶ 그런 모습을 하고 부모님을 뵐 수는 없지 않겠니?

¶ 아이들은 호기심 어린 표정을 하고 나를 보았다.

⑧ 얼마로 값을 매기거나 값이 나가다.

¶ 이 자전거는 얼마나 합니까?

¶ 두부 한 모에 오천 원이나 한다.

⑨ 말, 욕, 비난, 칭찬 따위를 표현하다.

¶ 화가 나도 욕은 하지 마세요.

¶ 아이들에게 칭찬을 많이 해 주세요.

⑩ 전화, 편지로 말을 주고받거나 소식을 전하다.

¶ 여기서는 전화도 마음대로 할 수 없어요.

¶ 편지라도 자주 하겠습니다.

⑪ 어떤 일을 직업으로 삼거나 역할을 하다.

¶ 그는 모교에서 선생을 한다.

¶ 식당 일을 하려면 부지런해야 한다.

⑫ 무엇에 걸맞게 행동하다.

¶ 그 사람은 이름값을 하더라.

¶ 제발 얼굴값을 좀 하고 다녀라.

⑬ 성과를 이루다.

¶ 그가 우리 마을에서 노래로 일 등을 하였다.

⑭ ('하면' 형태로 쓰여) 그것에 대해서 말하다.

¶ 텔레비전 하면 한국산이 최고지.

⑮ ('-고/-라고 하다' 구성으로 쓰여) 그렇게 생각하거나 말하거나 애쓰다.

¶ 관광객들은 백두산 천지에서 괴물이 나타났다고 한다.

⑯ ('-려고 하다' 구성으로 쓰여) 의지나 예정을 나타내는 말.

¶ 나는 오늘 떠나려고 한다.

¶ 아무리 소리치려고 해도 입이 떨어지지 않았다.

⑰ ('…라고 하다' 구성으로 쓰여) 그렇게 부르다.

¶ 저는 전우치라고 합니다.

¶ 이 꽃은 목련이라고 해요.

⑱ ('-면 하다' 구성으로 쓰여) 그렇게 바라다.

¶ 어서 이 시련이 끝났으면 합니다.

⑲ ('-어야 하다' 구성으로 쓰여) 그렇게 하지 않으면 안 된다. 그렇게 하는 것이 옳다.

¶ 빨리 끝내야 하니 다들 힘냅시다.

¶ 밥을 천천히 꼭꼭 씹어 먹어야 한다.

⑳ ('-게 하다' 구성으로 쓰여) 그렇게 시키거나 그렇게 되도록 만들다.

¶ 그를 빨리 떠나게 하여라.

¶ 우리를 슬프게 하는 것들이 너무 많다.

㉑ ('-기로 하다' 구성으로 쓰여) 그렇게 마음을 먹다.

¶ 나는 날마다 자기 전에 30분씩 책을 읽기로 했다.

㉒ ('만 한' 구성으로 쓰여) 그와 비슷함을 나타내는 말.

¶ 그래도 형만 한 아우 없는 법이다.

㉓ ('할 것 없이' 구성으로 쓰여) 누구 또는 무엇을 가리어 말하다.

¶ 누구누구 할 것 없이 모두 오세요.

¶ 이것저것 할 것 없이 전부 버려라.

㉔ ('하고' 형태로 쓰여) '그것에 그치지 않고 거기에 덧붙여'의 뜻을 나타내는 말.

¶ 그 일을 마치는 데 1년 하고 두 달이 더 걸렸다.

¶ 그의 사무실은 서울 하고 광화문에 있다.

㉕ ('쯤 하여서' 구성으로 쓰여) 일정한 시각에 이름을 나타내는 말.

¶ 10시쯤 해서 시청 앞에서 만나자.

¶ 네가 도착할 때쯤 해서 역으로 마중 나갈게.

㉖ (의성어와 함께 쓰여) 그런 소리가 나다.

¶ 옆에서 쿵 하는 소리와 함께 몸이 하늘로 치솟아 올랐다.

㉗ (형용사 어간에 '-어하다' 형태로 붙어) 형용사를 동사로 바꾸는 구실을 하는 말.

¶ 기뻐하다, 좋아하다, 싫어하다, 예뻐하다, 행복해하다

하다[2] 형용사

불규칙 하니, 하여/해, 하여서/해서, 한, 합니다, 하였다/했다

① (명사형 어미 '-기'에 보조사 '는', '도', '만', '까지', '조차' 등이 붙은 말 뒤에 쓰여) 그러함을 나타내기 위해서 강조하는 말.

¶ 벌써 졸업이라니 시원하기도 하고 섭섭하기도 하다.

¶ 천이 곱기는 하지만 너무 작아서 문제다.

② ('…도 -고 하니/하여/한데' 구성으로 쓰여) '그런 상태임'을 나타내는 말.

¶ 날씨도 좋고 하니 밖에 나가서 놀자.

¶ 집도 넓고 하여 마음에 들었다.

¶ 바람도 불고 한데 집에 들어가지 않을래?

> ● '하다'의 활용형
>
> '하다'에 '어'로 시작하는 어미 '-어, -어도, -어야, -어서, -었다' 따위가 붙으면 '어'가 '여'로 바뀌어 '하여, 하여도, 하여야, 하여서, 하였다'가 된다(이런 현상을 여 불규칙 활용이라고 한다). 이때 '하여' 부분이 '해'로 줄어서 '해, 해도, 해야, 해서, 했다'로 줄어든다.

-하다 접사

불규칙 -하니, -하여/-해, -하여서/-해서, -한, -합니다, -하였다/-했다

① (일부 명사에 붙어) 명사를 동사로 바꾸는 구실을 하는 말.

¶ 일하다, 사랑하다, 노래하다

② (일부 어근에 붙어) 형용사로 바꾸는 구실을 하는 말.

¶ 착하다, 훌륭하다, 갸륵하다

③ (일부 부사에 붙어) 형용사로 바꾸는 구실을 하는 말.

¶ 우뚝하다, 말랑말랑하다

④ (의존 명사 '체, 듯, 양, 뻔' 따위에 붙어) 의존 명사를 보조 동사나 보조 형용사로 바꾸는 구실을 하는 말.

¶ 모른 체하다.

¶ 비가 오는 듯하다.

¶ 어린 양하다.

하도 부사

지나칠 만큼 매우.

¶ 할 일이 하도 많아서 무엇부터 해야 할지 모르겠다.

¶ 날씨가 하도 더워서 온몸이 땀범벅이 됐다.

하등[1](下等) 명사

등급이나 계급이 낮은 것.

¶ 하등 생물이 어떻게 고등 생물로 바뀌었는지 밝히는 것이 진화론이다.

하등[2](何等) 명사

① ('하등의' 형태로 쓰여) 아무런, 어떤.

¶ 내가 그에게 용서를 빌어야 할 하등의 이유가 없다.

¶ 게임에 대해서는 나는 하등의 관심도 없다.

② 조금도, 전혀.

¶ 나와는 하등 상관없는 일이다.

● '하등의'와 '하등에'

'하등'이 명사이기 때문에 조사 '의'나 '에'를 붙여 쓸 수 있다. '의'를 붙이면 관형어처럼 쓰여 '아무런'의 뜻이 되고, '에'를 붙이면 부사어처럼 쓰여 '전혀'의 뜻이 된다. '하등에'는 '에'를 생략하고 '하등'만 쓰기도 한다. 위의 ②번 뜻풀이는 '하등에'의 '에'가 생략된 경우를 설명한 것이다.

하락(下落) 명사

값이나 등급 따위가 떨어짐.

복합어

하락률 값이나 등급이 내린 비율.

하락폭 값이나 등급이 내린 폭.

하락하다 값이나 등급이 떨어지다.

● '하락'과 '낙하'

같은 한자로 구성되어 있으나 한자의 차례가 다른 두 낱말의 경우 뜻이 같기도 하고 다르기도 하다. '방향(方向)'과 '향방(向方)', '하강(下降)'과 '강하(降下)', '하여튼(何如-)'과 '여하튼(如何-)'은 뜻이 서로 같은 경우이고, '자손(子孫)'과 '손자(孫子)', '자녀(子女)'와 '여자(女子)'는 뜻이 다른 경우이다. '하락(下落)'과 '낙하(落下)'는 기본적인 뜻은 같지만 용법이 달라지고 있다. '하락'은 값이나 등급이 떨어지는 경우에 쓰고, '낙하'는 물건이 위에서 아래로 떨어지는 경우에 쓴다.

하루 명사

① 한 밤과 한 낮이 지나는 동안.

¶ 그는 10년을 하루같이 치매에 걸린 어머니를 보살폈다.

② 아침부터 저녁까지의 동안.

¶ 오늘은 하루 종일 앉아서 일만 하였다.

¶ 벌써 하루가 다 갔구나.

③ 특정하지 않은 어느 날. 어느 한 날.

¶ 하루는 학교에서 돌아와 보니 강아지가 보이지 않았다.

복합어

하루빨리 하루라도 빨리. =하루바삐, 하루속히 ¶ 하루빨리 일을 마무리해야 한다.

하루아침 몹시 짧은 동안. ¶ 몸에 밴 습관을 하루아침에 바꿀 수 있겠어?

하루하루 ① 하루가 지날 때마다. ¶ 아이들은 하루하루 몰라보게 자란다. ② 그날그날. ¶ 그 사람들은 하루하루를 열심히 살고 있다.

하루해 해가 떠서 질 때까지의 동안. ¶ 하루해가 다 가도록 이것밖에 못 했어?

하룻강아지 ① 난 지 얼마 안 되는 어린 강아지. ¶ 하룻강아지 범 무서운 줄 모른다더니 철없이 덤비는구나. ② 사회적 경험이 적고 어린 사람을 놀림조로 이르는 말.

하룻길 하루 동안 걸려서 갈 수 있는 거리. ¶ 서울에서 수원은 걸어서 하룻길이다.

하룻밤 ① 한 밤. 한 번의 밤. ¶ 오늘 하룻밤 묵을 수 있겠습니까? ② 어느 날 밤. ¶ 하룻밤 우리는 한 친구 집에 모여서 이런저런 이야기를 하게 되었다.

관용 표현

하루가 멀다고(/멀다 하고) 거의 날마다. ¶ 하루가 멀다 하고 신제품이 쏟아져 나온다.

하루가 새롭다 ① 시간이 지나가는 것이 아쉽다. ¶ 농사철에는 하루가 새로운 법이다. ② 짧은 시간이 괴롭고 길게 느껴지다. ③ 사물의 변화가 두드러지다. =하루가 다르다. ¶ 마을의 모습이 하루가 새롭게 바뀌었다.

하루에도 열두 번 매우 자주. ¶ 하루에도 열두 번 마음이 바뀐다.

속담

하루 물림이 열흘 간다 한번 뒤로 미루기 시작하면 자꾸 더 미루게 된다는 뜻으로, 무슨 일이나 뒤로 미루지 말라고 경계하여 이르는 말.

하루 세 끼 밥 먹듯 아주 예사로운 일이라는 말. ¶ 그는 하루 세 끼 밥 먹듯 운동했다.

● '하루'와 '일일' 또는 '1일'

'일일(一日)'이나 '1일'은 모두 '하루'를 가리키는 말이다. 기간을 나타낼 때나 한 날을 나타낼 때나 동일하게 사용한다. 다만 매월 1일을 음력으로 말할 때에 특별히 '초하루'라고 하여 '초(初)'를 붙여 말한다. 11일은 '열하루', 21일은 '스무하루'라고 하지만 31일은 음력에는 없는 날이어서 이를 부르는 말도 없다. 음력으로 날짜를 부르는 이름은 아래와 같다.

날짜	이름	날짜	이름	날짜	이름
1일	초하루	11일	열하루	21일	스무하루
2일	초이틀	12일	열이틀	22일	스무이틀

하

3일	초사흘	13일	열사흘	23일	스무사흘
4일	초나흘	14일	열나흘	24일	스무나흘
5일	초닷새	15일	열닷새(보름)	25일	스무닷새
6일	초엿새	16일	열엿새	26일	스무엿새
7일	초이레	17일	열이레	27일	스무이레
8일	초여드레	18일	열여드레	28일	스무여드레
9일	초아흐레	19일	열아흐레	29일	스무아흐레(그믐)
10일	열흘	20일	스무날	30일	그믐

× 하루종일

'하루 종일'의 띄어쓰기 잘못. '온종일' 또는 '종일'과 같은 뜻이다.

○ 하릴없다 형용사

×할일없다

규칙 하릴없고, 하릴없어, 하릴없습니다, 하릴없었다

① 어찌 할 도리가 없다.

¶ 준비를 하지 않아서 그리된 것이니 혼나도 하릴없는 일이지.

② 조금도 틀림이 없다. 비 영락없다

¶ 십 년 만에 만난 친구는 하릴없는 거지꼴을 하고 있었다.

복합어

하릴없이 ① 달리 어찌할 도리 없이. ¶ 잘못을 했으니 하릴없이 꾸중을 들을 수밖에 없었다. ② 조금도 틀림없이. ¶ 그는 새벽 6시이면 하릴없이 약수터에 왔다.

○ 하마터면 부사

×하마트면

자칫 잘못하였더라면.

¶ 하마터면 큰일 날 뻔했다.

하마트면 'ㅎ마터면'의 틀린 표기.

하물며 부사

(흔히 '-거든, -ㄴ데, -은데, -는데' 따위와 함께 쓰여) 그도 그러한데 더욱이. 앞의 사실이 그러하다면 뒤의 사실은 말할 것도 없다는 말.

¶ 짐승도 은혜를 알거든 하물며 사람이야.

하소연 명사

억울한 일이나 잘못된 일, 딱한 사정 따위를 들어 달라는 간곡한 호소.

¶ 사기 피해자들이 경찰서에 몰려와 하소연을 늘어놓았다.

복합어

하소연하다 억울한 일이나 잘못된 일, 딱한 사정 따위를 간곡히 호소하다. ¶ 내 억울함을 하소연할 곳이 없다.

하야말갛다 형용사

불규칙 하야말가니, 하야말개, 하야말간, 하야말가네, 하야말갛습니다, 하야말갰다

① 살결이 탐스럽게 맑고 희다.

¶ 그녀는 살결이 하야말갛고 몸매가 날씬하다.

② 흰빛을 띠면서 말갛다.

하얗다 형용사

불규칙 하얗고, 하야니, 하얘, 하얀, 하얗습니다, 하얬다

① 새뜻하고 깨끗하게 희다.

¶ 밤새 눈이 내려 천지가 하얗게 변했다.

¶ 그의 얼굴은 눈에 띄게 하얬다.

② ('하얗게' 형태로 쓰여) 잠을 이루지 못해 뜬눈으로 밤을 새우는 것을 이르는 말.

¶ 우리는 그동안 밀린 이야기를 하느라 밤을 하얗게 지새웠다.

③ 춥거나 겁에 질려 얼굴에 핏기가 사라지다.

¶ 아이는 추위에 얼굴이 하얗게 질려 있다.

● '하얗다'의 형태 바뀜

① '하얗다'에 연결 어미 '-니', '-면', '-므로'를 붙인 활용형에는 'ㅎ'을 탈락시킨다.

¶ 벽이 온통 하야니 방이 퍽 밝게 보인다.

② '하얗다'에 종결 어미 '-네'나 '-니/-냐'를 붙일 때에는 'ㅎ'을 탈락시키기도 하고 탈락시키지 않기도 한다.

¶ 간밤에 눈이 내려 온 세상이 하야네/하얗네.

¶ 내 얼굴이 그렇게 하야니?/하얗니?

¶ 어느 것이 더 하야냐?/하얗냐?

● '하얘지다'와 '허예지다'

'하얗다'와 '허옇다'는 작은말 큰말 관계에 있다. 마찬가지로 '하얘지다'와 '허예지다'도 작은말 큰말 관계이다. '하얘지다'의 큰말이 '허예지다'로 바뀌는 것은 모음 조화가 작용했기 때문이다. 아래 낱말도 마찬가지로 모음 조화에 따라서 작은말과 큰말의 형태가 결정되었다.

까매지다 – 꺼메지다, 노래지다 – 누레지다, 빨개지다 – 뻘게지다

파래지다 – 퍼레지다

하얬다

'하얗다'의 과거형. '허옇다'의 과거형 '허옜다'의 작은말이다.

¶ 밤새 눈이 많이 내려 세상이 온통 하얬다.

○ 하여간(何如間) 부사

어찌하든지 간에. =여하간, 하여간에

¶ 비가 올지 안 올지 모르지만 하여간 내일 산행은 한다.

¶ 하여간 이번에는 내가 한턱내겠네.

○ 하여튼(何如-) 부사 ×하옇든

어떻게 되어 있든. =아무튼, 어쨌든, 여하튼

¶ 하여튼 가 보기나 하자.

¶ 결과가 어찌 될지 모르지만 하여튼 나는 홀가분하다.

○ 하여튼지(何如-) 부사

어떻게 되어 있든지. =여하튼지

× 하옇든 '하여튼'의 틀린 표기.

○ 하이라이트(highlight) 명사 ×하일라이트

① 방송, 연극, 스포츠 따위에서 가장 흥미 있고 중심이 되는 부분이나 장면.

¶ 저녁 방송에서 오늘 경기의 하이라이트를 보여 준다고 한다.

② 그림이나 사진에서 빛을 가장 많이 받아 밝게 보이는 부분.

¶ 렘브란트는 '돌아온 탕자' 그림에서 아버지의 얼굴 부분을 하이라이트로 처리했다.

× 하일라이트 '하이라이트(highlight)'의 틀린 표기.

하잘것없다 형용사

규칙 하잘것없고, 하잘것없어, 하잘것없는, 하잘것없습니다

시시해서 해 볼 만한 것이 없다. 대수롭지 않다. ㉥ 보잘것없다

¶ 길가의 하잘것없어 보이는 풀도 다 쓸모가 있다.

¶ 이런 하잘것없는 일로 형제끼리 다투어서야 되겠소?

복합어

하잘것없이 시시해서 상대할 것 없이. 대수롭지 않게. ㉥ 보잘것없이 ¶ 그의 눈에는 내 노력이 하잘것없이 보였을 것이다.

하지만 부사

앞 문장과 다르거나 반대되는 내용을 말할 때 앞뒤 두 문장을 이어 주는 말. ㉥ 그렇지만, 그러나

¶ 초대해 주어서 고맙습니다. 하지만 선약이 있어 못 가겠습니다.

¶ 한때 그는 유명한 배우였다. 하지만 지금은 기억하는 사람이 없다.

하찮다 형용사

규칙 하찮고, 하찮아, 하찮은, 하찮습니다, 하찮았다

① 그다지 훌륭하지 않다.

¶ 아내는 하찮은 물건도 버리지 않는다.

¶ 하찮은 솜씨를 칭찬해 주시니 고맙습니다.

② 대수롭지 않다.

¶ 네가 하찮게 여기는 일이 다른 사람에게는 중요한 일일 수 있다.

¶ 하찮은 일에 그렇게 화내지 마.

복합어

하찮이 ① 그다지 훌륭하지 아니하게. ② 대수롭지 아니하게.

하필(何必) 부사

다른 방도를 취하지 아니하고 어찌하여 꼭.

¶ 수많은 선수 중에서 하필 가장 강한 사람이 내 상대가 되다니.

¶ 하필 소풍 가는 날에 비가 온다.

한[1](恨) 명사

① 하고자 하는 것을 하지 못하여 안으로 맺힌 간절한 감정.

¶ 전쟁에 나간 아들이 무사히 돌아온다면 죽어도 한이 없겠다.

② 남에게서 받은 피해 따위로 인해 생긴 몹시 억울한 감정. =원한

¶ 어떻게 해야 억울하게 돌아가신 부모님의 한을 풀어 드릴까?

복합어

한하다 올림말 '한하다[1]' 참고. ¶ 너의 불행을 가지고 남을 한하지 마라.

한[2](限) 명사

① 범위의 끝.

¶ 사람의 능력에는 한이 없는 법이다.

¶ 참는 데에도 한이 있지, 이제 더는 못 참겠어.

② 끝이나 제한이 없이 매우 많거나 심함을 나타내는 말.

¶ 옛날 살던 이야기를 하자면 한이 없지.

¶ 네 말을 들으니 슬프기 한이 없다.

③ ('-는 한이 있어도/있더라도' 구성으로 쓰여) 극단적인 상황을 가리키는 말.

¶ 굶어 죽는 한이 있어도 그 일은 하지 않겠다.

④ (주로 '-ㄴ/-는 한' 구성으로 쓰여) '그런 조건이 끝나는 시점까지'의 뜻을 나타내는 말.

¶ 가능한 한 식사를 거르지 마십시오.

¶ 살아 있는 한 너의 은혜를 잊지 않겠다.

>>> '가능한'은 형용사 '가능하다'의 관형사형이다. '가능한 한(限)'은 '가능한 범위라면'의 뜻을 나타내므로 '가능한 한'을 '가능한'으로 줄여서 쓰면 안 된다.

한[3] 관형사

① '하나'를 뜻하는 말.

¶ 한 사람씩 들어오세요.

② '대략', '어림잡아서'의 뜻을 나타내는 말.

¶ 일을 마무리 짓는 데 한 열흘쯤 걸릴 것 같다.

③ '어느' 또는 '어떤'의 뜻을 나타내는 말.

¶ 옛날에 한 마을에 마음씨 착한 농부가 살았어.

④ '같은'의 뜻을 나타내는 말.

¶ 우리는 한 학교에 다닌다.

관용 표현

한 건 올리다(/하다) 어떤 일을 한 뒤에 성과를 내다. ¶ 드디어 내가 오늘 한 건 올렸다. / 내가 한 건 하는 날에 밥 한 끼 사지.

한 귀로 흘리다 듣고도 마음에 두지 아니하고 무시하다.

한 다리 걸치다(/끼다) 이익을 보려고 어떤 일에 넌지시 관계를 하다.

한 몸이 되다 ① 조직적으로나 사상적으로 단합하여 하나의 몸처럼 행동할 수 있게 되다. ¶ 온 국민이 한 몸이 되어 이 위기를 극복해 나갑시다. ② 부부가 되다.

한 손 놓다 ① 일의 어려운 고비를 넘기고 나서 여유가 생기게 되다. ② 쉬운 일이라고 생각하여 한 손만 쓴다는 뜻으로, 상대편을 얕보는 것을 이르는 말.

한 우물(을) 파다 한 가지 일에 몰두하여 끝까지 하다.

한 줌밖에 안 되다 양이 조금이다.

한 치 앞을 못 보다 ① 가까이 있는 것도 보지 못하다. ② 식견이 얕다.

한 팔을 잃다 도움이 되는 가장 중요한 사람을 잃다.

속담

한 귀로 듣고 한 귀로 흘린다 남의 말을 귀여겨듣지 않고 곧 잊어버린다는 말.

한 몸에(/어깨에) 두 지게를 질까 한 몸에 지게 둘을 동시에 질 수 없는 것처럼 한 사람이 두 가지 일을 할 수 없다는 말.

한 밥에 오르고 한 밥에 내린다 젊은 사람은 먹는 대로 살로 가고, 굶으면 곧 살이 축난다는 말.

한 잔 술에 눈물 난다 사소한 대접이라도 잘못하면 오해를 사게 되니 사람을 대접할 때는 고루 잘 대접하라는 말.

한 치 앞이 어둠 사람의 앞날은 도무지 예상할 수 없다는 말.

한[4]

동사 '하다'의 관형사형. 과거 시제를 나타낸다.

¶ 어제 나에게 전화를 한 사람이 누구니?

¶ 산에서 나무를 한 시간이 오후 4시쯤이었다.

한–[1] 접사

① (일부 명사 앞에 붙어) '큰'의 뜻을 더하는 말.

¶ 한길, 한사리, 한시름

② (일부 명사 앞에 붙어) '정확한' 또는 '한창인'의 뜻을 더하는 말.

¶ 한가운데, 한낮, 한밤중, 한여름

③ (일부 명사 앞에 붙어) '같은'의 뜻을 더하는 말.

¶ 한곳, 한군데, 한동네, 한뜻, 한마음, 한패

복합어

한가득 '가득'을 강조하는 말. ¶ 동생은 밥을 입에 한가득 물고 대답했다.

한가운데 복판. 공간, 시간, 상황 따위의 바로 가운데.

한걱정 매우 큰 걱정. ¶ 네가 취직을 해서 한걱정을 덜었다.

한낮 낮의 한가운데. ¶ 한낮이 다 되어서야 일어났다.

한뜻 같은 뜻. ¶ 직원들이 한뜻으로 불우 이웃 돕기 성금을 모았다.

한마을 같은 마을. ¶ 우리는 한마을에서 산다.

한마음 ① 여러 마음이 하나로 합한 마음. ② 변함없는 마음.

한밤중 ① 깊은 밤중. =한밤 ¶ 한밤중에 문을 두드리는 소리가 났다. ② 어떤 일에 대하여 전혀 모르고 있는 상태를 빗대어 이르는 말. ¶ 그들은 세상 돌아가는 일에는 한밤중이었다.

한복판 '복판'을 강조하는 말. ¶ 화살이 날아가 과녁 한복판에 박혔다.

한시름 큰 걱정. ¶ 네가 잘 지내는 걸 보니 한시름 놓이는구나.

한잠 깊이 든 잠. ¶ 한잠 자고 일어나니 몸이 거뜬하다.

관용 표현

한마음 한뜻 모든 사람이 똑같이 갖는 생각. ¶ 온 국민이 한마음 한뜻으로 응원했다.

접두사 '한-[1]'과 관형사 '한[3]'의 띄어쓰기

관형사로 쓰는 '한'은 뒤에 오는 말과 띄어 써야 하지만, 접두사로 쓰는 '한-'은 뒤에 오는 말과 붙여 쓴다. 관형사 '한'은 '하나', '어림잡아서', '어느/어떤'의 뜻을 갖는다. 이런 의미로 쓰인 '한'은 뒤에 오는 체언에 띄어 쓴다. 이에 비해서 '한-'은 '큰', '정확한/한창인', '같은/일정한'의 뜻을 더하는 접두사로서 붙여 쓴다.

- 철수와 영희는 한마을에서 살았다.(같은 마을, 접두사)
- 회의에는 한 마을에서 한 사람씩 대표로 참석했다.(마을 하나)
- 옛날 한 마을에 예쁜 아이가 살았다.(어떤 마을)

- 그와 나는 한곳에서 근무한 적이 있다.(같은 곳, 접두사)
- 그 동상은 서울 한 곳에만 세우기로 했다.(장소 하나)

- 사람들의 시선이 한군데로 쏠렸다.(일정한 곳, 접두사)
- 준비를 제대로 한 곳은 한 군데도 없었다.(군데 하나)

한-[2] 접사

① (일부 명사 앞에 붙어) '바깥'의 뜻을 더하는 말.

¶ 오늘처럼 추운 날에는 한데에서 자면 안 된다.

② (일부 명사 앞에 붙어) '다른' 또는 '엉뚱한'의 뜻을 더하는 말.

¶ 운전하면서 한눈을 팔다가는 사고를 내기 쉽다.

③ (일부 명사 앞에 붙어) '끼니때 밖'의 뜻을 더하는 말.

¶ 늦게 손님이 와서 한음식을 준비해야 했다.

복합어

한눈 올림말 '한눈[3]' 참고.

한데 올림말 '한데[1]' 참고.

한저녁 끼니때가 지난 뒤에 간단하게 차리는 저녁.

> **● 접두사 '한-[2]'와 관형사 '한[3]'의 띄어쓰기**
>
> 접두사 '한-[2]'는 '집의 바깥', '엉뚱한'의 의미를 나타내기 위해서 명사 앞에 붙인다. 이 경우 '한-'은 긴소리로 발음한다.
>
> ┌ 가을에 한데에서 자면 감기 걸리기 쉽다.(집 바깥, 접두사)
> └ 시간이 없어서 오늘은 한 데만 들르겠다.(장소 한 곳)
>
> ┌ 그는 길을 걸으면서 한눈을 팔다가 넘어졌다.(엉뚱한 데를 보는 눈, 접두사)
> └ 그 사람은 한 눈이 안 보인다.(한쪽 눈)

한갓 부사 ×한갖

다른 것 없이 겨우.

¶ 이번 일은 한갓 돈을 벌기 위함만은 아니다.

¶ 너의 계획은 한갓 공상에 지나지 않는다.

한갓되다 형용사

규칙 한갓되고, 한갓되어/한갓돼, 한갓된, 한갓되었다/한갓됐다

① 하찮은 것밖에 안 되다.

¶ 모방은 제2의 창조이니 모방을 한갓되다 하지 마라.

② 보람이나 실속이 없다. =헛되다①

ㅎ

복합어

한갓되이 ① 하찮게. ¶ 미물도 감정이 있으니 한갓되이 다루지 마라. ② 아무 보람 없이. 헛되게. ¶ 앞일을 걱정해야 할 시간에 한갓되이 후회하지 마라.

한갓지다 형용사

규칙 한갓지어/한갓져, 한갓진, 한갓집니다, 한갓지었다/한갓졌다

아늑하고 조용하다.

¶ 한갓진 곳에 집을 짓고 살면 조용해서 좋겠지만 좀 무섭지 않을까?

한갖 '한갓'의 틀린 표기.

한걸음 명사

(주로 '한걸음에' 형태로 쓰여) 쉬지 아니하고 내처 걷는 걸음이나 움직임.

¶ 나는 한걸음에 달려가 어머니를 껴안았다.

¶ 기차는 한걸음에 나를 고향까지 데려다주었다.

'한걸음'과 '한 걸음'

명사 '한걸음'과 어구 '한 걸음'은 쓰임새가 다르다.

그가 내 부름을 받고 한걸음에 와 주었다.(쉬지 않고 바로)

한 걸음 내디딜 때마다 다리가 아팠다.(한 번 내딛는 걸음)

한겨울 명사

① 추위가 한창인 겨울.

¶ 그는 한겨울에도 내복을 입지 않는다.

② 추운 겨울 동안.

¶ 이런 산동네에서 어떻게 한겨울을 날지 걱정이다.

한결 부사

전에 비하여서 한층 더.

¶ 잠을 자고 나니 몸이 한결 가벼워졌다.

¶ 너를 보니 마음이 한결 놓인다.

¶ 너와 함께 일하니 일이 한결 수월해진 것 같다.

한결같다 형용사

규칙 한결같고, 한결같아, 한결같은, 한결같습니다, 한결같았다

① 처음부터 끝까지 변함없이 꼭 같다.

¶ 그는 늘 한결같은 태도로 사람을 대한다.

¶ 그분은 언제 보아도 한결같으시다.

② 여럿이 모두 하나와 같다.

¶ 광장에 모인 사람들은 한결같은 목소리로 독재 타도를 외쳤다.

¶ 아이들은 한결같은 얼굴로 웃고 있었다.

복합어

한결같이 ① 처음부터 끝까지 변함없이 꼭 같이. ¶ 우리는 너를 한결같이 믿고 있어. ② 여럿이 모두 꼭 같이 하나와 같이. ¶ 사람들 표정이 한결같이 어둡더라.

한글 명사

우리나라 고유 문자의 이름. 조선 세종 임금이 우리말을 표기하기 위하여 창제한 훈민정음을 20세기 이후 달리 이르는 이름이다.

ㅎ

● '한글'과 '국어' 또는 '우리말'

한글의 중요성과 가치가 점점 크게 인식되면서 우리 사회에는 좀 엉뚱한 문제가 나타나게 되었다. 그것은 한글을 마치 우리말(한국어)과 동의어로 인식하는 사람들이 많아졌다는 것이다. 신문과 방송은 한글날이면 어김없이 우리말의 부끄러운 모습을 지적하면서 '한글 파괴 현장'이라고 소개한다. 이런 잘못은 언어를 너무 안이하게 사용하는 습관에서 비롯된 것이다. 한글은 우리말을 적는 글자이지 우리말과 동의어로 쓸 수 있는 말은 아니다. 영어를 적는 글자는 알파벳이고, 한국어를 적는 글자는 한글이다. 말과 글자를 혼동하면 안 된다.

한길[1] 명사

사람이나 자동차가 많이 다니는 넓고 큰 길.

¶ 도시가 발달하면서 좁은 길이 점점 한길로 변하여 많은 사람과 차가 다니게 되었다.

한길[2] 명사

하나의 길. 같은 길.

¶ 그는 35년 동안 오로지 선생이라는 한길을 걸었다.

한꺼번에 부사 ㉧ 한껍에

몰아서 한 번에. 죄다 단숨에.

¶ 아이들이 한꺼번에 교실로 들어왔다.

¶ 이 정도 숙제야 한꺼번에 해치울 수 있지.

한껏(限-) 부사

한도에 이르는 데까지. 할 수 있는 데까지.

¶ 시험도 끝났으니 오늘은 한껏 놀아라.

¶ 그의 노래로 축제 분위기가 한껏 달아올랐다.

한나절 명사

하루 낮의 반.

¶ 일이 거의 한나절이 지나서야 끝났다.

한낱 부사

기껏해야 대단한 것 없이 다만. =한개 ㉥ 일개

¶ 한낱 어린애로 보았는데 그런 용기를 가졌다니 놀랍다.

¶ 그것은 한낱 구실에 지나지 않는다.

한눈[1] 명사

① 한 번 봄. 잠깐 봄.

¶ 나는 그를 한눈에 알아볼 수 있었다.

② 한 번에 눈에 들어오는 범위.

¶ 남산에 올라 보면 서울 시가지가 한눈에 들어온다.

ㅎ

관용 표현

한눈에 열 줄 글을 매우 빨리 읽음을 이르는 말. ¶ 그는 한눈에 열 줄 읽는 사람이다.

한눈[2] 명사

잠을 자려고 잠깐 감는 눈.

관용 표현

한눈 붙이다 잠깐 눈을 감고 자다.

한눈[3] 명사

당연히 볼 데를 보지 않고 딴 데를 보는 눈.

복합어

한눈팔다 볼 데를 안 보고 딴 데를 보다. ¶ 길을 걸으면서 한눈팔다가는 다칠라.

한다하는 관형사 ㉾ 한다는

수준이나 실력 따위가 상당하다고 자처하거나 그렇게 인정받는.

¶ 한국에서 한다하는 인재들이 여기에 다 모였다.

한달음 명사

(주로 '한달음에' 형태로 쓰여) 중도에 쉬지 않고 한 번에 달려감.

¶ 아버지께서 위독하셔서 우리 형제는 한달음에 고향 집으로 달려갔다.

한데[1] 명사

지붕이나 벽 따위로 가려지거나 덮이지 않은 곳. 집이나 건물의 바깥. =노천, 바깥, 밖

¶ 요즘은 캠핑 장비가 아주 좋아서 한데에서도 거뜬히 잠을 잘 수 있다.

복합어

한뎃잠 한데에서 자는 잠. =노숙

한데[2] 명사

① 한곳이나 한군데. 같은 곳.

¶ 아침에 한데 모였다가 함께 갑시다.

¶ 사람들 시선이 한데로 쏠렸다.

② 모두 함께.

¶ 짐을 한데 묶어서 자동차에 실었다.

한데[3] 부사

사실이 그러한데.

¶ 출발 시간이 다 되었잖아. 한데 왜 아무도 안 나타나지?

¶ 나는 지금 가야 해. 한데 내 가방이 어디 있지?

한동안 명사

꽤 오랫동안.

¶ 앞으로 한동안 나를 볼 수 없을 거다.

¶ 그 일을 한동안 잊고 지냈다.

한두 관형사

하나나 둘의.

¶ 이 일은 한두 사람만 있어도 할 수 있겠다.

한둘 ①수사 ②명사

① 하나나 둘.

¶ 밖에는 사람이 가끔 한둘 지나다닐 뿐이다.

② (주로 '아니다'와 함께 쓰여) '조금'의 뜻을 나타내는 말.

¶ 그날 너를 본 사람이 한둘이 아니다.

한때 ①-②명사 ③부사

① (주로 '한때에' 형태로 쓰여) 같은 때.

¶ 손님들이 한때에 몰려들어 정신이 없었다.

② 한 시기.

¶ 나도 한때는 멋쟁이라는 이야기를 들었다.

¶ 우리는 섬에서 오붓하고 평화로운 한때를 보냈다.

③ 일시적으로. 어느 한 시기의 짧은 동안에.

¶ 이 도시에 한때 수천 명이 살기도 했다.

¶ 한때 장사로 꽤 돈을 벌었다.

한마디 명사

짧은 말. 또는 간단한 말.

¶ 그는 나에게 한마디 말도 없이 떠났다.

¶ 옆에서 한마디 거들다가 오히려 핀잔만 들었다.

한목 명사

(주로 '한목에' 형태로 쓰여) 한꺼번에 몰아서 함을 나타내는 말.

¶ 공부를 이렇게 한목에 하려고 하니 제대로 될 리 없지.

¶ 돈이 생기면 한목에 갚을 테니 걱정 마라.

한목소리 명사

① 여럿이 함께 내는 하나의 목소리.

¶ 우리 두 사람은 한목소리로 노래를 불렀다.

② 여러 사람이 같은 생각을 표현하는 것을 빗대어 이르는 말.

¶ 시민들은 한목소리로 물가 안정 대책을 마련해 달라고 정부에 호소했다.

한몫 명사

① 한 사람 앞에 돌아갈 분량.

¶ 모두 선물을 한몫씩 챙겨서 가져갔다.

② 한 사람이 맡은 역할.

¶ 이제 너희는 어엿한 성인이 되었으니 사회에서 한몫을 담당해야 한다.

복합어

한몫하다 한 사람으로서 맡은 역할을 충분히 하다. ¶ 나도 팀의 승리에 한몫했다.

관용 표현

한몫 끼다 마땅한 자격을 가지고 함께 참가하다. ¶ 좋은 일이면 나도 한몫 낍시다.

한몫 잡다(/보다) 단단히 이득을 취하다. ¶ 그는 이번 일로 한몫 잡으려고 한다.

한물 명사

과일이나 채소 따위가 한창 쏟아져 나오거나 수확되는 때.

¶ 참외와 수박이 한물이어서 값이 좀 떨어졌다.

¶ 이제 사과도 한물이 지났다.

ㅎ

복합어

한물가다 ① 채소, 과일, 어물 따위의 한창 나오는 때가 지나다. =한물넘다 ¶ 딸기가 한물가서 좋은 물건이 없다. ② 생선 따위가 싱싱한 정도가 떨어지다. ¶ 비린내가 심한 것을 보니 한물간 생선 같다. ③ 한창때가 지나 기세가 꺾이다. ¶ 이제 무더위도 한물가서 아침저녁으로 선선하다.

한밑천 명사

일을 이루는 데 큰 도움이 될 만큼 꽤 많은 밑천.

¶ 이번 장사로 한밑천 잡으면 버젓한 내 가게를 내고 싶다.

한바탕 ①명사 ②부사

① 무엇이 크게 벌어진 판.

¶ 장터에서 한바탕의 춤판이 벌어졌다.

② 한판 크게.

¶ 우리는 한바탕 신나게 웃었다.

¶ 아이가 없어졌다고 한바탕 난리가 났다.

¶ 날이 흐리더니 이윽고 한바탕 소나기가 퍼부었다.

복합어

한바탕하다 ① ('누구와 한바탕하다' 구성으로 쓰여) 크게 한 번 싸우다. ¶ 오전에 아랫집 사람과 층간 소음 문제로 한바탕하였다. ② 어떤 일을 크게 한 번 벌이다. ¶ 노래를 한바탕했더니 무거웠던 마음이 가벼워졌다.

한번(-番) ①명사 ②-⑤부사

① ('한번은' 형태로 쓰여) 지난 어느 한 때.

¶ 언젠가 한번은 그가 이런 말을 했어.

¶ 한번은 그와 시장에서 마주친 일이 있었지.

② (주로 '-어 보다'와 함께 쓰여) 어떤 일을 시험 삼아 시도함을 나타내는 말.

¶ 제가 한번 먹어 보겠습니다.

¶ 심심한데 우리 노래나 한번 불러 볼까?

③ 기회 있는 어떤 때에.

¶ 시간이 되면 우리 집에 한번 놀러 와.

¶ 병원에 가서 진찰이나 한번 받아 보지 그러니?

④ (명사 바로 뒤에 쓰여) 그 행동이나 상태를 강조하는 뜻을 나타내는 말.

¶ 이 동네 인심 한번 후하구나.

¶ 그 녀석, 울음소리 한번 크다.

⑤ 일단 한 차례.

¶ 그 개는 한번 물면 절대 놓지 않는다.

¶ 나는 한번 마음먹은 일은 끝까지 해내는 성미이다.

속담

한번 검으면 흴 줄 모른다 한번 좋지 않은 짓을 하고 그것이 습관이 되면 좀처럼 고치기 어렵다는 말.

한번 엎지른 물은 다시 주워 담지 못한다 일단 저지른 일은 돌이킬 수 없다는 말.

한번 쥐면 펼 줄 모른다 아주 인색하거나 융통성이 없고 완고하다는 말.

● '한번'과 '한 번'

'번'은 횟수나 차례를 가리키는 말이다. 따라서 몇 번 또는 몇 차례를 의미하는 경우에는 '번'이 의존 명사로 인정되어 앞의 수 관형사와 띄어 써야 한다. '한 번, 두 번, 세 번' 처럼 쓴다. 그러나 몇 번의 의미가 아니고 단순히 '시험 삼아서' 또는 '일단 해 보는' 의미를 가지면 '번'의 고유한 의미가 사라지기 때문에 '한번'을 하나의 단어로 보아 붙여 쓴다. 이 구별이 어려우면 '한번' 대신에 '몇 번'을 대입해 보면 된다. 말이 되면 '한 번'으로 띄어 쓰고, 말이 안 되면 붙여서 '한번'으로 쓰면 된다.

¶ 그 사과 한번 먹어 보자.(시험 삼아 하는 말로 몇 번이 아님.)

¶ 그 사람들, 인심 한번 사납군.(강조해서 하는 말로 몇 번이 아님.)

¶ 거기에는 나도 한 번 간 적이 있다.(몇 번으로 바꾸어 쓸 수 있음.)

¶ 이런 건 한 번에 해치워야지.(몇 번으로 바꾸어 쓸 수 있음.)

한사코(限死-) 부사

죽기로 기를 쓰고. 매우 고집을 세워.

¶ 아이가 한사코 가겠다고 하니 어쩔 수 없이 보내 주었다.

¶ 자기가 옳다고 한사코 우기더라.

한세상(-世上) 명사

① 한평생 사는 동안.

¶ 이러나저러나 한세상인데 사이좋게 지냅시다.

② 잘사는 한때.

¶ 부디 오래 살아남아서 한세상을 누리시기 빕니다.

한솥밥 명사

(주로 '먹다'와 함께 쓰여) 한 솥에서 푼 밥. 식구처럼 함께 지내는 것을 빗대어 이르는 말.

¶ 한솥밥을 먹어야 식구라고 할 수 있지.

한술 명사

한 숟가락의 밥이라는 뜻으로, 매우 적은 양의 밥을 이르는 말.

¶ 아침밥은 한술이라도 먹는 것이 좋다.

관용 표현

한술 더 뜨다 이미 있는 것도 어지간한데 거기에서 한 걸음 더 나아가서 하다. 더 심한 정도로 가다. ¶ 네 급한 성격이 네 아버지보다 한술 더 뜨는구나.

속담

한술 밥에 배부르랴 무슨 일이든지 단번에 만족할 만한 결과를 얻을 수 없다는 말.

한숨[1] 명사

근심이나 서러움이 있을 때에 길게 몰아서 쉬는 숨.

¶ 아이들 대학 등록금을 생각하니 한숨부터 나온다.

복합어

한숨짓다 근심이나 설움으로 한숨을 내뿜다. ¶ 어머니는 밤늦도록 오지 않는 아들을 기다리면서 한숨지었다.

한숨[2] 명사

① 숨을 한 번 쉴 만큼 짧은 동안.

② 잠깐 동안의 휴식이나 잠.

¶ 피곤하니 잠이나 한숨 자야겠다.

¶ 어젯밤에는 배가 아파서 잠을 한숨도 못 잤다.

복합어

한숨에 숨 한 번 쉴 만큼 짧은 동안에. ㉥ 단번에

관용 표현

한숨(을) 돌리다 고비를 넘겨 여유를 가지고 잠깐 쉬다. ¶ 오늘 시험만 끝나면 한숨 돌릴 수 있다.

한숨(이) 놓이다 마음을 졸이거나 힘겨운 고비에서 벗어나 조금 마음을 놓게 되다. =한숨이 트이다. ¶ 발표를 무사히 마치고 나니 한숨 놓인다.

한스럽다(恨–) 형용사

불규칙 한스러워, 한스러운, 한스럽습니다, 한스러웠다

한이 되는 느낌이 있다.

¶ 그는 많이 배우지 못한 것이 늘 한스러웠다.

ㅎ

한없다(限-) 형용사

규칙 한없어, 한없는, 한없네, 한없습니다, 한없었다

끝이 없다.

¶ 사람들은 나에게 한없는 지지와 성원을 보내 주었다.

¶ 부모님은 우리에게 한없는 사랑을 베푸신다.

복합어

한없이 끝이 없이. ¶ 갯벌이 한없이 펼쳐져 있다.

한여름 명사

여름철의 더위가 한창인 때.

¶ 이제 바야흐로 한여름으로 들어가는 것 같다.

한입 명사

① 입에 음식물 따위가 가득 찬 상태.

¶ 동생은 사과를 한입 가득 베어 물었다.

② (주로 '한입에' 형태로 쓰여) 한 번 입을 벌린 상태.

¶ 약을 한입에 털어 넣었다.

¶ 시원한 물 한 잔을 한입에 쭉 들이마셨다.

③ 똑같은 말을 하는 여러 사람의 입.

¶ 자리에 있던 모든 사람들이 한입으로 그를 칭찬하였다.

한자리 명사

① 같은 자리.

¶ 온 가족이 모처럼 한자리에 앉아 식사를 하였다.

② 중요한 직위나 어느 한 직위.

¶ 선비는 벼슬 한자리 얻어 볼까 하는 마음에서 정승 댁을 찾았다.

복합어

한자리하다 중요하거나 책임 있는 직위에 오르다.

한줄기 명사

① 한 번 세게 쏟아지는 소나기 따위의 빗줄기.

¶ 소나기가 한줄기 퍼붓더니 이내 햇빛이 비쳤다.

② 같은 계통.

¶ 한국어, 몽골어, 터키어는 본래 한줄기에서 갈라져 형성된 것이다.

한집 명사

① 같은 집.

¶ 우리 다섯은 모두 한집에서 산다.

② =한집안

¶ 한집 식구끼리 다투지 마라.

¶ 한집에서 축구 선수가 세 명이나 나왔다.

속담

한집 살아 보고 한배 타 보아야 속을 안다 사람의 마음은 오래 같이 지내면서 역경을 겪어 보아야 알 수 있다는 말.

한집에 있어도 시어미 성을 모른다 같이 생활하는 친숙한 사이에서 응당 알고 있어야 할 것을 모르는 경우를 빗대어 이르는 말.

한집안 명사

=한집

① 한집에서 사는 가족.

ㅎ

¶ 그와는 한집안처럼 가깝게 지냈다.

② 혈연관계가 있는 같은 집안.

¶ 결혼식에 한집안 어른들이 다 오셨다.

한쪽 명사

하나의 편이나 방향. =한편②

¶ 닭을 한쪽으로 몰아라.

¶ 싸움을 중재할 때 어느 한쪽 의견만 들어서는 안 된다.

> **'한쪽'과 '한 쪽'**
>
> 명사 '한쪽'은 '같은 쪽'을 나타내거나 '양쪽'에 상응하는 하나의 쪽을 가리키는 말이다. 방향을 나타내지 않고 '페이지'나 '조각'을 나타내는 경우에는 '한 쪽', '두 쪽'처럼 띄어 쓴다.
>
> 한쪽으로 모여 보세요.(같은 쪽)
>
> 아침으로 죽 한 사발과 사과 한 쪽을 먹었다.(한 조각을 나타냄)

한차례(-次例) 명사

어떤 일이 한바탕 일어남을 나타내는 말.

¶ 태풍이 한차례 휩쓸고 지나간 자리에 나무들이 쓰러져 있었다.

¶ 비가 한차례 내리고 나니 거리가 깨끗해졌다.

> **'한차례'와 '한 차례'**
>
> 명사 '한차례'는 차례의 횟수와 관계없이 '한번', '한바탕'과 비슷한 뜻을 가진다. 차례의 수를 가리킨다면 '한 차례', '두 차례'처럼 띄어 써야 한다.
>
> ¶ 그는 암으로 수술을 한 차례 받은 적이 있다.
>
> ¶ 우리는 휴가를 내어 그의 집을 한 차례 방문한 적이 있다.

한참 ①명사 ②-③부사

① 시간이 상당히 지나가는 동안.

¶ 한참을 기다린 뒤에야 버스가 왔다.

¶ 그가 한 말을 한참 만에 이해하였다.

② 어떤 일이 상당히 오래 일어나는 모양.

¶ 그는 내 말을 듣고 한참 생각하고 나서야 대답을 했다.

¶ 친구와 한참 이야기하다 보니 날이 어둑해졌다.

③ 수효나 분량, 정도 따위가 일정한 기준보다 훨씬 넘게.

¶ 나는 버스를 타고 한참 들어가야 하는 산골에 산다.

¶ 아직 시간이 한참 남아 있는데 벌써 사람들이 오기 시작한다.

한창 ①명사 ②부사

① 가장 성하고 활기가 있을 때.

¶ 유월 초면 모내기가 한창일 것이다.

¶ 대학가엔 요즘 축제가 한창이다.

② 가장 활기 있게.

¶ 연극이 한창 진행되고 있는데 한 사람이 문을 벌컥 열고 들어왔다.

¶ 하필 내가 한창 바쁠 때에 손님이 와서 제대로 대접도 못 했다.

복합어

한창나이 기운이 한창 성할 때의 젊은 나이. =한창때②

한창때 ① 원기가 가장 왕성한 때. ② =한창나이

● '한참'과 '한창'

시간과 관계가 있는 말은 '한참'이고, 왕성함과 관련이 있는 말은 '한창'이다.

¶ 요즘 고향에는 한참(×) 복숭아꽃이 필 시기이다. →한창

¶ 분위기가 한참(×) 무르익고 있는데 그가 방해를 놓았다. →한창

한철 명사

한창 성한 때.

¶ 요즘 백령도는 꽃게가 한철이다.

¶ 그가 요즘 한철을 만난 듯이 많은 일을 하고 있다.

한층(-層) 부사

한 단계 더. 훨씬 더.

¶ 감기가 한층 심해진 것 같다.

¶ 바람을 쐬니 기분이 한층 상쾌해졌다.

¶ 밤이 되면서 빗줄기가 한층 굵어졌다.

> **‘한층’과 ‘한 층’**
>
> 부사 ‘한층’은 한 단계 더 나아감을 나타내는 말이고, 어구 ‘한 층’은 몇 층 가운데 하나를 가리키는 말이다.
>
> ¶ 작년보다 경쟁이 한층 치열해졌다.
>
> ¶ 한 층 더 올라가면 우리 집이야.

한턱 명사

음식 따위를 크게 한바탕 대접하는 일.

¶ 공모전에서 상을 받아 친구들에게 한턱을 단단히 냈다.

¶ 승진했다고 동료들이 한턱을 쓰라고 난리다.

복합어

한턱거리 한턱 대접할 만한 일. ¶ 한턱거리가 있어야 한턱을 내든지 말든지 하지.

한턱내다 한바탕 크게 음식 대접을 하다. ¶ 내가 이겼으니 한턱내겠소.

한턱하다 한턱을 내다. ¶ 합격했으니 한턱해야 하지 않겠니?

한테 조사

① 주어의 행위가 미치는 대상임을 나타내는 말. 참고 에게, 한테서

¶ 이 선물은 너한테 주겠다.

¶ 모든 질문이 나한테 집중되었다.

② 행위의 근원을 나타내는 말.

¶ 아이가 친구한테 맞고 들어왔다.

¶ 동생이 개한테 손가락을 물렸다.

③ 귀속하거나 존재하는 제한된 범위를 나타내는 말.

¶ 그 일의 책임은 모두 나한테 있다.

¶ 대통령을 뽑을 권리는 국민한테 있다.

복합어

한테로 '한테①'의 힘줌말. ¶ 승리의 영광은 철수한테로 돌아갔다.

한테서 조사

(사람이나 동물 따위의 뒤에 붙어) 어떤 행동의 시작점을 나타내는 말. 참고 에게서, 한테

¶ 이 편지는 동생한테서 온 것이다.

¶ 모든 권력은 국민한테서 나온다.

¶ 이 책은 친구한테서 빌린 것이다.

'한테'와 '한테서'

조사 가운데 '에'와 '에서', '에게'와 '에게서', '한테'와 '한테서'처럼 '서'를 붙인 것과 붙이지 않은 것이 한 쌍으로 있는 것은 구별 기준이 같다. '서'가 있으면 행위가 일어난 곳이나 행위의 출발점을 나타내고, '서'가 없으면 행위의 도착지를 나타낸다.

서울에 / 동생에게 / 언니한테 가기로 했다.(도착지, 목적지)
서울에서 / 동생에게서 / 언니한테서 들었다.(행위의 출발점)

ㅎ

┌ 이 선물을 친구에게/친구한테 주었다.(도착지, 목적지)
└ 이 선물을 친구에게서/친구한테서 받았다.(행위의 출발점)

피동문을 만들 때에는 '에', '에게', '한테'를 쓴다.

¶ 나무에 부딪혔다.

¶ 개에게/개한테 물렸다.

¶ 경찰에게/경찰한테 붙잡혔다.

동사 '맞다', '당하다', '들키다'는 피동의 뜻이 있어서 '에게', '한테'를 쓴다.

¶ 엄마에게/엄마한테 야단맞았다.

¶ 이번에는 우리가 그들에게/그들한테 당하게 생겼다.

¶ 거짓말을 동생에게/동생한테 들켰다.

한판 명사

① 무엇을 한 번 벌이는 판.

¶ 우리 마을에 경사가 났으니 잔치를 한판 벌입시다.

¶ 결승에서 맞붙은 두 팀의 한판 승부가 벌어졌다.

② 유도에서, 상대를 메쳐 등이 완전히 매트에 닿게 하거나 누르기를 30초 이상 성공시켰을 때 내리는 판정.

한편(-便) ①-④명사 ⑤부사

① 같은 편.

¶ 너희들과 한편이 되어 마음이 든든하다.

② =한쪽

¶ 조용히 한편에 앉아 있어라.

¶ 그렇게 한편만 두둔하면 안 돼.

③ (주로 '한편으로' 형태로 쓰여) 어떤 일의 한 측면.

¶ 너의 친절은 한편으로 고맙기도 하고 한편으로 부담스럽기도 하다.

¶ 나는 합격 소식을 듣고 한편으로는 기뻤지만 다른 한편으로는 걱정스러웠다.

④ (어미 '-는' 뒤에 쓰여) 서로 다른 두 가지 상황을 연속해서 말할 때에 쓰는 말.

¶ 나는 공부를 열심히 하는 한편 운동도 게을리 하지 않겠다.

¶ 그는 농사를 짓는 한편 농민 교육에도 힘을 쏟았다.

⑤ 어떤 일에 대하여, 앞에서 말한 점과 다른 점을 말할 때 쓰는 말.

¶ 내륙 지방에는 비가 내리겠습니다. 한편 강원도 산간에는 눈이 내리는 곳이 있겠습니다.

속담

한편 말만 듣고 송사 못 한다 한쪽 말만 들어서는 잘잘못을 가리기가 어렵다는 말.

한하다[1] (恨-) 동사

불규칙 한하고, 한하여/한해, 한하는, 한합니다, 한하였다/한했다

몹시 억울하거나 원통하여 원망스럽게 생각하다.

¶ 모두 내 잘못인데 누구를 한하겠는가.

한하다[2] (限-) 동사

불규칙 한하고, 한하여/한해, 한하는, 한합니다, 한하였다/한했다

① 어떤 조건, 범위에 제한되거나 국한되다.

¶ 학생에 한하여 10% 에누리해 줍니다.

¶ 우편 접수는 마감일 안에 도착한 서류에 한합니다.

② 무엇을 범위로 삼다.

¶ 군사들은 죽기를 한하고 적진에 달려들었다.

× 할일없다

'하릴없다'의 틀린 말.

할퀴다 동사

규칙 할퀴고, 할퀴어, 할퀸니다, 할퀴었다

① 손톱 따위로 허비거나 긁어 상처를 내다.

¶ 동생이 손톱으로 내 손등을 할퀴었다.

② 스치거나 휩쓸고 지나가다.

¶ 수마가 할퀴고 지나간 자리에는 가재도구가 어지러이 널려 있었다.

¶ 집을 나서니 초겨울 추위가 온몸을 할퀴는 듯했다.

핥다 동사

규칙 핥는, 핥으니, 핥아, 핥는, 핥습니다, 핥았다

① 혀로 물건의 겉면을 스치어 빨다.

¶ 얼마나 배가 고팠던지 국그릇까지 핥아 먹었다.

② 불, 물, 연기 따위가 부드럽게 스치거나 비추다.

¶ 쏴쏴 바닷물이 모래톱을 핥는 소리가 들린다.

¶ 등대 불빛이 바다를 죽 핥고 지나간다.

복합어

핥아먹다 옳지 못한 방법으로 남의 재물을 빼앗다.

함께 부사

서로 더불어. 한꺼번에 같이.

¶ 동호는 영수와 함께 학교에 간다.

¶ 온 가족이 함께 여행을 가기로 했다.

복합어

함께하다 더불어 하다. =같이하다 ¶ 우리는 기쁨과 슬픔을 함께하는 친구다.

● '함께'와 '같이'

'더불어'의 뜻으로 두 낱말을 서로 갈음하여 쓸 수 있다. '함께 갔다'와 '같이 갔다', '함께 먹어라'와 '같이 먹어라'가 모두 바른 표현이다. 다만 '같이'를 쓰게 되면 여러 뜻으로 해석될 수 있음에 유의하여야 한다. '너와 같이'가 '너와 함께'의 의미뿐 아니라 '너처럼'의 의미도 가질 수 있기 때문이다. 이런 중의성이 나타날 우려가 있으면 '같이' 대신에 '함께'나 '처럼'을 쓰는 것이 좋다.

함부로 부사

조심하거나 깊이 생각하지 아니하고 마음 내키는 대로 마구.

¶ 잔디를 함부로 밟지 마시오.

¶ 어리다고 함부로 대하지 마라.

복합어

함부로덤부로 '함부로'를 강조하는 말.

ㅎ

합치다(合-) 동사

규칙 합치고, 합치어/합쳐, 합치어서/합쳐서, 합칩니다, 합치었다/합쳤다

'합하다'를 힘주어 이르는 말.

¶ 우리 서로 힘을 합쳐서 이 어려운 고비를 헤쳐 나갑시다.

¶ 분가했다가 다시 부모님과 합쳐 살기로 했다.

합하다(合-) 동사

불규칙 합하고, 합하면, 합하니, 합하여/합해, 합한, 합합니다, 합하였다/합했다

① 여럿이 하나가 되다. 둘 이상을 하나로 만들다.

¶ 작은 방 둘을 합하여 큰 방 하나를 만들었다.

¶ 모두 힘을 합해 마을 대청소를 하였다.

② 뜻이나 조건 따위에 일치하다.

¶ 아버지 뜻에 합한 사람을 구하기가 쉽지 않았다.

¶ 사리에 합한 말을 해라.

③ 수를 더하다.

¶ 2와 3을 합하면 5가 된다.

핫- 접사

① (명사 앞에 붙어) 옷 따위에 솜을 둔 것을 나타내는 말.

¶ 핫것, 핫두루마기, 핫바지, 핫옷, 핫이불, 핫저고리, 핫퉁이

② (명사 앞에 붙어) 배우자를 갖춘 사람임을 나타내는 말.

¶ 핫어미, 핫아비

복합어

핫바지 ① 솜을 두어서 지은 바지. ② 무식하고 어리석은 사람을 빗대어 이르는 말.

¶ 나를 핫바지로 아느냐?

핫옷 솜을 두어서 지은 옷.

핫퉁이 ① 솜이 많아 퉁퉁한 옷. ② 철 지난 뒤에 입은 솜옷.

해[1] 명사

① 태양계의 중심이 되는 붙박이별. '태양'을 일상적으로 이르는 말.

¶ 지구는 해의 둘레를 돈다.

¶ 벌써 해가 중천에 걸려 있다.

② 해에서 나오는 빛이나 열. 참고 햇볕, 햇빛

¶ 해가 나면 강아지를 데리고 산책 가자.

③ 지구가 태양을 한 바퀴 도는 동안.

¶ 해가 바뀌면 아이가 초등학교에 입학한다.

④ 해가 비치는 시간. 곧 '낮'을 달리 이르는 말.

¶ 하지가 가까워지니 해가 무척 길어졌다.

¶ 날씨가 추우니 꼭 해가 있을 때 돌아와야 한다.

⑤ (주로 고유어 수 뒤에 쓰여) 지구가 태양을 한 바퀴 도는 동안을 세는 말.

¶ 이곳에서 다시 한 해를 보내게 되었다.

¶ 공사가 끝나는 데에 여러 해가 걸릴 것 같다.

관용 표현

해가 서쪽에서 뜨다 전혀 예상 밖의 일이나 절대로 있을 수 없는 일을 하려고 하거나 하였을 경우를 빗대어 이르는 말. ¶ 네가 이렇게 일찍 일어나다니, 해가 서쪽에서 뜨겠다.

해를 지우다 하루를 다 보내다.

해와 달이 바뀌다 세월이 많이 지나다. ¶ 해와 달이 바뀌어도 넌 변하지 않는구나.

해[2](害) 명사

사람이나 사물에 끼치는 나쁜 영향.

¶ 벼멸구는 벼가 자랄 때 해를 입힌다.

복합어

해하다 사람이나 사물에 나쁜 영향을 끼치다.

해[3]

동사 '하다'의 연결형. 또는 종결형. '하다'에 어미 '-어'가 붙어 된 '하여'가 줄어든 말.

¶ 무엇이나 열심히 해 보아라.

¶ 남을 기쁘게 해 주면 내가 행복해진다.

¶ 그런 일을 내가 왜 해?

¶ 준비는 내가 할 테니까 발표는 네가 해.

¶ 이번 연극에서 내가 주인공을 해.

해- 접사

(주로 된소리나 거센소리로 시작하는 명사 앞에 붙어) 그해에 새로 나온 것임을 나타내는 말.

[참고] 햇-, 햅-

¶ 해쑥, 해콩, 해팥

● 접두사 '해-', '햇-', '햅-'

명사 앞에 접두사 '해-'를 붙여 그해에 새로 나온 농산물을 가리키는데, 명사에 따라서는 '햇-'이나 '햅-'을 붙이기도 한다. 접두사 '해-'는 명사가 된소리나 거센소리로 시작하는 경우에만 쓴다. 접두사 때문에 뒤에 오는 명사의 첫소리가 된소리나 'ㄴ'으로 변하는 경우에는 접두사 '햇-'을 쓴다. 명사 '쌀'의 경우는 접두사 '햅-'을 쓴다.

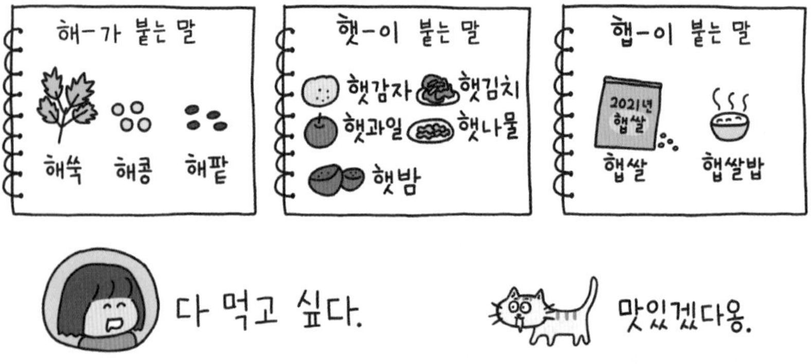

해거름 명사

해가 거의 넘어갈 무렵. =해름

¶ 해거름이 되면 쌀쌀해지니 겉옷을 준비해 가라.

¶ 서두르지 않으면 해거름에 가겠다.

해거리 명사

① 한 해를 거름. =격년

¶ 비엔날레는 이탈리아 베니스에서 해거리로 열리는 미술 잔치를 일컫는 말이다.

¶ 해마다 하던 체육 대회를 올해부터는 해거리로 하기로 했다.

② 과실나무가 한 해 걸러서 열매가 적게 열리는 일.

¶ 감나무가 해거리를 하여서 올해는 적게 열렸다.

복합어

해거리하다 ① 한 해를 거르다. ② 한 해를 걸러서 열매가 많이 열리다. 한 해에 열매가 많이 열리면 나무가 약해져서 그다음 해에는 열매가 거의 열리지 않는다. ¶ 감이나 밤은 해거리하기 때문에 해마다 값이 달라진다.

해꼬지 '해코지'의 틀린 말.

¶ 힘이 세다고 남한테 해꼬지(×)/해코지(○)를 하면 안 된다.

해내다 동사

규칙 해내고, 해내어/해내, 해낼, 해낸다, 해냅니다, 해내었다/해냈다

일을 능히 감당하거나 치러 내다.

¶ 아이들이 저마다 맡은 일을 거뜬히 해냈다.

¶ 혼자 해낼 수 없으면 도움을 청하여라.

¶ 나는 한번 마음먹은 일은 꼭 해내려고 한다.

해넘이 명사

해가 막 넘어가는 무렵. 또는 그런 현상. =일몰

¶ 충남 당진시 왜목 마을에서는 해돋이와 해넘이를 다 볼 수 있다.

해님 명사 ×햇님

'해'를 사람인 듯 다정하게 이르는 말.

¶ 낮에 나온 반달은 해님이 쓰다 버린 쪽박 같다.

해돋이 명사

해가 막 돋아 오르는 때. 또는 그런 현상. =해뜨기, 일출

¶ 새해 첫날 해돋이를 보려고 정동진으로 가고 있다.

해뜨리다 동사

규칙 해뜨리어/해뜨려, 해뜨립니다, 해뜨리었다/해뜨렸다

=해어뜨리다

해라

동사 '하다'의 종결형. 어미 '-어라'가 붙은 '하여라'가 줄어든 말. 명령의 뜻을 갖는다.

¶ 어서 숙제를 해라.

¶ 네 뜻대로 해라.

해롭다(害-) 형용사

불규칙 해롭고, 해로워, 해로운, 해롭습니다, 해로웠다

해가 되는 점이 있다.

¶ 담배는 자기 건강에 해로울 뿐 아니라 남의 건강도 해친다.

복합어

해로이 해가 될 만하게. 해가 있을 만하게.

해말갛다 형용사

불규칙 해말갛고, 해말가니, 해말개, 해말간, 해말가네, 해말갛습니다, 해말갰다

빛이 몹시 하얗고 말갛다. 밝고 말갛다.

¶ 아이는 해말간 웃음을 지었다.

¶ 언니는 얼굴이 해말갛고 몸매가 날씬하다.

해맑다 형용사

규칙 해맑고, 해맑아, 해맑은, 해맑으오, 해맑습니다, 해맑았다

① 표정이나 얼굴빛이 몹시 하얗고 맑다.

¶ 아이의 해맑은 눈동자를 바라보면 내 마음도 순수해진다.

② 소리가 아주 맑거나 빛이 아주 환하다.

¶ 어디선가 해맑은 풍경 소리가 들려왔다.

¶ 창문으로 해맑은 아침 햇살이 눈부시게 들어왔다.

해맞이 명사

① 새해를 맞는 일.

② 떠오르는 해를 구경하거나 맞는 일.

¶ 정동진, 호미곶, 향일암은 해맞이 장소로 유명하다.

✕ 해무리 '햇무리'의 틀린 표기.

해묵다 동사

규칙 해묵고, 해묵어, 해묵은, 해묵었다

① 물건이나 일이 해를 넘겨 오랫동안 남아 있다.

¶ 김치찌개는 해묵은 김치를 넣어야 맛이 있다.

② 일이나 감정이 해결되지 않은 상태에서 여러 해를 넘기거나 많은 시간이 지나다.

¶ 두 지역은 해묵은 갈등을 아직도 풀지 못하고 있다.

복합어

해묵히다 물건이나 일을 한 해 묵게 하다. 몇 해 묵히어 오래되게 하다. '해묵다'의 사동형.

해보다 동사

규칙 해보아/해봐, 해본다, 해봅니다, 해보았다/해봤다

대들어 맞겨루거나 싸우다.

¶ 나와 한번 해보겠다는 거야?

¶ 네가 그와 끝까지 해볼 수 있겠어?

해쓱하다 형용사

불규칙 해쓱하여/해쓱해, 해쓱한, 해쓱합니다, 해쓱하였다/해쓱했다

얼굴에 핏기나 생기가 없어 파리하다.

¶ 그는 병을 앓고 난 사람처럼 얼굴이 해쓱했다.

해안[1] 명사

해가 지기 전. 해가 떠 있는 동안.

¶ 남은 물건을 해안에 다 팔려고 떨이로 내놓았다.

해안[2] (海岸) 명사

바다와 육지가 맞닿은 부분.

¶ 우리나라 남쪽 해안에는 동백나무가 군락을 이룬 곳이 많다.

복합어

해안선 바다와 육지가 맞닿는 선.

해어뜨리다 동사

[규칙] 해어뜨리어/해어뜨려, 해어뜨립니다, 해어뜨리었다/해어뜨렸다

닳아서 해어지게 하다. =해뜨리다, 해어트리다, 해트리다

¶ 아이들은 땅바닥에 뒹굴면서 놀기 때문에 옷을 금방 해어뜨리기 일쑤이다.

해어지다 동사 ㊟ 해지다

[규칙] 해어지고, 해어지어/해어져, 해어진, 해어질, 해어집니다, 해어지었다/해어졌다

닳아서 떨어지거나 터지다. [참고] 헤어지다

¶ 이 천은 얇아서 쉽게 해어질 것 같다.

> ● '해어지다'와 '헤어지다'
>
> 두 낱말은 의미와 용법이 전혀 다르다. 표기와 의미를 잘 구별해 써야 한다.
>
> ¶ 옷이 해어져 입을 수가 없다.(옷이 닳아서 떨어짐.)
>
> ¶ 오늘은 이만 헤어지고 내일 다시 만나자.(사람들이 모여 있다가 흩어짐.)

해어트리다 동사

[규칙] 해어트리어/해어트려, 해어트립니다, 해어트리었다/해어트렸다

=해어뜨리다

해제(解除) 명사

① 설치하였거나 갖추어 차렸던 것 따위를 풀어 없앰.

¶ 전쟁에서 진 군인들은 무장 해제를 당했다.

② 묶인 것이나 제약 또는 통제 따위를 풀어 자유롭게 함.

¶ 계엄령 해제, 스마트폰 잠금 해제

¶ 외출 금지 명령이 오늘 해제가 되었다.

③ 특별한 직위를 면함.

¶ 부정을 저지른 고위 공무원이 직위 해제를 당했다.

④ 계약의 효력을 과거까지 거슬러 올라가 없었던 일로 함. 참고 해지

¶ 입국 제한 해제, 군대 소집 해제

¶ 계약 해제는 이제까지의 계약상 행위를 모두 무효로 만든다.

복합어

해제하다 ① 설치하였거나 장비한 것 따위를 풀어 없애다. ¶ 안전 장치를 해제하였다. ② 묶인 것이나 행동에 제약을 가하는 법령 따위를 풀어 자유롭게 하다. ¶ 그린벨트를 해제한다. ③ 직위를 면하게 하다. ¶ 직위를 해제하기로 했다. ④ 계약의 효력을 없었던 일로 하다. ¶ 계약을 해제한다.

해지(解止) 명사

계약 당사자 한쪽의 의사 표시에 의하여 계약 관계를 해소하는 것. 계약에 따라 해지하기 이전의 행위는 모두 유효하고, 해지한 이후에 발생하는 행위는 무효가 된다.

복합어

해지하다 계약 관계를 중도에 그만두다. ¶ 적금을 중간에 해지하면 이자가 크게 줄어든다.

>>> '해제'와 '해지'의 차이는 행위의 효력에 있다. 해제는 계약 자체를 처음부터 무효로 만들기 때문에 그 계약에 따라서 행한 이전의 행위까지 모두 무효로 만들지만, 해지는 계약 관계를 해소한 시점부터 계약이 무효가 되기 때문에 계약으로 행한 이전의 행위는 유효하다.

해지다 동사

규칙 해지어/해져, 해진, 해집니다, 해지었다/해졌다

'해어지다'의 준말.

¶ 양말이 해져서 엄지발가락이 삐져나왔다.

¶ 요즘은 해진 청바지를 멋으로 입고 다닌다.

>>> '해지다'와 '헤지다'는 표기가 비슷하지만 뜻이 전혀 다른 말이다. '해지다'는 '해어지다'의 준말이고, '헤지다'는 '헤어지다'의 준말이다. 따라서 뜻을 잘 구별해서 써야 한다. 올림말 '해어지다' 참고.

해치다(害-) 동사

규칙 해치어/해쳐, 해치는, 해칩니다, 해치었다/해쳤다

① 어떤 상태에 해를 끼치다.

¶ 언론이 공정하게 보도하지 않으면 공익을 해칠 수 있다.

¶ 도심 개발이 자연 경관을 해치지 않도록 해야 한다.

② 마음이나 몸에 해를 입히다.

¶ 담배는 건강을 해친다.

¶ 잦은 야근과 출장 때문에 몸을 많이 해쳤다.

③ 다치게 하거나 죽이다.

¶ 산에서 멧돼지가 내려와 사람을 해쳤다고 한다.

>>> '해치다'와 '헤치다'의 차이는 올림말 '헤치다' 참고.

해치우다 동사

규칙 해치우고, 해치워, 해치운, 해치웁니다, 해치웠다

① 어떤 일을 빨리 시원스럽게 끝내다.

¶ 남은 일을 빨리 해치우고 집에 가자.

¶ 그는 앉은자리에서 삼겹살 3인분을 해치운다.

ㅎ

② 방해가 되는 것을 없애 버리다. 죽여 없애다.

¶ 바퀴벌레는 약을 쳐도 한꺼번에 해치울 수 없다.

해코지(害-) 명사 ×해꼬지

남을 괴롭히거나 해치는 짓.

복합어

해코지하다 말이나 행동으로 사람을 해치다. ¶ 내 동생한테 해코지하지 마.

해트리다 동사

[규칙] 해트리어/해트려, 해트립니다, 해트리었다/해트렸다

=해어뜨리다

핼쑥하다 형용사

[불규칙] 핼쑥하여/핼쑥해, 핼쑥합니다, 핼쑥하였다/핼쑥했다

얼굴에 핏기가 없고 파리하다.

¶ 밤새 기침을 하더니 얼굴이 핼쑥하네.

햅- 접사

접사 '해-'가 '쌀'과 결합할 때에 'ㅂ' 소리가 덧나는 것을 그대로 표기한 형태. [참고] 해-

¶ 한가위 무렵이 되면 햅쌀이 나와 햅쌀밥으로 차례를 지낸다.

햇- 접사

① (주로 농산물 앞에 붙어) '그해에 새로 난'의 뜻을 더하는 말. [참고] 해-

¶ 햇고사리, 햇곡식, 햇과일, 햇김, 햇김치, 햇밤, 햇벼, 햇보리, 햇솜, 햇양파

② '경험이나 경력이 얼마 되지 않는'의 뜻을 더하는 말.

¶ 햇병아리

복합어

햇것 해마다 나는 것으로 그해에 새로 난 것.

햇병아리 ① 그해에 깐 병아리. ② 경험이 없어 일에 서투른 사람. =풋내기

햇님

'해님'의 틀린 표기.

¶ 비가 그치고 햇님(×)/해님(○)이 구름 속에서 나왔다.

햇무리 명사

×해무리

해의 둘레에 둥글고 하얗게 나타나는 것.

¶ 옛날 농사꾼들은 햇무리나 달무리를 보고 날씨를 짐작하였다.

햇볕 명사

햇빛에서 느껴지는 따뜻한 기운. =볕 [참고] 햇빛

¶ 사람들이 양지바른 곳에서 햇볕을 쬐었다.

햇빛 명사

해에서 나오는 빛.

>>> 해에서 오는 따뜻한 기운은 '햇볕'이고, 밝은 기운은 '햇빛'이다. 햇볕은 쬐고, 햇빛은 쐰다. 몸을 따뜻하게 하거나 덥게 하는 것은 햇볕이고, 눈을 뜰 수 없을 정도로 부시게 하는 것은 햇빛이다.

ㅎ

햇살 명사

부챗살처럼 내뻗는 햇빛. ㊑ 햇발

¶ 호수가 오후의 햇살을 받아 금빛으로 반짝인다.

¶ 비가 그치고 구름 사이로 햇살이 퍼졌다.

햇수(-數) 명사

해의 수. =연수

¶ 우리가 이 동네에서 함께 산 지도 햇수로 십 년이 되었다.

했다

규칙 했고, 했는데, 했지만, 했으니, 했던, 했어

'하다'의 과거형인 '하였다'가 줄어든 말.

¶ 한다고 했는데 잘 됐는지 모르겠다.

행여(幸-) 부사

어쩌다 혹시.

¶ 여행에 행여 도움이 될까 해서 몇 가지 정보를 드립니다.

¶ 날씨가 추운데 행여 감기라도 들까 걱정이 되는구나.

복합어

행여나 '행여'를 강조하는 말.

● '행여'와 '혹시'

'행여'는 뒤에 오는 내용이 바라는 것일 수도 있고, 바라지 않는 일일 수도 있다. 어떻든 불확실한 일이지만 어떤 기대를 나타내는 내용에 대해서 사용한다. 이에 비해서 '혹시'

는 사실 관계에 치중하는 말이다.

¶ 행여 기회를 놓치면 어떡하나 걱정했다.

¶ 혹시 그이를 만나시거든 제 말을 전해 주세요.

행하다(行-) 동사

불규칙 행하는, 행하여/행해, 행합니다, 행하였다/행했다

어떤 일을 실제로 하다.

¶ 너희들이 어떤 모험을 행했는지 궁금하구나.

향년(享年) 명사

죽은 이가 한평생 누린 나이.

¶ 그분은 향년 95세로 돌아가셨다.

● '향년'의 용법

이 말은 갓 죽은 사람의 나이를 가리키는 말이다. 따라서 산 사람에게는 그냥 나이나 연령, 연세 등을 사용한다. 대체로 '향년 몇 세로/세에 돌아가셨다.'처럼 쓴다. '향년 몇 세의 나이로'라고 하면 '나이'가 중복된다. '향년 몇 세를 누리고'라고 하면 '누렸다'는 말이 중복된다. 아래 문장은 의미가 중복되거나 사용법이 잘못된 문장을 고친 것이다.

¶ 선생은 향년 92세의 나이로 세상을 뜨셨다. → 향년 92세로, 92세를 일기로

¶ 선생은 향년 92세를 누리시고 세상을 뜨셨다. → 향년 92세로, 92세를 일기로

향하다(向-) 동사

불규칙 향하게, 향하여/향해, 향하는, 향한, 향합니다, 향하였다/향했다

① 시선이나 방향이 어느 한쪽으로 가다.

¶ 사람들 눈길이 나에게 향하는 것 같아 얼굴이 붉어졌다.

¶ 마을로 흘러드는 물을 막으려면 물줄기를 개천으로 향하게 해야 한다.

② 누구에게 또는 무엇에 마음을 기울이다.

¶ 나의 마음이 이미 그녀에게 향하여 다른 사람은 눈에 들어오지 않았다.

③ 어디를 목표로 하여 나아가다.

¶ 사람들은 하나둘 투표소를 향해 발걸음을 옮겼다.

허겁지겁 부사

조급한 마음으로 몹시 허둥거리는 모양.

¶ 도둑이 개 짖는 소리에 놀라서 허겁지겁 도망쳤다.

복합어

허겁지겁하다 조급한 마음으로 몹시 허둥거리다. ¶ 약속 시간에 늦어서 허겁지겁하였다.

허구하다(許久-) 형용사

불규칙 허구하니, 허구하여/허구해, 허구한

('허구한' 형태로 쓰여) 날, 세월 따위가 매우 오래다.

¶ 걔들은 허구한 날 싸우면서도 같이 다니는 걸 보면 신기해.

허깨비 명사

① 착각으로 눈앞에 나타나 보이는 형상. =헛것①

¶ 그가 나타났다가 금방 사라져 버려 내가 허깨비를 봤나 했다.

② 생각한 것보다 매우 가벼운 물건.

¶ 무거울 줄 알았는데 들어 보니 허깨비야.

③ 겉보기와는 달리 신체적으로나 정신적으로 몹시 허약한 사람을 이르는 말.

¶ 삼촌은 외국에서 얼마나 고생을 했는지 허깨비가 되어 돌아왔다.

× 허드래 ‘허드레’의 틀린 표기.

허드레 명사 ×허드래

중요하지 않아서 아무렇게나 쓸 수 있는 물건.

¶ 여행할 때에는 허드레로 입을 옷도 가져가야 한다.

복합어

허드레옷 허드레로 입는 옷.

허드렛물 허드레로 쓰이는 물. ¶ 빗물을 받아 허드렛물로 쓴다.

허드렛일 중요하지 않은 자질구레한 일.

허름하다 형용사

불규칙 허름하여/허름해, 허름한, 허름합니다, 허름하였다/허름했다

① 좀 헌 듯하다.

¶ 낡은 건물에 허름한 간판이 하나 붙어 있다.

② 겉보기나 옷차림이 보통에 좀 못 미치게 오래되고 낡은 것 같다.

¶ 가게는 좀 허름해도 음식 맛은 기가 막힌다.

¶ 그는 부자인데도 언제나 허름한 옷을 입고 다닌다.

③ 값이 좀 싼 듯하다.

¶ 그 가게는 허름한 물건만 판다.

허물[1] 명사

① 그릇 저지른 실수나 잘못.

¶ 남의 허물을 들추려 하지 말고 자기 허물을 감추려 하지 마라.

② 남에게 비웃음을 살 만한 거리. =흉②

¶ 아이들이 버릇없이 구는 것을 어찌 아이들의 허물이라 하겠소.

ㅎ

관용 표현

허물을 벗다 누명에서 벗어나다.

허물을 쓰다 누명을 뒤집어쓰다.

허물[2] 명사

① 살갗에서 저절로 일어나는 꺼풀.

¶ 허물이 벗어지면서 상처가 아물었다.

② 매미나 뱀 따위가 자라면서 벗는 꺼풀.

¶ 번데기가 허물을 벗고 예쁜 나비가 되었다.

허물다[1] 동사

불규칙 허무니, 허물어, 허무는, 허무오, 허뭅니다, 허물었다

헌데가 생기다.

¶ 살갗이 허물어서 약을 발랐다.

허물다[2] 동사

불규칙 허물고, 허무니, 허물어, 허무는, 허무오, 허뭅니다, 허물었다

① 짜이거나 쌓이거나 지어진 것을 무너뜨리거나 흩어지게 하다.

¶ 담을 허물고 다시 쌓았다.

¶ 낡은 집을 허물고 새로 집을 지었다.

② 꼿꼿하고 바른 표정, 자세, 태도 따위를 구부리거나 무너뜨리다.

¶ 학생들은 끝까지 자세를 허물지 않고 강의를 들었다.

③ 이미 가진 규율, 관습, 고정 관념 따위를 없어지게 하다.

¶ 사회의 불평등 구조를 허물어 모든 사람이 평등하게 사는 세상을 만듭시다.

¶ 우리의 고정 관념을 허물지 않으면 사회 통합은 어렵다.

허물어뜨리다 동사

규칙 허물어뜨리어/허물어뜨려, 허물어뜨립니다, 허물어뜨리었다/허물어뜨렸다

힘주어서 허물다. =허물어트리다

¶ 단단하게 쌓은 벽도 간단한 방법으로 허물어뜨릴 수 있다.

¶ 시민들은 독재 정권을 허물어뜨리고 민주 정부를 세웠다.

허물어지다 동사

규칙 허물어지고, 허물어지어/허물어져, 허물어집니다, 허물어지었다/허물어졌다

① 쌓인 것이 흩어져 무너지다.

¶ 큰비로 허물어진 흙벽을 손보았다.

② 꼿꼿하고 바른 자세와 표정 따위가 구부러지거나 풀리다.

¶ 긴장이 탁 풀리자 몸이 허물어졌다.

③ 관습, 규율, 고정 관념, 기대나 믿음 따위가 없어지다.

¶ 그에게 걸었던 기대가 한순간에 허물어지고 말았다.

허물어트리다 동사

규칙 허물어트리어/허물어트려, 허물어트립니다, 허물어트리었다/허물어트렸다

=허물어뜨리다

허물없다 형용사

규칙 허물없어, 허물없는, 허물없습니다, 허물없었다

체면을 돌보거나 조심할 필요가 없을 만큼 서로 친하다.

¶ 그들은 언제나 허물없는 농담을 주고받는다.

복합어

허물없이 서로 친해서 조심할 필요 없이. ¶ 우리는 허물없이 지내는 사이다.

허물하다 동사

불규칙 허물하여/허물해, 허물합니다, 허물하였다/허물했다

허물을 들어 꾸짖다.

¶ 그런 일로 사람을 허물하지 마시오.

허섭스레기 명사 ×허섭쓰레기

좋은 것이 빠지고 난 뒤에 남은 허름한 물건. =허접쓰레기

¶ 이삿짐을 빼니 집 안에는 허섭스레기만 남았다.

허섭쓰레기 '허섭스레기'의 틀린 표기.

허수아비 명사

① 곡식을 해치는 새, 짐승 따위를 막기 위하여 논밭에 세우는 사람 모양의 물건.

¶ 요즘은 새들이 허수아비를 무서워하지 않는다고 한다.

② 제구실을 하지 못하고 자리만 차지하고 있는 사람을 빗대어 이르는 말.

¶ 허수아비 노릇을 할 바에는 장관을 그만두겠다.

③ 주관 없이 남이 시키는 대로 행동하는 사람을 이르는 말.

¶ 부이는 청나라의 황제였지만 일본 제국주의의 허수아비였다.

허술하다 형용사

불규칙 허술하게, 허술하고, 허술하여/허술해, 허술한, 허술합니다, 허술하였다/허술했다

① 낡고 헐어서 보잘것없다.

¶ 길을 따라 줄지어 서 있는 집들은 하나같이 작고 허술했다.

¶ 옷을 허술하게 입었다고 사람을 깔보지 마라.

② 치밀하지 못하고 엉성하여 빈틈이 있다.

¶ 일 처리가 그렇게 허술하니 만날 문제가 생기는 거다.

¶ 문단속이 허술하면 도둑이 들기 쉽다.

③ 무심하고 소홀하다.

¶ 손님 대접이 너무 허술한 것 같다.

¶ 내 말을 허술하게 듣지 마라.

복합어

허술히 ① 낡고 헐어서 보잘것없게. ② 치밀하지 못하고 엉성하게. ③ 무심하고 소홀하게.

허여멀겋다 형용사

불규칙 허여멀거니, 허여멀게, 허여멀건, 허여멀겋습니다, 허여멀겠다

① 살결이 희고 맑다.

¶ 사람이 얼굴은 허여멀건데 속은 왜 그리 시커먼가?

② 허옇고 멀겋다.

¶ 죽이 건더기도 없고 너무 허여멀게서 맛이 없다.

허옇다 형용사

불규칙 허여니, 허예, 허연, 허옇소, 허옇습니다, 허옜다

① 다소 탁하고 흐릿하게 희다.

¶ 파 뿌리처럼 머리털이 허연 영감이 방 안에 앉아 있었다.

② 얼굴이 핏기가 없다.

¶ 아이가 얼마나 놀랐는지 얼굴이 허옇게 질려 있었다.

복합어

허예지다 허옇게 되다. ¶ 젊은 사람이 머리털이 허예지니 고민이 안 될 리 없지.

››› '허옇다'는 '하얗다'의 큰말이다.

ㅎ

허옜다

'허옇다'의 과거형. '하얬다'의 큰말.

¶ 그의 살결은 유난히 허옜다.

¶ 할머니 머리카락은 온통 허옜다.

허우대 명사 ×허위대

겉모양이 좋고 큰 체격.

¶ 그 사람은 허우대는 멀쩡한데 능력이 너무 없어.

¶ 그 사람 인물 좋지, 허우대 좋지, 나무랄 데가 없더라.

> ● '허우대'와 '몸집'
>
> '허우대'는 주로 성인 남자의 골격이 제대로 갖춰진 상태에 대해서 하는 말이고, '몸집'은 몸의 부피를 가리키는 말로 덩치나 체구와 같은 뜻으로 쓰인다. '허우대'는 주로 '좋다', '멀쩡하다'와 호응하여 쓰고, '몸집'은 주로 '크다', '작다', '있다', '없다', '좋다', '보잘것없다'와 호응하여 쓴다.

허우적거리다 동사 ×허위적거리다

규칙 허우적거리어/허우적거려, 허우적거린다, 허우적거리었다/허우적거렸다

=허우적대다

① 손발 따위를 자꾸 이리저리 마구 내두르다.

¶ 물에 빠진 사람이 허우적거리는 모습을 보고 그가 뛰어들었다.

¶ 아이가 꿈을 꾸는지 자면서 연신 손발을 허우적거린다.

② 어려운 지경에서 벗어나려고 자꾸 몹시 애쓰다.

¶ 수렁에서 빠져나오려고 허우적거릴수록 점점 더 깊은 수렁으로 빠졌다.

¶ 우리는 산에서 길을 잃고 허우적거리며 헤매었다.

허우적대다 동사 ×허위적대다

규칙 허우적대어/허우적대, 허우적대는, 허우적댄다, 허우적대었다/허우적댔다

=허우적거리다

¶ 수영을 못해 물에서 허우적대는 나를 보고 친구들이 놀렸다.

허우적허우적 부사 ×허위적허위적

① 손발 따위를 이리저리 마구 내두르는 모양.

② 어려운 지경에서 벗어나려고 자꾸 몹시 애쓰는 모양.

복합어

허우적허우적하다 ① 손발 따위를 이리저리 마구 내두르다. ② 어려운 지경에서 벗어나려고 자꾸 몹시 애쓰다.

허울 명사

실속이 없는 겉모양.

¶ 그는 허울만 양반이지 아무것도 가진 게 없어.

¶ 이제 허울뿐인 약속은 그만해라.

관용 표현

허울 좋다 실속은 없으면서 겉으로는 번지르르하다. ¶ 허울 좋은 간판 / 허울 좋은 말로 사람을 꾀려 한다.

속담

허울 좋은 도둑놈 겉으로는 멀쩡하여 보이나 하는 짓이 몹시 흉악한 사람을 빗대어 이르는 말.

허울 좋은 수박 보기만 좋았지 아무 실속이 없는 사람이나 사물을 빗대어 이르는 말. =허울 좋은 과부(/하눌타리).

허위대 '허우대'의 틀린 말.

허위적거리다 '허우적거리다'의 틀린 말.

허위적대다 '허우적대다'의 틀린 말.

허위적허위적 '허우적허우적'의 틀린 말.

허전하다 형용사

불규칙 허전하여/허전해, 허전한, 허전합니다, 허전하였다/허전했다

① 둘레에 있던 것이나 있어야 할 것이 없어 짜인 맛이 없고 공허한 느낌이 있다.

¶ 마당에 서 있던 나무를 베어 내고 나니 허전해 보인다.

② 무엇을 잃거나 의지할 것이 없어진 것 같아 텅 비거나 서운한 느낌이 있다.

¶ 웃음판 끝에는 으레 허전한 순간이 오는 법이다.

③ 다리에 힘이 없어 쓰러질 듯하다.

¶ 하루 종일 굶었더니 다리가 허전하고 머리가 어지러웠다.

④ 배 속이 비어 무엇을 먹고 싶은 느낌이 있다.

¶ 배 속이 허전하니 군것질이라도 해야겠다.

복합어

허전히 허전하게.

허점(虛點) 명사 ×헛점

허술한 구석. 완전하지 아니한 점.

¶ 상대의 허점을 잘 노려 공격하면 강한 상대도 쓰러뜨릴 수 있다.

허접스럽다 형용사

불규칙 허접스러우니, 허접스러워, 허접스러운, 허접스럽습니다, 허접스러웠다

허름하고 잡스러운 느낌이 있다. ㉥ 허접하다

¶ 그런 허접스러운 이야기는 치우고 일이나 해라.

허접쓰레기 명사

=허섭스레기

¶ 이사할 때면 언제나 허접쓰레기 치우는 일이 만만찮다.

››› '허섭스레기'와 '허접쓰레기'는 복수 표준어이다. '허섭스레기'는 예사소리로 표기하고, '허접쓰레기'는 된소리로 표기한다는 점을 유념해야 한다.

허접하다 형용사

불규칙 허접하여/허접해, 허접합니다, 허접하였다/허접했다

허름하고 잡스럽다. ㉥ 허접스럽다

¶ 장난감이 너무 허접해서 금세 망가졌다.

허탕 명사

아무 소득이 없게 됨. 또는 그런 일.

¶ 그를 만나기 위해 그의 집으로 찾아갔지만 허탕이었다.

관용 표현

허탕(을) 치다 아무 소득을 얻지 못하다. ¶ 고기잡이 나갔다가 허탕만 치고 돌아왔다.

ㅎ

허투루 부사

① 대수롭지 않게. 아무렇게나.

¶ 그는 말 한마디도 허투루 하는 법이 없다.

② 보람 없이 아무렇게나.

¶ 힘들게 번 돈을 허투루 쓰지 마라.

허튼 관형사

쓸데없이 헤프거나 막된.

¶ 그런 허튼 일에는 돈 한 푼도 쓰고 싶지 않다.

복합어

허튼소리 함부로 아무렇게나 지껄이는 말.

허튼수작 아무렇게나 헤프게 하는 수작.

허튼짓 쓸데없이 함부로 하는 짓.

헌 관형사

낡아 해어진.

복합어

헌솜 옷이나 이불 따위에서 빼낸 묵은 솜.

헌신짝 버려도 아깝지 않은 쓸모없는 것을 빗대어 이르는 말.

헌책 ① 오래되어 낡은 책. ② 남이 보고 난 책.

헌책방 헌책을 사고파는 가게.

속담

헌 짚신도(/고리도) 짝이 있다 아무리 보잘것없는 사람이라도 다 짝이 있다는 말.

● '헌'의 띄어쓰기

관형사 '헌'은 뒤의 명사와 띄어 써야 하지만 몇몇 경우에는 뒤의 명사와 결합하여 복합어를 이룬다. 《표준국어대사전》이 인정한 '헌'의 복합어는 아래와 같다.

① '헌'과 명사가 결합하여 복합어가 된 낱말

¶ 헌것, 헌솜, 헌쇠, 헌신짝, 헌책, 헌책방

② '헌'을 관형사로 보고 띄어 써야 하는 경우

¶ 헌 모자, 헌 신, 헌 양말, 헌 옷, 헌 집

헌것 명사

오래되어 허술한 것. 성하지 못한 것.

헌데 명사

살갗이 헐어서 상한 자리.

¶ 헌데에 약을 발랐다.

헐겁다 형용사

불규칙 헐거우니, 헐거워, 헐거운, 헐겁습니다, 헐거웠다

끼일 자리보다 끼일 물건이 작아 째지 않다.

¶ 신발이 너무 헐거워서 자꾸 벗겨진다.

¶ 나사가 제짝이 아니어서 헐겁다.

복합어

헐거이 헐겁게.

헐다[1] 동사

불규칙 헐고, 허니, 헐어, 헌, 헌다, 헙니다, 헐었다

① 몸에 부스럼이나 상처 따위가 나서 짓무르다.

¶ 나는 피곤하면 입안이 금방 헌다.

¶ 가려워서 긁었더니 살갗이 헐었다.

② 물건이 오래되거나 많이 써서 낡아지다.

¶ 옷이 너무 헐어서 외출할 때에는 입기 곤란하다.

¶ 마룻바닥이 헐어서 삐거덕거린다.

● 동사 '헌'과 관형사 '헌'

관형사 '헌'은 동사 '헐다'가 바뀐 것이다. 형태상으로 동사 '헐다'의 활용형인 '헌'과 구별되지 않는다. 그래서 문장의 구성 요소를 보고 관형사인지 동사인지 판단해야 한다. 동사 '헐다'의 관형사형은 그 앞에 주어가 있어서 '무엇이 헌'처럼 나타난다. 그러나 관형사 '헌'은 앞에 주어가 없이 뒤의 체언을 꾸민다.

① 동사 '헌'

¶ 옷이 너무 헌 상태라 구호품으로 쓸 수 없다.

¶ 침을 삼킬 때마다 쓰라리니 목이 헌 것 같다.

② 관형사 '헌'

¶ 새 신을 두고 굳이 헌 신을 신으려는 이유가 뭐냐?

헐다[2] 동사

[불규칙] 헐고, 허니, 헐어, 헌, 헌다, 헙니다, 헐었다

① 짓거나 쌓아 놓은 물건을 무너뜨리다.

¶ 집의 울타리를 헐고 담장을 쌓았다.

¶ 사람이 살지 않는 집은 다 헐어 버렸다.

② 모아 둔 물건이나 돈을 꺼내어 쓰기 시작하다.

¶ 김칫독을 새로 헐어서 김장 김치를 꺼냈다.

¶ 병원비를 마련하기 위하여 적금을 헐었다.

③ 일정한 액수에서 조금 빼어 쓰다.

¶ 십만 원짜리 수표를 헐어서 옷을 샀다.

헐다[3] 동사

불규칙 헐고, 허니, 헐어, 헌, 헌다, 헙니다, 헐었다

사람을 헐뜯어 말하다. 나쁘게 말하다.

¶ 그이를 칭찬하는 사람도 있고 헐어서 말하는 사람도 있다.

헐뜯다 동사

규칙 헐뜯어, 헐뜯는, 헐뜯습니다, 헐뜯었다

사람을 해쳐서 말하다.

¶ 자기 마음에 안 든다고 사람을 헐뜯으면 안 된다.

¶ 그가 나를 헐뜯고 다닌다니 불쾌하다.

헐렁하다 형용사

불규칙 헐렁하여/헐렁해, 헐렁한, 헐렁합니다, 헐렁하였다/헐렁했다

① 헐거운 듯한 느낌이 있다.

¶ 나이가 들수록 옷을 헐렁하게 입는 경향이 있다.

② 행동이 조심스럽지 아니하고 미덥지 못하다.

¶ 그 사람 일하는 것이 좀 헐렁한 데가 있으니 꼼꼼하게 감독해야 한다.

헐벗다 동사

규칙 헐벗어, 헐벗는, 헐벗은, 헐벗네, 헐벗습니다, 헐벗었다

① 가난하여 옷이 헐어 벗다시피 하다.

¶ 나라가 헐벗고 굶주리는 사람을 구제할 계획을 세워야 한다.

② 산에 나무가 없어 맨바닥이 드러나거나 나무에 나뭇잎이 다 떨어지다.

¶ 헐벗은 산에 나무를 심자.

험하다(險–) 형용사

불규칙 험하여/험해, 험한, 험합니다, 험하였다/험했다

① 지세가 살거나 발을 붙이기가 어려울 만큼 거칠다.

¶ 험한 산길을 걸어야 하니 편한 신발을 준비하세요.

② 험상궂고 거칠다.

¶ 여기서 험한 꼴을 보지 않으려면 어서 떠나라.

③ 사납고 무시무시하다.

¶ 날씨가 험하니 오늘은 집에 있어야겠다.

④ 힘에 겹고 고생스럽다.

¶ 그는 험한 일도 마다 않고 열심히 살아왔다.

⑤ 거칠고 너절하다.

¶ 험한 음식을 먹고 살더라도 내 마음 편한 게 최고지.

헛– 접사

① (일부 명사 앞에 붙어) '이유 없는', '보람 없는'의 뜻을 더하는 말.

¶ 헛수고, 헛웃음, 헛일, 헛걸음, 헛소문, 헛기침, 헛치레

② (일부 동사 앞에 붙어) '보람 없이', '잘못'의 뜻을 더하는 말.

¶ 헛살다, 헛먹다, 헛디디다, 헛돌다, 헛보다

복합어

헛걸음 헛수고만 하고 돌아오거나 돌아가는 걸음.

헛고생 아무 보람도 없는 고생.

헛나가다 아무렇게나 잘못 나가다. ¶ 그건 본심이 아니라 말이 헛나간 거야.

헛다리 ① (주로 '짚다'와 함께 쓰여) 대상을 잘못 파악하고 일을 그르치는 일. ¶ 이번엔 헛다리를 짚었네. ② 아무 성과 없이 끝나는 일.

헛되다 ① 보람이나 실속이 없다. =한갓되다 ② 허황하여 믿을 수 없다. ¶ 헛된 소문

헛듣다 ① 잘못 듣다. ② 귀담아듣지 않다.

헛디디다 발을 잘못 디디다. 허튼 데를 디디다.

헛먹다 실속 없이 먹다. ¶ 너는 나이를 헛먹었어.

헛발 ① 잘못 디디거나 내찬 발. ② 공연히 구르는 발.

헛배 음식을 먹지 않고도 부른 배.

헛소리 ① 미덥지 않고 실속 없는 빈말. ② 질병 따위로 정신을 잃은 상태에서 중얼거리는 말.

헛웃음 마음에 없이 거짓으로 웃는 웃음.

헛짚다 팔이나 다리가 바닥을 바로 짚지 못하다.

헛갈리다 동사

규칙 헛갈리어/헛갈려, 헛갈린다, 헛갈립니다, 헛갈리었다/헛갈렸다

=헷갈리다

헛것 명사

① =허깨비①

¶ 기력이 쇠했는지 자꾸 눈앞에 헛것이 나타난다.

② =헛일

¶ 준비를 단단히 했는데 계획이 변경되는 바람에 말짱 헛것이 되어 버렸다.

헛일 명사

보람을 얻지 못하고 쓸데없이 한 노력이나 행위. =허사, 헛것②

¶ 우리가 애쓴 모든 것이 헛일이 되었다.

복합어

헛일하다 보람을 얻지 못하고 쓸데없이 노력하다. ¶ 그의 마음을 돌리려고 애를 썼지만 결국 헛일한 셈이 되었다.

헛점 '허점(虛點)'의 틀린 표기.

헛헛하다 형용사

불규칙 헛헛하여/헛헛해, 헛헛한, 헛헛합니다, 헛헛하였다/헛헛했다

① 속이 빈 것처럼 무엇이 먹고 싶다. 몹시 출출해서 자꾸 먹고 싶다.

¶ 속이 좀 헛헛해서 라면을 끓여 먹었다.

② 가슴이 허전하다.

¶ 그를 떠나보내고 나는 헛헛한 마음을 추스르려고 바닷가로 나갔다.

헤매다 동사

규칙 헤매고, 헤매어/헤매, 헤매는, 헤맵니다, 헤매었다/헤맸다

① 방향 없이 이리저리 돌아다니다.

¶ 산길을 헤매다가 우연히 등산객을 만났다.

② 갈피를 잡지 못하다.

¶ 해결책을 찾지 못하고 아직도 헤매는 중이다.

③ 어떤 상황이나 환경에서 헤어나지 못하고 허덕이다.

¶ 그날 사고를 당한 사람은 아직 사경을 헤매고 있다.

¶ 꿈속을 헤매다가 잠에서 깼다.

헤아리다 동사

규칙 헤아리어/헤아려, 헤아리는, 헤아립니다, 헤아리었다/헤아렸다

① 수량을 세다.

¶ 그날 번 돈을 헤아리는 것이 그날의 마지막 일이었다.

② (비교적 많은 수를 나타내는 말 뒤에 쓰여) 그 수 정도에 이르다.

¶ 그날 집회에는 십만을 헤아리는 시민이 모였다.

③ 짐작하여 가늠하거나 미루어 생각하다.

¶ 우리의 어려움을 헤아려 주세요.

¶ 어떤 것이 옳은지 헤아려서 결정하여라.

헤어나다 동사

규칙 헤어나, 헤어나는, 헤어납니다, 헤어났다

어떤 상태를 헤치고 거기서 벗어나다.

¶ 그는 가난에서 헤어나려고 안간힘을 썼다.

¶ 이 고비를 헤어나려 무던히 노력하고 있다.

> **'헤어나다'의 용법**
>
> '헤어나다'는 목적격 조사 '를/을'을 이용하여 '무엇을 헤어나다'처럼 쓰거나 부사격 조사 '에서'를 이용하여 '무엇에서 헤어나다'처럼 쓴다. '에서' 대신에 '로부터'를 쓰는 것은 영어의 영향을 받은 용법으로 바람직하지 않다.
>
> 사람들은 그제야 공포감에서 헤어나 도망치기 시작했다.(바람직한 구문)
>
> 사람들은 공포감으로부터 헤어나 도망치기 시작했다.(바람직하지 않은 구문)

헤어지다 동사 ㉣ 헤지다

규칙 헤어지어/헤어져, 헤어진, 헤어집니다, 헤어지었다/헤어졌다

① 모여 있다가 따로따로 흩어지다.

¶ 친구들과 헤어져 집으로 오는 길에 아버지를 만났다.

② 사귐이나 맺은 정을 끊고 갈라서다.

¶ 그와는 뜻이 맞지 않아서 헤어졌다.

③ 살갗이 터져 갈라지다.

¶ 며칠 야근을 했더니 힘이 들어 입술이 헤어졌다.

≫ '헤어지다'와 '해어지다'의 차이는 올림말 '해어지다' 참고.

헤지다 동사

규칙 헤지어/헤져, 헤진, 헤집니다, 헤지었다/헤졌다

'헤어지다'의 준말.

>>> '헤지다'와 '해지다'의 차이는 올림말 '해지다' 참고.

헤집다 동사

규칙 헤집어, 헤집는, 헤집습니다, 헤집었다

① 긁어 파서 뒤집어 흩다.

¶ 닭이 흙더미를 마구 헤집어 놓았다.

② 걸리는 것을 이리저리 물리치다.

¶ 막차를 놓칠까 봐 사람들을 헤집고 정신없이 달렸다.

헤치다 동사

규칙 헤치고, 헤치어/헤쳐, 헤칩니다, 헤치었다/헤쳤다

① 속에 있는 것을 드러나게 하려고 겉을 벌려 젖히다.

¶ 아버지는 모닥불을 헤치고 군고구마를 꺼내 주셨다.

② 방해되는 것을 이겨 나가다.

¶ 이 난국을 헤쳐 나갈 방법을 찾읍시다.

③ 뿔뿔이 흩어져 가게 하다.

¶ 선생님이 "헤쳐 모여!"라고 외치자 아이들이 재빨리 움직였다.

④ 앞에 걸리는 것을 좌우로 물리치다.

¶ 빽빽이 우거진 풀과 덩굴을 헤치고 숲속 깊숙이 들어갔다.

¶ 배가 물살을 헤치고 나아가기 시작한다.

⑤ 안정되거나 정돈된 것을 흐트러지게 하다.

¶ 쨍그랑 소리가 조용하던 교실 분위기를 헤쳐 놓았다.

● '헤치다'와 '해치다'

소리가 비슷해서 글자로 적을 때 헷갈릴 수 있다. '헤치다'는 양옆으로 벌리는 뜻과 흩어지게 하는 뜻이 있고, '해치다'는 해롭게 하는 뜻이 있음을 감안하면 바로 적을 수 있을 것이다.

¶ 우리는 가시덤불을 헤치고 길을 내면서 나아갔다.

¶ 여인은 옷가슴을 헤치고 아이에게 젖을 물렸다.

¶ 운동을 과도하게 하면 건강을 해치기 쉽다.

¶ 산 중턱을 깎아 집을 지으면 경관을 해칠 것이 뻔하다.

헤프다 형용사

불규칙 헤프게, 헤프니, 헤퍼, 헤픈, 헤픕니다, 헤펐다

① 물건이나 돈 따위를 아끼지 아니하고 함부로 쓰는 버릇이 있다.

¶ 돈을 그리 헤프게 쓰다가는 큰 낭패를 당하게 될 거다.

¶ 어머니는 물 한 방울도 헤프게 버리지 않는다.

② 말이나 행동 따위를 삼가거나 아끼는 데가 없이 마구 하는 듯하다.

¶ 눈물이 그리 헤퍼서야 되겠니.

¶ 저 사람은 말이 헤퍼서 우리 비밀이 새어 나갈 수도 있어.

③ 쓰는 물건이 쉽게 닳거나 빨리 없어지는 듯하다.

¶ 우리 집은 식구가 많아서 쌀이 헤프다.

복합어

헤피 헤프게. ¶ 너는 입을 너무 헤피 놀린다. / 물건을 헤피 쓰지 마라.

헷갈리다 동사

규칙 헷갈리어/헷갈려, 헷갈린다, 헷갈립니다, 헷갈리었다/헷갈렸다

=헛갈리다

① 정신이 혼란스럽게 되다.

¶ 운전하는데 정신 헷갈리게 옆에서 자꾸 떠들래?

② 여러 가지가 뒤섞여 갈피를 잡지 못하다.

¶ 오랜만에 왔더니 이 길이 맞는지 저 길이 맞는지 헷갈린다.

헹구다 동사

규칙 헹구고, 헹구어/헹궈, 헹굽니다, 헹구었다/헹궜다

빨거나 씻은 것을 다시 깨끗한 물에 넣어서 가시다.

¶ 삶은 행주를 맑은 물에 헹구고 볕에 말려라.

¶ 양치질을 할 때에는 입안을 여러 번 헹구어야 한다.

현찰(現札) 명사

'현금(現金)'으로 순화.

>>> '현찰'은 '정찰제', '명찰'과 마찬가지로 일본식 한자어이므로, '현금'으로 바꾸어 쓰는 것이 바람직하다.

혈혈단신(孑孑單身) 명사 ×홀홀단신

의지할 데 없는 몸.

¶ 그는 혈혈단신으로 북에서 내려온 피란민이다.

혐의(嫌疑) 명사

① 범죄를 저질렀으리라는 의심. 또는 그런 의심을 품는 생각.

¶ 그에게 범죄 혐의를 두고 수사하고 있다.

② 꺼리고 싫어함. 또는 그런 점.

복합어

혐의자 혐의를 받는 사람. 범죄를 저질렀으리라는 의심을 받는 사람.

혐의쩍다 =혐의스럽다 ① 범죄의 의심을 받을 만한 점이 있다. ② 꺼리고 싫어할 만한 구석이 있다.

혐의하다 ① 꺼리고 싫어하다. ② 범죄를 저질렀을 것으로 의심하다.

> ● '혐의자'와 '용의자'
>
> 검찰이나 경찰에서는 '혐의자' 대신에 '용의자'라는 말을 자주 쓰는 것을 본다. '용의자'는 일본어에서 '혐의자'를 뜻하는 말이다. 일본에서는 '혐의 차량'을 '용의 차량'이라고 한다. 이런 일본식 낱말을 우리 검찰과 경찰이 자주 사용하는 것은 적절하지 않다. '嫌(혐)'은 '의심하다, 꺼리다'의 뜻을 가지고 있으므로 '혐의'라는 말을 사용하는 것은 아무 문제가 없지만 '容(용)'은 '얼굴, 모양, 용서하다' 등의 뜻이 있을 뿐이므로 '용의'는 전혀 맞지 않은 낱말이다. 따라서 '용의', '용의자'는 '혐의', '혐의자'로 바꿔 쓰는 것이 바람직하다.

협박(脅迫) 명사

겁을 주며 압력을 가하여 남에게 억지로 어떤 일을 하도록 함.

¶ 강도한테 협박을 받아 가진 돈을 다 내주고 말았다.

복합어

협박하다 겁을 주어 남에게 억지로 어떤 일을 하도록 하다.

호들갑 명사

야단스럽거나 방정맞은 언행.

¶ 그깟 일로 이리 호들갑을 떤 거야?

복합어

호들갑스럽다 언행이 경망하고 방정맞게 수다스럽다.

호들갑스레 호들갑스럽게.

호락호락 부사

만만하여 다루기 쉬운 모양.

¶ 이번에야말로 호락호락 당하고만 있지 않겠어.

복합어

호락호락하다 다루기가 쉽게 만만하다. ¶ 그는 결코 호락호락한 성격이 아니야.

> ● '호락호락'의 용법
>
> 이 말은 다루기가 쉽지 않음을 나타낼 때 쓴다. 그래서 꼭 '않다'나 '아니다' 같은 부정 어구와 어울린다. '그는 호락호락한 사람이다.'처럼 긍정 어구와 어울리면 어색하다.
>
> ¶ 이번 일은 호락호락 넘어가지 않을걸.
>
> ¶ 그가 그렇게 호락호락한 사람인가? (호락호락하지 않은 사람임을 전제로 하는 말)

호루라기 명사 ×호루루기

① 살구씨나 복숭아씨 양쪽에 구멍을 뚫고 속을 파내어 만든 장난감. 소리를 내는 데 쓴다.

② 입으로 불어서 소리를 내는 물건.

호루루기 '호루라기'의 틀린 말.

혹[1] 명사

① 몸에 병적으로 힘살이 굳어지거나 불룩해진 부분.

¶ 그는 턱 밑에 큰 혹이 달려서 아이들이 혹부리라고 놀렸다.

② 부딪쳐서 살갗이 불룩하게 부어오른 것.

③ (비유적으로) 짐스러운 물건이나 일 따위를 나타내는 말.

¶ 과거의 잘못이 혹처럼 붙어 다닌다.

혹[2](或) 부사

① =혹시①, ②, ③

¶ 혹 그를 보면 내가 찾는다고 전해 주게.

② 이따금. 한 번씩. =간혹

¶ 우리는 보통 토요일에 만나는데 혹 일요일에 만나는 때도 있다.

복합어

혹은 ① 그렇지 않으면. 또는. ② 더러는.

혹시(或是) 부사

① 그럴 리는 없지만 만일에. =혹[2]①

¶ 혹시 그를 만나지 못하면 다시 돌아오렴.

② 어쩌다. 뜻밖에 우연히. =혹[2]①

¶ 혹시 나쁜 소문이 들리더라도 마음 쓰지 마라.

③ 짐작대로 어쩌면. =혹[2]①

¶ 혹시 집에 갔는지 모르겠다.

④ (의문문에 쓰여) 미심쩍은 데가 있어 말하기를 주저할 때 쓰는 말.

¶ 혹시 이 사람 아시나요?

복합어

혹시나 '혹시'를 강조하는 말. ¶ 혹시나 하고 가 보았으나 역시 없었다.

관용 표현

혹시 몰라(서) 어떻게 될지 몰라서. 만일의 경우를 생각해서. ¶ 혹시 몰라 간단히 먹을 것과 물병을 준비했다.

속담

혹시가 사람 잡는다 행여나 하면서 대책없이 그냥 있다가 돌이킬 수 없는 결과를 가져올 수 있다는 말.

혹하다(惑-) 동사

불규칙 혹하여/혹해, 혹하여서/혹해서, 혹합니다, 혹하였다/혹했다

정신을 차리지 못하게 반하거나 빠지다.

¶ 친구 말에 혹해 비싼 그림을 덜컥 사 버렸다.

혼(魂) 명사

사람의 몸 안에서 몸과 정신을 다스린다는 비물질적인 것.

¶ 이 작품에는 작가의 혼이 깃들어 있다.

¶ 그는 여자 친구와 헤어진 후에 혼이 다 나간 것 같더라.

혼나다(魂-) 동사

규칙 혼나고, 혼나, 혼나서, 혼나는, 혼난, 혼날, 혼납니다, 혼났다

① 매우 놀라거나 힘들거나 하여서 정신이 빠질 지경에 이르다.

¶ 어려운 일을 하느라고 혼났다.

¶ 여행 중에 배탈이 나서 혼난 기억이 있다.

② 호되게 꾸지람을 듣거나 벌을 받다.

¶ 지각했다고 선생님께 혼났다.

¶ 너 그렇게 말을 안 들으면 혼날 줄 알아.

혼내다(魂-) 동사

규칙 혼내고, 혼내어/혼내, 혼내는, 혼냅니다, 혼내었다/혼냈다

호되게 꾸지람을 하거나 벌을 주다.

¶ 선생님은 소란 피우는 아이를 혼냈다.

¶ 밥 먹을 때 밥알을 흘리면 할머니는 우리를 혼내셨다.

혼돈(混沌) 명사

① 마구 뒤섞여 있어 갈피를 잡을 수 없는 상태. [참고] 혼동

¶ 우리는 지금 가치관의 혼돈에 빠져 있다.

② 하늘과 땅이 나뉘기 전의 상태.

¶ 태초에 혼돈이 있었다.

복합어

혼돈하다 마구 뒤섞여 있어 갈피를 잡을 수 없는 상태이다.

혼동(混同) 명사

① 뒤섞어 보거나 잘못 판단함. 같지 않은 것을 잘못하여 같게 생각함.

② 서로 뒤섞여 하나가 됨.

복합어

혼동하다 구별하지 못하고 뒤섞어 생각하다. ¶ 자유와 방종을 혼동하는 사람이 많다.

››› '혼돈'은 상황이 질서를 갖추지 못한 모습을 나타내는 말이고, '혼동'은 사람의 생각이 이것과 저것을 구별하지 못하는 것을 나타낸다. 그래서 '혼돈하다'는 형용사이고, '혼동하다'는 동사이다.

혼자 ①명사 ②부사

① 자기 한 몸. 한 사람.

¶ 그는 가족과 떨어져 혼자서 지낸다.

¶ 이 일은 너 혼자로는 어림없다.

② 단독으로. 홀로.

¶ 아버지는 고향에서 혼자 농사를 지으신다.

¶ 모두 여행을 가고 나만 혼자 집에 남았다.

복합어

혼자되다 배우자가 죽어 홀로 남다. =홀로되다

혼잣말 남을 상대하지 않고 혼자 하는 말. =혼잣소리

혼잣말하다 남을 상대하지 않고 혼자 말하다.

홀- 접사

(명사 앞에 붙어) '짝이 없거나 하나뿐인'의 뜻을 더하는 말.

¶ 홀몸, 홀어미, 홀아비

복합어

홀수 2로 나누면 나머지가 생기는 자연수.

홀씨 정받이를 하지 아니하고 스스로 싹이 터 새로운 개체를 이루는 세포. =포자

홀아버지 아내를 여의고 혼자 지내는 남자. '홀아비'의 높임말.

홀어머니 남편을 여의고 혼자 지내는 여자. '홀어미'의 높임말.

홀가분하다 형용사

불규칙 홀가분하여/홀가분해, 홀가분한, 홀가분합니다, 홀가분하였다/홀가분했다

① 거추장스럽지 않고 가뿐하다.

¶ 시험이 끝나니 마음이 홀가분하다.

¶ 가방 하나만 가지고 홀가분하게 여행을 떠났다.

② 다루기가 만만하여 대수롭지 않다.

¶ 그 팀이라면 우리가 홀가분하게 이길 수 있을 것 같다.

홀로 부사

혼자서만. =혼자②

¶ 홀로 여행하는 것이 의미가 더 클 수 있다.

¶ 다 떠나고 나만 홀로 고향에 남았다.

복합어

홀로되다 배우자가 죽어 혼자 남다. =혼자되다

홀로서기 누구의 지원이나 도움을 받지 않고 제 스스로 자기 일을 처리해 나가는 일. ¶ 부모들은 아이들이 홀로서기를 할 수 있도록 이끌어 주어야 한다.

홀몸 명사

배우자나 형제가 없는 사람. 참고 홑몸

¶ 사고로 아내를 잃고 홀몸이 되었다.

¶ 고아인 그는 지금껏 홀몸으로 힘겹게 살아왔다.

● '홀몸'과 '홑몸'

'홀몸'은 주로 같이 살던 사람이 없이 혼자가 되었을 때에 쓴다. 배우자가 죽으면 홀몸이 되고, 있던 가족이 다 없어지면(외국으로 나가는 등) 홀몸이 된다. '홀몸'은 의지할 데가 없이 혼자가 되었다는 점에 주목하여 사용하는 말이다.

'홑몸'은 여럿이 아니라는 점을 강조하는 말이다. 처녀나 총각은 배우자나 자녀가 없기 때문에 홑몸이다. 아이를 배지 않은 여자도 '홑몸'이다. '홑몸도 아닌데'라는 말은 아이를 밴 여자임을 에둘러 말할 때에 쓴다. 이 경우 '홀몸도 아닌데'라고 쓰면 잘못이다.

홀홀단신 '혈혈단신'의 틀린 말.

홍두깨 명사

옷감을 감아서 다듬이질하는 데 쓰는 굵은 몽둥이.

¶ 박달나무로 만든 홍두깨가 가장 단단하다.

복합어

홍두깨다듬이 다듬잇돌에 올려놓고 하지 않고 홍두깨에 감아서 하는 다듬이질.

홑- 접사

(일부 명사 앞에 붙어) '겹이나 짝을 이루지 않은', '한 겹 또는 한 짝으로 된'의 뜻을 더하는 말.

¶ 홑눈, 홑몸, 홑이불, 홑잎, 홑치마, 홑바지, 홑옷

복합어

홑겹 한 겹.

홑눈 절지동물에서 볼 수 있는 간단한 구조의 눈.

홑몸 ① 딸린 사람이 없는 혼자의 몸. 결혼하지 않은 남녀. ② 아이를 배지 않은 여자. 참고 홀몸

홑문장 주어와 술어의 결합이 한 번 이루어진 문장.

홑소리 홑으로 나는 닿소리와 홀소리. =단음

홑이불 한 겹으로 된 이불. ¶ 여름에 삼베로 만든 홑이불을 덮고 자면 참 시원하다.

화[1] (火) 명사

언짢거나 노여워서 달아오르는 불쾌한 감정.

¶ 그만 일로 화를 내서야 되겠니?

¶ 아무리 화가 나더라도 참아야 한다.

복합어

화나다 화가 나다. ¶ 화난 얼굴

화내다 화를 내다. ¶ 동생한테 너무 화내지 마라.

화증 걸핏하면 화를 내는 증세. ×홧증

화풀이 다른 사람에게 화를 내어 자기의 화를 푸는 일.

관용 표현

화가 동하다 화를 억제하지 못하고 격한 발언이나 행동을 하다. ¶ 그의 억지에 화가 동하여 한마디 하지 않을 수 없었다.

화가 머리끝까지 나다(/치밀다) 몹시 화가 나다.

화를 끓이다 화를 풀지 못하여 끙끙 앓다.

화[2](禍) 명사

건강이나 재산 또는 생활에 좋지 않은 영향을 끼치는 일. 또는 그 원인이 되는 것. 재난이나 불행 따위.

¶ 산불이 나서 우리 집도 큰 화를 당했다.

¶ 이번 지진으로 어디까지 화가 미칠지 모르겠다.

속담

화가 복(이) 된다 뜻밖에 입은 화가 도리어 좋은 결과를 가져올 수도 있다는 말.

화는 홀로 다니지 않는다 안 좋은 일은 겹쳐서 오게 마련이라는 말.

-화(化) 접사

(일부 명사 뒤에 붙어) 그 명사가 뜻하는 대로 됨을 나타내는 말.

¶ 대중화, 생활화, 자동화

화법[1](話法) 명사

① 말하는 방법.

¶ 가장 좋은 화법은 남의 말을 잘 듣는 것이다.

¶ 차근차근 말하는 그의 화법에 사람들이 설득되는 것 같다.

② 남의 말을 따서 사용하는 방법. 직접 화법과 간접 화법이 있다.

¶ 그의 말을 직접 화법으로 전하면 그가 곤란해지지 않겠어?

화법[2](畫法) 명사

그림을 그리는 방법.

¶ 그 화가는 그림 소재에 따라 다른 화법을 썼다.

¶ 진경산수화는 실재하는 자연 경관을 사실적인 화법으로 그려낸 그림이다.

화병[1](火病) 명사 ×홧병

억울하고 답답한 마음이 쌓여 생긴 병.

¶ 어머니는 화병이 나서 자리에 누우셨다.

화병[2](花瓶) 명사

꽃을 꽂는 병. =꽃병

¶ 장미 몇 송이를 화병에 꽂았다.

¶ 이 청자 화병은 고려 시대에 만들어진 것이다.

화씨(華氏) 명사

화씨온도계의 눈금 이름. 기호는 °F를 사용한다.

복합어

화씨온도계 물이 어는점을 화씨 32도, 끓는점을 화씨 212도로 하고 그 사이를 180 등분하여 만든 온도계. 참고 섭씨온도계

››› '화씨'는 화씨온도계의 고안자인 독일의 물리학자 '파렌하이트(Fahrenheit)'를 한자로 음역한 '화륜해(華倫海)'에서 유래하고, '섭씨'는 섭씨온도계의 고안자인 스웨덴의 천문학자 '셀시우스(Celsius)'를 한자로 음역한 '섭이사(攝爾思)'에서 유래한다.

환급(還給) 명사

도로 돌려줌. 참고 환불

¶ 연말 정산 환급 조건을 잘 살펴서 되돌려 받도록 해라.

복합어

환급하다 도로 돌려주다. ¶ 상품권의 거스름돈은 현금으로 환급해 주세요.

환난(患難) 명사

근심과 재난을 통틀어 이르는 말. 참고 환란

¶ 어떤 환난이 와도 꿋꿋이 극복하겠다.

환란(患亂) 명사

근심과 재앙을 통틀어 이르는 말. 참고 환난

¶ 곧 전에 없던 큰 환란이 닥칠 거라는 막연한 두려움이 사람들의 마음을 짓눌렀다.

● '환란'과 '환난'

두 말이 거의 같은 의미를 갖는다. 조금 차이가 있다면 '환난(患難)'은 재난 곧 지진이나 가뭄 등 천재지변으로 인해서 나타난 어려움을 가리키고, '환란(患亂)'은 전쟁이나 잘못된 정책, 어지러운 정치 상황 등 때문에 나타난 어려움을 가리킨다. '피난'과 '피란'의 경우도 마찬가지이다. '피난'은 지진이나 가뭄 또는 방사선 피폭 등의 재난을 피하는 행위이고, '피란'은 전쟁이나 사회 혼란 등을 피하는 행위이다.

환불(還拂) 명사

도로 돌려줌. 참고 환급

● '환불'과 '환급'

두 낱말이 다 '도로 돌려줌'을 뜻한다. 다만 '환불'은 '지불', '가불'처럼 돈을 주는 데에 '불(拂)'을 사용한 것이 문제가 된다. 우리가 '주다'의 뜻으로 쓰는 한자는 '급(給)'이다. '월급', '급여', '공급'처럼 쓴다. '불(拂)'은 '씻어 없애다', '거스르다', '어기다'를 뜻하는 한자인데, 일본에서는 이 글자를 '치르다', '값을 건네주다'의 뜻으로 쓰고 '환불', '지불', '가불' 같은 단어를 만들어 사용한다. 우리 한자 의미와 전혀 다른 이런 한자어는 쓰지 않는 것이 좋다. 다만, 국어에서 이 두 낱말이 차별화하고 있다. 요금, 보험금, 세금 같은 것을 받았다가

ㅎ

일정한 조건이 되면 되돌려 주는 경우에는 환급을 쓰고, 상품을 샀다가 물리는 경우에는 환불을 쓰는 경향이 있다. 표를 샀다가 물리거나, 계약을 해지하고 돈을 되돌려 받는 경우에도 환불을 쓴다.

환유법(換喩法) 명사

표현하려는 대상과 속성이 같거나 관련되는 다른 사물을 이용해서 그 대상을 표현하는 수사법. [참고] 제유법

● '환유법'과 '제유법'

'환유법'과 '제유법'을 묶어서 '대유법'이라고 한다. 둘 다 다른 개념에 빗대어 묘사하는 방법이다.

'환유법'은 나타내려는 대상을 상징적으로 보이는 다른 개념을 빌려서 표현하는 방법이다. '요람에서 무덤까지'는 '태어나서 죽을 때까지'를 나타내고, '별이 떴다'는 '장군이 왔다'를 나타내는 환유법이다.

'제유법'은 범위가 좁은 개념을 확대하여 사용하는 방법이다. '인간은 빵으로만 살 수 없다.'라고 하여 '빵'으로 '식량' 전체를 가리키게 하는 것이 제유법이다. '손이 없어서 농사를 지을 수 없다.'에서 '손'으로 '사람'을 가리키는 것도 제유법이다.

환하다 형용사

[불규칙] 환하게, 환하고, 환하여/환해, 환한, 환합니다, 환하였다/환했다

① 빛이 비치어 맑고 밝다.

¶ 밤늦게까지 학교에 환하게 불이 켜져 있었다.

¶ 전등을 갈았더니 거실이 무척 환하다.

② 앞이 탁 트여 넓고 시원스럽다.

¶ 남쪽으로는 전망이 환하게 트여 있다.

③ 무슨 일의 조리나 속내가 또렷하다.

¶ 말 안 해도 네 속은 환하게 들여다보인다.

④ 얼굴이 말쑥하고 잘생겨 보기에 시원스럽다.

¶ 그녀는 이목구비가 환할 뿐 아니라 성격도 상냥하다.

⑤ 표정이나 성격이 구김살 없이 밝다.

¶ 그 애는 환한 미소를 지으며 나를 바라보았다.

⑥ 빛깔이 밝고 맑다.

¶ 봄이니 환한 색깔 옷을 고르는 것이 좋겠다.

⑦ 어떤 일이나 대상에 대하여 잘 알고 있다.

¶ 그는 컴퓨터에 대해서라면 환하게 알고 있다.

¶ 인왕산 자락에서 수십 년을 살아 인왕산에 대해서는 환한 편이다.

복합어

환히 환하게. ¶ 벌써 동이 터 창밖이 환히 밝아졌다.

활용(活用) 명사

① 그것이 지닌 기능이나 능력 따위를 충분히 잘 이용함.

¶ 폐품 활용 방법을 찾아봅시다.

¶ 이 건물은 공간 활용을 아주 잘한 것 같다.

② 용언의 어미가 그 기능에 따라서 여러 가지로 바뀌어 쓰이는 일.

¶ 국어의 어미 활용 규칙은 무척 복잡하다.

복합어

활용어 문장에서 그 쓰임에 따라서 어미를 바꾸어 사용하는 말. 동사나 형용사가 이에 해당한다.

활용하다 ① 충분히 잘 이용하다. ¶ 이 기회를 잘 활용하여 발전의 계기로 삼자. ② 용언의 어미가 그 기능에 따라서 여러 가지로 바뀌다.

활용형 용언이 활용함에 따라서 여러 가지로 바뀐 형태. 용언의 어간과 어미가 일정하게 변하는 경우와 불규칙하게 변하는 경우가 있다.

● '활용'의 소리내기

'활용'을 [활룡]으로 소리 내는 것은 바르지 않다. '활용'에 'ㄹ' 음이 첨가될 이유가 없으므로 [화룡]처럼 소리 내야 한다. '월요일', '일요일', '금요일'도 [워료일], [이료일], [그묘일]처럼 소리 낸다. [월료일], [일료일], [금뇨일]처럼 발음하면 안 된다. '금융'은 [금늉]과 [그뮹] 둘 다 인정한다.

활유법(活喩法) 명사

무생물을 생물로, 감정이 없는 것을 있는 것처럼 나타내는 수사법. '일어서는 강', '하늘을 이고 서 있는 산', '방긋 웃는 해바라기' 따위.

홧김(火-) 명사

화가 난 서슬. =골김

¶ 홧김에 돌부리를 걷어찼다.

홧병

'화병(火病)[1]'의 틀린 표기.

황당하다(荒唐-) 형용사

불규칙 황당하여/황당해, 황당한, 황당합니다, 황당하였다/황당했다

하는 짓이 거칠고 허황하다. 터무니없다.

¶ 살다 살다 그렇게 황당한 얘기는 처음 들어봤다.

회[1](膾) 명사

고기나 물고기 또는 푸성귀를 날로 잘게 썬 음식.

¶ 갓 잡은 물고기를 회를 떠서 먹었다.

회[2](回) 명사

되풀이한 수를 차례로 세는 말.

¶ 제16회 졸업식

¶ 이 약은 하루 3회 드세요.

> **'회[2]'의 띄어쓰기**
>
> '회'는 의존 명사이므로 띄어 쓰는 것이 원칙이지만 아라비아 숫자 뒤에서는 아라비아 숫자에 붙여 쓰는 것을 허용한다. 한글로 적은 수 관형사 뒤에는 마땅히 띄어 쓴다.
>
> ¶ 제2 회/제2회 걷기 대회
>
> ¶ 뜀뛰기 10 회/10회/십 회 실시!

회수[1](回收) 명사

도로 거두어들임.

¶ 경기가 불안하여 투자금 회수에 시간이 걸릴 것 같다.

복합어

회수하다 도로 거두어들이다. ¶ 빌려준 돈을 아직 회수하지 못했다.

ㅎ

회수[2] ‘횟수(回數)’의 틀린 표기.

횟배(蛔-) 명사

회충으로 생긴 배앓이. =거위배, 횟배앓이

¶ 횟배를 앓으면 회충약을 먹는다.

횟수(回數) 명사 ×회수

반복, 차례의 수효.

¶ 일 년에 기차를 타는 횟수가 얼마나 돼?

¶ 놀이공원에 간 횟수로 치면 몇 번 안 된다.

효과(效果) 명사

① 보람 있는 결과. 일한 보람.

¶ 같은 약이라도 체질에 따라서 효과가 다르다.

② 연극이나 영화 따위에서, 장면에 맞도록 소리나 영상을 넣어 분위기를 실감 나게 만들어 내는 일.

¶ 공포 영화에서는 무서운 분위기를 만들기 위해 다양한 효과를 사용한다.

복합어

효과음 연극, 영화, 방송극 따위에서 실제와 비슷한 느낌을 받도록 장면에 맞추어 넣는 온갖 소리.

상승효과 여러 요인이 함께 작용하여 하나씩 작용할 때보다 더 커지는 효과.

역효과 기대하였던 바와는 정반대가 되는 효과.

››› ‘효과’를 [효꽈]로 소리 내는 사람이 있는데, 국립국어원의 《표준국어대사전》에서는 ‘과’를 된소리로 발음해야 할 까닭이 없기 때문에 예사소리인 [효과]로 소리 내도록 하고 있다.

후(後) 명사

① 뒤나 다음.

¶ 며칠 후에 또 봅시다.

② 일이 지나간 얼마 뒤.

¶ 후에 딴말하지 않기로 해.

③ (일부 명사 앞에 붙어) '뒤에 있는' 또는 '다음의' 뜻을 나타내는 말.

¶ 후삼국, 후더침, 후백제

복합어

후기약 뒷날 어떻게 하자는 기약.

후물림 쓰다 남은 물건을 물려주는 일. 또는 그 물건.

후보름 한 달의 뒤쪽 보름 동안, 곧 16일부터 30일까지.

● '후'와 '훗'

'후'에 사이시옷을 받쳐 '훗'으로 적는 경우는 아래 복합어를 참고하기 바란다.

- '후'를 붙인 경우: 후두부, 후폭풍
- '훗'을 붙인 경우: 훗국, 훗날, 훗달, 훗물, 훗배앓이, 훗사람, 훗일

후덥지근하다 형용사

불규칙 후덥지근하여/후덥지근해, 후덥지근합니다, 후덥지근하였다/후덥지근했다

좀 답답하게 더운 기운이 있다.

¶ 장마철이라 날씨가 몹시 후덥지근하다.

후려치다 동사

규칙 후려치어/후려쳐, 후려치는, 후려칩니다, 후려치었다/후려쳤다

① 주먹이나 채찍 따위를 휘둘러 힘껏 갈기다.

② 물건 값을 터무니없이 깎다.

¶ 상인은 농부들이 애써 가꾼 농작물을 반값에 후려치려고 했다.

후련하다 형용사

불규칙 후련하여/후련해, 후련합니다, 후련하였다/후련했다

① 얹혀 있던 것이 내려가 속이 시원하다.

¶ 소화제를 먹었더니 속이 좀 후련하게 뚫린다.

② 불안하거나 답답하던 마음이 풀려 거뜬하고 시원하다.

¶ 숙제를 끝내고 나니 마음이 후련하다.

후미지다 형용사

규칙 후미지어/후미져, 후미진, 후미집니다, 후미지었다/후미졌다

① 물가나 산길이 휘어서 굽어 들어간 곳이 매우 깊다.

¶ 사냥꾼은 후미진 골짜기에서 곰의 흔적을 발견하였다.

② 아주 구석지고 으슥하다.

¶ 마을의 후미진 곳에 조그만 밭을 하나 일구었다.

후비다 동사

규칙 후비어/후벼, 후비는, 후빈다, 후빕니다, 후비었다/후볐다

① 틈이나 구멍 속을 긁거나 돌려 파내다.

¶ 아이가 콧구멍을 자꾸 후빈다.

② 물체의 표면을 날이 있는 도구로 구멍을 내거나 패게 하다.

¶ 칼로 널빤지를 후벼서 구멍을 냈다.

③ ('마음', '가슴' 따위의 명사와 함께 쓰여) 몹시 괴롭게 하거나 아프게 하다.

¶ 그의 노래가 내 가슴을 후비어 파고드는구나.

후텁지근하다 형용사

불규칙 후텁지근하여/후텁지근해, 후텁지근합니다, 후텁지근하였다/후텁지근했다

약간 불쾌할 정도로 끈적하고 무더운 기운이 있다.

¶ 장마철에는 선풍기 바람도 후텁지근하다.

후하다(厚-) 형용사

불규칙 후하게, 후하고, 후하여/후해, 후한, 후합니다, 후하였다/후했다

마음 씀씀이나 태도가 너그럽다. 인심이 두텁다.

¶ 우리 회사는 급료를 후하게 주는 편이다.

¶ 학교 앞 떡볶이 가게 아주머니는 인심이 후하시다.

복합어

후히 후하게. ¶ 집주인은 나그네를 후히 대접했다.

훑다 동사

규칙 훑고, 훑어, 훑는, 훑네, 훑습니다, 훑었다

① 붙어 있는 것을 떼기 위하여 다른 물건의 틈에 끼워 죽 잡아당기다.

¶ 요즘은 벼를 훑는 일도 기계로 한다.

② 붙은 것을 깨끗이 다 씻어 내다.

¶ 바닷물이 갯가를 훑고 저만치 물러간다.

③ 일정한 범위를 한쪽에서 시작하여 죽 더듬거나 살피다.

¶ 경찰은 도망간 범인을 찾기 위해 근처 산을 샅샅이 훑었다.

¶ 아버지는 신문 기사를 눈으로 훑으면서 내 이야기를 들으셨다.

복합어

훑어보다 ① 위아래로 빈틈없이 자세히 눈여겨보다. ② 책이나 글을 처음부터 끝까지 빼지 않고 죽 보다.

훔치다[1] 동사

규칙 훔치어/훔쳐, 훔친다, 훔칩니다, 훔치었다/훔쳤다

① 남의 물건을 남몰래 슬쩍 가져다가 자기 것으로 하다.

¶ 가게에서 돈을 훔친 종업원이 붙들렸다.

¶ 남의 물건을 훔치려 하지 마라.

② 야구에서, 주자가 수비의 허점을 노려 다음 누를 차지하다.

¶ 1루 주자가 2루를 훔쳤다.

복합어

훔쳐보다 남이 모르게 슬쩍 보다.

훔치다[2] 동사

규칙 훔치어/훔쳐, 훔친다, 훔칩니다, 훔치었다/훔쳤다

① 물기나 때 따위를 말끔하게 닦다.

¶ 걸레로 방바닥을 좀 훔쳐라.

¶ 선수들은 흐르는 땀을 손으로 훔치면서 달렸다.

② 덤벼들어서 야무지게 때리다.

¶ 나는 화가 나서 영수의 뺨을 한 대 훔쳤다.

③ 보이지 아니하는 곳에 있는 것을 찾으려고 손으로 더듬어 만지다.

¶ 장롱 밑으로 굴러 들어간 반지를 찾으려고 손으로 방바닥을 훔쳤다.

④ 논이나 밭을 맨 뒤 얼마 있다가 손으로 잡풀을 뜯어내다.

¶ 밭에 잡초를 훔치러 간다.

훤칠하다 형용사

불규칙 훤칠하게, 훤칠하고, 훤칠하여/훤칠해, 훤칠합니다, 훤칠하였다/훤칠했다

① 길고 미끈하다.

¶ 아이가 키도 훤칠하고 얼굴도 서글서글하게 생겼더라.

② 막힘없이 깨끗하고도 시원하다.

¶ 산꼭대기에 오르니 사방이 훤칠하게 트였다.

¶ 골목을 나서니 큰길이 훤칠하게 펼쳐졌다.

복합어

훤칠히 훤칠하게.

훤하다 형용사

불규칙 훤하게, 훤하여/훤해, 훤한, 훤합니다, 훤하였다/훤했다

① 조금 흐릿하게 밝다.

¶ 구름이 벗겨지니 달빛이 훤하게 길을 비춘다.

② 앞이 탁 트여 매우 넓고 시원스럽다.

¶ 길이 넓고 훤하게 트여 있다.

③ 무슨 일의 조리나 속내가 뚜렷하다.

¶ 네 얘기만 들어도 어떻게 된 일인지 훤하게 파악이 된다.

④ 얼굴이 말쑥하고 잘생겨 보기에 매우 시원스럽다.

¶ 아드님이 인물도 훤하고 성격이 시원시원하네요.

⑤ 어떤 일이나 대상에 대하여 잘 알고 있다.

¶ 그는 이 마을 사정에 훤한 편이다.

복합어

훤히 훤하게. ¶ 밖은 벌써 훤히 밝았다.

››› '환하다'가 빛이 비치어 맑고 밝은 느낌이라면, '훤하다'는 조금 흐릿하게 밝아서 '환하다'보다 어두운 느낌을 나타낸다.

훨씬 부사

① 정도 이상으로 차이가 크게 나는 모양.

¶ 그것이 이것보다 훨씬 크다.

¶ 이게 저것보다 훨씬 비싸.

② 예상이나 기준을 크게 넘음을 뜻하는 말.

¶ 이번 일은 예정보다 훨씬 뒤에 끝났다.

휑하다 형용사

불규칙 휑하여/휑해, 휑한, 휑합니다, 휑하였다/휑했다

① 구멍 따위가 막힌 데 없이 매우 시원스럽게 뚫려 있다.

¶ 문이 휑하게 열려 있다.

② 속이 비고 넓기만 하여 매우 허전하다. =휑뎅그렁하다

¶ 무대 위에는 의자 하나만 휑하게 놓여 있었다.

③ 눈이 쑥 들어가 보이고 정기가 없다.

¶ 그녀는 휑한 눈으로 창밖을 바라보았다.

휘- 접사

① (동사 앞에 붙어) '휘휘 두르거나 감거나 돌린'의 뜻을 더하는 말.

¶ 휘감다, 휘돌다

② (동사 앞에 붙어) '마구', '온통'의 뜻을 더하는 말.

¶ 휘젓다, 휘몰다

③ (형용사 앞에 붙어) '정도나 규모 따위가 매우 큰'의 뜻을 더하는 말.

¶ 휘넓다, 휘둥그렇다

복합어

휘갈기다 휘둘러 갈기다.

휘감다 마구 휘둘러 감다.

휘돌다 ① 기운이나 공기가 거칠게 떠돌다. ¶ 눈은 공중에서 빙글빙글 휘돌면서 천천히 땅 위에 내려앉는다. ② 마구 돌다. ③ 굽이를 따라 휘어 돌다. ④ 여러 곳을 순서대로 한 바퀴 돌다.

휘날리다 동사

규칙 휘날리어/휘날려, 휘날린다, 휘날립니다, 휘날리었다/휘날렸다

① 거세게 펄펄 나부끼거나 나부끼게 하다.

¶ 길거리에는 태극기가 휘날리고 있다.

¶ 사람마다 태극기를 휘날리며 행진한다.

② 거세게 펄펄 흩어져 날거나 흩어져 날게 하다.

¶ 거리에는 눈발이 휘날렸다.

③ 이름을 몹시 널리 떨치다.

¶ 금메달을 따서 내 이름을 세계에 휘날리고 싶다.

휘다 동사

규칙 휘고, 휘어, 휜, 휠, 휜다, 휩니다, 휘었다

구부리거나 구부러지다.

¶ 한옥에서는 휜 나무도 대들보로 쓴다.

¶ 허리가 몹시 휜 할머니가 지팡이에 의지하여 걸어가신다.

복합어

휘어가다 굽이쳐 흘러가다.

휘어들다 ① 안쪽으로 휘어지다. ¶ 바다가 육지로 휘어들어 온 곳을 만이라고 한다. ② 주장이나 의지의 강도가 점차 약해지다. ③ 세력이나 주장에 꺾이어 들어가다. 또는 남의 손아귀에 들다. ¶ 우리 생각처럼 그들이 우리 손아귀에 척척 휘어들까?

휘어잡다 ① 구부리어 거머잡다. ② 통제하여 손아귀에 넣다.

휘어지다 조금 둥글게 구부러지다.

휘덮다 동사

규칙 휘덮으니, 휘덮어, 휘덮는, 휘덮네, 휘덮습니다, 휘덮었다

휘몰아 덮다.

¶ 안개가 도로를 휘덮어서 아무것도 안 보였다.

복합어

휘덮이다 '휘덮다'의 피동형.

휘두르다 동사

불규칙 휘두르고, 휘두르니, 휘둘러, 휘두릅니다, 휘둘렀다

① 이리저리 마구 내두르다.

¶ 권투 선수가 주먹을 휘둘러 다른 사람을 다치게 하다니.

¶ 힘 있는 사람이 권력을 마구 휘두르면 나라가 어지러워진다.

② 사람이나 조직을 제 마음대로 마구 다루다.

¶ 그 집 부모는 아이들을 정신없이 휘두른다.

¶ 사장이라고 직원을 휘두르려고 하면 안 된다.

③ 띠나 치마 따위를 아무렇게나 두르다.

¶ 인기척을 느낀 여자는 치마를 휘두르고 밖으로 나갔다.

복합어

휘둘러보다 휘휘 둘러보다. ¶ 나는 이사 올 아파트 단지를 휘둘러보았다.

휘둘리다 '휘두르다'의 피동형. ¶ 상대에게 휘둘리지 않으려면 정신을 차려야 한다.

휘둥그렇다 형용사

불규칙 휘둥그렇게, 휘둥그러면, 휘둥그러니, 휘둥그레, 휘둥그렇습니다, 휘둥그렜다

놀라거나 무서워 크게 뜬 눈이 둥그렇다.

¶ 천둥소리에 놀라 모두 눈을 휘둥그렇게 뜨고 서로를 바라보았다.

복합어

휘둥그레지다 눈이 휘둥그렇게 되다.

휘둥그스름하다 형용사

불규칙 휘둥그스름하여/휘둥그스름해, 휘둥그스름하였다/휘둥그스름했다

무섭거나 놀랐을 때 크게 뜬 눈이 둥그스름하다.

¶ 놀란 아이가 휘둥그스름하게 눈을 뜨고 숨을 몰아쉰다.

휘뚜루 부사

닥치는 대로 대충.

¶ 어설프게 도끼를 들고 휘뚜루 내리치니 장작이 빠개지지 않고 튀어 나갔다.

복합어

휘뚜루마뚜루 이것저것 가리지 않고 닥치는 대로 마구 해치우는 모양. ¶ 일을 계획 없이 휘뚜루마뚜루 해도 잘되는 수가 있다.

휘말다 동사

불규칙 휘말면, 휘마니, 휘말아, 휘마네, 휘마오, 휘맙니다, 휘말았다

함부로 휘휘 감아서 말다.

¶ 책상 위에 펼쳐 둔 포스터를 대충 휘말아 들고 나갔다.

휘말리다 동사

규칙 휘말리어/휘말려, 휘말립니다, 휘말리었다/휘말렸다

① 물살 따위에 휩쓸리다.

¶ 배가 집채만 한 파도에 휘말려 뒤집어졌다.

¶ 지난여름에 강풍에 휘말려 뒷마당의 나무가 뽑혔다.

② 어떤 사건이나 감정에 완전히 휩쓸려 들어가다.

¶ 싸움을 말리려다가 도리어 싸움에 휘말리게 되었다.

③ 다른 사람의 꾐에 빠져 그 사람의 뜻대로 행동하게 되다.

¶ 나쁜 친구에게 휘말리지 마라.

¶ 남의 말에 휘말리다가 보면 자기 자신을 잃을 수 있다.

④ '휘말다'의 피동형.

¶ 아무렇게나 휘말린 달력이 하나 남아 있다.

휘몰다 동사

불규칙 휘몰고, 휘모니, 휘몰아, 휘모네, 휘모오, 휘몹니다, 휘몰았다

① 한군데로 마구 휘어잡아 몰다.

¶ 그 가수는 구름 같은 관중을 휘몰고 다닌다.

¶ 왜는 10만 대군을 휘몰아 조선을 침략하였다.

② 비바람 따위가 어느 지역을 마구 몰아치다.

¶ 강한 바람이 마을을 휘몰고 갔다.

복합어

휘몰리다 '휘몰다'의 피동형.

휘몰아치다 눈비가 몹시 세게 퍼붓다.

휘영청 부사

① 매우 밝은 모양.

¶ 휘영청 달 밝은 밤

② 높고 확 트여서 시원스러운 모양.

¶ 천장이 휘영청 높아서 아주 시원스럽다.

복합어

휘영청하다 ① 달빛 따위가 몹시 밝다. ¶ 달이 휘영청하게 뜬 밤이었다. ② 시원스럽게 솟아 있거나 확 트인 상태이다. ¶ 성당 천장이 휘영청하니 엄숙한 기분이 들었다.

휘젓다 동사

불규칙 휘저으면, 휘저으니, 휘저어, 휘젓는, 휘젓습니다, 휘저었다

① 골고루 섞이도록 휘둘러 젓다.

¶ 밀가루에 물을 넣고 휘저어서 반죽을 만들었다.

② 이리저리 야단스럽게 흔들어 내젓다.

¶ 우리더러 오지 말라는 뜻으로 팔을 휘젓는 것 같았다.

③ 비틀거리며 발을 이리저리 옮겨 놓다.

¶ 아저씨는 술에 취해서 이리저리 발을 휘저으며 걸으셨다.

④ 마구 흔들어 어지럽게 만들다.

¶ 아들이 과거 이야기를 꺼내어 어머니 마음을 휘저어 놓는다.

¶ 아이가 방 안을 휘젓고 다니는 바람에 엉망이 되었다.

휩싸다 동사

규칙 휩싸, 휩싸는, 휩싼다, 휩쌉니다, 휩쌌다

① 휘휘 둘러 감아서 싸다.

¶ 사고 현장에는 천으로 온몸을 휩싼 환자들이 누워 있었다.

¶ 엄마는 아기를 담요로 휩싸 안고 병원으로 달려갔다.

② 무엇이 온통 뒤덮다.

¶ 산에서 시작한 불길이 번져 마을 전체를 휩쌌다.

¶ 달빛 하나 없이 칠흑 같은 어둠이 천지를 휩싸고 있었다.

③ 분위기, 침묵 따위가 주위를 감돌다.

¶ 죽음의 그림자가 주위를 휩싸는 것 같다.

¶ 불길한 생각이 온통 마음을 휩싼다.

복합어

휩싸이다 '휩싸다'의 피동형. ¶ 마을이 순식간에 불길에 휩싸였다. / 아이들이 모두 집으로 돌아가고 나면 교실은 정적에 휩싸인다.

휩쓸다 동사

불규칙 휩쓸고, 휩쓰니, 휩쓸어, 휩쓴, 휩쓰네, 휩씁니다, 휩쓸었다

① 물, 불, 바람 따위가 모조리 휘몰아 쓸다.

¶ 태풍이 휩쓸고 간 거리에는 뿌리째 뽑힌 나무와 무너진 집들이 널브러져 있다.

② 질병, 전쟁, 풍조 따위가 온통 퍼지다.

¶ 가축병이 전국을 휩쓸어서 축산 농가들이 큰 어려움에 빠졌다.

③ 거침없이 행동을 함부로 하다.

¶ 시위대가 구호를 외치며 거리를 휩쓸고 지나갔다.

④ 경기 따위에서, 상이나 메달 따위를 모두 차지하다.

¶ 우리나라가 양궁에서 메달을 휩쓸었다.

복합어

휩쓸리다 ① 잘못하여 한데 어울리게 되다. ¶ 나쁜 친구들과 휩쓸려 다니지 않도록 조심해라. ② '휩쓸다'의 피동형. ¶ 돼지가 급류에 휩쓸려 떠내려갔다.

휭하니 부사

중간에 머뭇거리지 않고 곧장 빠르게 가거나 오는 모양.

¶ 무슨 일인지 조금 전에 휭하니 나가시더라.

¶ 어머니께 휭하니 왔다 가시라고 전해라.

휴게실(休憩室) 명사 ×휴계실

잠깐 쉴 수 있게 마련해 둔 방.

¶ 우리 회사 안에는 직원 휴게실이 마련되어 있다.

휴계실 '휴게실(休憩室)'의 틀린 표기.

휴회(休會) 명사

① 회의를 하다가 멈추고 잠깐 쉼. [참고] 정회

¶ 양쪽 의견 대립이 심해지자 의장은 휴회를 선언하였다.

② 국회나 지방 의회가 회기 중에 결의에 의하여 일정한 기간 동안 회의를 열지 아니하는 일.

¶ 국회는 개원을 했다가 바로 휴회에 들어갔다.

복합어

휴회하다 ① 하던 회의를 멈추고 잠깐 쉬다. ② 국회 또는 지방 의회가 결의하여 일정한 기간 회의를 열지 아니하다.

● '휴회'와 '정회'

'휴회 ①'의 뜻을 보면 '정회(停會)'와 별로 차이가 없다. 그러나 법적인 의미를 보면 차이가 있다. 회의를 진행하다가 회의를 잠깐 멈추는 것을 정회라고 한다. 휴회는 국회나 지방 의회처럼 회의를 하는 기관에서 쓰는 법률적인 말이다. 국회나 지방 의회가 개원하면 먼저 회기(회의 기간)를 정하고 회의를 하게 된다. 안건 처리가 끝나면 회기 중이라도 모든 회의 일정을 잡지 않게 되는 것이 '휴회'이다.

흉 명사

① 아픈 곳이 나은 자리. 상처나 부스럼이 아문 자국.

¶ 여드름 약을 잘못 써서 얼굴에 흉이 졌다.

② 남의 비웃음을 살 만한 일. =허물[1]②

¶ 누구에게나 흉은 있는 법이다.

복합어

흉보다 남의 결점을 들어 말하다.

흉잡다 남의 흉을 들추어내다.

흉잡히다 '흉잡다'의 피동형. ¶ 남한테 흉잡히지 않게 말조심해라.

흉터 살갗의 상처가 아문 자리. 부스럼 자리.

속담

흉 각각 정 각각 ① 흉과 정은 상관없다는 말. ② 흉과 정을 구별하여 상벌을 분명하게 해야 한다는 말.

흉 없는 사람 없다 결함이 없는 사람은 없으니 어떤 결함을 너무 과장하지 말라는 말.

흉이 없으면 며느리 다리가 희다 한다 시어머니가 며느리에게 공연히 생트집을 잡는다는 뜻으로, 말도 되지 아니하는 생트집을 잡아서 남을 흉보는 경우를 이르는 말.

흉내 명사

남이 하는 말이나 행동을 그대로 옮기는 짓. 참고 시늉

¶ 내 동생은 동물 흉내를 잘 낸다.

복합어

흉내쟁이 남의 흉내를 잘 내는 사람.

흉측하다(凶測-) 형용사 ×흉칙하다

불규칙 흉측하여/흉측해, 흉측한, 흉측합니다, 흉측하였다/흉측했다

흉악하기 그지없다. 흉악하기 헤아릴 길이 없다.

¶ 어젯밤 이가 빠지는 흉측한 꿈을 꾸었다.

¶ 영화에서 흉측하게 생긴 괴물이 사람들을 마구 공격하였다.

× 흉칙하다 '흉측하다(凶測-)'의 틀린 말.

¶ 하는 짓을 보니 아주 흉칙한(×)/흉측한(○) 녀석이구나.

흉포하다(凶暴-) 형용사 ×흉폭하다

불규칙 흉포하고, 흉포하여/흉포해, 흉포한, 흉포합니다, 흉포하였다/흉포했다

사람의 성격이나 하는 짓이 흉악하고 포악하다.

¶ 그처럼 흉포하고 잔인한 사람은 보지 못했다.

● '흉포하다'의 표기

'흉포(凶暴)'에 쓰인 한자 '暴'은 경우에 따라서 '폭'과 '포'로 달리 읽고 쓴다.

- '폭'으로 읽고 쓰는 경우: 폭군(暴君), 폭거(暴擧), 폭도(暴徒), 폭동(暴動), 폭등(暴騰), 폭락(暴落), 폭력(暴力), 폭로(暴露), 폭발(暴發), 폭식(暴食), 폭언(暴言), 폭정(暴政), 폭풍(暴風), 폭행(暴行), 난폭(亂暴)
- '포'로 읽고 쓰는 경우: 포악(暴惡), 포학무도(暴虐無道), 강포(强暴), 자포자기(自暴自棄), 횡포(橫暴), 흉포(凶暴)

× 흉폭하다

'흉포하다(凶暴-)'의 틀린 표기.

¶ 요즘 사회에는 너무 흉폭한(×)/흉포한(○) 일이 많이 벌어진다.

○ 흉하다(凶-) 형용사

불규칙 흉하고, 흉하여/흉해, 흉한, 흉합니다, 흉하였다/흉했다

① 겉모습이 보기에 나쁘다.

¶ 며칠 동안 씻지를 못해서 몰골이 흉하다.

② 마음씨가 거칠고 나쁘다.

¶ 흉한 심보로 일을 하니 일이 꼬이지.

③ 말이 듣기 거북하고 고약하다.

¶ 아이고, 그런 흉한 소리를 함부로 하다니.

④ 운이 사납거나 불길하다.

¶ 올해 신수가 흉하니 언행을 조심해라.

⑤ 일이 나쁘거나 궂다.

¶ 요즘 나라 안에 흉한 일만 생기니 걱정이다.

흉허물 명사

흉이나 허물이 될 만한 일.

¶ 자잘한 흉허물은 덮어 주자.

¶ 남의 흉허물을 말하기 좋아하는 사람은 멀리해라.

관용 표현

흉허물 없다 흉허물을 가리지 않을 만큼 사이가 가깝다. 조심스럽거나 부끄러운 마음이 없다. ¶ 그와는 흉허물 없이 지내는 사이이다.

흉흉하다(洶洶-) 형용사

불규칙 흉흉하고, 흉흉하여/흉흉해, 흉흉합니다, 흉흉하였다/흉흉했다

① 분위기가 술렁술렁 거칠고 사납다.

¶ 세상이 혼란하고 정치가 부패하면 따라서 인심도 흉흉하기 마련이다.

¶ 요즘 회사 분위기가 흉흉하니 직원들이 몹시 불안해한다.

② 물결이 세차고 시끄럽다.

¶ 홍수가 나서 마을 앞길로 물이 흉흉하게 흘러내렸다.

흐느끼다 동사

규칙 흐느끼어/흐느껴, 흐느낀다, 흐느낍니다, 흐느끼었다/흐느꼈다

몹시 서러워 흑흑 느끼어 울다.

¶ 어머니는 어두운 방 안에 앉아 소리 죽여 흐느끼고 있었다.

흐드러지다 형용사

규칙 흐드러지어/흐드러져, 흐드러진, 흐드러집니다, 흐드러지었다/흐드러졌다

① 썩 탐스럽거나 한창 성하다.

¶ 개나리가 온 산과 들에 흐드러지게 피었습니다.

¶ 꽃이 피고 나비가 넘노는 흐드러진 봄날이었다.

② 매우 유쾌하고 흐뭇하다.

¶ 정원에서는 꽃을 구경하는 여인들의 웃음소리가 흐드러졌다.

③ 매우 푸지다.

¶ 가을에는 산과 들에 먹을 게 흐드러진다.

¶ 오늘 장바닥이 좀 흐드러질까?

흐르다 동사

불규칙 흐르고, 흘러, 흐르는, 흐른, 흐릅니다, 흘렀다

① 액체 따위가 낮은 곳으로 내려가거나 넘쳐서 떨어지다.

¶ 물은 높은 데서 낮은 데로 흐른다.

② 시간이나 세월이 지나가다.

¶ 오랜 시간이 흐른 뒤에나 내 책의 가치를 알게 될 거야.

③ 걸치거나 두른 것이 미끄러지거나 처지다.

¶ 치마가 흘러 내려가지 않도록 옷핀으로 고정하였다.

④ 어떤 한 방향으로 치우쳐 쏠리다.

¶ 이야기가 엉뚱한 방향으로 흐르고 있다.

⑤ 피, 땀, 눈물 따위가 몸 밖으로 넘쳐서 떨어지다.

¶ 달리기를 좀 했더니 온몸에 땀이 흐른다.

⑥ 전기나 가스 따위가 선이나 관을 통하여 지나가다.

¶ 이 전신주에는 고압 전류가 흘러 매우 위험하다.

⑦ 새어서 빠지거나 떨어지다.

¶ 장독의 깨진 틈 사이로 간장이 흘러 나왔다.

⑧ 물줄기, 피 따위와 같은 액체 성분이 어떤 장소를 통과하여 지나가다.

¶ 한강은 서울의 중심부를 흐른다.

복합어

흘러가다 ① 물이 흐르면서 나아가다. ② 세월이 흘러 지나가다.

흘러나오다 ① 새거나 빠져서 흐르며 나오다. ② 음악이나 소리가 생겨 퍼져 나오다.

흘러내리다 ① 맨 것이 풀리거나 느슨하여 아래로 미끄러져 내리다. ② 높은 곳에서 낮은 곳으로 흐르거나 떨어지다.

흘러넘치다 ① 액체가 가득 차서 흘러내리다. ② 느낌이나 기운이 가득 차서 넘치다.

흘러들다 ① 흘러서 들어오거나 들어가다. ¶ 공장 폐수가 강으로 흘러들어 강물이 오염되었다. ② 어떻게 해서 들어오거나 새어 들어오다. ¶ 외국의 문화가 영화나 노래를 통해서 흘러든다.

흘러오다 ① 흘러서 내려오다. ② 흐르면서 내려오다.

속담

흐르는 물은 썩지 않는다 고인 물이 썩지 흐르는 물은 썩지 아니한다는 뜻으로, 사람은 언제나 일하고 공부하며 단련하여야 시대에 뒤떨어지지 않고 발전할 수 있다는 말.

흐리다[1] 동사

규칙 흐리어/흐려, 흐린, 흐립니다, 흐리었다/흐렸다

① 얼굴에 어두운 빛을 나타내다.

¶ 내 이야기를 듣자 그는 금방 얼굴빛을 흐리면서 난처해했다.

② 잡것을 섞어 맑지 않게 하다.

¶ 공장에서 나오는 매연이 도시의 공기를 흐린다.

¶ 미꾸라지가 개울물을 온통 흐려 놓았다.

③ 이미지나 분위기를 나쁘게 하다.

¶ 네가 학급 분위기를 흐렸어.

④ 내용이나 흔적 따위를 알아보지 못하게 하다.

¶ 그런 엉뚱한 말로 논점을 흐리지 마세요.

¶ 그 사람은 말할 때 말끝을 흐려 무슨 말인지 잘 못 알아듣겠다.

흐리다[2] 형용사

규칙 흐리어/흐려, 흐린, 흐릴, 흐립니다, 흐리었다/흐렸다

① 구름이 끼어 햇빛이 밝지 못하다.

¶ 내일 날씨는 흐릴 거라고 한다.

② 얼굴 표정이 밝지 않고 걱정이 있는 듯하다.

¶ 무슨 걱정이 있는지 아이의 얼굴빛이 흐렸다.

③ 기억력이나 사리 판단, 또는 하는 일이 똑똑하지 못하다.

¶ 요즘은 기억이 흐려서 금방 들은 말도 생각이 안 난다.

¶ 그는 셈이 좀 흐려서 손해를 자주 본다.

④ 잡것이 섞여 환하거나 맑지 못하다.

¶ 금강모치나 버들치는 흐린 물에서는 살지 않는다.

⑤ 뚜렷하지 못하고 어렴풋하다.

¶ 글씨를 흐리게 써서 알아볼 수가 없다.

⑥ 불빛이 밝지 못하다.

¶ 형광등 불빛이 흐리고 깜박거려서 갈아야겠다.

복합어

흐려지다 흐리게 되다.

흐림 하늘에 구름이 끼어 있어 햇빛이 들지 않은 상태.

흐리멍덩하다 형용사 ×흐리멍텅하다

불규칙 흐리멍덩하여/흐리멍덩해, 흐리멍덩합니다, 흐리멍덩하였다/흐리멍덩했다

① 정신이 아른아른하고 분명하지 않다.

¶ 금방 잠에서 깨어나 아직 정신이 흐리멍덩한 상태이다.

② 옳고 그름의 구별이나 일 처리가 분명하지 않다.

¶ 그렇게 일 처리를 흐리멍덩하게 하면 누가 좋아하겠니?

③ 기억이 흐릿하다.

¶ 술에서 깨어나 정신을 차려 보니 어제 있었던 일들이 흐리멍덩하다.

흐리멍텅하다

'흐리멍덩하다'의 틀린 말.

흐릿하다 형용사

불규칙 흐릿하니, 흐릿하여/흐릿해, 흐릿한, 흐릿합니다, 흐릿하였다/흐릿했다

조금 흐린 듯하다.

¶ 흐릿한 날씨가 등산하기에는 좋다.

¶ 하도 오래된 일이라 이제는 기억이 흐릿합니다.

흐뭇하다 형용사

불규칙 흐뭇하게, 흐뭇하여/흐뭇해, 흐뭇한, 흐뭇합니다, 흐뭇하였다/흐뭇했다

만족스럽고 기분이 좋다.

¶ 구김살 없이 잘 자란 아이를 보니 마음이 무척 흐뭇했다.

복합어

흐뭇이 흐뭇하게.

흐뭇흐뭇하다 몹시 흐뭇하다.

흐지부지 부사

끝을 분명히 맺지 못하고 흐리멍덩하게 넘겨 버리는 모양.

¶ 굳은 맹세도 시간이 흐르면 흐지부지 없던 일이 되기 일쑤다.

복합어

흐지부지되다 끝을 분명히 맺지 못하고 흐리멍덩하게 넘기게 되다. ¶ 그 일은 지원자가 나서지 않아 흐지부지되고 말았다.

흐지부지하다 끝을 분명히 맺지 못하고 흐리멍덩하게 넘기다. ¶ 아무도 입을 열지 않아서 사건 조사는 흐지부지하게 끝나 버렸다.

호트러뜨리다 동사

규칙 흐트러뜨리어/흐트러뜨려, 흐트러뜨립니다, 흐트러뜨리었다/흐트러뜨렸다

흐트러지게 하다. =흐트러트리다

¶ 세차게 부는 바람이 내 머리를 흐트러뜨렸다.

¶ 체조를 할 때에 자세를 흐트러뜨리면 안 된다.

흐트러지다 동사 ×흩으러지다

규칙 흐트러지어/흐트러져, 흐트러집니다, 흐트러지었다/흐트러졌다

① 여러 가닥으로 이리저리 얽히다.

¶ 흐트러진 머리를 곱게 빗질했다.

② 몸가짐이나 마음이 가지런하지 못하고 어지럽다.

¶ 그는 한 시간 내내 흐트러짐 없는 자세로 꼿꼿이 앉아 있었다.

¶ 걱정 때문에 마음이 자꾸 흐트러진다.

›› '흐트러지다'와 '흩어지다'의 차이는 올림말 '흩어지다' 참고.

흐트러트리다 동사

규칙 흐트러트리어/흐트러트려, 흐트러트립니다, 흐트러트리었다/흐트러트렸다

=흐트러뜨리다

흐트리다 '흩트리다'의 틀린 표기.

흔들거리다 동사

규칙 흔들거리어/흔들거려, 흔들거립니다, 흔들거리었다/흔들거렸다

① 매달려 가볍게 이리저리 흔들리다.

¶ 바람이 불 때마다 풍경이 소리를 내며 흔들거린다.

② 매달린 것을 가볍게 이리저리 자꾸 흔들다.

¶ 밥 먹을 때 다리를 흔들거리지 마라.

흔들다 동사

불규칙 흔드니, 흔들면, 흔들어, 흔드는, 흔든다, 흔드네, 흔드오, 흔듭니다, 흔들었다

① 위아래나 양옆이나 앞뒤로 자꾸 움직이게 하다.

¶ 젖니를 좌우로 흔들면 이가 쉽게 빠진다.

¶ 조난자는 손수건을 흔들어 구조를 요청했다.

② 안정된 것을 움직여 동요시키다.

¶ 지구가 태양의 주위를 돈다는 갈릴레이의 주장은 세상을 흔들어 놓았다.

③ 어떤 대상을 손아귀에 넣고 제 마음대로 움직이게 하다.

¶ 그는 역사학계를 손에 넣고 흔들었다.

④ 마음을 약하게 만들다.

¶ 그의 음악은 사람의 마음을 흔드는 무엇이 있다.

복합어

흔들리다 '흔들다'의 피동형.

흔들바위 한 사람이 흔들어도 쉽게 흔들리는 바위.

흔들의자 앉아서 앞뒤로 흔들면서 쉴 수 있도록 만든 의자.

흔치

'흔하지'가 줄어든 말.

¶ 이런 일은 외국에서는 흔치 않다.

››› 한글 맞춤법에 따라서 '흔하다'는 '흔타'로 줄여 쓸 수 있다. 따라서 '흔하지'도 '흔치'로 줄여 쓸 수 있다. 올림말 '흔하다' 참고.

흔하다 형용사

불규칙 흔하고, 흔하지/흔치, 흔하여/흔해, 흔한, 흔합니다, 흔하였다/흔했다

보통보다 자주 일어나거나 여기저기 많이 있어서 일상적으로 쉽게 접할 수 있다.

¶ 그 이름은 한국에서는 매우 흔한 이름이다.

¶ 물방개나 물장군은 예전에 흔하게 볼 수 있었다.

복합어

흔히 ① 귀하거나 드물지 않고 많이. ¶ 민들레는 어디서나 흔히 볼 수 있다. ② 보통으로. 특별하지 않고. ¶ 해금은 흔히 '깽깽이'라고 한다.

● '흔하다', '흔하다고', '흔하다면' 따위의 준말

한글 맞춤법 제40항에는 "어간의 끝음절 '하'의 'ㅏ'가 줄고 'ㅎ'이 다음 음절의 첫소리와 어울려 거센소리로 될 적에는 거센소리로 적는다."라고 규정되어 있고, 그에 대한 예로 아래의 경우를 제시했다.

본말	준말	본말	준말	본말	준말
간편하게	간편케	다정하다	다정타	연구하도록	연구토록
정결하다	정결타	가하다	가타	흔하다	흔타

이 규정의 의도를 살린다면 '흔하다고', '흔하다면', '흔하다니', '흔하다네'도 '흔타고', '흔타면', '흔타니', '흔타네'로, 거센소리로 표기하는 것이 허용되리라고 본다.

흘기다 동사

규칙 흘기어/흘겨, 흘기는, 흘긴, 흘깁니다, 흘기었다/흘겼다

눈동자를 옆으로 굴리어 못마땅하게 노려보다.

¶ 내 행동이 못마땅했는지 언니는 하얗게 눈을 흘겼다.

복합어

흘겨보다 흘기는 눈으로 노려보다.

흘러

동사 '흐르다'의 연결형. '흐르다'에 연결 어미 '-어'가 붙어 바뀐 형태.

¶ 냇물이 흘러 바다로 간다.

¶ 그는 발길이 가는 대로 사방으로 흘러 다니며 지냈다.

흘리다 동사

규칙 흘리어/흘려, 흘린다, 흘립니다, 흘리었다/흘렸다

① 눈물이나 땀, 침 따위의 액체를 밖으로 내다.

¶ 어머니는 아들의 합격 소식에 눈물을 흘리며 기뻐했다.

¶ 강아지가 밥을 보고 침을 흘린다.

② 말을 귀담아듣지 않고 귓전으로 지나치다.

¶ 어른의 말을 한 귀로 듣고 흘리지 마라.

③ 글씨를 흘림체로 쓰다.

¶ 너무 흘려 쓴 글씨라 읽기 어렵다.

④ 한 번에 줄 것을 여러 차례로 나누어 주다.

¶ 공사 대금을 흘려서 주면 공사를 믿고 진행하기 어렵다.

⑤ 그림을 그릴 때, 흐린 빛깔로 붓질을 하여 붓 자국이 잘 보이지 않게 하다.

¶ 작가가 흘려 놓은 자국이 그림에 남아 있다.

⑥ 웃음이나 표정 따위를 잠깐 짓다.

¶ 말을 마치자 그는 나를 향해 씽끗 웃음을 흘렸다.

⑦ 비밀이나 정보를 은근히 밖에 알리다.

¶ 검찰이 피의자의 신상을 언론에 흘리는 잘못을 저질렀다.

⑧ 물건을 부주의로 떨어뜨리거나 빠뜨리다.

¶ 국물 흘리지 말고 먹어라.

¶ 지갑을 어디다 흘렸는지 모르겠다.

⑨ 무엇을 흐르게 하다. '흐르다'의 사동형.

¶ 개울에서 논까지 물을 흘리려면 긴 호스가 필요하다.
¶ 그 배우는 눈물 흘리는 연기를 참 잘하더라.

복합어

흘려듣다 ① 새기지 않으면서 대충 듣다. ¶ 강의 내용을 한마디도 흘려듣지 않으려고 주의를 집중했다. ② 다른 사람이 주고받는 소리가 우연히 귀에 들려 얻어듣다.

흘려버리다 ① 흘리어서 내어 버리다. ② 정색해서 하거나, 귀담아듣지 않고 넘겨 버리다.

흘려보내다 ① 흘러가는 것을 그냥 내버려 두다. ¶ 아까운 시간을 마냥 흘려보낸다. ② 주의 깊게 듣지 아니하고 지나쳐 버리다. ¶ 선생님의 충고를 흘려보내지 마라.

흘려쓰기 글자를 흘려서 쓰는 기법.

흘려주다 여러 번에 조금씩 나누어 주다.

흙탕물 명사

흙이 풀리어 몹시 흐린 물. =흙탕
¶ 비가 온 뒤라 자동차들이 흙탕물을 튀기고 다닌다.

흠(欠) 명사

① 물건이 이지러지거나 깨어지거나 상한 자리.
¶ 흠이 있는 상품은 팔면 안 된다.
② 사람의 됨됨이가 모자란 부분.
¶ 세상에 흠 없는 사람이 어디 있겠니?
③ 부족하거나 아쉬운 부분.
¶ 이 상품은 질은 좋은데 디자인이 떨어지는 게 흠이야.

ㅎ

복합어

흠가다 흠이 생기다. =흠나다, 흠지다

흠내다 흠이 생기게 하다.

흠잡다 흠이 되는 점을 집어내다. ¶ 색시는 흠잡을 데 없이 참하더라.

흠집 흠이 생긴 자리나 흔적. ¶ 새로 산 식탁에 흠집이 났다.

흠칫 부사

놀라거나 겁이 나서 목이나 몸을 움츠리는 모양.

복합어

흠칫거리다 자꾸 흠칫하다.

흠칫하다 몸을 움츠리며 갑작스럽게 놀라다.

흠칫흠칫 자꾸 흠칫하는 모양.

흠칫흠칫하다 몸을 움츠리며 자꾸 놀라다.

흡사(恰似) 부사

거의 같을 정도로 비슷하게. =흡사히

¶ 밤하늘의 별들이 흡사 보석을 박아 놓은 것처럼 빛난다.

복합어

흡사하다 무엇과 거의 같을 정도로 비슷하다. ¶ 두 작품이 흡사한 데가 있다.

흥건하다 형용사

불규칙 흥건하게, 흥건하여/흥건해, 흥건합니다, 흥건하였다/흥건했다

물 따위가 흠뻑 젖거나 고일 정도로 많다.

¶ 너무 더워 옷이 땀으로 흥건하게 젖었다.

¶ 수도꼭지를 잠그지 않아 바닥에 물이 흥건하다.

복합어

흥건히 흥건하게. ¶ 비가 많이 내려 논에 물을 흥건히 가둘 수 있었다.

흥겹다(興-) 형용사

불규칙 흥겨우니, 흥겨워, 흥겨운, 흥겹네, 흥겨웠다

즐겁고 기분이 좋다.

¶ 식사 후에 흥겨운 가락에 맞춰 춤을 추고 놀았다.

¶ 흥겨운 풍물놀이에 모두 신명 나게 놀았다.

복합어

흥겨이 흥겹게.

흥정 명사

① 물건을 사고팔기 위해 상인과 소비자가 밀고 당기며 값을 정하는 일.

¶ 소 값 흥정에는 시간이 조금 걸릴 거다.

② 어떤 문제를 자기에게 조금이라도 더 유리하도록 상대편에게 수작을 걺.

¶ 그가 나에게 먼저 적정선에서 타협하자는 흥정을 걸어왔다.

복합어

흥정거리 흥정할 상품.

흥정꾼 흥정을 붙이는 사람.

흥정하다 ① 물건을 사고팔다. ¶ 어머니는 시장에 가면 늘 물건을 싼값으로 흥정하셨다. ② 물건을 사거나 팔려고 품질이나 가격 따위를 의논하다. ¶ 시장은 사람들이 흥정하는 소리로 활기를 띠었다. ③ 자기에게 이롭게 하려고 수작을 걸다.

관용 표현

흥정을 붙이다 매매가 이루어지도록 주선하다.

속담

흥정도 부조다 남의 물건을 사 주는 일도 그를 돕는 일이라는 말.

흥정은 붙이고 싸움은 말리랬다 좋은 일은 서로 권장하고 나쁜 일은 말리라는 말. ¶ 흥정은 붙이고 싸움은 말리랬다고 내가 중간에 힘써 볼게.

흥청망청 부사

① 흥이 나서 마음대로 즐기는 모양.

¶ 젊을 때 흥청망청 보내면 늙어서 고생한다.

② 돈이나 물건 따위를 함부로 마구 써 버리는 모양.

¶ 돈을 흥청망청 쓰는 것은 바람직하지 않다.

복합어

흥청망청하다 ① 흥에 겨워 마음대로 즐기다. ¶ 그렇게 흥청망청하는 동안에 시간은 흘러가 버린다. ② 돈이나 물건 따위를 마구 쓰다. ¶ 그는 젊어서 돈을 아끼지 않고 흥청망청하며 다 써 버리더니 늙어서 고생을 한다.

흩날리다 동사

규칙 흩날리어/흩날려, 흩날린다, 흩날립니다, 흩날리었다/흩날렸다

흩어져 날리다. 또는 그렇게 하다.

¶ 바람에 흩날린 낙엽이 거리를 뒤덮었다.

¶ 눈발이 흩날려서 어디가 어딘지 알 수 없었다.

¶ 그녀는 긴 머리카락을 흩날리며 길을 걸었다.

흩다 동사

규칙 흩으니, 흩어, 흩는다, 흩네, 흩습니다, 흩었다

한데 모였던 것이 다 각각 헤어지거나 퍼지게 하다.

¶ 바구니에 담아 놓은 장난감을 아이가 방바닥에 흩어 버렸다.

¶ 마당에 널어놓은 곡식을 닭이 모조리 흩어 놓았다.

흩뜨리다 동사

규칙 흩뜨리어/흩뜨려, 흩뜨립니다, 흩뜨리었다/흩뜨렸다

=흩트리다

① 흩어지게 하다.

¶ 모아 놓은 쓰레기를 바람이 흩뜨리고 지나갔다.

② 태도, 마음, 옷차림 따위를 바르게 하지 못하다.

¶ 자세를 흩뜨리지 말고 바로 앉아라.

흩뿌리다 동사

규칙 흩뿌리어/흩뿌려, 흩뿌립니다, 흩뿌리었다/흩뿌렸다

흩어 뿌리다.

¶ 바람이 불어서 비가 흩뿌리니 우산을 써도 옷이 젖는다.

흩어지다 동사

규칙 흩어지어/흩어져, 흩어진다, 흩어집니다, 흩어지었다/흩어졌다

한데 모였던 것이 따로따로 떨어지거나 사방으로 퍼지다. 참고 흐트러지다

¶ 아이들이 뿔뿔이 흩어진 뒤의 교정은 쓸쓸하기까지 하였다.

¶ 경찰이 오는 소리가 나자 깡패들은 사방으로 흩어져 도망쳤다.

● '흩어지다'와 '흐트러지다'

'흩어지다'는 부사어 '사방으로'나 '뿔뿔이'와 어울린다. 한데 모인 것들이 하나씩 떨어져 나가는 동작을 나타내는 말이다. '흐트러지다'는 여러 가닥으로 된 사물이 얽혀서 어수선하게 된 상태를 가리킨다. 바르지 않은 자세를 표현할 때에도 '흐트러지다'를 쓴다. '흩어지다'는 각자의 방향으로 가는 것을, '흐트러지다'는 가지런하지 않거나 똑바르지 않은 경우를 나타낸다.

¶ 모여 있던 아이들은 모두 흩어져 집으로 갔다.

¶ 자루에 담겨 있던 콩이 바닥으로 쏟아져 사방으로 흩어졌다.

¶ 가지런히 놓았던 책이 흐트러져 있었다.

¶ 타격 자세가 흐트러지면 좋은 결과가 나올 수 없다.

× 흩으러지다

'흐트러지다'의 틀린 표기.

× 흩으리다

'흩트리다'의 틀린 표기.

○ 흩트리다 동사

×흐트리다, ×흩으리다

규칙 흩트리어/흩트려, 흩트립니다, 흩트리었다/흩트렸다

=흩뜨리다

¶ 아이가 밥알을 여기저기 흩트렸다.

× 희노애락

'희로애락(喜怒哀樂)'의 틀린 표기.

○ 희다 형용사

규칙 희니, 희어, 흰, 흽니다, 희었다

① 눈이나 솜의 빛깔과 같다.

¶ 아이들은 흰 종이 위에 멋진 그림을 그리기 시작했다.

② 밝고 환하다.

¶ 보름달이 마치 흰 낮처럼 거리를 밝게 비춘다.

③ 말이나 행동이 분수에 넘치며 버릇이 없다. =희떱다①

¶ 그런 희어 빠진 소리는 그만두게.

복합어

흰소리 터무니없이 자랑하거나 허풍을 떠는 말.

관용 표현

흰 눈으로 보다 업신여기거나 못마땅한 눈으로 흘겨보다.

희떱다 형용사

불규칙 희떱고, 희떠우면, 희떠우니, 희떠워, 희떠운, 희떱네, 희떱습니다, 희떠웠다

① 말이나 행동이 분에 넘치며 버릇이 없다. =희다③

¶ 그는 하지 못할 일도 할 수 있다고 희떠운 소리를 늘어놓았다.

② 실속은 없어도 손이 크고 마음이 넓다.

¶ 아버지는 어려운 사람을 희떱게 도왔다.

희로애락(喜怒哀樂) 명사 ×희노애락

기쁨과 노여움과 슬픔과 즐거움. 사람의 온갖 감정을 통틀어 이르는 말.

¶ 여기 사람들은 희로애락을 얼굴에 나타내지 않아서 속내를 알기 힘들다.

››› '희로애락(喜怒哀樂)'의 '怒'의 본음은 '노'이지만 한글 맞춤법 규정에 따라서 속음인 '로'로 표기하고 [로]로 발음한다.

희멀겋다 형용사

불규칙 희멀겋고, 희멀거므로, 희멀거니, 희멀게서, 희멀건, 희멀겋습니다, 희멀겠다

빛이 몹시 희고 멀겋다.

¶ 죽이 희멀게서 맛이 없어 보였다.

¶ 희멀건 달이 산마루에 걸려 있다.

복합어

희멀게지다 희멀겋게 되다.

희비(喜悲) 명사

기쁨과 슬픔. ㉥ 애환

¶ 수상자 명단이 발표되자 두 사람의 희비가 갈리었다.

ㅎ

희뿌옇다 형용사

불규칙 희뿌여면, 희뿌여니, 희뿌예, 희뿌연, 희뿌옇습니다, 희뿌옜다

희끄무레하게 뿌옇다.

¶ 바람이 몰아치자 길에는 희뿌연 먼지가 일었다.

¶ 아이 얼굴에 살이 올라 얼굴빛이 희뿌옜다.

복합어

희뿌예지다 희뿌옇게 변하다.

희희낙락(喜喜樂樂) 명사

매우 기뻐하고 즐거워함.

¶ 오빠가 장학금을 받더니 하루 종일 희희낙락이다.

복합어

희희낙락하다 매우 기뻐하고 즐거워하다. ¶ 경기에 한 번 이겼다고 그렇게 희희낙락하지 마라.

> ● '희희낙락'의 발음과 표기
>
> '희'를 [히]로 발음하는 것은 표준 발음법에 따른 것이다. 자음 뒤에 오는 복모음 'ㅢ'는 단모음 'ㅣ'로 소리 낸다. 따라서 '희희'는 [히히]로 소리 낸다. 한자어 '樂'은 두음 법칙에 따라서 처음 것은 '낙'으로 적고 다음 것은 '락'으로 적는다. 따라서 '樂樂'은 '낙락'으로 적고, 소리는 자음의 동화 원칙에 따라서 [낭낙]으로 낸다.

흰

형용사 '희다'의 관형사형.

¶ 우리나라 사람들은 예로부터 흰 옷을 즐겨 입었다.

¶ 저기 두 아이 중에서 얼굴이 흰 애가 내 동생이다.

흰자 명사

=흰자위

¶ 달걀에는 흰자와 노른자가 있다.

¶ 그의 눈은 흰자가 유달리 많은 것 같다.

흰자위 명사

=흰자

① 달걀의 노른자를 둘러싸고 있는 하얀 부분.

② 눈동자 주위의 하얀 부분.

-히 접사

('-하다'가 붙은 형용사의 어근에 붙어) 형용사를 부사로 만드는 말. 참고 -이

¶ 나란히, 무사히, 영원히, 조용히

-히- 접사

① (형용사 어간에 붙어) 형용사를 동사로 만드는 말.

¶ 넓히다, 좁히다, 밝히다, 굽히다, 붉히다

② (동사 어간에 붙어) 능동사를 피동사나 사동사로 만드는 말.

¶ 읽히다, 앉히다, 먹히다, 입히다, 잡히다

힘 명사

① 움직임을 만들어 내는 기운.

¶ 지금은 말할 힘도 없다.

¶ 누가 더 힘이 센지 겨루어 보자.

ㅎ

② 일이나 활동에 도움이나 의지가 되는 것.
¶ 내가 네 힘을 좀 빌리려고 한다.
¶ 네가 수학 공부를 도와줘서 이해하는 데 큰 힘이 되었어.
③ 어떤 일을 할 수 있는 능력이나 역량.
¶ 우리 이 일을 해내기 위하여 힘을 모아 봅시다.
④ 체력이나 무력.
¶ 힘으로 다른 나라를 치려 하는 것은 야만족이나 하는 짓이다.
¶ 팔 힘을 기르려고 날마다 턱걸이를 하고 있다.
⑤ 통제하고 강압할 수 있는 세력이나 권력.
¶ 나라의 힘이 미치지 못하니 사방에서 반란이 일어났다.
⑥ 사물의 이치 따위를 알거나 깨달을 수 있는 능력.
¶ 다양한 독서를 통해 생각하는 힘과 판단하는 힘을 기릅시다.
⑦ 어떤 일에 들이는 정성이나 노력.
¶ 출판사는 좋은 책을 만드는 데에 온 힘을 기울인다.
⑧ 자연 현상이나 기계, 기구 따위가 다른 것을 움직이게 하는 작용.
¶ 태풍의 힘에 방파제가 조금 훼손되었다.
¶ 자동차는 엔진의 힘이 좋을수록 속도가 빠르다.

복합어

힘겨루기 힘의 세고 약함을 서로 겨루는 일. =힘겨룸 ¶ 이번 사태를 정부와 노동조합의 힘겨루기로 인식시켜서는 안 된다.

힘겹다 자기 힘에 부쳐 당하여 내기 어렵다.

힘껏 있는 힘을 다하여. 힘이 미치는 데까지.

힘내다 꾸준히 힘써 일하다.

힘닿다 힘이 미치다. ¶ 내가 힘닿는 데까지 도와줄 터이니 열심히 해 보아라.

힘들다 ① 힘이 들다. ¶ 뛰었더니 힘들어. ② 어렵거나 곤란하다. ¶ 제시간에 일을 마치기가 힘들겠다. ③ 마음이 쓰이거나 수고스럽다. ¶ 난 남들과 어울리기가 힘들다.

힘들이다 ① 힘을 쓰다. ② 생각을 깊게 하다. 마음이 미치게 하다.

힘세다 힘이 많다. 억세고 세차다.

힘쓰다 힘을 들이다. 애를 쓰다.

힘없다 ① 힘이나 기력이 없다. ② 어떤 일을 처리할 만한 세력이나 능력이 없다. ¶ 힘없고 배경 없으면 제 노력이라도 힘껏 해야지 않겠소.

힘입다 누구에게 신세를 지다. 혜택을 받다.

힘주다 ① 힘을 기울이다. ② 강조하다. ¶ 힘주어 말하다.

힘줌말 힘을 주는 말. 강조하는 말.

힘차다 매우 억세고 씩씩하다. ㉥ 기운차다

관용 표현

힘이 있다 ① 힘이 세다. ② 어떤 일을 이루어 낼 능력이나 세력이 있다. ¶ 힘 있는 사람은 그 힘을 올바르게 써야 한다.

● '힘없다'와 '힘 있다'

'힘없다'는 복합어로 인정되지만 '힘있다'는 복합어로 인정하지 않으므로 '힘 있다'처럼 띄어 써야 한다. 그러나 왜 '힘있다'는 복합어로 인정하지 않는지 그 까닭이 확실하지 않다. 이런 경우에는 모두 붙여 쓰든지 모두 띄어 쓰든지 일정하게 하는 것이 좋겠다. 《표준국어대사전》에서 '있다/없다'를 모두 복합어로 인정하는 단어와 어느 한쪽만 인정하는 단어는 아래와 같다.

① 양쪽 다 인정하는 경우

값있다/값없다, 맛있다/맛없다, 빛있다/빛없다, 상관있다/상관없다
재미있다/재미없다

② 어느 한쪽만 인정하는 경우

뜻있다/뜻 없다, 힘 있다/힘없다

ㅎ

부록

한눈에 보는 문법 용어 뜻풀이

학교 문법에서 자주 나오는 용어들을 가나다차례로 실었다. 이해를 돕는 보기도 실었다.
풀이 글에서 모르는 용어는 해당하는 올림말을 찾아보면 된다.

가운뎃소리 한 음절의 중간 소리인 모음. '방'에서 'ㅏ', '솔'에서 'ㅗ' 따위이다. =중성

감탄법 문장에서 종결 어미에 나타나는 서법의 하나. 화자가 거의 혼잣말처럼 자기 느낌을 표현한다. '-구나', '-로다' 따위 어미로 표현한다.

감탄사 놀람이나 느낌, 부름, 응답 따위를 나타내는 말을 통틀어 일컫는 품사. '아아', '아뿔사', '에라' 들이 있다.

객체 높임법 주어가 하는 행동의 대상을 높이는 어법. "엄마는 할아버지를 뵈러 가셨어요."에서 '뵈러'가 객체 높임법을 사용한 말이다. 현재 객체 높임법으로 사용되는 동사는 '뵈다', '여쭈다', '드리다' 따위가 있다. =겸양법

거센소리 자음 중에서 숨이 거세게 나오는 소리. 'ㅊ', 'ㅋ', 'ㅌ', 'ㅍ' 따위가 있다. =격음

거센소리되기 예사소리 'ㄱ', 'ㄷ', 'ㅂ', 'ㅈ'이 거센소리 'ㅋ', 'ㅌ', 'ㅍ', 'ㅊ'으로 바뀌는 현상. =격음화 ¶ 입학[이팍], 꽂히다[꼬치다], 젖히다[저치다]

격식체 상대 높임법의 하나. 의례적인 형식으로서 종결 어미를 생략하지 않고 갖추어 쓴다. 해라체, 하게체, 하오체, 하십시오체 들이 있다.

격음 =거센소리

격음화 =거센소리되기

격 조사 체언이나 체언 구실을 하는 말 뒤에 붙어 그 말이 다른 말에 대하여 일정한 자격을 갖도록 해 주는 조사. 주격 조사('이/가', '께서'), 서술격 조사('이다'), 목적격 조사('을/를'), 보격 조사('이/가'), 관형격 조사('의'), 부사격 조사('에', '에서', '(으)로', '와/과', '보다'), 호격 조사('아', '야'), 처소격 조사('에/에서')로 나뉜다.

겹문장 두 개 이상의 홑문장이 결합한 문장. 결합하는 방식에 따라서 '안은문장'과 '이어진문장'으로 나뉜다. =복문, 복합문

¶ 하늘이 맑다.(홑문장)

¶ 여름이면 햇볕이 뜨겁다는 것을 안다.(안은문장, 한 문장 안에 짧은 문장이 포함됨.)

¶ 하늘이 맑고, 햇볕이 뜨겁다.(이어진문장, 두 문장이 대등하게 이어짐.)

¶ 하늘이 맑으니, 기분이 상쾌해진다.(이어진문장, 두 문장이 종속절과 주절 관계로 이어짐.)

겹받침 서로 다른 두 개의 자음으로 이루어진 받침. 'ㄳ', 'ㄵ', 'ㄺ', 'ㄻ', 'ㄼ', 'ㄾ', 'ㅀ', 'ㅄ' 따위가 있다. ¶ 품삯, 앉다, 묽다, 삶, 떫다, 핥다, 옳다, 없다

경어법 =높임법

경음 =된소리

경음화 =된소리되기

고유 명사 한 사물이나 사람을 다른 것들과 구별하여 부르기 위하여 특별하게 붙인 이름. 사람 이름, 산과 강의 이름, 지역 이름, 나라 이름 들이 모두 고유 명사이다. 해, 달 따위는 다른 것과 견줄 필요가 없기 때문에 고유 명사에 속하지 않는다.

고유어 어느 민족이나 국가에 본디부터 있던 말이나 그것에 기초하여 새로 만들어진 말. '아버지', '어머니', '하늘', '땅' 따위가 있다. =토박이말

관계사 국어에서 주로 체언이나 부사 등에 붙어 다음 말과 문법적인 관계를 나타내거나 그 말의 뜻을 도와주는 품사. 크게 격 조사, 접속 조사, 보조사로 나눈다. =조사

관계언 문장에 쓰인 단어들의 관계를 나타내는 기능을 하는 말로서, 조사를 문법적으로 이르는 말. '이/가', '께서', '에/에서', '은/는', '까지', '만', '뿐', '조차', '도' 따위가 있다. =관계어, 조사

관형격 조사 문장 안에서, 앞에 오는 체언이나 체언 구실을 하는 말이 뒤에 오는 체언이나 체언 구실을 하는 말을 수식함을 나타내는 조사. 체언이나 체언 구실을 하는 말 뒤에 붙는 '의'가 유일하다. =소유격 조사 ¶한국의 명소, 기쁨의 눈물

관형사 체언 앞에 놓여서 그 체언의 내용을 구체적으로 꾸며 주는 품사. '순 살코기'의 '순'과 같은 성상 관형사, '저 어린이'의 '저'와 같은 지시 관형사, '한 사람'의 '한'과 같은 수 관형사로 나뉜다.

관형사형 관형사처럼 체언을 꾸미는 용언의 활용형. '넓은 바다'에서 '넓은'은 형용사 '넓다'의 관형사형, '읽을 책'에서 '읽을'은 동사 '읽다'의 관형사형이다. 여기서 '넓은'의 '-은'과 '읽을'의 '-을'을 관형사형 어미라고 한다.

관형어 체언 앞에서 체언을 꾸미는 구실을 하는 문장 성분. 관형사, 체언에 관형격 조사 '의'가 붙은 말, 동사와 형용사의 관형사형, 동사와 형용사의 명사형에 관형격 조사 '의'가 붙은 말 따위가 관형어에 속한다.

관형절 관형사형 어미 '-ㄴ, -는, -은, -ㄹ, -를, -을' 따위와 결합하여 관형어의 구실을 하는 절. "영희가 떠난다는 소식을 들었다."에서 '영희가 떠난다는'처럼 종결형 어미로 끝난 문장에 '-는' 같은 관형사형 어미가 결합하거나, "네가 읽을 책을 사왔다."에서 '네가 읽을'처럼 종결형 어미가 올 자리에 '-을' 같은 관형사형 어미가 결합하여 뒤의 체언을 꾸민다.

구 둘 이상의 단어가 모여 문장의 성분을 이루는 토막. 종류에 따라 명사구, 동사구, 형용사구, 관형사구, 부사구 따위로 구분한다. "더운 여름이 돌아왔다."에서 '더운 여름이'는 주어 역할을 하는 명사구이다.

구개음 혓바닥과 입천장 사이에서 나는 소리. 'ㅈ', 'ㅉ', 'ㅊ' 따위가 있다. =입천장소리

구개음화 끝소리 'ㄷ', 'ㅌ'이 모음 'ㅣ'로 시작되는 형태소와 만나면 그것이 구개음 'ㅈ', 'ㅊ'이 되거나, 'ㄷ' 뒤에 형식형태소 '히'가 올 때 'ㅎ'과 결합하여 이루어진 'ㅌ'이 'ㅊ'이 되는 현상. =입천장소리되기 ¶ 같이[가치], 굳이[구지], 굳히다[구치다]

구체 명사 구체적인 형체를 갖춘 물건을 나타내는 명사. '나무', '구리', '돌' 따위이다.

규칙 활용 동사와 형용사가 활용을 할 때에 어간과 어미의 본래 형태가 변하지 않거나 변하더라도 규칙적인 형태로 변하는 현상. 규칙적인 형태란 축약, 동음 탈락, 'ㅡ' 탈락, 'ㄹ' 탈락 따위로 설명되는 것이다.

그림씨 =형용사

기본형 활용하는 단어에서 활용형의 기본이 되는 형태. 국어에서는 어간에 어미 '-다'를 붙인 형태를 기본형으로 삼는다. =원형, 으뜸꼴

꾸밈말 =수식언

낱말 =단어

높임법 남을 높여서 말하는 법. 높임의 대상에 따라서 문장의 주체를 높이는 주체 높임법, 말을 듣는 상대를 높이는 상대 높임법이 있고, 높임의 정도에 따라서 해라체, 하게체, 하오체, 하십시오체, 해체, 해요체가 있다.

능동사 주어가 행하는 동작을 나타내는 동사. “강아지가 짖는다.”, “아이가 운다.”, “동생이 노래를 부른다.”에서 ‘짖다’, ‘울다’, ‘부르다’ 따위이다.

단문 =홑문장

단모음 소리를 내는 도중에 입술 모양이나 혀의 위치가 달라지지 않는 모음. ‘ㅏ’, ‘ㅐ’, ‘ㅓ’, ‘ㅔ’, ‘ㅗ’, ‘ㅚ’, ‘ㅜ’, ‘ㅟ’, ‘ㅡ’, ‘ㅣ’가 단모음이다. 이 가운데 ‘ㅚ, ㅟ’는 이중 모음으로 발음할 수도 있다.

단어 문장에서 품사로 구분될 수 있는 모든 말. =낱말

단일어 하나의 실질 형태소로 된 낱말. ¶하늘, 땅, 밥

대등문 =중문

대등절 이어진문장에서 서로 대등하게 연결된 각각의 절.

대명사 사람이나 사물의 이름을 대신 나타내는 말. 또는 그런 말들을 가리키는 품사. ‘나’, ‘너’, ‘우리’, ‘너희’, ‘자네’, ‘누구’와 같은 인칭 대명사와 ‘여기’, ‘저기’, ‘무엇’, ‘그것’, ‘이것’, ‘저것’과 같은 지시 대명사로 나뉜다. =대이름씨

대이름씨 =대명사

독립언 독립적으로 쓰이는 감탄사를 이르는 말. =독립어

동사 사물의 동작이나 작용을 나타내는 품사. 활용을 하며, 그 뜻과 쓰임에 따라 본동사와 보조 동사, 성질에 따라 자동사와 타동사, 어미의 변화 여부에 따라 규칙 동사와 불규칙 동사로 나뉜다. =움직씨

동사구 동사의 구실을 하는 구. 본동사와 보조 동사를 아울러 이름. "동생이 책을 읽고 있다."에서 '읽고 있다', "아이가 울며 간다."에서 '울며 간다' 따위이다.

동화 말소리가 서로 이어질 때, 어느 한쪽 또는 양쪽이 영향을 받아 비슷하거나 같은 소리로 바뀌는 현상. 자음 동화와 모음 동화가 있다. ¶ 신라[실라], 꽃말→[꼳말]→[꼰말], 소곤소곤, 수근수근

된소리 후두 근육을 긴장하면서 기식이 거의 없이 내는 자음. 'ㄲ', 'ㄸ', 'ㅃ', 'ㅆ', 'ㅉ' 따위가 있다. =경음

된소리되기 예사소리였던 것이 된소리로 바뀌는 현상. =경음화 ¶ 김밥[김빱], 손가락[손까락], 국수[국쑤], 눈곱[눈꼽], 책방[책빵]

두음 법칙 한자어에서 'ㄹ'과 'ㄴ'이 단어의 첫머리에 발음되는 것을 꺼려 나타나지 않거나 다른 소리로 발음되는 일. 'ㅣ, ㅑ, ㅕ, ㅛ, ㅠ' 앞에서의 'ㄹ'과 'ㄴ'이 없어지고, 'ㅏ, ㅗ, ㅜ, ㅡ, ㅐ, ㅚ' 앞의 'ㄹ'은 'ㄴ'으로 변하는 것. =머리소리 법칙 ¶ 녀자(女子)→여자, 료리(料理)→요리, 로인(老人)→노인

머리소리 법칙 =두음 법칙

명령법 문장에서 종결 어미에 나타나는 서법의 하나. 화자가 상대에게 무엇을 시키는 뜻을 나타낸다. '-라', '-어라', '-게', '-오' 따위의 어미로 표현한다.

명사 사물의 이름을 나타내는 품사. 고유성 유무로 고유 명사와 보통 명사로, 자립성 유무로 자립 명사와 의존 명사로 나뉜다. =이름씨

명사구 몇 개의 단어가 모여 명사 구실을 하는 구. "저 아름다운 그림을 내가 그렸다."에서 '저 아름다운 그림' 따위이다.

명사절 명사 구실을 하는 절. "철수가 그 어려운 일을 해냈음이 분명하다."에서 '철수가 그 어려운 일을 해냈음' 따위이다.

명사형 용언이 명사와 같은 구실을 하게 하는 활용형. 용언의 어간에 '-ㅁ', '-음', '-기' 따위가 붙어서 이루어진다. ¶ 기쁨, 놀람, 먹음, 있음, 없음, 기르기, 읽기

모음 성대의 진동을 받은 소리가 목, 입, 코로 인한 장애를 받지 않고 나는 소리. 'ㅏ', 'ㅑ', 'ㅓ', 'ㅕ', 'ㅗ', 'ㅛ', 'ㅜ', 'ㅠ', 'ㅡ', 'ㅣ' 따위가 있다. =홀소리

모음 조화 두 음절 이상의 단어에서, 뒤의 모음이 앞 모음의 영향으로 그와 가깝거나 같은 소리로 되는 현상. 양성 모음은 양성 모음끼리, 음성 모음은 음성 모음끼리 어울리는 현상. '깎아'와 '꺾어', '알록달록'과 '얼룩덜룩', '파랗다'와 '퍼렇다', '졸졸'과 '줄줄' 따위가 있다. 모음 조화는 일부 단어에서 적용되지 않는 경우가 있다. '싹둑싹둑', '오뚝', '쌍둥이', '주춧돌' 같은 낱말에서는 모음 조화가 일어나지 않는다. 모음 조화는 대표적인 모음 동화 현상이다.

목적격 조사 체언이나 체언 구실을 하는 말 뒤에 붙어 목적어 자격을 가지게 하는 조사. '을', '를'이 있다.

목적어 타동사가 쓰인 문장에서 움직임의 대상이 되는 말. "엄마가 반찬을 만든다."에서 '반찬을' 따위이다.

문법 말의 구성 및 운용상의 규칙.

문장 부사 문장 전체를 꾸미는 부사. 양태 부사와 접속 부사로 나눈다.

받침 한글을 적을 때 모음 글자 아래에 받쳐 적는 자음자. '집', '넋', '닭'에서 'ㅂ', 'ㄳ', 'ㄺ' 따위이다.

받침소리 음절의 구성에서 마지막 소리인 자음. '감', '공'에서 'ㅁ', 'ㅇ' 따위이다. =종성

방언 어느 한 지방에서만 쓰는, 표준어가 아닌 말. =사투리

병렬문 =중문

보격 조사 체언이나 체언 구실을 하는 말 뒤에 붙어 보어 자격을 가지게 하는 조사. "그는 위대한 영화감독이 되었다."에서 '이', "이것은 느티나무가 아니다."에서 '가' 따위이다.

보어 주어와 서술어만으로는 뜻이 완전하지 못한 문장에서, 서술어를 보완하여 완전하게 만드는 필수 성분. 국어에서는 용언 '되다', '아니다' 앞에서 조사 '이', '가'를 취하여 나타나는 필수적인 문장 성분을 말한다. "영희가 반장이 되었다."에서 '반장이' 따위이다.

보조사 체언, 부사, 어미 따위에 붙어서 어떤 특별한 의미를 더해 주는 조사. '는', '은', '도', '만', '마저', '조차', '부터', '까지' 따위가 있다.

보조 용언 본용언과 연결되어 그것의 뜻을 덧붙이는 역할을 하는 용언. 보조 동사, 보조 형용사가 있다.

보통 명사 일반 개념을 표시하는 명사. 여러 가지 사물의 공통된 특성을 나타낸다. =일반 명사

복모음 입술 모양이나 혀의 위치를 처음과 나중이 서로 달라지게 하여 내는 모음. 'ㅑ', 'ㅒ', 'ㅕ', 'ㅖ', 'ㅘ', 'ㅙ', 'ㅛ', 'ㅝ', 'ㅞ', 'ㅠ', 'ㅢ' 들이 있다. =이중 모음, 중모음

복문 =겹문장

복합문 =겹문장

복합어 하나의 실질 형태소에 접사가 붙거나 두 개 이상의 실질 형태소가 결합된 말. 파생어와 합성어로 나뉜다.

본딧말 ① 줄지 않은 본디 음절의 말. '맘'의 본딧말은 '마음'이다. =본말 ② 변하기 전의 본디의 말. '얘'의 본딧말은 '이 아이'이다. =원말

본말 줄지 않은 본디 음절의 말. =본딧말①

본용언 주체의 동작을 서술하면서 보조 용언의 도움을 받는 용언. 보조 용언의 앞에 있는 용언이 본용언이다. "우리는 즉시 그곳을 떠나 버렸다.", "나는 차분히 일을 마무리해 주었다."에서 '떠나다', '마무리하다' 따위이다.

부사 용언이나 다른 부사 또는 문장 앞에 놓여 그 뜻을 분명하게 하는 품사. 용언이나 다른 부사 앞에 오는 성분 부사와 문장 앞에 오는 문장 부사로 나뉜다. '오로지', '매우', '가장', '기어코', '과연', '그리고', '그러나' 따위가 있다. =어찌씨

부사격 조사 문장 안에서, 체언이나 체언 구실을 하는 말 뒤에 붙어 부사어 자격을 가지게 하는 조사. '에', '에서', '에게', '로', '으로', '와', '과', '보다' 따위가 있다.

부사구 문장에서 부사처럼 용언을 수식하는 구. "동생은 발레 연습을 무척 열심히 한다."에서 '무척 열심히' 따위이다.

부사어 용언 또는 다른 말 앞에 놓여 그 뜻을 분명하게 하는 문장 성분. 부사어에는 부사, 부사의 구실을 하는 말, 체언에 부사격 조사가 붙은 말, 형용사가 어미 '-게' 따위로 활용한 말 들이 있다. "선물을 받은 아이는 뛰노는 사슴과 같이 껑충껑충 뛰며 좋아했다."에서 '뛰노는 사슴과 같이' 따위이다.

부사절 부사어의 구실을 하는 절. "그곳의 경치는 눈이 부시게 아름다웠다."에서 '눈이 부시게' 따위이다.

부사형 동사, 형용사의 어간에 어미 '-게', '-도록' 따위가 붙어 부사와 같은 구실을 하는 활용 형태.

부정 부사 성분 부사의 하나로, 용언의 앞에 놓여 그 내용을 부정하는 부사. '아니', '안', '못' 따위가 있다.

불규칙 활용 용언이 활용할 때 어간 또는 어미의 모습이 달라지는 일. '곱다'가 '고와'로, '듣다'가 '들으니'로, '노랗다'가 '노라면'으로, '하다'가 '하여'로 되는 것 따위이다.

비격식체 상대 높임법의 하나로 표현이 부드러워서 격식체보다 더 친근한 느낌을 주는 높임법이다. 해체와 해요체가 있다.

비음 입을 막고 코로 공기를 내보내면서 내는 소리. 'ㄴ', 'ㅁ', 'ㅇ' 따위가 있다. =콧소리

비음화 앞의 음이 뒤에 오는 비음의 영향을 받아 비음으로 바뀌는 현상. ¶ 잎만[임만], 잡는다[잠는다], 댁내[댕내]

비표준어 표준어가 아닌 말.

사동문 사동사가 서술어로 쓰인 문장. 다른 사람에게 시키는 뜻을 나타내는 경우에 쓴다. "어머니가 아이에게 밥을 먹인다.", "어머니가 아이에게 옷을 입힌다." 따위이다.

사동사 문장의 주체가 남에게 동작을 하게 함을 나타내는 동사. 대개 대응하는 주동문의 동사에 시킴을 나타내는 접미사 '-이-, -히-, -리-, -기-, -우-, -구-, -추-' 따위가 결합되어 나타난다.

사동형 사동을 나타내는 낱말의 형태.

사어 과거에는 쓰였으나 현재에는 쓰이지 아니하게 된 언어. 또는 그런 단어. =죽은말

사이시옷 한글 맞춤법에서, 사잇소리 현상이 나타났을 때 쓰는 'ㅅ'의 이름. '아랫방', '아랫니', '나뭇잎' 따위에 쓰인 'ㅅ'이 사이시옷이다.

1) 사이시옷을 받쳐 적는 경우

① 순우리말 또는 순우리말과 한자어로 된 합성어 가운데 앞말이 모음으로 끝날 때 뒷말의 첫소리가 된소리로 나는 경우

¶ 나뭇가지, 바닷가, 햇볕, 귓밥, 모깃불, 혓바늘, 샛강, 핏기, 절댓값, 등굣길, 햇수, 전셋집, 부잣집, 장밋빛, 고깃국

② 순우리말 또는 순우리말과 한자어로 된 합성어 가운데 뒷말의 첫소리 'ㄴ', 'ㅁ' 앞에서 'ㄴ' 소리가 덧나는 경우

¶ 잇몸, 냇물, 양칫물, 뒷머리, 혼잣말, 노랫말, 곗날, 제삿날, 훗날, 아랫마을, 툇마루

③ 순우리말 또는 순우리말과 한자어로 된 합성어 가운데 뒷말의 첫소리 모음 앞에서 'ㄴㄴ' 소리가 덧나는 경우

¶ 뒷일, 깻잎, 나뭇잎, 베갯잇, 예삿일, 훗일

④ 두 음절로 된 다음 한자어

¶ 곳간(庫間), 셋방(貰房), 숫자(數字), 찻간(車間), 툇간(退間), 횟수(回數)

2) 사이시옷을 적지 않는 경우

① 오로지 한자어로 된 경우에는 사이시옷을 붙이지 않는다.

¶ 기차간(汽車間), 전세방(傳貰房), 초점(焦點), 개수(個數), 외과(外科), 치과(齒科)

② 외래어에는 사이시옷을 붙이지 않는다.

¶ 핑크빛(pink빛)

③ 거센소리와 된소리 앞에는 사이시옷을 붙이지 않는다.

¶ 개땅, 막내딸, 매부리코, 새빨갛다, 시커멓다

사투리 =방언

상대 높임법 높임법의 하나. 종결 어미를 사용하여 말을 듣는 상대를 높여 표현하는 법. 해라체, 하게체, 하오체, 하십시오체, 해체, 해요체 들이 있다. =객체 높임법

서법 문장의 내용에 대한 화자의 심적 태도를 나타내는 서술어의 형태 변화. 평서법, 의문법, 감탄법, 명령법, 청유법이 있다. 서법은 종결 어미의 형태로 나타낸다.

서수사 순서를 나타내는 수사. '첫째', '둘째', '셋째', '제일', '제이', '제삼' 따위가 있다.

서술격 조사 문장 안에서, 체언이나 체언 구실을 하는 말 뒤에 붙어 서술어 자격을 가지게 하는 조사. '이다'가 있는데, '이고', '이니', '이면', '이지' 따위로 활용하며, 모음 아래에서는 어간 '이'가 생략되기도 한다.

서술어 문장에서 주어의 움직임, 상태, 성질 따위를 서술하는 말. 주로 동사, 형용사, 서술격 조사의 종결형으로 나타난다. =술어, 풀이말

서술절 문장에서 서술어 구실을 하는 절. "철수가 마음이 넓다."에서 '마음이 넓다', "순이는 눈이 크다."에서 '눈이 크다' 따위이다.

선어말 어미 어말 어미 앞에 나타나는 어미. '-시-', '-옵-', '-았-', '-는-', '-더-', '-겠-' 따위가 있다.

성분 부사 문장의 한 성분을 꾸며 주는 부사. 성상 부사, 지시 부사, 부정 부사 따위가 있다.

성상 관형사 사람이나 사물의 모양, 상태, 성질을 나타내는 관형사. '새', '헌', '순(純)' 따위가 있다.

성상 부사 성분 부사의 하나로, 사람이나 사물의 모양, 상태, 성질을 한정하여 꾸미는 부사. '잘', '매우', '바로' 따위가 있다.

성상 형용사 사물의 성질이나 상태를 나타내는 형용사. '달다', '붉다', '기쁘다', '고프다', '예쁘다' 따위가 있다.

소릿값 =음가

소유격 조사 앞에 오는 체언이나 체언 구실을 하는 말이 뒤에 오는 체언 또는 체언 구실을 하는 말의 관형어임을 보이는 조사. 소유격 조사로는 '의'가 유일하다. =관형격 조사

수 관형사 사물의 수나 양을 나타내는 관형사. '두 명'의 '두', '열 마리'의 '열' 따위이다.

수사 사물의 수량이나 순서를 나타내는 품사. 양수사와 서수사가 있다.

수사법 수사법은 비유법, 강조법, 변화법으로 나뉜다. 비유법은 표현하고자 하는 대상을 다른 대상에 비겨서 표현하는 방법이다. 직유법·은유법·제유법·환유법·의인법·활유법·풍유법·의성법·의태법 들이 있다. 강조법은 표현하려는 대상이나 내용을 더 강렬하게 나타내려는 기법이다. 과장법·영탄법·반복법·미화법·점층법·점강법·열거법·억양법·연쇄법 들이 있다. 변화법은 문장이 단조롭고 지루하게 느껴지지 않도록 어구나 서술의 변화로 느낌을 새롭게 하는 기법이다. 설의법·도치법·대구법·대조법·반어법 · 돈호법 들이 있다.

수식어 =수식언

수식언 뒤에 오는 말을 수식하거나 한정하기 위하여 사용하는 관형사와 부사를 통틀어 이르는 말. =꾸밈말, 꾸밈씨, 수식어

순우리말 우리말 중에서 고유어만을 이르는 말. 우리말에서 순우리말이 아닌 것은 한자어와 외래어가 있다. =토박이말 ¶'여우비', '웃비', '가랑비', '이슬비' 들은 비를 일컫는 순우리말 이름이다.

순행 동화 뒤의 음이 앞의 음의 영향을 받아 그와 비슷하거나 같게 소리 나는 현상. ¶심리[심니], 종로[종노], 밥물[밤물], 섭리[섬니]

술어 =서술어

실질 형태소 구체적인 대상이나 동작, 상태를 표시하는 형태소. "동생이 국수를 먹는다."에서 '동생', '국수', '먹-'이 실질 형태소이다.

쌍받침 같은 자음자가 겹쳐서 된 받침. 'ㄲ', 'ㄸ', 'ㅃ', 'ㅆ', 'ㅉ' 따위가 있다.

안긴문장 안은문장 속에 절의 형태로 포함되어 있는 문장. "우리는 이 나라가 세계 일류 국가라는 사실을 믿는다."에서 '이 나라가 세계 일류 국가라는'이 안긴문장이다. 안긴문장은 명사절, 관형절, 부사절의 형태로 안은문장의 일부가 된다.

안은문장 문장의 성분이 주어와 서술어 관계를 가진 절을 안고 있는 문장. "너는 내가 말한 것을 명심해야 한다."에서 '내가 말한'이 안긴문장(목적어 성분에 안김)이고, 이를 포함하는 전체의 문장이 안은문장이다.

양성 모음 어감이 밝고 산뜻한 모음. 'ㅏ', 'ㅗ', 'ㅑ', 'ㅛ', 'ㅘ', 'ㅚ', 'ㅐ' 따위가 있다.

양수사 수량을 셀 때 쓰는 수사. '하나', '둘', '셋' 따위이다.

양태 부사 문장 부사의 하나로, 화자의 태도를 나타내는 부사. '과연', '설마', '제발', '정말', '결코', '모름지기', '응당', '어찌', '아마', '정녕', '아무쪼록', '하물며' 따위가 있다.

어간 활용할 때에 변하지 않는 부분. '보다', '보니', '보고'에서 '보-'와 '먹다', '먹니', '먹고'에서 '먹-' 따위이다.

어근 단어를 분석할 때, 실질적 의미를 나타내는 중심이 되는 부분. '덮개'의 '덮-', '어른스럽다'의 '어른' 따위이다. 어근이 독립한 낱말이 되기도 하고, 형식 형태소를 취하여 낱말이 되기도 한다.

어말 어미 활용형의 맨 뒤에 오는 '어미'. 보통은 어미라고 불리며, 종결 어미·연결 어미·전성 어미 따위로 나뉜다. 어말 어미라는 용어는 선어말 어미와 대립시키는 경우에 사용한다. '가겠어', '보신다'에서 '-어'와 '-ㄴ다'가 어말 어미이고, '-겠-'과 '-시-'가 선어말 어미이다.

어미 용언 및 서술격 조사가 활용하여 변하는 부분. '점잖다', '가겠으니', '보시라'에서 '-다', '-겠으니', '-시오' 따위이다. 이 가운데 '-겠-'과 '-시-'는 선어말 어미이고 '-다', '-으니', '-오'는 어말 어미이다.

어미변화 =활용

어절 문장을 구성하고 있는 각각의 마디. 문장 성분의 최소 단위로서 띄어쓰기의 단위가 된다.

어찌씨 =부사

역행 동화 한 음운이 뒤에 오는 음운의 영향을 받아서 그와 비슷하거나 같게 소리 나는 현상. ¶ 잡는다[잠는다], 신라[실라], 먹는다[멍는다], 해돋이[해도지]

연결 어미 서술어를 다음 말에 연결하는 구실을 하는 어미. '-게', '-고', '-며', '-면', '-니', '-아/-어', '-지' 따위가 있다. "밥을 먹게 했다."에서 '-게', "네가 오면 좋겠다.”에서 ‘-면’, “가지 마라.”에서 ‘-지’ 따위이다.

연결형 연결 어미를 사용한 형태.

연음 법칙 앞 음절의 받침이 모음으로 시작되는 뒤 음절의 초성으로 이어져 나는 소리. ¶ 꽃이[꼬치], 밤에[바메], 활용[화룡], 깨끗이[깨끄시], 월요일[워료일]

예사소리 특별히 힘을 주지 않고 약하게 파열되는 자음. ‘ㄱ’, ‘ㄷ’, ‘ㅂ’, ‘ㅅ’, ‘ㅈ’ 따위를 이른다. ‘거센소리’나 ‘된소리’가 아닌 소리.

외래어 외국에서 들어온 말로 국어에서 널리 쓰이는 말. ‘카메라’, ‘택시’, ‘버스’, ‘컴퓨터’, ‘피아노’ 따위이다.

용어 일정한 분야에서 주로 사용하는 말. ¶ 과학 용어, 전문 용어, 학술 용어

용언 문장에서 서술어의 기능을 하는 동사, 형용사를 통틀어 이르는 말. 문장 안에서의 쓰임에 따라 본용언과 보조 용언으로 나눈다. =풀이씨

움직씨 =동사

원말 변하기 전의 본디의 말. =본딧말②

원형 =기본형

유음 혀끝을 잇몸에 가볍게 대었다가 떼거나, 잇몸에 댄 채 공기를 그 양옆으로 흘려보내면서 내는 소리. 국어의 자음 ‘ㄹ’이 여기에 속한다. =흐름소리

유음화 ‘ㄴ’이 ‘ㄹ’의 앞이나 뒤에서 ‘ㄹ’로 변하는 현상. ¶ 한라[할라], 실눈[실룬]

음가 자음과 모음이 각각 가지는 고유한 소리. =소릿값

음성 모음 어감이 어둡고 큰 모음. ‘ㅓ’, ‘ㅜ’, ‘ㅕ’, ‘ㅠ’, ‘ㅔ’, ‘ㅝ’, ‘ㅟ’, ‘ㅖ’ 따위가 있다. 음성 모음에 대비되는 양성 모음이 있다. ‘ㅓ’와 ‘ㅏ’, ‘ㅜ’와 ‘ㅗ’, ‘ㅔ’와 ‘ㅐ’, ‘ㅖ’와 ‘ㅒ’가 대표적이다.

음소 그 이상 작게 나눌 수 없는 음의 최소 단위. ‘강’은 ‘ㄱ’, ‘ㅏ’, ‘ㅇ’의 세 음소로 이루어진 음절이다.

음운 말의 뜻을 구별하여 주는 소리의 가장 작은 단위.

음운 교체 형태소에 들어 있는 음운이 음성적 환경의 차이에 의하여 다른 음운으로 교체되는 일. ‘(소리를) 듣다’가 뒤에 오는 모음 어미 때문에 ‘들어, 들으니’로 바뀌는 것처럼, ‘ㄷ’이 ‘ㄹ’로 교체되는 것을 음운 교체라 한다. 음운 교체 현상은 불규칙 활용에서 다양하게 일어난다.

음절 하나의 독립한 음의 느낌을 주는 말소리의 단위. 몇 개의 음소로 이루어지며, 모음은 단독으로 한 음절이 되기도 한다. ‘기침’은 ‘기’와 ‘침’, ‘학교’는 ‘학’과 ‘교’가 음절이다.

의문법 문장에서 종결 어미에 나타나는 서법의 하나. 화자가 상대에게 묻는 뜻을 나타낸다. ‘-냐’, ‘-니’, ‘-ㄴ가’, ‘-오’, ‘-소’, ‘-ㅂ니까’, ‘-습니까’ 따위의 어미로 표현한다.

의존 명사 독립한 의미가 없이 다른 말 아래에 기대어 쓰이는 명사. ‘것’, ‘따름’, ‘바’, ‘뿐’, ‘데’, ‘지’ 따위가 있다.

의존 형태소 다른 말에 의존하여 쓰이는 형태소. 어간, 어미, 접사, 조사 따위가 있다.

이름씨 =명사

이어진문장 둘 이상의 절이 연결 어미에 의하여 이어진 문장. 대등하게 이어지는 것과 종속적으로 이어지는 것이 있다. "비가 오고 바람이 분다.", "해는 서산에 지고 달은 동산에 뜬다." 따위가 대등하게 이어진 것이다. "바람이 부니 나뭇잎이 우수수 떨어진다.", "네가 간다면 내가 차비를 대겠다." 따위가 종속적으로 이어진 것이다.

이중 모음 입술 모양이나 혀의 위치를 처음과 나중이 서로 달라지게 하여 내는 모음. 'ㅑ', 'ㅒ', 'ㅕ', 'ㅖ', 'ㅘ', 'ㅙ', 'ㅛ', 'ㅝ', 'ㅞ', 'ㅠ', 'ㅢ' 따위가 있다. =복모음, 중모음

인칭 대명사 사람을 가리키는 대명사. 일인칭('나, 저, 우리'), 이인칭('너, 자네, 너희, 당신'), 삼인칭('그, 이, 저'), 미지칭('누구'), 부정칭('아무, 아무개') 따위가 있다.

임자말 =주어

입천장소리 혓바닥과 입천장 사이에서 나는 소리. 'ㅈ', 'ㅉ', 'ㅊ' 따위가 있다. =구개음

입천장소리되기 =구개음화

자동사 동사가 나타내는 동작이나 작용이 주어에만 미치는 동사. "길이 멀다."의 '멀다', "공이 구른다."의 '구르다' 따위이다.

자립 명사 다른 말의 도움을 받지 아니하고 단독으로 쓰일 수 있는 명사. 의존 명사 외의 모든 명사는 자립 명사이다.

자립 형태소 다른 말에 의존하지 아니하고 혼자 설 수 있는 형태소. "동생이 그림을 그린다."에서 '동생'과 '그림', "벌써 가니?"에서 '벌써', "모든 사람이 너를 좋아한다."에서 '모든'과 '사람'과 '너' 따위가 자립 형태소이다.

자음 목, 입, 혀 따위의 움직임에 따라서 나는 소리. 자음의 종류는 다음과 같다.

1) 소리가 만들어지는 위치에 따라서

① 입술소리(두 입술 사이에서 나는 소리): ㅂ, ㅃ, ㅍ, ㅁ

② 혓소리(혀끝과 잇몸 사이에서 나는 소리): ㄴ, ㄷ, ㄸ, ㅌ, ㄹ(반혓소리)

③ 잇소리(혀끝과 윗잇몸이 닿아서 나는 소리): ㅅ, ㅆ

④ 입천장소리(혓바닥과 입천장 사이에서 나는 소리): ㅈ, ㅉ, ㅊ

⑤ 여린입천장소리(혀와 입천장 뒤쪽 사이에서 나는 소리): ㄱ, ㄲ, ㅋ, ㅇ

⑥ 목구멍소리(성대를 마찰하여 나는 소리): ㅎ

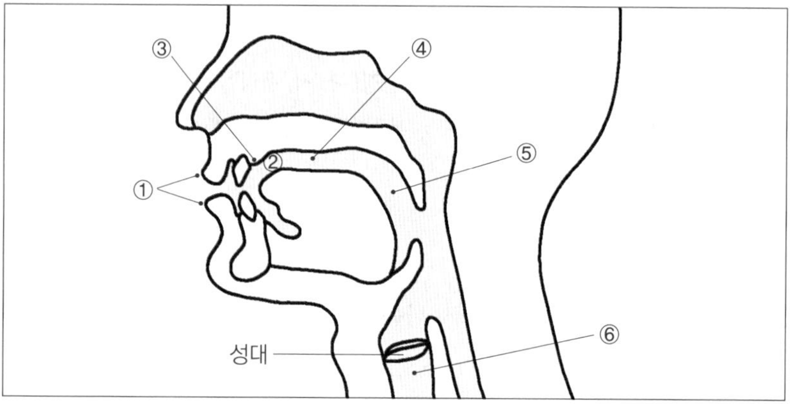

2) 소리 내는 방법에 따라서

⑦ 파열음(공기를 막았다가 트면서 내는 소리): ㅂ, ㅃ, ㅍ, ㄷ, ㄸ, ㅌ, ㄱ, ㄲ, ㅋ

⑧ 파찰음(파열과 마찰을 모두 하며 내는 소리): ㅈ, ㅉ, ㅊ

⑨ 마찰음(조음 기관을 문지르면서 내는 소리): ㅅ, ㅆ, ㅎ

⑩ 유음(혀끝과 잇몸 사이로 내는 소리): ㄹ

⑪ 비음(코로 공기를 내보내며 내는 소리): ㄴ, ㅁ, ㅇ

자음 동화 음절 끝 자음이 그 뒤에 오는 자음과 만날 때, 어느 한쪽이 다른 쪽을 닮아서 그와 비슷하거나 같은 소리로 바뀌기도 하고, 양쪽이 서로 닮아서 두 소리가 다 바뀌기도 하는 현상. 순행 동화와 역행 동화가 있다. =자음 접변

자음 접변 =자음 동화

전성 어미 용언의 어간에 붙어 다른 품사의 기능을 수행하게 하는 어미. '-기', '-ㅁ', '-음' 같은 명사형 전성 어미, '-ㄴ', '-은', '-ㄹ', '-를', '-을' 같은 관형사형 전성 어미, '-게', '-도록' 같은 부사형 전성 어미로 분류한다.

절 주어와 술어를 갖추었으나 독립하여 쓰이지 못하고 다른 문장의 한 성분으로 쓰이는 단위. 명사절, 관형절, 부사절, 서술절 따위로 구분한다.

접두사 다른 어근이나 단어의 머리에 붙어 새로운 단어를 구성하는 말. '짓밟다'에서 '짓-', '맨손'에서 '맨-', '휘날리다'에서 '휘-', '새빨갛다'에서 '새-'가 접두사에 속한다.

접미사 다른 어근이나 단어의 꼬리에 붙어 새로운 단어를 구성하는 말. '사실적'의 '-적', '도둑질'의 '-질', '성장률'의 '-률', '떨어뜨리다'의 '-뜨리다', '반짝거리다'의 '-거리다'가 접미사에 속한다.

접사 단독으로 쓰이지 아니하고 항상 다른 어근이나 단어에 붙어 새로운 단어를 구성하는 말. 접두사와 접미사가 있다.

접속 부사 문장 부사의 하나로, 앞의 체언이나 문장의 뜻을 뒤의 체언이나 문장에 이어 주면서 뒤의 말을 꾸며 주는 부사. '그러나', '그런데', '그리고', '하지만' 따위가 있다.

접속 조사 둘 이상의 단어나 구 따위를 같은 자격으로 이어 주는 구실을 하는 조사. '와', '과', '하고', '나', '이나', '랑', '이랑' 따위가 있다.

조사 체언이나 부사, 어미 따위에 붙어 낱말 사이의 문법적 관계를 표시하거나 그 말의 뜻을 도와주는 품사. 조사는 홀로 쓰일 수 없다. 문장에 쓰인 다른 말과의 관

계를 나타내므로 '관계언'이라고도 한다. 크게 격 조사, 접속 조사, 보조사로 나눈다. =토씨

종결 어미 한 문장을 끝맺는 어미. '-다', '-ㄴ다', '-냐', '-라', '-오' 따위가 있다.

종결형 종결 어미를 사용한 형태. 동사에는 평서형·감탄형·의문형·명령형·청유형이 있고, 형용사와 서술격 조사에는 평서형·감탄형·의문형이 있다.

종성 음절의 구성에서 마지막 소리인 자음. '감', '공'에서 'ㅁ', 'ㅇ' 따위이다. '가', '소'처럼 받침이 없는 낱말에는 종성이 없다. =받침소리

종속문 종속절을 달리 이르는 말.

종속절 이어진문장에서, 주절을 한정하는 절. "비가 오니 외출하지 마라."에서 '비가 오니'가 종속절이다.

주격 조사 문장 안에서, 체언이나 체언 구실을 하는 말 뒤에 붙어 주어가 되게 하는 조사. '이', '가', '께서', '에서' 따위가 있다.

주동문 주동사가 서술어로 쓰인 문장. "나는 밥을 먹는다.", "새가 날아간다.", "아이가 옷을 입는다." 같은 문장이 주동문이다.

주동사 주어가 스스로 행하는 동작을 나타내는 동사. '가다', '먹다', '입다' 들이 있다.

주어 한 문장에서 술어가 나타내는 동작이나 상태의 주체가 되는 말. =임자말

주절 종속절이 있는 이어진문장에서 주가 되는 절. "비가 오니 외출하지 마라."에서 '외출하지 마라'가 주절이다.

주체 높임법 높임법의 하나. 서술어의 어간에 높임의 선어말 어미 '-시-'를 붙여 문장의 주어를 높여 표현하는 법. "선생님께서 너를 부르신다."에서 '부르신다'에 쓰인 '-시-', "그분은 참 너그러우십니다."에서 '너그러우십니다'에 쓰인 '-시-'가 모두 주어 '선생님'과 '그분'을 높이는 구실을 한다.

준말 단어의 일부분이 줄어든 것. '보이다'가 '뵈다'로, '뜨이다'이 '띄다'로, '마음'이 '맘'으로, '저절로'가 '절로'로 된 것 따위이다. 줄어들기 전의 말을 본말 또는 본딧말이라고 한다.

중모음 =이중 모음

중문 이어진문장의 하나로, 둘 이상의 홑문장이 대등하게 이어진 문장. =병렬문

중성 음절의 구성에서 중간 소리인 모음. '땅'에서 'ㅏ', '들'에서 'ㅡ' 따위이다. =가운뎃소리

지시 관형사 특정한 대상을 가리키는 관형사. '이', '저', '그', '다른' 따위가 있다.

지시 대명사 어떤 사물이나 처소 따위를 가리키는 대명사. '그', '이것', '어디', '무엇' 따위가 있다.

지시 부사 성분 부사의 하나로, 처소나 시간을 가리켜 한정하거나 앞의 이야기에 나온 사실을 가리키는 부사. '이리', '그리' 따위가 있다.

첨가 합성어를 만들 때에 두 낱말 사이에서 'ㄴ' 음이나 'ㄷ' 음이 덧나는 현상. ¶ 솜+이불[솜니불], 꽃+잎[꼰닙], 눈+요기[눈뇨기]

첫소리 =초성

청유법 문장에서 종결 어미에 나타나는 서법의 하나. 화자가 상대에게 같이 행동할 것을 요청하는 뜻을 나타낸다. '-자', '-세', '-ㅂ시다' 따위의 어미로 표현한다.

체언 문장에서 주어의 기능을 하는 명사, 대명사, 수사를 통틀어 이르는 말.

초성 음절의 구성에서 처음 소리인 자음. '님'에서 'ㄴ' 따위이다. =첫소리

추상 명사 구체적인 형태가 없이 추상적 개념을 나타내는 명사. '사랑', '희망', '삶', '꿈' 따위가 있다.

콧소리 입안의 통로를 막고 코로 공기를 내보내면서 내는 소리. 'ㄴ', 'ㅁ', 'ㅇ' 따위가 있다. =비음

타동사 동작의 대상인 목적어를 필요로 하는 동사. "밥을 먹다."에서 '먹다', "노래를 부르다."에서 '부르다' 따위이다.

탈락 둘 이상의 음절이나 형태소가 서로 만날 때에 음절이나 음운이 없어지는 현상. '가-+-아서'가 '가서'로, '울-+-는'이 '우는'이 되는 것 따위이다.

토씨 =조사

파생어 실질 형태소에 접미사나 접두사가 결합하여 하나의 단어가 된 말. 명사 '등산'에 접미사 '-객'이 붙은 '등산객', 동사 어간 '먹-'에 접미사 '-이'가 붙은 '먹이', 형용사 어간 '빨갛-' 앞에 접두사 '새-'가 붙은 '새빨갛다', 명사 '고생' 앞에 접두사 '헛-'이 붙은 '헛고생' 따위가 파생어이다.

평서법 문장에서 종결 어미에 나타나는 서법의 하나. 화자가 표현할 내용을 객관적으로 서술한다. '-다', '-ㄴ다', '-ㅂ니다', '-습니다' 따위의 어미를 써서 서술한다.

표준어 모든 지역에서 공통적으로 쓸 수 있는 자격을 부여받은 단어. 우리나라에서는 교양 있는 사람들이 두루 쓰는 현대 서울말로 정함을 원칙으로 한다. 표준어 사정은 문화체육관광부 자문 기구인 국어심의회에서 수행하며 사정 결과를 관보에 게재하고 언론사에 통보한다. 국립국어원은 표준어 사정 결과와 《표준국어대사전》의 개선 내용을 '표준국어대사전' 누리집에 공개하고 있다.

풀이말 =서술어

풀이씨 =용언

품사 문장에서 명사, 대명사, 수사, 동사, 형용사, 관형사, 부사, 조사, 감탄사의 아홉 가지로 분류되는 성분.

피동문 피동사를 서술어로 쓰는 문장. "호랑이가 토끼를 잡아먹었다."는 능동문이고, 이를 피동문으로 바꾸면 "토끼가 호랑이에게 잡아먹혔다."가 된다.

피동사 남의 행동을 입어서 행하여지는 동작을 나타내는 동사. '보이다', '물리다', '잡히다', '안기다', '업히다' 따위가 있다.

피동형 피동을 나타내는 낱말의 형태.

하게체 상대 높임법의 하나. 해라체보다는 조금 대우하여 주는 종결형인데, 주로 어느 정도 나이가 든 사람이 나이가 든 손아랫사람이나 같은 연배의 친한 사람에게 쓴다. "김 군. 이것 좀 조사해 보게.", "자네가 좀 도와주게." 같은 표현이다.

하십시오체 상대 높임법의 하나. 상대편을 아주 높이는 방식. "참 아름답습니다.", "정말 오랜만입니다.", "어서 오십시오.", "안녕히 계십시오.", "반갑습니다." 같은 표현이다.

하오체 상대 높임법의 하나. 상대편을 보통으로 높이는 종결형이다. "여기 좀 보오.", "왜 안 오시오?"처럼 쓰는 형식인데 입말에서는 거의 쓰이지 않는다.

합성어 둘 이상의 실질 형태소가 결합하여 하나의 단어가 된 말. '방안', '밀가루', '돌아가다', '맛있다' 따위이다.

해라체 상대 높임법의 하나. 상대편을 아주 낮추는 형식. "나는 떠나겠다.", "일을 빨리 해라.", "언제 가니?" 같은 표현이 해라체에 속한다.

해요체 상대 높임법의 하나. 상대편을 보통으로 높이는 뜻을 나타내는 형식으로, 격식체인 하오체와 하십시오체를 쓸 자리에 두루 쓰는 비격식체이다. "그러면 그렇게 해요.", "어서 와요.", "안녕하세요, 처음 뵙겠어요." 같은 것이 해요체에 속한다.

해체 상대 높임법의 하나. 상대편을 높이지 않는 뜻을 나타내는 형식으로, 격식체인 '해라체'와 '하게체'를 쓸 자리에 두루 쓰는 비격식체이다. "어서 시작해.", "이리 앉아." 같은 표현이 해체에 해당한다.

형식 형태소 실질 형태소에 붙어 주로 말과 말 사이의 관계를 표시하는 형태소. 조사, 어미 따위가 있다.

형용사 사물의 성질이나 상태를 나타내는 품사. 동사처럼 활용을 한다. '같다', '시원하다', '재미있다' 따위이다. =그림씨

형태소 뜻이나 기능을 가진 말의 가장 작은 단위. '이야기책'의 '이야기'와 '책', '밉보다'의 '밉-'과 '보-', '-다' 따위이다.

호격 조사 문장 안에서, 체언이나 체언 구실을 하는 말 뒤에 붙어 독립어 자격을 가지게 하는 조사. '기범아'의 '아', '경희야'의 '야' 따위이다.

홀소리 =모음

홑문장 주어와 서술어가 각각 하나씩 있어서 둘 사이의 관계가 한 번만 이루어지는 문장. “어머니가 너를 부르신다.”, “동생이 기쁜 표정을 지었다.”, “바람이 세게 분다.” 따위이다. =단문

홑받침 하나의 자음자로 이루어진 받침. ‘ㄱ’, ‘ㄴ’, ‘ㄷ’, ‘ㄹ’, ‘ㅁ’, ‘ㅂ’, ‘ㅅ’, ‘ㅇ’, ‘ㅈ’, ‘ㅊ’, ‘ㅋ’, ‘ㅌ’, ‘ㅍ’, ‘ㅎ’ 따위가 있다.

활용 용언의 어간이나 서술격 조사에 어미가 붙어 문장의 성격을 바꾸는 것. 국어에서는 동사, 형용사, 서술격 조사의 어간에 여러 가지 어미가 붙는 형태를 이른다. =어미변화

활용어 용언의 어간이나 서술격 조사에 어미가 붙어 문장의 성격을 바꾸는 단어. 동사, 형용사, 서술격 조사를 통틀어 이르는 말이다.

활용형 어미변화의 형태.

흐름소리 혀끝을 잇몸에 가까이 대어 놓고 공기를 흘려보내면서 내는 소리. 국어의 자음 ‘ㄹ’이 여기에 해당한다. =유음

한눈에 보는 품사 분류

품사는 단어를 기능, 형태, 의미에 따라 나눈 갈래이다. 현재 우리나라 학교 문법에서는 품사를 9가지로 분류한다. '접사'나 '어미'는 품사로 보지 않는다.

	품사	종류(예)	문장 기능	특징
체언 =임자씨 =몸말	명사 (이름씨)	**구체 명사** (나무, 구름, 풀) **추상 명사** (사랑, 희망) **고유 명사** (홍길동, 한강) **보통 명사** (꽃, 사람, 산) **의존 명사** (것, 뿐, 데, 지)	주어 목적어 보어	체언에는 조사가 붙는다. ¶ 철수가 나에게 사탕 하나를 주었다. 명사: 철수, 사탕 대명사: 나 수사: 하나 조사: 가, 에게, 를
	대명사 (대이름씨)	**인칭 대명사** (나, 너, 우리, 너희, 자네, 누구, 그이) **지시 대명사** (그, 이것, 저기, 어디, 무엇)		
	수사 (셈씨)	**양수사** (하나, 둘, 셋…, 일, 이, 십, 백, 천…) **서수사** (첫째, 둘째…, 제일, 제이…)		
용언 =풀이씨 =활어	동사 (움직씨)	**타동사** ((무엇을) 먹다, 만들다, 쓰다) **자동사** ((무엇이) 피다, 솟다, 구르다, 울다) **보조 동사** (두다, 보다, 주다)	서술어	어간에 어미가 붙어 활용한다. ¶ 먹-+-는 → 먹는 ¶ 슬프-+-니 → 슬프니 쓰임에 따라 본용언과 보조 용언으로 나눈다. ¶ 먹어 보다 본용언 보조 용언 어미의 활용에 따라 관형어, 부사어로도 쓰인다. ¶ 배우는 일 (관형어) ¶ 신나게 놀기 (부사어)
	형용사 (그림씨)	**성상 형용사** (달다, 고프다, 붉다, 예쁘다, 바쁘다, 성실하다) **비교 형용사** (같다, 낫다) **보조 형용사** (싶다, 아니하다)		

<table>
<tr><th></th><th>품사</th><th>종류(예)</th><th>문장 기능</th><th>특징</th></tr>
<tr><td rowspan="2">수식언
=꾸밈씨</td><td>관형사
(어떤씨)</td><td>성상 관형사 (순 살코기, 새 책)
지시 관형사 (저 사람, 다른 물건)
수 관형사 (한두 사람, 고기 세 근)</td><td>관형어</td><td rowspan="2">뒤에 오는 말을 꾸미거나 한정한다.
활용하지 않는다.</td></tr>
<tr><td>부사
(어찌씨)</td><td>성상 부사 (매우, 잘, 바로)
지시 부사 (이리, 오늘, 내일)
부정 부사 (아니, 안, 못)
접속 부사 (그러나, 그리고)
양태 부사 (설마, 결코, 제발)</td><td>부사어</td></tr>
<tr><td>관계언</td><td>조사
(토씨)</td><td>격조사 (은/는, 을/를, 이/가, 이다, 의, 에/에서, 처럼, 로/로써, 보다, 야)
접속 조사 (와/과, 하고, (이)나, (이)랑)
보조사 (은, 는, 도, 만, 부터, 마저, 조차, 커녕)</td><td>낱말 사이 문법적 관계 표시</td><td>홀로 자립하여 쓸 수 없다.
형태가 변하지 않는다.
다만, '이다'는 활용하여 형태가 변한다.</td></tr>
<tr><td>독립언</td><td>감탄사
(느낌씨)</td><td>어이쿠, 영차, 어휴
네, 아니요, 응</td><td>독립어</td><td>문장에서 위치가 자유롭다.
형태가 변하지 않는다.</td></tr>
</table>

한눈에 보는 용언 활용

용언(동사, 형용사)의 어미가 언어생활에서 그 기능에 맞추어 규칙적으로 달라지는 현상을 활용이라고 한다. 조사 '이다'도 활용한다. 활용에는 '규칙 활용'과 '불규칙 활용'이 있다.

1. 규칙 활용

용언의 어미가 그 기능에 맞추어 규칙적으로 바뀌는 활용. 어미 '-어/-아', '-어서/-아서', '-었-/-았-', '-면/-으면', '-니/-으니', '-ㄴ/-은', '-는' 따위가 그 형태대로 어간에 붙는다.

1) 규칙 활용은 어간과 어미 모두 형태 변화가 없는 것이 원칙이다.

¶ 먹다: 먹-+-고→먹고, 먹-+-어→먹어, 먹-+-었다→먹었다

¶ 주다: 주-+-고→주고, 주-+-어→주어, 주-+-었다→주었다

¶ 잡다: 잡-+-고→잡고, 잡-+-아→잡아, 잡-+-았다→잡았다

¶ 먹히다: 먹히-+-고→먹히고, 먹히-+-어→먹히어, 먹히-+-었다→먹히었다

2) 규칙 활용 형태에서 앞뒤 모음이 합쳐지는 경우가 있다. 이때 합쳐지면 합쳐진 대로 쓴다. 이를 음운 축약 현상이라고 한다. 끝소리가 모음인 체언 뒤에 붙는 조사 '이다'도 아래처럼 줄여 쓴다.

¶ 보이다: 보이-+-어→보여, 보이-+-었다→보였다

¶ 맞추다: 맞추-+-어→맞춰, 맞추-+-었다→맞췄다

¶ 되다: 되-+-어→돼, 되-+-었다→됐다

¶ 이다: 이-+-어요→여요, 이-+-어서→여서, 이-+-었다→였다

3) 규칙 활용 형태에서 앞뒤 모음이 같으면 하나가 탈락하는 경우가 있다. 이때 탈락한 상태대로 쓴다. 이를 음운의 탈락 현상이라고 한다.

¶ 가다: 가-+-아→가, 가-+-아서→가서, 가-+-았다→갔다(동음 'ㅏ' 탈락)

¶ 서다: 서-+-어→서, 서-+-어서→서서, 서-+-었다→섰다(동음 'ㅓ' 탈락)

2. 불규칙 활용

용언의 어간 또는 어미가 불규칙하게 바뀌는 활용. 어떤 어미가 오느냐에 따라서 어간의 형태가 바뀌거나 어간과 어미의 형태가 함께 바뀌거나 어미의 형태만 바뀌는 경우가 있다.

1) 어간의 형태만 달라지는 것

① **ㄹ 불규칙 활용** 어간의 끝소리 'ㄹ'이 'ㄴ, ㅂ, ㅅ'으로 시작하는 어미나 어미 '-오, -ㄹ' 앞에서 탈락하는 현상.

¶ 살다: 살-+-네→사네, 살-+-세→사세, 살-+-ㅂ니다→삽니다
살-+-오→사오

¶ 갈다: 갈-+-네→가네, 갈-+-세→가세, 갈-+-ㅂ니다→갑니다
갈-+-오→가오

¶ 놀다: 놀-+-네→노네, 놀-+-세→노세, 놀-+-ㅂ니다→놉니다
놀-+-오→노오

② **ㅅ 불규칙 활용** 어간의 끝소리 'ㅅ'이 모음으로 시작하는 어미 앞에서 탈락하는 현상.

¶ 낫다: 낫-+-아→나아, 낫-+-으니→나으니, 낫-+-으려→나으려
낫-+-았다→나았다

¶ 짓다: 짓-+-어→지어, 짓-+-으니→지으니, 짓-+-으려→지으려
짓-+-었다→지었다

* **'ㅅ'이 탈락하지 않고 규칙 활용을 하는 용언도 있다.**(예: '빗다', '씻다', '솟다' 따위)

③ **ㄷ 불규칙 활용** 어간의 끝소리 'ㄷ'이 모음 앞에서 'ㄹ'로 변하는 현상.

¶ 걷다(길을): 걷-+-어→걸어, 걷-+-어서→걸어서, 걷-+-었다→걸었다

¶ 싣다: 싣-+-어→실어, 싣-+-어서→실어서, 싣-+-었다→실었다

¶ 묻다(답을): 묻-+-어→물어, 묻-+-어서→물어서, 묻-+-었다→물었다

* **'ㄷ'이 변하지 않고 규칙 활용을 하는 용언도 있다.**(예: '얻다', '쏟다', '받다' 따위)

2) 어간과 어미가 함께 바뀌는 것

① **우 불규칙 활용** 어간의 끝소리 'ㅜ'가 모음으로 시작하는 어미 앞에서 탈락하고 그 첫소리는 어미의 첫소리로 내려앉는 활용. '푸다'가 유일하게 이런 활용을 한다.

¶ 푸다: 푸-+-어→퍼, 푸-+-어서→퍼서, 푸-+-었다→펐다

② **으 불규칙 활용** 어간의 끝소리 'ㅡ'가 모음으로 시작하는 어미 앞에서 탈락하고 그 첫소리가 어미의 첫소리로 내려앉는 활용.

¶ 담그다: 담그-+-아→담가, 담그-+-았다→담갔다

¶ 크다: 크-+-어→커, 크-+-었다→컸다

¶ 따르다: 따르-+-아→따라, 따르-+-았다→따랐다

¶ 치르다: 치르-+-어→치러, 치르-+-었다→치렀다

＊ '르 불규칙 활용'과 '러 불규칙 활용'에 해당하는 용언은 어간의 끝소리가 'ㅡ'이지만 '으 불규칙 활용'을 하지 않는다.

③ **르 불규칙 활용** 어간의 끝소리가 '르'에 '아'나 '어'로 시작하는 어미가 붙을 때에 '르'의 'ㅡ'가 탈락하고, 'ㄹ'이 앞말의 받침으로 올라가면서 동시에 어미의 첫소리에 'ㄹ'이 덧나는 현상.

¶ 모르다: 모르-+-아→몰라, 모르-+-았다→몰랐다

¶ 구르다: 구르-+-어→굴러, 구르-+-었다→굴렀다

¶ 지르다: 지르-+-어→질러, 지르-+-었다→질렀다

¶ 빠르다: 빠르-+-아→빨라, 빠르-+-았다→빨랐다

④ **ㅂ 불규칙 활용** 어간의 끝소리 'ㅂ'이 모음으로 시작하는 어미 앞에서 '우'로 변함으로써 어미의 형태까지 바꾸는 현상.

¶ 쉽다: 쉽-+-어→쉬워, 쉽-+-으니→쉬우니, 쉽-+-었다→쉬웠다

¶ 고맙다: 고맙-+-어→고마워, 고맙-+-으니→고마우니
고맙-+-었다→고마웠다

¶ 돕다: 돕-+-아→도와, 돕-+-아야→도와야, 돕-+-았다→도왔다

* 'ㅂ'이 변하지 않고 규칙 활용을 하는 용언도 있다.(예: '씹다', '입다', '잡다', '좁다' 따위)

⑤ **ㅎ 불규칙 활용** 형용사의 어간 끝소리 'ㅎ'이 모음으로 시작하는 어미 앞에서 탈락하거나 어간과 어미가 함께 변하는 현상. 어간 끝소리가 'ㅎ'인 형용사 중에서 규칙 활용을 하는 것은 '좋다'가 유일하다.

¶ 누렇다: 누렇-+-은→누런, 누렇-+-어→누레, 누렇-+-었다→누렜다

¶ 말갛다: 말갛-+-은→말간, 말갛-+-아→말개, 말갛-+-았다→말갰다

¶ 뻘겋다: 뻘겋-+-은→뻘건, 뻘겋-+어→뻘게, 뻘겋-+-었다→뻘겠다

¶ 하얗다: 하얗-+-은→하얀, 하얗-+-아→하얘, 하얗-+-았다→하얬다

형용사 중에서 '그렇다', '저렇다' 같은 것은 원래 '그러하다', '저러하다'가 줄어든 형태이기 때문에 '여 불규칙 활용'의 방식에 따라서 아래와 같이 활용한다.

¶ 그렇다: 그렇-+-은→그런, 그렇-+-었다→그랬다

¶ 요렇다: 요렇-+-은→요런, 요렇-+-었다→요랬다

3) 어미의 모양이 달라지는 것

① **여 불규칙 활용** 어간이 '하-'로 끝나는 용언의 어미로 '-아'나 '아'로 시작하는 어미가 결합하는 경우에 '하여'로 바뀌는 현상. '하여'는 '해'로 줄어들 수 있다.

¶ 하다: 하-+-아→하여/해, 하-+-았다→하였다/했다

¶ 사랑하다: 사랑하-+-아→사랑하여/사랑해, 사랑하-+-았다→사랑하였다/사랑했다

② **러 불규칙 활용** 어간이 '르'로 끝나는 용언에 어미 '-어'가 결합하는 경우에 어미 '어'가 '러'로 바뀌는 현상.

¶ 누르다(색깔이): 누르-+-어→누르러, 누르-+-었다→누르렀다

¶ 이르다(장소에): 이르-+-어→이르러, 이르-+-었다→이르렀다

¶ 푸르다: 푸르-+-어→푸르러, 푸르-+-었다→푸르렀다

한눈에 보는 문장 부호

글쓴이의 의도를 쉽게 전달하거나 문장의 구조를 이해하기 쉽게 하기 위하여 쓰는 여러 가지 부호를 '문장 부호'라고 한다. 각 부호의 이름과 쓰임은 아래와 같다.

부호	이름	쓰임
.	마침표 (온점)	서술, 명령, 청유 따위를 나타내는 문장의 끝에 쓴다. 연월일을 표시하거나 특정한 의미가 있는 날을 표시할 때 쓴다. ¶ 마침표를 찍다. / 2021.10.9. / 3.1운동 / 가. 차례
,	쉼표 (반점)	같은 자격의 어구를 나열하거나 문장의 연결 관계를 나타낼 때 쓴다. 문장에서 특별히 끊어 읽을 곳을 나타낼 때 쓴다. ¶ ㄱ, ㄴ, ㄷ은 자음이다. / 첫째, 책을 읽자. / 보고 싶다, 동무야.
?	물음표	의문문이나 의심, 물음을 나타내는 문장의 끝에 쓴다. 적절한 말을 쓰기 어렵거나 모르는 내용임을 나타낼 때 쓴다. ¶ 최치원(857~?)은 신라시대 학자이다. / 끝이 좋으면 다 좋다?
!	느낌표	감탄문이나 강한 느낌을 나타내는 문장의 끝에 쓴다. 감정을 넣어 대답하거나 다른 사람을 부를 때 쓴다. ¶ 이야, 재밌겠다! / 네! / 개똥아!
·	가운뎃점 (중점)	둘 이상을 이루는 어구를 공통 성분을 줄여서 하나로 묶어서 나타낼 때 쓴다. 가운뎃점 대신 쉼표를 쓸 수 있다. ¶ 금 · 은 · 동 / 국 · 영 · 수
:	쌍점 (그침표, 이중점)	표제나 주제에 대하여 설명이나 구체적인 사례를 붙일 때 쓴다. 시와 분, 장과 절 따위를 구별할 때 쓴다. ¶ 제목: 나무 도감 / 7:05(7시 5분) / 1:1(1대 1)
… ……	줄임표 (말줄임표)	할 말을 줄이거나 말이 없음을 나타낼 때 쓴다. 문장이나 글의 일부를 생략하거나 머뭇거림을 보일 때 쓴다. ¶ "너랑 같은 반이 아니네……."
" "	큰따옴표	글 가운데에서 직접 대화를 표시하거나, 남의 말이나 글을 직접 인용할 때 쓴다. ¶ "내가 할게." / 멀리서 "불이야!" 소리가 들렸다.

부호	이름	쓰임
‘ ’	작은따옴표	인용문 속의 인용문이거나 마음속으로 한 말을 적을 때 쓴다. 문장 내용 가운데 어떤 부분을 특별히 드러내 보일 때 쓴다. ¶ “북소리가 ‘둥둥’ 울렸어.” / ‘꼭 판사가 될 거야.’ 하고 다짐했다.
/	빗금	대비되는 둘 이상의 어구를 묶어서 나타낼 때 쓴다.
( )	소괄호	주석이나 보충 내용을 덧붙일 때 쓴다. 항목의 순서나 종류를 나타낼 때 쓴다. 우리말과 원어 표기를 아울러 보일 때 쓴다. ¶ 사군자(매화, 난초, 국화, 대나무) / 커트(cut)
{ }	중괄호	같은 범주에 속하는 여러 요소들을 묶어서 보일 때 쓴다.
[ ]	대괄호	괄호 안에 또 괄호를 써야 할 때 바깥쪽의 괄호로 쓴다. 원문에 대한 설명이나 논평을 덧붙일 때 쓴다. 발음 기호를 나타낼 때 쓴다.
『 』	겹낫표	책 제목이나 신문 이름 따위를 나타낼 때 쓴다. 겹낫표나 겹화살괄호 대신 큰따옴표를 쓸 수 있다. ¶ 우리나라 최초 신문은 『한성순보』
「 」	홑낫표	소제목, 예술 작품의 제목, 상호, 법률 따위를 나타낼 때 쓴다. 홑낫표나 홑화살괄호 대신 작은따옴표를 쓸 수 있다. ¶ 「보리출판사」에서 어린이 잡지 「개똥이네 놀이터」를 펴냅니다.
《 》	겹화살괄호	겹낫표 쓰임과 같다. ¶ 윤동주 시집 《하늘과 바람과 별과 시》
〈 〉	홑화살괄호	홑낫표 쓰임과 같다. ¶ 빈센트 반 고흐의 〈별이 빛나는 밤에〉
—	줄표	제목 다음에 표시하는 부제를 나타낼 때 쓴다. 문장 중간에 끼어든 어구임을 나타낼 때 쓴다.
-	붙임표	차례대로 이어지거나 두 개 이상의 밀접한 관련이 있는 어구를 묶어서 나타낼 때 쓴다. ¶ 서론-본론-결론
~	물결표	기간이나 거리 또는 범위를 나타낼 때 쓴다. ¶ 7~15쪽

한눈에 보는 단위 명사

우리나라는 수를 세고 길이를 재고 무게를 달고 양을 나타내는 전통적인 단위 명사가 많다. 생활에서 쓰는 말과 길이, 무게, 넓이, 부피, 속도를 잴 때 쓰는 말로 나누고 자주 쓰는 보기를 들어 설명했다. 길이, 무게, 넓이, 부피 단위는 전통 단위뿐 아니라 세계에서 공통으로 쓰는 단위도 함께 실었다.

1. 생활에서 쓰는 말

가리 벼 한 가리는 스무 단.

갑 분필 세 갑.

개 사탕 몇 개.

개비 성냥 네다섯 개비.

곡 노래 한 곡.

공기 밥 한 공기.

권 동화책 여섯 권.

그루 버드나무 두 그루.

꼭지 미역 한 꼭지.

꾸러미 ① 달걀 한 꾸러미는 열 개. ② 선물 한 꾸러미.

냥 ① 예전에 엽전을 세던 단위. 돈 천 냥. ② 무게의 단위. 금 넉 냥.

닢 동전 한 닢.

다발 장미꽃 한 다발.

다스 연필 한 다스는 열두 개.

단 시금치 두 단.

대 ① 10대 중고생, 20대 학생. ② 자동차 한 대. 피아노 두 대.

도막 무 몇 도막.

돈 예전에 엽전을 세던 단위. 한 돈은 열 푼. 열 돈은 한 냥.

동 아파트 3동.

두름 ① 굴비 한 두름은 스무 마리. ② 고사리 한 두름은 열 모숨.

땀 바느질 한 땀 한 땀.

량 객차를 열 량 단 기차.

마 옷감 한 마.

마리 강아지 한 마리.

매 A4 용지 팔십 매.

명 친구 세 명.

모 두부 한 모.

모금 물 한 모금.

모숨 한 줌 안에 들어올 만한 분량을 세는 말. 푸성귀 두 모숨.

발 화살 다섯 발.

벌 ① 겉옷 한 벌. ② 바지저고리 한 벌. 반상기 한 벌.

봉 과자 세 봉.

부 신문 한 부.

사리 국수 한 사리.

살 우리 언니는 열두 살.

손 고등어 한 손.

송이 카네이션 한 송이.

수 시 한 수.

술 밥 두어 술.

실 객실 10실.

쌈 ① 바늘 한 쌈은 스물네 개. ② 빨랫감 두 쌈.

쌈지 작은 주머니에 담아 분량을 세는 말. 바늘 한 쌈지.

알 ① 사탕 세 알. ② 감자 서너 알.

움큼 사탕 한 움큼.

인 3인 가족.

자 이름 석 자. 200자 원고지.

자루 ① 연필 열두 자루. ② 옥수수 한 자루.

잔 우유 한 잔.

장 ① 이 책은 모두 다섯 장으로 구성되어 있다. ② 연극 2막 3장. ③ 종이 한 장.

점 ① 백 점. ② 그림 한 점. ③ 빗방울 한 점 두 점. ④ 생선회 두 점. ⑤ 의류 열 점.

정 알약 한 정.

제 한약 한 제는 스무 첩.

주 주권이나 주식을 세는 단위.

죽 접시 한 죽은 10벌.

줌 흙 한 줌.

질 세계 문학 전집 한 질.

집 2집 음반.

짝 ① 신발 두 짝이 한 쌍. ② 짐 두 짝. ③ 갈비 한 짝.

쪽 그림책 32쪽.

채 ① 기와집 한 채. ② 이불 한 채.

척 돛단배 여러 척.

첩 한약 한 첩.

축 오징어 한 축은 스무 마리.

칸 방 1칸.

켤레 양말 한 켤레.

쾌 북어 한 쾌는 스무 마리.

타래 실 한 타래.

토막 ① 갈치 세 토막. ② 이야기 한 토막. ③ 나무 두 토막.

톨 밥 한 톨.

톳 김 한 톳은 100장.

통 ① 막걸리 한 통. ② 편지 한 통.

판 ① 달걀 한 판. ② 피자 두 판.

편 소설 세 편.

포기 배추 스무 포기.

포대 쌀 한 포대.

푼 ① 예전에 엽전을 세던 말. 한 푼은 돈 한 닢을 이른다. ② 돈을 세는 말. 스스로 적은 액수라고 여길 때 쓴다. 돈 몇 푼.

필 ① 잘 말아 놓은 모시 열 필. ② 젓소 두 필.

2. 길이, 무게, 넓이, 부피, 속도를 잴 때 쓰는 말

1) 길이를 재는 말

1밀리미터(mm) 미터법에 의한 길이 단위. =1/10cm, 0.1cm

1센티미터(cm) =10mm, 1/100m, 0.01m

1미터(m) =100cm

1킬로미터(km) =1,000m

촌/치 =약 3.03cm

자 =약 30.3cm

리 =약 0.393km

2) 무게를 다는 말

1밀리그램(mg) 질량의 단위.

1그램(g) =1,000mg

1킬로그램(kg) =1,000g

1톤(t) =1,000kg

근 고기 한 근은 600g이고, 과일이나 채소 한 근은 357g이다.

관 한 관은 한 근의 열 배로 3.75kg에 해당한다.

돈 무게의 단위. 귀금속이나 한약재 따위 무게를 잴 때 쓴다. 3.75g

3) 넓이를 나타내는 말

1제곱센티미터(cm²) =1/10,000㎡

1제곱미터(m²) =10,000㎠

1제곱킬로미터(km²) =1,000,000㎡

마지기 논밭 넓이의 단위. 한 마지기는 볍씨 한 말의 모나 씨를 심을 만한 넓이로, 논은 약 150~300평, 밭은 약 100평이다.

평 땅 넓이의 단위. 1평=3.3058㎡

4) 부피를 나타내는 말

1세제곱미터(㎥) 1세제곱미터는 가로, 세로, 높이가 각각 1미터인 정육면체의 부피이다.

1시시(cc) =1/1,000,000㎥

1밀리리터(mL/ml) =1cc

1리터(L/l) =1,000mL

홉 =약 180mL ¶ 찰보리 서 홉, 두 홉들이 소주, 밀가루 몇 홉

되 =약 1.8L ¶ 쌀 한 되, 막걸리 한 되, 콩 넉 되

말/두 =약 18L ¶ 찹쌀 서 말

섬/석 =약 180L ¶ 쌀 한 섬

5) 속도를 나타내는 말

1미터퍼세컨드(m/s) 1초에 1m 이동할 수 있음. =초속 1m

1미터퍼미닛(m/m) 1분에 1m 이동할 수 있음. =분속 1m

1킬로미터퍼아워(km/h) 1시간에 1km 이동할 수 있음. =시속 1km

아차!

틀리기 쉬운 맞춤법

틀리기 쉬운 말을 한눈에 볼 수 있도록 따로 모았다. * 표시가 있는 단어는 특별한 경우에만 틀린 것이지 그 낱말 자체를 쓰면 안 된다는 뜻이 아니다. 자세한 내용은 사전의 본문을 살펴보기 바란다.

×	○
가파라지다	**가팔라지다**
간지르다 / 간지리다	**간질이다**
같애	**같아**
개나리봇짐	**괴나리봇짐**
개이다	**개다**
갯수	**개수**
건느다	**건너다**
걸맞는	**걸맞은**
결단나다	**결딴나다**
고기집	**고깃집**
곰삭이다	**곰삭히다**
괜스리 / 괜시리	**괜스레**
구스르다 / 구슬르다	**구슬리다**
귀뜸	**귀띔**
금새*	**금세**
길다랗다	**기다랗다**
깍드시 / 깎듯이	**깍듯이**
깎듯하다	**깍듯하다**
꽤재재하다 / 꾀재재하다	**꾀죄죄하다**
나꿔채다	**낚아채다**
날라가다	**날아가다**
날으는	**나는**
내딛어	**내디뎌**
낼름	**날름**

×	○
넌즈시	**넌지시**
넙적하다	**넓적하다**
녹슬은	**녹슨**
놀래키다	**놀래다**
누르르다	**누르다**
눈꼽	**눈곱**
눌러붙다	**눌어붙다**
늘상	**늘**
님*	**임**
다리다*	**달이다**
닥달	**닦달**
달디달다	**다디달다**
달래다*	**달라다**
달이다*	**다리다**
담구다	**담그다**
담다*	**담그다**
–던*	**–든**
–던가*	**–든가**
–던지*	**–든지**
덮히다	**덮이다**
돐	**돌**
뒷문장	**뒤 문장**
–든*	**–던**
–든가*	**–던가**

×	○
–듣지*	**–던지**
들리다*	**들르다**
들어나다	**드러나다**
들이키다*	**들이켜다**
들치다*	**들이치다**
딸리다*	**달리다**
땡기다	**당기다**
땡기다	**댕기다**
땡기다	**땅기다**
뗑깡	**생떼 / 억지**
띄다*	**띠다**
띄워쓰기	**띄어쓰기**
–ㄹ꺼다	**–ㄹ 거다**
–ㄹ꺼야	**–ㄹ 거야**
–ㄹ껄	**–ㄹ걸**
–ㄹ께	**–ㄹ게**
–ㄹ란다	**–련다**
–ㄹ래야	**–려야**
–ㄹ러	**–러**
–ㄹ려고	**–려고**
–ㄹ련다	**–련다**
–ㄹ른지	**–ㄹ는지**
–ㄹ찌	**–ㄹ지**
–ㄹ찌라도	**–ㄹ지라도**
마냥*	**처럼**
마뜩찮다	**마뜩잖다**
마치맞다	**마침맞다**
멀찌거니	**멀찌가니**
멋드러지다	**멋들어지다**
메이다*	**메다**
몇일 / 몇 일	**며칠**

×	○
목메이다	**목메다**
못쓸	**몹쓸**
–바기	**–박이**
–바기 / –박이*	**–배기**
바꼈다	**바뀌었다**
바래*	**바라**
발자욱	**발자국**
번지르하다	**번지르르하다**
벌리다*	**벌이다**
벗어제끼다	**벗어젖히다**
벼슬*	**볏**
복걸복 / 복골복	**복불복**
봐란듯이	**보란 듯이**
부비다	**비비다**
부시시 / 부시시하다	**부스스 / 부스스하다**
불리우다	**불리다**
붙박히다	**붙박이다**
비로서	**비로소**
빌다*	**빌리다**
빵꾸	**펑크**
뻐개다*	**뻐기다**
뻐치다	**뻗치다**
뾰족히	**뾰족이**
삐그덕	**삐거덕**
사겼다	**사귀었다**
사단*	**사달**
사죽	**사족**
산봉오리	**산봉우리**
살륙	**살육**
삼가하다	**삼가다**
상채기	**생채기**

×	○
새암	**샘**
생키다	**삼키다**
석박지	**섞박지**
선뜻하다*	**선뜩하다**
설겆이	**설거지**
설레이다	**설레다**
설비음	**설빔**
섬칫하다	**섬찟하다**
소근거리다	**소곤거리다**
수구리다	**수그리다**
수구러들다	**수그러들다**
숫놈	**수놈**
숫적	**수적**
–슴	**–음**
시귀	**시구**
시렵다	**시리다**
싯가	**시가**
싯구	**시구**
싯꺼멓다	**시꺼멓다**
싯꺼메지다	**시꺼메지다**
싯뻘겋다	**시뻘겋다**
싯뻘게지다	**시뻘게지다**
싯점	**시점**
싯퍼렇다	**시퍼렇다**
싯퍼레지다	**시퍼레지다**
싸가지	**싹수**
쌍동이	**쌍둥이**
쑥쓰럽다	**쑥스럽다**
아구 / 아구찜	**아귀 / 아귀찜**
아까와하다	**아까워하다**
아둥바둥	**아등바등**

×	○
아스라히	**아스라이**
아퀴*	**아귀**
안스럽다	**안쓰럽다**
안절부절하다	**안절부절못하다**
알맞는	**알맞은**
알아맞추다	**알아맞히다**
암강아지	**암캉아지**
암개	**암캐**
암것	**암컷**
암기와	**암키와**
암닭	**암탉**
암당나귀	**암탕나귀**
암돌쩌귀	**암톨쩌귀**
암병아리	**암평아리**
암클	**암글**
앙징맞다	**앙증맞다**
애기	**아기**
애달아하다	**애달파하다**
애닯다	**애달프다**
애비	**아비**
애숭이	**애송이**
어여	**어서**
어줍잖다	**어쭙잖다**
언덕빼기	**언덕배기**
얼룩배기	**얼룩빼기**
얼룩이	**얼루기**
얼르다	**어르다**
없슴	**없음**
열어제끼다	**열어젖히다**
에미	**어미**
여지껏	**여태껏**

×	○
역활	**역할**
오똑	**오뚝**
오똑하다	**오뚝하다**
오뚜기	**오뚝이**
오랫만	**오랜만**
오륙월	**오뉴월**
오무리다	**오므리다**
오육월	**오뉴월**
우겨넣다	**욱여넣다**
우뢰	**우레**
욱어지다	**우거지다**
움추리다	**움츠리다**
움치러들다	**움츠러들다**
움치러지다	**움츠러지다**
움크리다	**웅크리다**
웃마을	**윗마을**
웃목	**윗목**
웃몸	**윗몸**
웃물*	**윗물**
윗바람*	**웃바람**
웬지	**왠지**
으시대다	**으스대다**
으시시 / 으시시하다	**으스스 / 으스스하다**
–을껄	**–을걸**
–을께	**–을게**
–을래야	**–으려야**
–을려고	**–으려고**
–을련다	**–으련다**
–을른지	**–을는지**
–을찌	**–을지**
–을찌라도	**–을지라도**

×	○
–읍니다	**–습니다**
이르르다	**이르다**
이만때	**이맘때**
인삿말	**인사말**
일찌기	**일찍이**
입빠르다	**입바르다**
있슴	**있음**
자그만치	**자그마치**
자욱	**자국**
잠구다	**잠그다**
잦은가락	**자진가락**
잼잼	**죔죔**
저만때	**저맘때**
저으기 / 저윽이	**적이**
절딴나다	**결딴나다**
제끼다	**젖히다**
제끼다	**제치다**
조고맣다	**조그맣다**
조그마치	**자그마치**
조그마치	**조그만큼**
조그만하다	**조그마하다**
조근조근	**조곤조곤**
졸립다	**졸리다**
좀체로	**좀체**
좀해 / 좀해서	**좀처럼**
줏다	**줍다**
즈려밟다	**지르밟다**
지리하다	**지루하다**
짜집기	**짜깁기**
쭈꾸미	**주꾸미**
찌게	**찌개**

×	○
차가와	**차가워**
채이다	**차이다 / 채다**
천상	**천생**
천정	**천장**
추슬리다	**추스르다**
치껴올리다	**치켜올리다**
치다*	**치이다**
치다*	**치우다**
치닥거리 / 치닥꺼리	**치다꺼리**
치루다	**치르다**
치켜잡다	**추켜잡다**
캥기다	**켕기다**
켸켸묵다	**케케묵다**
크다랗다	**커다랗다**
키다*	**키우다**
털터리*	**털털이**
탐탁치	**탐탁지**
테레비 / 테레비전 / 테레비젼 / 텔레비젼	**텔레비전**
톡톡이	**톡톡히**
통털어	**통틀어**
틀리다*	**다르다**
티각태각	**티격태격**
판자집	**판잣집**
패이다	**파이다 / 패다**
퍼그나	**퍽**
퍼래지다	**퍼레지다**
퍽이나	**퍽**
펴락쥐락	**쥐락펴락**
풋나기	**풋내기**
프랑카드 / 플랑카드	**플래카드**

×	○
피다*	**패다**
피다*	**피우다**
핑큿빛	**핑크빛**
하마트면	**하마터면**
하옇든	**하여튼**
하일라이트	**하이라이트**
한갖	**한갓**
할일없다	**하릴없다**
해꼬지	**해코지**
해무리	**햇무리**
햇님	**해님**
허드래	**허드레**
허섭쓰레기	**허섭스레기**
허위대	**허우대**
허위적거리다	**허우적거리다**
허위적대다	**허우적대다**
허위적허위적	**허우적허우적**
헛점	**허점**
호루루기	**호루라기**
홀홀단신	**혈혈단신**
홧증	**화증**
홧병	**화병**
회수*	**횟수**
휴계실	**휴게실**
흉칙하다	**흉측하다**
흉폭하다	**흉포하다**
흐리멍텅하다	**흐리멍덩하다**
흐트리다	**흩트리다**
흩으러지다	**흐트러지다**
흩으리다	**흩트리다**
희노애락	**희로애락**

야차!

잘못 쓰기 쉬운 말

사전에 나온 낱말 가운데 잘못 쓰기 쉬운 말을 짝지어 가나다차례로 실었다. '가늘다', '얇다'와 같이 뜻을 잘못 알고 쓰는 말, '드러내다', '들어내다'와 같이 발음이 같아 헷갈리기 쉬운 말, '한번', '한 번'과 같이 띄어쓰기로 뜻이 달라지는 말들을 담았다. 두 낱말의 차이는 풀이 글을 보면 알 수 있고, 이해를 돕기 위해 보기를 들기도 했다.

가늘다 물건의 둘레가 짧다. ¶ 굵기가 가늘다.
얇다 두께가 두껍지 아니하다. ¶ 두께가 얇다.

가능한 한 '가능한 범위라면'의 뜻. ¶ 가능한 한 책을 많이 읽어라.
가능한 '가능하다'의 관형사형. ¶ 재활용이 가능한 물건

가르치다 어떤 것이 무엇인지 머리로 알게 해 주다. ¶ 삼촌은 국어를 가르친다.
가리키다 어디에 있는지 눈으로 보게 해 주다. ¶ 시곗바늘이 세 시를 가리킨다.

가르다 하나를 몇 부분으로 나누다. ¶ 수박을 반으로 갈랐다.
가리다 여럿 가운데서 하나를 구별하여 고르다. ¶ 대상을 줄 작품을 가렸다.

간수하다 물건을 잃어버리거나 상하지 않도록 보관하다.
간직하다 물건을 잘 챙겨 두거나 어떤 일을 마음에 깊이 새겨 두다.

개발 이미 발현된 능력을 더욱 키우는 행위. ¶ 지능 개발
계발 잠재된 능력을 끌어내어 발전시키는 행위. ¶ 소질 계발

갱신 이미 있는 것의 효력을 연장함으로써 새롭게 바꿈. ¶ 유효 기간이 끝난 운전면허 갱신
경신 기왕의 것을 모조리 부정하고 새롭게 고침. ¶ 전국 육상경기에서 기록 경신

걔 제삼자인 그 아이를 가리킴. ¶ 걔는 제 친구예요.
게 '거기'의 준말. ¶ 잠깐 게 앉아서 기다려라.

결재 결정할 권한이 있는 상관이 부하가 제출한 안건을 검토하여 허가하거나 승인함. ¶ 사장님 결재를 받아야 행사를 진행할 수 있다.
결제 돈을 치러 매매 당사자 사이의 거래를 마무리하는 일. ¶ 현금 결제

게시 내붙이거나 내걸어 여러 사람에게 보임. 또는 그런 물건. ¶ 학교 운동장에 체육 대회 사진을 게시해 놓았다.
계시 깨우쳐 보여 주거나 사람의 지혜로는 알 수 없는 진리를 신이 가르쳐 알게 하는 것. ¶ 고대에는 꿈을 신의 계시로 받아들였다고 한다.

관하여 '관계하여'나 '관련하여'의 의미로, 대상을 속속들이 파헤치는 경우에 씀.
대하여 설명, 주장, 의논, 검토, 평가 등의 대상으로 삼는 경우에 씀.

구별 어떤 크기나 특성 등에 따라서 나누거나 차이가 남.
구분 일정한 기준에 따라 전체를 몇 개로 갈라 나눔.

깨우치다 다른 사람을 깨달아 알게 하다. ¶ 친구의 실수를 깨우쳐 주었다.
깨치다 자기 스스로 깨달아 알다. ¶ 나는 일곱 살에 한글을 깨쳤다.

껍데기 달걀이나 조개 따위의 겉을 싸고 있는 단단한 물질. 벗길 때 깨어지는 것. ¶ 달걀 껍데기
껍질 물체의 겉을 싸고 있는 단단하지 않은 물질. 단단한 것이라도 벗길 때 찢는 것이면 껍질. ¶ 나무껍질

께 조사 '에게'의 높임말. ¶ 부모님께 기쁜 소식을 전해 드렸다.
께서 조사 '가'와 '이'의 높임말. ¶ 선생님께서 숙제를 내 주셨다.

꼽다 손가락을 꼬부리거나 펴면서 수를 헤아리거나 골라서 가리켜 정하다.
꽂다 박아 세우거나 끼우거나 내던져서 거꾸로 박히게 하다. 또는 시선 따위를 한 곳에 고정하다.

끼치다 해, 폐, 불편 따위를 당하거나 입게 하거나 어떠한 일을 후세에 남기다.
미치다 공간적 거리나 수준 따위가 일정한 선에 닿거나 영향이나 지시 따위가 대상에 가하여지다.

나가다 안에서 밖으로 가다.
나아가다 앞을 또는 목적하는 방향을 향하여 가다.

나누다 전체를 몇 부분으로 가르다. ¶ 글을 서론, 본론, 결론으로 나누었다.
노느다 여러 몫으로 가르다. 분배하다. ¶ 단짝이랑 과자를 노나 먹었다.

나다 새싹, 질병, 변화, 이상 따위가 생기거나 감정 따위가 일어나다.
낫다 병이 고쳐지다.
낳다 밴 아이, 새끼, 알을 몸 밖으로 내놓다.

난도 어려움의 정도. ¶ 난도가 높은 기술
난이도 어려움과 쉬움의 정도를 나타내는 말. 따라서 난이도가 높다거나 낮다는 말을 쓸 수 없다. ¶ 올해 시험은 난이도 조절에 성공했다.

놀라다 뜻밖의 일이나 무서움에 가슴이 두근거리다.
놀래다 남을 놀라게 하다.

늘리다 부피나 수량 따위를 더 크고 많게 하다. ¶ 학생 수를 늘렸다. / 수학 실력을 늘린다.
늘이다 길이를 더 길게 하다. ¶ 엿가락을 쭉 늘였다. / 바짓단을 늘인다.

늦다 일 전체에 걸리는 시간이 길어져, 기준이 되는 때보다 뒤져 있다. ¶ 학교에 늦지 않게 가라.

느리다 동작을 하는 시간이 오래 걸리다. ¶ 동생은 밥을 느리게 먹는다.

늦추다 시간을 조금 뒤로 미루거나 속도를 조금 느리게 하다. 약정된 때에 못 하지만 곧 하겠다는 뜻을 나타낸다.

미루다 약정된 시간에 못 한다는 의미가 강해서 언제 할지 모르거나 상당히 오랜 뒤에 하게 될 수 있음을 나타낸다.

다르다 비교가 되는 두 대상이 서로 같지 아니하다. ¶ 두 책은 글쓴이가 달라.

틀리다 셈이나 답이 어긋나다. ¶ 나눗셈 답이 틀렸어.

다리다 주름이나 구김을 펴고 줄을 세우기 위하여 다리미나 인두로 문지르다.

달이다 끓여서 진하게 만들거나 약재 따위에 물을 부어 우러나도록 끓이다.

달다 저울을 이용해서 무게를 재다.

뜨다 대체로 사람의 속마음이나 능력을 헤아리다.

달다 일정한 곳에 붙이다. ¶ 왼쪽 가슴 위에 이름표를 달았다.

차다 물건을 몸의 한 부분에 달아매거나 끼워서 지니다. ¶ 손목에 시계를 찼다.

-답다 '그것이 지니고 있는 고유한 특성이나 장점, 또는 갖추어야 할 자격을 가지고 있음'의 뜻을 더하는 접미사. ¶ 꽃답다, 정답다, 참답다

-스럽다 '어느 것이 다른 것의 고유한 특성이나 장점을 가지고 있음'의 뜻을 더하는 접미사. ¶ 복스럽다, 걱정스럽다, 자랑스럽다

당부 마땅히 그리해야 할 것을 하라고 요구. ¶ 아들에게 몸조심하라고 당부했다.

부탁 어떤 일을 해 달라고 요구. ¶ 짐을 잠깐 맡아 달라고 부탁했다.

-대 남이 보고 들은 것을 다른 사람에게 전할 때에 쓰는 종결 어미. ¶ 언니가 이 책이 재미있대.

-데 자기가 보고 들은 내용을 설명할 때에 쓰는 종결 어미. ¶ 내가 어제 저 영화를 봤는데 참 재미있데.

당기다 마음, 식욕, 호기심, 생각 따위를 당기다. ¶ 입맛이 당겨 많이 먹었다.

댕기다 불을 댕기다. ¶ 초를 밝히려고 불을 댕겼다.

-던 과거 시제를 나타내는 연결 어미. ¶ 너랑 놀았던 기억이 문득 떠올랐어.

-든 어느 것을 선택해도 상관없음을 나타내는 연결 어미. ¶ 가든 말든 알아서 해.

돋구다 안경의 도수를 높이다. ¶ 안경 도수를 돋궜다.

돋우다 안경 도수를 높이는 것 외 모든 경우에 사용. ¶ 신맛이 입맛을 돋웠다.

두껍다 눈에 보이는 사물의 두께. ¶ 두꺼운 책

두텁다 마음의 깊고 굳음. ¶ 두터운 정

둘러매다 끈을 한 바퀴 빙 둘러서 양끝을 마주 매다.

둘러메다 들어 올려서 어깨에 메다.

둘러싸다 물건을 둘러서 감싸다. 주위로 둥글게 에워싸다.

둘러쌓다 무엇의 둘레를 빙 둘러서 쌓다.

드러내다 눈에 보이게 만들다. ¶ 이를 드러내고 함박웃음을 지었다.

들어내다 물건을 들어서 밖으로 옮기다. ¶ 짐을 밖으로 들어냈다.

들이치다 비나 눈 따위가 안쪽으로 뿌리다.

들치다 물건의 한쪽 끝을 쳐들다.

띄다 무엇이 눈에 보이다. ¶ 눈에 띄는 옷
띠다 빛깔이나 색채, 감정이나 기운 따위를 보이다. ¶ 붉은빛을 띤 단풍잎

로서 지위나 신분 또는 자격을 나타내는 말. ¶ 교사로서 모범을 보이겠다.
로써 수단이나 재료, 시간을 나타내는 말. ¶ 말로써 천 냥 빚을 갚는다.

마는 앞의 사실을 인정하면서도 그에 대한 의문이나 그와 어긋나는 상황 따위를 나타내는 말. ¶ 네가 좋지마는 생떼를 부리는 것은 못 참겠다.
만은 조사 '만'을 강조하는 말. ¶ 내가 너만은 믿는다.

맞추다 물건이나 약속을 정해진 틀이나 시각에 맞도록 만들다.
맞히다 과녁이나 정답 같은 목표 지점에 맞게 하다.

머지않다 '시간적으로 멀지 않다'의 뜻으로만 한 단어로 쓴다.
멀지 않다 '멀다'를 부정하는 말로, 시간, 공간, 관계에 두루 쓴다.

매다 묶고 동이는 의미가 있는 경우에 쓴다. ¶ 신발 끈을 매다.
메다 어디에 걸치거나 얹는 의미가 있는 경우에 쓴다. ¶ 가방을 메다.

면 말할 수 없을 정도로 넓은 판단 결과를 고려하여 쓴다.
점 어느 한 가지를 딱 집어 가리킬 수 있는 경우에 쓴다.

무치다 나물 따위에 갖은양념을 넣고 골고루 한데 뒤섞다. ¶ 텃밭에서 상추를 뜯어 양념장에 무쳤다.
묻히다 무엇을 들러붙게 하거나 어떤 곳에 묻게 하다. ¶ 떡에 꿀을 묻혀 먹었다.

바닥 물리적으로 맨 아래 또는 사람이 가지고 있는 보잘것없는 능력을 나타냄.
바탕 무엇을 세우거나 만드는 기초.

바람 '바라다'의 명사형. ¶ 한 번에 합격하기를 바람.
바램 '바래다'의 명사형. ¶ 책 표지가 바램.

반드시 틀림없이. 꼭. 필연적으로.
반듯이 반듯하게.

박이다 몸에 저절로 깊이 배거나 속에 들다. ¶ 콧등에 점이 박인 고양이
박히다 박는 행위의 결과로 나타나다. ¶ 땅속 깊이 박힌 나무뿌리

번째 횟수나 차례를 나타낼 때 쓰는 말. ¶ 제주도 방문은 이번이 두 번째이다.
째 여럿을 나열할 때 순서로 쓰는 말. ¶ 시리즈물의 첫째 권

벌리다 가까이 있는 두 물건 사이를 멀게 하다. ¶ 두 책상의 간격을 벌렸다.
벌이다 이것저것을 여기저기에 늘어놓거나 일을 새로 시작하다. ¶ 사업을 벌였다.

보전 훼손하지 않고 잘 지켜 보호함. ¶ 생태계 보전
보존 다른 데로 옮기거나 사라지지 않게 잘 지킴. ¶ 유물 보존

보태다 부족한 것을 채우다. ¶ 천 원을 보태어 만 원을 만들었다.
더하다 단순히 합하여 수량을 늘리다. ¶ 3에 5를 더하면 8이다.
가하다 보태거나 더해서 영향을 끼치다. ¶ 물에 열을 가하면 수증기가 된다.

복구 손실되기 전의 상태와 같게 하거나 그보다 더 낫게 만듦. ¶ 산불 피해 복구보다 태풍이나 홍수 피해 복구가 더 어렵다.
복원 훼손되기 전의 상태를 알 수 있도록 만듦. ¶ 문화재 복원

봉오리 꽃이 피기 전에 맺힌 망울.=꽃봉오리
봉우리 산의 꼭대기를 포함하여 솟은 부분.=산봉우리

부닥치다 일, 사태, 상황, 문제, 반대에 직면하거나 매우 가깝게 맞닥뜨리다.
부딪치다 물리적으로 세게 닿다. '부딪다'를 강조하여 이르는 말.

부딪치다 문장의 주어가 움직여 객체(무엇)에 충돌하다. ¶ 한눈을 팔다가 문에 꽝 부딪쳤다.
부딪히다 문장의 주어는 움직이지 않는데 객체(무엇)가 움직여 주어를 받다. ¶ 골목길에서 튀어나온 자전거에 부딪혀 넘어졌다.

부문 전체를 일정한 기준에 따라서 나눈 일부. ¶ 연출 부문 수상
부분 물리적으로 전체를 가른 일부. ¶ 사과의 썩은 부분을 도려내었다.

붇다 전체가 팽창하여 부피가 늘거나 물에 젖어 부피가 늘어나다.
붓다 건강에 이상이 생겨 몸의 어느 부분이 부풀어 오르다.

삭이다 '삭다'의 사동형. 음식물을 소화시키거나 화나 분을 가라앉히다.
새기다 소나 양 같은 동물이 이미 먹은 풀을 게워서 다시 씹다.

상서롭다 복되고 길한 일이 일어날 조짐이 있다.
상스럽다 말이나 행동이 보기에 천하거나 점잖지 못하다.

새다 틈이나 구멍으로 조금씩 빠져나오거나 흘러나오다. ¶ 지붕에서 물이 샌다.
세다 사물의 수효를 헤아리거나 꼽다. ¶ 동전을 세다.

생신 손윗사람이나 높여야 할 사람이 태어난 날.
탄신 임금이나 성인이 태어난 날.

서투르다 손이나 눈에 익지 않다.
섣부르다 기회가 무르익지 않은 상태이거나 방법이 완벽하지 않다.

성패 일이 이루어지고 안 이루어지는 것. ¶ 이 일의 성패는 내 노력에 달려 있다.
승패 이기고 짐. ¶ 초반에 경기의 승패가 갈렸다.

시늉 상대를 속이기 위해서 어떤 모양이나 움직임을 꾸미는 짓.
흉내 남이 하는 말이나 행동을 그대로 옮기는 짓.

실험 실제처럼 해 보는 것. ¶ 색에 따른 온도 변화 실험
시험 직접 시도해 보는 것. ¶ 자동차 성능 시험

쓸데없다 어떤 행위를 하여 얻을 이익이 없거나 그런 일을 할 가치가 없다. ¶ 쓸데없는 짓 그만하고 얼른 공부 시작해라.
쓸 데 없다 어떤 사물을 사용할 적절한 곳이 없다. ¶ 사은품으로 받은 물건이 나한테는 영 쓸 데 없다.

싸다 물건을 보이지 않게 둘러 말거나 가리다. ¶ 선물을 예쁜 포장지에 쌌다.
쌓다 겹겹이 포개어 얹다. ¶ 돌을 쌓아 탑을 만들었다.

알음 사귐이 있는 상태.
앎 아는 것, 곧 지식.

얕다 기준면의 아래쪽으로 거리가 짧다. ¶ 얕은 물
낮다 기준면의 위쪽으로 거리가 짧다. ¶ 낮은 산

어떻게 형용사 '어떻다'가 바뀐 행태. ¶ 요즘 어떻게 지내니?
어떡해 '어떻게 하다'가 줄어든 '어떡하다'가 바뀐 형태. ¶ 자꾸 늦으면 어떡해?

에 그냥 있는 곳, 도착지. ¶ 나는 집에 있다.
에서 활동하는 곳, 출발지. ¶ 자리에서 일어서세요.

에게 대상이 누구이든 상관없이 폭넓게 사용한다. ¶ 사람에게 삶이란.

한테 나, 너, 우리, 너희 이름처럼 특정할 수 있는 사람에게 사용한다. ¶ 영수한테 물어보아라.

에게 받을 사람에 붙인다. ¶ 송이에게 편지를 주었다.

에게서 주는 사람에 붙인다. 행위의 근원이나 출처를 나타내는 경우에 쓴다. ¶ 친구에게서 편지가 왔다.

역 배우에게 맡겨진 일, 곧 배역.

역할 그 사람이 할 일. 곧 임무나 구실.

오들오들 춥거나 무서워서 몸을 잇따라 심하게 떠는 모양.

오돌오돌 깨물기에 조금 단단한 상태 또는 콩 따위가 잘 삶아지지 아니하거나 오동통하고 보드라운 모양.

웬걸 뜻밖의 일임을 나타내거나 부정하는 뜻을 나타내는 말.

웬 걸 어떠한 물건을 가리키는 말.

일절 부사 '아주', '도무지', '결코', '전혀', '통'의 뜻으로 부정하거나 금지하는 말과 함께 쓴다. ¶ 내 일에 일절 참견하지 마세요.

일체 명사 또는 부사 '모든 것', '전부'의 뜻으로 쓴다. ¶ 근심 걱정일랑 일체 털어 버리고, 새해를 맞이하자.

잃다 가진 것을 놓치거나 있던 것이 사라지다. ¶ 교통 카드를 잃었어.

잊다 기억하지 못하게 되다. ¶ 약속을 깜빡 잊었어.

자시다 '먹다'의 높임말. ¶ 저녁밥은 잘 자셨습니까?

주무시다 '자다'의 높임말. ¶ 안녕히 주무셨습니까?

자취 어떤 사물이 만든 공간의 모습. 또는 자국과 관련한 삶. ¶ 역사의 자취
자국 어떤 일을 하여 남은 흔적. ¶ 눈물 자국

작다 부피, 넓이, 길이, 크기, 키 따위가 보통에 미치지 아니하다. ¶ 글씨가 작다.
적다 수량 따위가 표준에 미치지 못하다. 또는 많지 아니하다. ¶ 경험이 적다.

-장이 수공업 기술자. ¶ 대장장이
-쟁이 수공업이 아닌 일을 잘하거나 자주 하거나 어떤 습관을 가진 사람. ¶ 멋쟁이

쟤 '저 아이'가 줄어든 말.
제 자신을 낮추어 가리킬 때 쓰는 말.

저까짓 구체적으로 '저것'을 소홀히 가리키는 말.
제까짓 막연히 대상을 떠올려 그 사람을 낮추어 이르는 말.

저지난밤 엊그제 밤. 이삼일 전의 밤.
지지난밤 정확하게 그제 밤.

조리다 양념이 고기나 생선, 채소 따위에 배어들게 하다.
졸이다 ① 한약이나 찌개 따위를 끓여 양을 줄이다. ② 마음이나 가슴을 태우다시피 초조해하다.

좇다 자국이나 흔적처럼 이미 있는 것이나 추상적인 생각, 의견을 따라가다. ¶ 현실을 무시하고 이상만 좇아서는 안 된다.
쫓다 움직이는 대상을 잡거나 놓치지 않기 위해서 급하게 따르다. ¶ 닭 쫓던 개

지나다 ① 어떤 시기나 한도를 넘다. ② 거치어 가거나 오다.
지내다 ① 사람이 어떤 장소에서 생활하면서 시간을 보내다. ② 서로 사귀어 오다.

짓다 ① 재료를 들여 밥, 옷, 집 따위를 짓다. ② 시, 소설, 노래 가사 따위의 글을 쓰다. ③ 어떤 표정이나 태도 따위를 얼굴이나 몸에 나타내다.

짖다 개나 새가 소리를 내다.

짙다 ① 보통보다 빛깔이 강하다. ② 농도 따위가 진하다. ③ 냄새, 느낌 따위가 보통 정도보다 강하다.

차로 자동차가 안전하게 달릴 수 있도록 차선으로 구별하여 놓은 찻길.

차선 차로를 구별하기 위하여 그어 놓은 선.

천년 오랜 세월. ¶ 천년 만년 살고 지고

천 년 1000년. ¶ 천 년 묵은 나무

천만년 아주 오랜 세월. ¶ 천만년 산다고 해도

천만 년 1000만 년. ¶ 천만 년 전에 살았던 쥐 화석

채 이미 있는 상태 그대로 있다는 뜻을 나타내는 말. ¶ 책을 손에 쥔 채 잠들었다. / 핸드폰을 주머니에 넣은 채로 물에 빠졌다.

체 그럴듯하게 꾸미는 거짓 태도나 모양을 나타내는 말. =척 ¶ 보고도 못 본 체, 알고도 모른 체.

추돌 뒤에서 달려와 들이받음.

충돌 서로 맞부딪침.

켜다 줄을 문질러 소리 내다. ¶ 바이올린을 켠다.

타다 줄을 튕겨 소리 내다. ¶ 가야금을 탄다.

틀리다 셈이나 답이 어긋나다. ¶ 계산이 틀렸다.

다르다 비교되는 두 대상이 서로 같지 않다. ¶ 형은 나랑 얼굴이 다르다.

한 '하나', '어림잡아서', '어느/어떤'의 뜻을 나타내는 말. ¶ 이 글은 잘못된 부분이 한 군데 있다.

한- '큰', '정확한/한창인', '같은/일정한'의 뜻을 나타내는 말. ¶ 한길, 한낮, 한뜻

한걸음 쉬지 않고 내처 걷는 걸음이나 움직임.

한 걸음 한 번 내딛는 걸음.

한번 ① 어떤 일을 시험 삼아 시도함을 나타내는 말. ② 어떤 행동이나 상태를 강조하는 뜻을 나타내는 말.

한 번 1번 또는 1차례.

한쪽 같은 편이나 방향, 또는 하나의 쪽을 나타내는 말. =한편

한 쪽 책 1페이지, 사과 1조각.

한참 시간이 상당히 지나는 동안. 어떤 일이 상당히 오래 일어나는 모양. ¶ 한참 동안 기다렸는데 친구는 아직도 오지 않았다.

한창 어떤 일이 가장 왕성하게 일어나는 때나 모양. 또는 어떤 상태가 가장 무르익은 때나 모양. ¶ 요즘 앞산에는 진달래가 한창이다.

한층 한 단계 더 나아감.

한 층 몇 층 가운데 하나.

한테 행위의 도착지. ¶ 친구한테 가기로 했다.

한테서 행위가 일어난 곳이나 행위의 출발점. ¶ 친구한테서 선물을 받았다.

해어지다 닳아서 떨어지거나 꿰지다.

헤어지다 모여 있다가 따로따로 흩어지거나 사귐이나 맺은 정을 끊고 갈라서다. 또는 살갗이 터져 갈라지다.

해치다 해롭게 하다. ¶ 산에서 내려온 멧돼지가 농작물을 해쳤다.
헤치다 양옆으로 벌리다. 흩어지게 하다. ¶ 돛단배가 물살을 헤치며 나아간다.

햇볕 해에서 오는 따뜻한 기운으로 몸을 따뜻하게 하거나 덥게 하는 것.
햇빛 해에서 오는 밝은 기운으로 눈을 뜰 수 없을 정도로 부시게 하는 것.

혼돈 상황이 질서를 갖추지 못하고 마구 뒤섞여 있어 갈피를 잡을 수 없음. 또는 그런 상태.
혼동 사람의 생각이 이것과 저것을 구별하지 못하고 뒤섞어 생각함.

홀몸 배우자나 형제가 없는 사람.
홑몸 딸린 사람이 없는 혼자 몸. 결혼하지 않은 남녀. 또는 아이를 배지 않은 여자.

활용 사람이나 물건을 제 용도에 한정하지 않고 더 낫게 씀. ¶ 폐품 활용
사용 물건이나 연장을 그 용도에 따라 씀. ¶ 일회용품 사용 제한
이용 편의나 이익을 얻기 위해 씀. 다른 사람이나 물건을 수단이나 도구로 쓰는 부정적인 의미도 포함한다. ¶ 대중교통 이용